中国期货
市场年鉴

China Futures Market Yearbook 2021

2021年 中国证券监督管理委员会 | 编
中 国 期 货 业 协 会

中国财经出版传媒集团
中国财政经济出版社

图书在版编目（CIP）数据

中国期货市场年鉴.2021年／中国证券监督管理委员会，中国期货业协会编．——北京：中国财政经济出版社，2022.9

ISBN 978-7-5223-1500-3

Ⅰ.①中… Ⅱ.①中…②中… Ⅲ.①期货市场-中国-2021-年鉴 Ⅳ.①F832.53-54

中国版本图书馆 CIP 数据核字（2022）第 105033 号

责任编辑：贾延平 张 莹　　　责任校对：张 凡
封面设计：张利敏　　　　　　　责任印制：刘春年

中国期货市场年鉴

ZHONGGUO QIHUO SHICHANG NIANJIAN

中国财政经济出版社 出版

URL：http://www.cfeph.cn
E-mail：cfeph@cfeph.cn

（版权所有　翻印必究）

社址：北京市海淀区阜成路甲 28 号　邮政编码：100142
营销中心电话：010-88191522　编辑部电话：010-88190957
天猫网店：中国财政经济出版社旗舰店
网址：https://zgczjjcbs.tmall.com
北京时捷印刷有限公司印刷　各地新华书店经销
成品尺寸：185mm×260mm　16 开　53.75 印张　1 067 000 字
2022 年 9 月第 1 版　2022 年 9 月北京第 1 次印刷
定价：125.00 元
ISBN 978-7-5223-1500-3
（图书出现印装问题，本社负责调换，电话：010-88190548）
本社质量投诉电话：010-88190744
打击盗版举报热线：010-88191661　QQ：2242791300

坚定信心推动期货市场建设，
服务实体经济高质量发展

（代　序）

中国证监会副主席　方星海

（2021 年 12 月 5 日）

很高兴参加第 17 届中国（深圳）国际期货大会，与各方朋友共商期货市场发展大计。今年以来，国际形势复杂多变，受疫情冲击、供应链受阻、流动性宽松等多重因素影响，全球大宗商品价格波动加剧，劳动力成本上升，美国、德国等发达经济体面临几十年未遇的高通胀威胁，我国经济也面临较强的下行压力。面对复杂严峻的内外部环境，期货行业坚决贯彻落实党中央国务院各项决策部署，主动服务国家宏观调控，始终践行金融服务实体经济的要求，以维护期货市场稳健运行为根本，以促进期货功能有效发挥为着力点，不断夯实市场发展基础，在助力实体经济稳产保供和高质量发展方面做出了积极贡献。

一、2021 年期货市场保持良好发展态势

（一）规模体量持续增长，市场建设不断深化

从市场容量和深度来看，目前我国期货市场资金总量已突破 1.2 万亿元，比 2020 年末增长 44.5%；1—11 月场内期货期权累计成交量、成

交额分别达到 69.19 亿手、536.46 万亿元，同比分别增长 28.61%、40.27%。越来越多的产业客户和机构投资者利用期货市场管理风险、配置资产，投资者机构化趋势明显。截止到 10 月底，期货市场产业和机构投资者客户权益、成交量、持仓量占比分别为 68.0%、38.4%、64.9%，同比分别增长 7.4 个、4.3 个、9.5 个百分点。

从市场广度和多元化程度来看，目前我国场内期货期权品种达 94 个，生猪期货、花生期货、棕榈油期权、原油期权在今年上市，主要产品的完整性进一步提高。交易所场外市场建设持续推进，仓单交易、商品互换、基差交易等场外业务模式不断丰富，机构间场外衍生品市场持续扩容。1—10 月，交易所场外市场成交总规模 1 522.4 亿元，同比增长 16.94%。面向低碳经济的广州期货交易所正式揭牌成立，首只产品的各项准备工作顺利推进。同时，期货市场国际化稳步推进，商品期货期权国际化品种增至 9 个，新增商品期货、商品期权、股指期权三类品种向合格境外投资者（QFII 和 RQFII）开放；低硫燃料油期货境外提货业务顺利落地，"境内交割＋境外提货"初步实现，拓展了期货市场服务实体经济跨境经营覆盖面。

(二) 积极服务大宗商品稳产保供，市场功能日益显现

国务院常务会议在部署保供稳价工作时指出，在加强供需双向调节、加强市场监管的同时，支持用市场化办法引导供应链上下游稳定原材料供应和产销配套协作。期货市场立足价格发现和风险管理两大功能，以市场化手段助力产业企业应对风险，为稳产、保供、稳价贡献力量。

一是充分发挥期货价格信号作用，明确和稳定市场预期。期货市场形成的未来价格序列，反映了市场主体对未来供求关系和价格走势的预期。国家相关调控政策出台后，期货市场快速反应，释放出一系列价格信号，使宏观政策意图得以迅速传导，在关键窗口期，起到良好的明确和稳定预期的作用。比如，今年上半年国际铁矿石价格涨幅较大，7 月份国家出台了钢铁进出口的相关税收措施，并对钢铁产量实行适当调控。大连商品交易所铁矿石期货迅速对新的供求关系做出反应，期货价格快速下行，给钢铁行业和铁矿石现货市场提供了清晰的预期，助力行业企业及时对产供计划和价格做出合理调整。这说明，在供需基本面决定的

范围内，期货市场由于信息消化快、期货价格反应灵敏，能够促使现货价格加快调整到位，从而提高市场定价和实体企业运行效率。

二是充分发挥风险管理功能，有效帮助实体企业利用衍生品工具应对价格波动风险。2021年1月初生猪期货上市以来，截至9月底，全期货行业共开展生猪"保险+期货"项目175个，为3.9万吨生猪提供了保障，对应货值10.2亿元，在保障养殖利润、稳定生猪产能、保障重要民生商品价格稳定方面发挥了积极作用。生猪期货上市近一年来，当现货价格1月份高企时，期货价格呈现贴水，而当现货价格于六七月份跌入谷底时，期货价格呈现升水，这给生猪行业的生产和消费企业提供了良好的价格指引。生猪期货能否助力"烫平"猪周期，值得我们期待。2021年铁矿石期货进一步贴近产业需求，适当下调了标准品铁品位，扩大可交割资源，优化了国内铁矿资源原材料供应结构。通过"期货稳价订单"试点，交易所和期货公司发挥合力，依托钢材龙头企业产能优势，由龙头企业向上下游提供货源，由期货风险管理公司通过衍生品转移价格风险，将"企业保供"与"期货稳价"有机结合，起到了用市场化手段稳产保供稳价的效果。

三是服务中小微企业力度不断增强。据中国期货业协会不完全统计，今年1—10月，针对中小企业采购成本快速上涨、供销不畅、融资困难等痛点，期货公司及风险管理公司与产业客户开展基差贸易，累计贸易额4 700多亿元，同比增长40%，其中，为中小微企业提供服务累计贸易额1 700多亿元，占比37%；通过仓单业务为企业累计提供资金支持近140亿元，其中，中小微企业融资额占比50%。期现类业务累计服务客户近12 000家次，其中，中小微企业8 300多家次。通过场外衍生品业务，今年以来期货风险管理公司累计服务产业客户2 800多家，其中，中小微客户2 100多家，占比高达75%。

二、坚定信心推动期货市场建设，服务实体经济高质量发展

党的十九届六中全会通过的决议强调，必须实现创新成为第一动力、协调成为内生特点、绿色成为普遍形态、开放成为必由之路、共享成为根本目的的高质量发展。高质量发展要求市场在资源配置中发挥更大的作用。期货行业要着力营造"市场化、法治化、国际化"的发展环境，

发挥好期货市场在资源配置中的重要作用，为我国经济高质量发展做出更大的贡献。

（一）以期货立法为契机，进一步加强期货市场法治建设

依法治市是期货市场稳健发展的关键。今年以来，期货行业基本法制定取得突破性进展，《期货和衍生品法》（以下简称《期货法》）通过一读和二读，有望在2022年三读后正式发布。要以《期货法》立法框架和原则为指导，推动完善部门规章、自律规则等制度体系，不断夯实期货市场法制建设基础，提升依法治市能力和水平。要以《期货法》的颁布为契机，加强对期货市场服务实体企业的宣介，凝聚各方发展期货市场的共识。

（二）加强市场建设，打造多元开放期货衍生品市场体系

一是完善品种规则体系。以产业链需求为导向，优化存量，做好增量，不断拓展已上市品种相关产业链新品种。推进碳排放权、新能源金属等期货品种创新工作。根据产业群体现实诉求，不断推动规则优化和制度优化，继续增强合约连续性，优化交割仓库布局，进一步完善仓单交易机制和升贴水机制，促进期货价格更好地反映现货供需状况。在完善期货市场运行机制的同时，要持续提高国内外大宗商品生产、消费与流通等产业企业参与期货市场的深度。期货行业要把这项任务作为当前和今后一个时期工作的重中之重来抓。

二是持续优化做市制度。目前，我国期货市场做市品种已达70个，占已上市品种数量的74.5%，其中，期货做市品种47个，期权做市品种23个。需不断扩大做市品种范围，动态评估做市效果；进一步丰富做市商数量和类型，着力培养做市队伍，提高专业报价机构在价格形成机制中的作用，进一步提高期货市场定价效率。

三是加快场外衍生品市场建设。稳步扩大仓单交易试点品种，完善期现综合交易平台服务功能，加强与新兴科技、金融、仓储、物流等各方合作，强化产融联合，加快构建大宗商品生态圈，打造大宗商品交易中心和信息中心，促进场内场外协同发展，持续扩大期货衍生品服务实体经济覆盖面。期货市场监控中心建设的场外衍生品交易报告库是我国首个获得全球金融稳定委员会（FSB）认证的报告库，要发挥好它的重

要作用，及时防范场外衍生品市场风险。

四是持续扩大对外开放。继续扩大特定开放品种范围，深化已开放品种价格影响力，着力推动原油、PTA、铁矿石等重点品种在区域定价影响力上形成突破；拓展多元化开放模式，稳步推进海外交割库布局，逐步实现"交易端引进来，交割端走出去"。深入推进制度型开放，引入更多境外交易者参与国内市场，以更高水平开放促进期货行业质量和服务水平的提升。

（三）继续完善期货中介机构体系

期货公司作为连接期货市场和投资者的重要桥梁，期货公司功能定位及作用发挥直接影响期货市场服务实体经济的能力和效果。从境外成熟市场经验来看，经纪商（broker）和交易商（dealer）是期货中介服务机构的两大主要功能。要引导期货公司更好地发挥交易商功能，促进期货经营机构经纪和其他业务共同发展。

一是支持行业领先公司加快发展。支持期货公司扩宽融资渠道和开展跨境经营，鼓励符合条件的头部期货公司上市融资，努力打造一批资本实力雄厚、具有国际竞争力、以风险管理和资产定价服务为核心业务的衍生品和大宗商品服务公司。近日，中央深改委会议明确提出要确保我国能矿产品安全。行业领先期货公司要努力为实现我国能矿产品安全做出应有的贡献，这将是我国期货行业今后相当长的一个时期的一项重要而严肃的任务。鼓励和引导中小期货经营机构差异化竞争和专业化发展。

二是大力支持期货风险管理公司发展。近年来，期货风险管理公司合规有序发展，公司实力和盈利能力显著增强。截至2021年10月底，共有91家期货公司在中国期货业协会备案设立94家风险管理公司，行业总资产和净资产分别为1 213.38亿元和317.87亿元。2021年1—10月累计实现业务收入2 187.95亿元和净利润19.09亿元，相比2017年同期，分别增长240.15%和134.68%。

近日，国务院办公厅发布《关于进一步加大对中小企业纾困帮扶力度的通知》，明确指出，要推动期货公司为中小企业提供风险管理服务，助力中小企业运用期货套期保值工具应对原材料价格大幅波动风险。这既是对期货市场和期货公司服务中小企业功能作用的积极肯定，也为将来期货风险管理公司发展提供了重要遵循。下一步要大力支持期货风险管理公司发挥服务中小企业的特色和优势，在规范的基础上支持优质公司加快发展，加快形成一批场内外、期现货联合运作的具有竞争力的公司。

三是稳步扩大交易商群体。从国外成熟市场的经验来看，交易商群体包括投资银行、商业银行、证券公司、大型现货企业等多类机构。在我国，也有不少现货生产商、贸易商基于服务上下游产业链的实际需求，与期货风险管理公司一样，充当交易商的角色，发挥风险承接、转移、对冲功能。下一步，应在《期货法》的指导下，鼓励这类交易商群体规范发展。目前，中国期货业协会已将具有现货背景的交易商纳入自律管理范畴，相关自律规则的完善也正在紧密推进，希望期货业协会把这项工作开展好。

今年是期货行业文化建设年，目前《期货行业文化建设工作纲要》已经发布。期货经营机构作为期货行业的微观组成细胞，要以构建"合规、诚信、专业、稳健、担当"期货行业文化为抓手，主动担当作为，切实担负起服务实体经济和国家战略的重任。

党的十九届六中全会全面系统总结了党的百年奋斗重大成就和历史经验，为社会主义现代化建设新征程指明了方向。我们要更加紧密地团结在以习近平总书记为核心的党中央周围，奋发有为，以优异成绩迎接党的二十大胜利召开！

目 录

第一章 2021年中国期货市场运行概况 ……………………………………（1）

　　第一节　期货市场总体运行情况 …………………………………………（1）
　　第二节　期货经营机构基本情况 …………………………………………（13）
　　第三节　中国期货市场对外开放情况 ……………………………………（20）

第二章 2021年中国期货市场上市品种运行情况 …………………………（28）

　　第一节　上海期货交易所上市品种运行情况 ……………………………（28）
　　第二节　郑州商品交易所上市品种运行情况 ……………………………（82）
　　第三节　大连商品交易所上市品种运行情况 ……………………………（139）
　　第四节　中国金融期货交易所上市品种运行情况 ………………………（198）

第三章 2021年中国期货市场服务实体经济情况 …………………………（213）

　　第一节　服务实体经济总体概况 …………………………………………（213）
　　第二节　商品期货服务实体经济情况 ……………………………………（215）
　　第三节　金融期货服务宏观经济情况 ……………………………………（231）
　　第四节　场外市场服务实体经济情况 ……………………………………（234）
　　第五节　期货市场服务乡村振兴战略情况 ………………………………（241）
　　第六节　期货市场服务"六稳""六保" …………………………………（247）

第四章　2021年中国期货市场监管及自律情况 ……………………………………（254）

　　第一节　期货市场监管概况 ……………………………………………（254）
　　第二节　期货市场监测监控情况 ………………………………………（255）
　　第三节　期货交易所自律监管情况 ……………………………………（257）
　　第四节　中证商品指数公司自律监管情况 ……………………………（265）
　　第五节　中国期货业协会自律管理情况 ………………………………（267）

附　录 ………………………………………………………………………（270）

附录1　2021年全球期货及其他衍生品行业发展报告 …………………（270）
　　第一节　全球期货及其他衍生品市场交易概况 ………………………（270）
　　第二节　全球期货及其他衍生品行业发展概况 ………………………（283）

附录2　期货市场履行社会责任情况 ……………………………………（291）
　　第一节　服务保供稳价 …………………………………………………（291）
　　第二节　投资者教育与投资者保护情况 ………………………………（297）
　　第三节　职工教育培训情况 ……………………………………………（310）

附录3　2021年中国期货市场大事记 ……………………………………（317）

附录4　文件汇编 …………………………………………………………（323）

附录5　统计数据 …………………………………………………………（345）

附录6　机构名录 …………………………………………………………（478）

后　记 ………………………………………………………………………（499）

第一章
2021年中国期货市场运行概况

>>> 第一节 期货市场总体运行情况

一、宏观经济背景

2021年是全球经济经历第二次世界大战后最大幅度衰退以来进入快速复苏的一年。随着疫苗研发与接种人数增长，新冠肺炎疫情第二波冲击对世界经济的损害明显减弱，各国尤其是主要经济体为应对疫情而推出的财政与货币政策也在不同程度上助推了经济复苏。国际货币基金组织数据显示，2021年世界GDP增长率为5.9%，比2020年提高9.0个百分点。其中，发达经济体2021年GDP增速为5.0%，比2020年提高9.5个百分点；新兴市场与发展中经济体GDP增速为6.5%，比2020年提高8.5个百分点。

（一）世界经济与金融形势

1. 世界经济增长情况

2021年世界经济增速显著回升，主要经济体实际GDP实现大幅增长。2021年美国GDP增长5.6%，比2020年增速提高9.0个百分点。欧元区GDP增长5.2%，比2020年增速提高11.6个百分点，其中德国增速提高至2.7%，法国增速提高至6.7%，意大利增速提高至6.2%。英国增速提高至7.2%，加拿大增速提高至4.7%，日本经济增速提高至1.6%。

新兴市场与发展中经济体也出现了普遍的实际GDP正向增长。经济最活跃的亚洲新兴和发展中经济体2021年GDP增长7.2%，比上年提高8.1个百分点。其中中国GDP增长率从2020年的2.3%提高到2021年的8.1%。印度GDP增长率从-7.3%提高到9.0%，东盟五国整体GDP增长率从-3.4%提高到3.1%。欧洲新兴和发展中经济体经济增速由2020年的-1.8%提高至2021年的6.5%，其中俄罗斯GDP增长率为4.5%。拉丁美洲和加勒比地区虽然2020年在发展中地区经济衰退最严重，但2021年经济增速大幅提高，该地区整体GDP增长率从2020年的-6.9%提高到2021年的6.8%。中东和中亚地区GDP增长率从2020年的-2.8%提高到2021年的4.2%。①

2. 全球金融市场概况

2021年，全球通货膨胀抬升，新冠肺炎病毒变异、疫情反复扰动全球经济。随着新冠肺炎疫情接种率提高，全球疫情好转，各国央行支持政策刺激下，主要经济体实现快速复苏，全球大宗商品价格强劲上涨。

（1）股市。2021年随着各个国家普及新冠疫苗的接种，因疫情导致的封锁限制下的经济逐渐得到复苏，加之主要国家央行实行宽松货币政策，各国股市均呈上涨态势。2021年美股总体震荡上行并创新高，标准普尔500指数较年初上涨28.79%，道琼斯工业平均指数上涨20.23%（见图1-1-1）。日本日经225指数全年震荡运行，年末收涨5.63%；英国富时100指数震荡上行，全年上涨12.37%；法国CAC40指数全年呈上涨态势并创新高，年末大幅收涨27.98%；德国DAX指数震荡上行，全年上涨15.72%；中国上证综指全年波动中小幅上涨，涨幅3.91%（见图1-1-2）。

图1-1-1 2021年美国股市走势

数据来源：Wind资讯。

---

① 张宇燕主编，孙杰、姚枝仲副主编：《世界经济黄皮书：2022年世界经济形势分析与预测》，社会科学文献出版社2022年1月出版。其中世界经济增速已根据IMF报告更新至最新数据。

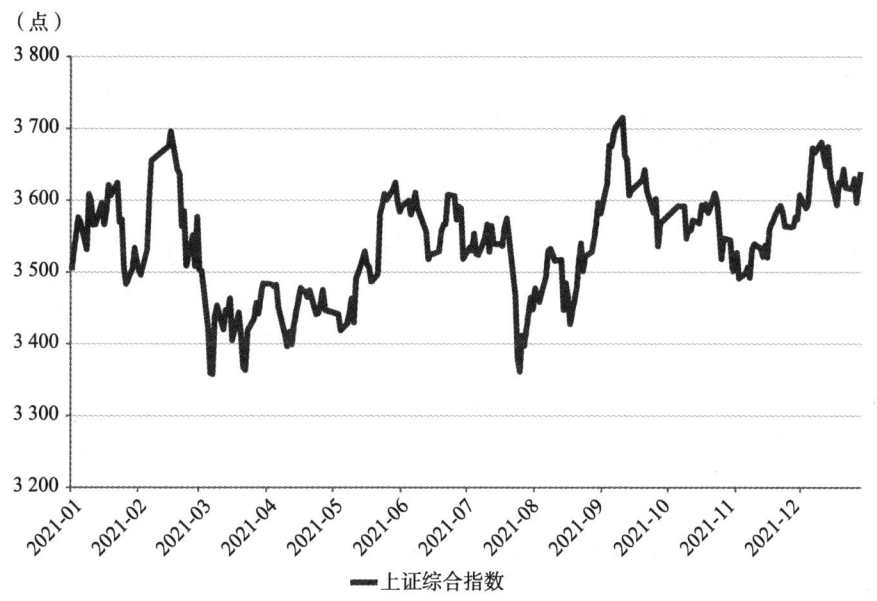

图 1 - 1 - 2　2021 年中国上证综合指数走势

数据来源：Wind 资讯。

（2）债市。2021 年全球通胀率持续走高，市场对主要国家货币政策转向并提前加息的预期强烈，推动主要发达经济体长期国债收益率上行，呈现不同程度的波动态势。2021 年末美国 10 年期国债收益率为 1.52%，较年初上涨 0.59 个百分点；英国 10 年期国债收益率为 1.01%，较年初上涨 0.76 个百分点；法国 10 年期国债收益率为 0.19%，较年初上涨 0.54 个百分点；2021 年末德国 10 年期国债收益率仍为负值，为 -0.24%，较年初上涨 0.37 个百分点（见图 1 - 1 - 3）。中国 10 年期国债收益率总体震荡下行，年末收跌 10.60%（见图 1 - 1 - 4）。

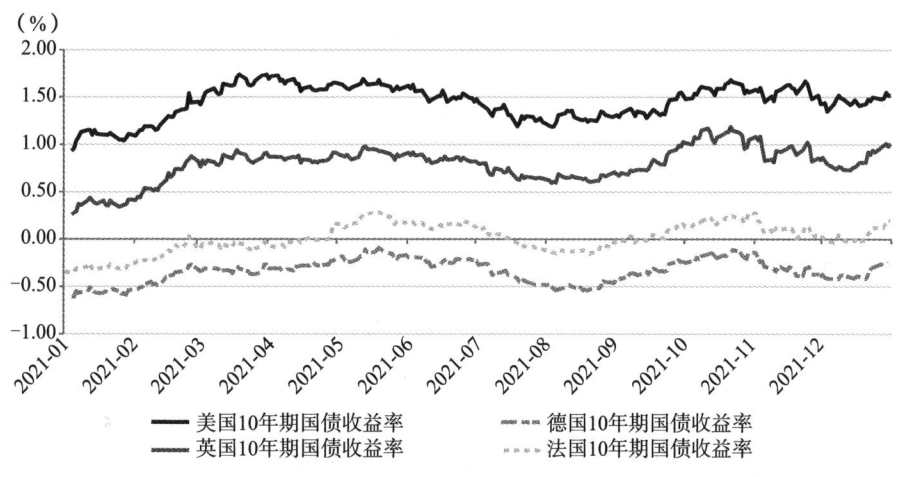

图 1 - 1 - 3　2021 年美欧国家 10 年期国债收益率

数据来源：Wind 资讯。

图 1-1-4　2021 年中国 10 年期国债收益率

数据来源：Wind 资讯。

（3）汇市。2021 年，在美联储 Taper 政策的预期强化下，美元指数持续走高，总体波动上行，全年上涨 6.78%（见图 1-1-5）。强势美元背景下，世界各主要货币相对美元普遍承压贬值。2021 年末欧元较美元全年贬值 7.20%，日元较美元贬值 11.61%（见图 1-1-6）。2021 年人民币因国内经济稳定恢复、贸易顺差和资金流入等因素持续升值，总体保持稳定，全年较美元升值 2.52%（见图 1-1-7）。

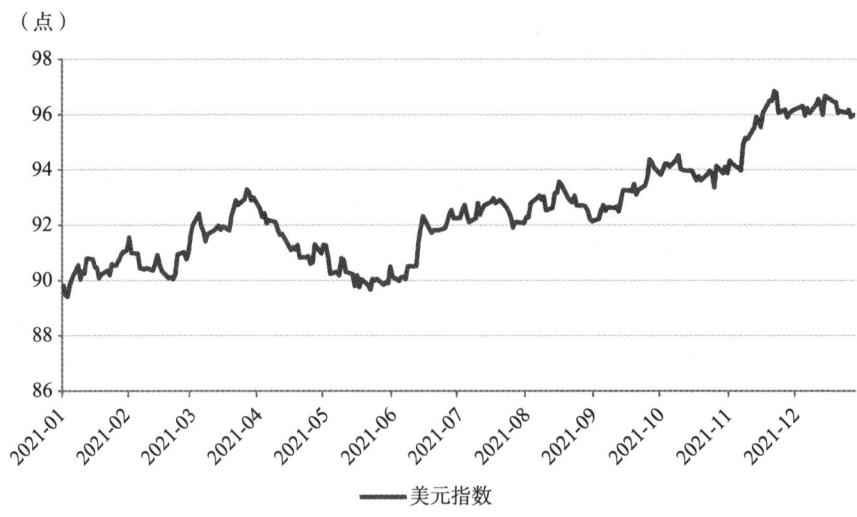

图 1-1-5　2021 年美元指数走势

数据来源：Wind 资讯。

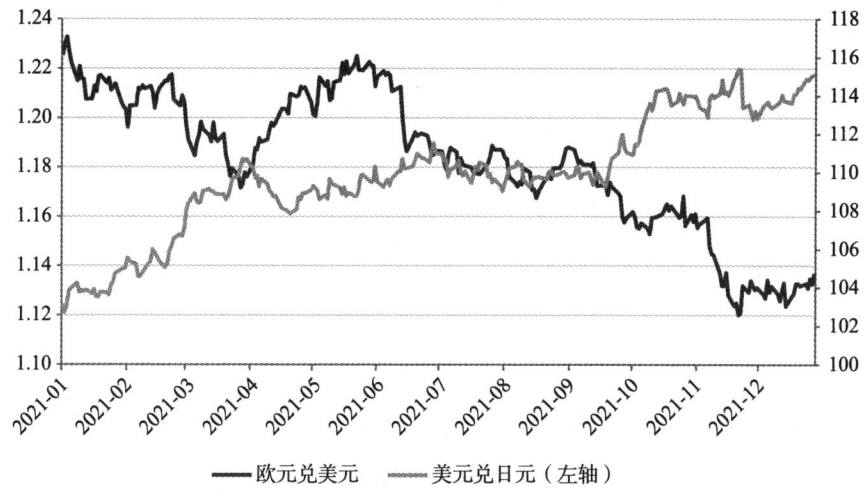

图1-1-6　2021年欧元、日元汇率走势

数据来源：Wind资讯。

图1-1-7　2021年美元兑人民币走势

数据来源：Wind资讯。

（4）大宗商品市场。2021年，受各国经济复苏需求回暖、宽松货币政策流动性增加等因素影响，全球大宗商品市场价格整体呈现震荡上行的走势。标普高盛商品指数从2021年初的1970.19点上涨至年末的2774.73点，涨幅达40.84%（见图1-1-8）。其中标普高盛的能源指数上涨明显，涨幅高达63.01%，工业金属指数、农业指数在2021年均大幅上涨，涨幅分别为27.00%、24.53%，贵金属有所下跌，跌幅为7.73%（见图1-1-9）。

图 1-1-8　2021 年标普高盛商品指数走势

数据来源：Wind 资讯。

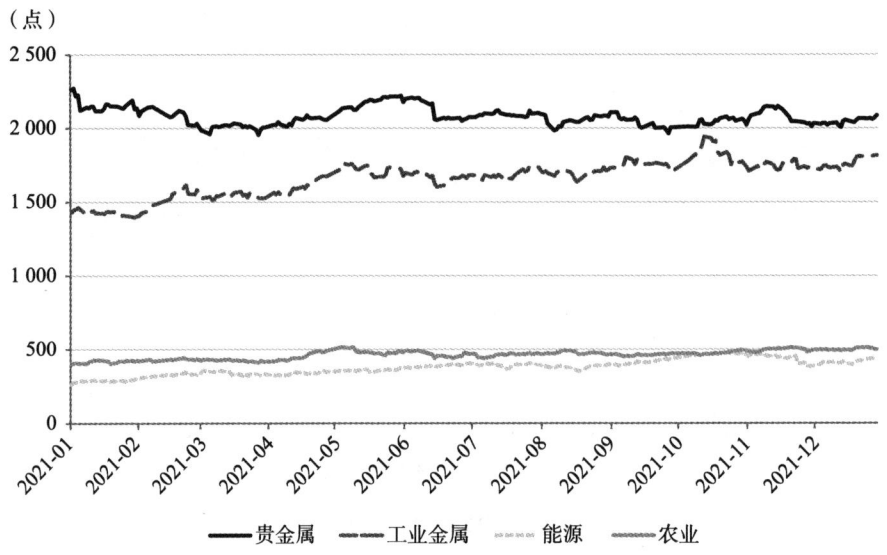

图 1-1-9　2021 年标普高盛商品分类指数走势

数据来源：Wind 资讯。

3. 发达国家及地区衍生品市场发展及监管政策①

（1）1月7日，美国商品期货交易委员会（CFTC，下同）和欧洲证券及市场管理局（ESMA）宣布签署谅解备忘录，就被 ESMA 认证为中央对手方（CCPs）的美国注册衍生品清算组织（DCO）的信息交换达成共识。CFTC 国际事务办公室表示，将致力于与 ESMA 建立稳固的联系并着手与 ESMA 的中央对手方监管委员会（CCP

---

① 中国期货市场监控中心：《全球衍生品简讯》。

Supervisory Committee）构建合作关系。

（2）3月1日，芝加哥商业交易所集团（CME Group）推出全球碳排放抵消期货（Global Emission Offset，GEO）。GEO期货合约设置基于国际航空碳抵消和减排计划（CORSIA），为自愿碳抵消市场提供了首个以实物结算、交易所交易的风险管理工具。目前，GEO期货允许从3个国际民用航空组织（ICAO）批准的美国碳注册机构交付符合CORSIA资格的自愿性碳抵消信用。

（3）4月8日，CFTC市场参与部（MPD）、清算与风险部（DCR）、数据部（DOD）、市场监管部（DMO）联合发布即刻生效的无行动豁免，旨在降低英国脱欧给全球市场带来的不确定性。MPD、DCR、DOD和DMO将提供美国互换交易商（SDs）在境外分支机构和非美国公民的交易要求豁免。MPD还将允许互换交易商运用现有豁免代替已有的可比性监管原则。

（4）5月5日，CFTC宣布其授予墨西哥证券交易所集团旗下交易所MexDer注册许可，允许其直接加入美国交易撮合系统。CFTC称，MexDer满足CFTC对于外国交易委员会（FBOT）的注册要求，其拥有健全的、有组织的交易平台，其母国监管机构具有与CFTC规则可比的交易所监管规则。

（5）5月11日，证券存托与清算公司（The Depository Trust & Clearing Corporation，DTCC）取得美国证监会许可，能够在美国境内提供基于证券的数据报告服务。DTCC是首个美国境内基于证券的衍生品数据库，能够根据基于证券的衍生品报告要求提供交易报告。

（6）6月14日，新加坡交易所（SGX，下同）发布全球首只ESG（环境、社会、治理）房地产信托基金（REIT）衍生品，为全球资产管理公司和投资者进入不断发展的日本房地产投资信托基金领域提供了快速通道。Nikkei ESG-REIT指数覆盖60只东京上市的股票，折合市值近1 600亿美元，并根据全球房地产可持续评估体系（GRESB）评估的ESG等级调整成分权重。

（7）9月7日，芝加哥期权交易所（CBOE，下同）旗下欧洲交易所（CBOE Europe）宣告设立CBOE欧洲衍生品交易平台（CBOE Europe Derivatives，CEDX）。CEDX位于阿姆斯特丹，由CBOE和欧洲清算所（EuroCCP）联合成立，向投资者提供单一国家或泛欧期货及期权交易服务，于9月6日开始交易并成功完成首笔清算。

（8）10月11日，中国香港交易所（HKEX，下同）宣布，旗下MSCI中国A50互联互通（美元）指数期货已获CFTC批准，可于美国境内销售，美国投资者可以在美国买卖有关合约。HKEX MSCI中国A50互联互通（美元）指数期货于2021年10月18日开始交易。

（9）12月13日，洲际交易所推出亚洲乙烯期货合约。该期货合约采用现金结算，结算价格基于安讯思公司（ICIS）对乙烯的价格估测，旨在帮助市场参与者管理乙烯成本，以及从美国墨西哥湾沿岸到亚洲的乙烯运价风险，为客户提供从生产到消费的国际垂直套保方案。

（10）12月20日，印度政府宣布暂停七种农产品期货合约交易一年，以控制通货膨胀。七种农产品包括水稻、小麦、鹰嘴豆、芥菜种子、大豆、粗棕榈油、孟恩豆等。禁令于当日生效。

（二）中国经济运行情况回顾

1. 整体经济运行情况①

2021年，面对复杂严峻的国际环境和国内疫情散发等多重考验，全国各地区各部门坚持稳中求进，科学统筹疫情防控和经济社会发展，扎实做好"六稳"工作，全面落实"六保"任务，加强宏观政策跨周期调节，加大实体经济支持力度，国民经济持续恢复发展，改革开放创新深入推进，民生保障有力有效，高质量发展取得新成效。初步核算，全年国内生产总值1 143 670亿元，按不变价格计算，比上年增长8.1%。分季度看，第一季度同比增长18.3%，第二季度增长7.9%，第三季度增长4.9%，第四季度增长4.0%。分产业看，第一产业增加值83 086亿元，比上年增长7.1%；第二产业增加值450 904亿元，增长8.2%；第三产业增加值609 680亿元，增长8.2%。

2021年我国经济发展和疫情防控双双保持全球领先地位，国民经济总体运行在合理区间。一是粮食产量再创新高，畜牧业稳定增长。全年全国粮食总产量68 285万吨，比2020年增长2.0%，增产1 336万吨。其中稻谷产量21 284万吨，增长0.5%；小麦产量13 695万吨，增长2.0%；玉米产量27 255万吨，增长4.6%；大豆产量1 640万吨，下降16.4%。全年猪牛羊禽肉产量8 887万吨，比上年增长16.3%。其中猪肉产量5 296万吨，增长28.8%。2021年末，生猪存栏、能繁殖母猪存栏比上年末分别增长10.5%、4.0%。二是工业生产持续发展，高技术制造业和装备制造业较快增长。全年全国规模以上工业增加值比上年增长9.6%，其中高技术制造业和装备制造业增加值分别比上年增长18.2%和12.9%。三是居民消费价格温和上涨，工业生产者价格涨幅高位回落。全年居民消费价格上涨0.9%，低于2020年2.5%的涨幅。扣除食品和能源价格的核心CPI上涨0.8%。全年工业生产者购进价格比2020年上涨11.0%。四是居民收入增长与经济增长基本同步，城乡居民人均收入比缩小。全年全国居民人均可支配收入35 128元，比上年名义增长9.1%，扣除价格因素实际增长8.1%，与经济增长基本同步。五是货物进出口数量快速增长，贸易结构持续优化。全年货物进口总额391 009亿元，比上年增长21.4%。其中，出口217 348亿元，增长21.2%；进口173 661亿元，增长21.5%。进出口相抵，贸易顺差43 687亿元。六是就业形势总体稳定，城镇调查失业率降低。全年城镇新增就业人数为1 269万人，比上年增加83万人。

---

① 国家统计局：《2021年国民经济持续恢复 发展预期目标较好完成》。

2. 重要改革措施与政策调整

2021年是党和国家历史上具有里程碑意义的一年，是我国现代化进程中具有特殊重要性的一年。我国经济增长国际领先，经济实力显著增强；国民经济持续恢复，主要预期目标全面实现；创新动能有效增强，工业制造业较快增长；外贸外资快速增长，对外开放不断扩大；经济体制改革继续深化，发展活力进一步激发；民生保障有力有效，人民群众获得感增强。

（1）国家重大改革方面。

①我国首设国家乡村振兴局并施行乡村振兴促进法。2021年2月25日，我国首设的国家乡村振兴局正式成立，我国"三农"工作重心发生历史性转移，从此我国开启全面推进乡村振兴的崭新时代。4月29日，全国人大常委会表决通过《乡村振兴促进法》，该法自6月1日起施行。《乡村振兴促进法》规定，每年农历秋分日为中国农民丰收节；建立乡村振兴考核评价制度、工作年度报告制度和监督检查制度；实行永久基本农田保护制度；建立健全有利于农民收入稳定增长的机制等。

②四部委联合发文金融支持海南全面深化改革开放。2021年4月15日，中国人民银行、中国银行保险监督管理委员会、中国证券监督管理委员会、国家外汇管理局联合印发《关于金融支持海南全面深化改革开放的意见》（银发〔2021〕84号）。意见提出支持海南实体经济发展。

③我国实施三孩生育政策及配套支持措施。2021年7月20日，《中共中央 国务院关于优化生育政策促进人口长期均衡发展的决定》发布，做出实施三孩生育政策及配套支持措施重大决策，开启我国人口发展新阶段。

（2）金融深化改革方面。

①中证商品指数公司开业运营。2021年3月31日，中证商品指数有限责任公司在河北雄安新区开业，成为全国首家商品指数编制运营服务平台。公司由上海期货交易所、郑州商品交易所、大连商品交易所、中国金融期货交易所共同发起出资设立，专司商品指数等的编制、运维和指数数据信息与技术服务。

②广州期货交易所成立。2021年4月19日，广州期货交易所正式揭牌成立，成为我国内地第5家期货交易所。广州期货交易所是我国第一家混合所有制的交易所，股东构成多元，包括证监会管理的4家期货交易所、广东国资企业、民营企业和境外企业。

③全国碳市场在上海上线交易。2021年7月16日，上海环境能源交易所公告，全国碳排放权交易市场正式上线交易。发电行业成为首个纳入全国碳市场的行业，共有2 225家电力行业试点企业获准参与交易，碳排放量超过40亿吨二氧化碳。我国碳市场将成为全球覆盖温室气体排放量规模最大的市场。

④北京证券交易所开市交易。2021年11月15日，北京证券交易所正式揭牌开市，这将为资本市场注入更多改革活力，为服务创新型中小企业打造资源配置的主阵地。这是我国资本市场改革发展的又一标志性事件，对于促进多层次资本市场高

质量发展、探索具有中国特色资本市场普惠金融之路和落实创新驱动发展国家战略等都具有十分重要的意义。

⑤人民银行下调金融机构存款准备金率0.5个百分点。2021年12月15日，中国人民银行决定下调金融机构存款准备金率0.5个百分点，本次下调后，金融机构加权平均存款准备金率为8.4%，共计释放长期资金约1.2万亿元。央行强调，稳健货币政策取向没有改变。

（3）扩大对外开放方面。

①合格境外投资者可参与金融衍生品交易。2021年10月13日，经商中国人民银行、国家外汇管理局，中国证券监督管理委员会公布合格境外投资者可参与金融衍生品交易品种，新增开放商品期货、商品期权、股指期权三类品种，参与股指期权的交易目的限于套期保值交易，公告自2021年11月1日起施行。

②银保监会修改外资保险公司管理条例实施细则。2021年3月19日，银保监会发布《关于修改〈中华人民共和国外资保险公司管理条例实施细则〉的决定》，取消外国保险公司在中国境内设立合资寿险公司中外资持股比例的限制性规定，并明确外国保险公司或外国保险集团公司作为外资保险公司股东，其持股比例可达100%，同时允许符合条件的多元化主体持股外资保险公司。

③六部委进一步优化跨境人民币政策。2021年1月4日，人民银行会同发展改革委、商务部、国资委、银保监会、外汇局联合发布《关于进一步优化跨境人民币政策支持稳外贸稳外资的通知》（银发〔2020〕330号），自2021年2月4日起实施。《关于进一步优化跨境人民币政策支持稳外贸稳外资的通知》明确，在全国范围内开展更高水平贸易投资便利化试点，支持贸易新业态跨境人民币结算；进一步简化跨境人民币结算流程，优化跨境人民币投融资管理，放宽对部分资本项目人民币收入使用限制。

二、期货市场总体运行情况

截至2021年底，国内期货与衍生品市场共有91个期货期权品种，包括70个期货品种和21个期权品种[①]，2021年新上市2个期货品种[②]和2个期权品种[③]。2021年，期货市场（含期权）累计成交75.14亿手[④]（其中期货72.69亿手，期权2.45亿手），较2020年增加13.61亿手，同比增长22.13%；累计成交金额581.20万亿元（其中期货580.69万亿元，期权0.51万亿元），较2020年增加143.67万亿元，同比增长32.84%。

---

① 本节品种数量、成交持仓数据仅包括上海期货交易所、郑州商品交易所、大连商品交易所和中国金融期货交易所4家期货交易所数据，统计不包含上海证券交易所和深圳证券交易所期权品种数据。
② 2021年新上市期货品种有生猪期货和花生期货。
③ 2021年新上市期权品种有棕榈油期权和原油期权。
④ 此成交数据不含期转现。

（一）商品期货、金融期货价格总体上行

2021年，我国大宗商品价格总体震荡上行。中证监控中国商品期货指数（CCIFMCCFI）① 全年收于1491.72点，同比上涨11.69%（见图1-1-10）。分板块来看，中证监控中国工业品期货指数（CCIFMCIFI）上涨15.36%，其中能化期货指数上涨20.97%，钢铁期货指数上涨6.94%，建材期货指数上涨12.65%；中证监控中国农产品期货指数（CCIFMCAFI）上涨16.96%，其中油脂期货指数上涨44.15%，油脂油料期货指数上涨19.89%，软商品期货指数上涨20.61%，饲料期货指数下跌3.10%，粮食期货指数下跌2.15%，谷物期货指数下跌1.60%。

图1-1-10　2021年中证监控中国商品期货指数走势
数据来源：中证商品指数公司。

2021年国内期货市场共有3个股指期货合约，2021年股指期货整体震荡，走势分化。上证50股指期货、沪深300股指期货全年分别下跌10.08%和5.43%，中证500股指期货上涨16.13%（见图1-1-11）。国内期货市场共有3个国债期货品种，2021年均小幅上涨，10年期国债期货、5年期国债期货和2年期国债期货分别上涨2.80%、1.90%和0.69%（见图1-1-12）。

---

① 中证商品指数公司以国内交投活跃的商品期货品种为基础，根据品种的持仓金额设定权重，编制并发布了中证监控商品实时期货指数，包括中证监控中国商品期货指数、中证监控中国农产品期货指数和中证监控中国工业品期货指数，其中工业品期货指数下辖子指数，包括能化期货指数、钢铁期货指数、建材期货指数，农产品期货指数下辖子指数，包括油脂期货指数、油脂油料期货指数、软商品期货指数、饲料期货指数、粮食期货指数和谷物期货指数。

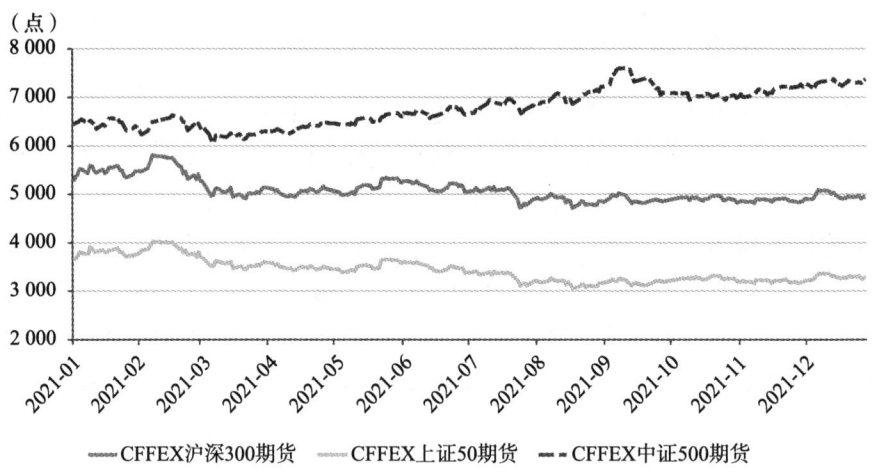

图 1－1－11　2021 年股指期货运行情况

数据来源：Wind 资讯。

图 1－1－12　2021 年国债期货运行情况

数据来源：Wind 资讯。

(二)　市场成交愈加活跃

2021 年期货（含期权）市场成交较 2020 年大幅上涨，全年日均成交 3 092.19 万手①（全市场成交、持仓均为单边统计，下同），同比上涨 22.13%。其中，商品期货（含期权）日均成交 3 041.97 万手，同比上涨 22.44%，金融期货（含期权）日均成交 50.22 万手，同比上涨 5.86%。成交量排名前 5 个品种为螺纹钢、PTA、甲醇、豆粕和燃料油期货。品种间成交量分化明显，成交量前 20 名的品种占市场总

---

①　数据来源：中国期货业协会。

成交量的 69.03%①。

（三）市场持仓量震荡上行

2021 年期货（含期权）市场月末总持仓量总体震荡上行（见图 1-1-13）。2021 年，全市场日均持仓 2 777.08 万手②，同比增长 15.83%，其中商品期货（含期权）日均持仓 2 679.40 万手，同比增长 15.19%，金融期货（含期权）日均持仓 97.68 万手，同比增长 36.84%。

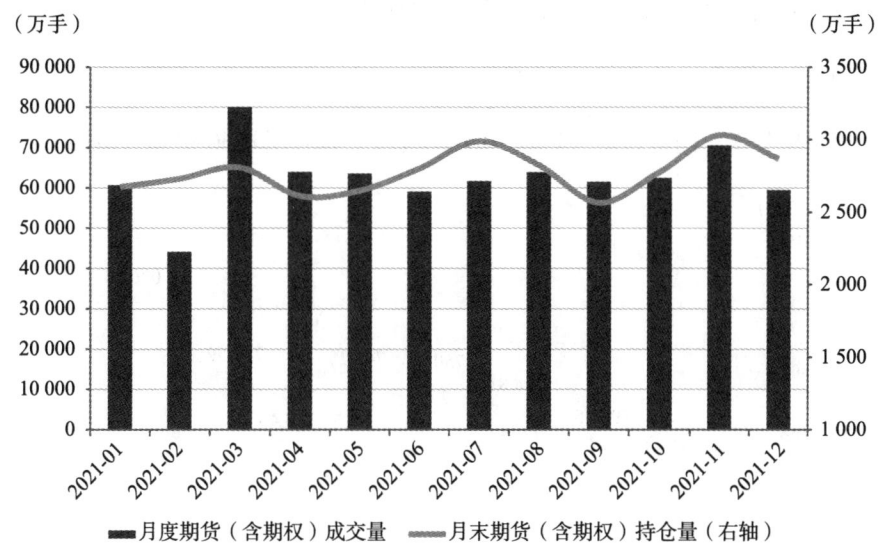

图 1-1-13 2021 年全市场期货（含期权）月度成交量、持仓量
数据来源：中国期货业协会。

第二节 期货经营机构基本情况

一、期货公司总体情况

（一）机构概况

截至 2021 年末，期货公司共计 150 家，比 2020 年末增加 1 家。150 家期货公司均开展经纪业务，营业部数量是 2 042 家（见表 1-2-1）；121 家期货公司具备投资咨询业务资格，129 家期货公司具备资产管理业务资格，与 2020 年相同；94 家期货公司完成风险管理公司业务试点备案，期货公司共设立 97 家风险管理公司。

---

①② 数据来源：中国期货业协会。

表 1-2-1　　　　　近三年期货公司及营业部家数对比表　　　　　（单位：家）

项目	2019 年	2020 年	2021 年
公司	149	149	150
营业部	1 901	1 951	2 042

截至 2021 年，A 股上市公司有南华期货、瑞达期货、永安期货。H 股上市的公司为鲁证期货和弘业期货；在新三板挂牌的期货公司有 13 家，分别是创元期货、海航期货、天风期货、华龙期货、大越期货、先融期货、迈科期货、渤海期货、福能期货、混沌天成、金元期货、长江期货、海通期货。

（二）资本概况

截至 2021 年末，期货公司净资本 1 026.86 亿元，同比增长 30.05%（见图 1-2-1）。

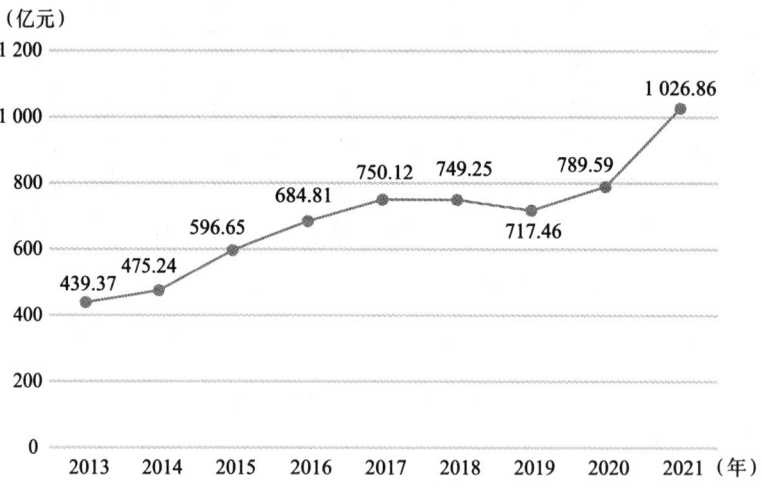

图 1-2-1　期货公司净资本年度变化

2021 年期货公司净资本的分布情况见表 1-2-2 所示。其中，26 家期货公司的净资本超过 10 亿元。

表 1-2-2　　　　　　　2021 年期货公司净资本分布情况表

净资本总额	2020 年		2021 年	
	公司数量（家）	占比（%）	公司数量（家）	占比（%）
超过 10 亿元	18	12.08	26	17.33
5 亿—10 亿元	37	24.83	48	32.00
2 亿—5 亿元	60	40.27	48	32.00
2 亿元及以下	34	22.82	28	18.67

（三）分类评级情况

根据中国证监会 2019 年 2 月发布的《期货公司分类监管规定》（2019 年 2 月 15

日修订），中国证监会以期货公司风险管理能力为基础，结合公司服务实体经济能力、市场竞争力、持续合规状况，来确定各期货公司的分类监管类别。

2021年，全行业149[①]家期货公司中，A类期货公司总数为39家，其中AA级期货公司17家；B类期货公司共95家；C类期货公司10家；D类期货公司5家（见表1-2-3）。

具体来看，获评AA级的17家期货公司分别为永安期货、银河期货、中信期货、国泰君安、浙商期货、国投安信期货、广发期货、东证期货、光大期货、中粮期货、中信建投、南华期货、瑞达期货、方正中期期货、申银万国、五矿期货、华泰期货。

表1-2-3　　　　　　　最近三年期货公司分类结果情况对比

分类评价结果	2019年		2020年		2021年	
	公司数量（家）	占比（%）	公司数量（家）	占比（%）	公司数量（家）	占比（%）
A类AA级	14	9.40	19	12.75	17	11.41
A类A级	23	15.44	21	14.09	22	14.77
B类BBB级	35	23.49	41	27.52	34	28.82
B类BB级	30	20.13	35	23.49	39	26.17
B类B级	26	17.45	17	11.41	22	14.77
C类CCC级	8	5.37	3	2.01	5	3.36
C类CC级	4	2.68	8	5.37	3	2.00
C类C级	2	1.34	1	0.67	2	1.34
D类	7	4.70	4	2.68	5	3.36

（四）风险监管指标状况[②]

2017年10月1日，中国证监会实施了最新的《期货公司风险监管指标管理办法》，进一步提高了期货行业风险监管指标体系的适应性和有效性。经测算，各期货公司风险监管指标状况如下：

1. 净资本情况

截至2021年末，全国150家期货公司净资本1 026.86亿元，平均每家6.85亿元。148家期货公司净资本高于人民币3 000万元，其中，中信期货净资本最高，为61.12亿元。

2. 净资本与风险资本准备比例均高于100%

截至2021年末，全国150家期货公司风险资本准备为389.21亿元，全部期货

[①] 港信期货未参评。
[②] 依照中国证监会2017年10月1日实施最新的《期货公司风险监管指标管理办法》，期货公司应当持续符合的风险监管指标标准为："净资本不得低于人民币3 000万元；净资本与公司的风险资本准备的比例不得低于100%；净资本与净资产的比例不得低于20%；流动资产与流动负债的比例不得低于100%；负债与净资产的比例不得高于150%；规定的最低限额的结算准备金要求。"

公司的净资本与风险资本准备的比例范围在 102.00% 至 77 325.00% 之间，均满足净资本与风险资本准备比例高于 100% 的监管要求。

3. 净资本与净资产比例均高于 20%

截至 2021 年末，全国 150 家期货公司净资产 1 614.76 亿元，总体净资本与净资产比例为 63.59%。全部期货公司的净资本与净资产比例范围在 33.00% 至 150.00% 之间，均满足净资本与净资产的比例不得低于 20% 的监管要求。

4. 流动资产与流动负债的比例均高于 100%

截至 2021 年末，全国 150 家期货公司的流动资产（扣除客户权益）1 470.84 亿元，流动负债（扣除客户权益）267.08 亿元，流动资产与流动负债的比例为 550.72%。全部期货公司流动资产与流动负债的比例范围在 141.00% 至 12 485.00% 之间，均满足流动资产与流动负债比例不低于 100% 的监管要求。

5. 期货公司负债与净资产比例情况

截至 2021 年末，全国 150 家期货公司负债（扣除客户权益）为 351.77 亿元，与净资产比例为 21.78%。149 家期货公司满足负债与净资产的比例不得高于 150% 的监管要求。

（五）从业人员情况

1. 从业人员总体数量继续增长

截至 2021 年 12 月 31 日，在中国期货业协会（以下简称"中期协""协会"）注册的从业人员数量为 70 294 人，较 2020 年末增加 3 105 人，增幅为 4.62%（见图 1-2-2）。

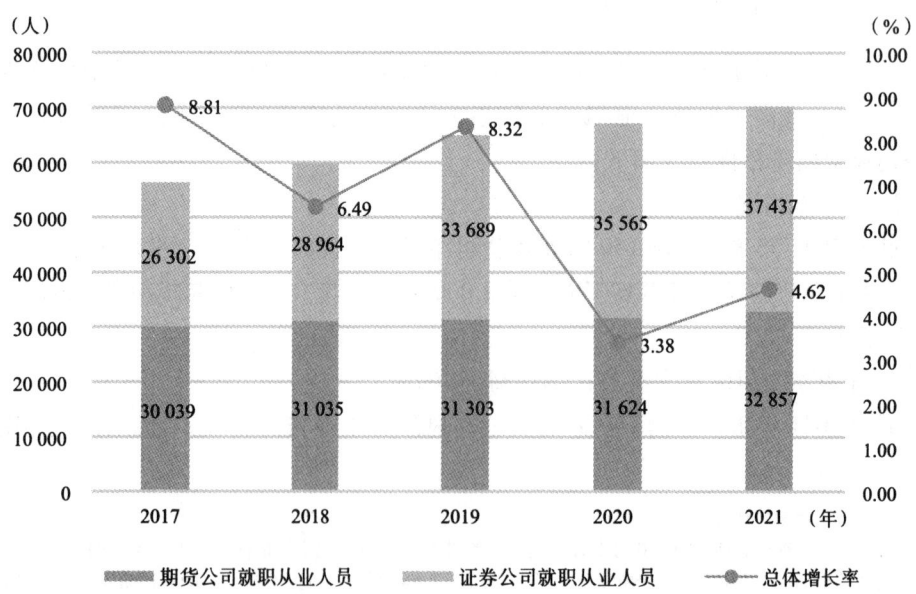

图 1-2-2　2017 年末至 2021 年末期货从业人员总体数量变化

2. 期货公司就职从业人员数量保持增长

截至 2021 年 12 月 31 日,在协会自律服务系统登记的期货公司员工总数为 33 824 人,包括 32 857 名从业人员和 967 名非从业人员。期货公司就职从业人员数量连续三年增长,较 2020 年末增加 1 233 人,增幅为 3.9%(见图 1-2-3)。

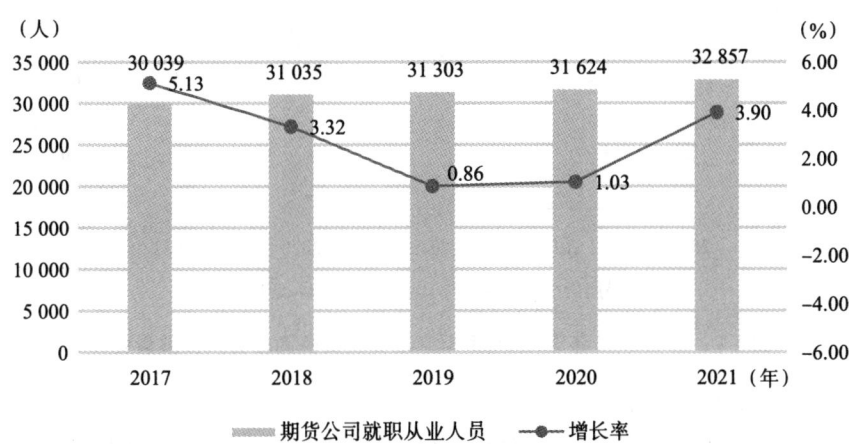

图 1-2-3　2017 年末至 2021 年末期货公司就职从业人员数量变化

3. 证券公司就职从业人员数量持续上升

截至 2021 年 12 月 31 日,证券公司就职从业人员数量为 37 437 人,较 2020 年末增加 1 872 人,增幅 5.27%(见图 1-2-4)。

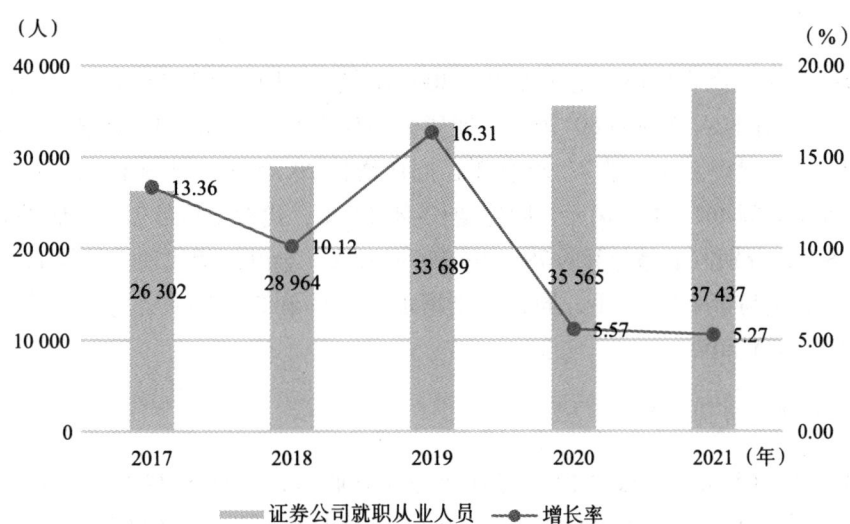

图 1-2-4　2017 年末至 2021 年末证券公司就职从业人员数量变化

4. 获得期货投资咨询业务从业资格人员比例增加

截至 2021 年 12 月 31 日,在期货公司就职从业人员中,共有 4 678 人获得期货投资咨询业务从业资格,占比为 14.24%(见图 1-2-5)。

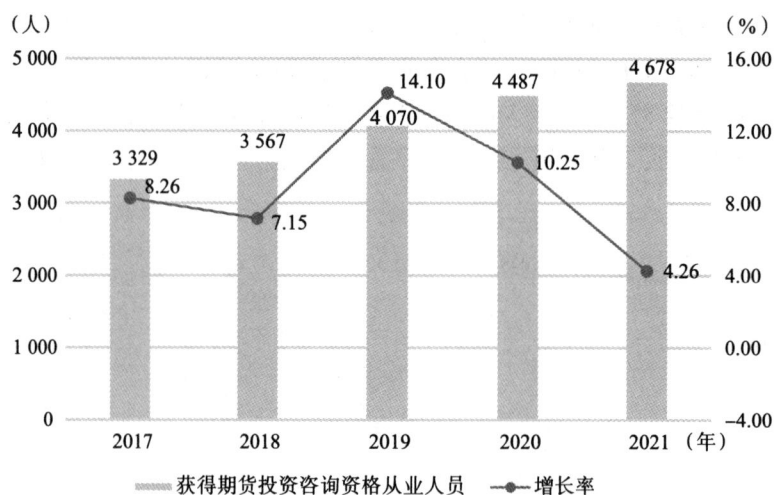

图 1-2-5 2017 年末至 2021 年末期货投资咨询业务人员数量变化

5. 外籍从业人员情况

截至 2021 年 12 月 31 日,共有 88 名外籍及港澳台地区人士在期货公司任职,其中,美国 13 人,英国 1 人,加拿大 5 人,澳大利亚 2 人,日本 1 人,马来西亚 1 人,港澳台地区 65 人。

二、期货公司业务发展情况

（一）经纪业务

2021 年全国期货公司经纪业务收入 300.01 亿元,同比增长 55.53%（见图 1-2-6）,占营业收入总额的 60.70%。期货公司代理交易额 580.17 万亿元,同比增长 33.15%,代理交易总量 77.90 亿手,同比增长 29.45%（见图 1-2-7）。商品期货代理交易额 461.74 万亿元,同比增长 44.12%,代理交易量 73.86 亿手同比增长 24.78%,分别占全部份额的 79.59% 和 94.80%。金融期货代理交易额 118.43 万亿元,代理交易量 4.05 亿手,同比分别增加 2.67% 和 310.79%,分别占全部份额的 20.41% 和 5.20%。

（二）投资咨询业务

2021 年,65 家期货公司投资咨询业务实现收入,共计 1.77 亿元,同比增长 39.37%,占营业收入比重为 0.36%。其中,该项业务收入超过 1 000 万元的公司有 4 家（见表 1-2-4）。

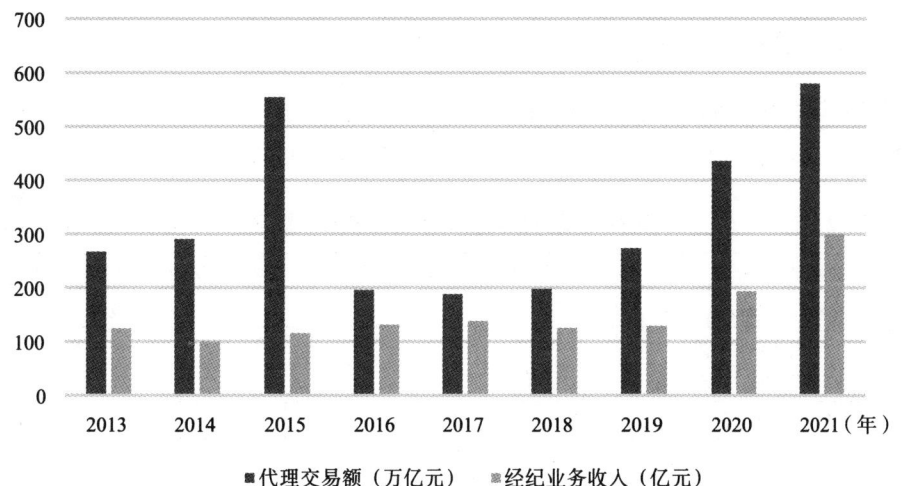

图 1-2-6 期货公司代理交易额、经纪业务收入年度变化

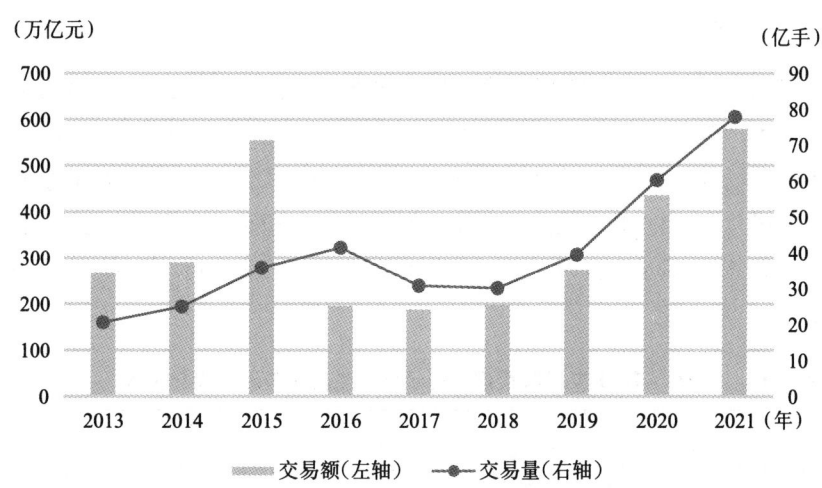

图 1-2-7 期货公司代理交易额和交易量年度变化

表 1-2-4 2021 年期货投资咨询业务收入情况

收入规模	2021 年公司数量（家）	2020 年公司数量（家）
1 000 万元及以上	4	3
500 万元—1 000 万元	2	2
100 万元—500 万元	14	16
50 万元—100 万元	11	5
10 万元—50 万元	19	24
10 万元以下	15	14

(三) 资产管理业务

2021年,107家期货公司资产管理业务实现收入,共计10.76亿元,同比增长19.96%,该项业务收入超过1 000万元的共有29家(见表1-2-5)。

表1-2-5　　　　　2021年期货公司资产管理业务收入情况

收入规模	2020年公司数量(家)	2021年公司数量(家)
1 000万元及以上	21	29
500万元—1 000万元	13	8
100万元—500万元	38	31
50万元—100万元	8	11
10万元—50万元	27	18
10万元以下	11	10

(四) 风险管理业务

截至2021年末,共有97家风险管理公司通过协会备案,其中82家公司备案了仓单服务业务,87家公司备案了基差贸易业务,51家公司备案了合作套保业务,72家公司备案了场外衍生品业务(见表1-2-6),54家公司备案了做市业务。97家风险管理公司总资产1 245.02亿元,同比增长32%;净资产322.24亿元,同比增长19%。全年业务收入2 628.59亿元,同比增长26%;全年净利润20.79亿元,同比增长84%。

表1-2-6　　2020-2021年风险管理公司场外衍生品业务新增变化情况

工具类型	名义本金			交易确认书		
	2021年1—12月累计新增(亿元)	2020年1—12月累计新增(亿元)	同比(%)	2021年1—12月累计新增(笔)	2020年1—12月累计新增(笔)	同比(%)
远期	984.71	413.47	138	18 825	12 891	46
互换	2 763.78	573.78	382	13 851	3 936	252
期权	12 573.89	7 473.51	68	161 697	72 406	123

注:数据仅限中国期货业协会统计范畴。

第三节　中国期货市场对外开放情况

一、中国期货市场对外开放总体情况

2021年,中国证监会继续积极有序推进中国期货市场对外开放,在品种、机构

等方面均呈现出良好态势，进一步提高了我国期货市场和期货业竞争力，提升了相关期货品种价格的国际影响力。

一是大力推动期货品种国际化。继此前原油、铁矿石、PTA、20 号胶、低硫燃料油、国际铜、棕榈油作为特定品种对外开放后，2021 年，上市原油、棕榈油期权并引入境外交易者参与，成为首批对外开放的商品期权，国际化品种数量增至 9 个。二是多元化推动双向开放。支持期货公司境外子公司完成增资，2021 年，6 家期货公司的境外子公司完成增资总计 9.6 亿港元，1 家期货公司在新加坡新设一级子公司，截至 2021 年末，全国期货公司共设立 21 家境外子公司，其中 20 家位于中国香港，1 家位于新加坡，为境外实体企业提供综合金融服务的能力不断增强。完善特定品种境外布局，打通境外投资者提货路径，上期所低硫燃料油期货首推境外设库试点，服务东南亚、中东客户境外提货需求。

二、中国期货业协会国际合作及交流情况

2021 年 12 月 5 日，中国期货业协会成功举办了第 17 届中国（深圳）国际期货大会（以下简称大会）。中国证监会副主席方星海、深圳市委副书记艾学峰出席了会议。大会紧紧围绕"赋能大宗商品科学定价 促进实体经济高质量发展"主题，突破时空限制，采用线上线下相结合，北京深圳直播连线方式举行。

在交易所圆桌论坛上，来自 7 家境内证券期货交易所、2 家境外交易所及中证商品指数公司的高层人员，围绕提高中国定价影响力等话题深入探讨。嘉吉亚太区主席兼企业战略负责人施孟泽（Marcel Smits）分享了境外监管机构对不同类型交易商的监管模式和经验。

机构圆桌论坛上，6 家期货经营机构负责人就如何发挥期货市场功能，利用专业能力服务中小微企业等话题进行了精彩分享。同时大会聚焦不同期现货品种，设置了能源化工、黑色金属、有色贵金属、绿色金融、农产品和金融期货 6 个分论坛。通过大会平台，业界深入探讨，充分交流。

分论坛上，上海证券交易所、深圳证券交易所、北京证券交易所、上海期货交易所、郑州商品交易所、大连商品交易所、中国金融期货交易所、广州期货交易所、中国期货市场监控中心、中证商品指数公司 10 家行业核心机构协办单位和中信期货、永安期货、南华期货、新湖期货等 8 家经营机构协办单位，共同策划制作了超过 20 小时的视频内容，为观众奉上一场知识盛宴。业内外专家学者围绕"双碳"背景下的绿色经济转型、金融及衍生品交易如何赋能实体经济高质量发展等问题深入探讨，献计献策。

大会吸引了 279.45 万人次线上参会，其影响力进一步提升，有效发挥了政府与市场、境内与境外、现货与期货等各方交流合作、共谋发展的重要平台作用。

三、期货交易所对外开放情况

（一）上海期货交易所对外开放情况

1. 上市原油期权，推动我国原油期货市场更高水平对外开放

2021年6月21日，以原油期货为标的的原油期权在上海国际能源交易中心成功上市，成为我国首批以人民币计价对外开放的期权品种。上市后，原油期权市场运行平稳，成交持仓快速增长，境内外投资者参与积极，期权定价合理，市场影响初步显现。

2. 做优、做精、做强原油期货，服务产业需求，提升国际化水平

一是新增阿联酋穆尔班原油作为新的交割油种，更好覆盖了国内主要进口油种。二是调整交割油种品级标准。根据伊拉克国家石油公司对巴士拉原油新的分级标准，按照现货市场变化，将原有的巴士拉轻油（Ⅰ）和（Ⅱ）合并调整为新的标准。三是研究优化TAS指令，不断完善原油期货交易工具。四是积极开展境外推广活动，提升境外投资者参与度。上海原油期货自上市以来，境外参与者不断攀升，目前客户分布在六大洲20多个国家和地区，包括亚洲、非洲、欧洲、北美洲、南美洲和大洋洲，备案的境外中介机构达75家。

3. 促进国际铜期货功能稳步发挥，推动期货价格逐步成为跨境贸易定价基准

一是品种期货功能进一步发挥。确保国际铜期货交易、交割、仓单质押融资等主要业务流程落地；新批准3家指定交割仓库和2个注册品牌，仓库和可交割资源稳步拓展；铜产业链企业开始运用国际铜开展套期保值，品种服务实体经济的功能逐步显现。二是品种服务跨境贸易的功能逐步显现。多家境内外企业签署合作协议书，约定在电解铜和铜精矿跨境贸易中，使用国际铜期货价格作为合同计价和结算的基准。三是市场自发形成保税区内现货人民币报价，打破我国铜资源进口只用美元报价的长期禁锢，帮助上海自贸区临港新片区进一步巩固其东亚铜国际贸易中心的市场地位。同时，以铜国际贸易为基础，扩大了人民币使用场景和使用规模，进一步夯实人民币国际化基础。

4. 低硫燃料油期货运行平稳，积极构建国际定价体系

一是"境内交割＋境外提货"的跨境交收业务模式顺利落地。跨国贸易企业已成功尝试在新加坡以上期能源低硫燃料油期货计价签订码头提货（EXW bunker）和驳船加注（delivered bunker）的供应合同。二是形成公允的中国船燃报价。2021年6月21日，上期所与浙江国际油气交易中心联合研发编制的"中国舟山低硫燃料油保税船供报价"正式发布，成为首个以国内期货市场价格为定价基础的人民币报价机制。三是发布低硫燃料油期货的月均结算价。月均结算价是标的期货合约在计价期月份每一交易日结算价的算术平均值，旨在将人民币定价模式延伸至保税船燃行业的长约贸易。

5. 20号胶

2021年2月,保税交割20号胶通过中欧班列复运出境,成功将我国期货市场资源配置功能与价格影响力的辐射范围拓展至东南亚和欧洲,不仅为稳定全球橡胶产业链做出贡献,也为"一带一路"沿线国家抗击疫情、保障民生、恢复经济注入新动力,更将上海20号胶价格推向全球,提升了我国天然橡胶市场的国际影响力。

6. 纸浆成功进入欧洲市场,国际影响力持续提升

挪威浆纸交易所于2020年10月16日上市了基于上海期货交易所纸浆期货交割结算价的上海纸浆期货合约。目前,"上海纸浆"价格在北欧市场受到广泛关注,欧洲市场影响力逐步扩大,未来有望成为欧洲浆纸企业在中国及亚洲市场长协定价的重要参考和依据。

7. 国际合作及交流情况

一是加强与境外交易所合作关系。2021年8月与泰国期货交易所(TFEX)签署了谅解合作备忘录,为后续合作奠定了框架基础。

二是探索与境外机构多种路径合作。与新加坡亚太交易所的转委托业务合作进入实践阶段,以亚太交易所旗下子公司亚太期货公司获得新加坡衍生品经纪牌照并申请上期能源境外特殊经纪参与者资格的方式,将境外客户引入我国期货市场参与交易。亚太期货公司已于2021年9月获批成为上期能源在新加坡的首家境外特殊经纪参与者。

三是持续研究推进与境外交易所探索结算价授权合作模式,进一步加强上海期货交易所跨境务实合作。

四是参与全球期货业协会(FIA)、世界交易所联合会(WFE)等国际组织的各类会员大会、行业会议。

8. 开展多种形式境外推广活动,提升境外交易者参与度

一是持续推行"大推广"工作机制。2021开展业务宣讲推广活动20余场,涉及上万人,覆盖地区包括新加坡、中国香港、日本、英国、韩国、德国等;继续与新加坡交易所、日本交易所等境外交易所联合举办境外市场推广活动;借力期货公司会员、境外特参及境外中介举办更大范围更多形式的境外推广活动,并正式启动境外合作办会。

二是做好外事交流工作。线上会晤芝加哥商业交易所(CME)、日本交易所集团(JPX)、新加坡交易所(SGX)等境外机构。线上参加第二届中日资本市场论坛、Fastmarkets铜业研讨会、第37届亚太石油峰会等国际重要会议并发言。

三是推出第二期"直通车"英语系列投教课程,为境外投资者及经纪机构提供了解上期能源各项业务的"一站式"直达窗口。

9. 获得国际重要奖项

参加《期货期权世界》杂志(FOW)主办的"2021年度亚洲资本市场"奖项参评工作,上期所荣获"最佳衍生品交易所""最佳大宗商品交易所""最佳新衍生

品合约""最佳中国交易所""最佳首席执行官"奖项。

（二）郑州商品交易所对外开放情况

1. 不断提升 PTA 期货的国际影响力

郑商所开展系列活动提升 PTA 期货的国际影响力。一是推动 PTA 期货价格首次写入跨境贸易合同，彰显"中国价格"影响力。二是创新方式深耕境外市场培育，联合境内外机构举办跨境市场培育活动。三是根据境外市场需求特点，编制 PTA 期货"百问百答"双语参与指南，为境外客户了解郑商所产品及业务规则提供便利。

2. 持续深化 BPI 价格指数期货研发工作

巴拿马型船干散货航运市场参与主体众多，现货国际化程度较高，航线覆盖主要大宗商品进出口国家和地区。郑商所积极推进波罗的海巴拿马型船干散货运价指数（BPI 指数）期货研发，中国证监会已同意郑商所 BPI 指数期货作为特定品种立项。

3. 成功举办"2021 中国（郑州）国际期货论坛"

2021 年 9 月 1 日至 2 日，郑商所联合郑州市人民政府、芝加哥商业交易所集团共同举办的"2021 中国（郑州）国际期货论坛"在"云端"成功召开。本届论坛权威发声，强化期货助力国家实现更高水平对外开放共识。论坛上，方星海副主席强调期货市场应当积极作为，加快构建服务国内大市场、对接内外"双循环"的国际定价和风险管理平台。

4. 与境外交易所深化合作关系

2021 年 11 月 1 日，郑商所与马来西亚衍生品交易所（BMD）签署谅解备忘录，推动双方交易所在信息共享、高层互访、培训教育、联合活动等方面开展交流合作，进一步加强与"一带一路"沿线交易所的合作力度。此外，郑商所与"一带一路"沿线的多家境外交易所保持常态化联系，积极探索开展业务合作。

5. 优化境外行情服务

2021 年，郑商所下属技术公司郑州易盛信息技术有限公司完成伦敦金属交易所（LME）行情直连，新加坡交易所（SGX）逐笔行情优化，马来西亚衍生品交易所（BMD）、巴西证券期货交易所（B3）行情授权对接等工作。郑州易盛信息技术有限公司已搭建的全球路由平台通过快速链路连接郑州、上海、香港、新加坡、芝加哥、伦敦等全球主要金融城市，承载全球主流交易所直连行情。

6. 稳妥开展外事工作

在疫情防控常态化背景下，郑商所密切跟踪疫情发展动态和境内外出入境变化，做好形势预研预判，通过线上形式积极开展外事活动，保障线上国际会议团组应参尽参。2021 年共办理线上国际会议团组 10 批 97 人次。创新开展跨境交流，联合标普普氏就干散货、甲醇、动力煤指数业务举行三场跨境业务交流活动。

(三) 大连商品交易所对外开放情况

2021年,大商所进一步扩大境内特定品种范围,多点推进对外开放及对外交流,持续提高市场国际影响力。

1. 棕榈油期权顺利上市并同步引入境外交易者

2021年6月18日,棕榈油期权合约正式在大商所挂牌交易,这是中国首个引入境外交易者参与交易的期权合约。从2020年棕榈油期货引入境外交易者,到2021年棕榈油期权的对外开放,大商所已率先在棕榈油这个全进口商品上实现期货期权、场内场外和国内国际的全覆盖。至此,大商所共有铁矿石期货、棕榈油期货及期权3个特定品种引入了境外交易者参与交易。

2. 收取铁矿石期货合约申报费和持续推广铁矿石保税交割

为提高铁矿石期货合约订单质量,确保市场稳定运行,大商所从2021年11月26日起,对当日在铁矿石期货合约上交易信息量笔数超过一定标准的客户和非期货公司会员收取申报费。该措施充分对标和借鉴芝加哥商业交易所(CME)、洲际交易所(ICE)、欧洲期货交易所(Eurex)等境外成熟衍生品市场对市场客户一定规模以上报撤单行为采取的收费、限制等监管措施,以优化国内市场业务,进一步防范潜在运行风险和优化交易结构,保障铁矿石期货市场平稳运行。此外,在大连、青岛两家保税仓库基础上,大商所2021年继续与江苏、河北港口和海关沟通,推进增加设立保税仓库。

3. 丰富境外客户参与路径

2021年2月,大商所发布《大连商品交易所境外特殊参与者管理办法》,并对《大连商品交易所交易管理办法》等17部规则中的相关规定进行了修改,配套系统建设稳步推进。此外,合格境外投资者(QFII)参与大商所商品期货期权相关规则于2021年11月发布,进一步丰富境外客户参与大商所市场的路径和方式。

4. 积极拓展境外市场

一是积极举办或参加境外市场活动,宣传中国及大连期货市场,2021年面向境外累计组织参加50余场线上交流活动或国际会议,包括摩根大通全球投资者线上论坛等;二是全年新增备案境外中介机构11家共14组,其中包括首家来自阿联酋的境外中介,截至2021年底共有来自11个国家和地区的71家境外中介机构在大商所备案;三是推动境外产业客户参与,与淡水河谷、力拓、三井物产、森达美油脂等境外背景产业客户交流,面向境外客户召开铁矿石合约规则优化说明会;四是与境外机构客户及其他金融机构建立直接的沟通机制,就国际化业务开展情况及国际衍生品市场热点等进行探讨交流;五是依托存管银行、会员等的海外分支及客户资源开展境外市场宣传,并就创新业务等进行调研并听取各类境外主体建议,推动交易所国际化业务发展;六是全面升级向境外机构推送的英文信息月刊,及时推送交易所最新业务进展、规则变化等,全年共推送12期。

5. 国际合作及交流情况

一是积极探索交易所间跨境合作。联合多家境外交易所，对合约外挂、订单路由等交易所间跨境合作方式做了大量的研究探索，并形成了初步方案。

二是积极在境外设立分支机构和持牌，更好服务境外参与者，开发国际市场。目前大商所在新加坡设立海外办事处，主要负责信息收集和市场拓展工作。持有新加坡金管局颁发的 RMO 市场认可运营商牌照，以及香港证监会颁发的自动化交易牌照（ATS）。

三是参加线上会议及展览宣传交易所。在疫情防控常态化时期，大商所以线上国际会议为契机，提高国际影响力。参加 2021 年度棕榈与月桂油价格走势展望线上会议（Virtual POC2021），宣传大连期货市场。参加国际互换与衍生工具协会（ISDA）2021 年线上年会、全球交易所技术研讨会、摩根大通商品期货和期权线上会议、摩根大通全球中国峰会，进一步加强与国际协会和机构的沟通交流。

（四）中国金融期货交易所对外开放情况

1. 对外开放情况

2021 年，中金所立足于我国资本市场对外开放整体布局，积极探索金融期货市场对外开放有效模式并研究论证开放方案。研究分析境外市场及相关产品，持续推动境内外机构调研和方案设计，了解市场需求与意见建议，努力服务于境外投资者对我国资本市场日益增长的投资和风险管理需求。持续推进中长期资金入市，改善市场发展生态，QFII、RQFII 参与股指期权市场已于 2021 年 10 月正式获中国证监会批准。

同时，深入推进中欧国际交易所（以下简称中欧所）及巴基斯坦证券交易所（以下简称巴交所）"一带一路"国际化项目发展，促进双边市场实质性合作。

2. 国际合作及交流情况

2021 年，中金所持续加强国际交流合作和外资机构服务，优化规则制度，加强交易所国际化品牌建设。

一是充分利用国际组织平台资源。联合全球期货业协会（FIA）开展程序化交易监管交流及调研，积极参与亚洲证券业和金融市场协会（ASIFMA）《中国证券市场白皮书》和国际互换与衍生工具协会（ISDA）《中国衍生品市场白皮书》调研讨论，深入听取行业关于金融期货市场生态的反馈建议，参与 FIA 亚太区市场发展研讨会、ASIFMA 年度金融市场峰会等线上国际会议并发言。此外，积极参与国际证监会组织（IOSCO）国际投资者周活动，开展金融知识普及知识竞赛和提升投资者财经素养鸣锣活动，交流宣传中国资本市场投教投保故事。

二是持续深化与境外合作伙伴的交流与合作探讨。与英国驻沪总领事馆以及伦敦证券交易所、香港交易所、芝加哥商业交易所、日本交易所、德意志交易所、巴基斯坦证券交易所等多次开展业务交流探讨。积极加强与境外市场机构沟通交流，与汇丰银行合作开展国债期货市场交流会，出席美银证券中国资本市场论坛并发言，全年累计调研近 40 家外资机构，了解外资机构参与金融期货市场实践案例、经验和投资需求，并基于其建议和诉求稳步推动交易所业务规则及工作机制不断优化。

（五）广州期货交易所对外开放情况

广期所从成立伊始就秉持"国际化"目标，积极开展与境外市场的合作与交流工作，为对外开放打下坚实基础。一是致力于研究制定特定交易品种对外开放的制度和规则，广泛听取外资期货公司和境外市场参与者市场意见和建议，推动首批产品的对外开放。二是分别与香港交易所、德意志交易所签署谅解备忘录，推动彼此在绿色领域特别是碳排放权以及其他产品的合作。三是积极与新加坡交易所、马来西亚交易所等"一带一路"沿线市场以及世界交易所联合会（WFE）等国际组织接触并开展对话交流。

（六）中证商品指数公司对外开放情况

一是积极做好指数对外开放相关研究准备工作，翻译研究境外基准指数相关规则，了解监管要求与市场需求。2021 年，着重研究了国际证监会组织《金融基准原则》、欧盟《基准监管条例》、指数行业协会《指数提供方最佳实践准则》等，并以此为参考完善公司治理和高标准制定业务规则，为指数"走出去"做好准备。

二是开展国际交流合作，学习借鉴相关经验，探索国际业务模式。通过线上线下相结合的方式，与标普道琼斯指数（S&P Dow Jones Indices）、标普全球普氏（S&P Global Platts）、路孚特（Refinitiv）、彭博（Bloomberg）、中欧国际交易所、香港交易所、山证国际资产管理公司等机构开展业务交流，并积极参加线上国际会议，深入学习借鉴指数编制、数据管理等先进经验，沟通探讨合作机会与方式。

第二章
2021年中国期货市场上市品种运行情况

第一节 上海期货交易所上市品种运行情况[①]

上海期货交易所（以下简称"上期所"，SHFE）2021年全年累计成交量为24.46亿手，占全国期货市场成交量的32.55%，同比增长14.90%；全年累计成交额为214.58万亿元，占全国期货市场成交额的36.92%，同比增长40.43%。目前对外开放的品种有国际铜、低硫燃料油、20号胶、原油、原油期权。境外中介机构备案方面，来自10个国家（地区）的75家境外中介机构完成了委托代理业务备案，共吸纳来自中国香港地区和新加坡的3家境外特殊经纪参与者。2021年上期所成交较为活跃的品种有纸浆、锌、锡、铜、天然橡胶、石油沥青、热轧卷板、燃料油、铅、镍、螺纹钢、铝、黄金、不锈钢、白银、铜期权、铝期权、原油、低硫燃料油、20号胶；成交较为低迷的品种有线材、锌期权、天然橡胶期权、黄金期权、国际铜、原油期权，单个品种年成交量在全国占比不足0.1%。2021年上期所新上市的品种是原油期权。

[①] 本部分数据进行了四舍五入处理。

一、铜期货、期权运行情况

(一) 期货、期权交易情况(见表2-1-1~表2-1-6)

表2-1-1　　　　　　　　2021年铜期货月度交易情况

月度	成交量 (万手)	同比变化 (%)	成交金额 (亿元)	同比变化 (%)	月末持仓量 (万手)	同比变化 (%)
1月	520.00	130.33	15 299.11	176.97	28.19	4.03
2月	574.23	105.59	18 496.96	189.72	37.84	2.58
3月	780.21	56.49	25 990.03	153.49	34.69	2.57
4月	609.75	46.83	20 970.55	144.51	37.16	12.67
5月	657.72	84.97	24 437.00	216.54	33.31	4.21
6月	514.81	1.93	18 037.95	53.41	29.16	-17.52
7月	444.83	-36.01	15 476.81	-12.92	30.81	-2.74
8月	464.44	-13.87	16 076.29	16.58	32.32	3.11
9月	420.49	-30.28	14 589.96	-6.32	28.03	-3.96
10月	505.74	44.92	18 265.87	102.76	34.42	13.56
11月	519.10	-4.05	18 235.78	26.30	38.59	6.35
12月	399.40	-43.70	13 845.44	-32.57	33.22	5.51
总计	6 410.72	12.15	219 721.75	55.46	—	—

数据来源:上海期货交易所。

表2-1-2　　　　　　　　2020—2021年铜期货年度交易情况

年度	成交量 (万手)	同比变化 (%)	成交金额 (万亿元)	同比变化 (%)	年末持仓量 (万手)	同比变化 (%)
2020年	5 716.42	56.53	14.13	61.99	31.48	29.83
2021年	6 410.72	12.15	21.97	55.46	33.22	5.51

数据来源:上海期货交易所。

表2-1-3　　　　　　　　2020—2021年铜期货内外盘年度交易情况

年度	成交量(万手)		年末持仓量(万手)	
	上期所(SHFE)	LME (伦敦金属交易所)	上期所(SHFE)	LME (伦敦金属交易所)
2020年	5 716.42	3 260.61	31.48	38.43
2021年	6 410.72	2 969.14	33.22	29.77

注:上期所铜期货交易单位为5吨/手,LME铜期货交易单位为25吨/手。

数据来源:上海期货交易所、LME(伦敦金属交易所)。

表 2-1-4　　　　　　　　　　2021 年铜期权月度交易情况

月度	成交量（万手）	同比变化（%）	成交量看跌/看涨（PCR）	成交金额（亿元）	同比变化（%）	月末持仓量（万手）	同比变化（%）
1月	48.59	64.30	1.260	14.23	101.81	3.34	28.83
2月	54.57	133.30	1.073	25.67	303.01	4.19	17.98
3月	75.06	113.92	0.961	28.76	57.59	4.19	32.23
4月	76.63	175.57	0.652	24.02	152.34	3.37	-1.66
5月	71.38	185.75	1.078	31.59	431.63	4.10	13.67
6月	81.86	102.23	1.003	30.48	341.80	3.45	0.53
7月	72.77	47.70	0.823	23.14	85.61	3.82	3.82
8月	95.30	89.42	1.087	25.48	133.42	4.56	51.16
9月	76.53	54.68	1.024	22.16	90.35	3.36	2.11
10月	72.83	144.37	0.793	29.06	398.22	3.44	14.84
11月	84.89	65.14	1.210	24.70	97.98	3.51	6.18
12月	83.17	70.92	1.384	16.36	2.30	3.14	20.39
总计	893.62	94.15	1.029	295.67	139.67	3.14	20.39

数据来源：上海期货交易所。

表 2-1-5　　　　　　　　　2020—2021 年铜期权年度交易情况

年度	成交量（万手）	同比变化（%）	成交量看跌/看涨（PCR）	成交金额（亿元）	同比变化（%）	年末持仓量（万手）	同比变化（%）
2020 年	460.26	9.65	1.150	123.36	8.64	2.61	-19.13
2021 年	893.62	94.15	1.029	295.67	139.67	3.14	20.39

数据来源：上海期货交易所。

表 2-1-6　　　　　　　　2020—2021 年铜期权内外盘年度交易情况

年度	成交量（万手）			年末持仓量（万手）		
	上期所（SHFE）	LME（伦敦金属交易所）	CME Group（芝商所集团）	上期所（SHFE）	LME（伦敦金属交易所）	CME Group（芝商所集团）
2020 年	460.26	176.54	42.81	2.61	8.22	1.61
2021 年	893.62	163.82	74.87	3.14	9.83	2.70

注：上期所铜期权交易单位为 5 吨/手，LME 铜期权交易单位为 25 吨/手，CME Group 铜期权交易单位为 25 000 磅/手。

数据来源：上海期货交易所、LME（伦敦金属交易所）、FIA（国际期货业协会）。

（二）交割、行权情况（见表2-1-7～表2-1-10）

表2-1-7　　　　　　　　2021年铜期货月度交割情况

月度	交割量（手）	同比变化（%）	交割金额（亿元）	同比变化（%）
1月	2 445	-59.11	7.26	-50.48
2月	3 215	-84.21	9.29	-80.05
3月	13 865	-39.26	46.73	-5.01
4月	9 510	23.37	31.87	23.46
5月	10 245	117.75	38.11	276.95
6月	11 960	44.53	41.85	113.03
7月	6 525	101.39	22.34	163.08
8月	4 325	30.47	15.20	82.32
9月	1 855	-56.51	6.47	-41.62
10月	355	-94.71	1.31	-92.35
11月	1 750	21.53	6.25	63.46
12月	875	-48.83	3.01	-38.72
总计	66 925	-29.72	229.69	4.59

数据来源：上海期货交易所。

表2-1-8　　　　　　　　2020—2021年铜期货年度交割情况

年度	交割量（手）	同比变化（%）	交割金额（亿元）	同比变化（%）
2020年	95 255	24.00	219.60	18.66
2021年	66 925	-29.72	229.69	4.59

数据来源：上海期货交易所。

表2-1-9　　　　　　　　2021年铜期权月度行权情况

月度	行权量（手）
1月	1 980
2月	3 866
3月	4 199
4月	4 904
5月	5 204
6月	5 510
7月	3 634
8月	5 387
9月	3 468
10月	4 300

续表

月度	行权量（手）
11 月	3 957
12 月	3 676
总计	50 085

数据来源：上海期货交易所。

表 2-1-10　　2020—2021 年铜期权年度行权情况

年度	行权量（手）	同比变化（%）
2020 年	36 329	31.55
2021 年	50 085	37.87

数据来源：上海期货交易所。

（三）价格走势（见图 2-1-1、表 2-1-11、表 2-1-12）

图 2-1-1　2021 年铜期货内外盘和国内现货市场价格走势

数据来源：上海期货交易所、LME（伦敦金属交易所）、上海有色网。

表 2-1-11　　2021 年铜期货内外盘和国内现货市场价格指标

市场分类	2020 年末收盘价	2021 年盘中最高价	2021 年盘中最低价	2021 年末收盘价	全年涨跌	结算价平均价	标准差	极差
上期所主力价格（元/吨）	57 750	78 270	56 860	70 380	12 630	68 400	4 154.25	21 410
LME 连续价格（美元/吨）	7 753.5	10 556	7 752	9 755	2 001.5	9 358	544.80	2 804
上海有色网 1 号电解铜现货价格（元/吨）	57 910	76 900	57 180	69 920	12 010	68 553	4 228.87	19 720

数据来源：上海期货交易所、LME（伦敦金属交易所）、上海有色网。

表2-1-12　　　2021年铜期货内外盘和国内现货市场价格相关性

价格选择	相关系数
上期所主力结算价与LME连续价格	0.97
上期所主力结算价与铜现货市场价格	0.99

数据来源：上海期货交易所、LME（伦敦金属交易所）、上海有色网。

二、国际铜期货运行情况

（一）期货交易情况（见表2-1-13~表2-1-15）

表2-1-13　　　　　2021年国际铜期货年度交易情况

年度	成交量（万手）	同比变化（%）	成交金额（万亿元）	同比变化（%）	年末持仓量（万手）	同比变化（%）
2021年	483.33	769.29	1.48	936.62	1.12	-46.14

数据来源：上海国际能源交易中心。

表2-1-14　　　　2020—2021年国际铜期货内外盘年度交易情况

年度	成交量（万手）		年末持仓量（万手）	
	上期能源（INE）	LME（伦敦金属交易所）	上期能源（INE）	LME（伦敦金属交易所）
2020年	55.60	3 260.61	0.14	38.43
2021年	483.33	2 969.14	1.12	29.77

注：上期能源铜期货交易单位为5吨/手，LME铜期货交易单位为25吨/手。
数据来源：上海国际能源交易中心、LME（伦敦金属交易所）。

（二）交割情况

表2-1-15　　　　　2021年国际铜期货年度交割情况

年度	交割量（手）	同比变化（%）	交割金额（亿元）	同比变化（%）
2021年	22 690	—	70.20	—

数据来源：上海国际能源交易中心。

（三）价格走势（见图 2－1－2、表 2－1－16、表 2－1－17）

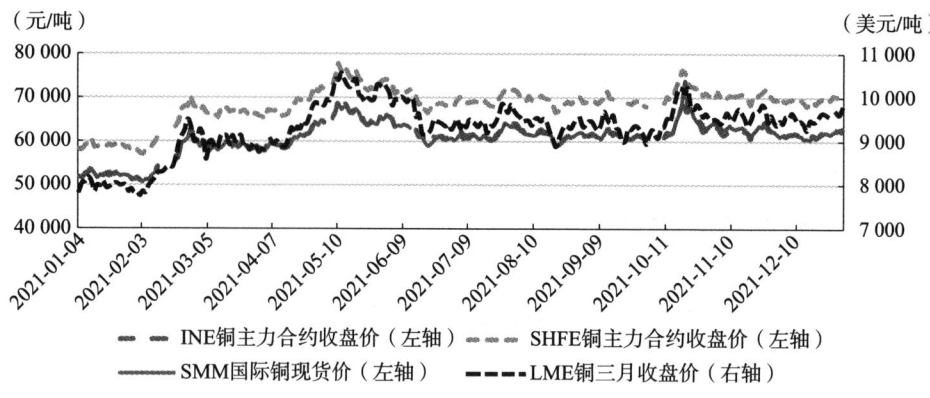

图 2－1－2　2021 年国际铜期货内外盘和国内现货市场价格走势

数据来源：上海国际能源交易中心、LME（伦敦金属交易所）、上海有色网。

表 2－1－16　2021 年国际铜期货内外盘和国内现货市场价格指标

市场分类	2020 年末收盘价	2021 年盘中最高价	2021 年盘中最低价	2021 年末收盘价	全年涨跌	结算价平均价	标准差	极差
上期能源主力价格（元/吨）	51 450	71 050	50 640	62 880	11 430	60 869	3 739	20 410
LME 连续价格（美元/吨）	7 753.5	10 556	7 752	9 755	2 001.5	9 358	544.8	2 804
上海有色网国际铜现货价格（元/吨）	51 355	73 880	50 665	62 160	10 805	60 743	3 886	23 215

数据来源：上海国际能源交易中心、LME（伦敦金属交易所）、上海有色网。

表 2－1－17　2021 年国际铜期货内外盘和国内现货市场价格相关性

价格选择	相关系数
上期能源主力结算价与 LME 连续价格	0.97
上期能源主力结算价与国际铜现货市场价格	0.99

数据来源：上海国际能源交易中心、LME（伦敦金属交易所）、上海有色网。

三、铝期货、期权运行情况

(一) 期货、期权交易情况（见表 2–1–18 ~ 表 2–1–22）

表 2–1–18　　　　　2021 年铝期货月度交易情况

月度	成交量 （万手）	同比变化 （%）	成交金额 （亿元）	同比变化 （%）	月末持仓量 （万手）	同比变化 （%）
1 月	600.76	185.87	4 508.43	204.46	38.32	23.43
2 月	642.26	201.77	5 220.46	260.58	50.18	31.56
3 月	1 244.22	201.18	10 769.31	323.88	50.18	9.08
4 月	998.78	100.62	9 007.37	201.06	54.99	19.72
5 月	1 172.85	169.53	11 284.99	308.10	54.99	6.22
6 月	870.38	106.66	8 105.76	186.25	46.22	3.45
7 月	816.98	45.22	7 849.12	96.60	52.77	36.22
8 月	952.73	104.24	9 685.37	187.36	64.45	97.65
9 月	1 453.20	201.11	16 370.32	376.00	47.12	68.89
10 月	1 714.91	502.11	19 179.50	828.05	53.79	81.43
11 月	1 532.38	195.86	14 746.19	269.94	49.82	29.83
12 月	1 146.33	46.62	11 124.53	76.73	49.81	54.81
总计	13 145.79	148.67	127 851.33	243.62	—	—

数据来源：上海期货交易所。

表 2–1–19　　　　　2020—2021 年铝期货年度交易情况

年度	成交量 （万手）	同比变化 （%）	成交金额 （万亿元）	同比变化 （%）	年末持仓量 （万手）	同比变化 （%）
2020 年	5 286.47	61.38	3.72	63.58	32.18	–7.77
2021 年	13 145.79	148.67	12.79	243.62	49.81	54.81

数据来源：上海期货交易所。

表 2–1–20　　　　　2020—2021 年铝期货内外盘年度交易情况

年度	成交量（万手）		年末持仓量（万手）	
	上期所（SHFE）	LME （伦敦金属交易所）	上期所（SHFE）	LME （伦敦金属交易所）
2020 年	5 286.47	6 452.07	32.18	93.49
2021 年	13 145.79	5 767.03	49.81	73.06

注：上期所铝期货交易单位为 5 吨/手，LME 铝期货交易单位为 25 吨/手。

数据来源：上海期货交易所、LME（伦敦金属交易所）。

表 2-1-21　　　　　　　　　　2021 年铝期权月度交易情况

月度	成交量（万手）	同比变化（%）	成交量看跌/看涨（PCR）	成交金额（亿元）	同比变化（%）	月末持仓量（万手）	同比变化（%）
1月	31.97	—	0.80	2.18	—	1.72	—
2月	27.96	—	0.81	3.29	—	2.46	—
3月	45.74	—	1.04	5.78	—	2.98	—
4月	59.26	—	0.84	5.90	—	5.43	—
5月	59.11	—	0.81	7.95	—	3.61	—
6月	47.41	—	0.97	5.18	—	2.53	—
7月	50.93	—	0.71	4.73	—	2.86	—
8月	85.68	2 209.15	0.92	8.17	2 416.52	5.93	512.71
9月	124.72	997.86	0.79	17.47	2 154.98	5.61	436.75
10月	86.23	779.72	0.83	17.17	3 596.65	5.40	413.08
11月	67.74	161.41	0.80	10.10	430.14	3.70	137.02
12月	74.13	119.01	0.82	7.10	131.30	3.04	111.62
总计	760.93	799.07	0.84	95.03	1 353.01	—	—

数据来源：上海期货交易所。

表 2-1-22　　　　　　　　2020—2021 年铝期权内外盘年度交易情况

年度	成交量（万手）		年末持仓量（万手）	
	上期所（SHFE）	LME（伦敦金属交易所）	上期所（SHFE）	LME（伦敦金属交易所）
2020 年	84.64	244.93	1.44	13.28
2021 年	760.93	313.68	3.04	22.24

注：上期所铝期权单位为 5 吨/手，LME 铝期权单位为 25 吨/手。
数据来源：上海期货交易所、LME（伦敦金属交易所）。

（二）交割、行权情况（见表 2-1-23～表 2-1-25）

表 2-1-23　　　　　　　　　　2021 年铝期货月度交割情况

月度	交割量（手）	同比变化（%）	交割金额（亿元）	同比变化（%）
1月	3 165	−75.82	2.36	−75.40
2月	4 165	−78.46	3.24	−75.28
3月	13 820	−29.53	12.12	−3.17
4月	6 580	−63.51	5.93	−44.70
5月	14 440	5.79	14.18	59.33

续表

月度	交割量（手）	同比变化（%）	交割金额（亿元）	同比变化（%）
6月	3 250	-11.20	3.09	22.16
7月	3 950	-56.52	3.82	-43.20
8月	2 495	-79.65	2.52	-71.48
9月	3 275	-70.56	3.65	-54.97
10月	4 900	-41.81	5.80	-7.53
11月	14 020	52.72	13.55	88.72
12月	10 580	1 137.43	10.09	1 321.59
总计	84 640	-38.80	80.36	-15.59

数据来源：上海期货交易所。

表2-1-24　　2020—2021年铝期货年度交割情况

年度	交割量（手）	同比变化（%）	交割金额（亿元）	同比变化（%）
2020年	138 300	-26.92	95.20	-27.55
2021年	84 640	-38.80	80.36	-15.59

数据来源：上海期货交易所。

表2-1-25　　2021年铝期权月度行权情况

月度	行权量（手）
1月	3 042
2月	3 625
3月	5 914
4月	5 995
5月	8 790
6月	7 949
7月	5 635
8月	9 780
9月	23 870
10月	12 898
11月	18 624
12月	7 509
总计	113 631

数据来源：上海期货交易所。

(三)价格走势(见图2-1-3、表2-1-26、表2-1-27)

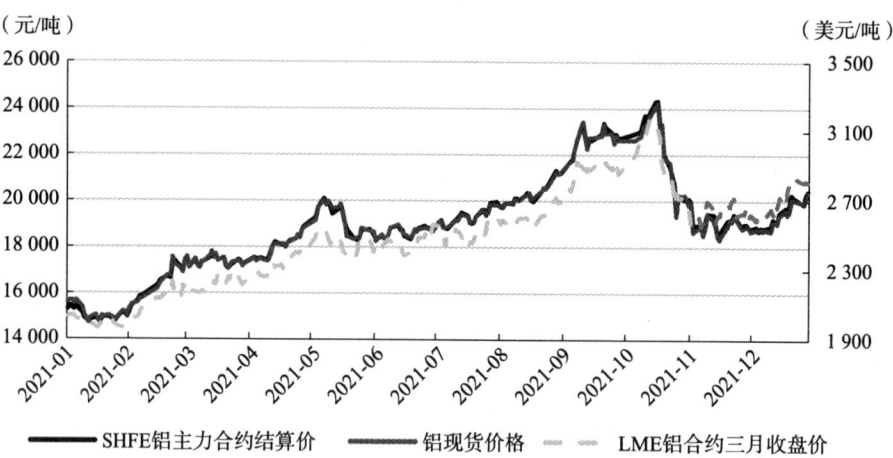

图2-1-3　2021年铝期货内外盘和国内现货市场价格走势

数据来源:上海期货交易所、LME(伦敦金属交易所)、上海有色网。

表2-1-26　　　　2021年铝期货内外盘和国内现货市场价格指标

市场分类	2020年末收盘价	2021年盘中最高价	2021年盘中最低价	2021年末收盘价	全年涨跌	结算价平均价	标准差	极差
上期所主力价格(元/吨)	15 460	24 820	14 620	20 380	4 870	18 931.03	2 119.67	10 200
LME连续价格(美元/吨)	1 979.5	3 171.5	1 964	2 807.5	828	2 485.93	284.11	1 207.5
上海有色网A00铝现货价格(元/吨)	15 710	24 240	14 720	20 350	4 640	18 903.66	2 075.84	9 520

数据来源:上海期货交易所、LME(伦敦金属交易所)、上海有色网。

表2-1-27　　　　2021年铝期货内外盘和国内现货市场价格相关性

价格选择	相关系数
上期所主力结算价与LME连续价格	0.95
上期所主力结算价与铝现货市场价格	0.99

数据来源:上海期货交易所、LME(伦敦金属交易所)、上海有色网。

四、锌期货、期权运行情况

(一) 期货、期权交易情况 (见表 2-1-28~表 2-1-32)

表 2-1-28　　　　2021 年锌期货月度交易情况

月度	成交量（万手）	同比变化（%）	成交金额（亿元）	同比变化（%）	月末持仓量（万手）	同比变化（%）
1月	459.53	40.07	4 715.32	57.90	18.20	-8.03
2月	380.83	56.84	3 968.73	93.20	14.37	-37.75
3月	649.29	39.03	7 003.76	95.29	14.54	-30.38
4月	550.73	46.73	5 994.83	102.37	15.14	-34.67
5月	599.20	43.08	6 735.29	94.75	16.40	-23.55
6月	595.71	18.32	6 628.81	58.71	14.85	-25.11
7月	555.49	-27.34	6 177.79	-9.25	15.77	-32.26
8月	563.37	-16.26	6 316.97	-3.75	14.57	-31.07
9月	540.53	-16.20	6 131.22	-2.92	14.37	-19.77
10月	830.89	100.89	10 397.53	158.21	14.83	-19.86
11月	623.80	7.45	7 264.92	22.27	16.49	-25.96
12月	584.76	-5.85	6 914.18	4.00	21.03	13.82
总计	6 934.13	14.94	78 249.36	40.92	—	—

数据来源：上海期货交易所。

表 2-1-29　　　　2020—2021 年锌期货年度交易情况

年度	成交量（万手）	同比变化（%）	成交金额（万亿元）	同比变化（%）	年末持仓量（万手）	同比变化（%）
2020 年	6 033.44	-15.11	5.55	-22.88	18.48	-19.04
2021 年	6 934.13	14.94	7.82	40.92	21.03	13.82

数据来源：上海期货交易所。

表 2-1-30　　　　2020—2021 年锌期货内外盘年度交易情况

年度	成交量（万手）		年末持仓量（万手）	
	上期所（SHFE）	LME（伦敦金属交易所）	上期所（SHFE）	LME（伦敦金属交易所）
2020 年	6 033.44	2 354.21	18.48	29.96
2021 年	6 934.13	2 204.08	21.03	28.39

注：上期所锌期货交易单位为 5 吨/手，LME 锌期货交易单位为 25 吨/手。

数据来源：上海期货交易所、LME（伦敦金属交易所）。

表 2-1-31　　　　　2020—2021 年锌期权年度交易情况

年度	成交量（万手）	同比变化（%）	成交量看跌/看涨（PCR）	成交金额（亿元）	同比变化（%）	年末持仓量（万手）	同比变化（%）
2020 年	118.39	—	0.880	13.14	—	1.10	—
2021 年	439.52	271.25	0.794	57.81	340.07	2.05	86.32

数据来源：上海期货交易所。

表 2-1-32　　　　　2020—2021 年锌期权内外盘年度交易情况

年度	成交量（万手）		年末持仓量（万手）	
	上期所（SHFE）	LME（伦敦金属交易所）	上期所（SHFE）	LME（伦敦金属交易所）
2020 年	118.39	100.69	1.10	4.16
2021 年	439.52	105.58	2.05	6.17

注：上期所锌期权单位为 5 吨/手，LME 锌期权单位为 25 吨/手。
数据来源：上海期货交易所、LME（伦敦金属交易所）。

（二）交割、行权情况（见表 2-1-33 ~ 表 2-1-35）

表 2-1-33　　　　　2021 年锌期货月度交割情况

月度	交割量（手）	同比变化（%）	交割金额（亿元）	同比变化（%）
1 月	2 435	-1.02	2.55	14.21
2 月	1 985	-75.43	1.99	-71.06
3 月	4 040	-44.24	4.39	-22.41
4 月	4 685	-32.98	5.05	-8.86
5 月	2 270	-22.39	2.52	4.34
6 月	1 030	-70.78	1.15	-60.09
7 月	450	-90.08	0.49	-87.90
8 月	890	-79.30	1.00	-76.13
9 月	425	-84.71	0.48	-82.81
10 月	1 445	-26.28	1.85	-2.11
11 月	2 315	45.60	2.67	65.72
12 月	3 785	95.61	4.36	110.26
总计	25 755	-46.70	28.50	-32.49

数据来源：上海期货交易所。

表2-1-34　　　　　　2020—2021年锌期货年度交割情况

年度	交割量（手）	同比变化（%）	交割金额（亿元）	同比变化（%）
2020年	48 325	-13.17	42.22	-27.09
2021年	25 755	-46.70	28.50	-32.49

数据来源：上海期货交易所。

表2-1-35　　　　　　2020—2021年锌期权年度行权情况

年度	行权量（手）	同比变化（%）
2020年	8 254	—
2021年	39 980	384.37

数据来源：上海期货交易所。

（三）价格走势（见图2-1-4、表2-1-36、表2-1-37）

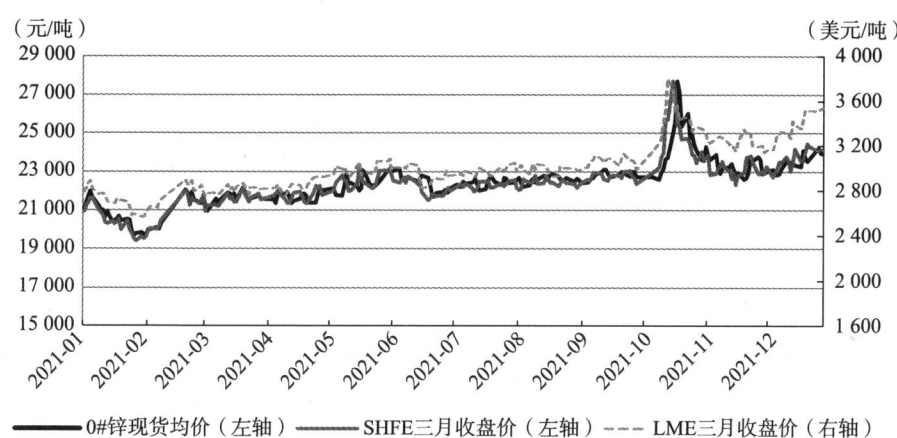

图2-1-4　2021年锌期货内外盘和国内现货市场价格走势

数据来源：上海期货交易所、LME（伦敦金属交易所）、上海有色网。

表2-1-36　　　　　　2021年锌期货内外盘和国内现货市场价格指标

市场分类	2020年末收盘价	2021年盘中最高价	2021年盘中最低价	2021年末收盘价	全年涨跌	结算价平均价	标准差	极差
上期所主力价格（元/吨）	20 675	27 720	19 325	24 125	3 449	22 356.71	1 184.69	8 395
LME连续价格（美元/吨）	2 751	3 794.5	2 792	3 534	783	3 007.38	250.70	1 002.5
上海有色网0#锌锭现货价格（元/吨）	21 120	27 690	19 690	23 940	2 820	22 416.52	230.50	8 000

数据来源：上海期货交易所、LME（伦敦金属交易所）、上海有色网。

表2-1-37　　2021年锌期货内外盘和国内现货市场价格相关性

价格选择	相关系数
上期所主力结算价与LME连续价格	0.94
上期所主力结算价与锌现货市场价格	0.91

数据来源：上海期货交易所、LME（伦敦金属交易所）、上海有色网。

五、铅期货运行情况

（一）期货交易情况（见表2-1-38～表2-1-40）

表2-1-38　　2021年铅期货月度交易情况

月度	成交量（万手）	同比变化（%）	成交金额（亿元）	同比变化（%）	月末持仓量（万手）	同比变化（%）
1月	175.70	184.40	1 323.08	184.86	6.92	52.93
2月	151.00	213.84	1 169.61	239.06	8.73	67.00
3月	242.04	181.03	1 820.86	206.48	7.35	63.60
4月	186.84	256.31	1 413.50	292.31	8.07	84.60
5月	196.28	159.30	1 520.50	185.80	9.85	93.6
6月	222.05	203.09	1 710.49	224.59	12.53	119.27
7月	246.75	153.29	1 961.64	166.91	12.44	167.69
8月	230.81	141.89	1 791.40	134.45	14.26	191.24
9月	221.60	118.99	1 626.98	111.28	11.91	218.61
10月	246.26	190.81	1 922.71	214.37	9.50	74.99
11月	213.12	42.48	1 639.15	46.99	8.57	17.87
12月	194.54	-0.47	1 497.80	3.31	7.69	17.46
总计	2 526.98	125.39	19 397.73	134.60		

数据来源：上海期货交易所。

表2-1-39　　2020—2021年铅期货年度交易情况

年度	成交量（万手）	同比变化（%）	成交金额（万亿元）	同比变化（%）	年末持仓量（万手）	同比变化（%）
2020年	1 121.16	45.41	8 268.46	30.03	6.54	8.67
2021年	2 526.98	125.36	1.94	134.60	7.69	17.46

数据来源：上海期货交易所。

表 2-1-40　　2020—2021 年铅期货内外盘年度交易情况

年度	成交量（万手）		年末持仓量（万手）	
	上期所（SHFE）	LME（伦敦金属交易所）	上期所（SHFE）	LME（伦敦金属交易所）
2020 年	1 121.16	1 119.02	6.54	13.01
2021 年	2 526.98	1 045.98	7.69	11.70

注：上期所铅期货交易单位为 5 吨/手，LME 铅期货交易单位为 25 吨/手。
数据来源：上海期货交易所、LME（伦敦金属交易所）。

（二）交割情况（见表 2-1-41、表 2-1-42）

表 2-1-41　　2021 年铅期货月度交割情况

月度	交割量（手）	同比变化（%）	交割金额（亿元）	同比变化（%）
1 月	4 205	28.59	3.13	28.12
2 月	1 855	-42.48	1.41	-39.43
3 月	6 910	275.54	5.15	293.20
4 月	7 995	3 897.50	5.94	4 080.48
5 月	6 645	10 975.00	5.01	11 938.50
6 月	8 140	314.25	6.20	347.74
7 月	9 360	37.24	7.38	38.69
8 月	9 075	301.55	6.97	282.37
9 月	8 770	182.45	6.43	176.41
10 月	7 885	255.18	6.03	277.00
11 月	9 455	324.94	7.24	342.62
12 月	9 925	147.82	7.55	157.09
总计	90 220	189.21	68.42	193.82

数据来源：上海期货交易所。

表 2-1-42　　2020—2021 年铅期货年度交割情况

年度	交割量（手）	同比变化（%）	交割金额（亿元）	同比变化（%）
2020 年	31 195	33.56	23.29	-5.18
2021 年	90 220	189.21	68.42	193.82

数据来源：上海期货交易所。

(三）价格走势（见图2-1-5、表2-1-43、表2-1-44）

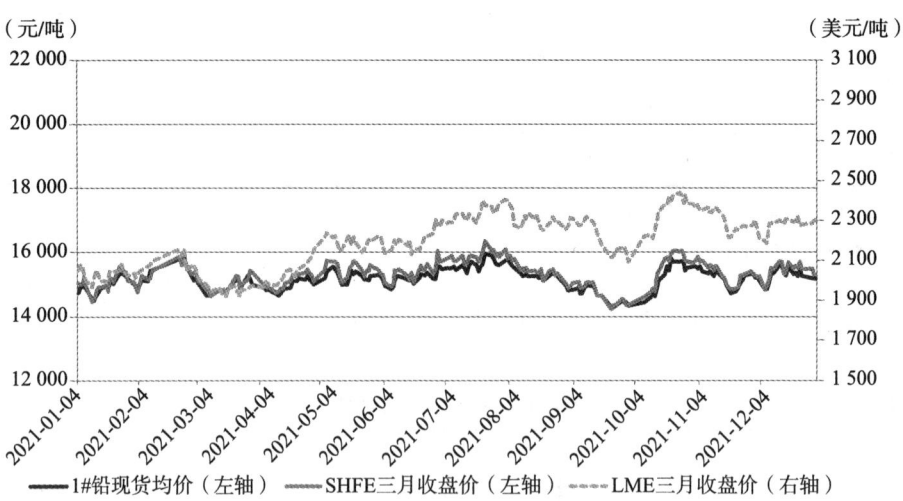

图2-1-5　2021年铅期货内外盘和国内现货市场价格走势

数据来源：上海期货交易所、LME（伦敦金属交易所）、上海有色网。

表2-1-43　　2021年铅期货内外盘和国内现货市场价格指标

市场分类	2020年末收盘价	2021年盘中最高价	2021年盘中最低价	2021年末收盘价	全年涨跌	结算价平均价	标准差	极差
上期所主力价格（元/吨）	14 625	16 420	14 055	15 300	675	15 313	393.64	2 365
LME连续价格（美元/吨）	1 994	2 438.5	1 920.5	2 304	310	2 206	161.54	518
上海有色网1号铅锭现货价格（元/吨）	14 750	15 950	14 300	15 175	425	15 168	336.73	1 650

数据来源：上海期货交易所、LME（伦敦金属交易所）、上海有色网。

表2-1-44　　2021年铅期货内外盘和国内现货市场价格相关性

价格选择	相关系数
上期所主力结算价与LME连续价格	0.60
上期所主力结算价与铜现货市场价格	0.96

数据来源：上海期货交易所、LME（伦敦金属交易所）、上海有色网。

六、镍期货运行情况

(一) 期货交易情况 (见表 2-1-45~表 2-1-47)

表 2-1-45　　　　　2021 年镍期货月度交易情况

月度	成交量 (万手)	同比变化 (%)	成交金额 (亿元)	同比变化 (%)	月末持仓量 (万手)	同比变化 (%)
1月	1 951.85	50.11	25 776.46	80.84	26.71	-14.97
2月	1 193.97	22.90	16 427.39	62.87	24.74	-0.33
3月	2 141.23	69.14	26 583.10	115.62	23.59	28.26
4月	1 665.59	55.72	20 602.80	97.91	25.34	31.12
5月	1 449.27	6.85	18 834.70	36.93	21.71	3.11
6月	1 325.00	13.66	17 573.70	46.41	22.77	5.45
7月	1 348.71	-34.58	18 915.77	-14.60	23.30	-13.41
8月	1 565.23	-23.12	22 448.19	-4.12	27.99	-9.50
9月	1 528.68	-13.33	22 329.29	8.38	18.54	-14.89
10月	1 248.70	14.74	18 529.45	42.82	19.10	-29.57
11月	997.42	-38.55	14 573.99	-24.22	28.19	-13.40
12月	800.92	-64.79	11 752.07	-58.94	29.63	-5.00
总计	17 216.56	-4.23	234 346.91	17.27		

数据来源：上海期货交易所。

表 2-1-46　　　　　2020—2021 年镍期货年度交易情况

年度	成交量 (万手)	同比变化 (%)	成交金额 (万亿元)	同比变化 (%)	年末持仓量 (万手)	同比变化 (%)
2020 年	17 976.41	12.04	19.98	8.67	31.19	-21.91
2021 年	17 216.56	-4.23	23.43	17.27	29.63	-5.00

数据来源：上海期货交易所。

表 2-1-47　　　　　2020—2021 年镍期货内外盘年度交易情况

年度	成交量（万手）		年末持仓量（万手）	
	上期所（SHFE）	LME (伦敦金属交易所)	上期所（SHFE）	LME (伦敦金属交易所)
2020 年	17 976.41	1 758.37	31.19	27.13
2021 年	17 216.56	1 677.46	29.63	24.46

注：上期所镍期货交易单位为 1 吨/手，LME 镍期货交易单位为 6 吨/手。

数据来源：上海期货交易所、LME（伦敦金属交易所）。

(二) 交割情况 (见表 2-1-48、表 2-1-49)

表 2-1-48　　　　　2021 年镍期货月度交割情况

月度	交割量（手）	同比变化（%）	交割金额（亿元）	同比变化（%）
1 月	7 146	-14.32	9.73	7.99
2 月	2 604	-79.25	3.44	-73.76
3 月	3 420	-37.64	4.10	-25.04
4 月	2 436	-58.36	2.97	-47.84
5 月	1 218	-82.05	1.59	-76.67
6 月	1 464	-86.41	1.93	-82.22
7 月	2 418	-75.28	3.35	-68.28
8 月	1 860	-81.37	2.75	-75.91
9 月	2 910	-71.15	4.31	-63.94
10 月	1 842	-79.21	2.70	-73.94
11 月	2 802	-62.46	4.10	-53.94
12 月	1 788	-76.25	2.56	-73.98
总计	31 908	-69.17	43.52	-61.81

数据来源：上海期货交易所。

表 2-1-49　　　　　2020—2021 年镍期货年度交割情况

年度	交割量（手）	同比变化（%）	交割金额（亿元）	同比变化（%）
2020 年	103 494	52.65	113.95	42.14
2021 年	31 908	-69.17	43.52	-61.81

数据来源：上海期货交易所。

(三) 价格走势 (见图 2-1-6、表 2-1-50、表 2-1-51)

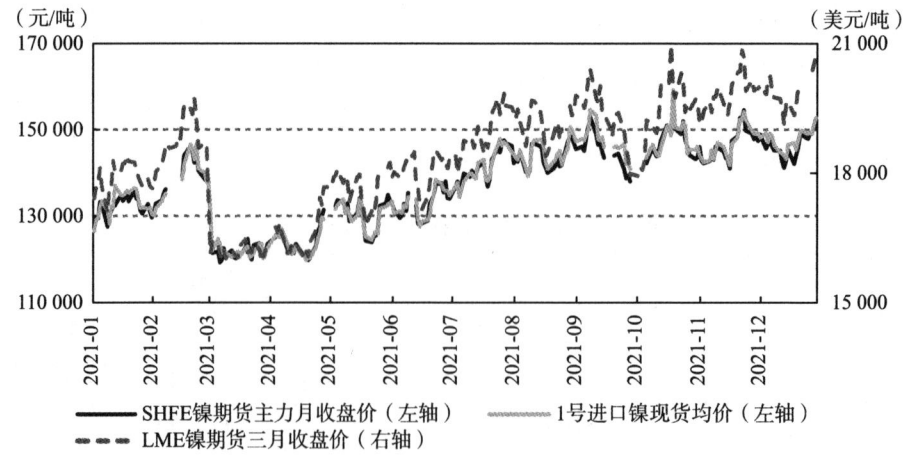

图 2-1-6　2021 年镍期货内外盘和国内现货市场价格走势

数据来源：上海期货交易所、LME (伦敦金属交易所)、上海有色网。

表 2 – 1 – 50　　　　2021 年镍期货内外盘和国内现货市场价格指标

市场分类	2020 年末收盘价	2021 年盘中最高价	2021 年盘中最低价	2021 年末收盘价	全年涨跌	结算价平均价	标准差	极差
上期所主力价格（元/吨）	123 580	161 600	118 000	152 080	28 500	137 372	9 289	43 600
LME 连续价格（美元/吨）	16 613	20 963	15 948	20 757	4 144	18 467	1 241	5 015
上海有色网 1 号进口镍现货价格（元/吨）	124 700	159 200	119 700	152 800	28 100	137 867	9 681	39 500

数据来源：上海期货交易所、LME（伦敦金属交易所）、上海有色网。

表 2 – 1 – 51　　　　2021 年镍期货内外盘和国内现货市场价格相关性

价格选择	相关系数
上期所主力结算价与 LME 连续价格	0.97
上期所主力结算价与镍现货市场价格	0.99

数据来源：上海期货交易所、LME（伦敦金属交易所）、上海有色网。

七、锡期货运行情况

（一）期货交易情况（见表 2 – 1 – 52 ~ 表 2 – 1 – 54）

表 2 – 1 – 52　　　　2021 年锡期货月度交易情况

月度	成交量（万手）	同比变化（％）	成交金额（亿元）	同比变化（％）	月末持仓量（万手）	同比变化（％）
1 月	227.10	199.91	3 704.43	255.76	8.07	121.10
2 月	273.52	792.63	4 915.47	1 092.55	6.45	-4.87
3 月	282.37	137.57	4 981.77	247.47	5.44	-29.99
4 月	210.78	53.93	3 872.79	126.46	5.17	-8.82
5 月	199.42	88.84	3 948.04	184.09	6.90	50.98
6 月	236.72	135.54	4 870.27	254.43	6.58	103.72
7 月	229.02	56.59	5 119.64	145.03	5.47	29.31
8 月	225.36	56.95	5 318.12	157.05	5.63	40.05
9 月	226.60	67.18	5 944.96	204.51	4.05	-0.25
10 月	197.77	134.34	5 503.98	346.83	6.33	67.90
11 月	213.18	95.11	5 906.42	267.68	7.58	66.23
12 月	179.40	24.47	5 095.00	133.51	7.72	46.99
总计	2 701.24	102.88	59 180.89	220.04	—	—

数据来源：上海期货交易所。

表 2-1-53　　2020—2021 年锡期货年度交易情况

月度	成交量（万手）	同比变化（%）	成交金额（亿元）	同比变化（%）	月末持仓量（万手）	同比变化（%）
2020 年	1 331.43	310.16	1.85	307.17	5.25	16.67
2021 年	2 701.24	102.88	5.92	220.04	7.72	46.99

数据来源：上海期货交易所。

表 2-1-54　　2020—2021 年锡期货内外盘年度交易情况

年度	成交量（万手）		年末持仓量（万手）	
	上期所（SHFE）	LME（伦敦金属交易所）	上期所（SHFE）	LME（伦敦金属交易所）
2020 年	1 331.43	124.25	5.25	1.77
2021 年	2 701.24	103.01	7.72	1.53

注：上期所锡期货交易单位为 1 吨/手，LME 锡期货交易单位为 5 吨/手。
数据来源：上海期货交易所、LME（伦敦金属交易所）。

（二）交割情况（见表 2-1-55、表 2-1-56）

表 2-1-55　　2021 年锡期货月度交割情况

月度	交割量（手）	同比变化（%）	交割金额（亿元）	同比变化（%）
1 月	1 890	-61.68	2.91	-58.37
2 月	2 996	—	4.87	—
3 月	1 938	—	3.39	—
4 月	1 726	—	3.08	—
5 月	2 186	328.63	4.30	532.35
6 月	1 796	66.91	3.70	150.00
7 月	2 118	115.68	4.71	238.85
8 月	1 016	14.41	2.43	91.34
9 月	970	-3.58	2.51	74.31
10 月	884	-22.32	2.51	51.20
11 月	1 640	24.43	4.81	149.22
12 月	1 344	24.91	3.93	142.59
总计	20 504	58.63	43.15	133.84

数据来源：上海期货交易所。

表2-1-56　　　　　　　2020—2021年锡期货年度交割情况

年度	交割量（手）	同比变化（%）	交割金额（亿元）	同比变化（%）
2020年	12 926	59.74	18	59.35
2021年	20 504	58.63	43.15	133.84

数据来源：上海期货交易所。

（三）价格走势（见图2-1-7、表2-1-57、表2-1-58）

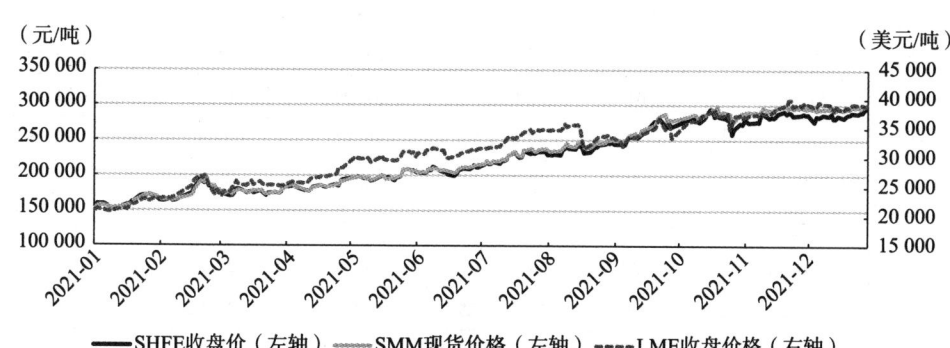

图2-1-7　2021年锡期货内外盘和国内现货市场价格走势

数据来源：上海期货交易所、LME（伦敦金属交易所）、上海有色网。

表2-1-57　　　　2021年锡期货内外盘和国内现货市场价格指标

市场分类	2020年末收盘价	2021年盘中最高价	2021年盘中最低价	2021年末收盘价	全年涨跌	结算价平均价	标准差	极差
上期所主力价格（元/吨）	151 170	296 320	151 000	296 110	144 940	222 987	44 225	145 320
LME连续价格（美元/吨）	20 350	39 878	20 710	38 985	18 635	31 286	5 528	20 300
上海有色网锡锭现货价格（元/吨）	151 750	299 500	152 750	299 500	147 750	226 469	47 661	146 750

数据来源：上海期货交易所、LME（伦敦金属交易所）、上海有色网。

表2-1-58　　　2021年锡期货内外盘和国内现货市场价格相关性

价格选择	相关系数
上期所主力结算价与LME连续价格	0.96
上期所主力结算价与铜现货市场价格	0.99

数据来源：上海期货交易所、LME（伦敦金属交易所）、上海有色网。

八、黄金期货、期权运行情况

(一) 期货、期权交易情况 (见表2-1-59~表2-1-63)

表2-1-59　　　　　　2021年黄金期货月度交易情况

月度	成交量（万手）	同比变化（%）	成交金额（亿元）	同比变化（%）	月末持仓量（万手）	同比变化（%）
1月	397.30	11.17	15 557.36	23.96	19.76	-26.85
2月	316.61	51.01	12 052.48	57.06	18.75	-34.42
3月	480.94	14.30	17 484.92	16.42	20.64	-22.36
4月	368.97	46.17	13 705.20	44.91	20.27	-12.33
5月	405.73	-5.06	15 737.08	-5.54	25.75	6.13
6月	390.78	-1.37	14 844.69	-4.68	26.07	-10.09
7月	346.24	-36.44	13 074.25	-42.09	22.52	-23.38
8月	359.62	-51.71	13 439.35	-57.87	22.21	-29.26
9月	325.51	-47.76	12 118.60	-52.99	20.61	-20.23
10月	282.27	-14.58	10 451.53	-21.80	18.63	-25.27
11月	461.03	-1.63	17 359.88	-6.27	16.67	-26.95
12月	406.21	-12.66	15 014.49	-17.09	17.75	-5.54
总计	4 541.22	-13.34	170 839.83	-17.54	—	—

数据来源：上海期货交易所。

表2-1-60　　　　　　2020—2021年黄金期货年度交易情况

年度	成交量（万手）	同比变化（%）	成交金额（万亿元）	同比变化（%）	年末持仓量（万手）	同比变化（%）
2020年	5 240.55	13.41	20.72	38.16	18.79	-14.33
2021年	4 541.22	-13.34	17.08	-17.54	17.75	-5.54

数据来源：上海期货交易所。

表2-1-61　　　　　　2020—2021年黄金期货内外盘年度交易情况

年度	成交量（万手）		年末持仓量（万手）	
	上期所（SHFE）	COMEX（芝加哥商业交易所）	上期所（SHFE）	COMEX（芝加哥商业交易所）
2020年	5 240.55	7 812.75	18.79	56.01
2021年	4 541.22	5 846.50	17.75	51.26

注：上期所黄金期货交易单位为1 000克/手，COMEX黄金期货交易单位为100盎司/手。

数据来源：上海期货交易所、COMEX。

表2-1-62   2020—2021年黄金期权年度交易情况

年度	成交量（万手）	同比变化（%）	成交量看跌/看涨（PCR）	成交金额（亿元）	同比变化（%）	年末持仓量（万手）	同比变化（%）
2020年	234.74	2 767.83	0.805	156.26	4 778.30	4.01	299.38
2021年	313.62	33.60	0.686	128.46	-17.79	2.69	-32.75

数据来源：上海期货交易所。

表2-1-63   2020—2021年黄金期权内外盘年度交易情况

年度	成交量（万手）		年末持仓量（万手）	
	上期所（SHFE）	CME Group（芝商所集团）	上期所（SHFE）	CME Group（芝商所集团）
2020年	234.74	1 321.34	4.01	88.11
2021年	313.62	831.02	2.69	68.82

注：上期所黄金期权单位为1 000克/手，CME Group黄金期权单位为100盎司/手。
数据来源：上海期货交易所、FIA（国际期货业协会）

（二）交割、行权情况（见表2-1-64～表2-1-66）

表2-1-64   2021年黄金期货月度交割情况

月度	交割量（手）	同比变化（%）	交割金额（万元）	同比变化（%）
1月	0	—	0	—
2月	1 200	205.34	46 080.90	233.32
3月	21	—	773.89	—
4月	555	76.19	20 349.63	72.70
5月	48	—	1 788.19	—
6月	513	-23.66	19 788.46	-20.80
7月	87	—	3 221.44	—
8月	246	-26.79	8 964.73	-38.95
9月	12	-71.43	449.90	-74.43
10月	372	10.71	13 575.77	-0.08
11月	36	—	1 335.60	—
12月	2 079	217.89	75 920.92	202.55
总计	5 169	88.10	192 249.44	81.85

数据来源：上海期货交易所。

表2-1-65   2020—2021年黄金期货年度交割情况

年度	交割量（手）	同比变化（%）	交割金额（亿元）	同比变化（%）
2020年	2 748	27.05	10.57	51.78
2021年	5 169	88.10	19.22	81.85

数据来源：上海期货交易所。

表 2-1-66　　　　　2020—2021 年黄金期权年度行权情况

年度	行权量（手）	同比变化（%）
2020 年	12 794	—
2021 年	15 460	20.84

数据来源：上海期货交易所。

（三）价格走势（见图 2-1-8、表 2-1-67、表 2-1-68）

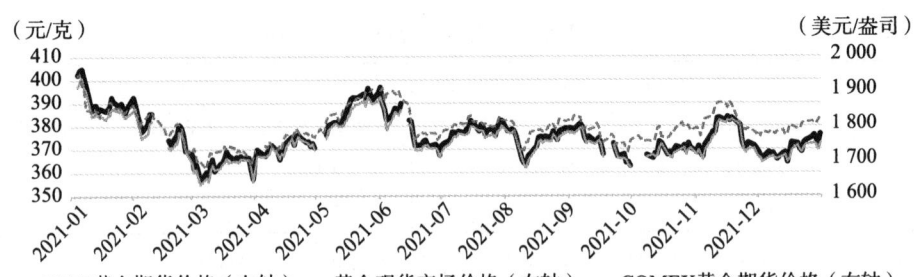

图 2-1-8　2021 年黄金期货内外盘和国内现货市场价格走势

数据来源：上海期货交易所、Wind。

表 2-1-67　　　　　2021 年黄金期货内外盘和国内现货市场价格指标

市场分类	2020 年末收盘价	2021 年盘中最高价	2021 年盘中最低价	2021 年末收盘价	全年涨跌	结算价平均价	标准差	极差
上期所主力价格（元/克）	397.6	406.94	354.58	376.42	-21.18	375.87	9.21	52.36
Comex 主力价格（美元/盎司）	1 901.6	1 962.5	1 673.3	1 830.5	-71.1	1 798.98	49.10	289.2
黄金现货市场价格（元/克）	391.94	400.96	355	372.70	-19.24	374.22	8.56	45.96

数据来源：上海期货交易所、Wind。

表 2-1-68　　　　　2021 年黄金期货内外盘和国内现货市场价格相关性

价格选择	相关系数
上期所主力结算价与 COMEX 黄金期货主力合约收盘价	0.92
上期所主力结算价与 SGE 黄金现货 T+D 结算价	0.99

数据来源：上海期货交易所、Wind。

九、白银期货运行情况

（一）期货交易情况（见表 2-1-69~表 2-1-71）

表 2-1-69　　　　　2021 年白银期货月度交易情况

月度	成交量（万手）	同比变化（%）	成交金额（亿元）	同比变化（%）	月末持仓量（万手）	同比变化（%）
1 月	3 171.53	138.84	25 593.88	193.20	66.98	-6.60
2 月	2 474.32	242.83	21 104.14	346.02	59.84	-10.45

续表

月度	成交量（万手）	同比变化（%）	成交金额（亿元）	同比变化（%）	月末持仓量（万手）	同比变化（%）
3月	2 778.14	105.73	22 286.65	205.76	60.79	-11.62
4月	1 895.89	107.93	15 219.09	203.32	54.91	2.14
5月	2 251.59	3.69	19 368.47	45.20	56.23	-16.42
6月	1 619.55	-30.48	13 577.27	-10.16	58.02	0.07
7月	1 510.61	-60.47	12 233.66	-58.09	55.20	-24.35
8月	1 497.95	-79.88	11 561.19	-83.29	58.76	-23.71
9月	1 349.05	-75.06	10 105.08	-77.86	61.66	-19.77
10月	1 240.06	-57.88	9 200.83	-59.69	64.18	-17.76
11月	1 742.27	-45.57	13 068.33	-46.48	69.91	-4.27
12月	1 614.82	-60.52	11 509.10	-64.49	66.64	-7.79
总计	23 145.76	-35.21	184 827.68	-33.49	—	—

数据来源：上海期货交易所。

表 2-1-70　　　　　2020—2021 年白银期货年度交易情况

年度	成交量（万手）	同比变化（%）	成交金额（亿元）	同比变化（%）	年末持仓量（万手）	同比变化（%）
2020	35 723.21	150.12	277 895.30	210.90	72.27	-5.77
2021	23 145.76	-35.21	184 827.68	-33.49	66.64	-7.79

数据来源：上海期货交易所。

表 2-1-71　　　　　2020—2021 年白银期货内外盘交易情况比较

年度	成交量（万手）		年末持仓量（万手）	
	上期所（内盘）	COMEX（外盘）	上期所（内盘）	COMEX（外盘）
2020年	35 723.21	2 612.68	72.27	17.14
2021年	23 145.76	1 966.95	66.64	14.02

数据来源：上海期货交易所、Reuters。

（二）交割情况（见表 2-1-72、表 2-1-73）

表 2-1-72　　　　　2021 年白银期货月度交割情况

月度	交割量（手）	同比变化（%）	交割金额（亿元）	同比变化（%）
1月	12 498	1 221.14	9.90	1 553.41
2月	49 414	123.94	39.83	181.31
3月	11 208	6 571.43	8.94	9 597.93
4月	6 080	-64.34	4.83	-50.17

续表

月度	交割量（手）	同比变化（%）	交割金额（亿元）	同比变化（%）
5月	4 716	779.85	3.97	1 150.44
6月	19 294	-6.23	16.24	25.67
7月	4 782	174.51	3.90	226.59
8月	4 064	-50.46	3.08	-58.35
9月	6 016	-76.52	4.54	-79.99
10月	3 944	-78.40	2.92	-79.04
11月	3 482	64.56	2.56	55.03
12月	25 206	-50.18	17.37	-54.09
总计	150 704	-10.24	118.07	3.58

数据来源：上海期货交易所。

表2-1-73　　　　2020—2021年白银期货年度交割情况

年度	交割量（手）	同比变化（%）	交割金额（亿元）	同比变化（%）
2 020	167 888	283.81	122.44	368.40
2 021	150 704	-10.24	118.07	3.58

数据来源：上海期货交易所。

（三）价格走势（见图2-1-9、表2-1-74、表2-1-75）

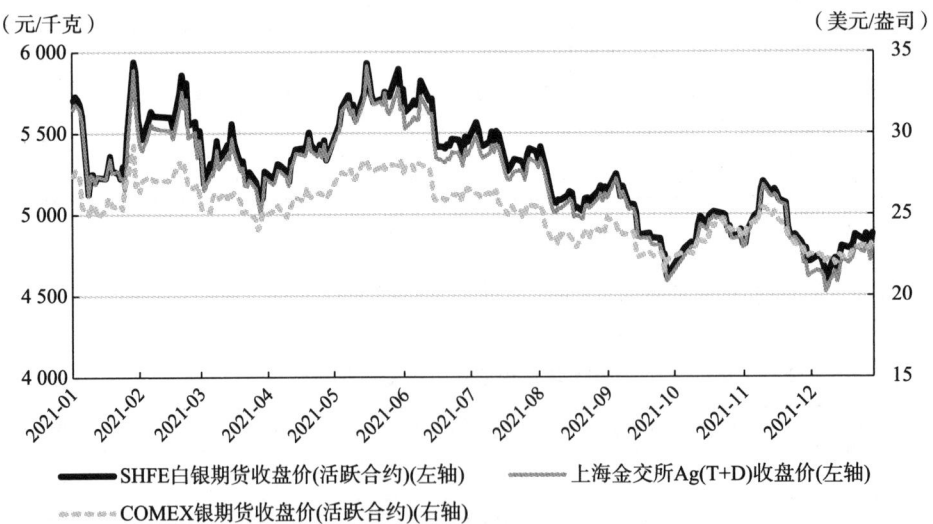

图2-1-9　2021年白银期货内外盘和国内现货市场价格走势

数据来源：上海期货交易所、Reuters。

表 2 - 1 - 74　　　　2021 年白银期货内外盘和国内现货市场价格指标

市场分类	2020 年末收盘价	2021 年盘中最高价	2021 年盘中最低价	2021 年末收盘价	全年涨跌	结算价平均价	标准差	极差
上期所主力合约（元/千克）	5 659	6 085	4 588	4 880	-779	5 259	314	1 497
COMEX 白银期货（美元/盎司）	26.525	30.350	21.410	23.355	3.17	25.162	1.776	8.94
SGE Ag（T+D）（元/千克）	5 528	6 024	4 513	4 806	722	5 207	306	1 511

表 2 - 1 - 75　　　　2021 年白银期货内外盘和现货市场价格相关性

价格选择	相关系数
上期所主力合约结算价与 COMEX 连续价格	0.95
上期所主力合约结算价与现货市场价格	0.99

数据来源：上海期货交易所、CME、Reuters。

十、螺纹钢期货运行情况

（一）期货交易情况（见表 2 - 1 - 76、表 2 - 1 - 77）

表 2 - 1 - 76　　　　　　　2021 年螺纹钢期货月度交易情况

月度	成交量（万手）	同比变化（%）	成交金额（亿元）	同比变化（%）	月末持仓量（万手）	同比变化（%）
1 月	4 226.94	169.94	18 339.42	229.72	161.01	-2.38
2 月	2 556.11	-21.04	11 317.79	3.21	182.25	-25.60
3 月	6 616.51	41.20	31 482.20	95.54	186.66	-11.43
4 月	5 699.50	58.61	29 475.67	147.62	173.56	-2.83
5 月	5 893.85	114.60	31 744.31	232.21	135.50	-19.47
6 月	5 056.35	70.81	25 543.10	140.11	160.59	-12.31
7 月	4 412.82	53.78	24 212.48	129.02	212.77	3.99
8 月	5 808.16	134.74	30 772.01	229.62	162.82	-12.82
9 月	5 307.33	100.99	29 237.73	205.05	152.23	-5.15
10 月	5 563.13	231.53	28 448.75	368.74	237.15	29.80
11 月	9 223.13	304.85	38 910.75	347.26	295.28	63.30
12 月	5 234.84	-10.89	22 977.57	-6.39	255.33	62.07
总计	65 598.67	79.21	322 461.80	141.49	—	—

数据来源：上海期货交易所。

表 2-1-77 2020—2021 年螺纹钢期货年度交易情况

年度	成交量（万手）	同比变化（%）	成交金额（万亿元）	同比变化（%）	年末持仓量（万手）	同比变化（%）
2020 年	36 604.34	-21.31	13.35	-21.21	157.54	-11.94
2021 年	65 598.67	79.21	32.25	141.49	255.33	62.07

数据来源：上海期货交易所。

（二）交割情况（见表 2-1-78、表 2-1-79）

表 2-1-78 2021 年螺纹钢期货月度交割情况

月度	交割量（手）	同比变化（%）	交割金额（万元）	同比变化（%）
1 月	6 180	145.24	25 993.08	166.19
2 月	2 940	2.08	12 248.04	25.90
3 月	5 490	45.24	25 113.69	88.96
4 月	990	6.45	4 970.79	56.28
5 月	1 410	14.63	7 867.80	88.19
6 月	600	100.00	2 913.60	169.78
7 月	840	0.00	4 242.00	38.32
8 月	4 890	2 228.57	25 897.44	3 216.87
9 月	2 850	90.00	15 578.10	180.31
10 月	10 410	171.09	59 201.67	325.89
11 月	1 500	733.33	6 561.00	818.60
12 月	390	—	1 678.17	—
总计	38 490	111.37	192 265.38	194.68

数据来源：上海期货交易所。

表 2-1-79 2020—2021 年螺纹钢期货年度交割情况

年度	交割量（手）	同比变化（%）	交割金额（亿元）	同比变化（%）
2020 年	18 210	-37.81	6.52	-40.16
2021 年	38 490	111.37	19.23	194.68

数据来源：上海期货交易所。

(三)价格走势(见图2-1-10、表2-1-80、表2-1-81)

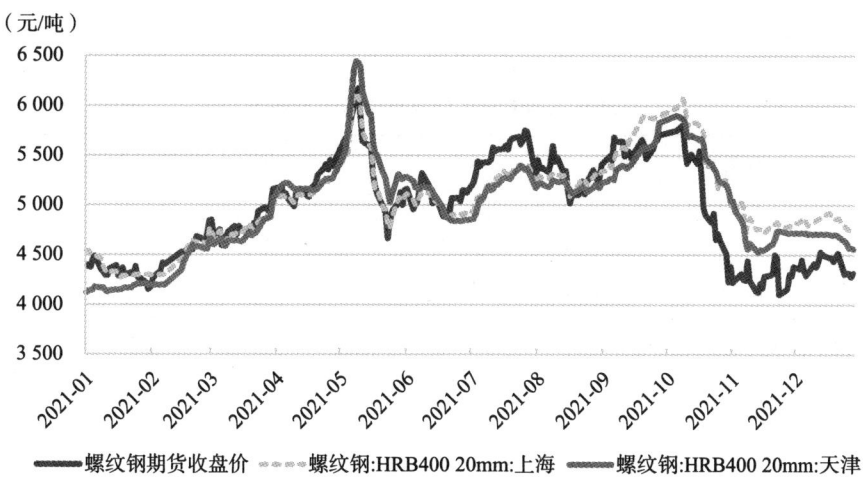

图2-1-10 2021年螺纹钢期货和国内现货市场价格走势

数据来源:上海期货交易所、Wind。

表2-1-80 2021年螺纹钢期货和国内现货市场价格指标

市场分类	2020年末收盘价	2021年盘中最高价	2021年盘中最低价	2021年末收盘价	全年涨跌	结算价平均价	标准差	极差
上期所主力价格(元/吨)	4 388	6 208	3 765	4 315	-73	4 948	503	2 443
上海现货市场价格(元/吨)	4 760	6 120	4 270	4 480	-280	5 038	423	1 850
天津现货市场价格(元/吨)	4 560	6 440	4 120	4 100	-460	4 986	475	2 320

数据来源:上海期货交易所、Wind。

表2-1-81 2021年螺纹钢期货和国内现货市场价格相关性

价格选择	相关系数
上期所主力结算价与上海地区现货价格	0.85
上期所主力结算价与天津地区现货价格	0.86

数据来源:上海期货交易所、Wind。

十一、线材期货运行情况

(一)期货交易情况(见表 2-1-82)

表 2-1-82   2020—2021 年线材期货年度交易情况

年度	成交量(手)	同比变化(%)	成交金额(亿元)	同比变化(%)	年末持仓量(手)	同比变化(%)
2020 年	4 031	-97.68	1.61	-97.64	39	178.57
2021 年	19 537	384.67	10.45	548.74	85	117.95

数据来源:上海期货交易所。

(二)交割情况

2021 年,线材期货全年未发生交割。

(三)价格走势(见图 2-1-11、表 2-1-83、表 2-1-84)

图 2-1-11 2021 年线材期货和国内现货市场价格走势

数据来源:上海期货交易所、Wind。

表 2-1-83   2021 年线材期货和国内现货市场价格指标

市场分类	2020 年末收盘价	2021 年盘中最高价	2021 年盘中最低价	2021 年末收盘价	全年涨跌	结算价平均价	标准差	极差
上期所主力价格(元/吨)	4 710	6 800	4 143	4 393	-317	5 341	594	2 657

续表

市场分类	2020年末收盘价	2021年盘中最高价	2021年盘中最低价	2021年末收盘价	全年涨跌	结算价平均价	标准差	极差
上海现货市场价格（元/吨）	4 780	6 440	4 270	5 030	250	5 138	478	2 170
天津现货市场价格（元/吨）	4 270	6 600	4 390	4 700	430	5 354	508	2 210

数据来源：上海期货交易所、Wind。

表 2-1-84 2021年线材期货和国内现货市场价格相关性

价格选择	相关系数
上期所主力结算价与上海地区现货价格	0.85
上期所主力结算价与天津地区现货价格	0.82

数据来源：上海期货交易所、Wind。

十二、热轧卷板期货运行情况

（一）期货交易情况（见表2-1-85、表2-1-86）

表 2-1-85 2021年热轧卷板期货月度交易情况

月度	成交量（万手）	同比变化（%）	成交金额（亿元）	同比变化（%）	月末持仓量（万手）	同比变化（%）
1月	1 489.05	546.26	6 652.30	706.53	70.87	130.91
2月	853.53	126.29	3 928.14	207.84	71.91	94.45
3月	2 286.64	203.84	11 516.41	359.39	98.95	54.12
4月	2 312.17	207.69	12 706.63	436.71	84.53	70.97
5月	2 326.39	370.69	13 526.75	708.79	71.79	27.72
6月	1 718.30	133.79	9 154.90	250.35	65.41	6.27
7月	1 594.49	149.42	9 299.95	294.12	97.88	48.95
8月	1 824.25	173.18	10 329.82	299.50	65.37	0.61
9月	1 610.20	123.38	9 176.91	236.88	49.70	16.75
10月	1 682.00	328.28	9 077.13	513.94	78.98	49.92
11月	2 737.30	384.64	12 262.51	447.98	117.72	98.85
12月	1 637.27	-14.20	7 487.61	-12.05	101.58	52.61
总计	22 071.59	168.03	115 119.06	269.44	—	—

数据来源：上海期货交易所。

表 2-1-86　　　　2020—2021 年热轧卷板期货年度交易情况

年度	成交量（万手）	同比变化（%）	成交金额（万亿元）	同比变化（%）	年末持仓量（万手）	同比变化（%）
2020 年	8 234.63	16.95	3.12	22.48	66.56	83.00
2021 年	22 071.59	168.03	11.51	269.44	101.58	52.61

数据来源：上海期货交易所。

（二）交割情况（见表 2-1-87、表 2-1-88）

表 2-1-87　　　　　2021 年热轧卷板期货月度交割情况

月度	交割量（手）	同比变化（%）	交割金额（万元）	同比变化（%）
1 月	22 410	347.31	101 763.81	428.82
2 月	3 690	2 975.00	16 667.73	3 961.34
3 月	8 070	5 280.00	40 672.8	7 603.18
4 月	3 150	10 400.00	17 265.15	17 884.53
5 月	13 020	-40.30	78 367.38	5.22
6 月	4 680	254.55	25 936.56	441.29
7 月	1 890	142.31	11 162.34	267.79
8 月	1 980	312.50	11 404.8	489.58
9 月	1 440	242.86	8 424	407.78
10 月	6 960	45.91	40 235.76	115.13
11 月	150	-54.55	708	-47.42
12 月	120	-33.33	594	-20.86
总计	67 560	90.85	353 202.33	178.16

数据来源：上海期货交易所。

表 2-1-88　　　　　2020—2021 年热轧卷板期货年度交割情况

年度	交割量（手）	同比变化（%）	交割金额（亿元）	同比变化（%）
2020 年	35 400	36.73	12.70	35.1
2021 年	67 560	90.85	35.32	178.16

数据来源：上海期货交易所。

（三）价格走势（见图2－1－12、表2－1－89、表2－1－90）

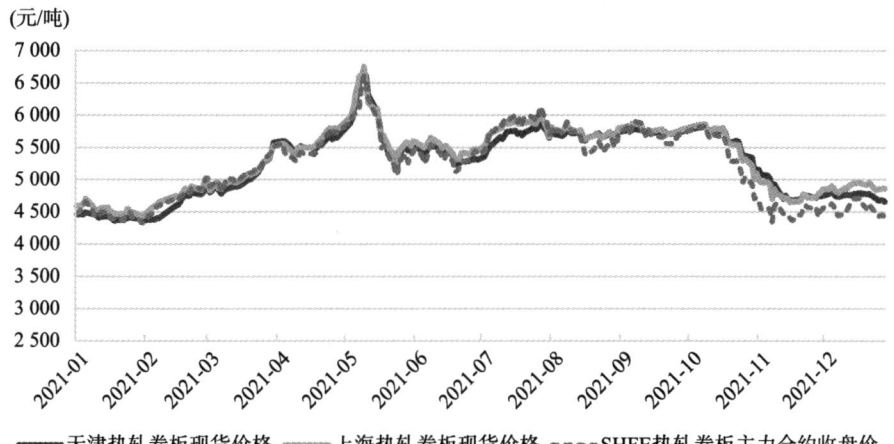

图2－1－12　2021年热轧卷板期货和国内现货市场价格走势

数据来源：上海期货交易所、Wind。

表2－1－89　　　　2021年热轧卷板期货和国内现货市场价格指标

市场分类	2020年末收盘价	2021年盘中最高价	2021年盘中最低价	2021年末收盘价	全年涨跌	结算价平均价	标准差	极差
上期所主力价格（元/吨）	4 554	6 727	4 233	4 411	－143	5 207	549.73	2 494
上海现货价格（元/吨）	4 600	6 750	4 430	4 860	260	5 318	500.43	2 320
天津现货价格（元/吨）	4 460	6 610	4 360	4 660	200	5 258	514.58	2 250

数据来源：上海期货交易所、Wind。

表2－1－90　　　2021年热轧卷板期货和国内现货市场价格相关性

价格选择	相关系数
上期所主力结算价与上海地区现货价格	0.97
上期所主力结算价与天津地区现货价格	0.96

数据来源：上海期货交易所、Wind。

十三、不锈钢期货运行情况

（一）期货交易情况（见表2-1-91、表2-1-92）

表2-1-91　　　　　　　2021年不锈钢期货月度交易情况

月度	成交量（万手）	同比变化（%）	成交金额（亿元）	同比变化（%）	月末持仓量（万手）	同比变化（%）
1月	341.21	1 298.99	2 423.73	1 326.06	22.08	691.56
2月	239.92	872.91	1 782.47	1 007.12	19.00	171.44
3月	373.02	587.09	2 663.74	707.41	15.49	83.78
4月	263.72	273.86	1 868.22	315.60	12.29	153.50
5月	310.58	393.53	2 357.62	462.38	12.60	147.15
6月	358.60	523.98	2 886.54	673.43	9.41	165.05
7月	512.97	636.07	4 693.78	895.90	8.95	61.33
8月	382.16	271.50	3 518.11	367.15	7.25	13.52
9月	442.37	346.48	4 406.31	517.67	6.59	46.10
10月	264.19	219.46	2 621.62	339.37	7.90	19.19
11月	321.59	89.76	2 839.87	149.18	11.77	3.52
12月	236.48	-10.77	1 932.73	7.01	11.34	-33.89
总计	4 046.81	273.63	33 994.74	360.44	—	—

数据来源：上海期货交易所。

表2-1-92　　　　　　　2020—2021年不锈钢期货年度交易情况

年度	成交量（万手）	同比变化（%）	成交金额（万亿元）	同比变化（%）	年末持仓量（万手）	同比变化（%）
2020年	1 083.13	—	0.74	—	17.16	707.69
2021年	4 046.81	273.63	3.40	360.44	11.34	-33.89

数据来源：上海期货交易所。

（二）交割情况（见表2-1-93、表2-1-94）

表2-1-93　　　　　　　2021年不锈钢期货月度交割情况

月度	交割量（手）	同比变化（%）	交割金额（万元）	同比变化（%）
1月	8 280	—	57 297.6	—
2月	11 544	3 003.23	81 731.52	3 241.57
3月	9 468	39 350.00	65 897.28	42 141.85

续表

月度	交割量（手）	同比变化（%）	交割金额（万元）	同比变化（%）
4月	5 388	—	38 506.38	—
5月	4 452	2 082.35	34 124.58	2 421.14
6月	5 640	3 257.14	45 726.3	4 076.15
7月	6 600	9 066.67	58 146	11 994.10
8月	4 080	157.58	38 148	231.73
9月	888	-41.27	8 680.2	-19.99
10月	2 748	458.54	28 194.48	699.52
11月	264	-79.44	2 523.18	-71.43
12月	216	-52.63	1 936.44	-35.83
总计	59 568	865.76	460 911.96	965.59

数据来源：上海期货交易所。

表 2-1-94　　　　2020—2021 年不锈钢期货年度交割情况

年度	交割量（手）	同比变化（%）	交割金额（亿元）	同比变化（%）
2020 年	6 168	—	4.33	—
2021 年	59 568	865.76	46.09	965.59

数据来源：上海期货交易所。

（三）价格走势（见图 2-1-13、表 2-1-95、表 2-1-96）

图 2-1-13　2021 年不锈钢期货和国内现货市场价格走势

数据来源：上海期货交易所、Wind。

表 2－1－95   2021 年不锈钢期货和国内现货市场价格指标

市场分类	2020 年末收盘价	2021 年盘中最高价	2021 年盘中最低价	2021 年末收盘价	全年涨跌	结算价平均价	标准差	极差
上期所主力价格（元/吨）	13 440	22 425	13 420	17 125	3 685	16 568	2 098	9 005
无锡现货价格（元/吨）	13 990	21 970	14 270	17 220	3 230	17 356	2 084	7 700

数据来源：上海期货交易所、Wind。

表 2－1－96   2021 年不锈钢期货和国内现货市场价格相关性

价格选择	相关系数
上期所主力结算价与无锡地区现货价格	0.98

数据来源：上海期货交易所、Wind。

十四、原油期货、期权运行情况

2021 年 6 月 21 日，原油期权在上期所上市交易。

（一）期货、期权交易情况（见表 2－1－97～表 2－1－101）

表 2－1－97   2021 年原油期货月度交易情况

月度	成交量（万手）	同比变化（％）	成交金额（亿元）	同比变化（％）	月末持仓量（万手）	同比变化（％）
1 月	368.80	145.94	12 322.72	70.56	8.34	209.45
2 月	243.85	183.61	9 285.69	171.97	9.14	29.49
3 月	531.82	94.62	21 531.19	188.82	7.66	-39.60
4 月	384.40	-22.99	15 374.86	18.38	7.52	-57.75
5 月	293.02	-48.39	12 370.31	-18.58	7.65	-56.76
6 月	330.44	-30.42	14 950.95	7.55	7.75	-45.45
7 月	370.12	6.58	16 506.56	58.43	7.66	-45.10
8 月	355.54	39.21	15 166.29	104.24	6.81	-46.60
9 月	267.85	-20.28	12 458.95	35.54	4.87	-53.76
10 月	235.59	-11.76	12 420.24	78.08	5.70	-57.67
11 月	388.09	-12.68	19 604.83	68.81	6.13	-53.04
12 月	495.01	8.20	22 966.41	66.29	6.75	-20.27
总计	4 264.53	2.55	184 959	54.68	—	—

数据来源：上海期货交易所。

表 2-1-98　　　　　2020—2021 年原油期货年度交易情况

年度	成交量（万手）	同比变化（%）	成交金额（万亿元）	同比变化（%）	年末持仓量（万手）	同比变化（%）
2020 年	4 158.58	20.04	11.96	-22.71	8.47	187.93
2021 年	4 264.52	2.55	18.50	54.68	6.75	-20.27

数据来源：上海期货交易所。

表 2-1-99　　　　　2020—2021 年原油期货内外盘年度交易情况

年度	成交量（万手）			年末持仓量（万手）		
	上期能源（INE）	CME Group WTI（芝商所集团）	ICE Brent（洲际交易所）	上期所（SHFE）	CME Group WTI（芝商所集团）	ICE Brent（洲际交易所）
2020 年	4 158.58	27 413.49	218 705.76	8.47	215.47	245.58
2021 年	4 264.52	24 830.98	22 915.78	6.75	186.72	211.34

注：上期所铜期货交易单位为 5 吨/手，LME 铜期货交易单位为 25 吨/手。
数据来源：CME Group（芝加哥商业交易所集团）、ICE（洲际交易所）。

表 2-1-100　　　　　2021 年原油期权年度交易情况

年度	成交量（万手）	同比变化（%）	成交量看跌/看涨（PCR）	成交金额（亿元）	同比变化（%）	年末持仓量（万手）	同比变化（%）
2021 年	156.25	—	1.177	105.21	—	2.02	—

数据来源：上海期货交易所。

表 2-1-101　　　　　2020—2021 年原油期权内外盘年度交易情况

年度	成交量（万手）			年末持仓量（万手）		
	上期能源（INE）	CME Group WTI（芝商所集团）	ICE Brent（洲际交易所）	上期能源（INE）	CME Group WTI（芝商所集团）	ICE Brent（洲际交易所）
2020 年	—	2 956.72	2 586.31	—	142.01	165.80
2021 年	156.25	3 000.61	2 901.77	2.02	197.75	221.12

注：INE SC、CME WTI、ICE Brent 交易单位均为 1 000 桶/手。
数据来源：上海期货交易所、CME Group（芝加哥商业交易所集团）、ICE（洲际交易所）、FIA（国际期货业协会）。

（二）交割、行权情况（见表 2-1-102~表 2-1-104）

表 2-1-102　　　　　2021 年原油期货月度交割情况

月度	交割量（手）	同比变化（%）	交割金额（亿元）	同比变化（%）
1 月	4 727	41.44	13.76	-13.53
2 月	2 923	179.98	9.43	93.57

续表

月度	交割量（手）	同比变化（%）	交割金额（亿元）	同比变化（%）
3月	871	-33.56	3.43	-30.11
4月	1 743	-30.08	6.60	7.92
5月	1 501	-75.61	6.06	-54.47
6月	5 005	-60.31	21.11	-34.26
7月	1 424	-87.25	6.49	-79.57
8月	1 420	-89.75	6.13	-84.18
9月	4 926	-61.15	20.84	-41.99
10月	378	-96.10	1.78	-92.87
11月	2	-99.98	0.01	-99.95
12月	1 161	-84.68	5.78	-71.76
总计	26 081	-71.18	101.42	-59.33

数据来源：上海期货交易所。

表2-1-103　　　　2020—2021年原油期货年度交割情况

年度	交割量（手）	同比变化（%）	交割金额（亿元）	同比变化（%）
2020年	90 491	413.63	249	217.41
2021年	26 081	-71.18	101.42	-59.33

数据来源：上海期货交易所。

表2-1-104　　　　2021年原油期权月度行权情况

月度	行权量（手）
1月	—
2月	—
3月	—
4月	—
5月	—
6月	0
7月	3
8月	1 480
9月	1 405
10月	3 002
11月	2 114
12月	2 104
总计	10 108

数据来源：上海期货交易所。

(三) 价格走势 (见图 2-1-14、表 2-1-105、表 2-1-106)

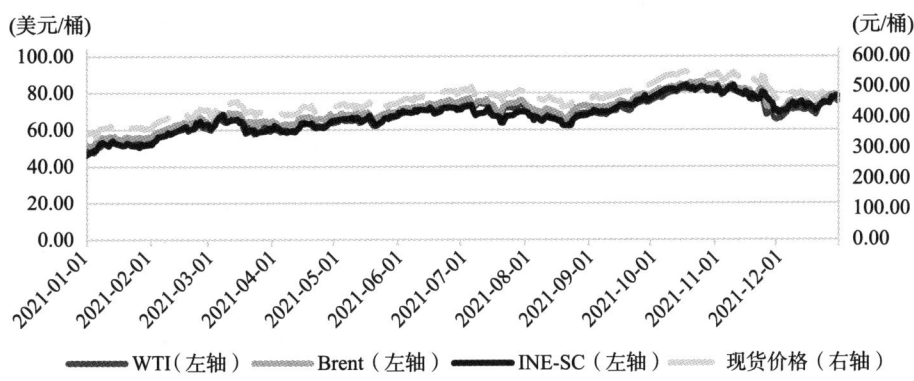

图 2-1-14 2021 年原油期货内外盘和国内现货市场价格走势

数据来源：上海期货交易所、Reuters（路透社）。

表 2-1-105   2021 年原油期货内外盘和国内现货市场价格指标

市场分类	2020年末收盘价	2021年盘中最高价	2021年盘中最低价	2021年末收盘价	全年涨跌	结算价平均价	标准差	极差
上期能源主力合约价格（元/桶）	301.7	546.5	301.6	499.0	197.3	437.2	52.0	244.9
CME Group WTI 连续合约价格（美元/桶）	48.42	85.41	47.18	75.45	27.03	68.11	8.20	38.23
ICE Brent 连续合约价格（美元/桶）	51.72	86.70	50.56	77.94	26.22	70.95	7.84	36.14
原油现货市场价格（元/桶）	344.4	549.95	152.25	499.94	155.54	383.53	94.84	397.70

数据来源：上海期货交易所、Reuters（路透社）、CME Group（芝加哥商业交易所集团）、ICE（洲际交易所）。

表 2-1-106   2021 年原油期货内外盘和国内现货市场价格相关性

价格选择	相关系数
上期能源主力结算价与 CME WTI 连续价格	0.94
上期能源主力结算价与 ICE Brent 价格	0.92
上期能源主力结算价与现货价格	0.99

数据来源：上海期货交易所、CME Group（芝加哥商业交易所集团）、ICE（洲际交易所）。

十五、低硫燃料油期货运行情况

(一) 交易情况 (见表 2-1-107)

表 2-1-107　　　　2021 年低硫燃料油期货月度交易情况

月度	成交量(万手)	同比变化(%)	成交金额(亿元)	同比变化(%)	月末持仓量(万手)	同比变化(%)
1 月	168.27	—	471.11	—	14.37	—
2 月	111.21	—	345.54	—	8.72	—
3 月	160.12	—	516.64	—	8.37	—
4 月	146.06	—	464.54	—	8.91	—
5 月	154.79	—	494.41	—	6.74	—
6 月	157.65	238.02	537.03	339.95	7.14	72.98
7 月	143.86	142.04	494.11	229.32	6.60	-16.23
8 月	125.91	41.57	414.59	87.45	7.18	-48.76
9 月	157.06	-7.25	559.20	43.50	8.27	-48.47
10 月	164.73	27.97	645.16	118.49	6.27	-70.40
11 月	195.43	-18.81	724.56	27.21	7.93	-57.61
12 月	174.39	-28.07	603.12	-4.19	7.57	-46.14
总计	1 859.48	—	6 270.03	—	—	—

数据来源：上海期货交易所 (上海国际能源交易中心)。

(二) 交割情况 (见表 2-1-108)

表 2-1-108　　　　2021 年低硫燃料油期货月度交割情况

月度	交割量 (手)	同比变化 (%)	交割金额 (万元)	同比变化 (%)
1 月	4 659	—	11 610.23	—
2 月	786	—	2 181.94	—
3 月	2 066	—	6 700.04	—
4 月	6 220	—	18 442.30	—
5 月	5 928	—	18 945.89	—
6 月	1 452	—	4 380.68	—
7 月	206	—	688.86	—
8 月	4 116	—	13 837.99	—
9 月	2 230	—	7 138.23	—
10 月	4 324	—	15 220.48	—

续表

月度	交割量（手）	同比变化（%）	交割金额（万元）	同比变化（%）
11月	4 203	—	17 026.35	—
12月	4 899	—	17 832.36	—
总计	41 089	—	134 005.35	—

数据来源：上海期货交易所（上海国际能源交易中心）。

（三）价格走势（见图2-1-15、表2-1-109、表2-1-110）

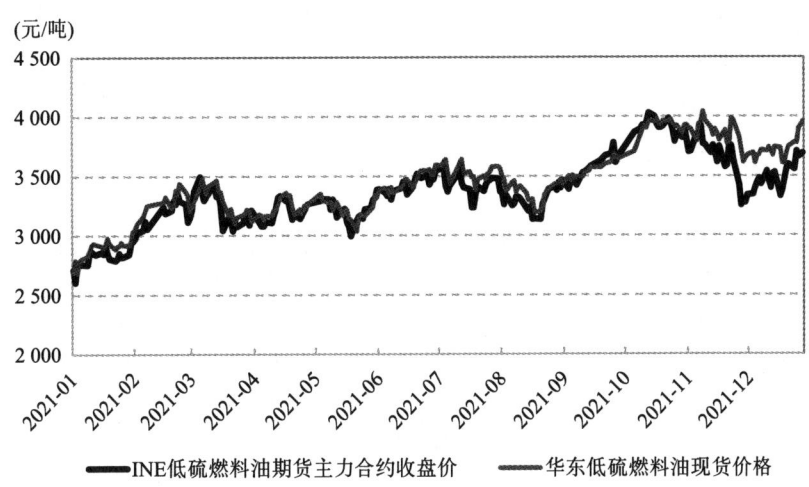

图2-1-15　2021年低硫燃料油期货和现货市场价格走势

数据来源：上海期货交易所（上海国际能源交易中心）、金联创。

表2-1-109　　　　2021年低硫燃料油期货和现货市场价格指标

市场分类	2020年末收盘价	2021年盘中最高价	2021年盘中最低价	2021年末收盘价	全年涨跌	结算价平均价	标准差	极差
上期能源主力价格（元/吨）	2 652	4 054	2 566	3 691	1 039	3 358.79	287.98	1 488
华东低硫燃料油现货价格（元/吨）	2 689	4 041	2 685	3 956	1 267	3 438.23	301.30	1 356

数据来源：上海期货交易所（上海国际能源交易中心）、金联创。

表2-1-110　　2021年低硫燃料油期货和现货市场价格相关性

价格选择	相关系数
上期能源主力结算价与低硫燃料油现货市场价格	0.95

数据来源：上海期货交易所（上海国际能源交易中心）、金联创。

十六、燃料油期货运行情况

(一) 交易情况 (见表 2-1-111、表 2-1-112)

表 2-1-111　　　　2021 年燃料油期货月度交易情况

月度	成交量 (万手)	同比变化 (%)	成交金额 (亿元)	同比变化 (%)	月末持仓量 (万手)	同比变化 (%)
1月	3 106.33	26.09	6 722.29	16.23	44.88	47.25
2月	1 748.56	-14.27	4 057.73	-7.23	38.35	-20.44
3月	3 269.72	-45.83	8 021.14	-16.70	31.80	-66.78
4月	2 782.06	-60.51	6 770.30	-38.58	33.09	-67.73
5月	2 566.98	-57.49	6 278.75	-34.77	36.10	-64.39
6月	2 367.03	-46.75	6 253.00	-17.52	40.26	-50.19
7月	2 551.60	-31.46	6 626.39	3.00	29.47	-62.20
8月	2 281.09	-22.91	5 684.96	1.73	34.89	-39.73
9月	2 387.58	-31.39	6 605.60	1.56	42.45	-16.36
10月	2 074.82	-19.77	6 416.69	32.96	25.65	-66.76
11月	1 357.44	-55.80	3 841.47	-31.15	39.24	-32.61
12月	1 206.17	-68.51	3 177.32	-59.58	49.35	11.84
总计	27 699.38	-41.95	70 455.63	-16.92	—	—

数据来源:上海期货交易所。

表 2-1-112　　　　2020—2021 年燃料油期货年度交易情况

年度	成交量 (万手)	同比变化 (%)	成交金额 (亿元)	同比变化 (%)	年末持仓量 (万手)	同比变化 (%)
2020年	47 719.34	170.03	84 807.04	98.57	44.13	-4.50
2021年	27 699.38	-41.95	70 455.63	-16.92	49.35	11.84

数据来源:上海期货交易所。

(二) 交割情况 (见表 2-1-113、表 2-1-114)

表 2-1-113　　　　2021 年燃料油期货月度交割情况

月度	交割量 (手)	同比变化 (%)	交割金额 (万元)	同比变化 (%)
1月	13 032	32.39	24 969.31	26.38
2月	1 784	586.15	3 566.22	475.34
3月	3 773	-65.82	8 975.97	-60.43

续表

月度	交割量（手）	同比变化（%）	交割金额（万元）	同比变化（%）
4月	1 938	-39.23	4 478.72	0.17
5月	5 162	-23.66	12 306.21	61.20
6月	109	-98.13	246.99	-96.93
7月	160	-97.07	420.80	-94.92
8月	105	-97.61	266.28	-96.30
9月	14 389	47.73	37 828.68	101.03
10月	336	-85.74	1 048.32	-74.49
11月	77	-97.45	231.69	-95.52
12月	70	-99.18	190.40	-98.80
总计	40 935	-41.90	94 529.59	-22.93

数据来源：上海期货交易所。

表 2-1-114　　　　2020—2021年燃料油期货年度交割情况

年度	交割量（手）	同比变化（%）	交割金额（万元）	同比变化（%）
2020年	70 454	261.47	122 647.20	131.14
2021年	40 935	-41.90	94 529.59	-22.93

数据来源：上海期货交易所。

（三）价格走势（见图2-1-16、表2-1-115、表2-1-116）

图 2-1-16　2021年燃料油期货和现货市场价格走势

数据来源：上海期货交易所、金联创。

表 2-1-115　　　　2021 年燃料油期货和现货市场价格指标

市场分类	2020 年末收盘价	2021 年盘中最高价	2021 年盘中最低价	2021 年末收盘价	全年涨跌	结算价平均价	标准差	极差
上期所主力价格（元/吨）	2 060	3 291	2 021	2 892	832	2 574.46	246.41	1 270
华东高硫 380 燃料油现货价格（元/吨）	2 034	3 335	2 015	2 835	801	2 633.97	259.40	1 320

数据来源：上海期货交易所、金联创。

表 2-1-116　　　　2021 年燃料油期货和现货市场价格相关性

价格选择	相关系数
上期所主力结算价与燃料油现货市场价格	0.96

数据来源：上海期货交易所、金联创。

十七、石油沥青期货运行情况

（一）期货交易情况（见表 2-1-117、表 2-1-118）

表 2-1-117　　　　2021 年石油沥青期货月度交易情况

月度	成交量（万手）	同比变化（%）	成交金额（亿元）	同比变化（%）	月末持仓量（万手）	同比变化（%）
1 月	1 321.25	198.51	3 534.15	145.83	58.37	201.96
2 月	802.43	16.98	2 397.44	18.09	48.02	16.92
3 月	1 311.63	-48.48	3 955.24	-26.18	49.21	-37.60
4 月	1 341.33	-64.32	3 884.87	-50.75	47.06	-24.86
5 月	1 175.14	-33.93	3 712.29	-10.84	40.70	-32.00
6 月	1 118.61	-13.59	3 725.40	10.59	49.41	-7.30
7 月	1 391.29	-17.18	4 620.55	-2.49	48.50	-18.97
8 月	1 256.47	-4.93	3 971.84	10.33	47.81	-29.05
9 月	1 018.39	-45.35	3 282.16	-28.26	40.46	-39.58
10 月	913.58	-34.34	2 961.19	-10.71	46.46	-37.92
11 月	1 227.15	-24.64	3 762.17	-0.64	54.58	-18.49
12 月	1 169.05	-43.89	3 544.51	-35.95	67.88	2.58
总计	14 046.32	-31.40	43 351.81	-12.94	—	—

数据来源：上海期货交易所。

表 2-1-118　　2020—2021 年石油沥青期货年度交易情况

年度	成交量（万手）	同比变化（%）	成交金额（万亿元）	同比变化（%）	年末持仓量（万手）	同比变化（%）
2020 年	20 475.68	98.97	4.98	52.13	66.17	144.78
2021 年	14 046.32	-31.40	4.34	-12.94	67.88	2.58

数据来源：上海期货交易所。

（二）交割情况（见表 2-1-119、表 2-1-120）

表 2-1-119　　2021 年石油沥青期货月度交割情况

月度	交割量（手）	同比变化（%）	交割金额（亿元）	同比变化（%）
1 月	9 788	849.37	2.47	643.96
2 月	4 239	9 115.22	1.17	8 291.34
3 月	6 837	6 411.43	2.10	7 232.52
4 月	1 109	6 423.53	0.31	8 977.93
5 月	132	-93.42	0.04	-89.91
6 月	12 889	-35.47	3.99	-17.51
7 月	3 935	2 671.13	1.31	3 247.86
8 月	1 741	3 313.73	0.55	4 019.56
9 月	9 805	18.89	2.93	47.60
10 月	10 255	12 108.33	3.06	17 561.86
11 月	5 691	1 211.29	1.69	1 697.27
12 月	20 352	13.68	5.68	28.41
总计	86 773	73.41	25.30	107.53

数据来源：上海期货交易所。

表 2-1-120　　2020—2021 年石油沥青期货年度交割情况

年度	交割量（手）	同比变化（%）	交割金额（亿元）	同比变化（%）
2020 年	50 040	334.53	12.19	208.23
2021 年	86 773	73.41	25.30	107.53

数据来源：上海期货交易所。

(三)价格走势(见图2-1-17、表2-1-121、表2-1-122)

图2-1-17 2021年石油沥青期货和国内现货市场价格走势

数据来源:上海期货交易所、百川盈孚。

表2-1-121 2021年石油沥青期货和国内现货市场价格指标

市场分类	2020年末收盘价	2021年盘中最高价	2021年盘中最低价	2021年末收盘价	全年涨跌	结算价平均价	标准差	极差
上期所主力价格(元/吨)	2 544	3 618	2 504	3 344	800	3 092.47	212.11	1 114
华东国产重交沥青现货价格(元/吨)	2 614	3 427	2 606	3 129	515	3 061.38	195.84	821

数据来源:上海期货交易所、百川盈孚。

表2-1-122 2021年石油沥青期货和国内现货市场价格相关性

价格选择	相关系数
上期所主力结算价与石油沥青现货市场价格	0.91

数据来源:上海期货交易所、百川盈孚。

十八、天然橡胶期货、期权运行情况

(一) 期货、期权交易情况 (见表 2-1-123~表 2-1-126)

表 2-1-123　　　　2021 年天然橡胶期货月度交易情况

月度	成交量 (万手)	同比变化 (%)	成交金额 (亿元)	同比变化 (%)	月末持仓量 (万手)	同比变化 (%)
1 月	1 138.24	206.68	16 461.68	241.33	27.39	15.81
2 月	967.3	147.65	15 044.01	237.33	29.73	29.72
3 月	1 634.14	157.4	24 566.35	277.04	30.32	37.91
4 月	987.25	99.53	13 684.62	176.75	26.07	18.25
5 月	1 049.93	120.34	14 485.15	192.34	32.06	22.76
6 月	965.89	99.75	12 581.91	147.63	32.35	12.61
7 月	1 069.26	31.94	14 278.03	61.57	31.99	5.85
8 月	1 009.93	25.11	14 410.16	45.59	27.67	-8.72
9 月	643.85	-10.07	8 786.83	-1.75	21.35	-7.26
10 月	1 081.42	-27.93	16 140.19	-28.41	25.69	-19.32
11 月	927.35	-52.39	13 734.12	-52.08	27.44	-9.31
12 月	685.53	-53.07	10 032.39	-52.90	31.28	11.67
总计	12 160.09	20.47	174 205.47	33.01	—	—

数据来源：上海期货交易所。

表 2-1-124　　　　2020—2021 年天然橡胶期货年度交易情况

年度	成交量 (万手)	同比变化 (%)	成交金额 (万亿元)	同比变化 (%)	年末持仓量 (万手)	同比变化 (%)
2020 年	10 094.28	87.45	13.10	103.1	28.01	7.05
2021 年	12 160.09	20.47	17.42	33.01	31.28	11.67

数据来源：上海期货交易所。

表 2-1-125　　　2020—2021 年天然橡胶期货内外盘年度交易情况

年度	成交量 (万手)		年末持仓量 (万手)	
	上期所 (SHFE)	日本交易所 (JPX)	上期所 (SHFE)	日本交易所 (JPX)
2020 年	10 094.28	108.76	28.01	1.43
2021 年	12 160.09	66.53	31.28	0.85

注：上期所天然橡胶期货交易单位为 10 吨/手，日本交易所天然橡胶期货交易单位为 5 吨/手。

数据来源：上海期货交易所、日本交易所 (JPX)。

表 2-1-126　　　　2020—2021 年天然橡胶期权年度交易情况

年度	成交量（万手）	同比变化（%）	成交量看跌/看涨（PCR）	成交金额（亿元）	同比变化（%）	年末持仓量（万手）	同比变化（%）
2020 年	253.36	208.20	0.463	22.38	298.73	3.92	97.34
2021 年	477.02	88.28	0.436	188.63	111.37	3.56	-9.17

数据来源：上海期货交易所。

（二）交割、行权情况（见表 2-1-127~表 2-1-129）

表 2-1-127　　　　2021 年天然橡胶期货月度交割情况

月度	交割量（手）	同比变化（%）	交割金额（亿元）	同比变化（%）
1 月	1 198	-68.70	1.70	-65.12
3 月	192	284.00	0.29	451.49
4 月	65	261.11	0.09	422.13
5 月	2 186	-43.82	3.02	-24.65
6 月	97	142.50	0.12	198.31
7 月	168	342.11	0.22	454.48
8 月	66	4.76	0.09	29.32
9 月	4 519	-11.36	5.64	-2.70
10 月	431	4 688.89	0.58	5 707.73
11 月	2 443	1.50	3.20	2.93
总计	11 365	-26.40	14.95	-17.01

数据来源：上海期货交易所。

表 2-1-128　　　　2020—2021 年天然橡胶期货年度交割情况

年度	交割量（手）	同比变化（%）	交割金额（亿元）	同比变化（%）
2020 年	15 441	-34.18	18.01	-32.08
2021 年	11 365	-26.40	14.95	-17.01

数据来源：上海期货交易所。

表 2-1-129　　　　2020—2021 年天然橡胶期权年度行权情况

年度	行权量（手）	同比变化（%）
2020 年	14 609	104.87
2021 年	22 877	56.60

数据来源：上海期货交易所。

(三)价格走势(见图2-1-18、表2-1-130、表2-1-131)

图2-1-18 2021年天然橡胶期货内外盘和国内现货市场价格走势

数据来源:上海期货交易所、日本交易所(JPX)、金联创。

表2-1-130 2021年天然橡胶期货内外盘和国内现货市场价格指标

市场分类	2020年末收盘价	2021年盘中最高价	2021年盘中最低价	2021年末收盘价	全年涨跌	结算价平均价	标准差	极差
上期所主力价格(元/吨)	13 900	17 335	12 515	14 855	955	14 173	790	4 820
JPX 3号烟胶片主力价格(日元/千克)	228.4	292.0	193.7	234	5.6	233.45	18.17	98.3
国产全乳胶现货价格(元/吨)	13 690	15 850	12 450	14 500	810	13 716	797	3 400

数据来源:上海期货交易所、日本交易所(JPX)、金联创。

表2-1-131 2021年天然橡胶期货内外盘和国内现货市场价格相关性

价格选择	相关系数
上期所主力结算价与JPX 3号烟胶片连续价格	0.52
上期所主力结算价与天然橡胶现货市场价格	0.87

数据来源:上海期货交易所、日本交易所(JPX)、金联创。

十九、20号胶期货运行情况

（一）期货、期权交易情况（见表2-1-132~表2-1-134）

表2-1-132　　　　　　　2021年20号胶期货月度交易情况

月度	成交量（万手）	同比变化（%）	成交金额（亿元）	同比变化（%）	月末持仓量（万手）	同比变化（%）
1月	53.34	77.76	573.71	75.83	4.95	57.50
2月	71.45	152.55	826.91	205.26	5.28	76.90
3月	96.25	352.95	1 133.21	522.08	5.29	126.73
4月	58.58	235.49	644.17	357.02	4.72	171.53
5月	60.03	278.29	670.99	401.68	4.35	80.46
6月	56.91	269.05	605.12	347.92	3.26	25.31
7月	45.60	82.60	487.52	121.49	3.12	-13.77
8月	42.50	14.94	480.19	37.06	3.74	-10.85
9月	46.90	45.49	511.76	66.65	3.66	11.04
10月	66.06	-18.31	781.38	-12.26	4.18	-11.09
11月	77.63	-0.81	907.33	9.03	5.30	15.78
12月	84.50	38.14	966.05	48.93	5.57	26.51
总计	759.74	71.58	8 588.35	93.52	—	—

数据来源：上海期货交易所（上海国际能源交易中心）。

表2-1-133　　　　　　　2020—2021年20号胶期货年度交易情况

年度	成交量（万手）	同比变化（%）	成交金额（万亿元）	同比变化（%）	年末持仓量（万手）	同比变化（%）
2020年	442.79	369.52	4 438.02	345.00	4.40	3.60
2021年	759.74	71.58	8 588.35	93.52	5.57	26.51

数据来源：上海期货交易所（上海国际能源交易中心）。

表2-1-134　　　　　　　2020—2021年20号胶期货内外盘年度交易情况

年度	成交量（万手）		年末持仓量（万手）	
	上期能源（INE）	新加坡交易所（SGX）	上期能源（INE）	新加坡交易所（SGX）
2020年	442.79	184.02	4.40	5.25
2021年	759.74	169.43	5.57	4.21

注：上期能源20号胶期货交易单位为10吨/手，SGX 20号胶期货交易单位为5吨/手。

数据来源：上海期货交易所（上海国际能源交易中心）、新加坡交易所（SGX）。

（二）交割、行权情况（见表2-1-135）

表2-1-135　　　　2021年20号胶期货月度交割情况

月度	交割量（手）	同比变化（%）	交割金额（亿元）	同比变化（%）
1月	710	—	0.72	—
2月	284	305.71	0.29	344.91
3月	665	-61.16	0.78	-47.22
4月	876	-46.16	0.93	-27.16
5月	319	-81.67	0.36	-75.08
6月	543	-58.42	0.57	-49.57
7月	371	-56.86	0.39	-48.17
8月	645	-23.12	0.70	-6.74
9月	605	3.60	0.65	20.90
10月	1 696	45.45	2.01	81.49
11月	1 994	386.34	2.18	417.08
12月	814	-35.19	0.91	-31.72
总计	9 522	-17.70	10.49	1.98

数据来源：上海期货交易所（上海国际能源交易中心）。

（三）价格走势（见图2-1-19、表2-1-136、表2-1-137）

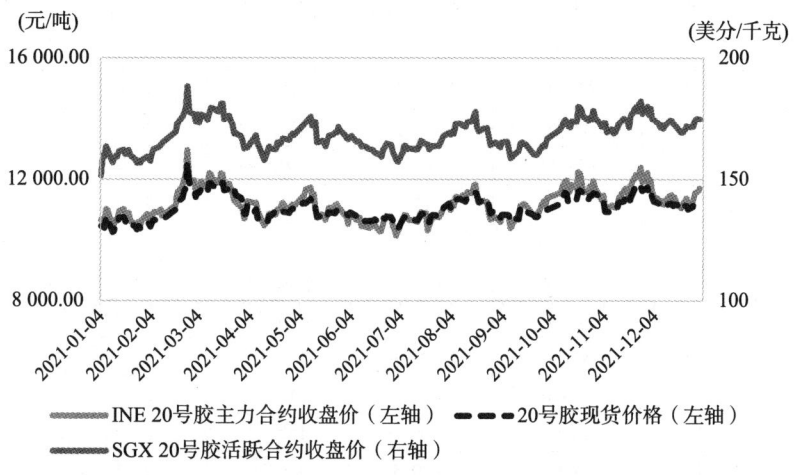

图2-1-19　2021年20号胶期货内外盘和国内现货市场价格走势

数据来源：上海期货交易所（上海国际能源交易中心）、新加坡交易所（SGX）、金联创。

表2-1-136　　2021年20号胶期货内外盘和国内现货市场价格指标

市场分类	2020年末收盘价	2021年盘中最高价	2021年盘中最低价	2021年末收盘价	全年涨跌	结算价平均价	标准差	极差
INE 20号胶主力价格（元/吨）	10 310	13 155	10 015	11 715	1 405	11 165.49	502.99	3 140
SGX TSR 20连续价格（美分/千克）	151.0	200.0	155.5	173.9	22.9	168.29	6.47	43
20号胶现货价格（元/吨）	10 089	12 554	10 258	11 371	1 282	11 053.83	393.70	2 296

数据来源：上海期货交易所（上海国际能源交易中心）、新加坡交易所（SGX）、金联创。

表2-1-137　　2021年20号胶期货内外盘和国内现货市场价格相关性

价格选择	相关系数
上期能源主力结算价与SGX连续价格	0.93
上期能源主力结算价与20号胶现货市场价格	0.94

数据来源：上海期货交易所（上海国际能源交易中心）、新加坡交易所（SGX）、金联创。

二十、纸浆期货运行情况

（一）期货交易情况（见表2-1-138、表2-1-139）

表2-1-138　　　　　2021年纸浆期货月度交易情况

月度	成交量（万手）	同比变化（%）	成交金额（亿元）	同比变化（%）	月末持仓量（万手）	同比变化（%）
1月	1 259.99	701.26	7 897.79	980.41	43.08	257.09
2月	987.76	705.69	6 768.33	1 121.37	37.37	257.20
3月	2 005.82	854.11	14 417.85	1 407.99	45.43	443.81
4月	1 255.72	717.83	8 897.10	1 171.34	34.56	304.11
5月	1 001.95	750.08	6 778.29	1 196.36	27.52	144.51
6月	959.04	572.60	5 801.17	820.26	24.43	101.88
7月	775.46	245.45	4 863.79	385.96	23.28	41.23
8月	659.53	88.04	4 105.18	151.60	28.52	2.21
9月	513.77	-18.62	3 093.74	1.94	22.89	35.83
10月	572.77	125.50	3 006.00	152.63	22.46	-16.44
11月	719.72	54.63	3 680.56	65.74	26.18	-16.70
12月	1 210.74	99.72	6 987.75	117.30	38.35	32.74
总计	11 922.26	246.95	76 297.55	365.57	—	—

数据来源：上海期货交易所。

表 2-1-139　　　　　2020—2021 年纸浆期货年度交易情况

年度	成交量（万手）	同比变化（%）	成交金额（亿元）	同比变化（%）	年末持仓量（万手）	同比变化（%）
2020 年	3 436.29	-5.46	16 388.00	-8.28	28.89	113.53
2021 年	11 922.26	246.95	76 297.55	365.57	38.35	32.74

数据来源：上海期货交易所。

（二）交割、行权情况（见表 2-1-140、表 2-1-141）

表 2-1-140　　　　　2021 年纸浆期货月度交割情况

月度	交割量（手）	同比变化（%）	交割金额（万元）	同比变化（%）
1 月	4 460	-21.15	26 679.72	5.06
2 月	4 734	118 250.00	30 931.96	179 528.11
3 月	5 018	20 808.33	36 410.61	34 560.27
4 月	5 354	12 647.62	38 795.08	20 362.62
5 月	6 828	-7.28	50 622.79	58.61
6 月	5 676	7 176.92	35 123.09	10 964.48
7 月	6 120	11 669.23	39 351.60	17 622.75
8 月	6 912	22 940.00	44 347.39	32 985.19
9 月	9 634	98.31	62 293.44	174.46
10 月	9 820	3 457.97	59 391.36	4 635.62
11 月	5 600	31 011.11	27 664.00	33 266.30
12 月	2 106	-50.86	12 299.04	-41.27
总计	72 262	218.50	463 910.08	349.16

数据来源：上海期货交易所。

表 2-1-141　　　　　2020—2021 年纸浆期货年度交割情况

年度	交割量（手）	同比变化（%）	交割金额（亿元）	同比变化（%）
2020 年	22 688	161.02	10.32	220.50
2021 年	72 262	218.50	46.39	349.16

数据来源：上海期货交易所。

（三）价格走势（见图2-1-20、表2-1-142、表2-1-143）

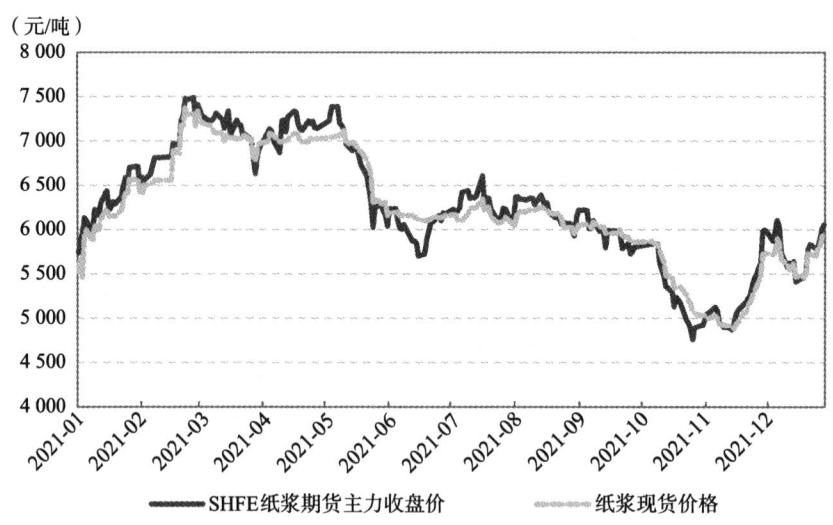

图2-1-20　2021年纸浆期货和国内现货市场价格走势

数据来源：上海期货交易所、卓创资讯。

表2-1-142　　　　　　2021年纸浆期货和国内现货市场价格指标

市场分类	2020年末收盘价	2021年盘中最高价	2021年盘中最低价	2021年末收盘价	全年涨跌	结算价平均价	标准差	极差
上期所主力价格（元/吨）	5 746	7 652	4 692	6 056	310	6 234.73	679.03	2 960
纸浆现货市场价格（元/吨）	5 465	7 383	4 883	5 978	513	6 196.14	632.26	2 500

数据来源：上海期货交易所、卓创资讯。

表2-1-143　　　　　　2021年纸浆期货和国内现货市场价格相关性

价格选择	相关系数
上期所主力结算价与现货市场价格	0.98

数据来源：上海期货交易所、卓创资讯。

第二节　郑州商品交易所上市品种运行情况

郑州商品交易所（以下简称"郑商所"，ZCE）2021年全年累计成交量为25.82亿手，占全国期货市场成交量的34.36%，同比增长51.75%；全年累计成交额为

108.00万亿元，占全国期货市场成交额的18.58%，同比增长79.73%。

目前对外开放品种是PTA。已完成备案的境外经纪机构51家，来自5个国家（地区），境内33家期货公司与51家境外经纪机构共开展67次委托业务备案。2021年郑商所成交较为活跃的品种有PTA、甲醇、菜籽粕、纯碱、玻璃、白糖、棉花、菜籽油、苹果、硅铁、动力煤、锰硅、短纤、尿素、PTA期权、红枣、甲醇期权、白糖期权、棉花期权、动力煤期权；成交较为低迷的品种有菜籽粕期权、棉纱、优质强筋小麦、油菜籽、粳稻、普麦、早籼稻、晚籼稻，单个品种年成交量在全国占比不足0.1%。2021年郑商所新上市的品种是花生。

一、棉花期货、期权运行情况

（一）期货、期权交易情况（见表2-2-1~表2-2-6）

表2-2-1　　　　　　　　2021年棉花期货月度交易情况

月度	成交量（万手）	同比变化（%）	成交金额（亿元）	同比变化（%）	月末持仓量（万手）	同比变化（%）
1月	819.80	21.85	6 234.93	31.86	60.42	0.88
2月	625.18	-16.42	4 985.53	1.97	74.69	17.82
3月	1 256.80	0.83	9 806.23	35.53	70.29	15.66
4月	1 005.37	-1.07	7 698.27	33.95	66.88	27.58
5月	899.47	-3.82	7 108.96	30.32	62.42	22.66
6月	724.22	-11.97	5 742.49	17.38	59.47	18.40
7月	1 115.62	19.08	9 418.20	65.57	67.91	47.55
8月	1 099.66	41.86	9 720.38	98.18	52.67	8.50
9月	990.49	62.52	8 924.95	128.93	57.77	50.74
10月	1 153.20	-7.59	12 311.21	36.34	67.19	24.28
11月	828.07	-4.97	8 786.13	40.55	73.22	25.93
12月	834.48	-12.31	8 318.57	18.66	57.36	-9.77
总计	11 352.36	4.79	99 055.86	42.06	—	—

数据来源：郑州商品交易所。

表2-2-2　　　　　　　　2020—2021年棉花期货年度交易情况

年度	成交量（万手）	同比变化（%）	成交金额（亿元）	同比变化（%）	年末持仓量（万手）	同比变化（%）
2020年	10 833.84	69.36	69 730.13	59.47	63.57	-9.37
2021年	11 352.36	4.79	99 055.86	42.06	57.36	-9.77

数据来源：郑州商品交易所。

表 2–2–3　　2020—2021 年棉花期货内外盘年度交易情况

年度	成交量（万手）		年末持仓量（万手）	
	郑商所（ZCE）	ICE（洲际交易所）	郑商所（ZCE）	ICE（洲际交易所）
2020 年	10 833.84	832.42	63.57	22.82
2021 年	11 352.36	850.17	57.36	23.99

注：郑商所棉花期货交易单位为 5 吨/手，ICE 棉花期货交易单位为 50 000 磅/手。
数据来源：郑州商品交易所、ICE（洲际交易所）。

表 2–2–4　　2021 年棉花期权月度交易情况

月度	成交量（万手）	同比变化（%）	成交量看跌/看涨（PCR）	成交金额（亿元）	同比变化（%）	月末持仓量（万手）	同比变化（%）
1 月	52.93	57.55	0.57	8.79	89.85	13.62	20.18
2 月	49.39	53.42	0.83	9.44	170.49	15.16	32.52
3 月	90.29	57.41	0.70	10.81	42.42	18.37	42.03
4 月	55.79	70.43	0.61	8.73	55.34	12.87	45.82
5 月	50.15	84.14	0.44	8.07	187.19	15.81	42.26
6 月	41.61	28.90	0.52	5.47	104.10	15.24	30.15
7 月	108.07	70.39	0.71	12.10	234.25	16.63	17.22
8 月	54.66	83.17	0.82	9.75	297.96	9.55	49.03
9 月	68.51	104.04	0.66	15.76	488.06	12.16	34.49
10 月	72.00	32.58	0.70	30.24	283.76	17.11	52.28
11 月	106.54	85.35	0.97	16.75	229.08	23.29	68.26
12 月	68.28	54.56	1.09	12.64	85.88	13.13	24.06
总计	818.23	64.23	0.73	148.55	168.38	—	—

数据来源：郑州商品交易所。

表 2–2–5　　2020—2021 年棉花期权年度交易情况

年度	成交量（万手）	同比变化（%）	成交量看跌/看涨（PCR）	成交金额（亿元）	同比变化（%）	年末持仓量（万手）	同比变化（%）
2020 年	498.21	43.84	0.55	55.35	37.11	10.58	-1.19
2021 年	818.23	64.23	0.73	148.55	168.38	13.13	24.06

数据来源：郑州商品交易所。

表 2-2-6　　　　　2020—2021 年棉花期权内外盘年度交易情况

年度	成交量（万手）		年末持仓量（万手）	
	郑商所（ZCE）	ICE（洲际交易所）	郑商所（ZCE）	ICE（洲际交易所）
2020 年	498.21	127.88	10.58	9.14
2021 年	818.23	153.52	13.13	13.30

注：郑商所棉花期权交易单位为 5 吨/手，ICE 棉花期权交易单位为 50 000 磅/手。
数据来源：郑州商品交易所、ICE（洲际交易所）。

（二）交割、行权情况（见表 2-2-7～表 2-2-10）

表 2-2-7　　　　　　　2021 年棉花期货月度交割情况

月度	交割量（手）	同比变化（%）	交割金额（亿元）	同比变化（%）
1 月	13 720	90.98	10.44	113.93
3 月	2 696	97.08	2.16	156.73
5 月	12 112	-72.54	9.48	-61.60
7 月	4 320	-57.61	3.49	-41.18
9 月	13 224	-58.69	11.78	-40.01
11 月	1 344	-67.50	1.43	-50.92
总计	47 416	-52.11	38.77	-34.15

数据来源：郑州商品交易所。

表 2-2-8　　　　　2020—2021 年棉花期货年度交割情况

年度	交割量（手）	同比变化（%）	交割金额（亿元）	同比变化（%）
2020 年	99 000	75.10	58.88	53.89
2021 年	47 416	-52.11	38.77	-34.15

数据来源：郑州商品交易所。

表 2-2-9　　　　　　　2021 年棉花期权月度行权情况

月度	行权量（手）
1 月	882
2 月	5 222
3 月	4 996
4 月	28 638
5 月	8
6 月	3 786
7 月	10 690
8 月	41 584
9 月	12
10 月	12 000
11 月	509

续表

月度	行权量（手）
12月	37 532
总计	145 859

数据来源：郑州商品交易所。

表 2-2-10　　2020—2021 年棉花期权年度行权情况

年度	行权量（手）	同比变化（%）
2020 年	63 108	49.93
2021 年	145 859	131.13

数据来源：郑州商品交易所。

（三）价格走势（见图 2-2-1、表 2-2-11、表 2-2-12）

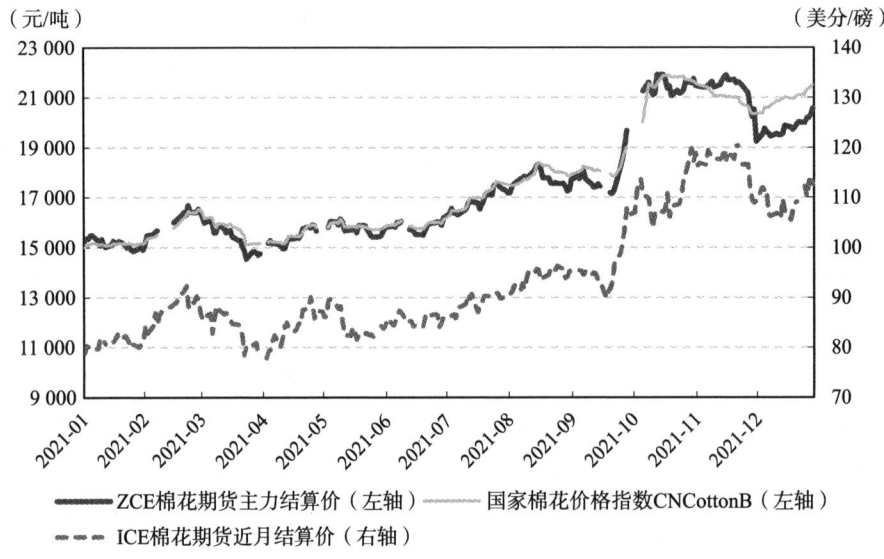

图 2-2-1　2021 年棉花期货内外盘和国内现货市场价格走势

数据来源：郑州商品交易所、ICE（洲际交易所）、中国棉花网。

表 2-2-11　　2021 年棉花期货内外盘和国内现货市场价格指标

市场分类	2020 年末收盘价	2021 年盘中最高价	2021 年盘中最低价	2021 年末收盘价	全年涨跌	结算价平均价	标准差	极差
郑商所主力价格（元/吨）	15 060	22 960	14 285	20 715	5 655	17 376	2 244.74	8 675
ICE 连续价格（美分/磅）	78.12	121.67	77.12	112.60	34.48	93.53	11.98	44.55
国家棉花价格指数 CNCottonB（元/吨）	14 883	21 887	15 013	21 502	6 619	17 551	2 301.47	6 874

数据来源：郑州商品交易所、ICE（洲际交易所）、中国棉花网。

表 2-2-12　　2021 年棉花期货内外盘和国内现货市场价格相关性

价格选择	相关系数
郑商所主力结算价与 ICE 连续价格	0.97
郑商所主力结算价与现货市场价格	0.98

数据来源：郑州商品交易所、ICE（洲际交易所）、中国棉花网。

二、白糖期货、期权运行情况

（一）期货、期权交易情况（见表 2-2-13～表 2-2-18）

表 2-2-13　　　　2021 年白糖期货月度交易情况

月度	成交量（万手）	同比变化（％）	成交金额（亿元）	同比变化（％）	月末持仓量（万手）	同比变化（％）
1 月	1 123.89	70.58	5 967.52	57.46	65.00	79.30
2 月	780.18	-20.35	4 200.52	-25.28	66.41	59.73
3 月	1 165.62	30.90	6 304.99	27.27	68.80	83.84
4 月	777.47	1.32	4 208.26	6.07	61.35	30.35
5 月	944.35	-5.90	5 320.18	6.05	62.71	3.32
6 月	803.14	-36.44	4 431.35	-30.57	62.92	-12.08
7 月	1 024.40	-21.75	5 755.51	-13.59	59.59	-21.60
8 月	996.70	-22.23	5 788.45	-10.95	54.46	-12.62
9 月	800.06	-28.79	4 647.22	-20.65	47.74	0.66
10 月	984.26	12.33	5 866.27	27.01	51.85	-2.08
11 月	1 213.12	12.45	7 338.19	32.70	52.78	-6.15
12 月	1 032.60	-15.54	5 986.74	-4.69	53.88	-3.62
总计	11 645.80	-6.50	65 815.21	0.97	—	—

数据来源：郑州商品交易所。

表 2-2-14　　　　2020—2021 年白糖期货年度交易情况

年度	成交量（万手）	同比变化（％）	成交金额（亿元）	同比变化（％）	年末持仓量（万手）	同比变化（％）
2020 年	12 455.12	10.70	65 179.89	9.54	55.90	42.70
2021 年	11 645.80	-6.50	65 815.21	0.97	53.88	-3.62

数据来源：郑州商品交易所。

表 2-2-15　　2020—2021 年白糖期货内外盘年度交易情况

年度	成交量（万手）		年末持仓量（万手）	
	郑商所（ZCE）	ICE（洲际交易所）	郑商所（ZCE）	ICE（洲际交易所）
2020 年	12 455.12	3 994.93	55.90	106.62
2021 年	11 645.80	3 100.28	53.88	86.73

注：郑商所白糖期货交易单位为 10 吨/手，ICE 11 号原糖期货交易单位为 112 000 磅/手。
数据来源：郑州商品交易所、ICE（洲际交易所）。

表 2-2-16　　2021 年白糖期权月度交易情况

月度	成交量（万手）	同比变化（%）	成交量看跌/看涨（PCR）	成交金额（亿元）	同比变化（%）	月末持仓量（万手）	同比变化（%）
1 月	73.45	70.79	0.39	6.14	50.86	14.71	18.97
2 月	61.41	70.49	0.29	5.12	56.10	17.60	30.73
3 月	102.93	89.39	0.40	5.84	43.84	20.72	21.88
4 月	63.86	27.25	0.58	4.17	-7.33	14.07	5.71
5 月	98.90	88.78	0.45	7.09	52.47	18.84	4.72
6 月	74.88	57.65	0.55	4.62	22.87	17.64	-6.94
7 月	105.06	45.43	0.47	5.87	52.07	18.10	-14.42
8 月	81.61	93.61	0.55	5.90	84.95	10.47	-2.87
9 月	72.42	36.23	0.58	5.16	47.01	15.21	15.47
10 月	114.30	170.35	0.41	10.09	270.96	16.94	9.41
11 月	142.17	104.51	0.44	9.36	120.75	17.74	7.31
12 月	97.78	56.08	0.76	6.15	9.04	14.19	32.47
总计	1 088.76	74.08	0.48	75.51	59.07	—	—

数据来源：郑州商品交易所。

表 2-2-17　　2020—2021 年白糖期权年度交易情况

年度	成交量（万手）	同比变化（%）	成交量看跌/看涨（PCR）	成交金额（亿元）	同比变化（%）	年末持仓量（万手）	同比变化（%）
2020 年	625.43	-7.65	0.63	47.47	-11.05	10.71	18.15
2021 年	1 088.76	74.08	0.48	75.51	59.07	14.19	32.47

数据来源：郑州商品交易所。

表 2-2-18　　2020—2021 年白糖期权内外盘年度交易情况

年度	成交量（万手）		年末持仓量（万手）	
	郑商所（ZCE）	ICE（洲际交易所）	郑商所（ZCE）	ICE（洲际交易所）
2020 年	625.43	624.25	10.71	49.25
2021 年	1 088.76	580.64	14.19	59.10

注：郑商所白糖期权交易单位为 10 吨/手，ICE 11 号原糖期权交易单位为 112 000 磅/手。
数据来源：郑州商品交易所、ICE（洲际交易所）。

（二）交割、行权情况（见表 2-2-19 ~ 表 2-2-22）

表 2-2-19　　　　　　　　2021 年白糖期货月度交割情况

月度	交割量（手）	同比变化（%）	交割金额（亿元）	同比变化（%）
1 月	4 726	441.35	2.46	397.99
3 月	2 517	418.97	1.36	406.58
5 月	9 327	234.90	5.20	241.40
7 月	2 648	1 597.44	1.46	1 706.22
9 月	5 938	681.32	3.32	745.50
11 月	1 775	275.26	0.99	307.40
总计	26 931	386.82	14.79	392.75

数据来源：郑州商品交易所。

表 2-2-20　　　　　　　　2020—2021 年白糖期货年度交割情况

年度	交割量（手）	同比变化（%）	交割金额（亿元）	同比变化（%）
2020 年	5 532	-24.50	3.00	-21.39
2021 年	26 931	386.82	14.79	392.75

数据来源：郑州商品交易所。

表 2-2-21　　　　　　　　2021 年白糖期权月度行权情况

月度	行权量（手）
1 月	123
2 月	2 601
3 月	491
4 月	10 451
5 月	38
6 月	3 872
7 月	277
8 月	9 630
9 月	7
10 月	6 035
11 月	48
12 月	8 671
总计	42 244

数据来源：郑州商品交易所。

表2-2-22　　2020—2021年白糖期权年度行权情况

年度	行权量（手）	同比变化（%）
2020年	49 468	-5.34
2021年	42 244	-14.60

数据来源：郑州商品交易所。

（三）价格走势（见图2-2-2、表2-2-23、表2-2-24）

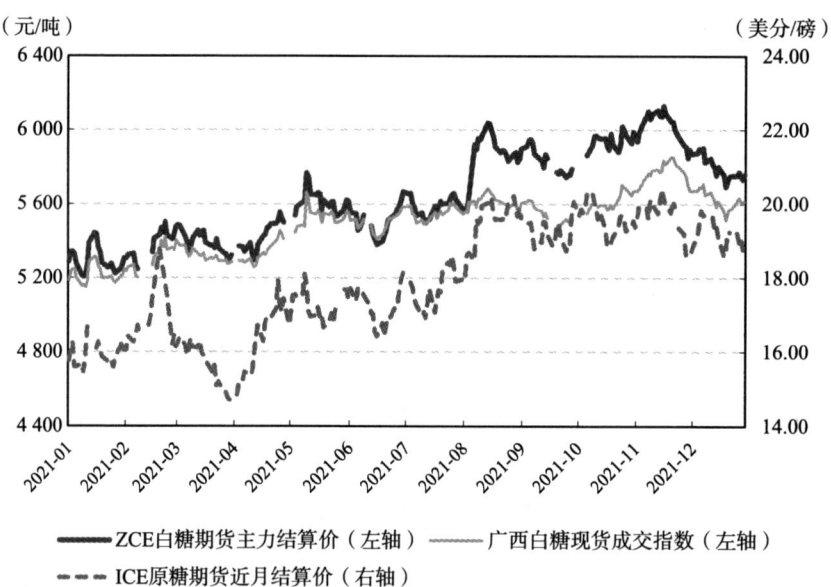

图2-2-2　2021年白糖期货内外盘和国内现货市场价格走势

数据来源：郑州商品交易所、ICE（洲际交易所）、泛糖科技。

表2-2-23　　2021年白糖期货内外盘和国内现货市场价格指标

市场分类	2020年末收盘价	2021年盘中最高价	2021年盘中最低价	2021年末收盘价	全年涨跌	结算价平均价	标准差	极差
郑商所主力价格（元/吨）	5 215	6 167	5 160	5 777	562	5 639	247.34	1 007
ICE连续价格（美分/磅）	15.49	20.69	14.67	18.88	3.39	17.87	1.55	6.02
广西白糖现货价格（元/吨）	5 163	5 854	5 150	5 615	452	5 496	164.75	704

数据来源：郑州商品交易所、ICE（洲际交易所）、泛糖科技。

表 2-2-24　　　2021 年白糖期货内外盘和国内现货市场价格相关性

价格选择	相关系数
郑商所主力结算价与 ICE 连续价格	0.92
郑商所主力结算价与现货市场价格	0.93

数据来源：郑州商品交易所、ICE（洲际交易所）、泛糖科技。

三、菜籽油期货运行情况

（一）交易情况（见表 2-2-25～表 2-2-26）

表 2-2-25　　　　　2021 年菜籽油期货月度交易情况

月度	成交量（万手）	同比变化（%）	成交金额（亿元）	同比变化（%）	月末持仓量（万手）	同比变化（%）
1 月	742.05	284.62	7 382.39	393.91	18.49	80.41
2 月	442.26	-17.04	4 391.92	9.05	18.72	30.82
3 月	998.62	121.34	10 530.70	234.52	22.35	68.56
4 月	874.86	115.35	9 181.53	234.64	17.99	41.70
5 月	737.16	78.28	7 820.99	174.73	18.31	31.34
6 月	930.08	22.25	9 421.57	70.10	20.56	-6.66
7 月	1 079.88	-33.89	11 154.31	-18.66	24.71	1.21
8 月	1 236.16	-17.37	13 004.99	-0.79	25.65	19.56
9 月	982.20	-32.55	10 694.31	-17.55	26.07	44.93
10 月	1 009.88	14.35	12 489.52	54.35	29.22	10.63
11 月	1 195.80	-16.37	14 934.89	7.75	27.45	31.85
12 月	1 046.57	17.84	12 824.49	52.19	25.81	59.94
总计	11 275.52	6.93	123 831.61	37.64	—	—

数据来源：郑州商品交易所。

表 2-2-26　　　　2020—2021 年菜籽油期货年度交易情况

年度	成交量（万手）	同比变化（%）	成交金额（亿元）	同比变化（%）	年末持仓量（万手）	同比变化（%）
2020 年	10 544.73	179.06	89 970.16	233.73	16.14	25.05
2021 年	11 275.52	6.93	123 831.61	37.64	25.81	59.94

数据来源：郑州商品交易所。

(二）交割情况（见表2-2-27、表2-2-28）

表2-2-27　　　　　　　2021年菜籽油期货月度交割情况

月度	交割量（手）	同比变化（%）	交割金额（亿元）	同比变化（%）
1月	1 327	7.02	1.37	42.31
3月	1 215	24 200	1.31	36 118
5月	6 624	244.10	7.57	466.85
7月	814	-15.03	0.83	10.92
9月	4 795	95.87	5.23	130.20
11月	2 000	48.15	2.50	80.76
总计	16 775	111.65	18.81	180.47

数据来源：郑州商品交易所。

表2-2-28　　　　　　2020—2021年菜籽油期货年度交割情况

年度	交割量（手）	同比变化（%）	交割金额（亿元）	同比变化（%）
2020年	7 926	-81.68	6.71	-76.94
2021年	16 775	111.65	18.81	180.47

数据来源：郑州商品交易所。

（三）价格走势（见图2-2-3、表2-2-29、表2-2-30）

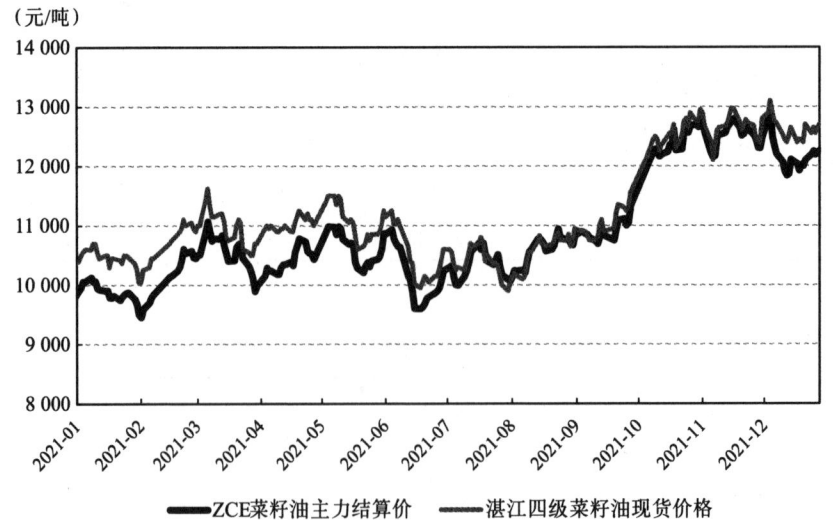

图2-2-3　2021年菜籽油期货和国内现货市场价格走势

数据来源：郑州商品交易所、国家粮油信息中心。

表2-2-29　　　2021年菜籽油期货和国内现货市场价格指标

市场分类	2020年末收盘价	2021年盘中最高价	2021年盘中最低价	2021年末收盘价	全年涨跌	结算价平均价	标准差	极差
郑商所主力价格（元/吨）	9 658	13 063	9 408	12 298	2 640	10 892.09	934.40	3 655
广东湛江四级菜籽油现货价格（元/吨）	10 150	13 100	9 900	12 700	2 550	11 207.98	882.40	3 200

数据来源：郑州商品交易所、国家粮油信息中心。

表2-2-30　　　2021年菜籽油期货和国内现货市场价格相关性

价格选择	相关系数
郑商所主力结算价与现货市场价格	0.97

数据来源：郑州商品交易所、国家粮油信息中心。

四、菜籽粕期货、期权运行情况

（一）期货、期权交易情况（见表2-2-31～表2-2-33）

表2-2-31　　　2021年菜籽粕期货月度交易情况

月度	成交量（万手）	同比变化（%）	成交金额（亿元）	同比变化（%）	月末持仓量（万手）	同比变化（%）
1月	2 136.43	262.87	6 297.92	366.50	49.79	39.66
2月	1 710.58	108.45	4 994.41	167.96	55.68	39.07
3月	2 960.24	79.31	8 391.28	114.16	55.38	26.33
4月	2 490.75	107.91	7 357.03	159.89	55.04	35.62
5月	2 082.33	80.78	6 271.63	134.67	53.32	21.55
6月	2 315.24	99.50	6 713.91	147.17	56.73	40.84
7月	2 153.51	26.92	6 423.78	58.43	66.68	57.40
8月	2 678.25	133.40	7 847.52	194.64	53.27	23.44
9月	2 014.51	30.70	5 764.75	56.23	52.37	52.17
10月	1 841.80	31.88	4 856.41	39.36	59.72	32.31
11月	2 280.95	26.74	6 041.29	32.57	54.65	10.68
12月	2 228.13	21.30	6 307.69	31.01	59.69	24.62
总计	26 892.72	68.19	77 267.62	100.09	—	—

数据来源：郑州商品交易所。

表 2-2-32　　　　2020—2021 年菜籽粕期货年度交易情况

年度	成交量（万手）	同比变化（%）	成交金额（亿元）	同比变化（%）	年末持仓量（万手）	同比变化（%）
2020 年	15 989.38	15.79	38 616.03	20.62	47.90	45.17
2021 年	26 892.72	68.19	77 267.62	100.09	59.69	24.62

数据来源：郑州商品交易所。

表 2-2-33　　　　2020—2021 年菜籽粕期权年度交易情况

年度	成交量（万手）	同比变化（%）	成交量看跌/看涨（PCR）	成交金额（亿元）	同比变化（%）	年末持仓量（万手）	同比变化（%）
2020 年	338.35	—	0.60	13.60	—	5.10	—
2021 年	479.46	41.71	0.85	22.45	65.07	5.11	0.05

数据来源：郑州商品交易所。

（二）交割、行权情况（见表 2-2-34~表 2-2-36）

表 2-2-34　　　　2021 年菜籽粕期货月度交割情况

月度	交割量（手）	同比变化（%）	交割金额（万元）	同比变化（%）
1 月	3 388	298.12	9 483.01	418.30
3 月	2 250	785.83	6 140.25	963.41
5 月	2 496	149.60	7 408.13	226.93
7 月	1 639	181.62	4 797.35	259.80
8 月	1 100	1 225.30	3 267.00	1 598.08
9 月	2 921	51.50	9 093.07	107.64
11 月	2 732	91.99	6 842.12	102.91
总计	16 526	169.99	47 030.94	237.14

数据来源：郑州商品交易所。

表 2-2-35　　　　2020—2021 年菜籽粕期货年度交割情况

年度	交割量（手）	同比变化（%）	交割金额（万元）	同比变化（%）
2020 年	6 121	105.61	13 950.05	105.43
2021 年	16 526	169.99	47 030.94	237.14

数据来源：郑州商品交易所。

表 2-2-36　　　　2020—2021 年菜籽粕期权年度行权情况

年度	行权量（手）	同比变化（%）
2020 年	23 259	—
2021 年	36 569	57.23

数据来源：郑州商品交易所。

（三）价格走势（见图2-2-4、表2-2-37、表2-2-38）

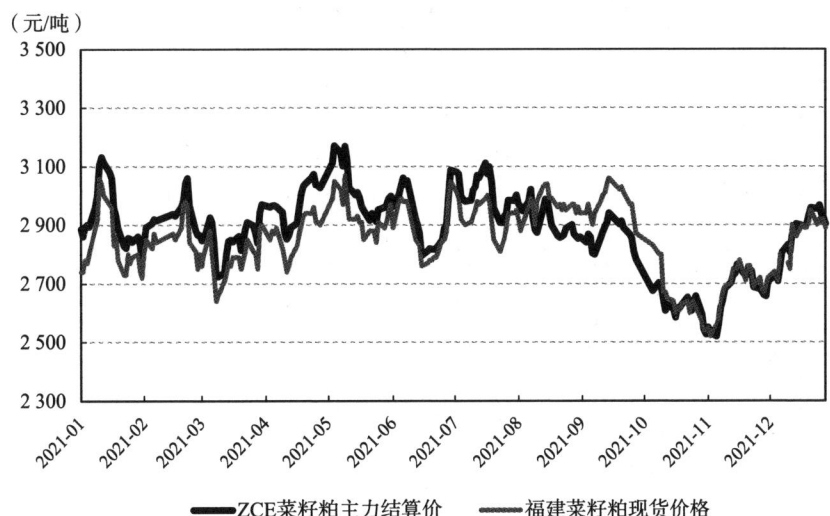

图2-2-4　2021年菜籽粕期货和国内现货市场价格走势

数据来源：郑州商品交易所、我的农产品网。

表2-2-37　　　　2021年菜籽粕期货和国内现货市场价格指标

市场分类	2020年末收盘价	2021年盘中最高价	2021年盘中最低价	2021年末收盘价	全年涨跌	结算价平均价	标准差	极差
郑商所主力价格（元/吨）	2 883	3 218	2 476	2 912	29	2 881.02	136.72	742
福建菜籽粕现货价格（元/吨）	2 750	3 070	2 520	2 890	140	2 850.21	121.46	550

数据来源：郑州商品交易所、我的农产品网。

表2-2-38　　　　2021年菜籽粕期货和国内现货市场价格相关性

价格选择	相关系数
郑商所主力结算价与现货市场价格	0.86

数据来源：郑州商品交易所、我的农产品网。

五、精对苯二甲酸（PTA）期货、期权运行情况

（一）期货、期权交易情况（见表2-2-39~表2-2-42）

表2-2-39　　　　2021年PTA期货月度交易情况

月度	成交量（万手）	同比变化（%）	成交金额（亿元）	同比变化（%）	月末持仓量（万手）	同比变化（%）
1月	4 265.25	307.31	8 488.40	227.93	321.69	237.04

续表

月度	成交量（万手）	同比变化（%）	成交金额（亿元）	同比变化（%）	月末持仓量（万手）	同比变化（%）
2月	3 809.93	235.50	8 438.96	233.69	297.80	117.94
3月	5 788.86	124.66	13 213.73	179.36	286.20	42.44
4月	4 149.36	21.52	9 587.14	64.91	250.91	34.21
5月	4 112.00	100.99	9 749.72	164.66	255.80	32.05
6月	4 619.57	127.52	11 307.69	198.86	288.80	67.34
7月	5 850.16	155.06	15 186.52	264.61	264.63	48.61
8月	5 573.66	184.31	14 457.19	297.17	259.73	35.42
9月	4 327.38	108.48	10 732.04	184.63	214.71	20.86
10月	4 714.35	55.17	12 765.23	137.11	219.82	-23.44
11月	4 128.38	-11.38	10 249.72	28.39	242.87	-28.73
12月	3 972.82	-33.02	9 309.47	-15.91	195.38	-37.08
总计	55 311.71	71.73	133 485.81	125.70	—	—

数据来源：郑州商品交易所。

表2-2-40　　　　2020—2021年PTA期货年度交易情况

年度	成交量（万手）	同比变化（%）	成交金额（万亿元）	同比变化（%）	年末持仓量（万手）	同比变化（%）
2020年	32 207.87	3.07	5.91	-33.42	310.53	237.94
2021年	55 311.71	71.73	13.35	125.70	195.38	-37.08

数据来源：郑州商品交易所。

表2-2-41　　　　2021年PTA期权月度交易情况

月度	成交量（万手）	同比变化（%）	成交量看跌/看涨（PCR）	成交金额（亿元）	同比变化（%）	月末持仓量（万手）	同比变化（%）
1月	159.06	526.00	0.52	7.53	653.00	30.68	276.92
2月	178.83	663.81	0.59	12.09	1 009.17	26.36	173.41
3月	254.38	263.57	0.66	10.6	184.18	32.03	72.47
4月	162.99	198.87	0.53	7.37	105.87	21.70	34.09
5月	165.79	280.63	0.50	7.54	298.94	28.54	53.64
6月	235.58	445.22	0.47	11.67	678.00	35.37	92.59
7月	411.52	402.97	0.53	17.12	901.17	38.84	87.17
8月	337.00	420.97	0.70	12.8	584.49	37.35	178.12
9月	308.61	185.67	0.56	11.95	272.27	34.86	69.34
10月	316.41	55.40	0.63	18.84	202.89	38.67	-20.19
11月	311.56	21.81	0.65	10.39	55.07	36.89	-31.16
12月	210.67	2.85	0.77	7.24	-11.06	25.30	-20.97
总计	3 052.38	158.93	0.59	135.14	232.50	—	—

数据来源：郑州商品交易所。

表2-2-42 2020—2021年PTA期权年度交易情况

年度	成交量（万手）	同比变化（%）	成交量看跌/看涨（PCR）	成交金额（亿元）	同比变化（%）	年末持仓量（万手）	同比变化（%）
2020年	1 178.83	5 984.86	0.53	40.64	4 610.99	32.01	636.33
2021年	3 052.38	158.93	0.59	135.14	232.50	25.30	-20.97

数据来源：郑州商品交易所。

（二）交割、行权情况（见表2-2-43~表2-2-46）

表2-2-43 2021年PTA期货月度交割情况

月度	交割量（手）	同比变化（%）	交割金额（亿元）	同比变化（%）
1月	72 213	157.47	13.94	103.14
2月	5 109	170 200.00	1.04	162 181.21
3月	27 948	-56.82	6.37	-51.40
4月	4 871	4 172.81	1.05	5 386.33
5月	48 479	-30.51	11.42	-3.91
6月	9 790	1 208.82	2.29	1 577.11
7月	26 890	-11.94	6.91	26.95
8月	7 627	272.96	2.03	454.35
9月	32 901	13.16	7.79	54.00
10月	34 817	156.20	9.41	297.68
11月	34 638	63.87	8.71	151.65
12月	22 109	148.75	5.03	221.44
总计	327 392	21.86	76.01	51.15

数据来源：郑州商品交易所。

表2-2-44 2020—2021年PTA期货年度交割情况

年度	交割量（手）	同比变化（%）	交割金额（亿元）	同比变化（%）
2020年	268 660	115.08	50.29	30.23
2021年	327 392	21.86	76.01	51.15

数据来源：郑州商品交易所。

表2-2-45 2021年PTA期权月度行权情况

月度	行权量（手）
1月	14 074
2月	19 114
3月	12 407

续表

月度	行权量（手）
4月	45 869
5月	9 729
6月	6 939
7月	33 337
8月	65 566
9月	16 532
10月	47 139
11月	24 699
12月	33 329
总计	328 734

数据来源：郑州商品交易所。

表2-2-46　　　　2020—2021年PTA期权年度行权情况

年度	行权量（手）	同比变化（%）
2020年	109 719	421 896.15
2021年	328 734	199.61

数据来源：郑州商品交易所。

（三）价格走势（见图2-2-5、表2-2-47、表2-2-48）

图2-2-5　2021年PTA期货和国内现货市场价格走势

数据来源：郑州商品交易所、中国化纤信息网。

表 2−2−47　　　　2021 年 PTA 期货和国内现货市场价格指标

市场分类	2020 年末收盘价	2021 年盘中最高价	2021 年盘中最低价	2021 年末收盘价	全年涨跌	结算价平均价	标准差	极差
郑商所主力价格（元/吨）	3 820	5 658	3 804	5 018	1 198	4 793.04	399.86	1 854
国产 PTA 现货价格（元/吨）	3 595	5 555	3 680	4 945	1 350	4 709.94	441.01	1 875

数据来源：郑州商品交易所、中国化纤信息网。

表 2−2−48　　　　2021 年 PTA 期货和国内现货市场价格相关性

价格选择	相关系数
郑商所主力结算价与 PTA 现货市场价格	0.99

数据来源：郑州商品交易所、中国化纤信息网。

六、短纤期货运行情况

（一）期货交易情况（见表 2−2−49）

表 2−2−49　　　　2021 年短纤期货月度交易情况

月度	成交量（万手）	同比变化（％）	成交金额（亿元）	同比变化（％）	月末持仓量（万手）	同比变化（％）
1 月	279.90	—	928.99	—	10.73	—
2 月	317.41	—	1 215.54	—	15.57	—
3 月	845.45	—	3 157.82	—	21.48	—
4 月	603.06	—	2 128.96	—	19.98	—
5 月	435.21	—	1 542.03	—	18.45	—
6 月	332.43	—	1 175.71	—	20.94	—
7 月	419.47	—	1 533.00	—	21.08	—
8 月	367.38	—	1 311.97	—	19.96	—
9 月	408.69	—	1 438.26	—	17.68	—
10 月	533.52	−47.66	2 126.86	−34.22	15.90	11.52
11 月	400.32	8.25	1 407.07	26.08	19.04	38.89
12 月	399.29	58.24	1 358.42	73.28	17.47	53.11
总计	5 342.13	225.46	19 324.63	276.46	—	—

数据来源：郑州商品交易所。

(二) 交割情况 (见表 2-2-50)

表 2-2-50　　2021 年短纤期货月度交割情况

月度	交割量 (手)	同比变化 (%)	交割金额 (亿元)	同比变化 (%)
1 月	—	—	—	—
2 月	—	—	—	—
3 月	—	—	—	—
4 月	—	—	—	—
5 月	4 896	—	1.64	—
6 月	40	—	0.01	—
7 月	7 110	—	2.54	—
8 月	64	—	0.02	—
9 月	3 110	—	1.04	—
10 月	1 473	—	0.59	—
11 月	5 226	—	1.85	—
12 月	462	—	0.15	—
总计	22 381	—	7.86	—

数据来源：郑州商品交易所。

(三) 价格走势 (见图 2-2-6、表 2-2-51、表 2-2-52)

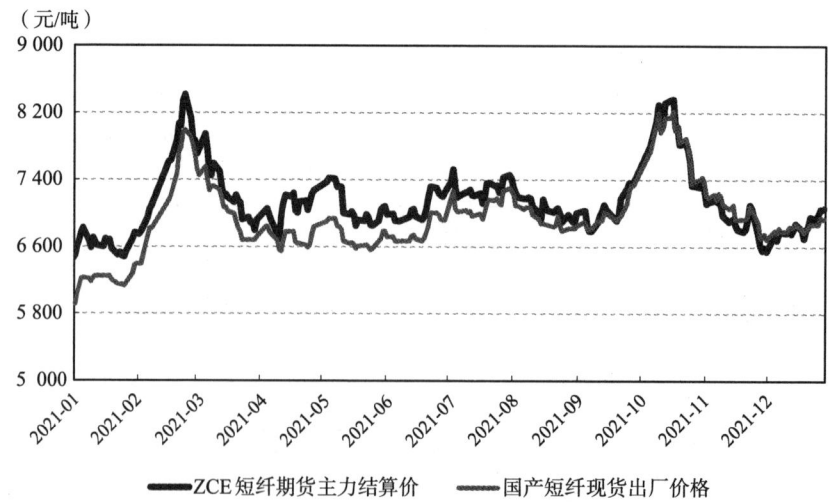

图 2-2-6　2021 年短纤期货和国内现货市场价格走势

数据来源：郑州商品交易所、中国化纤信息网。

表2-2-51　　　　　2021年短纤期货和国内现货市场价格指标

市场分类	2020年末收盘价	2021年盘中最高价	2021年盘中最低价	2021年末收盘价	全年涨跌	结算价平均价	标准差	极差
郑商所主力价格（元/吨）	6 422	8 578	6 400	7 070	648	7 128.56	390.78	2 178
国产短纤现货价格（元/吨）	5 805	8 220	5 910	6 940	1 135	6 937.08	427.45	2 310

数据来源：郑州商品交易所、中国化纤信息网。

表2-2-52　　　　　2021年短纤期货和国内现货市场价格相关性

价格选择	相关系数
郑商所主力结算价与短纤现货市场价格	0.91

数据来源：郑州商品交易所、中国化纤信息网。

七、甲醇期货、期权运行情况

（一）期货、期权交易情况（见表2-2-53～表2-2-56）

表2-2-53　　　　　　2021年甲醇期货月度交易情况

月度	成交量（万手）	同比变化（%）	成交金额（亿元）	同比变化（%）	月末持仓量（万手）	同比变化（%）
1月	2 999.38	50.13	6 988.37	52.40	118.64	52.65
2月	1 987.17	19.92	4 720.50	35.69	123.70	23.09
3月	3 429.44	51.00	8 433.82	103.16	119.48	9.50
4月	2 816.01	-3.57	6 815.82	35.86	132.33	28.92
5月	3 288.37	4.93	8 642.09	59.45	140.51	-21.81
6月	2 951.89	-2.65	7 421.00	40.70	148.84	-2.78
7月	2 808.82	-25.02	7 458.90	10.96	160.45	1.54
8月	2 723.35	18.81	7 501.91	78.20	132.09	2.47
9月	3 602.89	18.99	11 375.78	85.32	138.23	21.47
10月	5 722.37	140.16	19 707.44	304.05	167.34	16.53
11月	5 552.70	46.02	15 060.99	80.70	138.41	-1.36
12月	3 648.07	-13.62	9 466.40	-6.65	134.92	29.31
总计	41 530.48	20.42	113 593.02	66.19	—	—

数据来源：郑州商品交易所。

表2-2-54 2020—2021年甲醇期货年度交易情况

年度	成交量（万手）	同比变化（%）	成交金额（亿元）	同比变化（%）	年末持仓量（万手）	同比变化（%）
2020年	34 487.62	30.09	68 350.84	12.04	104.34	18.86
2021年	41 530.48	20.42	113 593.02	66.19	134.92	29.31

数据来源：郑州商品交易所。

表2-2-55 2021年甲醇期权月度交易情况

月度	成交量（万手）	同比变化（%）	成交量看跌/看涨（PCR）	成交金额（亿元）	同比变化（%）	月末持仓量（万手）	同比变化（%）
1月	107.65	202.46	0.66	4.94	133.13	14.66	144.81
2月	111.81	316.89	0.53	5.58	274.39	16.47	104.03
3月	189.17	200.70	0.67	7.97	148.23	14.35	5.12
4月	98.84	115.95	0.63	3.88	29.38	10.31	10.07
5月	160.27	253.24	0.74	10.11	341.64	12.57	-7.25
6月	118.46	114.05	0.60	5.84	197.97	14.26	-7.74
7月	145.82	32.54	0.61	6.06	94.33	11.52	-39.17
8月	150.26	105.13	0.91	6.23	128.18	7.98	-29.44
9月	213.64	73.98	1.00	15.91	171.04	13.44	-2.31
10月	203.57	114.33	0.81	24.83	505.72	21.09	21.70
11月	253.68	43.57	0.68	14.35	84.75	22.75	22.16
12月	239.17	43.34	0.65	9.37	9.86	20.04	53.21
总计	1 992.33	96.02	0.71	115.09	149.21	—	—

数据来源：郑州商品交易所。

表2-2-56 2020—2021年甲醇期权年度交易情况

年度	成交量（万手）	同比变化（%）	成交量看跌/看涨（PCR）	成交金额（亿元）	同比变化（%）	年末持仓量（万手）	同比变化（%）
2020年	1 016.39	5 828.43	0.62	46.18	4 828.73	13.08	288.72
2021年	1 992.33	96.02	0.71	115.09	149.22	20.04	53.27

数据来源：郑州商品交易所。

（二）交割、行权情况（见表2-2-57～表2-2-60）

表2-2-57 2021年甲醇期货月度交割情况

月度	交割量（手）	同比变化（%）	交割金额（万元）	同比变化（%）
1月	2 393	56.10	5 758.15	66.47
2月	1 042	1 125.88	2 433.07	1 244.50

续表

月度	交割量（手）	同比变化（%）	交割金额（万元）	同比变化（%）
3月	1 955	263.38	4 867.95	378.24
4月	542	—	1 279.12	—
5月	1 564	-92.81	4 179.01	-88.86
6月	7	-99.36	18.13	-98.95
7月	860	-89.14	2 165.48	-83.70
8月	1 791	154.77	4 516.90	282.45
9月	2 098	-65.56	5 945.73	-46.37
10月	1 747	36.27	6 558.24	166.58
11月	871	-76.61	2 476.25	-66.98
12月	2 847	260.84	7 530.32	327.99
总计	17 717	-61.07	47 728.35	-41.20

数据来源：郑州商品交易所。

表2-2-58　　　　2020—2021年甲醇期货年度交割情况

年度	交割量（手）	同比变化（%）	交割金额（万元）	同比变化（%）
2020年	45 507	111.05	81 170.10	76.87
2021年	17 717	-61.07	47 728.35	-41.20

数据来源：郑州商品交易所。

表2-2-59　　　　2021年甲醇期权月度行权情况

月度	行权量（手）
1月	11 376
2月	14 845
3月	15 925
4月	21 093
5月	8 805
6月	10 209
7月	4 913
8月	16 147
9月	8 981
10月	15 149
11月	13 869
12月	28 275
总计	169 587

数据来源：郑州商品交易所。

表 2-2-60　　　　　　　　2021 年甲醇期权年度行权情况

年度	行权量（手）	同比变化（%）
2020 年	103 763	1 729 283.33
2021 年	169 587	63.44

数据来源：郑州商品交易所。

（三）价格走势（见图 2-2-7、表 2-2-61、表 2-2-62）

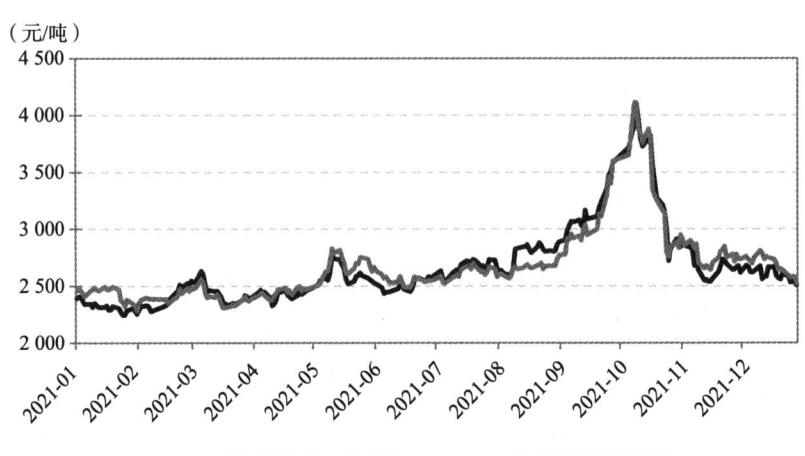

图 2-2-7　2021 年甲醇期货和国内现货市场价格比较

数据来源：郑州商品交易所、金联创。

表 2-2-61　　　　　　　2021 年甲醇期货和国内现货市场价格指标

市场分类	2020 年末收盘价	2021 年盘中最高价	2021 年盘中最低价	2021 年末收盘价	全年涨跌	结算价平均价	标准差	极差
郑商所主力价格（元/吨）	2 397	4 235	2 226	2 478	81	2 657.49	333.19	2 009
华东甲醇现货市场价格（元/吨）	2 405	4 110	2 285	2 520	115	2 670.06	311.79	1 825

数据来源：郑州商品交易所、金联创。

表 2-2-62　　　　　　2021 年甲醇期货和国内现货市场价格相关性

价格选择	相关系数
郑商所主力结算价与现货市场价格	0.96

数据来源：郑州商品交易所、金联创。

八、尿素期货运行情况

（一）期货交易情况（见表2-2-63、表2-2-64）

表2-2-63　　　　　　2021年尿素期货月度交易情况

月度	成交量（万手）	同比变化（%）	成交金额（亿元）	同比变化（%）	月末持仓量（万手）	同比变化（%）
1月	236.69	512.36	926.59	589.21	14.09	211.66
2月	281.78	207.21	1 135.38	252.88	14.41	90.42
3月	497.30	207.81	1 914.50	243.75	13.96	101.83
4月	328.26	266.18	1 320.87	365.66	13.13	89.12
5月	433.86	409.63	1 937.64	641.31	13.74	51.92
6月	335.08	298.19	1 544.01	498.13	10.91	-10.13
7月	247.98	80.50	1 201.69	176.07	12.10	80.27
8月	252.46	-6.89	1 190.44	29.17	9.83	9.24
9月	431.01	118.37	2 310.45	257.12	11.36	186.37
10月	487.77	246.58	2 827.45	491.62	9.02	-0.33
11月	360.58	108.23	1 676.23	173.35	10.01	56.06
12月	230.44	18.80	1 079.90	54.05	10.85	94.79
总计	4 123.20	147.70	19 065.16	239.70	—	—

数据来源：郑州商品交易所。

表2-2-64　　　　　2020—2021年尿素期货年度交易情况

年度	成交量（万手）	同比变化（%）	成交金额（万亿元）	同比变化（%）	年末持仓量（万手）	同比变化（%）
2020年	1 664.62	254.67	0.56	244.22	5.57	-3.73
2021年	4 123.20	147.70	1.91	239.70	10.85	94.79

数据来源：郑州商品交易所。

（二）交割情况（见表2-2-65、表2-2-66）

表2-2-65　　　　　　2021年尿素期货月度交割情况

月度	交割量（手）	同比变化（%）	交割金额（亿元）	同比变化（%）
1月	3 216	393.25	1.17	440.04
2月	14	-77.05	0.01	-70.12
3月	83	—	0.03	—

续表

月度	交割量（手）	同比变化（%）	交割金额（亿元）	同比变化（%）
4月	0	—	0.00	—
5月	1 692	-2.31	0.73	28.78
6月	1	-95.83	0.00	-93.44
7月	2 076	—	1.07	—
8月	32	300.00	0.02	512.64
9月	1 214	6.87	0.62	74.51
10月	252	86.67	0.15	269.49
11月	84	1.20	0.04	42.89
12月	44	158.82	0.02	253.47
总计	8 708	126.30	3.86	209.84

数据来源：郑州商品交易所。

表2-2-66　　　　　2020—2021年尿素期货年度交割情况

年度	交割量（手）	同比变化（%）	交割金额（亿元）	同比变化（%）
2020年	3 848	-96.92	1.25	-96.77
2021年	8 708	126.30	3.86	209.84

数据来源：郑州商品交易所。

（三）价格走势（见图2-2-8、表2-2-67、表2-2-68）

图2-2-8　2021年尿素期货和国内现货市场价格走势

数据来源：郑州商品交易所、金联创。

表 2-2-67   2021 年尿素期货和国内现货市场价格指标

市场分类	2020 年末收盘价	2021 年盘中最高价	2021 年盘中最低价	2021 年末收盘价	全年涨跌	结算价平均价	标准差	极差
郑商所主力价格（元/吨）	1 831	3 357	1 808	2 428	597	2 285.83	289.73	1 549
山东尿素现货价格（元/吨）	1 785	3 190	1 785	2 515	730	2 418.29	320.15	1 405

数据来源：郑州商品交易所、金联创。

表 2-2-68   2021 年尿素期货和国内现货市场价格相关性

价格选择	相关系数
郑商所主力结算价与尿素现货市场价格	0.89

数据来源：郑州商品交易所、金联创。

九、玻璃期货运行情况

（一）交易情况（见表 2-2-69～表 2-2-70）

表 2-2-69   2021 年玻璃期货月度交易情况

月度	成交量（万手）	同比变化（%）	成交金额（亿元）	同比变化（%）	月末持仓量（万手）	同比变化（%）
1 月	2 136.54	1 340.11	7 564.77	1 600.45	58.42	155.52
2 月	1 276.96	419.56	4 842.09	596.76	60.46	153.15
3 月	3 194.44	909.08	13 153.94	1 436.37	72.05	251.57
4 月	2 447.55	242.46	10 841.45	509.05	84.20	158.50
5 月	3 257.86	362.47	17 383.66	798.29	72.80	143.40
6 月	1 460.30	134.56	7 797.42	332.35	71.48	147.18
7 月	1 474.60	23.00	8 627.38	120.06	57.52	23.88
8 月	973.03	-71.46	5 325.13	-56.73	42.97	-56.09
9 月	1 101.39	-74.24	5 292.58	-63.80	30.29	-44.66
10 月	1 014.53	-43.82	4 491.19	-27.88	37.39	-36.71
11 月	1 299.75	-41.48	4 498.47	-43.87	43.35	-24.01
12 月	1 106.60	-61.34	4 046.04	-63.10	40.95	-14.57
总计	20 743.55	11.97	93 864.12	47.65	—	—

数据来源：郑州商品交易所。

表 2-2-70　　　　　2020—2021 年玻璃期货年度交易情况

年度	成交量（万手）	同比变化（%）	成交金额（亿元）	同比变化（%）	年末持仓量（万手）	同比变化（%）
2020 年	18 525.88	499.22	63 570.48	619.93	47.93	151.10
2021 年	20 743.55	11.97	93 864.12	47.65	40.95	-14.57

数据来源：郑州商品交易所。

（二）交割情况（见表 2-2-71～表 2-2-72）

表 2-2-71　　　　　2021 年玻璃期货月度交割情况

月度	交割量（手）	同比变化（%）	交割金额（万元）	同比变化（%）
1 月	458	-42.75	1 625.90	-33.54
2 月	50	—	191.50	—
3 月	404	—	1 632.97	—
4 月	809	—	3 426.92	—
5 月	106	-97.63	545.10	-94.94
6 月	80	—	423.84	—
7 月	119	-61.11	657.83	-30.88
8 月	487	21.75	2 845.05	92.44
9 月	276	-8.00	1 722.94	51.61
10 月	1 337	785.43	6 064.63	974.45
11 月	223	—	818.41	—
12 月	467	815.69	1 779.27	795.01
总计	4 816	-25.71	21 734.37	23.89

数据来源：郑州商品交易所。

表 2-2-72　　　　　2020—2021 年玻璃期货年度交割情况

年度	交割量（手）	同比变化（%）	交割金额（万元）	同比变化（%）
2020 年	6 483	299.94	17 542.95	291.22
2021 年	4 816	-25.71	21 734.37	23.89

数据来源：郑州商品交易所。

（三）价格走势（见图 2-2-9、表 2-2-73、表 2-2-74）

图 2-2-9 2021 年玻璃期货和国内现货市场价格比较

数据来源：郑州商品交易所网站、卓创资讯。

表 2-2-73 2021 年玻璃期货和国内现货市场价格指标

市场分类	2020 年末收盘价	2021 年盘中最高价	2021 年盘中最低价	2021 年末收盘价	全年涨跌	结算价平均价	标准差	极差
郑商所主力价格（元/吨）	1 859	3 163	1 572	1 705	-154	2 265.66	420.71	1 591
玻璃现货市场价格（元/吨）	2 220	3 120	1 800	1 910	-310	2 450.74	488.24	1 320

数据来源：郑州商品交易所、卓创资讯。

表 2-2-74 2021 年玻璃期货和国内现货市场价格相关性

价格选择	相关系数
郑商所连续价格与现货市场价格	0.90

数据来源：郑州商品交易所、卓创资讯。

十、纯碱期货运行情况

（一）交易情况（见表 2-2-75、表 2-2-76）

表 2-2-75 2021 年纯碱期货月度交易情况

月度	成交量（万手）	同比变化（%）	成交金额（亿元）	同比变化（%）	月末持仓量（万手）	同比变化（%）
1 月	888.14	1 143.41	2 796.90	1 081.77	25.32	852.45

续表

月度	成交量(万手)	同比变化(%)	成交金额(亿元)	同比变化(%)	月末持仓量(万手)	同比变化(%)
2月	649.90	1 934.80	2 222.46	2 104.26	28.68	873.63
3月	2 566.39	6 563.05	9 980.97	8 607.56	45.96	2 044.42
4月	1 727.87	2 200.89	6 705.17	3 015.78	40.66	1 755.21
5月	2 497.72	1 927.78	10 894.84	2 956.28	52.90	663.06
6月	1 129.86	873.08	5 070.09	1 412.49	52.87	360.80
7月	1 078.72	289.52	5 137.85	584.29	53.29	221.73
8月	1 568.51	29.02	8 386.00	123.87	52.37	135.96
9月	2 172.96	15.63	13 095.32	99.54	44.46	210.53
10月	2 169.09	220.87	13 602.47	509.95	33.86	73.66
11月	2 429.77	189.67	12 306.42	378.11	42.16	16.51
12月	1 948.14	30.08	9 247.02	106.44	50.92	149.95
总计	20 827.05	204.46	99 445.51	358.24	—	—

数据来源：郑州商品交易所。

表 2-2-76　　　　　2020—2021 年纯碱期货年度交易情况

年度	成交量(万手)	同比变化(%)	成交金额(亿元)	同比变化(%)	年末持仓量(万手)	同比变化(%)
2020年	6 840.61	—	21 701.86	—	20.37	376.19
2021年	20 827.05	204.46	99 445.51	358.24	50.92	149.95

数据来源：郑州商品交易所。

（二）交割情况（见表 2-2-77、表 2-2-78）

表 2-2-77　　　　　2021 年纯碱期货月度交割情况

月度	交割量（手）	同比变化（%）	交割金额（万元）	同比变化（%）
1月	1 328	—	3 627.87	—
2月	1 845	—	5 442.75	—
3月	2 213	—	7 528.63	—
4月	2 233	—	8 205.98	—
5月	2 435	46.60	9 144.76	131.32
6月	3 610	905.57	14 533.86	1 585.44
7月	480	39.94	1 929.32	150.20
8月	5 141	326.64	23 965.30	603.84
9月	3 517	16.34	18 472.60	84.31
10月	3 981	152.92	26 276.08	389.27

续表

月度	交割量（手）	同比变化（%）	交割金额（万元）	同比变化（%）
11月	2 270	-13.03	12 870.14	67.53
12月	1 996	4.23	10 683.90	101.26
总计	31 049	144.67	142 681.18	281.75

数据来源：郑州商品交易所。

表2-2-78　　　　　2020—2021年纯碱期货年度交割情况

年度	交割量（手）	同比变化（%）	交割金额（万元）	同比变化（%）
2020年	12 690	—	37 375.38	—
2021年	31 049	144.67	142 681.18	281.75

数据来源：郑州商品交易所。

（三）价格走势（见图2-2-10、表2-2-79、表2-2-80）

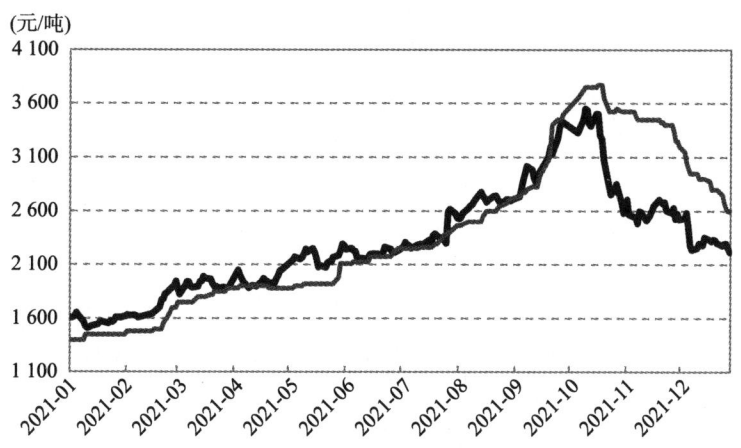

图2-2-10　2021年纯碱期货和国内现货市场价格比较

数据来源：郑州商品交易所网站、卓创资讯。

表2-2-79　　　　　2021年纯碱期货和国内现货市场价格指标

市场分类	2020年末收盘价	2021年盘中最高价	2021年盘中最低价	2021年末收盘价	全年涨跌	结算价平均价	标准差	极差
郑商所主力价格（元/吨）	1 611	3 648	1 489	2 183	572	2 303.34	474.17	2 159
纯碱现货市场价格（元/吨）	1 300	3 775	1 400	2 600	1 300	2 383.99	694.77	2 375

数据来源：郑州商品交易所、卓创资讯。

表 2-2-80　　2021 年纯碱期货和国内现货市场价格相关性

价格选择	相关系数
郑商所连续价格与现货市场价格	0.89

数据来源：郑州商品交易所、卓创资讯。

十一、动力煤期货、期权运行情况

（一）期货、期权交易情况（见表 2-2-81～表 2-2-84）

表 2-2-81　　2021 年动力煤期货月度交易情况

月度	成交量（万手）	同比变化（%）	成交金额（亿元）	同比变化（%）	月末持仓量（万手）	同比变化（%）
1 月	1 472.37	1 098.81	10 153.64	1 393.31	31.39	101.61
2 月	948.17	536.36	5 796.74	598.97	34.43	97.59
3 月	1 529.17	527.89	10 158.71	687.67	38.09	16.33
4 月	2 026.36	435.53	14 930.69	699.38	43.55	32.99
5 月	980.73	157.59	8 240.79	311.57	23.82	2.37
6 月	431.74	14.53	3 549.42	74.73	16.48	-28.26
7 月	300.82	-29.85	2 603.68	9.34	16.95	-20.96
8 月	229.11	-44.96	1 929.60	-17.23	12.08	-44.79
9 月	216.47	-60.04	2 291.44	-28.69	9.58	-60.82
10 月	202.11	-47.86	2 801.69	22.31	5.41	-74.99
11 月	56.52	-91.17	487.99	-87.50	3.73	-87.77
12 月	30.03	-98.54	221.60	-98.45	3.35	-85.39
总计	8 423.61	37.70	63 165.99	70.18	—	—

数据来源：郑州商品交易所。

表 2-2-82　　2020—2021 年动力煤期货年度交易情况

年度	成交量（万手）	同比变化（%）	成交金额（亿元）	同比变化（%）	年末持仓量（万手）	同比变化（%）
2020 年	6 117.46	122.49	37 116.44	132.59	22.95	0.16
2021 年	8 423.61	37.70	63 165.99	70.18	3.35	-85.39

数据来源：郑州商品交易所。

表 2-2-83　　　　　　2020—2021 年动力煤期货内外盘交易情况

年度	成交量（万手）		年末持仓量（万手）	
	郑商所（ZCE）	CME Group（芝商所集团）	郑商所（ZCE）	CME Group（芝商所集团）
2020 年	6 117.46	24.41	22.95	1.50
2021 年	8 423.61	15.31	3.35	1.68

注：郑商所动力煤期货交易单位为 100 吨/手；CME Group 北欧三港（API2）交易单位为 1 000 吨/手。
数据来源：郑州商品交易所、CME Group（芝加哥商业交易所集团）。

表 2-2-84　　　　　　　2021 年动力煤期权月度交易情况

月度	成交量（万手）	同比变化（%）	成交量看跌/看涨（PCR）	成交金额（亿元）	同比变化（%）	月末持仓量（万手）	同比变化（%）
1 月	69.80	—	1.06	11.09	—	7.16	—
2 月	48.38	—	0.58	6.32	—	8.28	—
3 月	130.72	—	0.92	13.48	—	11.78	—
4 月	113.75	—	1.54	14.78	—	12.48	—
5 月	116.60	—	1.25	26.54	—	9.75	—
6 月	66.99	5 351.39	1.31	14.41	17 912.50	8.74	1 536.36
7 月	86.80	177.28	2.01	11.36	491.67	9.97	76.10
8 月	36.96	-7.00	1.87	7.32	201.23	4.14	-32.55
9 月	39.02	-30.23	3.63	19.13	529.28	8.53	16.71
10 月	47.57	21.54	3.33	34.37	1 476.61	6.99	5.79
11 月	24.99	-62.02	1.22	8.62	87.39	4.62	-33.35
12 月	4.86	-96.07	0.75	1.36	-92.75	1.18	-86.87
总计	786.43	—	1.36	168.79	—	—	—

数据来源：郑州商品交易所。

（二）交割、行权情况（见表 2-2-85～表 2-2-88）

表 2-2-85　　　　　　　2021 年动力煤期货月度交割情况

月度	交割量（手）	同比变化（%）	交割金额（亿元）	同比变化（%）
1 月	200	-98.15	0.15	-97.42
2 月	1 000	—	0.77	—
3 月	3 200	33.33	1.90	42.44
4 月	2 400	—	1.68	—
5 月	5 000	-67.11	4.22	-41.47
6 月	601	—	0.50	—
7 月	0	-100	0	-100

续表

月度	交割量（手）	同比变化（%）	交割金额（亿元）	同比变化（%）
8月	200	—	0.20	—
9月	0	-100	0	-100
10月	200	-87.50	0.31	-67.65
11月	0	-100	0	-100
12月	0	-100	0	-100
总计	12 801	-78.88	9.73	-70.60

数据来源：郑州商品交易所。

表2-2-86　　　　2020—2021年动力煤期货年度交割情况

年度	交割量（手）	同比变化（%）	交割金额（亿元）	同比变化（%）
2020年	60 600	79.24	33.11	66.24
2021年	12 801	-78.88	9.73	-70.60

数据来源：郑州商品交易所。

表2-2-87　　　　2021年动力煤期权月度行权情况

月度	行权量（手）
1月	8 194
2月	4 529
3月	852
4月	10 435
5月	9 830
6月	8 144
7月	1 169
8月	6 908
9月	1 342
10月	1 662
11月	3 002
12月	6 148
总计	62 215

数据来源：郑州商品交易所。

表2-2-88　　　　2020—2021年动力煤期权年度行权情况

年度	行权量（手）	同比变化（%）
2020年	36 242	—
2021年	62 215	71.67

数据来源：郑州商品交易所。

(三)价格走势(见图2-2-11、表2-2-89、表2-2-90)

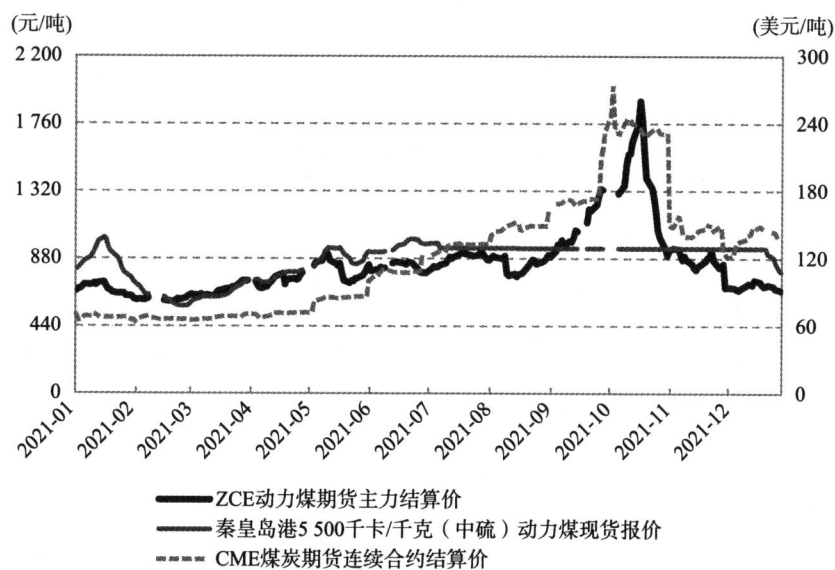

图2-2-11 2021年动力煤期货内外盘和国内现货市场价格走势

数据来源:郑州商品交易所、CME Group(芝加哥商业交易所集团)、中国煤炭资源网、中国煤炭市场网。

表2-2-89   2021年动力煤期货内外盘和国内现货市场价格指标

市场分类	2020年末收盘价	2021年盘中最高价	2021年盘中最低价	2021年末收盘价	全年涨跌	结算价平均价	标准差	极差
郑商所主力价格(元/吨)	674	1 982	588.2	672.2	-1.8	837.43	216.89	1 393.8
CME煤炭期货近月结算价(美元/吨)	69.25	274	63.7	136.75	67.5	120.54	51.89	210.3
秦皇岛港5 500千卡/千克(中硫)动力煤平仓价格(元/吨)	800	1 015	571	793	-7	873.18	118.03	444

注:动力煤现货价格2021年1月4日—2021年5月31日采用中国煤炭资源网秦皇岛港5 500千卡/千克(中硫)动力煤平仓价格,2021年6月1日起采用中国煤炭市场网秦皇岛港5 500千卡/千克(中硫)动力煤平仓价格。

数据来源:郑州商品交易所、CME Group(芝加哥商业交易所集团)、中国煤炭资源网、中国煤炭市场网。

表2-2-90   2021年动力煤期货内外盘和国内现货市场价格相关性

价格选择	相关系数
郑商所主力结算价与CME连续价格	0.81
郑商所主力结算价与现货市场价格	0.48

数据来源:郑州商品交易所、CME Group(芝加哥商业交易所集团)、中国煤炭资源网、中国煤炭市场网。

十二、硅铁期货运行情况

（一）交易情况（见表2-2-91、表2-2-92）

表2-2-91　　　　　　　　2021年硅铁期货月度交易情况

月度	成交量（万手）	同比变化（%）	成交金额（亿元）	同比变化（%）	月末持仓量（万手）	同比变化（%）
1月	896.94	2 178.98	3 318.19	2 804.72	16.76	229.50
2月	466.81	421.74	1 675.24	538.90	19.86	194.48
3月	880.90	501.23	3 308.10	714.92	21.18	245.55
4月	716.26	140.94	2 572.09	208.32	18.37	88.04
5月	1 057.50	216.22	4 195.61	329.11	23.64	81.64
6月	924.63	69.36	3 872.63	141.39	22.23	11.40
7月	632.31	141.94	2 676.20	261.66	30.03	112.08
8月	928.68	285.33	4 397.16	534.85	34.62	228.40
9月	1 435.28	641.85	8 777.37	1 480.90	14.73	95.72
10月	642.35	396.47	4 699.53	1 135.13	13.90	66.25
11月	448.50	64.47	2 113.50	156.37	12.54	-0.72
12月	493.95	-15.35	2 105.32	8.42	12.84	27.59
总计	9 524.12	203.86	43 710.93	368.34	—	—

数据来源：郑州商品交易所。

表2-2-92　　　　　　　2020—2021年硅铁期货年度交易情况

年度	成交量（万手）	同比变化（%）	成交金额（亿元）	同比变化（%）	年末持仓量（万手）	同比变化（%）
2020年	3 134.42	236.45	9 333.16	236.85	10.07	76.14
2021年	9 524.12	203.86	43 710.93	368.34	12.84	27.59

数据来源：郑州商品交易所。

（二）交割情况（见表2-2-93、表2-2-94）

表2-2-93　　　　　　　　2021年硅铁期货月度交割情况

月度	交割量（手）	同比变化（%）	交割金额（万元）	同比变化（%）
1月	1 749	-70.84	6 292.48	-63.99
2月	120	—	398.88	—
3月	705	3 425.00	2 769.24	4 477.26

续表

月度	交割量（手）	同比变化（%）	交割金额（万元）	同比变化（%）
4月	977	—	3 338.41	—
5月	2 628	25.62	9 858.09	69.69
6月	2 388	468.57	9 857.12	718.32
7月	5 623	-17.96	23 382.31	12.81
8月	781	-74.10	3 508.25	-58.78
9月	4 282	-26.35	23 276.95	40.92
10月	926	-70.37	7 535.79	-15.91
11月	1 004	-72.13	5 357.81	-50.30
12月	1 641	-67.29	6 997.22	-56.90
总计	22 824	-36.53	102 572.55	-3.49

数据来源：郑州商品交易所。

表 2-2-94　　2020—2021 年硅铁期货年度交割情况

年度	交割量（手）	同比变化（%）	交割金额（万元）	同比变化（%）
2020 年	35 958	352.99	106 283.14	349.12
2021 年	22 824	-36.53	102 572.55	-3.49

数据来源：郑州商品交易所。

（三）价格走势（见图 2-2-12、表 2-2-95、表 2-2-96）

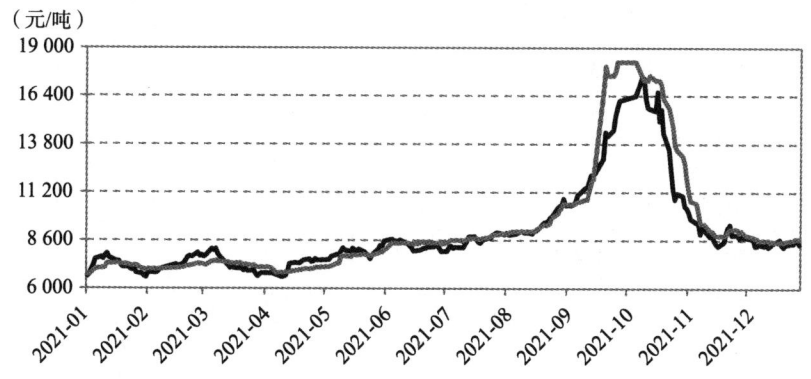

图 2-2-12　2021 年硅铁期货和国内现货市场价格比较

数据来源：郑州商品交易所、我的钢铁网。

表 2-2-95　　　　2021 年硅铁期货和国内现货市场价格指标

市场分类	2020 年末收盘价	2021 年盘中最高价	2021 年盘中最低价	2021 年末收盘价	全年涨跌	结算价平均价	标准差	极差
郑商所主力价格（元/吨）	6 616	17 950	6 540	8 312	1 696	8 910.04	2 238.19	11 410
河北市场硅铁 72 合格块现货价（元/吨）	6 750	18 250	6 740	8 650	1 900	9 130.25	2 768.34	11 510

数据来源：郑州商品交易所、我的钢铁网。

表 2-2-96　　　　2021 年硅铁期货和国内现货市场价格相关性

价格选择	相关系数
郑商所连续价格与现货市场价格	0.97

数据来源：郑州商品交易所、我的钢铁网。

十三、锰硅期货运行情况

（一）交易情况（见表 2-2-97、表 2-2-98）

表 2-2-97　　　　2021 年锰硅期货月度交易情况

月度	成交量（万手）	同比变化（％）	成交金额（亿元）	同比变化（％）	月末持仓量（万手）	同比变化（％）
1 月	821.77	942.20	3 006.87	1 106.16	15.48	150.79
2 月	420.63	194.52	1 518.94	235.71	16.45	55.92
3 月	696.90	153.09	2 537.53	185.80	22.83	120.96
4 月	699.52	21.12	2 460.44	21.10	19.89	30.90
5 月	847.45	56.95	3 141.14	65.21	22.55	29.94
6 月	817.02	36.32	3 102.98	55.27	19.67	49.33
7 月	671.77	72.96	2 555.88	104.70	24.18	65.66
8 月	785.72	142.20	3 118.89	203.05	24.76	96.81
9 月	1 141.07	222.73	5 687.21	409.87	15.09	4.14
10 月	590.24	119.57	3 260.64	296.12	12.28	-16.69
11 月	274.63	-20.79	1 188.54	10.58	14.25	-18.73
12 月	282.90	-55.33	1 161.12	-44.65	16.19	7.67
总计	8 049.61	77.73	32 740.18	119.59	—	—

数据来源：郑州商品交易所。

表 2-2-98　　　　　　　2020—2021 年锰硅期货年度交易情况

年度	成交量（万手）	同比变化（%）	成交金额（亿元）	同比变化（%）	年末持仓量（万手）	同比变化（%）
2020 年	4 529.02	305.39	14 909.85	278.28	15.04	76.10
2021 年	8 049.61	77.73	32 740.18	119.59	16.19	7.67

数据来源：郑州商品交易所。

（二）交割情况（见表 2-2-99、表 2-2-100）

表 2-2-99　　　　　　　2021 年锰硅期货月度交割情况

月度	交割量（手）	同比变化（%）	交割金额（万元）	同比变化（%）
1 月	4 270	68.04	15 453.13	89.51
2 月	43	—	153.17	—
3 月	2 926	—	11 326.55	—
4 月	1 689	—	5 755.11	—
5 月	7 236	7.76	26 167.74	7.00
6 月	4 980	4 015.70	18 933.96	4 589.21
7 月	1 968	50.00	7 195.01	67.66
8 月	2 276	65.29	8 867.30	102.30
9 月	8 719	135.20	38 013.68	226.89
10 月	1 420	-37.61	8 487.34	22.71
11 月	1 713	30.27	8 006.56	95.52
12 月	2 323	-20.58	9 486.96	1.95
总计	39 563	77.50	157 846.50	114.36

数据来源：郑州商品交易所。

表 2-2-100　　　　　　　2020—2021 年锰硅期货年度交割情况

年度	交割量（手）	同比变化（%）	交割金额（万元）	同比变化（%）
2020 年	22 289	270.62	73 635.10	214.37
2021 年	39 563	77.50	157 846.50	114.36

数据来源：郑州商品交易所。

（三）价格走势（见图2-2-13、表2-2-101、表2-2-102）

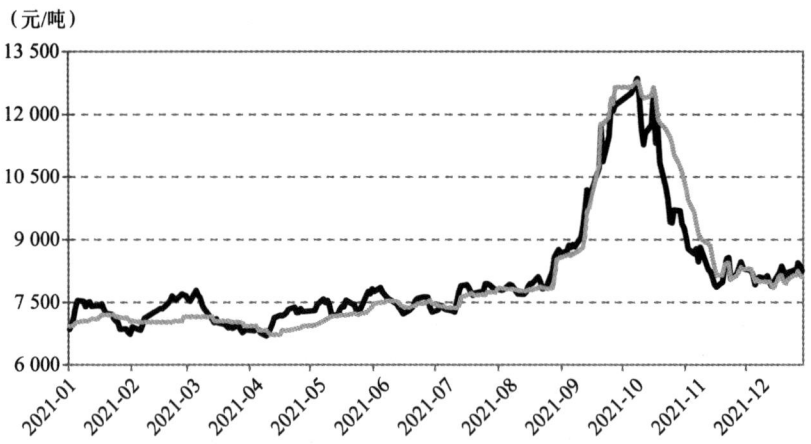

图2-2-13 2021年锰硅期货和国内现货市场价格比较

数据来源：郑州商品交易所、我的钢铁网。

表2-2-101　　2021年锰硅期货和国内现货市场价格指标

市场分类	2020年末收盘价	2021年盘中最高价	2021年盘中最低价	2021年末收盘价	全年涨跌	结算价平均价	标准差	极差
郑商所主力价格（元/吨）	6 776	13 400	6 632	8 178	1 402	8 050.23	1 258.28	6 768
江苏市场锰硅FeMn65Si17现货价格（元/吨）	6 925	12 800	6 725	8 100	1 175	8 046.67	1 488.17	6 075

数据来源：郑州商品交易所、我的钢铁网。

表2-2-102　　2021年锰硅期货和国内现货市场价格相关性

价格选择	相关系数
郑商所连续价格与现货市场价格	0.97

数据来源：郑州商品交易所、我的钢铁网。

十四、苹果期货运行情况

(一)交易情况(见表2-2-103、表2-2-104)

表2-2-103　　　　　　2021年苹果期货月度交易情况

月度	成交量 (万手)	同比变化 (%)	成交金额 (亿元)	同比变化 (%)	月末持仓量 (万手)	同比变化 (%)
1月	833.80	302.13	5 173.01	234.96	44.67	311.33
2月	629.40	49.48	3 942.50	32.41	52.00	238.13
3月	1 261.99	146.13	7 370.80	113.06	59.44	424.03
4月	1 290.89	113.91	7 451.16	56.18	49.97	369.44
5月	1 216.14	203.37	7 337.33	102.41	45.89	271.40
6月	962.28	145.71	6 018.11	85.05	41.75	167.78
7月	635.84	40.12	3 862.93	10.36	42.73	98.09
8月	552.61	-3.37	3 322.19	-17.95	42.81	69.81
9月	728.22	6.02	4 277.41	-13.67	28.27	69.24
10月	955.28	86.08	7 270.63	79.51	27.71	20.96
11月	882.24	30.06	7 094.20	45.25	26.26	-13.37
12月	600.59	-30.12	4 955.13	-12.97	23.27	-29.31
总计	10 549.27	67.42	68 075.41	45.58	—	—

数据来源:郑州商品交易所。

表2-2-104　　　　　　2020—2021年苹果期货年度交易情况

年度	成交量 (万手)	同比变化 (%)	成交金额 (亿元)	同比变化 (%)	年末持仓量 (万手)	同比变化 (%)
2020年	6 300.93	68.20	46 761.67	38.94	32.92	231.26
2021年	10 549.27	67.42	68 075.41	45.58	23.27	-29.31

数据来源:郑州商品交易所。

(二)交割情况(见表2-2-105、表2-2-106)

表2-2-105　　　　　　2021年苹果期货月度交割情况

月度	交割量(手)	同比变化(%)	交割金额(万元)	同比变化(%)
1月	212	241.94	1 242.77	140.53
2月	0	—	0	—

续表

月度	交割量（手）	同比变化（%）	交割金额（万元）	同比变化（%）
3月	82	-29.31	423.86	-41.35
4月	0	—	0	—
5月	110	48.65	637.37	35.42
6月	6	—	34.84	—
7月	0	-100	0	-100
8月	0	—	0	—
9月	0	—	0	—
10月	399	36.64	2 908.07	45.01
11月	17	-57.50	128.51	-53.41
12月	136	0	1 109.27	19.93
总计	962	29.30	6 484.68	27.94

数据来源：郑州商品交易所。

表2-2-106　　　　2020—2021年苹果期货年度交割情况

年度	交割量（手）	同比变化（%）	交割金额（万元）	同比变化（%）
2020年	744	-4.86	5 068.61	-34.94
2021年	962	29.30	6 484.68	27.94

数据来源：郑州商品交易所。

（三）价格走势（见图2-2-14、表2-2-107、表2-2-108）

图2-2-14　2021年苹果期货和国内现货市场价格走势

数据来源：郑州商品交易所、卓创资讯。

表 2-2-107　　2021 年苹果期货和国内现货市场价格指标

市场分类	2020年末收盘价	2021年盘中最高价	2021年盘中最低价	2021年末收盘价	全年涨跌	结算价平均价	标准差	极差
郑商所主力价格（元/吨）	6 641	8 945	4 916	8 394	1 753	6 456.36	930.54	4 029
山东栖霞80#纸袋红富士价格（元/吨）	6 200	7 000	5 000	6 800	600	6 043.52	608.80	2 000

数据来源：郑州商品交易所、卓创资讯。

表 2-2-108　　2021 年苹果期货和国内现货市场价格相关性

价格选择	相关系数
郑商所连续价格与现货市场价格	0.82

数据来源：郑州商品交易所、卓创资讯。

十五、红枣期货运行情况

（一）交易情况（见表 2-2-109、表 2-2-110）

表 2-2-109　　2021 年红枣期货月度交易情况

月度	成交量（万手）	同比变化（%）	成交金额（亿元）	同比变化（%）	月末持仓量（万手）	同比变化（%）
1月	46.72	-46.40	239.88	-47.73	2.88	-24.69
2月	42.42	-34.17	222.05	-33.53	3.79	0.86
3月	55.55	-24.75	284.11	-24.91	3.10	41.44
4月	44.27	-22.17	219.94	-23.82	4.06	74.97
5月	135.01	362.19	614.27	313.76	3.94	71.12
6月	156.98	309.30	684.47	259.77	5.67	91.13
7月	456.80	862.48	2 461.28	995.32	14.87	689.94
8月	444.29	901.06	3 014.92	1 346.81	14.75	818.13
9月	313.56	443.37	2 229.87	671.65	14.06	834.17
10月	361.35	619.82	2 716.62	978.69	13.96	583.49
11月	271.75	518.39	2 155.26	893.06	12.75	578.42
12月	104.12	76.27	807.19	178.11	8.57	218.76
总计	2 432.82	272.78	15 649.86	377.14	—	—

数据来源：郑州商品交易所。

表2-2-110　　　　　2020—2021年红枣期货年度交易情况

年度	成交量（万手）	同比变化（%）	成交金额（亿元）	同比变化（%）	年末持仓量（万手）	同比变化（%）
2020年	652.62	—	3 279.91	—	2.69	—
2021年	2 432.82	272.78	15 649.86	377.14	8.57	218.76

数据来源：郑州商品交易所。

（二）交割情况（见表2-2-111、表2-2-112）

表2-2-111　　　　　2021年红枣期货月度交割情况

月度	交割量（手）	同比变化（%）	交割金额（万元）	同比变化（%）
1月	113	32.94	551.75	19.34
2月	0	—	0	—
3月	259	201.16	1 312.65	186.43
4月	0	—	0	—
5月	390	125.43	1 819.17	116.96
6月	0	—	0	—
7月	223	205.48	928.16	168.74
8月	0	—	0	—
9月	161	-11.54	822.29	6.90
10月	0	—	0	—
11月	0	—	0	—
12月	1 746	951.81	13 086.82	1 498.00
总计	2 892	278.04	18 520.83	401.56

数据来源：郑州商品交易所。

表2-2-112　　　　　2020—2021年红枣期货年度交割情况

年度	交割量（手）	同比变化（%）	交割金额（万元）	同比变化（%）
2020年	765	713.83	3 692.61	599.29
2021年	2 892	278.04	18 520.83	401.56

数据来源：郑州商品交易所。

（三）价格走势（见图 2-2-15、表 2-2-113、表 2-2-114）

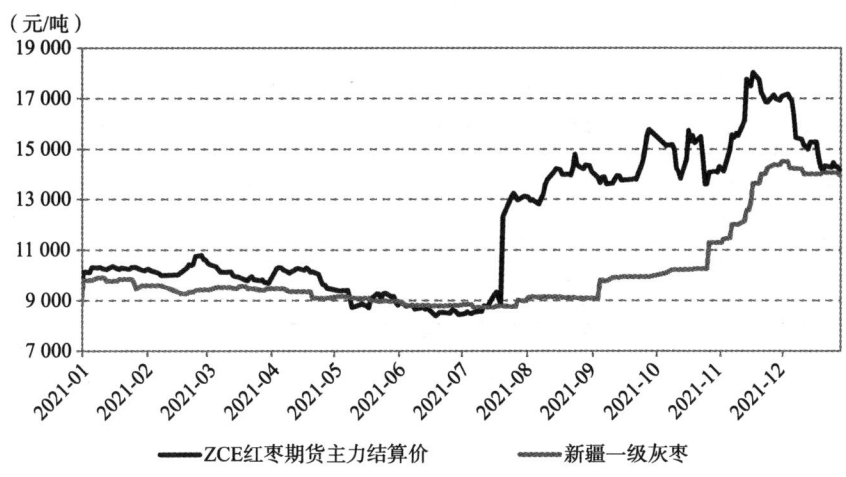

图 2-2-15　2021 年红枣期货和国内现货市场价格走势

数据来源：郑州商品交易所、新华财经。

表 2-2-113　　　　2021 年红枣期货和国内现货市场价格指标

市场分类	2020 年末收盘价	2021 年盘中最高价	2021 年盘中最低价	2021 年末收盘价	全年涨跌	结算价平均价	标准差	极差
郑商所主力价格（元/吨）	10 170	18 180	8 225	14 180	4 010	11 909	2 755.65	9 955
红枣现货市场价格（元/吨）	9 900	14 500	8 725	13 944	4 044	10 112	1 694.18	5 775

数据来源：郑州商品交易所、新华财经。

表 2-2-114　　　　2021 年红枣期货和国内现货市场价格相关性

价格选择	相关系数
郑商所连续价格与现货市场价格	0.73

数据来源：郑州商品交易所、新华财经。

十六、棉纱期货运行情况

(一) 交易情况 (见表 2-2-115)

表 2-2-115　　　　2020—2021 年棉纱期货年度交易情况

年度	成交量（万手）	同比变化（%）	成交金额（亿元）	同比变化（%）	年末持仓量（手）	同比变化（%）
2020 年	240.07	41.28	2 440.27	34.79	8 302	3.02
2021 年	293.97	22.45	3 739.75	53.25	2 928	-64.73

数据来源：郑州商品交易所。

(二) 交割情况 (见表 2-2-116)

表 2-2-116　　　　2020—2021 年棉纱期货年度交割情况

年度	交割量（手）	同比变化（%）	交割金额（万元）	同比变化（%）
2020 年	480	5 900.00	4 328.71	4 701.14
2021 年	1 532	219.17	17 534.07	305.06

数据来源：郑州商品交易所。

(三) 价格走势 (见图 2-2-16、表 2-2-117、表 2-2-118)

图 2-2-16　2021 年棉纱期货和国内现货市场价格走势

数据来源：郑州商品交易所、中国棉纺织信息网。

表 2-2-117　　2021 年棉纱期货和国内现货市场价格指标

市场分类	2020 年末收盘价	2021 年盘中最高价	2021 年盘中最低价	2021 年末收盘价	全年涨跌	结算价平均价	标准差	极差
郑商所主力价格（元/吨）	21 870	30 510	21 075	27 840	5 970	24 977	2 392.71	9 435
棉纱现货价格指数 CY C32（元/吨）	23 050	29 600	23 150	28 080	5 030	26 248	1 801.95	6 450

数据来源：郑州商品交易所、中国棉纺织信息网。

表 2-2-118　　2021 年棉纱期货和国内现货市场价格相关性

价格选择	相关系数
郑商所主力结算价与现货市场价格	0.97

数据来源：郑州商品交易所、中国棉纺织信息网。

十七、油菜籽期货运行情况

（一）交易情况（见表 2-2-119、表 2-2-120）

表 2-2-119　　2020—2021 年油菜籽期货年度交易情况

年度	成交量（手）	同比变化（%）	成交金额（亿元）	同比变化（%）	年末持仓量（手）	同比变化（%）
2020 年	2 378	-96.26	1.21	-95.25	0	-100
2021 年	8 173	243.69	4.90	305.86	12	—

数据来源：郑州商品交易所。

表 2-2-120　　2020—2021 年油菜籽期货内外盘交易情况

年度	成交量（手）		年末持仓量（手）	
	郑商所（ZCE）	ICE（洲际交易所）	郑商所（ZCE）	ICE（洲际交易所）
2020 年	2 378	6 219 990	0	201 638
2021 年	8 173	5 915 237	12	176 502

注：郑商所油菜籽期货交易单位为 10 吨/手；ICE 油菜籽期货交易单位为 20 吨/手。
数据来源：郑州商品交易所、ICE（洲际交易所）。

（二）交割情况

2021 年，郑商所油菜籽期货无交割。

（三）价格走势（见图 2-2-17、表 2-2-121、表 2-2-122）

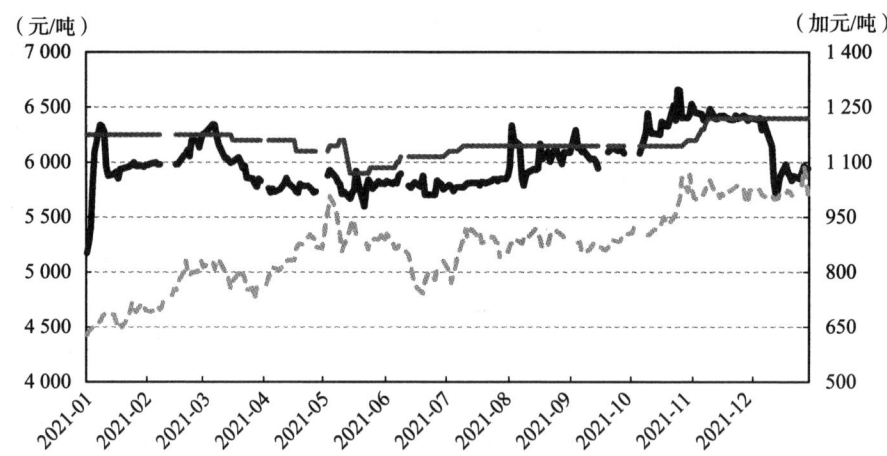

图 2-2-17　2021 年油菜籽期货内外盘和国内现货市场价格走势

数据来源：郑州商品交易所、ICE（洲际交易所）、国家粮油信息中心。

表 2-2-121　2021 年油菜籽期货内外盘和国内现货市场价格指标

市场分类	2020 年末收盘价	2021 年盘中最高价	2021 年盘中最低价	2021 年末收盘价	全年涨跌	结算价平均价	标准差	极差
郑商所主力价格（元/吨）	5 365	7 010	5 134	5 945	580	6 006.09	250.20	1 876
ICE 连续价格（加元/吨）	629.5	1 100.7	645.1	1 012.8	383.3	871.12	104.21	455.6
湖北荆州油菜籽现货价格（元/吨）	6 100	6 400	5 900	6 400	300	6 190.12	122.75	500

数据来源：郑州商品交易所、ICE（洲际交易所）、国家粮油信息中心。

表 2-2-122　2021 年油菜籽期货内外盘和国内现货市场价格相关性

价格选择	相关系数
郑商所主力结算价与 ICE 连续价格	0.41
郑商所主力结算价与现货市场价格	0.44

数据来源：郑州商品交易所、ICE（洲际交易所）、国家粮油信息中心。

十八、强麦期货运行情况

(一) 交易情况 (见表 2-2-123、表 2-2-124)

表 2-2-123　　　　2020—2021 年强麦期货年度交易情况

年度	成交量（手）	同比变化（%）	成交金额（亿元）	同比变化（%）	年末持仓量（手）	同比变化（%）
2020 年	32 096	158.73	16.72	177.28	561	289.58
2021 年	13 421	-58.18	7.51	-55.06	97	-82.71

数据来源：郑州商品交易所。

表 2-2-124　　　　2020—2021 年强麦期货内外盘年度交易情况

年度	成交量（手）		年末持仓量（手）	
	郑商所（ZCE）	CME Group（芝商所集团）	郑商所（ZCE）	CME Group（芝商所集团）
2020 年	32 096	33 365 343	561	402 613
2021 年	13 421	29 977 000	97	353 764

注：郑商所强麦期货交易单位为 20 吨/手；CME Group 软红冬小麦期货交易单位为 5 000 蒲式耳/手。
数据来源：郑州商品交易所、CME Group（芝加哥商业交易所集团）。

(二) 交割情况 (见表 2-2-125)

表 2-2-125　　　　2020—2021 年强麦期货年度交割情况

年度	交割量（手）	同比变化（%）	交割金额（万元）	同比变化（%）
2020 年	17	70	83.71	98.36
2021 年	224	1 217.65	1 181.38	1 311.28

数据来源：郑州商品交易所。

（三）价格走势（见图 2-2-18、表 2-2-126、表 2-2-127）

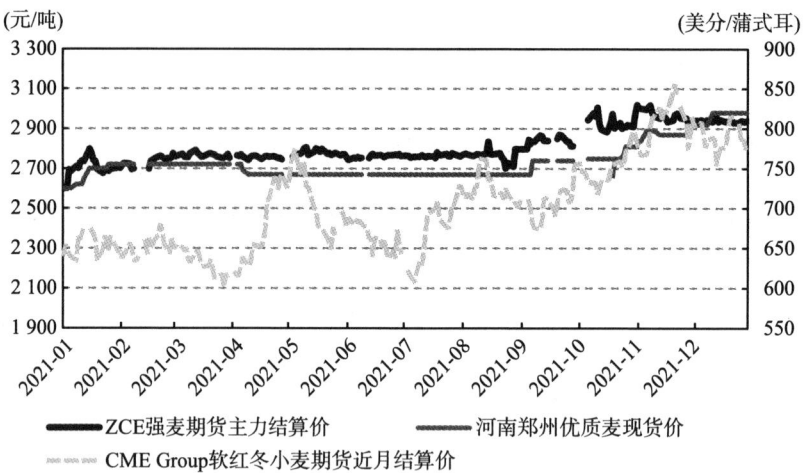

图 2-2-18　2021 年强麦期货内外盘和国内现货市场价格走势

数据来源：郑州商品交易所、CME Group（芝加哥商业交易所集团）、国家粮油信息中心。

表 2-2-126　2021 年强麦期货内外盘和国内现货市场价格指标

市场分类	2020年末收盘价	2021年盘中最高价	2021年盘中最低价	2021年末收盘价	全年涨跌	结算价平均价	标准差	极差
郑商所主力价格（元/吨）	2 592	3 072	2 601	2 946	354	2 808.94	89.18	471
CME Group 软红冬小麦近月连续价格（美分/蒲式耳）	641.75	863.25	593.25	771	129.25	702.56	58.99	270
河南郑州郑麦366进厂价格（元/吨）	2 600	2 980	2 600	2 980	380	2 733.05	95.08	380

数据来源：郑州商品交易所、CME Group（芝加哥商业交易所集团）、国家粮油信息中心。

表 2-2-127　2021 年强麦期货内外盘和国内现货市场价格相关性

价格选择	相关系数
郑商所主力结算价与 CME Group 连续价格	0.79
郑商所主力结算价与现货市场价格	0.82

数据来源：郑州商品交易所、CME Group（芝加哥商业交易所集团）、国家粮油信息中心。

十九、普麦期货运行情况

（一）交易情况（见表 2-2-128、表 2-2-129）

表 2-2-128　　2020—2021 年普麦期货年度交易情况

年度	成交量（手）	同比变化（%）	成交金额（万元）	同比变化（%）	年末持仓量（手）	同比变化（%）
2020 年	757	922.97	8 764	947.07	23	666.67
2021 年	389	-48.61	4 906	-44.02	0	-100

数据来源：郑州商品交易所。

表 2-2-129　　2020—2021 年普麦期货内外盘年度交易情况

年度	成交量（手）		年末持仓量（手）	
	郑商所（ZCE）	CME Group（芝商所集团）	郑商所（ZCE）	CME Group（芝商所集团）
2020 年	757	33 365 343	23	402 613
2021 年	389	29 977 000	0	353 764

注：郑商所普麦期货交易单位为 50 吨/手；CME Group 软红冬小麦期货交易单位为 5 000 蒲式耳/手。
数据来源：郑州商品交易所、CME Group（芝加哥商业交易所集团）。

（二）交割情况（见表 2-2-130）

表 2-2-130　　2020—2021 年普麦期货年度交割情况

年度	交割量（手）	同比变化（%）	交割金额（万元）	同比变化（%）
2020 年	0	—	0	—
2021 年	2	—	24.51	—

数据来源：郑州商品交易所。

（三）价格走势（见图2-2-19、表2-2-131、表2-2-132）

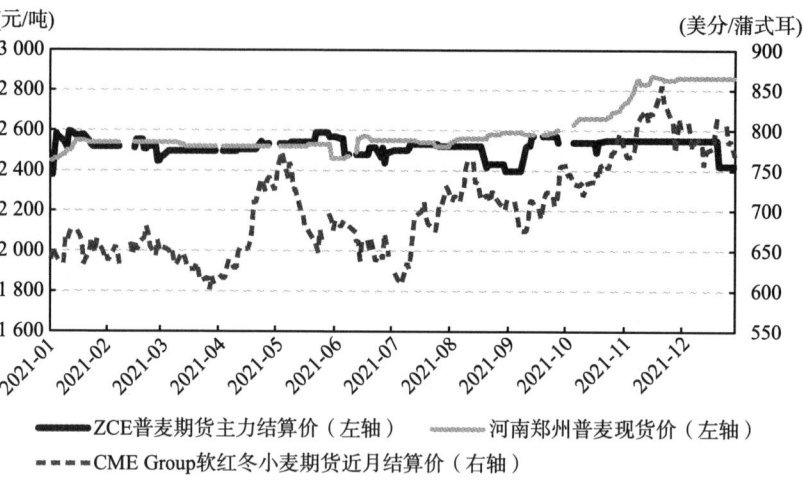

图2-2-19　2021年普麦期货内外盘和国内现货市场价格走势

数据来源：郑州商品交易所、CME Group（芝加哥商业交易所集团）、国家粮油信息中心。

表2-2-131　　2021年普麦期货内外盘和国内现货市场价格指标

市场分类	2020年末收盘价	2021年盘中最高价	2021年盘中最低价	2021年末收盘价	全年涨跌	结算价平均价	标准差	极差
郑商所主力价格（元/吨）	2 366	2 687	2 378	2 422	56	2 517.31	44.41	309
CME Group 软红冬小麦近月连续价格（美分/蒲式耳）	641.75	863.25	593.25	771	129.25	702.56	58.99	270
河南郑州普通小麦进厂价格（元/吨）	2 430	2 870	2 450	2 860	430	2 600.91	122.42	420

数据来源：郑州商品交易所、CME Group（芝加哥商业交易所集团）、国家粮油信息中心。

表2-2-132　　2021年普麦期货内外盘和国内现货市场价格相关性

价格选择	相关系数
郑商所主力结算价与CME Group连续价格	0.23
郑商所主力结算价与现货市场价格	0.11

数据来源：郑州商品交易所、CME Group（芝加哥商业交易所集团）、国家粮油信息中心。

二十、早籼稻期货运行情况

(一) 交易情况 (见表 2-2-133、表 2-2-134)

表 2-2-133　　　　2020—2021 年早籼稻期货年度交易情况

年度	成交量（手）	同比变化（%）	成交金额（亿元）	同比变化（%）	年末持仓量（手）	同比变化（%）
2020 年	1 952	-33.29	1.03	-26.95	0	-100
2021 年	311	-84.07	0.17	-83.50	1	—

数据来源：郑州商品交易所。

表 2-2-134　　　　2020—2021 年早籼稻期货内外盘年度交易情况

年度	成交量（手）		年末持仓量（手）	
	郑商所（ZCE）	CME Group（芝商所集团）	郑商所（ZCE）	CME Group（芝商所集团）
2020 年	1 952	257 363	0	9 334
2021 年	311	221 775	1	7 469

注：郑商所早籼稻期货交易单位为 20 吨/手；CME Group 糙米期货交易单位为 2 000 英担/手。
数据来源：郑州商品交易所、CME Group（芝加哥商业交易所集团）。

(二) 交割情况

2021 年，郑商所早籼稻期货无交割。

(三) 价格走势 (见图 2-2-20、表 2-2-135、表 2-2-136)

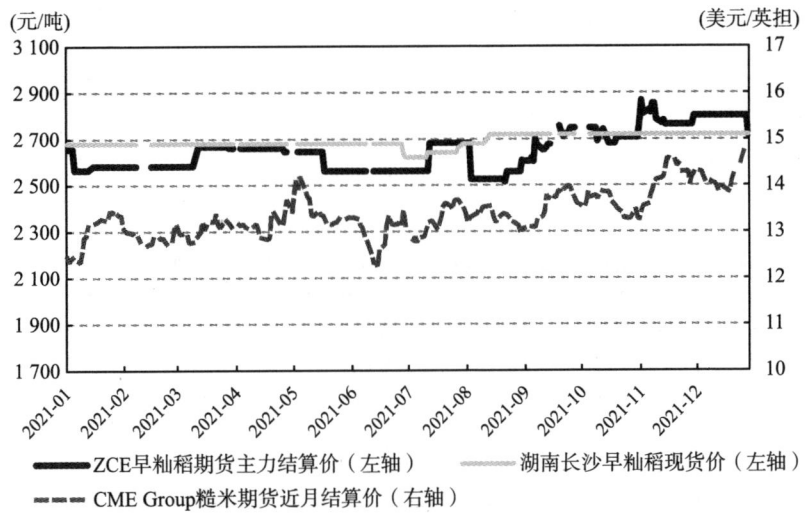

图 2-2-20　2021 年早籼稻期货内外盘和国内现货市场价格走势

数据来源：郑州商品交易所、CME Group（芝加哥商业交易所集团）、国家粮油信息中心。

表 2-2-135　　2021 年早籼稻期货内外盘和国内现货市场价格指标

市场分类	2020 年末收盘价	2021 年盘中最高价	2021 年盘中最低价	2021 年末收盘价	全年涨跌	结算价平均价	标准差	极差
郑商所主力价格（元/吨）	2 656	2 898	2 415	2 718	62	2 650.38	87.02	483
CME Group 糙米近月连续价格（美元/英担）	12.46	14.88	12.21	14.86	2.40	13.38	0.50	2.67
湖南长沙早籼稻收购价格（元/吨）	2 680	2 720	2 620	2 720	40	2 691.11	26.36	100

数据来源：郑州商品交易所、CME Group（芝加哥商业交易所集团）、国家粮油信息中心。

表 2-2-136　　2021 年早籼稻期货内外盘和国内现货市场价格相关性

价格选择	相关系数
郑商所主力结算价与 CME Group 连续价格	0.69
郑商所主力结算价与现货市场价格	0.51

数据来源：郑州商品交易所、CME Group（芝加哥商业交易所集团）、国家粮油信息中心。

二十一、晚籼稻期货运行情况

（一）交易情况（见表 2-2-137、表 2-2-138）

表 2-2-137　　2020—2021 年晚籼稻期货年度交易情况

年度	成交量（手）	同比变化（%）	成交金额（亿元）	同比变化（%）	年末持仓量（手）	同比变化（%）
2020 年	4 464	−76.25	2.60	−74.10	0	−100
2021 年	0	−100	0	−100	0	—

数据来源：郑州商品交易所。

表 2-2-138　　2020—2021 年晚籼稻期货内外盘年度交易情况

年度	成交量（手）		年末持仓量（手）	
	郑商所（ZCE）	CME Group（芝商所集团）	郑商所（ZCE）	CME Group（芝商所集团）
2020 年	4 464	257 363	0	9 334
2021 年	0	221 775	0	7 469

注：郑商所晚籼稻期货交易单位为 20 吨/手；CME Group 糙米期货交易单位为 2 000 英担/手。
数据来源：郑州商品交易所、CME Group（芝加哥商业交易所集团）。

（二）交割情况

2021年，郑商所晚籼稻期货无交割。

（三）价格走势（见图2-2-21、表2-2-139、表2-2-140）

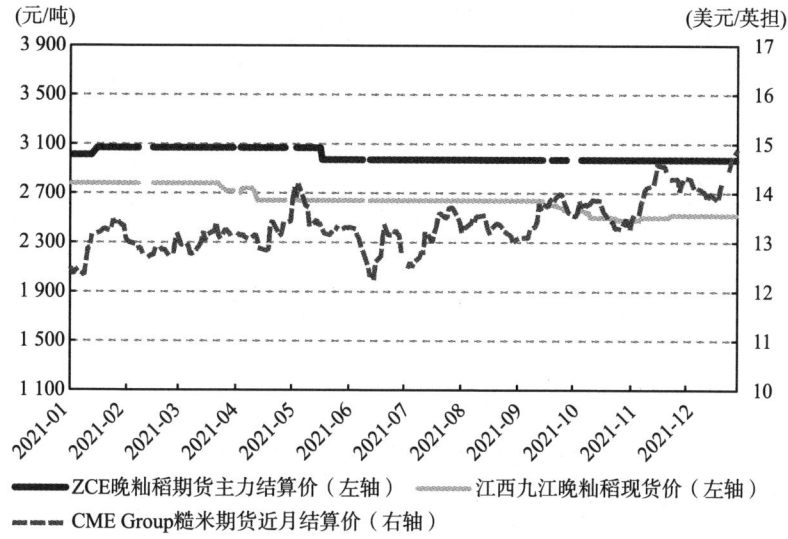

图2-2-21　2021年晚籼稻期货内外盘和国内现货市场价格走势

数据来源：郑州商品交易所、CME Group（芝加哥商业交易所集团）、国家粮油信息中心。

表2-2-139　　　2021年晚籼稻期货内外盘和国内现货市场价格指标

市场分类	2020年末收盘价	2021年盘中最高价	2021年盘中最低价	2021年末收盘价	全年涨跌	结算价平均价	标准差	极差
郑商所主力价格（元/吨）	3 011	0	0	2 973	-38	3 005.77	44.51	0
CME Group 糙米近月连续价格（美元/英担）	12.46	14.88	12.21	14.86	2.40	13.38	0.50	2.67
江西九江晚籼稻出库价格（元/吨）	2 780	2 780	2 480	2 520	-260	2 640.91	96.39	300

数据来源：郑州商品交易所、CME Group（芝加哥商业交易所集团）、国家粮油信息中心。

表2-2-140　　　2021年晚籼稻期货内外盘和国内现货市场价格相关性

价格选择	相关系数
郑商所主力结算价与CME Group连续价格	-0.35
郑商所主力结算价与现货市场价格	0.71

数据来源：郑州商品交易所、CME Group（芝加哥商业交易所集团）、国家粮油信息中心。

二十二、粳稻期货运行情况

（一）交易情况（见表 2-2-141）

表 2-2-141　　　2020—2021 年粳稻期货年度交易情况

年度	成交量（手）	同比变化（%）	成交金额（亿元）	同比变化（%）	年末持仓量（手）	同比变化（%）
2020 年	11 806	332.45	6.77	328.48	4	—
2021 年	2 564	-78.28	1.45	-78.58	5	25.00

数据来源：郑州商品交易所。

（二）交割情况（见表 2-2-142）

2021 年，郑商所粳稻期货无交割。

表 2-2-142　　　2020—2021 年粳稻期货年度交割情况

年度	交割量（手）	同比变化（%）	交割金额（万元）	同比变化（%）
2020 年	1	—	5.25	—
2021 年	0	-100	0	-100

数据来源：郑州商品交易所。

（三）价格走势（见图 2-2-22、表 2-2-143、表 2-2-144）

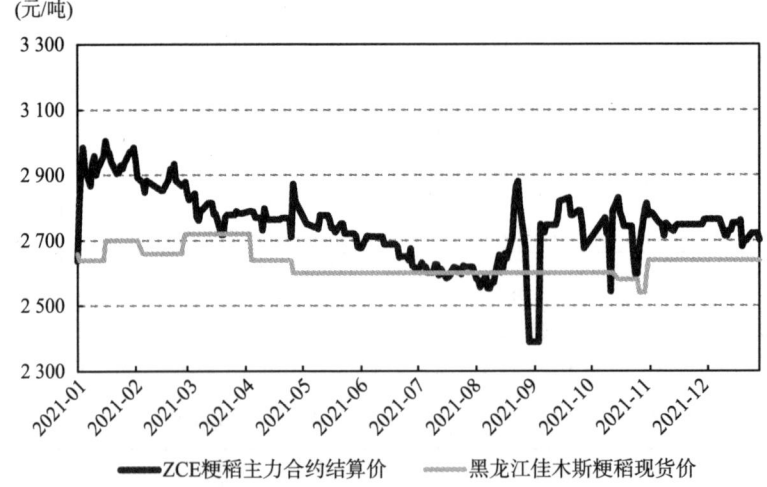

图 2-2-22　2021 年粳稻期货和国内现货市场价格走势

数据来源：郑州商品交易所、国家粮油信息中心。

表2-2-143　　　　2021年粳稻期货和国内现货市场价格指标

市场分类	2020年末收盘价	2021年盘中最高价	2021年盘中最低价	2021年末收盘价	全年涨跌	结算价平均价	标准差	极差
郑商所主力价格（元/吨）	2 480	3 049	2 389	2 702	222	2 743.88	108.87	660
黑龙江佳木斯圆粒粳稻出库价格（元/吨）	2 660	2 720	2 540	2 640	-20	2 631.11	41.81	180

数据来源：郑州商品交易所、国家粮油信息中心。

表2-2-144　　　　2021年粳稻期货和国内现货市场价格相关性

价格选择	相关系数
郑商所主力结算价与现货市场价格	0.55

数据来源：郑州商品交易所、国家粮油信息中心。

二十三、花生期货运行情况

2021年2月1日，花生期货在郑商所上市交易。

（一）交易情况（见表2-2-145）

表2-2-145　　　　2021年花生期货月度交易情况

月度	成交量（万手）	同比变化（%）	成交金额（亿元）	同比变化（%）	月末持仓量（万手）	同比变化（%）
1月	—	—	—	—	—	—
2月	228.30	—	1 191.03	—	2.44	—
3月	44.52	—	241.78	—	1.29	—
4月	15.77	—	82.46	—	1.27	—
5月	27.42	—	140.79	—	1.85	—
6月	74.33	—	344.69	—	3.34	—
7月	155.71	—	727.72	—	10.62	—
8月	166.97	—	756.28	—	10.90	—
9月	151.62	—	649.25	—	7.84	—
10月	374.59	—	1 652.55	—	16.40	—
11月	233.08	—	1 012.16	—	17.53	—
12月	212.41	—	868.06	—	17.58	—
总计	1 684.71	—	7 666.78	—	—	—

数据来源：郑州商品交易所。

(二) 交割情况 (见表 2-2-146)

2021 年,花生期货 PK2110、PK2111、PK2112 合约进入交割月。

表 2-2-146　　　　　　　2021 年花生期货月度交割情况

月度	交割量 (手)	同比变化 (%)	交割金额 (万元)	同比变化 (%)
1 月	—	—	—	—
3 月	—	—	—	—
4 月	—	—	—	—
10 月	911	—	3 688.14	—
11 月	119	—	487.63	—
12 月	75	—	295.22	—
总计	1 105	—	4 470.99	—

数据来源:郑州商品交易所。

(三) 价格走势 (见图 2-2-23、表 2-2-147、表 2-2-148)

图 2-2-23　2021 年花生期货和国内现货市场价格走势

数据来源:郑州商品交易所、国家粮油信息中心。

表 2-2-147　　　　　　　2021 年花生期货和国内现货市场价格指标

市场分类	2021 年初收盘价	2021 年盘中最高价	2021 年盘中最低价	2021 年末收盘价	全年涨跌	结算价平均价	标准差	极差
郑商所主力价格 (元/吨)	10 504	11 300	7 906	8 252	-2 252	9 396.03	885.19	3 394

续表

市场分类	2021年初收盘价	2021年盘中最高价	2021年盘中最低价	2021年末收盘价	全年涨跌	结算价平均价	标准差	极差
山东东部油用花生米现货价格（元/吨）	9 500	9 500	7 700	8 300	-1 200	8 540.36	646.19	1 800

数据来源：郑州商品交易所、国家粮油信息中心。

表2-2-148　　　2021年花生期货和国内现货市场价格相关性

价格选择	相关系数
郑商所主力结算价与现货市场价格	0.87

数据来源：郑州商品交易所、国家粮油信息中心。

第三节　大连商品交易所上市品种运行情况

大连商品交易所（以下简称"大商所"，DCE）2021年全年累计成交量为23.64亿手，占全国期货市场成交量的31.47%，同比增长7.12%；全年累计成交额为140.46万亿元，占全国期货市场成交额的24.17%，同比增长28.62%。目前对外开放的品种有铁矿石期货、棕榈油期货及期权。经纪机构备案方面，来自11个国家（地区）的71家境外经纪机构通过38家境内期货公司完成了14组委托业务备案。2021年大商所成交较为活跃的品种有豆粕、豆油、棕榈油、聚丙烯、玉米、聚氯乙烯、铁矿石、线型低密度聚乙烯、乙二醇、苯乙烯、鸡蛋、焦炭、焦煤、玉米淀粉、黄大豆1号、液化石油气、黄大豆2号；成交较为低迷的品种有胶合板、纤维板、粳米，单个品种年成交量在全国占比不足0.1%。2021年大商所新上市的品种有生猪期货、棕榈油期权。

一、黄大豆1号期货运行情况

（一）交易情况（见表2-3-1~表2-3-3）

表2-3-1　　　2021年黄大豆1号期货月度交易情况

月度	成交量（万手）	同比变化（%）	成交金额（亿元）	同比变化（%）	月末持仓量（万手）	同比变化（%）
1月	361.38	146.18	2 078.09	249.69	9.50	-17.58

续表

月度	成交量（万手）	同比变化（%）	成交金额（亿元）	同比变化（%）	月末持仓量（万手）	同比变化（%）
2月	248.10	-0.49	1 433.74	39.25	10.57	-26.55
3月	475.60	-19.17	2 822.05	9.19	12.47	-29.44
4月	449.11	-23.62	2 598.69	-5.44	13.15	-9.25
5月	362.96	-23.51	2 179.18	3.72	17.47	18.02
6月	426.99	-41.84	2 433.14	-28.70	23.08	-2.78
7月	495.74	-32.44	2 876.78	-16.32	23.77	16.08
8月	484.04	-1.36	2 798.92	25.85	20.71	44.03
9月	404.71	-10.59	2 384.87	17.15	18.80	40.80
10月	310.04	-21.00	1 902.06	0.96	21.91	31.72
11月	455.54	-19.18	2 874.64	-3.76	21.31	11.99
12月	481.64	-9.12	2 881.61	-1.64	24.77	130.43
总计	4 955.84	-16.63	29 263.77	4.63	—	—

数据来源：大连商品交易所。

表2-3-2　2020—2021年黄大豆1号期货年度交易情况

年度	成交量（万手）	同比变化（%）	成交金额（亿元）	同比变化（%）	年末持仓量（万手）	同比变化（%）
2020年	5 944.51	222.19	27 968.30	335.50	10.75	9.45
2021年	4 955.84	-16.63	29 263.77	4.63	24.77	130.43

数据来源：大连商品交易所、Wind。

表2-3-3　2020—2021年黄大豆1号期货内外盘年度交易情况

年度	成交量（万手）		年末持仓量（万手）	
	大商所（DCE）	CME Group（芝商所集团）	大商所（DCE）	CME Group（芝商所集团）
2020年	5 944.51	5 636.90	10.75	89.11
2021年	4 955.84	5 332.45	24.77	63.16

注：大商所黄大豆1号期货交易单位为10吨/手；CME Group大豆期货交易单位为5 000蒲式耳/手。
数据来源：大连商品交易所、CME Group（芝商所集团）。

（二）交割情况（见表2-3-4、表2-3-5）

表2-3-4　2021年黄大豆1号期货月度交割情况

月度	交割量（手）	同比变化（%）	交割金额（亿元）	同比变化（%）
1月	5 293	-26.65	3.03	25.42

续表

月度	交割量（手）	同比变化（%）	交割金额（亿元）	同比变化（%）
3月	1 394	30.65	0.82	107.53
5月	10 141	593.64	6.12	693.82
7月	1 059	969.70	0.61	982.40
9月	3 213	128.03	1.84	177.52
11月	5 095	1 219.95	3.19	1 500.93
总计	26 195	125.06	15.61	246.82

数据来源：大连商品交易所。

表2-3-5　　　　2020—2021年黄大豆1号期货年度交割情况

年度	交割量（手）	同比变化（%）	交割金额（亿元）	同比变化（%）
2020年	11 639	-57.02	4.50	-49.76
2021年	26 195	125.06	15.61	246.82

数据来源：大连商品交易所。

（三）价格走势（见图2-3-1、表2-3-6、表2-3-7）

图2-3-1　2021年黄大豆1号期货内外盘和国内现货市场价格走势

数据来源：大连商品交易所、Wind。

表2-3-6　　　　2021年黄大豆1号期货内外盘和国内现货市场价格指标

市场分类	2020年末收盘价	2021年盘中最高价	2021年盘中最低价	2021年末收盘价	全年涨跌	结算价平均价	标准差	极差
大商所主力价格（元/吨）	5 774	5 894	5 847	5 878	104	5 905.66	211.77	47

续表

市场分类	2020年末收盘价	2021年盘中最高价	2021年盘中最低价	2021年末收盘价	全年涨跌	结算价平均价	标准差	极差
CME Group连续价格（美分/蒲式耳）	1 310	1 348.5	1 336.5	1 339.75	29.75	1 361.58	100.35	12
国产大豆（哈尔滨）现货价（元/吨）	5 440	6 200	5 520	6 000	560	5 803.35	173.95	680

数据来源：大连商品交易所、Wind。

表2-3-7　2021年黄大豆1号期货内外盘和国内现货市场价格相关性

价格选择	相关系数
大商所主力结算价与CME Group连续价格	-0.26
大商所主力结算价与黄大豆1号现货市场价格	0.69

数据来源：大连商品交易所、Wind。

二、黄大豆2号期货运行情况

（一）交易情况（见表2-3-8~表2-3-10）

表2-3-8　2021年黄大豆2号期货月度交易情况

月度	成交量（万手）	同比变化（%）	成交金额（亿元）	同比变化（%）	月末持仓量（万手）	同比变化（%）
1月	186.79	89.48	798.63	153.00	4.17	-51.29
2月	105.62	2.15	448.54	41.95	3.50	-56.03
3月	216.08	20.01	897.74	61.98	5.12	-34.24
4月	181.73	74.81	757.13	138.46	6.10	27.83
5月	142.16	54.48	612.59	126.11	5.33	9.99
6月	155.56	50.08	651.3	105.31	5.46	27.55
7月	170.73	8.81	748.16	45.08	4.90	6.52
8月	152.31	9.67	671.44	43.88	5.03	-3.47
9月	130.91	-43.70	596.58	-28.84	4.26	1.12
10月	100.58	-45.89	440.69	-37.10	4.36	-12.52
11月	115.01	-49.74	471.67	-46.12	5.50	3.44
12月	106.95	-49.36	444.76	-45.08	3.86	-24.05
总计	1 764.44	-3.90	7 539.23	19.71	—	—

数据来源：大连商品交易所。

表 2-3-9　　　　2020—2021 年黄大豆 2 号期货年度交易情况

年度	成交量（万手）	同比变化（%）	成交金额（亿元）	同比变化（%）	年末持仓量（万手）	同比变化（%）
2020 年	1 835.96	3.19	6 297.96	14.52	5.09	10.57
2021 年	1 764.44	-3.90	7 539.23	19.71	3.86	-24.05

数据来源：大连商品交易所。

表 2-3-10　　　　2020—2021 年黄大豆 2 号期货内外盘年度交易情况

年度	成交量（万手）		年末持仓量（万手）	
	大商所（DCE）	CME Group（芝商所集团）	大商所（DCE）	CME Group（芝商所集团）
2020 年	1 835.96	5 636.90	5.09	89.11
2021 年	1 764.44	5 332.45	3.86	63.16

注：大商所黄大豆 2 号期货交易单位为 10 吨/手，CME Group 大豆期货交易单位为 5 000 蒲式耳/手。
数据来源：大连商品交易所、CME Group（芝商所集团）、FIA（国际期货业协会）。

（二）交割情况（见表 2-3-11、表 2-3-12）

表 2-3-11　　　　2021 年黄大豆 2 号期货月度交割情况

月度	交割量（手）	同比变化（%）	交割金额（亿元）	同比变化（%）
1 月	0	—	0	—
2 月	1 000	—	0.42	—
3 月	0	-100.00	0	-100.00
4 月	0	-100.00	0	-100.00
5 月	1 200	500.00	0.51	831.89
6 月	1 100	175.00	0.47	284.37
7 月	600	-62.50	0.24	-49.83
8 月	0	-100.00	0	-100.00
9 月	200	-0.90	0.09	-87.16
10 月	1 500	—	0.68	—
11 月	600	100.00	0.26	140.38
12 月	0	—	0	—
总计	6 200	-7.46	2.67	24.77

数据来源：大连商品交易所。

表 2-3-12　　　　2020—2021 年黄大豆 2 号期货年度交割情况

年度	交割量（手）	同比变化（%）	交割金额（亿元）	同比变化（%）
2020 年	6 700	-16.25	2.14	-12.75
2021 年	6 200	-7.46	2.67	24.77

数据来源：大连商品交易所。

(三) 价格走势（见图 2-3-2、表 2-3-13、表 2-3-14）

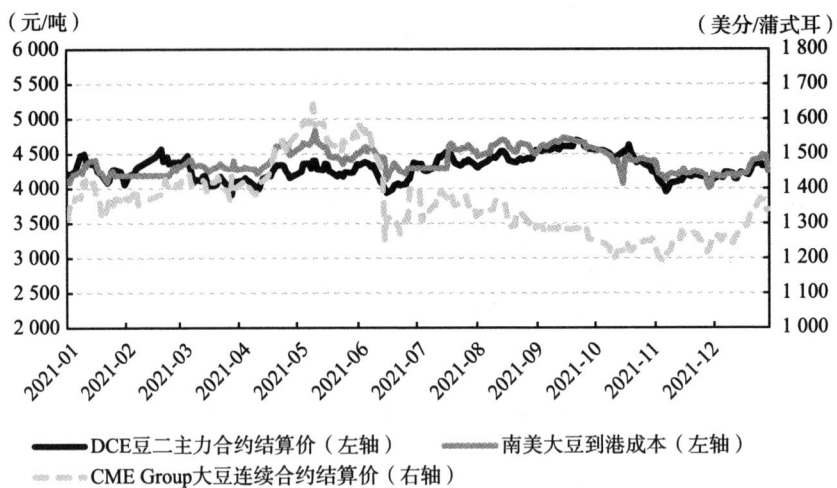

图 2-3-2　2021 年黄大豆 2 号期货内外盘和国内现货市场价格走势

数据来源：大连商品交易所、Wind。

表 2-3-13　2021 年黄大豆 2 号期货内外盘和国内现货市场价格指标

市场分类	2020 年末收盘价	2021 年盘中最高价	2021 年盘中最低价	2021 年末收盘价	全年涨跌	结算价平均价	标准差	极差
大商所主力价格（元/吨）	4 173	4 314	4 239	4 247	74	5 907.72	166.60	75
CME Group 连续价格（美分/蒲式耳）	1 310	1 348.5	1 336.5	1 339.75	29.75	1 361.86	100.35	12
南美大豆到港成本（元/吨）	4 089.49	4 832.45	3 837.00	4 251.30	161.81	4 406.08	173.72	995.45

数据来源：大连商品交易所、CME Group（芝商所集团）、Wind。

表 2-3-14　2021 年黄大豆 2 号期货内外盘和国内现货市场价格相关性

价格选择	相关系数
大商所主力结算价与 CME Group 连续价格	-0.08
大商所主力结算价与黄大豆 2 号现货市场价格	0.61

数据来源：大连商品交易所、CME Group（芝商所集团）、Wind。

三、豆粕期货、期权运行情况

（一）期货、期权交易情况（见表 2-3-15～表 2-3-20）

表 2-3-15　　　　　　　2021 年豆粕期货月度交易情况

月度	成交量（万手）	同比变化（%）	成交金额（亿元）	同比变化（%）	月末持仓量（万手）	同比变化（%）
1 月	4 252.78	123.01	15 187.45	193.33	234.63	-10.02
2 月	2 857.73	63.51	9 995.76	114.13	243.79	-6.43
3 月	4 281.35	6.27	14 249.76	25.72	226.73	-12.14
4 月	3 277.11	28.50	11 525.21	61.62	205.97	-6.16
5 月	2 530.59	20.00	9 105.95	56.22	198.80	-14.61
6 月	3 093.38	23.11	10 801.53	52.12	199.52	-12.19
7 月	3 102.35	-10.38	11 165.65	10.45	208.75	-14.47
8 月	3 040.30	19.81	10 769.05	47.53	218.05	-2.53
9 月	2 457.95	-36.36	8 556.53	-26.74	206.89	-10.60
10 月	2 129.24	-31.61	6 866.45	-30.65	250.56	-4.11
11 月	2 395.98	-39.66	7 453.22	-41.03	229.88	-15.79
12 月	2 620.06	-36.80	8 337.27	-37.50	221.45	-3.92
总计	36 038.82	0.26	124 013.83	16.76	—	—

数据来源：大连商品交易所。

表 2-3-16　　　　　　2020—2021 年豆粕期货年度交易情况

年度	成交量（万手）	同比变化（%）	成交金额（亿元）	同比变化（%）	年末持仓量（万手）	同比变化（%）
2020 年	35 946.47	31.73	106 208.77	39.69	230.49	-21.21
2021 年	36 038.82	0.26	124 013.83	16.76	221.45	-3.92

数据来源：大连商品交易所。

表 2-3-17　　　　　2020—2021 年豆粕期货内外盘年度交易情况

年度	成交量（万手）		年末持仓量（万手）	
	大商所（DCE）	CME Group（芝商所集团）	大商所（DCE）	CME Group（芝商所集团）
2020 年	35 946.47	2 808.32	230.49	41.52
2021 年	36 038.82	2 677.62	221.45	38.45

注：大商所豆粕期货交易单位为 10 吨/手，CME Group 豆粕期货交易单位为 100 短吨/手。
数据来源：大连商品交易所、CME Group（芝商所集团）、FIA（国际期货业协会）。

表 2−3−18　　　　　　　　　　2021 年豆粕期权月度交易情况

月度	成交量（万手）	同比变化（%）	成交量看跌/看涨（PCR）	成交金额（亿元）	同比变化（%）	月末持仓量（万手）	同比变化（%）
1月	306.3	131.6	0.81	31	408.2	54.2	9.7
2月	257.4	115.2	0.59	19.64	305.8	66.8	27.1
3月	477.7	45.7	0.82	29.38	73.1	73.9	57.8
4月	259.9	29.1	0.89	20.79	57.3	46.5	−4.1
5月	247.8	45.2	0.79	21.8	114.8	64.0	22.7
6月	346.5	103.5	0.81	28.69	239.5	57.0	−4.6
7月	389.5	12.5	0.82	26.03	85.9	50.3	−11.9
8月	214.4	15.4	0.94	15.38	62.9	36.1	−13.4
9月	238.4	−29.6	0.92	15.32	−36.0	45.0	−16.1
10月	296.9	−0.4	0.72	21.74	−8.3	58.4	−4.8
11月	356.9	−20.8	0.82	20.47	−17.8	57.2	−7.0
12月	407.5	50.3	0.78	25.31	28.2	45.3	17.5
总计	3 799.3	26.1	0.80	275.6	57.0	—	—

数据来源：大连商品交易所。

表 2−3−19　　　　　　　　　2020—2021 年豆粕期权年度交易情况

年度	成交量（万手）	同比变化（%）	成交量看跌/看涨（PCR）	成交金额（亿元）	同比变化（%）	年末持仓量（万手）	同比变化（%）
2020 年	3 012.1	69.1	175.5	139.9	38.5	−11.5	0.50
2021 年	3 799.3	26.1	275.6	57.0	45.3	17.5	0.80

数据来源：大连商品交易所。

表 2−3−20　　　　　　　　2020—2021 年豆粕期权内外盘年度交易情况

年度	成交量（万手）		年末持仓量（万手）	
	大商所（DCE）	CME Group（芝商所集团）	大商所（DCE）	CME Group（芝商所集团）
2020 年	3 012.1	297.8	38.5	17.4
2021 年	3 799.3	289.7	45.3	11.4

注：大商所豆粕期权交易单位为1手（10吨）豆粕期货合约，CME Group 豆粕期权交易单位为1手（100短吨）豆粕期货合约。

数据来源：大连商品交易所、CME Group（芝商所集团）。

(二) 交割、行权情况（见表2-3-21~表2-3-24）

表2-3-21　　　　　　　　　2021年豆粕期货月度交割情况

月度	交割量（手）	同比变化（%）	交割金额（亿元）	同比变化（%）
1月	4 983	151.92	1.72	230.38
3月	3 129	152.95	1.13	237.88
5月	6 567	556.70	2.31	766.45
7月	5 120	-9.81	1.80	17.78
8月	597	-40.30	0.22	-26.61
9月	12 330	396.38	4.61	534.08
11月	4 331	77.65	1.41	85.39
12月	4 698	0.02	1.53	1.58
总计	41 755	103.57	14.72	147.91

数据来源：大连商品交易所。

表2-3-22　　　　　　　2020—2021年豆粕期货年度交割情况

年度	交割量（手）	同比变化（%）	交割金额（亿元）	同比变化（%）
2020年	20 511	36.38	5.94	40.22
2021年	41 755	103.57	14.72	147.91

数据来源：大连商品交易所。

表2-3-23　　　　　　　　　2021年豆粕期权月度行权情况

月度	行权量（手）
1月	23 351
2月	5 897
3月	569
4月	75 308
5月	597
6月	7 542
7月	3 946
8月	51 503
9月	605
10月	23 510
11月	5 093
12月	70 233
总计	268 154

数据来源：大连商品交易所。

表 2 – 3 – 24　　　　　　　2020—2021 年豆粕期权年度行权情况

年度	行权量（手）	同比变化（%）
2020 年	185 271	74.3
2021 年	268 154	44.7

数据来源：大连商品交易所。

（三）价格走势（见图 2 – 3 – 3、表 2 – 3 – 25、表 2 – 3 – 26）

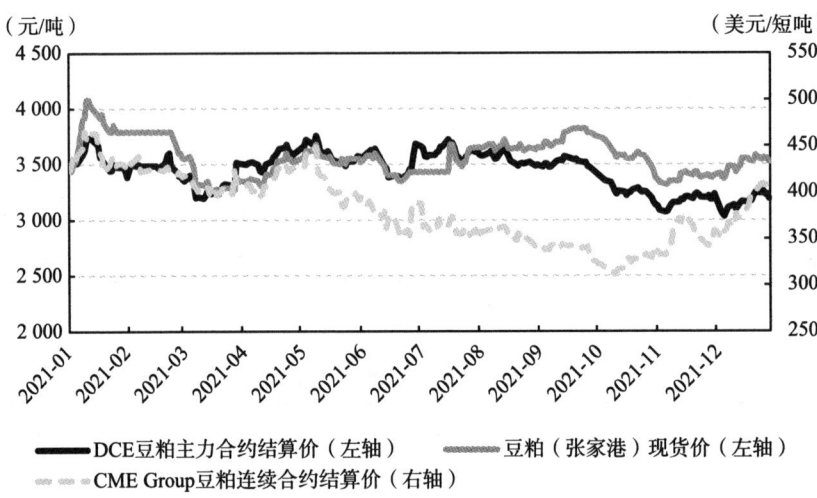

图 2 – 3 – 3　2021 年豆粕期货内外盘和国内现货市场价格走势

数据来源：大连商品交易所、Wind。

表 2 – 3 – 25　　　　　2021 年豆粕期货内外盘和国内现货市场价格指标

市场分类	2020 年末收盘价	2021 年盘中最高价	2021 年盘中最低价	2021 年末收盘价	全年涨跌	结算价平均价	标准差	极差
大商所主力价格（元/吨）	3 479.00	3 825.00	3 021.00	3 189.00	-290.00	3 437.12	176.33	804.00
CME Group 连续价格（美元/短吨）	429.10	471.40	309.30	399.90	-29.20	382.34	36.91	162.10
张家港豆粕现货价格（元/吨）	3 380.00	4 080.00	3 021.00	3 520.00	140.00	3 549.42	164.23	1 059.00

数据来源：大连商品交易所、CME Group（芝商所集团）、Wind。

表 2 – 3 – 26　　　　　2021 年豆粕期货内外盘和国内现货市场价格相关性

价格选择	相关系数
大商所主力结算价与 CME Group 连续价格	0.36
大商所主力结算价与豆粕现货市场价格	0.50

数据来源：大连商品交易所、CME Group（芝商所集团）、Wind。

四、豆油期货运行情况

(一) 交易情况 (见表 2-3-27～表 2-3-29)

表 2-3-27　　　　　　　　2021 年豆油期货月度交易情况

月度	成交量 (万手)	同比变化 (%)	成交金额 (亿元)	同比变化 (%)	月末持仓量 (万手)	同比变化 (%)
1 月	1 510.39	69.80	11 783	96.88	63.28	-4.27
2 月	927.02	-9.16	7 407.47	21.63	70.12	25.94
3 月	2 373.41	63.58	21 049.57	164.88	64.52	4.79
4 月	2 021.33	108.44	16 977.75	218.46	61.10	20.88
5 月	1 902.47	172.20	16 698.59	338.91	66.67	22.43
6 月	2 289.42	168.19	19 127.42	293.48	67.47	25.48
7 月	2 206.43	62.55	19 273.93	135.60	69.49	9.34
8 月	2 119.55	34.16	18 987.83	87.95	81.74	12.69
9 月	1 870.57	-18.62	16 928.85	6.06	78.16	3.35
10 月	1 634.39	-1.39	15 954.45	36.95	79.58	-8.31
11 月	2 194.84	-12.84	20 583.92	9.03	82.45	-0.01
12 月	1 888.52	-6.36	16 366.2	6.26	80.22	36.55
总计	22 938.35	32.50	201 138.98	76.13	—	—

数据来源：大连商品交易所。

表 2-3-28　　　　　　　　2020—2021 年豆油期货年度交易情况

年度	成交量 (万手)	同比变化 (%)	成交金额 (亿元)	同比变化 (%)	年末持仓量 (万手)	同比变化 (%)
2020 年	17 311.65	97.75	114 196.29	117.47	58.75	-26.76
2021 年	22 938.35	32.50	201 138.98	76.13	80.22	36.55

数据来源：大连商品交易所。

表 2-3-29　　　　　　　　2020—2021 年豆油期货内外盘年度交易情况

年度	成交量 (万手)		年末持仓量 (万手)	
	大商所 (DCE)	CME Group (芝商所集团)	大商所 (DCE)	CME Group (芝商所集团)
2020 年	17 311.65	3 147.77	58.75	46.79
2021 年	22 938.35	3 267.54	80.22	37.26

注：大商所豆油期货交易单位为 10 吨/手，CME Group 豆油期货交易单位为 60 000 磅/手。

数据来源：大连商品交易所、CME Group (芝商所集团)、FIA (国际期货业协会)。

(二) 交割情况 (见表 2-3-30、表 2-3-31)

表 2-3-30　　　　2021 年豆油期货月度交割情况

月度	交割量（手）	同比变化（%）	交割金额（亿元）	同比变化（%）
1 月	5 029	110.59	4.43	173.53
3 月	471	23 450.00	0.44	41 623.00
5 月	1 000	-88.62	0.94	-80.10
7 月	514	51 300.00	0.46	85 018.78
8 月	26	2 500.00	0.02	3 744.04
9 月	6 971	-15.38	6.56	19.26
11 月	1 000	-17.36	1.02	15.83
12 月	20	-73.68	0.02	-68.45
总计	15 031	-27.39	13.90	8.54

数据来源：大连商品交易所。

表 2-3-31　　　　2020—2021 年豆油期货年度交割情况

年度	交割量（手）	同比变化（%）	交割金额（亿元）	同比变化（%）
2020 年	20 701	-65.66	12.80	-61.16
2021 年	15 031	27.39	13.90	8.54

数据来源：大连商品交易所。

(三) 价格走势 (见图 2-3-4、表 2-3-32、表 2-3-33)

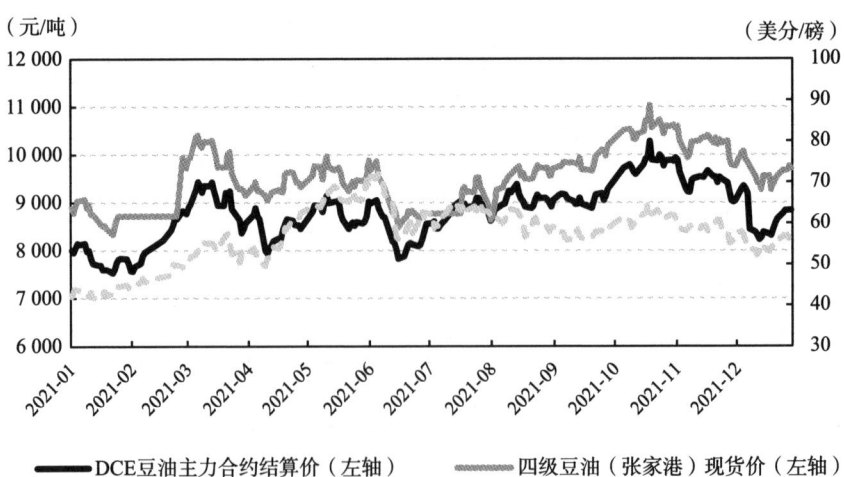

图 2-3-4　2021 年豆油期货内外盘和国内现货市场价格走势

数据来源：大连商品交易所、Wind。

表 2-3-32 2021 年豆油期货内外盘和国内现货市场价格指标

市场分类	2020 年末收盘价	2021 年盘中最高价	2021 年盘中最低价	2021 年末收盘价	全年涨跌	结算价平均价	标准差	极差
大商所主力价格（元/吨）	7 894.00	10 406.00	7 430.00	8 880.00	986.00	8 800.51	581.80	2 976.00
CME Group 连续价格（美元/吨）	42.44	73.74	41.01	56.57	14.13	57.23	6.82	32.73
张家港四级豆油现货价格（元/吨）	8 700.00	11 030.00	7 430.00	9 710.00	1 010.00	9 616.12	564.93	3 600.00

数据来源：大连商品交易所、CME Group（芝商所集团）、Wind。

表 2-3-33 2021 年豆油期货内外盘和国内现货市场价格相关性

价格选择	相关系数
大商所主力结算价与 CME Group 连续价格	0.56
大商所主力结算价与豆油现货市场价格	0.90

数据来源：大连商品交易所、CME Group（芝商所集团）、Wind。

五、玉米期货、期权运行情况

（一）期货、期权交易情况（见表 2-3-34~表 2-3-39）

表 2-3-34 2021 年玉米期货月度交易情况

月度	成交量（万手）	同比变化（%）	成交金额（亿元）	同比变化（%）	月末持仓量（万手）	同比变化（%）
1 月	1 807.78	216.51	5 086.09	362.57	157.22	67.73
2 月	1 379.63	71.54	3 836.1	146.65	135.48	37.41
3 月	1 938.29	59.24	5 259.49	117.14	118.78	1.71
4 月	1 605.55	67.04	4 315.67	118.15	96.40	-11.11
5 月	1 417.96	69.04	3 915.39	127.33	103.67	2.68
6 月	1 417.70	28.23	3 762.18	61.92	105.30	-10.35
7 月	1 685.27	-13.19	4 338.16	1.32	110.82	-29.02
8 月	1 662.47	-9.89	4 258.3	1.44	130.46	-23.36
9 月	1 493.94	-42.06	3 697.86	-40.39	123.28	-39.85
10 月	1 433.76	-27.17	3 688.37	-27.36	120.35	-44.50
11 月	1 587.32	-21.69	4 246.27	-19.07	138.15	-24.59
12 月	1 499.04	-21.63	4 035.49	-20.06	146.42	-5.92
总计	18 928.71	6.51	50 439.37	22.56	—	—

数据来源：大连商品交易所。

表 2-3-35　　　　　2020—2021 年玉米期货年度交易情况

年度	成交量（万手）	同比变化（%）	成交金额（亿元）	同比变化（%）	年末持仓量（万手）	同比变化（%）
2020 年	17 771.56	79.30	41 155.98	118.43	155.62	31.75
2021 年	18 928.71	6.51	50 439.37	22.56	146.42	-5.92

数据来源：大连商品交易所。

表 2-3-36　　　　　2020—2021 年玉米期货内外盘年度交易情况

年度	成交量（万手）		年末持仓量（万手）	
	大商所（DCE）	CME Group（芝商所集团）	大商所（DCE）	CME Group（芝商所集团）
2020 年	17 771.56	8 335.53	155.62	173.63
2021 年	18 928.71	8 690.20	146.42	151.28

注：大商所玉米期货交易单位为 10 吨/手，CME Group 玉米期货交易单位为 5 000 蒲式耳/手。
数据来源：大连商品交易所、CME Group（芝商所集团）、FIA（国际期货业协会）。

表 2-3-37　　　　　　2021 年玉米期权月度交易情况

月度	成交量（万手）	同比变化（%）	成交量看跌/看涨（PCR）	成交金额（亿元）	同比变化（%）	月末持仓量（万手）	同比变化（%）
1 月	117.7	127.4	0.60	5.84	403.4	32.2	-20.0
2 月	84.6	5.5	0.66	3.06	71.9	36.0	-2.7
3 月	200.5	76.0	1.95	4.61	92.9	45.8	13.2
4 月	98.7	28.6	1.33	3.39	33.5	15.5	-32.8
5 月	101.3	60.9	1.07	4.13	145.8	26.4	-9.1
6 月	129.7	68.7	1.33	4.46	111.4	35.4	30.5
7 月	210.6	63.0	1.13	6.18	64.8	41.0	44.5
8 月	160.4	144.7	1.21	6.8	185.7	29.8	103.8
9 月	170.5	54.0	1.14	6.32	26.4	39.6	36.2
10 月	193.2	125.5	0.69	6.83	93.5	41.6	6.4
11 月	307.6	173.2	0.86	10.1	197.1	50.4	15.6
12 月	285.2	264.2	1.23	8.57	212.8	51.0	123.1
总计	2 060.0	97.2	1.06	70.3	116.5	—	—

数据来源：大连商品交易所。

表 2-3-38　　　　2020—2021 年玉米期权年度交易情况

年度	成交量（万手）	同比变化（％）	成交量看跌/看涨（PCR）	成交金额（亿元）	同比变化（％）	年末持仓量（万手）	同比变化（％）
2020 年	1 044.5	54.5	0.73	32.5	95.3	22.9	-44.3
2021 年	2 060.0	97.2	1.06	70.3	116.5	51.0	123.1

数据来源：大连商品交易所。

表 2-3-39　　　　2020—2021 年玉米期权内外盘年度交易情况

年度	成交量（万手）		年末持仓量（万手）	
	大商所（DCE）	CME Group（芝商所集团）	大商所（DCE）	CME Group（芝商所集团）
2020 年	1 044.5	2 439.5	22.9	136.3
2021 年	2 060.0	3 164.8	51.0	104.6

注：大商所玉米期权交易单位为 1 手（10 吨）玉米期货合约，CME Group 玉米期权交易单位为 1 手（5 000 蒲式耳）玉米期货合约。

数据来源：大连商品交易所、CME Group（芝商所集团）、FIA（国际期货业协会）。

（二）交割、行权情况（见表 2-3-40~表 2-3-43）

表 2-3-40　　　　2021 年玉米期货月度交割情况

月度	交割量（手）	同比变化（％）	交割金额（亿元）	同比变化（％）
1 月	45 361	657.41	12.26	1 060.25
3 月	34 670	314.86	9.81	522.01
5 月	15 109	-73.20	4.23	-62.21
7 月	3 997	-63.06	1.04	-53.94
9 月	8 815	-27.91	2.24	-17.08
11 月	36 288	3.64	9.47	8.49
总计	144 240	12.00	39.05	41.94

数据来源：大连商品交易所。

表 2-3-41　　　　2020—2021 年玉米期货年度交割情况

年度	交割量（手）	同比变化（％）	交割金额（亿元）	同比变化（％）
2020 年	128 790	-15.50	27.52	-0.94
2021 年	144 240	12.00	39.05	41.94

数据来源：大连商品交易所。

表2-3-42　　　　　　　　2021年玉米期权月度行权情况

月度	行权量（手）
1月	4 820
2月	8 018
3月	535
4月	41 408
5月	149
6月	7 154
7月	8 199
8月	31 793
9月	2 056
10月	8 504
11月	235
12月	36 253
总计	149 124

数据来源：大连商品交易所。

表2-3-43　　　　　　　2020—2021年玉米期权年度行权情况

年度	行权量（手）	同比变化（%）
2020年	231 680	111.3
2021年	149 124	-35.6

数据来源：大连商品交易所。

（三）价格走势（见图2-3-5、表2-3-44、表2-3-45）

图2-3-5　2021年玉米期货内外盘和国内现货市场价格走势

数据来源：大连商品交易所、Wind。

表 2-3-44   2021 年玉米期货内外盘和国内现货市场价格指标

市场分类	2020 年末收盘价	2021 年盘中最高价	2021 年盘中最低价	2021 年末收盘价	全年涨跌	结算价平均价	标准差	极差
大商所主力价格（元/吨）	2 742.00	2 930.00	2 429.00	2 672.00	-70.00	2 662.43	106.07	501.00
CME Group 连续价格（美分/蒲式耳）	485.75	735.25	479.50	592.50	106.75	568.98	48.33	255.75
大连港玉米现货价格（元/吨）	2 660.00	2 980.00	2 429.00	2 640.00	-20.00	2 718.30	121.97	551.00

数据来源：大连商品交易所、CME Group（芝商所集团）、Wind。

表 2-3-45   2021 年玉米期货内外盘和国内现货市场价格相关性

价格选择	相关系数
大商所主力结算价与 CME Group 连续价格	0.33
大商所主力结算价与玉米现货市场价格	0.90

数据来源：大连商品交易所、CME Group（芝商所集团）、Wind。

六、玉米淀粉期货运行情况

（一）交易情况（见表 2-3-46、表 2-3-47）

表 2-3-46   2021 年玉米淀粉期货月度交易情况

月度	成交量（万手）	同比变化（%）	成交金额（亿元）	同比变化（%）	月末持仓量（万手）	同比变化（%）
1 月	426.10	324.53	1 371.07	498.17	20.54	205.54
2 月	334.50	203.64	1 073.03	332.38	18.80	65.97
3 月	539.35	246.76	1 745.67	396.56	21.76	125.74
4 月	490.74	223.34	1 587.34	341.19	19.32	132.53
5 月	441.16	264.55	1 431.79	393.55	20.57	147.90
6 月	468.73	233.92	1 443.5	324.40	18.19	145.45
7 月	540.30	95.77	1 592.9	124.61	19.97	68.61
8 月	454.78	62.89	1 340.69	83.94	18.87	66.35
9 月	433.63	5.88	1 248.52	12.93	17.09	1.82
10 月	598.83	91.73	1 855.74	104.85	14.73	-23.33
11 月	455.67	29.93	1 450.28	43.13	19.66	0.64
12 月	478.72	13.17	1 475.25	17.61	24.44	40.10
总计	5 662.51	100.09	17 615.78	133.75	—	—

数据来源：大连商品交易所。

表 2-3-47　　2020—2021 年玉米淀粉期货年度交易情况

年度	成交量（万手）	同比变化（%）	成交金额（亿元）	同比变化（%）	年末持仓量（万手）	同比变化（%）
2020 年	2 830.00	70.85	7 536.09	97.89	17.44	95.95
2021 年	5 662.51	100.09	17 615.78	133.75	24.44	40.10

数据来源：大连商品交易所。

（二）交割情况（见表 2-3-48、表 2-3-49）

表 2-3-48　　2021 年玉米淀粉期货月度交割情况

月度	交割量（手）	同比变化（%）	交割金额（亿元）	同比变化（%）
1 月	2 466	69.95	0.80	159.76
3 月	1 685	20 962.50	0.60	37 087.84
5 月	2 991	-14.54	0.98	21.75
7 月	2 386	—	0.70	—
9 月	2 250	23.36	0.69	42.74
11 月	379	-19.70	0.12	-14.90
总计	12 157	67.57	3.90	123.82

数据来源：大连商品交易所。

表 2-3-49　　2020—2021 年玉米淀粉期货年度交割情况

年度	交割量（手）	同比变化（%）	交割金额（亿元）	同比变化（%）
2020 年	7 255	3.76	1.74	8.16
2021 年	12 157	67.57	3.90	123.82

数据来源：大连商品交易所。

（三）价格走势（见图 2-3-6、表 2-3-50、表 2-3-51）

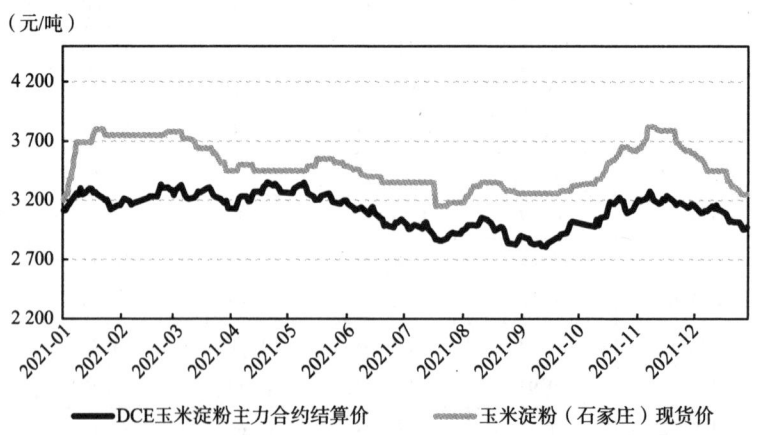

图 2-3-6　2021 年玉米淀粉期货和现货市场价格走势

数据来源：大连商品交易所、Wind。

表 2－3－50　　　　　2021 年玉米淀粉期货和现货市场价格指标

市场分类	2020 年末收盘价	2021 年盘中最高价	2021 年盘中最低价	2021 年末收盘价	全年涨跌	结算价平均价	标准差	极差
大商所主力价格（元/吨）	3 090.00	3 381.00	2 792.00	2 981.00	－109.00	3 115.92	141.54	589.00
石家庄玉米淀粉现货价格（元/吨）	3 050.00	3 820.00	3 150.00	3 250.00	200.00	3 478.59	184.01	670.00

数据来源：大连商品交易所、Wind。

表 2－3－51　　　　　2021 年玉米淀粉期货和现货市场价格相关性

价格选择	相关系数
大商所主力结算价与玉米淀粉现货市场价格	0.78

数据来源：大连商品交易所、Wind。

七、棕榈油期货、期权运行情况

2021 年 6 月 18 日，棕榈油期权在大商所上市交易，并同步引入境外交易者。

（一）期货、期权交易情况（见表 2－3－52～表 2－3－56）

表 2－3－52　　　　　2021 年棕榈油期货月度交易情况

月度	成交量（万手）	同比变化（%）	成交金额（亿元）	同比变化（%）	月末持仓量（万手）	同比变化（%）
1 月	1 499.42	－46.66	10 251.78	－41.49	48.09	－7.09
2 月	948.22	－59.55	6 563.87	－49.17	47.55	－7.19
3 月	1 882.33	－37.10	14 270.37	－1.26	44.49	14.31
4 月	1 623.73	－15.68	11 868.88	32.41	44.35	11.36
5 月	1 708.84	0.35	13 465.22	74.69	51.20	2.54
6 月	2 176.89	－1.21	15 780.29	44.33	61.06	22.95
7 月	2 290.14	－33.77	18 076.02	－2.41	70.21	58.02
8 月	2 481.79	4.86	20 690.57	52.39	67.13	40.07
9 月	1 995.89	－26.77	16 764.68	2.12	65.19	49.35
10 月	1 753.28	－30.90	16 627.97	7.49	61.12	16.28
11 月	2 319.97	－35.66	21 750.94	－8.04	62.34	20.03
12 月	1 980.89	－30.34	16 811.29	－12.94	60.82	46.05
总计	22 661.40	－28.10	182 921.88	1.94	—	—

数据来源：大连商品交易所。

表 2-3-53 2020—2021 年棕榈油期货年度交易情况

年度	成交量（万手）	同比变化（%）	成交金额（亿元）	同比变化（%）	年末持仓量（万手）	同比变化（%）
2020 年	31 516.71	132.59	179 442.67	151.68	41.64	-53.13
2021 年	22 661.40	-28.10	182 921.88	1.94	60.82	46.05

数据来源：大连商品交易所。

表 2-3-54 2020—2021 年棕榈油期货内外盘年度交易情况

年度	成交量（万手）		年末持仓量（万手）	
	大商所（DCE）	BMD（马来西亚衍生品交易所）	大商所（DCE）	BMD（马来西亚衍生品交易所）
2020 年	31 516.71	1 449.30	41.64	16.56
2021 年	22 661.40	1 560.81	60.82	20.87

注：大商所棕榈油期货交易单位为 10 吨/手，BMD 棕榈油期货交易单位为 25 公吨/手。
数据来源：大连商品交易所、FIA（国际期货业协会）。

表 2-3-55 2021 年棕榈油期权年度交易情况

年度	成交量（万手）	同比变化（%）	成交量看跌/看涨（PCR）	成交金额（亿元）	同比变化（%）	年末持仓量（万手）	同比变化（%）
2021 年	946.1	—	1.50	136.7	—	19.5	—

数据来源：大连商品交易所。

表 2-3-56 2020—2021 年棕榈油期权内外盘年度交易情况

年度	成交量（万手）		年末持仓量（万手）	
	大商所（DCE）	BMD（马来西亚衍生品交易所）	大商所（DCE）	BMD（马来西亚衍生品交易所）
2021 年	946.1	9.5	19.5	1.6

注：大商所棕榈油期权交易单位为 1 手（10 吨）棕榈油期货合约，BMD 棕榈油期权交易单位为 1 手（25 公吨）棕榈油期货合约。
数据来源：大连商品交易所、马来西亚衍生品交易所（BMD）。

（二）交割、行权情况（见表 2-3-57～表 2-3-59）

表 2-3-57 2021 年棕榈油期货月度交割情况

月度	交割量（手）	同比变化（%）	交割金额（亿元）	同比变化（%）
1 月	391	-91.37	0.29	-90.07
2 月	5 697	—	4.18	—
3 月	600	—	0.48	—

续表

月度	交割量（手）	同比变化（%）	交割金额（亿元）	同比变化（%）
4月	0	—	0	—
5月	890	−78.60	0.79	−58.23
6月	0	—	0	—
7月	6	—	0.00	—
8月	0	—	0	—
9月	760	18 900	0.69	27 339.18
10月	446	555.88	0.46	957.79
11月	1 821	13 907.69	1.97	21 120.15
12月	1 624	1.50	1.60	50.19
总计	12 235	39.43	10.47	113.22

数据来源：大连商品交易所。

表 2-3-58　　　　2020—2021 年棕榈油期货年度交割情况

年度	交割量（手）	同比变化（%）	交割金额（亿元）	同比变化（%）
2020 年	10 375	−36.18	5.97	−16.47
2021 年	12 235	39.43	10.47	113.22

数据来源：大连商品交易所。

表 2-3-59　　　　2021 年棕榈油期权月度行权情况

月度	行权量（手）
6月	4
7月	879
8月	15 585
9月	5 674
10月	4 556
11月	5 690
12月	20 597
总计	52 985

数据来源：大连商品交易所。

（三）价格走势（见图2-3-7、表2-3-60、表2-3-61）

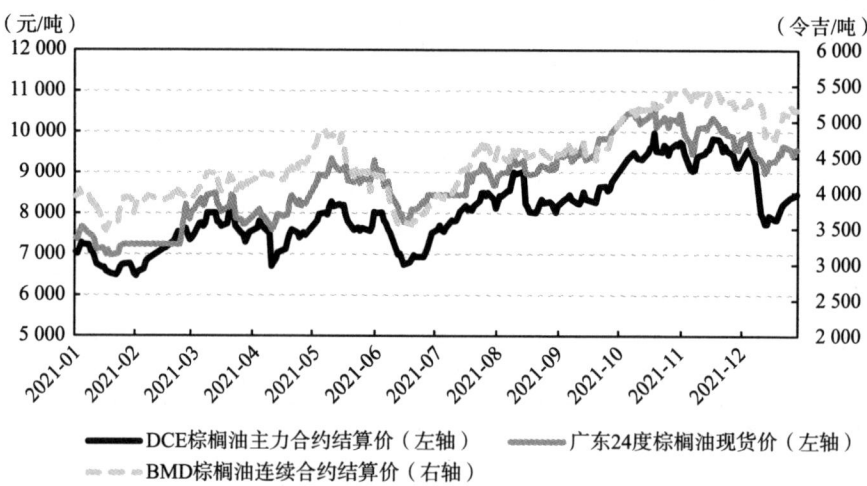

图2-3-7　2021年棕榈油期货内外盘和国内现货市场价格走势

数据来源：大连商品交易所、Wind。

表2-3-60　2021年棕榈油期货内外盘和国内现货市场价格指标

市场分类	2020年末收盘价	2021年盘中最高价	2021年盘中最低价	2021年末收盘价	全年涨跌	结算价平均价	标准差	极差
大商所主力价格（元/吨）	6 938.00	10 106.00	6 390.00	8 550.00	1 612.00	8 050.21	888.72	3 716.00
BMD连续价格（令吉/吨）	3 891.00	5 446.00	3 470.00	5 159.00	1 268.00	4 460.81	536.48	1 976.00
广东24度棕榈油现货价格（元/吨）	7 300.00	10 700.00	6 970.00	9 570.00	2 270.00	8 917.57	919.25	3 730.00

数据来源：大连商品交易所、Wind。

表2-3-61　2021年棕榈油期货内外盘和国内现货市场价格相关性

价格选择	相关系数
大商所主力结算价与BMD连续价格	0.91
大商所主力结算价与棕榈油现货市场价格	0.93

数据来源：大连商品交易所、彭博资讯、Wind。

八、鸡蛋期货运行情况

(一)交易情况(见表 2-3-62、表 2-3-63)

表 2-3-62　　　　　　2021 年鸡蛋期货月度交易情况

月度	成交量(万手)	同比变化(%)	成交金额(亿元)	同比变化(%)	月末持仓量(万手)	同比变化(%)
1 月	925.19	17.71	4 001.85	49.38	36.23	14.81
2 月	544.47	-66.53	2 443.39	-56.00	33.02	-15.29
3 月	851.35	-40.05	3 790.33	-19.29	31.68	-26.02
4 月	579.23	-43.46	2 687.82	-22.41	26.78	0.81
5 月	487.75	-46.82	2 326.62	-19.81	29.53	6.43
6 月	463.53	-72.35	2 197.11	-62.46	31.06	-28.61
7 月	487.04	-62.66	2 250.37	-56.50	29.89	10.10
8 月	406.97	-60.21	1 794.91	-52.84	26.71	-46.89
9 月	275.19	-76.35	1 196.14	-70.71	21.71	-7.53
10 月	326.27	-36.84	1 475.85	-25.08	24.97	-0.05
11 月	316.76	-55.78	1 423.45	-47.93	24.16	-44.85
12 月	276.04	-73.22	1 146.35	-71.62	23.88	-28.38
总计	5 939.80	-55.02	26 734.19	-43.06	—	—

数据来源:大连商品交易所。

表 2-3-63　　　　　　2020—2021 年鸡蛋期货年度交易情况

年度	成交量(万手)	同比变化(%)	成交金额(亿元)	同比变化(%)	年末持仓量(万手)	同比变化(%)
2020 年	13 205.35	255.65	46 951.13	199.56	33.34	-15.55
2021 年	5 939.80	-55.02	26 734.19	-43.06	23.88	-28.38

数据来源:大连商品交易所。

(二)交割情况(见表 2-3-64、表 2-3-65)

表 2-3-64　　　　　　2021 年鸡蛋期货月度交割情况

月度	交割量(手)	同比变化(%)	交割金额(亿元)	同比变化(%)
1 月	205	42.36	0.10	138.52
2 月	583	1 000.00	0.22	1 612.57
3 月	339	115.92	0.13	196.58

续表

月度	交割量（手）	同比变化（%）	交割金额（亿元）	同比变化（%）
4月	67	-8.22	0.03	24.49
5月	80	-61.17	0.04	-32.79
6月	91	-26.02	0.04	15.62
7月	187	-16.89	0.08	18.43
8月	201	252.63	0.10	378.40
9月	76	1.33	0.04	39.15
10月	68	-32.67	0.03	-6.86
11月	181	3.43	0.09	53.75
12月	153	31.90	0.08	69.10
总计	2 231	48.24	0.99	109.84

数据来源：大连商品交易所。

表2-3-65　　　　2020—2021年鸡蛋期货年度交割情况

年度	交割量（手）	同比变化（%）	交割金额（亿元）	同比变化（%）
2020年	1 505	87.66	0.47	40.83
2021年	2 231	48.24	0.99	109.84

数据来源：大连商品交易所。

（三）价格走势（见图2-3-8、表2-3-66、表2-3-67）

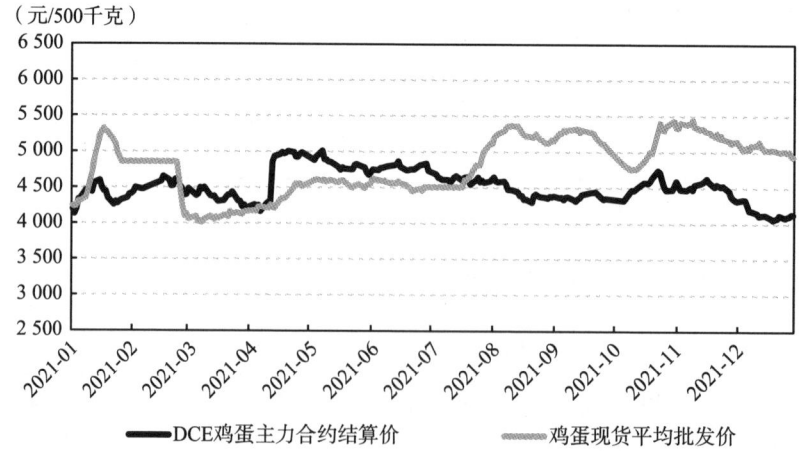

图2-3-8　2021年鸡蛋期货和现货市场价格走势

数据来源：大连商品交易所、Wind。

表 2-3-66　　　　2021 年鸡蛋期货和现货市场价格指标

市场分类	2020 年末收盘价	2021 年盘中最高价	2021 年盘中最低价	2021 年末收盘价	全年涨跌	结算价平均价	标准差	极差
大商所主力价格（元/500 千克）	4 178.00	5 081.00	4 033.00	4 138.00	-40.00	4 513.60	221.55	1 048.00
鸡蛋现货平均批发价格（元/500 千克）	3 960.00	5 450.00	4 015.00	4 940.00	980.00	4 817.48	0.86	1 435

数据来源：大连商品交易所、Wind 资讯。

表 2-3-67　　　　2021 年鸡蛋期货和现货市场价格相关性

价格选择	相关系数
大商所主力结算价与鸡蛋现货市场价格	-0.21

数据来源：大连商品交易所、Wind。

九、线型低密度聚乙烯（LLDPE）期货、期权运行情况

（一）期货、期权交易情况（见表 2-3-68～表 2-3-71）

表 2-3-68　　　　2021 年 LLDPE 期货月度交易情况

月度	成交量（万手）	同比变化（%）	成交金额（亿元）	同比变化（%）	月末持仓量（万手）	同比变化（%）
1 月	782.68	103.66	3 010.45	112.73	35.45	0.12
2 月	773.27	112.70	3 284.44	162.62	38.11	-4.78
3 月	1 504.00	78.81	6 632.37	151.74	43.87	-7.43
4 月	1 083.19	-29.06	4 508.18	-2.50	45.84	16.68
5 月	1 070.35	39.20	4 291.02	74.00	51.61	11.03
6 月	1 101.89	40.66	4 315.9	64.12	55.15	22.27
7 月	1 160.64	25.22	4 796.13	45.11	55.52	43.55
8 月	1 114.80	70.63	4 569.74	95.59	64.19	89.99
9 月	1 281.42	68.22	5 630.34	99.41	59.43	115.54
10 月	1 127.03	116.31	5 298.2	179.63	51.28	69.67
11 月	1 564.17	68.71	6 879.66	94.19	59.06	69.50
12 月	1 322.44	17.86	5 599.67	27.59	56.48	113.26
总计	13 885.89	44.94	58 816.10	76.57	—	—

数据来源：大连商品交易所。

表2-3-69　　2020—2021年LLDPE期货年度交易情况

年度	成交量（万手）	同比变化（%）	成交金额（亿元）	同比变化（%）	年末持仓量（万手）	同比变化（%）
2020年	9 580.23	51.02	33 311.02	36.01	26.48	-36.63
2021年	13 885.89	44.94	58 816.10	76.57	56.48	113.26

数据来源：大连商品交易所。

表2-3-70　　2021年LLDPE期权月度交易情况

月度	成交量（万手）	同比变化（%）	成交量看跌/看涨（PCR）	成交金额（亿元）	同比变化（%）	月末持仓量（万手）	同比变化（%）
1月	11.8	—	0.66	1.07	—	2.7	—
2月	17.3	—	0.72	2.23	—	3.5	—
3月	26.3	—	0.94	2.95	—	4.6	—
4月	18.7	—	0.84	1.97	—	3.7	—
5月	22.0	—	0.69	2.54	—	5.3	—
6月	43.9	—	0.67	3.98	—	6.6	—
7月	70.0	298.6	0.78	5.31	464.9	7.1	166.3
8月	54.4	460.0	1.15	3.08	373.8	4.2	124.2
9月	55.4	416.6	1.04	5.2	386.0	5.1	97.1
10月	20.5	140.3	0.92	3.16	276.2	3.9	30.8
11月	41.3	69.9	0.96	1.85	-17.8	4.6	22.5
12月	30.2	39.6	1.04	2.33	22.0	1.5	-45.4
总计	411.8	—	0.88	35.7	—	—	—

数据来源：大连商品交易所。

表2-3-71　　2020—2021年LLDPE期权年度交易情况

年度	成交量（万手）	同比变化（%）	成交量看跌/看涨（PCR）	成交金额（亿元）	同比变化（%）	年末持仓量（万手）	同比变化（%）
2020年	92.5	—	0.67	7.7	—	2.8	—
2021年	411.8	—	0.88	35.7	—	1.5	-45.4

数据来源：大连商品交易所。

（二）交割、行权情况（见表2-3-72~表2-3-75）

表2-3-72　　2021年LLDPE期货月度交割情况

月度	交割量（手）	同比变化（%）	交割金额（亿元）	同比变化（%）
1月	924	-59.74	0.36	-56.61
2月	609	5 990.00	0.24	6 810.98

续表

月度	交割量（手）	同比变化（%）	交割金额（亿元）	同比变化（%）
3月	1 085	5 066.67	0.48	7 044.53
4月	810	575.00	0.34	827.36
5月	5 062	566.05	2.14	784.94
6月	21	-4.55	0.01	4.77
7月	59	-67.40	0.02	-63.15
8月	13	-97.95	0.01	-97.62
9月	1 842	-14.17	0.76	-5.74
10月	890	308.26	0.43	434.65
11月	1 186	805.34	0.52	982.72
12月	396	6.17	0.17	9.86
总计	12 897	86.59	5.48	118.84

数据来源：大连商品交易所。

表2-3-73　　　　2020—2021年LLDPE期货年度交割情况

年度	交割量（手）	同比变化（%）	交割金额（亿元）	同比变化（%）
2020年	6 912	13.05	2.50	7.38
2021年	12 897	86.59	5.48	118.84

数据来源：大连商品交易所。

表2-3-74　　　　2021年LLDPE期权月度行权情况

月度	行权量（手）
1月	3 767
2月	3 016
3月	819
4月	10 294
5月	2 125
6月	451
7月	389
8月	12 214
9月	3 665
10月	8 387
11月	629
12月	10 444
总计	56 200

数据来源：大连商品交易所。

表 2-3-75　2020—2021 年 LLDPE 期权年度行权情况

年度	行权量（手）	同比变化（%）
2020 年	16 531	—
2021 年	56 200	—

数据来源：大连商品交易所。

（三）价格走势（见图 2-3-9、表 2-3-76、表 2-3-77）

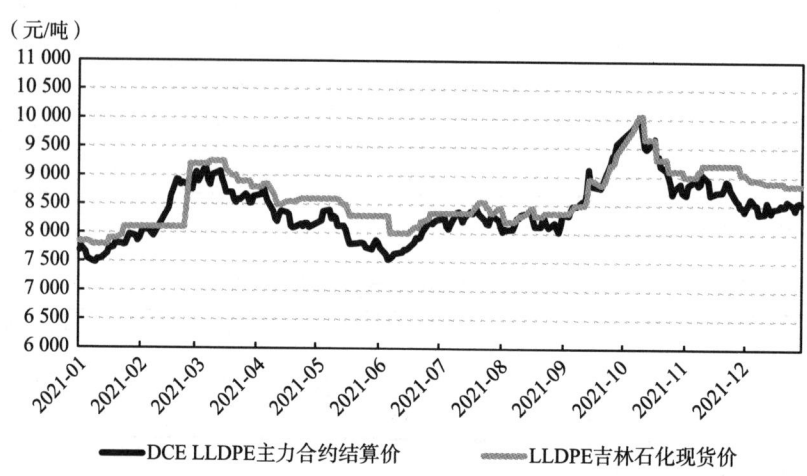

图 2-3-9　2021 年 LLDPE 期货和现货市场价格走势

数据来源：大连商品交易所、Wind。

表 2-3-76　2021 年 LLDPE 期货和现货市场价格指标

市场分类	2020 年末收盘价	2021 年盘中最高价	2021 年盘中最低价	2021 年末收盘价	全年涨跌	结算价平均价	标准差	极差
大商所主力价格（元/吨）	7 720.00	10 325.00	7 395.00	8 522.00	802.00	8 403.28	497.44	2 930.00
吉林石化 LLDPE 现货价格（元/吨）	7 750.00	10 050.00	7 800.00	8 850.00	1 100.00	8 668.20	487.61	2 250.00

数据来源：大连商品交易所、Wind 资讯。

表 2-3-77　2021 年 LLDPE 期货和现货市场价格相关性

价格选择	相关系数
大商所主力结算价与 LLDPE 现货市场价格	0.88

数据来源：大连商品交易所、Wind。

十、聚丙烯（PP）期货、期权运行情况

（一）期货、期权交易情况（见表2-3-78～表2-3-81）

表2-3-78　2021年PP期货月度交易情况

月度	成交量（万手）	同比变化（%）	成交金额（亿元）	同比变化（%）	月末持仓量（万手）	同比变化（%）
1月	1 302.74	159.17	5 230.85	174.88	38.08	-0.73
2月	1 072.18	71.27	4 702.87	115.63	39.37	-15.02
3月	1 786.49	47.54	8 153.01	106.62	40.48	-18.05
4月	1 546.06	-50.32	6 657.42	-37.44	40.84	-14.22
5月	1 341.65	-22.61	5 767.77	-5.32	51.06	0.13
6月	1 506.09	11.24	6 274.06	25.30	62.20	38.13
7月	1 775.98	24.41	7 565.99	40.64	62.50	60.87
8月	1 755.82	57.84	7 344.50	72.12	79.77	115.77
9月	2 241.30	56.57	10 083.56	81.25	75.26	142.28
10月	2 179.84	104.53	10 280.90	147.04	61.90	74.15
11月	2 295.77	25.70	9 699.94	28.15	76.25	77.13
12月	2 066.72	6.81	8 333.73	3.72	61.45	104.64
总计	20 870.64	20.38	90 094.60	39.15	—	—

数据来源：大连商品交易所。

表2-3-79　2020—2021年PP期货年度交易情况

年度	成交量（万手）	同比变化（%）	成交金额（亿元）	同比变化（%）	年末持仓量（万手）	同比变化（%）
2020年	17 337.45	85.02	64 746.17	66.43	30.03	-14.00
2021年	20 870.64	20.38	90 094.60	39.15	61.45	104.64

数据来源：大连商品交易所。

表2-3-80　2021年PP期权月度交易情况

月度	成交量（万手）	同比变化（%）	成交量看跌/看涨（PCR）	成交金额（亿元）	同比变化（%）	月末持仓量（万手）	同比变化（%）
1月	20.5	—	0.68	1.54	—	3.1	—
2月	23.0	—	0.85	2.31	—	4.2	—

续表

月度	成交量（万手）	同比变化（%）	成交量看跌/看涨（PCR）	成交金额（亿元）	同比变化（%）	月末持仓量（万手）	同比变化（%）
3月	48.0	—	1.40	4.03	—	5.1	—
4月	25.7	—	0.98	2.41	—	3.4	—
5月	32.8	—	0.65	3.83	—	4.3	—
6月	76.4	—	0.85	5.73	—	5.8	—
7月	76.0	234.4	0.73	4.81	376.2	7.4	140.1
8月	54.5	307.9	1.07	2.72	272.6	4.0	40.5
9月	60.1	203.9	0.78	5.3	265.5	4.9	15.1
10月	25.8	69.7	0.97	3.61	264.6	3.8	-30.2
11月	38.4	-23.3	0.93	1.84	-39.5	4.7	-30.5
12月	29.2	-24.5	0.87	1.99	-20.7	2.1	-35.8
总计	510.5	—	0.88	40.1	—	—	—

数据来源：大连商品交易所。

表2-3-81　　　　　　2020—2021年PP期权年度交易情况

年度	成交量（万手）	同比变化（%）	成交量看跌/看涨（PCR）	成交金额（亿元）	同比变化（%）	年末持仓量（万手）	同比变化（%）
2020年	159.9	—	0.85	9.7	—	3.2	—
2021年	510.5	—	0.88	40.1	—	2.1	-35.8

数据来源：大连商品交易所。

（二）交割、行权情况（见表2-3-82～表2-3-85）

表2-3-82　　　　　　2021年PP期货月度交割情况

月度	交割量（手）	同比变化（%）	交割金额（亿元）	同比变化（%）
1月	484	-74.86	0.20	-72.84
2月	37	-9.76	0.02	19.50
3月	1 269	3 745.45	0.59	5 120.64
4月	1 193	437.39	0.52	498.32
5月	2 115	117.59	0.93	154.05
6月	111	13.27	0.05	23.02
7月	9	-98.19	0.00	-97.96

续表

月度	交割量（手）	同比变化（%）	交割金额（亿元）	同比变化（%）
8月	9	80.00	0.00	110.00
9月	1 570	-42.19	0.67	-39.78
10月	3 779	487.71	1.83	595.69
11月	4 363	3 535.83	1.86	3701.86
12月	620	612.64	0.25	556.77
总计	15 559	111.40	6.92	139.86

数据来源：大连商品交易所。

表2-3-83　　　　　　2020—2021年PP期货年度交割情况

年度	交割量（手）	同比变化（%）	交割金额（亿元）	同比变化（%）
2020年	7 360	-0.20	2.89	-11.57
2021年	15 559	111.40	6.92	139.86

数据来源：大连商品交易所。

表2-3-84　　　　　　2021年PP期权月度行权情况

月度	行权量（手）
1月	4 424
2月	3 549
3月	2 957
4月	8 485
5月	1 299
6月	299
7月	679
8月	9 091
9月	4 832
10月	4 952
11月	515
12月	8 590
总计	49 672

数据来源：大连商品交易所。

表 2-3-85　　　　2020—2021 年 PP 期权年度行权情况

年度	行权量（手）	同比变化（%）
2020 年	18 212	—
2021 年	49 672	—

数据来源：大连商品交易所。

（三）价格走势（见图 2-3-10、表 2-3-86、表 2-3-87）

图 2-3-10　2021 年 PP 期货和现货市场价格走势

数据来源：大连商品交易所、Wind。

表 2-3-86　　　　2021 年 PP 期货和现货市场价格指标

市场分类	2020 年末收盘价	2021 年盘中最高价	2021 年盘中最低价	2021 年末收盘价	全年涨跌	结算价平均价	标准差	极差
大商所主力价格（元/吨）	8 057.00	10 612.00	7 715.00	8 143.00	86.00	8 581.44	475.45	2 897.00
绍兴三圆 T30S PP 现货价格（元/吨）	8 075.00	10 500.00	8 500.00	8 600.00	525.00	9 134.47	442.44	2 000.00

数据来源：大连商品交易所、Wind。

表 2-3-87　　　　2021 年 PP 期货和现货市场价格相关性

价格选择	相关系数
大商所主力结算价与 PP 现货市场价格	0.78

数据来源：大连商品交易所、Wind。

十一、聚氯乙烯（PVC）期货、期权运行情况

（一）期货、期权交易情况（见表2-3-88～表2-3-91）

表2-3-88　　　　　　　　2021年PVC期货月度交易情况

月度	成交量 （万手）	同比变化 （%）	成交金额 （亿元）	同比变化 （%）	月末持仓量 （万手）	同比变化 （%）
1月	687.12	308.16	2 471.11	350.84	41.80	107.75
2月	688.24	214.67	2 776.76	304.79	37.10	31.77
3月	1 547.35	228.62	6 742.51	391.44	47.52	94.08
4月	1 154.16	104.22	5 074.13	234.09	47.61	107.51
5月	995.92	191.36	4 449.73	342.82	49.66	96.74
6月	1 085.88	166.41	4 673.52	267.65	53.35	121.50
7月	1 015.73	99.40	4 560.61	175.23	61.95	173.46
8月	1 201.53	184.58	5 495.36	294.26	75.53	237.59
9月	1 759.96	293.97	9 097.11	516.37	68.05	228.13
10月	2 147.51	461.30	11 781.96	805.71	55.48	77.40
11月	2 773.64	284.83	12 018.75	361.90	66.66	83.22
12月	2 677.99	124.45	11 185.36	146.46	64.56	57.45
总计	17 735.02	203.30	80 326.91	314.72	—	—

数据来源：大连商品交易所。

表2-3-89　　　　　　　2020—2021年PVC期货年度交易情况

年度	成交量 （万手）	同比变化 （%）	成交金额 （亿元）	同比变化 （%）	年末持仓量 （万手）	同比变化 （%）
2020年	5 847.29	73.03	19 369.02	72.22	41.00	56.18
2021年	17 735.02	203.30	80 326.91	314.72	64.56	57.45

数据来源：大连商品交易所。

表2-3-90　　　　　　　　2021年PVC期权月度交易情况

月度	成交量 （万手）	同比变化 （%）	成交量看跌/ 看涨（PCR）	成交金额 （亿元）	同比变化 （%）	月末持仓量 （万手）	同比变化 （%）
1月	24.7	—	0.69	1.78	—	3.9	—
2月	22.8	—	0.82	2.58	—	4.1	—
3月	50.3	—	1.12	4.76	—	6.8	—
4月	26.4	—	0.95	2.79	—	4.1	—

续表

月度	成交量（万手）	同比变化（%）	成交量看跌/看涨（PCR）	成交金额（亿元）	同比变化（%）	月末持仓量（万手）	同比变化（%）
5月	18.6	—	1.02	2.69	—	4.3	—
6月	35.2	—	1.29	3.82	—	5.6	—
7月	42.9	232.7	0.89	3.81	414.9	6.3	290.3
8月	32.0	265.6	1.23	2.15	246.8	4.6	170.0
9月	45.9	344.5	0.94	6.56	823.9	5.8	143.2
10月	34.2	160.1	0.95	7.23	637.8	6.6	85.4
11月	65.2	33.0	0.69	4.51	21.6	8.7	49.9
12月	42.3	6.6	0.88	4	15.6	3.5	-29.3
总计	440.6	—	0.93	46.7	—	—	—

数据来源：大连商品交易所。

表2-3-91　　2020—2021年PVC期权年度交易情况

年度	成交量（万手）	同比变化（%）	成交量看跌/看涨（PCR）	成交金额（亿元）	同比变化（%）	年末持仓量（万手）	同比变化（%）
2020年	133.8	—	0.71	10.2	—	5.0	—
2021年	440.6	—	0.93	46.7	—	3.5	-29.3

数据来源：大连商品交易所。

（二）交割、行权情况（见表2-3-92~表2-3-95）

表2-3-92　　2021年PVC期货月度交割情况

月度	交割量（手）	同比变化（%）	交割金额（亿元）	同比变化（%）
1月	12 800	73.44	4.51	83.75
2月	2 414	—	0.92	—
3月	3 657	—	1.57	—
4月	3 232	7 595.24	1.42	12 177.40
5月	7 790	353.70	3.65	637.80
6月	1 718	2 354.29	0.78	3 539.39
7月	694	1 477.27	0.32	2 208.20
8月	35	-12.50	0.02	30.54
9月	6 312	58.63	3.07	130.08
10月	1 615	427.78	1.06	899.12

续表

月度	交割量（手）	同比变化（%）	交割金额（亿元）	同比变化（%）
11月	3 747	2 760.31	1.79	3 583.75
12月	558	—	0.25	—
总计	44 572	225.13	19.36	330.65

数据来源：大连商品交易所。

表2-3-93　　　　2020—2021年PVC期货年度交割情况

年度	交割量（手）	同比变化（%）	交割金额（亿元）	同比变化（%）
2020年	13 709	-8.78	4.50	-14.85
2021年	44 572	225.13	19.36	330.65

数据来源：大连商品交易所。

表2-3-94　　　　　2021年PVC期权月度行权情况

月度	行权量（手）
1月	6 791
2月	4 782
3月	511
4月	9 392
5月	3 503
6月	499
7月	463
8月	8 860
9月	6 728
10月	4 985
11月	1 605
12月	16 951
总计	65 070

数据来源：大连商品交易所。

表2-3-95　　　　2020—2021年PVC期权年度行权情况

年度	行权量（手）	同比变化（%）
2020年	23 121	—
2021年	65 070	—

数据来源：大连商品交易所。

（三）价格走势（见图 2-3-11、表 2-3-96、表 2-3-97）

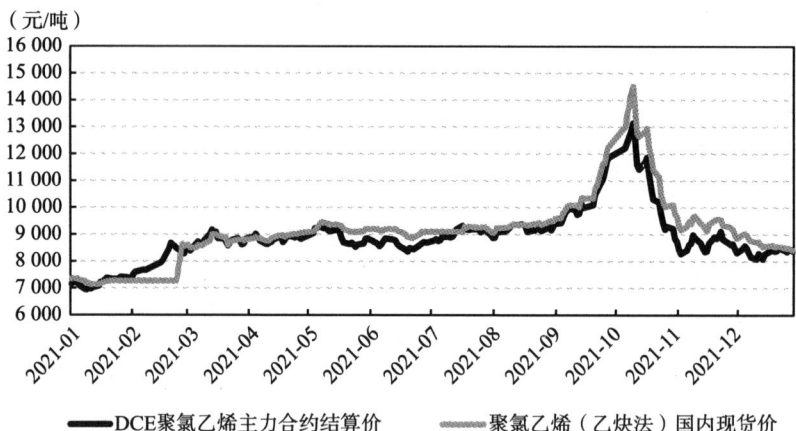

图 2-3-11　2021 年 PVC 期货和现货市场价格走势

数据来源：大连商品交易所、Wind。

表 2-3-96　　　　　　　2021 年 PVC 期货和现货市场价格指标

市场分类	2020 年末收盘价	2021 年盘中最高价	2021 年盘中最低价	2021 年末收盘价	全年涨跌	结算价平均价	标准差	极差
大商所主力价格（元/吨）	7 130.00	13 380.00	6 875.00	8 321.00	1 191.00	8 874.19	996.81	6 505
PVC（乙炔法）国内现货价格（元/吨）	7 400.00	14 510.00	7 130.00	8 420.00	1 020.00	9 244.47	1 209.83	7 380

数据来源：大连商品交易所、Wind。

表 2-3-97　　　　　　　2021 年 PVC 期货和现货市场价格相关性

价格选择	相关系数
大商所主力结算价与 PVC 现货市场价格	0.95

数据来源：大连商品交易所、Wind。

十二、焦炭期货运行情况

（一）交易情况（见表 2-3-98、表 2-3-99）

表 2-3-98　　　　　　　2021 年焦炭期货月度交易情况

月度	成交量（万手）	同比变化（%）	成交金额（亿元）	同比变化（%）	月末持仓量（万手）	同比变化（%）
1 月	656.86	278.05	18 366.84	465.42	18.45	50.11

续表

月度	成交量（万手）	同比变化（%）	成交金额（亿元）	同比变化（%）	月末持仓量（万手）	同比变化（%）
2月	369.73	56.93	9 551.25	121.45	18.46	10.82
3月	665.63	110.13	15 335.21	169.19	19.88	30.84
4月	578.81	64.28	14 468.78	144.06	22.28	67.31
5月	630.29	98.83	16 345.87	185.70	26.48	71.82
6月	763.96	80.63	20 288.83	147.08	27.11	73.50
7月	780.29	97.79	20 801.99	174.02	33.18	120.67
8月	849.51	123.89	25 618.4	239.84	24.70	96.54
9月	288.03	-50.93	9 834.25	-14.68	8.93	-30.12
10月	146.21	-71.85	5 359.57	-50.69	5.53	-71.89
11月	96.46	-89.10	2 697.95	-87.02	3.20	-83.99
12月	87.54	-92.47	2 583.15	-91.71	3.25	-84.62
总计	5 913.30	2.90	161 252.09	31.54	—	—

数据来源：大连商品交易所。

表2-3-99　　　　　　2020—2021年焦炭期货年度交易情况

年度	成交量（万手）	同比变化（%）	成交金额（亿元）	同比变化（%）	年末持仓量（万手）	同比变化（%）
2020年	5 746.40	3.20	122 588.38	10.07	21.11	15.16
2021年	5 913.30	2.90	161 252.09	31.54	3.25	-84.62

数据来源：大连商品交易所。

（二）交割情况（见表2-3-100、表2-3-101）

表2-3-100　　　　　　2021年焦炭期货月度交割情况

月度	交割量（手）	同比变化（%）	交割金额（亿元）	同比变化（%）
1月	810	138.24	2.48	272.87
2月	430	—	1.29	—
3月	190	—	0.50	—
4月	40	—	0.09	—
5月	1 060	562.50	2.79	914.75
6月	140	—	0.31	—
7月	10	—	0.03	—
8月	10	—	0.03	—
9月	270	-43.75	1.08	5.64
10月	110	450.00	0.45	965.97

续表

月度	交割量（手）	同比变化（%）	交割金额（亿元）	同比变化（%）
11月	70	—	0.29	—
12月	210	250.00	0.58	279.36
总计	3 350	216.04	9.92	360.31

数据来源：大连商品交易所。

表2-3-101　　　　2020—2021年焦炭期货年度交割情况

年度	交割量（手）	同比变化（%）	交割金额（亿元）	同比变化（%）
2020年	1 060	-46.73	2.15	-48.46
2021年	3 350	216.04	9.92	360.31

数据来源：大连商品交易所。

（三）价格走势（见图2-3-12、表2-3-102、表2-3-103）

图2-3-12　2021年焦炭期货和现货市场价格走势

数据来源：大连商品交易所、Wind。

表2-3-102　　　　2021年焦炭期货和现货市场价格指标

市场分类	2020年末收盘价	2021年盘中最高价	2021年盘中最低价	2021年末收盘价	全年涨跌	结算价平均价	标准差	极差
大商所主力价格（元/吨）	2 826.00	4 550.00	2 096.50	2 934.00	108.00	2 834.84	398.62	2 454
河北焦炭现货价格（元/吨）	2 550.00	3 970.00	1 950.00	2 570.00	20.00	2 821.65	591.46	2 020

数据来源：大连商品交易所、Wind。

表 2-3-103 2021 年焦炭期货和现货市场价格相关性

价格选择	相关系数
大商所主力结算价与焦炭现货市场价格	0.79

数据来源：大连商品交易所、Wind。

十三、焦煤期货运行情况

（一）交易情况（见表 2-3-104、表 2-3-105）

表 2-3-104 2021 年焦煤期货月度交易情况

月度	成交量（万手）	同比变化（%）	成交金额（亿元）	同比变化（%）	月末持仓量（万手）	同比变化（%）
1 月	496.25	543.50	4 981.90	793.63	14.26	69.19
2 月	274.62	119.58	2 484.84	165.23	14.69	21.35
3 月	534.82	236.88	4 929.16	313.77	18.25	70.55
4 月	426.96	122.77	4 281.49	232.74	19.95	86.81
5 月	604.41	310.79	6 775.68	579.50	25.38	154.90
6 月	679.19	365.92	7 867.31	663.02	28.56	233.66
7 月	734.25	389.13	8 898.36	718.10	43.10	419.60
8 月	1 169.40	668.36	16 505.96	1 390.82	35.67	353.57
9 月	454.58	84.27	7 648.33	309.62	14.22	69.12
10 月	192.19	-9.96	3 550.49	108.19	6.34	-46.37
11 月	139.22	-56.53	1 693.72	-34.52	4.67	-68.38
12 月	124.70	-82.56	1 572.41	-76.79	4.84	-62.47
总计	5 830.59	120.59	71 189.65	236.93	—	—

数据来源：大连商品交易所。

表 2-3-105 2020—2021 年焦煤期货年度交易情况

年度	成交量（万手）	同比变化（%）	成交金额（亿元）	同比变化（%）	年末持仓量（万手）	同比变化（%）
2020 年	2 643.14	15.55	21 128.95	18.95	12.89	42.50
2021 年	5 830.59	120.59	71 189.65	236.93	4.84	-62.47

数据来源：大连商品交易所。

（二）交割情况（见表2-3-106、表2-3-107）

表2-3-106　　　　　　2021年焦煤期货月度交割情况

月度	交割量（手）	同比变化（%）	交割金额（亿元）	同比变化（%）
1月	1 900	-42.42	1.78	-26.52
2月	300	—	0.31	—
3月	1 000	—	0.93	—
4月	800	—	0.81	—
5月	1 000	-47.37	1.06	-24.66
6月	600	—	0.61	—
7月	1 100	—	1.41	—
8月	100	—	0.12	—
9月	2 600	333.33	4.82	978.67
10月	100	—	0.24	—
11月	100	—	0.20	—
12月	0	—	0.00	—
总计	9 600	65.52	12.29	186.93

数据来源：大连商品交易所。

表2-3-107　　　　　　2020—2021年焦煤期货年度交割情况

年度	交割量（手）	同比变化（%）	交割金额（亿元）	同比变化（%）
2020年	5 800	222.22	4.29	176.39
2021年	9 600	65.52	12.29	186.93

数据来源：大连商品交易所。

（三）价格走势（见图2-3-13、表2-3-108、表2-3-109）

图2-3-13　2021年焦煤期货和现货市场价格走势

数据来源：大连商品交易所、Wind。

表2-3-108　　　　　　　2021年焦煤期货和现货市场价格指标

市场分类	2020年末收盘价	2021年盘中最高价	2021年盘中最低价	2021年末收盘价	全年涨跌	结算价平均价	标准差	极差
大商所主力价格（元/吨）	1 629.00	3 878.50	1 387.00	2 228.50	599.50	2 057.31	486.98	2 492
河北焦煤现货价格（元/吨）	1 685.00	3 600.00	1 550.00	2 400.00	715.00	2 329.22	765.81	2 050

数据来源：大连商品交易所、Wind。

表2-3-109　　　　　　　2021年焦煤期货和现货市场价格相关性

价格选择	相关系数
大商所主力结算价与焦煤现货市场价格	0.82

数据来源：大连商品交易所、Wind。

十四、铁矿石期货、期权运行情况

（一）期货、期权交易情况（见表2-3-110~表2-3-115）

表2-3-110　　　　　　　2021年铁矿石期货月度交易情况

月度	成交量（万手）	同比变化（%）	成交金额（亿元）	同比变化（%）	月末持仓量（万手）	同比变化（%）
1月	892.36	-4.05	9 251.46	49.80	59.63	-8.56
2月	616.12	-70.03	6 442.69	-50.00	65.40	-38.29
3月	1 223.79	-63.37	12 649.57	-40.92	77.57	-16.35
4月	919.76	-59.41	9 675.80	-28.79	79.50	11.05
5月	1 025.78	-51.60	11 722.00	-18.87	86.34	-25.03
6月	1 108.68	-61.00	12 748.79	-40.69	103.03	4.08
7月	1 180.96	-49.33	13 381.68	-27.73	111.67	21.01
8月	1 807.10	-15.34	15 348.33	-15.27	109.05	35.39
9月	1 921.85	-35.04	13 644.67	-42.54	90.09	9.00
10月	1 511.45	-23.75	10 707.50	-30.99	97.99	6.15
11月	2 482.38	-6.75	14 174.91	-35.60	107.17	11.46
12月	2 750.97	-3.12	18 125.11	-35.35	107.41	76.98
总计	17 441.20	-38.72	147 872.51	-31.52	—	—

数据来源：大连商品交易所。

表 2－3－111　　　　　　2020—2021 年铁矿石期货年度交易情况

年度	成交量（万手）	同比变化（%）	成交金额（亿元）	同比变化（%）	年末持仓量（万手）	同比变化（%）
2020 年	28 463.02	－4.02	215 940.25	8.66	60.69	－13.65
2021 年	17 441.20	－38.72	147 872.51	－31.52	107.41	76.98

数据来源：大连商品交易所。

表 2－3－112　　　　　　2020—2021 年铁矿石期货内外盘年度交易情况

年度	成交量（万手）		年末持仓量（万手）	
	大商所（DCE）	SGX（新加坡交易所）	大商所（DCE）	SGX（新加坡交易所）
2020 年	28 463.01	1 655.64	60.69	63.51
2021 年	17 441.20	1 818.47	107.41	73.70

注：大商所铁矿石期货交易单位为 100 吨/手，SGX 铁矿石期货交易单位为 100 公吨/手。
数据来源：大连商品交易所、新加坡交易所（SGX）、FIA（国际期货业协会）。

表 2－3－113　　　　　　2021 年铁矿石期权月度交易情况

月度	成交量（万手）	同比变化（%）	成交量看跌/看涨（PCR）	成交金额（亿元）	同比变化（%）	月末持仓量（万手）	同比变化（%）
1 月	67.6	116.9	2.00	21.94	253.3	16.1	36.0
2 月	69.2	－8.5	1.63	23.48	55.9	17.1	2.7
3 月	164.7	16.2	1.64	38.01	55.3	21.9	22.1
4 月	77.9	31.4	1.53	23.19	87.6	13.1	84.0
5 月	96.2	44.2	1.55	43.19	173.0	15.5	7.6
6 月	126.4	41.2	1.30	45.47	110.5	23.6	12.9
7 月	214.8	36.7	1.20	47.82	101.9	24.8	－5.8
8 月	176.5	104.4	0.89	49.48	200.4	19.1	36.7
9 月	135.1	63.7	0.71	39.27	89.5	21.6	9.4
10 月	114.9	67.9	0.74	28.76	151.6	25.8	－1.8
11 月	326.6	149.5	0.59	49.25	242.7	39.4	50.9
12 月	238.0	39.5	0.95	42.18	－14.0	24.5	32.9
总计	1 807.9	55.9	1.01	452.0	95.5	—	—

数据来源：大连商品交易所。

表 2－3－114　　　　　　2020—2021 年铁矿石期权年度交易情况

年度	成交量（万手）	同比变化（%）	成交量看跌/看涨（PCR）	成交金额（亿元）	同比变化（%）	年末持仓量（万手）	同比变化（%）
2020 年	1 159.9	—	1.46	231.2	—	18.4	0.6
2021 年	1 807.9	55.9	1.01	452.0	95.5	24.5	32.9

数据来源：大连商品交易所。

表2-3-115　　2020—2021年铁矿石期权内外盘年度交易情况

年度	成交量（万手）		年末持仓量（万手）	
	大商所（DCE）	SGX（新加坡交易所）	大商所（DCE）	SGX（新加坡交易所）
2020年	1 159.9	390.9	18.4	37.0
2021年	1 807.9	332.5	24.5	58.6

注：大商所铁矿石期权交易单位为1手（100吨）铁矿石期货合约；SGX铁矿石期权交易单位为1手（100公吨）铁矿石期货合约。

数据来源：大连商品交易所、SGX（新加坡交易所）。

（二）交割、行权情况（见表2-3-116～表2-3-119）

表2-3-116　　2021年铁矿石期货月度交割情况

月度	交割量（手）	同比变化（%）	交割金额（亿元）	同比变化（%）
1月	2 900	-25.64	3.25	16.35
2月	300	-40.00	0.35	1.53
3月	600	50.00	0.76	171.16
4月	500	-61.54	0.60	-31.52
5月	3 700	117.65	4.79	309.67
6月	300	-50.00	0.39	-17.67
7月	0	-100.00	0.00	-100.00
8月	0	-100.00	0.00	-100.00
9月	900	-65.38	0.80	-67.51
10月	300	-88.89	0.22	-91.42
11月	300	-50.00	0.19	-63.45
12月	900	-75.68	0.54	-85.42
总计	10 700	-45.96	11.87	-28.80

数据来源：大连商品交易所。

表2-3-117　　2020—2021年铁矿石期货年度交割情况

年度	交割量（手）	同比变化（%）	交割金额（亿元）	同比变化（%）
2020年	19 800	73.68	16.68	98.55
2021年	10 700	-45.96	11.87	-28.80

数据来源：大连商品交易所。

表2-3-118　　2021年铁矿石期权月度行权情况

月度	行权量（手）
1月	7 940
2月	760

续表

月度	行权量（手）
3 月	658
4 月	15 044
5 月	1 737
6 月	801
7 月	643
8 月	19 218
9 月	5 937
10 月	4 975
11 月	6 497
12 月	50 766
总计	114 976

数据来源：大连商品交易所。

表 2-3-119　　　　2020—2021 年铁矿石期权年度行权情况

年度	行权量（手）	同比变化（%）
2020 年	134 267	—
2021 年	114 976	-14.4

数据来源：大连商品交易所。

（三）价格走势（见图 2-3-14、表 2-3-120、表 2-3-121）

图 2-3-14　2021 年铁矿石期货内外盘和国内现货市场价格走势

数据来源：大连商品交易所、Wind。

表 2-3-120　　2021 年铁矿石期货内外盘和国内现货市场价格指标

市场分类	2020 年末收盘价	2021 年盘中最高价	2021 年盘中最低价	2021 年末收盘价	全年涨跌	结算价平均价	标准差	极差
大商所主力价格（元/吨）	996.00	1 358.00	509.50	680.00	-316.00	936.97	221.16	849
SGX 连续价格（美元/公吨）	158.41	227.34	86.24	121.07	-37.34	155.64	37.01	141
青岛港超特粉现货价格（元/吨）	1 192.31	1 280.00	370.00	490.00	-702.31	777.76	247.23	910

数据来源：大连商品交易所、Wind。

表 2-3-121　　2021 年铁矿石期货内外盘和国内现货市场价格相关性

价格选择	相关系数
大商所主力结算价与 CME Group 连续价格	0.96
大商所主力结算价与铁矿石现货市场价格	0.98

数据来源：大连商品交易所、Wind。

十五、乙二醇期货运行情况

（一）交易情况（见表 2-3-122、表 2-3-123）

表 2-3-122　　2021 年乙二醇期货月度交易情况

月度	成交量（万手）	同比变化（%）	成交金额（亿元）	同比变化（%）	月末持仓量（万手）	同比变化（%）
1 月	773.40	77.76	3 442.27	66.19	31.89	93.60
2 月	768.61	113.79	3 983.66	150.20	34.31	76.11
3 月	1 673.99	123.45	9 000.90	231.31	29.69	13.19
4 月	1 017.85	0.25	4 921.96	39.96	30.90	47.60
5 月	887.05	56.07	4 375.81	108.00	34.83	59.11
6 月	762.04	47.18	3 729.79	94.10	34.03	24.79
7 月	944.69	29.87	4 944.50	87.29	43.29	55.92
8 月	941.55	45.09	4 861.38	95.06	38.11	32.05
9 月	982.07	35.94	5 430.79	91.39	38.81	58.33
10 月	1 439.57	174.40	9 232.14	352.02	32.23	42.51
11 月	1 133.08	35.60	6 053.73	90.84	41.62	39.41
12 月	888.79	-27.61	4 316.80	-13.98	40.85	50.18
总计	12 212.69	46.58	64 293.73	100.14	—	—

数据来源：大连商品交易所。

表 2-3-123　　2020—2021 年乙二醇期货年度交易情况

年度	成交量（万手）	同比变化（%）	成交金额（亿元）	同比变化（%）	年末持仓量（万手）	同比变化（%）
2020 年	8 332.04	12.44	32 124.99	-7.52	27.20	29.31
2021 年	12 212.69	46.58	64 293.73	100.14	40.85	50.18

数据来源：大连商品交易所。

（二）交割情况（见表 2-3-124、表 2-3-125）

表 2-3-124　　2021 年乙二醇期货月度交割情况

月度	交割量（手）	同比变化（%）	交割金额（亿元）	同比变化（%）
1 月	2 364	914.59	1.06	762.89
2 月	305	—	0.13	—
3 月	721	4 406.25	0.41	5 920.45
4 月	154	75.00	0.07	167.11
5 月	1354	-73.12	0.67	-61.76
6 月	391	-58.18	0.19	-42.99
7 月	309	-35.08	0.15	-10.74
8 月	152	49.02	0.07	101.07
9 月	1914	-70.89	1.01	-60.12
10 月	1 830	23.73	1.22	131.74
11 月	1507	112.25	0.83	215.88
12 月	615	-3.30	0.30	36.35
总计	11 616	-28.67	6.11	2.19

数据来源：大连商品交易所。

表 2-3-125　　2020—2021 年乙二醇期货年度交割情况

年度	交割量（手）	同比变化（%）	交割金额（亿元）	同比变化（%）
2020 年	16 286	-8.75	6.00	-22.82
2021 年	11 616	-28.67	6.11	2.19

数据来源：大连商品交易所。

（三）价格走势（见图 2-3-15、表 2-3-126、表 2-3-127）

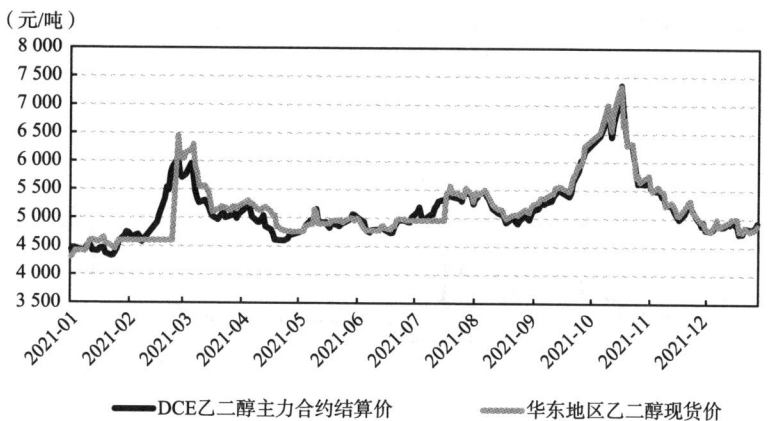

图 2-3-15　2021 年乙二醇期货和现货市场价格走势

数据来源：大连商品交易所、Wind。

表 2-3-126　　　　　2021 年乙二醇期货和现货市场价格指标

市场分类	2020 年末收盘价	2021 年盘中最高价	2021 年盘中最低价	2021 年末收盘价	全年涨跌	结算价平均价	标准差	极差
大商所主力价格（元/吨）	4 398.00	7 566.00	4 256.00	4 935.00	537.00	5 144.16	513.53	3 310
华东地区乙二醇现货价格（元/吨）	4 145.00	7 340.00	4 300.00	4 880.00	735.00	5 230.19	555.41	3 040

数据来源：大连商品交易所、Wind。

表 2-3-127　　　　　2021 年乙二醇期货和现货市场价格相关性

价格选择	相关系数
大商所主力结算价与乙二醇现货市场价格	0.93

数据来源：大连商品交易所、Wind。

十六、胶合板期货运行情况

（一）交易情况（见表 2-3-128）

表 2-3-128　　　　　2020—2021 年胶合板期货年度交易情况

年度	成交量（手）	同比变化（%）	成交金额（万元）	同比变化（%）	年末持仓量（手）	同比变化（%）
2020 年	1 910	402.63	18 644.93	546.59	0	—
2021 年	307	-83.93	4 252.34	-77.19	0	—

数据来源：大连商品交易所。

（二）交割情况

2021年，大商所胶合板期货没有交割。

（三）价格走势（见图2-3-16、表2-3-129、表2-3-130）

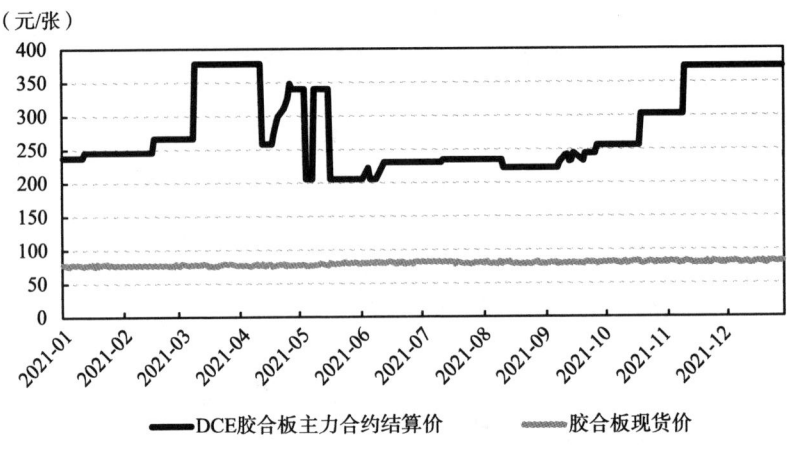

图2-3-16　2021年胶合板期货和现货市场价格走势

数据来源：大连商品交易所、Wind。

表2-3-129　2021年胶合板期货和现货市场价格指标

市场分类	2020年末收盘价	2021年盘中最高价	2021年盘中最低价	2021年末收盘价	全年涨跌	结算价平均价	标准差	极差
大商所主力价格（元/张）	237.50	377.90	202.05	373.30	135.80	279.62	61.64	176
鱼珠现货市场胶合板现货价格（元/张）	91.00	83.00	76.00	83.00	-8.00	79.77	1.94	7

数据来源：大连商品交易所、Wind。

表2-3-130　2021年胶合板期货和现货市场价格相关性

价格选择	相关系数
大商所主力结算价与胶合板现货市场价格	-0.02

数据来源：大连商品交易所、Wind。

十七、纤维板期货运行情况

（一）交易情况（见表 2-3-131）

表 2-3-131　　　　2020—2021 年纤维板期货年度交易情况

年度	成交量（万手）	同比变化（%）	成交金额（亿元）	同比变化（%）	年末持仓量（手）	同比变化（%）
2020 年	103.36	-11.80	140.24	-40.21	848	-93.39
2021 年	155.45	50.40	210.96	50.43	1 004	18.40

数据来源：大连商品交易所。

（二）交割情况（见表 2-3-132、表 2-3-133）

表 2-3-132　　　　　2021 年纤维板期货月度交割情况

月度	交割量（手）	同比变化（%）	交割金额（万元）	同比变化（%）
1 月	42	—	53.91	—
2 月	51	—	62.68	—
3 月	255	—	277.19	—
4 月	295	—	369.34	—
5 月	185	-7.50	242.44	6.29
6 月	98	880.00	130.34	986.17
7 月	111	1 010.00	142.41	1 032.06
8 月	12	—	15.39	—
9 月	290	45.00	361.05	63.52
10 月	4	-97.01	5.71	-96.47
11 月	4	-96.64	5.80	-96.15
12 月	0	-100.00	0.00	-100.00
总计	1 347	94.37	1 666.25	105.05

数据来源：大连商品交易所。

表 2-3-133　　　　2020—2021 年纤维板期货年度交割情况

年度	交割量（手）	同比变化（%）	交割金额（亿元）	同比变化（%）
2020 年	693	-32.91	812.60	-77.11
2021 年	1 347	94.37	1 666.25	105.05

数据来源：大连商品交易所。

(三)价格走势(见图2-3-17、表2-3-134、表2-3-135)

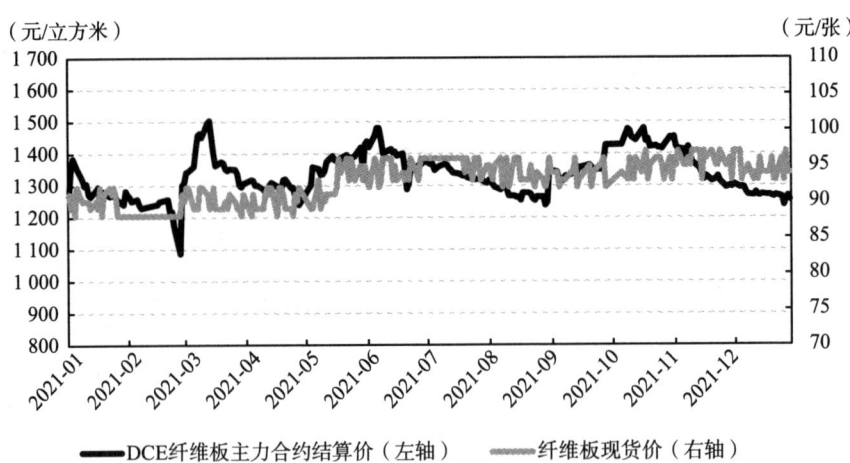

图2-3-17　2021年纤维板期货和现货市场价格走势

数据来源:大连商品交易所、Wind。

表2-3-134　　　　2021年纤维板期货和现货市场价格指标

市场分类	2020年末收盘价	2021年盘中最高价	2021年盘中最低价	2021年末收盘价	全年涨跌	结算价平均价	标准差	极差
大商所主力价格(元/立方米)	1 242.00	1 535.00	1 080.50	1 243.00	1.00	1 334.34	66.58	455
鱼珠现货市场纤维板现货价格(元/张)	79.00	97.00	88.00	94.00	15.00	93.07	2.50	9

数据来源:大连商品交易所、Wind。

表2-3-135　　　　2021年纤维板期货和现货市场价格相关性

价格选择	相关系数
大商所主力结算价与纤维板现货市场价格	0.31

数据来源:大连商品交易所、Wind。

十八、粳米期货运行情况

(一)交易情况(见表2-3-136、表2-3-137)

表2-3-136　　　　2021年粳米期货月度交易情况

月度	成交量(万手)	同比变化(%)	成交金额(亿元)	同比变化(%)	月末持仓量(万手)	同比变化(%)
1月	70.68	3 378.71	260.37	3 734.61	2.81	226.39

续表

月度	成交量（万手）	同比变化（%）	成交金额（亿元）	同比变化（%）	月末持仓量（万手）	同比变化（%）
2月	42.42	198.02	154.83	215.53	2.82	107.49
3月	73.79	455.41	267.2	474.13	3.81	74.94
4月	50.27	129.90	181.79	136.77	4.31	40.66
5月	33.18	209.11	120.05	226.05	3.53	22.64
6月	40.13	268.22	142.15	278.86	3.17	28.27
7月	33.77	-35.36	119.25	-34.59	3.18	-27.34
8月	38.37	-46.25	136.16	-45.26	2.97	-10.33
9月	32.13	-59.63	112.35	-59.23	2.25	-31.08
10月	30.54	-51.25	105.02	-52.01	2.61	-24.65
11月	44.35	-39.95	154.57	-41.68	2.90	-19.77
12月	48.72	-52.84	165.01	-55.95	3.56	-23.97
总计	538.37	4.32	1 918.75	5.51	2.81	226.39

数据来源：大连商品交易所。

表 2-3-137　　2020—2021年粳米期货年度交易情况

年度	成交量（万手）	同比变化（%）	成交金额（亿元）	同比变化（%）	年末持仓量（万手）	同比变化（%）
2020年	516.09	—	1 818.62	—	4.68	435.88
2021年	538.37	4.32	1 918.75	5.51	3.56	-23.97

数据来源：大连商品交易所。

（二）交割情况（见表2-3-138、表2-3-139）

表 2-3-138　　2021年粳米期货月度交割情况

月度	交割量（手）	同比变化（%）	交割金额（万元）	同比变化（%）
1月	355	-40.93	1 233.16	-32.88
2月	1 130	—	4 096.00	—
3月	330	—	1 152.97	—
4月	124	—	438.09	—
5月	271	4 416.67	946.83	4 483.36
6月	789	—	2 850.17	—
7月	560	3 400.00	1 971.38	3 553.95
8月	330	32 900.00	1 125.41	33 625.20
9月	0	-100.00	0.00	-100.00

续表

月度	交割量（手）	同比变化（%）	交割金额（万元）	同比变化（%）
10月	20	-16.67	64.64	-17.13
11月	38	111.11	119.05	94.53
12月	35	-93.83	105.00	-94.56
总计	3 982	189.81	14 102.71	217.28

数据来源：大连商品交易所。

表2-3-139　　　　　2020—2021年粳米期货年度交割情况

年度	交割量（手）	同比变化（%）	交割金额（亿元）	同比变化（%）
2020年	1 374	-	0.44	-
2021年	3 982	189.81	1.41	217.28

数据来源：大连商品交易所。

（三）价格走势（见图2-3-18、表2-3-140、表2-3-141）

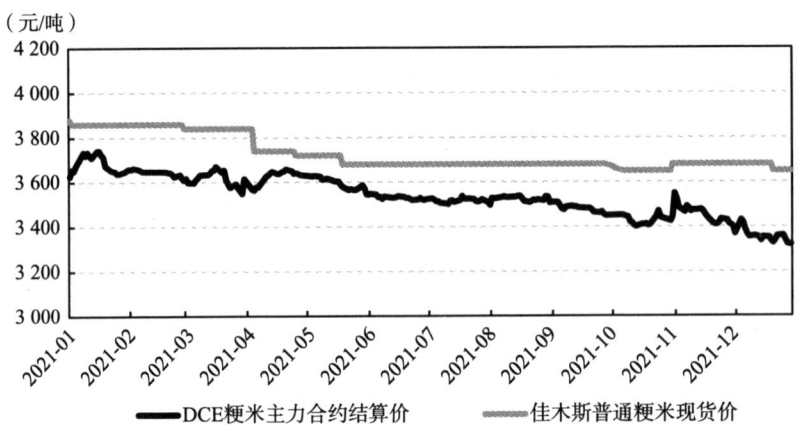

图2-3-18　2021年粳米期货和现货市场价格走势

数据来源：大连商品交易所、Wind。

表2-3-140　　　　　2021年粳米期货和现货市场价格指标

市场分类	2020年末收盘价	2021年盘中最高价	2021年盘中最低价	2021年末收盘价	全年涨跌	结算价平均价	标准差	极差
大商所主力价格（元/吨）	3 622.00	3 795.00	3 313.00	3 323.00	-299.00	3 536.23	96.98	482
佳木斯普通粳米现货价格（元/吨）	3 440.00	3 880.00	3 650.00	3 650.00	210.00	3 719.08	71.70	230

数据来源：大连商品交易所、Wind。

表2–3–141 2021年粳米期货和现货市场价格相关性

价格选择	相关系数
大商所主力结算价与粳米现货市场价格	0.78

数据来源：大连商品交易所、Wind。

十九、苯乙烯期货运行情况

（一）交易情况（见表2–3–142、表2–3–143）

表2–3–142 2021年苯乙烯期货月度交易情况

月度	成交量（万手）	同比变化（％）	成交金额（亿元）	同比变化（％）	月末持仓量（万手）	同比变化（％）
1月	713.63	560.30	2 462.78	513.76	15.05	135.74
2月	728.28	858.28	3 099.74	1 077.22	18.10	115.58
3月	834.08	203.44	3 686.90	422.47	14.60	-7.18
4月	727.71	39.56	3 249.92	138.29	21.30	69.89
5月	660.87	151.94	3 105.07	319.90	20.62	61.26
6月	759.66	357.33	3 273.14	580.29	29.93	135.04
7月	833.13	193.53	3 800.43	373.32	24.51	85.50
8月	675.65	171.14	2 912.98	323.61	24.42	104.77
9月	770.47	148.85	3 523.91	303.32	17.32	82.73
10月	539.15	-11.39	2 573.17	32.53	18.55	-3.30
11月	678.91	-54.08	2 899.03	-46.94	23.57	12.44
12月	696.44	-23.12	2 801.79	-8.51	21.62	112.76
总计	8 617.99	64.34	37 388.86	122.73	—	—

数据来源：大连商品交易所。

表2–3–143 2020—2021年苯乙烯期货年度交易情况

年度	成交量（万手）	同比变化（％）	成交金额（亿元）	同比变化（％）	年末持仓量（万手）	同比变化（％）
2020年	5 244.06	—	16 786.85	—	10.16	17.82
2021年	8 617.99	64.34	37 388.86	122.73	21.62	112.76

数据来源：大连商品交易所。

(二)交割情况(见表2-3-144、表2-3-145)

表2-3-144　　　　　2021年苯乙烯期货月度交割情况

月度	交割量(手)	同比变化(%)	交割金额(亿元)	同比变化(%)
1月	870	—	0.29	—
2月	5 460	—	2.42	—
3月	3 020	—	1.26	—
4月	3 000	274.06	1.49	699.41
5月	1 540	-18.60	0.78	58.76
6月	213	-82.22	0.09	-71.42
7月	520	-13.33	0.24	49.56
8月	435	-63.23	0.19	-35.89
9月	656	-87.33	0.29	-78.95
10月	1 563	-15.47	0.74	47.85
11月	1 207	-56.63	0.56	-54.46
12月	753	-72.56	0.31	-68.28
总计	19 237	5.53	8.67	55.95

数据来源:大连商品交易所。

表2-3-145　　　　　2020—2021年苯乙烯期货年度交割情况

年度	交割量(手)	同比变化(%)	交割金额(亿元)	同比变化(%)
2020年	18 229	—	5.56	—
2021年	19 237	5.53	8.67	55.95

数据来源:大连商品交易所。

(三)价格走势(见图2-3-19、表2-3-146、表2-3-147)

图2-3-19　2021年苯乙烯期货和现货市场价格走势

数据来源:大连商品交易所、Wind。

表 2-3-146　　　　　2021 年苯乙烯期货和现货市场价格指标

市场分类	2020 年末收盘价	2021 年盘中最高价	2021 年盘中最低价	2021 年末收盘价	全年涨跌	结算价平均价	标准差	极差
大商所主力价格（元/吨）	6 356.00	10 279.00	6 233.00	8 552.00	2 196.00	8 660.33	780.32	4 046
华东地区苯乙烯主流现货价格（元/吨）	6 300.00	10 850.00	6 300.00	8 450.00	2 150.00	8 864.32	934.27	4 550

数据来源：大连商品交易所、Wind。

表 2-3-147　　　　　2021 年苯乙烯期货和现货市场价格相关性

价格选择	相关系数
大商所主力结算价与苯乙烯现货市场价格	0.86

数据来源：大连商品交易所、Wind。

二十、液化石油气期货、期权运行情况

（一）期货、期权交易情况（见表 2-3-148～表 2-3-151）

表 2-3-148　　　　　2021 年液化石油气期货月度交易情况

月度	成交量（万手）	同比变化（%）	成交金额（亿元）	同比变化（%）	月末持仓量（万手）	同比变化（%）
1 月	232.18	—	1 725.87	—	8.62	—
2 月	214.00	—	1 557.31	—	5.28	—
3 月	218.34	1 017.13	1 714.28	1 686.45	5.23	127.32
4 月	169.12	-87.18	1 273.01	-85.00	8.97	40.96
5 月	193.74	-72.57	1 606.26	-66.05	9.67	32.41
6 月	218.49	-52.46	1 973.87	-38.51	10.54	25.34
7 月	254.90	-58.65	2 505.04	-46.72	10.20	-15.52
8 月	236.24	-49.18	2 385.78	-32.42	11.05	-5.10
9 月	384.65	-13.22	4 346.24	40.04	14.59	75.08
10 月	458.41	78.50	5 677.29	195.76	10.67	53.01
11 月	438.59	58.35	4 265.43	111.42	13.56	102.62
12 月	487.37	86.00	4 276.84	112.98	14.90	128.37
总计	3 506.03	-27.34	33 307.22	-1.46	—	—

数据来源：大连商品交易所。

表 2-3-149　　2020—2021 年液化石油气期货年度交易情况

年度	成交量（万手）	同比变化（%）	成交金额（亿元）	同比变化（%）	年末持仓量（万手）	同比变化（%）
2020 年	4 825.17	—	33 802.06	—	6.52	—
2021 年	3 506.03	-27.34	33 307.22	-1.46	14.90	128.37

数据来源：大连商品交易所。

表 2-3-150　　2021 年液化石油气期权月度交易情况

月度	成交量（万手）	同比变化（%）	成交量看跌/看涨（PCR）	成交金额（亿元）	同比变化（%）	月末持仓量（万手）	同比变化（%）
1 月	16.6	—	0.73	1.92	—	2.9	-
2 月	18.5	—	0.78	2.4	—	2.1	-
3 月	18.5	6 136.7	0.96	2.38	1 090.0	2.2	928.5
4 月	17.0	7.1	0.91	1.59	-80.6	2.5	9.8
5 月	24.8	260.0	0.74	2.68	-1.1	2.8	-3.8
6 月	24.4	178.8	1.30	2.34	-12.4	3.3	5.3
7 月	31.7	152.8	1.27	3.27	-20.2	2.9	-25.9
8 月	20.8	61.5	1.25	2.17	-36.0	2.2	-57.9
9 月	25.6	28.9	0.71	5.48	90.3	2.8	-45.6
10 月	18.7	1.9	0.66	4.76	119.4	2.0	-28.9
11 月	21.4	33.5	0.59	2.85	44.7	1.7	-28.0
12 月	24.9	38.0	0.59	2.56	2.0	1.8	-16.7
总计	262.8	—	0.85	34.4	—	—	—

数据来源：大连商品交易所。

表 2-3-151　　2020—2021 年液化石油气期权年度交易情况

年度	成交量（万手）	同比变化（%）	成交量看跌/看涨（PCR）	成交金额（亿元）	同比变化（%）	年末持仓量（万手）	同比变化（%）
2020 年	129.5	—	0.93	30.8	—	2.1	—
2021 年	262.8	—	0.85	34.4	—	1.8	-16.7

数据来源：大连商品交易所。

（二）交割、行权情况（见表 2-3-152～表 2-3-155）

表 2-3-152　　2021 年液化石油气期货月度交割情况

月度	交割量（手）	同比变化（%）	交割金额（亿元）	同比变化（%）
1 月	2 781	—	1.99	—
2 月	3 403	—	2.25	—

续表

月度	交割量（手）	同比变化（%）	交割金额（亿元）	同比变化（%）
3月	719	—	0.48	—
4月	29	—	0.03	—
5月	203	—	0.16	—
6月	519	—	0.44	—
7月	1 041	—	1.00	—
8月	1 331	—	1.33	—
9月	3 261	—	3.27	—
10月	1 099	—	1.38	—
11月	1 683	－7.98	1.63	27.65
12月	2 077	－10.44	1.79	5.78
总计	18 146	337.46	15.75	430.41

数据来源：大连商品交易所。

表2-3-153　　2020—2021年液化石油气期货年度交割情况

年度	交割量（手）	同比变化（%）	交割金额（亿元）	同比变化（%）
2020年	4 148	—	2.97	—
2021年	18 146	337.46	15.75	430.41

数据来源：大连商品交易所。

表2-3-154　　2021年液化石油气期权月度行权情况

月度	行权量（手）
1月	2 381
2月	4 223
3月	3 588
4月	3 751
5月	5 629
6月	4 285
7月	7 839
8月	5 761
9月	2 458
10月	5 459
11月	5 087
12月	4 677
总计	55 138

数据来源：大连商品交易所。

表 2-3-155　　2020—2021 年液化石油气期权年度行权情况

年度	行权量（手）	同比变化（%）
2020 年	12 057	—
2021 年	55 138	—

数据来源：大连商品交易所。

（三）价格走势（见图 2-3-20、表 2-3-156、表 2-3-157）

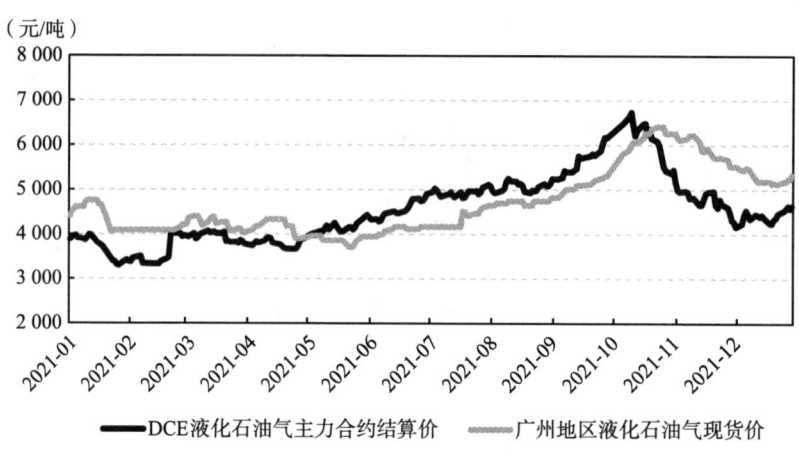

图 2-3-20　2021 年液化石油气期货和现货市场价格走势

数据来源：大连商品交易所、Wind。

表 2-3-156　　2021 年液化石油气期货和现货市场价格指标

市场分类	2020 年末收盘价	2021 年盘中最高价	2021 年盘中最低价	2021 年末收盘价	全年涨跌	结算价平均价	标准差	极差
大商所主力价格（元/吨）	3 776.00	6 836.00	3 253.00	4 748.00	972.00	4 551.72	752.60	3 583
广州地区液化石油气现货价格（元/吨）	4 308.00	6 408.00	3 708.00	5 338.00	1 030.00	4 788.87	750.31	2 700

数据来源：大连商品交易所、Wind。

表 2-3-157　　2021 年液化石油气期货和现货市场价格相关性

价格选择	相关系数
大商所主力结算价与液化石油气现货市场价格	0.65

数据来源：大连商品交易所、Wind。

二十一、生猪期货运行情况

2021 年 1 月 8 日，生猪期货在大商所上市交易。

（一）交易情况（见表2-3-158）

表2-3-158　　2020—2021年生猪期货年度交易情况

年度	成交量（万手）	同比变化（%）	成交金额（万元）	同比变化（%）	年末持仓量（万手）	同比变化（%）
2021年	605.78	—	17 146.43	—	10.07	—

数据来源：大连商品交易所。

（二）交割情况（见表2-3-159）

表2-3-159　　2020—2021年生猪期货年度交割情况

年度	交割量（手）	同比变化（%）	交割金额（万元）	同比变化（%）
2021年	53	—	1 333.22	—

数据来源：大连商品交易所。

（三）价格走势（见图2-3-21、表2-3-160、表2-3-161）

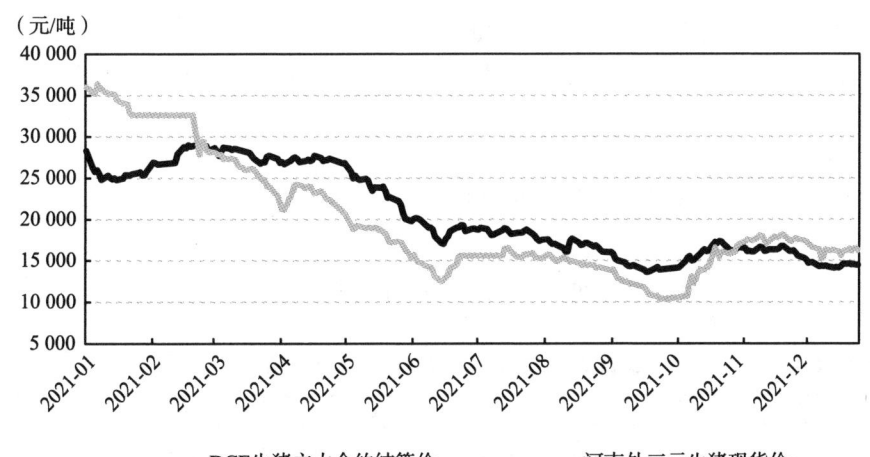

图2-3-21　2021年生猪期货和现货市场价格走势

数据来源：大连商品交易所、Wind。

表2-3-160　　2021年生猪期货和现货市场价格指标

市场分类	2020年末收盘价	2021年盘中最高价	2021年盘中最低价	2021年末收盘价	全年涨跌	结算价平均价	标准差	极差
大商所主力价格（元/吨）	—	30 680.00	13 365.00	14 450.00	—	20 571.05	5 126.09	17 315

续表

市场分类	2020年末收盘价	2021年盘中最高价	2021年盘中最低价	2021年末收盘价	全年涨跌	结算价平均价	标准差	极差
河南外三元生猪现货价格（元/吨）	—	36 400.00	10 350.00	16 250.00	—	19 396.50	6 753.69	26 050

数据来源：大连商品交易所、Wind。

表 2-3-161　　　　　2021年生猪期货和现货市场价格相关性

价格选择	相关系数
大商所主力结算价与生猪现货市场价格	0.82

数据来源：大连商品交易所、Wind。

第四节　中国金融期货交易所上市品种运行情况

中国金融期货交易所（以下简称"中金所"，CFFEX）2021年全年累计成交量为1.22亿手，占全国期货市场成交量的1.62%，成交量同比增长5.86%；全年累计成交额为118.2万亿元，占全国期货市场成交额的20.33%，成交额同比增长2.37%。

一、沪深300股指期货、期权运行情况

（一）期货、期权交易情况（见表2-4-1~表2-4-4）

表 2-4-1　　　　　2021年沪深300股指期货月度交易情况

月度	成交量（万手）	较上年变化（%）	成交金额（亿元）	较上年变化（%）	月末持仓量（万手）	较上年变化（%）
1月	286.43	92.85	46 952.18	153.78	21.25	61.32
2月	208.44	-14.21	34 673.30	19.96	22.26	49.52
3月	356.02	5.69	54 201.69	41.17	20.69	39.79
4月	273.27	20.12	41 192.30	60.41	21.56	46.07
5月	245.19	49.70	37 697.01	98.20	22.16	60.04
6月	268.83	36.48	41 726.79	77.07	20.62	36.07
7月	281.76	-31.27	42 381.91	-25.44	21.48	8.19
8月	256.91	-18.28	37 391.07	-15.76	21.16	13.17
9月	239.95	-17.02	35 106.13	-12.87	18.23	3.05

续表

月度	成交量（万手）	较上年变化（%）	成交金额（亿元）	较上年变化（%）	月末持仓量（万手）	较上年变化（%）
10月	154.52	-14.01	22 763.70	-10.81	18.41	-4.00
11月	184.53	-22.77	26 919.82	-23.23	18.31	-8.07
12月	212.19	-15.50	31 663.19	-16.13	19.36	-4.76
总计	2 968.05	-1.06	452 669.08	14.91	19.36	-4.76

数据来源：中国金融期货交易所。

表2-4-2　　2020—2021年沪深300股指期货年度交易情况

年度	成交量（万手）	较上年变化（%）	成交金额（亿元）	较上年变化（%）	年末持仓量（万手）	较上年变化（%）
2020年	2 999.87	26.91	393 924.28	47.50	20.32	61.80
2021年	2 968.05	-1.06	452 669.08	14.91	19.36	-4.76

数据来源：中国金融期货交易所。

表2-4-3　　2021年沪深300股指期权月度交易情况

年度	成交量（万手）	同比变化（%）	成交量看跌/看涨（PCR）	成交金额（亿元）	同比变化（%）	年末持仓量（万手）	同比变化（%）
1月	281.73	750.90	0.61	316.85	931.42	17.06	199.30
2月	201.71	98.18	0.76	227.73	192.11	19.41	169.58
3月	288.00	142.28	0.79	279.25	158.64	17.10	128.30
4月	222.79	177.89	0.72	185.86	251.81	16.89	111.92
5月	229.52	235.85	0.63	188.35	373.71	20.73	140.49
6月	242.02	138.23	0.58	190.64	235.81	19.67	114.50
7月	285.64	14.80	0.69	222.80	-13.71	19.28	60.00
8月	295.46	48.84	0.86	207.66	20.67	18.74	50.40
9月	284.12	49.78	0.77	205.71	35.12	15.76	19.03
10月	166.73	32.53	0.70	122.93	14.44	15.88	21.41
11月	246.35	28.91	0.84	157.57	5.23	16.67	24.13
12月	280.09	29.39	0.73	179.71	12.45	19.60	36.97
总计	3 024.15	80.62	0.73	2 486.16	81.99	19.60	36.97

数据来源：中国金融期货交易所。

表2-4-4　　2021年沪深300股指期权年度交易情况

月度	成交量（万手）	同比变化（%）	成交量看跌/看涨（PCR）	成交金额（亿元）	同比变化（%）	月末持仓量（万手）	同比变化（%）
2020年	1 674.28	—	0.77	1 365.53	—	14.31	—
2021年	3 024.15	80.62	0.73	2 486.16	81.99	19.60	36.97

数据来源：中国金融期货交易所。

（二）交割、行权情况（见表2-4-5~表2-4-8）

表2-4-5　　　　2021年沪深300股指期货月度交割情况

月度	交割量（手）	同比变化（%）	交割金额（亿元）	同比变化（%）
1月	6 117	-1.55	99.80	28.97
2月	6 345	84.34	109.70	155.71
3月	11 968	46.83	179.70	102.75
4月	7 889	32.39	117.47	70.69
5月	5 286	-12.16	81.54	15.14
6月	12 334	71.54	188.50	113.43
7月	9 134	19.87	140.14	35.52
8月	8 874	62.29	126.32	63.35
9月	13 657	80.89	198.25	85.96
10月	8 651	68.87	127.99	73.92
11月	6 935	58.26	101.39	56.20
12月	10 247	35.83	152.62	34.95
总计	107 437	43.90	1 623.42	66.37

数据来源：中国金融期货交易所。

表2-4-6　　　　2020—2021年沪深300股指期货年度交割情况

年度	交割量（手）	同比变化（%）	交割金额（亿元）	同比变化（%）
2020年	74 660	26.43	975.79	45.08
2021年	107 437	43.90	1 623.42	66.37

数据来源：中国金融期货交易所。

表2-4-7　　　　2021年沪深300股指期权月度行权情况

月度	行权量（手）	到期未平仓量（手）	行权比例（%）
1月	7 364	37 100	19.85
2月	8 279	36 908	22.43
3月	16 190	77 336	20.93
4月	11 163	56 998	19.58
5月	9 040	48 237	18.74
6月	14 722	76 352	19.28
7月	13 436	67 218	19.99
8月	16 231	67 554	24.03
9月	15 135	77 065	19.64

续表

月度	行权量（手）	到期未平仓量（手）	行权比例（%）
10 月	13 277	58 365	22.75
11 月	15 502	66 368	23.36
12 月	16 512	82 857	19.93
总计	156 851	752 358	20.85

数据来源：中国金融期货交易所。

表2-4-8　　2020—2021年沪深300股指期权年度行权情况

年度	行权量（手）	同比变化（%）
2020 年	69 602	—
2021 年	156 851	125.35

数据来源：中国金融期货交易所。

（三）价格走势（见图2-4-1、表2-4-9、表2-4-10）

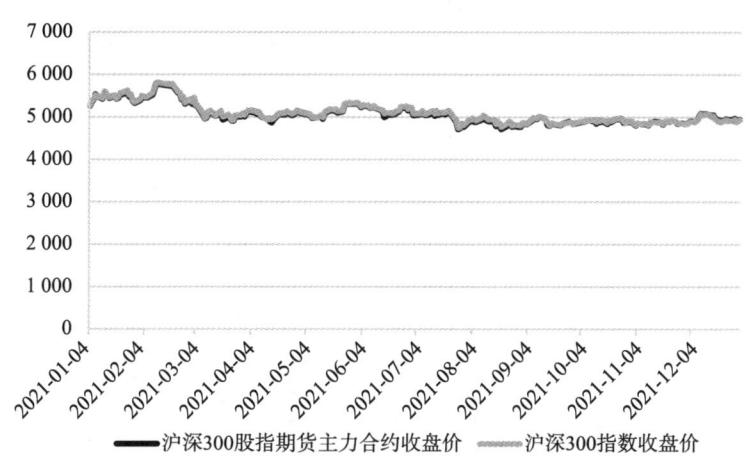

图2-4-1　2021年沪深300股指期货和沪深300指数价格比较

数据来源：中国金融期货交易所。

表2-4-9　　2021年沪深300股指期货和现货指数价格主要显性指标

市场分类	2020年末收盘价	2021年盘中最高价	2021年盘中最低价	2021年末收盘价	全年涨跌	结算价平均价	标准差	极差
沪深300股指期货主力合约价格	5 227.00	5 913.20	4 656.60	4 944.80	-282.20	5 066.03	224.25	1 256.60
沪深300指数价格	5 211.29	5 930.91	4 663.90	4 940.37	-270.92	5 085.66	226.02	1 267.01

数据来源：中国金融期货交易所。

表 2-4-10　2021 年沪深 300 股指期货和现货指数价格相关性

价格选择	相关系数
沪深 300 股指期货主力合约收盘价与沪深 300 指数收盘价	0.996 0

数据来源：中国金融期货交易所。

二、上证 50 股指期货运行情况

（一）交易情况（见表 2-4-11、表 2-4-12）

表 2-4-11　2021 年上证 50 股指期货月度交易情况

月度	成交量（万手）	较上年变化（%）	成交金额（亿元）	较上年变化（%）	月末持仓量（万手）	较上年变化（%）
1月	114.55	112.29	13 048.09	163.53	7.39	20.54
2月	79.92	-7.48	9 263.45	24.88	7.94	10.78
3月	132.42	4.92	14 194.61	37.03	7.60	13.82
4月	105.39	26.71	10 997.32	61.01	8.20	29.72
5月	100.06	63.33	10 521.69	104.58	8.15	30.63
6月	119.86	62.03	12 636.12	99.52	8.29	38.85
7月	139.70	-20.14	13 938.55	-18.78	10.19	27.74
8月	145.35	18.36	13 771.98	13.66	10.91	44.86
9月	153.91	40.74	14 695.93	37.06	9.82	40.89
10月	98.91	33.28	9 713.28	30.92	10.00	36.90
11月	117.28	18.92	11 295.03	12.44	10.00	15.12
12月	126.23	14.71	12 504.07	7.85	11.51	47.18
总计	1 433.59	22.01	146 580.12	33.14	11.51	47.18

数据来源：中国金融期货交易所。

表 2-4-12　2020—2021 年上证 50 股指期货年度交易情况

年度	成交量（万手）	较上年变化（%）	成交金额（亿元）	较上年变化（%）	年末持仓量（万手）	较上年变化（%）
2020 年	1 174.94	21.52	110 093.54	33.97	7.82	36.22
2021 年	1 433.59	22.01	146 580.12	33.14	11.51	47.18

数据来源：中国金融期货交易所。

（二）交割情况（见表2-4-13、表2-4-14）

表2-4-13　　　　2021年上证50股指期货月度交割情况

月度	交割量（手）	同比变化（%）	交割金额（亿元）	同比变化（%）
1月	2 969	3.05	33.97	28.92
2月	3 027	77.33	36.40	139.32
3月	3 987	4.29	42.01	40.50
4月	3 583	75.04	37.03	114.29
5月	3 171	21.35	33.16	49.71
6月	5 800	74.12	59.98	105.55
7月	4 046	-24.30	41.00	-19.47
8月	4 056	56.42	37.23	45.94
9月	10 224	312.26	96.68	290.63
10月	6 375	164.63	62.98	157.80
11月	4 549	62.46	43.68	52.62
12月	6 787	129.37	66.87	114.88
总计	58 574	67.41	591.01	81.62

数据来源：中国金融期货交易所。

表2-4-14　　　　2020—2021年上证50股指期货年度交割情况

年度	交割量（手）	同比变化（%）	交割金额（亿元）	同比变化（%）
2020年	34 988	1.67	325.41	10.84
2021年	58 574	67.41	591.01	81.62

数据来源：中国金融期货交易所。

（三）价格走势（见图2-4-2、表2-4-15、表2-4-16）

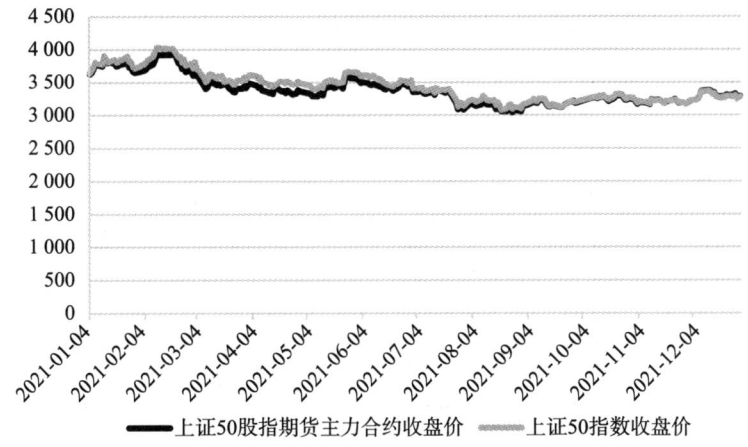

图2-4-2　2021年上证50股指期货和上证50指数价格比较

数据来源：中国金融期货交易所。

表 2-4-15　　2021 年上证 50 股指期货和现货指数价格主要显性指标

市场分类	2020年末收盘价	2021年盘中最高价	2021年盘中最低价	2021年末收盘价	全年涨跌	结算价平均价	标准差	极差
上证 50 股指期货主力合约价格	3 647.00	4 126.00	3 038.20	3 279.40	-367.60	3 423.33	225.92	1 087.80
上证 50 指数价格	3 640.64	4 110.18	3 044.88	3 274.32	-366.32	3 430.31	228.75	1 065.30

数据来源：中国金融期货交易所。

表 2-4-16　　2021 年上证 50 股指期货和现货指数价格相关性

价格选择	相关系数
上证 50 股指期货主力合约收盘价与上证 50 指数收盘价	0.9983

数据来源：中国金融期货交易所。

三、中证 500 股指期货运行情况

（一）交易情况（见表 2-4-17、表 2-4-18）

表 2-4-17　　2021 年中证 500 股指期货月度交易情况

月度	成交量（万手）	较上年变化（%）	成交金额（亿元）	较上年变化（%）	月末持仓量（万手）	较上年变化（%）
1 月	222.53	29.57	28 553.05	52.04	23.37	26.96
2 月	162.03	-44.59	20 715.73	-34.85	23.34	14.83
3 月	243.20	-37.62	30 024.25	-27.02	24.06	24.56
4 月	182.15	-32.46	22 922.74	-17.73	24.78	27.27
5 月	158.22	-22.75	20 496.86	-6.55	22.39	19.32
6 月	175.90	-22.22	23 293.77	-7.50	24.08	23.14
7 月	214.94	-45.38	29 047.56	-42.31	27.78	21.75
8 月	194.71	-39.83	26 892.09	-36.43	26.69	27.56
9 月	231.07	-25.19	33 670.10	-13.57	27.85	27.31
10 月	144.60	-24.65	20 142.31	-16.16	26.74	11.20
11 月	164.98	-34.84	23 263.39	-26.60	27.34	15.32
12 月	177.95	-28.75	25 764.16	-17.56	27.15	18.72
总计	2 272.28	-30.63	304 786.00	-20.89	27.15	18.72

数据来源：中国金融期货交易所。

表 2-4-18　　2020—2021 年中证 500 股指期货年度交易情况

年度	成交量（万手）	较上年变化（%）	成交金额（亿元）	较上年变化（%）	年末持仓量（万手）	较上年变化（%）
2020 年	3 275.54	64.24	385 278.36	93.81	22.87	37.49
2021 年	2 272.28	-30.63	304 786.00	-20.89	27.15	18.72

数据来源：中国金融期货交易所。

（二）交割情况（见表 2-4-19、表 2-4-20）

表 2-4-19　　2021 年中证 500 股指期货月度交割情况

月度	交割量（手）	同比变化（%）	交割金额（亿元）	同比变化（%）
1 月	7 746	64.98	99.02	91.20
2 月	4 702	9.30	62.76	26.15
3 月	9 124	42.58	113.07	70.70
4 月	7 887	39.08	99.89	64.89
5 月	4 213	-10.59	55.07	5.74
6 月	7 912	24.99	105.22	43.76
7 月	7 269	42.47	101.14	56.71
8 月	6 028	-8.18	82.93	-4.85
9 月	13 303	89.31	195.66	116.18
10 月	8 887	40.95	124.86	54.24
11 月	6 235	12.97	89.15	25.99
12 月	10 060	65.22	147.34	92.20
总计	93 366	35.87	1 276.10	54.83

数据来源：中国金融期货交易所。

表 2-4-20　　2020—2021 年中证 500 股指期货年度交割情况

年度	交割量（手）	同比变化（%）	交割金额（亿元）	同比变化（%）
2020 年	68 716	30.92	824.22	56.02
2021 年	93 366	35.87	1 276.10	54.83

数据来源：中国金融期货交易所。

(三)价格走势(见图2-4-3、表2-4-21、表2-4-22)

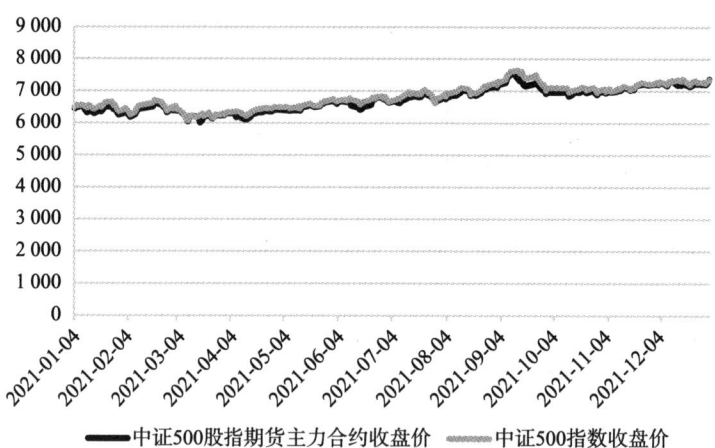

图2-4-3 2021年中证500股指期货和中证500指数价格比较

数据来源:中国金融期货交易所。

表2-4-21 2021年中证500股指期货和现货指数价格指标

市场分类	2020年末收盘价	2021年盘中最高价	2021年盘中最低价	2021年末收盘价	全年涨跌	结算价平均价	标准差	极差
中证500股指期货主力合约价格	6 348.00	7 624.00	5 916.40	7 371.80	1 023.80	6 730.16	373.18	1 707.60
中证500指数价格	6 367.11	7 688.60	6 033.41	7 359.40	992.29	6 808.52	377.32	1 655.19

数据来源:中国金融期货交易所。

表2-4-22 2021年中证500股指期货和现货指数价格相关性

价格选择	相关系数
中证500股指期货主力合约收盘价与中证500指数收盘价	0.9896

数据来源:中国金融期货交易所。

四、5年期国债期货运行情况

(一)交易情况(见表2-4-23、表2-4-24)

表2-4-23 2021年5年期国债期货月度交易情况

月度	成交量(万手)	同比变化(%)	成交金额(亿元)	同比变化(%)	月末持仓量(万手)	同比变化(%)
1月	55.31	168.11	5 521.54	167.29	6.15	51.66
2月	46.16	52.79	4 584.90	49.83	5.32	85.47

续表

月度	成交量（万手）	同比变化（%）	成交金额（亿元）	同比变化（%）	月末持仓量（万手）	同比变化（%）
3月	46.98	40.44	4 666.60	36.90	6.01	92.98
4月	43.35	-6.71	4 322.51	-10.37	7.34	78.79
5月	53.33	-19.21	5 336.23	-21.72	5.56	26.06
6月	42.77	-38.29	4 271.10	-39.38	7.18	35.71
7月	47.83	-25.24	4 814.95	-25.35	7.44	77.30
8月	58.06	14.51	5 866.49	15.34	5.90	44.23
9月	44.95	-17.15	4 542.78	-16.13	6.61	17.21
10月	39.09	14.71	3 933.64	15.83	8.05	36.59
11月	71.52	16.88	7 226.62	18.78	8.08	60.29
12月	57.65	13.72	5 837.75	15.69	8.78	45.46
总计	606.99	4.48	60 925.11	3.79	—	—

数据来源：中国金融期货交易所。

表2-4-24　　　　2020—2021年5年期国债期货年度交易情况

年度	成交量（万手）	同比变化（%）	成交金额（亿元）	同比变化（%）	年末持仓量（万手）	同比变化（%）
2020年	580.98	223.07	58 698.73	227.78	6.04	75.06
2021年	606.99	4.48	60 925.11	3.79	8.78	45.46

数据来源：中国金融期货交易所。

（二）交割情况（见表2-4-25、表2-4-26）

表2-4-25　　　　2021年5年期国债期货月度交割情况

月度	交割量（手）	同比变化（%）	交割金额（亿元）	同比变化（%）
3月	194	-89.48	1.89	-90.31
6月	878	-47.43	8.96	-48.59
9月	2 864	2 576.64	29.77	2 606.36
12月	4 529	88.71	46.86	101.90
总计	8 465	40.59	87.51	42.87

数据来源：中国金融期货交易所。

表2-4-26　　　　2020—2021年5年期国债期货年度交割情况

年度	交割量（手）	同比变化（%）	交割金额（亿元）	同比变化（%）
2020年	6 021	42.51	61.25	44.25
2021年	8 465	40.59	87.51	42.87

数据来源：中国金融期货交易所。

（三）价格走势（见图2-4-4、表2-4-27、表2-4-28）

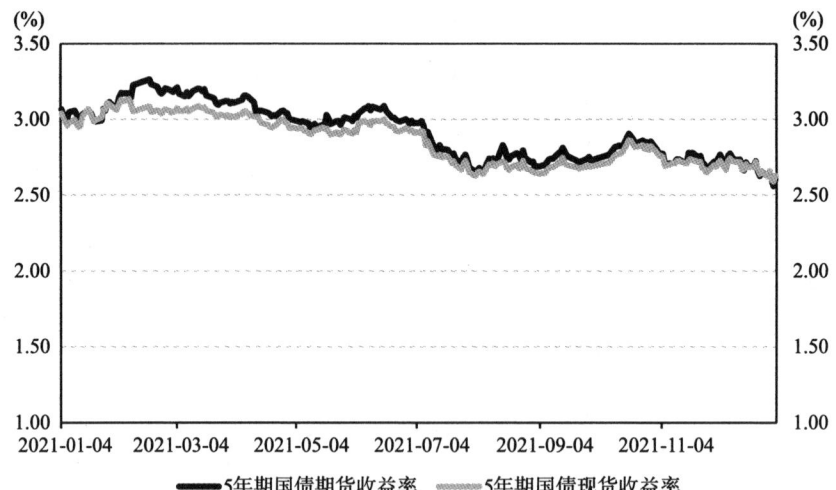

图2-4-4　2021年5年期国债期货和现货市场收益率①比较

数据来源：中国金融期货交易所。

表2-4-27　　　2021年5年期国债期现货收益率主要指标（单位:%）

市场分类	2020年末	2021年最高值	2021年最低值	2021年末	全年涨跌	平均值	标准差
5年期国债期货收益率	3.047	3.264	2.562	2.607	-0.439	2.911	0.177
5年期国债现货收益率	2.992	3.135	2.590	2.630	-0.362	2.858	0.154

数据来源：中国金融期货交易所。

表2-4-28　　　2021年5年期国债期现货价格相关性

价格选择	相关系数
5年期国债期货价格与国债现货价格	0.9934

数据来源：中国金融期货交易所。

五、10年期国债期货运行情况

（一）交易情况（见表2-4-29、表2-4-30）

表2-4-29　　　2021年10年期国债期货月度交易情况

月度	成交量（万手）	同比变化（%）	成交金额（亿元）	同比变化（%）	月末持仓量（万手）	同比变化（%）
1月	125.17	86.13	12 261.94	85.17	12.87	48.80

---

① 国债现货收益率为主力合约对应的最便宜可交割券（CTD）收益率。

续表

月度	成交量（万手）	同比变化（%）	成交金额（亿元）	同比变化（%）	月末持仓量（万手）	同比变化（%）
2月	105.39	-1.64	10 225.88	-5.11	11.88	78.06
3月	131.58	-8.85	12 770.69	-12.63	13.40	42.98
4月	118.03	-11.48	11 520.89	-15.66	13.78	57.52
5月	144.23	-8.89	14 165.22	-11.70	12.61	64.84
6月	129.86	-6.70	12 736.63	-8.70	15.67	77.83
7月	148.30	-16.22	14 721.92	-16.10	15.99	57.47
8月	173.88	14.04	17 389.40	15.55	14.68	62.46
9月	126.62	-9.63	12 654.82	-7.85	15.05	41.40
10月	104.39	7.88	10 344.15	9.31	16.52	40.38
11月	178.98	15.84	17 881.35	18.55	16.27	45.42
12月	151.43	25.35	15 164.65	28.72	18.11	53.22
总计	1 637.85	2.93	161 837.56	2.22	—	—

数据来源：中国金融期货交易所。

表2-4-30　　2020—2021年10年期国债期货年度交易情况

年度	成交量（万手）	同比变化（%）	成交金额（亿元）	同比变化（%）	年末持仓量（万手）	同比变化（%）
2020年	1 591.23	72.10	158 326.03	75.13	11.82	47.21
2021年	1 637.85	2.93	161 837.56	2.22	18.11	53.22

数据来源：中国金融期货交易所。

（二）交割情况（见表2-4-31、表2-4-32）

表2-4-31　　2021年10年期国债期货月度交割情况

月度	交割量（手）	同比变化（%）	交割金额（亿元）	同比变化（%）
3月	791	250.00	7.64	233.62
6月	640	-37.07	6.30	-40.17
9月	1 359	5 336.00	13.46	5 508.33
12月	1 250	-62.70	12.47	-61.80
总计	4 040	-12.54	39.87	-12.76

数据来源：中国金融期货交易所。

表2-4-32　　　　2020—2021年10年期国债期货年度交割情况

年度	交割量（手）	同比变化（%）	交割金额（亿元）	同比变化（%）
2020年	4 619	87.69	45.70	87.76
2021年	4 040	-12.54	39.87	-12.76

数据来源：中国金融期货交易所。

（三）价格走势（见图2-4-5、表2-4-33、表2-4-34）

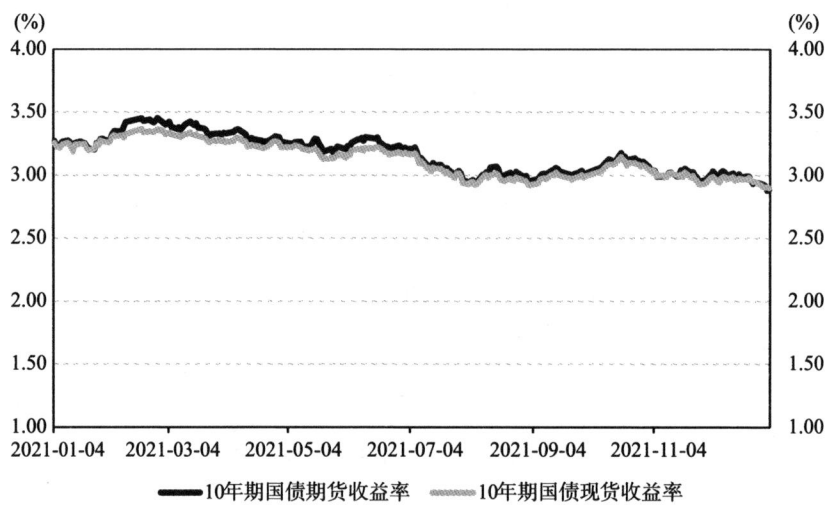

图2-4-5　2021年10年期国债期货和现货收益率比较

表2-4-33　　　　2021年10年期国债期货和现货收益率主要指标

市场分类	2020年末	2021年最高值	2021年最低值	2021年末	全年涨跌	平均值	标准差
10年期国债期货收益率（%）	3.253	3.452	2.880	2.889	-0.364	3.160	0.151
10年期国债现货收益率（%）	3.238	3.366	2.898	2.898	-0.340	3.122	0.135

数据来源：中国金融期货交易所。

表2-4-34　　　　2021年10年期国债期货期现货价格相关性

价格选择	相关系数
10年期国债期货价格与国债现货价格	0.9910

数据来源：中国金融期货交易所。

六、2 年期国债期货运行情况

（一）交易情况（见表 2-4-35、表 2-4-36）

表 2-4-35　　2021 年 2 年期国债期货月度交易情况

月度	成交量（万手）	同比变化（%）	成交金额（亿元）	同比变化（%）	月末持仓量（万手）	同比变化（%）
1 月	18.46	-35.92	3 708.02	-35.94	2.46	11.47
2 月	13.27	-48.27	2 659.09	-48.69	1.31	9.07
3 月	18.70	-25.28	3 741.88	-26.12	2.26	36.17
4 月	19.62	3.63	3 934.01	1.57	3.30	73.70
5 月	22.02	32.74	4 421.10	30.67	3.12	125.98
6 月	20.37	4.99	4 085.16	4.04	3.27	69.63
7 月	19.11	0.84	3 846.96	0.71	3.12	54.57
8 月	21.92	27.38	4 419.42	27.78	2.39	62.89
9 月	17.28	8.62	3 481.96	9.12	2.89	29.27
10 月	19.41	67.42	3 905.79	68.11	2.75	-0.29
11 月	33.46	76.96	6 745.11	78.24	3.18	65.54
12 月	36.77	156.98	7 419.10	158.59	5.02	118.24
总计	260.39	12.58	52 367.59	12.22	—	—

数据来源：中国金融期货交易所。

表 2-4-36　　2020—2021 年 2 年期国债期货年度交易情况

年度	成交量（万手）	同比变化（%）	成交金额（亿元）	同比变化（%）	年末持仓量（万手）	同比变化（%）
2020 年	231.30	16.37	46 664.49	17.11	2.30	40.08
2021 年	260.39	12.58	52 367.59	12.22	5.02	118.24

数据来源：中国金融期货交易所。

（二）交割情况（见表 2-4-37、表 2-4-38）

表 2-4-37　　2021 年 2 年期国债期货月度交割情况

月度	交割量（手）	同比变化（%）	交割金额（亿元）	同比变化（%）
3 月	930	694.87	18.76	684.94
6 月	3 110	788.57	63.04	792.92
9 月	265	-27.60	5.35	-27.80
12 月	904	-78.70	18.24	-78.60
总计	5 209	2.58	105.38	3.23

数据来源：中国金融期货交易所。

表 2–4–38　　　　2020—2021 年 2 年期国债期货年度交割情况

年度	交割量（手）	同比变化（%）	交割金额（亿元）	同比变化（%）
2020 年	5 078	316.91	102.08	315.30
2021 年	5 209	2.58	105.38	3.23

数据来源：中国金融期货交易所。

（三）价格走势（见图 2–4–6、表 2–4–39、表 2–4–40）

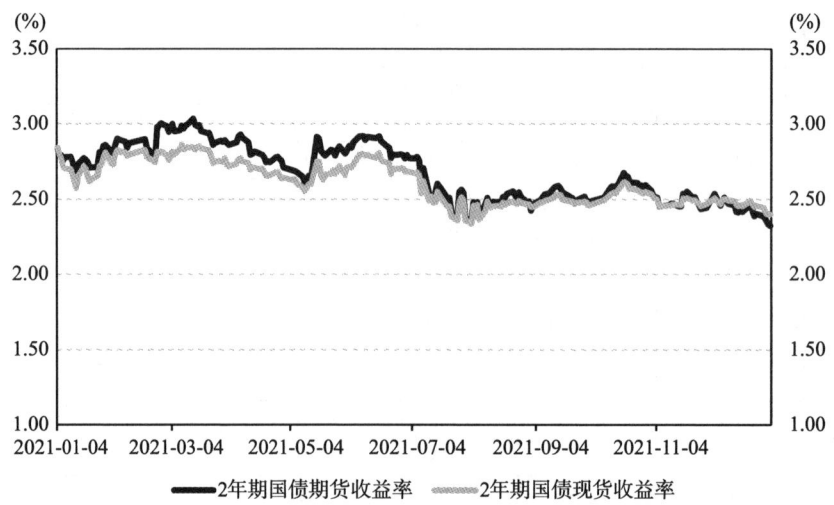

图 2–4–6　2021 年 2 年期国债期货和现货市场收益率比较

数据来源：中国金融期货交易所。

表 2–4–39　　　　2021 年 2 年期国债期现货收益率主要指标

市场分类	2020 年末	2021 年最高值	2021 年最低值	2021 年末	全年涨跌	平均值	标准差
2 年期国债期货收益率（%）	2.809	3.034	2.325	2.325	−0.484	2.672	0.187
2 年期国债现货收益率（%）	2.793	2.860	2.340	2.400	−0.393	2.609	0.138

数据来源：中国金融期货交易所。

表 2–4–40　　　　2021 年 2 年期国债期现货价格相关性

价格选择	相关系数
2 年期国债期货价格与国债现货价格	0.9818

数据来源：中国金融期货交易所。

第三章
2021年中国期货市场服务实体经济情况

>>> **第一节 服务实体经济总体概况**

2021年，中国证监会以习近平新时代中国特色社会主义思想为指导，面对新冠肺炎疫情影响和大宗商品价格剧烈波动双重考验，围绕提升金融服务实体经济质效、服务大宗商品保供稳价和服务"三农"，加大期货市场品种供给，提升市场运行质量，稳步推进"保险+期货"，促进风险管理和价格发现功能的有效发挥，为金融服务实体经济贡献期货力量。

一、拓展服务实体经济领域，继续推进期货市场建设

2021年，中国证监会围绕丰富服务实体经济载体，继续加大市场建设力度，积极稳妥有序推进新品种上市。一是加强期货产品供给，支持相关产业高质量发展。2021年上市生猪、花生期货和原油、棕榈油期权4个新品种。全市场期货、期权品种已达94个，基本覆盖国民经济主要领域。二是推进期货市场建设。2021年2月5日，广州期货交易所经国务院批准注册成立，4月19日揭牌成立开业，对助力粤港澳大湾区和"一带一路"建设、服务经济高质量发展具有重要意义。2021年3月31日，中证商品指数公司挂牌开业，进一步丰富商品指数业务，服务期货市场高质量发展。

二、存量品种翻新改造，服务实体能力进一步提升

2021年，中国证监会指导交易所持续对现有品种翻新改造，更好地服务实体经济发展。一是提升商品期货近月合约流动性，便利现货企业参与期货市场。持续推进做市商制度并不断完善运行机制，全市场引入做市机制的期货品种已达49个。经过三年运行，期货市场多年来存在的"近月合约不活跃、活跃合约不连续"现象得以根本扭转，品种的功能作用进一步发挥。二是大力培育机构投资者，改善期货市场投资者结构。推动保险机构、年金基金参与国债期货交易，全年7家保险资管机构累计成交金额389亿元，截至2021年末，共有19家投资管理机构的2 214个年金基金账户参与金融期货交易。10月发布《关于合格境外机构投资者和人民币合格境外机构投资者参与金融衍生品交易的公告》（中国证券监督管理委员会公告〔2021〕24号），新增允许合格境外机构投资者和人民币合格境外机构投资者（QFII/RQFII）参与商品期货、商品期权和股指期权交易，相关交易所发布配套业务细则，丰富境外投资者风险管理工具。

三、做好功能评估工作，提升期货市场运行质量

2021年，中国证监会组织开展两次期货市场功能评估工作，检视已上市品种运行质量和功能发挥情况，引导期货交易所及时补足短板。一是完善品种规则和合约设计，持续优化品种运行。全年指导各期货交易所修改业务细则78项，期货市场套期保值效率为94.31%，同比增加4.93个百分点；全市场法人持仓占比（不含做市商）59.97%，同比增加7.34个百分点；期现价格相关性95.59%，同比增加2.51个百分点。二是组织开展提升产业客户参与度专项评估工作试点。指导各期货交易所采取一系列举措提升产业客户参与度，全市场产业客户参与数量同比增加20.0%，日均成交量和持仓量同比分别增长15.4%和0.3%。

四、服务大宗商品保供稳价，助力实体经济稳健发展

2021年以来，主要受供求关系和全球货币宽松等因素叠加影响，部分大宗商品期现货价格同步上涨，中国证监会服务大宗商品保供稳价，助力实体经济稳健发展。一是及时有效强化期货市场监管，加强期现联动，做好监管协同。2021年，各期货交易所在动力煤、铁矿石、螺纹钢、玉米等46个主要大宗商品品种上采取提高手续费、保证金，收紧限仓水平，实施交易限额等措施共计242次。期货市场服务国家宏观调控和大宗商品保供稳价，取得阶段性明显成效，在保障市场平稳运行的同时，又保持了市场一定的规模和活力。二是协调各期货市场参与方制定并落实支持行业发展的举措，发挥行业作用助力中小企业应对成本大幅波动，持续提升期货风险管理公司服务实体企业能力。《国务院办公厅关于进一步加大对中小企业纾困帮扶力

度的通知》（国办发〔2021〕45号）《"十四五"促进中小企业发展规划》明确提出"推动期货公司为中小企业提供风险管理服务，助力中小企业运用期货套期保值工具应对原材料价格大幅波动风险"。2021年，期货风险管理公司通过基差贸易、现货仓单约定购回等形式，助力解决中小企业采购成本快速上涨、供销不畅、融资困难等痛点、堵点。截至2021年末，期货公司及风险管理公司利用期货市场价格发现和套期保值功能，与实体产业客户开展基差贸易，利用期货价格指导现货购销，累计贸易额达5 565.76亿元，同比增长25.08%。其中，为中小微企业提供服务累计贸易额2 974.15亿元，占比为53.44%。通过现货仓单约定购回等形式，为实体产业客户提供短期资金融通的仓单服务业务，累计购销规模425.90亿元，同比增长21.29%，累计提供资金支持222.20亿元。其中，为中小微企业提供资金175.28亿元，占比为78.88%。期货行业通过以上两项业务累计服务客户18 500家次，其中，中小微企业13 556家次，占比达73.28%。风险管理公司还通过场外衍生品业务累计服务产业客户2 985家，其中小微客户2 242家，占比高达75.11%。

五、稳步推进"保险+期货"，助力巩固拓展脱贫攻坚成果同乡村振兴有效衔接

2021年，中国证监会深入贯彻中央"一号文件"精神，稳步推进"保险+期货"，全年指导各商品期货交易所在29个省（区、市）开展322个项目，涉及天然橡胶、白糖、棉花、苹果、红枣、大豆、玉米、鸡蛋、豆粕、生猪、花生11个品种，保障现货规模456.87万吨，承保土地面积950.41万亩，惠及68.33万农户。其中，在广西、四川、贵州、云南、甘肃5个省、市（自治区），共计30个国家乡村振兴重点帮扶县，开展47个"保险+期货"项目，涉及生猪、鸡蛋、玉米、豆粕、苹果5个品种，在促进乡村产业发展、提高农民收入等方面发挥了积极作用。在四川省普格县、云南省广南县等26个脱贫县开展32个项目，助力巩固拓展脱贫攻坚成果同乡村振兴有效衔接。

>>> 第二节　商品期货服务实体经济情况

一、上海期货交易所服务实体经济

（一）期货品种创新

1. 完成氧化铝期货上市准备

一是对申请氧化铝期货注册品牌的企业开展实地检查。二是开展氧化铝期货厂库现场检查工作。三是组织召开产业座谈会，对氧化铝期货规则、交割品牌、仓库及厂库等工作进行阶段性总结。氧化铝期货已完成合约规则设计、注册品牌和交割仓库初步遴选、技术系统建设等上市准备工作。

2. 继续推进合成橡胶期货与期权研发上市工作

一是持续开展合成橡胶期货与期权市场调研论证工作，就合成橡胶期货与期权合约规则制定、交割模式设计、交割仓库布局与设置等方面，广泛征求产业链相关企业意见与建议，不断完善合约规则设计。二是完成合成橡胶期货、期权上市申请报告，厂库交割办法、厂库提货业务指引、交割商品认证管理规定、检验细则等业务细则草案，并完成风险控制管理办法、交割细则、套期保值管理办法、套利交易管理办法等修订。

3. 持续推进能源类新品种研发，液化天然气期货获准立项

紧密跟踪天然气、成品油市场改革发展情况，在"总体设计、分步实施，短期可操作、长期可拓展"和"国际平台、净价交易、完税交割、人民币计价"的总体思路下，加强与相关部委、行业协会、产业客户等市场主体的沟通和交流，不断完善品种规则设计，加快推进研发上市工作。2021年8月，液化天然气期货正式获得中国证监会立项批复。

4. 继续推进铬铁期货研发工作

一是完成《炉料级铬铁产业现状和市场研究》课题研究。二是广泛开展调研和深入论证，2021年累计召开八次"铬铁市场研讨会"。三是在课题研究、现货市场调研和存放测试等成果的基础上，形成了铬铁期货合约和业务规则设计，确定了计价方式、理化成分、升贴水等重要参数以及交割原则。

5. 做好冷轧薄板期货研发工作

一是完成《冷轧薄板期货可行性研究》课题，初步确定了期货合约标的，及交割区域和方式；二是广泛征求各方意见，多次与部委、协会、产业交流，就期货标的选取和规则设计难点听取市场意见。

6. 做好纸产品期货研发工作

持续开展纸产品期货研发工作，调研瓦楞原纸和双胶纸市场，召开瓦楞原纸合约与业务规则论证会，广泛征求包装用纸产业链相关企业的意见和建议，不断完善瓦楞原纸期货合约及业务规则设计。

（二）期权品种创新

推出原油期权，完善我国原油行业衍生品市场体系。2021年6月21日，以原油期货为标的的原油期权在上海国际能源交易中心成功上市，成为我国首批以人民币计价对外开放的期权品种。原油期权上市，是我国原油期货市场有效补充，对推动我国原油期货市场更高质量发展、更高水平对外开放具有重要意义，对进一步优化企业风险管理工具具有现实意义。

2021年上市以来，原油期权市场运行平稳，成交持仓快速增长，境内外投资者

参与积极,期权定价合理,市场影响初步显现。2021年全年累计运行133个交易日,累计成交量156.25万手,累计成交额105.21亿元,日均成交量1.17万手,日均成交额7 910万元,日均持仓量1.39万手。从相对规模来看,2021年原油期权成交量与标的期货成交量的日均比例为6.97%,持仓量与标的期货持仓量的日均比例为21.05%。在投资者结构方面,原油期权成交持仓结构从上市初期以做市商为主,逐步转变为做市商、自然人客户和单位客户多方参与的格局。

原油期权市场定价合理。2021年原油期权主力系列隐含波动率基本维持在30%—50%,整体略高于标的期货历史波动率,两者走势总体较为一致,定价较为合理。

同时,原油期权和标的期货的成交量呈现良好联动,期货市场成交量与期权市场成交量走势基本一致,自原油期权上市以来,当标的期货成交量大幅变化时,期权的成交量也相应同方向变化,说明投资者积极利用期权管理期货价格风险。

(三)促进合约连续活跃

截至2021年底,上期所已连续四年开展期货做市工作。经过持续优化做市方案,连续活跃成效得到进一步稳固、近月活跃探索初见成效。

1. 采取针对性措施,巩固、提升重点品种合约连续性

一是进一步充实黄金、白银、天然橡胶等不连续品种做市商数量;二是通过增强不连续品种差额竞争强度,激励做市商报价竞争性。

2. 吸引银行类做市商参与贵金属做市

一是积极鼓励吸引银行类做市商参与贵金属做市,新增2家银行类做市商,并针对银行类做市商报价能力较弱、交易持仓能力强的特点,采取了有针对性的报价方案。二是维持对银行类做市商及非银行做市商进行区分考核,增强贵金属品种两类做市商(银行类和非银行类)参与积极性,为贵金属合约连续性取得突破打下基础。

3. 探索提升近月合约活跃度,合约做市向近月延展

在合约连续性提升的基础上,为探索提升近月合约活跃度,自2021年7月起,上期所对白银、锡、不锈钢等品种合约交割月前一月合约开展做市。从实施效果看,白银、不锈钢、锡品种近月合约做市效果较好,成交持仓量、市场参与人数均有明显上升。

4. 持续着力培育有竞争力的本土做市商队伍

截至2021年末,上期所共有期货做市商61家。2021年通过增补招募,让符合基本条件的10家期货公司风险管理子公司和3家具有一定专业做市背景的机构参与,进一步丰富做市商的数量和类型。同时,出台了支持头部做市商发展的试点工作方案,并将根据做市商实际做市表现逐步放开头部做市商品种资格限制,鼓励做市商做精、做强,持续着力培育具有竞争力的本土做市商队伍。

5. 合约活跃连续取得实效

合约连续性成效进一步稳固，14 个期货做市品种均实现多行合约同时活跃。通过持续优化做市方案，上期所 14 个做市品种，除黄金品种外（受挂牌方式影响，为 4 行偶数月合约同时活跃），均已实现 4—7 行合约连续活跃。其中，8 个已基本实现主力合约逐月轮转的品种，连续性成效得到进一步稳固。2 个贵金属品种（黄金、白银）也相继打破 6—12 月轮转格局，活跃合约数量增多，连续活跃成效得到突破和提升。剩余的 4 个尚未实现主力合约逐月轮转品种（螺纹钢、热轧卷板、天然橡胶和石油沥青），做市合约呈现市场投资者参与积极，做市商占比持续下降的良好态势。

（四）修改合约规则

一是优化螺纹钢、热轧卷板期货合约。2021 年 7 月 9 日，上期所发布公告对《上海期货交易所螺纹钢期货合约》《上海期货交易所热轧卷板期货合约》《上海期货交易所交割细则》进行修订。（1）调整螺纹钢期货交割品级。（2）将螺纹钢交割计重方式由过磅改为理重。（3）将螺纹钢出厂制作仓单时间由 30 天改为 45 天。（4）精简热轧卷板交割规格，剔除现货流通量较小的规格。自 RB2208、HC2208 合约开始实施。

二是修订铝期货的交割品级。2021 年 2 月 26 日，上期所发布关于《上海期货交易所铝期货合约（修订版）》的公告，允许按照 GB/T 1196—2017 生产的重熔用铝锭制作标准仓单履约交割。

三是修订锡期货的交割品级。2021 年 11 月 19 日，上期所发布公告对《上海期货交易所锡期货合约》进行修订，允许按照国标 GB/T 728—2020 生产的锡锭入库制作成标准仓单履约交割。自 2022 年 5 月 18 日起，按照 GB/T 728—2010 生产的锡锭不得入库制作成标准仓单，原已制作成的标准仓单，可继续用于期货合约的履约交割。

四是调整黄金期货的交割质量标准。2021 年 5 月 17 日，上期所发布公告对《上海期货交易所黄金期货合约》附件进行修订，优化了交割金锭关于化学成分的质量规定条款，并将其他质量规定由 GB/T 4134—2003 调整为 GB/T 4134—2015，自 2021 年 5 月 17 日起实施。

五是优化低硫燃料油期货合约及规则。（1）适当放宽密度、苯乙烯、苯酚三项质量标准，让更多现货流通货源进入交割体系。（2）调整标准仓单滚动注销为集中注销制度，减少交割流程中存在的不确定性，提升临近交割月份企业参与意愿。

六是优化石油沥青期货合约及规则。上期所对《上海期货交易所石油沥青期货合约》和《上海期货交易所石油沥青期货交割实施细则（试行）》进行修订。（1）调整合约月份与最小变动价位，持续改善期货合约运行质量。（2）拓展沥青期货厂库定义，引入贸易商厂库交割业务，并简化部分厂库交割业务流程，提升实体产业客户参与度。

七是优化20号胶期货合约及规则。上期能源对《上海国际能源交易中心20号胶期货标准合约》《上海国际能源交易中心风险控制管理细则》《上海国际能源交易中心交割细则》进行修订。(1) 将20号胶期货标准合约附件中的交割单位由10吨调整为100吨，相应增设交割月持仓为10手的整数倍规定。(2) 相应标准仓单名义重量与交割结算重量调整为100吨与100.8吨。

八是修订铜期权、黄金期权合约行权方式。2021年11月16日，新挂牌期货合约CU2211对应的期权系列、新挂牌期货合约AU2212对应的期权系列调整为美式，完成铜期权、黄金期权行权"欧改美"的调整。

（五）优化交割业务模式

1. 推进全国性大宗商品仓单注册登记中心建设

上期所坚持统筹安全和发展，按照先易后难、由浅入深、由点到面的原则，扎实推进仓单登记中心的筹备工作。以保税商品为突破口，充分利用自贸区先行先试政策，以原油、20号胶、低硫燃料油、国际铜为试点品种，分短中长期，依次推进山东青岛保税区项目、浙江自贸区项目和上海临港自贸区项目，形成"北有青岛、南有舟山、中有上海"的发展雏形，拓展保税仓单交易、质押功能，向全国自贸区进行复制和推广。2021年12月3日，青岛项目率先落地试运行，并有力发挥引领和示范作用，依托先行先试的自贸区政策支持逐步推动项目"可复制、可推广"。

2. 成功实施中国期货市场首次跨境交收

2021年1月19日至23日，由3家境外实体企业参与的首次跨境交收顺利落地，共计3 500吨低硫燃料油货物于上期能源境外交收库完成提货。通过成功实施跨境交收，率先破题境外设库，首次实现我国期货市场交易端"引进来"到交割端"走出去"的重大跨越。跨境交收通过输出高效便捷的国际化交割服务，吸引更广泛境内外主体参与中国市场，将有力助推提升中国大宗商品定价影响力，并进一步激发期货市场资源配置枢纽功能。

3. 优化交割运行机制

一是响应东北地区炼厂要求，优化东北地区沥青交割仓库、厂库的升贴水设置，将沥青期货东北地区升贴水调整至贴水200元/吨。同时，引入沥青贸易商厂库，切实满足产业链的交割需求。二是为实体企业纾困解难，全年免除交割手续费约2 000万元，退还97家仓库风险保证金合计4 357万元。三是创新交割机制，首推尝试特法客户参与实物交割，有序引入金融资本适度参与期现套利。

4. 切实满足实体企业对原油期货的交割需求

紧跟现货市场变化，2021年上期能源调整原油期货可交割油种巴士拉轻油品质标准，新增穆尔班原油作为可交割油种，更好地覆盖了国内主要进口油种，切实满足实体企业的实物交割需求。

上市以来至2021年底，上海原油期货累计交割量已超过1亿多桶。以上海原油期货结算价计价的原油在交割出库后，转运到了印度、韩国、缅甸、马来西亚等国家，辐射亚太地区的原油贸易集散地价格已初现雏形。上海原油期货为企业采购和销售实货原油提供了新途径，促进了亚太地区原油贸易的发展，提升资源配置的同时有力提升价格影响力。

（六）加强交割仓库管理

2021年，上期所交割业务规模稳步增长，全年交割量95.2万手，折合实物量904.2万吨，较上一年度增长3.4%。上期所根据产业变化和市场需求，动态调整交割仓库布局，全年增设仓库22家、存放点8个；取消仓库2家、存放点1个。交割仓库总数达119家、存放点223个，核定库容总计约为2 015.2万吨。

1. 夯实交割仓库管理制度体系

上期所在推进交割仓库从实从严监管的同时，不断完善、夯实相关管理制度。一方面，制定《上海期货交易所指定交割仓库分类评估考核办法》，正式实施交割仓库分类评估，建立量化评价体系，为动态管理交割仓库布局和库容设置提供可靠依据。另一方面，更加注重保险和担保在风险防范中的保障作用。进一步确保商业保险和担保制度发挥实质性功能，强化担保单位资质审核，通过定期性审计避免担保失灵的情形。对于交割库或其担保单位净资产出现10%以上变动情形的，要求仓库5个工作日内报告。

2. 科技赋能，提升交割仓库管理的科学性和有效性

2021年，上期所大力推动人工智能、区块链、物联网等先进技术与仓库监管深度融合。一是交割仓库远程科技监控投入使用。对位于天津、青岛和海南等地的14个天然橡胶交割仓库进行远程监控，库内架设共计317个摄像头。二是期货仓单业务数据的智能化、数字化分析展示趋于成熟。仓单业务数据展示平台可以动态展示各品种、各地区、各时期交割数据图表，并实现多维度、多场景、多目标联动数据分析。

二、郑州商品交易所服务实体经济

（一）期货品种创新情况

1. 花生期货挂牌上市

2021年2月1日，郑商所上市花生期货，进一步完善了油脂油料期货品种体系，助力花生产业高质量发展，服务乡村振兴战略。一方面，可以为国内花生产业链提供有效的风险管理工具，中游贸易商和下游压榨企业可以利用期货工具锁定成本及利润，稳定自身的生产经营；另一方面，相关"保险+期货"、"订单农业"等新型惠农模式会陆续推出，通过稳定种植收益和指导远期销售，合理调整种植结构、

控制花生销售节奏，不仅能够起到平抑花生价格波动的作用，而且将成为支农惠农的重要抓手。

2. 鸡肉品种上市的推进工作

一是完成鸡肉期货期权上市材料；二是申报鸡肉质检设备国家实用新型专利，申报鸡肉检验方法团体和地方标准；三是完成鸡肉期货和期权禽流感等疫情应对方案（草案）；四是先后向国家发展改革委、农业农村部、商务部、证监会和中国畜牧业协会等部门专题汇报鸡肉期货期权研发进展 19 次。

3. 烧碱品种的调研开展

一是对烧碱主产销区开展调研 7 次，覆盖 17 家烧碱生产企业和 30 余家贸易、仓储、质检、加工与消费企业，召开合约规则论证会 3 次，完成市场调研、合约规则设计和论证等工作。二是就烧碱期货期权上市与相关国家部委及协会进行沟通汇报。三是持续完善上市材料，达到上报上市申请标准。

4. PX（对二甲苯）品种的持续跟进

一是更新 PX 现货市场年度数据，按照上报标准，完善 PX 期货期权上市申请材料；二是向中国证监会期货部汇报 PX 期货期权研发工作进展；三是协助举办中石化集团金融衍生品培训班，与中石化深入沟通 PX 上市意见，取得转折性突破；四是推进芳烃专委会合作课题《PX 产业发展现状及十四五展望》，提出修改意见。

5. 聚酯瓶片品种的完善设计

一是完成市场调研、合约规则设计和论证等工作，持续完善上市材料，达到上报上市申请标准；二是走访中国饮料工业协会，介绍聚酯瓶片期货期权研发情况，推动上市进展；三是加强与中国饮料工业协会的合作，策划开展专项课题研究、联合举办市场会议等活动。

6. 钢坯品种的持续调研

一是持续开展钢坯期货期权市场调研、合约规则设计和论证工作，修改完善上市材料，达到上报上市申请标准；二是与中国钢铁工业协会、冶金工业经济发展研究中心合作开展课题合作，提升品种研究深度；三是积极走访发改委、商务部、中国钢铁工业协会等相关部委、协会，沟通报告品种研发情况。

（二）期权品种创新情况

1. 全力推进已立项品种期权研发工作

郑商所全力推进已立项品种研发上市，积极推进鸡肉、烧碱、PX、瓶片、钢坯等 5 个品种期权上市相关工作。郑商所加强了与部委、协会及关键龙头企业的密切联系，把握中央政策红利，主动强化相关部委、协会走访，并积极对接河南省金融局、发展改革委、商务厅、工信厅等职能部门，争取各方理解与支持，积极推动新品种研发上市工作进展。

2. 持续推进菜油、花生期权上市工作

一是完成了期权上市的可行性必要性论证。菜油、花生期权上市能够满足企业多样化风险管理需求，丰富油脂油料衍生品工具体系，并且2个品种现货市场基础较好，标的期货运行质量较高，具备上市期权的基础条件。二是完成期权合约（草案）设计并征求市场意见。郑商所已完成期权合约设计，针对期权合约主要条款，征求了20家会员单位、16家期货公司风险管理子公司及39家产业与机构客户相关意见建议，进一步完善了期权合约（草案）。三是持续开展相关技术系统评估与测试。郑商所对交易订单处理能力、结算效率（到期日集中行权）、信息发布（行情）速度、监查系统性能及核心交易系统容量进行了重点分析。结果表明，郑商所技术系统完全能够满足菜油、花生期权运行需求。

（三）促进合约连续活跃

1. 继续扩大期货做市品种范围

2021年，郑商所全年新增短纤、尿素2个期货做市品种，截至2021年末，已在14个期货品种[1]引入做市商。通过实盘选拔赛，在新增两品种遴选出做市能力突出机构；比赛期间，郑商所采取减少考核合约数量、分两阶段设置差异化激励政策、增加盈亏指标等措施，使实盘选拔赛更加贴近市场实际。实盘选拔赛取得良好效果，在4至5月选拔赛期间，短纤、尿素7月合约均成为主力合约。

2. 在部分品种试点差异化做市方案

郑商所在短纤期货上探索实施差异化连续活跃方案，方案实施后，与其他期货品种做市商相比，短纤期货目标合约持仓结构有效改善，合约连续活跃效果显著。

3. 根据市场运行情况适时调整连续活跃方案

郑商所密切跟踪相关品种运行情况，提出"因时因势因品"施策的工作方案。在行情波动较为剧烈情况下，及时调节连续活跃政策，确保目标合约流动性供给合理稳定、做市业务可持续发展。2021年全年累计调整棉纱、铁合金等品种连续活跃方案7次，使做市商在大幅波动行情下提供合理流动性，满足市场流动性需求。

4. 主动服务大宗商品"保供稳价"

在动力煤、玻璃价格大幅波动期间，积极配合有关部门开展大宗商品保供稳价工作，暂停实施连续活跃方案，确保市场平稳运行。

5. 合约活跃连续取得实效

一是重点合约政策与连续活跃方案协同增效、形成合力，夯实连续活跃基础。截至2021年底，共有9个期货品种同时实施连续活跃方案和重点合约[2]政策。组合

---

[1] 14个引入做市商期货品种分别为：PTA、动力煤、甲醇、白糖、棉花、菜粕、棉纱、菜油、玻璃、锰硅、硅铁、纯碱、短纤、尿素。

[2] "重点合约"即做市业务中所称"考核合约"。

方案实施取得良好效果，2021年6月至12月实施组合方案的各期货品种目标合约日均持仓量为101.32万手，较1月至5月增加256.15%；其中，PTA、甲醇日均持仓量较1月至5月显著增加，增幅均超300%。

二是"近月合约活跃"的格局持续巩固。做市周期内，多数工业品目标合约能够发育为次主力合约，"近月合约活跃"格局持续夯实。2021年，各实施连续活跃方案的期货品种中，锰硅期货每月均有目标合约成为次主力合约；短纤期货培育效果较好，在正式开始做市后均有目标合约成为次主力合约。其余做市品种多数目标合约在做市周期内逐步形成次主力合约进一步巩固了近月合约连续活跃的局面。

三是目标合约服务实体企业的成效持续凸显。从交割情况来看，产业客户打破了传统主力1、5、9合约的交割习惯，参与郑州期货市场非传统主力合约交割积极性较高，2021年非传统主力合约交割量同比增加21.70%。

（四）修改合约规则

1. 修改菜粕合约交割细则与仓单管理办法

近年来，菜籽粕年进口量呈逐步增长态势，据海关总署数据显示，进口菜粕量从2017年的96万吨增长至2021年的203万吨，体量已超过进口菜籽压榨菜粕，约占进口来源菜粕的60%。进口菜粕逐年增多并成为市场供给的重要来源，为顺应产业发展趋势，满足企业套保需求，提升市场运行稳健性，郑商所对菜粕期货交割细则和仓单管理办法进行修订，将进口菜粕纳入交割范畴并完善相应配套制度，修订后规则于2021年12月31日向市场发布实施。

2. 修改玻璃期货规则，增加交割确定性

2021年3月30日，郑商所发布玻璃期货业务规则修订案，修订内容包括：一是取消买方在交割品中挑选规格的权利，增加交割环节的确定性，降低卖方的备货难度和交割成本；二是保留市场需求量最大的规格，剔除搭配板型，避免买方失去规格选择权后，被动接到大量搭配板型，承担不合理的现货销售压力。修订内容自FG2204合约施行，有助于进一步激活玻璃期货交割能力，促进玻璃期货功能发挥，更好地服务产业企业。

3. 完善硅铁期货交割标准，贴合现货实际吸收新国标

2021年6月9日，郑商所发布硅铁期货业务规则修订案，对硅铁基准交割品国标牌号进行修订，将原国标（推荐性国家标准GB/T 2272—2009）修改为新国标（推荐性国家标准GB/T 2272—2020），交割品质量指标要求不做修改，修订内容自2021年6月23日起施行。针对此次规则修改，郑商所调研走访主要生产、贸易及消费企业征求意见建议，对新国标有选择性的吸收，实事求是完善硅铁期货交割标准，获得实体企业高度认可。

4. 修改动力煤期货交割细则，便利更多煤炭资源参与

2021年12月3日，郑商所发布动力煤期货业务规则修订案，修订内容包括：一是修改动力煤期货交割标准，增加可供交割量。二是完善升贴水计算方式，提高其适应性与准确度。修订内容自动力煤期货2212合约开始施行，便利更多煤炭资源参与期货市场，更好服务煤炭保供稳价，促进煤炭上下游产业健康发展。

（五）优化交割业务模式

1. 聚集资源，优化仓库布局服务国家战略

一是在新疆增设红枣交割仓库，新设白糖交割厂库，更好地服务疆内企业管理市场风险的需求，深化期货市场在援疆支边方面的积极作用。二是根据光伏玻璃产业发展，在安徽地区增设纯碱交割库，服务绿色发展战略。三是大力辅导原国家贫困县15家交割库业务开展，汇聚多方资源助力乡村振兴战略。

2. 积极创新，优化交割规则落实国家政策

一是根据铁合金产业客户经营现状，创新提出用银行承兑汇票作为厂库仓单担保金并配合业务部门落地实施，降低了中小企业利用期货市场管理风险的资金成本。二是积极配合开展尿素"商储无忧"试点，做好模式设置、交割库培训、仓单注册注销业务培训等全流程工作，全方位提升试点效果，服务尿素淡储政策。

3. 多措并举，优化业务体系服务实体企业

一是应对中加关系及进口菜籽政策变化，调整菜油主销区四川地区交割仓库升贴水，确保四川地区库容发挥有效作用。二是增加张家港地区为短纤贸易商厂库提货点，满足短纤期货市场发展需要。三是灵活运用存货点机制，在纯碱品种新增库容近20万吨，有效满足部分时间节点库容需求。

（六）加强交割仓库管理

1. 加强科技监管，丰富监管手段

在国内期货市场上线了首家交割智慧监管平台，完成棉花和PTA试点交割仓库的接入工作。实现了依靠先进技术拓展监管手段、提高监管效能、加强监管穿透性这一创新性课题的初步探索与实践。该项目获得工信部主办的智慧金融科技项目大赛一等奖。

2. 推进分类监管，提升监管效率

一是有效利用监管资源，全面检查、紧盯重点，锁定风险等级较高的仓库，要求尽快整改，强化监管力度。二是聚焦重点，紧抓棉花交割商品安全。根据新疆地区棉花交割仓库布局，在奎屯、库尔勒首推棉花仓库建立消防联防联控机制，实现消防资源共享，提升应急处置能力。

3. 开展持续监管，保障市场运行

一是在传统现场查库基础上，持续推进会员、第三方企业和会计师事务所协助

检查、视频查库等机制,全年共完成近三百余次现场查库工作,定期开展视频检查工作。二是持续开展质检比对工作,组织白糖、苹果、花生等品种的交割仓库、质检机构开展百余次质检比对工作,规范仪器操作,确保仓单质量。

4. 坚持专业监管,确保商品安全

一是2022年郑商所期货标准仓单责任险落地。该项目为国内期货交易所首次实施,用于防范因交割仓库抢夺、盗窃、欺诈、侵占等不法行为引发的仓单安全风险。期货标准仓单责任险和防范自然灾害或意外事故的仓单财产险共同为期货市场交割商品安全打上了"双保险"。二是开展258家交割库年审工作,根据年审情况及相关制度,及时暂停16家交割库,取消4家交割库(见表3-2-1)。三是对PTA、硅铁、锰硅品牌进行摸底检验,对玻璃厂库、白糖仓库商品进行质量抽查,确保质量符合交割标准。

表3-2-1　2021年郑州商品交易所交割仓(厂)库库容变化表

类别	2020年	2021年	同比变化(%)
农业品交割仓库总库容	342.6万吨	404万吨	17.92
工业品交割仓库总库容	366.3万吨	432万吨	17.94
工业品交割品牌总量	53个	59个	11.32
工业品保税库交割仓库总库容	2万吨	2万吨	0

三、大连商品交易所服务实体经济

(一)期货品种创新

1. 上市生猪期货

2021年1月8日生猪期货在大商所上市,2021年生猪期货成交量为605.78万手,日均持仓量为6万手。上市以来,生猪期货市场规模逐步增长,首次交割平稳有序,功能逐步发挥,为产业企业提供了相对可靠的价格信号,龙头企业通过参与期货市场,在价格下行周期提前锁定养殖利润、稳定经营计划。

2. 做好干辣椒期货上市准备工作

一是制定干辣椒期货整体设计方案并报送中国证监会,完成上市申请材料并与相关部委开展沟通,先后赴河南、河北、山东、贵州等干辣椒主产省考察交割场所,各项上市准备工作一切就绪。二是以干辣椒期货为契机,完成并上报《关于中小品种的设计思路》,为丰富期货产品供给提供新思路,探索以区域性、特色性商品为杠杆支持地方支柱产业发展,打通区域经济微循环,促进国内大循环。

3. 继续推动原木期货研发

一是继续开展现货市场调研,赴主要进口口岸调研俄罗斯原木的进口、质量标准、政策变化等现货市场情况；二是对比分析各国原木质量标准体系，赴相关质检机构了解我国原木树种检验、检尺等问题；三是完善现货市场报告，开展原木可行性必要性报告的撰写工作。

4. 继续推进乙醇品种研发

完成乙醇合约制度设计及上市申请材料等，做好报送上市申请前的核心工作，为后续工作奠定基础。一是完成合约规则设计方案及合约规则草案；二是破解行业质量检验难题，联合多家质检机构、现货企业，制定并发布乙醇中苯指标检测团体标准，促进提升乙醇行业检验标准化程度；三是对浙江、安徽、江苏等主要产销区进行调研，进一步跟踪了解现货市场产销情况；四是完成全部上市申请材料，做好报送上市申请的准备工作。

5. 推进集装箱运力期货研发上市

2021年，大商所密切跟踪集装箱运力现货市场情况，克服疫情影响，深入港口、船公司等产业第一线走访调研，组织多次模拟交割及市场论证，加强与相关部委、行业协会、产业客户、期货公司等市场主体的沟通和交流。本着严控风险，服务实体经济的精神，开拓创新，完成实物交割制度、风控制度、交割标准等一整套合约规则设计方案。

6. 继续推进再生钢铁原料期货研发

2021年，大商所紧密跟踪再生钢铁原料现货市场发展情况，克服疫情影响，走访调研废钢加工基地与钢铁企业，组织多次市场论证活动，加强与相关部委、行业协会、产业客户、会员单位等市场主体的沟通与交流。本着稳起步、严风控，服务钢铁工业高质量发展和循环经济发展的精神，完成合约设计并提交了上市申请。

7. 深入推动纯苯期货研发

一是开展现货市场调研。走访29家纯苯产业上下游企业，覆盖10个省市，其中生产企业14家，产能占比为35.7%，消费企业20家，消费量占比为36.2%，贸易企业7家，贸易量占比为34.9%，仓储2家。全面了解供需、用途、产业结构、贸易流向、价格、质检、仓储、票据流转等。二是开展市场论证会。2021年共组织2次产业和机构论证会，论证合约定位、质量标准和交割流程，已经完成合约设计方案。三是完成合约上市申请材料和合约规则初稿。

8. 深入推动石油焦、冰醋酸、硫磺期货研发

开展硫磺现货市场研究，赴江苏、湖北、云贵等主要硫磺生产和消费企业进行全产业链调研，了解商品属性、质量标准、供需结构、贸易定价模式、行业政策等现货市场情况，完成硫磺合约方案设计初稿；开展石油焦和冰醋酸行业上中下游企业调研，初步完成现货市场研究报告。

（二）期权品种创新

为进一步提升服务实体经济的深度和广度，更好地服务产业企业，助力期货市

场高质量发展，2021年大商所持续推进期权新工具上市、储备研发和制度及业务创新工作，并取得明显成效。

一是2021年6月18日，棕榈油期权上市交易，并同步引入境外交易者，进一步丰富了期权品种，助力大商所在油脂油料板块继续深耕细作，构建起完善的风险管理工具体系。棕榈油期权成为我国境内首个对外开放的期权品种，为棕榈油在国际贸易中的价格形成和风险管理贡献了大商所力量。

二是进一步提升我国大豆定价影响力，积极推动豆粕期权、豆油期权、黄大豆1号期权和黄大豆2号期权的对外开放，更好促进我国油脂油料产业高质量发展。2021年大商所已完成豆粕、豆油、黄大豆1号和黄大豆2号共四个期权品种引入境外交易者的方案设计与申请材料。

三是稳步开展乙二醇、苯乙烯和鸡蛋等期权储备品种研发。根据期权品种规划方案，2021年大商所完成乙二醇、苯乙烯和鸡蛋等品种的期权合约设计及其上市申请材料撰写，并开展市场意见征求工作，根据市场反馈调整优化期权合约方案。

四是持续完善期权制度规则。为规范境外交易者参与期权交易的行为，明确相关规则，2021年大商所对《大连商品交易所期权交易管理办法》进行修改，理顺境外交易者、境外特殊参与者、境外中介机构、会员和交易所在期权交易中的权责关系。期权引入境外交易者保持原有合约、基础制度、核心技术系统、核心清算和风控体系不变，参照现有特定品种以人民币计价，境外交易者可以通过境内会员、境外特殊经纪参与者和境外中介机构转委托三种方式参与，境外资金使用依照特定品种管理。

五是实现期权持仓限额与标的期货持仓限额分离，进一步提升期权市场运行质量。从严格风控的思路出发，大商所一直将期权持仓限额限制在同阶段标的期货持仓限额以下。2021年4月13日，大商所施行期权持仓限额与标的期货持仓限额分离的新业务规则，即期权持仓限额不再受标的期货持仓限额的限制，甚至可以超过标的期货持仓限额。期权持仓限额与标的期货持仓限额的分离，不仅能够促进期权市场功能更好发挥，还有利于交易所在同品种不同工具上采用灵活的风控措施。

（三）促进合约连续活跃

1. 促进合约连续活跃的措施

2021年，为促进期货合约连续活跃，完善期货市场基础功能，促进市场高质量发展，大商所经反复论证、不断实践，探索出一条以做市商制度为核心的工作路径，围绕"雕琢曲线、塑造形态"的工作目标，形成"一品一策、动态评估、灵活调整"的工作机制，微观雕琢活跃效果，取得突出成就。

一是"一品一策"制订做市方案、动态评估做市效果、灵活调整做市参数。每月对18个品种的市场运行情况进行全面分析，为次月方案制定提供依据，根据品种情况差异化确定各品种做市重心和方案目标，按照活跃目标为每一个合约量身定制做市参数。动态评估做市效果和活跃情况，明确方案优化方向，建立起每日、周、月、年度的动态化、系统化、全方位评估体系，及时跟踪掌握方案效果，确保做市方案符合活跃工作需要。根据评估结果，灵活调整做市参数，进行做市商微观管理。

二是从远月培养，树立市场信心，远近结合满足市场需求。对于市场规模大、主力合约移仓换月早的品种，逐步调整做市策略，将做市重心后移，在远月1/5/9合约尚未形成绝对优势前，提前重点培育非1/5/9合约，形成远月连续活跃形态，树立市场信心，循序渐进，进而逐步实现品种连续活跃。同时，由于主力及次主力合约通常为较近的两个1/5/9合约，对于近月及中间月份的非1/5/9合约，也能通过做市满足市场交易需求，提高价格代表性。

2. 促进合约连续活跃的效果

当前，在大商所21个期货品种中，除纤维板、胶合板、生猪外其他18个品种全部引入做市商，品种覆盖率86%，率先实现主要品种做市业务全覆盖。其中，豆一、豆二、玉米淀粉、粳米、液化石油气、苯乙烯、鸡蛋、玉米、豆粕9个品种实现连续活跃；铁矿石、豆油、棕榈油、聚丙烯、聚乙烯、聚氯乙烯、乙二醇7个品种连续性明显改善，实现月月活跃；豆粕、玉米等14个品种实现了所有合约月份均有交割，具体如下：

一是做市合约市场规模继续增长，持仓水平同比大幅提升。引入做市商前，除鸡蛋、豆二外，其他品种的非1/5/9合约基本处于"无成交、零持仓"状态，引入做市商后，做市合约成交量、持仓量迅速增长，同比大幅提升。其中，苯乙烯、液化石油气等主力合约逐月轮换的品种做市合约成交、持仓占比一般高达90%。

二是做市合约最优买卖价差一般在1—2个最小变动价位，订单明显增厚。引入做市商前，非1/5/9合约偶有零星挂单，买卖价差高达十几元甚至上百元。引入做市商后，做市合约买卖价差迅速缩窄至合理水平，订单明显增厚。铁矿石、豆粕、玉米等重点品种，虽然做市合约尚未成为主力合约，但流动性质量已基本达到主力水平。

三是做市合约参与交易客户数大幅增长，做市合约市场参与度切实提升。引入做市商前，除鸡蛋外，其他品种非1/5/9合约仅有零星客户参与交易。引入做市商后，做市合约市场规模、运行质量的持续改善，吸引越来越多的客户参与交易。同时，做市合约的客户参与度持续提升，做市合约上的客户成交、持仓占比（扣除做市商）均有所提高，做市合约客户结构不断完善，法人客户积极参与做市合约交易。

（四）修改合约规则

一是修改豆粕和豆油升贴水相关规则。2021年1月14日，大商所发布《关于调整豆粕和豆油地区升贴水的通知》，将天津地区豆粕交割库升贴水由-50元/吨调整为0元/吨，将日照、连云港地区豆粕交割库升贴水由-30元/吨调整为0元/吨。

将广东豆油动态升贴水区间由［-250，-150］元/吨调整至［-200，0］元/吨，以顺应现货市场变化，更好地服务产业。

二是完善玉米淀粉仓库交割相关规则。2021年12月3日，大商所发布关于修改《大连商品交易所玉米淀粉期货业务细则》和《大连商品交易所标准仓单管理办法》的公告，调整锦州港地区升贴水，完成交割质量标准调整方案研究报告。

三是全面优化铁矿石合约。2021年5月，大商所发布《关于修改铁矿石期货合约及相关规则的公告》，将标准品铁品位由62%下调至61%；增设铁硅铝磷硫等指标的质量范围要求；贴近现货市场设置铁硅铝磷硫等指标的质量升贴水，同时简化品牌升贴水；创新性地引入铁指标动态升扣机制，每半年动态调整铁指标升扣，对铁品位指标的升扣按过去一段时间的矿价分档设置，根据不同矿价区间确定适用的升价和扣价。同时，将仓单注销期由原来的3月底调整至3月底和9月底。

四是修改焦煤交割、升贴水相关规则。2021年8月24日，大商所发布《关于调整焦煤地点升贴水的通知》，将焦煤期货山西省指定交割仓库升贴水由-300元/吨调整为-200元/吨，在JM2206及以后合约实施，交割区域扩大到山西，分担港口交割压力。

五是修改焦炭相关规则。2021年1月6日，大商所发布通知，对《大连商品交易所焦炭期货合约》和《大连商品交易所焦炭期货业务细则》进行了修改，使焦炭期货盘面标的更加贴近主流现货，扩大可供交割量，提高了期货价格的代表性。

（五）优化交割业务模式

一是玉米淀粉采用检验与免检入库并行的交割方式。免检淀粉通过集装箱整箱入库。有利于降低仓库交割成本，更好的服务中小客户，实现期现融通。

二是科技赋能，创新开展交割业务。鸡蛋、生猪交割App正式上线，线上线下结合开展便捷提货、协议交收等交割延伸服务，以技术驱动提升交割便利性。

三是进一步优化铁矿石交割制度。继2020年下调出库费后，2021年1月将仓储费标准由0.5元/吨下调至0.3元/吨，进一步服务实体经济。2021年5月发布《关于修改铁矿石期货合约及相关规则的公告》，增加滚动交割的交割方式，便利卖方选择交割、提高卖方资金使用效率。

（六）加强交割仓库管理

一是扩大豆粕交割区域，将广西纳入交割区域，形成华北、华东和华南主产区全覆盖，更好地满足产业客户需求，进一步保障交割安全。增加1家豆粕交割厂库、取消1家豆粕交割厂库，更好地满足客户交割需求。

二是增加豆油交割区域。增加豆油广西交割区域，更好地满足产业客户需求，进一步保障交割安全，增加3家豆油交割厂库。

三是形成覆盖全国的玉米淀粉集团交割网络。集团交割仓库布局新增2省，已覆盖东北、华北、华东、西北等地7省主要产销区，完善贸易商厂库制度。

四是完成交割仓库现场检查、考察，开展模拟交割，增设指定交割仓库和指定车板交割场所，主动扩充交割库容。其中，生猪36家（18家厂库，18家车板），标准仓单最大量增加2.688万吨，最低发货速度增加1792吨/日，车板每日最大可交割数量增加1792吨/日；黄大豆1号2家（2家仓库），可供交割库容增加10万吨；玉米淀粉1家（1家厂库），标准仓单最大量增加2.1万吨，日发货速度增加1400吨/天；鸡蛋5家（2家厂库，3家车板），标准仓单最大量增加1125吨，最低发货速度增加225吨/日，车板每日最大可交割数量增加150吨/日。铁矿石新设指定交割仓库5家；焦煤指定交割仓库3家，取消2家；焦炭指定交割仓库3家，取消2家。聚乙烯、聚氯乙烯、液化石油气各增设交割仓库6家，聚丙烯、乙二醇、苯乙烯分别增设交割仓库7家、3家、9家。

五是将期货储罐液位监管的试行范围，从苯乙烯品种扩大到乙二醇品种，确保期货货物交割安全，降低客户交割成本。

六是与交割仓库、保险公司针对苯乙烯进行风险联合演练，加强对交割仓库风险的应急处置，提高交易所、交割仓库、保险公司等各方面临突发风险的协同能力（见表3-2-2）。

表3-2-2　　2021年大连商品交易所交割仓（厂）库库容变化表

项目	2020年	2021年	同比变化（%）
工业品交割仓（厂）库总库容	2704.3万吨	3503.6万吨	29.56
工业品交割品牌总量	61个	68个	11.48
工业品保税交割仓库总库容	78万吨	78万吨	0
农业品交割仓（厂）库总库容	512.4万吨	578.78万吨	12.95

数据来源：大连商品交易所。

四、广州期货交易所服务实体经济

（一）贯彻品种规划部署，划定首批上市范围

广期所两年品种规划于2021年5月底获中国证监会批准，涉及4大类16个品种：一是服务绿色发展相关品种，如碳排放权、电力、工业硅期货等；二是大宗商品综合指数类，如商品综合指数期货；三是具有粤港澳大湾区、"一带一路"沿线国家特色的大宗商品板块，如咖啡期货；四是国际市场互挂类，通过与境外交易所产品互挂，推动资本市场更高水平对外开放。

2021年以来，广期所认真贯彻落实中国证监会对广期所定位和品种规划的安排部署，确定碳排放权和电力为战略品种，工业硅和商品综合指数为首批上市备选品种，集中力量全力推进。

（二）稳步推进战略品种研发工作

碳排放权期货研发工作紧扣开放式研究和舆论环境创造两条主线。2021年，广期所与港交所、德交所签署谅解备忘录明确在碳排放权方面紧密合作，与湖北碳排放权交易中心、北京绿色金融与可持续发展研究院等机构建立碳定价等相关专题研究的合作关系；广期所参加新浪财经碳中和高峰论坛、第四届大湾区生态环境高端论坛、发改委"碳排放流动性提升"等活动以及接受人民日报在内的多家媒体专访，在碳市场积极发出"广期所声音"，创造良好舆论环境。

电力期货启动研发工作，广泛走访相关现货企业。截至2021年底，广期所与中电联、中电技协等行业协会开展合作，调研华能、大唐、国家电网、南方电网等10余家电力市场龙头企业，密切跟踪国内电力现货试点结算试运行情况，稳步推进立项材料准备。

（三）积极推进工业硅期货研发上市工作

2021年，广期所持续深入开展工业硅期货的合作调研，与中国有色金属工业协会建立全面战略合作关系，先后四次赴新疆、四川、云南、浙江等地调研代表性企业30余家，完成工业硅期货合约设计草案初稿和相关业务规则草稿，并广泛征求行业意见。

（四）积极推进商品综合指数期货研发上市工作

商品综合指数期货已明确标的指数并形成合约规则草案。一是2021年7月广期所联合中证商品指数公司成立工作小组，先后开展品种筛选、权重设置、展期规则、海外商品指数期货定位等专题研究8项，与金融机构开展调研座谈25次，累计测算对比备选方案15项，形成具备标尺性、投资性和抗操纵性的指数编制方案。二是广期所持续与金融机构等保持密切沟通，同步完成、优化合约规则的设计方案，并完成上市立项材料初稿。

（五）稳步推进储备梯队品种研发

2021年11月，广期所启动锂盐期货的可行性研究，深度研究梳理行业相关材料，与行业协会合作开展现货市场研究课题，与产业上下游企业建立联系并开展调研；自2021年12月起，广期所积极梳理咖啡期货前期研究成果，跟踪稀土、铂、钯等品种行业动态，做好品种开发排序规划，为后期储备品种上市提供决策依据。

>>> 第三节　金融期货服务宏观经济情况

一、股指期货服务宏观经济

我国股指期货自上市以来，市场运行平稳，功能逐步发挥，各类市场主体参与有序，为机构投资者管理股票风险和产品创新提供了必要的工具。2021年，作为金融期货服务实体经济过程中的纽带，公募基金、企业年金等机构投资者进一步创新运用股指期货，在新股发行、上市公司再融资方面优化投资策略，实现产品创新发展，在为实体企业融资和居民理财方面发挥了积极的作用，将市场发展红利直接分享给实体企业和普通投资者。助力金融机构将资金流向实体企业，服务居民理财保值增值、提高居民财产性收入。

（一）股指期货市场规模有所增长，服务机构投资者管理风险能力进一步提升

2021年，股指期货市场运行日趋成熟，期现货联动紧密，持仓规模有所上升，机构投资者成交、持仓占比进一步提升，市场风险管理功能进一步有效发挥。一是持仓规模提升。2021年股指期货全年总成交量达到6 673.93万手，日均成交量27.46万手，日均持仓量54.90万手，持仓量多次创历史新高，一定程度满足了各类投资者的风险管理需求。二是机构投资者成交量、持仓量占比明显提升。与2020年相比，机构投资者成交量、持仓量占比分别上升14个、10个百分点至52%、70%。作为金融期货发展的"压舱石"，各类机构和中长期资金的入市是促进资本市场持续健康发展的关键一环，投资者结构的改善有利于减少频繁交易，使得长期资金能够持续稳定进入市场，为股市稳定运行、增强市场韧性做出贡献。

（二）各类中长期资金进一步运用股指期货，间接服务企业融资和经济社会发展

机构投资者不断丰富使用股指期货服务实体经济发展的场景。公募基金的定增基金产品使用股指期货对冲风险，降低定增股票组合的价格波动，获得了定增股票价格折扣较为稳定的收益，为上市公司再融资提供了资金来源；年金基金使用股指期货参与新股发行可规避股票底仓的市场风险，为资金进场参与新股认购起到了一定积极的作用，也为年金持有人稳妥获取认购新股的阿尔法收益[①]，增加了收益来源；公募及私募指数增强产品使用股指期货多头替代可对基金进行流动性管理降低运作风险、贴水时获取基差收益、应对申购赎回时快速调整仓位，有助于基金资产的长期增值，股指期货市场一定程度服务了各类中长期资金管理风险。

二、国债期货服务宏观经济

2021年，国债期货市场运行平稳有序，规模稳步提升，成交量、持仓量均创新高；市场功能有效发挥，在利率债的承销、交易、做市、资产管理等各个环节发挥了积极作用。首批保险机构参与国债期货交易全面落地，国债期货投资者结构进一步完善，为各类中长期资金运用国债期货管理风险提供有益借鉴，引领中长期资金更好参与资本市场，促进债券期现货市场服务实体经济功能进一步发挥。

---

① 经济学术语，是指个股的收益与大盘指数收益的差值。

(一) 国债期货市场规模稳步提升，市场功能有效发挥

2021年，国债期货成交量、持仓量均有所增长，期现货联动紧密，市场功能有效发挥。2021年，国债期货日均成交量10.31万手，较2020年增长4.23%，日均持仓量24.60万手，较2020年增长49.41%。2021年，我国经济持续稳定恢复，但疫情变化和外部环境依然严峻复杂，市场机构对于利率风险管理的需求增大，国债期货成交、持仓均创新高，总成交量于2021年11月19日达到最高值23.39万手，总持仓量于2021年12月30日达到最高值32.46万手。2021年，国债期货市场运行平稳有序，与国债现货价格紧密联动，2年期、5年期和10年期国债期货主力合约与现货价格的相关系数分别达到98%、99%、99%以上，有效发挥价格发现和对冲利率风险的功能，在利率债的承销、交易、做市、资产管理等各个环节发挥积极作用。

(二) 国债期货投资者结构进一步完善，促进期现货市场协同发展

2021年，机构投资者在国债期货市场的参与度稳步提升，日均持仓占比为88.40%，较2020年提高2.77个百分点；日均成交占比为65.55%，较2020年提高9.58个百分点。其中，保险资金是重要的中长期资金，在资本市场中具有"稳定器"和"压舱石"的作用。保险机构参与国债期货市场，对于提升金融机构风险管理能力、健全国债收益率曲线、促进国债期现货市场协同发展具有重要意义。2021年，中金所在"高标准、稳起步、控风险"的原则指导下，遵循"成熟一家，发展一家"的理念，扎实推进保险机构入市工作，确保机构平稳参与，实现首批7家保险机构参与国债期货交易业务全面落地。入市以来，保险机构整体参与有序，交易审慎稳健，国债期货投资者结构进一步完善。

三、股指期权服务宏观经济

2021年，沪深300股指期权累计成交量3 023万手、权利金成交额2 485亿元。沪深300股指期权仍处于上市初期，市场规模与投资者参与程度正在循序渐进增长，从上市近两年的市场运行情况看，其市场功能已经逐步显现，对于促进股市平稳运行、金融市场稳定发展发挥了积极作用。

(一) 标的指数运行稳定，标的ETF运行质量持续改善

沪深300股票股指期权推出以后，标的指数相应波动率未出现明显上升。同时，标的ETF运行质量持续改善，全市场沪深300ETF数量增加了9只，规模由1 116.86亿元增长至1 369.97亿元，增幅为22.66%。

(二) 期权"保险"功能有效发挥，有效缓解股票市场下跌时的"抛压"

股指期权产品上市以来，作为下跌"保险"的看跌期权，持仓量占比超四成，

对应股指期权市场日均受保股票市值近 200 亿元，已逐步成为投资者管理股票市场风险的重要工具。特别是在股市大幅波动的交易日，股指期权对股票市场"保险"的功能更加凸显：2021年春节后，沪深 300 指数由 2 月 18 日 5 930.91 点持续下跌至 3 月 9 日 4 971 点，累计下跌 16.2%，期间看跌期权持仓增加 4 000 张（日均），相当于股市下跌期间期权市场在原有基础上多承接了近 22 亿元的现货卖压；2021年 7 月 23 日至 28 日，沪深 300 指数持续下跌，期间累计跌幅度达 7.6%，看跌期权持仓增加 5 000 万张（日均），每日承接抛压净增近 25 亿元。

（三）进一步丰富市场交易策略，促进市场生态持续改善

股指期权产品上市以来，投资者利用股指期权，与股票现货共同构建多元化投资策略。从持仓目的来看，除去做市商持仓以外，各类型投资者股指期权持仓目的较为丰富，买入看涨期权、卖出波动率、价差策略、买入看跌持仓较高，分别约占全市场持仓的 30%、30%、8% 和 8%。股指期权与股票现货构成的组合保险、风险对冲、增强收益、策略组合等多样性投资交易策略，能够缓释单一交易策略共振风险，促进市场生态持续改善。

（四）以服务机构投资者为主，促进机构稳定持股

产品上市以来，股指期权主要以服务机构投资者为主，机构投资者成交占比为 62%，持仓占比为 57%。机构投资者通过使用股指期权，能够有效控制投资组合净值回撤和下跌，提升策略稳定性，增强稳定持股的能力。

第四节　场外市场服务实体经济情况

一、上海期货交易所场外市场服务实体经济

上期标准仓单交易平台（以下简称"平台"）提供大宗商品开户、交易、结算、交收、风险管理一站式服务，是更好为实体经济服务的重要举措。截至 2021 年末，平台已推出仓单交易、仓单质押、报价专区（欧冶云商报价专区、浙油中心报价专区、保税仓单转让报价专区与期转现报价专区）、期现联动交易等多项功能。

（一）上期标准仓单交易平台运行情况

1. 平台成交活跃，报价资源丰富

平台 2021 年达成成交 15 571 笔，共计 414 427 张仓单，成交重量 160.82 万吨，成交金额 1 149.24 亿元（以单边统计）。自 2018 年成立以来，累计达成成交 71 539

笔，共计 1 360 713 张仓单，成交总量 1 367.74 万吨，成交额 4 932.06 亿元（以单边统计）。

欧冶云商报价专区 2021 年报价 27 129 笔，较 2020 年增幅 26%，累计报价 48 988 笔。浙油中心报价专区 2021 年报价 5 679 笔，较 2020 年增幅 34%，累计报价 10 437 笔。

2. 签约交易商数量持续增长，结构合理

平台 2021 年新增签约交易商 88 家，较 2020 年新增签约数量同比增加 20 家，增幅 29%，其中新增产业链生产企业 16 家，贸易商 69 家，风险子公司 2 家和金融机构 1 家。至此，平台累计签约交易商 559 家。其中，产业链生产企业 122 家，占比为 21.82%；贸易商 354 家，占比为 63.33%；风险子公司 70 家，占比为 12.34%；金融机构 14 家，占比为 2.50%。

3. 结算稳定有序，质押规模稳步扩大

平台资金、仓单数量充足。2021 年入金 1 142.40 亿元，同比增长 103.99%；出金 1 144.78 亿元，同比增幅 106.17%。2021 年日均可用资金 8.49 亿元，日均可用仓单数量 1 866 张。

截至 2021 年底，平台累计完成质押贷款业务 199 笔，共计仓单 6 637 张，仓单重量 4.95 万吨，贷款金额超 16.45 亿元，质押规模稳步扩大。

（二）完善仓单交易品种

仓单交易品种稳步扩容。2021 年新增石油沥青和纸浆品种标准仓单交易。平台现有可交易品种包括 14 个标准品种和 1 个橡胶延伸品种，已覆盖上期所有色金属、贵金属、黑色金属、能源化工等所有产品序列，除黄金受政策影响外，所有完税品种已实现仓单交易电子化，实现期货、现货结合发展。品种多样化、交易便捷化等优点促使平台成为现货领域的交易商参与期现结合业务的重要渠道。

（三）丰富平台功能和业务

2021 年 6 月，上线欧冶云商交易互通业务，实现了上期所仓单市场和欧冶现货市场的交易互通；2021 年 12 月，上线浙油中心交易互通业务，实现了上期所和浙油中心非标仓单的双向交易互通，推动长三角一体化油气交易市场高质量发展。此外，平台还上线期转现报价专区和期转现联动交易客户端，推进期现市场深度结合。

（四）积极探索保税业务

2021 年 7 月发布的《中共中央 国务院关于支持浦东新区高水平改革开放打造社会主义现代化建设引领区的意见》，明确支持上期所建设全国性大宗商品仓单注册登记中心，开展保税仓单业务。平台现已迈出第一步，上线保税仓单转让报价专区，提供保税仓单转让的信息发布平台，提高仓单转让的效率。

(五) 广泛开展合作,打造大宗商品交易生态圈

平台不断深化与广西壮族自治区人民政府、山东自贸区青岛片区、赣州市政府、上海自贸区等的战略合作。2021年5月与赣州市政府签订战略合作协议共同推动稀土报价专区建设;6月与山东国际大宗共同确定期现联动建设方案;9月与广西壮族自治区人民政府签订战略合作协议深化期现联动。并加强与上海自贸区和临港新片区等的合作,推动大宗商品市场高质量发展。

(六) 场外期权服务实体经济以及乡村振兴

2021年,上期所继续开展天然橡胶场外期权产业扶持试点,通过对橡胶企业的原材料价格进行保障,发挥龙头企业产业扶贫的带动和辐射作用。2021年共开展14个天然橡胶场外期权产业扶持试点项目,共覆盖橡胶现货产量约3.26万吨,期权执行后产生收益约2 406万元,平均收益率达96.3%。

二、郑州商品交易所场外市场服务实体经济

(一) 推出场外期权备案业务

郑商所于2021年1月29日推出场外期权备案业务,2021年已备案涉及的名义本金规模约66亿元。该业务记录场外期权交易的各项合同条款,可按照指令收取、释放保证金和划转结算盈亏,已具有和期货市场监控中心进行监管合作,以及作为非集中清算缴纳保证金法定管理机构的技术基础。

(二) 扩充综合业务平台仓单交易品种

2021年,郑商所综合业务平台仓单交易业务新增动力煤、纯碱、玻璃、菜籽粕、甲醇、棉纱、短纤7个品种。至此,平台标准仓单交易品种已覆盖郑商所全部活跃的期货品种,参与主体不断增加,服务实体的作用日渐显现。仓单交易为产业企业盘活相关商品期货仓单、灵活开展生产经营活动提供了期限多样、成本低、回款快的便利操作渠道与投资组合,有利于产业企业稳健经营。2021仓单交易业务聚焦中小企业纾难解困,共有35家中小企业通过买断式回购获得融资33亿元,服务企业数量和融资金额分别较2020年增长6.1%和8.9%。

(三) 优化基差贸易业务模式,推出联动点价功能

2021年,郑商所综合业务平台在基差贸易业务基础上推出了联动点价功能,针对性地缓解基差贸易中业务人员处理大量现货资源筛选、商务对接、合同履约、头寸管理等繁杂的工作,通过联动点价功能的自动化流程,更好地实现基差贸易的去中间化,进一步提升了基差贸易交易、点价环节的效率。买卖双方谈好生意后,直

接在平台录入基差合同参数，平台生成电子合同，提供电子签章服务，省去收发纸质合同的麻烦。需要点价时，买方业务人员在平台客户端输入点价吨数、价格，平台立即触发卖方已登录的期货账户下相应数量、价格的平仓单。系统自动获取平仓结果后，判定现货成交的规模、价格，买卖双方按此判定办理交收即可。联动点价功能将业务人员从传递点价指令、下平仓单这种需要随时待命的机械工作中解放出来，可以更有效率地拓展市场。2021年，基差贸易业务累计交收货物7 160吨，成交金额7 810.47万元，同比增长5 114%。

（四）探索风险管理新方式，首推商品互换合约

2021年9月，郑商所上线了华东甲醇互换业务，并创新引入人工撮合的交易机制。甲醇互换业务是国内商品期货交易所中第一个以现货价格为标的的衍生品工具，也是郑商所第一个现金结算的衍生品，是郑商所向多元化衍生品交易所跨越进行的重要探索。郑商所推出的首个商品互换合约是以甲醇江苏现货价格为标的，交收结算价格的确定基于金联创网络科技有限公司公布的甲醇现货估价江苏出罐价格。根据化工市场场外交易惯例，郑商所引入了撮合商制度，撮合商与客户签订中介合同，接受客户委托，帮其达成交易。郑商所首批共确定了3家公司为场外平台甲醇商品互换业务撮合商。

（五）与中华棉花集团开展"平台+龙头"合作

为落实国家保供稳价、支持大型企业搭建重点行业产业链供需对接平台的要求，郑商所与中华棉花集团开展"平台+龙头"合作，于2021年9月9日在平台推出中华棉仓单购销专区，中华棉负责在平台挂牌销售棉花期货仓单，中华棉服务的遍布22个省份1 476家中下游棉纺织客户和郑商所场外平台上的产业客户均可在专区上购买。通过"基差报价、期货点价"的交易模式，利用市场化手段做好棉花长期保供稳价工作。实现期货现货融合、场内场外互通、上游下游联动，形成"市场牵龙头、龙头带产业、产业连农户"的市场服务格局。专区推出以来共成交棉花仓单2 402.49吨，成交额为4 492.5万元。

（六）与广西泛糖科技开展"平台+平台"合作

2021年12月27日，郑商所上线白糖基差贸易泛糖专区，助力涉糖企业充分利用期货市场及现货大宗交易市场进行价格风险管理，截至年底成交920吨，成交额为515万元。泛糖专区模式中，郑商所负责组织基差贸易报价、点价等交易环节，交收由泛糖科技承担。现货交收环节在泛糖科技平台办理，交易客户分别和泛糖科技签订交收合同，货款以及现货的解付都由泛糖科技与交易客户进行。在现货交收环节，为满足客户提货需求，按照现货市场实际情况，规定了买方客户成交后，可在泛糖科技的货物池中选择符合自身需求的现货交收，实现灵活串换。

三、大连商品交易所场外市场服务实体经济

2020年12月起，大商所正式启动"一圈两中心"战略，进一步拓展服务实体经济广度和深度，通过打通期现货结合的堵点，促进场内场外循环畅通，为实体企业稳定供应链提供有益补充。

（一）综合平台业务建设

1. 聚企业、聚银行、聚平台，生态圈核心格局形成

聚实体企业。制定并发布了《关于持续招募场外会员的公告》及各品种板块场外会员管理细则，增加会员与客户交易层次。形成192家场外会员（农产品122家、能源化工43家、钢铁原燃料27家）为核心、518家产业链相关企业为支撑的农产品、能源化工、钢铁原燃料三大板块，场外会员基本覆盖了产业链龙头企业，促进现货市场信用体系建设效果显现。通过吸收高信用主体参与交易，发挥平台服务和监督功能，鼓励对手方遵约守规，化解对手方信用风险，提升市场整体信用水平。

聚金融机构。与交通银行合作非标仓单区块链融资试点落地，与中国建设银行合作，正式推出基于场外交易数据为产业链下游中小企业提供增信的线上融资模式，与中国工商银行合作标仓场外平台质押业务系统上线，上海浦东发展银行回购式融资业务准备就绪。场外四项融资模式全部落地，为实体企业融资开辟了创新路径，为商业银行放款提供了可信支撑，为解决大宗商品行业融资难、融资贵问题创造条件。持续探索推进与保险公司等金融机构的合作。

聚现货平台。"大商所业务研发＋北铁中心市场推广"的铁矿石非标仓单业务创新合作模式落地实施。上线新版场外平台门户网站、场外平台App，在DCE财讯通上线现货行情，新增现货信息合作机构，形成六个品种板块代表性品种多维度价格信息展示方案。与多家现货平台以及仓储、物流、技术等产业链机构广泛探索合作模式，为实体企业提供全方位服务，形成期现联动、互联互通新局面。

2. 规模增、工具全、业务精，场外市场服务实体企业能力显著提升

交易规模增长近4倍，大商所场外交易氛围形成。2021年，场外成交总规模达612.9亿元，同比增长近4倍，合成树脂、玉米、豆粕、铁矿石等品种连续活跃。参与交易的企业数量达395家，涵盖了产业链上中下游龙头企业。上线生猪提货单业务，为生猪期货交割保驾护航。在覆盖品种方面，基差交易、商品互换业务基本覆盖大商所13个上市品种，标准仓单上线12个品种、非标仓单上线10个品种业务。

上线业务持续优化，功能效应逐步显现。一是增加会员与客户间交易层次，形成场外"会员间交易"与"会员与客户间交易"双层架构，服务中小企业发展触角延展，为发挥会员带动作用、促进中小企业利用期货市场管理原材料价格风险提供助力。二是标准仓单交易品种、交易模式与交易功能大幅增加。新增买方挂牌、协

商挂牌、部分摘牌等模式，创新推出基差报价方式，实现买方摘牌后按照"盘中实时期货价格＋基差"成交，上线期货行情实时联动、日内买方自由点价新模式。三是交易价格与近月期货价格基本收敛，形成了部分区域间价差，为市场和所内升贴水制定提供参考。四是试点非标仓单要素表，细分品种标准化服务迈出实质性一步。试点铁矿石块矿品种要素表，在充分评估试点效果的基础上，择机向其他细分品种推广要素表功能，为优化期货合约规则、发展细分品种奠定基础。五是基差交易规模同比增长535%。奔牛港聚丙烯、北方港口玉米等形成了连续的基差报价，相关品种的地点价差和品质价差为优化期货升贴水提供了数据参考。六是商品互换服务实体作用充分发挥。非期货客户占比超过33%，交易价格与期货行情价格相关性在0.95以上，达到了与场内套期保值一致的效果，体现了应用期货市场价格进行个性化风险管理的核心功能。同时，交易商给予客户授信额度用于冲抵保证金占比超60%，实现企业低成本、个性化套期保值管理。

成功上线场外期权业务，与已上线的商品互换、基差交易、标准仓单以及非标仓单业务构成类别基本完整的场外产品工具箱。场外期权5月份上市以来为大商所"农民收入保障计划""企业风险管理计划"提供登记结算本金近170亿元。场外期权业务基本覆盖大商所21个上市品种。

（二）利用企业风险管理计划场外项目服务实体经济

大商所于2019年推出"企业风险管理计划"，其中场外项目包括场外期权和基差贸易。场外期权试点项目于2015年在国内率先推出，并在此基础上孕育出了"保险＋期货"模式。基差贸易试点项目于2017年推出，为服务场外市场发展和产业企业个性化的风险管理需求提供支持，助力实体经济高质量健康发展。2021年开展154个项目中，场外项目数量合计98个，占比为63.6%，是"企业风险管理计划"的主力军。其中，场外期权项目57个，基差贸易项目41个，合计服务现货贸易量148万吨，预计支持费用3 286万元。2021年，场外期权项目服务企业53家，35家为首次参与，品种涉及玉米、玉米淀粉、黄大豆1号、豆粕、鸡蛋、生猪、苯乙烯、聚乙烯、聚丙烯、聚氯乙烯、焦煤、焦炭，服务现货贸易量20万吨。基差贸易项目服务企业70家，30家为首次参与，品种涉及玉米、EB、EG、LPG、PE、PP、PVC、焦煤、铁矿石，服务现货贸易量128万吨。

四、中国期货市场监控中心交易报告库建设情况

（一）2021年交易报告库（TR）工作概况

2021年，中国期货市场监控中心（以下简称"中国期货监控"）对标《金融市场基础设施原则》（PFMI）要求，进一步完善风险管理框架，完成中国期货监控交易报告库第二次效率与效力评审。深入研究金融稳定理事会（FSB）最新版同行评估手册（Handbook for FSB Peer Review），扎实做好迎接 FSB 同行评估的相关工作。

（二）全方位健全服务体系

中国期货监控全方位健全服务体系，交易报告库服务监管和服务市场的效果更加明显。一是信息披露频率从月度提升至周度，披露内容细化至分资产类型、分工具类型的统计数据，更好服务公众。二是完成期货公司风险管理公司交易对手方场外衍生品交易信息首单查询服务，更好服务市场参与者。三是在保护市场参与者商业秘密的基础上，更好服务交易所场外平台品种研发。四是多维度拓展交易报告库数据资源，服务监管的能力更加巩固。

（三）推动国际编码标准中国化工作

深入研究国际高标准市场规则体系，积极推进编码标准中国化相关工作。一是牵头起草唯一交易标识（Unique Transaction Identifier，UTI）行业标准。二是参与起草唯一产品标识（Unique Product Identifier，UPI）、关键数据要素（Critical Data Elements，CDE）行业标准，推动相关行业标准更好兼容银行间衍生品市场和证券期货场外衍生品市场各自的特征。

（四）加强交易报告库系统建设

加强系统建设，提升金融科技。全面梳理场外衍生品市场监测平台在数据收集、数据校验、数据处理、指标统计和展示、估值和风险监测、VaR 监测分析框架等方面的功能需求，启动场外衍生品市场监测平台优化项目。

五、期货风险管理公司场外衍生品业务服务实体经济情况

场外衍生品业务是期货风险管理公司主营业务之一[①]，是期货公司个性化、精准化服务实体经济风险管理需求的重要渠道和有利抓手。近年来，期货公司场外衍生品业务规模稳步增长，盈利水平显著提升。截至 2021 年底，共有 72 家期货风险管理公司备案了场外衍生品业务。2021 年，场外衍生品新增名义金额 16 322.37 亿元，同比增加 93%；年末持仓名义金额 3 170.25 亿元，同比增加 103%；全年累计业务利润占风险管理公司总利润的比例为 34%。

从标的类型看，风险管理公司场外衍生品业务标的仍以商品类衍生品为主，2021 年商品类持仓规模占比有所下降，但仍保持在 50% 以上；权益类场外衍生品持仓规模增长迅速，2021 年末持仓名义金额 1 399.03 亿元，占比为 44%。

---

① 根据《期货公司风险管理公司业务试点指引（2019 年修订）》，风险管理公司可以开展以下业务：基差贸易、仓单服务、合作套保、场外衍生品业务、做市业务，以及其他与风险管理服务相关的业务。

从客户结构看，产业客户场外衍生品持仓规模逐年增长。2021年风险管理公司通过场外衍生品业务累计服务产业客户2 734家次，中小微客户2 037家次，占比为75.11%；同时，券商和私募客户持仓规模增长较快，占比合计为34%左右；其他客户以同业为主，占比近三成。

第五节 期货市场服务乡村振兴战略情况

一、上海期货交易所服务乡村振兴战略

（一）2021年"保险+期货"情况

2021年，中央一号文件连续第六年提出"扩大'保险+期货'试点"。为贯彻落实中央一号文件精神，积极响应党中央、国务院及中国证监会号召，探索利用金融衍生品工具保障农民收入，切实服务"三农"，上期所在总结过去四年试点经验基础上，于2021年继续开展天然橡胶"保险+期货"试点，积极落实资本市场服务乡村振兴战略，巩固拓展脱贫攻坚成果同乡村振兴有效衔接。2021年，上期所62个天然橡胶"保险+期货"试点项目覆盖云南省、海南省17个原国家级贫困县，累计挂钩天然橡胶现货产量13万吨，受益胶农约13.3万户，其中脱贫户（原建档立卡户）约5.5万户，理赔总额约为9 041.08万元，平均赔付率为81.82%，为近三年最高。其中，海南地区项目赔付金额共计5 700.87万元，云南地区项目赔付金额共计3 340.21万元。

（二）工作亮点及成效

1. 探索"龙头企业+场外期权"新模式，实现"胶农增收入、胶企控成本、产业稳发展"

除"保险+期货"项目外，上期所2021年持续发力场外期权产业扶持试点项目，进一步优化和发挥期货市场及产业资源优势，切实做好脱贫攻坚成果和乡村振兴有效衔接工作。场外期权产业扶持试点项目合作胶企包括海南橡胶、云胶集团、广垦橡胶3家，共覆盖橡胶现货产量约3.26万吨，期权执行后产生收益约2 406万元。

场外期权项目的运行模式中，项目参与主体可以在节省保险运营费用的同时，通过发挥场外期权方案的灵活性来进一步提高对胶农收入的保障水平和产业扶持成效。海南橡胶、云胶集团和广垦橡胶将场外期权产生的正收益通过"二次结算"的方式补贴给割胶农户，保护其割胶、售胶的积极性，保障胶企原材料来源稳定，促

进当地橡胶产业发展。

2. 继续帮扶安徽太湖县，巩固拓展脱贫攻坚成果

一是安徽太湖县产业帮扶。2021年落实产业帮扶项目750万元，助力太湖县产业振兴，继续深入推进油茶等农业特色产业、特色加工产业以及乡村休闲观光产业的发展。

二是太湖中学教育帮扶。2021年投入教育帮扶项目"上期爱心奖学金"50万元、"新长城自强班"年度费用10万元。6月15日，组织太湖中学"新长城自强班"高三毕业生49人来沪参观学习和举办结业仪式。

二、郑州商品交易所服务乡村振兴战略

（一）2021年"保险+期货"情况

2021年郑商所围绕"增品、扩面、创新、优化"的工作主线，在白糖、苹果、红枣、花生、棉花品种上支持开展项目21个，覆盖陕西、甘肃、云南、广西、山东、河南、新疆7省（自治区），保费总计2.2亿元，承保白糖31.00万吨、苹果26.59万吨、红枣3.36万吨、花生4.25万吨、棉花1.92万吨，为8.34万余农户（约2.44万脱贫帮扶户）以及180个新型农业经营主体（合作社、家庭农场等）提供风险保障金额50.95亿元。紧跟脱贫攻坚与乡村振兴有效衔接的政策导向，郑商所提供保费支持约1.2亿元，同比增长33.33%，巩固2020年陕西延川、新疆麦盖提等6个县级全覆盖项目基础上，在河南桐柏县增加了花生项目，在新疆地区支持开展了棉花、甜菜项目，兼顾服务脱贫户与新型农业经营主体，以培植脱贫人口持续增收"土壤"，为乡村振兴培育新动能。

（二）工作亮点及成效

1. 探索创新基于"保险+期货"的苹果收入保险模式，发展立体化农业风险管理体系

2021年，国内首单苹果"保险+期货"收入险落地陕西黄陵县，以产量端和价格端的双重保险，为607户果农提供8747元/亩的保险金额，帮助果农有效规避因自然灾害减产和销售价格下跌造成的收入损失。该项目于2021年11月29日到期，赔付金额共计250万元，亩均赔付约354元。这是除玉米、大豆等大田作物外，首个以地方特色农产品收入的保险试点，探索了"因灾减产"后稳定果农收入的有效措施，不仅为特色林果作物收入保险项目积累经验，而且对推动传统农业保险供给改革、加快农业保险由"保成本""保价格"向"保收入"转型升级具有重要意义。

2. 创新试点成本控制机制，提升市场化运作水平

2021年试点方案进一步突出以农业风险保障需求为导向的运作理念，强化保险保障功能，鼓励项目申请方通过简化产品结构、设置一定虚值等手段，降低单位权

利金、扩大试点覆盖面积。在立项评审中，对试点方案进行择优选择，再联合运用商请询价与竞争报价方式确定既定方案下的保险费率，进一步促进"保险+期货"降本增效、提升市场化运作水平。例如，2021年苹果项目平均费率为4.26%，比2020年（5.47%）降低了22.12%。

3. 强化对新型农业经营主体的专项支持，培育乡村振兴与现代农业发展"主力军"

按照突出抓好家庭农场、农民合作社两类新型经营主体的中央政策要求，2021年郑商所设置新型农业经营主体专项，靶向发力、增强规模经营主体的市场风险意识，激活内生动力。苹果品种上，立项支持4个试点项目，为300户合作社果农、151个家庭农场的2万余吨红富士带来收入保障。与此同时，与山东、河南政府联合开展项目也明确优先扶持规模经营合作社、家庭农场，满足其管理市场风险、稳定生产经营的客观要求，为新型农业经营主体培育增添金融活力。

4. 积极引导财政资金参与，保费来源结构进一步优化

2021年郑商所"保险+期货"试点预算1.2亿元，通过规定交易所资金支持比例、鼓励承办单位与地方政府沟通对接等引导措施，撬动外部资金约7 500万元，其中整合以奖代补、涉农补贴项目资金及争取县市配套资金共计约6 000万元。保费来源结构得以进一步优化，初步形成交易所、政府、农户三方保费共担局面，为最终由政府组织实施试点营造了良好环境。2021年项目保费总计2.2亿元，郑商所支持54.5%（比2020年降低12.6%），财政补贴27.33%（比2020年增加14.4%），农户自缴11.3%（比2020年增加4.2%）。

5. 与政府联合发文部署试点建设，加强财政金融支农协同效应

郑商所在试点过程中，注重向地方政府推介"保险+期货"模式及成效，对接引入政府资金、强化项目组织保障，合力助推试点扩围。2021年河南财政再加码，不仅延续了三门峡苹果"保险+期货"试点，还依托2021年初上市的花生期货进一步开展花生"保险+期货"试点，并确定了两年的试点期限。在此示范带动下，山东省也主动投入财政资金，与郑商所联动结合、协作试点，为烟台苹果产业集群以及威海、日照的苹果产业优势区搭建风险防范屏障。地方政府主导试点建设，有助于建立财政资金常态化、机制化支持机制，丰富农户收益保障政策工具箱，提升乡村产业发展动能与风险应对能力。

6. 与政策性农险联动发展，在创新农业补贴方式、推动农业保险转型方面持续发力

2019年起甘肃将苹果"保险+期货"纳入中央财政对地方优势特色农产品保险奖补试点，财政投入从2019年4 000万元增加到2020年的6 000万元。2021年甘肃财政继续增加支持力度、扩大试点范围，提供保费补贴约7 500万元，承保现货规模18.7万亩，同比增长25%。在此示范带动下，2021年陕西省开始将苹果"保险+期货"试点项目列入省级政策性农业保险创新试点，总保费1 500万元，其中省

市县三级财政提供保费补贴60%。"保险+期货"与中央财政对地方优势特色农产品保险奖补试点、省级政策性农业保险创新试点联动发展，助力形成可复制、可推广的实践模式和制度经验，为交易所资金逐步退出、财政资金制度化支持提供了示范样本。

三、大连商品交易所服务乡村振兴战略

为贯彻中央一号文件精神，巩固和拓展脱贫攻坚成果，全面落实乡村振兴战略，落实国务院及中国证监会有关工作部署，引导期货市场更好地服务"三农"，助力相关农产品保价稳供，2021年大商所继续开展"农民收入保障计划"。

（一）2021年"保险+期货"情况

2021年，"农民收入保障计划"持续实践、不断探索、多措并举，将期货市场功能发挥和农业风险管理相融合，促进农民增收、稳定农业生产，特别是在生猪"保价稳供"、巩固"脱贫攻坚"成果和助力乡村振兴等方面发挥了积极作用。设立县域覆盖项目、分散项目、帮扶专项项目和西藏专项项目4个板块，共立项249个项目，实际落地239个项目，覆盖全国29个省区，项目个数同比增长81%，为历年最多。

一是县域覆盖项目稳步开展。全年项目覆盖黑、辽、蒙、鲁、豫、冀、皖等7省区，包含玉米、大豆2个品种，立项18个项目，覆盖产量和种植面积达253.75万吨（玉米230.93万吨，大豆22.82万吨）和585.58万亩（玉米430.13万亩，大豆155.45万亩），投保量为历年最大；项目自筹比例达69%，同比增加近20个百分点，自筹比例和财政补贴比例为历年最高。惠及农户42.10万户，总保费4.06亿元，其中政府补贴1.95亿元（48%）、服务主体自缴及其他渠道补贴7 876.70万元（21%）、需大商所支持1.26亿元（31%），最终赔付1.74亿元（赔付率43%）。为保证农民售粮收益，助力解决农民"售粮难"问题，积极对接引导多家企业，立项6个项目。

二是分散项目增点扩面。养殖类分散项目覆盖全国除北京、天津外29个省份，涵盖生猪、鸡蛋、玉米、豆粕等品种及多个生猪和蛋鸡养殖相关指数，形成了从饲料原料、畜牧养殖到畜禽销售的完整链条的价格风险管理工具体系。在继续试点鸡蛋价格、饲料成本和养殖利润"保险+期货"的基础上，重点支持生猪价格保险项目，全年共落地183个项目，保障现货量105.77万吨。其中，生猪项目109个、占比为60%，饲料及饲料指数项目50个、占比为27%，鸡蛋项目24个、占比为13%。项目涉及生猪366.93万头、鸡3 506.25万羽，惠及农户16 692户次，总保费2.49亿元，其中政府补贴4 783.72万元（19%）、服务主体自缴及其他渠道补贴8 154.98万元（33%）、需大商所支持1.19亿元（48%）。

三是巩固"脱贫攻坚"成果，单列帮扶专项项目。2021年立项并落地的31个项目，覆盖2020年专项扶贫项目中获得立项的25个养殖类项目所在县域，包含生

猪、鸡蛋、玉米、豆粕等品种，共保障现货量6.34万吨，生猪4.95万头、鸡180.07万羽，惠及农户16 580户次，总保费1 030.27万元，大商所支持718.75万元（70%）。在西藏落地的7个项目均为饲料成本"保险+期货"项目，共保障现货量4.82万吨，生猪10.55万头、牛4万头，惠及农户11 008户，总保费428.18万元，大商所支持299.72万元（70%）。

（二）工作成效及亮点

1. 精准引导保费自筹，"农民收入保障计划"资金撬动能量凸显

2021年"农民收入保障计划"整体预算扩大至2.953亿元，较2020年实际支持金额增加5 449万元。综合全年项目实际开展情况来看，239个完整运行的项目总保费6.7亿元，实现了62%的自筹比例，大商所资金杠杆作用突出。

以县域覆盖项目为例，18个项目保费自筹比例达69%，较2020年增加近20个百分点，其中政府补贴1.95亿元，占比达48%，成为保费补贴的最主要力量，自筹比例和财政补贴比例为历年最高。

2. 激发政府管理效能，分档额度调动会员热情

一是商请粮食主产省区省级政府联合推动县域项目工作，由项目所在的省级政府部门牵头，以正式函件的方式确定申报项目，8省区共申报54个项目；二是与市（县）级政府、期货公司签订三方合作协议；三是地方政府全程督导，确保项目顺利运行。2021年分散项目通过对期货公司分档核定年度支持额度，提高项目管理效率，实现常态化支持。65家具有开展场外期权业务资质的期货公司中，62家公司申请开展分散项目，共开展183个项目。

3. 种养风险破解有方，"农民收入保障计划"为农解忧

一是2021年7月至9月，通过"农民收入保障计划"帮助遭受旱涝双灾的黑龙江同江县玉米县域覆盖项目（近28万亩土地投保）获得约3 307万元理赔。二是2021年7月20日，将因河南暴雨灾害导致未能按期出单的河南长垣和息县2个项目延后出单期2个月，最大限度保障受灾地区农民的基本收入，共赔付1 026万元。三是生猪项目共保障生猪220余万头，服务农户近9 000户，分布在全国27个省区，总保费1.685亿元，最终赔付1.694亿元，整体赔付率高达101%。以云南墨江县的生猪价格"保险+期货"项目为例，期货公司经过研判推动养殖户在猪价阶段性高点时投保，总保费102.5万元，保险到期时共实现理赔439.86万元，理赔率高达429%。

4. 坚定巩固"脱贫"成果，持续助力乡村振兴

2021年"农民收入保障计划"充分助力巩固拓展脱贫攻坚成果同乡村振兴的有效衔接，在维持政策连续性和稳定性的同时，既加强了区域引导，又加大了帮扶力度。2021年特别支持资金730万元，设立31个帮扶专项项目，在2020年度开展养殖类专项扶贫项目的25个县区开展项目。凉山州布拖县生猪项目为35户生猪养殖户提供价格保障，总保费34.6万元，赔付115.5万元，赔付率达334%，在巩固脱

贫攻坚成果方面更好地发挥期货市场功能作用。特别支持资金300万元开展7个西藏专项项目，首次在西藏地区开展"保险+期货"项目，保费自筹比例达30%，充分调动了藏区地方政府和农户的积极性，为西藏地区养殖户和养殖产业保驾护航。

5. 期货价格获国家认可，"农民收入保障计划"取得重要成果

2021年6月24日，财政部、农业农村部、银保监会等"三部委"联合发布《关于扩大三大粮食作物完全成本保险和种植收入保险实施范围的通知》（财金〔2021〕49号）。黑龙江省在依安县开展收入保险，目标价格参照2020年11—12月玉米2101合约的收盘价均价，设定为2 573.23元/吨；山东省在商河县、惠民县2个县开展收入保险，目标价格参照投保前3个月的期货收盘价算术平均价加相应调整区间，设定为2 624元/吨。据了解，已出台收入保险方案的省份均采用期货价格作为保额和核赔的厘定因子。该政策出台和部分省份采用期货价格落地收入保险，表明国家已通过中央财政直接补贴的方式全面试水收入保险。

6. 线上系统提升管理质量，审核机构提供验收保障

上线"农民收入保障计划项目信息系统"，期货公司可实现项目在线申报，大商所可实现项目要素收集和整理、交互式过程管理、数据库建立和筛选查询等功能，提升了项目数据准确性和项目管理效率。将项目中涉及的场外期权、基差交易转移至场外平台运行，交易主体的开户、交易及结算服务均在线上完成。继续外聘事务所进行项目审核，提升项目验收的精准度、客观性及时效性，为落实支持资金提供有力保障。

7. 费率测算保障补贴效率，研判对冲彰显机构能力

2021年，大商所充分利用市场机构的定价能力开展费率测算工作。一是为监督项目科学厘定费率、确保保费补贴效率。采取"事前明确要求、事中动态把关、事后深入评估"的全流程动态管理措施，鼓励项目参与主体提质增效。二是场外期权按条款履约，价格风险获优质对冲。所有项目均处在理赔阶段，场外期权均按要求履约，未出现违约情况，期货公司信用度得以体现。

8. 以项目为契机，搭"政—期"沟通平台

2021年，大商所继续扩大支持规模，完善管理模式，与北京大学光华管理学院开展"'保险+期货'服务乡村振兴战略高级管理课程（EDP）"。联合辽宁、黑龙江、山东、内蒙古等省级政府单位开展"DCE·乡村振兴系列活动"，对涉农系统干部、区域企业、金融机构高管等开展培训和宣导。

四、期货公司服务乡村振兴战略

（一）自主开展"保险+期货"

2021年，根据中央一号文件"扩大'保险+期货'试点"的要求和中国证监会的部署，在部分地方政府支持配合下，期货行业自主开展非交易所支持的"保

险+期货"项目（以下简称"项目"）共计 729 个，较 2020 年增长约 280%。"保险+期货"项目，充分发挥了期货行业在农业风险管理方面的优势，有效降低农业支持成本，提高农业支持效能，助力精准扶贫，已经成为行业服务实体经济、助力"三农"的重要业务形式之一。

2021 年，共有 61 家风险管理公司开展了 1 033 个项目。覆盖面方面，项目在全国 964 个市、县地区开展。项目惠及农业合作社 1 002 个、家庭农场 2 871 个、农户 137.95 万户，其中脱贫户 33.35 万户，惠及 31 个少数民族。保障品种方面，项目涉及玉米、苹果、鸡蛋、棉花、红枣、天然橡胶、白糖、大豆、粳米、棉纱、豆粕、菜籽油等 15 个期货品种，以及以玉米、豆粕为标的的猪饲料、鸡饲料和相关价格指数。保单覆盖农作物面积 972.53 万亩，对应现货规模约 562.51 万吨。项目总保费为 22.74 亿元，总保障金额 270.9 亿元。

（二）多措并举，巩固脱贫攻坚成果

截至 2021 年 12 月 31 日，结对帮扶方面，已有 119 家期货经营机构与 329 个脱贫县（乡、村）签署了 642 份结对帮扶协议。资金投入方面，行业累计投入帮扶资金达 10.50 亿元。专业帮扶方面，帮助 34 家脱贫地区企业成为期货交易所交割仓库；为脱贫地区实体机构或个人提供合作套保、点价、场外期权等风险管理服务方案 157 个，名义本金约 16.13 亿元；累计举办期货专业知识培训 1 107 场，参加培训人员累计 71 363 人次。消费帮扶方面，通过消费帮扶的形式共签署 1 038 个购销合同，商品价值共计约 4 905.62 万元。其他方面，期货经营机构录用脱贫地区毕业生（实习生）共 1 102 人、残障人士 36 人；在脱贫地区设立分支机构 7 个、派遣 115 名驻村人员到村到户开展帮扶工作；帮助脱贫地区相关主体设立网店、电商、网站等销售平台共 142 个。

第六节 期货市场服务"六稳""六保"

持续贯彻落实"六稳""六保"工作，充分发挥期货市场服务实体经济的优势，帮助市场主体特别是中小微企业、个体工商户减负纾困、稳健发展，助力中小微企业积极应对市场风险。

一、上海期货交易所服务"六稳""六保"

（一）"期货稳价订单"服务中小微企业

2021 年 9 月，上期所与中国宝武钢铁集团下属的欧冶云商股份有限公司合作，共同启动2021年工业品"期货稳价订单"试点工作。以"保供稳价"为抓手,通过宝武集团为实体企业提供现货供应保障,上期所为实体企业,特别是中小微企业提供价格风险管理工具的手段,实现"宝武保供、期货稳价"的效果。

截至2021年底,有四家企业参加"期货稳价订单"项目交易,均为热轧卷板生产加工型企业,共保障热轧卷板现货订单量3.34万吨,期权权利金697.53万元。

（二）标准仓单交易平台服务中小微企业

一是标准仓单交易平台逐步成为中小微企业重要的购销渠道。品种多样化、交易便捷化等优点使仓单交易平台成为中小微企业重要业务渠道。平台交易安全、规范、高效的特点,有助于中小微企业提升销售规模和业务质量。

二是促进质押业务良性竞争,降低企业的融资成本。传统融资需要企业提供不同形式的增信工具,如担保品、保函等,对于中小型企业压力较大。仓单质押业务利用企业自身电子仓单盘活资金,对担保品要求较低或者可以免除,能较大程度上缓解中小企业融资难的问题。2021年3月31日上线第二批质押银行（中国银行、建设银行、交通银行、招商银行、恒丰银行、江苏银行、南洋商业银行（中国）），11月29日上线第三批质押银行（农业银行、民生银行）。质押业务上线以来,截至2021年底,平台累计完成质押16.45亿元,利率保持在4%左右,降低了企业的融资成本。

（三）强化市场培育,加强对中小微企业的服务力度

一是开展商品期货专场培训,促进中小微企业提升风险管理水平。2021年5月,上期所联合市金融局、市发改委、市国资委、市经信委、市工商联等部门,举办"2021年上海实体企业金融业务培训班——商品期货专场",帮助企业了解商品期货重要作用和操作实践,便利企业运用期货工具规避商品价格波动风险。来自上海市生产、制造、贸易、金融等领域的200余位企业代表参加培训。

二是以重要产业链为突破,以产业培训基地为依托,开展针对性的企业培训活动。与中国钢铁工业协会、中国船舶工业协会联合举办"船舶用钢供需座谈会"及"船舶企业板材期货培训会",引导船舶行业运用钢材期货管理价格风险。与石化联合会、京博石化共同组织首届原油产业基础专题培训,通过理论授课和现场讲解,介绍炼化企业运用期货风险管理的方法,共有50余家地炼企业参与活动。与金光纸业合作建立纸浆期货产业培训基地,为中国造纸企业灵活运用期货市场提供了良好的培训平台。与天然橡胶产业龙头和上市公司合作建立天然橡胶期货产业培训基地,助力橡胶行业中小微企业提升风险管理能力。

三是对申请套期保值头寸的700多家实体企业开展调研,了解中小微企业参与期货市场的效果、诉求、意见、建议。并搜集中小微企业运用期货市场管理价格波动风险的典型样本,为其他中小微企业管理价格波动风险提供参考。

二、郑州商品交易所服务"六稳""六保"

(一)举办"保供稳价背景下期货服务中小企业"主题活动

为响应国家宏观调控政策,落实会党委要求,践行"我为群众办实事"使命,2021年8月,郑商所与中国期货业协会联合发起"保供稳价背景下期货服务中小企业"主题活动,广泛动员期货公司、行业协会、风险管理子公司等服务中小企业的一线单位参与。主题活动连续3个月举办3期共33场,1万余家中小企业参加培训。主题活动解读国家保供稳价政策,着眼中小企业"急难愁盼"问题,宣传风险管理理念,分享应对原材料价格上涨方式方法,讲解期货服务实体新思路、服务中小企业业务模式及经典案例等内容,为中小企业提供风险管理案例参考与实操借鉴。中国氮肥工业协会、中国纯碱工业协会、中国建筑玻璃与工业玻璃协会、中国农业生产资料流通协会等行业协会给予大力支持,协助召集行业中小企业参与其中。

(二)突出中小企业导向,支持会员单位开展产业企业服务活动

2021年7月,郑商所发布《关于支持开展产业企业服务活动的通知》,支持和鼓励会员单位多种方式开展中小企业服务活动,得到会员的积极响应,截至2021年底累计举办现场活动110场,5 500多家次参与了培训。同时,郑商所持续支持会员单位开展线上中小企业培训活动359场,线上参与人数达到7万余人。

发挥大宗商品服务商的优势,支持风险管理子公司开展中小企业活动8期共63场;支持风险管理子公司通过大企业定点,为纯碱、棉花等中小企业提供定制化服务9场,指导中小企业开展套期保值业务,帮助解决人才不足、资金不够、内控机制不健全等难点痛点。组织风险管理子公司和中小企业等开展10场市场调研活动,推进期现货业务融合。

(三)发挥龙头企业"大手牵小手"作用,通过产业链条服务中小企业

一是持续开展"产业基地"建设,发挥龙头企业"大手牵小手"作用,帮助中小企业,特别是下游企业应对原料、库存、资金等方面困难,通过"产业基地"等龙头企业举办服务下游中小企业培训活动100多场,向中小企业发放风险管理案例汇编近千册。二是搭建产业链对接平台,服务涉棉中小企业风险管理。中棉集团作为国家级农业产业化龙头企业,业务往来的上游涉农企业和中下游棉纺织中小企业客户达1 476家,遍布全国22个省份。2021年9月,郑商所与中棉集团签署战略合作协议,搭建"期货平台+现货平台"合作机制,为中小企业提供"基差报价+期货点价"服务,推动中小企业开展基差贸易、期货点价等新型贸易模式。

(四）探索苹果期货服务县域经济新模式，服务县域中小企业发展

陕西省延长县作为我国苹果的主要产区，当地苹果产业企业以中小企业为主，抗风险能力较差。针对延长县中小企业特点，为提高其抵御风险的能力和水平，郑商所打造了县域中小企业综合服务方案，探索期货助力县域中小企业发展模式。一是积极推动地方政府参与，撬动地方财政资金，在延长县开展苹果"保险＋期货"县域全覆盖试点，形成交易所与地方政府合作，深化"保险＋期货"试点新模式；二是共动员7家风险管理子公司与中小企业对接，开展"苹果期货大讲堂"、产业客户座谈会等56场培训活动，培训企业超过700家（次）。截至2021年11月18日，延长县中小企业日均持仓总量同比增长了1 150%。延安中果等中小企业通过积极利用期货市场套期保值，有效对冲了现货价格下跌的风险，实现了企业的稳健运行。

三、大连商品交易所服务"六稳""六保"

（一）更加贴近中小微企业，优化鸡蛋期货合约

鸡蛋2106合约系列规则优化措施平稳落地，质量标准更加贴近中小养殖户生产水平，贴近现货市场，便利中小养殖户和贸易商利用期货市场管理风险。

（二）场外业务服务"支农支小"

一是标准仓单交易支持中小期货客户将场内标准仓单登记到DCE场外业务平台交易、融资，配套三方开发票服务降低交易风险，增加客户的仓单采销渠道，平台仓单融资提高客户资金使用效率。二是基差交易在会员间交易的基础上，形成场外"会员间交易"与"会员与客户间交易"双层架构，延展服务中小企业发展的触角，为发挥会员带动作用、促进中小企业利用期货市场管理原材料价格风险提供助力。为钢铁贸易企业与客户开展基差交易提供个性化服务，连接输出技术系统，打造交易专区服务企业客户示范点。三是商品互换业务以"交易商—客户"两层结构为依托，服务中小客户个性化风险管理作用显现，其中非期货客户占比超过33%，交易价格与期货行情价格相关性超过0.95，服务中小客户套期保值作用进一步发挥。四是场外期权业务通过为"农民收入保障计划""企业风险管理计划"提供登记结算服务，大力支持期货公司及其风险管理公司提高综合服务能力，有效对冲相关参保企业的价格风险，为农户和中小企业等提供低成本的风险管理服务。五是生猪提货单业务为生猪产业企业提供了期货交割延伸等配套服务，场外会员接受度逐步提高，发挥了保民生支农业的积极作用。

(三) 利用"企业风险管理计划"搭建产业客户实践平台，服务中小微企业

2021年，"企业风险管理计划"项目服务中小微企业成效显著，共支持开展154个项目，服务产业企业165家，其中中小微企业达到95家，占比为58%，表明项目在帮扶中小微企业稳健运营方面发挥一定作用。

(四) 发挥产融基地作用助力中小微企业纾困发展

2017年，大商所开始设立产融培育基地，目前已累计设立67家，包括龙头企业、行业协会、现货平台、信息机构、金融机构等多类型市场主体，遍布19个省区市，覆盖全部已上市期货品种。多年来，产融培育基地通过"大手拉小手""期现手拉手"，厚植了期货土壤，在强化中小微企业风险管理意识、丰富风险管理手段、提升风险管理能力方面发挥了重要作用，推动了基差贸易、场外期权、含权贸易、保险+期货、银期合作等期现结合新模式、新工具的普及应用，逐步形成了产融培育基地与产业链上下游、周边企业或产业客户共同学期货、用期货的局面，打造了"企业培育企业""金融服务企业"的良好生态。2021年，大商所新增产融基地21个。全年通过线上线下相结合的方式，共开展活动19场，覆盖2 000余人次、750家企业，其中80%以上为中小微企业，有效服务了保供稳价大局。

四、中国期货市场监控中心服务"六稳""六保"

中国期货监控始终坚持金融服务实体经济的理念，正确把握金融本质，平衡好稳发展和防风险的关系，满足经济社会和人民群众需要。通过优化基础设施建设、完善规则机制、保障系统稳健运行等方面，为"六稳""六保"提供强力支撑，进而为服务中小微企业贡献力量。

(一) 为机构排忧解难

一是消除开户环节痛点。中国期货监控针对期货公司网上开户业务偶发系统报错问题，主动协调厂商调试完善柜台系统处理机制，并同步优化技术系统提示信息，既高效解决了个性问题，又建立了期货公司类似报错排查解决机制。针对资管产品管理人发生变更、原账户仍有期货持仓不便销户问题，及时优化业务处理流程，由"原账户销户——以新管理人身份重新开户"修改为"客户提交说明——直接修改关键信息变更管理人"，第一时间祛痛点、解难题，有效保障了资管产品平稳运作。

二是疏通保证金监控堵点。中国期货监控突出风险导向，系统梳理、分析保证金预警情况，编制保证金监控预警年报，并首次向期货公司披露，助力进一步提升期货公司在交易、结算和风控等业务环节运作的规范程度，提高风控管理水平。充分吸纳期货公司意见建议，升级投资者查询系统，进一步放宽客户结算账单通知字符限制，精准满足期货公司通知发布需求。完成数据报送无人干预版本开发，允许个别银行试点通过系统自动报送监控数据，避免数据报送受特殊时点办公场所封闭措施影响，实现了"让数据多跑路，让监控更高效"。

（二）为市场赋新能

一是增加开户规则供给。中国期货监控修改发布《期货市场统一开户业务操作指引》《特殊单位客户统一开户业务操作指引》和《境外交易者统一开户业务操作规则》，增加规则供给，简化开户要求。统一证券、基金、期货资管产品开户规则，支持年金基金、MOM 产品、商业银行开户，便利中长期资金入市，为更多特殊单位客户运用期货工具进行风险管理提供了条件，为期货市场提供了更为充裕的流动性，有助于稳定市场运行、激发市场活力。

二是减轻数据报送负担。在新旧金融工具准则衔接过渡期，广泛征集期货公司财务数据填报问题及建议，兼容金融新旧会计准则，科学整合原有期货公司监管报表体系，报表数量缩减 30%。同时，录制"FISS 培训小课堂"系列视频，建立专人对接答疑制度，指导期货公司准确、高效填报，切实为期货公司"报数"减负增效，助力提升审慎监管精准度。

三是做优投资者调查。更加聚焦大宗商品价格走势预期，聚焦农产品、钢铁、有色、能源化工等板块重点期货及期权品种，及时调整调查内容。优化投资者调查流程，实现投资者调查服务程序化，建立投资者调查意见反馈机制，投资者参与度大幅提升，深化了解期货投资者风险预期，为监管决策提供了有力支持。

（三）为投资者保权益

中国期货监控坚守金融为民初心，多举措开展宣传教育，提升投资者权益保护温度。聚焦防范"杀猪盘"、跨境期货诈骗、期货配资风险、雪球产品风险提示、基础设施 REITs、"保险+期货"、红色金融史等热点，开展主题投教活动。拓展线上线下多元渠道，发布 7 期原创投教长图漫画、1 期线上有奖知识竞答，组织 11 期讲座，全年投教活动覆盖面达 1.5 万人次。用群众看得懂、听得进、用得上的方式普及金融知识，培育金融安全意识，从源头上保护投资者合法权益。

五、中国期货业协会服务"六稳""六保"

（一）积极推动行业运用期货工具服务中小企业风险管理

2021 年 5 月底召开专题研讨会，向行业发布《期货公司服务中小企业倡议书》，积极响应党中央关于服务中小企业的决策部署，助力期货风险管理公司通过仓单服务、基差贸易、含权贸易等业务模式，为中小企业提供个性化、精细化的风险管理服务方案。期货风险管理公司期现类业务持续增长，服务实体经济效果明显。

1. 基差贸易规模不断扩大，深入服务产业客户

2021年现货购销额为5 565.76亿元，同比增长25%；贸易标的主要为交易所上市品种，规模占比高达99%。共计服务产业客户17 923家次，其中，服务中小微企业13 105家次，贸易规模占比为53%；服务上市公司1 350家次，贸易规模占比为13%。

2. 仓单服务以约定购回为主，助力中小微企业资金融通

2021年仓单服务规模总计410.53亿元，同比增长16%；其中，以约定购回形式提供的服务规模占比高达99%。通过仓单约定购回为客户提供的资金支持近213.51亿元，其中为中小微企业提供的占比达41%，共计服务451家次；通过仓单质押提供的资金支持约2.52亿元，均为中小微企业，共计服务10家次。

3. 探索含权贸易模式，提供个性化风险管理服务

2021年，15家公司开展了含权贸易，涉及现货购销额58.30亿元，共计服务客户327家次。其中，服务中小微企业213家次，贸易规模占比为45%；服务上市公司10家次，贸易规模占比为36%。

（二）总结成功经验和案例，宣传推广期货行业服务中小微功能作用

截至2021年，协会已连续4年开展"期货经营机构服务实体经济优秀案例征集活动"，已有78个案例入选协会案例库并在官网开辟专栏集中展示，积极发挥典型案例的示范引领指导作用；针对服务中小企业，特别总结整理20篇经典案例，通过新华社等权威媒体进行宣传推广。同时，制订期货风险管理业务服务中小微企业成效专项评价方案，激励与引导行业更好发挥专业优势服务实体经济。

第四章
2021年中国期货市场监管及自律情况

>>> 第一节 期货市场监管概况

2021年,中国证监会坚决贯彻落实党中央、国务院决策部署,坚持稳字当头、稳中求进,在期货监管工作中统筹协调,充分发挥期货市场"五位一体"监管合力,综合施策、分类指导,依法严格监管,有效地服务大宗商品保供稳价,保障了期货市场平稳有序运行。

一、加强预研预判和监控监测,维护期货市场平稳运行

2021年以来,受全球经济复苏、流动性过剩、供需缺口扩大等因素影响,大宗商品价格交替上涨,中国证监会及时加强预研预判和市场监测监控,指导各期货交易所及时采取风控措施,坚决抑制过度投机,取得明显效果,有力维护了期货市场平稳运行。同时,持续加强日常监管,提升监管效能,指导期货交易所修订完善《违规处理办法》,完善各类违规行为及纪律处分类型,加强实控账户管理,切实提高违规成本,提升交易所纪律处分严肃性和规范性,向市场传递从严监管的信号。坚持"零容忍",指导期货交易所加大违法违规线索发现和排查力度,及时依法依规加以处置,处理自成交、频繁报撤单、大额报撤单等异常交易行为2 951次,相关监管问询及谈话 8 385 次，限制开仓 679 人次，新增认定实控关系账户 5 919 组，新增重点监控账户组 1 107 组，共发现违规线索 259 条，自律处罚 48 起。强化对违法线索的排查，严厉打击操纵期货市场等违法活动，全年中国证监会依法对 5 起操纵期货市场的线索进行立案调查。加强期货公司风险监管指标日常监测，统筹开展期货公司治理专项行动和 2021 年度期货公司现场检查工作，累计开展期货公司现场检查 490 家次。组织开展对期货交易所的现场检查，督促期货交易所严格落实一线自律管理责任。推进科技与监管深度融合，启动期货科技监管系统建设。持续推进期货公司监管综合系统（FISS）升级改造，提升监管效能。研究丰富监管工具箱，实施特定程序化客户报备、试点收取申报费等监管措施，规范高频程序化交易行为。持续推进看穿式监管，组织期货交易所、期货业协会和期货信息系统开发商签订系统测试合作备忘录，为行业提供统一测试。统筹期货交易所开展中继代理专项排查，为实控账户认定和违法违规行为查处赋能。

二、积极防控市场风险，抓紧风险处置工作

2021 年，期货市场监控中心共向 19 家证监局发送预警信息 33 份，涉及 57 家期货公司。同时，中国证监会加强场外衍生品市场监管和场外交易报告库建设，夯实报告库数据基础。强化期货公司治理，促进公司规范经营，指导派出机构完成对重点公司的现场检查，完成对具有典型性代表性问题的期货公司直检。按期完成不合规资管产品的整改，截至 2021 年底，整改规模较新规实施时下降 97.9%，未完成整改的 2 家期货公司纳入个案处理。稳妥化解有关期货公司代销资管产品违规违约风险、违规参与债券结构化发行相关风险，持续做好涉系期货公司接管托管工作。

三、完善期货市场规则体系，夯实市场发展制度基石

法律法规方面，积极配合期货法立法工作。修订《期货交易所管理办法》《期货公司董事、监事和高级管理人员任职资格管理办法》。修订发布《期货公司保证金封闭管理办法》，进一步强化期货保证金安全监控。修订制定期货公司分类评价操作指引、工作规程，更好完成 2021 年分类评价工作，强化分类监管的导向作用。

>>> 第二节 期货市场监测监控情况

一、中国期货市场监控中心简介

（一）单位性质及组织结构

中国期货市场监控中心（原名中国期货保证金监控中心）是经国务院同意，中

国证监会决定设立，于 2006 年 3 月成立的非营利性公司制法人。其股东单位包括上海期货交易所、中国金融期货交易所、郑州商品交易所及大连商品交易所，注册资本 13.65 亿元。

2013 年 11 月，中国期货市场监控中心正式成立董事会，取消管委会，治理结构进一步完善。2015 年 4 月，经中国证监会批准，中国期货市场监控中心正式由"中国期货保证金监控中心"更名为"中国期货市场监控中心"。中国期货市场监控中心目前设置了 13 个部门，包括办公室（党委办公室）、纪检办公室、客户管理部、资金监控部、机构监控部、交易报告库管理部、市场监控一部、市场监控二部、市场监控三部、研究部、财务部、信息科技一部和信息科技二部。

(二) 职能职责情况

根据中国证监会多次授权，中国期货市场监控中心（以下简称"中国期货监控"）业务范围已涉及期货市场发展与监管辅助工作的若干环节，并已成为中国期货市场不可或缺的重要数据平台和市场调控的重要依据，形成了从投资者进入到退出期货市场全过程的监管服务、市场服务和投资者保护体系。主要职能是负责期货市场统一开户，期货保证金安全监控，为期货投资者提供交易结算信息查询，期货市场运行监测监控，宏观和产业分析研究，期货中介机构监测监控，建设运营期货及衍生品交易报告库，代管期货投资者保障基金，为监管机构和期货交易所等提供信息服务，期货市场调查，协助风险公司处置等。

二、2021 年中国期货市场监控中心工作概况

2021 年，在中国证监会党委的坚强领导下，中国期货监控认真落实党中央、国务院和中国证监会党委对资本市场的重大决策部署，聚焦主责主业，切实履行辅助监管职能，市场和机构运行监测及风险预警分析能力进一步提升，监测工作信息化科技化水平进一步提高，服务期货市场和实体经济发展能力稳步提升。

监管履职方面，一是持续做好日常开户业务运维工作，及时解答政策疑点、排除业务卡点，积极配合广州期货交易所进行开户业务对接。二是持续做好保证金监控预警工作，及时提供预警信息，提示预警风险。主动编制《保证金监控预警年报（2020 年）》，首次向期货公司披露，定期开展期货市场现金流量表编制分析，为监管提供数据支持。三是做好保障基金的筹集、管理和使用工作，推动期货公司风险处置和破产清算。四是扎实开展分析研究工作，预判大宗商品走势，发挥决策支持作用。

风险控制方面，一是积极应对期货市场多板块价格波动风险，强化重点品种风险研判分析，为监管部门及时研判风险提供有力支持。二是持续分析重点客户群体情况，完善监测监控制度建设，大力加强排查期货市场违法违规行为。三是持续丰富期货公司风险监测指标，完善压力测试机制，加强期货公司净资本与市场风险的

联动监测。四是优化保证金预警项目及标准,首次在"五位一体"范围内公开。五是推进期货公司风险管理子公司场外衍生品业务风险监测监控。

系统运行方面,一是夯实信息系统网络安全基础,统筹落实国家网络安全战略。二是优化统一开户系统和开户云平台系统功能,稳步推进生产系统切换准备工作。三是全面推进重点应用系统建设。四是稳妥开展系统运维保障和优化升级工作,提升科技影响力。

业务发展方面,一是落实中国证监会党委深化"放管服"改革要求,努力拓展和深化统一开户系统的服务功能,主动承担交易权限报备工作。二是积极支持期货市场开放创新,不断提升资金监控服务水平。三是筑牢底线思维,稳妥推进场外衍生品报告库建设。

第三节 期货交易所自律监管情况

一、上海期货交易所自律监管情况

(一)加强一线监管力度,切实维护市场交易秩序

1. 维护价格形成机制,保障市场平稳运行

在维护市场交易秩序和价格形成机制方面,上期所从账户管理、交易行为管理以及市场异动排查三方面入手,维护价格形成机制的有效性与合理性,保证期货市场全年有序运行。一是深入落实一户一码、穿透式监管等基础制度,强化账户管理,对未主动申报实际控制关系的客户加大自律监管力度。2021年对189组669个客户发起实际控制关系账户协查,对不如实申报的15名客户进行书面警示。针对穿透式监管数据异常情况,上期所约谈相关期货公司和软件服务商,提醒期货公司对相关软件进行排查。二是持续分析和规范投资者交易行为,保证市场运行质量。2021年,上期所共处理异常交易行为1 217起,对55名客户和9个账户组采取限制开仓的监管措施,并及时排查、反馈23起市场投诉举报。此外,对部分期货和期权品种进行业务优化,对客户采取超过一定标准的报撤单行为收取申报费措施,进一步强化监管效能。三是持续跟踪监测品种运行。防范交割月合约风险,从市场结构、交割流程等多个维度,密切监测监控交割月合约的价格波动、期现基差偏离以及客户交割违约风险,保障期货价格向现货价格顺利回归。

2. 打击违法违规,增加监管制度供给

打击违法违规行为方面,2021年,上期所共处理涉嫌违规交易线索86起,对20起线索进行立案调查或移送相关部门,其中涉嫌相互交易转移资金类案件19起,

自成交影响交割结算价类案件1起。同时，上期所充分发挥自律监管与行政、司法监管"三位一体"的协同作用，移交中国证监会1起行政案件线索，配合受害方移送司法机关4起司法案件线索。截至2021年底，司法机关已对2起涉嫌利益输送案件以职务侵占罪进行判决，对违法分子判处有期徒刑并处罚金。

期货监管制度供给方面，上期所落实中共中央办公厅、国务院办公厅公布的《关于依法从严打击证券违法活动的意见》有关要求，修订《上海期货交易所违规处理办法》《上海能源国际交易中心违规处理办法》，为期货市场从严监管提供制度供给，进一步加强对违反持仓管理、交易限额、实际控制关系账户管理等相关行为的处罚力度。

（二）充分发挥监管成果效能，加强投资者保护和教育

1. 建立监查业务市场服务机制

上期所定期向会员发送《监管动态月报》的监管信息共享机制，与市场参与者进行"监管点对点"的直接沟通机制，以及向市场通报监管信息的定期发布机制。《监管动态月报》从2020年5月开始，截至2021年底共发送20期，帮助会员了解监管动态、监管政策、监管要点和案件线索，为会员提供个性化的画像图谱，增设了重点工作问答和会员交流的栏目。至2021年底，"监管服务点对点"连线25家会员，从会员单位延伸到风险子公司。此外，上期所建立了每季度定期向市场通报监管信息机制，内容涉及监管重点、案件线索和合规提醒，并向市场传递科技监管的成果信息。

2. 建立监查业务信息公开机制

上期所拓展监查业务的信息公开，帮助市场参与者建立明确的红线和底线思维。主要内容包括对投资者信访的回应，制定合规手册，案件案例配套宣传以及组织合规培训等。在处理投资者信访时，以案件排查的模式进行处理，并将排查思路和结果及时反馈给客户，有效提升投资者的满意度。在合规宣传方面，上期所陆续推出《合规交易手册》法人篇和个人篇，实现合规培训产品供给的全覆盖。在案件案例配套方面，以案说监管，以案树合规，围绕违规案件的交易本质和行为特点，让投资者真正明白规则适用的由来和交易行为的重要性。在市场合规培训方面，聚焦共性问题，制定年度合规教育的整体方案，内容涵盖期货公司客户风控及境外业务、风险子公司期现贸易及内控管理、产业客户和私募基金交易员的道德风险等。

3. 持续开展会员现场检查工作，协助会员合规运行

2021年，上期所对8家期货公司会员进行了现场检查，针对会员风控制度和业务流程等方面提出28项改进意见并督促落实整改，会员已完成整改。

（三）持续推进监查系统建设，大力提升监管能力

上期所继续推动新监查系统的建设，以上线功能为抓手，梳理监管逻辑和路径，

明确了"根据报警指标启动排查路径,按照排查流程调取通用模块,实现系统模块化流程化"的总体设计思路,截至2021年底已优化24个通用型功能的界面和模块化设计、4大类报警的通用排查模板,整理系统功能编码,并在日常工作中深入应用报单展示和交易展示。

(四)保障程序化高频交易监管措施落地,通过申报费限制交易量

在期货部统一领导下,上期所制定了对客户超额信息量收取申报费以及完善特定程序化客户信息报备的高频交易监管工作方案,并在业务流程和技术系统方面做好充分准备。申报费工作已于2021年11月26日在上期能源品种先行试点,特定程序化客户报备工作在上期所和上期能源全面铺开。两项高频交易监管措施实施以来,市场运行和会员日常运营平稳有序。

(五)交割仓库自律监管

2021年,上期所扎实做好交割仓库管理工作,全力保障疫情防控和安全生产"双线战场"。全年会同指定检验机构等相关单位对指定交割仓库开展年度现场检查共151次,合计覆盖率达67.7%。

二、郑州商品交易所自律监管情况

2021年,郑州商品交易所以习近平新时代中国特色社会主义思想为指导,坚决贯彻落实党中央决策部署和中国证监会工作安排,坚决服从服务国家战略与经济大局,坚持"建制度、不干预、零容忍",坚持"四个敬畏、一个合力",将防风险、强监管、促稳定放在更加突出的位置,加强期货市场一线监管,稳妥应对各类风险挑战,持续推进产品业务创新,增强服务实体经济能力,推进期货市场高质量发展。

(一)加强市场监管,维护市场良好秩序

1. 严查异常交易行为,对违法违规行为零容忍

郑商所持续加强市场监管,切实履行一线监管职责。2021年,共处理异常交易713起。审理违反交易所自律管理规则案件18起,对涉案的21个自然人及12个法人给予警告、公开谴责、暂停开仓、取消交割仓库资格、宣布为"市场禁止进入者"、经济处罚等纪律处分。全年共认定实际控制关系账户1 532组,涉及4 494个客户,对违反实际控制关系账户管理规定的59个客户依规采取限制开仓的监管措施。充分发挥"五位一体"监管协作体系优势,积极配合行政、司法部门严厉打击操纵市场等违法违规行为,切实维护公开、公平、公正的市场秩序。

2. 坚持科技赋能监管,推进数字化转型发展

2021年,郑商所积极落实加快推进金融科技发展。进一步拓展新技术应用场景,优化金融科技应用。上线期货市场首家交割仓库智慧监管平台,持续提升监管

效能。持续优化交易结算系统，实现新一代交易系统全景仿真运行，进一步提升系统性能、容量和可靠性。积极推进组合保证金落地实施，提高市场效率。加强数据治理，夯实数据基础，完善大数据平台架构体系，上线多种数据分析工具，提高数据分析效率。

3. 强化交割仓库管理，提升服务水平

郑商所聚焦重点、细化管理，保障交割平稳、货物安全，全年实现交割零风险。2021年，顺利完成258家交割库年审工作，及时暂停19家、取消4家存在风险隐患的仓库。加快交割仓库安全管理软硬件设备设施升级改造，将102家交割仓库统一接入视频监控。在传统现场查库基础上，深入推进建立第三方协助检查、视频查库等机制，全年共完成交割仓库现场检查276次。根据抗风险能力、服务水平与仓库现场管理情况对169家交割仓库进行分类评估。

4. 加大现场检查力度，促进会员合规运作

2021年，郑商所对上海、福建、江西、深圳等地区14家期货公司会员进行年度合规业务运作检查，及时发现纠正存在的问题，督促会员合规运作。加强与会员的交流，联合中期协、地方证监局举办2场期货公司首席风险官培训班，开展合规典型案例线上培训交流会，增强期货市场各类参与者的合规经营意识和风险管理能力。

（二）防范市场风险，保障市场稳健运行

1. 坚持科学监管、分类监管，精准防控市场风险

2021年，郑商所立足国家发展大局，密切关注国内外经济形势和期现货市场变化，积极研判市场形势，坚持科学监管、分类监管，持续丰富监管工具箱，对动力煤、玻璃等多个品种及时采取提高交易保证金标准、扩大涨跌停板幅度、提高交易手续费标准和实施交易限额等措施，坚决抑制过度投机，有效防范化解市场风险隐患，守住不发生系统性风险的底线，全力服务保供稳价。

2. 提升全面风险管理能力，坚决筑牢安全生产防线

郑商所坚持"稳字当头"，不断增强忧患意识，持续建设完善安全防线。2021年，郑商所研究设立专职风险管理部门，集中统一推进全面风险管理工作机制，建立覆盖交割、结算、技术等业务条线的全面风险管理框架，提升全员全流程风险管理能力。强化应急管理工作，统筹推进应急预案管理制度体系建设，加强重点部位风险隐患排查治理，细化对预警性、苗头性信息的预研预判和靠前处置。高质量组织开展应急演练，强化实战协同能力，提升疫情、汛情等极端情形下的安全管理水平，全力保障市场平稳运行。

3. 优化交割风险防控，不断增强运维保障能力

2021年，郑商所坚决落实关于防范化解金融风险的决策部署，始终把防控市场风险、保障稳定运行作为工作底线。优化交割风险防控，建立消防联防联控机制，

加强疫情期间交割商品出入库管理，保障突发情况下交割安全。制定专项技术保障方案，完善网络安全事件和疫情水灾等极端场景应急预案，加强全市场测试与演练，在重大考验下确保技术系统安全稳定运行。

4. 加强资金安全管理，切实履行中央对手方职责

郑商所持续加强会员资金监控，丰富压力测试场景，做好极端情形压力测试工作，研判资金风险状况，保证资金安全。按照金融市场基础设施原则（PFMI）要求，定期完成合格中央对手方信息披露。完善结算异常处置规程，提升结算异常处置能力，保障交易结算连续性。

三、大连商品交易所自律监管情况

2021年，大商所优化风险管理机制，加大违规行为查处力度，推进科技监管建设，切实履行市场一线监管责任，维护良好市场交易秩序。

（一）风险防控积极有为，坚决服务保供稳价

2021年，坚决贯彻党中央、国务院、中国证监会关于大宗商品保供稳价的决策部署，对煤炭、粮油、生猪等17个品种果断地采取提高保证金、手续费，实施交易限额等风控措施53次，积极引导市场预期，有效降低了市场热度，并对投机和套保实施差异化管理，风险应对走在市场曲线前面。套期保值管理工作方面，大力推动国有企业、龙头企业深度参与大商所品种。例如，为生猪产业提供定制化、个性化套期保值服务，促进市场功能发挥。以粮油、钢铁原燃料、生猪等关键行业为切入点，建立大宗商品中观分析机制，深入研判期货信号与现货市场关系，提高风险应对的前瞻性和精准性。

（二）优化风险管理机制，贯彻"建制度"监管要求

调整并实施铁矿石、焦煤、焦炭期货限仓规则，配套调整套期保值管理办法，及时进行效果评估。服务市场需求，完成时间梯度保证金套期保值差异化、新上市合约扩板机制优化、乙二醇期货限仓调整等制度修改，后续将视市场情况稳步实施。系统修订施行多年的《违规处理办法》《异常交易行为管理办法》，为打击违规交易行为增加制度供给；调整《案件调查工作办法》，进一步规范违规查处流程机制；制定自成交和约定交易类线索立案标准，推动立案办理标准化，降低自由裁量空间；协助稽查局制定操纵案件立案标准和筛查标准，操纵线索质量与稽查执法效能显著提升。

（三）落实"零容忍"监管理念，切实履行一线监管职责

1. 加强市场监控，保护投资者合法权益

在异常交易监控方面，2021年，大商所共处置异常交易831起，其中自成交超限370起、频繁报撤单超限452起、大额报撤单超限9起，对31名客户或实际控制

关系账户组采取限制开仓的监管措施。

在违规行为方面，2021年，大商所共排查处理违规线索98起，包括涉嫌自成交或约定交易影响合约价格70起、涉嫌对敲转移资金22起、涉嫌虚假申报3起、涉嫌违反持仓管理规定2起和其他类型违规线索1起，对20余起违规线索进行所内立案调查。

在实控账户排查方面，2021年，大商所共发出市场监查问询函1 070份，涉及376组客户，新增1 594组4 749名客户申报实际控制关系账户。

在程序化交易报备和高频交易管理方面，2021年，共有13 018名客户向大商所进行程序化交易报备，涉及会员单位141家。通过收取申报费的方式来加强高频交易监管，并在棕榈油和铁矿石期货上落地实施。

2. 聚焦市场重点关切，为投资者办好实事

一是牵头各所制定夜盘品种二次集合竞价方案，从源头解决"撞门"交易问题，即市场参与者在交易暂停结束后，抢先与暂停前未撤销价格不利订单成交的交易行为。例如，交易第一小节（夜盘小节）结束后，市场行情可能发生较大变化，部分未成交订单会处于不利价位，市场参与者利用特殊技术优势抢先与这部分订单成交。二是持续优化高频客户监管思路，通过申报收费政策调整、特定程序化报备机制实施等多维度、市场化手段提升监管效能，抑制市场过度交易。三是探索创新机构客户管理新思路，将客户个体业务需求与市场整体风控机制深度融合，资管特法账户主动申报实控数量创历史新高，有效防范机构大额资金的过度冲击。

3. 做实现场检查工作，引导共建合规环境

大商所深入落实中国证监会"五位一体"监管模式要求，持续推动建立"以监管会员为中心"的监管体系，2021年按计划完成9家期货公司会员的现场检查工作，主要针对期货公司对交易所规则的落实情况以及内部风险管理能力等方面内容，通过会员自查和现场检查相结合的方式，有效指导会员提升合规风控意识和能力。多次组织市场风控合规业务培训，参与人数逾2 000人。

大商所针对套保额度使用和管理情况，对10家套保客户开展专项检查，并对其中5家企业采取自律管理措施，切实履行自律监管职责，促进期货市场基础功能的有效发挥。

（四）制定科技监管建设方案，向监管注入科技力量

全面铺开大商所"DCE监查7.0项目"建设，充分发挥大数据平台优势，建成并上线监查7.0七个子系统，充分发挥了大数据平台海量存储和性能优势，极大丰富了市场监管手段。一是拥抱新科技，建成行业领先的关联账户识别系统，极大提高了关联账户的发现、筛选和处置能力。二是建设客户画像系统，基于"大数据"理念扩展客户画像系统，为监查业务智能化转型奠定了数据基础。

提升监管数据质量，为大数据分析创造有利条件。牵头各期货交易所开展穿透

式监管数据质量提升工作,推动 111 个期货公司整改,有效推动了各所穿透式监管数据质量的改善,为深度挖掘客户的违规行为夯实了基础。

四、中国金融期货交易所自律监管情况

2021 年,中金所持续加强风险防范、严厉查处违法违规行为,加快提升科技监管水平,积极推动监管合力发挥,促进金融期货市场平稳有序运行和高质量发展。

(一)加强风险防控,保障市场平稳运行

中金所坚持"稳字当头",密切关注市场变化,持续完善风险监测、预警和处置机制,立体防范市场风险。

一是"拉紧网",多角度加强对市场运行风险的预研预判。丰富线索筛查手段,优化监控模型,形成自动化排查工具,扎实做好应对预案。新增和优化实时监控指标,丰富完善历史监测体系,全面构筑抵御市场风险的"防护网"。

二是"盯紧人",依托工商信息、穿透式、交易数据,持续加强对重点分类客户动态监测分析。采用交易行为模式甄别套保、高频、趋势交易客户等,精准监测各类主体交易,聚类摸排市场交易策略,跟踪监测投资者趋势变化。

三是"看紧门",利用穿透式信息,多角度查找违规线索。建成基于终端信息的疑似关联账户筛查算法,摸排账户之间内在关联。

(二)严守九字方针,维护市场良好秩序

一是切实履行一线监管职责。查处 3 起金融期货市场违规违约案件,对 9 名客户采取通报批评、限制开仓的监管措施。发出实控关系问询函 111 份、程序化问询函 559 份、期权交易信息报备告知函 769 份,处理 167 起异常交易行为、26 起违反交易限额行为和 63 起套保套利期现不匹配行为,采取 145 次限制开仓和 119 次电话提醒的措施。

二是积极推动制度规则优化。修订完善《中国金融期货交易所违规违约处理办法》,发布实施《中国金融期货交易所实际控制关系账户管理办法》,推进建立信息查询规范、案件复核等配套制度,进一步夯实自律监管制度基础。

三是做实做细业务检查及合规培训。严格落实中国证监会期货市场现场检查要求,分批次完成多家期货公司合规检查,以查促改,有效指导会员提升合规风控意识和能力。充分利用合规宣传渠道,通过中金所官网"自律监管专栏""交易所公告"栏目,及时发布监管信息。拓宽会员合规培训形式,以线上线下相结合的方式开展系列规则宣讲和业务培训,不断通过创新模式来优化市场服务。

(三)坚持科技赋能,精准防控市场风险

坚持实现科技与业务融合,聚焦系统建设、平台建设和数据建设,运用科技手段不断提升监管效能。持续优化风控展示系统和客户画像监查系统性能，丰富客户评价维度和标签，提升响应速度和展示效果。加速推进违规线索智能分析平台建设，完成约定交易、虚假申报等智能监管等应用上线；积极促进知识图谱分析平台建设，完成重点客户和外资客户的关联分析。大力夯实数据治理基础，完成大数据平台版本升级和集群扩容及备用集群部署，升级完善舆情监测系统，进一步提高数据分析效率。

（四）推进监管协作，充分发挥监管合力

在中国证监会、地方证监局、交易所、中国期货市场监控中心和期货业协会"五位一体"监管框架下，积极开展监管协作。强化与沪深交易所数据共享和监管联动，优化交换数据接口，加强重点时段联动分析，实现重点关注名单定期交换机制落地，提升期现货市场联动监管质效。在中国期货市场监控中心协助下实现"期期联动"，定期分析重点客户参与商品期货情况，及时了解个体风险状况，构建全面精准画像，做好输入型风险的预研预判，提升期货市场一体化监控效能。持续推动衍生品场内场外联动风险监测机制落地，探索建立外汇交易中心银行间债券市场数据交换机制。

五、广州期货交易所自律监管情况

2021年，广期所围绕"建制度、不干预、零容忍"工作方针，扎实做好业务规则体系建设和业务系统开发测试工作，为产品上市后以高水平自律监管服务实体经济、服务绿色发展做好准备。

（一）全面建设业务规则体系，打牢交易所自律监管制度基础

1. 构筑广期所治理的基本制度

2021年，广期所起草《广州期货交易所股份有限公司章程》并推动其在中国证监会的审批工作。广期所章程依据《期货交易管理条例》《期货交易所管理办法》等现行法规要求，充分参考各成熟交易所经验，将确立广期所基本治理结构，规范广期所组织和行为，为下一步开展自律监管构筑夯实基础。

2. 搭建广期所四层次业务规则体系

2021年，广期所在综合研究境内外交易所的成熟经验和中国证监会的监管要求与当前市场发展状况基础上，确立交易规则、业务办法、品种细则、指引通知四层次的业务规则体系；起草《广州期货交易所交易规则》，明确会员承担的责任、加强对客户的监管、强化对交易行为的监管，同时为各类机构参与交易提供多元化路径，并在基础制度中预留了一定的制度创新空间，适度推进制度创新；起草交易、结算、风险管理、交割、会员管理、套保套利、信息和违规违约等18个管理办法，交易所在各项业务开展过程中充分履行自律监管职能提供制度遵循。

3. 细化广期所各项业务流程

2021年,广期所针对各业务部门配套交易规则和其他19项业务规则,逐事项细化,明确交易所内各部门、岗位职责和环节衔接等细节,推进交易所自律监管规范化、标准化建设。

(二) 大力做好系统开发和测试,力争提高科技监管水平、优化监管效果

1. 引进与创新并举,稳健推进系统开发

2021年,广期所确立"短期引进,中期掌握,远期自主可控"的信息系统建设思路计划。交易系统、业务管理系统、实时监控系统、预警评估系统均在初期选择引进更成熟稳定、运行维护更便捷的大商所系统,为加强自律监管提供稳健的技术准备;在未来中期掌握的基础上,广期所将进一步挖掘金融科技创新潜力,筹划建设大数据分析系统,引入数据中台、分布式计算、数据仓库、人工智能等新型技术,为自律监管提供更充分的技术武器。

2. 自主测试和期货公司参与结合,加强测试全场景覆盖

2021年,广期所部署系统测试的内部测试、模拟交易测试和仿真交易测试三阶段。在内部测试中,着重从交易、结算、监察各环节设计极端情形及相应应对举措,确保极端情形下自律监管措施的有效性。在邀请期货公司参与的模拟交易测试和仿真交易测试中,一方面通过测试反复检验系统运行对自律监管水平和效果的保障作用;另一方面通过期货公司参与向市场传递广期所做好自律监管工作的态度和决心,为未来广期所品种正式上市营造良好的市场环境。

(三) 强化监管协作,为发挥监管合力奠定基础

广期所明确自身的自律监管作用发挥是在中国证监会、地方证监局、交易所、监控中心和期货业协会"五位一体"的监管框架之下,在业务规则和系统部署的各项工作中都始终坚持监管协作的意识,做好各类意见征求、规则制定和系统兼容性研讨和监管案例研究工作。

第四节　中证商品指数公司自律监管情况

一、中证商品指数公司简介

中证商品指数有限责任公司是经中国证监会批准,由上海期货交易所、郑州商品交易所、大连商品交易所、中国金融期货交易所共同发起设立的有限责任公司,于2020年12月16日在河北雄安新区注册成立,注册资本10亿元人民币。

中证商品指数有限责任公司是中国证监会直接管理的证券期货类金融机构，经营范围包括：设计、编制及维护包括单交易所、跨交易所期货指数等相关产品；设计、编制、维护现货指数及产品；开展指数产品定制服务；为宏观经济决策、监管政策的制定提供指数产品及研究支持；开展指数相关产品授权业务；经营数据信息业务；开展指数业务相关技术服务；开展国际合作与交流；中国证监会批准的其他业务。

作为金融支持雄安新区改革开放的重要举措之一，中证商品指数公司肩负着重要职责和使命：打造有市场公信力和国际竞争力的指数产品，为交易所、金融机构开展产品创新和实体企业进行风险管理提供指数工具，服务资本市场供给侧结构性改革，服务雄安新区改革开放，服务宏观经济决策和实体企业风险管理。

二、2021年中证商品指数公司工作概况

2021年，在中国证监会党委的坚强领导下，中证商品指数公司主动作为，艰苦创业，高效完成机构和队伍建设，建立健全各项规章制度，实现了规范有效运转，并在指数业务、系统建设、数据支持、自律监管等方面取得了显著成效。

指数业务方面，一是与上期所、郑商所、大商所、中金所、广期所和中国期货市场监控中心签署战略合作协议，推进跨市场指数编制和指数体系建设。整合监控中心指数，与中金所、上期所、郑商所、大商所、广期所分别合作编制国债期货指数和商品期货指数。二是开展市场调研交流，积极推动与外部机构的业务合作。与雄安新区管委会合作编制绿色发展指数，与中信证券、中金公司建立合作机制，稳步推进指数编制和产品合作。三是为高效服务宏观决策和监管工作，不断优化完善物价预测。完善预测模型，有效应对CPI和PPI基期轮换与权重调整，加强价格传导机制研究，提高预测精度，提早为政策制定和监管工作提供有力参考。

系统运维和数据支持方面，一是推进技术系统建设。在郑商所和易盛公司的大力支持下，打通北京雄安郑州三地研发运维专线，搭建囊括指数编制与发布、运维与管理于一体的商品指数技术服务平台，基本完成指数系统主灾备中心建设工作，初步形成了指数研发等信息科技支撑能力。二是建立运维保障机制。成立跨部门运维工作组，制定工作流程，开展运维演练；与郑商所运维部门合作，建立沟通协调和应急处置机制，扎实做好指数生产环境的运维保障工作。三是推进数据采集、清洗、发布全流程建设。完成4家期货交易所数据接收和清洗工作，完成1 785条现货数据采集，与报刊媒体、数据资讯服务商达成指数发布合作，建立了现货数据采集渠道和指数信息发布渠道。

自律监管方面，一是推进指数监管研究。积极开展国际监管规则和指数公司治理研究，翻译编印了系列国际基准指数监管法规，同时关注国际指数行业协会动态和要求，研究借鉴国际一流指数公司业务治理规则，为公司完善治理结构和高标准

制定业务规则提供参考。二是参照相关要求设立完整的内控治理架构，组建了指数专家委员会、指数运营管理委员会、指数监督委员会、合规风控小组、外部咨询与投诉建议小组，各项基础业务制度建设稳步推进。

第五节　中国期货业协会自律管理情况

2021年，在中国证监会党委坚强领导下，中国期货业协会领导班子以习近平新时代中国特色社会主义思想为指导，围绕"自律、规范、服务、发展"职能，继续坚持"党建总揽、问题驱动、行业导向、技术引领、专业落实、制度保障"的工作思路，推动期货市场有效发挥"价格发现、风险管理"的功能，各项工作在"十四五"开局之年迈出坚实第一步。

（一）夯实法治基础，提升自律管理法治化水平

一是积极参与期货和衍生品立法工作，推动期货市场法治建设。组织召开8场座谈会，征集梳理1 400余条修改意见，重点就加强套期保值者权益保护、拓宽期货公司业务范围、培育专业交易商、优化价格形成机制等方面，向全国人大法工委反馈草案修改建议。

二是规划构建以内控治理和信用建设为抓手的"四梁八柱"自律规则体系。充分借鉴境外成熟市场治理体系经验，发挥自律管理前瞻性引导、预防性规范的作用，发布《期货投资者信用风险信息共享管理规则（修订）》《期货经营机构诚信信息管理办法（修订）》等10项自律规则；起草《期货经营机构治理规范》《期货公司内部控制指引》，统一期货公司行为监管标准。

三是大力推动规范居间人管理，补齐行业短板。发布实施《期货公司居间人管理办法（试行）》，同步推进居间人信息登记管理系统建设，建设涵盖身份信息、业务关系、培训管理、投诉记录、违规记录、失信名单6大模块的居间人信息登记管理，构建以保护投资者利益为核心的居间人个人终身档案；针对居间人开设4门职业培训课程，组织居间人培训考试，提高居间人合规意识和专业水平。截至2021年12月底，共有10 943名居间人报名参加职业培训，其中6 104人完成培训，2 693人完成系统登记。

四是强化"零容忍"震慑，规范市场秩序。全年调查核实52条违规线索，给予3家公司和25名从业人员纪律惩戒，对4家公司出具警示函，对5家公司和3名个人采取约见谈话的批评警示措施，开展案件调查27起；组织90家风险管理公司开展自查，共发现问题（事实）148项；现场检查风险管理公司4家，延伸检查期货公司2家，出具事实确认书4份，记录问题（事实）24项。

（二）推动行业创新，激发行业高质量发展动能

一是统筹推动业务规范创新发展。发布《期货经营机构资产管理业务备案管理规则》，明确期货经营机构资产管理业务的登记备案条件、持续展业的动态管理以及对应的退出机制，进一步促进行业扶优限劣、突出行业特色；建立风险管理公司风险控制指标体系，实现对风险管理公司各类风险的有效监测。发布标准仓单冲抵场外保证金规则，丰富场外履约担保品类型。制定场外衍生品业务管理办法，逐步实现对场外衍生品交易商分层管理。

二是推进行业信用体系建设。发布《风险管理公司会员信用信息报告工作规则》和《期货经营机构资产管理业务信用报告工作规则》，建立综合信用评价体系，推动期货经营机构履行信义义务。修订《期货投资者信用风险信息共享管理规则》，收录期货投资者信用风险信息共计1 639条，推动期货经营机构对投资者信用情况进行全流程风控。

三是探索现货背景风险管理机构试点登记观察。2021年以来，针对现货背景风险管理机构的入会诉求，协会拟定"先试点登记观察，后入会"的方案，积极探索将此类交易商群体纳入自律管理的路径及规则体系。

（三）加强系统建设，科技赋能行业高质量发展

一是重点推进新架构自律服务系统项目开发。形成集从业人员管理、居间人登记管理、会员入会管理等功能为一体的综合性会员管理服务平台。二是构建了以XBRL技术为基础的数据采集系统。完善对资产管理、风险管理业务的数据采集和分析报送。截至2021年12月底，累计收到相关机构数据报告9 967份，有效提升了数据采集和报送质量，为业务部门开展精准管理和风险监测识别提供了有力支持。三是打破信息壁垒，为期货公司数字化转型创造条件。牵头协调4家期货交易所、6家柜台系统开发商制订接口开放工作方案。签署《期货行业信息系统统一测试合作备忘录》，组织近100家期货公司报名参与统一测试项目。制订《期货公司分类评价信息技术建设专项加分方案》，鼓励期货公司加快技术投入，提升科技水平。

（四）高质量加强人才培养和投资者保护，营造健康担当行业氛围

一是完成从业教材改版，探索推进人才分级分类培养体系建设。完成《期货及衍生品基础》《期货法律法规与职业道德》《期货及衍生品分析与应用》三本教材改版。推出11个系列202门146.8学时的点播培训课程，开展11个系列66场直播培训、5场面授培训。启动金融衍生品分析师水平课程体系建设，制定培训大纲，上线分析师一级课程。聚焦衍生品交易商和投资顾问队伍人才培养开展科学赋能期货定价、期权基础及实务应用系列培训。克服疫情影响2021年全年组织2次全国从业统考，挤出近200万元协会自有资金补贴考试，尽最大努力满足市场报考需求。上

线英文考试，完成期货高管测试英文试卷选题和翻译。

二是聚焦提升期货经营机构核心定价能力开展专项研究。围绕大宗商品定价机制和价格影响因素开展专项课题研究，完成12篇研究报告，编撰完成18万字的《大宗商品市场定价机制及影响因素研究》。通过构建量化模型、引入卫星遥感等科技因素等，提高价格预测科学性和准确度。

三是高质量提升投资者风险意识、化解矛盾纠纷。升级完善国家级证券期货投教基地"期货投教网"；开展并号召会员单位开展形式多样的投教活动，组织编写11本投教书籍。充分运用多元纠纷化解机制积极稳妥处理投诉问题，提升投诉转化调解比例和成功率至56%，化解多起偏激、威胁、闹访类案件，对协会无法受理的问题提供法律咨询援助，提高投资者满意度。

四是推动行业文化建设，共建良好文化生态。发布《期货行业文化建设工作纲要》《期货行业文化建设倡议书》，推动构建"合规、诚信、专业、稳健、担当"的期货行业文化。

五是提升宣传成效，展现行业专业担当良好形象。推动央视新闻联播每月播报期货市场成交数据。发布服务中小企业倡议、引导行业为动力煤稳产保供发声、开展河南灾区援助捐款等一系列新闻事件获得中央和行业权威媒体广泛报道。

附 录

附录 1
2021 年全球期货及其他衍生品行业发展报告

>>> 第一节　全球期货及其他衍生品市场交易概况

一、全球期货及其他场内衍生品市场总体发展概况

2021 年全球期货及其他场内衍生品成交量大幅增长。根据国际期货业协会（FIA）对全球 86 家交易所中期货与期权成交量统计结果显示，2021 年全球交易所合约成交量为 625.85 亿手，相较 2020 年的 468.15 亿手，增长幅度为 33.68%。

在 2021 年的场内衍生品成交细分数据中，期货成交量相较 2020 年上升了 14.58%，至 292.75 亿手，期权成交量相较 2020 年上升了 56.63%，至 333.09 亿手。场内衍生品成交分布中，亚太市场占比均继续保持全球第一的地位，市场占比达 48.81%。

分大类看，金融衍生品在 2021 年成交规模保持增长。其中，股指和个股衍生品成交量分别增长了 94.85 亿手和 37.91 亿手，增幅分别达到 50.89% 和 38.12%，总量分别达到了 281.22 亿手和 137.37 亿手，占场内衍生品市场份额分别为 44.93% 和

21.95%。商品衍生品在2021年成交规模也保持增长。其中，非贵金属和农产品类衍生品成交量有所增长，分别增长了5.71亿手和2.49亿手，增幅分别为39.86%和9.69%。能源类和贵金属类衍生品成交量有所下降，分别下降了4.37亿手和2.23亿手，降幅分别为13.81%和22.74%。

2012—2021年全球交易所期货和期权成交量对比见图1。

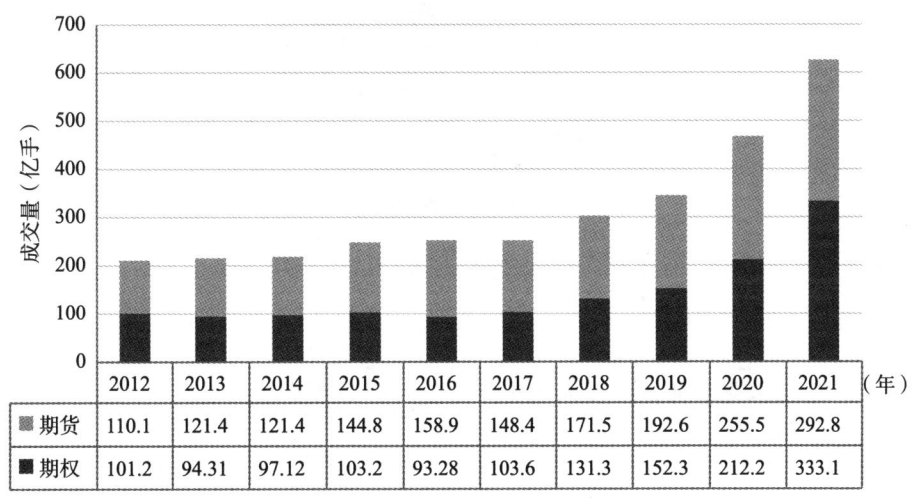

图1　2012—2021年全球交易所期货和期权成交量对比

数据来源：国际期货业协会（FIA）。

（一）全球期货及其他场内衍生品成交量的地域分布

2021年，除欧洲市场外，其他各地区的期货及其他场内衍生品交易情况较2020年都有显著增长。亚太和北美市场仍占据全球前两名，亚太市场成交量增幅为51.63%，增至305.50亿手，北美市场成交量增幅为19.68%，增至153.82亿手。拉美市场成交增幅37.51%，增至88.94亿手，位居全球第三。欧洲市场成交量降幅为2.79%，降至54.52亿手，位居全球第四。其他地区成交量增幅为32.64%，增至17.40亿手。具体见表1。

表1　2021年全球期货及其他场内衍生品成交量分地区比较情况

地区	2021年成交量（手）	2020年成交量（手）	同比变化（%）
亚太	30 549 801 646	20 147 190 374	51.63
北美	15 381 696 837	12 852 019 653	19.68
拉美	8 893 935 540	6 467 912 726	37.51
欧洲	5 451 896 778	5 608 640 531	-2.79
其他	2 307 353 319	1 739 586 853	32.64
全球	62 584 684 120	46 815 350 137	33.68

数据来源：国际期货业协会（FIA）。

2021年全球期货及其他场内衍生品成交量地域分布情况见图2。

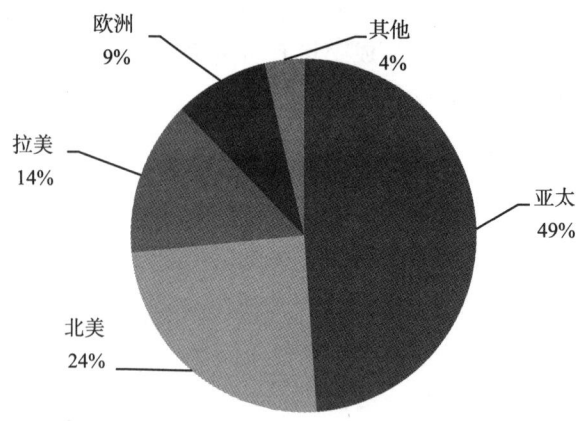

图2　2021年全球期货及其他场内衍生品成交量地域分布

数据来源：国际期货业协会（FIA）。

（二）全球各交易所期货及其他场内衍生品成交量概况

在2021年全球各交易所期货及其他衍生品成交量排名中，印度国家证券交易所（NSE）继续位居第一，成交量比2020年有较大增长，增幅达到94.97%，增至172.55亿手。巴西证券期货交易所（B3）成交量大幅增加，增幅38.04%，增至87.56亿手，排名第二。芝加哥商业交易所集团（CME Group）成交量小幅增长，增幅2.53%，增至49.43亿手，排名第三。

郑州期货交易所、上海期货交易所（包含上海国际能源交易中心）和大连商品交易所成交量出现不同程度增加。郑州商品交易所成交量增幅51.73%，排名第7位。上海期货交易所成交量增幅14.90%，排名第8位；大连商品交易所成交量增幅7.12%，排名第9位；中国金融期货交易所成交量增幅5.86%，增至1.22亿手，排名第27位。

2021年全球各交易所/交易所集团期货及其他衍生品成交量前20排名见表2。

表2　2021年全球交易所/交易所集团期货及其他衍生品成交量前20排名

排名	交易所/交易所集团名称	2021年成交量（手）	2020年成交量（手）	同比变化（%）
1	印度国民证券交易所（NSE）	17 255 329 463	8 850 473 823	94.97
2	巴西圣保罗证券期货交易所（B3）	8 755 773 393	6 342 883 080	38.04
3	芝加哥商业交易所集团（CME）	4 942 738 176	4 820 589 858	2.53
4	洲际交易所（ICE）	3 317 893 282	2 788 944 012	18.97
5	纳斯达克集团（NASDAQ Group）	3 292 840 477	2 660 595 514	23.76
6	芝加哥期权交易所集团（CBOE）	3 095 692 862	2 614 108 017	18.42

续表

排名	交易所/交易所集团名称	2021年成交量（手）	2020年成交量（手）	同比变化（%）
7	郑州商品交易所（ZCE）	2 582 227 206	1 701 847 321	51.73
8	上海期货交易所（SHFE）	2 445 774 713	2 128 613 700	14.90
9	大连商品交易所（DCE）	2 364 418 367	2 207 327 866	7.12
10	韩国交易所（KRX）	2 281 738 234	2 184 930 969	4.43
11	莫斯科交易所（MOEX）	2 101 589 316	2 119 939 033	-0.87
12	伊斯坦布尔交易所（BIST）	2 081 042 040	1 517 476 458	37.14
13	德意志交易所集团（DBG）	1 717 475 973	1 873 908 339	-8.35
14	印度孟买证券交易所（BSE）	1 607 775 410	924 427 025	73.92
15	迈阿密国际证券交易所集团（MIAX）	1 338 182 359	827 454 642	61.72
16	多伦多证券交易所集团（TMX Group）	613 028 878	318 018 983	92.76
17	香港交易所集团（HKEX）	433 092 595	437 073 315	-0.91
18	台湾期货交易所（TAIFEX）	392 202 371	341 393 346	14.88
19	日本交易所集团（JPX）	333 638 732	454 261 835	-26.55
20	新加坡交易所（SGX）	232 104 773	247 510 317	-6.22

数据来源：国际期货业协会（FIA）。

2021年全球各交易所集团旗下交易所成交概况见表3。

表3　　　　2021年全球各交易所集团旗下交易所成交概况

交易所	2021年成交量（手）	2020年成交量（手）	同比变化（%）
芝加哥商业交易所集团（CME Group）	**4 942 738 176**	**4 820 589 858**	**2.53**
芝加哥商业交易所（Chicago Mercantile Exchange）	2 465 272 592	2 386 096 294	3.32
芝加哥期货交易所（Chicago Board of Trade）	1 788 119 184	1 651 840 795	8.25
纽约商业交易所（New York Mercantile Exchange）	556 336 556	610 984 409	-8.94
纽约商品交易所（Commodity Exchange）	133 009 844	171 668 360	-22.52
洲际交易所集团（Intercontinental Exchange）	**3 317 893 282**	**2 788 944 012**	**18.97**
洲际交易所欧洲期货分所（ICE Futures Europe）	1 114 341 692	1 079 735 383	3.21
纽约证券交易所高增长板期权市场（NYSE Arca）	1 054 877 149	711 701 208	48.22
纽约证券交易所泛美证券交易所（NYSE Amex）	750 011 399	578 952 684	29.55
洲际交易所美国期货分所（ICE Futures U.S.）	333 191 745	371 506 254	-10.31
洲际Endex交易所（ICE Endex）	62 034 239	45 028 997	37.77
洲际交易所新加坡期货分所（ICE Futures Singapore）	2 274 113	2 019 486	12.61
洲际交易所迪拜期货分所（ICE Futures Abu Dhabi）	1 162 945	—	—
纳斯达克集团（NASDAQ Group）	**3 292 840 477**	**2 660 595 514**	**23.76**

续表

交易所	2021年成交量（手）	2020年成交量（手）	同比变化（%）
纳斯达克费城股票交易所（Nasdaq PHLX）	1 160 156 503	888 987 070	30.50
纳斯达克期权交易所（Nasdaq Options Market）	761 762 753	688 942 003	10.57
纳斯达克美国国际证券交易所（Nasdaq ISE）	626 595 937	545 827 621	14.80
纳斯达克美国国际证券交易所 Gemini 分所（Nasdaq GEMX）	398 560 205	392 674 146	1.50
纳斯达克美国国际证券交易所 Mercury 分所（Nasdaq MRX）	150 713 603	52 111 029	189.22
纳斯达克波士顿期权交易所（Nasdaq BX Options）	128 632 246	14 846 436	766.42
纳斯达克北欧交易所（Nasdaq Exchanges Nordic Markets）	65 882 979	76 534 988	-13.92
纳斯达克商品交易所（Nasdaq Commodities）	536 251	672 221	-20.23
芝加哥期权交易所集团（CBOE Holdings）	**3 095 692 862**	**2 614 108 017**	**18.42**
芝加哥期权交易所（Chicago Board Options Exchange）	1 515 701 709	1 349 799 569	12.29
Cboe BZX 期权交易所（Cboe BZX Options Exchange）	789 931 731	687 320 373	14.93
Cboe C2 期权交易所（Cboe C2 Options Exchange）	368 296 414	229 842 408	60.24
Cboe EDGX 期权交易所（Cboe EDGX Options Exchange）	363 710 403	296 397 463	22.71
Cboe 期货交易所（Cboe Futures Exchange）	58 051 281	50 748 204	14.39
Cboe 欧洲衍生品交易所（Cboe Europe Derivative Exchange）	1 324	—	—
上海期货交易所（SHFE）	**2 445 774 713**	**2 128 613 700**	**14.90**
上海期货交易所（SHFE）	2 370 541 568	2 072 281 720	14.39
上海国际能源交易中心（INE）	75 233 145	56 331 980	33.55
德意志交易所集团（DBG）	**1 717 475 973**	**1 873 908 339**	**-8.35**
欧洲期货交易所（Eurex）	1 703 293 825	1 861 416 584	-8.49
欧洲能源交易所（EEX）	7 774 694	7 625 298	1.96
节点交易所（Nodal Exchange）	6 407 454	4 866 457	31.67
印度孟买证券交易所（BSE）	**1 607 775 410**	**924 427 025**	**73.92**
孟买股票交易所（BSE）	1 435 287 727	848 173 713	69.22
印度国际交易所（India International Exchange）	172 487 683	76 253 312	126.20
迈阿密国际证券交易所集团（Miami International Holdings）	**1 338 182 359**	**827 454 642**	**61.72**
迈阿密期权交易所（MIAX Options）	522 619 340	330 303 726	58.22
迈阿密珍珠期权交易所（MIAX Pearl）	427 001 176	293 410 388	45.53
迈阿密绿宝石交易所（MIAX Emerald）	388 561 843	203 740 528	90.71
多伦多证券交易所集团（TMX Group）	**613 028 878**	**318 018 983**	**92.76**

续表

交易所	2021年成交量（手）	2020年成交量（手）	同比变化（%）
波士顿期权交易所（Boston Options Exchange）	463 035 929	202 168 886	129.03
蒙特利尔交易所（Montreal Exchange）	149 992 949	115 850 097	29.47
香港交易所集团（Hong Kong Exchanges and Clearing）	**433 092 595**	**437 073 315**	**−0.91**
香港交易所（Hong Kong Exchanges and Clearing）	288 139 516	282 225 200	2.10
伦敦金属交易所（London Metal Exchange）	144 953 079	154 848 115	−6.39
日本交易所集团（Japan Exchange Group）	**333 638 732**	**454 261 835**	**−26.55**
大阪交易所（Osaka Exchange）	329 605 065	439 144 049	−24.94
东京商品交易所（Tokyo Commodity Exchange）	4 033 667	15 117 786	−73.32
澳大利亚证券交易所集团（ASX）	**199 239 748**	**224 853 882**	**−11.39**
澳大利亚证券交易所（ASX 24）	137 805 151	155 750 589	−11.52
澳大利亚证券交易所（ASX）	61 434 597	69 103 293	−11.10
泛欧交易所（Euronext）	**189 071 710**	**200 693 543**	**−5.79**
泛欧衍生品市场（Euronext Derivatives Market）	164 051 549	175 583 217	−6.57
意大利证券交易所（Borsa Italiana）	25 020 161	25 110 326	−0.36

数据来源：国际期货业协会（FIA）。

（三）全球期货及其他场内衍生品交易品种成交量分布

由于期货和期权表现迥异，各个期货及其他场内衍生品交易品种在期货、期权市场的表现也值得关注。

1. 期货方面

2021年全球期货市场整体成交量继续稳健上行，达到292.75亿手，创出历史新高，增幅达到14.58%。

金融期货中，股指类、个股类、利率类和外汇类期货成交量均有所增长，增幅分别为18.55%、27.22%、15.25%和8.17%。

商品期货中，非贵金属期货成交量出现大幅增长，增幅为39.16%；农产品期货成交量有所增长，增幅为8.34%；贵金属期货和能源期货成交量有所下降，降幅分别为22.78%和15.00%。

2021年全球期货各品种成交量情况见表4。

表4　　　　　　　　　　2021年全球期货各品种成交量情况

品种种类	2021年成交量（手）	2020年成交量（手）	同比变化（%）
股指期货	7 869 353 367	6 638 187 351	18.55
个股期货	3 935 659 158	3 093 470 681	27.22

续表

品种种类	2021年成交量（手）	2020年成交量（手）	同比变化（%）
利率期货	3 788 517 915	3 287 246 884	15.25
外汇期货	3 584 050 092	3 313 221 117	8.17
农产品期货	2 633 433 938	2 430 822 556	8.34
能源期货	2 548 421 745	2 998 078 689	-15.00
其他期货	2 218 464 963	1 421 880 937	56.02
非贵金属期货	1 954 623 458	1 404 607 586	39.16
贵金属期货	742 765 259	961 872 252	-22.78
期货总计	29 275 289 895	25 549 388 053	14.58

数据来源：国际期货业协会（FIA）。

2021年全球期货成交量品种分布见图3。

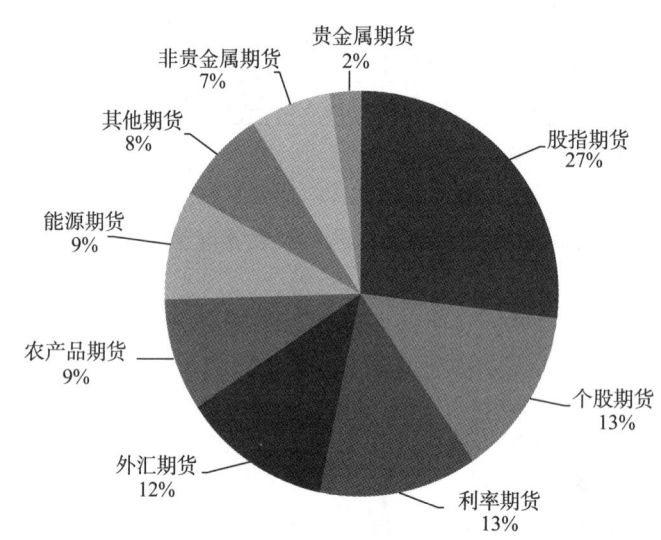

图3　2021年全球期货成交量品种分布

数据来源：国际期货业协会（FIA）。

2. 期权方面

2021年期权成交量稳步增长。在金融类期权方面，股指期权、外汇期权和个股期权成交量增幅分别为68.79%、63.48%和43.04%；利率期权成交量有所下降，降幅为4.76%。在商品类期权方面，农产品类、能源类、非贵金属类和其他类期权成交量也都有所增长，但由于其基数较低，各自占场内期权市场份额仍不足1%；贵金属期权成交量则有所下滑，降幅为20.74%。

2021年全球场内期权衍生品各品种成交量情况见表5。

表 5　　　　　　　　　2021 年全球场内期权衍生品各品种成交量情况

品种种类	2021 年成交量（手）	2010 年成交量（手）	同比变化（%）
股指期权	20 252 678 702	11 999 085 892	68.79
个股期权	9 800 903 429	6 852 012 829	43.04
外汇期权	1 972 060 519	1 206 300 698	63.48
利率期权	788 515 679	827 946 116	−4.76
农产品期权	185 088 966	138 630 939	33.51
能源期权	178 866 228	166 056 722	7.71
其他期权	64 567 332	26 173 121	146.69
非贵金属期权	49 998 904	28 668 380	74.40
贵金属期权	16 714 466	21 087 387	−20.74
期权总计	33 309 394 225	21 265 962 084	56.63

数据来源：国际期货业协会（FIA）。

2021 年全球场内期权衍生品成交量品种分布见图 4。

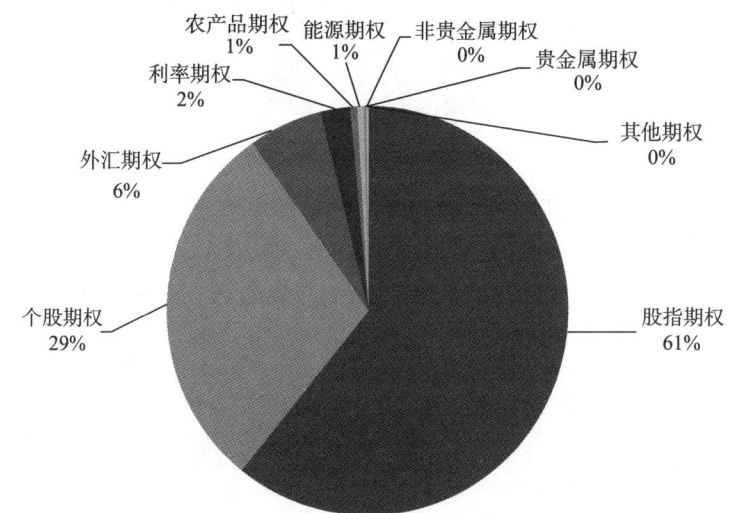

图 4　2021 年全球场内期权衍生品成交量品种分布

2020—2021 年全球期货及其他场内衍生品各品种成交量对比见图 5。

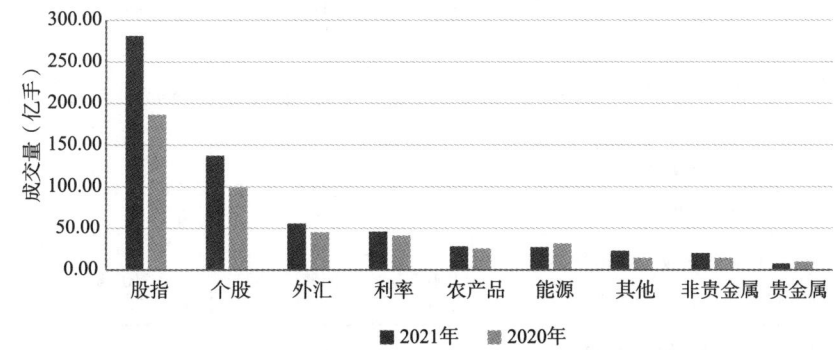

图 5　2021 年全球场内期权衍生品成交量品种分布

数据来源：国际期货业协会（FIA）。

2021 年全球期货及其他场内衍生品各品种成交量分布见图6。

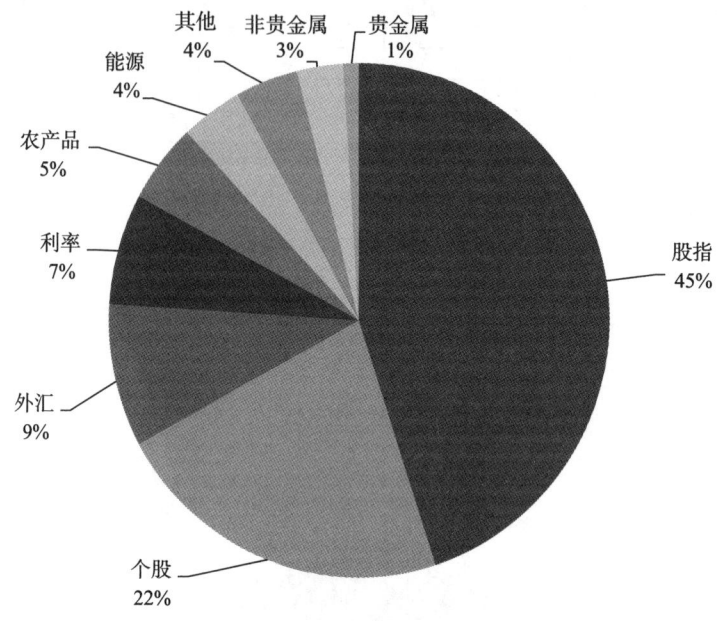

图 6　2021 年全球期货及其他场内衍生品各品种成交量分布

数据来源：国际期货业协会（FIA）。

2021 年全球股票指数、利率、外汇、能源、农产品、金属期货及期权成交量排名前 5 位合约见表 6 至表 11。

表 6　　　　2021 年全球股票指数期货及期权成交量排名前 5 位合约

排名	交易品种及上市交易所	指数乘数	2021 年成交量（手）	2020 年成交量（手）	同比变化（%）
1	银行精选指数期权，印度国家证券交易所（NSE）	75 印度卢比	8 536 738 069	4 295 092 542	98.76
2	CNX 精选指数期权，印度国家证券交易所（NSE）	50 印度卢比	5 497 680 235	2 372 865 911	131.69
3	IBovespa 迷你指数期货，巴西证券交易所（B3）	0.2 巴西雷亚尔	4 622 466 696	2 920 822 321	58.26
4	S&P Sensex 指数期权，印度孟买证券交易所（BSE）	15 印度卢比	614 527 737	34 394 746	1 686.69
5	Kospi200 指数期权，韩国交易所（KRX）	250 000 韩元	535 325 603	610 510 383	-12.32

数据来源：国际期货业协会（FIA）。

表7　　　　　2021年全球利率期货及期权成交量排名前5位合约

排名	交易品种及上市交易所	交易单位	2021年成交量（手）	2020年成交量（手）	同比变化（%）
1	一天期银行间存款期货，巴西证券期货交易所（B3）	100 000 巴西雷亚尔	654 265 238	515 467 855	26.93
2	欧洲美元期货，芝加哥商业交易所（CME）	1 000 000 美元	610 431 078	509 912 503	19.71
3	十年期美国国债期货，芝加哥期货交易所（CBOT）	100 000 美元	469 746 624	405 990 223	15.70
4	五年期美国国债期货，芝加哥期货交易所（CBOT）	100 000 美元	281 860 840	244 842 677	15.12
5	欧洲美元中段线期权，芝加哥商业交易所（CME）	1 000 000 美元	202 913 484	82 725 939	145.28

数据来源：国际期货业协会（FIA）。

表8　　　　　2021年全球外汇期货及期权成交量排名前5位合约

排名	交易品种及上市交易所	交易单位（美元）	2021年成交量（手）	2020年成交量（手）	同比变化（%）
1	美元/印度卢比期权，印度国家证券交易所（NSE）	1 000	1 458 035 383	776 695 344	87.7
2	迷你美元期货，巴西证券期货交易所（B3）	1 000	825 061 535	697 418 812	18.3
3	美元/俄罗斯卢布期货，莫斯科交易所（MOEX）	1 000	786 281 346	755 425 507	4.1
4	美元/印度卢比期货，印度国家证券交易所（NSE）	1 000	664 212 770	605 182 124	9.8
5	美元/印度卢比期权，孟买证券交易所（BSE）	1 000	426 595 296	336 417 376	26.8

数据来源：国际期货业协会（FIA）。

表9　　　　　2021年全球能源期货及期权成交量排名前5位合约

排名	交易品种及上市交易所	交易单位	2021年成交量（手）	2020年成交量（手）	同比变化（%）
1	布伦特原油期货，莫斯科交易所（MOEX）	10 桶	579 590 791	742 813 393	−22.0
2	燃料油期货，上海期货交易所（SHFE）	10 吨	276 993 809	477 193 406	−42.0

续表

排名	交易品种及上市交易所	交易单位	2021年成交量（手）	2020年成交量（手）	同比变化（%）
3	WTI轻质低硫原油期货，纽约商业交易所（NYMEX）	1 000桶	248 314 481	274 180 352	-9.4
4	布伦特原油期货，洲际交易所欧洲期货分所（ICE Europe）	1 000桶	243 666 353	231 879 831	5.1
5	石油沥青期货，上海期货交易所（SHFE）	10吨	140 463 222	204 756 838	-31.4

数据来源：国际期货业协会（FIA）。

表10　2021年全球农产品期货及期权成交量排名前5位合约

排名	交易品种及上市交易所	交易单位（吨）	2021年成交量（手）	2020年成交量（手）	同比变化（%）
1	豆粕期货，大连商品交易所（DCE）	10	360 388 172	359 464 679	0.3
2	菜籽粕期货，郑州商品交易所（ZCE）	10	268 927 210	159 893 801	68.2
3	豆油期货，大连商品交易所（DCE）	10	229 383 502	173 116 523	32.5
4	棕榈油期货，大连商品交易所（DCE）	10	226 614 036	315 167 096	-28.1
5	玉米期货，大连商品交易所（DCE）	10	189 287 113	177 715 573	6.5

数据来源：国际期货业协会（FIA）。

表11　2021年全球金属期货及期权成交量排名前5位合约

排名	交易品种及上市交易所	交易单位	2021年成交量（手）	2020年成交量（手）	同比变化（%）
1	螺纹钢期货，上海期货交易所（SHFE）	10吨	655 986 710	366 043 408	79.2
2	白银期货，上海期货交易所（SHFE）	15千克	231 457 606	357 232 087	-35.2
3	热轧卷板期货，上海期货交易所（SHFE）	10吨	220 715 917	82 346 338	168.0
4	铁矿石期货，大连商品交易所（DCE）	100吨	174 412 025	284 630 172	-38.7

续表

排名	交易品种及上市交易所	交易单位	2021年成交量（手）	2020年成交量（手）	同比变化（%）
5	镍期货，上海期货交易所（SHFE）	1吨	172 165 580	179 764 100	-4.2

数据来源：国际期货业协会（FIA）。

二、全球场外衍生品市场发展概况

场外衍生品市场是全球金融市场的重要组成部分，其合约制定及交易的灵活性受到广大投资者及投资机构的认可与欢迎。国际结算银行（Bank for International Settlements，BIS）收集全球各地区央行关于场外衍生品市场交易的数据，每半年公布相关统计结果，旨在为市场持续提供较全面的关于场外衍生品市场规模及市场结构的信息。现已有63家央行向国际结算银行提供相关数据。

国际结算银行每半年公布的数据中包括场外衍生品市场未结算交易的合约面值及市场总值。其中，合约面值是指截至报告日已经发生但仍未到期结算的所有交易的合约总面值，通过合约面值的数据可以了解场外衍生品交易的市场规模；而合约市场总值则是所有开仓合约的绝对价值总和，即如果重新购买该合约需要付出的成本。

从表12中可以看出，截至2021年6月底，国际结算银行统计的全球场外衍生品市场未结算交易的合约面值为609.996万亿美元，比2020年12月底增加4.80%。利率类场外衍生品仍是场外市场的最主要合约品种，截至2021年6月，场外利率合约未结算交易的合约面值为488.099万亿美元，在整个场外衍生品市场中占比80.02%，占绝对的主导地位，其次是外汇类合约，份额为16.80%。

表12　　　　2018—2021年场外衍生品市场未结算交易合约面值　　（单位：十亿美元）

品种种类	2021年6月	2020年12月	2020年6月	2019年12月	2019年6月	2018年12月
利率	488 099	466 494	495 141	448 966	523 960	436 832
外汇	102 471	97 549	93 811	92 179	98 562	90 658
信用	9 121	8 649	9 050	8 119	8 418	8 372
股票相关	7 506	7 084	6 457	6 874	7 046	6 419
商品	2 453	2 051	2 099	2 129	2 114	1 903
其他	347	227	262	246	253	199
合计	609 996	582 055	606 821	558 513	640 352	544 383

数据来源：国际结算银行（BIS）。

2021年6月底场外衍生品市场各品种未结算交易合约面值分布见图7。

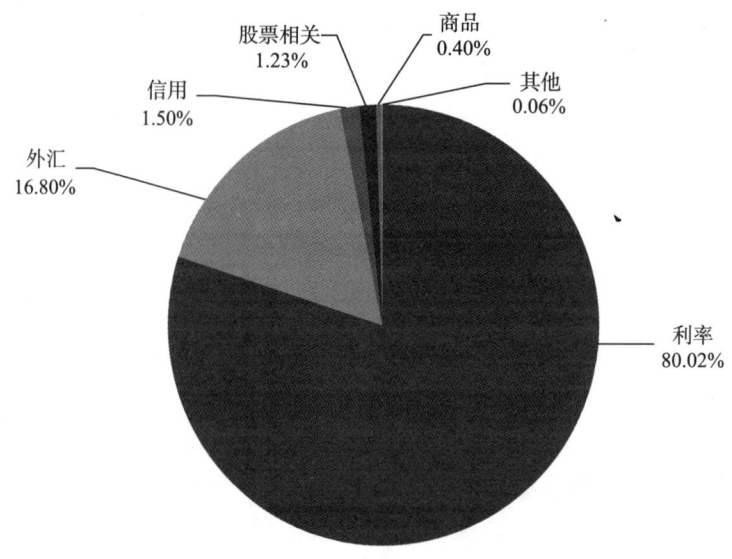

图7　2021年6月底场外衍生品市场各品种未结算交易合约面值分布

数据来源：国际结算银行（BIS）。

2021年6月底利率类、外汇类、信用违约掉期股票场外衍生品未结算交易合约面值情况见表13—表16。

表13　　　　2021年6月底利率类场外衍生品未结算交易合约面值细分情况（单位：十亿美元）

合约类型	美元	欧元	日元	英镑	瑞士法郎	加拿大元	瑞典克朗	其他	总计
远期利率协议	31 967	31 741	42	4 558	391	184	1 421	3 322	73 626
利率掉期	120 865	94 020	30 932	44 068	2 897	15 228	3 894	60 473	372 376
期权	20 948	14 351	1 286	4 197	22	55	139	811	41 810
总计	173 780	140 112	32 261	52 823	3 310	15 466	5 454	64 893	488 099

数据来源：国际结算银行（BIS）。

表14　　　　2021年6月底外汇类场外衍生品未结算交易合约面值细分情况（单位：十亿美元）

合约类型	美元	欧元	日元	英镑	瑞士法郎	加拿大元	瑞典克朗	其他	总计
远期及外汇掉期	52 771	18 100	8 781	7 607	2 960	3 343	1 246	28 332	61 569
货币互换	24 726	11 027	4 581	4 938	1 065	1 916	668	8 574	28 748
期权	9 785	4 602	2 027	855	524	713	89	5 631	12 113
总计	87 282	33 729	15 389	13 400	4 549	5 971	2 003	42 618	102 471

数据来源：国际结算银行（BIS）。

表 15　2021年6月底各类信用违约掉期场外衍生品未结算交易合约面值

（单位：十亿美元）

合约类型	报告交易商	其他金融机构						非金融机构	总计
		CCPs	银行和证券公司	保险和财务担保公司	SPVs，SPCs和SPEs	对冲基金	其他		
信用违约掉期	1 112	5 615	634	112	75	406	616	243	8 813

数据来源：国际结算银行（BIS）。

表 16　2021年6月底各股票相关类场外衍生品未结算交易合约面值（单位：十亿美元）

合约类型	美国股票	欧洲股票	日本股票	其他亚洲国家股票	拉美国家股票	其他	总计
远期和互换	1 508	1 275	164	270	305	310	3 832
期权	2 059	931	75	100	115	393	3 673
总计	3 567	2 206	239	370	420	703	7 506

数据来源：国际结算银行（BIS）。

第二节　全球期货及其他衍生品行业发展概况

一、全球期货及其他衍生品市场主体类别

鉴于美国衍生品市场是全球范围内历史较为悠久、发展相对成熟和开放的市场之一，参考美国市场主体的设置可以对全球衍生品行业机构的情况有基本了解。2008年金融危机发生后，美国不断加强对衍生品市场的监管。此前，在美国商品期货交易委员会（CFTC）注册的市场主体主要为衍生品中介机构，其中包括：业务代理机构，如期货佣金商（FCM）、场内经纪商（FB）场内交易商（FT）；客户开发机构，如介绍经纪商（IB）和助理中介人（AP）；管理服务型中介机构，如商品交易顾问（CTA）以及商品基金经理（CPO）。2010年11月23日，美国商品期货交易委员会（CFTC）建议新增掉期交易商（SD）以及主要掉期参与者（MSP）两项注册类别，以期加强对参与掉期交易相关机构的监管。随着《多德—弗兰克法案》的逐步实施，交易主体如指定合约交易市场（DCM）、掉期执行系统（SEF）与海外交易平台（FBOT），结算主体如衍生品结算机构（DCO），以及掉期数据库（SDR）等被逐步列为美国商品期货交易委员会的监管主体。

美国商品期货交易委员会（CFTC）《2021年财务信息汇报》中公布的监管主体数据如表17所示。

表 17　　美国商品期货交易委员会（CFTC）监管下市场主体注册数据

交易主体	
指定合约机交易市场（Designated Contract Market，DCM）	16
掉期执行系统（Swap Execution Facility，SEF）	20
海外交易平台（Foreign Board of Trade，FBOT）	23
结算主体	
衍生品结算机构（Derivatives Clearing Organization，DCO）	15
免税衍生品结算机构（Exempt Derivatives Clearing Organization，Exempt DCO）	4
系统重要性衍生品结算机构（Systemically Important DCO，SIDCO）	2
数据存储库	
掉期数据库（Swap Data Repository，SDR）	3
注册期货业协会	
美国期货业协会（NFA）	1
注册中介机构	
期货佣金商（FCM）	61
主要掉期参与者（MSP）	0
外汇零售商（RFED）	4
掉期交易商（SD）	112
商品基金经理（CPO）	1 261
商品交易顾问（CTA）	1 751
助理中介人（AP）	44 151
介绍经纪商（IB）	1 045
场内经纪商（FB）	2 574
场内交易商（FT）	461

数据来源：美国商品期货交易委员会（CFTC）《2021 年财务信息汇报》，数据截至 2021 年 9 月。

二、期货佣金商（FCM）发展概况

（一）2021 年主要期货佣金商客户权益情况对比

根据美国商品期货交易委员会（CFTC）公布的 2021 年 12 月 31 日 FCM 客户权益数据显示，2021 年摩根大通证券继续位居客户权益第一位。近年来，主要期货佣金商仍是以综合性投资银行为主，如摩根大通、高盛、摩根士丹利等综合性跨国投资银行，这些机构资金实力雄厚，业务多元化，是全球金融市场的主要参与者。其中，大多数机构既是美国商品期货交易委员会注册的期货佣金商，也是美国证券交易委员会注册的证券经纪商。2013 年，美国商品期货交易委员会新增了掉期交易商的注册，高盛、摩根大通、摩根士丹利、花旗及瑞穗证券美国公司等率先进行注册，展开掉期交易商的业务。在榜单中，专业型期货佣金商如艾地盟的客户权益排名稳定地维持在较前梯队（见表18）。

表18　　　　2021年美国期货佣金商客户权益排名前20位

2021年排名	期货佣金商（FCM）公司名称	注册类别	2021年客户权益（亿美元）	2021年净资本（亿美元）	2020年排名	2020年客户权益（亿美元）
1	摩根大通证券 JP MORGAN SECURITIES LLC	FCM BD SD	524.78	245.81	1	479.59
2	高盛 GOLDMAN SACHS & CO LLC	FCM BD SD	363.80	222.04	2	346.70
3	摩根士丹利 MORGAN STANLEY & CO LLC	FCM BD SD	244.47	183.83	3	262.53
4	美国银行证券 BOFA SECURITIES INC	FCM BD	224.14	166.21	4	215.44
5	花旗全球市场 CITIGROUP GLOBAL MARKETS INC	FCM BD SD	198.89	125.83	6	143.27
6	法兴证券美国公司 SG AMERICAS SECURITIES LLC	FCM BD	164.12	44.25	5	147.53
7	瑞穗证券美国公司 MIZUHO SECURITIES USA LLC	FCM BD	119.63	12.18	11	57.67
8	巴克莱资本 BARCLAYS CAPITAL INC	FCM BD	90.62	87.77	7	90.86
9	盈透证券 INTERACTIVE BROKERS LLC	FCM BD	81.47	55.81	10	60.53
10	艾地盟 ADM INVESTOR SERVICES INC	FCM	72.50	4.37	12	55.20
11	奥布莱恩联合经营 RJ OBRIEN ASSOCIATES LLC	FCM SD	62.30	55.84	13	48.39
12	富国证券 WELLS FARGO SECURITIES LLC	FCM BD	60.71	23.53	14	43.01
13	瑞银证券 UBS SECURITIES LLC	FCM BD	60.21	2.93	9	67.05
14	法国巴黎银行机构经纪公司 BNP PARIBAS SECURITIES CORP	FCM BD	59.42	97.39	17	35.80
15	STONEX 金融公司 STONEX FINANCIAL INC	FCM BD	48.08	3.27	19	31.15
16	荷兰银行芝加哥结算公司 ABN AMRO CLEARING CHICAGO LLC	FCM BD	45.10	26.92	18	35.00

续表

2021年排名	期货佣金商（FCM）公司名称	注册类别	2021年客户权益（亿美元）	2021年净资本（亿美元）	2020年排名	2020年客户权益（亿美元）
17	美国麦格理期货 MACQUARIE FUTURES USA LLC	FCM	43.83	6.43	21	27.68
18	瑞士信贷集团美国公司 CREDIT SUISSE SECURITIES (USA) LLC	FCM BD	40.98	4.19	8	74.02
19	加拿大皇家银行资本市场公司 RBC CAPITAL MARKETS LLC	FCM BD	36.53	2.15	16	36.49
20	MAREX 北美 MAREX NORTH AMERICA LLC	FCM	35.81	1.96	24	21.15

数据来源：美国商品期货交易委员会（CFTC）。

（二）期货佣金商的经营概况

近年来，期货佣金商中客户权益总量维持高位，2021年出现较大幅度增长，截至2021年12月，客户权益总量同比增加12.74%，达到2 802.10亿美元。

期货佣金商的数量方面，近年呈现连年减少后逐渐平稳的趋势（见图8）。根据美国商品期货交易委员会公布的数据，2021年底美国期货佣金商的数量较2020年减少3家，共62家。自2008年金融危机以来，期货佣金商所面临的最大挑战是太低的利率，这意味着太低的收入和越来越高的成本：日益严苛的监管制度及合规成本、资金成本、技术成本，以及交易所费用结构难以商议，这些都导致佣金商难以寻求利润。中小型佣金商选择退出或者被并入大型佣金商，佣金商数量有所减少。

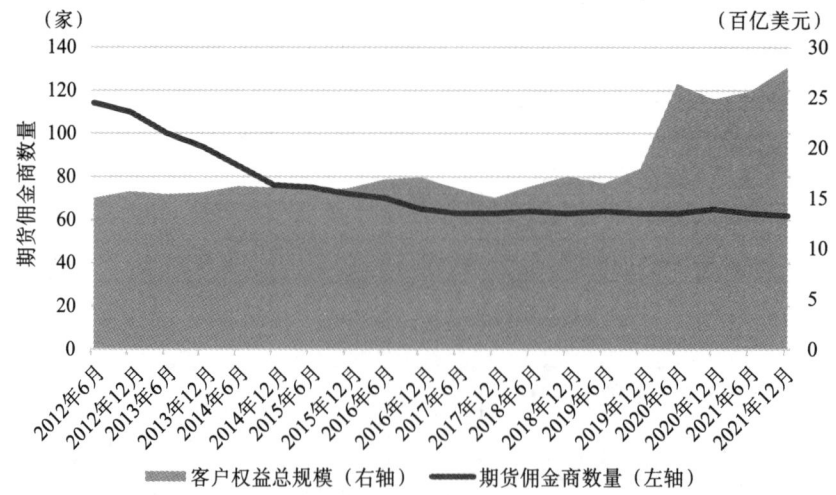

图8 2012—2021年美国期货佣金商数量及客户权益变动

数据来源：美国商品期货交易委员会（CFTC）。

期货佣金商的客户权益集中度方面，2021年相较2020年略有下降。其中，前5名期货佣金商客户权益占比55.53%，第6至第10名的市场份额为18.86%，其他期货佣金商的客户权益总占比为25.61%。具体见图9。

不同类型的佣金商对于利率和成本的问题反应也不尽相同，对于大型银行佣金商来说，这个问题尤为棘手。清算机构保证金对于它们的资产报表冲击较大，而对于非银行佣金商来说机会较好。银行对于客户的要求较为严格，导致为不符合银行要求的客户而服务的中层市场的形成，而非银行佣金商在这个市场如鱼得水。

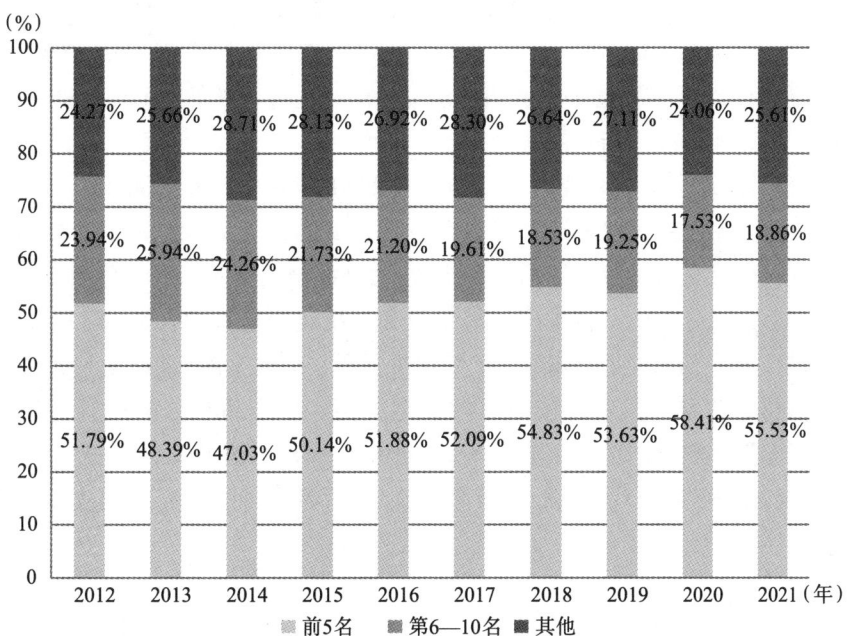

图9　2012—2021年美国期货佣金商中客户权益分布情况

数据来源：美国商品期货交易委员会（CFTC）。

三、全球期货及其他衍生品机构投资者发展概况

机构投资者是全球期货及其他场内衍生品市场的投资主力。一般来说，相对于个人投资者，机构投资者拥有更加雄厚的资金实力、丰富的投资经验以及研究实力，能够更加准确地把握市场脉搏。机构投资者根据运作方式的不同主要分为管理期货基金、对冲基金、共同基金及养老基金等。由于共同基金及养老基金一般不直接参与期货或其他衍生品的交易，而是通过前两种机构投资者进行投资，因此，投资期货及其他衍生品的基金主要集中在管理期货基金及对冲基金。

（一）管理期货基金（Managed Futures）

管理期货基金行业最初专注于投资商品期货领域，因此也称为商品交易顾问（Commodity Trading Advisor，CTA），随着市场衍生品品种的不断丰富，商品交易顾

问的投资领域也不再局限于商品期货。管理期货基金需要在美国商品交易委员会及美国国家期货协会注册，定期向监管机构提交相关的数据与信息。管理期货基金为投资者，特别是高净值投资者提供投资传统品种以外领域的机会。

根据管理期货基金投资领域的不同，巴克莱对冲把管理期货基金细分为农产品类投资型、货币类投资型、金融/金属类投资型以及没有特定品种类型的分散化投资型。而根据管理期货基金做出投资决策的方式的不同，巴克莱对冲把管理期货基金分为自主式投资型和系统化投资型。

CTA 指数是衡量管理期货/CTA 行业表现的重要指标。巴克莱 CTA 指数是行业使用最久的一个衡量 CTA 业绩的指标。该公司于每年年初审查调整 CTA 的数目，该指数涵盖的 CTA 需要具备 4 年的历史业绩。同时，符合条件的 CTA 新推出的投资项目运行 2 年后才会加入指数的统计中。

2021 年 CTA 综合指数表现为 5.29%，较 2020 年略有下降，如图 10 所示。除了计算综合指数外，巴克莱对冲还计算各种投资领域的细分指数，其中，按照标的类型分类，有农产品交易指数、货币交易指数、金融/金属交易指数、分散投资交易指数；按照交易方式分类，有自主型交易指数和系统化交易指数。从图 11 和图 12 可以看出，2021 年，所有类型较 2020 年均有所下滑，但除金融/金属交易指数外，其余类型均获得正收益。其中，按照标的类型分类，农产品和分散投资类型的收益表现超过了 CTA 综合指数，分别为 8.23% 和 6.30%；按照交易方式分类，自主型的收益表现超过了 CTA 综合指数，为 9.35%，而系统化类型的收益仅为 3.84%。

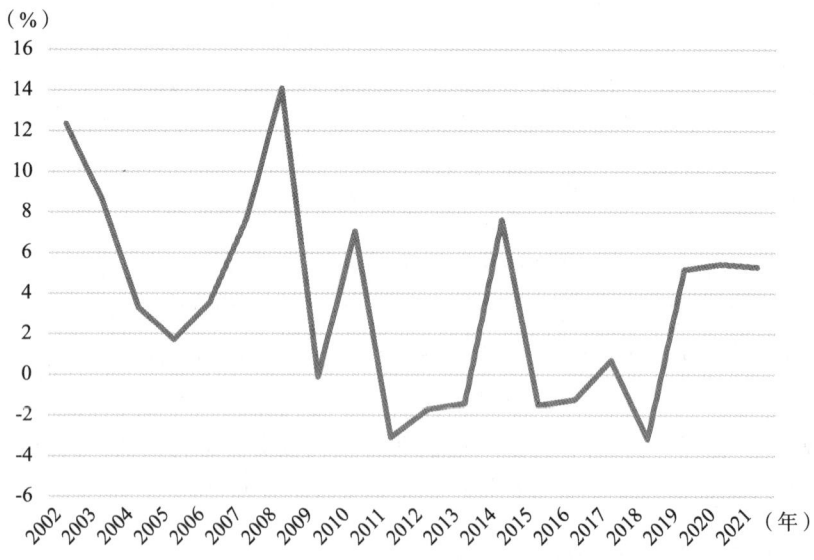

图 10　2002—2021 年巴克莱 CTA 综合指数表现

数据来源：巴克莱对冲（Barclay Hedge）。

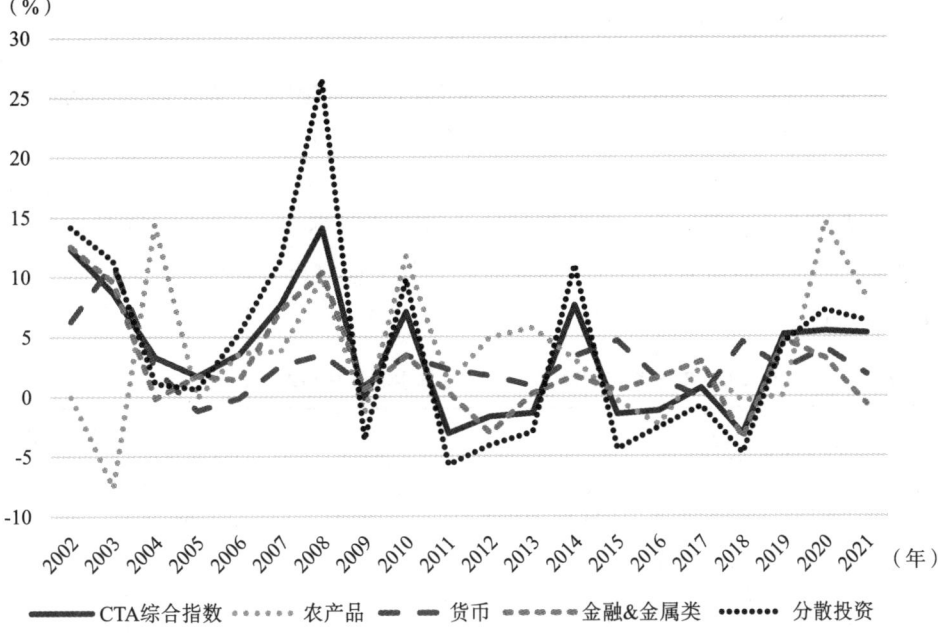

图 11 2002—2021 年 CTA 综合指数及其细分指数表现（投资标的类型分类）

数据来源：巴克莱对冲（Barclay Hedge）

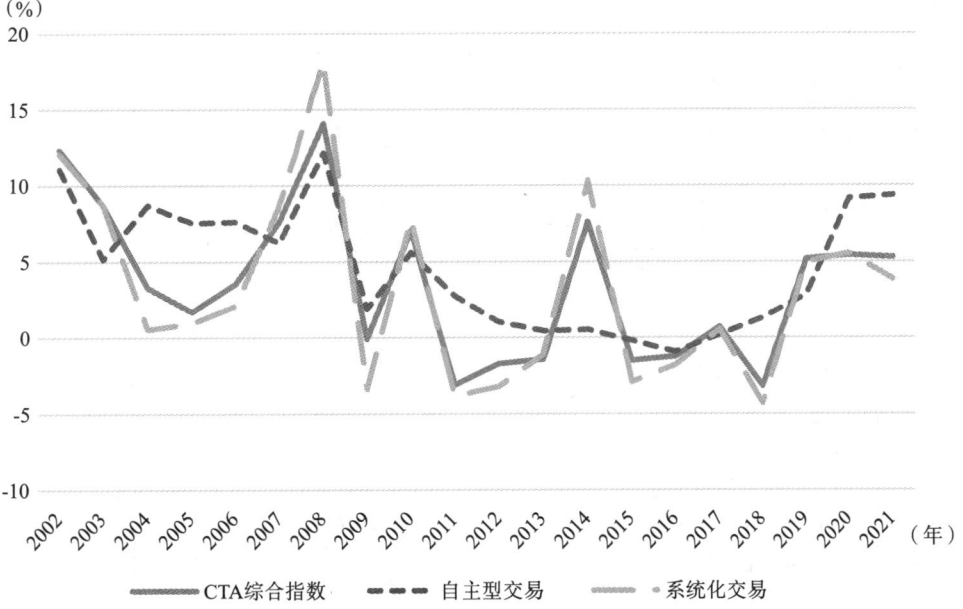

图 12 2002—2021 年 CTA 综合指数及其细分指数表现（交易方式分类）

数据来源：巴克莱对冲（Barclay Hedge）

（二）对冲基金（Hedge Fund）

对冲基金行业一直以来在市场中占据重要的位置，根据巴克莱对冲公布的统计数据，2021年对冲基金业绩有所下降。2021年巴克莱对冲基金指数收益为10.20%，低于2020年的11.14%和2019年的10.64%（见表19）。在各细分策略指数中，各类策略的表现分化，收益与2020年相较升降不一。除了医疗生科指数、全球宏观指数和固定收益套利指数为负收益外，其余策略指数均为正收益。其中，困境证券指数收益最高，为20.35%。

表19 2019—2021年巴克莱对冲基金指数及其主要细分策略指数表现对比

指数类别	2021年指数表现（%）	2020年指数表现（%）	2019年指数表现（%）
巴克莱对冲基金指数 BARCLAY HEDGE FUND INDEX	10.20	11.14	10.64
股债均衡指数 BALANCED (STOCKS & BONDS) INDEX	9.76	7.14	12.18
可转换证券套利指数 CONVERTIBLE ARBITRAGE INDEX	7.43	15.53	8.36
困境证券指数 DISTRESSED SECURITIES INDEX	20.35	13.18	2.28
新兴市场指数 EMERGING MARKETS INDEX	4.41	15.52	12.66
股市偏多策略指数 EQUITY LONG BIAS INDEX	6.38	16.31	15.28
股市多/空策略指数 EQUITY LONG/SHORT INDEX	8.11	9.27	6.59
股市中性策略指数 EQUITY MARKET NEUTRAL INDEX	13.60	-1.29	-0.56
欧洲股市指数 EUROPEAN EQUITIES INDEX	19.58	5.33	8.72
事件导向指数 EVENT DRIVEN INDEX	3.85	11.12	7.59
固定收益套利指数 FIXED INCOME ARBITRAGE INDEX	-5.36	10.46	2.42
基金的基金指数 FUND OF FUNDS INDEX	1.20	9.75	6.99
全球宏观指数 GLOBAL MACRO INDEX	-7.15	10.06	7.76
医疗生科指数 HEALTHCARE & BIOTECHNOLOGY INDEX	-12.89	26.47	22.61
并购套利指数 MERGER ARBITRAGE INDEX	15.33	9.18	6.39
综合策略指数 MULTI STRATEGY INDEX	15.20	4.23	5.23
期权策略指数 OPTION STRATEGIES INDEX	17.16	8.87	12.60
环太平洋股市指数 PACIFIC RIM EQUITIES INDEX	10.58	4.70	10.46
技术指数 TECHNOLOGY INDEX	8.05	34.50	18.68
波动率交易指数 VOLATILITY TRADING INDEX	12.29	15.87	-0.29

数据来源：巴克莱对冲（Barclay Hedge）。

附录 2
期货市场履行社会责任情况

>>> 第一节 服务保供稳价

一、上海期货交易所服务保供稳价情况

在中国证监会的坚强领导下，上期所秉承服务实体经济的主旨，密切关注国内外市场和产业运行动态，加强沟通协调，适时做好风险预研预判和防范化解，维护市场平稳运行，切实发挥期货市场功能作用，与各方共同为实体企业稳健经营保驾护航，助力产业链稳定运行。

（一）全力保障市场平稳运行

一是持续加强期货品种运行监控，及时出台风控措施。在供给冲击等因素可能持续对大宗商品价格带来影响的情况下，加强对宏观经济形势的研判、市场监测和对品种运行风险的预研预判。切实发挥智能监控系统功能，着力做好舆情分析和行情跟踪，从盘面信息、持仓结构、基差、历史数据等多方面盯紧品种运行。及时调整风控参数，全年共对15个品种实施风控措施72次，热点品种成持比全线回落至2.0以下，有效抑制了黑色、有色等品种热度，阻断了跨市场风险传导。二是加大对市场操纵等违法违规行为的查处力度，加强实控账户的排查力度和自律监管，严防过度投机。

（二）积极服务实体经济"稳产保供"

一是丰富产品体系，助力实体企业应对大宗商品价格波动风险。期货市场每个品种都有对应产业链的风险管理需求，成熟运用期货工具的企业应对外部价格冲击和行业周期的能力明显较强。面对实体需求，上期所积极丰富产品体系、加强产业培育，增加服务实体经济、保障产业链稳定的动能。2021年以来上期能源上市了原油期权；标准仓单平台上线石油沥青和纸浆品种标准仓单交易，推出期转现报价专区和期现联动交易客户端，并试点保税仓单业务。

二是充分发挥期货交割纽带，提高交割便利性，切实解决企业产供销难题。受新冠肺炎疫情等多种因素影响，实体企业普遍面临库存高、销售难、产业链运转不畅、原材料和现金流紧张等问题。交易所充分发挥交割纽带作用，打通产销链条，切实解决企业产供销难题。以石油产业为例，面对石油企业强烈避险需求，交易所一方面积极联动各地海关，协调仓库、码头、检验机构和客户，保障交割环节畅通无障碍；另一方面做好交割仓库现场考察及评估、加快审核环节进度等，逐步分批扩大现有交割仓库核定库容，增设新的交割仓库，适时有序地扩充交割仓库库容，切实满足实体企业对冲风险和实物交割需求。大幅缩短上期所相关品种交割期，黄金期货交割期由5天缩短为1天，其他期货品种交割期由5天缩短为3天，极大地提升市场交割效率，缩短参与交割企业资金和库存流转周期。

三是充分发挥标准仓单平台线上服务功能，帮助企业加速资金回笼，减轻资金压力。上期标准仓单平台成为不少企业替代传统线下业务流程、实现线上复产复工的新选项，如大冶有色面临货物进库和仓单制作等问题，上期标准仓单平台协助大冶有色开通了线上业务办理的绿色通道，协调解决疫情期间货物进库和仓单制作问题，通过期货市场2月份回笼资金4亿多元，解决了大冶有色的燃眉之急。浦发银行通过平台顺利完成21.4吨白银买入交易，帮助江铜、中铜实现销售回款8 000余万元；山东一家铜冶炼厂将所生产的阴极铜转入上期所交割仓库，做成标准仓单并在平台挂单，当天即通过平台销售自有品牌阴极铜3 275吨，合同金额1.49亿元，除去发票保证金，实现实时销售回款1.28亿元。平台盘活了存量资产，提升了仓单流通效率，加速企业资金回笼。此外，平台的标准仓单质押业务稳步扩大。截至2021年底，实体企业通过该业务获得超过16.45亿元贷款，在一定程度上缓解了企业的资金压力。

（三）汇聚市场各方合力，助力产业链安全稳定

加大与政府部门的沟通合作，与国家发展改革委、商务部、国资委、工信部、能源局等部委保持密切联系，建立汇报交流机制；与广西壮族自治区共建"中国-东盟大宗商品期现结合服务基地"；与北京监管机构筹建"政学产融"人才培养基地。加大与钢铁、有色、橡胶等行业协会的交流沟通，宣传介绍期货市场功能发挥

情况，畅通信息共享渠道；加大与产业链龙头企业的走动交流，及时掌握现货行业发展动态，了解企业在风险管理方面的需求和问题，当好产业链安全稳定的服务员。

二、郑州商品交易所服务保供稳价情况

2021年，郑商所从政治和全局的高度，坚决服务服从国家宏观调控，维护重点品种平稳运行，积极助力大宗商品保供稳价。以市场化手段助力产业企业应对市场风险，服务产业链上下游协同和供应链稳定，为保供稳价贡献期货力量，保障相关品种健康平稳运行。

（一）多措并举做好尿素服务保供稳价工作

1. 多种措施服务保供稳价大局

一是针对春季农需旺季和冬季限产预期，郑商所先后6次上调交易保证金标准，提前将尿素期货多个合约的交易保证金标准上调，最高至15%，是合约规定交易保证金标准的3倍。二是提升手续费标准，控制市场热度。先后2次提高交易手续费标准，尿素期货相关合约日内交易成本为调整前的2倍，日内开平仓总成本约为万分之四点四，在全市场主要品种中处于较高水平。三是持续优化期货交割布局，共增设中农控股等6家交割库，满足产业客户交割需求，便利更多企业参与期货市场。四是及时汇报沟通，营造良好外部环境。及时跟踪现货市场重大变化、价格波动情况，向国家发改委价格司、经贸司汇报期现货运行情况20余次，向农业农村部市场与信息化司每双周报送尿素期现货市场情况简报。

2. 开展"商储无忧"项目，服务国家化肥商业储备政策

立足保供稳价大局，为服务国家化肥商业储备政策，郑商所于2021年初创新推出尿素"商储无忧"试点。首年度试点项目有效对冲10万吨尿素的承储贬值风险，为500万亩良田的春耕供应提供了有力保障。2021—2022年"商储无忧"试点已经启动，进一步扩大项目规模及支持力度，10家试点企业有序承储，为50万吨尿素的安全储备保驾护航。

"商储无忧"试点是期货市场主动对接国家化肥商业储备的创新举措，通过支持承储企业利用市场化手段化解储备化肥跌价风险，实现企业积极、货物安全、政府放心，为稳定化肥供应、保障粮食安全贡献期货力量，积极探索期货市场为国家大宗商品储备制度服务的新模式。得到了社会各方一致好评，《人民日报》、中央电视台、新华社内参、学习强国、《农民日报》等50余家媒体发布正面报道百余篇。

（二）坚决服从国家宏观调控，加强动力煤期货市场监管

1. 加强预研预判，及时采取监管措施

2021年，郑商所持续加强动力煤期货市场监管，采取提高交易保证金标准、提

高交易手续费标准、实施交易限额等措施32次。动力煤期货主要合约交易保证金标准为50%，达到合约文本规定的10倍。动力煤期货合约交易手续费标准和日内平今仓交易手续费标准为120元/手，客户日内交易成本为调整前的80倍。客户在动力煤期货合约单日最大开仓量为50手。

2. 完善规则制度，持续强化一线监管

下调动力煤期货限仓标准。取消一般月份比例限仓，将三阶段限仓调整为四阶段限仓，将交割月份限仓标准由4 000手下调至200手，仅为最小交割单位。

3. 修订动力煤期货交割指标，扩大市场可供交割量

一方面，将替代交割品发热量下限降低至4 300大卡；另一方面，调整全硫等指标容许度，将基准交割品全硫、全水含量分别调整至不高于0.8%、不高于25%，将替代交割品全硫指标调整至不高于1.5%。同时，完善动力煤发热量指标升贴水计算方法，采用比例价差方式，更好地适应极端市场情况。修订进一步扩大动力煤期货市场可供交割量，便利更多煤炭资源参与期货市场，更好地服务煤炭保供稳价、服务煤炭上下游产业发展。

4. 严格依规查处异常交易和违规交易行为

坚决落实"零容忍"要求，坚持防早、防小，前移监管关口，严厉查处异常交易和违法违规行为，净化市场生态。

5. 提高政治站位，服务国家保供稳价大局

一是持续跟踪现货市场和行业政策新变化、新情况，做好预研预判，为市场调控提供决策依据。二是配合做好舆论引导，稳定市场预期。

三、大连商品交易所服务保供稳价情况

大商所高度重视市场安全稳定运行，坚决贯彻落实党中央、国务院关于大宗商品稳产保供稳价有关精神及中国证监会党委工作部署，立足"维护市场稳健运行、促进功能有效发挥"的目标，通过一系列有针对性的举措，确保市场安全稳健运行，努力提升市场运行质量、促进期现循环畅通、拓宽市场服务渠道、深化同实体的多层次对接，全方位促进价格发现和套期保值功能的发挥，以市场化方式为保供稳价提供期货方案，切实服务新发展格局和经济高质量发展。

（一）采取措施防范期货市场过热交易

2021年，豆油和棕榈油期货受国际生物柴油、国储抛售等不确定性因素影响，价格大幅波动的可能性增加。大商所加强对市场走势的预研预判，增加主产区广西为豆油交割区域，进一步扩大可供交割量，保障交割安全，制订应对限电影响的交割风险管理预案，防范市场过热交易，服务市场保价稳供。

（二）全面优化合约便利交割，稳定铁矿石价格

2021年5月发布公告下调铁品位、优化升贴水等，铁矿石期货市场迅速对新的供求关系做出反应，期货价格快速下行，给钢铁行业和铁矿石现货市场提供了清晰的预期，助力行业企业及时对产供计划和价格做出合理调整。通过增加滚动交割、扩大可交割品牌等措施，提高卖方交割便利性、扩大卖方可交割资源，进一步服务实体经济，助力战略性资源安全保障。

（三）多措并举稳定焦煤、焦炭价格，落实保供稳价战略部署

2021年，焦煤、焦炭期现货价格大幅上涨，大商所提前研判、主动作为，多措并举落实国家保供稳价战略部署。对焦煤主要采取以下措施：（1）及时调整山西地点升贴水，有效扩大交割区域到山西，分担港口交割压力；（2）新增3家厂库，累计增加标准仓单最大量约15万吨；（3）现有指定交割仓库新增存货地点，累计增加库容约40万吨。

对焦炭采取以下措施：（1）及时调整交割质量标准，扩大可供交割量；（2）将4家港口异地延伸厂库迁回产地，同时扩大其标准仓单最大量，合计增加约16.5万吨；（3）年内新增3家厂库，累计增加标准仓单最大量约11.4万吨；（4）现有指定交割仓库新增存货地点2个，累计增加库容（含标准仓单最大量）约23万吨。同时，公开向市场征集焦煤、焦炭指定交割仓库，持续扩充可供交割量，加强风控，先后出台调整手续费、提高保证金、调整交易限额和限仓规则等10余项组合拳措施，及时有效地抑制市场对焦煤、焦炭的过度投机炒作。

（四）营造良好现货市场秩序服务保供稳价

2021年，制定并发布了《关于持续招募场外会员的公告》及各品种板块场外会员管理细则，形成192家场外会员为核心、518家产业链相关企业为支撑的农产品、能源化工、钢铁原燃料三大板块，场外会员基本覆盖了产业链龙头企业。吸收高信用主体参与交易，设立高准入门槛，开展"圈子"交易、互相授信，提供协商交易、双边结算及保证金制度，有效化解对手方信用风险，提升市场整体信用水平，助力营造良好的市场秩序环境。丰富场外业务，形成类别基本完整的场外产品工具箱，参与交易的企业涵盖了产业链上中下游龙头企业，场外交易氛围形成，推动了现货市场产品转让与流动，拓宽了实体企业采销的渠道，发挥了保证供应、稳定购销的积极作用。

（五）持续优化产业拓展模式，促进期货市场发挥保供稳价功能

2021年，大商所对已上市重点品种产业链上中下游1 000余家龙头企业进行全面梳理，完善龙头企业信息档案，确立了"布点、连线、铺面、成体"的产业拓展

工作思路。在此基础上,推出"DCE·产业行"系列活动,结合市场需求制定了重点品种产业服务方案。服务产业重"点",提高龙头企业参与度,累计面向 120 家龙头企业开展交流与培训活动。服务产业条"线",促进形成产融结合市场环境,在 28 个省区,举办 1 000 余场产业链培训与交流活动,培训企业人员逾 10 万人次。产业服务铺"面",不断提升期货市场影响力,举办 2 场产业大会(化工、农牧)和 6 场分论坛,现场参会人数达 1 000 余人,网络直播在线观看人数超 130 万人次;支持钢铁工业协会、石化联合会、上海钢联等行业协会和信息机构举办 13 场行业会议,线上线下培训人数超 40 余万人次。此外,为推动玉米、聚氯乙烯、煤焦等重点品种产业客户参与市场,服务保供稳价,大商所面向龙头企业和会员单位出台了一系列措施。

四、中国期货业协会服务保供稳价情况

(一)引导行业服务大宗商品稳价保供,播发正向声音

代表期货行业参与国务院政策研究室组织的大宗商品价格形势座谈会。针对国务院常务会议关于动力煤稳价保供的工作部署,协会第一时间组织召开专题视频会,引导行业形成共识,多措并举服务国家战略。同步面向社会发布《期货风险管理公司内部控制指引(征求意见稿)》,为企业对冲经营风险、稳定供应链提供有力支持。及时调研撰写《发挥期货市场作用服务生猪产业》报告,协助新华社报送相关内参。启动铁矿石、动力煤交易机制改革的探索研究。与央广《经济之声》合作推出"大宗商品价格上涨为哪般"重磅对话节目,直播时段同时在线收看超过 10 万人,10 天内点击量超 100 万人次。

(二)积极探索行业服务农业增收稳产保供的新路子

与中华棉花集团有限公司签署合作备忘录,与期货公司共同出资 200 万元(其中,协会出资 100 万元),在新疆巴楚县推出"龙头企业+棉农+期货"共同经营试点项目,覆盖目标棉农棉花种植面积 2 万亩,探索期货服务农业增收稳产保供的新路子。完善期货公司分类评价中"保险+期货"业务规模指标加分认定标准,完成"保险+期货"评价系统升级改造,形成业务正面导向,引导行业采用"保险+期货"模式服务实体经济和国家战略。发布《2021 年期货公司乡村振兴工作情况考评方案》,实现行业扶贫考评制度安排和工作机制同乡村振兴有效衔接、平稳过渡。

(三)举办动力煤铁矿石定价机制座谈会

2021 年下半年,国内动力煤、焦煤、焦炭、铁矿石等大宗商品价格急剧上涨和剧烈波动,引发党中央、国务院及社会各界的高度关注。为此,协会组织优秀分析师召开专题会议,邀请郑州商品交易所、大连商品交易所、全国煤炭交易中心及相

关实体企业，以及 6 家期货公司专业人士，围绕"动力煤铁矿石期货定价机制"进行研讨交流，深入分析动力煤和铁矿石期现货价格剧烈波动的原因，并就动力煤和铁矿石期货的定价机制和做市商制度等相关议题开展研讨，以引导期货市场和行业更好地发挥价格发现、风险管理的作用，助力实体企业平稳运行，服务国家保供稳价战略。

（四）同上期所、上市公司协会共同主办了"第二届服务产业发展研讨会"

会议邀请了国资委和中国证监会的相关领导，以及 8 家相关实体产业协会，4 家实体头部企业和期货公司共同探讨如何加深加强期现合作，助力期货行业更好地服务实体经济。

>>> 第二节 投资者教育与投资者保护情况

一、上海期货交易所投资者教育与投资者保护情况

（一）加强组织领导，筑牢投保机制基础

上期所始终将维护投资者合法权益作为期货市场建设和发展工作的主要内容，在基础制度建设、体制机制创新、理念文化培育等方面做足工作。

2021 年，上期所优化了交易所章程和交易规则中关于风险控制措施的有关规定，修订违规处理办法，加大违规查处力度，提高违规成本，完善救济程序，进一步为投资者保护提供制度依据，维护市场稳定。市场服务中心热线电话保持顺畅运行，畅通投资者诉求反映和解决通道。持续开展丰富多彩的投保投教活动，支持投资者教育纳入国民教育体系合作，努力营造期货市场投资者保护的良好文化生态。

（二）深化互联网投教基地建设，丰富投教产品供给

进一步深化投教平台作为国家级证券期货投资者教育基地的功能作用，从完善布局、丰富内容、强化支撑、深化合作四个方面，帮助投资者树立理性投资理念，提升企业应用期货市场进行风险管理的能力，展示资本市场投资者保护与教育工作的成果。

一是强化科技支撑，更新网站建设。新版投资者教育平台根据中国证监会投保工作的新要求，对框架和内容进行了重构。内容方面增设市场活动日历、上期直播间、企业案例、党旗飘扬等板块，加快投教产品更新频率，强化与投资者的互动功能，为投保工作提供有力支撑。

二是在重要时点，做好投保和市场宣传工作。在"3·15消费者权益保护日""5·15投资者保护宣传日""10月世界投资者周""金融知识普及月"等中国证监会投保工作的重要时点，开展直播讲座、线上竞答、图文宣传等多种形式的投保活动。2021年累计组织投教活动106场，参与人次超过80万。

三是立足投资者需求，丰富投教产品供给。根据投资者习惯，丰富视频类投教产品供给，打造"上期快线""期货面对面""明规则识风险"等投教栏目。新设的短视频栏目"上期快线"，2021年制作完成"快速了解商品ETF""如何获得厂库仓单""境内仓单实现境外提货"等4期内容，策划制作符合信息传播潮流的新媒体作品30余条。全年累计向会员单位、投教基地发放品种手册、操作手册等纸质投教材料24 800余册。

（三）助力实体经济做强，服务企业高质量发展

上期所以新发展理念为指导，进一步做好期货市场服务实体经济的功能宣传，着力服务现代产业体系的加快构建。

一是加强实体投教基地建设，促进期现信息互通。目前，上期所共建设投资者教育基地、产业培训基地20余个，包括"粤港澳大湾区上市公司服务工作站""中国－东盟大宗商品期现结合服务基地"等区域性投教基地，及江西铜业、铜陵有色等有色行业标杆企业，京博石化、金光纸业、海胶集团等领军企业投教基地，使其兼具地域及行业特色，功能辐射全国，从而更好地引导投资者通过理论学习和现场教学结合的方式，增强服务实体效果。

二是联合上交所、深交所、上市公司协会、资本市场学院等单位，推出"车轮上的上期所"市场服务品牌。针对衍生品市场，建立有效的产品、研究、培育等方面的全面战略合作机制，搭建课程体系，更好地帮助上市公司理解、学习并且合规使用衍生品工具进行风险管理，在风云诡谲的市场环境下实现平稳经营，同时也增进上市公司高管群体对期货等衍生品市场的理解。

三是发挥"一站通"会员服务工作机制作用，与会员合作开展市场活动累计超1 317场，形式包含线上直播、小型沙龙、产业调研等。

（四）推动纳入国民教育，倡导正确风险管理理念

贯彻《国务院办公厅关于进一步加强资本市场中小投资者合法权益保护工作的意见》精神，落实中国证监会关于投资者教育纳入国民教育体系部署，通过与高校合作普及资本市场"三公"原则，引导正确风险管理理念，有助于高校师生在进入市场前，树立正确的价值观、财富观，构建资本市场健康生态。

一是持续与高校合作开设期货衍生品学分课程。与武汉大学合作开设《衍生金融工具与实验》专业必修课程，授课对象为金融学、金融工程三年级本科生；与南京大学合作开设《期货理论与实践》课程，授课对象为三年级本科生和一年级硕士

研究生。

二是发挥高校科研优势，合作开展课题研究。与武汉大学、南京大学合作开展《高校期货与衍生品课程教学改革研究》等科研课题。

三是支持会员单位开展多种形式的高校人才培育活动。与清华大学等20余所高校开展讲座、风险警示等活动80余场，覆盖超7 200人。

（五）满足市场诉求，加大市场宣传力度

一是市场服务中心通过800热线受理投资者意见建议2 149件，满意度达95%。市场服务中心项目通过调整内部组织架构和服务流程，使信息得以快速处理，大幅提升了投资者诉求反馈速度和综合分析能力，荣膺2021年度上海市三八红旗候选集体。

二是通过上期所两微平台共发送投教信息和新闻2 300余篇，投资者互动2 000余条，实现点击量313.5万次。部分作品得到上海发布、新华社新媒体平台的主动转发，点击量累计过10万次。充分支持中国投资者网站的建设，建立完善信息报送机制，更新提供交易所信息，全年累计投稿100余篇。

二、郑州商品交易所投资者教育与投资者保护情况

2021年，郑州商品交易所认真落实党中央和中国证监会党委决策部署，明确适当性管理要求，履行自律管理职责，积极开展各类投教工作，认真处理市场意见反馈，围绕投资者需求，持续做好投资者合法权益保护工作。

（一）明确适当性管理要求，履行自律管理职责

为加强对投资者合法权益的保护，履行自律监管职责，促进会员合规运作，切实维护市场秩序，一是结合新业务需求，在引入境外特殊参与者工作推进中，认真梳理适当性制度的适用范围，并做好适当性制度修订工作；二是结合市场情况，修订《郑州商品交易所交易细则》，调整部分品种或合约最小、最大下单量，适当提高参与门槛，保护中小投资者；三是督促会员单位落实适当性管理机制，2021年共对14家会员单位开展年度合规业务运作检查，对检查中发现的问题采取电话警示、提交整改报告等处理措施。

（二）认真处理市场意见反馈，不断提升投资者服务水平

长期以来，郑商所一直重视市场各方面的意见反馈。2021年，郑商所悉心接听信访电话，及时处理"12386"热线及会信访办转办的投资者诉求，认真查收信访邮箱信件，全年信访邮件接收121封，信访电话接听94个。其中，受理有效信访事项37件，按规定有序办结、回复36件，无超期推诿情况。

2021年，通过郑商所邮箱、电话、微信公众号、抖音等平台处理公众反映的假

冒网站、App等问题160余件，并向会投保局、郑州市公安局致函商请协助。

（三）积极开展各类投教工作，增强投资者风险意识

为提高投资者风险防范意识，普及期货及衍生品基础知识，帮助投资者维护自身合法权益，促进市场平稳有序发展，郑商所积极开展各类投教工作，获得社会各界一致好评。

1. 积极落实各项主题投教活动部署

以"国际消费者权益保护日""全国投资者保护宣传日""防范非法证券期货宣传月""金融知识普及月"等为契机，制作各类漫画、文章、知识问答等投教产品，同步开展"线上+线下"宣传活动，推出"3·15特别策划——期货市场典型案例启示"图文系列、"慎点不明链接"主题漫画系列、"2021世界投资者周——如何辨识非法证券期货"漫画、互动知识问答等近30期，确保主题投教宣传活动落到实处、突出实效。

2. 引导支持合作单位持续开展投教活动

一是为扩大投教活动受众范围，面对广大投资者"把风险讲够、规则讲透"，2021年共支持投教专项工作合作单位举办342场投教专项活动，其中，线上讲座321场，线下讲座6场，"线上+线下"讲座15场，总参与人数约14万人；二是向大学师生普及期货知识，探索将投资者教育纳入国民教育体系，支持79家单位在258所高校举办394场"期货知识进校园"专项活动，共8万人（次）参与。

3. 拓展宣传渠道，创新制作投教作品

一是紧跟新媒体平台发展趋势，持续拓宽宣传渠道，在抖音和微信视频号两大短视频平台开设"郑商所发布"官方账号，与原有微博、微信平台形成联动；二是针对不同平台特点，制作发布《寻找最In分析师》系列短视频32期、《郑是姐姐》等音频16期、《"画"说期货》和《期货词典》等条漫及图文49期、"产业漫游"系列互动游戏8期，以上各类新媒体投教产品累计点击量超340万次；三是制作《十分钟学期货》、期货品种MG动画、业务规则介绍等各类电子投教材料，策划制作投教手册、"产业地图"等实体投教材料，累计点击、下载超100万次，通过线下渠道投放实体投教材料9万余册。

4. 积极建设互联网投教基地

为进一步提高投资者获取各类投教信息的便捷性，更好地为合作单位开展投教活动提供支持，郑商所积极进行投教基地建设，打造交易所互联网投教工作平台。2021年，郑商所成立投教基地建设专项工作组，持续优化网站、更新投教作品，制作投教基地宣传视频，对互联网投教基地工作进行统筹，并向中国证监会投保局提交国家级投教基地申报材料。9月23日，中国证监会正式命名郑商所"衍生品学苑"网站为国家级证券期货投资者教育基地。

5. 利用市场资源，策划系列培训活动

为提升期货公司、产业企业中从业人员的专业程度与服务能力，更好地服务市场各方合规、理性参与期货市场，郑商所充分利用市场资源和自身优势，策划针对不同市场参与群体的投教活动：一是开展棉花、白糖、甲醇、纯碱等品种产业培训和培育活动197场，国有企业、上市公司培训6期，举办会员中层业务人员培训班5场；二是举办2021年度高级分析师评选，组织白糖、油脂油料、苹果、尿素、铁合金等产业链分析师培训、调研8场，共约8 000人（次）参与；三是联合中基协设立"商品期货系列专题课程"专栏，并制作、上线16门课程，课程纳入基金从业人员职业培训体系。

（四）举办第四届"郑商所杯"，助力投资者教育纳入国民教育体系

为进一步落实推动投资者教育纳入国民教育体系号召，在中国证监会期货部和投保局大力支持下，郑商所举办第四届"郑商所杯"全国大学生金融模拟交易大赛。本届比赛共吸引四万余名学生参赛，较上届增加27%；报名学生来自全球1 531所高校，范围同比扩大58%。本届大赛首次与新华社等媒体合作，以"衍生品学苑"网站和中期协网上从业人员后续培训系统为依托，为"郑商所杯"参赛学生提供585门网络课程。

三、大连商品交易所投资者教育与投资者保护情况

2021年，在中国证监会的正确领导下，大商所持续扎实开展基础性投教工作，同时有效利用期货学院、高校项目等市场品牌优势，面向全市场、全行业积极开展投资者教育和投资者保护活动，不断提高期货市场服务水平，提升参与者的专业能力，实现理性投资，做好风险管理。

（一）扎实开展基础性投教工作

大商所按照中国证监会在投资者教育与保护方面的工作部署，围绕"公平在身边"投资者保护专项工作、"3·15国际消费者权益日""5·15投资者权益保护宣传日""防范非法证券期货月""世界投资者周""金融知识普及月"等主题，开展丰富多彩的投资者保护及风险警示教育活动。同时，结合交易所阶段性工作重点，积极推出相关品种、业务等投教材料投放市场，帮助投资者提升对期货市场的了解和参与交易的能力，截至2021年底，共计投放约40万册。定期开展投教视频培训，年均组织视频培训40余次，课程体系建构合理、课程内容详实细致，深受市场各类投资者欢迎。2021年，大商所配合中国证监会投保局围绕5个特色主题活动开展近20场投教活动，上线投教电子书橱栏目，联合Wind资讯制作投教视频40余件，组织培训61场，播放量近9万人次。

（二）利用期货学院平台做好从业人员培养

自2006年成立至2021年底，大商所依托各地期货业协会，在全国31个中心城市设立了期货学院分院（教学点），建立起覆盖全国的培训网络，并由此形成了"以一地为现场培训点＋各分院视频同步培训"的培育模式，组建了教委会，聘请以期货公司高管人员为主体的教学委员100余人，累计培训期货公司从业人员、产业客户、政府及媒体等各类市场人员超过3万人次。2021年，大商所依托期货学院开展2期系统的期货期权专题培训和3场"期货市场服务乡村振兴培训会"，累计培训逾万人。

（三）开展高校期货人才培育项目

截至2021年底，大商所高校期货人才培育项目依托10个地方期货业协会、58家期货公司，与83所高校合作（其中包括清华大学、北京大学、上海交通大学、厦门大学、天津大学等30所双一流高校）开展了247个高校期货人才培育项目，2019年开始所有项目纳入学分制教育，已开班培训超过1.5万名学生（支持经费超过4 000万元）。为鼓励优秀学生，大商所的每个高校项目均设立和发放"大连商品交易所奖学金"，累计约设立490万元奖学金，获奖学生比例约10%，累计鼓励2 600余名优秀学子。2021年，全年立项50个高校项目，培训3 200余人，举办高校教师衍生品研修班，培训80余人。

四、中国金融期货交易所投资者教育与投资者保护情况

2021年中金所持续强化投资者教育和保护，原创开发了内容丰富、形式多样的投教投保作品，动员市场各方力量开展了大范围、多层次、广覆盖的投教投保活动。

（一）开辟投教宣传新平台，广泛扩大投教基地辐射范围

一是进一步丰富与外部平台合作的投教模式。联合湖南证监局、湖南省证券业协会签署《投资者教育合作备忘录》。正式加入上海投资者保护联盟，在扩大投教宣传、开展投资者保护活动、制作投教作品、推动金融国民教育等方面开展合作，形成投资者教育与保护的强大合力。与国家会计学院、交银金融学院合作，将金融期货系列课程嵌入常规教学体系。

二是积极开拓投教宣传新平台，中金所期货期权学院陆续开通入驻芒果TV、微信视频号与哔哩哔哩三个新媒体平台，构建形成了网站、公众号、移动端视频类、短视频社交类、短视频互动类五位一体的投教宣传全媒体矩阵。2021年共计发布700余篇投保投教推文，实实在在地拓宽了金融期货投教受众范围和投教效率。

三是多种形式联合会员开展投教活动，持续巩固联合会员开展合作的基础。联合会员围绕银保机构、长期资金入市、股指期权等重点工作，开展大范围、广覆盖

的投资者培训。联合 13 家会员分别在中科大、南京大学、中南大学、新疆大学等 13 所高校增设金融衍生品学分课程。

四是开展专家学者系列培训投教模式。联合行业细分平台社区,根据投资者类型,设计不同系列课程,每期邀请一位专家学者对宏观经济、大类资产配置等行业热点话题进行线上专题讲解,并与投资者互动沟通在线交流。2021 年共开展 4 个系列,23 场线上主题培训,培训行业人员 3 万余人次。

(二)持续强化投资者教育和保护,用好中金所期货期权学院投教基地,向大众普及宣传金融期货知识

一是创新多种线上投教活动模式,广泛开展大众喜闻乐见的宣传普及。举办两期金融期货知识竞答活动、两期留言有奖活动和四期问卷调查活动,共计 233 万人次参与。投教活动热度高、用户参与感强,以寓教于乐的方式起到了良好的投教宣传效果。

二是探索"掌上投教 + 扶贫"投教模式,将投教活动与公益扶贫相结合。一方面,采购定点帮扶县延长县特色农产品用于活动奖励。另一方面,在活动宣传中放入延长县全品种特色农产品的展示销售二维码,让近 100 万人次的公众投资者通过投教活动了解延长县。

三是深入挖掘金融期货服务国民经济案例,拓展现货市场培育广度。2021 年共联合会员挖掘制作 12 篇"金融期货服务国民经济"案例,覆盖股指期货、国债期货、股指期权全品种,涉及运用金融期货对冲风险多种场景应用,同时将股指期货、国债期货典型案例制作成 3 篇图文动漫和 1 个投教短视频等多种形式进行推广应用。

四是结合交易所重点业务和产品,通过短视频动画、"直播带货"、互动页面(H5)等多种形式制作发布了一大批自主开发的精品课程。全年共制作完成《七言期语》《中金所业务规则大讲堂》《中金所监查业务微课堂》等原创多媒体课程,总计 90 节,时长近 250 分钟。设计制作《股指期货服务实体经济案例漫画》《国债期货服务实体经济案例漫画》等平面投教作品,总计 324 篇。

(三)抓住关键时间节点,开展投资者宣传和教育

一是认真落实中国证监会投保局部署,开展"3·15"国际消费者权益日知识竞答活动,答题总人数突破 13 万,答题总次数突破 91.6 万次。联合上海浦东金融局举办线下投教活动,对公众开展了投保宣传和咨询活动,活动现场设立展台提供咨询服务。

二是认真落实组织开展"5·15"全国投资者保护宣传日活动,举办"投资者保护我来说"留言有奖活动,阅读量近 1 000 人次。联合上海期货同业公会等单位举办投资者保护进社区活动,重点针对企业职工较多的办公园区,围绕投资者适当性、金融期货基础知识等设置宣传展位,开展现场讲座。

三是抓住时间窗口开展投资者保护和投资者教育宣传。在"世界投资者周"期间开展知识竞答活动，答题总人数近15万，答题总次数突破126万次。在"宪法宣传周"期间开展法律知识有奖竞答等系列活动。在"防非宣传月"活动期间，以"防范非法集资"为主题，制作了5期平面图文和2期音频节目，阅读量近2 000。

（四）坚持服务至上，畅通多平台投资者咨询服务渠道

一是持续利用投资者咨询电话、邮箱、来函信件、现场接待、中国证监会信访转办单等8类投资者咨询投诉渠道，及时高效地处理投资者咨询和信访诉求，保护投资者的合法权益。2021年受理投资者有效咨询电话、邮件、来信全部依法依规及时处理和答复，投资者反响良好。

二是持续拓宽投资者服务渠道。在所内交易、结算、监查、国际发展、技术等业务部门均建立了常态化与投资者互动沟通的渠道和机制，广泛听取投资者意见建议，相关渠道已公布于官网。

三是主动对投资者状况进行调查，了解投资者的需求与意见建议等。通过中金所期货期权学院微信公众号开展了系列有奖问卷调查，2021年共计开展4次问卷调查，回收有效问卷15.7万份，并进行了评价分析和情况报告。

四是建立完善的投资者权益损害保护机制，包括投资者业务咨询答复机制、信访工作机制以及突发事件应急处理机制等，与中国证监会信访办、上海市信访办、地方公安派出机构保持实时沟通和联系，发生投资者权益损害事件时，做到早发现、早报告、早处理。

（五）突破财经"圈层"开展正面宣传，提升全市场对金融期货的认知

一是优化外宣工作机制，开展媒体培训交流，全年共培训媒体390余家次、记者400余人。走访《人民日报》、新华社等主流媒体，与资本市场学院联合举办4期"中金所－沁园金融媒体研修班"，举办2期新时代资本市场研习社沙龙。

二是邀请媒体主动策划，突破财经"圈层"讲故事。组织经济日报、新京报、第一财经等媒体深入一线市场机构展开调研采访，围绕"推动中长期资金入市""金融期货服务实体经济""推动居民财富管理"等主题刊发深度报道13篇。突破传统以专业财经媒体为主的"圈层"视角，通过三联生活周刊、新京报等大众化媒体，向更广泛的受众客观反映金融期货市场发展全貌，针对当前市场建设中存在的不足和痛点提出意见建议。

三是通过官方微信生动地讲好金融期货服务实体经济的故事。在国债期货上市运行八周年之际，邀请金融时报刊发系列报道。在官方微信"金融期货大家谈"栏目广邀机构、专家学者现身说法与探讨交流。在"前沿观察"栏目刊发交易所有质量的调研报告，生动宣传调研成果。

五、广州期货交易所投资者教育与投资者保护情况

广州期货交易所自 2021 年 4 月 19 日成立以来，按照中国证监会党委要求，根据产品和业务筹备情况，稳步推进投资者教育和投资者保护工作的规划布局，积极开展相关准备工作，为产品上市后开展投资者教育和投资者保护工作打下良好的基础。

（一）多方式培育市场，为开展投教工作建立基础

结合实地走访、线上调研、会议座谈等方式，针对期货公司和核心产业企业进行前期培育。一方面，利用与核心企业交流的机会宣传期货市场功能，介绍产业利用期货管理经营风险、创新现货业务模式的案例，开展前期市场培育工作。同时，在品种合约设计、业务制度制定时将投资者习惯等纳入考虑，尽可能与现有商品期货合约设计思路以及相关规则制度保持一致，便于投资者更好地理解和认识我所产品。另一方面，举办期货公司高管座谈会，协同期货公司做好产品上市准备和投资者教育工作。2021 年 11 月至 12 月，广期所围绕筹备 2022 年核心工作计划组织 5 次期货公司高管线上座谈会，覆盖全国 150 家期货公司，广泛征求市场意见和建议，切实了解市场需求，并向期货公司介绍广州期货交易所工作计划，协同期货公司做好各项准备工作。

（二）拓展推广渠道，加强新闻宣传

一是建设官网、优化公众号，为投资者便利获取广州期货交易所官方信息搭建平台。充分利用公众号，持续更新交易所动态，在"2021 世界投资者周"等活动中，发布碳排放权等重要政策文件和行业动态相关信息，扩大投教宣传面。2021 年 6 月公众号启用以来，关注量持续上涨，平均阅读量已与其他各交易所持平；同时启动官网建设工作，为今后向市场参与者披露信息、发布各类投教材料、及时发送各类通知提示等做好平台准备。

二是通过各类媒体推广宣传，让投资者逐步认识广期所及相关产品。积极在央媒等权威媒体、市场媒体机构及粤港澳大湾区本地主要媒体开展宣传，特别是开展碳排放权期货市场的舆论创设。2021 年 12 月 8 日，央视新闻频道在午间新闻直播间报道广期所两年品种规划，特别指出碳期货为战略产品，我国有潜力成为最大的碳衍生品市场。2022 年 2 月 20 日，总经理朱丽红在《南方日报》发表题为《践行绿色发展助力实现"双碳"目标》署名文章。通过组织《21 世纪经济报道》《期货日报》《中网证券报》等市场媒体，对发展碳衍生品市场的作用进行报道。

(三) 规划建设具备国家级标准的投教基地，丰富基础设施建设

规划建设广州南沙投教基地，积极推动建立地方政府合作机制，充分利用当地资源，发动会员公司、市场机构、媒体等，打造立足于粤港澳大湾区、重点宣传期货市场功能作用的国家级特色投教基地，为投资者提供高质量、有实效的教育和服务。

六、中国期货市场监控中心投资者教育与投资者保护情况

2021 年，中国期货监控在中国证监会的指导下，将投资者保护理念融入各项业务中，逐步形成了以统一开户为基础，以保证金监控、市场监测监控、机构监测监控、场外衍生品监测为延伸，以保障基金为保护屏障，以扩大投资者教育影响力为支持的全方位投资者保护体系。

(一) 注重投资者保护理念与主业相融合，覆盖期货投资者从市场进入到退出的全过程

一是踏实耐心做好期货市场客户管理工作，认真谨慎保障客户管理业务运行，服务市场、服务投资者。中国期货监控持续做好日常开户业务运维工作，及时解答政策疑点、排除业务卡点，人工处理身份资料复核、常态化休眠、维护市场禁入者名单等常规工作。回应市场关切，增加开户规则供给，简化开户要求，通过开户业务应急微信群及时受理报障，确保开户业务顺利进行。截至 2021 年 12 月底，全年新增客户数 77.9 万个，有效客户总数 205.3 万个，首次突破 200 万个，同比增长 10.2%。

二是持续做好保证金监控预警工作，及时发出预警信息，防范客户保证金被挪用风险，保障投资者资金安全。对投资者在期货公司开立的资金账户进行监测监控是中国期货监控核心业务之一。中国期货监控利用保证金监控系统每日核对存管银行、交易所和期货公司数据，核查期货公司是否存在保证金缺口，防止客户资金被挪用。同时，每日逐笔核查期货公司资金、交易等结算资料的真实性，核查是否存在客户透支等风险情形，对期货公司交易、结算和风控业务的合规性进行监控，发现问题及时向监管部门预警、报告，督促期货公司及时整改，从而有效保障了投资者资金安全。此外，2021 年中国期货监控及时报告 5 起保证金账户被冻结事件并配合处理协调推动解冻，减轻对公司正常运营影响，持续为公安系统账户白名单按月更新账户信息，进一步避免账户被整体冻结风险。

三是拓展完善投资者查询服务系统功能，优化改进期货投资者预期调查工作，解决市场参与主体的"急难愁盼"问题。中国期货监控建设和维护投资者查询服务系统，保障投资者账户信息查询的渠道畅通，并根据市场业务发展、规则变化和投资者反映的问题不断优化系统功能。通过为投资者提供交易结算账单查询服务，与

期货公司提供的账单进行核对，进一步维护了客户资金安全。此外，中国期货监控依托"期货市场调查平台"，全年开展12次期货投资者预期调查，广泛收集意见，了解投资者行为，形成期货投资者预期指数，汇总市场主体"急难愁盼"问题，为监管机构决策提供参考。

四是做好保障基金的筹集、管理和使用工作，推动期货公司风险处置和破产清算。中国期货监控努力克服风险处置历史资料缺失、审计组成员变更等困难，加强与专项审计组的沟通与协调，重新启动搁置超过10年的嘉陵期货风险处置专项审计工作并顺利结束。促成并参与四川嘉陵期货第18次现场工作组会议，审议通过嘉陵期货破产清算方案，明确了破产清算申请程序、破产管理人的推荐选取、破产清算费用相关事宜，正式启动嘉陵期货破产清算工作。

（二）持续加大投资者服务教育投入，以服务教育促进投资保护工作落实落细

一是拓宽服务渠道，不断提升投资者服务质量。中国期货监控在日常工作中通过电话语音信箱，QQ、微信群等互联网渠道，开放统一开户系统"文件传送"功能办理在线咨询等多种措施，保障投资者的问题得到及时解答。通过制定和完善《关于进一步做好证监会网站公众留言反馈工作的实施方案（试行）》《12386内部处理工作机制》及时处理"公众留言""12386热线系统"咨询的问题，认真及时答复投资者疑问，未出现推诿敷衍、超期答复、久拖不答复等情形。

二是聚焦热点，打造线上投资者教育宣传品牌。全年围绕防范"杀猪盘"、期货配资、跨境期货诈骗、"雪球"产品风险等主题，设计制作7期"中国期货监控微课堂"原创投教漫画长图，通过中国期货监控的微信公众号、官方网站、投资者查询服务系统进行发布，打造"中国期货监控微课堂"线上投资者教育宣传品牌。目前，投资者查询服务系统已成为中国期货监控开展线上投教工作的主要阵地，通过以飘窗链接的形式，可以精准覆盖期货市场约200万户有效客户。此外，2021年中国期货监控首次探索尝试线上知识竞答的投资者教育方式，通过趣味答题和抽奖的形式，吸引超千人参与期货基础知识学习和竞答。

三是推进融合共建，持续发挥投资者教育宣传影响力。中国期货监控在扎实开展投资者保护工作的过程中，注重加强向会投保局和期货部的沟通和汇报，同时注重与系统相关单位、期货经营机构、高校的联系与合作，形成合力。积极响应投保局号召，落实全国投资者保护宣传日、国际消费者权益日、世界投资者周、金融知识普及月等专项投资者教育活动部署。全年联合多家派出机构、地方协会、金融博物馆、在京高校等单位先后开展11次线上和线下投资者教育讲座，累积收看人次超1.2万，制作并投放4 800件印有投资者教育宣传语的雨伞、折扇、鼠标垫、日程本等宣传品，进一步扩大线下实物投教宣传力度，提升活动宣传影响力。

七、中证商品指数公司投资者教育与投资者保护情况

2021年，在中国证监会的领导下，中证商品指数公司结合业务发展和投资者需求，有序建立起投资者教育和保护机制，组织开展了具有针对性的投教活动。

一是多渠道开展投资者教育与保护工作。完成公司官网与微信平台建设，方便投资者及时获取金融知识普及报告和投资者保护相关内容，建立起投资者沟通交流的桥梁。建立12386投资者服务系统业务办理流程，开通对外热线和信访邮箱，成立外部咨询与投诉建议小组，做好投资者咨询事项办理工作。

二是编印指数基础知识、行业发展、监管规则等系列丛书。编印修订了包括《商品指数ABC》《国际指数公司业务和风险分析系列研究》《指数行业发展历程及现状研究》、国际基准指数监管规则等基础性材料，提高市场主体对指数和指数化投资的认识。

三是积极开展金融指数科普活动。结合公司业务、市场热点、投资者需求，开展了金融指数普及月活动，利用公司微信公众号进行投资者科普教育，撰写发布了《金融指数科普月——全球指数行业的发展历程》《什么是商品指数》《商品指数化投资工具》等推文，向投资者普及商品指数相关基础知识。

四是配合系统内单位开展宣传和投资者教育活动。配合北交所开市普及相关业务规则，帮助市场主体理解上市规则、交易规则和投资者适当性管理等，引导投资者理性参与投资。普及雪球产品相关知识，转发监控中心雪球产品介绍微信推文，帮助投资者认识市场风险，树立理性投资观念。

八、中国期货业协会投资者教育与投资者保护情况

2021年，在中国证监会的指导下，中期协从投资者保护实际出发，严格落实自律监管职责，不断提升服务水平。在与主流媒体合作、宣传期货市场发展成绩，创新投资者教育手段、组织行业向投资者传播期货知识，受理投资者诉求、及时化解行业矛盾，推动行业文化建设、夯实高质量发展基础等方面持续发力，投资者服务工作取得了较好的成效。

（一）积极推动行业正面宣传，有效处置负面舆情

加强与主流媒体合作，围绕行业发展重点，配合各部门向主流媒体供稿，获央视《新闻联播》等节目报道40余次，新华社、《人民日报》等央媒报道300余篇，通过央视总台及新华社参编渠道报送内参报告2篇。首邀媒体参与国际期货大会直播，累计吸引279万人次观看，广泛传播行业声音。运营协会自媒体，官网改版后月均访问量增长67.73%，微信公众号粉丝增长32.01%，组建含微博、视频号的协会自媒体矩阵，成为行业重要宣传渠道。做好舆情监测，上报《中期协期货市场舆

情监测日报》242 期，对重大负面舆情及时有效处置。在 5 月应对大宗商品价格大幅上涨、6 月应对期货从业资格考试报名、10 月应对煤炭价格大幅上涨等重要热点问题方面，发挥自身宣传优势，配合有关部门及时主动发声。

（二）创新方式方法，开展投资者教育保护工作

推动投资者适当性制度建设与落实，配合开展适当性检查调研与违规处理。在"3·15""5·15"等投资者保护重要时间节点组织行业开展形式多样的投教活动。改版国家级证券期货投教基地"期货投教网"，打造投资者一站式网上学习平台，在中国证监会年度考核中获得"良好"等次。充分发挥投资者教育专项基金作用，制作 25 种原创电子投教产品公开发布，制作 16 种实物投教产品，免费向投资者发放 2.7 万件。开展"期货行业优秀投教案例征集"活动，推动期货纳入国民教育体系。打造协会投教品牌，完成 11 本投教丛书的编写，与中央人民广播电台合作设立《期货学堂》专栏，传播知识、提示风险，其中，部分词条内容在央广经济之声节目黄金时段循环播放。

（三）及时处理投资者诉求，优先运用调解手段化解纠纷

修订《中国期货业协会调解规则》，搭建网上投诉平台，规范投诉调解工作程序。全年接投资者投诉咨询 661 件，受理投诉举报 525 件，开展调解 356 件，调解成功 168 件。投诉受理率较 2020 年提高 35%，办结率 100%，通过调解成功办结投诉的比例逐年提升，近三年分别为 14%、29%、43%，达成调解金额分别为 276 万元、967.03 万元、2 180.73 万元。特别关注《居间人管理办法》出台后涉居间人投诉增加情况，完善处理系统、及时反应情况、妥善解决纠纷。处理中国证监会、纪检办转交的举报案件 6 起，全年化解多起偏激、威胁、上门类案件，维护社会稳定。对协会无法受理的投诉提供法律咨询救济，提高投资者满意度。制定发布"投资者投诉处理工作"和倡议书，对会员开展投诉处理培训，规范引导行业投诉处理工作。

（四）推动行业文化建设，夯实高质量发展基础

在中国证监会指导下，组织人力制定并发布《期货行业文化建设工作纲要》，深入挖掘行业存在的问题和发展方向，向行业发出《期货行业文化建设倡议书》，推动构建"合规、诚信、专业、稳健、担当"的期货行业文化。组建协会文化建设委员会，在协会官网建立行业文化建设专栏，组织编写《信义义务》一书，组织期货公司高管在《期货日报》发布文化建设系列专题文章连载，积极邀请央媒对期货行业文化建设工作开展宣传。目前，行业逐步形成共识并积极付诸行动，已有近百家期货经营机构向协会报送公司文化建设的总体规划、实施方案和落实情况，为期货行业文化建设工作持续开展打下良好基础。

第三节　职工教育培训情况

一、上海期货交易所职工教育培训情况

2021年，面对新冠肺炎疫情对线下培训的影响，上期所围绕"建设世界一流交易所"的目标，积极响应，努力创新。在遵守防疫政策的前提下，围绕政治素养、综合素质、业务创新，以及自信心、使命感培养等方面，对全所员工进行了多形式、分层次、有针对性的培训。

一是扎实开展党史学习教育。2021年，上期所以习近平新时代中国特色社会主义思想为指引，深入学习贯彻党的十九大和十九届历次全会，以及习总书记"七一"重要讲话精神，扎实开展党史学习教育。党委班子领学促学，党委成员带头讲党课20次，开展百年党史专题学习暨读书班4次、习近平总书记"七一"重要讲话专题学习6次，"伟大建党精神"现场学习1次；各党支部开展集体学习、主题党日、联学共建600余次。

二是持续推进境外培训，线上形式固化中有创新。受疫情影响，所有境外培训和交流调整成线上形式进行。经过前两年的探索、尝试，形成并固化了"请进来"线上培训模式。全年共举办五场"请进来"线上培训，共计163人参训。

三是持续推进常规培训，体现全集团"一盘棋"。举办中层干部及业务骨干培训班，精选市场上质量较高的课程，进行视野拓展、国际形势、国家安全、宏观经济解读、领导力提升、名企管理案例分享等内容的培训，并组织子公司相关员工参加，共计640人次参训。组织2021年入职的能源中心员工及博士后17人参加入职培训，以线上线下相结合的形式，通过所领导见面、实地参观、业务和制度培训、职场素质、党性修养、经验分享、素质拓展等几个维度对新员工进行培训。按照中国证监会要求，分别组织2020年和2021年入职能源中心合署办公人员共29人，远程参加中国证监会初任人员培训，并建立"新员工入职培训考核表"纳入新员工个人档案。

四是满足员工移动学习需求，线上线下培训相结合。积极拓宽线上培训渠道，组织平安好学在线英语课程、证监会网校、中网院、"一书一课"等线上课程。其中，"一书一课"全年共计281人参加，人均学习11.94课时；平安好学为英语在线学习，学习周期为6个月，共有54人报名；十九届五中全会通过证监会网校学习平台，共计237人参训，共完成12门课程的学习。此外，员工菜单式培训项目平稳运行，此培训旨在提升员工通用能力和综合素质，共计140人参训。

五是组织内训师培训，传承组织智慧。2021年3月至6月，从各部门及子公司

选拔约40名学员，经过两次集中培训，两次集中打磨，从课程开发、设计、制作到呈现，对学员进行了全方位的培训。本次培训旨在打造一支具有上期特色的内训师队伍。

二、郑州商品交易所职工教育培训情况

2021年，郑商所培训工作坚持党建引领，全面践行新时代党的组织路线，聚焦强化政治意识和提升业务技能，搭建以在线学习平台、"远航未来"训练营、员工交流论坛等为载体的"大培训"平台，以完善的培训体系、优质的培训内容和丰富的培训形式推动高素质专业化年轻干部队伍建设、服务交易所高质量发展。

（一）党的创新理论学习教育开展情况

一是开展庆祝建党100周年系列培训。组织开展入党一年以内新党员、预备党员及发展对象培训班，合并开展第二期党员进党校轮训与党史专题培训，组织延安专题党史培训等。通过网络党课、专题讲座、座谈交流等多种方式完成党支部书记、支委暨党务工作者培训。用好学习强国、郑商所"党建e家"和OA专栏，及时组织全体党员职工做好新中国史、改革开放史、社会主义发展史网络课程班等学习。二是邀请专家进行专题讲座辅导。组织开展百年党史、庆祝中国共产党成立100周年大会上的重要讲话精神、强化政治意识教育、党的十九届六中全会精神等专题讲座辅导。三是持续加强中层干部教育培训。选派2名新晋升干部参加证监会党校2021年春季、秋季学习培训班，开展中层干部管理监督专项培训，提高中层干部党性修养、组织观念、纪律意识和管理能力。组织中层以上干部参加证监会网络学校党的十九届六中全会精神学习。

（二）专业能力素养培训相关情况

一是持续开展"员工交流论坛"系列活动，围绕党史学习教育、员工交流锻炼、市场研究分析、公文写作等特定主题分享知识和交流心得，搭建学习交流平台，充分发挥员工学习主动性，激发思考交流热情，受到了干部员工的普遍欢迎。二是按照学习地图课程体系规划，开展"远航未来"训练营项目，通过课前问卷、线上课程、翻转课堂、积分管理、学习报告复盘等多种手段形式，打造"测学练考"闭环管理模式，分层分类实施培训，提升干部员工层级能力。三是落实加强年轻干部监督管理的要求，开展新员工培训及素质拓展训练，组织会系统初任培训并进行初任考核，着重宣贯政治意识教育、纪律规矩意识、监管文化、廉政教育等内容，帮助新员工扣紧"第一粒扣子"。四是加强国际化人才培养力度。开展线上英语培训，组织品种国际化、品种研发、风险管理、信息技术四个主题共22次线上境外专项培训。五是开展"自我发展周"系列心理培训。郑州"7·20"突发特大汛情之后，迅速举办线上课程对员工进行心理疏导，并开展亲密关系、亲子教育系列讲座工作，全方位关心关爱员工身心健康。六是完善在线学习平台建设，新增职业素养、管理能力等通用课程11门，上线党校学习、法律知识等专项课程9门，不断完善课程体系。

三、大连商品交易所职工教育培训情况

2021年，大商所根据年度重点工作整体部署，结合新冠肺炎疫情防控形势，利用"大商所云课堂"在线学习平台，以线上为主、线下为辅作为员工培训总基调，聚焦产品开发、技术驱动、生态圈建设三大主线，不断拓展培训资源，进一步加强全集团统筹，开展党性教育培训、重点业务培训、综合素质培训、管理能力培训、新员工入职培训、国际化英语培训、部门自主培训及内训师培训及微课大赛等八大类培训。

一是以党史学习教育为主线，围绕学习贯彻习近平新时代中国特色社会主义思想、党的十九届六中全会精神，开展党委会、党委中心组学习共计40次。组织党员干部赴井冈山和嘉兴南湖开展四期红色教育培训。通过在"大商所云课堂"设立"每周党史课"专栏，开展党史知识竞赛、"党课我来讲"精品党课大赛、所内外党支部联建共建等特色活动，提升党员干部开展自学的积极性和主动性。组织中层以上干部参加证监会网络学校党的十九届六中全会精神学习，入党积极分子开展专题教育培训，不断丰富各层面理论学习的载体平台、内容形式。

二是深入开展业务知识培训，开展员工综合素质培训。围绕期货期权品种和工具、场外市场业务、风险防控以及各类研究报告等重点业务工作，数字化转型、区块链、人工智能等新兴技术，以及信息安全、法律知识、制度修订等方面主题，录制相关视频课程。为帮助员工提升思维能力、科学规划工作，开阔数字化转型视野，开展逻辑思维、时间管理、数字化转型实践等三大主题系列课程，提升岗位胜任力。

三是开展管理能力提升培训，组织开展新员工入职培训。大商所组织系统中层干部开展"管理思维与管理能力双重跃迁"以及"管理心理学"等线上视频课程，包括管理认知、管理思维、角色转变、管理沟通、决策执行、如何激励员工、如何用人之所长等内容，加强干部队伍建设。对新员工开展应知应会课程培训、业务知识培训、通用类业务培训、入职引导人专项辅导等四大类内容，帮助新员工尽快完成角色转变。

四是开展国际化英语培训，组织开展部门自主培训项目。为满足国际化过程中对语言提升的迫切诉求，实现英语水平的有效提高，继续开展线上英语培训项目，并组织完成更新"大商所实用英语100句"，营造良好英语学习氛围，为交易所国际化提供有力保障。针对部门特点的个性化学习需求，组织所内各部门开展224项自主培训，内容涵盖政治素养、业务知识、办公技能、综合素质等方面，满足部门层面业务及综合素质提升需求，使培训更有针对性，培训效果更为直接。

五是组织内训师培训及微课大赛活动，夯实专家型人才授课能力。在总结首届内训师培训及微课大赛经验的基础上，组织第二届大商所系统内训师培训及业务微课大赛活动，强化业务知识萃取沉淀，进一步提升内训师对内对外授课交流的专业性、规范性、系统性。通过内训师培训及微课大赛产出管理类、业务类、法律类等多门课程，组织全系统员工学习。

四、中国金融期货交易所职工教育培训情况

（一）坚持把学习贯彻习近平新时代中国特色社会主义思想作为加强干部员工培训工作主线，持续加强政治建设和思想建设

交易所始终把学习贯彻习近平新时代中国特色社会主义思想作为干部员工培训工作的主线，通过专题学习、交流研讨、专家辅导等形式深入学习党的十九届六中全会精神。多种形式开展庆祝中国共产党成立100周年系列活动，通过专题读书班、集中研讨、现场调研等方式扎实开展党史学习教育，推动证监会会党委面向市场主体办实事清单和交易所办实事项目落地。开展强化政治意识专项教育，进一步强化全所干部员工政治意识、公权力意识和规矩意识。持续加强理论武装，将学习对象扩大到中层干部，由"关键少数"带动"绝大多数"。共举办3期中金所党校班，严格执行党的组织生活制度，鼓励各基层党组织开展学习研讨、联学联建、主题党日等多种形式活动。

（二）搭建国情教育实践平台，多渠道加强干部员工培养锻炼

一是形成年轻员工赴交易所定点扶贫县的培养锻炼长效机制。2021年组织4名年轻员工赴延长县接受国情教育和实践锻炼，加强年轻员工教育培训，引导坚定理想信念。二是切实落实中国证监会系统优秀干部培养机制。做好2021年度会系统优秀年轻干部推荐培养工作，对接开展证监会党校处级干部进修班，共选派27名干部员工借调中国证监会工作。三是持续探索创新交易所内干部员工培训工作。组织开展交易所集团新员工培训、中层干部管理能力培训、中金所大讲坛专题讲座、"先锋月月讲"主题讲座等活动，组织开展各部门岗位培训和业务培训。四是积极对接上海市金融人才发展工作。组织3人参加上海金融人才实践基地挂职锻炼，择优选拔推荐青年干部申报上海市"三类金才"开发计划。

（三）重视青年员工培训教育工作，多措并举做好严管厚爱

针对青年员工，深化培训教育工作，持续做好严管厚爱。一是在各党支部成立青年理论学习小组，每月下发学习要点，提升理论学习的计划性和系统性。二是结合党史学习教育举办青年党校班、主题团日、党史微宣讲比赛、研究报告"揭榜行动""青年员工小目标"等活动，引导青年员工学史力行，砥砺奋进。三是开展员

工身心关爱计划，推进EAP心理咨询疏导服务、幸福生活讲座、"青柚计划"等措施，丰富党委信箱、合理化建议征集、员工匿名留言"小树洞"等反映意见渠道，广泛听取员工心声。四是把落实监管文化建设要求作为培训教育抓手，通过《中金所内刊》、主题展览等渠道广泛加强文化建设，凝练核心价值观，提升干部员工认同感、荣誉感，调动干部员工工作积极性创造性。多举并措教育引导广大干部员工担当作为、干事创业，为金融期货事业发展凝聚合力。

五、广州期货交易所职工教育培训情况

2021年，广期所职工教育培训围绕各项重点工作，立足创业阶段组织特点，始终坚持"艰苦奋斗、规范运作、只争朝夕"，常态化做好疫情防控，营造全员学习氛围，探索建立有自身特色的培训体系。

一是扎实开展党史学习教育，做好政治意识培训。坚持"政治引领、凝聚合力"，充分利用广州本地红色教育基地，开展系列党史学习教育相关培训。

二是发挥员工晨会平台作用，做好专业能力培训。通过员工晨会等方式加强内部交流研讨，形成员工相互学习、共同研究的良好氛围。

三是从严从实组织新员工培训，把好入职培训关。结合新成立单位特点，重点在新员工入职培训中做好党的理论及党性修养培训、国家安全教育、廉政警示教育等，同时线上线下相结合做好期货交易所基础业务知识培训，为组建高质量干部员工队伍打牢基础。

六、中国期货市场监控中心职工教育培训情况

（一）以深入开展党史学习教育为契机，大力提升党建工作质量，持之以恒推进政治建设和思想建设

中国期货监控坚持将党史学习教育作为贯穿全年的一项重要政治任务来抓，坚持学思用贯通、知信行合一，持续深入开展党史学习教育。一是党委理论学习中心组示范先行，聚焦党史学习教育，以"七一"重要讲话精神为主线，先后开展党委理论学习中心组集中学习研讨5次，党史专家辅导1次，充分发挥领学作用。二是领导班子面向全体党员讲授党课5次，切实做到了"三个讲清楚"，达到了以讲促学鼓干劲的效果。三是以党的十九届六中全会精神学习为重点，持续巩固党史学习教育成果，紧跟证监会党委步伐，精心制定实施方案，认真组织开展大讨论，坚持学用结合，切实把学习成果转化为推进工作的强大动力和实际成效。四是中国期货监控各党支部多点推进，分专题深化学习研讨，打造"线上+线下"宣传主阵地，利用微信平台每日向全体员工推送"百年党史天天读"小知识，在门厅、走廊宣传栏制作展览党的历史主题展板，全面营造"学党史、知党恩、跟党走"的浓厚氛围。

(二)坚持好干部标准,大力推动人才培养和企业文化建设,打造高素质专业化干部队伍

一是扎实开展员工培训和锻炼。制定并执行年度培训计划,采取"请进来 走上台"的方式,外部专家和内部员工讲授相结合,共开展包括党建、保密、业务、安全等各类培训11次。将"员工课堂"打造为内部学习交流品牌,共开展5期专题培训,充分实现了"为员工搭建展示平台"的预期目标,取得了"助员工拓宽工作视野"的良好成效。二是大力推进企业文化建设,营造凝心聚力良好氛围。工会组织建立"职工之家",开展台球、飞镖等群众活动;为篮球、羽毛球爱好者租赁场地,开展瑜伽、健身操活动,丰富员工文体生活,增强体质。班子成员深入支部,以普通党员身份参加主题党日活动。开展"七个一"系列庆祝活动,党史知识竞赛以赛促学,"我向党说心里话"倾诉祝福,重温入党誓词共忆初心,"两优一先"表彰树强榜样力量,以喜闻乐见的方式掀起了党史学习教育高潮。

七、中证商品指数公司职工教育培训情况

2021年,中证商品指数公司完成了组织架构搭建和员工队伍建设。面对机构新、队伍新、业务新的现状,公司党委认真谋划,对员工队伍政治、思想、作风、能力、纪律等建设提出系统明确要求,强化教育引领和日常规范管理,组织开展了党课教育培训、新员工入职培训、业务知识技能培训、职业素养培养等多层次针对性培训。全年累计参训超211人次。

一是坚持党建引领,认真开展党史学习教育。以党史学习教育为契机,综合开展理论中心组学习、警示教育、"三会一课"、庆祝建党100周年"七一"表彰、征文和演讲比赛、党建和廉政制度建设、专项督查等活动,着力加强政治建设和思想建设,打造良好的政治生态和干事创业氛围。

二是组织开展新员工入职培训。培训内容包括各部门业务及职责介绍、指数相关业务基础知识、公司组建历程和重要意义、公司领导讲党课等,帮助新员工了解公司各项制度和业务,迅速适应岗位。

三是深入开展指数业务相关知识技能培训。邀请行业内专家,针对证券与期货市场发展、当前国内宏观经济分析与2022年展望、指数业务等主题进行培训,提升员工业务水平和综合素养。

四是多形式组织入党积极分子党课培训。综合运用自主学习、集中授课、研讨交流和闭卷考试等形式,开展党课培训,提高员工党的理论知识水平和党性修养。

八、中国期货业协会职工教育培训情况

一是强化员工思想教育。组织员工学习中央政策、国务院部署、证监会党委精神、重要解读等材料,组织党员、群众全员自主学习,通过一系列学习活动,让党

的思想理论教育入脑入心、有效指导工作开展。

二是提升员工专业能力。提醒和勉励员工主动加强专业学习，提升履职能力。依托协会对外培训资源，广泛邀请行业专家，围绕"卫星遥感技术在期货定价分析中的应用""新疆棉花产业情况分析""打造期货行业信义义务文化""绿色金融服务国家双碳战略"等为主题，开展6期全员培训，进一步增强党员干部宏观形势敏锐度，提升专业素养，保持前瞻性思维。

三是组织开展新员工入职培训。重点就党风廉政建设相关规定、协会内部规章制度与工作纪律等内容进行宣讲教育。注重以岗代训，全年共派出28人次参加现场检查、7名员工借调至中国证监会参加专项工作或"以岗代训"。

附录 3
2021 年中国期货市场大事记

1月1日，郑商所首次召开"商储无忧"试点项目启动会，尿素被列为首批试点品种，该项目被写入国家储备管理政策。

1月8日，保险机构参与国债期货业务正式启动，中国人寿资产管理有限公司作为首家保险机构参与国债期货业务。

1月8日，我国首个活体交割的期货品种——生猪期货在大商所挂牌上市。

1月15日，中国证监会发布《期货公司保证金封闭管理办法》（证监会公告〔2021〕1号）。

1月19—21日，上海期货交易所低硫燃料油通过"境内交割＋境外提货"模式完成首次跨境交收，这是我国期货市场首次实现跨境交收，实现了由交易端"引进来"到交割端"走出去"的重大跨越。

1月20日，中证商品指数公司与中国期货市场监控中心签署《战略合作框架协议》。

1月21日，郑商所联合新加坡交易所通过线上方式举办中新聚酯衍生品国际专题研讨会。

1月25日，中期协发布实施修订后的《〈期货经纪合同〉指引》《期货经营机构诚信信息管理办法（修订）》。

2月1日，郑商所正式挂牌交易花生期货。

2月5日，广州期货交易所经国务院批准注册成立。

2月8日，《中国金融期货交易所实际控制关系账户管理办法》正式实施。

2月23日，中国证监会副主席方星海到中国期货监控调研并听取汇报。

3月6日，河北省委常委、副省长，雄安新区党工委书记、管委会主任张国华莅临中证商品指数公司雄安办公区调研。

3月8日,中证商品指数公司与郑州商品交易所签署《战略合作框架协议》。

3月12日,中国期货监控正式向开户机构提供商品期货交易权限统一报备服务。

3月19日,中国期货监控完成与中证商品指数公司指数业务的交接工作。

3月24日,中国证监会副主席方星海深入联系基层党组织,带领中国期货监控部分党员干部赴中央档案馆开展党日活动。

3月31日,中证商品指数公司在河北雄安新区市民服务中心举行开业仪式。中国证监会副主席方星海,河北省副省长葛海蛟等领导出席开业仪式。

4月7日,大商所与中国石油和化学工业联合会在杭州成功举办"2021中国化工产业(衍生品)大会",大会主题为"迎新局、聚合力、谋发展"。

4月16日,中国证监会主席易会满赴中期协调研并听取协会党委班子工作汇报,副主席方星海、会机关有关部门负责同志参加调研。

4月19日,广州期货交易所揭牌仪式顺利举办,广东省委书记李希、中国证监会主席易会满共同为广州期货交易所揭牌。广东省委副书记、省长马兴瑞,广东省委常委、广州市委书记张硕辅,广东省委常委、省委秘书长张福海参加揭牌仪式。中国证监会副主席方星海、广东省副省长张新、广州市市长温国辉分别致辞。

4月20日,辽宁省委书记、省人大常委会主任张国清来大商所调研指导工作。

4月22日,中国金融期货交易所与中证商品指数公司签署《战略合作框架协议》。

4月24日,辽宁省委常委、沈阳市市长张雷带队沈阳市代表团一行来访大商所。

4月25日,上期所第十次会员大会在上海顺利召开。中国证监会党委委员、副主席方星海通过视频发表讲话。

4月26日,郑商所被中国人民银行牵头成立的中央金融单位定点扶贫工作小组评为"金融单位定点扶贫先进集体"。

5月6日,贵州省委常委、省委统战部部长胡忠雄带队贵州省代表团来访大商所。

5月10日,大商所与中证商品指数公司在大连签署战略合作框架协议。

5月11日,郑商所通过线上方式召开第九次会员大会。

5月11日,郑商所与内蒙古自治区政府签订战略合作备忘录。

5月13日,中央纪委常委、国家监委委员卢希一行视察中金所,驻证监会纪检监察组组长、证监会党委委员樊大志陪同调研。

5月14日,中金所首个自有数据中心——上海金融交易广场同城灾备数据中心正式切换,5月17日上线运行。

5月18日,大商所党委书记、理事长冉华赴黑龙江调研,拜会黑龙江省副省长沈莹。

5月20日，由大商所与石化联合会共同主办，中国城市燃气协会、江苏省期货业协会和隆众资讯协办的"2021中国化工产业（衍生品）大会LPG论坛"在南京举办。

5月21日，郑商所与国家气象信息中心签署战略合作框架协议。

5月21日，大商所与国家气象中心（中央气象台）在北京续签战略合作协议。

5月26日，由上海期货交易所主办的第十八届上海衍生品市场论坛在上海举行。

5月26日，广州期货交易所与中国有色金属工业协会签署战略合作协议。

6月1日，山东港信期货有限公司获批正式成为第150家期货公司。

6月2日，上海市人大常委会副主任蔡威一行调研中金所。

6月9日，广州期货交易所召开2021年第一次临时股东大会，选举产生董事。召开第一届董事会2021年第一次会议，选举胡政为董事长、朱丽红为副董事长，聘任朱丽红为总经理。

6月10日，证监会党委书记、主席易会满一行视察中金所，证监会党委委员、副主席方星海陪同视察。

6月10日，国务院金融稳定发展委员会副主任、中国人民银行行长易纲一行调研中金所。

6月17日，中期协与北京金融法院签署合作备忘录。

6月18日，我国首个国际化的期权产品——棕榈油期权在大连商品交易所挂牌上市并顺利引入境外交易者参与交易。

6月21日上午9时，原油期权在上海期货交易所子公司上海国际能源交易中心正式挂牌交易。

6月22日，大商所与广州期货交易所签署战略合作框架协议。

6月24日，河南省省长王凯赴郑商所调研。

7月，上期所向河南省慈善总会捐款700万元，支持河南抗洪救灾及灾后恢复工作。

7月7日，修订并发布《期货市场统一开户业务操作指引》《特殊单位客户统一开户业务操作指引》和《境外交易者统一开户业务操作规则》。

7月15日，《中共中央 国务院关于支持浦东新区高水平改革开放打造社会主义现代化建设引领区的意见》印发，提出"支持上海期货交易所探索建立场内全国性大宗商品仓单注册登记中心，开展期货保税仓单业务，并给予或落实配套的跨境金融和税收政策。"

7月19日，辽宁省委常委、大连市委书记胡玉亭一行来大商所调研。

7月22日，贵州省副省长谭炯一行来访大商所。

7月23日，《中共中央 国务院关于新时代推动中部地区高质量发展的意见》

印发，文中提出要增加郑州商品交易所上市产品。

7月23日，上海市委副书记、市长龚正一行视察调研中金所。

7月24日，中期协第五届理事会第十六次会议在山东青岛召开，中国证监会党委委员、副主席方星海莅临会议并指导工作。

7月27日，中国证监会副主席赵争平莅临中证商品指数公司雄安办公区视察指导工作，并与河北省委常委、副省长，雄安新区党工委书记、管委会主任张国华进行了座谈交流。

7月28日，经中国期货业协会第5届理事会第16次会议审议通过，中证商品指数公司成为中国期货业协会特别会员。

7月30日，郑商所向河南省慈善总会捐赠防汛救灾资金2 000万元。

7月，大商所向河南省慈善总会捐款700万元，支持河南抗洪救灾及灾后恢复工作。

7月，中金所向河南省慈善总会捐款700万元，支持河南抗洪救灾及灾后恢复工作。

8月4日，中金所发布《中国金融期货交易所协助金融机构防范内幕交易查询管理办法》。

8月5日，上海期货交易所与中国城市燃气协会通过线上会议形式，签订战略合作协议。

8月6日，中国证监会与匈牙利中央银行签署"证券期货监管合作谅解备忘录"。

8月16日，上海期货交易所与泰国期货交易所签署合作谅解备忘录。

8月19日，中期协发布了新的《中国期货业协会调解规则》。

8月26日，广州期货交易所与香港交易及结算所有限公司举办线上谅解备忘录签署仪式。

9月1—2日，郑商所通过线上方式举办2021中国（郑州）国际期货论坛，中国证监会副主席方星海、河南省政府副省长戴柏华出席并发言。

9月9日，由《期货期权世界》（FOW）主办的"2021年度亚洲资本市场颁奖典礼"在线上举行。上海期货交易所及其子公司上海国际能源交易中心从全世界被提名的众多交易所中脱颖而出，获得了国际专业评审团的认可，荣获"最佳衍生品交易所""最佳大宗商品交易所""最佳新衍生品合约"和"最佳中国交易所"4项大奖。上期所总经理王凤海荣膺"最佳首席执行官"奖项。

9月10日，中期协发布《期货公司居间人管理办法（试行）》。

9月11日，上海期货交易所与广西壮族自治区人民政府，在第13届中国-东盟金融合作与发展领袖论坛上，共同签署了"广西壮族自治区人民政府 上海期货交易所战略合作协议"，并举行了"中国-东盟大宗商品期现结合服务基地"揭牌仪式。

9月16日，全国政协经济委员会副主任夏德仁率全国、辽宁省、大连市三级政协调研组赴大商所调研。

9月17日，中国期货监控参加四川嘉陵期货第18次现场工作组会议，正式启动嘉陵期货破产清算工作。

9月23日，大商所在大连市成功举办"2021中国农牧产业（衍生品）大会"。本届大会以"新形势、新征程、新发展"为主题，由主论坛和饲料养殖、深加工两个分论坛组成。

9月23日—24日，中国证监会党委委员、副主席方星海赴吉林调研"保险+期货"、生猪产业情况，大商所党委书记、理事长冉华陪同。

9月28日，广州期货交易所与北京绿色金融与可持续发展研究院在北京签署"战略合作框架协议"，双方将秉持优势互补、相互支持的合作原则，围绕绿色金融助力实现碳达峰、碳中和目标，共同推动绿色金融市场发展。

9月29日，大商所参加在上海证券交易所举行的响应全球"提升投资者财经素养"倡议鸣锣仪式，并与上海证券交易所、上海期货交易所、郑州商品交易所、中国金融期货交易所、中国证券登记结算有限公司和中证中小投资者服务中心有限责任公司等中国境内其他6家世界交易所联合会（WFE）会员单位代表共同鸣锣。

10月13日，中国证监会公布合格境外投资者可参与金融衍生品交易品种，新增开放商品期货、商品期权、股指期权三类品种，参与股指期权的交易目的限于套期保值交易，自2021年11月1日施行。

10月15日，大商所与中国上市公司协会在北京签署战略合作协议。

10月21日，2021中国农牧产业（衍生品）大会生猪论坛暨首届中国生猪交易大会在重庆成功举行。

10月23日，全国人大常委会公布《中华人民共和国期货和衍生品法（草案二次审议稿）》并向社会公开征求意见。

10月24日，辽宁省委副书记、代省长李乐成一行来大商所调研。

11月，中金所投入130万元专项资金支援延长县近期暴雨灾害后的恢复工作。

11月1日，郑商所与马来西亚衍生产品交易所签订谅解备忘录。

11月5日，工业和信息化部、人民银行、银保监会、证监会等四部委联合发布《关于加强产融合作推动工业绿色发展的指导意见》（工信部联财〔2021〕159号），鼓励金融机构开发气候友好型金融产品，支持广州期货交易所建设碳期货市场，规范发展碳金融服务。

11月10日，《国务院办公厅关于进一步加大对中小企业纾困帮扶力度的通知》（国办发〔2021〕45号）明确提出，"推动期货公司为中小企业提供风险管理服务，助力中小企业运用期货套期保值工具应对原材料成本大幅波动风险"。

11月13日，中国（河南）自由贸易试验区建设领导小组办公室印发《支持郑州商品交易所创新发展专班工作方案》，成立河南省支持郑商所创新发展专班，何金平副省长任组长。

11月19日,中国期货监控制定发布《中国期货市场监控中心保证金安全存管监控预警实施细则》。

11月26日,河南省委书记楼阳生赴郑商所调研。

11月26日,中期协发布《期货经营机构资产管理业务信用报告工作规则》。

12月3日,上海期货交易所联合青岛市人民政府、青岛海关、山东省港口集团正式上线全国大宗商品仓单登记系统(青岛)试点项目,在全国率先实现了海关与期货交易所的信息联网。

12月5日,中期协举办"第17届中国(深圳)国际期货大会"。中国证监会副主席方星海、深圳市委副书记艾学峰出席大会主论坛并致辞。

12月10日,中证商品指数公司与上海证券交易所签署《战略合作框架协议》。

12月15日,上海期货交易所上期标准仓单交易平台上线纸浆品种标准仓单交易、保税仓单转让报价专区、期转现报价专区、期现联动交易软件4项新业务。

12月16日,中证商品指数公司与深圳证券交易所签署《战略合作框架协议》。

12月17日,大商所以通讯会议方式召开2021年会员大会。

12月21日,广州期货交易所在云南曲靖市举办首次工业硅期货合约规则产业论证会。

12月23日,中共上海市委常委、浦东新区区委书记朱芝松一行调研中金所。

12月24日,中期协发布《期货风险管理公司风险控制指标管理办法(试行)》。

12月30日,郑商所与中粮集团签署战略合作框架协议。

附录 4
文件汇编

上海期货交易所（含上海国际能源交易中心）发布文件

发文时间	文号	标题	主要内容
2021年2月26日	〔2021〕13号	关于发布《上海期货交易所铝期货合约（修订版）》的公告	《上海期货交易所铝期货合约（修订版）》经上海期货交易所理事会审议通过，并已报告中国证监会，现予以发布
2021年5月17日	〔2021〕48号	关于发布《上海期货交易所黄金期货合约（修订案）》的公告	《上海期货交易所黄金期货合约（修订案）》经上海期货交易所理事会审议通过，并已报告中国证监会，现予以发布
2021年6月11日	〔2021〕25号	关于发布《上海国际能源交易中心原油期货期权合约》《上海国际能源交易中心期权交易管理细则》及相关实施细则修订版的公告	《上海国际能源交易中心原油期货期权合约》《上海国际能源交易中心期权交易管理细则》以及《上海国际能源交易中心交易细则》《上海国际能源交易中心结算细则》《上海国际能源交易中心风险控制管理细则》《上海国际能源交易中心信息管理细则》《上海国际能源交易中心交易者适当性管理细则》等实施细则修订版经上海国际能源交易中心董事会审议通过，并已报告中国证监会，现予以发布，自发布之日起实施

续表

发文时间	文号	标题	主要内容
2021年7月9日	〔2021〕90号	关于发布《上海期货交易所螺纹钢期货合约（修订版）》《上海期货交易所热轧卷板期货合约（修订版）》《上海期货交易所交割细则（修订版）》的公告	《上海期货交易所螺纹钢期货合约（修订版）》《上海期货交易所热轧卷板期货合约（修订版）》《上海期货交易所交割细则（修订版）》经上海期货交易所理事会审议通过，并已报告中国证监会，现予以发布
2021年7月20日	〔2021〕95号	关于发布《上海期货交易所交易规则》和《上海期货交易所章程》修订版的公告	《上海期货交易所交易规则》（修订版）、《上海期货交易所章程》（修订版）已由上海期货交易所第十次会员大会审议通过，并经中国证监会批准，现予以发布，自发布之日起实施
2021年9月2日	〔2021〕41号	关于《上海国际能源交易中心结算细则》等实施细则修订版的公告	《上海国际能源交易中心结算细则》等实施细则修订版经上海国际能源交易中心董事会审议通过，并已报告中国证监会，现予以发布，自2021年10月18日起实施
2021年9月16日	〔2021〕46号	关于《上海国际能源交易中心低硫燃料油期货标准合约》及相关实施细则修订版的公告	《上海国际能源交易中心低硫燃料油期货标准合约》以及《上海国际能源交易中心交割细则》修订版经上海国际能源交易中心董事会审议通过，并已报告中国证监会，现予以发布，自2022年3月1日起实施，2022年3月1日之前生成的标准仓单按原有效期限和质量标准规定执行
2021年9月16日	〔2021〕47号	关于《上海国际能源交易中心低硫燃料油（期货）检验细则（试行）》（修订稿）的公告	中国检验认证集团检验有限公司、上海海关工业品与原材料检测技术中心、通标标准技术服务有限公司、上海东方天祥检验服务有限公司是上海国际能源交易中心低硫燃料油期货的指定检验机构。为规范低硫燃料油实物交割的检验行为，根据《上海国际能源交易中心低硫燃料油期货标准合约》《上海国际能源交易中心交割细则》等有关规定，前述低硫燃料油期货指定检验机构联合制定了《上海国际能源交易中心低硫燃料油（期货）检验细则（试行）》（修订稿），并已在上海国际能源交易中心备案，现予以公布
2021年11月9日	〔2021〕168号	关于修订《上海期货交易所石油沥青期货合约》及相关实施细则的公告	《上海期货交易所石油沥青期货合约》《上海期货交易所石油沥青期货交割实施细则（试行）》修订版经上海期货交易所理事会审议通过，并已报告中国证监会，现予以发布

续表

发文时间	文号	标题	主要内容
2021年11月19日	〔2021〕56号	关于《上海国际能源交易中心违规处理实施细则（修订版）》的公告	《上海国际能源交易中心违规处理实施细则（修订版）》经上海国际能源交易中心董事会审议通过，并已报告中国证监会，现予以发布，2022年1月1日起实施
2021年11月19日	〔2021〕174号	关于发布《上海期货交易所违规处理办法（修订版）》的公告	《上海期货交易所违规处理办法（修订版）》经上海期货交易所理事会审议通过，并已报告中国证监会，现予以发布，2022年1月1日起实施
2021年11月19日	〔2021〕175号	关于发布《上海期货交易所锡期货合约（修订版）》的公告	《上海期货交易所锡期货合约（修订版）》经上海期货交易所理事会审议通过，并已报告中国证监会，现予以发布
2021年11月22日	〔2021〕177号	关于发布《上海期货交易所异常交易行为管理办法》等实施细则修订版的公告	《上海期货交易所异常交易行为管理办法（修订版）》《上海期货交易所实际控制关系账户管理办法（修订版）》以及《上海期货交易所结算细则（修订版）》经上海期货交易所理事会审议通过，并已报告中国证监会，现予以发布，自2021年11月26日起实施
2021年11月22日	〔2021〕57号	关于《上海国际能源交易中心异常交易行为管理细则（修订版）》等实施细则的公告	《上海国际能源交易中心异常交易行为管理细则（修订版）》《上海国际能源交易中心实际控制关系账户管理细则（修订版）》《上海国际能源交易中心结算细则（修订版）》经上海国际能源交易中心董事会审议通过，并已报告中国证监会，现予以发布，自2021年11月26日起实施
2021年11月26日	〔2021〕178号	关于发布《上海期货交易所交易细则（修订版）》等实施细则的公告	《上海期货交易所交易细则（修订版）》等实施细则经上海期货交易所（以下简称上期所）理事会审议通过，并已报告中国证监会，现予以发布，自发布之日起实施
2021年11月26日	〔2021〕59号	关于《上海国际能源交易中心20号胶期货标准合约》及相关实施细则修订版的公告	《上海国际能源交易中心20号胶期货标准合约》《上海国际能源交易中心风险控制管理细则》《上海国际能源交易中心交割细则》修订版经上海国际能源交易中心董事会审议通过，并已报告中国证监会，现予以发布，自2022年6月1日（即5月31日晚连续交易）起实施

郑州商品交易所发布文件

发文日期	文号	标题	主要内容
2021年1月4日	公告〔2021〕1号	《关于取消指定棉纱交割厂库资格的公告》	取消河南华星科创股份有限公司的指定棉纱交割厂库资格，自公告之日起实施

续表

发文日期	文号	标题	主要内容
2021年1月18日	公告〔2021〕4号	《关于取消指定棉纱交割厂库资格的公告》	取消浙江春江轻纺集团有限责任公司的指定棉纱交割厂库资格,自公告之日起实施
2021年1月22日	公告〔2021〕5号	《关于指定白糖质检机构变更名称的公告》	指定白糖质检机构"广州甘蔗糖业研究所"现更名为"广东省科学院生物工程研究所"
2021年1月25日	公告〔2021〕7号	《关于综合业务平台基差贸易新增品种有关事项的公告》	新增交易品种:动力煤、短纤、纯碱、尿素、锰硅、硅铁、苹果和红枣。上线时间,自2021年2月1日上午9点开始交易,暂免收取交易手续费
2021年1月25日	公告〔2021〕8号	《关于发布花生期货合约及相关业务规则修订案的公告》	《郑州商品交易所花生期货合约》及《郑州商品交易所期货交割细则》修订案、《郑州商品交易所标准仓单管理办法》修订案、《郑州商品交易所期货交易风险控制管理办法》修订案已经郑州商品交易所第七届理事会第九次会议审议通过,现予发布,自2021年2月1日起施行
2021年1月25日	公告〔2021〕9号	《关于花生期货上市交易有关事项的公告》	花生期货自2021年2月1日(星期一)起上市交易。上市当日集合竞价时间为上午8:55—9:00,交易时间为9:00—11:30和13:30—15:00。花生期货暂不开展夜盘交易。首批上市交易的花生期货合约为PK2110、PK2111、PK2112、PK2201 花生期货合约交易保证金标准为8%,涨跌停板幅度为±7%。根据《郑州商品交易所期货交易风险控制管理办法》有关规定,花生期货合约上市当日涨跌停板幅度为合约挂牌基准价的±14%
2021年1月25日	公告〔2021〕10号	《关于花生期货交割业务有关事项的公告》	花生期货车(船)板交割服务机构、指定交割厂库、指定质检机构和交割费用标准等事项公告
2021年1月29日	公告〔2021〕11号	《关于发布〈郑州商品交易所场外期权业务指引〉的公告》	发布《郑州商品交易所场外期权业务指引》
2021年1月29日	公告〔2021〕12号	《关于花生期货合约挂牌基准价的公告》	2021年2月1日花生期货首批上市交易合约PK2110、PK2111、PK2112、PK2201的挂牌基准价为9 350元/吨
2021年2月5日	公告〔2021〕13号	《关于指定硅铁、锰硅交割厂库中信寰球商贸(上海)有限公司变更名称的公告》	指定硅铁、锰硅交割厂库"中信寰球商贸(上海)有限公司"名称变更为"中证寰球商贸(上海)有限公司"。厂库简称由"中信寰球"变更为"中证寰球",联系人和联系方式不变

续表

发文日期	文号	标题	主要内容
2021年2月22日	公告〔2021〕15号	《关于修订〈郑州商品交易所期货交易细则〉的公告》	《郑州商品交易所期货交易细则》修订案已经郑州商品交易所第七届理事会第十次会议审议通过，现予发布，自发布之日起施行
2021年3月3日	公告〔2021〕17号	《关于综合业务平台仓单交易业务新增品种有关事项的公告》	新增交易品种动力煤、纯碱、玻璃、菜籽粕、甲醇、棉纱、短纤。自2021年3月4日上午9点开始交易。暂免收取交易手续费
2021年3月8日	公告〔2021〕18号	《关于取消河南长领食品有限公司花生车（船）板交割服务机构资格的公告》	取消河南长领食品有限公司花生车（船）板交割服务机构资格，自公告之日起实施
2021年3月30日	公告〔2021〕21号	《关于发布玻璃期货业务规则修订案的公告》	对《郑州商品交易所期货交割细则》《郑州商品交易所标准仓单管理办法》中玻璃期货相关内容进行了修订，自玻璃期货2204合约起施行
2021年3月31日	公告〔2021〕22号	《关于增设新凤鸣牌PTA为交割品牌的公告》	批准浙江独山能源有限公司生产的"新凤鸣"牌PTA为期货交割品牌
2021年3月31日	公告〔2021〕23号	《关于指定短纤及甲醇交割厂库厦门同欵贸易有限公司变更名称的公告》	指定短纤及甲醇交割厂库"厦门同欵贸易有限公司"现更名为"厦门国贸石化有限公司"，厂库简称由"厦门同欵"变更为"国贸石化"，联系人和联系方式保持不变
2021年3月31日	公告〔2021〕24号	《关于增设指定短纤交割厂库的公告》	增设福建逸锦化纤有限公司，江苏德赛化纤有限公司为指定短纤交割厂库，提货地点为厂库地址；增设青岛华亿诚物资有限公司、青岛嘉德瑞工贸有限公司、浙江永安资本管理有限公司、浙江敦和实业有限公司、浙江四邦实业有限公司、厦门象屿物流集团有限责任公司、厦门建发轻工有限公司、远大能源化工有限公司、中基宁波集团股份有限公司、浙江杭实善成实业有限公司、豫新投资管理（上海）有限公司、东海资本管理有限公司为指定短纤交割厂库

续表

发文日期	文号	标题	主要内容
2021年4月2日	公告〔2021〕25号	《关于调整指定菜籽油菜籽粕交割仓（厂）的公告》	增设防城港澳加粮油工业有限公司为指定菜籽油、菜籽粕交割厂库，南通凯晟粮油有限公司和道道全重庆粮油有限责任公司为指定菜籽油交割厂库。暂停中谷碧陆（南通）新能源有限公司指定菜籽油、菜籽粕交割厂库交割业务，暂停中储粮合肥油脂库有限公司、中粮贸易安徽有限公司指定菜籽油交割仓库交割业务。以上新增交割厂库，自2021年6月1日起，开展菜籽油、菜籽粕期货交割业务
2021年4月2日	公告〔2021〕26号	《关于增设PTA交割仓库和临时存货点的公告》	增设厦门国贸物流有限公司为指定PTA交割仓库，增设建发物流集团有限公司的PTA临时存货点。自公告之日起开展PTA期货交割业务
2021年4月6日	公告〔2021〕27号	《关于增设硅铁、锰硅指定交割仓库的公告》	恢复天津全程物流配送有限公司硅铁、锰硅指定交割仓库资格，增设江苏诚通物流有限公司、国家粮食和物资储备局湖北局三三七处为硅铁、锰硅指定交割仓库
2021年4月9日	公告〔2021〕29号	《关于增设指定纯碱交割仓（厂）库及临时存货点的公告》	增河南万庄安阳物流园有限公司、武汉新港汉江集装箱股份有限公司为指定纯碱交割仓库；增设设新投资管理（上海）有限公司为指定纯碱交割厂库；增加河北鑫兴仓储有限公司为国家粮食和物资储备局河北局一三三处临时存货点
2021年4月12日	公告〔2021〕28号	《关于修订〈郑州商品交易所投资者教育专项工作管理办法〉的公告》	修订了《郑州商品交易所投资者教育专项工作管理办法》自发布之日起施行
2021年4月21日	公告〔2021〕31号	《关于修订〈郑州商品交易所套期保值管理办法〉的公告》	对《郑州商品交易所套期保值管理办法》进行了修订，自2021年4月26日起实施
2021年4月21日	公告〔2021〕32号	《关于PTA、白糖品种套期保值持仓额度申请及使用方式的公告》	PTA、白糖品种适用按品种方式申请一般月份套期保值持仓额度，交割月前一个月第16个日历日至交割月前一个月最后一个日历日之间的交易日，PTA、白糖品种非期货公司会员或者客户一般月份套期保值持仓额度可以按规定数额自动转化为该阶段的套期保值持仓额度

续表

发文日期	文号	标题	主要内容
2021年5月14日	公告〔2021〕35号	《关于指定动力煤交割厂库变更名称的公告》	指定动力煤交割厂库"大同煤矿集团有限责任公司"现更名为"晋能控股煤业集团有限公司",厂库简称由"大同煤矿"变更为"晋能煤业"
2021年5月28日	公告〔2021〕39号	《关于增设苹果交割仓库、厂库和车(船)板交割服务机构的公告》	增设中国供销集团延长果业有限责任公司为郑州商品交易所指定苹果交割仓库、厂库和车(船)板交割服务机构,自2021年9月15日起开展苹果期货交割业务
2021年5月28日	公告〔2021〕40号	《关于短纤期货做市商名单的公告》	确定了短纤品种的期货做市商
2021年5月28日	公告〔2021〕41号	《关于2021年6月期货品种做市合约和重点合约的公告》	2021年6月各期货品种做市合约和重点合约予以公布
2021年6月4日	公告〔2021〕42号	《关于增设指定尿素交割厂库的公告》	增设成都云图控股股份有限公司、四川农资化肥有限责任公司、山东晋煤明升达化工有限公司为指定尿素交割厂库
2021年6月9日	公告〔2021〕43号	《关于发布硅铁期货业务规则修订案的公告》	郑商所对《郑州商品交易所期货交割细则》中硅铁期货相关内容进行了修订,自2021年6月23日起施行
2021年6月11日	公告〔2021〕44号	《关于发布〈郑州商品交易所期货交易风险控制管理办法〉修订案的公告》	对《郑州商品交易所期货交易风险控制管理办法》进行了修订
2021年6月25日	公告〔2021〕46号	《关于2021年7月期货品种做市合约和重点合约的公告》	将2021年7月各期货品种做市合约和重点合约予以公布
2021年7月6日	公告〔2021〕48号	《关于指定尿素交割厂库河南晋煤天庆煤化工有限责任公司变更名称的公告》	郑州商品交易所指定尿素交割厂库"河南晋煤天庆煤化工有限责任公司"现更名为"河南晋控天庆煤化工有限责任公司",厂库简称由"晋煤天庆"变更为"晋控天庆",联系人和联系方式保持不变

续表

发文日期	文号	标题	主要内容
2021年7月8日	郑商发〔2021〕160号	《关于新增期货公司会员的公告》	同意山东港信期货有限公司成为郑州商品交易所期货公司会员。山东港信期货有限公司在郑州商品交易所的会员号为0279
2021年7月13日	公告〔2021〕49号	《关于增设指定白糖交割厂库的公告》	增设中粮屯河伊犁新宁糖业有限公司为郑州商品交易所指定白糖交割厂库，自2021年12月1日起开展白糖期货交割业务
2021年7月14日	公告〔2021〕50号	《关于对动力煤期货部分合约实施交易限额的公告》	自2021年7月15日当晚夜盘交易时起，非期货公司会员或者客户在动力煤期货2109、2110、2111、2112、2201合约上单日开仓交易的最大数量为1 000手
2021年7月20日	公告〔2021〕51号	《关于取消指定棉花交割仓库资格的公告》	取消山东省禹城棉麻有限公司的指定棉花交割仓库资格
2021年7月23日	公告〔2021〕52号	《关于对玻璃、动力煤期货部分合约实施交易限额的公告》	自2021年7月26日当晚夜盘交易时起，非期货公司会员或者客户在玻璃期货2108、2109、2110、2111、2112、2201、2202、2203、2204及2205合约上单日开仓交易的最大数量为1 000手，在动力煤期货2109、2110、2111、2112及2201合约上单日开仓交易的最大数量为500手
2021年7月26日	公告〔2021〕53号	《关于指定玻璃交割厂库武汉长利玻璃（汉南）有限公司变更名称的公告》	指定玻璃交割厂库"武汉长利玻璃（汉南）有限公司"现更名为"武汉长利新材料科技股份有限公司"，联系人和联系方式保持不变
2021年7月26日	公告〔2021〕54号	《关于指定交割仓库菏泽市粮油中转储备库变更名称的公告》	指定尿素、强麦、普麦交割仓库"菏泽市粮油中转储备库"现更名为"菏泽市粮油中转储备库有限公司"，联系人和联系方式保持不变
2021年7月30日	公告〔2021〕55号	《关于指定甲醇交割厂库新能凤凰（滕州）能源有限公司变更名称的公告》	指定甲醇交割厂库"新能凤凰（滕州）能源有限公司"现更名为"联泓（山东）化学有限公司"，联系人和联系方式保持不变
2021年7月30日	公告〔2021〕56号	《关于增设指定玻璃交割厂库与提货点的公告》	增设河北金宏阳太阳能科技股份有限公司为指定玻璃交割厂库；增加指定玻璃交割厂库武汉众恒创景新型材料有限公司当阳提货点

续表

发文日期	文号	标题	主要内容
2021年7月30日	公告〔2021〕57号	《关于期权品种一般回应做市商增选名单的公告》	白糖期权增选一般回应做市商：瑞达新控资本管理有限公司、东证润和资本管理有限公司、五矿产业金融服务（深圳）有限公司。棉花期权增选一般回应做市商：瑞达新控资本管理有限公司、东证润和资本管理有限公司、五矿产业金融服务（深圳）有限公司。PTA期权增选一般回应做市商：瑞达新控资本管理有限公司。动力煤期权增选一般回应做市商：瑞达新控资本管理有限公司、东证润和资本管理有限公司
2021年7月30日	公告〔2021〕58号	《关于2021年8月期货品种做市合约和重点合约的公告》	将2021年8月各期货品种做市合约和重点合约予以公布
2021年8月2日	公告〔2021〕59号	《关于增设指定纯碱交割仓（厂）库与临时存货点的公告》	增设国家粮食和物资储备局湖北局五三八处为指定纯碱交割仓库；增设浙江景诚实业有限公司、银河德睿资本管理有限公司、东海资本管理有限公司为指定纯碱交割厂库；增加国家粮食和物资储备局河北局一三四处、国家粮食和物资储备局湖北局三三七处临时存货点
2021年8月9日	公告〔2021〕60号	《关于发布〈郑州商品交易所标准仓单管理办法〉修订案的公告》	对《郑州商品交易所标准仓单管理办法》进行了修订
2021年8月9日	公告〔2021〕61号	《关于调整部分交割仓（厂）库和车（船）板交割服务机构的公告》	对苹果、甲醇、尿素、棉纱、PTA、红枣、菜籽粕、油菜籽品种的部分交割仓（厂）库及车（船）板交割服务机构进行调整
2021年8月9日	公告〔2021〕62号	《关于增设指定苹果质检机构的公告》	增设华测检测认证集团股份有限公司为指定苹果期货质检机构，自2021年9月15日起开展苹果期货检验业务
2021年8月9日	公告〔2021〕63号	《关于增设指定苹果交割厂库及车（船）板交割服务机构的公告》	增设蓬莱昊林果蔬有限公司、渭南天顺农产品商贸有限公司、陕西果业铜川集团有限公司、陕西子午实业发展有限公司为指定苹果交割厂库、车（船）板交割服务机构，自2021年9月15日起开展苹果期货交割业务

续表

发文日期	文号	标题	主要内容
2021年8月18日	公告〔2021〕64号	《关于发布〈郑州商品交易所综合业务平台撮合商管理办法（试行）〉的公告》	制定了《郑州商品交易所综合业务平台撮合商管理办法（试行）》，自发布之日起施行
2021年8月18日	公告〔2021〕65号	《关于发布〈郑州商品交易所商品互换业务指引（试行）〉的公告》	制定了《郑州商品交易所商品互换业务指引（试行）》，现予以发布，自发布之日起施行
2021年8月19日	公告〔2021〕66号	《关于公开征集期货标准仓单责任险相关合作单位的公告》	公开征集期货标准仓单统一保险责任险相关意向合作单位
2021年8月26日	公告〔2021〕67号	《关于对动力煤期货部分合约实施交易限额的公告》	自2021年8月27日当晚夜盘交易时起，非期货公司会员或者客户在动力煤期货2109、2110、2111、2112、2201、2202及2203合约上单日开仓交易的最大数量为200手
2021年8月27日	公告〔2021〕68号	《关于指定PTA交割仓库建发物流集团有限公司变更仓库地址的公告》	PTA交割仓库建发物流集团有限公司仓库地址变更为：浙江嘉兴市海盐县西塘桥街道杭州湾大道3889号
2021年8月27日	公告〔2021〕69号	《关于延长部分PTA交割仓库临时存货点使用期限的公告》	延长部分PTA交割仓库临时存货点使用期限
2021年8月30日	公告〔2021〕70号	《关于2021年9月期货品种做市合约和重点合约的公告》	将2021年9月各期货品种做市合约和重点合约予以公布
2021年9月1日	公告〔2021〕71号	《关于综合业务平台甲醇商品互换业务撮合商名单的公告》	确定了综合业务平台首批三家甲醇商品互换业务撮合商
2021年9月1日	公告〔2021〕72号	《关于开展甲醇互换业务有关事项的公告》	将在综合业务平台开展甲醇互换业务
2021年9月2日	公告〔2021〕74号	《关于对部分期货合约实施交易限额的公告》	自2021年9月6日起，非期货公司会员或者客户在硅铁期货2201合约上单日开仓交易的最大数量为1 000手，在锰硅期货2201合约上单日开仓交易的最大数量为2 000手

续表

发文日期	文号	标题	主要内容
2021年9月6日	公告〔2021〕75号	《关于开展综合业务平台中华棉仓单购销专区交易的公告》	在综合业务平台开设中华棉仓单购销专区。专区自2021年9月9日开始交易，交易时间为交易日上午09：00—11：30，下午1：30—3：00。专区中，买方冻结的保证金为50 000元/张，专区交易暂免收取手续费
2021年9月9日	公告〔2021〕76号	《关于征集纯碱指定交割仓库的公告》	公开征集纯碱指定交割仓库
2021年9月10日	公告〔2021〕77号	《关于暂停齐鲁泉源供应链有限公司苹果交割业务的公告》	暂停齐鲁泉源供应链有限公司的指定苹果交割厂库及车（船）板交割服务机构业务
2021年9月10日	公告〔2021〕78号	《关于取消上期资本管理有限公司做市商资格的公告》	上期资本管理有限公司在做市业务开展中存在不规范行为。根据《郑州商品交易所做市商管理办法》规定及相关约定，取消其所有期货、期权品种做市商资格
2021年9月15日	公告〔2021〕79号	《关于对动力煤期货部分合约实施交易限额的公告》	自2021年9月16日当晚夜盘交易时起，非期货公司会员或者客户在动力煤期货2110、2111及2112合约上单日开仓交易的最大数量为100手
2021年9月17日	公告〔2021〕80号	《关于取消指定早籼稻、晚籼稻交割仓库资格的公告》	取消中央储备粮万年直属库有限公司的指定早籼稻、晚籼稻交割仓库资格
2021年9月22日	公告〔2021〕81号	《关于对动力煤期货部分合约实施交易限额的公告》	自2021年9月23日当晚夜盘交易时起，非期货公司会员或者客户在动力煤期货2201、2202及2203合约上单日开仓交易的最大数量为100手
2021年9月28日	公告〔2021〕82号	《关于对部分期货合约实施交易限额的公告》	自2021年9月30日起，非期货公司会员或者客户在硅铁期货2201合约上单日开仓交易的最大数量为500手，在锰硅期货2201合约上单日开仓交易的最大数量为1 000手
2021年9月29日	公告〔2021〕83号	《关于指定菜籽油、菜籽粕交割厂库东莞沈恒粮油有限公司变更名称的公告》	菜籽油、菜籽粕交割厂库"东莞沈恒粮油有限公司"现更名为"邦基（东莞）粮油有限公司"
2021年9月29日	公告〔2021〕84号	《关于2021年10月期货品种做市合约和重点合约的公告》	将2021年10月各期货品种做市合约和重点合约予以公布

续表

发文日期	文号	标题	主要内容
2021年9月30日	公告〔2021〕85号	《关于对动力煤期货部分合约实施交易限额的公告》	自2021年10月8日当晚夜盘交易时起，非期货公司会员或者客户在动力煤期货2204、2205、2206、2207、2208及2209合约上单日开仓交易的最大数量为500手，在动力煤期货2110、2111、2112、2201、2202及2203合约上单日开仓交易的最大数量仍为100手
2021年10月15日	公告〔2021〕86号	《关于苹果期货2210合约挂牌基准价的公告》	苹果期货2210合约挂牌基准价定为6 300元/吨
2021年10月19日	公告〔2021〕87号	《关于对动力煤、红枣期货部分合约实施交易限额的公告》	自2021年10月20日当晚夜盘交易时起，非期货公司会员或者客户在动力煤期货2204、2205、2206、2207、2208、2209及2210合约上单日开仓交易的最大数量为100手。自2021年10月21日起，非期货公司会员或者客户在红枣期货2112、2201、2203、2205、2207及2209合约上单日开仓交易的最大数量为300手
2021年10月20日	公告〔2021〕88号	《关于对动力煤期货部分合约实施交易限额的公告》	自2021年10月21日当晚夜盘交易时起，非期货公司会员或者客户在动力煤期货2111、2112、2201、2202、2203、2204、2205、2206、2207、2208、2209及2210合约上单日开仓交易的最大数量为50手
2021年10月22日	公告〔2021〕89号	《关于动力煤期货部分合约有关事项的公告》	自2021年10月22日当晚夜盘交易时起，动力煤期货2112、2201、2203、2204、2205、2206、2207合约的涨跌停板幅度为14%。直至上述期货合约不出现单边市的当晚夜盘交易时起，相关合约的涨跌停板幅度恢复至10%。自2021年10月22日结算时起，动力煤期货2112及2201合约的交易保证金标准为30%，动力煤期货2203合约的交易保证金标准为20%，动力煤期货2204、2205、2206及2207合约的交易保证金标准为16%
2021年10月26日	公告〔2021〕90号	《关于增设指定红枣交割仓库的公告》	增设叶城西域果叔电商供应链有限公司与新疆和田果业有限公司为指定红枣交割仓库，自2021年11月1日启用

续表

发文日期	文号	标题	主要内容
2021年10月29日	公告〔2021〕91号	《关于2021年11月期货品种做市合约和重点合约的公告》	将2021年11月各期货品种做市合约和重点合约予以公布
2021年11月1日	公告〔2021〕92号	《关于取消指定早籼稻、晚籼稻交割仓库资格的公告》	取消武汉市大花岭库粮油储备有限公司的指定早籼稻、晚籼稻交割仓库资格
2021年11月5日	公告〔2021〕93号	《关于动力煤期货2211合约有关事项的公告》	动力煤期货2211合约的交易保证金标准、涨跌停板幅度、交易手续费标准和交易限额等公布
2021年11月5日	公告〔2021〕94号	《关于调整棉花期货替代交割品升贴水的公告》	对棉花期货替代交割品升贴水调整公告，自2022/2023年度生产的棉花开始实施，自2022/2023年度生产的棉花开始实施
2021年11月10日	公告〔2021〕95号	《关于指定动力煤交割港口变更名称的公告》	指定动力煤交割港口"神华黄骅港务有限责任公司"现更名为"国能黄骅港务有限责任公司"，港口简称变更为"国能黄骅港"
2021年11月16日	公告〔2021〕96号	《关于对红枣期货部分合约实施交易限额的公告》	自2021年11月18日起，非期货公司会员或者客户在红枣期货2112、2201、2203、2205、2207及2209合约上单日开仓交易的最大数量为100手
2021年11月19日	公告〔2021〕97号	《关于修订〈郑州商品交易所违规处理办法〉的公告》	对《郑州商品交易所违规处理办法》进行了修订，自2021年12月1日起施行
2021年11月22日	公告〔2021〕98号	《关于修订〈郑州商品交易所异常交易行为管理办法〉的公告》	对《郑州商品交易所异常交易行为管理办法》进行了修订，自2021年11月26日起施行
2021年11月24日	郑商发〔2021〕307号	《关于修订〈郑州商品交易所期货交易风险控制管理办法〉的公告》	对《郑州商品交易所期货交易风险控制管理办法》进行了修订。本次修订适用于动力煤期货2112及后续合约，自2021年11月25日起施行
2021年11月24日	公告〔2021〕99号	《关于调整动力煤期权持仓限额的公告》	非期货公司会员、客户所持有的按单边计算的某月份动力煤期权合约投机持仓限额调整为2000手，适用于标的月份为2202及后续的动力煤期权合约
2021年11月26日	公告〔2021〕100号	《关于修订〈郑州商品交易所期货交易细则〉等规则的公告》	对《郑州商品交易所期货交易细则》《郑州商品交易所指定存管银行管理办法》及《郑州商品交易所期货交割细则》进行了修订

续表

发文日期	文号	标题	主要内容
2021年11月29日	公告〔2021〕101号	《关于2021年12月期货品种做市合约和重点合约的公告》	将2021年12月各期货品种做市合约和重点合约予以公布
2021年12月3日	公告〔2021〕102号	《关于修订〈郑州商品交易所期货交割细则〉的公告》	对《郑州商品交易所期货交割细则》进行了修订，自动力煤期货2212合约开始施行
2021年12月7日	公告〔2021〕103号	《关于调整指定菜油交割仓（厂）库升贴水的公告》	对四川3家交割仓（厂）库升贴水进行调整
2021年12月10日	公告〔2021〕106号	《关于调整指定白糖交割仓库的公告》	暂停南京铁心桥国家粮食储备库有限公司、天津利达物流有限公司、佛山市华商物流有限公司指定白糖交割仓库业务。增设广西融桂怡亚通供应链有限公司、广西荣桂国际智慧物流有限公司为指定白糖交割仓库，自2021年12月15日起开展白糖期货交割业务
2021年12月10日	公告〔2021〕107号	《关于修订〈郑州商品交易所期货交易细则〉〈郑州商品交易所期权交易管理办法〉的公告》	对《郑州商品交易所期货交易细则》《郑州商品交易所期权交易管理办法》进行了修订
2021年12月14日	公告〔2021〕108号	《关于调整红枣期货合约交易指令每次最小开仓下单量和最大下单量的公告》	红枣期货合约交易指令每次最小开仓下单量调整为4手，限价指令每次最大下单量调整为100手，市价指令每次最大下单量调整为20手
2021年12月17日	公告〔2021〕109号	《关于开展综合业务平台白糖基差贸易泛糖专区交易的公告》	决定在综合业务平台开设白糖基差贸易广西泛糖科技有限公司专区
2021年12月24日	公告〔2021〕111号	《关于指定红枣质检机构变更的公告》	指定红枣质检机构"国家果蔬及加工产品质量监督检验中心"现变更为"中华全国供销合作总社济南果品研究所"
2021年12月24日	公告〔2021〕112号	《关于变更指定苹果期货质检机构的公告》	指定苹果期货质检机构"中华全国供销合作总社济南果品研究院"现变更为"中华全国供销合作总社济南果品研究所"

续表

发文日期	文号	标题	主要内容
2021年12月31日	公告〔2021〕114号	《关于发布菜粕期货进口替代交割品原产地的公告》	对菜粕期货进口替代交割品原产地公告如下：首批允许交割的进口菜粕原产地为加拿大、阿联酋，自菜粕期货2301合约开始施行
2021年12月31日	公告〔2021〕115号	《关于发布菜粕期货业务规则修订案的公告》	对《郑州商品交易所期货交割细则》《郑州商品交易所标准仓单管理办法》中菜粕期货相关内容进行了修订，自菜粕期货2301合约起施行
2021年12月31日	公告〔2021〕116号	《关于2022年1月货品种做市合约和重点合约的公告》	将2022年1月各期货品种做市合约和重点合约予以公布

大连商品交易所发布文件

发文日期	文号	标题	主要内容
2021年1月6日	大商所发〔2021〕13号	关于修改焦炭交割质量标准的通知	对焦炭期货交割标准品以及替代品的相关指标和升贴水进行调整。对交割标准品的灰分、硫分、CSR、CRI、M40、挥发分的标准相应放宽，收严替代品灰分、硫分、CSR的拒收值，通过适当的升贴水设计，有效反映和贴近不同品质的产品价差，进一步提升期货价格代表性
2021年1月22日	大商所发〔2021〕42号	关于修改《大连商品交易所章程》和《大连商品交易所交易规则》的通知	增加境外机构直接入场交易相关规则，健全市场监管相关规定，完善突发事件应急处置相关规定，并优化相关条款表述
2021年2月1日	大商所发〔2021〕64号	关于修改《大连商品交易所场外会员管理办法（试行）》、发布各品种板块场外会员管理细则的通知	一是在各场外会员的管理细则中规定了会员分类、资格条件、申请文件、各板块会员管理细则与场外会员管理办法的衔接等事宜；二是相应的对《大连商品交易所生猪板块场外会员管理细则》的衔接条款进行了修订
2021年2月5日	大商所发〔2021〕73号	关于发布《大连商品交易所境外特殊参与者管理办法》和相关规则修正案的通知	为规范境外交易者和境外经纪机构直接入场交易参与我所内特定品种相关业务，按照国家有关特定品种的政策规定，大连商品交易所制定及修改了境外特殊参与者配套业务规则（共涉及1部新增规则草案和17部规则修正案），涉及交易、结算、交割、风控、存管银行管理、信息管理、境外经纪机构管理等多个方面

续表

发文日期	文号	标题	主要内容
2021年3月15日	大商所发〔2021〕120号	关于调整基差交易业务相关规则的通知	一是将三部基差规则整合为一部，二是删除自律管理内容，三是优化交易商申请及管理要求，四是增加异常情况应对机制
2021年4月13日	大商所发〔2021〕163号	关于修改铁矿石期货限仓相关规则的通知	一是铁矿石限仓模式由原比例限仓模式调整为固定值限仓模式，一般月份限仓额度由40 000手下调至15 000手，并在进入交割月前月后增加一个限仓的时间梯度；二是取消客户交割月套保持仓在投机持仓限额基础上"自动翻倍"的规定
2021年4月13日	大商所发〔2021〕164号	关于修改《大连商品交易所期权交易管理办法》的通知	取消期权限仓不得超过期货限仓标准的规定
2021年4月29日	大商所发〔2021〕187号	关于发布《大连商品交易所场外期权业务管理办法（试行）》及修改商品互换业务相关规则的通知	在《大连商品交易所场外期权业务管理办法（试行）》中规定场外期权业务的参与主体、品种与标的，合约创设，达成交易，保证金管理，资金结算和异常处理等内容 在《大连商品交易所场外衍生品交易商管理办法（试行）》中将"互换交易商"修改为"场外衍生品交易商"，将"机构""企业法人"等主体称谓统一修改为"法人"等
2021年5月19日	〔2021〕9号	关于修改铁矿石期货合约及相关规则的公告	调整交割质量标准、仓单注销期，并增加滚动交割方式。一是将铁矿石期货标准品铁品位由62%下调至61%，增设质量范围要求，细化各指标升扣价体系，并创新性引入每半年动态调整的铁指标升扣值；二是将仓单集中注销时间调整至每年3月和9月；三是实施滚动交割
2021年6月9日	〔2021〕18号	关于发布《大连商品交易所棕榈油期货期权合约》及相关实施细则修正案的公告	正式公布了棕榈油期货期权合约，并对《大连商品交易所期权交易管理办法》中境外交易者、境外特殊参与者、境外中介机构、会员和交易所在期权交易中权责关系的相关条文进行了修订
2021年6月30日	〔2021〕23号	关于修改场外期权业务相关规则的公告	一是允许部分保险公司等金融机构由其分支机构在场外平台获得客户身份，开展农民收入保障计划或企业风险管理计划相关期权业务；二是允许开展农民收入保障计划或企业风险管理计划的法人申请豁免部分场外期权交易商资格要求；三是对权利金支付时间做出弹性调整

续表

发文日期	文号	标题	主要内容
2021年7月30日	〔2021〕29号	关于发布《大连商品交易所生猪板块场外交易管理办法（试行）》的公告	在《大连商品交易所生猪板块场外交易管理办法（试行）》中规定生猪板块场外会员、提货单签发、交易业务、结算业务、提货管理、疫情处理、纠纷调解及处理、信息管理、风险与责任等内容
2021年8月30日	大商所发〔2021〕380号	关于发布《大连商品交易所指定交割仓库资格与监督管理规定》的通知	通过将原指定交割仓库资格管理、年审、等级评定及现场检查等办法进行整合，形成更加统一、规范的业务制度，进一步规范指定交割仓库管理相关工作，并简化相关环节交割库报送的材料，为各交割仓库及参与交割的企业提供便利
2021年9月24日	〔2021〕42号	关于修改焦煤和焦炭期货限仓规则的公告	将焦煤、焦炭期货合约交割月投机限仓标准由原500手、300手下调为200手、100手；交割月前月投机限仓标准相应由1 500手、900手下调至500手、300手
2021年10月12日	〔2021〕46号	关于修改《大连商品交易所标准仓单交易管理办法（试行）》的公告	一是扩展了办法适用的业务范围和主体；二是增加标准仓单交易模式；三是明确发票保证金比例；四是增加仓单质押业务规定
2021年10月19日	〔2021〕47号	关于调整线型低密度聚乙烯、聚氯乙烯期货合约最小变动价位的公告	对线型低密度聚乙烯、聚氯乙烯期货合约最小变动价位进行了调整，由5元/吨调整为1元/吨
2021年11月12日	〔2021〕55号	关于修改《大连商品交易所非标仓单业务管理办法（试行）》的公告	一是简化客户分类，删去对客户买卖权限进行分别管理的规定；二是优化业务流程，包括完善保证金和交收过程管理，增加二次结算功能等；三是优化系统功能和规则表述
2021年11月17日	〔2021〕58号	关于修改《大连商品交易所基差交易业务管理办法》的公告	一是新增会员与客户间交易层次；二是新增客户为交易主体；三是调整部分业务规定，包括基差交易中会员与客户间不允许合同转让，会员分类对应的交易权利规定只限于会员间交易等；四是增加交易所可以为会员与客户之间的交易提供个性化服务相关规定

续表

发文日期	文号	标题	主要内容
2021年11月19日	〔2021〕59号	关于修改《大连商品交易所违规处理办法》的公告	一是增加了新型违规行为有关规定;二是细化完善部分违规行为的规定;三是扩大制度规范对象的范围,丰富限制措施种;四是强化期货公司和交割仓库的管理义务;五是提高纪律处分惩处力度和执行力度;六是完善纪律处分相关程序性规定
2021年11月24日	〔2021〕61号	关于发布《大连商品交易所异常交易行为管理办法》的公告	一是删除实控组超仓异常交易行为;二是调整期货、期权合约频繁报撤单达标标准;三是针对试点收费品种豁免频繁报撤单异常交易行为
2021年11月24日	〔2021〕62号	关于修改《大连商品交易所结算管理办法》的公告	对报撤单的收费统一表述为"申报费",删除"撤单费"表述
2021年11月26日	〔2021〕63号	关于修订《大连商品交易所铁矿石仓单服务管理办法》的公告	删除仓单买卖服务相关内容,保留仓单置换服务相关内容
2021年11月26日	〔2021〕64号	关于修改《大连商品交易所交易管理办法》等规则的公告	一是合格机构投资者纳入"特殊单位客户"中;二是增加合格境外机构投资者适用境内客户保证金存管业务相关规定,其托管行特定条件下可豁免财务指标和网点数量的要求
2021年12月3日	〔2021〕65号	关于修改《大连商品交易所玉米淀粉期货业务细则》和《大连商品交易所标准仓单管理办法》的公告	增加玉米淀粉以集装箱方式入库免检交割相关规定,并完善玉米淀粉交割质量争议处理相关规则
2021年12月29日	〔2021〕76号	关于修改《大连商品交易所风险管理办法》的公告	修改乙二醇限仓和交易保证金相关规则

中国金融期货交易所发布文件

发文日期	标题	主要内容
2021年2月5日	关于发布《中国金融期货交易所实际控制关系账户管理办法》的通知	为进一步加强对实际控制关系账户的一线监管,中金所制定了《中国金融期货交易所实际控制关系账户管理办法》,原《中国金融期货交易所实控账户报备指引(试行)》同时废止新制定的《办法》主要从提升制度层级,完善与监控中心实际控制关系账户管理流程衔接,强化实际控制关系账户全面管理,细化期货公司会员及客户相关义务等方面,实现对实际控制关系账户管理制度的优化完善

续表

发文日期	标题	主要内容
2021年2月10日	中国金融期货交易所关于废止部分业务规则的通知	为进一步完善业务规则体系，中国金融期货交易所对业务规则进行了全面清理，其中涉及已明令废止、自行失效或者应予废止的业务规则共69件
2021年8月13日	关于减半收取2021年8月至12月股指期货、国债期货交割手续费的通知	为积极响应国家关于减税降费的决策部署，经研究决定，自2021年8月16日起至2021年12月31日止，减半收取股指期货、国债期货交割手续费
2021年11月19日	关于修订《中国金融期货交易所违规违约处理办法》的通知	为进一步完善金融期货市场自律监管，加强违规违约行为查处力度，中金所对《中国金融期货交易所违规违约处理办法》进行了修订。此次修订，一是扩大违规行为查处的主体范围，将做市商等市场参与者明确纳入适用主体范围；二是补充和完善多项具体违规行为，新增会员违反会员管理规定、违反交易限额制度、做市商违规做市、违反信息管理或者系统管理规定、损害交易所声誉及以各种手段扰乱交易管理秩序的违规行为，完善影响交易秩序、违反持仓管理规定的违规行为，细化违反实际控制关系账户管理规定的违规行为；三是切实提高违规成本，修改和调整自律管理措施；四是完善救济程序，修改裁决与执行、纠纷调解等规定
2021年12月24日	关于减半收取2022年股指期货、国债期货交割手续费的通知	积极响应国家关于"减税降费"的政策，经研究决定，自2022年1月1日起至2022年12月31日止，减半收取股指期货和国债期货交割手续费

中国期货市场监控中心发布文件

发文日期	文号	标题	主要内容
2021年1月11日	监控函〔2021〕11号	关于反馈场外数据编码落实情况的函	提供落实唯一产品识别码、唯一交易识别码、关键数据要素等国际衍生品编码技术指引的相关情况，供期货部回复国际证监会组织
2021年1月19日	监控函〔2021〕21号	关于提交《金融市场交易报告数据要素指南 第2部分：唯一交易标识》标准起草工作组情况和标准制定计划的函	牵头建立《金融市场交易报告数据要素指南 第2部分：唯一交易标识》标准起草工作组，草拟标准制定计划
2021年3月4日	监控函〔2021〕43号	关于开通商品期货交易权限统一报备服务的函	自2021年3月12日起为开户机构提供商品期货交易权限统一报备服务

续表

发文日期	文号	标题	主要内容
2021年3月9日	监控函〔2021〕45号	关于向中国LEI本地系统提供中国期货市场监控中心接入机构名单的函	向中国金融电子化公司提供中国期货监控接入机构名单,以完成LEI批量赋码相关工作
2021年6月25日	监控函〔2021〕121号	关于开户云扩充交易者职业类别采集信息相关测试及上线工作安排的函	为规范统一期货开户业务与证券开户业务、反洗钱工作中所涉及的职业划分标准,对期货互联网开户云平台交易者职业类别采集信息进行扩充
2021年7月6日	监控函〔2021〕132号	关于下发《中国期货市场监控中心交易报告库调查问卷》的通知	为进一步提升场外衍生品数据报送效率,提高数据质量,了解市场参与者对报送系统的实际使用情况和潜在需求,开展问卷调查
2021年7月7日	监控函〔2021〕135号	关于修改统一开户业务相关开户规则的函	根据《期货市场客户开户管理规定》,结合市场发展新情况及各方建议,对统一开户业务配套开户规则进行了修改
2021年9月1日	监控函〔2021〕180号	关于反馈唯一交易识别码(UPI)应用实施有关情况的函	明确唯一产品标识(UPI)的应用实施工作,将于《金融市场交易报告数据要素指南 第一部分:唯一产品标识》正式发布12个月后落实完毕
2021年11月1日	监控函〔2021〕233号	关于提交《金融市场交易报告数据要素指南 第2部分:唯一交易标识》送审稿的函	将牵头制定的我国金融行业标准《金融市场交易报告数据要素指南 第2部分:唯一交易标识》送审稿提交给中国人民银行科技司
2021年11月9日	监控函〔2021〕244号	关于开展场外衍生品报送系统生产环境全市场联合测试的函	为测试场外衍生品数据报送系统生产环境迁移至沙河机房,组织全市场开展联合测试
2021年12月24日	监控函〔2021〕312号	关于中国期货监控生产系统于2022年元旦假期正式迁移至沙河机房的通知	将场外衍生品数据报送系统生产环境正式迁移至沙河机房运行
2021年12月29日	监控函〔2021〕325号	关于调整交易报告库信息采集内容的通知	进一步提高场外衍生品市场透明度,防范系统性风险,中国期货市场监控中心交易报告库拟新增采集场外衍生品交易信息

中国期货业协会发布文件

发文时间	标题	主要内容
2021年1月25日	关于发布实施《期货经营机构诚信信息管理办法（修订）》的通知	中国期货业协会第五届理事会第十二次会议审议通过了《期货经营机构诚信信息管理办法》修订案，现予以发布实施
2021年1月25日	关于发布《〈期货经纪合同〉指引》的通知	为促进期货业健康发展，保护投资者合法权益，中国期货业协会组织修订了《〈期货经纪合同〉指引》，经第五届理事会第十二次会议审议通过，现予以发布实施
2021年3月19日	关于发布实施《期货公司风险管理公司标准仓单充抵场外衍生品交易保证金实施细则（试行）》的通知	为更好地服务实体企业客户，丰富履约担保品的种类，中国期货业协会第五届理事会第十三次会议审议通过了《期货公司风险管理公司标准仓单充抵场外衍生品交易保证金实施细则（试行）》，现予以发布
2021年5月15日	关于发布《证券基金期货经营机构投资者投诉处理工作指引（试行）》的通知	为了规范证券基金期货经营机构的投资者投诉处理工作，提高投资者服务水平，切实维护投资者合法权益，在中国证监会投资者保护局的指导下，中国证券业协会、中国期货业协会、中国证券投资基金业协会会同中国证券投资者保护基金有限责任公司联合制定了《证券基金期货经营机构投资者投诉处理工作指引（试行）》《证券基金期货经营机构投资者投诉处理工作指引（试行）》已分别经各协会常务理事会或理事会审议通过，现予发布，自发布之日起实施
2021年8月19日	关于发布《中国期货业协会调解规则》的通知	为了保护投资者的合法权益，进一步落实证监会《证券期货纠纷调解工作指引》要求，规范和推进协会处理期货纠纷调解的相关工作，协会在原《中国期货业协会调解规则》《中国期货业协会调解员守则》《中国期货业协会调解员聘任管理办法》《中国期货业协会调解委员会工作办法》的基础上，将四个办法结合证监会关于证券期货纠纷多元化解的最新要求，重新整合并起草了《中国期货业协会调解规则》。《中国期货业协会调解规则》已经协会理事会审议通过，现予发布，自发布之日起实施。原《中国期货业协会调解规则》《中国期货业协会调解员守则》《中国期货业协会调解员聘任管理办法》《中国期货业协会调解委员会工作办法》同步废止

续表

发文时间	标题	主要内容
2021年9月10日	关于发布《期货公司居间人管理办法（试行）》的通知	为推进期货市场高质量发展，进一步完善期货行业自律规则体系，中国期货业协会遵循"建制度、不干预、零容忍"九字方针，以保护投资者合法权益为出发点和落脚点，制定了《期货公司居间人管理办法（试行）》，经第五届理事会第十六次会议审议通过，现予发布
2021年9月30日	关于发布《期货行业文化建设工作纲要》的通知	为推进期货市场高质量发展，构建"合规、诚信、专业、稳健、担当"的期货行业文化，为期货市场长期稳定健康发展提供价值引领，凝聚精神动力，在中国证监会的推动和指导下，中国期货业协会研究制定了《期货行业文化建设工作纲要》。《期货行业文化建设工作纲要》经中国期货业协会第五届理事会第十六次会议审议通过，现予以发布
2021年11月26日	关于发布《期货经营机构资产管理业务信用报告工作规则》的通知	为进一步引导行业特色发挥，倡导和培育良好行业文化，引导期货经营机构诚实守信，勤勉尽责，自觉提升合规风控能力和水平，履行信义义务，中国期货业协会起草了《期货经营机构资产管理业务信用报告工作规则》，经中国期货业协会第五届理事会第十七次会议表决通过，现予以发布
2021年11月26日	关于发布《期货经营机构资产管理业务备案管理规则》的通知	为进一步引导公司回归资产管理业务本源，加强主动管理能力，发挥行业特色，中国期货业协会起草了《期货经营机构资产管理业务备案管理规则》，经中国期货业协会第五届理事会第十七次会议表决通过，现予以发布
2021年12月5日	关于发布实施《风险管理公司会员信用信息报告工作规则》的通知	为加快推动期货行业信用建设，探索建立会员市场化信用积累机制和约束机制，中国期货业协会开展了风险管理公司会员的信用信息报告相关工作，制定了《风险管理公司会员信用信息报告工作规则》 《风险管理公司会员信用信息报告工作规则》已经中国期货业协会第五届理事会第十八次会议审议通过，现予以发布实施
2021年12月24日	关于发布实施《期货风险管理公司风险控制指标管理办法（试行）》的通知	为提升对风险管理公司的自律管理水平，推动风险管理公司持续稳健经营，中国期货业协会在中国证监会的指导下，经过广泛征求行业意见，制定了《期货风险管理公司风险控制指标管理办法（试行）》及其附件《期货风险管理公司风险控制指标计算说明（试行）》，已经中国期货业协会第五届理事会第十九次会议审议通过，并报中国证监会备案，现予以发布，自发布之日起施行

附录 5 统计数据

附录 5-1 分品种类型数据

2021 年全国期货市场交易分布

类别	成交金额（万元）	比重（%）	成交量（手）	比重（%）
农产品	12 941 538 292	22.27	2 084 661 163	27.74
金属	15 807 805 337	27.20	1 688 247 304	22.47
能源化工及其他	17 527 748 157	30.16	3 404 109 089	45.30
金融	11 791 654 742	20.29	91 791 616	1.22
期权	51 139 271	0.09	245 216 875	3.26
总计	58 119 885 799	100.00	7 514 026 047	100.00

2021 年农产品期货交易分布

序号	品种	成交金额（万元）	比重（%）	成交量（手）	比重（%）
1	天然橡胶	1 742 054 749	13.46	121 600 877	5.83
2	黄大豆1号	292 637 751	2.26	49 558 416	2.38
3	黄大豆2号	75 392 436	0.58	17 644 407	0.85
4	豆粕	1 240 138 411	9.58	360 388 172	17.29
5	豆油	2 011 389 957	15.54	229 383 502	11.00
6	玉米	504 393 639	3.90	189 287 113	9.08
7	玉米淀粉	176 157 742	1.36	56 625 060	2.72
8	棕榈油	1 829 218 688	14.13	226 614 036	10.87
9	鸡蛋	267 342 006	2.07	59 397 983	2.85

续表

序号	品种	成交金额（万元）	比重（%）	成交量（手）	比重（%）
10	胶合板	4 252	0.00	307	0.00
11	纤维板	2 109 634	0.02	1 554 504	0.07
12	粳米	19 187 540	0.15	5 383 705	0.26
13	生猪	171 464 506	1.32	6 057 774	0.29
14	普麦	4 906	0.00	389	0.00
15	早籼稻	1 701	0.00	311	0.00
16	晚籼稻	0	0.00	0	0.00
17	红枣	156 494 722	1.21	24 327 506	1.17
18	棉花	989 785 562	7.65	113 436 072	5.44
19	油菜籽	49 016	0.00	8 173	0.00
20	白糖	658 002 684	5.08	116 431 546	5.59
21	苹果	680 745 716	5.26	105 491 812	5.06
22	强麦	75 146	0.00	13 421	0.00
23	棉纱	37 389 999	0.29	2 939 039	0.14
24	花生	76 667 299	0.59	16 846 991	0.81
25	粳稻	14 456	0.00	2 564	0.00
26	菜籽粕	772 674 755	5.97	268 926 677	12.90
27	菜籽油	1 238 141 020	9.57	112 740 806	5.41
	总计	12 941 538 292	100.00	2 084 661 163	100.00

2021年金属期货交易分布

序号	品种	成交金额（万元）	比重（%）	成交量（手）	比重（%）
1	白银	1 848 276 778	11.69	231 457 606	13.71
2	不锈钢	339 947 385	2.15	40 468 072	2.40
3	黄金	1 708 398 242	10.81	45 412 161	2.69
4	螺纹钢	3 224 617 970	20.40	655 986 710	38.86
5	铝	1 278 513 345	8.09	131 457 870	7.79
6	镍	2 343 469 139	14.82	172 165 580	10.20
7	铅	193 977 331	1.23	25 269 752	1.50
8	热轧卷板	1 151 190 554	7.28	220 715 917	13.07
9	铜	2 197 217 462	13.90	64 107 155	3.80
10	锡	591 808 836	3.74	27 012 409	1.60
11	线材	104 507	0.00	19 537	0.00
12	锌	782 493 604	4.95	69 341 255	4.11
13	铜（BC）	147 790 183	0.93	4 833 280	0.29
	总计	15 807 805 337	100.00	1 688 247 304	100.00

2021 年能源化工及其他类期货交易分布

序号	品种	成交金额（万元）	比重（%）	成交量（手）	比重（%）
1	燃料油	704 556 339	4.02	276 993 809	8.14
2	石油沥青	433 518 089	2.47	140 463 222	4.13
3	纸浆	762 975 458	4.35	119 222 581	3.50
4	20号胶	85 883 536	0.49	7 597 424	0.22
5	低硫燃料油	62 700 341	0.36	18 594 750	0.55
6	原油	1 849 590 020	10.55	42 645 180	1.25
7	锰硅	327 354 780	1.87	80 484 469	2.36
8	动力煤	631 612 870	3.60	84 230 073	2.47
9	甲醇	1 135 921 469	6.48	415 302 035	12.20
10	玻璃	938 639 634	5.36	207 435 154	6.09
11	短纤	193 225 531	1.10	53 415 281	1.57
12	PTA	1 334 220 007	7.61	552 866 704	16.24
13	纯碱	994 401 504	5.67	208 258 669	6.12
14	尿素	190 647 207	1.09	41 231 098	1.21
15	硅铁	437 085 145	2.49	95 235 096	2.80
16	聚乙烯	588 160 998	3.36	138 858 868	4.08
17	聚丙烯	900 946 041	5.14	208 706 391	6.13
18	聚氯乙烯	803 269 039	4.58	177 350 247	5.21
19	焦炭	1 612 520 788	9.20	59 132 978	1.74
20	焦煤	711 896 266	4.06	58 305 922	1.71
21	铁矿石	1 478 725 111	8.44	174 412 025	5.12
22	乙二醇	642 937 248	3.67	122 126 938	3.59
23	苯乙烯	373 888 561	2.13	86 179 922	2.53
24	液化石油气	333 072 174	1.90	35 060 253	1.03
	总计	17 527 748 157	100.00	3 404 109 089	100.00

2021 年金融期货交易分布

序号	品种	成交金额（万元）	比重（%）	成交量（手）	比重（%）
1	10年期国债期货	1 618 375 581	13.72	16 378 492	17.84
2	2年期国债期货	523 675 933	4.44	2 603 930	2.84
3	5年期国债期货	609 251 146	5.17	6 069 907	6.61
4	上证50股指期货	1 465 801 229	12.43	14 335 944	15.62
5	中证500股指期货	3 047 860 038	25.85	22 722 841	24.75
6	沪深300股指期货	4 526 690 814	38.39	29 680 502	32.33
	总计	11 791 654 742	100.00	91 791 616	100.00

注：实际包含期转现数据。

2021 年期权交易分布

序号	品种	成交金额（万元）	比重（%）	成交量（手）	比重（%）
1	黄金期权	1 284 594	2.51	3 136 186	1.28
2	铝期权	950 278	1.86	7 609 295	3.10
3	天然橡胶期权	1 886 272	3.69	4 770 235	1.95
4	铜期权	2 956 658	5.78	8 936 180	3.64
5	锌期权	578 138	1.13	4 395 159	1.79
6	原油期权	1 052 148	2.06	1 562 511	0.64
7	豆粕期权	2 755 399	5.39	37 992 814	15.49
8	玉米期权	703 023	1.37	20 600 284	8.40
9	棕榈油期权	1 366 943	2.67	9 460 967	3.86
10	聚乙烯期权	356 618	0.70	4 118 106	1.68
11	聚丙烯期权	401 105	0.78	5 104 696	2.08
12	聚氯乙烯期权	466 852	0.91	4 405 537	1.80
13	铁矿石期权	4 520 323	8.84	18 078 974	7.37
14	液化石油气期权	343 908	0.67	2 628 466	1.07
15	棉花期权	1 485 486	2.90	8 182 287	3.34
16	甲醇期权	1 150 851	2.25	19 923 285	8.12
17	菜粕期权	224 500	0.44	4 794 639	1.96
18	白糖期权	755 111	1.48	10 887 595	4.44
19	PTA 期权	1 351 569	2.64	30 523 806	12.45
20	动力煤期权	1 687 854	3.30	7 864 306	3.21
21	沪深 300 股指期权	24 861 640	48.62	30 241 547	12.33
	总计	51 139 271	100.00	245 216 875	100.00

注：成交量、成交金额均为单边数据。

附录 5-2 主要品种月度结算价及持仓量、成交量、成交金额的分布

2021 年主要品种月度结算价

品种	1月	2月	3月	4月	5月	6月	7月	8月	9月	10月	11月	12月
铜	58 818	62 169	66 653	68 492	74 049	70 049	69 458	69 404	69 315	71 975	70 331	69 430
铝	15 003	16 054	17 331	17 970	19 206	18 636	19 210	20 230	22 403	22 574	19 220	19 415
锌	20 567	20 669	21 578	21 753	22 443	22 286	22 245	22 428	22 647	24 750	23 252	23 605
铅	15 046	15 389	15 035	15 108	15 468	15 371	15 873	15 504	14 726	15 509	15 367	15 390
镍	132 074	137 362	124 402	123 656	129 758	132 541	140 085	143 373	145 735	147 722	146 081	146 714
锡	160 160	175 285	176 149	183 423	197 446	206 159	223 282	236 530	258 700	279 646	281 498	285 710
黄金	392	380	364	371	388	380	378	374	373	370	376	370

续表

品种	1月	2月	3月	4月	5月	6月	7月	8月	9月	10月	11月	12月
白银	5 424	5 669	5 343	5 341	5 737	5 594	5 407	5 153	5 011	4 929	4 989	4 767
螺纹钢	4 344	4 418	4 766	5 173	5 411	5 058	5 483	5 309	5 524	5 247	4 173	4 391
线材	4 671	4 837	5 097	5 534	5 820	5 540	5 901	5 710	5 928	5 574	4 488	4 702
热轧卷板	4 469	4 606	5 037	5 500	5 791	5 336	5 829	5 657	5 708	5 487	4 549	4 544
不锈钢	14 186	14 777	14 263	14 168	15 205	16 059	18 043	18 257	19 719	20 106	17 778	16 453
原油	335	379	406	400	423	453	447	427	467	528	509	467
燃料油	2 161	2 319	2 453	2 434	2 452	2 639	2 599	2 488	2 750	3 104	2 847	2 665
低硫燃料油	2 801	3 115	3 233	3 182	3 195	3 404	3 436	3 290	3 540	3 920	3 723	3 472
沥青	2 680	2 974	3 014	2 894	3 164	3 317	3 322	3 156	3 222	3 251	3 079	3 038
天然橡胶	14 425	15 281	14 931	13 890	13 776	12 964	13 204	14 424	13 633	14 830	14 673	14 625
20号胶	10 721	11 375	11 740	10 992	11 156	10 622	10 696	11 303	10 861	11 789	11 583	11 415
纸浆	6 225	6 851	7 192	7 123	6 833	6 018	6 277	6 228	5 967	5 273	5 082	5 773
国际铜	52 378	55 354	59 248	60 985	66 062	62 408	61 923	61 703	61 560	64 146	62 428	61 715
强麦	2 700	2 726	2 765	2 758	2 781	2 761	2 765	2 765	2 833	2 930	2 971	2 939
普麦	2 541	2 522	2 491	2 509	2 553	2 509	2 517	2 492	2 495	2 540	2 550	2 542
棉花	15 182	15 765	15 579	15 344	15 760	15 792	16 752	17 698	17 809	21 398	21 518	19 850
白糖	5 299	5 355	5 402	5 411	5 615	5 504	5 592	5 848	5 837	5 942	6 023	5 803
菜籽油	9 915	9 981	10 593	10 364	10 622	10 209	10 345	10 529	10 889	12 357	12 563	12 208
油菜籽	5 897	6 019	6 079	5 773	5 788	5 796	5 803	6 014	6 091	6 368	6 422	6 058
菜籽粕	2 944	2 921	2 845	2 970	3 021	2 920	3 015	2 928	2 861	2 637	2 656	2 839
粳稻	2 916	2 907	2 799	2 776	2 745	2 686	2 611	2 646	2 739	2 704	2 755	2 736
早籼稻	2 705	—	2 698	2 683	—	—	—	2 534	2 673	2 710	2 781	2 785
晚籼稻	—	—	—	—	—	—	—	—	—	—	—	—
棉纱	22 034	22 828	23 095	22 737	23 541	23 565	24 996	26 292	25 218	29 101	29 237	26 845
短纤	6 618	7 387	7 405	7 042	7 076	7 048	7 280	7 118	7 038	7 948	7 012	6 807
苹果	6 169	6 124	5 518	5 797	5 956	6 241	6 067	5 995	5 808	7 500	7 964	8 263
花生	—	10 494	10 728	10 451	10 274	9 321	9 190	9 027	8 576	8 781	8 644	8 178
红枣	10 253	10 238	10 105	10 046	9 058	8 688	9 866	13 734	14 141	14 707	16 130	15 395
PTA	3 968	4 331	4 528	4 639	4 742	4 852	5 208	5 169	4 955	5 421	4 960	4 711
甲醇	2 326	2 362	2 450	2 420	2 609	2 510	2 650	2 762	3 123	3 502	2 704	2 607
玻璃	1 769	1 888	2 062	2 213	2 656	2 688	2 931	2 734	2 448	2 211	1 725	1 820
动力煤	684	612	665	737	814	827	871	841	1 066	1 454	881	704
硅铁	7 290	7 140	7 411	7 129	7 922	8 347	8 480	9 298	12 414	14 715	9 274	8 493
锰硅	7 266	7 173	7 239	7 048	7 405	7 574	7 608	7 904	9 987	11 195	8 547	8 186
尿素	1 944	2 015	1 943	2 025	2 245	2 290	2 429	2 379	2 630	2 937	2 322	2 355

续表

品种	1月	2月	3月	4月	5月	6月	7月	8月	9月	10月	11月	12月
纯碱	1 572	1 679	1 910	1 951	2 160	2 215	2 339	2 667	3 005	3 209	2 607	2 353
玉米	2 817	2 786	2 726	2 688	2 763	2 659	2 571	2 554	2 470	2 564	2 669	2 702
玉米淀粉	3 217	3 215	3 257	3 252	3 249	3 082	2 945	2 948	2 880	3 086	3 192	3 078
豆一	5 755	5 802	5 937	5 795	6 008	5 702	5 798	5 776	5 885	6 137	6 310	5 959
豆二	4 282	4 241	4 148	4 168	4 308	4 194	4 386	4 414	4 597	4 392	4 128	4 224
豆粕	3 564	3 492	3 351	3 545	3 600	3 498	3 618	3 553	3 511	3 268	3 121	3 143
豆油	7 837	8 069	8 993	8 276	8 801	8 401	8 789	8 941	9 071	9 834	9 538	8 552
棕榈油	6 849	6 983	7 710	7 263	7 912	7 302	7 969	8 334	8 396	9 528	9 522	8 328
纤维板	1 305	1 260	1 383	1 295	1 371	1 397	1 344	1 278	1 349	1 443	1 366	1 276
胶合板	—	—	—	297	209	222	—	—	240	—	—	—
鸡蛋	4 372	4 511	4 391	4 715	4 830	4 773	4 636	4 431	4 373	4 545	4 526	4 173
生猪	25 512	27 141	28 168	27 224	24 395	19 313	18 650	17 622	14 817	16 033	16 241	14 273
粳米	3 665	3 648	3 620	3 618	3 599	3 533	3 518	3 524	3 483	3 429	3 459	3 369
聚乙烯	7 694	8 350	8 821	8 338	8 026	7 824	8 269	8 195	8 734	9 388	8 802	8 477
聚氯乙烯	7 189	7 928	8 711	8 799	8 949	8 649	9 012	9 158	10 174	11 099	8 708	8 366
聚丙烯	8 028	8 648	9 190	8 642	8 600	8 331	8 524	8 353	8 876	9 430	8 448	8 055
焦炭	2 784	2 594	2 305	2 509	2 602	2 660	2 687	3 009	3 400	3 769	2 909	2 952
焦煤	1 668	1 514	1 540	1 675	1 877	1 932	2 025	2 331	2 819	3 206	2 131	2 109
铁矿石	1 039	1 058	1 073	1 051	1 162	1 176	1 180	856	714	715	570	663
乙二醇	4 441	5 028	5 289	4 750	4 920	4 883	5 227	5 141	5 457	6 487	5 294	4 858
苯乙烯	6 846	8 289	8 672	8 958	9 438	8 644	9 142	8 620	9 144	9 558	8 561	8 051
液化石油气	3 729	3 605	3 913	3 744	4 132	4 515	4 917	5 053	5 579	6 209	4 827	4 384
沪深300股指期货	5 457	5 538	5 083	5 045	5 141	5 177	5 019	4 860	4 887	4 904	4 866	4 963
中证500股指期货	6 404	6 400	6 218	6 277	6 511	6 637	6 753	6 940	7 248	6 951	7 093	7 238
上证50股指期货	3 795	3 857	3 575	3 493	3 512	3 519	3 333	3 165	3 188	3 273	3 211	3 292
2年期国债期货	100.4	100.2	100.1	100.3	100.4	100.3	100.7	100.8	100.7	100.6	100.8	100.9
5年期国债期货	99.9	99.3	99.4	99.7	100.1	99.9	100.7	101.1	101.1	100.6	101.1	101.3
10年期国债期货	98.0	97.0	97.1	97.6	98.2	98.1	99.3	100.0	99.9	99.1	99.9	100.2

备注：1. 表中空缺，表示该品种个别月份无成交、无持仓，无法计算结算价。

2. 各品种结算价单位请参考附录5-3对应的各期货合约。

3. 期货结算价指期货主力合约月度结算价均值。

2021 年各月份期货品种持仓量占比情况（%）

品种	1月	2月	3月	4月	5月	6月	7月	8月	9月	10月	11月	12月
铜	1.15	1.53	1.38	1.54	1.39	1.16	1.14	1.24	1.22	1.39	1.43	1.28
铝	1.57	2.03	1.81	2.28	1.93	1.75	1.96	2.48	2.04	2.17	1.85	1.91
锌	0.75	0.58	0.58	0.63	0.68	0.59	0.58	0.56	0.62	0.60	0.61	0.81
铅	0.28	0.35	0.29	0.33	0.41	0.50	0.46	0.55	0.52	0.38	0.32	0.30
镍	1.09	1.00	0.94	1.05	0.91	0.90	0.86	1.08	0.80	0.77	1.05	1.14
锡	0.33	0.26	0.22	0.21	0.29	0.26	0.20	0.22	0.18	0.26	0.28	0.30
黄金	0.81	0.76	0.82	0.84	1.07	1.03	0.83	0.85	0.89	0.75	0.62	0.68
白银	2.74	2.42	2.42	2.28	2.35	2.30	2.05	2.26	2.67	2.59	2.59	2.56
螺纹钢	6.60	7.38	7.05	7.20	5.65	6.36	7.89	6.26	6.60	9.57	10.95	9.81
线材	0.00	0.00	0.00	0.00	0.00	0.00	0.00	0.00	0.00	0.00	0.00	0.00
热轧卷板	2.90	2.91	3.94	3.51	3.00	2.59	3.63	2.51	2.15	3.19	4.37	3.90
不锈钢	0.90	0.77	0.62	0.51	0.53	0.37	0.33	0.28	0.29	0.32	0.44	0.44
原油	0.34	0.37	0.31	0.31	0.32	0.31	0.28	0.26	0.21	0.23	0.23	0.26
燃料油	1.84	1.55	1.27	1.37	1.51	1.60	1.09	1.34	1.84	1.04	1.46	1.90
低硫燃料油	0.59	0.35	0.33	0.37	0.28	0.28	0.24	0.28	0.36	0.25	0.29	0.29
沥青	2.39	1.94	1.96	1.95	1.70	1.96	1.80	1.84	1.75	1.88	2.02	2.61
天然橡胶	1.12	1.20	1.21	1.08	1.34	1.28	1.19	1.06	0.93	1.04	1.02	1.20
20号胶	0.20	0.21	0.21	0.20	0.18	0.13	0.12	0.14	0.16	0.17	0.20	0.21
纸浆	1.76	1.51	1.81	1.43	1.15	0.97	0.86	1.10	0.99	0.91	0.97	1.47
国际铜	0.09	0.09	0.06	0.09	0.09	0.07	0.05	0.04	0.04	0.05	0.04	0.04
强麦	0.00	0.00	0.00	0.00	0.00	0.00	0.00	0.00	0.00	0.00	0.00	0.00
普麦	0.00	0.00	0.00	0.00	0.00	0.00	0.00	0.00	0.00	0.00	0.00	0.00
棉花	2.48	3.02	2.80	2.77	2.60	2.36	2.52	2.02	2.50	2.71	2.72	2.20
白糖	2.66	2.69	2.74	2.54	2.62	2.49	2.21	2.09	2.07	2.09	1.96	2.07
菜籽油	0.76	0.76	0.89	0.75	0.76	0.81	0.92	0.99	1.13	1.18	1.02	0.99
油菜籽	0.00	0.00	0.00	0.00	0.00	0.00	0.00	0.00	0.00	0.00	0.00	0.00
菜籽粕	2.04	2.25	2.21	2.28	2.22	2.25	2.47	2.05	2.27	2.41	2.03	2.29
粳稻	0.00	0.00	0.00	0.00	0.00	0.00	0.00	0.00	0.00	0.00	0.00	0.00
早籼稻	0.00	0.00	0.00	0.00	0.00	0.00	0.00	0.00	0.00	0.00	0.00	0.00
晚籼稻	0.00	0.00	0.00	0.00	0.00	0.00	0.00	0.00	0.00	0.00	0.00	0.00
棉纱	0.03	0.03	0.02	0.03	0.03	0.03	0.03	0.04	0.04	0.04	0.02	0.01
短纤	0.44	0.63	0.86	0.83	0.77	0.83	0.78	0.77	0.77	0.64	0.71	0.67
苹果	1.83	2.11	2.37	2.07	1.91	1.65	1.58	1.65	1.23	1.12	0.97	0.89
花生	—	0.10	0.05	0.05	0.08	0.13	0.39	0.42	0.34	0.66	0.65	0.68
红枣	0.12	0.15	0.12	0.17	0.16	0.22	0.55	0.57	0.61	0.56	0.47	0.33

续表

品种	1月	2月	3月	4月	5月	6月	7月	8月	9月	10月	11月	12月
PTA	13.18	12.06	11.41	10.41	10.67	11.44	9.81	9.99	9.31	8.87	9.01	7.50
甲醇	4.86	5.01	4.76	5.49	5.86	5.90	5.95	5.08	5.99	6.76	5.13	5.18
玻璃	2.39	2.45	2.87	3.49	3.04	2.83	2.13	1.65	1.31	1.51	1.61	1.57
动力煤	1.29	1.39	1.52	1.81	0.99	0.65	0.63	0.46	0.42	0.22	0.14	0.13
硅铁	0.69	0.80	0.84	0.76	0.99	0.88	1.11	1.33	0.64	0.56	0.47	0.49
锰硅	0.63	0.67	0.91	0.82	0.94	0.78	0.90	0.95	0.65	0.50	0.53	0.62
尿素	0.58	0.58	0.56	0.54	0.57	0.43	0.45	0.38	0.49	0.36	0.37	0.42
纯碱	1.04	1.16	1.83	1.69	2.21	2.09	1.98	2.01	1.93	1.37	1.56	1.96
玉米	6.44	5.49	4.74	4.00	4.33	4.17	4.11	5.02	5.34	4.86	5.12	5.62
玉米淀粉	0.84	0.76	0.87	0.80	0.86	0.72	0.74	0.73	0.74	0.59	0.73	0.94
豆一	0.39	0.43	0.50	0.55	0.73	0.91	0.88	0.80	0.82	0.88	0.79	0.95
豆二	0.17	0.14	0.20	0.25	0.22	0.22	0.18	0.19	0.18	0.18	0.20	0.15
豆粕	9.61	9.87	9.04	8.54	8.30	7.91	7.74	8.38	8.97	10.12	8.52	8.50
豆油	2.59	2.84	2.57	2.53	2.78	2.67	2.58	3.14	3.39	3.21	3.06	3.08
棕榈油	1.97	1.93	1.77	1.84	2.14	2.42	2.60	2.58	2.83	2.47	2.31	2.34
纤维板	0.00	0.00	0.02	0.01	0.01	0.03	0.02	0.00	0.00	0.01	0.01	0.00
胶合板	0.00	0.00	0.00	0.00	0.00	0.00	0.00	0.00	0.00	0.00	0.00	0.00
鸡蛋	1.48	1.34	1.26	1.11	1.23	1.23	1.11	1.03	0.94	1.01	0.90	0.92
生猪	0.09	0.08	0.06	0.06	0.12	0.24	0.22	0.30	0.47	0.40	0.41	0.39
粳米	0.12	0.11	0.15	0.18	0.15	0.13	0.12	0.11	0.10	0.11	0.11	0.14
聚乙烯	1.45	1.54	1.75	1.90	2.15	2.19	2.06	2.47	2.58	2.07	2.19	2.17
聚氯乙烯	1.71	1.50	1.89	1.97	2.07	2.11	2.30	2.90	2.95	2.24	2.47	2.48
聚丙烯	1.56	1.59	1.61	1.69	2.13	2.46	2.32	3.07	3.26	2.50	2.83	2.36
焦炭	0.76	0.75	0.79	0.92	1.11	1.07	1.23	0.95	0.39	0.22	0.12	0.12
焦煤	0.58	0.59	0.73	0.83	1.06	1.13	1.60	1.37	0.62	0.26	0.17	0.19
铁矿石	2.44	2.65	3.09	3.30	3.60	4.08	4.14	4.19	3.91	3.96	3.97	4.13
乙二醇	1.31	1.39	1.18	1.28	1.45	1.35	1.60	1.47	1.68	1.30	1.54	1.57
苯乙烯	0.62	0.73	0.58	0.88	0.86	1.19	0.91	0.94	0.75	0.75	0.87	0.83
液化石油气	0.35	0.21	0.21	0.37	0.40	0.42	0.38	0.42	0.63	0.43	0.50	0.57
沪深300股指期货	0.87	0.90	0.82	0.89	0.92	0.82	0.80	0.81	0.79	0.74	0.68	0.74
中证500股指期货	0.96	0.95	0.96	1.03	0.93	0.95	1.03	1.03	1.21	1.08	1.01	1.04
上证50股指期货	0.30	0.32	0.30	0.34	0.34	0.33	0.38	0.42	0.43	0.40	0.37	0.44
2年期国债期货	0.10	0.05	0.09	0.14	0.13	0.13	0.12	0.09	0.13	0.11	0.12	0.19
5年期国债期货	0.25	0.22	0.24	0.30	0.23	0.28	0.28	0.23	0.29	0.33	0.30	0.34
10年期国债期货	0.53	0.48	0.53	0.57	0.53	0.62	0.59	0.56	0.65	0.67	0.60	0.70

注：月末持仓占比，含自营。

2021 年各月份期权品种持仓量占比情况（%）

品种	1月	2月	3月	4月	5月	6月	7月	8月	9月	10月	11月	12月
铜期权	1.43	1.61	1.40	1.68	1.62	1.25	1.32	2.04	1.30	1.15	1.06	1.19
黄金期权	0.93	1.50	1.04	2.22	1.03	1.33	0.81	1.56	0.93	1.08	0.54	1.02
天胶期权	2.08	1.81	1.78	2.02	2.31	2.68	2.43	1.61	1.51	1.44	1.45	1.35
锌期权	0.47	0.42	0.34	1.02	0.64	0.55	0.41	0.76	0.70	0.76	0.54	0.78
铝期权	0.74	0.94	0.99	2.71	1.43	0.91	0.98	2.65	2.17	1.81	1.11	1.15
原油期权	—	—	—	—	—	0.23	0.65	0.83	0.61	0.52	0.48	0.77
白糖期权	6.30	6.76	6.91	7.01	7.46	6.37	6.22	4.68	5.87	5.68	5.33	5.37
棉花期权	5.83	5.82	6.13	6.41	6.26	5.50	5.72	4.26	4.70	5.74	7.00	4.97
甲醇期权	6.28	6.32	4.79	5.14	4.98	5.15	3.96	3.56	5.19	7.08	6.83	7.59
PTA 期权	13.14	10.13	10.68	10.81	11.30	12.77	13.35	16.68	13.46	12.98	11.08	9.58
菜籽粕期权	3.15	2.68	2.83	2.09	2.36	1.82	1.75	1.22	1.52	1.85	2.04	1.93
动力煤期权	3.07	3.18	3.93	6.22	3.86	3.15	3.43	1.85	3.29	2.35	1.39	0.45
豆粕期权	23.20	25.65	24.66	23.17	25.36	20.58	17.30	16.13	17.37	19.60	17.20	17.14
玉米期权	13.79	13.82	15.29	7.72	10.44	12.78	14.10	13.29	15.29	13.95	15.14	19.32
铁矿石期权	6.90	6.58	7.31	6.53	6.15	8.51	8.53	8.53	8.34	8.65	11.85	9.26
液化石油气期权	1.22	0.79	0.72	1.26	1.21	0.98	0.97	1.08	0.66	0.50	0.67	
聚丙烯期权	1.32	1.61	1.69	1.67	1.69	2.10	2.53	1.79	1.90	1.28	1.41	0.78
聚乙烯期权	1.17	1.35	1.53	1.83	2.09	2.38	2.42	1.90	1.98	1.32	1.40	0.57
聚氯乙烯期权	1.67	1.56	2.28	2.06	1.71	2.02	2.17	2.07	2.23	2.23	2.62	1.33
棕榈油期权	—	—	—	—	—	1.61	4.30	5.26	4.49	4.53	6.04	7.37
沪深300股指期权	7.31	7.46	5.70	8.41	8.21	7.10	6.63	8.37	6.09	5.33	5.01	7.42

注：月末持仓占比，含自营。

2021 年各月份期货品种成交量占比情况（%）

品种	1月	2月	3月	4月	5月	6月	7月	8月	9月	10月	11月	12月
铜	0.88	1.34	1.00	0.98	1.06	0.90	0.75	0.75	0.71	0.84	0.77	0.70
铝	1.02	1.50	1.60	1.60	1.89	1.52	1.38	1.54	2.44	2.84	2.26	2.01
锌	0.78	0.89	0.84	0.88	0.97	1.04	0.94	0.91	0.91	1.37	0.92	1.03
铅	0.30	0.35	0.31	0.30	0.32	0.39	0.42	0.37	0.37	0.41	0.31	0.34
镍	3.30	2.79	2.76	2.67	2.34	2.31	2.28	2.53	2.57	2.07	1.47	1.41
锡	0.38	0.64	0.36	0.34	0.32	0.41	0.39	0.36	0.38	0.33	0.31	0.31
黄金	0.67	0.74	0.62	0.59	0.65	0.68	0.59	0.58	0.55	0.47	0.68	0.71
白银	5.36	5.78	3.57	3.04	3.63	2.83	2.55	2.43	2.27	2.05	2.57	2.83
螺纹钢	7.14	5.97	8.51	9.13	9.51	8.83	7.46	9.41	8.93	9.20	13.62	9.18
线材	0.00	0.00	0.00	0.00	0.00	0.00	0.00	0.00	0.00	0.00	0.00	0.00

续表

品种	1月	2月	3月	4月	5月	6月	7月	8月	9月	10月	11月	12月
热轧卷板	2.52	1.99	2.94	3.70	3.75	3.00	2.70	2.95	2.71	2.78	4.04	2.87
不锈钢	0.58	0.56	0.48	0.42	0.50	0.63	0.87	0.62	0.74	0.44	0.47	0.41
原油	0.62	0.57	0.68	0.62	0.47	0.58	0.63	0.58	0.45	0.39	0.57	0.87
燃料油	5.25	4.09	4.21	4.45	4.14	4.13	4.31	3.69	4.02	3.43	2.00	2.12
低硫燃料油	0.28	0.26	0.21	0.23	0.25	0.28	0.24	0.20	0.26	0.27	0.29	0.31
沥青	2.23	1.88	1.69	2.15	1.90	1.95	2.35	2.03	1.71	1.51	1.81	2.05
天然橡胶	1.92	2.26	2.10	1.58	1.69	1.69	1.81	1.64	1.08	1.79	1.37	1.20
20号胶	0.09	0.17	0.12	0.09	0.10	0.10	0.08	0.07	0.08	0.11	0.11	0.15
纸浆	2.13	2.31	2.58	2.01	1.62	1.67	1.31	1.07	0.86	0.95	1.06	2.12
国际铜	0.06	0.09	0.05	0.07	0.07	0.07	0.07	0.07	0.06	0.09	0.06	0.06
强麦	0.00	0.00	0.00	0.00	0.00	0.00	0.00	0.00	0.00	0.00	0.00	0.00
普麦	0.00	0.00	0.00	0.00	0.00	0.00	0.00	0.00	0.00	0.00	0.00	0.00
棉花	1.39	1.46	1.62	1.61	1.45	1.26	1.89	1.78	1.67	1.91	1.22	1.46
白糖	1.90	1.82	1.50	1.24	1.52	1.40	1.73	1.61	1.35	1.63	1.79	1.81
菜籽油	1.25	1.03	1.29	1.40	1.19	1.62	1.83	2.00	1.65	1.67	1.77	1.84
油菜籽	0.00	0.00	0.00	0.00	0.00	0.00	0.00	0.00	0.00	0.00	0.00	0.00
菜籽粕	3.61	4.00	3.81	3.99	3.36	4.04	3.64	4.34	3.39	3.05	3.37	3.91
粳稻	0.00	0.00	0.00	0.00	0.00	0.00	0.00	0.00	0.00	0.00	0.00	0.00
早籼稻	0.00	0.00	0.00	0.00	0.00	0.00	0.00	0.00	0.00	0.00	0.00	0.00
晚籼稻	0.00	0.00	0.00	0.00	0.00	0.00	0.00	0.00	0.00	0.00	0.00	0.00
棉纱	0.05	0.04	0.03	0.03	0.03	0.04	0.05	0.04	0.05	0.06	0.05	0.02
短纤	0.47	0.74	1.09	0.97	0.70	0.58	0.71	0.59	0.69	0.88	0.59	0.70
苹果	1.41	1.47	1.62	2.07	1.96	1.68	1.07	0.89	1.23	1.58	1.30	1.05
花生	—	0.53	0.06	0.03	0.04	0.13	0.26	0.27	0.26	0.62	0.34	0.37
红枣	0.08	0.10	0.07	0.07	0.22	0.27	0.77	0.72	0.53	0.60	0.40	0.18
PTA	7.21	8.90	7.45	6.64	6.64	8.07	9.89	9.03	7.28	7.80	6.09	6.97
甲醇	5.07	4.64	4.41	4.51	5.31	5.15	4.75	4.41	6.06	9.46	8.20	6.40
玻璃	3.61	2.98	4.11	3.92	5.26	2.55	2.49	1.58	1.85	1.68	1.92	1.94
动力煤	2.49	2.22	1.97	3.24	1.58	0.75	0.51	0.37	0.36	0.33	0.08	0.05
硅铁	1.52	1.09	1.13	1.15	1.71	1.61	1.07	1.50	2.41	1.06	0.66	0.87
锰硅	1.39	0.98	0.90	1.12	1.37	1.43	1.14	1.27	1.92	0.98	0.41	0.50
尿素	0.40	0.66	0.64	0.53	0.70	0.58	0.42	0.41	0.73	0.81	0.53	0.40
纯碱	1.50	1.52	3.30	2.77	4.03	1.97	1.82	2.54	3.66	3.59	3.59	3.42
玉米	3.05	3.22	2.49	2.57	2.29	2.48	2.85	2.69	2.51	2.37	2.34	2.63
玉米淀粉	0.72	0.78	0.69	0.79	0.71	0.82	0.91	0.74	0.73	0.99	0.67	0.84

续表

品种	1月	2月	3月	4月	5月	6月	7月	8月	9月	10月	11月	12月
豆一	0.61	0.58	0.61	0.72	0.59	0.75	0.84	0.78	0.68	0.51	0.67	0.85
豆二	0.32	0.25	0.28	0.29	0.23	0.27	0.29	0.25	0.22	0.17	0.17	0.19
豆粕	7.19	6.68	5.51	5.25	4.08	5.40	5.25	4.92	4.14	3.52	3.54	4.60
豆油	2.55	2.17	3.05	3.24	3.07	4.00	3.73	3.43	3.15	2.70	3.24	3.31
棕榈油	2.53	2.22	2.42	2.60	2.76	3.80	3.87	4.02	3.36	2.90	3.42	3.48
纤维板	0.01	0.01	0.04	0.02	0.02	0.06	0.02	0.02	0.01	0.01	0.01	0.01
胶合板	0.00	0.00	0.00	0.00	0.00	0.00	0.00	0.00	0.00	0.00	0.00	0.00
鸡蛋	1.56	1.27	1.10	0.93	0.79	0.81	0.82	0.66	0.46	0.54	0.47	0.48
生猪	0.06	0.04	0.01	0.01	0.02	0.13	0.08	0.09	0.15	0.18	0.12	0.12
粳米	0.12	0.10	0.09	0.08	0.05	0.07	0.06	0.06	0.05	0.05	0.07	0.09
聚乙烯	1.32	1.81	1.94	1.73	1.73	1.92	1.96	1.81	2.16	1.86	2.31	2.32
聚氯乙烯	1.16	1.61	1.99	1.85	1.61	1.90	1.72	1.95	2.96	3.55	4.09	4.70
聚丙烯	2.20	2.51	2.30	2.48	2.17	2.63	3.00	2.84	3.77	3.61	3.39	3.63
焦炭	1.11	0.86	0.86	0.93	1.02	1.33	1.32	1.38	0.48	0.24	0.14	0.15
焦煤	0.84	0.64	0.69	0.68	0.98	1.19	1.24	1.89	0.76	0.32	0.21	0.22
铁矿石	1.51	1.44	1.57	1.47	1.66	1.94	2.00	2.93	3.23	2.50	3.66	4.83
乙二醇	1.31	1.80	2.15	1.63	1.43	1.33	1.60	1.52	1.65	2.38	1.67	1.56
苯乙烯	1.21	1.70	1.07	1.17	1.07	1.33	1.41	1.09	1.30	0.89	1.00	1.22
液化石油气	0.39	0.50	0.28	0.27	0.31	0.38	0.43	0.38	0.65	0.76	0.65	0.86
沪深300股指期货	0.48	0.49	0.46	0.44	0.40	0.47	0.48	0.42	0.40	0.26	0.27	0.37
中证500股指期货	0.38	0.38	0.31	0.29	0.26	0.31	0.36	0.32	0.39	0.24	0.24	0.31
上证50股指期货	0.19	0.19	0.17	0.17	0.16	0.21	0.24	0.24	0.26	0.16	0.17	0.22
2年期国债期货	0.03	0.03	0.02	0.03	0.04	0.04	0.03	0.04	0.03	0.03	0.05	0.06
5年期国债期货	0.09	0.11	0.06	0.07	0.09	0.07	0.08	0.09	0.08	0.06	0.11	0.10
10年期国债期货	0.21	0.25	0.17	0.19	0.23	0.23	0.25	0.28	0.21	0.17	0.26	0.27

注：月度累计成交量占比，含自营。

2021年各月份期权品种成交量占比情况（%）

品种	1月	2月	3月	4月	5月	6月	7月	8月	9月	10月	11月	12月
铜期权	3.16	4.06	3.19	5.00	4.36	4.41	2.79	4.40	3.59	3.62	2.99	3.32
黄金期权	2.01	1.49	1.37	1.84	2.05	1.27	1.00	1.12	1.03	0.91	1.16	0.87
天胶期权	2.06	3.01	2.14	3.53	1.73	1.92	1.80	2.37	0.97	1.95	1.36	1.59
锌期权	1.88	1.75	1.29	2.09	2.51	2.11	1.21	1.64	1.97	2.40	1.42	1.86
铝期权	2.08	2.08	1.95	3.86	3.61	2.56	1.95	3.95	5.85	4.28	2.39	2.96
原油期权	—	—	—	—	—	0.19	0.81	1.35	0.94	0.74	1.04	1.51
白糖期权	4.77	4.57	4.38	4.16	6.04	4.04	4.03	3.77	3.40	5.67	5.01	3.90

续表

品种	1月	2月	3月	4月	5月	6月	7月	8月	9月	10月	11月	12月
棉花期权	3.44	3.68	3.84	3.64	3.06	2.24	4.15	2.52	3.21	3.57	3.76	2.72
甲醇期权	6.99	8.33	8.05	6.44	9.79	6.38	5.60	6.93	10.02	10.11	8.94	9.54
PTA期权	10.33	13.32	10.82	10.63	10.13	12.70	15.80	15.55	14.47	15.71	10.98	8.41
菜籽粕期权	3.75	2.39	3.22	2.70	2.37	1.61	1.52	1.06	1.01	1.23	1.93	1.61
动力煤期权	4.53	3.60	5.56	7.42	7.12	3.61	3.33	1.71	1.83	2.36	0.88	0.19
豆粕期权	19.89	19.17	20.32	16.94	15.14	18.68	14.95	9.89	11.18	14.74	12.58	16.26
玉米期权	7.64	6.30	8.53	6.43	6.18	6.99	8.08	7.40	7.99	9.59	10.85	11.38
铁矿石期权	4.39	5.15	7.01	5.08	5.88	6.81	8.25	8.14	6.33	5.70	11.52	9.50
液化石油气期权	1.08	1.38	0.79	1.11	1.52	1.31	1.22	0.96	1.20	0.93	0.75	0.99
聚丙烯期权	1.33	1.71	2.04	1.68	2.00	4.12	2.92	2.51	2.82	1.28	1.35	1.17
聚乙烯期权	0.76	1.29	1.12	1.22	1.34	2.37	2.69	2.51	2.60	1.02	1.46	1.20
聚氯乙烯期权	1.60	1.70	2.14	1.72	1.14	1.90	1.65	1.48	2.15	1.70	2.30	1.69
棕榈油期权	—	—	—	—	—	1.75	5.30	7.11	4.13	4.20	8.63	8.14
沪深300股指期权	18.30	15.02	12.25	14.53	14.02	13.04	10.96	13.63	13.32	8.28	8.69	11.18

注：月度累计成交量占比，含自营。

2021年各月份期货品种成交金额分布情况（%）

品种	1月	2月	3月	4月	5月	6月	7月	8月	9月	10月	11月	12月
铜	3.31	5.28	4.33	4.36	4.91	3.84	3.11	3.08	2.95	3.82	3.59	3.10
铝	0.98	1.49	1.79	1.87	2.27	1.73	1.58	1.86	3.31	4.01	2.91	2.49
锌	1.02	1.13	1.17	1.25	1.35	1.41	1.24	1.21	1.24	2.17	1.43	1.55
铅	0.29	0.33	0.30	0.29	0.31	0.36	0.39	0.34	0.33	0.40	0.32	0.34
镍	5.58	4.69	4.43	4.28	3.78	3.74	3.80	4.30	4.52	3.87	2.87	2.63
锡	0.80	1.40	0.83	0.80	0.79	1.04	1.03	1.02	1.20	1.15	1.16	1.14
黄金	3.37	3.44	2.91	2.85	3.16	3.16	2.63	2.58	2.45	2.18	3.42	3.36
白银	5.54	6.03	3.71	3.16	3.89	2.89	2.46	2.22	2.05	1.92	2.58	2.57
螺纹钢	3.97	3.23	5.24	6.12	6.38	5.44	4.87	5.90	5.92	5.94	7.67	5.14
线材	0.00	0.00	0.00	0.00	0.00	0.00	0.00	0.00	0.00	0.00	0.00	0.00
热轧卷板	1.44	1.12	1.92	2.64	2.72	1.95	1.87	1.98	1.86	1.90	2.42	1.67
不锈钢	0.52	0.51	0.44	0.39	0.47	0.61	0.94	0.67	0.89	0.55	0.56	0.43
原油	2.67	2.65	3.59	3.19	2.49	3.18	3.32	2.91	2.52	2.60	3.86	5.14
燃料油	1.46	1.16	1.34	1.41	1.26	1.33	1.33	1.09	1.34	1.34	0.76	0.71
低硫燃料油	0.10	0.10	0.09	0.10	0.10	0.11	0.10	0.08	0.11	0.13	0.14	0.13
沥青	0.77	0.68	0.66	0.81	0.75	0.79	0.93	0.76	0.66	0.62	0.74	0.79
天然橡胶	3.56	4.30	4.09	2.84	2.91	2.68	2.87	2.76	1.78	3.37	2.71	2.24
20号胶	0.12	0.24	0.19	0.13	0.13	0.13	0.10	0.09	0.10	0.16	0.18	0.22
纸浆	1.71	1.93	2.40	1.85	1.36	1.24	0.98	0.79	0.63	0.63	0.73	1.56
国际铜	0.20	0.32	0.20	0.26	0.28	0.27	0.26	0.24	0.22	0.35	0.25	0.23

续表

品种	1月	2月	3月	4月	5月	6月	7月	8月	9月	10月	11月	12月
强麦	0.00	0.00	0.00	0.00	0.00	0.00	0.00	0.00	0.00	0.00	0.00	0.00
普麦	0.00	0.00	0.00	0.00	0.00	0.00	0.00	0.00	0.00	0.00	0.00	0.00
棉花	1.35	1.42	1.63	1.60	1.43	1.22	1.89	1.86	1.81	2.57	1.73	1.86
白糖	1.29	1.20	1.05	0.87	1.07	0.94	1.16	1.11	0.94	1.23	1.45	1.34
菜籽油	1.60	1.25	1.75	1.91	1.57	2.01	2.24	2.49	2.16	2.61	2.94	2.87
油菜籽	0.00	0.00	0.00	0.00	0.00	0.00	0.00	0.00	0.00	0.00	0.00	0.00
菜籽粕	1.36	1.43	1.40	1.53	1.26	1.43	1.29	1.50	1.17	1.01	1.19	1.41
粳稻	0.00	0.00	0.00	0.00	0.00	0.00	0.00	0.00	0.00	0.00	0.00	0.00
早籼稻	0.00	0.00	0.00	0.00	0.00	0.00	0.00	0.00	0.00	0.00	0.00	0.00
晚籼稻	0.00	0.00	0.00	0.00	0.00	0.00	0.00	0.00	0.00	0.00	0.00	0.00
棉纱	0.07	0.06	0.04	0.04	0.04	0.05	0.08	0.06	0.08	0.12	0.10	0.03
短纤	0.20	0.35	0.53	0.44	0.31	0.25	0.31	0.25	0.29	0.44	0.28	0.30
苹果	1.12	1.13	1.23	1.55	1.47	1.28	0.78	0.64	0.87	1.52	1.40	1.11
花生	—	0.34	0.04	0.02	0.03	0.07	0.15	0.14	0.13	0.35	0.20	0.19
红枣	0.05	0.06	0.05	0.05	0.12	0.15	0.49	0.58	0.45	0.57	0.42	0.18
PTA	1.84	2.41	2.20	1.99	1.96	2.41	3.05	2.77	2.17	2.67	2.02	2.08
甲醇	1.51	1.35	1.40	1.42	1.74	1.58	1.50	1.44	2.30	4.12	2.97	2.12
玻璃	1.64	1.38	2.19	2.25	3.49	1.66	1.74	1.02	1.07	0.94	0.89	0.91
动力煤	2.20	1.66	1.69	3.10	1.66	0.76	0.52	0.37	0.46	0.59	0.10	0.05
硅铁	0.72	0.48	0.55	0.53	0.84	0.82	0.54	0.84	1.78	0.98	0.42	0.47
锰硅	0.65	0.43	0.42	0.51	0.63	0.66	0.51	0.60	1.15	0.68	0.23	0.26
尿素	0.20	0.32	0.32	0.27	0.39	0.33	0.24	0.23	0.47	0.59	0.33	0.24
纯碱	0.61	0.63	1.66	1.39	2.19	1.08	1.03	1.61	2.65	2.84	2.43	2.07
玉米	1.10	1.10	0.88	0.90	0.79	0.80	0.87	0.82	0.75	0.77	0.84	0.90
玉米淀粉	0.30	0.31	0.29	0.33	0.29	0.31	0.32	0.26	0.25	0.39	0.29	0.33
豆一	0.45	0.41	0.47	0.54	0.44	0.52	0.58	0.54	0.48	0.40	0.57	0.64
豆二	0.17	0.13	0.15	0.16	0.12	0.14	0.15	0.13	0.12	0.09	0.09	0.10
豆粕	3.29	2.86	2.37	2.39	1.83	2.30	2.25	2.06	1.73	1.43	1.47	1.87
豆油	2.55	2.12	3.51	3.53	3.36	4.07	3.88	3.64	3.43	3.33	4.06	3.66
棕榈油	2.22	1.88	2.38	2.47	2.71	3.36	3.64	3.97	3.39	3.47	4.29	3.76
纤维板	0.00	0.00	0.01	0.00	0.00	0.01	0.00	0.00	0.00	0.00	0.00	0.00
胶合板	0.00	0.00	0.00	0.00	0.00	0.00	0.00	0.00	0.00	0.00	0.00	0.00
鸡蛋	0.87	0.70	0.63	0.56	0.47	0.47	0.45	0.34	0.24	0.31	0.28	0.26
生猪	0.32	0.20	0.09	0.06	0.11	0.46	0.28	0.28	0.43	0.57	0.42	0.35
粳米	0.06	0.04	0.04	0.04	0.02	0.03	0.02	0.03	0.02	0.02	0.03	0.04
聚乙烯	0.65	0.94	1.10	0.94	0.86	0.92	0.96	0.88	1.14	1.11	1.36	1.25
聚氯乙烯	0.54	0.79	1.12	1.05	0.89	1.00	0.92	1.05	1.84	2.46	2.37	2.50
聚丙烯	1.13	1.34	1.36	1.38	1.16	1.34	1.52	1.41	2.04	2.15	1.91	1.86
焦炭	3.98	2.73	2.55	3.01	3.28	4.32	4.18	4.91	1.99	1.12	0.53	0.58

续表

品种	1月	2月	3月	4月	5月	6月	7月	8月	9月	10月	11月	12月
焦煤	1.08	0.71	0.82	0.89	1.36	1.68	1.79	3.16	1.55	0.74	0.33	0.35
铁矿石	2.00	1.84	2.11	2.01	2.36	2.72	2.69	2.94	2.76	2.24	2.79	4.05
乙二醇	0.75	1.14	1.50	1.02	0.88	0.79	0.99	0.93	1.10	1.93	1.19	0.97
苯乙烯	0.53	0.89	0.61	0.68	0.62	0.70	0.76	0.56	0.71	0.54	0.57	0.63
液化石油气	0.37	0.44	0.29	0.26	0.32	0.42	0.50	0.46	0.88	1.19	0.84	0.96
沪深300股指期货	10.17	9.91	9.03	8.56	7.57	8.89	8.52	7.17	7.11	4.76	5.30	7.08
中证500股指期货	6.18	5.92	5.00	4.76	4.12	4.96	5.84	5.15	6.82	4.21	4.58	5.76
上证50股指期货	2.82	2.65	2.36	2.28	2.11	2.69	2.80	2.64	2.97	2.03	2.23	2.80
2年期国债期货	0.80	0.76	0.62	0.82	0.89	0.87	0.77	0.85	0.70	0.82	1.33	1.66
5年期国债期货	1.20	1.31	0.78	0.90	1.07	0.91	0.97	1.12	0.92	0.82	1.42	1.31
10年期国债期货	2.65	2.92	2.13	2.39	2.85	2.71	2.96	3.33	2.56	2.16	3.52	3.39

注：月度累计成交金额占比，含自营。

2021年各月份期权品种成交金额分布情况（%）

品种	1月	2月	3月	4月	5月	6月	7月	8月	9月	10月	11月	12月
铜期权	2.99	6.49	5.85	7.00	7.84	7.54	5.02	5.99	4.97	6.67	5.71	4.09
黄金期权	3.15	2.85	2.78	3.22	2.98	2.74	1.79	2.40	1.75	1.53	2.73	2.43
天胶期权	3.75	7.18	4.58	4.49	3.82	3.31	2.88	2.68	1.62	4.49	3.41	2.38
锌期权	0.61	0.84	0.90	1.08	1.39	1.21	0.74	0.79	0.95	2.44	1.30	1.44
铝期权	0.46	0.83	1.17	1.72	1.97	1.28	1.03	1.92	3.92	3.94	2.34	1.77
原油期权	—	—	—	—	—	1.05	3.58	3.48	3.01	2.61	4.84	6.00
白糖期权	1.29	1.30	1.19	1.21	1.76	1.14	1.27	1.39	1.16	2.32	2.16	1.54
棉花期权	1.85	2.38	2.20	2.54	2.00	1.35	2.63	2.29	3.54	6.94	3.87	3.16
甲醇期权	1.04	1.41	1.62	1.13	2.51	1.44	1.32	1.46	3.57	5.70	3.32	2.34
PTA期权	1.58	3.05	2.16	2.15	1.87	2.89	3.72	3.01	2.68	4.33	2.40	1.81
菜籽粕期权	0.68	0.45	0.55	0.59	0.50	0.38	0.37	0.26	0.20	0.28	0.47	0.56
动力煤期权	2.33	1.60	2.74	4.31	6.58	3.57	2.47	1.72	4.29	7.89	1.99	0.34
豆粕期权	6.51	4.96	5.97	6.06	5.41	7.10	5.65	3.62	3.44	4.99	4.73	6.32
玉米期权	1.23	0.77	0.94	0.99	1.02	1.10	1.34	1.60	1.42	1.57	2.34	2.14
铁矿石期权	4.61	5.93	7.73	6.76	10.71	11.25	10.38	11.63	8.82	6.60	11.39	10.54
液化石油气期权	0.40	0.61	0.48	0.46	0.67	0.58	0.71	0.51	1.23	1.09	0.66	0.64
聚丙烯期权	0.32	0.58	0.82	0.70	0.95	1.42	1.04	0.64	1.19	0.83	0.43	0.50
聚乙烯期权	0.23	0.56	0.60	0.57	0.63	0.98	1.15	0.72	1.17	0.73	0.43	0.58
聚氯乙烯期权	0.37	0.65	0.97	0.81	0.67	0.95	0.83	0.50	1.47	1.66	1.04	1.00
棕榈油期权	—	—	—	—	—	1.56	3.73	4.54	3.41	5.12	8.02	5.43
沪深300股指期权	66.59	57.55	56.77	54.20	46.72	47.16	48.37	48.86	46.18	28.29	36.43	45.00

注：月度累计成交金额占比，含自营。

附录5-3 各期货品种合约汇总

2021年农产品期货合约汇总

交易品种	天然橡胶
交易单位	10吨/手
报价单位	元（人民币）/吨
最小变动价位	5元/吨
涨跌停板幅度	上一交易日结算价±3%
合约月份	1、3、4、5、6、7、8、9、10、11月
交易时间	上午9：00—11：30，下午1：30—3：00，以及交易所规定的其他交易时间
最后交易日	合约月份的15日（遇国家法定节假日顺延，春节月份等最后交易日交易所可另行调整并通知）
交割日期	最后交易日后连续三个工作日
交割品级	标准品：1. 国产天然橡胶（SCR WF），质量符合国标GB/T8081-2018。 2. 进口3号烟胶片（RSS3），质量符合《天然橡胶等级的品质与包装国际标准（绿皮书）》（1979年版）。
交割地点	交易所指定交割仓库
最低交易保证金	合约价值的5%
交割方式	实物交割
交割单位	10吨
交易代码	RU
上市交易所	上海期货交易所
交易品种	优质强筋小麦（简称"强麦"）
交易单位	20吨/手
报价单位	元（人民币）/吨
最小变动价位	1元/吨
每日价格波动限制	上一个交易日结算价±4%及《郑州商品交易所期货交易风险控制管理办法》相关规定
最低交易保证金	合约价值的5%
合约交割月份	1、3、5、7、9、11月
交易时间	每周一至周五（北京时间　法定节假日除外） 上午9：00—11：30，下午1：30—3：00
最后交易日	合约交割月份的第10个交易日
最后交割日	合约交割月份的次月20日
交割品级	符合《中华人民共和国国家标准　小麦》（GB 1351-2008）的三等及以上小麦，且容重、稳定时间、湿面筋等指标符合《郑州商品交易所期货交割细则》规定要求
交割地点	交易所指定交割地点
交割方式	实物交割
交易代码	WH
上市交易所	郑州商品交易所

续表

交易品种	普通小麦（简称"普麦"）
交易单位	50 吨/手
报价单位	元（人民币）/吨
最小变动价位	1 元/吨
每日价格波动限制	上一交易日结算价±4%及《郑州商品交易所期货交易风险控制管理办法》相关规定
最低交易保证金	合约价值的5%
合约交割月份	1、3、5、7、9、11月
交易时间	每周一至周五（北京时间 法定节假日除外） 上午9：00—11：30，下午1：30—3：00
最后交易日	合约交割月份的第10个交易日
最后交割日	仓单交割：合约交割月份的第13个交易日 车（船）板交割：合约交割月份的次月20日
交割品级	符合《中华人民共和国国家标准 小麦》（GB1351-2008）的三等及以上小麦，且物理指标等符合《郑州商品交易所期货交割细则》规定要求
交割地点	交易所指定交割仓库及指定交割计价点
交割方式	实物交割
交易代码	PM
上市交易所	郑州商品交易所
交易品种	棉花
交易单位	5 吨/手（公定重量）
报价单位	元（人民币）/吨
最小变动价位	5 元/吨
每日价格最大波动限制	上一交易日结算价±4%及《郑州商品交易所期货交易风险控制管理办法》相关规定
最低交易保证金	合约价值的5%
合约交割月份	1、3、5、7、9、11月
交易时间	每周一至周五（北京时间 法定节假日除外） 上午9：00—11：30，下午1：30—3：00，以及交易所规定的其他交易时间
最后交易日	合约交割月份的第10个交易日
最后交割日	合约交割月份的第13个交易日
交割品级	见《郑州商品交易所期货交割细则》
交割地点	交易所指定棉花交割仓库
交割方式	实物交割
交易代码	CF
上市交易所	郑州商品交易所

续表

交易品种	白砂糖（简称"白糖"）
交易单位	10 吨/手
报价单位	元（人民币）/吨
最小变动价位	1 元/吨
每日价格波动限制	上一交易日结算价±4%及《郑州商品交易所期货交易风险控制管理办法》相关规定
合约交割月份	1、3、5、7、9、11 月
交易时间	每周一至周五（北京时间 法定节假日除外） 上午 9：00—11：30，下午 1：30—3：00，以及交易所规定的其他交易时间
最后交易日	合约交割月份的第 10 个交易日
最后交割日	合约交割月份的第 13 个交易日
交割品级	见《郑州商品交易所期货交割细则》
交割地点	交易所指定交割仓库
最低交易保证金	合约价值的 5%
交割方式	实物交割
交易代码	SR
上市交易所	郑州商品交易所
交易品种	油菜籽（简称"菜籽"）
交易单位	10 吨/手
报价单位	元（人民币）/吨
最小变动价位	1 元/吨
每日价格波动限制	上一交易日结算价±4%及《郑州商品交易所期货交易风险控制管理办法》相关规定
最低交易保证金	合约价值的 5%
合约交割月份	7、8、9、11 月
交易时间	每周一至周五（北京时间 法定节假日除外） 上午 9：00—11：30，下午 1：30—3：00
最后交易日	合约交割月份的第 10 个交易日
最后交割日	仓单交割：合约交割月份的第 13 个交易日 车（船）板交割：合约交割月份的次月 20 日
交割品级	见《郑州商品交易所期货交割细则》
交割地点	交易所指定交割地点
交割方式	实物交割
交易代码	RS
上市交易所	郑州商品交易所

续表

交易品种	菜籽油（简称"菜油"）
交易单位	10 吨/手
报价单位	元（人民币）/吨
最小变动价位	1 元/吨
每日价格波动限制	上一交易日结算价±4%及《郑州商品交易所期货交易风险控制管理办法》相关规定
最低交易保证金	合约价值的5%
合约交割月份	1、3、5、7、9、11 月
交易时间	每周一至周五（北京时间 法定节假日除外） 上午9：00—11：30，下午1：30—3：00，以及交易所规定的其他交易时间
最后交易日	合约交割月份的第10个交易日
最后交割日	合约交割月份的第13个交易日
交割品级	基准交割品：符合《中华人民共和国国家标准 菜籽油》（GB1536-2004）四级质量指标的菜油。替代品及升贴水见《郑州商品交易所期货交割细则》
交割地点	交易所指定交割地点
交割方式	实物交割
交易代码	OI
上市交易所	郑州商品交易所
交易品种	菜籽粕（简称"菜粕"）
交易单位	10 吨/手
报价单位	元（人民币）/吨
最小变动价位	1 元/吨
每日价格波动限制	上一交易日结算价±4%及《郑州商品交易所期货交易风险控制管理办法》相关规定
最低交易保证金	合约价值的5%
合约交割月份	1、3、5、7、8、9、11 月
交易时间	每周一至周五（北京时间 法定节假日除外） 上午9：00—11：30，下午1：30—3：00，以及交易所规定的其他交易时间
最后交易日	合约交割月份的第10个交易日
最后交割日	合约交割月份的第13个交易日
交割品级	见《郑州商品交易所期货交割细则》
交割地点	交易所指定交割地点
交割方式	实物交割
交易代码	RM
上市交易所	郑州商品交易所

续表

交易品种	早籼稻
交易单位	20 吨/手
报价单位	元（人民币）/吨
最小变动价位	1 元/吨
每日价格波动限制	上一交易日结算价 ±4% 及《郑州商品交易所期货交易风险控制管理办法》相关规定
最低交易保证金	合约价值的 5%
合约交割月份	1、3、5、7、9、11 月
交易时间	每周一至周五（北京时间 法定节假日除外） 上午 9：00—11：30，下午 1：30—3：00
最后交易日	合约交割月份的第 10 个交易日
最后交割日	合约交割月份的第 13 个交易日
交割品级	基准交割品：符合《中华人民共和国国家标准 稻谷》（GB1350－2009）三等及以上等级质量指标及《郑州商品交易所期货交割细则》规定的早籼稻谷。替代品及升贴水见《郑州商品交易所期货交割细则》
交割地点	交易所指定交割仓库
交割方式	实物交割
交易代码	RI
上市交易所	郑州商品交易所
交易品种	粳稻谷（简称"粳稻"）
交易单位	20 吨/手
报价单位	元（人民币）/吨
最小变动价位	1 元/吨
每日价格波动限制	上一交易日结算价 ±4% 及《郑州商品交易所期货交易风险控制管理办法》相关规定
最低交易保证金	合约价值的 5%
合约交割月份	1、3、5、7、9、11 月
交易时间	每周一至周五（北京时间 法定节假日除外） 上午 9：00—11：30，下午 1：30—3：00
最后交易日	合约交割月份的第 10 个交易日
最后交割日	合约交割月份的第 13 个交易日
交割品级	见《郑州商品交易所期货交割细则》
交割地点	交易所指定交割地点
交割方式	实物交割
交易代码	JR
上市交易所	郑州商品交易所

续表

交易品种	晚籼稻（简称"晚稻"）
交易单位	20 吨/手
报价单位	元（人民币）/吨
最小变动价位	1 元/吨
每日价格波动限制	上一交易日结算价±4%及《郑州商品交易所期货交易风险控制管理办法》相关规定
最低交易保证金	合约价值的5%
合约交割月份	1、3、5、7、9、11月
交易时间	每周一至周五（北京时间　法定节假日除外） 上午9：00—11：30，下午1：30—3：00
最后交易日	合约交割月份的第10个交易日
最后交割日	合约交割月份的第13个交易日
交割品级	见《郑州商品交易所期货交割细则》
交割地点	交易所指定交割地点
交割方式	实物交割
交易代码	LR
上市交易所	郑州商品交易所
交易品种	棉纱
交易单位	5 吨/手（公定重量）
报价单位	元（人民币）/吨
最小变动价位	5 元/吨
每日价格波动限制	上一交易日结算价±4%及《郑州商品交易所期货交易风险控制管理办法》相关规定
最低交易保证金	合约价值的5%
合约交割月份	1—12月
交易时间	每周一至周五（北京时间　法定节假日除外） 上午9：00—11：30，下午1：30—3：00，以及交易所规定的其他交易时间
最后交易日	合约交割月份的第10个交易日
最后交割日	合约交割月份的第13个交易日
交割品级	见《郑州商品交易所期货交割细则》
交割地点	交易所指定交割地点
交割方式	实物交割
交易代码	CY
上市交易所	郑州商品交易所

续表

交易品种	鲜苹果（简称"苹果"）
交易单位	10 吨/手
报价单位	元（人民币）/吨
最小变动价位	1 元/吨
每日价格波动限制	上一交易日结算价 ±5% 及《郑州商品交易所期货交易风险控制管理办法》相关规定
最低交易保证金	合约价值的 7%
合约交割月份	1、3、4、5、10、11、12 月
交易时间	每周一至周五（北京时间　法定节假日除外） 上午 9：00—11：30，下午 1：30—3：00，以及交易所规定的其他交易时间
最后交易日	合约交割月份的第 10 个交易日
最后交割日	仓单交割：合约交割月份的第 13 个交易日
	车（船）板交割：合约交割月份的次月 10 日
交割品级	见《郑州商品交易所期货交割细则》
交割地点	交易所指定交割地点
交割方式	实物交割
交易代码	AP
上市交易所	郑州商品交易所
交易品种	干制红枣（简称"红枣"）
交易单位	5 吨/手
报价单位	元（人民币）/吨
最小变动价位	5 元/吨
每日价格波动限制	上一交易日结算价 ±5% 及《郑州商品交易所期货交易风险控制管理办法》相关规定
最低交易保证金	合约价值的 7%
合约交割月份	1、3、5、7、9、12 月
交易时间	每周一至周五（北京时间　法定节假日除外） 上午 9：00—11：30，下午 1：30—3：00，以及交易所规定的其他交易时间
最后交易日	合约交割月份的第 10 个交易日
最后交割日	合约交割月份的第 13 个交易日
交割品级	见《郑州商品交易所期货交割细则》
交割地点	交易所指定交割仓库
交割方式	实物交割
交易代码	CJ
上市交易所	郑州商品交易所

续表

交易品种	花生仁（简称"花生"）
交易单位	5吨/手
报价单位	元（人民币）/吨
最小变动价位	2元/吨
每日价格波动限制	上一交易日结算价±4%及《郑州商品交易所期货交易风险控制管理办法》相关规定
最低交易保证金	合约价值的5%
合约交割月份	1、3、4、10、11、12月
交易时间	每周一至周五（北京时间，法定节假日除外） 上午9:00—11:30，下午1:30—3:00，以及交易所规定的其他交易时间
最后交易日	合约交割月份的第10个交易日
最后交割日	仓单交割：合约交割月份的第13个交易日
	车（船）板交割：合约交割月份的次月10日
交割品级	见《郑州商品交易所期货交割细则》
交割地点	交易所指定交割地点
交割方式	实物交割
交易代码	PK
上市交易所	郑州商品交易所
交易品种	黄大豆1号
交易单位	10吨/手
报价单位	元（人民币）/吨
最小变动价位	1元/吨
涨跌停板幅度	上一交易日结算价的4%
合约月份	1、3、5、7、9、11月
交易时间	每周一至周五上午9:00—11:30，下午13:30—15:00，以及交易所规定的其他时间
最后交易日	合约月份第10个交易日
最后交割日	最后交易日后第3个交易日
交割等级	大连商品交易所黄大豆1号交割质量标准（F/DCE A001-2018）
交割地点	大连商品交易所黄大豆1号指定交割仓库
最低交易保证金	合约价值的5%
交割方式	实物交割
交易代码	A
上市交易所	大连商品交易所

续表

交易品种	黄大豆2号
交易单位	10 吨/手
报价单位	元（人民币）/吨
最小变动价位	1 元/吨
涨跌停板幅度	上一交易日结算价的4%
合约月份	1—12 月
交易时间	每周一至周五上午9：00—11：30，下午13：30—15：00，以及交易所规定的其他时间
最后交易日	合约月份第10个交易日
最后交割日	最后交易日后第3个交易日
交割等级	大连商品交易所黄大豆2号交割质量标准（F/DCE B003－2017）
交割地点	大连商品交易所黄大豆2号指定交割仓库
最低交易保证金	合约价值的5%
交割方式	实物交割
交易代码	B
上市交易所	大连商品交易所
交易品种	豆粕
交易单位	10 吨/手
报价单位	元（人民币）/吨
最小变动价位	1 元/吨
涨跌停板幅度	上一交易日结算价的4%
合约月份	1、3、5、7、8、9、11、12 月
交易时间	每周一至周五上午9：00—11：30，下午13：30—15：00，以及交易所规定的其他时间
最后交易日	合约月份第10个交易日
最后交割日	最后交易日后第3个交易日
交割等级	大连商品交易所豆粕交割质量标准（F/DCE M004－2020）
交割地点	大连商品交易所豆粕指定交割仓库
最低交易保证金	合约价值的5%
交割方式	实物交割
交易代码	M
上市交易所	大连商品交易所

续表

交易品种	大豆原油
交易单位	10 吨/手
报价单位	元（人民币）/吨
最小变动价位	2 元/吨
涨跌停板幅度	上一交易日结算价的4%
合约月份	1、3、5、7、8、9、11、12 月
交易时间	每周一至周五上午9：00—11：30，下午13：30—15：00，以及交易所规定的其他时间
最后交易日	合约月份第10个交易日
最后交割日	最后交易日后第3个交易日
交割等级	大连商品交易所豆油交割质量标准（F/DCE Y002-2020）
交割地点	大连商品交易所豆油指定交割仓库
最低交易保证金	合约价值的5%
交割方式	实物交割
交易代码	Y
上市交易所	大连商品交易所
交易品种	棕榈油
交易单位	10 吨/手
报价单位	元（人民币）/吨
最小变动价位	2 元/吨
涨跌停板幅度	上一交易日结算价的4%
合约月份	1—12 月
交易时间	每周一至周五上午9：00—11：30，下午13：30—15：00，以及交易所规定的其他时间
最后交易日	合约月份第10个交易日
最后交割日	最后交易日后第3个交易日
交割等级	大连商品交易所棕榈油交割质量标准
交割地点	大连商品交易所棕榈油指定交割仓库
最低交易保证金	合约价值的5%
交割方式	实物交割
交易代码	P
上市交易所	大连商品交易所

续表

交易品种	黄玉米
交易单位	10 吨/手
报价单位	元（人民币）/吨
最小变动价位	1 元/吨
涨跌停板幅度	上一交易日结算价的 4%
合约月份	1、3、5、7、9、11 月
交易时间	每周一至周五上午 9：00—11：30，下午 13：30—15：00，以及交易所规定的其他时间
最后交易日	合约月份第 10 个交易日
最后交割日	最后交易日后第 3 个交易日
交割等级	大连商品交易所玉米交割质量标准（FC/DCE D001－2015）
交割地点	大连商品交易所玉米指定交割仓库
最低交易保证金	合约价值的 5%
交割方式	实物交割
交易代码	C
上市交易所	大连商品交易所
交易品种	玉米淀粉
交易单位	10 吨/手
报价单位	元（人民币）/吨
最小变动价位	1 元/吨
涨跌停板幅度	上一交易日结算价的 4%
合约月份	1、3、5、7、9、11 月
交易时间	每周一至周五上午 9：00—11：30，下午 13：30—15：00，以及交易所规定的其他时间
最后交易日	合约月份第 10 个交易日
最后交割日	最后交易日后第 3 个交易日
交割等级	大连商品交易所玉米淀粉交割质量标准（F/DCE CS002－2018）
交割地点	大连商品交易所玉米淀粉指定交割仓库
最低交易保证金	合约价值的 5%
交割方式	实物交割
交易代码	CS
上市交易所	大连商品交易所

续表

交易品种	鲜鸡蛋
交易单位	5 吨/手
报价单位	元（人民币）/500 千克
最小变动价位	1 元/500 千克
涨跌停板幅度	上一交易日结算价的 4%
合约月份	1—12 月
交易时间	每周一至周五上午 9：00—11：30，下午 13：30—15：00，以及交易所规定的其他时间
最后交易日	合约月份倒数第 4 个交易日
最后交割日	最后交易日后第 3 个交易日
交割等级	大连商品交易所鸡蛋交割质量标准（F/DCE JD003－2020）
交割地点	大连商品交易所鸡蛋指定交割仓库、指定车板交割场所
最低交易保证金	合约价值的 5%
交割方式	实物交割
交易代码	JD
上市交易所	大连商品交易所
交易品种	粳米
交易单位	10 吨/手
报价单位	元（人民币）/吨
最小变动价位	1 元/吨
涨跌停板幅度	上一交易日结算价的 4%
合约月份	1—12 月
交易时间	每周一至周五上午 9：00—11：30，下午 13：30—15：00，以及交易所规定的其他时间
最后交易日	合约月份第 10 个交易日
最后交割日	最后交易日后第 3 个交易日
交割等级	大连商品交易所粳米交割质量标准（F/DCE RR001－2019）
交割地点	大连商品交易所粳米指定交割仓库
最低交易保证金	合约价值的 5%
交割方式	实物交割
交易代码	RR
上市交易所	大连商品交易所

续表

交易品种	细木工板
交易单位	500 张/手
报价单位	元（人民币）/张
最小变动价位	0.05 元/张
涨跌停板幅度	上一交易日结算价的 4%
合约月份	1—12 月
交易时间	每周一至周五上午 9：00—11：30，下午 13：30—15：00，以及交易所规定的其他时间
最后交易日	合约月份第 10 个交易日
最后交割日	最后交易日后第 3 个交易日
交割等级	大连商品交易所胶合板交割质量标准（F/DCE BB002-2018）
交割地点	大连商品交易所胶合板指定交割仓库
最低交易保证金	合约价值的 5%
交割方式	实物交割
交易代码	BB
上市交易所	大连商品交易所
交易品种	纤维板
交易单位	10 立方米/手
报价单位	元（人民币）/立方米
最小变动价位	0.5 元/立方米
涨跌停板幅度	上一交易日结算价的 4%
合约月份	1—12 月
交易时间	每周一至周五上午 9：00—11：30，下午 13：30—15：00，以及交易所规定的其他时间
最后交易日	合约月份第 10 个交易日
最后交割日	最后交易日后第 3 个交易日
交割等级	大连商品交易所纤维板交割质量标准（F/DCE FB001-2019）
交割地点	大连商品交易所纤维板指定交割仓库
最低交易保证金	合约价值的 5%
交割方式	实物交割
交易代码	FB
上市交易所	大连商品交易所

续表

交易品种	生猪
交易单位	16 吨/手
报价单位	元（人民币）/吨
最小变动价位	5 元/吨
涨跌停板幅度	上一交易日结算价的 4%
合约月份	1、3、5、7、9、11 月
交易时间	每周一至周五上午 9：00—11：30，下午 13：30—15：00，以及交易所规定的其他时间
最后交易日	合约月份倒数第 4 个交易日
最后交割日	最后交易日第 3 个交易日
交割等级	大连商品交易所生猪交割质量标准（F/DCE LH001－2021）
交割地点	大连商品交易所生猪指定交割仓库、指定车板交割场所
最低交易保证金	合约价值的 5%
交割方式	实物交割
交易代码	LH
上市交易所	大连商品交易所

2021 年金属产品期货合约汇总

交易品种	阴极铜
交易单位	5 吨/手
报价单位	元（人民币）/吨
最小变动价位	10 元/吨
涨跌停板幅度	上一交易日结算价 ±3%
合约月份	1—12 月
交易时间	上午 9：00—11：30，下午 1：30—3：00，以及交易所规定的其他交易时间
最后交易日	合约月份的 15 日（遇国家法定节假日顺延，春节月份等最后交易日交易所可另行调整并通知）
交割日期	最后交易日后连续三个工作日
交割品级	标准品：阴极铜，符合国标 GB/T467－2010 中 1 号标准铜（Cu－CATH－2）规定，其中主成分铜加银含量不小于 99.95% 替代品：阴极铜，符合国标 GB/T467－2010 中 A 级铜（Cu－CATH－1）规定；或符合 BS EN 1978：1998 中 A 级铜（Cu－CATH－1）规定
交割地点	交易所指定交割仓库
最低交易保证金	合约价值的 5%
交割方式	实物交割
交割单位	25 吨
交易代码	CU
上市交易所	上海期货交易所

续表

交易品种	阴极铜（BC）
交易单位	5 吨/手
报价单位	元（人民币）/吨（交易报价为不含税价格）
最小变动价位	10 元（人民币）/吨
涨跌停板幅度	上一交易日结算价 ±3%
合约月份	1—12 月
交易时间	上午 9：00—11：30，下午 1：30—3：00，以及上海国际能源交易中心规定的其他交易时间
最后交易日	交割月份的 15 日（遇国家法定节假日、休息日顺延；上海国际能源交易中心可以根据国家法定节假日、休息日调整最后交易日）
交割日期	最后交易日后连续五个交易日
交割品级	阴极铜，符合国标 GB/T467－2010 中 A 级铜（Cu－CATH－1）规定；或者符合 BS EN 1978：1998 中 A 级铜（Cu－CATH－1）规定
交割地点	上海国际能源交易中心指定交割仓库
最低交易保证金	合约价值的 5%
交割方式	实物交割
交易代码	BC
上市交易所	上海国际能源交易中心
交易品种	铝
交易单位	5 吨/手
报价单位	元（人民币）/吨
最小变动价位	5 元/吨
涨跌停板幅度	上一交易日结算价 ±3%
合约月份	1—12 月
交易时间	上午 9：00—11：30，下午 1：30—3：00，以及交易所规定的其他交易时间
最后交易日	合约月份的 15 日（遇国家法定节假日顺延，春节月份等最后交易日交易所可另行调整并通知）
交割日期	最后交易日后连续三个工作日
交割品级	标准品：铝锭，符合国标 GB/T1196－2017 AL99.70 规定，其中铝含量不低于 99.70% 替代品：1. 铝锭，符合国标 GB/T1196－2017 AL99.80，AL99.85 规定。2. 铝锭，符合 P1020A 标准
交割地点	交易所指定交割仓库
最低交易保证金	合约价值的 5%
交割方式	实物交割
交割单位	25 吨
交易代码	AL
上市交易所	上海期货交易所

续表

交易品种	锌
交易单位	5 吨/手
报价单位	元（人民币）/吨
最小变动价位	5 元/吨
涨跌停板幅度	上一交易日结算价±4%
合约月份	1—12 月
交易时间	上午 9：00—11：30，下午 1：30—3：00，以及交易所规定的其他交易时间
最后交易日	合约月份的 15 日（遇国家法定节假日顺延，春节月份等最后交易日交易所可另行调整并通知）
交割日期	最后交易日后连续三个工作日
交割品级	标准品：锌锭，符合国标 GB/T470－2008 ZN99.995 规定，其中锌含量不小于 99.995%
	替代品：锌锭，符合 BS EN 1179：2003 Z1 规定，其中锌含量不小于 99.995%
交割地点	交易所指定交割仓库
最低交易保证金	合约价值的 5%
交割方式	实物交割
交割单位	25 吨
交易代码	ZN
上市交易所	上海期货交易所
交易品种	铅
交易单位	5 吨/手
报价单位	元（人民币）/吨
最小变动价位	5 元/吨
涨跌停板幅度	上一交易日结算价±4%
合约月份	1—12 月
交易时间	上午 9：00—11：30，下午 1：30—3：00，以及交易所规定的其他交易时间
最后交易日	合约月份的 15 日（遇国家法定节假日顺延，春节月份等最后交易日交易所可另行调整并通知）
交割日期	最后交易日后连续三个工作日
交割品级	标准品：铅锭，符合国标 GB/T 469－2013 Pb99.994 规定，其中铅含量不小于 99.994%
交割地点	交易所指定交割仓库
最低交易保证金	合约价值的 5%
交割方式	实物交割
交割单位	25 吨
交易代码	PB
上市交易所	上海期货交易所

续表

交易品种	镍
交易单位	1 吨/手
报价单位	元（人民币）/吨
最小变动价位	10 元/吨
涨跌停板幅度	上一交易日结算价 ±4%
合约月份	1—12 月
交易时间	上午 9：00—11：30，下午 1：30—3：00，以及交易所规定的其他交易时间
最后交易日	合约月份的 15 日（遇国家法定节假日顺延，春节月份等最后交易日交易所可另行调整并通知）
交割日期	最后交易日后连续三个工作日
交割品级	标准品：电解镍，符合国标 GB/T 6516－2010Ni9996 规定，其中镍和钴的总含量不小于 99.96%
	替代品：电解镍，符合国标 GB/T 6516－2010 Ni9999 规定，其中镍和钴的总含量不小于 99.99%；符合 ASTM B39－79（2013）规定，其中镍的含量不小于 99.8%
交割地点	交易所指定交割仓库
最低交易保证金	合约价值的 5%
交割方式	实物交割
交割单位	6 吨
交易代码	NI
上市交易所	上海期货交易所
交易品种	锡
交易单位	1 吨/手
报价单位	元（人民币）/吨
最小变动价位	10 元/吨
涨跌停板幅度	上一交易日结算价 ±4%
合约月份	1—12 月
交易时间	上午 9：00—11：30，下午 1：30—3：00，以及交易所规定的其他交易时间
最后交易日	合约月份的 15 日（遇国家法定节假日顺延，春节月份等最后交易日交易所可另行调整并通知）
交割日期	最后交易日后连续三个工作日
交割品级	标准品：锡锭，符合国标 GB/T 728－2010 Sn99.90A 牌号规定，其中锡含量不小于 99.90%
	替代品：锡锭，符合国标 GB/T 728－2010 Sn99.90AA 牌号规定，其中锡含量不小于 99.90%；Sn99.95A、Sn99.95AA 牌号规定，其中锡含量不小于 99.95%；Sn99.99A 牌号规定，其中锡含量不小于 99.99%
交割地点	交易所指定交割仓库
最低交易保证金	合约价值的 5%
交割方式	实物交割
交割单位	2 吨
交易代码	SN
上市交易所	上海期货交易所

续表

交易品种	黄金
交易单位	1 000 克/手
报价单位	元（人民币）/克
最小变动价位	0.02 元/克
涨跌停板幅度	上一交易日结算价±3%
合约月份	最近三个连续月份的合约以及最近 13 个月以内的双月合约
交易时间	上午 9：00—11：30，下午 1：30—3：00，以及交易所规定的其他交易时间
最后交易日	合约月份的 15 日（遇国家法定节假日顺延，春节月份等最后交易日交易所可另行调整并通知）
交割日期	最后交易日后第一个工作日
交割品级	金含量不小于 99.95% 的国产金锭及经交易所认可的伦敦金银市场协会（LBMA）认定的合格供货商或精炼厂生产的标准金锭（具体质量规定见附件）
交割地点	交易所指定交割金库
最低交易保证金	合约价值的 4%
交割方式	实物交割
交割单位	3 000 克
交易代码	AU
上市交易所	上海期货交易所
交易品种	白银
交易单位	15 千克/手
报价单位	元（人民币）/千克
最小变动价位	1 元/千克
涨跌停板幅度	上一交易日结算价±3%
合约月份	1—12 月
交易时间	上午 9：00—11：30，下午 1：30—3：00，以及交易所规定的其他交易时间
最后交易日	合约月份的 15 日（遇国家法定节假日顺延，春节月份等最后交易日交易所可另行调整并通知）
交割日期	最后交易日后连续三个工作日
交割品级	标准品：符合国标 GB/T 4135－2016 IC－Ag99.99 规定，其中银含量不低于 99.99%
交割地点	交易所指定交割仓库
最低交易保证金	合约价值的 4%
交割方式	实物交割
交割单位	30 千克
交易代码	AG
上市交易所	上海期货交易所

续表

交易品种	螺纹钢
交易单位	10 吨/手
报价单位	元（人民币）/吨
最小变动价位	1 元/吨
涨跌停板幅度	上一交易日结算价±3%
合约月份	1—12 月
交易时间	上午 9：00—11：30，下午 1：30—3：00，以及交易所规定的其他交易时间
最后交易日	合约月份的 15 日（遇国家法定节假日顺延，春节月份等最后交易日交易所可另行调整并通知）
交割日期	最后交易日后连续三个工作日
交割品级	标准品：符合国标 GB/T 1499.2－2018《钢筋混凝土用钢　第 2 部分：热轧带肋钢筋》HRB400 牌号的 Φ16mm、Φ18mm、Φ20mm、Φ22mm、Φ25mm 螺纹钢 替代品：符合国标 GB/T 1499.2－2018《钢筋混凝土用钢　第 2 部分：热轧带肋钢筋》的 HRB400E 牌号的 Φ16mm、Φ18mm、Φ20mm、Φ22mm、Φ25mm 螺纹钢
交割地点	交易所指定交割仓库
最低交易保证金	合约价值的 5%
交割方式	实物交割
交割单位	300 吨
交易代码	RB
上市交易所	上海期货交易所
交易品种	线材
交易单位	10 吨/手
报价单位	元（人民币）/吨
最小变动价位	1 元/吨
涨跌停板幅度	上一交易日结算价±5%
合约月份	1—12 月
交易时间	上午 9：00—11：30，下午 1：30—3：00，以及交易所规定的其他交易时间
最后交易日	合约月份的 15 日（遇国家法定节假日顺延，春节月份等最后交易日交易所可另行调整并通知）
交割日期	最后交易日后连续三个工作日
交割品级	标准品：符合国标 GB/T 1499.1－2017《钢筋混凝土用钢　第 1 部分：热轧光圆钢筋》HPB300 牌号的 Φ8mm 线材 替代品：符合国标 GB/T 1499.1－2017《钢筋混凝土用钢　第 1 部分：热轧光圆钢筋》HPB300 牌号的 Φ10mm 线材
交割地点	交易所指定交割仓库
最低交易保证金	合约价值的 7%
交割方式	实物交割
交割单位	300 吨
交易代码	WR
上市交易所	上海期货交易所

续表

交易品种	热轧卷板
交易单位	10 吨/手
报价单位	元（人民币）/吨
最小变动价位	1 元/吨
涨跌停板幅度	上一交易日结算价±3%
合约月份	1—12 月
交易时间	上午9：00—11：30，下午1：30—3：00，以及交易所规定的其他交易时间
最后交易日	合约月份的15日（遇国家法定节假日顺延，春节月份等最后交易日交易所可另行调整并通知）
交割日期	最后交易日后连续三个工作日
交割品级	标准品：符合GB/T 3274－2017《碳素结构钢和低合金结构钢热轧厚钢板和钢带》的Q235B或符合JIS G 3101－2015《一般结构用轧制钢材》的SS400，厚度5.75mm、宽度1500mm热轧卷板 替代品：符合GB/T 3274－2017《碳素结构钢和低合金结构钢热轧厚钢板和钢带》的Q235B或符合JIS G 3101－2015《一般结构用轧制钢材》的SS400，厚度 9.75mm、9.5mm、7.75mm、7.5mm、5.80mm、5.70mm、5.60mm、5.50mm、5.25mm、4.75mm、4.50mm、4.25mm、3.75mm、3.50mm，宽度1500mm热轧卷板
交割地点	交易所指定交割仓库
最低交易保证金	合约价值的4%
交割方式	实物交割
交割单位	300 吨
交易代码	HC
上市交易所	上海期货交易所
交易品种	不锈钢
交易单位	5 吨/手
报价单位	元（人民币）/吨
最小变动价位	5 元/吨
涨跌停板幅度	上一交易日结算价±4%
合约月份	1—12 月
交易时间	上午9：00—11：30，下午1：30—3：00，以及交易所规定的其他交易时间
最后交易日	合约月份的15日（遇国家法定节假日顺延，春节月份等最后交易日交易所可另行调整并通知）
交割日期	最后交易日后连续三个工作日
交割品级	标准品为厚度2.0mm、宽度1219mm、表面加工类型为2B、边部状态为切边的304奥氏体不锈钢冷轧卷板 替代交割品厚度可选0.5 mm、0.6 mm、0.7 mm、0.8 mm、0.9 mm、1.0 mm、1.2 mm、1.5 mm、3.0mm，宽度可选1 000mm、1 500mm，边部状态可选毛边（厚度升贴水、边部状态升贴水由交易所另行规定并公告） 质量符合GB/T3280－2015《不锈钢冷轧钢板和钢带》要求的06Cr19Ni10，或者符合JIS G 4305：2012《冷轧不锈钢钢板及钢带》的SUS304
交割地点	交易所指定交割仓库
最低交易保证金	合约价值的5%
交割方式	实物交割
交割单位	60 吨
交易代码	SS
上市交易所	上海期货交易所

2021年能源化工及其他类期货合约汇总

交易品种	燃料油
交易单位	10 吨/手
报价单位	元（人民币）/吨（交易报价为不含税价格）
最小变动价位	1 元/吨
涨跌停板幅度	上一交易日结算价 ±5%
合约月份	1—12 月
交易时间	上午 9：00—11：30，下午 1：30—3：00，以及交易所规定的其他交易时间
最后交易日	合约月份前一月份的最后一个交易日；交易所可以根据国家法定节假日调整最后交易日
交割日期	最后交易日后连续三个工作日
交割品级	RMG 380 船用燃料油（硫含量为Ⅰ级、Ⅱ级）或者质量优于该标准的船用燃料油（具体质量规定见附件）
交割地点	交易所指定交割地点
最低交易保证金	合约价值的 8%
交割方式	实物交割
交割单位	10 吨
交易代码	FU
上市交易所	上海期货交易所
交易品种	低硫燃料油
交易单位	10 吨/手
报价单位	元（人民币）/吨（交易报价为不含税价格）
最小变动价位	1 元（人民币）/吨
涨跌停板幅度	不超过上一交易日结算价 ±5%
合约月份	1—12 月
交易时间	上午 9：00—11：30，下午 1：30—3：00，以及上海国际能源交易中心规定的其他交易时间
最后交易日	交割月份前第一月的最后一个交易日（遇国家法定节假日、休息日顺延；上海国际能源交易中心可以根据国家法定节假日、休息日调整最后交易日）
交割日期	最后交易日后连续五个交易日
交割品级	低硫船用燃料油（具体质量规定见附件）
交割地点	上海国际能源交易中心指定交割仓库
最低交易保证金	合约价值的 8%
交割方式	实物交割
交割单位	10 吨
交易代码	LU
上市交易所	上海国际能源交易中心

续表

交易品种	石油沥青
交易单位	10 吨/手
报价单位	元（人民币）/吨
最小变动价位	2 元/吨
涨跌停板幅度	上一交易日结算价±3%
合约月份	24 个月以内，其中最近 1—6 个月为连续月份合约，6 个月以后为季月合约
交易时间	上午 9：00—11：30，下午 1：30—3：00，以及交易所规定的其他交易时间
最后交易日	合约月份的 15 日（遇国家法定节假日顺延，春节月份等最后交易日交易所可另行调整并通知）
交割日期	最后交易日后连续三个工作日
交割品级	70 号 A 级道路石油沥青，具体内容见《上海期货交易所石油沥青期货交割实施细则（试行）》
交割地点	交易所指定交割地点
最低交易保证金	合约价值的 4%
交割方式	实物交割
交割单位	10 吨
交易代码	BU
上市交易所	上海期货交易所
交易品种	漂白硫酸盐针叶木浆
交易单位	10 吨/手
报价单位	元（人民币）/吨
最小变动价位	2 元/吨
涨跌停板幅度	上一交易日结算价±3%
合约月份	1—12 月
交易时间	上午 9：00—11：30，下午 1：30—3：00，以及交易所规定的其他交易时间
最后交易日	合约月份的 15 日（遇国家法定节假日顺延，春节月份等最后交易日交易所可另行调整并通知）
交割日期	最后交易日后连续三个工作日
交割品级	漂白硫酸盐针叶木浆，具体质量规定见附件
交割地点	交易所指定交割仓库
最低交易保证金	合约价值的 4%
交割方式	实物交割
交割单位	20 吨
交易代码	SP
上市交易所	上海期货交易所

续表

交易品种	中质含硫原油
交易单位	1 000 桶/手
报价单位	元（人民币）/桶（交易报价为不含税价格）
最小变动价位	0.1 元（人民币）/桶
涨跌停板幅度	不超过上一交易日结算价±4%
合约月份	最近 1—12 个月为连续月份以及随后 8 个季月
交易时间	上午 9：00—11：30，下午 1：30—3：00，以及上海国际能源交易中心规定的其他交易时间
最后交易日	交割月份前第一月的最后一个交易日；上海国际能源交易中心有权根据国家法定节假日调整最后交易日
交割日期	最后交易日后连续五个交易日
交割品质	中质含硫原油，基准品质为 API 度 32.0，硫含量 1.5%，具体可交割油种及升贴水由上海国际能源交易中心另行规定
交割地点	上海国际能源交易中心指定交割仓库
最低交易保证金	合约价值的 5%
交割方式	实物交割
交易代码	SC
上市交易所	上海国际能源交易中心
交易品种	20 号胶
交易单位	10 吨/手
报价单位	元（人民币）/吨（交易报价为不含税价格）
最小变动价位	5 元（人民币）/吨
涨跌停板幅度	不超过上一交易日结算价±5%
合约交割月份	1—12 月
交易时间	上午 9：00—11：30，下午 1：30—3：00，以及上海国际能源交易中心规定的其他交易时间
最后交易日	交割月份的 15 日（遇国家法定节假日、休息日顺延；上海国际能源交易中心可以根据国家法定节假日、休息日调整最后交易日）
交割日期	最后交易日后连续五个交易日
交割品质	具体质量规定见附件
交割地点	上海国际能源交易中心指定交割仓库
最低交易保证金	合约价值的 7%
交割方式	实物交割
交易代码	NR
上市交易所	上海国际能源交易中心

续表

交易品种	精对苯二甲酸（PTA）
交易单位	5 吨/手
报价单位	元（人民币）/吨
最小变动价位	2 元/吨
每日价格波动限制	上一交易日结算价 ±4% 及《郑州商品交易所期货交易风险控制管理办法》相关规定
最低交易保证金	合约价值的 5%
合约交割月份	1—12 月
交易时间	每周一至周五（北京时间　法定节假日除外） 上午 9：00—11：30，下午 1：30—3：00，以及交易所规定的其他交易时间
最后交易日	合约交割月份的第 10 个交易日
最后交割日	合约交割月份的第 13 个交易日
交割品级	见《郑州商品交易所期货交割细则》
交割地点	交易所指定交割仓库
交割方式	实物交割
交易代码	TA
上市交易所	郑州商品交易所
交易品种	甲醇
交易单位	10 吨/手
报价单位	元（人民币）/吨
最小变动价位	1 元/吨
每日价格波动限制	上一交易日结算价 ±4% 及《郑州商品交易所期货交易风险控制管理办法》相关规定
最低交易保证金	合约价值的 5%
合约交割月份	1—12 月
交易时间	每周一至周五（北京时间　法定节假日除外） 上午 9：00—11：30，下午 1：30—3：00，以及交易所规定的其他交易时间
最后交易日	合约交割月份的第 10 个交易日
最后交割日	合约交割月份的第 13 个交易日
交割品级	见《郑州商品交易所期货交割细则》
交割地点	交易所指定交割地点
交割方式	实物交割
交易代码	MA
上市交易所	郑州商品交易所

续表

交易品种	平板玻璃（简称"玻璃"）
交易单位	20 吨/手
报价单位	元（人民币）/吨
最小变动价位	1 元/吨
每日价格波动限制	上一交易日结算价±4%及《郑州商品交易所期货交易风险控制管理办法》相关规定
最低交易保证金	合约价值的 5%
合约交割月份	1—12 月
交易时间	每周一至周五（北京时间 法定节假日除外） 上午 9：00—11：30，下午 1：30—3：00，以及交易所规定的其他交易时间
最后交易日	合约交割月份的第 10 个交易日
最后交割日	合约交割月份的第 13 个交易日
交割品级	见《郑州商品交易所期货交割细则》
交割地点	交易所指定交割地点
交割方式	实物交割
交易代码	FG
上市交易所	郑州商品交易所
交易品种	动力煤
交易单位	100 吨/手
报价单位	元（人民币）/吨
最小变动价位	0.2 元/吨
每日价格波动限制	上一交易日结算价±4%及《郑州商品交易所期货交易风险控制管理办法》相关规定
最低交易保证金	合约价值的 5%
合约交割月份	1—12 月
交易时间	每周一至周五（北京时间 法定节假日除外） 上午 9：00—11：30，下午 1：30—3：00，以及交易所规定的其他交易时间
最后交易日	合约交割月份的第 5 个交易日
最后交割日	车（船）板交割：合约交割月份的最后 1 个日历日 仓单交割：合约交割月份的第 8 个交易日
交割品级	见《郑州商品交易所期货交割细则》
交割地点	交易所指定交割地点
交割方式	实物交割
交易代码	ZC
上市交易所	郑州商品交易所

续表

交易品种	硅铁
交易单位	5 吨/手
报价单位	元（人民币）/吨
最小变动价位	2 元/吨
每日价格波动限制	上一交易日结算价±4%及《郑州商品交易所期货交易风险控制管理办法》相关规定
最低交易保证金	合约价值的 5%
合约交割月份	1—12 月
交易时间	每周一至周五（北京时间　法定节假日除外） 上午 9：00—11：30，下午 1：30—3：00，以及交易所规定的其他交易时间
最后交易日	合约交割月份的第 10 个交易日
最后交割日	合约交割月份的第 13 个交易日
交割品级	见《郑州商品交易所期货交割细则》
交割地点	交易所指定交割地点
交割方式	实物交割
交易代码	SF
上市交易所	郑州商品交易所
交易品种	锰硅
交易单位	5 吨/手
报价单位	元（人民币）/吨
最小变动价位	2 元/吨
每日价格波动限制	上一交易日结算价±4%及《郑州商品交易所期货交易风险控制管理办法》相关规定
最低交易保证金	合约价值的 5%
合约交割月份	1—12 月
交易时间	每周一至周五（北京时间　法定节假日除外） 上午 9：00—11：30，下午 1：30—3：00，以及交易所规定的其他交易时间
最后交易日	合约交割月份的第 10 个交易日
最后交割日	合约交割月份的第 13 个交易日
交割品级	见《郑州商品交易所期货交割细则》
交割地点	交易所指定交割地点
交割方式	实物交割
交易代码	SM
上市交易所	郑州商品交易所

续表

交易品种	尿素
交易单位	20 吨/手
报价单位	元（人民币）/吨
最小变动价位	1 元/吨
每日价格波动限制	上一交易日结算价±4%及《郑州商品交易所期货交易风险控制管理办法》相关规定
最低交易保证金	合约价值的 5%
合约交割月份	1—12 月
交易时间	每周一至周五（北京时间　法定节假日除外） 上午 9：00—11：30，下午 1：30—3：00，以及交易所规定的其他交易时间
最后交易日	合约交割月份的第 10 个交易日
最后交割日	合约交割月份的第 13 个交易日
交割品级	见《郑州商品交易所期货交割细则》
交割地点	交易所指定交割地点
交割方式	实物交割
交易代码	UR
上市交易所	郑州商品交易所
交易品种	纯碱
交易单位	20 吨/手
报价单位	元（人民币）/吨
最小变动价位	1 元/吨
每日价格波动限制	上一交易日结算价±4%及《郑州商品交易所期货交易风险控制管理办法》相关规定
最低交易保证金	合约价值的 5%
合约交割月份	1—12 月
交易时间	每周一至周五（北京时间　法定节假日除外） 上午 9：00—11：30，下午 1：30—3：00，以及交易所规定的其他交易时间
最后交易日	合约交割月份的第 10 个交易日
最后交割日	合约交割月份的第 13 个交易日
交割品级	见《郑州商品交易所期货交割细则》
交割地点	交易所指定交割地点
交割方式	实物交割
交易代码	SA
上市交易所	郑州商品交易所

续表

交易品种	涤纶短纤（简称"短纤"）
交易单位	5 吨/手
报价单位	元（人民币）/吨
最小变动价位	2 元/吨
每日价格波动限制	上一交易日结算价±4%及《郑州商品交易所期货交易风险控制管理办法》相关规定
最低交易保证金	合约价值的5%
合约交割月份	1—12 月
交易时间	每周一至周五（北京时间 法定节假日除外） 上午9：00—11：30，下午1：30—3：00，以及交易所规定的其他交易时间
最后交易日	合约交割月份的第10个交易日
最后交割日	合约交割月份的第13个交易日
交割品级	见《郑州商品交易所期货交割细则》
交割地点	交易所指定交割地点
交割方式	实物交割
交易代码	PF
上市交易所	郑州商品交易所
交易品种	线型低密度聚乙烯
交易单位	5 吨/手
报价单位	元（人民币）/吨
最小变动价位	5 元/吨
涨跌停板幅度	上一交易日结算价的4%
合约月份	1—12 月
交易时间	每周一至周五上午9：00—11：30，下午13：30—15：00，以及交易所规定的其他时间
最后交易日	合约月份第10个交易日
最后交割日	最后交易日后第3个交易日
交割品级	大连商品交易所线型低密度聚乙烯交割质量标准
交割地点	大连商品交易所线型低密度聚乙烯指定交割仓库
最低交易保证金	合约价值的5%
交割方式	实物交割
交易代码	L
上市交易所	大连商品交易所

续表

交易品种	聚丙烯
交易单位	5 吨/手
报价单位	元（人民币）/吨
最小变动价位	1 元/吨
涨跌停板幅度	上一交易日结算价的 4%
合约月份	1—12 月
交易时间	每周一至周五上午 9：00—11：30，下午 13：30—15：00，以及交易所规定的其他时间
最后交易日	合约月份第 10 个交易日
最后交割日	最后交易日后第 3 个交易日
交割品级	大连商品交易所聚丙烯交割质量标准
交割地点	大连商品交易所聚丙烯指定交割仓库
最低交易保证金	合约价值的 5%
交割方式	实物交割
交易代码	PP
上市交易所	大连商品交易所
交易品种	聚氯乙烯
交易单位	5 吨/手
报价单位	元（人民币）/吨
最小变动价位	1 元/吨
涨跌停板幅度	上一交易日结算价的 4%
合约月份	1—12 月
交易时间	每周一至周五上午 9：00—11：30，下午 13：30—15：00，以及交易所规定的其他时间
最后交易日	合约月份第 10 个交易日
最后交割日	最后交易日后第 3 个交易日
交割品级	质量标准符合《悬浮法通用型聚氯乙烯树脂（GB/T 5761-2018）》规定的 SG5 型一等品和优等品（干流性指标不做要求）
交割地点	大连商品交易所聚氯乙烯指定交割仓库
最低交易保证金	合约价值的 5%
交割方式	实物交割
交易代码	V
上市交易所	大连商品交易所

续表

交易品种	冶金焦炭
交易单位	100 吨/手
报价单位	元（人民币）/吨
最小变动价位	0.5 元/吨
涨跌停板幅度	上一交易日结算价的 4%
合约月份	1—12 月
交易时间	每周一至周五上午 9：00—11：30，下午 13：30—15：00，以及交易所规定的其他时间
最后交易日	合约月份第 10 个交易日
最后交割日	最后交易日后第 3 个交易日
交割品级	大连商品交易所焦炭交割质量标准（F/DCE J001－2021）
交割地点	大连商品交易所焦炭指定交割仓库
最低交易保证金	合约价值的 5%
交割方式	实物交割
交易代码	J
上市交易所	大连商品交易所
交易品种	焦煤
交易单位	60 吨/手
报价单位	元（人民币）/吨
最小变动价位	0.5 元/吨
涨跌停板幅度	上一交易日结算价的 4%
合约月份	1—12 月
交易时间	每周一至周五上午 9：00—11：30，下午 13：30—15：00，以及交易所规定的其他时间
最后交易日	合约月份第 10 个交易日
最后交割日	最后交易日后第 3 个交易日
交割品级	大连商品交易所焦煤交割质量标准（F/DCE JM001－2018）
交割地点	大连商品交易所焦煤指定交割仓库
最低交易保证金	合约价值的 5%
交割方式	实物交割
交易代码	JM
上市交易所	大连商品交易所

续表

交易品种	铁矿石
交易单位	100 吨/手
报价单位	元（人民币）/吨
最小变动价位	0.5 元/吨
涨跌停板幅度	上一交易日结算价的 4%
合约月份	1—12 月
交易时间	每周一至周五上午 9:00—11:30，下午 13:30—15:00，以及交易所规定的其他时间
最后交易日	合约月份第 10 个交易日
最后交割日	最后交易日后第 3 个交易日
交割品级	大连商品交易所铁矿石交割质量标准（F/DCE I001-2019），可交割品牌和品牌升贴水由大连商品交易所另行规定
交割地点	大连商品交易所铁矿石指定交割仓库及指定交割地点
最低交易保证金	合约价值的 5%
交割方式	实物交割
交易代码	I
上市交易所	大连商品交易所
交易品种	乙二醇
交易单位	10 吨/手
报价单位	元（人民币）/吨
最小变动价位	1 元/吨
涨跌停板幅度	上一交易日结算价的 4%
合约月份	1—12 月
交易时间	每周一至周五上午 9:00—11:30，下午 13:30—15:00，以及交易所规定的其他时间
最后交易日	合约月份倒数第 4 个交易日
最后交割日	最后交易日后第 3 个交易日
交割品级	大连商品交易所乙二醇交割质量标准（F/DCE EG001-2018）
交割地点	大连商品交易所乙二醇指定交割仓库
最低交易保证金	合约价值的 5%
交割方式	实物交割
交易代码	EG
上市交易所	大连商品交易所

续表

交易品种	苯乙烯
交易单位	5 吨/手
报价单位	元（人民币）/吨
最小变动价位	1 元/吨
涨跌停板幅度	上一交易日结算价的4%
合约月份	1—12 月
交易时间	每周一至周五上午9：00—11：30，下午13：30—15：00，以及交易所规定的其他时间
最后交易日	合约月份倒数第4个交易日
最后交割日	最后交易日后第3个交易日
交割品级	大连商品交易所苯乙烯交割质量标准（F/DCE EB001-2019）
交割地点	大连商品交易所苯乙烯指定交割仓库
最低交易保证金	合约价值的5%
交割方式	实物交割
交易代码	EB
上市交易所	大连商品交易所
交易品种	液化石油气
交易单位	20 吨/手
报价单位	元（人民币）/吨
最小变动价位	1 元/吨
涨跌停板幅度	上一交易日结算价的4%
合约月份	1—12 月
交易时间	每周一至周五上午9：00—11：30，下午13：30—15：00，以及交易所规定的其他时间
最后交易日	合约月份倒数第4个交易日
最后交割日	最后交易日后第3个交易日
交割品级	大连商品交易所液化石油气交割质量标准（F/DCE PG001-2020）
交割地点	大连商品交易所液化石油气指定交割仓库
最低交易保证金	合约价值的5%
交割方式	实物交割
交易代码	PG
上市交易所	大连商品交易所

2021 年金融期货合约汇总

合约名称	沪深 300 股票指数期货合约
合约标的	沪深 300 指数
合约乘数	每点 300 元
报价单位	指数点
最小变动价位	0.2 点
合约月份	当月、下月及随后两个季月
交易时间	上午：9：30—11：30，下午：13：00—15：00
最后交易日交易时间	上午：9：30—11：30，下午：13：00—15：00
每日价格最大波动限制	上一个交易日结算价的 ±10%
最低交易保证金	合约价值的 8%
最后交易日	合约到期月份的第三个周五，遇国家法定假日顺延
交割日期	同最后交易日
交割方式	现金交割
交易代码	IF
上市交易所	中国金融期货交易所
合约名称	上证 50 股票指数期货合约
合约标的	上证 50 指数
合约乘数	每点 300 元
报价单位	指数点
最小变动价位	0.2 点
合约月份	当月、下月及随后两个季月
交易时间	上午：9：30—11：30，下午：13：00—15：00
最后交易日交易时间	上午：9：30—11：30，下午：13：00—15：00
每日价格最大波动限制	上一个交易日结算价的 ±10%
最低交易保证金	合约价值的 8%
最后交易日	合约到期月份的第三个周五，遇国家法定假日顺延
交割日期	同最后交易日
交割方式	现金交割
交易代码	IH
上市交易所	中国金融期货交易所

续表

合约名称	中证500股票指数期货合约
合约标的	中证500指数
合约乘数	每点200元
报价单位	指数点
最小变动价位	0.2点
合约月份	当月、下月及随后两个季月
交易时间	上午：9：30—11：30，下午：13：00—15：00
最后交易日交易时间	上午：9：30—11：30，下午：13：00—15：00
每日价格最大波动限制	上一个交易日结算价的±10%
最低交易保证金	合约价值的8%
最后交易日	合约到期月份的第三个周五，遇国家法定假日顺延
交割日期	同最后交易日
交割方式	现金交割
交易代码	IC
上市交易所	中国金融期货交易所
合约名称	2年期国债期货合约
合约标的	面值为200万元人民币，票面利率为3%的名义中短期国债
可交割国债	发行期限不高于5年、合约到期月份首日剩余期限为1.5—2.25年记账式附息国债
报价方式	百元净价报价
最小变动价位	0.005元
合约月份	最近的三个季月（3月、6月、9月、12月中的最近3个月循环）
交易时间	上午：9：30—11：30，下午：13：00—15：15
最后交易日交易时间	上午：9：30—11：30
每日价格最大波动限制	上一交易日结算价的±0.5%
最低交易保证金	合约价值的0.5%
最后交易日	合约到期月份的第二个星期五
最后交割日	最后交易日后的第三个交易日
交割方式	实物交割
合约代码	TS
上市交易所	中国金融期货交易所

续表

合约名称	5年期国债期货合约
合约标的	面值为100万元人民币，票面利率为3%的名义中期国债
可交割国债	发行期限不高于7年、合约到期月份首日剩余期限为4—5.25年记账式附息国债
报价方式	百元净价报价
最小变动价位	0.005元
合约月份	最近的三个季月（3月、6月、9月、12月中的最近3个月循环）
交易时间	上午：9:30—11:30，下午：13:00—15:15
最后交易日交易时间	上午：9:30—11:30
每日价格最大波动限制	上一交易日结算价的±1.2%
最低交易保证金	合约价值的1%
最后交易日	合约到期月份的第二个星期五
最后交割日	最后交易日后的第三个交易日
交割方式	实物交割
合约代码	TF
上市交易所	中国金融期货交易所
合约名称	10年期国债期货合约
合约标的	面值为100万元人民币，票面利率为3%的名义长期国债
可交割国债	发行期限不高于10年、合约到期月份首日剩余期限不低于6.5年的记账式附息国债
报价方式	百元净价报价
最小变动价位	0.005元
合约月份	最近的三个季月（3月、6月、9月、12月中的最近3个月循环）
交易时间	上午：9:30—11:30，下午：13:00—15:15
最后交易日交易时间	上午：9:30—11:30
每日价格最大波动限制	上一交易日结算价的±2%
最低交易保证金	合约价值的2%
最后交易日	合约到期月份的第二个星期五
最后交割日	最后交易日后的第三个交易日
交割方式	实物交割
合约代码	T
上市交易所	中国金融期货交易所

2021年期货期权合约汇总

交易品种	阴极铜期货期权
合约标的物	阴极铜期货合约（5吨）
合约类型	看涨期权，看跌期权
交易单位	1手阴极铜期货合约
报价单位	元（人民币）/吨
最小变动价位	2元/吨
涨跌停板幅度	与阴极铜期货合约涨跌停板幅度相同
合约月份	最近两个连续月份合约，其后月份在标的期货合约结算后持仓量达到一定数值之后的第二个交易日挂牌。具体数值交易所另行发布
交易时间	上午9：00—11：30 下午13：30—15：00，以及交易所规定的其他时间
最后交易日	标的期货合约交割月前第一月的倒数第5个交易日，交易所可以根据国家法定节假日调整最后交易日
到期日	同最后交易日
行权价格	行权价格覆盖阴极铜期货合约上一交易日结算价上下1倍当日涨跌停板幅度对应的价格范围。行权价格≤40 000元/吨，行权价格间距为500元/吨；40 000元/吨＜行权价格≤80 000元/吨，行权价格间距为1 000元/吨；行权价格＞80 000元/吨，行权价格间距为2 000元/吨
行权方式	美式。买方可以在到期日前任一交易日的交易时间提交行权申请；买方可以在到期日15：30之前提出行权申请、放弃申请
交易代码	看涨期权：CU—合约月份—C—行权价格 看跌期权：CU—合约月份—P—行权价格
上市交易所	上海期货交易所
交易品种	铝期货期权
合约标的物	铝期货合约（5吨）
合约类型	看涨期权，看跌期权
交易单位	1手铝期货合约
报价单位	元（人民币）/吨
最小变动价位	1元/吨
涨跌停板幅度	与标的期货合约涨跌停板幅度相同
合约月份	最近两个连续月份合约，其后月份在标的期货合约结算后持仓量达到一定数值之后的第二个交易日挂牌。具体数值交易所另行发布
交易时间	上午9：00—11：30 下午13：30—15：00，以及交易所规定的其他时间
最后交易日	标的期货合约交割月前第一月的倒数第5个交易日，交易所可以根据国家法定节假日调整最后交易日
到期日	同最后交易日
行权价格	行权价格覆盖标的期货合约上一交易日结算价上下浮动1.5倍当日涨跌停板幅度对应的价格范围。行权价格≤10 000元/吨，行权价格间距为50元/吨；10 000元/吨＜行权价格≤20 000元/吨，行权价格间距为100元/吨；行权价格＞20 000元/吨，行权价格间距为200元/吨
行权方式	美式。买方可以在到期日前任一交易日的交易时间提交行权申请；买方可以在到期日15：30之前提出行权申请、放弃申请
交易代码	看涨期权：AL—合约月份—C—行权价格 看跌期权：AL—合约月份—P—行权价格
上市交易所	上海期货交易所

续表

交易品种	锌期货期权
合约标的物	锌期货合约（5 吨）
合约类型	看涨期权，看跌期权
交易单位	1 手锌期货合约
报价单位	元（人民币）/吨
最小变动价位	1 元/吨
涨跌停板幅度	与标的期货合约涨跌停板幅度相同
合约月份	最近两个连续月份合约，其后月份在标的期货合约结算后持仓量达到一定数值之后的第二个交易日挂牌。具体数值交易所另行发布
交易时间	上午9：00—11：30 下午13：30—15：00，以及交易所规定的其他时间
最后交易日	标的期货合约交割月前第一月的倒数第5个交易日，交易所可以根据国家法定节假日调整最后交易日
到期日	同最后交易日
行权价格	行权价格覆盖标的期货合约上一交易日结算价上下浮动1.5倍当日涨跌停板幅度对应的价格范围。行权价格≤10 000 元/吨，行权价格间距为100 元/吨；10 000 元/吨＜行权价格≤25 000 元/吨，行权价格间距为200 元/吨；行权价格＞25 000 元/吨，行权价格间距为500 元/吨
行权方式	美式。买方可以在到期日前任一交易日的交易时间提交行权申请；买方可以在到期日15：30 之前提出行权申请、放弃申请
交易代码	看涨期权：ZN—合约月份—C—行权价格 看跌期权：ZN—合约月份—P—行权价格
上市交易所	上海期货交易所
交易品种	黄金期货期权
合约标的物	黄金期货合约（1 000 克）
合约类型	看涨期权，看跌期权
交易单位	1 手黄金期货合约
报价单位	元（人民币）/克
最小变动价位	0.02 元/克
涨跌停板幅度	与黄金期货合约涨跌停板幅度相同
合约月份	最近两个连续月份合约，其后月份在标的期货合约结算后持仓量达到一定数值之后的第二个交易日挂牌。具体数值交易所另行发布
交易时间	上午9：00—11：30 下午13：30—15：00，以及交易所规定的其他时间
最后交易日	标的期货合约交割月前第一月的倒数第5个交易日，交易所可以根据国家法定节假日调整最后交易日
到期日	同最后交易日
行权价格	行权价格覆盖黄金期货合约上一交易日结算价上下浮动1.5倍当日涨跌停板幅度对应的价格范围。行权价格≤200 元/克，行权价格间距为2 元/克；200 元/克＜行权价格≤400 元/克，行权价格间距为4 元/克；行权价格＞400 元/克，行权价格间距为8 元/克
行权方式	美式。买方可以在到期日前任一交易日的交易时间提交行权申请；买方可以在到期日15：30 之前提出行权申请、放弃申请
交易代码	看涨期权：AU—合约月份—C—行权价格 看跌期权：AU—合约月份—P—行权价格
上市交易所	上海期货交易所

续表

交易品种	天然橡胶期货期权
合约标的物	天然橡胶期货合约（10 吨）
合约类型	看涨期权，看跌期权
交易单位	1 手天然橡胶期货合约
报价单位	元（人民币）/吨
最小变动价位	1 元/吨
涨跌停板幅度	与天然橡胶期货合约涨跌停板幅度相同
合约月份	最近两个连续月份合约，其后月份在标的期货合约结算后持仓量达到一定数值之后的第二个交易日挂牌。具体数值交易所另行发布
交易时间	上午 9：00—11：30 下午 13：30—15：00，以及交易所规定的其他时间
最后交易日	标的期货合约交割月前第一月的倒数第 5 个交易日，交易所可以根据国家法定节假日调整最后交易日
到期日	同最后交易日
行权价格	行权价格覆盖天然橡胶期货合约上一交易日结算价上下浮动 1.5 倍当日涨跌停板幅度对应的价格范围。行权价格≤10 000 元/吨，行权价格间距为 100 元/吨；10 000 元/吨＜行权价格≤25 000 元/吨，行权价格间距为 250 元/吨；行权价格＞25 000 元/吨，行权价格间距为 500 元/吨
行权方式	美式。买方可在到期日前任一交易日的交易时间提交行权申请；买方可在到期日 15：30 之前提交行权申请、放弃申请
交易代码	看涨期权：RU—合约月份—C—行权价格 看跌期权：RU—合约月份—P—行权价格
上市交易所	上海期货交易所
交易品种	原油期货期权
合约标的物	原油期货合约（1 000 桶）
合约类型	看涨期权，看跌期权
交易单位	1 手原油期货合约
报价单位	元（人民币）/桶
最小变动价位	0.05 元/桶
涨跌停板幅度	与标的期货合约涨跌停板幅度相同
合约月份	最近两个连续月份合约，其后月份在标的期货合约结算后持仓量达到一定数值之后的第二个交易日挂盘，具体数值上海国际能源交易中心另行发布
交易时间	上午 9：00—11：30 下午 13：30—15：00，以及上海国际能源交易中心规定的其他时间
最后交易日	标的期货合约交割月前第一月的倒数第 13 个交易日，上海国际能源交易中心可以根据国家法定节假日等调整最后交易日
到期日	同最后交易日
行权价格	行权价格覆盖标的期货合约上一交易日结算价上下浮动 1.5 倍当日涨跌停板幅度对应的价格范围。行权价格≤250 元/桶，行权价格间距为 2 元/桶；250 元/桶＜行权价格≤500 元/桶，行权价格间距为 5 元/桶；行权价格＞500 元/桶，行权价格间距为 10 元/桶
行权方式	美式。买方可在到期日前任一交易日的交易时间提交行权申请；买方可在到期日 15：30 之前提交行权申请、放弃申请
交易代码	看涨期权：SC—合约月份—C—行权价格 看跌期权：SC—合约月份—P—行权价格
上市交易所	上海国际能源交易中心

续表

交易品种	白糖期权
合约标的物	白糖期货合约
合约类型	看涨期权、看跌期权
交易单位	1手（10吨）白糖期货合约
报价单位	元（人民币）/吨
最小变动价位	0.5元/吨
涨跌停板幅度	与白糖期货合约涨跌停板幅度相同
合约月份	标的期货合约中的连续两个近月，其后月份在标的期货合约结算后持仓量达到5 000手（单边）之后的第二个交易日挂牌
交易时间	每周一至周五上午9:00—11:30，下午13:30—15:00，以及交易所规定的其他交易时间
最后交易日	标的期货合约交割月份前一个月的第3个交易日，以及交易所规定的其他日期
到期日	同最后交易日
行权价格	以白糖期货前一交易日结算价为基准，按行权价格间距挂出5个实值期权、1个平值期权和5个虚值期权。行权价格≤3000元/吨，行权价格间距为50元/吨；3 000元/吨＜行权价格＜10 000元/吨，行权价格间距为100元/吨；行权价格＞10 000元/吨，行权价格间距为200元/吨
行权方式	美式。买方可在到期日前任一交易日的交易时间提交行权申请；买方可在到期日15:30之前提交行权申请、放弃申请
交易代码	看涨期权：SR—合约月份—C—行权价格 看跌期权：SR—合约月份—P—行权价格
上市交易所	郑州商品交易所
交易品种	PTA期权
合约标的物	精对苯二甲酸（PTA）期货合约
合约类型	看涨期权、看跌期权
交易单位	1手PTA期货合约
报价单位	元（人民币）/吨
最小变动价位	0.5元/吨
涨跌停板幅度	与PTA期货合约涨跌停板幅度相同
合约月份	标的期货合约中的连续两个近月，其后月份在标的期货合约结算后持仓量达到10 000手（单边）之后的第二个交易日挂牌
交易时间	每周一至周五上午9:00—11:30，下午13:30—15:00，以及交易所规定的其他交易时间
最后交易日	标的期货合约交割月份前一个月的第3个交易日，以及交易所规定的其他日期
到期日	同最后交易日
行权价格	以PTA期货前一交易日结算价为基准，按行权价格间距挂出6个实值期权、1个平值期权和6个虚值期权。行权价格≤5 000元/吨，行权价格间距为50元/吨；5 000元/吨＜行权价格≤10 000元/吨，行权价格间距为100元/吨；行权价格＞10 000元/吨，行权价格间距为200元/吨
行权方式	美式。买方可在到期日前任一交易日的交易时间提交行权申请；买方可在到期日15:30之前提交行权申请、放弃申请
交易代码	看涨期权：TA—合约月份—C—行权价格 看跌期权：TA—合约月份—P—行权价格
上市交易所	郑州商品交易所

续表

交易品种	甲醇期权
合约标的物	甲醇期货合约
合约类型	看涨期权、看跌期权
交易单位	1手甲醇期货合约
报价单位	元（人民币）/吨
最小变动价位	0.5元/吨
涨跌停板幅度	与甲醇期货合约涨跌停板幅度相同
合约月份	标的期货合约中的连续两个近月，其后月份在标的期货合约结算后持仓量达到10 000手（单边）之后的第二个交易日挂牌
交易时间	每周一至周五上午9：00—11：30，下午13：30—15：00，以及交易所规定的其他交易时间
最后交易日	标的期货合约交割月份前一个月的第3个交易日，以及交易所规定的其他日期
到期日	同最后交易日
行权价格	以甲醇期货前一交易日结算价为基准，按行权价格间距挂出6个实值期权、1个平值期权和6个虚值期权。行权价格≤2 500元/吨，行权价格间距为25元/吨；2 500元/吨＜行权价格≤5 000元/吨，行权价格间距为50元/吨；行权价格＞5 000元/吨，行权价格间距为100元/吨
行权方式	美式。买方可在到期日前任一交易日的交易时间提交行权申请；买方可在到期日15：30之前提交行权申请、放弃申请
交易代码	看涨期权：MA—合约月份—C—行权价格 看跌期权：MA—合约月份—P—行权价格
上市交易所	郑州商品交易所
交易品种	棉花期权
合约标的物	棉花期货合约
合约类型	看涨期权、看跌期权
交易单位	1手棉花期货合约
报价单位	元（人民币）/吨
最小变动价位	1元/吨
涨跌停板幅度	与棉花期货合约涨跌停板幅度相同
合约月份	标的期货合约中的连续两个近月，其后月份在标的期货合约结算后持仓量达到5 000手（单边）之后的第二个交易日挂牌
交易时间	每周一至周五上午9：00—11：30，下午13：30—15：00，以及交易所规定的其他交易时间
最后交易日	标的期货合约交割月份前一个月的第3个交易日，以及交易所规定的其他日期
到期日	同最后交易日
行权价格	以棉花期货前一交易日结算价为基准，按行权价格间距挂出6个实值期权、1个平值期权和6个虚值期权。行权价格≤10 000元/吨，行权价格间距为100元/吨；10 000元/吨＜行权价格≤20 000元/吨，行权价格间距为200元/吨；行权价格＞20 000元/吨，行权价格间距为400元/吨
行权方式	美式。买方可在到期日前任一交易日的交易时间提交行权申请；买方可在到期日15：30之前提交行权申请、放弃申请
交易代码	看涨期权：CF—合约月份—C—行权价格 看跌期权：CF—合约月份—P—行权价格
上市交易所	郑州商品交易所

续表

交易品种	菜籽粕期权
合约标的物	菜籽粕期货合约
合约类型	看涨期权、看跌期权
交易单位	1手菜籽粕期货合约
报价单位	元（人民币）/吨
最小变动价位	0.5元/吨
涨跌停板幅度	与菜籽粕期货合约涨跌停板幅度相同
合约月份	标的期货合约中的连续两个近月，其后月份在标的期货合约结算后持仓量达到5 000手（单边）之后的第二个交易日挂牌
交易时间	每周一至周五上午9：00—11：30，下午13：30—15：00，以及交易所规定的其他交易时间
最后交易日	标的期货合约交割月份前一个月的第3个交易日，以及交易所规定的其他日期
到期日	同最后交易日
行权价格	以菜籽粕期货前一交易日结算价为基准，按行权价格间距挂出6个实值期权、1个平值期权和6个虚值期权。行权价格≤2 500元/吨，行权价格间距为25元/吨；2 500元/吨＜行权价格≤5 000元/吨，行权价格间距为50元/吨；行权价格＞5 000元/吨，行权价格间距为100元/吨
行权方式	美式。买方可在到期日前任一交易日的交易时间提交行权申请；买方可在到期日15：30之前提交行权申请、放弃申请
交易代码	看涨期权：RM—合约月份—C—行权价格 看跌期权：RM—合约月份—P—行权价格
上市交易所	郑州商品交易所
交易品种	动力煤期权
合约标的物	动力煤期货合约
合约类型	看涨期权、看跌期权
交易单位	1手动力煤期货合约
报价单位	元（人民币）/吨
最小变动价位	0.1元/吨
涨跌停板幅度	与动力煤期货合约涨跌停板幅度相同
合约月份	标的期货合约中的连续两个近月，其后月份在标的期货合约结算后持仓量达到10 000手（单边）之后的第二个交易日挂牌
交易时间	每周一至周五上午9：00—11：30，下午13：30—15：00，以及交易所规定的其他交易时间
最后交易日	标的期货合约交割月份前一个月的第3个交易日，以及交易所规定的其他日期
到期日	同最后交易日
行权价格	以动力煤期货前一交易日结算价为基准，按行权价格间距挂出6个实值期权、1个平值期权和6个虚值期权。行权价格≤500元/吨，行权价格间距为5元/吨；行权价格＞500元/吨，行权价格间距为10元/吨
行权方式	美式。买方可在到期日前任一交易日的交易时间提交行权申请；买方可在到期日15：30之前提交行权申请、放弃申请
交易代码	看涨期权：ZC—合约月份—C—行权价格 看跌期权：ZC—合约月份—P—行权价格
上市交易所	郑州商品交易所

续表

交易品种	豆粕期权
合约标的物	豆粕期货合约
合约类型	看涨期权、看跌期权
交易单位	1手（10吨）豆粕期货合约
报价单位	元（人民币）/吨
最小变动价位	0.5元/吨
涨跌停板幅度	与豆粕期货合约涨跌停板幅度相同
合约月份	1、3、5、7、8、9、11、12月
交易时间	每周一至周五上午9：00—11：30，下午13：30—15：00，以及交易所规定的其他时间
最后交易日	标的期货合约交割月份前一个月的第5个交易日
到期日	同最后交易日
行权价格	行权价格范围覆盖豆粕期货合约上一交易日结算价上下浮动1.5倍当日涨跌停板幅度对应的价格范围。行权价格≤2 000元/吨，行权价格间距为25元/吨；2 000元/吨＜行权价格≤5 000元/吨，行权价格间距为50元/吨；行权价格＞5 000元/吨，行权价格间距为100元/吨
行权方式	美式。买方可以在到期日之前任一交易日的交易时间，以及到期日15：30之前提出行权申请
交易代码	看涨期权：M—合约月份—C—行权价格 看跌期权：M—合约月份—P—行权价格
上市交易所	大连商品交易所
交易品种	玉米期权
合约标的物	玉米期货合约
合约类型	看涨期权、看跌期权
交易单位	1手（10吨）玉米期货合约
报价单位	元（人民币）/吨
最小变动价位	0.5元/吨
涨跌停板幅度	与玉米期货合约涨跌停板幅度相同
合约月份	1、3、5、7、9、11月
交易时间	每周一至周五上午9：00—11：30，下午13：30—15：00，以及交易所规定的其他时间
最后交易日	标的期货合约交割月份前一个月的第5个交易日
到期日	同最后交易日
行权价格	行权价格范围覆盖玉米期货合约上一交易日结算价上下浮动1.5倍当日涨跌停板幅度对应的价格范围。行权价格≤1 000元/吨，行权价格间距为10元/吨；1 000元/吨＜行权价格≤3 000元/吨，行权价格间距为20元/吨；行权价格＞3 000元/吨，行权价格间距为40元/吨
行权方式	美式。买方可以在到期日之前任一交易日的交易时间，以及到期日15：30之前提出行权申请
交易代码	看涨期权：C—合约月份—C—行权价格 看跌期权：C—合约月份—P—行权价格
上市交易所	大连商品交易所

续表

交易品种	棕榈油期权
合约标的物	棕榈油期货合约
合约类型	看涨期权、看跌期权
交易单位	1手（10吨）棕榈油期货合约
报价单位	元（人民币）/吨
最小变动价位	0.5元/吨
涨跌停板幅度	与棕榈油期货合约涨跌停板幅度相同
合约月份	1—12月
交易时间	每周一至周五上午9：00—11：30，下午13：30—15：00，以及交易所规定的其他时间
最后交易日	标的期货合约交割月份前一个月的第5个交易日
到期日	同最后交易日
行权价格	行权价格覆盖棕榈油期货合约上一交易日结算价上下浮动1.5倍当日涨跌停板幅度对应的价格范围。行权价格≤5 000元/吨，行权价格间距为50元/吨；5 000元/吨＜行权价格≤10 000元/吨，行权价格间距为100元/吨；行权价格＞10 000元/吨，行权价格间距为200元/吨
行权方式	美式。买方可以在到期日之前任一交易日的交易时间，以及到期日15：30之前提出行权申请
交易代码	看涨期权：P—合约月份—C—行权价格 看跌期权：P—合约月份—P—行权价格
上市交易所	大连商品交易所
交易品种	线型低密度聚乙烯期权
合约标的物	线型低密度聚乙烯期货合约
合约类型	看涨期权、看跌期权
交易单位	1手（5吨）线型低密度聚乙烯期货合约
报价单位	元（人民币）/吨
最小变动价位	0.5元/吨
涨跌停板幅度	与线型低密度聚乙烯期货合约涨跌停板幅度相同
合约月份	1—12月
交易时间	每周一至周五上午9：00—11：30，下午13：30—15：00，以及交易所规定的其他时间
最后交易日	标的期货合约交割月份前一个月的第5个交易日
到期日	同最后交易日
行权价格	行权价格覆盖线型低密度聚乙烯期货合约上一交易日结算价上下浮动1.5倍当日涨跌停板幅度对应的价格范围。行权价格≤5 000元/吨，行权价格间距为50元/吨；5 000元/吨＜行权价格≤10 000元/吨，行权价格间距为100元/吨；行权价格＞10 000元/吨，行权价格间距为200元/吨
行权方式	美式。买方可以在到期日之前任一交易日的交易时间，以及到期日15：30之前提出行权申请
交易代码	看涨期权：L—合约月份—C—行权价格 看跌期权：L—合约月份—P—行权价格
上市交易所	大连商品交易所

续表

交易品种	聚丙烯期权
合约标的物	聚丙烯期货合约
合约类型	看涨期权、看跌期权
交易单位	1手（5吨）聚丙烯期货合约
报价单位	元（人民币）/吨
最小变动价位	0.5元/吨
涨跌停板幅度	与聚丙烯期货合约涨跌停板幅度相同
合约月份	1—12月
交易时间	每周一至周五上午9：00—11：30，下午13：30—15：00，以及交易所规定的其他时间
最后交易日	标的期货合约交割月份前一个月的第5个交易日
到期日	同最后交易日
行权价格	行权价格覆盖聚丙烯期货合约上一交易日结算价上下浮动1.5倍当日涨跌停板幅度对应的价格范围。行权价格≤5 000元/吨，行权价格间距为50元/吨；5 000元/吨＜行权价格≤10 000元/吨，行权价格间距为100元/吨；行权价格＞10 000元/吨，行权价格间距为200元/吨
行权方式	美式。买方可以在到期日之前任一交易日的交易时间，以及到期日15：30之前提出行权申请
交易代码	看涨期权：PP—合约月份—C—行权价格 看跌期权：PP—合约月份—P—行权价格
上市交易所	大连商品交易所
交易品种	聚氯乙烯期权
合约标的物	聚氯乙烯期货合约
合约类型	看涨期权、看跌期权
交易单位	1手（5吨）聚氯乙烯期货合约
报价单位	元（人民币）/吨
最小变动价位	0.5元/吨
涨跌停板幅度	与聚氯乙烯期货合约涨跌停板幅度相同
合约月份	1—12月
交易时间	每周一至周五上午9：00—11：30，下午13：30—15：00，以及交易所规定的其他时间
最后交易日	标的期货合约交割月份前一个月的第5个交易日
到期日	同最后交易日
行权价格	行权价格覆盖聚氯乙烯期货合约上一交易日结算价上下浮动1.5倍当日涨跌停板幅度对应的价格范围。行权价格≤5 000元/吨，行权价格间距为50元/吨；5 000元/吨＜行权价格≤10 000元/吨，行权价格间距为100元/吨；行权价格＞10 000元/吨，行权价格间距为200元/吨
行权方式	美式。买方可以在到期日之前任一交易日的交易时间，以及到期日15：30之前提出行权申请
交易代码	看涨期权：V—合约月份—C—行权价格 看跌期权：V—合约月份—P—行权价格
上市交易所	大连商品交易所

续表

交易品种	铁矿石期权
合约标的物	铁矿石期货合约
合约类型	看涨期权、看跌期权
交易单位	1手（100吨）铁矿石期货合约
报价单位	元（人民币）/吨
最小变动价位	0.1元/吨
涨跌停板幅度	与铁矿石期货合约涨跌停板幅度相同
合约月份	1—12月
交易时间	每周一至周五上午9：00—11：30，下午13：30—15：00，以及交易所规定的其他时间
最后交易日	标的期货合约交割月份前一个月的第5个交易日
到期日	同最后交易日
行权价格	行权价格覆盖铁矿石期货合约上一交易日结算价上下浮动1.5倍当日涨跌停板幅度对应的价格范围。行权价格≤300元/吨，行权价格间距为5元/吨；300元/吨＜行权价格≤1 000元/吨，行权价格间距为10元/吨；行权价格＞1 000元/吨，行权价格间距为20元/吨
行权方式	美式。买方可以在到期日之前任一交易日的交易时间，以及到期日15：30之前提出行权申请
交易代码	看涨期权：I—合约月份—C—行权价格 看跌期权：I—合约月份—P—行权价格
上市交易所	大连商品交易所

交易品种	液化石油气期权
合约标的物	液化石油气期货合约
合约类型	看涨期权、看跌期权
交易单位	1手（20吨）液化石油气期货合约
报价单位	元（人民币）/吨
最小变动价位	0.2元/吨
涨跌停板幅度	与液化石油气期货合约涨跌停板幅度相同
合约月份	1—12月
交易时间	每周一至周五上午9：00—11：30，下午13：30—15：00，以及交易所规定的其他时间
最后交易日	标的期货合约交割月份前一个月的第5个交易日
到期日	同最后交易日
行权价格	行权价格覆盖液化石油气期货合约上一交易日结算价上下浮动1.5倍当日涨跌停板幅度对应的价格范围。行权价格≤2 000元/吨，行权价格间距为25元/吨；2 000元/吨＜行权价格≤6 000元/吨，行权价格间距为50元/吨；行权价格＞6 000元/吨，行权价格间距为100元/吨
行权方式	美式。买方可以在到期日之前任一交易日的交易时间，以及到期日15：30之前提出行权申请
交易代码	看涨期权：PG—合约月份—C—行权价格 看跌期权：PG—合约月份—P—行权价格
上市交易所	大连商品交易所

续表

合约名称	沪深 300 股票指数期权合约
合约标的物	沪深 300 指数
合约乘数	每点人民币 100 元
合约类型	看涨期权、看跌期权
报价单位	指数点
最小变动价位	0.2 点
每日价格最大波动限制	上一交易日沪深 300 指数收盘价的 ±10%
合约月份	当月、下 2 个月及随后 3 个季月
行权价格	行权价格覆盖沪深 300 指数上一交易日收盘价上下浮动 10% 对应的价格范围 对当月与下 2 个月合约：行权价格≤2 500 点时，行权价格间距为 25 点；2 500 点＜行权价格≤5 000 点时，行权价格间距为 50 点；5 000 点＜行权价格≤10 000 点时，行权价格间距为 100 点；行权价格＞10 000 点时，行权价格间距为 200 点 对随后 3 个季月合约：行权价格≤2500 点时，行权价格间距为 50 点；2 500 点＜行权价格≤5 000 点时，行权价格间距为 100 点；5 000 点＜行权价格≤10 000点时，行权价格间距为 200 点；行权价格＞10 000 点时，行权价格间距为 400 点
行权方式	欧式
交易时间	上午：9：30—11：30，下午：13：00—15：00
最后交易日	合约到期月份的第三个星期五，遇国家法定假日顺延
到期日	同最后交易日
交割方式	现金交割
交易代码	看涨期权：IO—合约月份—C—行权价格 看跌期权：IO—合约月份—P—行权价格
上市交易所	中国金融期货交易所

附录 5-4 各期货品种交割仓库明细

2021 年各期货品种交割仓（厂）库明细

品种	交易所	交割仓库	库容	地址	电话
铜	上期所	上海国储天威仓储有限公司	12 万吨	上海市嘉定区黄渡工业园区星塔路 1289 号	15317578691
		上海国储天威仓储有限公司	2 万吨	上海市外高桥保税区荷丹路 68 号	13918171231
		中储发展股份有限公司	14.46 万吨	上海宝山区铁山路 495 号	13671706735
		中储发展股份有限公司	19.6 万吨	上海市宝山区南大路 310 号、257 号	13818640679
		中储发展股份有限公司	2 万吨	江苏省无锡市城南路 32-1 号	18921287700
		上港物流金属仓储（上海）有限公司	21 万吨	上海市宝山区安达路 240 号	15821008607
		上港物流金属仓储（上海）有限公司	9 万吨	江苏省苏州市高新区钢成路 8 号	13817773537
		上海裕强供应链管理有限公司	6 万吨	上海市闵行区剑川路 2222 号	13917631328
		上海中储临港物流有限公司	3 万吨	上海洋山港双惠路 195 号	13564496979
		国家粮食和物资储备局浙江局八三七处	1 万吨	宁波镇海区大通路 331 号	13429322352
		宁波港九龙仓储有限公司	1 万吨	宁波镇海区平海路 299 号	13757477277
		无锡市国联物流有限公司	2 万吨	无锡市惠山区洛社镇石塘湾梅径村南	13771149693
		国家粮食和物资储备局广东局八三○处	3 万吨	广州市萝岗区开发大道 1330 号	13168881080
		国家粮食和物资储备局广东局八三○处	2 万吨	广州市增城区永宁街创强路 123 号	13168881080
		南储仓储管理集团有限公司	2 万吨	广东佛山市禅城区佛罗公路 166 号	18588033336
		江西国储物流有限公司	0.3 万吨	鹰潭火车南站鹰潭市平安路 11 号	15979190273
		常州融达现代物流有限公司	2 万吨	常州市钟楼区新闸镇运河路 298 号	18151721003
		上海添马行物流有限公司	2 万吨	江苏省宜兴市十里牌文庄村火车北站	13901785660

续表

品种	交易所	交割仓库	库容	地址	电话
铜	上期所	中国外运华东有限公司	2万吨	上海市逸仙路4088号	13661814000
		上海洋山保税港区世天威物流有限公司	1万吨	上海市浦东新区海旺路288号	15821987825
		中远海运物流有限公司	2万吨	上海市宝山区宝杨路2249号	13564151550
		广东炬申仓储有限公司	2万吨	广东省佛山市南海区丹灶镇丹灶物流中心金泰路1号	15915220011
		浙江南湖国际物流有限公司	2万吨	嘉兴市秀洲区怀安路186号	18966375995
		世天威物流（上海外高桥保税物流园区）有限公司	1万吨	上海市浦东新区外高桥保税物流园区申亚路89号	13817283912
铝	上期所	上海国储天威仓储有限公司	4万吨	上海市嘉定区黄渡工业园区星塔路1289号	15317578691
		上海国储天威仓储有限公司	0.66万吨	上海市外高桥保税区荷丹路68号	13918171231
		中储发展股份有限公司	4.82万吨	上海宝山铁山路495号	13671706735
		中储发展股份有限公司	9.53万吨	上海市宝山区南大路257号、310号	13818640679
		中储发展股份有限公司	8万吨	上海市宝山区南大路137号	18916601995
		中储发展股份有限公司	1万吨	江苏省无锡市城南路32-1号	18921287700
		中储发展股份有限公司	1万吨	中储发展股份有限公司郑州物流中心—郑州市城东南路13号	13683807986
		中储发展股份有限公司	1.5万吨	中储发展股份有限公司洛阳分公司—洛阳市西工区道南路41号	13938849703
		中储发展股份有限公司	1.8万吨	天津市北辰区陆路港物流装备产业园陆港四经支路1号	18920287007
		广东储备物资管理局八三〇处	2万吨	广东省佛山市南海区盐步镇三眼桥货场西侧	13690748800
		广东中储晟世照邦物流有限公司	3万吨	广东省佛山市南海区小塘西货场侧	18927759921
		南储仓储管理集团有限公司	3.5万吨	广东佛山市禅城区佛罗公路166号	18588033336
		浙江康运仓储有限公司	2.5万吨	浙江省杭州市拱康路98号（铁路康桥货场内）	13588083543
		浙江康运仓储有限公司	7万吨	浙江省杭州市萧山区萧山所前镇东复村萧山铁路货场	13588083543

续表

品种	交易所	交割仓库	库容	地址	电话
铝	上期所	上港物流金属仓储（上海）有限公司	5万吨	上海市宝山区安达路240号	15821008607
		上港物流金属仓储（上海）有限公司	2万吨	江苏省苏州市高新区钢成路8号	15821008607
		上海裕强供应链管理有限公司	2万吨	上海市闵行区剑川路2222号	13917631328
		国家粮食和物资储备局浙江局八三七处	2.5万吨	宁波镇海区大通路331号	13429322352
		宁波港九龙仓储有限公司	4万吨	宁波镇海区平海路299号	13757477277
		无锡市国联物流有限公司	1万吨	无锡市惠山区洛社镇石塘湾梅径村南	13771149693
		上海中储临港物流有限公司	4万吨	上海洋山港双惠路195号	13564496979
		中国外运华东有限公司	2万吨	上海市逸仙路4088号	13661814000
		佛山市中金圣源仓储管理有限公司	3万吨	广东省佛山市南海区狮山小塘西货场中金仓	18688275275
		江苏百金汇物流有限公司	5万吨	江苏省海安县晓星大道105号（铁路一号线南侧）	18112280078
		常州融达现代物流有限公司	2万吨	常州市钟楼区新闸镇运河路298号	18151721003
		上海全胜物流股份有限公司	1万吨	上海市宝山区江杨南路1347号	13761972065
		上海添马行物流有限公司	2万吨	江苏省宜兴市十里牌文庄村火车北站	13901785660
		上海添马行物流有限公司	7万吨	上海市松江区车新公路518-1号	18101877928
		五矿无锡物流园有限公司	5万吨	江苏省无锡市惠山区天港路1号	13812288211
		上海国能物流有限公司	4万吨	江苏省常州市奔牛镇奔牛港劲港路28号	13584536626
		河南国储物流股份有限公司	1.5万吨	巩义三三九处仓库-巩义市光明路12号	13939052796
		河南国储物流股份有限公司	1.5万吨	河南国储431仓库-河南省巩义市孝义路2号	13838040968
		河南国储物流股份有限公司	2万吨	河南国储物流股份有限公司洛阳四三三处仓库-洛阳市西工区汉宫路58号	13613797939
		山东恒欣仓储有限公司	2万吨	临沂市清河南路与通达路交汇西200米	15106690379

续表

品种	交易所	交割仓库	库容	地址	电话
铝	上期所	山东高通物流有限公司	1万吨	山东高通物流有限公司济南仓库－山东省济南市历城区工业南路1号	18560169066
		山东高通物流有限公司	1万吨	山东高通物流有限公司临沂仓库－临沂市河东区凤仪街东段临沂北火车站货场	18560169066
		天津全程物流配送有限公司	1.5万吨	天津市东丽区华粮道2298号	13752257108
		浙江长兴田川物流有限公司	5万吨	浙江省长兴县雉州大道108号	13967251888
		中铝物流集团中部国际陆港有限公司	5万吨	河南省郑州市上街区新安西路18号	13838282386
		广东炬申仓储有限公司	3万吨	广东省佛山市南海区丹灶镇丹灶物流中心金泰路1号	15015835397
		重庆中集物流有限公司	2万吨	重庆市沙坪坝区月台路14号A幢	18623022012
		浙江南湖国际物流有限公司	2万吨	嘉兴市秀洲区怀安路186号	18966375995
		甘肃国通大宗商品供应链管理股份有限公司	1万吨	甘肃省兰州市兰州新区山丹河街968号	18993099136
锌	上期所	上海国储天威仓储有限公司	5.5万吨	上海市嘉定区黄渡工业园区星塔路1289号	15317578691
		中储发展股份有限公司	1.5万吨	上海宝山铁山路495号	13671706735
		中储发展股份有限公司	6万吨	上海市宝山区南大路257号、310号、137号	13818640679
		上港物流金属仓储（上海）有限公司	6万吨	上海市宝山区安达路240号	15821008607
		上港物流金属仓储（上海）有限公司	1.5万吨	江苏省苏州市高新区钢成路8号	15821008607
		上海裕强供应链管理有限公司	2万吨	上海市闵行区剑川路2222号	13917631328
		上海裕强供应链管理有限公司	2万吨	上海市共和新路3501号	13671575566
		广东中储晟世照邦物流有限公司	2万吨	广东省佛山市南海区小塘西货场侧	18927759921
		南储仓储管理集团有限公司	7万吨	广东佛山市禅城区佛罗公路166号	18588033336

续表

品种	交易所	交割仓库	库容	地址	电话
锌	上期所	浙江康运仓储有限公司	1万吨	浙江省杭州市拱康路98号（铁路康桥货场内）	13588083543
		浙江康运仓储有限公司	1万吨	浙江省杭州市萧山区萧山所前镇东复村萧山铁路货场	13588083543
		国家粮食和物资储备局浙江局八三七处	1万吨	宁波镇海区大通路331号	13429322352
		宁波港九龙仓储有限公司	1万吨	宁波镇海区平海路299号	13757477277
		无锡市国联物流有限公司	2万吨	无锡市惠山区洛社镇石塘湾梅径村南	13771149693
		中国外运华东有限公司	2万吨	上海市逸仙路4088号	13661814000
		佛山市中金圣源仓储管理有限公司	3万吨	广东省佛山市南海区狮山小塘西货场中金仓	18688275275
		广东储备物资管理局八三〇处	2万吨	广东省佛山市三水区广海路321国道新迳口村旁三水西货场	13690748800
		上海全胜物流股份有限公司	3万吨	上海市宝山区江杨南路1347号	13761972065
		上海全胜物流股份有限公司	1万吨	天津市东丽区津塘公路5号	13761972065
		江苏百金汇物流有限公司	1万吨	江苏省海安县晓星大道105号（铁路一号线南侧）	18112280078
		上海国能物流有限公司	1万吨	江苏省常州市奔牛镇奔牛港劲港路28号	13584536626
		中远海运物流有限公司	2万吨	天津市滨海高新区塘沽海洋科技园塘汉路10号	13820412356
		中远海运物流有限公司	1万吨	上海市宝山区宝杨路2249号	18681352659
		天津市新兴伟业集装箱装卸服务有限公司	1万吨	天津市东丽区新立街新兴村合兴路688号	13902138329
铅	上期所	中储发展股份有限公司	1.5万吨	上海宝山铁山路495号	13671706735
		中储发展股份有限公司	1.5万吨	上海市宝山区南大路137号、257号	13818640679
		中储发展股份有限公司	2万吨	江苏无锡市城南路32-1号	18916601995
		中储发展股份有限公司	3万吨	天津市北辰区顺义道（中储发展天津南仓分公司）	18921287700
		上海国储天威仓储有限公司	1万吨	上海市嘉定区黄渡工业园区星塔路1289号	18920287007
		上海国储天威仓储有限公司	1万吨	上海市浦东新区同顺大道1111号	13902124905

续表

品种	交易所	交割仓库	库容	地址	电话
铅	上期所	国家粮食和物资储备局广东局八三〇处	2万吨	广州市萝岗区开发大道1330号	13168881080
		广东中储晟世照邦物流有限公司	1.5万吨	广东省佛山市南海区小塘西货场侧	18927759921
		南储仓储管理集团有限公司	2万吨	广东佛山市禅城区佛罗公路166号	18588033336
		浙江康运仓储有限公司	1.5万吨	浙江省杭州市萧山区萧山所前镇东复村萧山铁路货场	13588083543
		天津全程物流配送有限公司	1.5万吨	天津市东丽区华粮道2298号	13752257108
		五矿无锡物流园有限公司	1万吨	无锡市惠山区洛社镇石塘湾梅径村南	13812288211
		浙江长兴田川物流有限公司	2万吨	浙江省长兴县雉州大道108号	18768212333
镍	上期所	上海国储天威仓储有限公司	3万吨	上海市嘉定区黄渡工业园区星塔路1289号	15317578691
		中储发展股份有限公司	2万吨	上海市宝山区南大路137号	18916601995
		中储发展股份有限公司	0.4万吨	江苏省无锡市城南路32-1号	18921287700
		上港物流金属仓储（上海）有限公司	2万吨	上海市宝山区安达路240号	15821008607
		国家粮食和物资储备局山东局八三二处	0.2万吨	青岛市城阳区文阳路988号	15963207169
		国家粮食和物资储备局浙江局八三七处	0.5万吨	宁波镇海区大通路331号	13429322352
		宁波港九龙仓仓储有限公司	0.5万吨	宁波镇海平海路299号	13757477277
		上海添马行物流有限公司	1万吨	上海市松江区车新公路518-1号	18101877928
		宁波保税区高新货柜有限公司	0.5万吨	宁波保税西区创业六路六号	18906693001
		常州融达现代物流有限公司	0.5万吨	常州市钟楼区新闸镇运河路298号	18151721003
		中国外运华东有限公司	1万吨	上海市逸仙路4088号	13661814000
		中国农业生产资料集团公司	1万吨	上海市闵行区通海路275号	13918703361
		上海鑫依物流有限公司	1万吨	上海市洋山中国（上海）自由贸易试验区汇港路255号	13761163028
		中远海运物流有限公司	1万吨	上海浦东新区临港自营物流园区捷畅路156号	13564151550
		中远海运物流有限公司	3万吨	上海市宝山区宝杨路2249号	18681352659

续表

品种	交易所	交割仓库	库容	地址	电话
锡	上期所	上海国储天威仓储有限公司	0.3万吨	上海市嘉定区黄渡工业园区星塔路1289号	15317578691
		中储发展股份有限公司	0.3万吨	上海市宝山区南大路137号	18916601995
		中储发展股份有限公司	0.2万吨	江苏省无锡市城南路32-1号	18921287700
		国家粮食和物资储备局广东局八三〇处	0.3万吨	广州市萝岗区开发大道1330号	13168881080
		南储仓储管理集团有限公司	0.3万吨	广东佛山市禅城区佛罗公路166号	18588033336
		上港物流金属仓储（上海）有限公司	0.2万吨	江苏省苏州市高新区钢成路8号	0512-88877972
螺纹钢	上期所	浙江康运仓储有限公司	4.5万吨	浙江省杭州市拱康路98号（铁路康桥货场内）	0571-88013253
		浙江康运仓储有限公司	9万吨	浙江省杭州市崇贤镇长路兜22-1号	0571-88014873
		镇江惠龙长江港务有限公司	45万吨	江苏镇江金桥大道88号	15105293553
		中储发展股份有限公司	6万吨	江苏省无锡市城南路32-1号	0510-85361369
		中储发展股份有限公司	6万吨	天津市北辰区陆路港物流装备产业园陆港四经支路1号	022-58986699
		中储发展股份有限公司	5万吨	南京市江宁区滨江经济开发区丽水大街1186号	13601409234
		中储发展股份有限公司	4.8万吨	天津市滨海新区塘沽于庄子路2579号	18920287007
		广东广物物流有限公司	9万吨	广州市白云区石井镇龙湖乡唐阁村西街4号	13560312100
		上海上港保税仓储管理有限公司	1.5万吨	上海市军工路2400号	15601722488
		鞍钢股份有限公司（厂库）	3万吨	江苏镇江金桥大道88号	0511-85938558
		鞍钢股份有限公司（厂库）	3万吨	浙江省杭州市崇贤镇长路兜22-1号	0571-88014873
		鞍钢股份有限公司（厂库）	3万吨	辽宁省鞍山市铁西区	13998005911
		江苏沙钢集团有限公司（厂库）	3万吨	江苏镇江金桥大道88号	0511-85938558
		江苏沙钢集团有限公司（厂库）	3万吨	江苏省张家港市锦丰镇江苏扬子江国际冶金工业园锦绣路181号	0512-35012175

续表

品种	交易所	交割仓库	库容	地址	电话
螺纹钢	上期所	江苏沙钢集团有限公司（厂库）	3万吨	浙江省杭州市崇贤镇长路兜22-1号	0571-88014873
		江苏沙钢集团有限公司（厂库）	3万吨	江苏省张家港市锦丰镇	0512-58953558
		敬业钢铁有限公司（厂库）	3万吨	江苏镇江金桥大道88号	0511-85938558
		敬业钢铁有限公司（厂库）	3万吨	浙江省杭州市崇贤镇长路兜22-1号	0571-88014873
		敬业钢铁有限公司（厂库）	3万吨	河北省石家庄市平山县南甸镇	13998005911
		河钢集团有限公司（厂库）	12万吨	江苏镇江金桥大道88号	13520578068
		河钢集团有限公司（厂库）	12万吨	浙江省杭州市崇贤镇长路兜22-1号	13520578068
		河钢集团有限公司（厂库）	12万吨	河北省承德市滦河镇	13520578068
		河钢集团有限公司（厂库）	12万吨	河北省邯郸市复兴区	13520578068
		江苏省镔鑫钢铁集团有限公司（厂库）	9万吨	江苏镇江金桥大道88号	15722536789
		江苏省镔鑫钢铁集团有限公司（厂库）	9万吨	浙江省杭州市崇贤镇长路兜22-1号	15722536789
		江苏省镔鑫钢铁集团有限公司（厂库）	9万吨	江苏省连云港市赣榆区柘汪镇临港产业区	15722536789
线材	上期所	浙江康运仓储有限公司	1.5万吨	浙江省杭州市拱康路98号（铁路康桥货场内）	0571-88013253
		浙江康运仓储有限公司	3万吨	浙江省杭州市崇贤镇长路兜22-1号	0571-88014873
		镇江惠龙长江港务有限公司	15万吨	江苏镇江金桥大道88号	15105293553
		中储发展股份有限公司	2万吨	江苏省无锡市城南路32-1号	0510-85361369
		中储发展股份有限公司	1.8万吨	天津市北辰区陆路港物流装备产业园陆港四经支路1号	18920287007
		中储发展股份有限公司	1.5万吨	天津市滨海新区塘沽于庄子路2579号	18920287007
热轧卷板	上期所	中国外运华东有限公司	4.5万吨	上海市逸仙路4088号	021-63221003
		中国外运华东有限公司	4.5万吨	苏州市高新区长江路748号	021-63221003
		镇江惠龙长江港务有限公司	36万吨	江苏镇江金桥大道88号	0511-85938558
		无锡市国联物流有限公司	4.5万吨	无锡市钱皋路168号	13771149693

续表

品种	交易所	交割仓库	库容	地址	电话
热轧卷板	上期所	玖隆钢铁物流有限公司	24万吨	江苏省张家港市锦丰镇江苏扬子江国际冶金工业园锦绣路181号	0512-35012175
		广东广物物流有限公司	9万吨	广州市白云区石井镇龙湖乡唐阁村西街4号	020-86180186
		浙江康运仓储有限公司	3.6万吨	浙江省杭州市崇贤镇长路兜22-1号	0571-88014873
		宁波港九龙仓仓储有限公司	6万吨	宁波镇海区平海路299号	15000053211
		中储发展股份有限公司	6万吨	江苏省无锡市城南路32-1号	0510-85361369
		中储发展股份有限公司	4.5万吨	南京市江宁区滨江经济开发区丽水大街1186号	13601409234
		中储发展股份有限公司	6万吨	天津市北辰区陆路港物流装备产业园陆港四经支路1号	18920287007
		中储发展股份有限公司	1.2万吨	湖北省武汉市汉口区解放大道2020号	13986139332
		上海上港保税仓储管理有限公司	1.5万吨	上海市军工路2400号	13917815504
		上海兴晟钢材加工有限公司	6万吨	上海市宝山区杨南路609号	13901933045
不锈钢	上期所	中储发展股份有限公司	10万吨	江苏省无锡市新吴区城南路32-1	18921287700
		五矿无锡物流园有限公司	7万吨	江苏省无锡市惠山区天港路1号	15852513305
		玖隆钢铁物流有限公司	6万吨	江苏省张家港市锦丰镇锦绣路181号	15895595421
黄金	上期所	工商银行北京市分行营业部	无此概念	北京市复兴门南大街2号天银大厦B座	010-66411132
		工商银行上海市分行营业部	无此概念	上海市中山东一路24号	021-63215820
		工商银行深圳市分行	无此概念	深圳市深南东路金融中心北座二楼	0755-82246264
		工商银行贵溪支行	无此概念	江西省贵溪市雄石路38号	0701-3773031
		工商银行三门峡分行	无此概念	河南省三门峡市崤山路40号	0398-2836884
		工商银行灵宝支行	无此概念	河南省灵宝市函谷路中段	0398-8861995
		工商银行龙岩分行	无此概念	福建省龙岩市新罗区九一南路47号	13600986329
		工商银行龙岩分行上杭支行	无此概念	福建省龙岩市上杭县北环路东段	0597-3843087
		工商银行招远支行	无此概念	山东省招远市魁星路95号	0535-8224694

续表

品种	交易所	交割仓库	库容	地址	电话
黄金	上期所	工商银行莱州支行	无此概念	山东省莱州市古城街88号	0535-2213413 13964522556
		工商银行洛阳分行	无此概念	河南省洛阳市高新技术开发区河洛路5号（三山路008号）	13937975796
		建设银行北京市分行西客站金库	无此概念	北京市丰台区莲花池东路114号	010-51996686
		建设银行上海分行	无此概念	上海陆家嘴环路900号	021-68490508 13651957323
		建设银行深圳市分行	无此概念	广东省深圳市红岭南路金融中心东座	0755-82488309 13652398606
		建设银行安徽省铜陵市分行	无此概念	安徽省铜陵市长江西路41号	13335621886
		建设银行河南省三门峡市分行	无此概念	河南省三门峡市崤山路52号	0398-2985206
		建设银行河南省灵宝支行金库	无此概念	灵宝市金城大道西段7号	0398-8869166
		建设银行山东省烟台市分行	无此概念	山东省烟台市南大街9号	0535-6603378
		建设银行福建省分行龙岩分行	无此概念	福建省龙岩市九一北路111号	0597-2239529
		建设银行福建省分行上杭支行	无此概念	福建省龙岩市上杭县临江镇北环路261号	0597-3998730
		建设银行贵州省分行	无此概念	贵州省贵阳市云岩区中华北路148号	13885066702
		交通银行北京市分行	无此概念	北京市西城区金融大街33号	010-66101163
		交通银行上海市分行	无此概念	上海市静安区万荣一路20号	021-63111000*4564
		交通银行深圳分行	无此概念	深圳市福田区红荔西路3002号交行大厦	13682387916
		交通银行云南省分行	无此概念	云南省昆明市盘龙区白塔路397号交银大厦	0871-66034125
		交通银行湖北省分行	无此概念	湖北省武汉市建设大道847号瑞通广场A座	027-85487301
		交通银行广西区分行	无此概念	广西南宁市人民东路228号通银大厦	13878160085
		交通银行陕西省分行	无此概念	陕西省西安市西新街88号	029-87653294

续表

品种	交易所	交割仓库	库容	地址	电话
黄金	上期所	中国银行上海市分行	无此概念	上海市中山东一路 23 号	021 – 63291968 13816885188
		中国银行深圳市分行	无此概念	深圳市和平路 1195 号中怡大厦	0755 – 22333088 13602658511
		中国银行莱州支行	无此概念	山东省莱州市莱州北路 733 号	0535 – 2273355
		中国银行招远支行	无此概念	山东省招远市府前路 78 号	0535 – 8240070
		中国银行福建省分行	无此概念	福建省福州市五四路 136 号	0591 – 87090054 13860666121
		中国银行三门峡分行	无此概念	河南省三门峡市崤山东路 15 号	0398 – 2982424
		中国银行灵宝支行	无此概念	河南省灵宝市金城大道 10 号	0398 – 2982822
		中国银行陕西省分行	无此概念	陕西省西安市莲湖区唐延路北段 18 号	029 – 89592575 18192168877
		浦发银行宁波分行	无此概念	宁波市海曙区江厦街 21 号	1380584141
		浦发银行大连分行	无此概念	大连市沙河口区会展路 45 号	0411 – 66866744
		农行深圳分行	无此概念	广东省深圳市罗湖区深南东路 5008 号农业银行大厦	0755 – 25591030
白银	上期所	中储发展股份有限公司	1000 千克	上海市宝山区宝杨路 2069 号	021 – 33791452
		中国外运华东有限公司	1400 千克	上海市虹井路 865 号	021 – 63221003
		深圳市威豹金融押运股份有限公司	500 000 千克	广东深圳市福田区广厦路 8 号	18038032090
		中工美（北京）供应链物流管理有限责任公司	1 000 000 千克	上海市青浦区重固镇崧华路 1579 号	15901760110
燃料油	上期所	中化兴中石油转运（舟山）有限公司	50 万吨	浙江省舟山市定海区临城岙山岛	13906807550
		洋山申港国际石油储运有限公司	30 万吨	上海洋山深水港沈家湾	13788931707
		大鼎油储有限公司	35 万吨	浙江省舟山市定海区临城街道岙山东路 496 号	18626852579
		浙江海洋石油仓储有限公司	6.7 万吨	浙江省舟山市定海区岑港街道烟墩工业区 22 号	13857205955
沥青	上期所	金海宏业（镇江）沥青有限公司（仓库&厂库）	10.2 万吨	金海宏业（镇江）沥青库	13861399318
		江苏恒泰沥青有限公司	6 万吨	江苏省镇江市大港新区临江东路 6 号（恒泰沥青库）	13655285528

续表

品种	交易所	交割仓库	库容	地址	电话
沥青	上期所	江苏新越沥青有限公司	4万吨	江苏省镇江市大港新区临江东路18号	13862446877
		宁波爱思开宝盈沥青仓储有限公司	3.48万吨	宁波市镇海区威远路111号	18757169680
		南京蓝途沥青有限公司	2.5万吨	南京市栖霞区燕子矶街道太新路81号（南京蓝途沥青有限公司油库）	13770564197
		安徽环宇公路沥青材料有限责任公司	2万吨	安徽省芜湖市开发区四褐路23号	13965048984
		池州华远新材料有限公司	1.5万吨	安徽池州经济技术开发区临港工业园	13615669995
		江苏天诺道路材料科技有限公司	3.16万吨	江苏省镇江市大港新区韩桥路	15152906900
		江苏阿尔法船舶燃料贸易有限公司	11万吨	江阴市璜土镇石庄春江路16号	13961706971
		山东高速物资储运有限公司	5.32万立方米	山东省淄博市临淄区乙烯路319号山东高速物资储运有限公司（临淄油库）	18653322335
		泰普克沥青（新会）有限公司	0.77万吨	广东省江门市新会区今古洲经济开发区银海大道南31号泰普克沥青（新会）有限公司（沥青库）	18688396192
		佛山惠福科创有限公司	7.8万吨	广东省佛山市高明区荷城街道惠福路1号	18025993922
		中化弘润石油化工有限公司	4万立方米	山东省青州市经济开发区东京路687号（仓库）	15953665703
		营口特茂石油化工有限公司	3.3万立方米	辽宁省营口市老边区兴达街32号	19984181111
		山东高速华瑞道路材料技术有限公司	3万立方米	山东省淄博市高新区桓台新区石化路7号	15153115615
		中海油气（泰州）石化有限公司（厂库）	5万吨	中海油气（泰州）石化有限公司（高港油库）	13852865559
		金海宏业（镇江）沥青有限公司	3万吨	金海宏业（镇江）沥青有限公司沥青库	13861399318
		中海沥青股份有限公司（厂库）	5万吨	山东省滨州市滨城区黄河七路817号	13371337766

续表

品种	交易所	交割仓库	库容	地址	电话
沥青	上期所	中化弘润石油化工有限公司	4万吨	山东省青州市开发区弘润工业园弘润厂区（厂库）	0536-8875950
		佛山高富中石油燃料沥青有限责任公司（厂库）	10万吨	广东省佛山市高明区富湾工业开发区	0757-88911508
		山东东明石化集团有限公司（厂库）	10万吨	山东省东明县菜园集工业园区	13953075887
		山东京博石油化工有限公司（厂库）	40万吨	山东省滨州市博兴县经济开发区京博工业园	0543-2874801
		盘锦北方沥青股份有限公司	10万吨	辽宁省盘锦市兴隆台区新工街	0427-2850133
		辽宁华路特种沥青有限公司	5万吨	辽宁省盘锦市辽东湾新区长春路西	0427-6572200
橡胶	上期所	上海远盛仓储有限公司	1.5万吨	上海市宝山区蕴川路2508号	13901816119
		中国外运华东有限公司	1.5万吨	上海市闵行区解放岛路988号（中外运解放岛）	18918781803
		中国外运华东有限公司	3万吨	上海市奉贤区新杨公路778号（中外运海港）	13501724955
		中国外运华东有限公司	2万吨	上海市逸仙路4088号（中外运张华浜）	13661814000
		中储发展股份有限公司	2万吨	上海市宝山区宝杨路2069号（吴淞分公司）	13621912047
		中储发展股份有限公司	2.5万吨	上海市宝山区南大路310、137号（大场分公司）	13331955737
		中储发展股份有限公司	6.5万吨	上海市奉贤区平宇路585、418号（临港分公司）	13816344720
		中储发展股份有限公司	3万吨	天津市北辰区陆路港物流装备产业园陆港四经支路1号（天津中储陆通）	18920287007
		中储发展股份有限公司	3万吨	天津市滨海新区塘沽于庄子路2579号（天津塘沽）	13920586081
		中储发展股份有限公司	1万吨	上海市浦东新区自由贸易港区双惠路195号（临港物流）	13564496979
		上海上港保税仓储管理有限公司	0.5万吨	上海市茂祥路258号（上港新港物流）	13816529280
		中国农业生产资料集团公司	1.5万吨	上海市闵行区通海路275号（中农吴泾）	13901831155

续表

品种	交易所	交割仓库	库容	地址	电话
橡胶	上期所	天津全程物流配送有限公司	2.3万吨	天津市东丽区华粮道2298号	15620035893
		山东省奥润特贸易有限公司	4万吨	山东省青岛市李沧区长顺路15号	15318869321
		国家粮食和物资储备局山东局八三二处	3.7万吨	山东省青岛市城阳区文阳路988号	15963207169
		中国外运华中有限公司	1.5万吨	山东省青岛市四方区傍海南路1号仓库（中外运青岛）	13964877211
		中国外运华中有限公司	2万吨	山东省青岛市保税区吉隆坡路6号仓库（中外运黄岛）	13964877211
		中国外运华中有限公司	3万吨	山东省青岛市胶州市经济技术开发区物流大道1号（中外运胶州）	13964877211
		中国外运华中有限公司	3万吨	山东省青岛市胶州市经济技术开发区洮河路19号	13964877211
		青岛宏桥市场经营有限公司	4.5万吨	山东省青岛市黄岛区茂山路1323号	13953288112
		山东省港口集团有限公司（青岛港国际物流有限公司）	5万吨	山东省青岛港前湾港区内经八路2号	13468287229
		山东省港口集团有限公司（青岛港国际物流有限公司）	0万吨	山东省青岛港前湾港区内经八路1号	18669844878
		山东省港口集团有限公司（青岛港国际物流有限公司）	3万吨	山东省青岛市胶州市广东路2号甲	18669844878
		云南天然橡胶储运中心有限公司	3万吨	云南省昆明市经济开发区洛羊街道办事处王家营贮木场	13388803019
		国家粮食和物资储备局云南局五三〇处	1万吨	云南省昆明市官渡区大板桥镇沙沟乡云南储备物资管理局五三〇处	13888803019
		海南港航物流集团有限公司	2.6万吨	海南省澄迈县老城经济开发区南一环路69号海口综合保税区	13389822888
		海南新思科电子商务有限公司	2万吨	海南省海口市长流金盘永桂开发区永桂路9号	13907645415
		中远海运物流有限公司	2万吨	山东省青岛市黄岛区同江路556号（中远黄岛库）	13969710212
		中远海运物流有限公司	5.5万吨	山东省青岛市高新区宝源路789号（中远高新库）	13969710212

续表

品种	交易所	交割仓库	库容	地址	电话
纸浆	上期所	上海远盛仓储有限公司	1.5万吨	上海市宝山区蕰川路2508号	13901816119
		中国外运华中有限公司	5万吨	山东省青岛市胶州市经济技术开发区物流大道1号	13964877211
		中国外运华中有限公司	13万吨	山东省青岛市胶州市经济技术开发区洮河路19号	15153205257
		中国外运华中有限公司		山东省青岛市黄岛区淮河东路北侧（淮河东路千山北路交叉口，小石头村南）	15192580461
		中国供销集团南通供销产业发展有限公司	5万吨	江苏省南通市高新技术产业开发区希望大道008号	18921602649
		中储发展股份有限公司	5万吨	上海市奉贤区平宇路585号、418号（中储临港）	13331955737
		中储发展股份有限公司	5万吨	天津市北辰区陆路港物流装备产业园陆港四经支路1号（中储陆通）	18920287007
		中储发展股份有限公司	1万吨	上海市宝山区宝杨路2069号（中储吴淞）	13331955737
		青岛市青银仓储物流有限公司	1.5万吨	山东省青岛市黄岛区淮河东路36号	13608987099
		山东省港口集团有限公司（青岛港国际物流有限公司）	5万吨	山东省青岛港前湾港区内经八路1号	18669844878
		山东省港口集团有限公司（青岛港国际物流有限公司）	13万吨	山东省青岛港前湾港区内经八路2号	18669844878
		山东省港口集团有限公司（青岛港国际物流有限公司）		山东省青岛市即墨区蓝村镇泉东村1号附1	18669844878
		山东省港口集团有限公司（青岛港国际物流有限公司）		山东省青岛市黄岛区大珠山中路与背儿山路交汇处丰树青岛黄岛物流园	18669844878
		建发物流集团有限公司	2万吨	山东省青岛市黄岛区七星河路363号	13850096508
		建发物流集团有限公司	1.5万吨	浙江省嘉兴市平湖市独山港镇引港路333号	18760575887
		常熟威特隆仓储有限公司	4万吨	江苏省常熟经济技术开发区兴华港区1路	13601550609
		中远海运物流有限公司	2万吨	山东省青岛市黄岛区同江路556号	13969710212

续表

品种	交易所	交割仓库	库容	地址	电话
纸浆	上期所	青岛宏桥市场经营有限公司	2万吨	山东省青岛保税区北京路58号（B）	13953288112
		山东省奥润特贸易有限公司	2万吨	山东省青岛市李沧区长顺路15号	15318869321
		厦门象屿速传供应链发展股份有限公司	1万吨	上海市宝山区长建路505号	13818409971
		厦门象屿速传供应链发展股份有限公司	2.5万吨	山东省青岛市黄岛区骊山路179号	18906397857
		厦门建发纸业有限公司（厂库）	3万吨	山东省青岛市黄岛区七星河路363号	18650808643
		浙江永安资本管理有限公司（厂库）	3万吨	山东省青岛港前湾港区内经八路1号	18258206861
		金翌贸易（上海）有限公司（厂库）	3万吨	江苏省常熟经济技术开发区兴华港区1路	18516788059
		浙江景诚实业有限公司	3万吨	山东省青岛市黄岛区淮河东路北侧（淮河东路千山北路交叉口，小石头村南）	17706406966
20号胶	上期能源	上海中储临港物流有限公司	5万吨	上海市浦东新区洋山保税港区双惠路195号	13564496979
		上海中储临港物流有限公司		上海市浦东新区洋山保税港区常满路98号	13331955737
		上海洋山保税港区世天威物流有限公司	3万吨	上海市浦东新区洋山保税港区海旺路288号	15821987825
		世天威物流（上海外高桥保税物流园区）有限公司	2万吨	上海市浦东新区外高桥保税物流园区申亚路89号	13817283912
		青岛中外运供应链管理有限公司	4万吨	山东省青岛前湾保税港区月湾路8号	15153205257
		青岛中外运供应链管理有限公司		山东省青岛市经济技术开发区前湾港路68号5号库	18561575666
		青岛泺亨物流有限公司	1.5万吨	山东省青岛市保税港区北京路39号（A）	18669836338
		山东港口集团有限公司（青岛港国际物流有限公司）	15万吨	山东省青岛市保税港区纬四路18号（A）	13468287229
		山东港口集团有限公司（青岛港国际物流有限公司）		山东省青岛市保税港区同江路572号（临）	18669844878

续表

品种	交易所	交割仓库	库容	地址	电话
20号胶	上期能源	招商局国际码头（青岛）有限公司	3.5万吨	山东省青岛市经济技术开发区前湾港路68号3号库	13854239920
		山东中储国际物流有限公司	1万吨	山东省青岛市保税港区北京路45号	13954207760
		济钢国际物流有限公司	1万吨	山东省青岛市保税港区莫斯科路43号（A）	13864104639
		海南农垦现代物流集团有限公司	1万吨	海南省澄迈县老城经济开发区南一环路69号海口综合保税区保税仓A1仓库	13098909257
		山东港口集团有限公司（龙口海纳仓储有限公司）	0.5万吨	山东省烟台市龙口经济开发区沟头路	18653518881
原油	上期能源	中国石化集团石油商业储备有限公司	120万立方米	山东省日照市岚山北港区	18563312255
		中国石化集团石油商业储备有限公司	80万立方米	浙江省舟山市册子岛	17606810993
		中国石化集团石油商业储备有限公司	100万立方米	海南省洋浦经济开发区滨海大道83号	18117766005
		中国石化集团石油商业储备有限公司	90万立方米	广东省湛江市临港工业园兴港大道	0759-3483018
		中国石化集团石油商业储备有限公司	100万立方米	河北省唐山市曹妃甸工业区	022-66335663
		中石油燃料油有限公责任公司	70万立方米	广东省湛江市霞山区友谊路1号港务局二区	15889832944
		中化兴中石油转运（舟山）有限公司	100万立方米	浙江省舟山市定海区临城岙山岛	13906807550
		大连中石油国际储运有限公司	180万立方米	大连中石油保税库 辽宁省大连市保税区新港内海鲇路31号	13840975333
		大连中石油国际储运有限公司	145万立方米	大连中石油国际储备库 辽宁省大连市保税区新港内海鲇路31号	13840975333
		大连中石油国际储运有限公司	20万立方米	广西壮族自治区钦州市钦州保税港区	0411-87596138
		山东省港口集团有限公司	40万立方米	青岛市董家口一期库区	0532-82988371
		山东省港口集团有限公司	100万立方米	山东省青岛市黄岛区董家口港区港润大道88号	0532-82988371

续表

品种	交易所	交割仓库	库容	地址	电话
原油	上期能源	洋山申港国际石油储运有限公司	30万立方米	上海洋山深水港沈家湾	13788931707
		大连北方油品储运有限公司	40万立方米	大连市保税区新港大连港新港沙坨子原油库	0411-87596759
		中化弘润石油储运（潍坊）有限公司	500万立方米	潍坊滨海经济开发区先进制造产业园海丰路以西渤海大街以北	0536-2095126
		大鼎油储有限公司	44万立方米	浙江省舟山市定海区临城街道岙山东路496号	0580-8171134
低硫燃料油	上期能源	中化兴中石油转运（舟山）有限公司	30万吨	浙江省舟山市定海区临城岙山岛	13906807550
		洋山申港国际石油储运有限公司	5万吨	上海洋山深水港沈家湾	13788931707
		大鼎油储有限公司	20万吨	浙江省舟山市定海区临城街道岙山东路496号	13857217124
		浙江海洋石油仓储有限公司	2万吨	浙江省舟山市定海区岑港街道烟墩工业区22号	13857205955
		山东省港口集团有限公司（青岛实华油库）	15万吨	青岛市黄岛区黄岛街道办事处辽河路以北青岛实华原油码头有限公司液体化工码头	13468287604
		浙江自贸区中石油国际事业有限公司（集团交割厂库）	10万吨	中国浙江省舟山市定海区长峙岛香樟园A座15楼	13795356663
		中国石油国际事业（新加坡）有限公司（集团交割境外交收库）	—	One Temasek Ave, #27-00 Millenia Tower, Singapore 039192	0065-64117527
		中国石油国际事业（中东）有限公司（集团交割境外交收库）	—	Level 29, Unit 30-34 Central Park Offices, DIFC, Dubai, UAE	+971508039150
		中国石化浙江舟山石油有限公司（集团交割中心及厂库）	—	浙江省舟山市普陀区东港街道海洲路727号恒尊大厦11楼	18058071136
		中石化燃料油（新加坡）有限公司（集团交割境外交收库）	—	淡马锡道1号，#29-02美年大厦	0065-85900189
国际铜	上期能源	上海中储临港物流有限公司	3万吨	上海市浦东新区洋山特殊综合保税区双惠路195号	13564496979
		上海上港保税仓储管理有限公司	6万吨	上海市浦东新区洋山特殊综合保税区顺运路389号	13817860605

续表

品种	交易所	交割仓库	库容	地址	电话
国际铜	上期能源	上海洋山保税港区世天威物流有限公司	4万吨	上海市浦东新区洋山特殊综合保税区海旺路288号	15821987825
		世天威物流（上海外高桥保税物流园区）有限公司	4万吨	上海市浦东新区外高桥保税物流园区申亚路89号	13817283912
		中远海运物流有限公司	0.5万吨	上海市浦东新区外高桥保税区日京路150号101	13501773037
		亨睿保仓储（上海）有限公司	3万吨	上海市浦东新区洋山特殊综合保税区汇港路269号	13818401463
		上海鑫依物流有限公司	1万吨	上海市浦东新区洋山特殊综合保税区汇港路255号	13761163028
		上海国储仓储有限公司	1万吨	上海市浦东新区外高桥自贸区荷丹路68号	13761450411
菜粕	郑商所	厦门银祥油脂有限公司（仓库和厂库）	仓库2万吨+厂库0.9万吨	福建省厦门市同安区美禾六路99号	0592-7399999
		中粮粮油工业（黄冈）有限公司（仓库）	仓库2万吨	湖北省黄冈市黄州工业园高新技术产业区唐渡四路（中粮大道）	0713-8399232
		益海嘉里（安徽）粮油工业有限公司（仓库）	仓库2万吨	安徽省芜湖市鸠江区二坝镇鸠江经济开发区二坝园区合裕路1号	0553-2539966
		中粮祥瑞粮油工业（荆门）有限公司（仓库）	仓库2万吨	湖北省荆门市钟祥经济开发区西环路1号	0724-6900626
		中纺粮油（湛江）有限公司（仓库和厂库）	仓库2万吨+厂库1.7万吨	广东省湛江市霞山区友谊路一号港务局第一作业区内	13568990358
		中国华粮物流集团南通粮油接运有限责任公司（仓库）	2万吨	江苏省南通市崇川区任港路62号	0513-83508460
		中粮粮油工业（荆州）有限公司（仓库）	2万吨	湖北省荆州市公安县青吉工业园	13997631138
		中粮粮油工业（巢湖）有限公司（仓库）	2万吨	安徽省合肥市巢湖市居巢经济开发区旗山路1号	0551-82350380
		中纺粮油（福建）有限公司（仓库和厂库）	仓库2万吨+厂库0.9万吨	福建省漳州市漳州开发区招商大道129号	13799043633
		中粮油脂（钦州）有限公司（厂库）	0.9万吨	广西钦州市钦州港经济技术开发区建港路39号	18577701271

续表

品种	交易所	交割仓库	库容	地址	电话
菜粕	郑商所	东莞市富之源饲料蛋白开发有限公司（厂库）	0.9万吨	广东省东莞市洪梅镇樱花台盈工业区	15889630185
		大海粮油工业（防城港）有限公司（厂库）	0.9万吨	广西防城港市港口区出海大道1号	13877088327
		防城港枫叶粮油有限公司（厂库）	0.9万吨	广西防城港市港口区东湾大道东侧	18777081175
		厦门中禾实业有限公司（厂库）	2万吨	福建省厦门市同安区城南工业区金富路97号	18006009977
		邦基（东莞）粮油有限公司（厂库）	0.9万吨	广东省东莞市麻涌镇漳澎村作业区中路1号	13356337655
		防城港澳加粮油工业有限公司（厂库）	1万吨	广西防城港市港口区东吹填区港区1号路西侧	13557002500
菜油	郑商所	陕西西瑞粮食储备库有限公司（仓库）	2万吨	陕西省咸阳市西吴镇兴平食品工业园区	38412031
		中粮东海粮油工业（张家港）有限公司（厂库）	2万吨	江苏省张家港市金港镇	0512-58388228
		泰州市过船港务有限公司（仓库）	2万吨	江苏省泰兴经济开发区沿江路2号	52389718055
		中央储备粮四川新津直属库有限公司（仓库）	2万吨	四川省成都市新津县普兴镇	028-67716108
		中粮贸易安徽有限公司（仓库）	2万吨	合肥市双凤工业区	0551-66391016
		中储粮镇江粮油有限公司（仓库）	2万吨	镇江市京口区谏壁镇粮山村	13861350613
		南京铁心桥国家粮食储备库有限公司（仓库）	2万吨	石埠桥河西里1号	52890799
		益海嘉里（武汉）粮油工业有限公司（仓库）	2万吨	武汉市东西湖区慈惠工业园	2783899687
		益海（广汉）粮油饲料有限公司（仓库）	2万吨	四川省德阳市广汉市经济开发区湘潭路一段80号	0838-5303973
		中储粮合肥油脂库（仓库）	2万吨	合肥市蒙城北路双凤经济开发区	0551-2917586
		中粮祥瑞粮油工业（荆门）有限公司（仓库）	2万吨	湖北省钟祥经济开发区	0724-4285729
		四川粮油批发中心直属储备库（仓库）	2万吨	四川省成都市新都区桂湖西路148号	028-83931711

续表

品种	交易所	交割仓库	库容	地址	电话
菜油	郑商所	江苏省江海粮油集团有限公司（仓库）	2万吨	江苏省张家港市金港镇宝岛路1号	0512-58388066
		凯欣粮油有限公司（仓库）	2万吨	重庆市九龙坡区铜罐驿镇砖瓦村167号	18581020110
		道道全重庆粮油有限责任公司（厂库）	2万吨	重庆市涪陵区鹤滨路26号	18107303663
		益海（泰州）粮油工业有限公司（厂库）	2万吨	江苏省泰州市高港区永安洲镇疏港北路1号	15817320321
		新实力食品科技（南京）有限公司（厂库）	1万吨	江苏省南京市栖霞区疏港路1号龙潭物流基地内	13813852027
		南通凯晟粮油有限公司（厂库）	2万吨	江苏南通市经济技术开发区营船港西路2号	15062765332
		嘉吉粮油（南通）有限公司（厂库）	2万吨	江苏省南通市经济开发区同兴路1号	15962968657
		中纺粮油（湛江）有限公司	2万吨	广东省湛江市霞山区友谊路一号湛江港务局第一作业区内	13568990358
		东莞市富之源饲料蛋白开发有限公司	2万吨	广东省东莞市洪梅镇樱花台盈工业区	15889630185
		邦基（东莞）粮油有限公司	2万吨	广东省东莞市麻涌镇漳澎村作业区中路1号	13356337655
		中粮油脂（钦州）有限公司（厂库）	2万吨	广西壮族自治区防城港市港口区东湾大道东侧	18577701271
		大海粮油工业（防城港）有限公司（厂库）	2万吨	广西省防城港市港口区出海大道一号	13877088327
		防城港枫叶粮油工业有限公司	2万吨	广西壮族自治区防城港市港口区东湾大道东侧	18777081175
		防城港澳加粮油工业有限公司	2万吨	防城港市港口区东吹填区港区一号路西侧	13557002500
		厦门中禾实业有限公司（厂库）	2万吨	福建省厦门市同安区城南工业区金富路97号	18006009977
		中纺粮油（福建）有限公司	2万吨	福建省漳州市漳州开发区招商大道129号	13799043633
		厦门银祥油脂有限公司	2万吨	福建省厦门市同安区美禾六路99号	18650802593
		仪征益江粮油工业有限公司（仓库）	2万吨	江苏省仪征市油港路1号	18724093168

续表

品种	交易所	交割仓库	库容	地址	电话
菜籽	郑商所	中国华粮物流集团南通粮油接运有限责任公司（仓库）	2万吨	南通市崇川区任港路62号	0513-83508460
		中粮粮油工业（巢湖）有限公司（仓库）	2万吨	安徽省合肥市巢湖市居巢经济开发区旗山路	0551-82350275
		中粮粮油工业（荆州）有限公司（仓库）	2万吨	湖北省荆州市公安县青吉工业园	18627298606
		中粮祥瑞粮油工业（荆门）有限公司（仓库）	2万吨	湖北省荆门市钟祥经济开发区西环路1号	0724-4285729
		益海嘉里（安徽）粮油工业有限公司（仓库）	2万吨	安徽省芜湖市鸠江区二坝镇鸠江经济开发区二坝园区合裕路1号	0553-2539366
		中粮粮油工业（黄冈）有限公司（仓库）	2万吨	湖北省黄冈市黄州工业园高新技术产业区唐渡四路（中粮大道）	0713-8399232
甲醇	郑商所	广州中石油鸿业储运有限公司（仓库）	2万吨	广州市南沙区黄阁镇粤丰路1号	39090707
		连云港荣泰化工仓储有限公司（仓库）	2万吨	江苏省连云港市徐圩新区岗前大道仓储办公楼	18795586658
		张家港保税区长江国际港务有限公司（仓库）	2万吨	张家港保税物流园区西区南京路	58387580
		南通千红石化港储有限公司（仓库）	2万吨	南通经济技术开发区江海港区（通盛南路6号）	85991146
		江阴华西化工码头有限公司（仓库）	2万吨	江阴临港新城石庄办事处诚信路1号	13812139676
		兖矿煤化供销有限公司（厂库）	2万吨	山东邹城矿建东路1089号院内	15153705737
		广州发展碧辟油品有限公司（仓库）	2万吨	广东省广州市南沙区环市大道北19号	13928830100
		定州天鹭新能源有限公司（厂库）	2万吨	河北省定州市定曲路北侧	18831900511
		内蒙古博源联合化工有限公司（厂库）	2万吨	内蒙古鄂尔多斯市东胜区大桥路西19号（博源物流院内）	18647171616
		新能能源有限公司（厂库）	2万吨	内蒙古鄂尔多斯市达拉特旗新能能源有限公司	13930680303
		南通阳鸿石化有限公司（仓库）	2万吨	江苏省如皋市长江镇堤顶路65号	87688067

续表

品种	交易所	交割仓库	库容	地址	电话
甲醇	郑商所	江苏海企化工仓储股份有限公司（仓库）	2万吨	江苏省泰州高港区永安洲工业园	13952618356
		河南省中原大化集团有限责任公司（厂库）	2万吨	河南省濮阳市人民路西段	13939368999
		新能凤凰（滕州）能源有限公司（厂库）	2万吨	山东省滕州市木石镇驻地	13589612016
		东莞市百安石化仓储有限公司（仓库）	2万吨	广东省东莞市沙田镇立沙岛石化基地	89985678
		江苏长江石油化工有限公司（仓库）	2万吨	江苏省太仓市上海东路5号华侨大厦16楼	53719630
		张家港保税区长江国际扬州石化仓储有限公司（仓库）	2万吨	江苏省仪征市扬州化学工业园区中化路3号	83211611
		京唐港液体化工码头有限公司（仓库）	2万吨	河北省唐山市海港经济开发区	15373565156
		江苏德桥仓储有限公司（仓库）	7万吨	江苏省靖江市新港园区敦土路南首	13626237585
		扬州恒基达鑫国际化工仓储有限公司（仓库）	3万吨	江苏省仪征市大连路8-8号	18012335863
		东莞市九丰能源有限公司（仓库）	3万吨	广东省东莞市沙田镇立沙岛立沙大道	13713495801
		江苏丽天石化码头有限公司（仓库）	3万吨	江苏省江阴市临港街道润华路9号	15152605578
		上期资本管理有限公司（厂库）	3万吨	上海市浦东新区世纪大道826号T3-21	021-60876309 15853700207
		浙江杭实化工有限公司（厂库）	3万吨	杭州市江干区香樟街2号泛海国际A座31楼	0571-8260062 13185004108
		海油富岛（上海）化学有限公司（厂库）	3万吨	北京市朝阳区安贞西里三区15号凯康海油大厦	010-84527336 18611791199 传真： 010-84527341
		南京诚志清洁能源有限公司（厂库）	3万吨	北京市海淀区清华科技园创新大厦A座207	010-62565770 18600818429 传真： 010-62565770

续表

品种	交易所	交割仓库	库容	地址	电话
甲醇	郑商所	江阴市金桥化工有限公司（厂库）	3万吨	江阴市澄江中路118号海澜国贸大厦10楼	0510-86409620 15950136826 传真： 0510-86409618
		浙江永安资本管理有限公司（厂库）	3万吨	杭州市江干区新业路200号华峰国际32层	15867185274
		中基石化有限公司（厂库）	3万吨	浙江省宁波市鄞州区和源路318号中银大厦29楼	0574-88366101 13805880557
		盛虹科技（上海）有限公司（厂库）	3万吨	上海市长宁区延安西路728号华敏翰尊国际大厦12楼B/C座	021-5268599-8025 15968052605
		厦门同歆贸易有限公司（厂库）	3万吨	福建省厦门市湖里区仙岳路4688号国贸中心1栋20层	0592-5821023 18659801519
		浙江南华资本管理有限公司（厂库）	3万吨	杭州市上城区西湖大道193号定安名都B座313房	0571-89727453 17321163513
		上海新湖瑞丰金融服务有限公司（厂库）	3万吨	上海市浦东新区向城路288号国华人寿金融大厦607-608室	021-50767055 15305399987
		浙江浙期实业有限公司（厂库）	3万吨	浙江省杭州市西湖区求是路8号公元大厦南楼1103室	0571-87396437 18329137099
		建滔（常州）石化码头有限公司（仓库）	2万吨	常州市新北区滨江工业园区新化路88号	51981697815
粳稻	郑商所	营口港务集团有限公司（仓库）	5万吨	辽宁省营口市鲅鱼圈区营港路1号	0417-6268751
		益海嘉里（哈尔滨）粮油食品工业有限公司（仓库和厂库）	仓库2万吨+厂库2万吨	哈尔滨市平房开发区哈平东路10号	0451-86786305
		沈阳第四粮食收储有限公司（仓库）	3万吨	辽宁省沈阳市浑南新区沈营路52号	024-23780672
		北京古船米业有限公司（仓库）	2万吨	吉林省榆树市榆陶公路3.5公里路南	43181996601
		中粮米业（绥化）有限公司（仓库和厂库）	仓库2万吨+厂库2万吨	黑龙江省绥化市经济开发区食品工业园区	4558713054
		中央储备粮哈尔滨直属库有限公司（仓库）	5万吨	哈尔滨市香坊区哈平路新发屯7.5公里处	0451-87066679

续表

品种	交易所	交割仓库	库容	地址	电话
动力煤	郑商所	中国中煤能源股份有限公司（厂库）	180万吨	北京市朝阳区黄寺大街1号中煤大厦	18618228712
		陕西煤业化工集团有限责任公司（厂库）	15万吨	陕西省西安市高新区锦业路1号	18629562979
		神华销售集团有限公司（厂库）	300万吨	北京市东城区安德路16号神华大厦C座	18810098948
		晋能控股煤业集团有限公司（厂库）	350万吨	山西省大同市矿区新平旺	13994350912
		江苏晋和电力燃料有限公司（厂库）	16万吨	江苏省泰州市高港区永安镇堂圩七组	18637101718
		内蒙古伊泰煤炭股份有限公司（厂库）	60万吨	内蒙古鄂尔多斯市东胜区天骄北路伊泰大厦	18947773948
		秦皇岛港股份有限公司（车船板服务机构）	—	河北省秦皇岛市海滨路35号	0335-3091076 13933603767
		国能黄骅港务有限责任公司（车船板服务机构）	—	河北省沧州市黄骅港开发区	15690295122
		国投曹妃甸港口有限公司（车船板服务机构）	—	河北省唐山市曹妃甸工业区六加国投码头	15176676103
		国投中煤同煤京唐港口有限公司（车船板服务机构）	—	河北省唐山市海港开发区国投京唐港大厦	15933252464
		天津港交易市场有限责任公司（车船板服务机构）	—	天津港散货物流中心金岸二道481号	18920123126
		唐山港京唐港区进出口保税储运有限公司（车船板服务机构）	—	河北省唐山市海港开发区唐山港集团2号门保税物流中心	0315-2916385 15232515656
		防城港北部湾港务有限公司（车船板服务机构）	—	广西自治区防城港市港口区友谊大道18号	18577011778
		福建可门港物流有限公司（车船板服务机构）	—	福建省福州市连江县下宫乡港区大道	0591-26163660 13358285679
		广州港股份有限公司（车船板服务机构）	—	广东省广州市越秀区沿江东路406号	020-83050938 13822194892
		唐山曹妃甸煤炭港务有限公司（车船板服务机构）	—	河北省唐山市曹妃甸工业区	0315-8827180 18531580168
		华能曹妃甸港口有限公司（车船板服务机构）	—	河北省唐山市曹妃甸工业区	18716061761

续表

品种	交易所	交割仓库	库容	地址	电话
动力煤	郑商所	河北华电曹妃甸储运有限公司（车船板服务机构）	—	河北省唐山市曹妃甸工业区	18231533999
		华能太仓港务有限责任公司（车船板服务机构）	—	江苏省太仓市港区滨江大道	13616225998
		浙江浙能港口运营管理有限公司（车船板服务机构）	—	浙江省舟山市普陀区六横镇兴港路1号	0580-6182888 13906695148
棉花	郑商所	中国供销集团南通供销产业发展有限公司（仓库）	2万吨	江苏省南通市通州经济开发区南区锦绣路888号	86592628
		湖北银丰仓储物流有限责任公司（仓库）	2万吨	湖北省武汉市东西湖余氏墩	027-83258241
		新疆兵棉宏泰物流有限公司（仓库）	40万吨	新疆第八师石河子市143团10连	0993-5110052 15199003397
		新疆中锦胡杨河仓储物流有限公司（仓库）	6万吨	新疆第七师130团太行山路（东）187号	0922-3930660 13609919608
		河南国储物流有限公司（仓库）	2万吨	河南省新乡市获嘉县史庄村南	0373-5960906 15083133099
		湖北储备物资管理局三三八处（仓库）	2万吨	湖北省孝昌县卫店镇三三八处	4835148
		江苏银海农佳乐仓储有限公司（仓库）	2万吨	江苏省盐城市建湖县上冈镇人民南路666号	17798781085
		山东省禹城棉麻有限公司（仓库）	2万吨	山东省禹城市人民路1211号	2126278
		中储棉菏泽有限责任公司（仓库）	2万吨	菏泽市黄河西路5666号	5889017
		中储棉武汉有限公司（仓库）	2万吨	湖北省武汉市江夏区大桥新区三合街	81946587
		中储棉如皋有限公司（仓库）	2万吨	江苏省如皋市长江镇物流园区航海路北侧	13775883860
		中棉集团山东物流园有限公司（仓库）	2万吨	山东潍坊滨海经济开发区汉江西街00666号	7572989
		新疆中新建现代物流股份有限公司（仓库）	2万吨	喀什地区巴楚县火车站（巴莎公路以西）	6288688
		江苏银隆仓储物流有限公司（仓库）	2万吨	江苏省海安市城东镇银联路3号江苏银隆	69898298

续表

品种	交易所	交割仓库	库容	地址	电话
棉花	郑商所	新疆农资（集团）有限责任公司（仓库）	2万吨	奎屯市火车西站南侧	3331058
		新疆银棉储运有限公司（仓库）	2万吨	新疆奎屯市胡杨园2号	3377876
		滨州中纺银泰实业有限公司（仓库）	2万吨	山东省滨州市高新区小营办事处虎跃三路14号	3613613
		江阴市协丰棉麻有限公司（仓库）	2万吨	江阴市华西村华西商贸城（沿江高速华西出口处）	86068600
		中储棉库尔勒有限责任公司（仓库和厂库）	2万吨	新疆巴州库尔勒火车西站原农资二级站院内	6878088
		中储棉绍兴有限公司（仓库）	2万吨	绍兴市二环西路368号	88317331
		新疆汇锦物流有限公司（仓库）	2万吨	新疆库尔勒上库综合产业园区	15099451726
		新疆伊犁州陆德棉麻有限责任公司（仓库）	2万吨	新疆伊犁州奎屯市翠竹园1-40幢	3287398
		河南豫棉物流有限公司（仓库）	2万吨	郑州市管城区南曹乡石油路	66713101
		衡水市棉麻总公司储备库（仓库）	2万吨	衡水市人民西路西段98号	2398258
		菏泽市棉麻公司巨野棉麻站（仓库）	2万吨	山东省菏泽市巨野县新华路35号	18678558538
		菏泽市棉麻公司菏泽转运站（仓库）	2万吨	菏泽市高新区346省道菏泽收费站西500米路南天运物流	13305300151
		中储棉徐州有限公司（仓库）	2万吨	江苏省徐州市铜山新区二堡	0516-66665978
		中储棉漯河有限公司（仓库）	2万吨	漯河市孟南工业区纬三路	15939519888
		石河子天银物流有限公司（仓库）	2万吨	石河子市东一路37小区213号	2833068
		库尔勒银星物流有限责任公司（仓库）	2万吨	新疆库尔勒市火车西站	2060410
		芜湖市棉麻有限责任公司（仓库）	2万吨	褐山路79号	0553-2265756
		南阳红棉仓储有限公司（仓库）	2万吨	南阳市光武路万商街9号	63298106

续表

品种	交易所	交割仓库	库容	地址	电话
棉纱	郑商所	项城市纺织有限公司（厂库）	0.24万吨	河南省项城市东方大道158号	18135756786
		舞钢市裕泰纺织有限责任公司（厂库）	0.18万吨	河南省平顶山市舞钢市建设路东段北侧	15937521928
		舞钢市银河纺织有限公司（厂库）	0.6万吨	舞钢市院岭工业园区	13607628284
		尉氏纺织有限公司（厂库）	0.24万吨	河南省尉氏县人民东路168号	13937899826
		商丘市汇丰棉业有限公司（厂库）	0.3万吨	河南省商丘市虞城县工业大道9号	13803978838
		焦作市海华纺织股份有限公司（厂库）	0.48万吨	博爱县月山镇工业区10号	13839172220
		河南新野纺织股份有限公司（厂库）	1.2万吨	河南省新野县书院路15号	13903778786
		邓州市永泰棉纺股份有限公司（厂库）	0.36万吨	邓州市南一环路西段南侧	13523660680
		山东明胜纺织有限公司（厂库）	0.36万吨	山东省东明县三八路49号	13583016299
		临清三和纺织集团有限公司（厂库）	0.48万吨	山东省临清市大桥街1050号	13666388138
		孚日集团股份有限公司（厂库）	0.48万吨	山东省高密市孚日街1号	15094984803
		徐州天虹时代纺织有限公司（厂库）	0.36万吨	江苏省徐州市睢宁县景湖工业区	13852052369
		南通华强布业有限公司（厂库）	0.42万吨	江苏省海安县中坝南路188号	13862706700
		江苏大生集团有限公司（厂库）	0.48万吨	江苏省南通市唐闸南市街14号	13813606011
		浙江华孚色纺有限公司（厂库）	0.24万吨	浙江省绍兴市上虞区人民西路1088号	13858530581
		武汉裕大华纺织服装集团有限公司（厂库）	0.12万吨	武汉市新洲区阳逻经济开发区工业园特1号	18627880315
		湖北金安纺织集团股份有限公司（厂库）	0.24万吨	湖北省荆州市公安县孱陵大道5号	15827720446
		湖北孝棉实业集团有限责任公司（厂库）	0.24万吨	湖北省孝感市孝南区孝天路特1号	13986505888

续表

品种	交易所	交割仓库	库容	地址	电话
棉纱	郑商所	伟嘉纺织集团有限公司（厂库）	0.12万吨	湖北省荆门市京山市经济开发区伟嘉工业园	13826081720
		河北宏润新型面料有限公司（厂库）	0.18万吨	河北高阳县西外环西侧	15933957555
		石家庄常山北明科技股份有限公司（厂库）	0.24万吨	河北省石家庄市长安区和平东路183号棉宏大厦	0311-86910707 13503213333
		远纺工业（无锡）有限公司（厂库）	0.07万吨	江苏省无锡市新吴区新洲路20号	13806185260
		河南国储物流股份有限公司（仓库）	1万吨	郑州市东明路北177号	13803838080
		中棉集团山东物流园有限公司（仓库）	2万吨	山东省潍坊市滨海经济开发区汉江西街00666号中棉集团	15726550678
		菏泽市棉麻公司（仓库）	2万吨	山东省菏泽市中华路466号	13853001858
		青州中储物流有限公司（仓库）	1万吨	山东省青州市玲珑山北路638号	13563679116
		江阴市协丰棉麻有限公司（仓库）	0.5万吨	江苏省江阴市华士镇华西商贸城150号	13801522007
		中国供销集团南通供销产业发展有限公司（仓库）	1万吨	南通高新区锦绣路888号	18921602649
		杭州临港物流有限公司（仓库）	1万吨	浙江省杭州市萧山区瓜沥镇临港工业园区瓜港西路309号	13867568730
		浙江尖峰国际贸易有限公司（仓库）	0.5万吨	浙江省金华市金义都市新区常春西路88号	15605793277
晚籼	郑商所	江西樟树国家粮食储备库（仓库）	1万吨	江西省樟树市药都北大道15号	0795-7119868
		湖南永州下河国家粮食储备库（仓库）	1万吨	湖南永州冷水滩区零陵北路411号	7468466942
		湖南天下洞庭粮油实业有限公司（仓库）	2万吨	湖南省沅江市沅南路8号	13607373282
		湖北康宏粮油食品有限公司（仓库）	3万吨	湖北黄梅濯港十里关山工业园	0713-3165996
		中粮粮油安徽国家粮食储备库有限公司（仓库）	5万吨	合肥双凤工业区金宁路	13866186648
		江西省粮油集团新干购销公司（仓库）	1万吨	江西新干金川北大道123号	7962687080

续表

品种	交易所	交割仓库	库容	地址	电话
晚籼	郑商所	益海嘉里（南昌）粮油食品有限公司（仓库）	2万吨	江西省南昌市南昌县南新乡益海大道99号	0791-85882575
早籼	郑商所	湖南永州下河国家粮食储备库（仓库）	1万吨	湖南永州冷水滩区零陵北路411号	7468466942
		九江市粮油总公司储备仓库（仓库）	1万吨	九江市滨江路577号	0792-8138902
		湖南衡阳三塘国家粮食储备库（仓库）	1万吨	湖南省衡南县三塘镇环城南路65号	0734-8722197
		湖南金霞粮食产业有限公司（仓库）	1万吨	湖南省长沙市开福区芙蓉北路1119号	0731-89780539
		湖南天下洞庭粮油实业有限公司（仓库）	1万吨	湖南省沅江市沅南路8号	13607373282
		江西省粮油集团新干购销公司（仓库）	1万吨	江西新干金川北大道123号	7962687080
		江西樟树国家粮食储备库（仓库）	1万吨	江西省樟树市药都北大道15号	0795-7119868
		江西省温圳粮库（仓库）	1万吨	江西省进贤县温圳镇城北大道169号	0791-5540393
		金健粮食有限公司（仓库）	1万吨	湖南常德市经济开发区	0736-2588349
纯碱	郑商所	河北中储物流有限公司（仓库）	2万吨	河北省石家庄市鹿泉经济开发区石获北路30号	13754517598
		上海中远海运物流国际储运有限公司（仓库）	2万吨	河北省石家庄市高邑县高邑镇工业路冀中南智能港	13969710212 13953265477
		国家粮食和物资储备局河北局一三四处（仓库）	2万吨	河北省邯郸市武安市南环东路1366号	16631068899
		国家粮食和物资储备局湖北局三三八处（仓库）	2万吨	湖北省孝感市孝昌县卫店镇	13733496388
		国家粮食和物资储备局河北局一三三处（仓库）	5万吨	河北省石家庄市鹿泉区龙泉路56号	13503205091
		国家粮食和物资储备局湖北局三三七处（仓库）	4万吨	湖北省武汉市江夏区星光大道16号	18602713315
		河北永安国家粮食储备库有限公司（仓库）	2万吨	河北省石家庄市藁城区永安路18号	13473782071
		国家粮食和物资储备局湖北局七三六处（仓库）	2万吨	湖北省宜昌市当阳市庙前镇桐树垭村烟远路特1号	13545832288

续表

品种	交易所	交割仓库	库容	地址	电话
纯碱	郑商所	河南万庄安阳物流园有限公司（仓库）	5万吨	河南省安阳市汤阴县产业集聚区阳光大道与汤伏路交叉口	13783570172
		武汉新港汉江集装箱股份有限公司（仓库）	4万吨	湖北省仙桃市彭场镇仙彭公路东侧	15926094411
		国家粮食和物资储备局湖北局五三八处（仓库）	2万吨	湖北省襄阳市襄州区钻石大道232号	13797564275
		河南金大地化工有限责任公司（厂库）	3万吨	河南省漯河市舞阳县南环路中段	15515805055
		唐山三友化工股份有限公司（厂库）	3万吨	河北省唐山市曹妃甸区发展道407号	15512001001
		河南中源化学股份有限公司（厂库）	3万吨	河南省南阳市桐柏县安棚镇中心卫生院南侧	13598221794
		山东海天生物化工有限公司（厂库）	3万吨	山东省潍坊市昌邑市下营镇金晶大道1号	15169592511
		成都云图控股股份有限公司（厂库）	5万吨	湖北省应城市四里棚工业园区应城市新都化工有限责任公司。双方另有约定的除外	18018658798
		浙江永安资本管理有限公司（厂库）	2万吨	河北省邢台市沙河市纬三路南侧河北正玻玻璃科技园区A0、C2库房。双方另有约定的除外	18334305585
		浙江杭实善成实业有限公司（厂库）	2万吨	河北省邢台市沙河市纬三路南侧河北正玻玻璃科技园区A1库房。双方另有约定的除外	15998229696
		河北正大玻璃有限公司（厂库）	2万吨	河北省邢台市沙河市纬二路9号。双方另有约定的除外	15075975651
		武汉众恒创景新型材料有限公司（厂库）	3万吨	河北省邢台市沙河市正玻科技园区A5-2西区	15902778656
		豫新投资管理（上海）有限公司（厂库）	2万吨	河南省郑州市金水区未来路未来大厦2009c	18737190655
		浙江景诚实业有限公司（厂库）	2万吨	浙江省杭州市滨江区科技馆街626号寰宇商务中心B座1106室	13523717861
		银河德睿资本管理有限公司（厂库）	2万吨	上海市虹口区东长治路359号一方大厦16楼	13601996589
		东海资本管理有限公司（厂库）	2万吨	上海市浦东新区樱花路868号建工大唐国际广场A座1803室	13701883591

续表

品种	交易所	交割仓库	库容	地址	电话
纯碱	郑商所	信义节能玻璃（芜湖）有限公司（厂库）	4万吨	安徽省芜湖市鸠江区凤鸣湖北路信义玻璃1号门	13811400158
		沙玻玻璃物流沙河有限公司（厂库）	3万吨	河北省邢台市沙河市经济开发区纬二路61号	13932952555
苹果	郑商所	中国供销集团延长果业有限责任公司（仓库）	2万吨	陕西省延安市延长县七里村	15962868000
		陕西华圣企业（集团）股份有限公司（厂库）	1000吨	陕西省西安市未央湖旅游开发区	029-86674830 13363975955
		白水县盛隆果业有限责任公司（厂库）	800吨	陕西省渭南市白水县北井头乡李家卓村	18691318818
		延安中果生态农业科技股份有限公司（厂库）	800吨	陕西省延安市延长县七里村镇白家川工业园区	0911-8964699 13359113053
		栖霞德丰食品有限公司（厂库）	800吨	山东省栖霞市德丰路一号	0535-3371789 13370927501
		莱州天赐宝物产有限公司（厂库）	800吨	山东省莱州市程郭镇西程村	0535-2418968 15854537456
		三门峡二仙坡绿色果业有限公司（厂库）	600吨	河南省三门峡市陕州区禹王路中段	13703814168
		宝鸡海升现代农业有限公司（厂库）	800吨	陕西省宝鸡市千阳县南寨镇	18691080612
		甘肃德美地缘现代农业集团有限公司（厂库）	800吨	甘肃省平凉市静宁县城川镇红旗村农产品冷链物流产业园	15293309929
		天水花牛苹果（集团）有限责任公司（厂库）	800吨	甘肃省天水市麦积区甘里铺工业园区	18893989100
		烟台联盛果蔬有限公司（厂库）	1000吨	山东省烟台市经济技术开发区潮水镇衙前村	13806389919
		秦安雪原果品有限责任公司（厂库）	800吨	甘肃省天水市秦安县安伏工业园区	18093808400
		威海市翠虹果业股份有限公司（厂库）	800吨	山东省荣成市城西街道办事处东岭后村	18463166134
		陕西粮农洛川果业有限公司（厂库）	800吨	陕西省延安市洛川县苹果产业园区17号	13324636939
		中国供销集团延长果业有限责任公司（厂库）	1000吨	陕西省延安市延长县七里村	15962868000

续表

品种	交易所	交割仓库	库容	地址	电话
苹果	郑商所	蓬莱昊林果蔬有限公司（厂库）	800吨	山东省烟台市蓬莱区大辛店镇	13562583333
		渭南天顺农产品商贸有限公司（厂库）	800吨	陕西省渭南市白水县	18329361935
		陕西果业铜川集团有限公司（厂库）	800吨	陕西省铜川市新材料产业园区	13201587905
		陕西子午实业发展有限公司（厂库）	800吨	陕西省延安市富县吉子现乡	17868814777
		陕西华圣企业（集团）股份有限公司（车船板交割服务机构）	—	陕西省西安市未央湖旅游开发区	029－86674830 13363975955
		白水县盛隆果业有限责任公司（车船板交割服务机构）	—	陕西省渭南市白水县北井头乡李家卓村	18691318818
		延安中果生态农业科技股份有限公司（车船板交割服务机构）	—	陕西省延安市延长县七里村镇白家川工业园区	0911－8964699 13359113053
		栖霞德丰食品有限公司（车船板交割服务机构）	—	山东省栖霞市德丰路一号	0535－3371789 13370927501
		莱州天赐宝物产有限公司（车船板交割服务机构）	—	山东省莱州市程郭镇西程村	0535－2418968 15854537456
		甘肃德美地缘现代农业集团有限公司（车船板交割服务机构）	—	甘肃省平凉市静宁县城川镇红旗村农产品冷链物流产业园	15293309929
		天水花牛苹果（集团）有限责任公司（车船板交割服务机构）	—	甘肃省天水市麦积区甘里铺工业园区	18893989100
		秦安雪原果品有限责任公司（车船板交割服务机构）	—	甘肃省天水市秦安县安伏工业园区	18093808400
		威海市翠虹果品股份有限公司（车船板交割服务机构）	—	山东省荣成市城西街道办事处东岭后村	18463166134
		烟台联盛果蔬有限公司（车船板交割服务机构）	—	山东省烟台市经济技术开发区潮水镇衙前村	13806389919
		栖霞市沃尔德果蔬冷藏有限公司（车船板交割服务机构）	—	山东省烟台市栖霞市观里镇古村	13808927777

续表

品种	交易所	交割仓库	库容	地址	电话
苹果	郑商所	陕西粮农洛川果业有限公司（车船板交割服务机构）	—	陕西省延安市洛川县苹果产业园区17号	13324636939
		中国供销集团延长果业有限责任公司（车船板交割服务机构）	—	陕西省延安市延长县七里村	15962868000
		蓬莱昊林果蔬有限公司（车船板交割服务机构）	—	山东省烟台市蓬莱区大辛店镇	13562583333
		渭南天顺农产品商贸有限公司（车船板交割服务机构）	—	陕西省渭南市白水县	18329361935
		陕西果业铜川集团有限公司（车船板交割服务机构）	—	陕西省铜川市新材料产业园区	13201587905
		陕西子午实业发展有限公司（车船板交割服务机构）	—	陕西省延安市富县吉子现乡	17868814777
尿素	郑商所	菏泽市粮油中转储备库（仓库）	0.1万吨	菏泽市长江东路7118号	5967760
		青州中储物流有限公司（仓库）	0.1万吨	玲珑山北路638号	3292571
		河南心连心化学工业集团股份有限公司（厂库）	5万吨	新乡县经济开发区青龙路东段	5592888
		河南晋开化工投资控股集团有限责任公司（厂库）	5万吨	沁阳市北工业集聚区	0371-22210236 15937836655
		河南晋煤天庆煤化工有限责任公司（厂库）	4万吨	沁阳市北工业集聚区	0391-5038777 18739186769
		河北省东光化工有限责任公司（厂库）	4万吨	河北省沧州市东光县城东工业区	13932779557 0317-7819517
		河北正元氢能科技有限公司（厂库）	2万吨	沧州临港经济技术开发区东区化工一路北侧	0311-66609909 13931896293
		山东晋煤明水化工集团有限公司（厂库）	2万吨	刁镇工业园	0531-61322988 13969029557
		山东润银生物化工股份有限公司（厂库）	6万吨	山东省东平县彭集镇瑞星工业园	13051172650
		安徽昊源化工集团有限公司（厂库）	4万吨	阜阳市阜康路1号	15605582929 0558-2368818
		河南国储物流股份有限公司	0.1万吨	新乡获嘉县史庄镇	5965936

续表

品种	交易所	交割仓库	库容	地址	电话
尿素	郑商所	国投山东临沂路桥发展有限责任公司（仓库）	0.1万吨	临沂市河东区华阳路中段国投华阳物流园区	8095189
		河南濮阳皇甫国家粮食储备库（仓库）	0.1万吨	濮阳市高新区黄河路西段	8998052
		史丹利化肥宁陵有限公司（仓库）	0.1万吨	产业集聚区史丹利化肥宁陵有限公司	0370－7757777 15539772772
		安徽晋煤中能化工股份有限公司（厂库）	4万吨	临泉县临化路2号	0558－6582032 13965576143
		中化化肥有限公司（厂库）	5万吨	经济技术开发区翔宇路61号	010－59569724 18911999724
		衡水市棉麻总公司储备库（仓库）	0.1万吨	衡水市人民西路西段98号	2398258
		山西兰花科技创业股份有限公司	0.1万吨	安徽辉隆集团连锁有限责任公司（安徽省宿州市埇桥区夹沟镇南206国道东侧）	13834069102
		中农集团控股股份有限公司	0.1万吨	沧州中农农资物流有限公司（河北省沧州市新华区长芦北大道）	010－59337310 13601352823
		河南万庄安阳物流园有限公司（仓库）	0.1万吨	汤阴县产业集聚区阳光大道与汤伏路交叉口	13783570172
		安徽辉隆集团农资连锁有限责任公司（仓库）	0.1万吨	宿州市埇桥区夹沟镇南206国道东侧	0551－62667337
		成都云图控股股份有限公司（厂库）	3万吨	四川省成都市新都区蜀龙大道969号汇景大厦414室	028－83961236
		山东晋煤明升达化工有限公司（厂库）	4万吨	山东省泰安市宁阳县经济开发区灵山大道以西、堡头大街以北	13561765966
		四川农资化肥有限责任公司（厂库）	0.6万吨	四川省成都市青羊区太升北路12号	13982222231
		河南省中原大化集团有限责任公司（厂库）	2万吨	河南省濮阳市人民路西段	13939368999
红枣	郑商所	新疆叶河源果业股份有限公司（仓库）	0.2万吨	新疆图木舒克市昆神街6号	17881031686
		新疆阿拉尔聚天红果业有限责任公司（仓库）	0.2万吨	新疆阿拉尔市阿塔公路113公里北侧	18999665616
		新疆羌都枣业股份有限公司（仓库）	0.2万吨	新疆若羌县胜利区胜利路	13779300296

续表

品种	交易所	交割仓库	库容	地址	电话
红枣	郑商所	若羌靖祥新丝路物流有限公司（仓库）	0.2万吨	办公地址：新疆维吾尔自治区巴音郭楞蒙古自治州若羌县团结路6区11号楼1–5号 仓库地址：新疆维吾尔自治区巴音郭楞蒙古自治州若羌县楼兰大道新丝路一号（315国道1588公里处）	18146144500
红枣	郑商所	新疆枣都现代农业股份有限公司（仓库）	0.2万吨	新疆喀什地区麦盖提县人民南路工业园区	17690029449
红枣	郑商所	和田昆仑山枣业股份有限公司（仓库）	0.2万吨	新疆昆玉市皮墨北京工业园区和兴街137号	15209030117
红枣	郑商所	阿克苏西域惠农电子商务供应链有限公司（仓库）	0.2万吨	新疆阿克苏地区阿克苏市商贸物流园区	18160503673
红枣	郑商所	新疆昆仑土地扶贫开发股份有限公司（仓库）	0.2万吨	喀什地区疏附县商贸园区	13909985658
红枣	郑商所	叶城西域果叔电商供应链有限公司（仓库）	0.2万吨	新疆维吾尔自治区喀什地区叶城县恰尔巴格镇9村6组5号	15001468006
红枣	郑商所	新疆和田果业有限公司（仓库）	0.2万吨	新疆维吾尔自治区和田地区和田县工业经济园区（昆仑工业园区）金唱路6号	15026285866
红枣	郑商所	好想你健康食品股份有限公司（仓库）	0.2万吨	河南省新郑市薛店镇	13607673647
红枣	郑商所	沧州好想你枣业有限公司（仓库）	0.2万吨	河北省沧县崔尔庄红枣工业园区1号	15832739066
红枣	郑商所	沧州盛源食品有限公司（仓库）	0.2万吨	河北省沧县大官厅乡白贾村	13930798568
硅铁	郑商所	天津全程物流配送有限公司（仓库）	2万吨	天津市东丽区华粮道2298号	022-84828818-300
硅铁	郑商所	邯郸市东之桦物流有限公司（仓库）	2万吨	河北省邯郸市曲周县南工业区晨光路东段路南	18931016688
硅铁	郑商所	江苏奔牛港务集团有限公司（仓库）	2万吨	江苏省常州市新北区奔牛镇奔牛港	13701508500
硅铁	郑商所	国家粮食和物资储备局河北局一三四处（仓库）	1万吨	河北省武安市南环东路1366号	16631068899

续表

品种	交易所	交割仓库	库容	地址	电话
硅铁	郑商所	国家粮食和物资储备局湖北局三三八处（仓库）	2万吨	湖北省孝昌县卫店镇三三八处	13733496388
		国家粮食和物资储备局湖北局三三七处（仓库）	2万吨	湖北省武汉市江夏区大桥星光大道20号	15377578786
		中储发展股份有限公司天津塘沽分公司（仓库）	1万吨	天津市滨海新区于庄子路2579号	13821193332
		玖隆钢铁物流有限公司（仓库）	2万吨	江苏省张家港市锦丰镇锦绣路181号	15895595421
		江苏诚通物流有限公司（仓库）	2万吨	江苏省常州市新北区罗溪镇通达路2号	0519-68000621
		中储发展股份有限公司天津新港分公司（仓库）	1万吨	天津市滨海新区塘沽新港四号路791号	13920425007
		天津中储陆通物流有限公司（仓库）	1万吨	天津市北辰区陆路港物流装备产业园区陆港四经支路1号	18920287007
		河南万庄安阳物流园有限公司（仓库）	2万吨	安阳市汤阴县产业集聚区阳光大道与汤伏路交叉口	13783570172
		中储南京物流有限公司（仓库）	1万吨	南京市江宁滨江经济开发区丽水大街1186号	15905145629
		腾达西北铁合金有限责任公司（厂库）	1.5万吨	甘肃省兰州市永登县连城镇	13993153517
		青海福鑫硅业有限公司（厂库）	0.4万吨	青海省西宁经济技术开发区甘河工业园区	18097239888
		豫新投资管理（上海）有限公司（厂库）	1万吨	河南省郑州市金水区未来路69号未来大厦2009C	13525661732
		浙江永安资本管理有限公司（厂库）	0.4万吨	杭州市江干区新业路200号华锋国际32层	15801732007
		银河德睿资本管理有限公司（厂库）	2万吨	上海市虹口区东长治路359号一方大厦16楼	13601996589
		中信寰球商贸有限公司（厂库）	1万吨	上海市浦东新区杨高南路799号陆家嘴世纪金融广场3号楼22层	13801639433
锰硅	郑商所	邯郸市东之桦物流有限公司（仓库）	2万吨	河北省邯郸市曲周县南工业区晨光路东段路南	18931016688
		天津全程物流配送有限公司（仓库）	2万吨	天津市东丽区华粮道2298号	022-84828818-300

续表

品种	交易所	交割仓库	库容	地址	电话
锰硅	郑商所	江苏奔牛港务集团有限公司（仓库）	2万吨	江苏省常州市新北区奔牛镇奔牛港	13701508500
		国家粮食和物资储备局湖北局三三八处（仓库）	2万吨	湖北省孝昌县卫店镇三三八处	13733496388
		中储发展股份有限公司天津塘沽分公司（仓库）	1万吨	天津市滨海新区于庄子路2579号	13821193332
		玖隆钢铁物流有限公司（仓库）	2万吨	江苏省张家港市锦丰镇锦绣路181号	15895595421
		江苏诚通物流有限公司	2万吨	江苏省常州市新北区通达路2号	
		中储发展股份有限公司天津新港分公司（仓库）	1万吨	天津市滨海新区塘沽新港四号路791号	13920425007
		天津中储陆通物流有限公司（仓库）	1万吨	天津市北辰区陆路港物流装备产业园区陆港四经支路1号	18920287007
		河南万庄安阳物流园有限公司（仓库）	2万吨	安阳市汤阴县产业集聚区阳光大道与汤伏路交叉口	13783570172
		中储南京物流有限公司（仓库）	1万吨	南京市江宁滨江经济开发区丽水大街1186号	15905145629
		国家粮食和物资储备局河北局一三四处（仓库）	1万吨	河北省武安市南环东路1366号	16631068899
		国家粮食和物资储备局湖北局三三七处（仓库）	2万吨	湖北省武汉市江夏区大桥星光大道20号	15377578786
		宁夏晟晏实业集团有限公司（厂库）	1.5万吨	宁夏平罗太沙工业园区翰泉路8号	15081528787
		中国矿产有限责任公司（厂库）	0.5万吨	内蒙古乌兰察布市化德县北辰北路	18601318776
		内蒙古普源铁合金有限责任公司（厂库）	1.4万吨	内蒙古乌兰察布市丰镇市氟化学园区西区	13994313599
		内蒙古瑞濠新材料科技有限公司（厂库）	1.3万吨	内蒙古丰镇市氟化工业园区西园区	15247465226
		豫新投资管理（上海）有限公司（厂库）	1万吨	河南省郑州市金水区未来路69号未来大厦2009C	13525661732
		中信寰球商贸（上海）有限公司（厂库）	1万吨	上海市浦东新区杨高南路799号陆家嘴世纪金融广场3号楼22层	13801639433
		浙江永安资本管理有限公司（厂库）	0.4万吨	杭州市江干区新业路200号华锋国际32层	15801732007

续表

品种	交易所	交割仓库	库容	地址	电话
锰硅	郑商所	银河德睿资本管理有限公司（厂库）	1万吨	上海市虹口区东长治路359号一方大厦16楼	13601996589
白糖	郑商所	广西弘信供应链管理有限公司（仓库）	2万吨	广西扶绥县新宁镇空港大道与华阳路交汇处	0771-2539399
		中糖世纪股份有限公司江苏分公司（仓库）	2万吨	江苏省南通市跃龙南路179号	85519936
		广东北部湾农产品批发中心有限公司（仓库）	2万吨	广东省湛江市麻章区金川路32号	13828243808
		河北永安国家粮食储备库有限公司（仓库）	2万吨	石家庄市藁城区永安路18号	13473782071
		中粮糖业（唐山）仓储物流有限公司（仓库）	2万吨	河北省唐山市曹妃甸工业区二港池西岸	13820560727
		南京铁心桥国家粮食储备库有限公司（仓库）	2万吨	石埠桥河西里1号	52890799
		北京中糖物流有限公司（仓库）	2万吨	北京市大兴区魏善庄镇东枣林村东200米	010-89205810
		广西弘信创业工场有限公司（仓库）	2万吨	广西钦州市中马钦州产业园区友谊路与南四街交汇处D04-02	13978856590
		陕西省储备粮咸阳直属库（仓库）	2万吨	陕西省咸阳市渭城区东风路16号	33774152
		秦皇岛冀盛物流有限公司（仓库）	2万吨	河北省秦皇岛市海港区东港北路45号	13933553743
		云南陆航物流服务有限公司（仓库）	2万吨	昆明市呈贡区洛羊街道办事处洛羊物流片区03-01号	67412872
		南宁云鸥物流股份有限公司（仓库）	2万吨	南宁市邕宁区蒲庙镇橙山路9号	4919926
		佛山市华商物流有限公司（仓库）	2万吨	广东省佛山市南海区狮山镇小塘工业大道（小唐段）45号	0757-86667500
		广西荣桂物流集团有限公司钦州仓储分公司（仓库）	2万吨	广西钦州市钦州港经济开发区勒沟作业区	0777-3888538
		云南广大铁路物资储运有限公司（仓库）	2万吨	云南省楚雄市彝人古镇五期怡星园E6幢	0878-3399195
		广西北部湾弘信供应链管理有限公司（仓库）	2万吨	广西南宁市高新区丰达路8号	0771-2539399

续表

品种	交易所	交割仓库	库容	地址	电话
白糖	郑商所	日照市凌云海糖业集团有限公司（厂库）	1万吨	日照市秦皇岛路59号	0633-3601359
		广西贵港桂糖储备有限公司（仓库）	2万吨	广西贵港市覃塘区石卡镇 贵港产业园石卡园	0775-4906568
		营口北方糖业有限公司（仓库）	2万吨	辽宁省营口市熊岳大铁工业园	0417-6881888
		广西柳州桂糖有限责任公司（仓库）	2万吨	广西柳州市航生路9号	0772-3213992
		营口港务集团有限公司（仓库）	2万吨	辽宁省营口市鲅鱼圈区营港路1号	0417-6268751
		广西荣桂物流集团有限公司来宾仓储分公司（仓库）	2万吨	广西来宾市盘古大道东66号	4274182
		中糖世纪股份有限公司湖北分公司（仓库）	2万吨	武汉市黄陂区滠口糖库	027-61862237
		中储发展股份有限公司郑州南阳寨分公司（仓库）	2万吨	郑州市兴隆铺路9号中储仓库	63731373
		平湖华瑞仓储有限公司（仓库）	2万吨	浙江省平湖市独山港镇海涛路88号	85656923
		广西融桂怡亚通供应链有限公司（仓库）	2万吨	广西来宾市盘古大道	13878255430
		广西荣桂国际智慧物流有限公司（仓库）	2万吨	广西崇左市扶绥县新宁镇航空港大道东46号	18277194455
		中粮糖业控股股份有限公司（厂库）	5万吨	北京市朝阳区朝阳门南大街8号中粮福临门大厦902	13241823192
		山东星光糖业有限公司（厂库）	5万吨	经济技术开发区星光工业园	6298863
		中粮屯河伊犁新宁糖业有限公司（厂库）	0.5万吨	新疆伊犁州伊宁县玉其温乡	18699422611
		云南英茂糖业（集团）有限公司（厂库）	2万吨	云南省昆明市西山区滇池路739号	15911627336
PTA	郑商所	嘉兴石化有限公司（仓库）	2万吨	嘉兴市乍浦镇中山西路388号	0573-85539165
		嘉兴市海陆物流有限公司（仓库）	2万吨	嘉兴市乍浦经济开发区东方大道133号	0573-85826601
		恒力石化（大连）有限公司（厂库）	4万吨	辽宁省大连市长兴岛经济区长松路299号	15754088946

续表

品种	交易所	交割仓库	库容	地址	电话
PTA	郑商所	荣盛石化股份有限公司（仓库）	2万吨	杭州市萧山区益农镇红阳路98号	82526113
		逸盛大化石化有限公司（厂库）	4万吨	大连开发区海滨旅游路262号	0411-62777878
		江苏国望高科纤维有限公司（仓库）	2万吨	江苏省苏州市吴江区平望镇梅堰工业集中区	18101553100
		平湖华瑞仓储有限公司（仓库）	2万吨	浙江省平湖市独山港镇海涛路88号	85656923
		张家港保税区外商投资服务有限公司（仓库）	2万吨	张家港保税区台湾路/物流园区东区	58320352
		浙江逸盛石化有限公司（厂库）	4万吨	浙江省宁波市北仑区小港镇港口路8号	0574-86189180
		江苏海伦石化有限公司（仓库）	2万吨	江苏省江阴市临港新城利港镇润华路20号	86093556
		江苏恒科新材料有限公司（仓库）	2万吨	江苏省南通市通州区五接镇恒力纺织产业园	68655895
		张家港保税区港务有限公司（仓库）	2万吨	江苏省张家港保税物流园区（西区）南京路55号	0512-58323199
		建发物流集团有限公司（仓库）	2万吨	浙江省平湖市独山港镇引港路333号	15859268576
		浙江嘉兴港物流有限公司（仓库）	2万吨	浙江平湖独山港镇海涛路111号	85656898
		福建金纶高纤股份有限公司（仓库）	2万吨	福建省长乐市滨海工业区	0591-28518896
		福建省福化工贸股份有限公司（厂库）	4万吨	福建省漳州市古雷港经济开发区世纪金源23区商业3号楼	17689381954
		太仓新港物流管理中心有限公司（仓库）	2万吨	江苏省太仓市浮桥镇北环路9号	0512-53710805
		张家港保税区华瑞物流有限公司（仓库）	2万吨	张家港保税区福建南路	0512-56308901
		杭州临港物流有限公司（仓库）	2万吨	杭州市萧山区瓜沥镇临港工业园区	0571-83531810
		宁波保税区高新货柜有限公司（仓库）	2万吨	宁波保税西区创业6路6号	57487270612

续表

品种	交易所	交割仓库	库容	地址	电话
PTA	郑商所	江阴市协丰棉麻有限公司（仓库）	2万吨	江阴市华西村华西商贸城（沿江高速华西出口处）	86068600
		华润化学材料科技股份有限公司（仓库）	2万吨	春江镇圩塘新宇东路1号	85177777
		厦门国贸物流有限公司（仓库）	2万吨	厦门市湖里区国贸中心南塔22楼	13906012532
		苏州港口张家港保税区现代物流有限公司（仓库）	2万吨	江苏省张家港保税区上海路18号/港城大道与沿江公路东50米	58322391
普麦	郑商所	河北开源粮油储备库有限公司（仓库）	2万吨	河北省元氏县北环东路街道44号	18831177717
		济宁市第一粮库有限公司（仓库）	2万吨	济宁市任城区车站西路67号	0537-2250416
		南京铁心桥国家粮食储备库有限公司（仓库）	2万吨	南京市栖霞区石埠桥河西里1号	13851421688
		徐州国家粮食储备库（仓库）	2万吨	徐州市鼓楼区下淀路174号	0516-83643209
		河南安阳安林国家粮食储备库（仓库）	2万吨	河南省安阳市安阳县柏庄镇青春村北	13569038233
		陕西西瑞粮食储备有限公司（仓库）	2万吨	陕西省兴平市食品工业园咸兴大道东	029-38412031
		衡水和平国储粮库有限责任公司（仓库）	3万吨	衡水市桃城区和平东路道岔街66号	0318-2057012
		菏泽市粮油中转储备库（仓库）	2万吨	菏泽市长江东路7118号	0530-5967760
		河南郑州兴隆国家粮食储备库（仓库）	2万吨	郑州市惠济区粮仓路1号	0371-63757525
		河南省粮油对外贸易有限公司郾城粮食储备库（仓库）	2万吨	河南省漯河市郾城区孟庙镇太行山路北段	13838275236
玻璃	郑商所	山东巨润建材有限公司（厂库）	5.6万吨	山东省菏泽市巨野县巨野路1号	0530-8025867
		河北德金玻璃有限公司（厂库）	6.3万吨	河北省沙河市经济开发区纬三路26号	0319-8848168
		沙河市长城玻璃有限公司（厂库）	9万吨	河北省邢台市沙河市沙河经济开发区安全路6号	0319-8998111

续表

品种	交易所	交割仓库	库容	地址	电话
玻璃	郑商所	中玻蓝星（临沂）玻璃有限公司（厂库）	3万吨	山东省临沂市罗庄区付庄办事处驻地	010-69781066
		河北正大玻璃有限公司（厂库）	6.3万吨	河北省沙河市经济开发区纬二路9号	0319-8781001
		山东金晶科技股份有限公司（厂库）	3.6万吨	山东省淄博市高新区金晶大道204号	18653376729
		沙河市安全实业有限公司（厂库）	9万吨	河北省沙河市经济开发区安全路1号	0319-8840379
		湖北三峡新型建材股份有限公司（厂库）	4万吨	湖北省当阳市高新技术开发区车站路1号	15872504445
		武汉众恒创景新型材料有限公司（厂库）	2万吨	河北省沙河市正玻科技园A5-2西区	027-84703336
		浙江永安资本管理有限公司（厂库）	2万吨	杭州市西湖区教工路199号5楼511室	0571-86871577
		滕州金晶玻璃有限公司（厂库）	6万吨	山东省滕州市鲍沟镇南沙河东站西厂区	18653376729
		沙洋弘润建材有限公司（厂库）	4万吨	湖北省荆门市沙洋县经济开发区洪岭大道33号	13908694163
		浙江杭实善成实业有限公司（厂库）	2万吨	浙江省杭州市上城区基金小镇二期甘水巷15号	15998229696
		河北金宏阳太阳能科技股份有限公司（厂库）	2万吨	河北省沙河市S329省道116号	15350857811
		武汉长利玻璃（汉南）有限公司（厂库）	7.2万吨	湖北省武汉市汉南区汉南大道458号	027-84738120
短纤	郑商所	江阴新伦化纤有限公司（厂库）	2万吨	江苏省江阴市周庄镇运伦路18号	18352580883
		江阴宏凯化纤有限公司（厂库）	2万吨	江苏省江阴市周庄镇澄鹿路1108号	13626237030 0510-86230078
		江苏华西村股份有限公司（厂库）	2万吨	江苏江阴华西村工业园泾浜路88号	15852590222 13915318945
		宿迁逸达新材料有限公司（厂库）	2万吨	江苏省宿迁市宿豫区京杭大道1号	18936926818
		浙江恒逸高新材料有限公司（厂库）	1万吨	浙江省杭州市钱塘新区临江高新技术产业园区恒捷路169号	18758860126

续表

品种	交易所	交割仓库	库容	地址	电话
短纤	郑商所	福建省金纶高纤股份有限公司（厂库）	2万吨	福建省福州市长乐区滨海工业区	0591-28518896
		福建经纬新纤科技实业有限公司（厂库）	1万吨	福建省福州市福清市城头镇梁厝村485号	18666535122
		厦门同歆贸易有限公司（厂库）	2万吨	福建省厦门市湖里区仙岳路4688号国贸中心A塔	15260221773
		中国石化仪征化纤有限责任公司（厂库）	2万吨	江苏省仪征市长江西路1号	13511721508
		苏州市相城区江南化纤集团有限公司（厂库）	1万吨	苏州市相城区黄埭镇春秋路8号江南大厦	13862580718
		福建逸锦化纤有限公司（厂库）	1万吨	福建省泉州市晋江市英林镇锦兴工业园（原加排盐场）	13967186686
		江苏德赛化纤有限公司（厂库）	1万吨	江苏省东台市站前路8号	18901411299
		青岛华亿诚物资有限公司（厂库）	1万吨	山东省青岛市市北区兴隆路7号丙	15806425473
		青岛嘉德瑞工贸有限公司（厂库）	1万吨	青岛市城阳区春阳路88号天安数码城7号楼3号大堂505	13854276335
		浙江永安资本管理有限公司（厂库）	2万吨	杭州市江干区新业路200号华峰国际商务大厦32层	13777869200
		浙江敦和实业有限公司（厂库）	1万吨	浙江省杭州市江干区新业路200号华峰国际30楼	15088689046
		浙江四邦实业有限公司（厂库）	1万吨	浙江省杭州市江干区钱江新城香樟街2号泛海国际A座32楼	15088617966
		厦门象屿物流集团有限责任公司（厂库）	1万吨	厦门市湖里区国际航运中心E座9楼	13860192991
		厦门建发轻工有限公司（厂库）	2万吨	福建省厦门市思明区环岛东路1699号建发国际大厦17楼	13806075106
		远大能源化工有限公司（厂库）	1万吨	宁波市鄞州区惊驾路555号泰富广场A座1308室	13586589746
		中基宁波集团股份有限公司（厂库）	1万吨	浙江省宁波市鄞州区天童南路666号中基大厦2405室	18668566166
		浙江杭实善成实业有限公司（厂库）	1万吨	浙江省杭州市上城区基金小镇2期甘水巷17号	18069863913

续表

品种	交易所	交割仓库	库容	地址	电话
短纤	郑商所	豫新投资管理（上海）有限公司（厂库）	0.5万吨	河南省郑州市金水区未来路69号未来大厦20楼2009C室	18937157583
		东海资本管理有限公司（厂库）	0.5万吨	上海市浦东新区樱花路868号建工大唐国际广场A座1803室	18701917642
强麦	郑商所	济宁市第一粮库有限公司（车船板交割服务机构）	2万吨	山东省济宁市任城区车站西路67号	13515378939
		菏泽市粮油中转储备库（车船板交割服务机构）	2万吨	山东省菏泽市长江东路7118号	13805309290 18653098369
		河南郑州兴隆国家粮食储备库（车船板交割服务机构）	2万吨	河南省郑州市惠济区粮仓路一号	13703715751
		河南安阳安林国家粮食储备库（车船板交割服务机构）	2万吨	河南省安阳市北关区柏庄镇青春村北	13569038233
		河南濮阳皇甫国家粮食储备库（车船板交割服务机构）	2万吨	河南省濮阳市黄河路西段	13839390880
		河南东方粮食贸易有限公司延津分公司（车船板交割服务机构）	2万吨	河南省新乡市延津县司寨乡通村	15838375906
		豫粮集团延津小麦产业有限公司（车船板交割服务机构）	2万吨	延津县产业集聚区	13525548505
		豫粮集团濮阳粮食产业园有限公司（车船板交割服务机构）	2万吨	河南省濮阳市皇石路与太行路交叉口西北角	13461657685
		河南世通谷物有限公司夏邑直属库（车船板交割服务机构）	2万吨	河南省商丘市夏邑县淮海工业区6号	13603712102
		益海嘉里（郑州）食品工业有限公司（车船板交割服务机构）	2万吨	河南省郑州市经济技术开发区经北四路155号	18638117177
		益海（周口）小麦工业有限公司（车船板交割服务机构）	2万吨	河南省周口市南环路东段路南益海工业园	18638117177
		益海嘉里（安阳）食品工业有限公司（车船板交割服务机构）	2万吨	河南省汤阴县食品工业园区工纵二路	18638117177
		中粮（郑州）粮油工业有限公司（车船板交割服务机构）	2万吨	郑州经济技术开发区航海东路1746号	15937128282
		衡水和平国储粮库有限责任公司（车船板交割服务机构）	2万吨	河北省衡水市桃城区和平东路道岔街66号	13932859618

续表

品种	交易所	交割仓库	库容	地址	电话
强麦	郑商所	河北永安国家粮食储备库有限公司（车船板交割服务机构）	2万吨	河北省石家庄市藁城区永安路18号	13831155700
		河北开源粮油储备库有限公司（车船板交割服务机构）	2万吨	河北省石家庄市元氏县北环东路街道44号	18831177717
		益海（石家庄）粮油工业有限公司（车船板交割服务机构）	2万吨	河北省石家庄市良村经济技术开发区扬子路55号	18031368007
		陕西西瑞粮食储备库有限公司（车船板交割服务机构）	2万吨	陕西省兴平市食品工业园区咸兴大道东	18829802015
		陕西粮农杨凌储备库有限公司（车船板交割服务机构）	2万吨	陕西省杨凌示范区康乐东路城东物流园	13891037568
		陕西粮农华州储备库有限公司（车船板交割服务机构）	2万吨	陕西省渭南市华州区杏林厂区	13759888188
花生	郑商所	中粮食品（山东）有限公司（厂库和车船板服务机构）	0.45万吨	山东省威海市文登经济开发区文昌路66号	15098100107
		费县中粮油脂工业有限公司（厂库和车船板服务机构）	0.45万吨	山东省临沂市费县城站北路1号	0539-5016068
		青岛嘉里花生油有限公司（厂库和车船板服务机构）	0.45万吨	青岛市开发区前湾港路99号	0532-86827195
		益海嘉里（兖州）粮油工业有限公司（厂库和车船板服务机构）	0.45万吨	山东省济宁市兖州区益海路1号	13518658000
		中粮艾地盟粮油工业（菏泽）有限公司（厂库）	0.45万吨	山东省菏泽市开发区长江东路7058号	15698195925
		青岛天祥食品集团有限公司（厂库）	0.45万吨	山东省青岛市平度市南村镇郭庄三城路86-1号	0532-82328889
		山东玉皇粮油食品有限公司（厂库）	0.3万吨	山东省莒南县南环路中段	13589663375
		河南正康粮油有限公司（厂库）	0.3万吨	河南省驻马店市遂平县工业集聚区	18203960618
		开封龙大植物油有限公司（厂库）	0.3万吨	开封经济开发区黄龙园区纬七路17号	13353837887
		益海（石家庄）粮油工业有限公司（厂库）	0.3万吨	河北省石家庄良村经济技术开发区扬子路东段	18031368080
		河南丰盛农业开发有限公司（厂库）	0.3万吨	河南省鹤壁市浚县产业聚集区永济大道西段路北1号	15139254468

续表

品种	交易所	交割仓库	库容	地址	电话
花生	郑商所	菏泽市粮油中转储备库（车船板服务机构）	—	山东省菏泽市长江东路 7118 号国家粮食储备库	13805309290
		乳山市金果食品股份有限公司（车船板服务机构）	—	山东省乳山市市区惠州路 66 号	13863018011
		正阳新地食品工业有限公司（车船板服务机构）	—	正阳县新地春天 13 – A05	18623975529
		开封粮食产业集团有限公司（车船板服务机构）	—	开封市城乡一体化示范区杏花营乡杏花营村	0371 – 25996025
		濮阳皇甫国家粮食储备库（车船板服务机构）	—	河南省濮阳市黄河路西段	13839390880
		河北永安国家粮食储备库有限公司（车船板服务机构）	—	石家庄市藁城区永安路 18 号	0311 – 88199837
		河南镇平国家粮食储备库（车船板服务机构）	—	河南省南阳市镇平县工业园区航天北路 39 号	15637701800
豆一	大商所	中央储备粮哈尔滨直属库有限公司	10 万吨	黑龙江省哈尔滨市香坊区哈平路 7.5 公里处	0451 – 85865522 17603605655
		益海嘉里（哈尔滨）粮油食品工业有限公司	10 万吨	黑龙江省哈尔滨市平房开发区哈平东路 10 号	15663819060
		中央储备粮绥棱直属库有限公司	5 万吨	黑龙江省绥化市绥棱县绥棱镇繁华大街 364 号	0455 – 4658012 13351904617
		维维东北食品饮料有限公司	5 万吨	黑龙江省绥化市经济开发区	0455 – 7860029 15505163366 13845511532
		海伦阔海粮油有限公司	5 万吨	黑龙江省海伦市北环路十八道线原燃料公司院内	0455 – 5755335 13845557665
		黑龙江龙田仓储加工有限公司	5 万吨	黑龙江省绥棱县工业园区（龙田路）	13194119119
		桦南县宏安粮油贸易有限公司	5 万吨	黑龙江省佳木斯市桦南县双果路中段	0454 – 6639666 13845492555
		讷河象屿农产有限公司	5 万吨	黑龙江省讷河工业园区	15350909099
		中粮华粮物流集团讷河国家粮食储备库有限公司	5 万吨	黑龙江省讷河市大兴路路北	13845280333

续表

品种	交易所	交割仓库	库容	地址	电话
豆一	大商所	齐齐哈尔军粮储备库有限公司	5万吨	黑龙江省齐齐哈尔市梅里斯达斡尔族区齐富路军粮储备库（伊利对面）	18704526866
		黑龙江省北安农垦九三粮食收储有限公司	5万吨	黑龙江省哈尔滨市长江路386号九三大厦1401室	0451-55559265 19969936580
		北安象屿金谷农产有限责任公司	5万吨	黑龙江省北安市北安健康产业园	18520870265
		黑龙江省华贺农业科技发展有限公司	5万吨	黑龙江省北安市东环路绿色产业园	18745557288
		绥滨县盛中农业发展有限公司	5万吨	黑龙江省鹤岗市绥滨县绥滨镇松缤街东段北侧（11委）	15998615305
		九三集团嫩江九三粮食收储有限公司	5万吨	黑龙江省嫩江市九三局直23委	13694577645
		中央储备粮大杨树直属库有限公司	5万吨	内蒙古自治区呼伦贝尔市鄂伦春自治旗大杨树镇综合物流园	0470-5716691 18604707695
		黑龙江省大兴安岭地区行署粮食局大杨树粮库	5万吨	内蒙古自治区鄂伦春自治旗大杨树镇大杨树粮库	0470-5710095 13191307779
		黑龙江孙吴国家粮食储备库	5万吨	黑龙江省孙吴县辰清镇	0456-8433525 15604567251
		中央储备粮敦化直属库有限公司	5万吨	吉林省敦化市渤海街自由路2号	0433-6256605 18626969901
		大连良运集团储运有限公司	5万吨	辽宁省大连市甘井子区新水泥路2号	0411-88101455 13387871220
		辽宁港口股份有限公司	5万吨	辽宁省大连市开发区海洋路1号	0411-87598516 18698737136 15542507019
		中国船舶工业物资大连有限公司	5万吨	辽宁省大连市中山区长江路48号	15941179917
		中国华粮物流集团北良有限公司	10万吨	辽宁省大连开发区海青岛柳柴沟	0411-39898625 13352267392
		中央储备粮大连直属库有限公司	10万吨	辽宁省大连市甘井子区华北路286号	0411-86537018 15542419366
豆二	大商所	辽宁港口股份有限公司	5万吨	辽宁省大连市开发区海洋路1号	0411-87598516 18698737136 15542507019

续表

品种	交易所	交割仓库	库容	地址	电话
豆二	大商所	中国华粮物流集团北良有限公司	5万吨	辽宁省大连开发区海青岛柳柴沟	0411-39898855
		中国华粮物流集团南通粮油接运有限责任公司	5万吨	江苏南通市任港路62号	0513-83508460
		青岛港国际股份有限公司（大港库区）	10万吨	山东青岛市港青路6号	0532-82982898
		青岛港国际股份有限公司（董家口港区）		山东省青岛市黄岛区董家口港区港润大道88号	0532-82985376
		江苏省江海粮油集团有限公司	5万吨	张家港市金港镇宝岛路1号	025-84799546 13505148861
		上海良友新港储运有限公司	3万吨	上海市浦东新区东靖路5755号	021-50188376
		九三集团大连大豆科技有限公司	2.2万吨	辽宁省大连保税区北良港内	13766878810
		秦皇岛金海粮油工业有限公司	3.7万吨	河北省秦皇岛市海港区海滨路35号	0335-3097174
		中储粮镇江粮油有限公司	4.5万吨	江苏省镇江市京口区谏壁镇粮山村	13861350613
		嘉吉粮油（南通）有限公司	4.5万吨	江苏省南通市经济技术开发区同兴路1号	021-33327845
		中粮（东莞）粮油工业有限公司	4.5万吨	广东省东莞市麻涌镇新沙公园路11号	0769-8976999-8130 13928922223
豆粕	大商所	江苏省江海粮油集团有限公司	1万吨	江苏张家港市金港镇宝岛路1号	025-84798952 025-84799258（F） 13814005151
		中国华粮物流集团南通粮油接运有限责任公司	1万吨	江苏南通市任港路62号	0513-85159255 13951411759
		南京铁心桥国家粮食储备库有限公司	1万吨	江苏省南京市栖霞区石埠桥河西里1号	025-52350799 13851421688
		中粮东海粮油工业（张家港）有限公司	6万吨	江苏省张家港市金港镇东海路1号	0512-58389121 15250388220
		嘉吉粮油（南通）有限公司	3.75万吨	江苏省南通市经济技术开发区同兴路	0513-85966028 15996649791
		益海（泰州）粮油工业有限公司	3万吨	江苏省泰州市高港区永安洲镇疏港北路	15817320321

续表

品种	交易所	交割仓库	库容	地址	电话
豆粕	大商所	张家港江海粮油工业有限公司	2.7万吨	江苏张家港市金港镇宝岛路1号	025-84798952 13814005151
		中储粮镇江粮油有限公司	1.8万吨	江苏省镇江市谏壁镇粮山村	0511-81996632 81996644
		中粮（东莞）粮油工业有限公司	2.88万吨	广东省东莞市麻涌镇新沙公园路11号	0769-8976999-8130 13928922223
		东莞市富之源饲料蛋白开发有限公司	2.25万吨	广东省东莞市洪梅镇疏港大道1号	0769-88436102 15889630185
		东莞路易达孚饲料蛋白有限公司	2.25万吨	广东省东莞市麻涌镇新沙港科技工业园区	0769-82922441 13501500286
		中粮新沙粮油工业（东莞）有限公司	2万吨	广东省东莞市麻涌镇新沙港	0769-8976999-8130 13928922223
		中储粮油脂工业东莞有限公司	1.8万吨	广东省东莞市麻涌镇新沙港后工业区	0769-88236688-8708 13829107932
		嘉吉粮油（阳江）有限公司	1.8万吨	广东省阳江市阳江港沿港大道3-6号	0769-88239723 82661733 13068864504
		东莞嘉吉粮油有限公司	1.5万吨	广东省东莞市麻涌镇新沙工业园区	0769-88239723 82661733 13068864504
		东莞嘉吉饲料蛋白科技有限公司	1.2万吨	广东省东莞市麻涌镇新沙港科技工业园区	0769-88239723 82661733 13068864504
		益海（连云港）粮油工业有限公司	4.8万吨	江苏省连云港市墟沟大港路	0518-82387266 13971088817
		中粮黄海粮油工业（山东）有限公司	3万吨	山东省日照市岚山港北	0633-2639066 15863352882
		中纺粮油（日照）有限公司	2.025万吨	山东省日照市海滨五路157号	0633-2166057 13082792588
		邦基三维油脂有限公司	1.5万吨	山东省日照市经济开发区海滨五路	0633-3988280 13506336735

续表

品种	交易所	交割仓库	库容	地址	电话
豆粕	大商所	九三集团天津大豆科技有限公司	4.5 万吨	天津市天津港保税区新港大道266号	022－66271999 19969938648
		京粮（天津）粮油工业有限公司	2.025 万吨	天津滨海新区临港经济区渤海四十路1306号	022－25618318 18512212718
		中粮佳悦（天津）有限公司	2.025 万吨	天津市滨海新区临港经济区渤海40路510号	022－60271081 13602031376
		路易达孚（天津）食品科技有限责任公司	2.025 万吨	天津市滨海新区临港经济区渤海四十路2068号	022－59855777 010－59655127
豆油	大商所	泰州市过船港务有限公司（本库区）	4 万吨	江苏省泰兴市经济开发区疏港路二号 江苏省泰兴市经济开发区长江中路8号	0523－87918055 13327793535
		泰州市过船港务有限公司（中苏储库区）	3 万吨	江苏省镇江市谏壁镇粮山村	0511－81996632 81996644 13861350613
		江苏省江海粮油集团有限公司	3 万吨	江苏省张家港市金港镇宝岛路1号	025－84798952 13814005151
		益海（泰州）粮油工业有限公司	3 万吨	江苏省泰州市高港区永安洲镇疏港北路	15817320321
		南京铁心桥国家粮食储备库有限公司	2 万吨	江苏省南京市栖霞区石埠桥河西里1号	025－52350799 13851421688
		中国华粮物流集团南通粮油接运有限责任公司	2 万吨	江苏南通市任港路62号	0513－85159255 13951411759
		仪征益江粮油工业有限公司	2 万吨	江苏省扬州化学工业园区油港路1号	0514－83299316 18724093168
		中央储备粮天津保税区直属库有限公司	3 万吨	天津自贸试验区（天津港保税区）海滨六路29号	022－66275025 13516139177
		中粮佳悦（天津）有限公司	3 万吨	天津市滨海新区临港经济区渤海40路510号	022－60271081 13602031376
		路易达孚（天津）食品科技有限责任公司	3 万吨	天津滨海新区临港经济区渤海四十路2068号	022－59855747 15022095613
		京粮（天津）粮油工业有限公司	2 万吨	天津滨海新区临港经济区渤海四十路1306号	022－25618319 25618378 18202202963

续表

品种	交易所	交割仓库	库容	地址	电话
豆油	大商所	秦皇岛金海粮油工业有限公司	2万吨	河北省秦皇岛市海港区滨海路35号丙码头	0335-3097174 15903354582
		中央储备粮日照仓储有限公司	4万吨	山东省日照市海滨五路139号	0633-3699219 13356337661
		中粮东海粮油工业（张家港）有限公司	4.5万吨	江苏省张家港市金港镇东海路1号	0512-58389121 15250388220
		嘉吉粮油（南通）有限公司	1.5万吨	江苏省南通市经济技术开发区同兴路	0513-85966028（O） 15996649791
		金光食品（宁波）有限公司	1.5万吨	浙江省宁波市北仑区黄河北路1号	0574-86888188-6898 15858401785
		嘉里粮油（天津）有限公司	3万吨	天津港保税区津滨大道95号	15122436809
		九三集团天津大豆科技有限公司	1.5万吨	天津港保税区新港大道266号	022-66271999 19969938648
		益海（连云港）粮油工业有限公司	3万吨	江苏省连云港市墟沟大港路	0518-82388336 13605133363
		中纺粮油（日照）有限公司	1.5万吨	山东省日照市海滨五路157号	0633-2166057 13082792588
		中粮黄海粮油工业（山东）有限公司	1.2万吨	山东省日照市岚山港北	0633-2639066 15863352882
		中粮油脂（龙口）有限公司	1.2万吨	山东省龙口市开发区新港路39号	0535-8857927 15863301926
		邦基三维油脂有限公司	0.9万吨	山东省日照市经济开发区海滨五路	0633-3988280 13506336735
		中储粮油脂工业东莞有限公司	1.5万吨	广东省东莞市麻涌镇新沙港工业园	0769-88236688-8708 13829107932
		中粮（东莞）粮油工业有限公司	1.5万吨	广东省东莞市麻涌镇新沙公园路11号	0769-8976999-8130 13928922223
		益海（广州）粮油工业有限公司	1.5万吨	广东省广州经济技术开发区东江大道2号	020-66252580 13826117915
		东莞路易达孚饲料蛋白有限公司	1.35万吨	广东省东莞市麻涌镇漳澎村新沙工业园区港中路	0769-82922438 13790569984
		东莞嘉吉粮油有限公司	1.2万吨	广东省东莞市麻涌镇新沙工业区	0769-81296177 18928787426

续表

品种	交易所	交割仓库	库容	地址	电话
玉米	大商所	中国华粮物流集团北良有限公司	10万吨	大连经济技术开发区海青岛柳柴沟	13352267392 13591323025
		辽宁港口股份有限公司	5万吨	辽宁省大连市开发区海洋路1号	15542507019 18698737136
		中国船舶工业物资大连有限公司	5万吨	大连市中山区长江路48号	13841177052 15941179917
		中央储备粮大连直属库有限公司	10万吨	大连市甘井子区华北路286号	13940870679 15604112692
		锦州港股份有限公司	5万吨	锦州经济技术开发区锦港大街一段1号	13604166961 18841604000
		辽宁锦州锦阳粮食储备有限公司	5万吨	锦州经济技术开发区兴海路西段	13840661236 18841605533
		大连良运集团储运有限公司	5万吨	大连市甘井子区新水泥路2号	15541177083 13387871220
		中储粮（辽宁）储运有限公司	5万吨	营口市鲅鱼圈区钱塘江路西段（新港大厦）	13940706883 13147936099
		营口中远海运百丰泰物流有限公司	5万吨	营口市鲅鱼圈区运河北路	13842602986 18004113330
		辽宁粮食物流有限公司	5万吨	辽宁省营口市鲅鱼圈区芦屯镇四台子工业园	15940773757 15698714442
		路易达孚（上海）有限公司	9万吨	中国（上海）自由贸易试验区西里路55号6层605室	13840853673 15940952925
		浙江杭实能源服务有限公司	9万吨	浙江省杭州市江干区香樟路2号泛海国际A座31楼	18273401827 13989878090
		中粮贸易有限公司	9万吨	北京市东城区建国门内大街8号中粮广场A座12层	13795183022 18811405290
		大连象屿农产有限公司	9万吨	大连市中山区港兴路6号富力中心	13354283081 13604251026
		中粮贸易有限公司－中粮松原库库区	5万吨	吉林松原市西郭尔罗斯大路578号	13904343822 13604380985
		中粮贸易有限公司－中粮榆树库库区	5万吨	吉林长春五棵树经济开发区东风大街1号	13120205555 13901256625
		中粮贸易有限公司－中粮江阴库区	3万吨	江苏省江阴市萧山路5号	15161655068 13795183022
		维维食品饮料股份有限公司－维维东北公司库区	5万吨	黑龙江省绥化市经济开发区	15505163366 13845511532

续表

品种	交易所	交割仓库	库容	地址	电话
玉米	大商所	维维食品饮料股份有限公司-维维产业园粮食库区	3万吨	江苏省徐州市铜山区张集镇维维产业园粮库	18745557288 15152147808
		浙江省农村发展集团有限公司	5万吨	辽宁省开原市兴开街偏坡台村	13591093244 13958151919
		嘉吉投资（中国）有限公司	5万吨	吉林省松原市江南工业开发区	13512140931 13894998966
		瑞利控股有限公司	5万吨	吉林省四平市铁东区南宁路6122号	15841181888 13630987111
		吉林云天化农业发展有限公司	5万吨	吉林省松原市长岭县太平川镇五区二段	19997046118 18604453266
		厦门象屿股份有限公司	10万吨	黑龙江省绥化市张维镇	13936251758 18714756077
		陕西粮农集团有限责任公司-陕粮农开鲁库区	5万吨	内蒙古通辽市开鲁县义和塔拉镇核心村	13363910986 13659197966
		陕西粮农集团有限责任公司-陕粮杨凌库区	1.5万吨	陕西省咸阳市杨凌区康乐东路	18220680893 17792293572
		河北省粮食产业集团有限公司-公主岭禾丰库区	5万吨	吉林省公主岭市公伊路98号	13803117865 15144422229
		河北省粮食产业集团有限公司-冀粮永安库区	3万吨	河北省石家庄市藁城区永安路18号	13630826092 15332123837
		北京粮食集团有限责任公司	5万吨	黑龙江省绥化市青冈县	18645589711 13845591177
玉米淀粉	大商所	中粮生化能源（榆树）有限公司	2.6万吨	吉林省长春五棵树开发区东风大街1号	13120205555 18844008811
		中粮生化能源（公主岭）有限公司	3万吨	吉林省公主岭市河南大街2887号	13694499977 13120205555
		嘉吉生化有限公司	2万吨	吉林省松原市经济技术开发区江南工业园区裕丰街2888号	14743828004 13512140931
		天成玉米开发有限公司	1.2万吨	吉林省四平市铁东区平东老城工业区	15841181888 13630987111
		辽宁益海嘉里地尔乐斯淀粉科技有限公司	2.5万吨	辽宁省铁岭市开原市北环路19号	15941031775 15041006309
		保龄宝生物股份有限公司	2万吨	山东省禹城市高新开发区东外环路1号	13305342372 15805442688
		山东中谷淀粉糖有限公司	2万吨	山东省乐陵市经济技术开发区星光工业园	15065444001 15266964303

续表

品种	交易所	交割仓库	库容	地址	电话
玉米淀粉	大商所	山东福洋生物科技股份有限公司	0.6万吨	山东省平原县经济技术开发区东区	13905447706 18753481115
		诸城兴贸玉米开发有限公司	2.5万吨	山东省诸城市东环路385号	15964596167 13515364034
		山东福宽生物工程有限公司	0.9万吨	山东省肥城市高新技术产业开发区工业三路	13375487117 18801129769
		临清德能金玉米生物有限公司	3.5万吨	山东省临清市南环路东首	13884820636 13562665199
		中粮生化能源（龙江）有限公司	1.5万吨	黑龙江省龙江县白山工业园区内	13359731989 13120205555
		玉锋实业集团有限公司	1.5万吨	河北省宁晋县西城工业区	15227664625 13931905277
		潍坊盛泰药业有限公司	0.75万吨	山东省昌乐开发区方山路1202号	13940916511 13792654395
		黑龙江龙凤玉米开发有限公司	2.1万吨	黑龙江省绥化市青冈县青安公路2.5公里处	15964596167 15265612777
		北安象屿金谷生化科技有限公司	2.1万吨	黑龙江省黑河市北安健康产业园	15245085198 13945141264
		青岛港国际股份有限公司	5万吨	山东省青岛市港青路6号	0532-82982898
		营口中远海运百丰泰物流有限公司	5万吨	营口市鲅鱼圈区运河北路	13842602986 18004113330
棕榈油	大商所	中储粮油脂工业东莞有限公司	4万吨	广东省东莞市麻涌镇新沙港后工业区	0769-88236688-8708 13829107932
		中粮新沙粮油工业（东莞）有限公司	3万吨	广东省东莞市麻涌镇新沙港	0769-8976999-8130 13928922223
		益海（广州）粮油工业有限公司	3万吨	广州经济技术开发区东江大道2号	020-66252580 13826117915
		东莞嘉吉粮油有限公司	2万吨	广东省东莞市麻涌镇新沙港工业区	0769-81296177 18928787426
		远大油脂（东莞）有限公司	2万吨	广东省东莞市麻涌镇文武涌路5号	021-61806028 13535200818
		益海（泰州）粮油工业有限公司	3万吨	江苏省泰州市高港区永安洲镇疏港北路	15817320321

续表

品种	交易所	交割仓库	库容	地址	电话
棕榈油	大商所	江苏省江海粮油集团有限公司	2万吨	江苏省张家港市金港镇宝岛路1号	025-84798952 13814005151
		中储粮镇江粮油有限公司	2万吨	江苏省镇江市谏壁镇粮山村	0511-81996632 13861350613
		嘉吉粮油（南通）有限公司	2万吨	江苏省南通市经济技术开发区同兴路1号	0513-89101810(O) 15962968657
		仪征益江粮油工业有限公司	1万吨	江苏省扬州化学工业园区油港路1号	0514-83299316 18724093168
		泰州市过船港务有限公司	1万吨	江苏省泰兴市经济开发区疏港路二号	0523-87918055 13327793535
		中粮佳悦（天津）有限公司	3万吨	天津市滨海新区临港经济区渤海40路510号	022-60271081 13602031376
		中央储备粮天津保税区直属库有限公司	2万吨	天津自贸试验区（天津港保税区）海滨六路29号	022-66275025 13516139177
		嘉里粮油（天津）有限公司	1万吨	天津港保税区津滨大道95号	15122436809
		路易达孚（天津）食品科技有限责任公司	1万吨	天津市滨海新区临港经济区渤海四十路2068号	022-59855777 010-59655127
		广州植之元油脂实业有限公司	1.5万吨	广州市南沙区万顷沙镇万环西路新安工业园	020-87520888 13928981444
		中粮东海粮油工业（张家港）有限公司	2.4万吨	江苏省张家港市金港镇东海路1号	0512-58389121 15250388220
		仪征方顺粮油工业有限公司	1.2万吨	江苏省仪征市油港路3号	0514-83299628 13773360371
		春金（天津）油脂有限公司	1.5万吨	天津市滨海新区临港经济区洛河道288号	022-66336598 18522743656
鸡蛋	大商所	大连韩伟养鸡有限公司	1050吨	辽宁省大连市旅顺口区三涧堡镇东泥河村	13840844621
		德州和膳生态农业有限公司	300吨	山东省德州市宁津县宁津镇洼赵村南	13361021557
		湖北神丹健康食品有限公司	1050吨	湖北省孝感市安陆解放大道东3号	027-87399611 13607155272
		苏州欧福蛋业股份有限公司	150吨	江苏省苏州吴江区金家坝社区金贤路386号	0512-63206111 18621612023
		南通天成现代农业科技有限公司	150吨	江苏省海安县滨海新区友谊路西侧滩涂垦区	0513-88926698 13861911611

续表

品种	交易所	交割仓库	库容	地址	电话
鸡蛋	大商所	铜川春蕾绿色禽业有限公司	450 吨	陕西省铜川市印台区周陵农业科技示范区	0919-7681315 15667966009
		丰城圣迪乐村生态食品有限公司	375 吨	江西省丰城市梅林镇低山村	0795-6281306 15179509922
		山西晋龙养殖股份有限公司	750 吨	山西省稷山县化峪镇吴嘱村村东	0359-5521114 18903595851
		四川圣迪乐村生态食品股份有限公司	150 吨	河北省沧州市泊头市经济开发区（四川圣迪乐村生态食品股份有限公司沧州分公司）	15130792337
		山西平遥国青禽业股份有限公司	150 吨	山西省平遥县岳壁乡梁村	13453416646
		湖北鑫盛农牧股份有限公司	150 吨	湖北省石首市东方大道徐家铺	13407133298
		赵县昌晟源蛋鸡养殖专业合作社	150 吨	河北省石家庄市赵县大郝庄	13832190635
		河南丰园食品有限公司	450 吨	河南省南阳市卧龙区潦河坡乡闫沟村	18639799928
		德州壹号食品有限公司	750 吨	山东省德州市临邑县德平镇南2公里	18605341250
		四川省绿科禽业有限公司	375 吨	四川省南充市顺庆区	18121931603
		洛宁德青源农业科技有限公司	750 吨	河南省洛阳市洛宁县河底专业园区	17611720232
		吉林金翼蛋品有限公司	750 吨	吉林省辽源市安恕镇曲家村一组	15044079430
		宁夏顺宝现代农业股份有限公司	375 吨	宁夏吴忠市青铜峡市邵刚镇甘城子村	13895475490
		四川省乐山市明仕农业发展有限公司	375 吨	四川省乐山市沙湾区太平镇沫江村1组	13880378962
胶合板	大商所	天津全程物流配送有限公司	3 000 平方米	天津市西青经济开发区兴华十支路7号	022-60805914
		镇江惠龙长江港务有限公司	3 000 平方米	江苏省镇江市金桥大道88号	0511-85938558
		江苏奔牛港务集团有限公司	3 000 平方米	江苏省常州市新北区奔牛镇奔牛港	0519-68850505
		浙江省国际贸易集团物流有限公司	3 000 平方米	浙江省嘉兴市塘汇镇铁路东站内	0571-85778718

续表

品种	交易所	交割仓库	库容	地址	电话
胶合板	大商所	浙江尖峰国际贸易有限公司	5 000 平方米	浙江省金华市金东经济开发区B区	0579-82382768
		平湖华瑞仓储有限公司	5 000 平方米	浙江省平湖市独山港镇海涛路88号	0571-83786752
纤维板	大商所	广西高峰五洲人造板有限公司	6 000 立方米	广西南宁市兴宁区五塘镇六塘	18078719986
		广西得力木业开发有限公司	7 500 立方米	广西隆安县那桐镇华侨管理区富侨大道23号	13768448978
		封开县威利邦木业有限公司	7 500 立方米	广东省肇庆市封开县长岗镇旺村管理区	13827512030
		绿洲森工（淮南）有限公司	4 500 立方米	安徽省淮南市寿县正阳关镇南堤村	13817861686
		江苏奔牛港务集团有限公司	3 000 立方米	江苏省常州市新北区奔牛镇奔牛港	0519-68850505
		镇江惠龙长江港务有限公司	3 000 立方米	江苏省镇江市金桥大道88号	0511-85938558
粳米	大商所	益海（佳木斯）粮油工业有限公司	0.9 万吨	黑龙江省佳木斯市东风区松兴路	15946682898 13836659992
		维维汤旺河生态农业有限公司	0.9 万吨	黑龙江省佳木斯市汤原县香兰镇	13805215666 18305217999
		黑龙江瓮福人和米业有限公司	0.9 万吨	黑龙江省鹤岗市萝北县宝泉岭经济开发区南外环路3号	15645849555 15545929888
		黑龙江六水香生态农业有限公司	0.9 万吨	黑龙江省齐齐哈尔市泰来县工业园区	0452-8897999-8004 13114668399
		黑龙江清龙米业有限公司	0.9 万吨	黑龙江省齐齐哈尔市依安县依明公路西侧47号	13766086999 13946246051
		黑龙江雪那红米业有限公司	0.9 万吨	黑龙江省佳木斯市同江市建三江前进农场场直	15331966888 13512690916
		黑龙江益华米业有限公司	0.9 万吨	黑龙江省佳木斯市富锦市建三江分局七星分公司第二管理区11生产区	13945493083 13329558656
		中粮米业（大连）有限公司	0.9 万吨	辽宁省大连市保税区海洋路6号	13904087819 18641107978

续表

品种	交易所	交割仓库	库容	地址	电话
粳米	大商所	中国华粮物流集团北良有限公司	3万吨	大连经济技术开发区海青岛柳柴沟	0411-39898625
		锦州港股份有限公司	3万吨	锦州经济技术开发区锦港大街一段1号	0416-3586990 18841604000
LLDPE（线型低密度聚乙烯）	大商所	北京迅邦润泽物流有限公司	1万吨	北京市房山区燕山东流水工业区7号	010-81361679
		天津全程物流配送有限公司	4.5万吨	天津市东丽区华粮道2298号	022-60805914
		天津开发区泰达公共保税仓有限公司	1.5万吨	天津经济技术开发区渤海路39号	022-59858176
		天津中储陆通物流有限公司	2万吨	天津市北辰区陆路港物流装备产业园四经支路1号	022-58986670
		厦门象屿速传供应链发展股份有限公司	3万吨	天津市河西区友谊路5号北方金融大厦14层	022-88350248
		青州中储物流有限公司	8万吨	山东省青州市玲珑山北路638号	0536-3288768
		国投山东临沂路桥发展有限责任公司	1万吨	山东省临沂市河东区华阳路中段	0539-8097506
		青岛中外运供应链管理有限公司	2万吨	山东省青岛市保税港区莫斯科路46号	0532-86760715
		中储发展股份有限公司（大场分公司）	3.5万吨	上海市宝山区南大路257号	021-56681101
		中储发展股份有限公司（浦东分公司）	2万吨	上海市奉贤区平宇路585路	021-57543295
		上海远盛仓储有限公司	3万吨	上海市虹口区曲阳路900号3号楼225室	021-61806028
		上港集团物流有限公司	2.5万吨	上海市宝山区安达路240号	021-56445090
		上海象屿速传供应链有限公司	2万吨	上海市黄浦区南苏州路999号象屿大厦8楼	021-56010175
		上海中外运张华浜储运有限公司	1万吨	上海市宝山区逸仙路4188号	021-66783019
		国家粮食和物资储备局浙江局八三七处	2万吨	浙江省宁波市镇海区大通路331号	0574-86256059
		宁波保税区高新货柜有限公司	5万吨	宁波保税西区创业6路6号	0574-86820043

续表

品种	交易所	交割仓库	库容	地址	电话
LLDPE（线型低密度聚乙烯）	大商所	浙江省国际贸易集团物流有限公司	3.5万吨	杭州市体育场路229号	0571-85779792
		杭州临港物流有限公司	7万吨	杭州萧山区瓜沥镇临港工业园区瓜港西路309号	0571-83786752
		浙江尖峰国际贸易有限公司	4万吨	浙江省金华市金义都市新区常春西路88号	0579-82382768
		浙江铁道畅兴物流有限公司	2万吨	浙江省湖州市长兴县综合物流园区铁路南货场	0571-56129118
		台州传化洲锽公路港物流有限公司	2万吨	浙江省台州市黄岩区院桥镇兴华路西段166号	0576-84506666
		江苏奔牛港务集团有限公司	7.5万吨	江苏省常州市新北区奔牛镇奔牛港行政办公楼	0519-83133012
		江苏燕进联运有限公司	2万吨	江苏省常州市新北区罗溪镇塑化路25-1号	0519-83519583
		江苏正盛仓储物流有限公司	3万吨	江苏省南通市海安经济开发区晓星大道105号	0513-80688188
		中国物资储运广州有限公司	3万吨	广州市黄埔区黄埔东路268号怡港大厦A座905-910室	020-82299020
		广州市川金路物流有限公司	3万吨	广东省广州市萝岗区开发大道1330号综合楼101-102房	020-32289663
		金发科技股份有限公司	2.5万吨	广州市高新技术产业开发区科学城科丰路33号	020-66221551
		南储仓储管理集团有限公司	2万吨	佛山市禅城区佛罗公路166号	0757-88015030
		广东柏亚供应链股份有限公司	2万吨	汕头市南澳路283号柏亚日化工业园	0754-86708898
		中国石油天然气股份有限公司（重庆仓储中心）	1.5万吨	重庆市沙坪坝区土主镇土主中路199号附1-443	023-65761203
		四联创业集团股份有限公司	1.8万吨	北京市房山区燕山东流水工业区7号	0571-81992979
		浙江文德进出口有限公司	0.75万吨	浙江省杭州市滨江区滨盛路双城国际1号楼26楼	0571-87170700
		浙江明日控股集团股份有限公司	0.69万吨	浙江省杭州滨江泰安路199号农资大厦1703	0571-87663035
		物产中大化工集团有限公司	0.75万吨	浙江省杭州市下城区中山北路中大广场A座2905室	0571-88278637

续表

品种	交易所	交割仓库	库容	地址	电话
LLDPE（线型低密度聚乙烯）	大商所	浙江杭实善成实业有限公司	0.9万吨	浙江省杭州市上城区甘水巷15号	0571-87172965
		厦门象屿物流集团有限责任公司	1.05万吨	福建省厦门现代物流园区象屿路99号厦门国际航运中心E栋9层02单元	0592-2630295
PP（聚丙烯）	大商所	青州中储物流有限公司	8万吨	山东省青州市玲珑山北路638号	0536-3292056
		国投山东临沂路桥发展有限责任公司	1万吨	山东省临沂市河东区华阳路中段	0539-8088591
		青岛中外运供应链管理有限公司	2万吨	山东省青岛市保税港区莫斯科路46号	0532-86912814
		中储发展股份有限公司（大场分公司）	3.5万吨	上海市宝山区南大路257号	021-56680969
		中储发展股份有限公司（浦东分公司）	2万吨	上海市奉贤区平宇路585路	021-57543285
		上海远盛仓储有限公司	3万吨	上海市虹口区曲阳路900号3号楼225室	021-61806026
		上港集团物流有限公司	2.5万吨	上海市宝山区安达路240号	021-56445090
		上海象屿速传供应链有限公司	2万吨	上海市黄浦区南苏州路999号象屿大厦8楼	021-56010191
		上海中外运张华浜储运有限公司	1万吨	上海市宝山区逸仙路4188号	021-66783019
		国家粮食和物资储备局浙江局八三七处	2万吨	浙江省宁波市镇海区大通路331号	0574-86266748
		宁波保税区高新货柜有限公司	5万吨	宁波保税西区创业6路6号	0574-86884204
		浙江省国际贸易集团物流有限公司	3.5万吨	杭州市体育场路229号	0571-85778718
		杭州临港物流有限公司	7万吨	杭州萧山区瓜沥镇临港工业园区瓜港西路309号	0571-82551033
		浙江尖峰国际贸易有限公司	4万吨	浙江省金华市金义都市新区常春西路88号	0579-82398390
		浙江铁道畅兴物流有限公司	2万吨	浙江省湖州市长兴县综合物流园区铁路南货场	0571-82627176

续表

品种	交易所	交割仓库	库容	地址	电话
PP（聚丙烯）	大商所	台州传化洲鍠公路港物流有限公司	2万吨	浙江省台州市黄岩区院桥镇兴华路西段166号	0576-84860999
		江苏奔牛港务集团有限公司	7.5万吨	江苏省常州市新北区奔牛镇奔牛港行政办公楼	0519-83133023
		江苏燕进联运有限公司	2万吨	江苏省常州市新北区罗溪镇塑化路25-1号	0519-83519583
		江苏金发科技新材料有限公司	1.5万吨	苏州昆山开发区西江路388号	020-66221666
		江苏正盛仓储物流有限公司	3万吨	江苏省南通市海安经济开发区晓星大道105号	0513-80688198
		中国物资储运广州有限公司	3万吨	广州市黄埔区黄埔东路268号怡港大厦A座905-910室	020-82595705
		广州市川金路物流有限公司	3万吨	广东省广州市萝岗区开发大道1330号综合楼101-102房	020-32287605
		金发科技股份有限公司	2.5万吨	广州市高新技术产业开发区科学城科丰路33号	020-66221666
		广东柏亚供应链股份有限公司	2万吨	汕头市南澳路283号柏亚日化工业园	0754-86708805
		中国石油天然气股份有限公司（重庆仓储中心）	1.5万吨	重庆市沙坪坝区土主镇土主中路199号附1-443	023-65732173
		东华能源（宁波）新材料有限公司	1.8万吨	浙江省宁波市大榭开发区东港北路6号	025-86771277
		东华能源（张家港）新材料有限公司	0.9万吨	江苏省张家港市保税区出口加工区东华路668号	025-86771277
		四联创业集团股份有限公司	0.9万吨	北京市房山区燕山东流水工业区7号	0571-81992979
		浙江永安资本管理有限公司	1.05万吨	浙江省杭州市江干区兴业路200号华峰国际32楼	0571-87238671
		浙江明日控股集团股份有限公司	1.14万吨	浙江省杭州滨江泰安路199号农资大厦1703	0571-87663035
		浙江杭实善成实业有限公司	0.9万吨	浙江省杭州市上城区甘水巷15号	0571-87172965
		厦门象屿物流集团有限责任公司	1.05万吨	福建省厦门现代物流园区象屿路99号厦门国际航运中心E栋9层02单元	0592-2630295

续表

品种	交易所	交割仓库	库容	地址	电话
PVC（聚氯乙烯）	大商所	中储发展股份有限公司（浦东分公司）	2万吨	上海市奉贤区平宇路585路	021-57543295 021-37123030
		上海远盛仓储有限公司	3万吨	上海市虹口区曲阳路900号3号楼225室	021-61806028 021-61806025
		上港集团物流有限公司	2.5万吨	上海市宝山区安达路240号	021-56445090 021-56440120
		上海象屿速传供应链有限公司	2万吨	上海市黄浦区南苏州路999号象屿大厦8楼	021-56010175 021-56010110
		上海中外运张华浜储运有限公司	1万吨	上海市宝山区逸仙路4188号	021-66783019
		国家粮食和物资储备局浙江局八三七处	2万吨	浙江省宁波市镇海区大通路331号	0574-86256059
		浙江省国际贸易集团物流有限公司	3.5万吨	杭州市体育场路229号	0571-85779792 0571-85778718
		杭州临港物流有限公司	7万吨	杭州萧山区瓜沥镇临港工业园区瓜港西路309号	0571-83786752 0571-83531810
		浙江尖峰国际贸易有限公司	4万吨	浙江省金华市金义都市新区常春西路88号	0579-82382768 0579-82977115
		浙江铁道畅兴物流有限公司	2万吨	浙江省湖州市长兴县综合物流园区铁路南货场	0571-56129118 0571-56129118
		台州传化洲锽公路港物流有限公司	2万吨	浙江省台州市黄岩区院桥镇兴华路西段166号	0576-84506666 0576-89199091
		江阴市协丰棉麻有限公司	2.5万吨	江苏省江阴市华西村商贸城物流园	0510-86068518 0510-86060500
		江苏奔牛港务集团有限公司	7.5万吨	江苏省常州市新北区奔牛镇奔牛港行政办公楼	0519-83133012
		江苏燕进联运有限公司	2万吨	江苏省常州市新北区罗溪镇塑化路25-1号	0519-83519583
		江苏正盛仓储物流有限公司	3万吨	江苏省南通市海安经济开发区晓星大道105号	0513-80688188
		中国物资储运广州有限公司	3万吨	广州市黄埔区黄埔东路268号怡港大厦A座905-910室	020-82299020
		广州市川金路物流有限公司	3万吨	广东省广州市萝岗区开发大道1330号综合楼101-102房	020-32289663 020-32289962

续表

品种	交易所	交割仓库	库容	地址	电话
PVC（聚氯乙烯）	大商所	南储仓储管理集团有限公司	2万吨	佛山市禅城区佛罗公路166号	0757-88015030 0757-88015120
		上海中泰多经国际贸易有限责任公司	2.1万吨	上海市长宁区江苏路华敏翰尊国际长宁区延安西路726号	021-52217295
		浙江永安资本管理有限公司	1.05万吨	浙江省杭州市江干区兴业路200号华峰国际32楼	0571-88398250
		浙江明日控股集团股份有限公司	0.69万吨	浙江省杭州滨江泰安路199号农资大厦1703	0571-87663035
		物产中大化工集团有限公司	0.75万吨	浙江省杭州市下城区中山北路中大广场A座2905室	0571-88278633
		浙江特产石化有限公司	2.1万吨	浙江省杭州市萧山区三益线万丰大厦	0571-87827082
		厦门象屿物流集团有限责任公司	0.6万吨	福建省厦门现代物流园区象屿路99号厦门国际航运中心E栋9层02单元	0592-5603777
苯乙烯	大商所	南通阳鸿石化储运有限公司	2万吨	如皋市长江镇堤顶路65号	0513-87688067
		江阴华西化工码头有限公司	5万吨	江阴市临港新城石庄办事处诚信路1号	0510-86668562
		常州宏川石化仓储有限公司	5万吨	常州市新北化工园区龙江北路1585号	0519-81697028
		南通千红石化港储有限公司	3万吨	南通市经济技术开发区通盛南路6号	0512-52192368
		江苏利士德化工有限公司	2万吨	江阴市利港镇双良路28号	0510-86630287
		东莞市百安石化仓储有限公司	2万吨	东莞市沙田镇立沙岛石化基地	0769-89985678-761
		东莞三江港口储罐有限公司	2万吨	东莞市虎门港立沙大道15号	0769-82914516
		常熟千红石化港储有限公司	2万吨	常熟经济技术开发区滨江路8号	0512-52192368
		江苏丽天石化码头有限公司	5万吨	江苏省无锡市江阴市利港镇润华路9号	0510-86092189
		中海壳牌石油化工有限公司	0.9万吨	广东省惠州市大亚湾石化园区	18219596777
		新阳科技集团有限公司	3万吨	常州市新北区春江镇龙江北路1569号	15861865556
		江阴市金桥化工有限公司	1.8万吨	江苏省江阴市澄江中路118号国贸大厦10楼	0510-86409651

续表

品种	交易所	交割仓库	库容	地址	电话
苯乙烯	大商所	宁波镇海炼化利安德化学有限公司	1.2万吨	浙江省宁波市镇海区蛟川街道镇浦路2188号	13586795429
		远大能源化工有限公司	2.7万吨	浙江省宁波市惊驾路555号泰富广场A座13楼	13566632188
		宁波中哲物产有限公司	1.8万吨	浙江省宁波市南部商务区泰星巷9号合和国际大厦南楼6楼	13757446706
		中基宁波集团股份有限公司	0.9万吨	浙江省宁波市天童南路666号中基大厦	18668566166
		浙江四邦实业有限公司	1.8万吨	浙江省杭州市香樟街2号泛海国际A座33楼	15868457119
		浙江浙期实业有限公司	0.9万吨	浙江省杭州市西湖区天目山路198号财通双冠大厦东楼9层	17302195783
		浙江敦和实业有限公司	1.5万吨	浙江省杭州市上城区新业路200号华峰国际30楼	0571-88336767
		浙江杭实善成实业有限公司	1.5万吨	浙江省杭州市上城区甘水巷15号	13806676820
		厦门国贸石化有限公司	1.8万吨	厦门市湖里区仙岳路4688号国贸中心A栋	13482474768
		恒力能源（苏州）有限公司	3万吨	江苏省苏州工业园区苏州中心广场88幢2301	13385309773
焦煤	大商所	天津港交易市场有限责任公司	40万吨	天津自贸试验区（东疆保税港区）海铁三路199号	022-25703089 13323399839
		江苏连云港港口股份有限公司	20万吨	连云港市连云区鑫港大厦2212室	0518-82389267 13605132219
		日照港股份有限公司	70万吨	山东省日照市日照港国贸大厦1905室	0633-8382589 13656338817
		青岛港国际股份有限公司	100万吨	青岛市港寰路58号业务与信息化部	0532-82982050 13805428892
		唐山港京唐港区进出口保税储运有限公司	50万吨	唐山海港开发区港兴大街（7号路）以南、海平路（10号路）以西（保税物流中心办公楼三层）	0315-2916385 13931521582
		曹妃甸港集团有限公司	50万吨	河北省唐山市曹妃甸工业区弘毅码头815室	0315-8853422 13932553335
		天津物产进出口贸易有限公司	5万吨	天津市南开区华苑智慧山东塔19层	13622000614

续表

品种	交易所	交割仓库	库容	地址	电话
焦煤	大商所	中铝内蒙古国贸有限公司	6万吨	内蒙古巴彦淖尔市临河区五一街百替文博大厦A座10层	021-68903930
		山西美锦煤焦化有限公司	9.6万吨	山西省太原市杏花岭区府西街92号天隆仓大厦13层	13663516797
		河钢集团北京国际贸易有限公司	6万吨	北京市朝阳区建国路甲92号世茂大厦	15033936170
焦炭	大商所	天津港交易市场有限责任公司	100万吨	天津自贸试验区（东疆保税港区）海铁三路199号	022-25703089 13323399839
		江苏连云港港口股份有限公司	8万吨	连云港市连云区鑫港大厦2212室	0518-82389267 13605132219
		日照港股份有限公司	60万吨	山东省日照市上海路东段日照港国贸中心3楼	0633-8389023 18806339218
		中钢国际货运有限公司	8万吨	天津开发区第三大街51号滨海金融街西区W5-C1-5	010-62688285 13901382998
		青岛港国际股份有限公司	60万吨	青岛市港寰路58号业务与信息化部	0532-82982050 13805428892
		唐山港京唐港区进出口保税储运有限公司	50万吨	唐山海港开发区港兴大街（7号路）以南、海平路（10号路）以西（保税物流中心办公楼三层）	0315-2925650 15930525518
		曹妃甸港集团有限公司	50万吨	河北省唐山市曹妃甸工业区弘毅码头815室	0315-8853429 15127509006
		天津物产进出口贸易有限公司	5万吨	天津市南开区华苑智慧山东塔19层	13622000614
		中铝内蒙古国贸有限公司	6万吨	内蒙古巴彦淖尔市临河区五一街百替文博大厦A座10层	021-68903930
		河北旭阳能源有限公司	9万吨	河北省定州市定曲路	13661397215
		山西美锦煤焦化有限公司	6.6万吨	山西省太原市杏花岭区府西街92号天隆仓大厦13层	15903467668
		山西宏安焦化科技有限公司	2.4万吨	山西省太原市平阳路126号安泰大厦20层	18636083421
		迁安市宏奥工贸有限公司	4.5万吨	河北省迁安市太平庄乡崇家峪村南	0315-7026698 15931532110
		山西阳光焦化集团股份有限公司	4.5万吨	山西省河津经济技术开发区西区1号	0359-5770516 18435985999

续表

品种	交易所	交割仓库	库容	地址	电话
焦炭	大商所	徐州伟天化工有限公司	3万吨	铜山区利国镇马元村	0516-61888286 13775889906
		唐钢美锦（唐山）煤化工有限公司	3万吨	滦县司家营循环经济园区	0315-5035006 18713865831
		河北华丰能源科技发展有限公司	4.5万吨	河北省武安市磁山镇二街	0310-5898985 19931008826
		山东兖矿国际焦化有限公司	3万吨	山东省济宁市兖州区国际大道1号	18053701566
		山西亚鑫能源集团有限公司	3万吨	山西省太原市长治路阳光国际A座22层	0351-5256112 18536665599
		孝义市鹏飞实业有限公司	4.5万吨	山西省吕梁孝义市振兴街与中和路交叉口鹏飞总部	13920289878
		河北中煤旭阳能源有限公司	3万吨	河北省邢台市襄都区晏家屯镇石相村西	13661397215
		山西华鑫煤焦化实业集团有限公司	3万吨	吕梁市交城县奈林村西口	021-65390055 18335819823
		迁安市九江煤炭储运有限公司	3万吨	迁安市上射雁庄乡平青大公路西侧	13703370951 0315-7957651
铁矿石	大商所	天津港交易市场有限责任公司	100万吨	天津自贸试验区（东疆保税港区）海铁三路199号	022-25703089 13323399839
		江苏连云港港口股份有限公司	20万吨	连云港市连云区鑫港大厦2212室	0518-82389267 13605132219
		日照港股份有限公司	90万吨	山东省日照市日照国贸大厦1905室	0633-8382589 13656338817
		青岛港国际股份有限公司	300万吨	青岛市港寰路58号业务与信息化部	0532-82982050 13805428892
		唐山港京唐港区进出口保税储运有限公司	50万吨	唐山海港开发区港兴大街（7号路）以南、海平路（10号路）以西（保税物流中心办公楼三层）	0315-2916471 15081925688
		曹妃甸港集团有限公司	100万吨	河北省唐山市曹妃甸工业区弘毅码头815室	0315-8853429 15127509006
		唐山曹妃甸实业港务有限公司	50万吨	唐山曹妃甸工业区唐山曹妃甸实业港务有限公司	0315-8821176 18633131983
		山东岚桥港有限公司	30万吨	日照市岚山区滨海路66号	0633-2660308 13963309198

续表

品种	交易所	交割仓库	库容	地址	电话
铁矿石	大商所	河北钢铁集团矿业有限公司	20 万吨	河北唐山建设北路 81 号	0315 – 2793187 15081656960
		江苏沙钢国际贸易有限公司	60 万吨	江苏省张家港市锦丰镇沙钢大厦 605	021 – 68599779 – 688 15951186618
		瑞钢联集团有限公司	70 万吨	北京市东城区朝阳门北大街 1 号新保利大厦 23 层	010 – 84193799 13911201973
		中钢德远矿产品有限公司	20 万吨	北京市海淀区海淀大街 8 号 32 层	010 – 62686693 13693546961
		杭州热联集团股份有限公司	35 万吨	杭州市江干区富春路丹桂街 8 号汉嘉国际 35 楼	0571 – 88388196 13588473296
		山东华信工贸有限公司	15 万吨	山东省日照市东港区山海路 99 号	0633 – 8367880 18863376363
		鞍钢股份有限公司	20 万吨	辽宁省鞍山市铁东区团结街 42 号	0412 – 6304143 13322119492
		嘉吉迈拓金属贸易（上海）有限公司	60 万吨	上海市徐汇区淮海中路 999 号上海环贸广场一期 10 楼	021 – 33327131 13818925388
		河钢集团北京国际贸易有限公司	60 万吨	北京市朝阳区建国路甲 92 号世茂大厦	010 – 85898607 17600107507
		天津物产能源资源发展有限公司	45 万吨	天津市河北区王串场街金东里 43 门二层	022 – 58896031 13920110996
		中信金属股份有限公司	60 万吨	北京市朝阳区新源南路 6 号京城大厦 1903 室	010 – 59661967 13581819435
		敬业钢铁有限公司	15 万吨	河北省平山县南甸镇	0311 – 82870539
		沧州中铁装备制造材料有限公司	15 万吨	河北省沧州市黄骅港开发区	010 – 63705151 – 8333 15120013363
		浙江物产金属集团有限公司	15 万吨	杭州市凤起路 78 号	0571 – 85271258 15700084115
		厦门国贸集团股份有限公司	55 万吨	福建省厦门市湖里区仙岳路 4688 号国贸中心 2801 单元	0592 – 5863224 13959257161
		浙江永安资本管理有限公司	15 万吨	浙江省杭州市江干区新业路 200 号华峰国际 32 楼	0571 – 87150538 18958042842
		善成资源有限公司	15 万吨	宁波保税区兴农大厦 206 室	0571 – 86060922 18258185870

续表

品种	交易所	交割仓库	库容	地址	电话
铁矿石	大商所	宝矿国际贸易有限公司	10万吨	上海市裕通路100号宝矿洲际商务中心55-56楼	021-32529920 13816677801
		天津建龙钢铁实业有限公司	40万吨	北京市南四环西路188号总部基地15区2号楼	010-83941558 15801386268
		河北东海特钢集团有限公司	40万吨	中国河北省唐山市滦州市茨榆坨工业园区	0315-7560909 15931519348
		湖南华菱资源贸易有限公司	20万吨	湖南省长沙市天心区湘府西路222号华菱嘉园写字楼4楼	17708464899
		本钢板材股份有限公司	20万吨	辽宁省本溪市平山区人民路16号	024-42224508 18841498101
		宝钢资源控股（上海）有限公司	60万吨	上海市浦东新区世博大道1859号宝武大厦1号楼12楼	021-35880276 18101886795
		河北津西钢铁集团股份有限公司	40万吨	河北省唐山市迁西县三屯营镇东	18131599928
		大连港散货物流中心有限公司	55万吨	大连经济技术开发区新港大连港矿石码头公司	0411-87595577 13604250299
		青岛港国际股份有限公司	20万吨	青岛市港寰路58号业务与信息化部	0532-82982050 13805428892
乙二醇	大商所	张家港保税区长江国际港务有限公司	70万吨	张家港保税物流园西区南京路	0512-58387580
		太仓阳鸿石化有限公司	3万吨	江苏省苏州市太仓市浮桥镇浏家港镇石化路1号	0512-53370193
		南通阳鸿石化储运有限公司	2万吨	如皋市长江镇堤顶路65号	0513-87688019
		南通千红石化港储有限公司	4万吨	南通经济技术开发区通盛南路6号	0513-85991146
		洋山申港国际石油储运有限公司	6万吨	洋山深水港东港区	021-20939056
		江阴恒阳化工储运有限公司	3万吨	江苏省江阴市石庄镇恒阳路1号	0510-86668811
		常州宏川石化仓储有限公司	8万吨	常州新北工业园龙江北路1585号	0519-81697028
		常熟宏川石化仓储有限公司	4万吨	常熟经济开发区沿江工业园建业路2号	0512-52654831
		常熟千红石化港储有限公司	5万吨	常熟经济技术开发区滨江路8号	0512-52192368
		常熟市东联仓储有限公司	3万吨	江苏省常熟经济技术开发区建业路4号	0512-52654283
		宁波宁兴液化储运有限公司	8万吨	宁波市镇海区威远路111号	0574-27695504

续表

品种	交易所	交割仓库	库容	地址	电话
乙二醇	大商所	东莞三江港口储罐有限公司	2万吨	东莞市虎门港立沙大道15号	0769-82914516
		张家港保税区长江国际扬州石化仓储有限公司	3万吨	江苏扬州仪征化学工业园区中化路3号	0514-83211602
		东莞市百安石化仓储有限公司	2万吨	广东东莞市沙田镇立沙岛	0769-89985678-761
		江苏长江石油化工有限公司	3万吨	江苏省太仓市太仓港港口开发区滨江南路8号	0512-53719630
		江苏恒科新材料有限公司	3万吨	江苏省南通市通州滨江新区（五接镇）恒力纺织新材料产业园	0513-68655846
		中海壳牌石油化工有限公司	2万吨	广东省惠州市大亚湾石化园区	020-22398901
		中基宁波集团股份有限公司	4.5万吨	浙江省宁波市天童南路666号中基大厦	18668566166
		远大能源化工有限公司	6万吨	宁波市鄞州区惊驾路555号泰富广场A座1308室	13805849702
		浙江永安资本管理有限公司	6万吨	浙江省杭州市上城区新业路200号华峰国际32层	13777869200
		连云港石化有限公司	3万吨	连云港市徐圩新区复堆河路西150米	13705736122
		浙江前程石化股份有限公司	4.5万吨	浙江省宁波市鄞州区和源路510号宁兴国贸大厦18-19楼	0574-87780904
		物产中大化工集团有限公司	1.5万吨	浙江省杭州市拱墅区中山北路中大广场A座2912室	13588180968
LPG（液化石油气）	大商所	海洋石油阳江实业有限公司	1.6万吨	阳江市江城区平冈镇大魁管理区墩波至咀头地段	0662-3828364
		东莞市九丰能源有限公司	6万吨	广东省东莞市沙田镇立沙岛作业区立沙大道16号	13925892021
		广州华凯石油燃气有限公司	2万吨	广东省广州市南沙区环市大道北1号广州华凯石油燃气有限公司	020-28650599
		江门市新江煤气有限公司	0.5万吨	江门市新会区古井镇的官冲乡牛牯岭	13760620711
		广东中石油昆仑液化气有限公司	2.4万吨	汕头市濠江区塔头库区	13502755058
		潮州市欧华能源有限公司	5.6万吨	广东省潮州市饶平县所城镇龙湾村红螺山东侧	0768-2863931

续表

品种	交易所	交割仓库	库容	地址	电话
LPG（液化石油气）	大商所	物产中大化工集团有限公司	5万吨	浙江省嘉兴市平湖市独山港镇白沙路333号	0571-88278637
		万华化学（烟台）石化有限公司	6万吨	山东省烟台市开发区大季家镇包头路万华化学工业园	18953568967
		广西中油能源有限公司	2万吨	广西防城港市港口区东部吹填区	0770-2805010
		福建华星石化有限公司	2.4万吨	福建省泉州市泉港区上西村	13116110976
		福州中民新能源有限公司	6万吨	福建省福州市福清市江阴镇工业区福建中景石化科技园	13338415050
		宁波百地年液化石油气有限公司	6万吨	浙江省宁波市大榭开发区关外路1号	13776569198
		浙江赛铬能源有限公司	2.4万吨	浙江省嘉兴市乍浦镇雅山西路988号	0573-85587663
		广西天盛港务有限公司	6万吨	钦州港经济开发区果鹰大道鹰岭作业区	15366151577
		浙江卫星能源有限公司	2.4万吨	浙江嘉兴平湖兴港路1号	13511368761
		东华能源股份有限公司	6万吨	张家港保税区出口加工区东华路668号	15366151502
		山东京博石油化工有限公司	4.8万吨	山东省滨州市博兴经济开发区	15066988903
		山东神驰石化有限公司	4.2万吨	山东省东营市东营港经济开发区港北三路南，港西二路西	15254619195
		青岛运达石油化工有限公司	4.8万吨	龙口市环海路24号	18553300111
		浙江中燃华电能源有限公司	3.2万吨	浙江省温州市洞头区	0577-56610010
		福化工贸（漳州）有限公司	3.4万吨	福建省漳州市古雷港经济开发区古雷镇下林路17号	17689381954
		宁波中金石化有限公司	1.2万吨	浙江省宁波市镇海区宁波石化经济技术开发区荣盛路1号	0574-86688806
		江阴市金桥化工有限公司	3万吨	江苏省靖江市新港园区敦土路南首	0510-86409601
		宁波齐鲁新化能源科技有限公司	2.4万吨	山东省青岛市黄岛区青岛港董家口港区	18017342538
		东营联合石化有限责任公司	5万吨	东营市东营港经济开发区港西二路以东，港北二路以北	13561096056
		中化弘润石油化工有限公司	6万吨	山东省青州市开发区弘润工业园弘润厂区内	15953665703
		上海煜驰进出口有限公司	4.2万吨	浙江省宁波市北仑区戚家山街道宏源路168号	13051177206

续表

品种	交易所	交割仓库	库容	地址	电话
生猪	大商所	牧原食品股份有限公司	2 400 吨	河南省南阳市卧龙区龙升工业园区 G312 牧原集团	18337818079 15139060731
		湖北钟祥牧原养殖有限公司	3 600 吨	湖北省钟祥市旧口镇大王庙村	18337818079 17739507756
		安徽颍上牧原农牧有限公司	2 400 吨	安徽省阜阳市颍上县经开区高速出口南 200 米	18337818079 19156528850
		正阳牧原农牧有限公司	2 400 吨	河南省驻马店市正阳县西三环路	18337818079 18623776773
		亳州温氏畜牧有限公司	1 200 吨	安徽省亳州市涡阳县楚店镇李楼行政村	13655671766
		东营正邦生态农业发展有限公司	1 200 吨	山东省东营市河口区新户镇南王育肥场	19979532677
		夏津新希望六和农牧有限公司	1 200 吨	山东省德州市夏津县西外环电子商务产业园	15010355992 18253468362
		南京新牧农牧有限公司	720 吨	南京市高淳区经济开发区汶溪路 127 号南京洲城科技园 5 栋 2 楼	15010355992 15092918316
		邳州正大食品有限公司	720 吨	江苏省徐州市邳州市炮车镇滨湖大道南太湖大道西	13615129799
		泗阳双胞胎畜牧有限公司	1 200 吨	江苏省宿迁市泗阳县南刘集乡花井村	18170808299
		灵璧双胞胎泰峰畜牧有限公司	720 吨	安徽省宿州市灵璧县虞姬乡灵璧双胞胎泰峰畜牧有限公司	18170807043 18170805623
		中粮家佳康（江苏）有限公司	1 200 吨	江苏省盐城市东台市弶港镇	13756099995 18751437911
		中粮家佳康（河南）有限公司	1 200 吨	河南省商丘市永城市图书馆六楼	13756099995 13598390963
		中粮家佳康（盐城）有限公司	1 200 吨	江苏省盐城市响水县大有镇	13756099995 18751437911
		武汉中粮肉食品有限公司	720 吨	湖北省武汉市江夏区山坡街新生村	13756099995 13377876073
		泗洪德康农牧科技有限公司	2 400 吨	江苏省宿迁市泗洪县沙家浜路 2 号	13402800235 15252864667
		湖北三匹畜牧科技有限公司	1 200 吨	湖北省安陆市巡店镇傲农集团安陆养猪运营中心	13886534699
		宿迁市立华牧业有限公司	1 200 吨	江苏省宿迁市沭阳县李恒镇汤涧现代农业产业园	13806113287 15956707016

续表

品种	交易所	交割仓库	库容	地址	电话
生猪	大商所	武汉市江夏区金龙畜禽有限责任公司	1 200 吨	湖北省武汉市江夏区大桥新区侨亚国际大厦24层	13419629163
		汝南天康宏展农牧科技有限公司	1 200 吨	河南省郑州市郑东新区商务外环路29号国泰财富中心	13503817550 18749775977
		河南龙凤山农牧股份有限公司	1 200 吨	河南省驻马店市驿城区天中山大道学府大厦2单元15楼	17719192877
		正康（义乌）猪业有限公司	720 吨	浙江省义乌市义亭镇绿发农业开发有限公司（正康猪业办公室）	18867950326 15857949741
		河南省黄泛区鑫欣牧业股份有限公司	1 200 吨	河南省周口市川汇区泛区中心东路266号	15514444414 18538641269

注释：郑商所的仓库库容均为最低保障库容，厂库库容为最大库容。

附录 6
机构名录[①]

附录 6-1　中国期货业协会会员名录

普通会员——期货公司

序号	机构全称	通信地址
1	方正中期期货有限公司	北京市朝阳区东三环北路38号院1号楼泰康金融大厦22层（100026）
2	金鹏期货经纪有限公司	北京市西城区金融大街27号投资广场B座九层
3	国都期货有限公司	北京市东城区东直门南大街3号国华投资大厦8层、10层
4	中粮期货有限公司	北京市东城区东直门南大街5号中青旅大厦15层
5	北京首创期货有限责任公司	北京市西城区宣武门外大街甲1号3层301、302、314房间
6	一德期货有限公司	天津市和平区解放北路188号信达大厦16层
7	宏源期货有限公司	北京市海淀区西直门北大街甲43号金运大厦B座6层
8	第一创业期货有限责任公司	北京市西城区新街口北大街3号星街坊购物中心6层603、604室
9	冠通期货股份有限公司	北京市朝阳区朝外大街甲6号万通中心D座20层
10	国元期货有限公司	北京市东城区东直门外大街46号1号楼19层1901，9层906、908B
11	首创京都期货有限公司	北京市朝阳区安定门外大街1号1幢10层1018室
12	中衍期货有限公司	北京市朝阳区东四环中路82号金长安大厦B座7层
13	中钢期货有限公司	北京市海淀区海淀大街8号19层
14	华金期货有限公司	天津市和平区五大道街南京路183号世纪都会商厦办公楼22层2203-2207室
15	财达期货有限公司	天津市和平区南京路君隆广场B座501-503

[①] 截至2021年12月31日。

续表

序号	机构全称	通信地址
16	国泰君安期货有限公司	上海市静安区新闸路669号29层、30层
17	山金期货有限公司	天津市南开区长江道与三马路交口融汇广场B座21层
18	和融期货有限责任公司	天津市和平区郑州道18号港澳大厦103，201-1，201-2，302-1，302-2
19	恒银期货有限公司	石家庄市槐安东路90号国富大厦三层
20	山西三立期货经纪有限公司	山西省太原市府西街69号国贸A座18层
21	民生期货有限公司	北京市东城区建国门内大街28号民生金融中心A座19层
22	和合期货有限公司	山西省太原市菜园东街2号和合期货
23	鑫鼎盛期货有限公司	福建省福州市台江区曙光支路128号福州农商银行总部大楼地上15层01、02半单元
24	先锋期货股份有限公司	深圳市罗湖区桂园街道老围社区深南东路5016号蔡屋围京基一百大厦A座5401-01、11、12单元
25	九州期货有限公司	北京市海淀区西直门北大街甲43号金运大厦B座1418室
26	江海汇鑫期货有限公司	济南市历下区经十路17703号华特广场五层C区C500.502室
27	国盛期货有限责任公司	中国（上海）自由贸易试验区世纪大道1501号501、502、503、505、506、507、508、509室
28	天富期货有限公司	吉林省长春市人民大街10606号东北亚国际金融中心5层
29	中融汇信期货有限公司	上海市浦东新区东育路255弄5号29层
30	恒力期货有限公司	辽宁省大连市沙河口区会展路129号大连国际金融中心A座-大连期货大厦33、34层3302、3305、3401、3410室
31	兴证期货有限公司	福州市鼓楼区温泉街道湖东路268号6层（兴业证券大厦）
32	晟鑫期货经纪有限公司	山西省阳泉市德胜东街23号
33	天鸿期货经纪有限公司	上海市虹口区东大名路501号32层01、07、08单元
34	大通期货经纪有限公司	黑龙江哈尔滨南岗区西大直街118号1号楼6楼
35	中金财富期货有限公司	深圳市福田区莲花街道福新社区益田路6001号太平金融大厦4203-4205单元
36	银河期货有限公司	北京市朝阳区朝外大街16号1幢11层1101单元
37	紫金天风期货股份有限公司	上海市虹口区黄浦路99号上海滩国际大厦508室
38	中国国际期货股份有限公司	北京市朝阳区建国门外光华路14号中国中期大厦A座6层
39	渤海期货股份有限公司	中国（上海）自由贸易试验区新金桥路28号1201、1202、1203、1205室
40	国富期货有限公司	上海市浦东新区杨高南路799号25层01、04
41	海通期货股份有限公司	中国（上海）自由贸易试验区世纪大道1589号17楼、6楼01-04单元、25楼、2楼05、03单元
42	华鑫期货有限公司	上海市黄浦区福州路666号21、22楼

续表

序号	机构全称	通信地址
43	光大期货有限公司	中国（上海）自由贸易试验区杨高南路729号陆家嘴世纪金融广场1号楼6楼
44	铜冠金源期货有限公司	上海市浦东新区源深路273号（1、2、3楼）
45	恒泰期货股份有限公司	上海市浦东新区峨山路91弄120号2层201单元
46	国投安信期货有限公司	北京市西城区广安门外南滨河路1号高新大厦9层
47	建信期货有限责任公司	上海市浦东新区银城路99号502、503室
48	上海东亚期货有限公司	上海市虹口区东大名路1089号26层2601-2608单元
49	上海东方期货经纪有限责任公司	上海市浦东新区松林路300号1603室
50	上海大陆期货有限公司	上海市徐汇区凯旋路3131号明申中心大厦25楼
51	东航期货有限责任公司	上海市吴中路686弄3号D幢16楼201103
52	中财期货有限公司	上海市浦东新区陆家嘴环路958号23楼
53	上海浙石期货经纪有限公司	上海市浦东新区浦电路438号双鸽大厦10-G室
54	瑞银期货有限责任公司	中国（上海）自由贸易试验区花园石桥路33号3808室
55	通惠期货有限公司	上海市浦东新区陆家嘴西路99号7楼
56	上海东证期货有限公司	上海市黄浦区中山南路318号2号楼11层、21层、22层（01室、04室）、31层（01室、02室、03室、04室）、35层
57	海证期货有限公司	上海市临平北路19号3楼
58	上海中期期货股份有限公司	上海市浦东新区世纪大道1701号1301单元
59	上海东方财富期货有限公司	中国（上海）自由贸易试验区世纪大道1500号12楼北座、902A室、802A室、802B室、802D-3室、802D-5室、802D-6室、802D-7室
60	江苏东华期货有限公司	江苏省南京市王府大街63号5层
61	国联期货股份有限公司	江苏省无锡市金融一街8号6楼
62	创元期货股份有限公司	苏州市工业园区苏州大道东265号现代传媒广场25楼
63	东海期货有限责任公司	上海市浦东新区东方路1928号东海证券大厦8楼
64	新纪元期货股份有限公司	江苏省徐州市淮海东路153号
65	弘业期货股份有限公司	南京市中华路50号弘业大厦9楼
66	前海期货有限公司	深圳市前海深港合作区梦海大道5033号卓越前海壹号A栋26楼08单元
67	锦泰期货有限公司	南京市玄武区中央路258-28号锦盈大厦
68	物产中大期货有限公司	浙江省杭州市中山北路310号3层、11层西、12层东、18层
69	浙江新世纪期货有限公司	浙江省杭州市体育场路335号
70	宝城期货有限责任公司	杭州市西湖区求是路8号公元大厦南裙楼5层
71	大地期货有限公司	浙江省杭州市江干区四季青街道香樟街39号24、25层
72	浙商期货有限公司	浙江省杭州市下城区环城北路305号耀江发展中心20层

续表

序号	机构全称	通信地址
73	大越期货股份有限公司	浙江省绍兴市解放北路186号7楼
74	信达期货有限公司	浙江省杭州市萧山区宁围街道利一路188号天人大厦19-20层
75	新湖期货股份有限公司	上海市静安区裕通路100号36层、38层3801-5室
76	南华期货股份有限公司	杭州市上城区横店大厦301室、401室、501室、701室、901室、1001室、1101室、1201室
77	国海良时期货有限公司	杭州市河东路91号
78	永安期货股份有限公司	浙江省杭州市上城区新业路200号华峰国际商务大厦10层、1101室、1102室、1104室、16-17层
79	兴业期货有限公司	上海市浦东新区银城路167号兴业银行大厦11层
80	中泰期货股份有限公司	济南市市中区经七路86号15、16层
81	山东齐盛期货有限公司	山东省淄博市张店区柳泉路45号甲3号5层
82	中州期货有限公司	山东省烟台市芝罘区西关南街2号万达金融中心（A3）座20楼
83	英大期货有限公司	注册地址：北京市朝阳区呼家楼京广中心6层605室；办公地址：北京市东城区建国门内大街乙18号院英大国际大厦2层
84	徽商期货有限责任公司	安徽省合肥市芜湖路258号3号楼6-7层、6号楼1-2层
85	华安期货有限责任公司	安徽省合肥市蜀山区潜山路190号华邦世贸中心超高层写字楼40、41层
86	安粮期货股份有限公司	安徽省合肥市包河区花园大道986号安粮中心23-24层
87	格林大华期货有限公司	北京市朝阳区建国门外大街8号楼北京国际财源中心A座21层2101单元
88	华融融达期货股份有限公司	郑州市郑东新区商务内环路27号楼万达期货大厦3层
89	国信期货有限责任公司	上海市虹口区东大名路358号2001、2002、2003、2005、2006、2007、2008、2009、2010、2013、2015、2016、2017室
90	中原期货股份有限公司	河南省郑州市郑东新区商务外环路10号中原广发金融大厦四楼
91	福能期货有限公司	福建省福州市鼓楼区五四路75号海西商务大厦31层
92	金信期货有限公司	湖南省芙蓉区长沙市车站北路459号证券大厦5楼
93	美尔雅期货有限公司	湖北省武汉市江汉区青年路169号ICC武汉环贸中心A塔16层
94	云财富期货有限公司	新疆乌鲁木齐市天山区西河坝后街137号瑞达国际大厦7楼
95	华闻期货有限公司	上海市黄浦区北京东路666号H楼31层
96	长江期货股份有限公司	湖北省武汉市武昌区中北路9号长城汇T2号写字楼第27层
97	宁证期货有限责任公司	南京市秦淮区长乐路226号
98	华联期货有限公司	广东省东莞市城区可园南路1号金源中心17层
99	华龙期货股份有限公司	甘肃省兰州市城关区静宁路308号信托大厦4楼
100	广发期货有限公司	广州市天河区天河北路183—187号大都会广场38楼3801—3819，41楼4101—4120，42楼和43楼

续表

序号	机构全称	通信地址
101	混沌天成期货股份有限公司	深圳市福田区福华三路与金田路交汇处卓越世纪中心 3 号楼 2701 - 2710 室
102	佛山金控期货有限公司	广东省佛山市南海区桂城街道永胜西路 22 号新凯广场 2 座 39 层
103	长城期货股份有限公司	广东省广州市天河区珠江新城珠江西路 17 号广晟国际大厦 1501 - B
104	摩根大通期货有限公司	中国（上海）自由贸易试验区银城中路 501 号 4605 室
105	华泰期货有限公司	广州市南沙区横沥镇明珠三街 1 号 10 层 1001 - 1004、1011 - 1016 房 增加经营场所：广州市天河区临江大道 1 号之一 2101 - 2106 单元
106	金石期货有限公司	新疆乌鲁木齐市天山区解放北路 177 号徕远广场 B 座 29 楼
107	中天期货有限责任公司	北京市丰台区方庄芳古园一区 29 号楼 3 层
108	国贸期货有限公司	福建省厦门市湖里区仙岳路 4688 号国贸中心 A 栋 16 层
109	中航期货有限公司	深圳市福田区华富路 1006 号航都大厦 25 层
110	中信期货有限公司	深圳福田中心三路 8 号卓越时代广场二期 14 层
111	五矿期货有限公司	深圳市南山区粤海街道海珠社区滨海大道 3165 号五矿金融大厦 1301、1401、1501、1601
112	招商期货有限公司	深圳市福田区福田街道福安社区福华一路 111 号招商证券大厦 16 楼、17 楼 1703 室
113	深圳市中金岭南期货有限公司	深圳市福田区深南大道 6013 号中国有色大厦 18 楼
114	乾坤期货有限公司	广东省深圳市福田区中心四路 1 号嘉里建设广场第一座第十六层 02B、03A2 室
115	海航期货股份有限公司	深圳市罗湖区桂园街道老围社区蔡屋围京基一百大厦 A 座 4301 - 02 单元
116	神华期货有限公司	深圳市福田区深南大道 1006 号深圳国际创新中心 A 栋 27 层东半层 A
117	金瑞期货股份有限公司	深圳市福田区福田街道岗厦社区深南大道 1003 号东方新天地广场 A3101、A3102、A3103、A3104、A3105、A3106
118	平安期货有限公司	深圳市福田区金田路 4036 号荣超大厦 15 层 1501、1503 单元
119	金元期货股份有限公司	海南省海口市南宝路 36 号证券大厦 1 楼
120	华融期货有限责任公司	海南省海口市龙昆北路 53 - 1 号
121	道通期货经纪有限公司	江苏省南京市鼓楼区广州路 188 号苏宁环球大厦 5 层 02 座
122	申银万国期货有限公司	中国（上海）自由贸易试验区东方路 800 号 7 楼、8 楼、10 楼、3401 室
123	华西期货有限责任公司	成都市青羊区通惠门路 3 号
124	瑞达期货股份有限公司	厦门市思明区塔埔东路 169 号 13 层
125	国金期货有限责任公司	成都市锦江区东大街芷泉段 229 号 1 栋 2 单元 28 层

续表

序号	机构全称	通信地址
126	倍特期货有限公司	成都市高新区锦城大道539号盈创动力大厦A座4楼406室
127	西南期货有限公司	重庆市江北区金沙门路32号23层（不含2310、2311室）
128	中信建投期货有限公司	重庆市渝中区中山三路131号希尔顿商务中心27楼、30楼
129	中电投先融期货股份有限公司	重庆市江北区江北城聚贤岩9号国华金融中心A塔23F
130	红塔期货有限责任公司	云南省昆明市春城路168号
131	西部期货有限公司	陕西省西安市新城区东新街319号（人民大厦）8幢10000室9层、10层
132	长安期货有限公司	陕西省西安市浐灞生态区浐灞大道1号浐灞外事大厦9层
133	东兴期货有限责任公司	上海市虹口区杨树浦路248号22楼
134	江西瑞奇期货有限公司	江西省南昌市红谷滩区雅苑路196号金控大厦17楼
135	迈科期货股份有限公司	陕西省西安市高新区锦业路12号迈科中心43层
136	永商期货有限公司	黑龙江省哈尔滨市南岗区中山路260号9层901室
137	中辉期货有限公司	上海市浦东新区新金桥路27号10号楼5层A区
138	大有期货有限公司	湖南省长沙市天心区芙蓉南路二段128号现代广场三、四楼
139	华创期货有限责任公司	重庆市渝中区中山三路131号希尔顿商务楼13楼
140	云晨期货有限责任公司	云南省昆明市盘龙区华云路1号
141	东吴期货有限公司	上海市西藏南路1208号6楼、19楼
142	广州金控期货有限公司	广东省广州市天河区体育西路191号中石化大厦B塔25楼
143	盛达期货有限公司	浙江省杭州市萧山区宁围街道平澜路259号国金中心2单元2201室
144	广州期货股份有限公司	广州市天河区珠江西路5号广州国际金融中心主塔写字楼第1007-1012房
145	津投期货经纪有限公司	天津市河西区马场道59号国贸中心大厦A座9层
146	中金期货有限公司	北京市朝阳区建外大街1号国贸写字楼2座7层
147	东方汇金期货有限公司	吉林省长春市朝阳区西安大路2128号绿地蓝海5A第20层
148	财信期货有限公司	湖南省长沙市五一西路2号第一大道14楼
149	中银国际期货有限责任公司	中国（上海）自由贸易试验区世纪大道1589号903-909室
150	山东港信期货有限公司	山东省青岛市市南区香港西路48号海天中心T2写字楼10楼

普通会员——证券公司

序号	机构全称	通信地址
1	平安证券股份有限公司	深圳市福田区益田路5023号平安金融中心南塔第22-25层
2	中国银河证券股份有限公司	北京市丰台区西营街8号院1号楼青海金融大厦
3	中泰证券股份有限公司	济南市市中区经七路86号21层

续表

序号	机构全称	通信地址
4	华泰证券股份有限公司	江苏省南京市建邺区江东中路228号华泰证券广场1号楼
5	东海证券股份有限公司	上海市浦东新区东方路1928号东海证券大厦7楼
6	光大证券股份有限公司	上海市静安区新闸路1508号静安国际广场
7	兴业证券股份有限公司	福州市湖东路268号
8	海通证券股份有限公司	上海市黄浦区广东路689号海通证券大厦
9	申万宏源证券有限公司	上海市长乐路989号世纪商贸广场40楼
10	长江证券股份有限公司	湖北省武汉市江汉区新华路特8号
11	广发证券股份有限公司	广州市天河区马场路26号广发证券大厦
12	国都证券股份有限公司	中国北京市东城区东直门南大街3号国华投资大厦9层
13	长城证券股份有限公司	深圳市福田区金田路2026号能源大厦南塔楼18层
14	中信证券股份有限公司	广东省深圳市福田区中心三路8号中信证券大厦
15	国信证券股份有限公司	广东省深圳市罗湖区红岭中路1012号国信证券大厦16–26楼
16	中信证券（山东）有限责任公司	山东省青岛市崂山区深圳路222号1号楼2001
17	华福证券有限责任公司	福建省福州市鼓楼区鼓屏路27号1号楼3层、4层、5层
18	国泰君安证券股份有限公司	上海市银城中路168号上海银行大厦29楼
19	华安证券股份有限公司	合肥市政务文化新区天鹅湖路198号
20	山西证券股份有限公司	山西省太原市府西街69号山西国际贸易中心东塔
21	东方证券股份有限公司	上海市黄浦区外马路118号东方证券大厦
22	中信建投证券股份有限公司	北京市东城区朝内大街188号
23	渤海证券股份有限公司	天津市南开区宾水西道8号
24	安信证券股份有限公司	深圳市福田区金田路4018号安联大厦35层
25	东莞证券股份有限公司	广东省东莞市莞城区可园南路1号金源中心30楼
26	信达证券股份有限公司	北京市西城区闹市口大街9号楼1号楼
27	国联证券股份有限公司	无锡市金融一街8号国联金融大厦8楼
28	西部证券股份有限公司	陕西省西安市新城区东新街319号8幢10000室
29	南京证券股份有限公司	南京市建邺区江东中路389号南京证券办公室
30	东吴证券股份有限公司	江苏省苏州工业园区星阳街5号
31	中银国际证券有限责任公司	上海市浦东新区银城中路200号中银大厦40层
32	中原证券股份有限公司	河南省郑州市郑东新区商务外环路10号
33	中国国际金融股份有限公司	北京市朝阳区建国门外大街1号国贸大厦2座28层
34	浙商证券股份有限公司	浙江省杭州市江干区五星路201号浙商大楼8F衍生品经纪业务总部
35	财通证券股份有限公司	杭州市杭大路15号嘉华国际商务中心1722室
36	大通证券股份有限公司	大连市沙河口区会展路129号大连期货大厦39层
37	金元证券股份有限公司	深圳市深南大道4001号时代金融中心大厦17楼

续表

序号	机构全称	通信地址
38	申万宏源西部证券有限公司	新疆乌鲁木齐市高新区（新市区）北京南路358号大成国际大厦20楼2005室
39	方正证券股份有限公司	长沙市芙蓉中路二段华侨国际大厦22-24层
40	华西证券股份有限公司	成都市高新区天府二街198号
41	第一创业证券股份有限公司	深圳市福田区福华一路115号投行大厦20楼
42	国元证券股份有限公司	安徽省合肥市梅山路18号
43	湘财证券股份有限公司	长沙市天心区湘府中路198号新南城商务中心A栋11楼
44	民生证券股份有限公司	北京市东城区建国门内大街28号民生金融中心A座18层
45	国海证券股份有限公司	广西南宁市滨湖路46号国海大厦
46	中山证券有限责任公司	深圳市南山区粤海街道蔚蓝海岸社区创业路1777号海信南方大厦21层、22层
47	华创证券有限责任公司	贵州省贵阳市云岩区中华北路216号华创大厦
48	中航证券有限公司	江西省南昌市红谷滩新区红谷中大道1619号国际金融中心A座41层
49	万联证券有限责任公司	广州市天河珠江东路11号19楼
50	江海证券有限公司	哈尔滨市香坊区赣水路56号
51	东兴证券股份有限公司	北京市西城区金融大街5号新盛大厦12-15层
52	恒泰证券股份有限公司	内蒙古自治区呼和浩特市新城区海拉尔东街满世尚都办公商业综合楼
53	红塔证券股份有限公司	云南省昆明市北京路155号附1号红塔大厦9楼
54	国盛证券有限责任公司	江西省南昌市新建区子实路1589号
55	华融证券股份有限公司	北京市朝阳区朝阳门北大街18号
56	德邦证券股份有限公司	上海市福山路500号城建国际中心29楼
57	华龙证券股份有限公司	兰州市城关区东岗西路638号兰州财富中心21楼
58	中天证券股份有限公司	辽宁省沈阳市和平区南5马路121号4楼
59	财达证券股份有限公司	河北省石家庄市自强路35号庄家金融大厦24层
60	上海证券有限责任公司	上海市黄浦区四中路213号久事商务大厦7楼
61	东北证券股份有限公司	长春市自由大路1138号
62	开源证券股份有限公司	陕西省西安市锦业路1号都市之门B座5层
63	天风证券股份有限公司	湖北省武汉市武昌区中南路99号保利广场A座37楼
64	国金证券股份有限公司	四川省成都市青羊区东城根上街95号成证大厦16层
65	中信证券华南股份有限公司	广州市天河区珠江西路5号广州国际金融中心5层
66	方正证券承销保荐有限责任公司	北京市朝阳区北四环中路27号盘古大观A座40-43层
67	诚通证券股份有限公司	北京市海淀区北三环西路99号院西海国际中心1号楼15层1501
68	西南证券股份有限公司	重庆市江北区桥北苑8号西南证券大厦

续表

序号	机构全称	通信地址
69	万和证券股份有限公司	深圳市福田区深南大道 7028 号时代科技大厦西厅 20 层
70	首创证券股份有限公司	北京市西城区德胜门外大街 115 号德胜尚城 E 座
71	华宝证券股份有限公司	中国（上海）自由贸易试验区浦电路 370 号 2、3、4 层
72	五矿证券有限公司	深圳市福田区金田路 4028 号荣超经贸中心办公楼 47 层 01 单元
73	太平洋证券股份有限公司	云南省昆明市青年路 389 号志远大厦 18 层
74	华林证券股份有限公司	广东省深圳市福田区民田路 178 号华融大厦 6 楼
75	联储证券有限责任公司	青岛市崂山区苗岭路 15 号金融中心大厦 15 层
76	世纪证券有限责任公司	深圳市福田区深南大道 7088 号招商银行大厦 40－42 层
77	粤开证券股份有限公司	广州市经济技术开发区科学大道 60 号开发区控股中心 21、22、23 层
78	大同证券有限责任公司	山西省大同市平城区迎宾街 15 号桐城中央 21 层
79	长城国瑞证券有限公司	福建省厦门市思明区深田路 46 号深田国际大厦 20 楼
80	东方财富证券股份有限公司	西藏自治区拉萨市柳梧新区国际总部城 10 栋楼
81	宏信证券有限责任公司	四川省成都市人民南路二段 18 号川信大厦 10 楼
82	银泰证券有限责任公司	深圳市福田区竹子林四路紫竹七道光大银行大厦 18 楼
83	九州证券股份有限公司	北京市朝阳区安立路 30 号仰山公园东一门 2 号楼
84	华金证券股份有限公司	上海市静安区天目西路 128 号 19 层 1902 室
85	英大证券有限责任公司	深圳市福田区深南中路华能大厦 30、31 层

普通会员——资产管理公司

序号	机构全称	通信地址
1	华期梧桐成都资产管理有限公司	成都青羊区通惠门路 3 号
2	深圳天风天成资产管理有限公司	湖北省武汉市武昌区中北路知音广场 15 楼天风天成
3	深圳中金岭南金汇资本管理有限公司	广东省深圳市福田区深南大道 6025 号英龙大厦 911 室
4	四川倍特资产管理有限公司	四川省成都市高新区锦城大道 539 号盈创动力大厦 4 楼 405 室
5	混沌天成资产管理（上海）有限公司	上海市浦东新区世纪大道 826 号 904 室
6	上海杰询资产管理有限公司	上海市徐汇区凯旋路 3131 号名申中心大厦 26 楼
7	盈蒔（上海）资产管理有限公司	中国（上海）自由贸易试验区杨高南路 799 号 23 层 04 单元
8	厦门国贸资产管理有限公司	厦门湖里区仙岳路 4688 号国贸中心 A 座 15 楼－2
9	中电投先融（上海）资产管理有限公司	上海市黄浦区中山南路 268 号新源广场 1 号楼 17 层
10	和合资产管理（上海）有限公司	上海市浦东新区银城中路 501 号 3002 室

普通会员——风险管理公司

序号	机构全称	通信地址
1	浙江永安资本管理有限公司	杭州市江干区新业路 200 号华峰国际商务大厦 32 层
2	浙江浙期实业有限公司	浙江省杭州市西湖区天目山路 198 号财通双冠大厦东楼 9 层
3	上海融致实业有限公司	地址 1：河南省郑州市郑东新区商务内环 28 号中储粮大厦 8 层 地址 2：上海市浦东新区樱花路 100 号富荟广场 901
4	广发商贸有限公司	上海市浦东新区东方路 1217 号陆家嘴金融服务广场 11 楼 E 座
5	鲁证资本管理有限公司	山东省济南市市中区经七路 86 号证券大厦 16 楼
6	浙江济海贸易发展有限公司	浙江杭州香樟街 39 号浙江国贸金融总部大楼 24 层。
7	上海新湖瑞丰金融服务有限公司	上海市浦东新区浦电路 500 号 1801B
8	浙江南华资本管理有限公司	浙江省杭州市西湖大道 193 号定安名都 B 座 313 室
9	江苏锦盈资本管理有限公司	江苏省南京市玄武区中央路 258 号 – 28 号（锦盈大厦 6808）
10	上海际丰投资管理有限责任公司	地址 1：北京市朝阳区东三环北路 38 号院泰康金融大厦 22 层 地址 2：上海市浦东新区福山路 450 号新天国际大厦 24 楼
11	弘业资本管理有限公司	南京市秦淮区中华路 50 号弘业大厦六楼 6028 室
12	中信中证资本管理有限公司	深圳市福田区中心三路 8 号卓越时代广场二期 13 楼
13	宏源恒利（上海）实业有限公司	上海市浦东新区世纪大道 1589 号 1501 单元
14	中粮祈德丰投资服务有限公司	上海市浦东新区福山路 500 号 507 室
15	金瑞前海资本管理（深圳）有限公司	深圳市福田区彩田路东方新天地广场 A 座 4C
16	上海海通资源管理有限公司	上海市浦东新区世纪大道 1568 号中建大厦 1602 室
17	瑞达新控资本管理有限公司	福建省厦门市思明区观音山南投路 11 号荣鑫盛营运中心 6 楼 E 单元
18	申银万国智富投资有限公司	上海市浦东新区东方路 800 号宝安大厦 27 楼 2702B
19	华泰长城资本管理有限公司	地址 1：上海市浦东新区 1788，1800 号 T1 第 29 层 01B 单元 地址 2：深圳市福田区莲花街道益田路 5999 号基金大厦 7 层 D 单元
20	银河德睿资本管理有限公司	北京市西城区月坛西街 6 号院 9 – 10 号楼银河商务楼 3 层
21	光大光子投资管理有限公司	中国（上海）自由贸易试验区福山路 458 号 303 室
22	格林大华资本管理有限公司	上海市浦东新区源深路 1088 号平安财富大厦 7 楼
23	中期国际风险管理有限公司	北京市朝阳区光华路 16 号中期大厦 A 座 6 层
24	长江产业金融服务（武汉）有限公司	武汉市武昌区楚汉路湖北银行大厦附三楼
25	国投安信（上海）投资有限公司	北京办公地址：北京市西城区广安门外南滨河路 1 号高新大厦 8 层 上海办公地址：上海市虹口区东大名路 638 号 502 – 503 室
26	五矿产业金融服务（深圳）有限公司	深圳市南山区滨海大道 3165 号五矿金融大厦 1501

续表

序号	机构全称	通信地址
27	东证润和资本管理有限公司	上海市黄浦区中山南路268号1号楼25楼
28	睦盛投资管理（上海）有限公司	上海市浦东新区张杨路620号中融恒瑞国际大厦1202单元
29	迈科资源管理（上海）有限公司	上海市浦东新区世纪大道1568号 中建大厦1907室
30	国贸启润资本管理有限公司	上海市浦东新区张杨路620号中融恒瑞国际大厦东楼1801
31	上期资本管理有限公司	上海市浦东新区银城中路488号太平金融大厦1104A
32	国海良时资本管理有限公司	浙江省杭州市下城区河东路91号国海良时期货230室
33	东海资本管理有限公司	上海市浦东新区花木街道兰花路333号333世纪大厦801-804
34	平安商贸有限公司	深圳市福田区益田路5023号平安金融中心B座2310室
35	国泰君安风险管理有限公司	上海市新闸路669号博华广场30层
36	上海伴兴实业发展有限公司	上海市虹口区杨树浦路248号2408-2410室
37	深圳前海中投天琪资本管理有限公司	广东省深圳市福田区深南大道4009号投资大厦13楼E1-E2区
38	上海东吴玖盈投资管理有限公司	上海市黄浦区西藏南路1208号10楼B、C、D、F、G座 苏州市工业园区星阳街5号东吴证券大厦7楼705室
39	汇信融植资本管理有限公司	上海市虹口区四川北路1350号利通广场903室
40	上海华闻金融信息服务有限公司	上海市黄浦区北京东路668号上海科技京城西楼31楼
41	方顿物产（重庆）有限公司	地址1：上海浦东新区世纪大道1777号东方希望大厦3层F1室 地址2：重庆渝中区两路口皇冠大厦9层
42	华期创—成都投资有限公司	四川省成都市青羊区通惠门路3号（华西期货）
43	国联汇富资本管理有限公司	无锡市金融一街8号600室及601室
44	中衍期（天津）企业管理咨询有限公司	天津市武清开发区福源道北侧金融商务楼2号楼1004室
45	国元投资管理（上海）有限公司	北京市东城区东直门外大街46号天恒大厦A906
46	混沌天成资本管理有限公司	上海市浦东新区杨高南路759号陆家嘴世纪金融广场2号楼702-703室
47	中粮祈德丰（北京）商贸有限公司	北京市东城区东滨河路甲一号大象投资大厦5层
48	渤海融盛资本管理有限公司	中国（上海）自由贸易试验区新金桥路28号13层1301室
49	上海安粮资本有限公司	上海市浦东新区世纪大道1568号中建大厦706、07A
50	豫新投资管理（上海）有限公司	河南省郑州市郑东新区商务外环路10号中原广发金融大厦四层402、403、405室
51	和合资源管理（上海）有限公司	上海市浦东新区银城中路8号中融碧玉蓝天大厦36层
52	建信商贸有限责任公司	上海市浦东新区银城路99号建行大厦5楼
53	中金岭南经贸（深圳）有限公司	深圳市罗湖区桂园街道深南东路5016号京基一百大厦A座5301
54	华能宝城物华有限公司	上海浦东新区世博馆路200号华能上海大厦621

续表

序号	机构全称	通信地址
55	广期资本管理（上海）有限公司	广州市珠江新城珠江西路5号广州国际金融中心10楼
56	物产中大资本管理（浙江）有限公司	杭州市拱墅区金华南路355号远洋国际中心B座10楼1005室
57	上海夯石商贸有限公司	上海市浦东新区世纪大道1568号中建大厦7楼704
58	华龙新瑞资本管理有限公司	兰州市兰州新区地铁商务中心4楼
59	财达投资（天津）有限公司	天津市自贸试验区中心大道汇津广场2号楼502室
60	招证资本投资有限公司	深圳市福田区民田路178号华融大厦5楼505
61	上海滇晟商贸有限公司	中国（上海）自由贸易试验区长清北路53号中铝大厦南楼906室
62	中电投先融（天津）风险管理有限公司	天津市滨海新区中心商务区金融大厦17层
63	融鲲（上海）企业管理有限公司	上海市浦东新区浦东大道1868号东方城市大厦14F
64	重庆鼎富瑞泽风险管理有限公司	重庆市江北区金沙门路32号西南证券总部大楼23层（2310、2311室）
65	安徽华安资本管理有限责任公司	安徽省合肥市高新区创新大道2800号创新产业园二期E1楼基金大厦七楼B座
66	江西瑞奇资本管理有限公司	江西省南昌市红谷滩新区红谷中大道788号江信国际花园18号楼203室
67	华泰长城投资管理有限公司	上海市浦东新区世纪大道1788号陆家嘴金控广场T1栋2903单元
68	天示（上海）企业管理有限公司	上海市浦东新区源深路1088号平安财富大厦1604室 广东省深圳市福田区深南大道金地中心13楼1301
69	兴业银期商品贸易有限公司	上海市浦东新区银城路167号兴业银行大厦11楼
70	上海福能商创贸易有限责任公司	福建省福州市鼓楼区外贸大厦31层
71	上海华发盈期实业有限公司	上海市浦东新区杨高南路759号陆家嘴世纪金融广场2号楼2304室
72	徽丰实业（上海）有限公司	上海市浦东新区东方路738号裕安大厦2205室
73	东航物网风险管理有限公司	上海市闵行区吴中路686弄3号D座2楼
74	兴证风险管理有限公司	上海市浦东新区长柳路36号兴业证券大厦7楼712室
75	上海西部永唐投资管理有限公司	中国（上海）自由贸易试验区耀体路276号802室
76	国信金阳资本管理有限公司	上海市虹口区东大名路358号20楼2011、2012室 深圳市罗湖区红岭中路1010号国际信托大厦1601、1602室
77	苏州创元和赢资本管理有限公司	江苏省苏州市工业园区苏州大道东265号现代传媒广场25楼C座，215000
78	广州金控物产有限公司	广州市天河区体育西路191号B塔4010-13
79	鑫纪元资本管理有限公司	上海市浦东区双鸽大厦16E
80	上海红塔众鑫企业管理有限公司	上海市虹口区黄浦路99号上海滩国际大厦1206，1208B室

续表

序号	机构全称	通信地址
81	南京道通资本管理有限公司	江苏省南京市广州路 188 号苏宁环球大厦 20 楼 2007 室
82	上海中财资本管理有限公司	上海市徐汇区襄阳南路 365 号 B 座一层
83	上海茂川资本管理有限公司	上海市浦东新区松林路 357 号 24 楼 2410 室
84	华期资本管理（广州）有限公司	广东省广州市天河区华夏路 16 号（富力盈凯）1507 房 A
85	上海美尔雅实业有限公司	上海市浦东区松林路 333 弄 16 栋 1102 室
86	民生博海资本管理有限公司	上海浦东新区福山路 458 号同盛大厦 1802
87	中石化朝阳风险管理有限公司	浙江省杭州市拱墅区密渡桥路 1 号时代大厦 B 座 3 楼
88	国富裕宸（上海）商贸有限公司	上海市浦东区杨高南路 799 号陆家嘴世纪金融广场 3 号楼 25 楼
89	中信寰球商贸有限公司	上海市浦东新区杨高南路 799 号陆家嘴世纪金融广场 3 号楼 22 层
90	长开经贸（上海）有限公司	陕西省西安市灞桥区浐灞大道 1 号浐灞商务中心二期四层
91	上海海证风险管理有限公司	上海虹口区东大名路 501 号 505A 室
92	上海山金实业发展有限公司	上海市浦东新区陆家嘴东路 161 号招商局大厦 36 楼
93	国网英大风险管理（深圳）有限公司	深圳市福田区深南中路华能大厦三十层
94	财信风险管理有限公司	长沙市五一西路 2 号第一大道 10 楼
95	新期（上海）实业有限公司	上海市虹口区欧阳路 196 号 1 号楼 2 层 37 室
96	恒力恒新工贸（上海）有限公司	中国（上海）自由贸易试验区罗山路 1502 弄 14 号
97	上海云期鸿升实业有限公司	上海市浦东新区杨高南路 729 号 2102 室

普通会员——私募基金管理人

序号	机构全称	通信地址
1	深圳市凯丰投资管理有限公司	广东省深圳市福田区益田路 6001 号太平金融大厦 26 楼
2	白石资产管理（上海）有限公司	上海市浦东新区东方路 18 号保利广场 E 座 603 室
3	华风投资咨询有限公司	杭州市余杭区文一西路 1001 号衢州海创园 A 座 401 室
4	敦和资产管理有限公司	杭州市上城区浦玉路 57 号

特别会员

序号	机构全称	通信地址
1	大连商品交易所	大连市会展路 129 号
2	郑州商品交易所	郑州市郑东新区商务外环路 30 号期货大厦 2505 室
3	上海期货交易所	上海市浦东新区浦电路 500 号
4	中国金融期货交易所	上海市浦东世纪大道 1600 号陆家嘴商务广场 6 楼

续表

序号	机构全称	通信地址
5	中国期货市场监控中心有限责任公司	北京市西城区金融街5号新盛大厦B座17层
6	广州期货交易所股份有限公司	广州市天河区珠江东路广州银行大厦25楼
7	中证商品指数有限责任公司	北京市西城区锦什坊街26号恒奥中心C座3层

联系会员——地方协会

序号	机构全称	通信地址
1	北京期货商会	北京市海淀区紫竹院路31号华澳中心嘉慧苑1216室
2	天津市期货协会	天津市和平区万通中心805室
3	黑龙江省期货业协会	哈尔滨市南岗区花园街235号东方大厦603室
4	上海市期货同业公会	上海市浦东新区松林路300号1602室
5	江苏省期货业协会	江苏省南京市中山东路90号华泰证券大厦2418室
6	深圳市期货同业协会	深圳市福田区中心三路8号卓越时代广场二期1306室
7	河北省证券期货业协会	河北省石家庄市新华路296号盛安大厦3层
8	大连市期货业协会	辽宁省大连市中山区中山路136号希望大厦1804D
9	辽宁省期货业协会	辽宁省沈阳市和平区十一纬路12号银基发展中心1002室
10	浙江期货行业协会	杭州市余杭塘路515号矩阵国际中心5号楼602、604（丰潭路与余杭塘路交叉口）
11	宁波市证券期货业协会	宁波市中兴路775号天润商座C座12层1203室
12	安徽省证券期货业协会	安徽省合肥市蒙城路109号地税大厦17楼
13	山东省期货业协会	山东省济南市市中区经七路86号11楼1103室
14	河南省证券期货基金业协会	郑州市农业路与中州大道交叉口苏荷中心6楼636室
15	江西省证券期货业协会	南昌市东湖区紫金城证券街1号紫金大厦4层
16	广东证券期货业协会	广州市天河区临江大道3号发展中心21楼B1单元
17	广西证券期货基金业协会	广西南宁市金湖路52-1号东方曼哈顿大厦20层2011室
18	福建省证券期货业协会	福州市铜盘路软件大道89号福州软件园10号楼华兴创业中心201室
19	厦门证券期货基金业协会	厦门市思明区湖滨南路388号国贸大厦8楼D1单元
20	四川省证券期货业协会	四川省成都市洗面桥街39号银谷基业10楼
21	重庆市证券期货业协会	重庆市渝中区临江支路2号合景大厦25楼
22	甘肃证券期货业协会	甘肃省兰州市张掖路延寿巷8号基隆大厦A座9001室
23	新疆维吾尔自治区证券期货业协会	新疆乌鲁木齐金银路53号金融大厦1806室
24	海南证券期货业协会	海南省海口市大英山西三路9号（3A）海南迎宾馆北区2-3夹层

续表

序号	机构全称	通信地址
25	云南省证券业协会	云南省昆明市北京路 579 号泓瑞花园 1 单元 503 室
26	陕西证券期货业协会	陕西省西安市浐灞生态区浐灞大道 1 号商务中心二期 2 层
27	青岛证券期货业协会	青岛市市南区东海西路 28 号龙翔广场一号楼一楼
28	吉林省证券业协会	吉林省长春市生态大街 2099 号伟峰东第 11 号楼 2703 室
29	宁夏证券期货基金业协会	宁夏银川市兴庆区民族北街 15 号南京证券宁夏分公司四楼
30	贵州证券业协会	贵州省贵阳市云岩区北京路 9 号京玖大厦 8 楼 B 座（贵州医科大学旁）
31	湖南省期货业协会	长沙市车站北路 459 号证券大厦 12 楼
32	湖北省证券期货业协会	湖北省武汉市武昌区中北路 86 号鄂旅投大厦 28 层
33	内蒙古证券期货业协会	内蒙古呼和浩特市赛罕区敕勒川大街东方君座 D 座 14 楼 1412
34	山西省期货业协会	山西省太原市平阳路 101 号国瑞大厦 16 层
35	西藏自治区证券业协会	西藏拉萨柳梧国际总部城 3 栋一单元 3—5 室
36	青海证券业协会	青海省西宁市城中区南大街 75 号

联系会员——保证金存管银行

序号	机构全称	通信地址
1	兴业银行股份有限公司	上海市浦东新区银城路 167 号 18 楼
2	中国光大银行股份有限公司	北京市西城区太平桥大街 25 号中国光大中心 B 座 909
3	上海浦东发展银行股份有限公司	上海市北京东路 689 号东银大厦
4	交通银行股份有限公司	上海市浦东新区银城中路 188 号 23 层
5	中国银行股份有限公司	北京市复兴门内大街 1 号中国银行总行金融机构部
6	招商银行股份有限公司	上海市浦东新区陆家嘴环路 1088 号招商银行上海大厦 28 楼同业部
7	中国民生银行股份有限公司	北京市西城区复兴门内大街 2 号
8	中国工商银行股份有限公司	北京市西城区复兴门内大街 55 号
9	汇丰银行（中国）有限公司	上海浦东新区世纪大道 8 号上海国金中心（汇丰银行大楼）33 楼证券服务部
10	平安银行股份有限公司	广东省深圳市深南东路 5047 号 22 楼
11	中信银行股份有限公司	北京市东城区朝阳门北大街 9 号
12	广发银行股份有限公司	北京市西城区菜市口大街 1 号院 2 号楼

联系会员——技术三商机构

序号	机构全称	通信地址
1	上海期货信息技术有限公司	上海市浦东新区浦电路 500 号上海期货大厦 13 楼
2	郑州易盛信息技术有限公司	郑州市郑东新区龙湖外环东路 31 号技术中心

续表

序号	机构全称	通信地址
3	大连飞创信息技术有限公司	辽宁省大连市沙河口区会展路129号期货大厦46F
4	上海金融期货信息技术有限公司	上海市浦东新区世纪大道1600号17楼
5	恒生电子股份有限公司	杭州市滨江区江南大道3588号
6	上海文华财经资讯股份有限公司	上海市浦东新区浦电路500号期货大厦1901B
7	上海金仕达软件科技有限公司	上海市浦东新区张江高科技园区亮景路210号
8	福建顶点软件股份有限公司	福州市软件大道89号福州软件园顶点软件中心
9	上海富远软件技术有限公司	上海市闵行区沪闵路7940号510B
10	上海信易信息科技股份有限公司	上海市张江高科技园区郭守敬路498号12幢21311-31313室
11	上海数讯信息技术有限公司	上海市张江高科技园区郭守敬路498号4幢2楼
12	北京普华联通科技发展有限公司	北京市海淀区中关村东路甲331号怡升园商务公寓六单元9层
13	上海澎博财经资讯有限公司	上海市浦东软件园陆家嘴分园峨山路91弄101号501室
14	深圳开拓者科技有限公司	深圳市南山区粤海街道科技园北区松坪山路1号源兴科技大厦北座401室
15	上海科视数码频道制作有限公司	中国上海市徐汇区肇家浜路333号亚太企业大楼703-706室
16	上海览逸信息科技有限公司	上海市零陵路585号18G
17	盛立安元科技（杭州）股份有限公司	杭州市滨江区南环路3766号4楼403室
18	艾扬软件（上海）有限公司	上海市浦东新区北张家浜路88号C312室
19	上海融航信息技术股份有限公司	上海市浦东新区福山路388号1506室
20	上海飞鼠软件科技有限公司	中国（上海）自由贸易试验区世纪大道1500号东方大厦1602A室、1602B室
21	武汉宏源寰球科技有限公司	武汉东湖新技术开发区关山大道1号软件产业园4.1期E3 1103
22	上海量投网络科技有限公司	上海市浦东新区杨高南路799号25层

联系会员——证监相关服务机构

序号	机构全称	通信地址
1	中证信息技术服务有限责任公司	北京市西城区金融大街4号金益大厦3层
2	证通股份有限公司	上海浦东新区锦康路308号陆家嘴世纪金融广场6号楼

联系会员——其他期货服务机构

序号	机构全称	通信地址
1	万得信息技术股份有限公司	上海市浦明路1500号万得大厦7楼
2	和讯信息科技有限公司	北京市朝阳门外大街22号泛利大厦10层

附录6-2 期货公司分类评价及业务资格

序号	公司名称	注册资本（亿元）	2021年分类评级	是否具有以下业务资格		
				金融期货	投资咨询	资产管理
1	中信期货有限公司	76.00	AA	是	是	是
2	银河期货有限公司	45.00	AA	是	是	是
3	国泰君安期货有限公司	40.00	AA	是	是	是
4	招商期货有限公司	35.98	A	是	是	是
5	上海东证期货有限公司	33.00	AA	是	是	是
6	华泰期货有限公司	29.39	AA	是	是	是
7	五矿期货有限公司	27.15	AA	是	是	是
8	国信期货有限责任公司	20.00	A	是	是	是
9	广发期货有限公司	19.00	AA	是	是	是
10	国投安信期货有限公司	18.86	AA	是	是	是
11	华融融达期货股份有限公司	18.30	A	是	是	是
12	广州期货股份有限公司	16.50	BBB	是	是	是
13	光大期货有限公司	15.00	AA	是	是	是
14	申银万国期货有限公司	14.42	AA	是	是	是
15	中信建投期货有限公司	14.00	AA	是	是	是
16	浙商期货有限公司	13.71	AA	是	是	是
17	永安期货股份有限公司	13.10	AA	是	是	是
18	海通期货股份有限公司	13.02	A	是	是	是
19	兴证期货有限公司	12.00	A	是	否	是
20	上海中期期货股份有限公司	12.00	A	是	是	是
21	中电投先融期货股份有限公司	10.10	BBB	是	是	是
22	方正中期期货有限公司	10.05	AA	是	是	是
23	中泰期货股份有限公司	10.02	A	是	是	是
24	宏源期货有限公司	10.00	A	是	是	是
25	中国国际期货股份有限公司	10.00	BBB	是	是	是
26	海证期货有限公司	10.00	BBB	是	是	是
27	格林大华期货有限公司	10.00	BBB	是	是	是
28	红塔期货有限责任公司	10.00	BB	是	是	是
29	山东港信期货有限公司	10.00	-	否	否	否
30	大地期货有限公司	9.98	BBB	是	是	是
31	建信期货有限责任公司	9.36	A	是	是	是
32	弘业期货股份有限公司	9.07	A	是	是	是

续表

序号	公司名称	注册资本（亿元）	2021年分类评级	金融期货	投资咨询	资产管理
33	创元期货股份有限公司	9.00	BBB	是	是	是
34	西南期货有限公司	8.50	BB	是	是	是
35	中粮期货有限公司	8.46	AA	是	是	是
36	混沌天成期货股份有限公司	8.10	BBB	是	是	是
37	西部期货有限公司	8.00	B	是	是	是
38	广州金控期货有限公司	8.00	B	是	是	是
39	摩根大通期货有限公司	7.75	BBB	是	否	否
40	东吴期货有限公司	7.70	A	是	是	是
41	财信期货有限公司	7.50	BBB	是	是	是
42	平安期货有限公司	7.22	A	是	是	是
43	中金财富期货有限公司	7.00	BB	是	是	是
44	上海浙石期货经纪有限公司	7.00	BB	是	否	是
45	东海期货有限责任公司	6.67	A	是	是	是
46	英大期货有限公司	6.58	BBB	是	是	是
47	金瑞期货股份有限公司	6.12	BBB	是	是	是
48	南华期货股份有限公司	6.10	AA	是	是	是
49	国元期货有限公司	6.10	BBB	是	是	是
50	首创京都期货有限公司	6.00	BB	是	否	是
51	华金期货有限公司	6.00	BB	是	是	是
52	山金期货有限公司	6.00	BB	是	是	是
53	物产中大期货有限公司	6.00	BB	是	是	是
54	宝城期货有限责任公司	6.00	BBB	是	是	是
55	信达期货有限公司	6.00	BBB	是	是	是
56	国海良时期货有限公司	6.00	BBB	是	是	是
57	华安期货有限责任公司	6.00	A	是	是	是
58	华西期货有限责任公司	6.00	BBB	是	是	是
59	江西瑞奇期货有限公司	6.00	B	是	否	否
60	长江期货股份有限公司	5.88	A	是	是	是
61	大有期货有限公司	5.80	BBB	是	是	是
62	深圳市中金岭南期货有限公司	5.60	BB	是	否	是
63	国贸期货有限公司	5.30	A	是	是	是
64	紫金天风期货股份有限公司	5.24	B	是	是	否
65	东兴期货有限责任公司	5.18	BB	是	是	是
66	锦泰期货有限公司	5.07	BBB	是	是	是

续表

序号	公司名称	注册资本（亿元）	2021年分类评级	金融期货	投资咨询	资产管理
67	财达期货有限公司	5.00	CC	是	是	是
68	中融汇信期货有限公司	5.00	BB	是	是	是
69	恒力期货有限公司	5.00	BB	是	是	是
70	渤海期货股份有限公司	5.00	A	是	是	是
71	兴业期货有限公司	5.00	A	是	是	是
72	安粮期货股份有限公司	5.00	BBB	是	是	是
73	宁证期货有限责任公司	5.00	BB	是	是	是
74	华龙期货股份有限公司	5.00	BB	是	是	是
75	海航期货股份有限公司	5.00	BB	是	是	是
76	长安期货有限公司	4.93	BB	是	是	是
77	东航期货有限责任公司	4.50	BBB	是	是	是
78	国联期货股份有限公司	4.50	BBB	是	是	是
79	云财富期货有限公司	4.50	BB	是	是	否
80	瑞达期货股份有限公司	4.45	AA	是	是	是
81	瑞银期货有限责任公司	4.20	BB	是	否	否
82	徽商期货有限责任公司	4.10	A	是	是	是
83	一德期货有限公司	4.00	BBB	是	是	是
84	和合期货有限公司	3.90	D	是	是	是
85	九州期货有限公司	3.76	CC	是	是	是
86	华联期货有限公司	3.76	BBB	是	是	是
87	新纪元期货股份有限公司	3.75	D	是	是	是
88	和融期货有限责任公司	3.73	BB	是	否	否
89	华闻期货有限公司	3.70	B	是	是	是
90	国富期货有限公司	3.65	B	是	是	是
91	民生期货有限公司	3.61	BB	是	是	是
92	上海东方财富期货有限公司	3.60	BBB	是	否	否
93	新湖期货股份有限公司	3.60	A	是	是	是
94	中金期货有限公司	3.50	A	是	否	是
95	中银国际期货有限责任公司	3.50	A	是	是	是
96	中原期货股份有限公司	3.30	BB	是	是	是
97	迈科期货股份有限公司	3.28	BB	是	是	是
98	华融期货有限责任公司	3.20	CC	是	否	是
99	倍特期货有限公司	3.20	BB	是	是	是
100	铜冠金源期货有限公司	3.00	BB	是	是	是

续表

序号	公司名称	注册资本（亿元）	2021年分类评级	金融期货	投资咨询	资产管理
101	福能期货股份有限公司	3.00	BB	是	是	是
102	美尔雅期货有限公司	3.00	BBB	是	是	是
103	神华期货有限公司	3.00	B	是	是	否
104	道通期货经纪有限公司	3.00	B	是	是	是
105	国金期货有限责任公司	3.00	BBB	是	是	是
106	云晨期货有限责任公司	3.00	CCC	是	否	否
107	盛达期货有限公司	3.00	BB	是	否	是
108	华鑫期货有限公司	2.90	CCC	是	是	是
109	中钢期货有限公司	2.80	BB	是	是	是
110	江海汇鑫期货有限公司	2.80	BB	是	是	是
111	中航期货有限公司	2.80	BB	是	是	是
112	中州期货有限公司	2.70	B	是	是	是
113	中衍期货有限公司	2.50	BB	是	是	是
114	浙江新世纪期货有限公司	2.50	BB	是	是	是
115	恒银期货有限公司	2.47	BBB	是	是	否
116	金石期货有限公司	2.40	BB	是	是	是
117	国盛期货有限责任公司	2.23	B	是	否	否
118	乾坤期货有限公司	2.01	BB	是	否	否
119	国都期货有限公司	2.00	B	是	是	是
120	北京首创期货有限责任公司	2.00	BBB	是	是	是
121	津投期货经纪有限公司	2.00	B	是	是	否
122	冠通期货股份有限公司	1.90	BB	是	是	是
123	中财期货有限公司	1.90	BB	是	是	是
124	中天期货有限责任公司	1.86	BB	是	是	是
125	金信期货有限公司	1.80	C	是	是	是
126	鑫鼎盛期货有限公司	1.80	B	是	否	是
127	天鸿期货经纪有限公司	1.75	CCC	是	否	否
128	第一创业期货有限责任公司	1.70	BB	是	是	是
129	东方汇金期货有限公司	1.53	D	是	否	是
130	先锋期货股份有限公司	1.50	BB	是	是	是
131	天富期货有限公司	1.50	B	是	是	是
132	上海大陆期货有限公司	1.50	BBB	是	是	是
133	金元期货股份有限公司	1.50	BB	是	是	是
134	长城期货股份有限公司	1.47	CCC	是	否	否

续表

序号	公司名称	注册资本（亿元）	2021年分类评级	是否具有以下业务资格		
				金融期货	投资咨询	资产管理
135	中辉期货有限公司	1.43	BBB	是	是	是
136	晟鑫期货经纪有限公司	1.42	B	是	否	否
137	上海东亚期货有限公司	1.40	B	是	是	是
138	恒泰期货股份有限公司	1.25	B	是	是	是
139	通惠期货有限公司	1.25	CCC	是	是	是
140	大越期货股份有限公司	1.20	B	是	是	是
141	佛山金控期货有限公司	1.20	B	是	是	是
142	大通期货经纪有限公司	1.12	D	是	否	是
143	山东齐盛期货有限公司	1.05	B	是	是	是
144	金鹏期货经纪有限公司	1.01	BBB	是	是	是
145	山西三立期货经纪有限公司	1.00	BBB	是	否	否
146	前海期货有限公司	1.00	C	是	是	否
147	华创期货有限责任公司	1.00	BBB	是	是	是
148	永商期货有限公司	0.60	B	是	否	否
149	江苏东华期货有限公司	0.50	B	是	否	是
150	上海东方期货经纪有限责任公司	0.45	D	否	否	否

后　　记

《中国期货市场年鉴（2021年）》编撰工作由中国证监会、中国期货业协会联合组织编撰，中国期货业协会具体组织实施。编撰工作得到了中国证监会领导的关心和指导，得到了中国证监会内外相关单位的大力支持和配合，他们是：中国证监会期货监管部、上海期货交易所、郑州商品交易所、大连商品交易所、中国金融期货交易所、广州期货交易所、中国期货市场监控中心、中证商品指数有限责任公司、中国期货业协会，以及中国证监会国际部、投资者保护局等。中国财政经济出版社在年鉴的编辑、出版及发行过程中给予了大力支持。在此，我们对上述领导和单位表示衷心的感谢！

参与本次年鉴编撰的人员有：

罗红生　洪　磊　张晓刚　程　莘　焦增军　吴亚军　郑冰梅
王靖媛　张宜生　贾　燕　贾昆鹏　赵　欣　毕　鹏　黄　伟
李　仲　康　乐　于　翔　海　洋　何　欣　谢　亚　聂智洋
蔡向辉　冯　波　白　婧　杨　阳　于德阳　马晓旭　李团团
宫　雨　潘赛赛　刘　丹

中国证券监督管理委员会
中国期货业协会
2022年6月

China Futures Market Yearbook 2021

China Securities Regulatory Commission
China Futures Association

图书在版编目（CIP）数据

中国期货市场年鉴.2021年／中国证券监督管理委员会，中国期货业协会编．——北京：中国财政经济出版社，2022.9
ISBN 978－7－5223－1500－3

Ⅰ.①中… Ⅱ.①中…②中… Ⅲ.①期货市场－中国－2021－年鉴 Ⅳ.①F832.53－54

中国版本图书馆 CIP 数据核字（2022）第 105033 号

责任编辑：贾延平　张　莹　　　责任校对：张　凡
封面设计：张利敏　　　　　　　责任印制：刘春年

中国期货市场年鉴
ZHONGGUO QIHUO SHICHANG NIANJIAN

中国财政经济出版社 出版

URL：http：//www.cfeph.cn
E－mail：cfeph@cfeph.cn

（版权所有　翻印必究）

社址：北京市海淀区阜成路甲 28 号　邮政编码：100142
营销中心电话：010－88191522　编辑部电话：010－88190957
天猫网店：中国财政经济出版社旗舰店
网址：https://zgczjjcbs.tmall.com
北京时捷印刷有限公司印刷　各地新华书店经销
成品尺寸：185mm×260mm　16 开　53.75 印张　1 067 000 字
2022 年 9 月第 1 版　2022 年 9 月北京第 1 次印刷
定价：125.00 元
ISBN 978－7－5223－1500－3
（图书出现印装问题，本社负责调换，电话：010－88190548）
本社质量投诉电话：010－88190744
打击盗版举报热线：010－88191661　QQ：2242791300

CONTENTS

PART I MARKET REVIEW 1
    Section I   Overview of China's Futures Market 1
    Section II   SHFE Market 2
    Section III ZCE Market 58
    Section IV DCE Market 117
    Section V   CFFEX Market 180
    Section VI Designated Futures and Options Products Open to Overseas Investors
                    194

PART II FUTURES COMPANIES 271
    Section I   Overview 271
    Section II   Business and Services 274

Part III FUTURES MARKET REGULATION 277
    Section I   CSRC and CSRC Regional Offices 277
    Section II   China Futures Market Monitoring Center 279
    Section III China Futures Association 279
    Section IV Futures Exchanges 280
    Section V   China Commodity Indices Co., Ltd. 286
    Section VI Legal Framework 287

PART IV INVESTOR PROTECTION 292
    Section I   Investor Protection at CSRC 292
    Section II   Investor Protection at CFA 295
    Section III Investor Protection at Futures Exchanges 297
    Section IV Investor Protection at China Commodity Indices Co., Ltd. 306
    Section V   The Futures Investors Protection Fund 306
    Section VI Futures Dispute Mediation 307

ABBREVIATIONS 309

REFERENCE TABLE OF EXCHANGE TERMS 311

PART I MARKET REVIEW

>>> Section I Overview of China's Futures Market

I. Macroeconomic Overview

In 2021, the economic impact of COVID-19 eased appreciably with rising vaccination rate, fueling a rapid global recovery as evidenced by a sharp increase in the GDP of the major economies. IMF estimated a global GDP growth rate of 5.9% in 2021, up 9.0 percentage points from 2020. Despite the complex international situations and domestic COVID-19 flare-ups, China has made steady recovery, with reform, opening-up, and innovation programs all making further headways. China also ensured there was an effective social safety net, made new progress on high-quality development, remained a global leader in both economic growth and pandemic containment, and kept the economic indicators within an appropriate range. Preliminary accounting shows the country's GDP reached RMB 114,367.0 billion in 2021, up 8.1% at constant prices.

II. Market Overview

China's derivatives market listed 91 products as of the end of 2021, consisting of 70

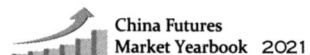

futures products and 21 options products①. 2021 saw the debut of 2 futures products② and 2 options products③. During the year, a total of 7.514 billion futures and options contracts④ were traded at RMB 581.20 trillion, an increase of 1.361 billion lots (+22.13%) and RMB 143.67 trillion (+32.84%) from 2020.

>>> Section II SHFE Market

In 2021 the Shanghai Futures Exchange (SHFE) recorded a trading volume of 2.446 billion lots (+14.90% YoY) and a turnover⑤ of RMB 214.58 trillion (+40.43% YoY), accounting for 32.55% and 36.92% of the total domestic futures market, respectively. Currently, crude oil, TSR 20, low sulfur fuel oil, and bonded copper futures as well as crude oil options are accessible to overseas investors. 75 Overseas Intermediaries from 10 countries and regions as well as 3 Overseas Special Brokerage Participants(OSBPs) from Singapore and other region have been registered with Shanghai International Energy Exchange (INE), a wholly-owned subsidiary of SHFE. Among SHFE's products, the most active are pulp, zinc, tin, copper, natural rubber, bitumen, hot-rolled coil, fuel oil, lead, nickel, steel rebar, aluminum, gold, stainless steel, silver, copper options, aluminum options, crude oil, low sulfur fuel oil, and TSR 20. The less active products are wire rod, zinc options, natural rubber options, gold options, bonded copper, and crude oil options, with each representing less than 0.1% of national trading volume. In 2021, SHFE added crude oil options to its list of products.

I. Copper Futures and Options

(I) Trading (Table 1-2-1—Table 1-2-6)

Table 1-2-1   Monthly Trading Data of Copper Futures, 2021

Month	Volume (10,000 lots)	YoY Change (%)	Turnover (¥100mn)	YoY Change (%)	Month-End OI (10,000 lots)	YoY Change (%)
JAN	520.00	130.33	15,299.11	176.97	28.19	4.03
FEB	574.23	105.59	18,496.96	189.72	37.84	2.58

---

① Trading and open interest data in this section only cover the Shanghai Futures Exchange (including Shanghai International Energy Exchange), Zhengzhou Commodity Exchange, Dalian Commodity Exchange, and China Financial Futures Exchange. Number of option products does not include those listed on the Shanghai Stock Exchange and Shenzhen Stock Exchange.
② The new listings were live hog futures and peanut kernel futures.
③ The new listings were RBD palm olein options and crude oil options.
④ The data exclude EFPs.
⑤ Also referred to as "trading value" or "notional value", i.e., the value of the contracts traded.

Continued

Month	Volume (10,000 lots)	YoY Change (%)	Turnover (¥100mn)	YoY Change (%)	Month-End OI (10,000 lots)	YoY Change (%)
MAR	780.21	56.49	25,990.03	153.49	34.69	2.57
APR	609.75	46.83	20,970.55	144.51	37.16	12.67
MAY	657.72	84.97	24,437.00	216.54	33.31	4.21
JUN	514.81	1.93	18,037.95	53.41	29.16	-17.52
JUL	444.83	-36.01	15,476.81	-12.92	30.81	-2.74
AUG	464.44	-13.87	16,076.29	16.58	32.32	3.11
SEP	420.49	-30.28	14,589.96	-6.32	28.03	-3.96
OCT	505.74	44.92	18,265.87	102.76	34.42	13.56
NOV	519.10	-4.05	18,235.78	26.30	38.59	6.35
DEC	399.40	-43.70	13,845.44	-32.57	33.22	5.51
Total	6,410.72	12.15	219,721.75	55.46		

Source: SHFE

Table 1-2-2　　Annual Trading Data of Copper Futures, 2020-2021

Year	Volume (10,000 lots)	YoY Change (%)	Turnover (¥ tn)	YoY Change (%)	Year-End OI (10,000 lots)	YoY Change (%)
2020	5,716.42	56.53	14.13	61.99	31.48	29.83
2021	6,410.72	12.15	21.97	55.46	33.22	5.51

Source: SHFE

Table 1-2-3　　Annual Trading Data of Copper Futures on Domestic and Overseas Exchanges, 2020-2021

Year	Volume (10,000 lots)		Year-End OI (10,000 lots)	
	SHFE	London Metal Exchange (LME)	SHFE	LME
2020	5,716.42	3,260.61	31.48	38.43
2021	6,410.72	2,969.14	33.22	29.77

Source: SHFE; LME

Note: The contract size of SHFE copper futures is 5 metric tons/lot; for LME it is 25 metric tons/lot.

Table 1-2-4　　Monthly Trading Data of Copper Options, 2021

Month	Volume (10,000 lots)	YoY Change (%)	Put/Call Ratio (PCR)	Turnover (¥100mn)	YoY Change (%)	Month-End OI (10,000 lots)	YoY Change (%)
JAN	48.59	64.30	1.260	14.23	101.81	3.34	28.83
FEB	54.57	133.30	1.073	25.67	303.01	4.19	17.98
MAR	75.06	113.92	0.961	28.76	57.59	4.19	32.23

Continued

Month	Volume (10,000 lots)	YoY Change (%)	Put/Call Ratio (PCR)	Turnover (¥100mn)	YoY Change (%)	Month-End OI (10,000 lots)	YoY Change (%)
APR	76.63	175.57	0.652	24.02	152.34	3.37	-1.66
MAY	71.38	185.75	1.078	31.59	431.63	4.10	13.67
JUN	81.86	102.23	1.003	30.48	341.80	3.45	0.53
JUL	72.77	47.70	0.823	23.14	85.61	3.82	3.82
AUG	95.30	89.42	1.087	25.48	133.42	4.56	51.16
SEP	76.53	54.68	1.024	22.16	90.35	3.36	2.11
OCT	72.83	144.37	0.793	29.06	398.22	3.44	14.84
NOV	84.89	65.14	1.210	24.70	97.98	3.51	6.18
DEC	83.17	70.92	1.384	16.36	2.30	3.14	20.39
Total	893.62	94.15	1.029	295.67	139.67	3.14	20.39

Source: SHFE

Table 1-2-5　　Annual Trading Data of Copper Options, 2020-2021

Year	Volume (10,000 lots)	YoY Change (%)	Put/Call Ratio (PCR)	Turnover (¥100mn)	YoY Change (%)	Year-End OI (10,000 lots)	YoY Change (%)
2020	460.26	9.65	1.150	123.36	8.64	2.61	-19.13
2021	893.62	94.15	1.029	295.67	139.67	3.14	20.39

Source: SHFE

Table 1-2-6　　Annual Trading Data of Copper Options on Domestic and Overseas Exchanges, 2020-2021

Year	Volume (10,000 lots)			Year-End OI (10,000 lots)		
	SHFE	LME	CME Group	SHFE	LME	CME Group
2020	460.26	176.54	42.81	2.61	8.22	1.61
2021	893.62	163.82	74.87	3.14	9.83	2.70

Source: SHFE; LME; FIA

Note: SHFE copper options is 5 metric tons per contract; for LME it is 25 metric tons per contract, and for CME Group it is 25,000 pounds per contract.

(II) Delivery and Exercise (Table 1-2-7—Table 1-2-10)

Table 1-2-7　　Monthly Delivery Data of Copper Futures, 2021

Month	Delivery Volume (Lot)	YoY Change (%)	Delivery Value (¥100mn)	YoY Change (%)
JAN	2,445	-59.11	7.26	-50.48

Continued

Month	Delivery Volume (Lot)	YoY Change (%)	Delivery Value (¥100mn)	YoY Change (%)
FEB	3,215	-84.21	9.29	-80.05
MAR	13,865	-39.26	46.73	-5.01
APR	9,510	23.37	31.87	23.46
MAY	10,245	117.75	38.11	276.95
JUN	11,960	44.53	41.85	113.03
JUL	6,525	101.39	22.34	163.08
AUG	4,325	30.47	15.20	82.32
SEP	1,855	-56.51	6.47	-41.62
OCT	355	-94.71	1.31	-92.35
NOV	1,750	21.53	6.25	63.46
DEC	875	-48.83	3.01	-38.72
Total	66,925	-29.72	229.69	4.59

Source: SHFE

Table 1-2-8   Annual Delivery Data of Copper Futures, 2020-2021

Year	Delivery Volume (Lot)	YoY Change (%)	Delivery Value (¥100mn)	YoY Change (%)
2020	95,255	24.00	219.60	18.66
2021	66,925	-29.72	229.69	4.59

Source: SHFE

Table 1-2-9   Monthly Exercise Data of Copper Options, 2021

Month	Exercise Volume (Lot)
JAN	1,980
FEB	3,866
MAR	4,199
APR	4,904
MAY	5,204
JUN	5,510
JUL	3,634
AUG	5,387
SEP	3,468
OCT	4,300
NOV	3,957
DEC	3,676
Total	50,085

Source: SHFE

Table 1-2-10　　Annual Exercise Data of Copper Options, 2020-2021

Year	Exercise Volume (Lot)	YoY Change (%)
2020	36,329	31.55
2021	50,085	37.87

Source: SHFE

(III) Price Trend of Copper Futures (Figure 1-2-1, Table 1-2-11—Table 1-2-12)

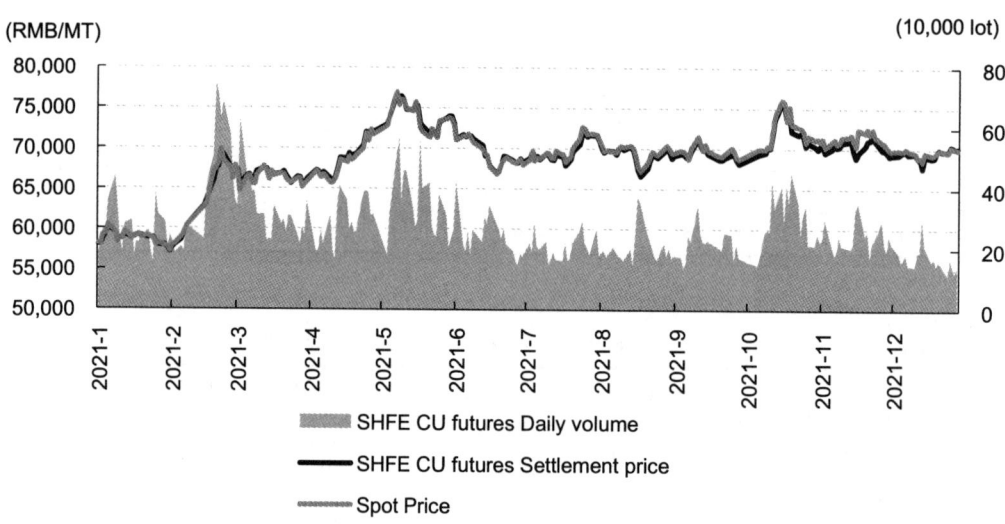

Figure 1-2-1　Closing Price of Copper Futures on Domestic and International Exchanges vs. Domestic Spot Price in 2021

Source: SHFE; LME; SMM

Table 1-2-11　　Copper Futures and Spot Prices, 2021

Market	2020 Closing	2021 High	2021 Low	2021 Closing	YoY Change	Average Settlement	Standard Deviation	Maximum Spread
SHFE main copper futures contract①(RMB/MT)	57,750	78,270	56,860	70,380	12,630	68,400	4,154.25	21,410
LME copper futures contract (USD/MT)	7,753.5	10,556	7,752	9,755	2,001.5	9,358	544.80	2,804
SMM #1 copper cathode spot (RMB/MT)	57,910	76,900	57,180	69,920	12,010	68,553	4,228.87	19,720

Source: SHFE; LME; SMM

---

①　Main contract, in relation to any particular commodity or financial product, means the contract with the highest trading volume/open interest.

Table 1-2-12 Price Correlation of SHFE Copper Futures vs. International Copper Futures and Domestic Spot Price in 2021

Prices	Correlation Coefficient
SHFE main copper futures contract settlement vs. LME copper futures contract	0.97
SHFE main copper futures contract settlement vs. copper spot price	0.99

Source: SHFE; LME; SMM

II. Bonded Copper (Internationalized Product)

(I) Trading (Table 1-2-13—Table 1-2-14)

Table 1-2-13 Annual Trading Data of Bonded Copper Futures, 2021

Year	Volume (10,000 lots)	YoY Change (%)	Turnover (¥ tn)	YoY Change (%)	Year-End OI (10,000 lots)	YoY Change (%)
2021	483.33	769.29	1.48	936.62	1.12	-46.14

Source: INE

Table 1-2-14 Annual Trading Data of Bonded Copper Futures on Domestic and Overseas Exchanges, 2020-2021

Year	Volume (10,000 lots)		Year-End OI (10,000 lots)	
	Shanghai International Energy Exchange (INE)	LME	INE	LME
2020	55.60	3,260.61	0.14	38.43
2021	483.33	2,969.14	1.12	29.77

Source: INE

Note: INE bonded copper futures is 5 metric tons per contract; for LME it is 25 metric tons per contract.

(II) Delivery (Table 1-2-15)

Table 1-2-15 Annual Delivery Data of Bonded Copper Futures, 2021

Year	Delivery Volume (Lot)	YoY Change (%)	Delivery Value (¥ 100mn)	YoY Change (%)
2021	22,690	—	70.20	—

Source: INE

(III) Price Trend of Bonded Copper Futures (Figure 1-2-2, Table 1-2-16—Table 1-2-17)

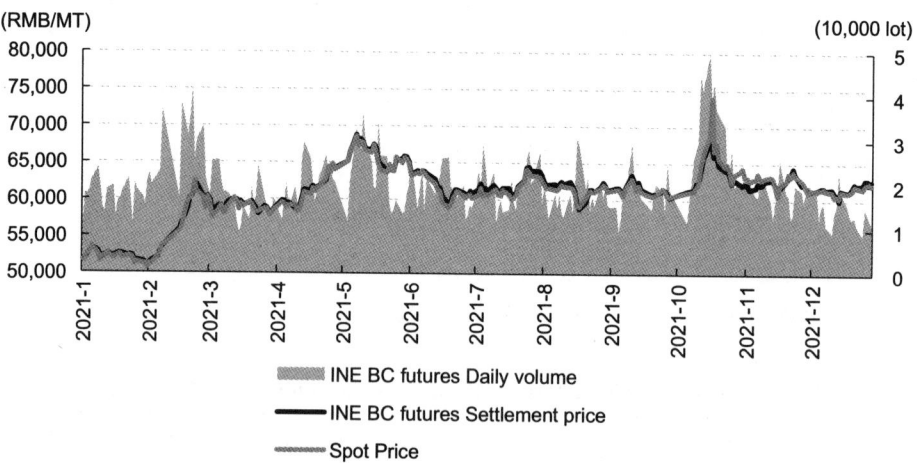

Figure 1-2-2 Closing Price of Bonded Copper Futures on Domestic and International Exchanges vs. Domestic Spot Price in 2021

Source: INE; LME; SMM

Table 1-2-16 Bonded Copper Futures and Spot Prices, 2021

Market	2020 Closing	2021 High	2021 Low	2021 Closing	YoY Change	Average Settlement	Standard Deviation	Maximum Spread
INE main copper futures contract (RMB/MT)	51,450	71,050	50,640	62,880	11,430	60,869	3,739	20,410
LME copper futures contract (USD/MT)	7,753.5	10,556	7,752	9,755	2,001.5	9,358	544.8	2,804
SMM bonded copper spot (RMB/MT)	51,355	73,880	50,665	62,160	10,805	60,743	3,886	23,215

Source: INE; LME; SMM

Table 1-2-17 Price Correlation of INE Bonded Copper Futures vs. International Copper Futures and Domestic Spot Price in 2021

Prices	Correlation Coefficient
INE main bonded copper futures contract settlement vs. LME copper futures contract	0.97
INE main bonded copper futures contract settlement vs. bonded copper spot price	0.99

Source: INE; LME; SMM

(IV) Overseas Participation

SHFE has approved 75 Overseas Intermediaries from 10 countries (regions) and 3 OSBPs from Hong Kong and Singapore.

III. Aluminum Futures and Options

(I) Trading (Table 1-2-18—Table 1-2-22)

Table 1-2-18   Monthly Trading Data of Aluminum Futures, 2021

Month	Volume (10,000 lots)	YoY Change (%)	Turnover (¥100mn)	YoY Change (%)	Month-End OI (10,000 lots)	YoY Change (%)
JAN	600.76	185.87	4,508.43	204.46	38.32	23.43
FEB	642.26	201.77	5,220.46	260.58	50.18	31.56
MAR	1,244.22	201.18	10,769.31	323.88	50.18	9.08
APR	998.78	100.62	9,007.37	201.06	54.99	19.72
MAY	1,172.85	169.53	11,284.99	308.10	54.99	6.22
JUN	870.38	106.66	8,105.76	186.25	46.22	3.45
JUL	816.98	45.22	7,849.12	96.60	52.77	36.22
AUG	952.73	104.24	9,685.37	187.36	64.45	97.65
SEP	1,453.20	201.11	16,370.32	376.00	47.12	68.89
OCT	1,714.91	502.11	19,179.50	828.05	53.79	81.43
NOV	1,532.38	195.86	14,746.19	269.94	49.82	29.83
DEC	1,146.33	46.62	11,124.53	76.73	49.81	54.81
Total	13,145.79	148.67	127,851.33	243.62	—	—

Source: SHFE

Table 1-2-19   Annual Trading Data of Aluminum Futures, 2020-2021

Year	Volume (10,000 lots)	YoY Change (%)	Turnover (¥ tn)	YoY Change (%)	Year-End OI (10,000 lots)	YoY Change (%)
2020	5,286.47	61.38	3.72	63.58	32.18	-7.77
2021	13,145.79	148.67	12.79	243.62	49.81	54.81

Source: SHFE

Table 1-2-20   Annual Trading Data of Aluminum Futures on Domestic and Overseas Exchanges, 2020-2021

Year	Volume (10,000 lots)		Year-End OI (10,000 lots)	
	SHFE	LME	SHFE	LME
2020	5,286.47	6,452.07	32.18	93.49
2021	13,145.79	5,767.03	49.81	73.06

Source: SHFE; LME

Note: SHFE aluminum futures is 5 metric tons per contract; for LME it is 25 metric tons per contract.

Table 1-2-21　　　Monthly Trading Data of Aluminum Options, 2021

Month	Volume (10,000 lots)	YoY Change (%)	Put/Call Ratio (PCR)	Turnover (¥100mn)	YoY Change (%)	Month-End OI (10,000 lots)	YoY Change (%)
JAN	31.97	—	0.80	2.18	—	1.72	—
FEB	27.96	—	0.81	3.29	—	2.46	—
MAR	45.74	—	1.04	5.78	—	2.98	—
APR	59.26	—	0.84	5.90	—	5.43	—
MAY	59.11	—	0.81	7.95	—	3.61	—
JUN	47.41	—	0.97	5.18	—	2.53	—
JUL	50.93	—	0.71	4.73	—	2.86	—
AUG	85.68	2,209.15	0.92	8.17	2,416.52	5.93	512.71
SEP	124.72	997.86	0.79	17.47	2,154.98	5.61	436.75
OCT	86.23	779.72	0.83	17.17	3,596.65	5.40	413.08
NOV	67.74	161.41	0.80	10.10	430.14	3.70	137.02
DEC	74.13	119.01	0.82	7.10	131.30	3.04	111.62
Total	760.93	799.07	0.84	95.03	1,353.01	—	—

Source: SHFE

Table 1-2-22　　　Annual Trading Data of Aluminum Options on Domestic and Overseas Exchanges, 2020-2021

Year	Volume (10,000 lots)		Year-End OI (10,000 lots)	
	SHFE	LME	SHFE	LME
2020	84.64	244.93	1.44	13.28
2021	760.93	313.68	3.04	22.24

Source: SHFE; LME

Note: SHFE aluminum options is 5 metric tons per contract; for LME it is 25 metric tons per contract.

(II) Delivery and Exercise (Table 1-2-23—Table 1-2-25)

Table 1-2-23　　　Monthly Delivery Data of Aluminum Futures, 2021

Month	Delivery Volume (Lot)	YoY Change (%)	Delivery Value (¥100mn)	YoY Change (%)
JAN	3,165	-75.82	2.36	-75.40
FEB	4,165	-78.46	3.24	-75.28
MAR	13,820	-29.53	12.12	-3.17
APR	6,580	-63.51	5.93	-44.70
MAY	14,440	5.79	14.18	59.33

Continued

Month	Delivery Volume (Lot)	YoY Change (%)	Delivery Value (¥100mn)	YoY Change (%)
JUN	3,250	-11.20	3.09	22.16
JUL	3,950	-56.52	3.82	-43.20
AUG	2,495	-79.65	2.52	-71.48
SEP	3,275	-70.56	3.65	-54.97
OCT	4,900	-41.81	5.80	-7.53
NOV	14,020	52.72	13.55	88.72
DEC	10,580	1,137.43	10.09	1,321.59
Total	84,640	-38.80	80.36	-15.59

Source: SHFE

Table 1-2-24　Annual Delivery Data of Aluminum Futures, 2020-2021

Year	Delivery Volume (Lot)	YoY Change (%)	Delivery Value (¥100mn)	YoY Change (%)
2020	138,300	-26.92	95.20	-27.55
2021	84,640	-38.80	80.36	-15.59

Source: SHFE

Table 1-2-25　Monthly Exercise Data of Aluminum Options, 2021

Month	Exercise Volume (Lot)
JAN	3,042
FEB	3,625
MAR	5,914
APR	5,995
MAY	8,790
JUN	7,949
JUL	5,635
AUG	9,780
SEP	23,870
OCT	12,898
NOV	18,624
DEC	7,509
Total	113,631

Source: SHFE

(III) Price Trend of Aluminum Futures (Figure 1-2-3, Table 1-2-26—Table 1-2-27)

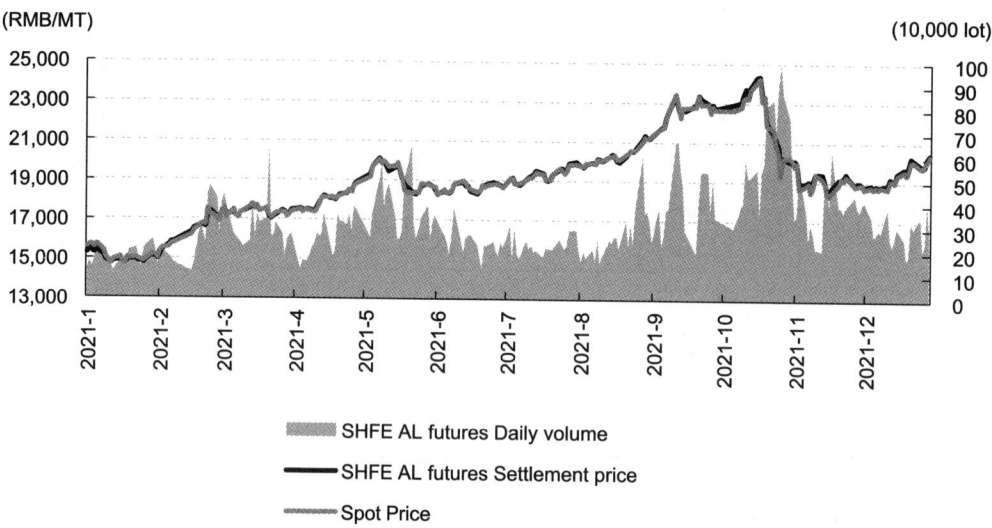

Figure 1-2-3 Price of Aluminum Futures on Domestic and International Exchanges vs. Domestic Spot Price in 2021

Source: SHFE; LME; SMM

Table 1-2-26 Aluminum Futures and Spot Prices, 2021

Market	2020 Closing	2021 High	2021 Low	2021 Closing	YoY Change	Average Settlement	Standard Deviation	Maximum Spread
SHFE main aluminum futures contract (RMB/MT)	15,460	24,820	14,620	20,380	4,920	18,931.03	2,119.67	10,200
LME aluminum futures contract (USD/MT)	1,979.5	3,171.5	1,964	2,807.5	828	2,485.93	284.11	1,207.5
SMM A00 aluminum spot (RMB/MT)	15,710	24,240	14,720	20,350	4,640	18,903.66	2,075.84	9,520

Source: SHFE; LME; SMM

Table 1-2-27 Price Correlation of SHFE Aluminum Futures vs. International Aluminum Futures and Domestic Spot Price in 2021

Prices	Correlation Coefficient
SHFE main aluminum futures contract settlement vs. LME aluminum futures contract	0.95
SHFE main aluminum futures contract settlement vs. aluminum spot price	0.99

Source: SHFE; SMM

IV. Zinc Futures and Options

(I) Trading (Table 1-2-28—Table 1-2-32)

Table 1-2-28   Monthly Trading Data of Zinc Futures, 2021

Month	Volume (10,000 lots)	YoY Change (%)	Turnover (¥100mn)	YoY Change (%)	Month-End OI (10,000 lots)	YoY Change (%)
JAN	459.53	40.07	4,715.32	57.90	18.20	-8.03
FEB	380.83	56.84	3,968.73	93.20	14.37	-37.75
MAR	649.29	39.03	7,003.76	95.29	14.54	-30.38
APR	550.73	46.73	5,994.83	102.37	15.14	-34.67
MAY	599.20	43.08	6,735.29	94.75	16.40	-23.55
JUN	595.71	18.32	6,628.81	58.71	14.85	-25.11
JUL	555.49	-27.34	6,177.79	-9.25	15.77	-32.26
AUG	563.37	-16.26	6,316.97	-3.75	14.57	-31.07
SEP	540.53	-16.20	6,131.22	-2.92	14.37	-19.77
OCT	830.89	100.89	10,397.53	158.21	14.83	-19.86
NOV	623.80	7.45	7,264.92	22.27	16.49	-25.96
DEC	584.76	-5.85	6,914.18	4.00	21.03	13.82
Total	6,934.13	14.94	78,249.36	40.92	—	—

Source: SHFE

Table 1-2-29   Annual Trading Data of Zinc Futures, 2020-2021

Year	Volume (10,000 lots)	YoY Change (%)	Turnover (¥ tn)	YoY Change (%)	Year-End OI (10,000 lots)	YoY Change (%)
2020	6,033.44	-15.11	5.55	-22.88	18.48	-19.04
2021	6,934.13	14.94	7.82	40.92	21.03	13.82

Source: SHFE

Table 1-2-30   Annual Trading Data of Zinc Futures on Domestic and Overseas Exchanges, 2020-2021

Year	Volume (10,000 lots)		Year-End OI (10,000 lots)	
	SHFE	LME	SHFE	LME
2020	6,033.44	2,354.21	18.48	29.96
2021	6,934.13	2,204.08	21.03	28.39

Source: SHFE; LME

Note: SHFE zinc futures is 5 metric tons per contract; for LME it is 25 metric tons per contract.

Table 1-2-31　　　Annual Trading Data of Zinc Options, 2020-2021

Year	Volume (10,000 lots)	YoY Change (%)	Put/Call Ratio (PCR)	Turnover (¥100mn)	YoY Change (%)	Year-End OI (10,000 lots)	YoY Change (%)
2020	118.39	—	0.880	13.14	—	1.10	—
2021	439.52	271.25	0.794	57.81	340.07	2.05	86.32

Source: SHFE

Table 1-2-32　　　Annual Trading Data of Zinc Options on International Exchanges, 2020-2021

Year	Volume (10,000 lots)		Year-End OI (10,000 lots)	
	SHFE	LME	SHFE	LME
2020	118.39	100.69	1.10	4.16

Source: SHFE; LME

Note: SHFE zinc options is 5 metric tons per contract; for LME it is 25 metric tons per contract.

(II) Delivery and Exercise (Table 1-2-33—Table 1-2-35)

Table 1-2-33　　　Monthly Delivery Data of Zinc Futures, 2021

Month	Delivery Volume (Lot)	YoY Change (%)	Delivery Value (¥100mn)	YoY Change (%)
JAN	2,435	-1.02	2.55	14.21
FEB	1,985	-75.43	1.99	-71.06
MAR	4,040	-44.24	4.39	-22.41
APR	4,685	-32.98	5.05	-8.86
MAY	2,270	-22.39	2.52	4.34
JUN	1,030	-70.78	1.15	-60.09
JUL	450	-90.08	0.49	-87.90
AUG	890	-79.30	1.00	-76.13
SEP	425	-84.71	0.48	-82.81
OCT	1,445	-26.28	1.85	-2.11
NOV	2,315	45.60	2.67	65.72
DEC	3,785	95.61	4.36	110.26
Total	25,755	-46.70	28.50	-32.49

Source: SHFE

Table 1-2-34　　　Annual Delivery Data of Zinc Futures, 2020-2021

Year	Delivery Volume (Lot)	YoY Change (%)	Delivery Value (¥100mn)	YoY Change (%)
2020	48,325	-13.17	42.22	-27.09
2021	25,755	-46.70	28.50	-32.49

Source: SHFE

Table 1-2-35　　Annual Exercise Data of Zinc Options, 2020-2021

Year	Exercise Volume (Lot)	YoY Change (%)
2020	8,254	—
2021	39,980	384.37

Source: SHFE

(III) Price Trend of Zinc Futures (Figure 1-2-4, Table 1-2-36—Table 1-2-37)

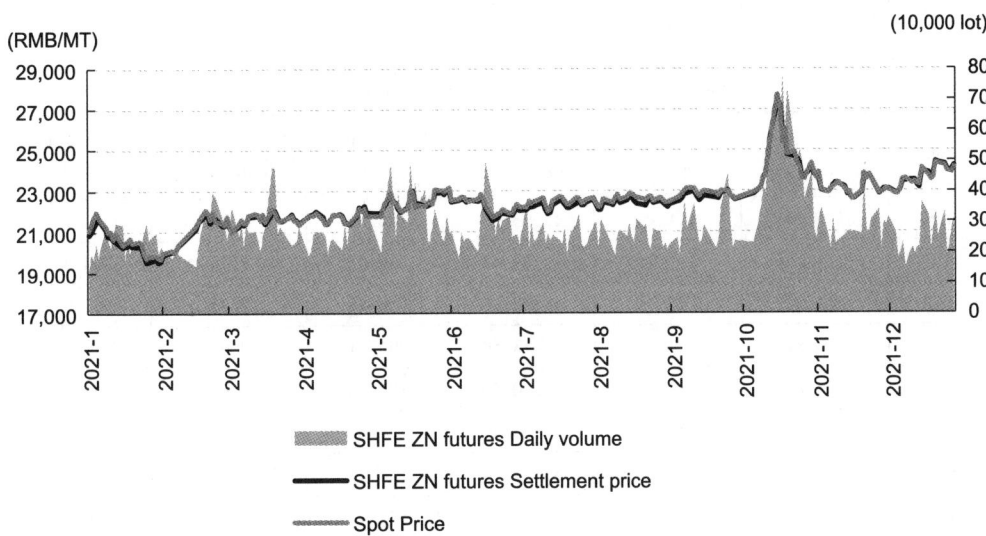

Figure 1-2-4　Closing Price of Zinc Futures on Domestic and International Exchanges vs. Domestic Spot Price in 2021

Source: SHFE; LME; SMM

Table 1-2-36　　Zinc Futures and Spot Prices, 2021

Market	2020 Closing	2021 High	2021 Low	2021 Closing	YoY Change	Average Settlement	Standard Deviation	Maximum Spread
SHFE main zinc futures contract (RMB/MT)	20,675	27,720	19,325	24,125	3,449	22,356.71	1,184.69	8,395
LME zinc futures contract (USD/MT)	2,751	3,794.5	2,792	3,534	783	3,007.38	250.70	1,002.5
SMM #0 zinc ingot spot (RMB/MT)	21,120	27,690	19,690	23,940	2,820	22,416.52	230.50	8,000

Source: SHFE; LME; SMM

Table 1-2-37 Price Correlation of SHFE Zinc Futures vs. International Zinc Futures and Domestic Spot Price in 2021

Prices	Correlation Coefficient
SHFE main zinc futures contract settlement vs. LME zinc futures contract	0.94
SHFE main zinc futures contract settlement vs. zinc spot price	0.91

Source: SHFE; LME; SMM

V. Lead Futures

(I) Trading (Table 1-2-38—Table 1-2-40)

Table 1-2-38 Monthly Trading Data of Lead Futures, 2021

Month	Volume (10,000 lots)	YoY Change (%)	Turnover (¥100mn)	YoY Change (%)	Month-End OI (10,000 lots)	YoY Change (%)
JAN	175.70	184.40	1,323.08	184.86	6.92	52.93
FEB	151.00	213.84	1,169.61	239.06	8.73	67.00
MAR	242.04	181.03	1,820.86	206.48	7.35	63.60
APR	186.84	256.31	1,413.50	292.31	8.07	84.60
MAY	196.28	159.30	1,520.50	185.80	9.85	93.6
JUN	222.05	203.09	1,710.49	224.59	12.53	119.27
JUL	246.75	153.29	1,961.64	166.91	12.44	167.69
AUG	230.81	141.89	1,791.40	134.45	14.26	191.24
SEP	221.60	118.99	1,626.98	111.28	11.91	218.61
OCT	246.26	190.81	1,922.71	214.37	9.50	74.99
NOV	213.12	42.48	1,639.15	46.99	8.57	17.87
DEC	194.54	-0.47	1,497.80	3.31	7.69	17.46
Total	2,526.98	125.39	19,397.73	134.60		

Source: SHFE

Table 1-2-39 Annual Trading Data of Lead Futures, 2020-2021

Year	Volume (10,000 lots)	YoY Change (%)	Turnover (¥ tn)	YoY Change (%)	Year-End OI (10,000 lots)	YoY Change (%)
2020	1,121.16	45.41	8,268.46	30.03	6.54	8.67
2021	2,526.98	125.36	1.94	134.60	7.69	17.46

Source: SHFE

Table 1-2-40 Annual Trading Data of Lead Futures on Domestic and Overseas Exchanges, 2020-2021

Year	Volume (10,000 lots)		Year-End OI (10,000 lots)	
	SHFE	LME	SHFE	LME
2020	1,121.16	1,119.02	6.54	13.01

Source: SHFE; LME

Note: SHFE lead futures is 5 metric tons per contract; for LME it is 25 metric tons per contract.

(II) Delivery (Table 1-2-41—Table 1-2-42)

Table 1-2-41 Monthly Delivery Data of Lead Futures, 2021

Month	Delivery Volume (Lot)	YoY Change (%)	Delivery Value (¥100mn)	YoY Change (%)
JAN	4,205	28.59	3.13	28.12
FEB	1,855	−42.48	1.41	−39.43
MAR	6,910	275.54	5.15	293.20
APR	7,995	3,897.50	5.94	4,080.48
MAY	6,645	10,975.00	5.01	11,938.50
JUN	8,140	314.25	6.20	347.74
JUL	9,360	37.24	7.38	38.69
AUG	9,075	301.55	6.97	282.37
SEP	8,770	182.45	6.43	176.41
OCT	7,885	255.18	6.03	277.00
NOV	9,455	324.94	7.24	342.62
DEC	9,925	147.82	7.55	157.09
Total	90,220	189.21	68.42	193.82

Source: SHFE

Table 1-2-42 Annual Delivery Data of Lead Futures, 2020-2021

Year	Delivery Volume (Lot)	YoY Change (%)	Delivery Value (¥100mn)	YoY Change (%)
2020	31,195	33.56	23.29	−5.18
2021	90,220	189.21	68.42	193.82

Source: SHFE

(III) Price Trend of Lead Futures (Figure 1-2-5, Table 1-2-43—Table 1-2-44)

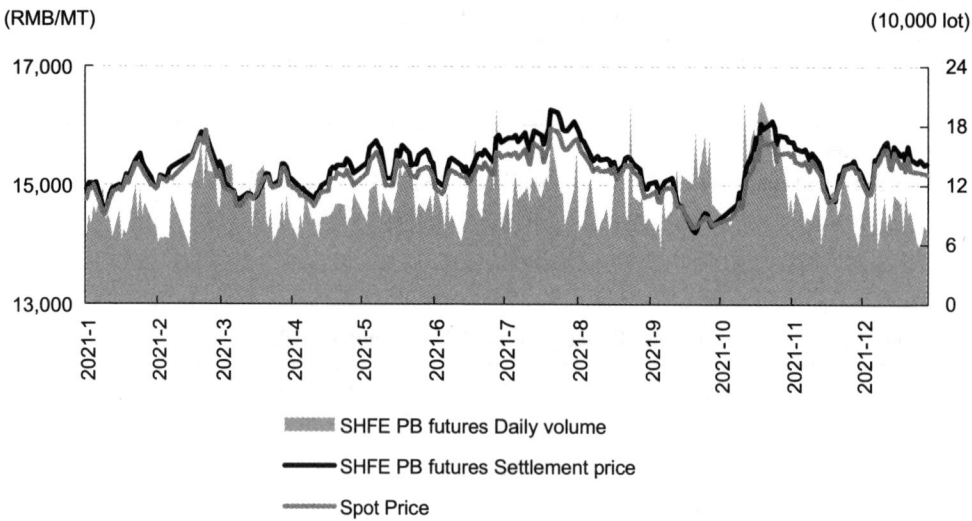

Figure 1-2-5 Closing Price of Lead Futures on Domestic and International Exchanges vs. Domestic Spot Price in 2021

Source: SHFE; LME; SMM

Table 1-2-43　　　　　　　　Lead Futures and Spot Prices, 2021

Market	2020 Closing	2021 High	2021 Low	2021 Closing	YoY Change	Average Settlement	Standard Deviation	Maximum Spread
SHFE main lead futures contract (RMB/MT)	14,625	16,420	14,055	15,300	675	15,313	393.64	2,365
LME lead futures contract (USD/MT)	1,994	2,438.5	1,920.5	2,304	310	2,206	161.54	518
SMM #1 lead spot (RMB/MT)	14,750	15,950	14,300	15,175	425	15,168	336.73	1,650

Source: SHFE; LME; SMM

Table 1-2-44 Price Correlation of SHFE Lead Futures vs. International Lead Futures and Domestic Spot Price in 2021

Prices	Correlation Coefficient
SHFE main lead futures contract settlement vs. LME lead futures contract	0.60
SHFE main lead futures contract settlement vs. lead spot price	0.96

Source: SHFE; LME; SMM

VI. Nickel Futures

(I) Trading (Table 1-2-45—Table 1-2-47)

Table 1-2-45   Monthly Trading Data of Nickel Futures, 2021

Month	Volume (10,000 lots)	YoY Change (%)	Turnover (¥100mn)	YoY Change (%)	Month-End OI (10,000 lots)	YoY Change (%)
JAN	1,951.85	50.11	25,776.46	80.84	26.71	-14.97
FEB	1,193.97	22.90	16,427.39	62.87	24.74	-0.33
MAR	2,141.23	69.14	26,583.10	115.62	23.59	28.26
APR	1,665.59	55.72	20,602.80	97.91	25.34	31.12
MAY	1,449.27	6.85	18,834.70	36.93	21.71	3.11
JUN	1,325.00	13.66	17,573.70	46.41	22.77	5.45
JUL	1,348.71	-34.58	18,915.77	-14.60	23.30	-13.41
AUG	1,565.23	-23.12	22,448.19	-4.12	27.99	-9.50
SEP	1,528.68	-13.33	22,329.29	8.38	18.54	-14.89
OCT	1,248.70	14.74	18,529.45	42.82	19.10	-29.57
NOV	997.42	-38.55	14,573.99	-24.22	28.19	-13.40
DEC	800.92	-64.79	11,752.07	-58.94	29.63	-5.00
Total	17,216.56	-4.23	234,346.91	17.27		

Source: SHFE

Table 1-2-46   Annual Trading Data of Nickel Futures, 2020-2021

Year	Volume (10,000 lots)	YoY Change (%)	Turnover (¥ tn)	YoY Change (%)	Year-End OI (10,000 lots)	YoY Change (%)
2020	17,976.41	12.04	19.98	8.67	31.19	-21.91
2021	17,216.56	-4.23	23.43	17.27	29.63	-5.00

Source: SHFE

Table 1-2-47   Annual Trading Data of Nickel Futures on Domestic and Overseas Exchanges, 2020-2021

Year	Volume (10,000 lots)		Year-End OI (10,000 lots)	
	SHFE	LME	SHFE	LME
2020	17,976.41	1,758.37	31.19	27.13
2021	17,216.56	1,677.46	29.63	24.46

Source: SHFE; LME

Note: SHFE nickel futures is 1 metric ton per contract; for LME it is 6 metric tons per contract.

(II) Delivery (Table 1-2-48—Table 1-2-49)

Table 1-2-48   Monthly Delivery Data of Nickel Futures, 2021

Month	Delivery Volume (Lot)	YoY Change (%)	Delivery Value (¥100mn)	YoY Change (%)
JAN	7,146	-14.32	9.73	7.99
FEB	2,604	-79.25	3.44	-73.76
MAR	3,420	-37.64	4.10	-25.04
APR	2,436	-58.36	2.97	-47.84
MAY	1,218	-82.05	1.59	-76.67
JUN	1,464	-86.41	1.93	-82.22
JUL	2,418	-75.28	3.35	-68.28
AUG	1,860	-81.37	2.75	-75.91
SEP	2,910	-71.15	4.31	-63.94
OCT	1,842	-79.21	2.70	-73.94
NOV	2,802	-62.46	4.10	-53.94
DEC	1,788	-76.25	2.56	-73.98
Total	31,908	-69.17	43.52	-61.81

Source: SHFE

Table 1-2-49   Annual Delivery Data of Nickel Futures, 2020-2021

Year	Delivery Volume (Lot)	YoY Change (%)	Delivery Value (¥100mn)	YoY Change (%)
2020	103,494	52.65	113.95	42.14
2021	31,908	-69.17	43.52	-61.81

Source: SHFE

(III) Price Trend of Nickel Futures (Figure 1-2-6, Table 1-2-50—Table 1-2-51)

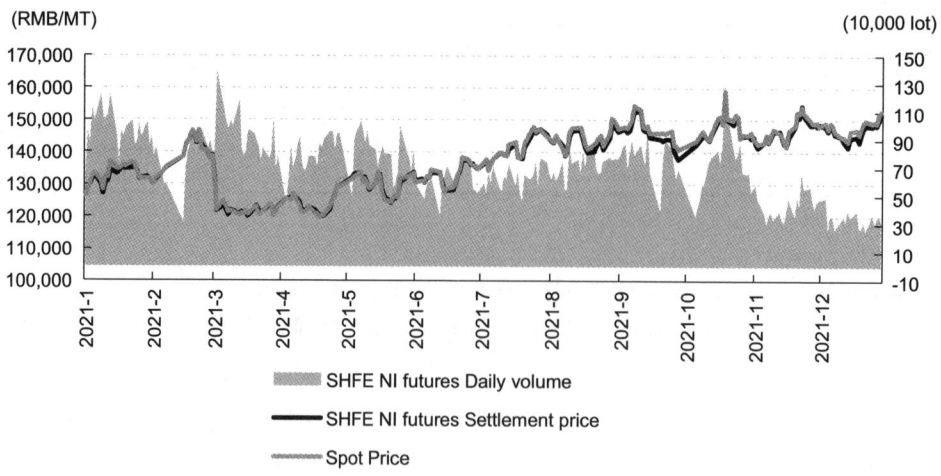

Figure 1-2-6   Closing Price of Nickel Futures on Domestic and International Exchanges vs. Domestic Spot Price in 2021

Source: SHFE; LME; SMM

Table 1-2-50   Nickel Futures and Spot Prices, 2021

Market	2020 Closing	2021 High	2021 Low	2021 Closing	YoY Change	Average Settlement	Standard Deviation	Maximum Spread
SHFE main nickel futures contract (RMB/MT)	123,580	161,600	118,000	152,080	28,500	137,372	9,289	43,600
LME nickel futures contract (USD/MT)	16,613	20,963	15,948	20,757	4,144	18,467	1,241	5,015
SMM #1 import nickel spot (RMB/MT)	124,700	159,200	119,700	152,800	28,100	137,867	9,681	39,500

Source: SHFE; LME; SMM

Table 1-2-51   Price Correlation of SHFE Nickel Futures vs. International Nickel Futures and Domestic Spot Price in 2021

Prices	Correlation Coefficient
SHFE main nickel futures contract settlement vs. LME nickel futures contract	0.97
SHFE main nickel futures contract settlement vs. nickel spot price	0.99

Source: SHFE; LME; SMM

VII. Tin Futures

(I) Trading (Table 1-2-52—Table 1-2-54)

Table 1-2-52   Monthly Trading Data of Tin Futures, 2021

Month	Volume (10,000 lots)	YoY Change (%)	Turnover (¥100mn)	YoY Change (%)	Month-End OI (10,000 lots)	YoY Change (%)
JAN	227.10	199.91	3,704.43	255.76	8.07	121.10
FEB	273.52	792.63	4,915.47	1,092.55	6.45	-4.87
MAR	282.37	137.57	4,981.77	247.47	5.44	-29.99
APR	210.78	53.93	3,872.79	126.46	5.17	-8.82
MAY	199.42	88.84	3,948.04	184.09	6.90	50.98
JUN	236.72	135.54	4,870.27	254.43	6.58	103.72
JUL	229.02	56.59	5,119.64	145.03	5.47	29.31
AUG	225.36	56.95	5,318.12	157.05	5.63	40.05
SEP	226.60	67.18	5,944.96	204.51	4.05	-0.25
OCT	197.77	134.34	5,503.98	346.83	6.33	67.90
NOV	213.18	95.11	5,906.42	267.68	7.58	66.23
DEC	179.40	24.47	5,095.00	133.51	7.72	46.99
Total	2,701.24	102.88	59,180.89	220.04	—	—

Source: SHFE

Table 1-2-53   Annual Trading Data of Tin Futures, 2020-2021

Year	Volume (10,000 lots)	YoY Change (%)	Turnover (¥ tn)	YoY Change (%)	Year-End OI (10,000 lots)	YoY Change (%)
2020	1,331.43	310.16	1.85	307.17	5.25	16.67
2021	2,701.24	102.88	5.92	220.04	7.72	46.99

Source: SHFE

Table 1-2-54   Annual Trading Data of Tin Futures on Domestic and Overseas Exchanges, 2020-2021

Year	Volume (10,000 lots)		Year-End OI (10,000 lots)	
	SHFE	LME	SHFE	LME
2020	1,331.43	124.25	5.25	1.77
2021	2,701.24	103.01	7.72	1.53

Source: SHFE; LME

Note: SHFE tin futures is 1 metric ton per contract; for LME it is 5 metric tons per contract.

(II) Delivery (Table 1-2-55—Table 1-2-56)

Table 1-2-55   Monthly Delivery Data of Tin Futures, 2021

Month	Delivery Volume (Lot)	YoY Change (%)	Delivery Value (¥100mn)	YoY Change (%)
JAN	1,890	-61.68	2.91	-58.37
FEB	2,996	—	4.87	—
MAR	1,938	—	3.39	—
APR	1,726	—	3.08	—
MAY	2,186	328.63	4.30	532.35
JUN	1,796	66.91	3.70	150.00
JUL	2,118	115.68	4.71	238.85
AUG	1,016	14.41	2.43	91.34
SEP	970	-3.58	2.51	74.31
OCT	884	-22.32	2.51	51.20
NOV	1,640	24.43	4.81	149.22
DEC	1,344	24.91	3.93	142.59
Total	20,504	58.63	43.15	133.84

Source: SHFE

Table 1-2-56   Annual Delivery Data of Tin Futures, 2020-2021

Year	Delivery Volume (Lot)	YoY Change (%)	Delivery Value (¥100mn)	YoY Change (%)
2020	12,926	59.74	18	59.35
2021	20,504	58.63	43.15	133.84

Source: SHFE

(III) Price Trend of Tin Futures (Figure 1-2-7, Table 1-2-57—Table 1-2-58)

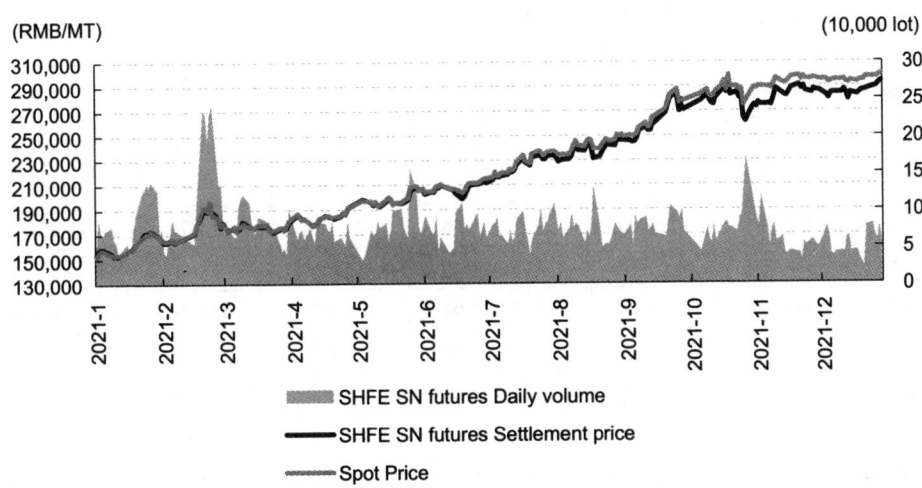

Figure 1-2-7   Closing Price of Tin Futures on Domestic and International Exchanges vs. Domestic Spot Price in 2021

Source: SHFE; LME; SMM

Table 1-2-57   Tin Futures and Spot Prices, 2021

Market	2020 Closing	2021 High	2021 Low	2021 Closing	YoY Change	Average Settlement	Standard Deviation	Maximum Spread
SHFE main tin futures contract (RMB/MT)	151,170	296,320	151,000	296,110	144,940	222,987	44,225	145,320
LME tin futures contract (USD/MT)	20,350	39,878	20,710	38,985	18,635	31,286	5,528	20,300
SMM #1 tin ingot spot (RMB/MT)	151,750	299,500	152,750	299,500	147,750	226,469	47,661	146,750

Source: SHFE; LME; SMM

Table 1-2-58 Price Correlation of SHFE Tin Futures vs. International Tin Futures and Domestic Spot Price in 2021

Prices	Correlation Coefficient
SHFE main tin futures contract settlement vs. LME tin futures contract	0.96
SHFE main tin futures contract settlement vs. tin spot price	0.99

Source: SHFE; LME; SMM

VIII. Gold Futures and Options

(I) Trading (Table 1-2-59—Table 1-2-63)

Table 1-2-59 Monthly Trading Data of Gold Futures, 2021

Month	Volume (10,000 lots)	YoY Change (%)	Turnover (¥ 100mn)	YoY Change (%)	Month-End OI (10,000 lots)	YoY Change (%)
JAN	397.30	11.17	15,557.36	23.96	19.76	-26.85
FEB	316.61	51.01	12,052.48	57.06	18.75	-34.42
MAR	480.94	14.30	17,484.92	16.42	20.64	-22.36
APR	368.97	46.17	13,705.20	44.91	20.27	-12.33
MAY	405.73	-5.06	15,737.08	-5.54	25.75	6.13
JUN	390.78	-1.37	14,844.69	-4.68	26.07	-10.09
JUL	346.24	-36.44	13,074.25	-42.09	22.52	-23.38
AUG	359.62	-51.71	13,439.35	-57.87	22.21	-29.26
SEP	325.51	-47.76	12,118.60	-52.99	20.61	-20.23
OCT	282.27	-14.58	10,451.53	-21.80	18.63	-25.27
NOV	461.03	-1.63	17,359.88	-6.27	16.67	-26.95
DEC	406.21	-12.66	15,014.49	-17.09	17.75	-5.54
Total	4,541.22	-13.34	170,839.83	-17.54	—	—

Source: SHFE

Table 1-2-60 Annual Trading Data of Gold Futures, 2020-2021

Year	Volume (10,000 lots)	YoY Change (%)	Turnover (¥ tn)	YoY Change (%)	Year-End OI (10,000 lots)	YoY Change (%)
2020	5,240.55	13.41	20.72	38.16	18.79	-14.33
2021	4,541.22	-13.34	17.08	-17.54	17.75	-5.54

Source: SHFE

Table 1-2-61   Annual Trading Data of Gold Futures on Domestic and Overseas Exchanges, 2020-2021

Year	Volume (10,000 lots)		Year-End OI (10,000 lots)	
	SHFE	COMEX	SHFE	COMEX
2020	5,240.55	7,812.75	18.79	56.01
2021	4,541.22	5,846.50	17.75	51.26

Source: SHFE; COMEX

Note: SHFE gold futures is 1,000 gram per contract; for COMEX it is 100 ounces per contract.

Table 1-2-62   Annual Trading Data of Gold Options, 2020-2021

Year	Volume (10,000 lots)	YoY Change (%)	Put/Call Ratio (PCR)	Turnover (¥100mn)	YoY Change (%)	Year-End OI (10,000 lots)	YoY Change (%)
2020	234.74	2,767.83	0.805	156.26	4,778.30	4.01	299.38
2021	313.62	33.60	0.686	128.46	-17.79	2.69	-32.75

Source: SHFE

Table 1-2-63   Annual Trading Data of Gold Options on Domestic and Overseas Exchanges, 2020-2021

Year	Volume (10,000 lots)		Year-End OI (10,000 lots)	
	SHFE	CME Group	SHFE	CME Group
2020	234.74	1,321.34	4.01	88.11
2021	313.62	831.02	2.69	68.82

Source: SHFE; FIA

Note: SHFE gold options is 1,000 grams per contract; for CME Group it is 100 ounces per contract.

(II) Delivery and Exercise (Table 1-2-64—Table 1-2-66)

Table 1-2-64   Monthly Delivery Data of Gold Futures, 2021

Month	Delivery Volume (Lot)	YoY Change (%)	Delivery Value (¥10,000)	YoY Change (%)
JAN	0	—	0	—
FEB	1,200	205.34	46,080.90	233.32
MAR	21	—	773.89	—
APR	555	76.19	20,349.63	72.70
MAY	48	—	1,788.19	—
JUN	513	-23.66	19,788.46	-20.80
JUL	87	—	3,221.44	—
AUG	246	-26.79	8,964.73	-38.95
SEP	12	-71.43	449.90	-74.43

Continued

Month	Delivery Volume (Lot)	YoY Change (%)	Delivery Value (¥10,000)	YoY Change (%)
OCT	372	10.71	13,575.77	-0.08
NOV	36	—	1,335.60	—
DEC	2,079	217.89	75,920.92	202.55
Total	5,169	88.10	192,249.43	81.85

Source: SHFE

Table 1-2-65   Annual Delivery Data of Gold Futures, 2020-2021

Year	Delivery Volume (Lot)	YoY Change (%)	Delivery Value (¥100mn)	YoY Change (%)
2020	2,748	27.05	10.57	51.78
2021	5,169	88.10	19.22	81.85

Source: SHFE

Table 1-2-66   Annual Exercise Data of Gold Options, 2020-2021

Year	Exercise Volume (Lot)	YoY Change (%)
2020	12,794	—
2021	15,460	20.84

Source: SHFE

(III) Price Trend of Gold Futures (Figure 1-2-8, Table 1-2-67—Table 1-2-68)

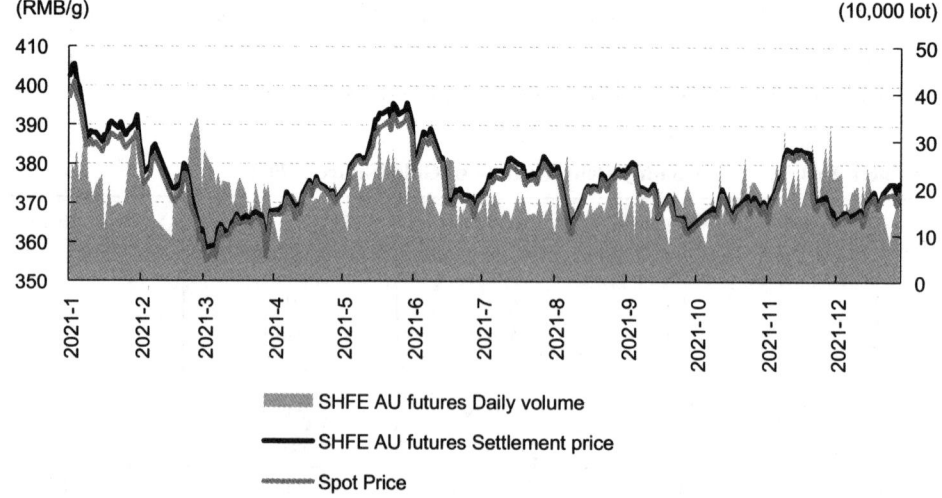

Figure 1-2-8   Price of Gold Futures on Domestic and International Exchanges vs. Domestic Spot Price in 2021

Source: SHFE; Wind

Table 1-2-67   Gold Futures and Spot Prices, 2021

Market	2020 Closing	2021 High	2021 Low	2021 Closing	YoY Change	Average Settlement	Standard Deviation	Maximum Spread
SHFE main gold futures contract (RMB/g)	397.6	406.94	354.58	376.42	21.18	375.87	9.21	52.36
COMEX main gold futures contract (USD/oz)	1,901.6	1,962.5	1,673.3	1,830.5	-71.1	1,798.98	49.10	289.2
gold spot (RMB/g)	391.94	400.96	355	372.70	-19.24	374.22	8.56	45.96

Source: SHFE; Wind

Table 1-2-68   Price Correlation of SHFE Gold Futures vs. International Gold Futures and Domestic Spot Price in 2021

Prices	Correlation Coefficient
SHFE main gold futures contract settlement vs. COMEX main gold futures contract closing	0.92
SHFE main gold futures contract settlement vs. gold spot T+D settlement price	0.99

Source: SHFE; Wind

IX. Silver Futures

(I) Trading (Table 1-2-69—Table 1-2-71)

Table 1-2-69   Monthly Trading Data of Silver Futures, 2021

Month	Volume (10,000 lots)	YoY Change (%)	Turnover (¥100mn)	YoY Change (%)	Month-End OI (10,000 lots)	YoY Change (%)
JAN	3,171.53	138.84	25,593.88	193.20	66.98	-6.60
FEB	2,474.32	242.83	21,104.14	346.02	59.84	-10.45
MAR	2,778.14	105.73	22,286.65	205.76	60.79	-11.62
APR	1,895.89	107.93	15,219.09	203.32	54.91	2.14
MAY	2,251.59	3.69	19,368.47	45.20	56.23	-16.42
JUN	1,619.55	-30.48	13,577.27	-10.16	58.02	0.07
JUL	1,510.61	-60.47	12,233.66	-58.09	55.20	-24.35
AUG	1,497.95	-79.88	11,561.19	-83.29	58.76	-23.71
SEP	1,349.05	-75.06	10,105.08	-77.86	61.66	-19.77
OCT	1,240.06	-57.88	9,200.83	-59.69	64.18	-17.76
NOV	1,742.27	-45.57	13,068.33	-46.48	69.91	-4.27
DEC	1,614.82	-60.52	11,509.10	-64.49	66.64	-7.79
Total	23,145.76	-35.21	184,827.68	-33.49	—	—

Source: SHFE

Table 1-2-70   Annual Trading Data of Silver Futures, 2020-2021

Year	Volume (10,000 lots)	YoY Change (%)	Turnover (¥100mn)	YoY Change (%)	Year-End OI (10,000 lots)	YoY Change (%)
2020	35,723.21	150.12	277,895.30	210.90	72.27	-5.77
2021	23,145.76	-35.21	184,827.68	-33.49	66.64	-7.79

Source: SHFE

Table 1-2-71   Annual Trading Data of Silver Futures on Domestic and Overseas Exchanges, 2020-2021

Year	Volume (10,000 lots)		Year-End OI (10,000 lots)	
	SHFE	COMEX	SHFE	COMEX
2020	35,723.21	2,612.68	72.27	17.14
2021	23,145.76	1,966.95	66.64	14.02

Source: SHFE; Reuters

(II) Delivery (Table 1-2-72—Table 1-2-73)

Table 1-2-72   Monthly Delivery Data of Silver Futures, 2021

Month	Delivery Volume (Lot)	YoY Change (%)	Delivery Value (¥100mn)	YoY Change (%)
JAN	12,498	1,221.14	9.90	1,553.41
FEB	49,414	123.94	39.83	181.31
MAR	11,208	6,571.43	8.94	9,597.93
APR	6,080	-64.34	4.83	-50.17
MAY	4,716	779.85	3.97	1,150.44
JUN	19,294	-6.23	16.24	25.67
JUL	4,782	174.51	3.90	226.59
AUG	4,064	-50.46	3.08	-58.35
SEP	6,016	-76.52	4.54	-79.99
OCT	3,944	-78.40	2.92	-79.04
NOV	3,482	64.56	2.56	55.03
DEC	25,206	-50.18	17.37	-54.09
Total	150,704	-10.24	118.07	-3.58

Source: SHFE

Table 1-2-73   Annual Delivery Data of Silver Futures, 2020-2021

Year	Delivery Volume (Lot)	YoY Change (%)	Delivery Value (¥100mn)	YoY Change (%)
2020	167,888	283.81	122.44	368.40
2021	150,704	-10.24	118.07	-3.58

Source: SHFE

(III) Price Trend of Silver Futures (Figure 1-2-9, Table 1-2-74—Table 1-2-15)

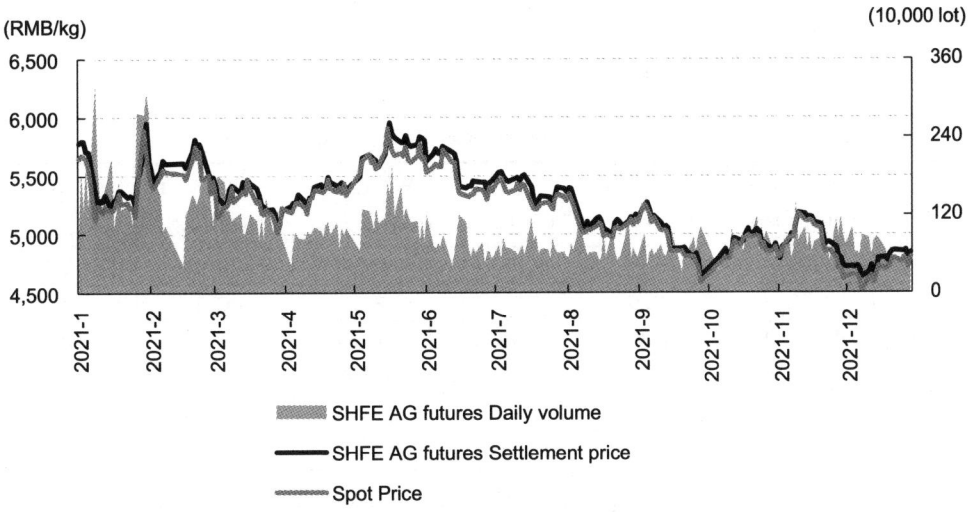

Figure 1-2-9 Closing Price of Silver Futures on Domestic and International Exchanges vs. Domestic Spot Price in 2021

Source: SHFE; Reuters

Table 1-2-74   Silver Futures and Spot Prices, 2021

Market	2020 Closing	2021 High	2021 Low	2021 Closing	YoY Change	Average Settlement	Standard Deviation	Maximum Spread
SHFE main silver futures contract (RMB/kg)	5,659	6,085	4,588	4,880	-779	5,259	314	1,497
COMEX silver futures contract (USD/OZ)	26.525	30.350	21.410	23.355	-3.17	25.162	1.776	8.94
SGE Ag (T+D) (RMB/kg)	5,528	6,024	4,513	4,806	-722	5,207	306	1,511

Table 1-2-75 Price Correlation of SHFE Silver Futures vs. International Silver Futures and Domestic Spot Price in 2021

Prices	Correlation Coefficient
SHFE main silver futures contract settlement vs. COMEX silver futures contract	0.95
SHFE main silver futures contract settlement vs. silver spot price	0.99

Source: SHFE; CME; Reuters

X. Steel Rebar Futures

(I) Trading (Table 1-2-76—Table 1-2-77)

Table 1-2-76 Monthly Trading Data of Steel Rebar Futures, 2021

Month	Volume (10,000 lots)	YoY Change (%)	Turnover (¥100mn)	YoY Change (%)	Month-End OI (10,000 lots)	YoY Change (%)
JAN	4,226.94	169.94	18,339.42	229.72	161.01	-2.38
FEB	2,556.11	-21.04	11,317.79	3.21	182.25	-25.60
MAR	6,616.51	41.20	31,482.20	95.54	186.66	-11.43
APR	5,699.50	58.61	29,475.67	147.62	173.56	-2.83
MAY	5,893.85	114.60	31,744.31	232.21	135.50	-19.47
JUN	5,056.35	70.81	25,543.10	140.11	160.59	-12.31
JUL	4,412.82	53.78	24,212.48	129.02	212.77	3.99
AUG	5,808.16	134.74	30,772.01	229.62	162.82	-12.82
SEP	5,307.33	100.99	29,237.73	205.05	152.23	-5.15
OCT	5,563.13	231.53	28,448.75	368.74	237.15	29.80
NOV	9,223.13	304.85	38,910.75	347.26	295.28	63.30
DEC	5,234.84	-10.89	22,977.57	-6.39	255.33	62.07
Total	65,598.67	79.21	322,461.80	141.49	—	—

Source: SHFE

Table 1-2-77 Annual Trading Data of Steel Rebar Futures, 2020-2021

Year	Volume (10,000 lots)	YoY Change (%)	Turnover (¥ tn)	YoY Change (%)	Year-End OI (10,000 lots)	YoY Change (%)
2020	36,604.34	-21.31	13.35	-21.21	157.54	-11.94
2021	65,598.67	79.21	32.25	141.49	255.33	62.07

Source: SHFE

(II) Delivery (Table 1-2-78—Table 1-2-79)

Table 1-2-78 Monthly Delivery Data of Steel Rebar Futures, 2021

Month	Delivery Volume (Lot)	YoY Change (%)	Delivery Value (¥10,000)	YoY Change (%)
JAN	6,180	145.24	25,993.08	166.19
FEB	2,940	2.08	12,248.04	25.90
MAR	5,490	45.24	25,113.69	88.96
APR	990	6.45	4,970.79	56.28
MAY	1,410	14.63	7,867.80	88.19

Continued

Month	Delivery Volume (Lot)	YoY Change (%)	Delivery Value (¥10,000)	YoY Change (%)
JUN	600	100.00	2,913.60	169.78
JUL	840	0.00	4,242.00	38.32
AUG	4,890	2,228.57	25,897.44	3,216.87
SEP	2,850	90.00	15,578.10	180.31
OCT	10,410	171.09	59,201.67	325.89
NOV	1,500	733.33	6,561.00	818.60
DEC	390	—	1,678.17	—
Total	38,490	111.37	192,265.38	194.68

Source: SHFE

Table 1-2-79   Annual Delivery Data of Steel Rebar Futures, 2020-2021

Year	Delivery Volume (Lot)	YoY Change (%)	Delivery Value (¥100mn)	YoY Change (%)
2020	18,210	-37.81	6.52	-40.16
2021	38,490	111.37	19.23	194.68

Source: SHFE

(III) Price Trend of Steel Rebar Futures (Figure 1-2-10, Table 1-2-80—Table 1-2-81)

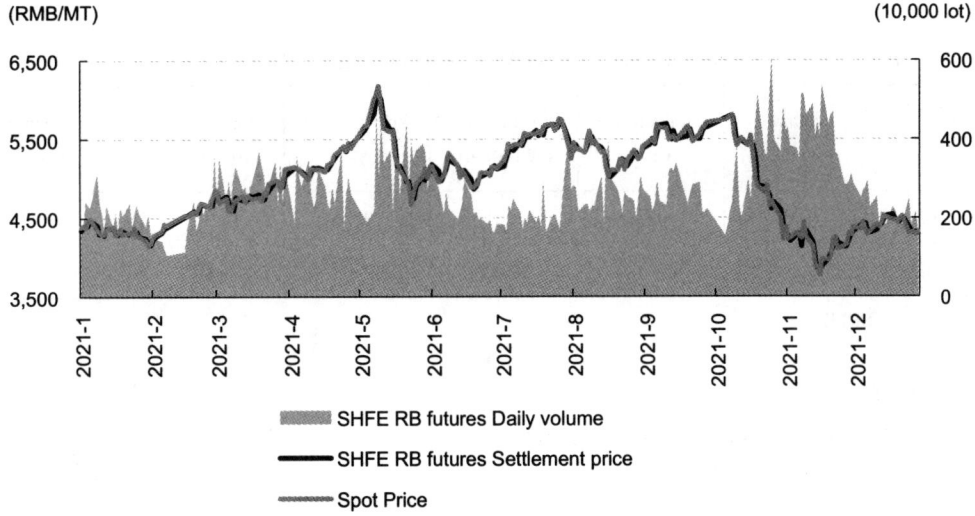

Figure 1-2-10   Closing Price of Steel Rebar Futures vs. Domestic Spot Price in 2021
Source: SHFE; Wind

Table 1-2-80   Steel Rebar Futures and Spot Prices, 2021

Market	2020 Closing	2021 High	2021 Low	2021 Closing	YoY Change	Average Settlement	Standard Deviation	Maximum Spread
SHFE main steel rebar futures contract (RMB/MT)	4,388	6,208	3,765	4,315	-73	4,948	503	2,443
Shanghai steel rebar spot (RMB/MT)	4,760	6,120	4,270	4,480	-280	5,038	423	1,850
Tianjin steel rebar spot (RMB/MT)	4,560	6,440	4,120	4,100	-460	4,986	475	2,320

Source: SHFE; Wind

Table 1-2-81   Price Correlation of SHFE Steel Rebar Futures vs. Domestic Spot Prices in 2021

Prices	Correlation Coefficient
SHFE main steel rebar futures contract settlement vs. Shanghai steel rebar spot	0.85
SHFE main steel rebar futures contract settlement vs. Tianjin steel rebar spot	0.86

Source: SHFE; Wind

XI. Wire Rod Futures

(I) Trading (Table 1-2-82)

Table 1-2-82   Annual Trading Data of Wire Rod Futures, 2020-2021

Year	Volume (10,000 lots)	YoY Change (%)	Turnover (¥100mn)	YoY Change (%)	Year-End OI (10,000 lots)	YoY Change (%)
2020	4,031	-97.68	1.61	-97.64	39	178.57
2021	19,537	384.67	10.45	548.74	85	117.95

Source: SHFE

(II) Delivery

No delivery for wire rod futures in 2021.

(III) Price Trend of Wire Rod Futures (Table 1-2-83—Table 1-2-84)

Table 1-2-83   Wire Rod Futures and Spot Prices, 2021

Market	2020 Closing	2021 High	2021 Low	2021 Closing	YoY Change	Average Settlement	Standard Deviation	Maximum Spread
SHFE main wire rod futures contract (RMB/MT)	4,710	6,800	4,143	4,393	-317	5,341	594	2,657
Shanghai wire rod spot (RMB/MT)	4,780	6,440	4,270	5,030	250	5,138	478	2,170
Tianjin wire rod spot (RMB/MT)	4,270	6,600	4,390	4,700	430	5,354	508	2,210

Source: SHFE; Wind

Table 1-2-84   Price Correlation of SHFE Wire Rod Futures vs. Domestic Spot Prices in 2021

Prices	Correlation Coefficient
SHFE main wire rod futures contract settlement vs. Shanghai wire rod spot	0.85
SHFE main wire rod futures contract settlement vs. Tianjin wire rod spot	0.82

Source: SHFE; Wind

XII. Hot-Rolled Coil Futures

(I) Trading (Table 1-2-85—Table 1-2-86)

Table 1-2-85   Monthly Trading Data of Hot-Rolled Coil Futures, 2021

Month	Volume (10,000 lots)	YoY Change (%)	Turnover (¥100mn)	YoY Change (%)	Month-End OI (10,000 lots)	YoY Change (%)
JAN	1,489.05	546.26	6,652.30	706.53	70.87	130.91
FEB	853.53	126.29	3,928.14	207.84	71.91	94.45
MAR	2,286.64	203.84	11,516.41	359.39	98.95	54.12
APR	2,312.17	207.69	12,706.63	436.71	84.53	70.97
MAY	2,326.39	370.69	13,526.75	708.79	71.79	27.72
JUN	1,718.30	133.79	9,154.90	250.35	65.41	6.27
JUL	1,594.49	149.42	9,299.95	294.12	97.88	48.95
AUG	1,824.25	173.18	10,329.82	299.50	65.37	0.61
SEP	1,610.20	123.38	9,176.91	236.88	49.70	16.75
OCT	1,682.00	328.28	9,077.13	513.94	78.98	49.92

Continued

Month	Volume (10,000 lots)	YoY Change (%)	Turnover (¥100mn)	YoY Change (%)	Month-End OI (10,000 lots)	YoY Change (%)
NOV	2,737.30	384.64	12,262.51	447.98	117.72	98.85
DEC	1,637.27	-14.20	7,487.61	-12.05	101.58	52.61
Total	22,071.59	168.03	115,119.06	269.44	—	—

Source: SHFE

Table 1-2-86 Annual Trading Data of Hot-Rolled Coil Futures, 2020-2021

Year	Volume (10,000 lots)	YoY Change (%)	Turnover (¥ tn)	YoY Change (%)	Year-End OI (10,000 lots)	YoY Change (%)
2020	8,234.63	16.95	3.12	22.48	66.56	83.00
2021	22,071.59	168.03	11.51	269.44	101.58	52.61

Source: SHFE

(II) Delivery (Table 1-2-87—Table 1-2-88)

Table 1-2-87 Monthly Delivery Data of Hot-Rolled Coil Futures, 2021

Month	Delivery Volume (Lot)	YoY Change (%)	Delivery Value (¥10,000)	YoY Change (%)
JAN	22,410	347.31	101,763.81	428.82
FEB	3,690	2,975.00	16,667.73	3,961.34
MAR	8,070	5,280.00	40,672.8	7,603.18
APR	3,150	10,400.00	17,265.15	17,884.53
MAY	13,020	-40.30	78,367.38	5.22
JUN	4,680	254.55	25,936.56	441.29
JUL	1,890	142.31	11,162.34	267.79
AUG	1,980	312.50	11,404.8	489.58
SEP	1,440	242.86	8,424	407.78
OCT	6,960	45.91	40,235.76	115.13
NOV	150	-54.55	708	-47.42
DEC	120	-33.33	594	-20.86
Total	67,560	90.85	353,202.33	178.16

Source: SHFE

Table 1-2-88 Annual Delivery Data of Hot-Rolled Coil Futures, 2020-2021

Year	Delivery Volume (Lot)	YoY Change (%)	Delivery Value (¥100mn)	YoY Change (%)
2020	35,400	36.73	12.70	35.1
2021	67,560	90.85	35.32	178.16

Source: SHFE

(III) Price Trend of Hot-Rolled Coil Futures (Figure 1-2-11, Table 1-2-89—Table 1-2-90)

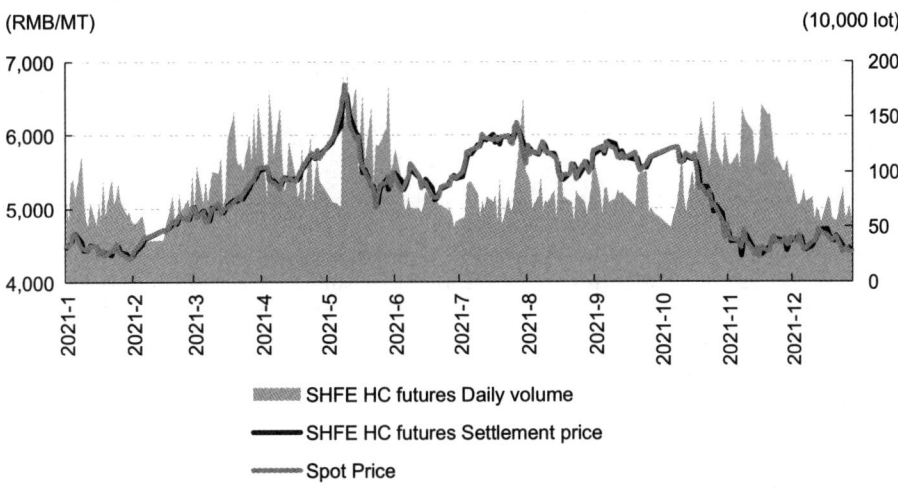

Figure 1-2-11 Closing Price of Hot-Rolled Coil Futures vs. Domestic Spot Prices in 2021
Source: SHFE; Wind

Table 1-2-89 Hot-Rolled Coil Futures and Spot Prices, 2021

Market	2020 Closing	2021 High	2021 Low	2021 Closing	YoY Change	Average Settlement	Standard Deviation	Maximum Spread
SHFE main hot-rolled coil futures contract (RMB/MT)	4,554	6,727	4,233	4,411	-143	5,207	549.73	2,494
Shanghai hot-rolled coil spot (RMB/MT)	4,600	6,750	4,430	4,860	260	5,318	500.43	2,320
Tianjin hot-rolled coil spot (RMB/MT)	4,460	6,610	4,360	4,660	200	5,258	514.58	2,250

Source: SHFE; Wind

Table 1-2-90 Price Correlation of SHFE Hot-Rolled Coil Futures vs. Domestic Spot Prices in 2021

Prices	Correlation Coefficient
SHFE main hot-rolled coil futures contract settlement vs. Shanghai hot-rolled coil spot	0.97
SHFE main hot-rolled coil futures contract settlement vs. Tianjin hot-rolled coil spot	0.96

Source: SHFE; Wind

XIII. Stainless Steel Futures

(I) Trading (Table 1-2-91—Table 1-2-92)

Table 1-2-91 Monthly Trading Data of Stainless Steel Futures, 2021

Month	Volume (10,000 lots)	YoY Change (%)	Turnover (¥100mn)	YoY Change (%)	Month-End OI (10,000 lots)	YoY Change (%)
JAN	341.21	1,298.99	2,423.73	1,326.06	22.08	691.56
FEB	239.92	872.91	1,782.47	1,007.12	19.00	171.44
MAR	373.02	587.09	2,663.74	707.41	15.49	83.78
APR	263.72	273.86	1,868.22	315.60	12.29	153.50
MAY	310.58	393.53	2,357.62	462.38	12.60	147.15
JUN	358.60	523.98	2,886.54	673.43	9.41	165.05
JUL	512.97	636.07	4,693.78	895.90	8.95	61.33
AUG	382.16	271.50	3,518.11	367.15	7.25	13.52
SEP	442.37	346.48	4,406.31	517.67	6.59	46.10
OCT	264.19	219.46	2,621.62	339.37	7.90	19.19
NOV	321.59	89.76	2,839.87	149.18	11.77	3.52
DEC	236.48	-10.77	1,932.73	7.01	11.34	-33.89
Total	4,046.81	273.63	33,994.74	360.44	—	—

Source: SHFE

Table 1-2-92 Annual Trading Data of Stainless Steel Futures, 2020-2021

Year	Volume (10,000 lots)	YoY Change (%)	Turnover (¥ tn)	YoY Change (%)	Year-End OI (10,000 lots)	YoY Change (%)
2020	1,083.13	—	0.74	—	17.16	707.69

Continued

Year	Volume (10,000 lots)	YoY Change (%)	Turnover (¥ tn)	YoY Change (%)	Year-End OI (10,000 lots)	YoY Change (%)
2021	4,046.81	273.63	3.40	360.44	11.34	-33.89

Source: SHFE

(II) Delivery (Table 1-2-93—Table 1-2-94)

Table 1-2-93   Monthly Delivery Data of Stainless Steel Futures, 2021

Month	Delivery Volume (Lot)	YoY Change (%)	Delivery Value (¥10,000)	YoY Change (%)
JAN	8,280	—	57,297.6	—
FEB	11,544	3,003.23	81,731.52	3,241.57
MAR	9,468	39,350.00	65,897.28	42,141.85
APR	5,388	—	38,506.38	—
MAY	4,452	2,082.35	34,124.58	2,421.14
JUN	5,640	3,257.14	45,726.3	4,076.15
JUL	6,600	9,066.67	58,146	11,994.10
AUG	4,080	157.58	38,148	231.73
SEP	888	-41.27	8,680.2	-19.99
OCT	2,748	458.54	28,194.48	699.52
NOV	264	-79.44	2,523.18	-71.43
DEC	216	-52.63	1,936.44	-35.83
Total	59,568	865.76	460,911.96	965.59

Source: SHFE

Table 1-2-94   Annual Delivery Data of Stainless Steel Futures, 2020-2021

Year	Delivery Volume (Lot)	YoY Change (%)	Delivery Value (¥100mn)	YoY Change (%)
2020	6,168	—	4.33	—
2021	59,568	865.76	46.09	965.59

Source: SHFE

(III) Price Trend of Stainless Steel Futures (Figure 1-2-12, Table 1-2-95— Table 1-2-96)

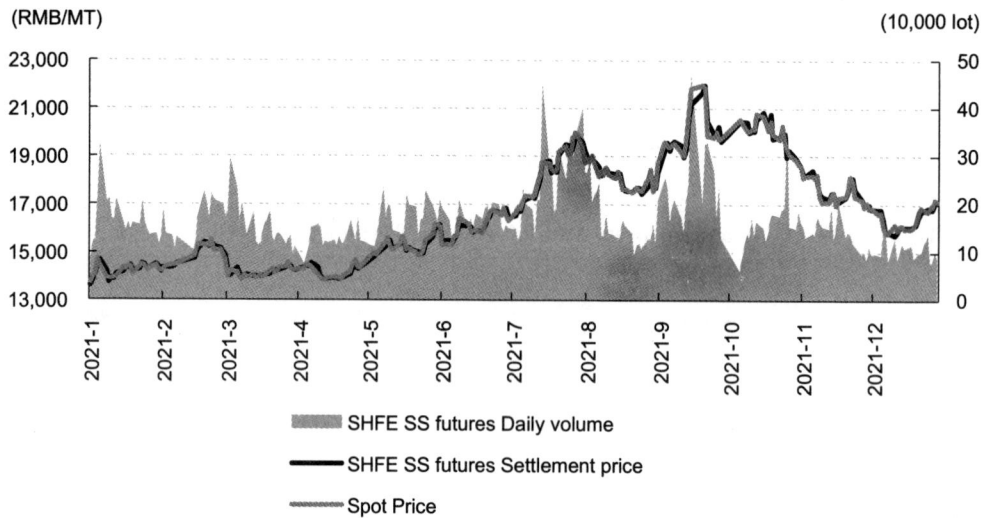

Figure 1-2-12　Closing Price of Stainless Steel Futures vs. Domestic Spot Price in 2021

Source: SHFE; Wind

Table 1-2-95　　Stainless Steel Futures and Spot Prices, 2021

Market	2020 Closing	2021 High	2021 Low	2021 Closing	YoY Change	Average Settlement	Standard Deviation	Maximum Spread
SHFE main stainless steel futures contract (RMB/MT)	13,440	22,425	13,420	17,125	3,685	16,568	2,098	9,005
Wuxi stainless steel spot (RMB/MT)	13,990	21,970	14,270	17,220	3,230	17,356	2,084	7,700

Source: SHFE; Wind

Table 1-2-96　　Price Correlation of SHFE Stainless Steel Futures vs. Domestic Spot Prices in 2021

Prices	Correlation Coefficient
SHFE main stainless steel futures contract settlement vs. Wuxi stainless steel spot	0.98

Source: SHFE; Wind

XIV. Crude Oil Futures and Options (Internationalized Product)

The crude oil options were listed for trading on INE on June 21, 2021.

(I) Trading (Table 1-2-97—Table 1-2-101)

Table 1-2-97   Monthly Trading Data of Crude Oil Futures, 2021

Month	Volume (10,000 lots)	YoY Change (%)	Turnover (¥100mn)	YoY Change (%)	Month-End OI (10,000 lots)	YoY Change (%)
JAN	368.80	145.94	12,322.72	70.56	8.34	209.45
FEB	243.85	183.61	9,285.69	171.97	9.14	29.49
MAR	531.82	94.62	21,531.19	188.82	7.66	-39.60
APR	384.40	-22.99	15,374.86	18.38	7.52	-57.75
MAY	293.02	-48.39	12,370.31	-18.58	7.65	-56.76
JUN	330.44	-30.42	14,950.95	7.55	7.75	-45.45
JUL	370.12	6.58	16,506.56	58.43	7.66	-45.10
AUG	355.54	39.21	15,166.29	104.24	6.81	-46.60
SEP	267.85	-20.28	12,458.95	35.54	4.87	-53.76
OCT	235.59	-11.76	12,420.24	78.08	5.70	-57.67
NOV	388.09	-12.68	19,604.83	68.81	6.13	-53.04
DEC	495.01	8.20	22,966.41	66.29	6.75	-20.27
Total	4,264.53	2.55	184,959	54.68	—	—

Source: SHFE

Table 1-2-98   Annual Trading Data of Crude Oil Futures, 2020-2021

Year	Volume (10,000 lots)	YoY Change (%)	Turnover (¥ tn)	YoY Change (%)	Year-End OI (10,000 lots)	YoY Change (%)
2020	4,158.58	20.04	11.96	-22.71	8.47	187.93
2021	4,264.52	2.55	18.50	54.68	6.75	-20.27

Source: SHFE

Table 1-2-99   Annual Trading Data of Crude Oil Futures on Domestic and Overseas Exchanges, 2020-2021

Year	Volume (10,000 lots)			Year-End OI (10,000 lots)		
	INE	CME Group WTI	ICE Brent	INE	CME Group WTI	ICE Brent
2020	4,158.58	27,413.49	218,705.76	8.47	215.47	245.58
2021	4,264.52	24,830.98	22,915.78	6.75	186.72	211.34

Source: SHFE; CME Group; ICE

Note: INE crude oil futures and CME WTI futures are both 1,000 barrels per contract.

Table 1-2-100　　Annual Trading Data of Crude Oil Options, 2020-2021

Year	Volume (10,000 lots)	YoY Change (%)	Put/Call Ratio (PCR)	Turnover (¥100mn)	YoY Change (%)	Year-End OI (10,000 lots)	YoY Change (%)
2021	156.25	—	1.177	105.21	—	2.02	—

Source: SHFE

Table 1-2-101　　Annual Trading Data of Crude Oil Options on Domestic and Overseas Exchanges, 2020-2021

Year	Volume (10,000 lots)			Year-End OI (10,000 lots)		
	INE	CME Group WTI	ICE Brent	INE	CME Group WTI	ICE Brent
2020	—	2,956.72	2,586.31	—	142.01	165.80
2021	156.25	3,000.61	2,901.77	2.02	197.75	221.12

Source: SHFE; CME Group; ICE; FIA

Note: INE SC, CME WTI, and ICE Brent are all 1,000 barrels per contract.

(II) Delivery and Exercise (Table 1-2-102—Table 1-2-104)

Table 1-2-102　　Monthly Delivery Data of Crude Oil Futures, 2021

Month	Delivery Volume (Lot)	YoY Change (%)	Delivery Value (¥100mn)	YoY Change (%)
JAN	4,727	41.44	13.76	-13.53
FEB	2,923	179.98	9.43	93.57
MAR	871	-33.56	3.43	-30.11
APR	1,743	-30.08	6.60	7.92
MAY	1,501	-75.61	6.06	-54.47
JUN	5,005	-60.31	21.11	-34.26
JUL	1,424	-87.25	6.49	-79.57
AUG	1,420	-89.75	6.13	-84.18
SEP	4,926	-61.15	20.84	-41.99
OCT	378	-96.10	1.78	-92.87
NOV	2	-99.98	0.01	-99.95
DEC	1,161	-84.68	5.78	-71.76
Total	26,081	-71.18	101.42	-59.33

Source: SHFE

Table 1-2-103　　Annual Delivery Data of Crude Oil Futures, 2020-2021

Year	Delivery Volume (Lot)	YoY Change (%)	Delivery Value (¥100mn)	YoY Change (%)
2020	90,491	413.63	249	217.41
2021	26,081	-71.18	101.42	-59.33

Source: SHFE

Table 1-2-104　　Monthly Exercise Data of Crude Oil Options, 2021

Month	Exercise Volume (Lot)
JAN	—
FEB	—
MAR	—
APR	—
MAY	—
JUN	0
JUL	3
AUG	1,480
SEP	1,405
OCT	3,002
NOV	2,114
DEC	2,104
Total	10,108

Source: SHFE

(III) Price Trend of Crude Oil Futures (Figure 1-2-13, Table 1-2-105—Table 1-2-106)

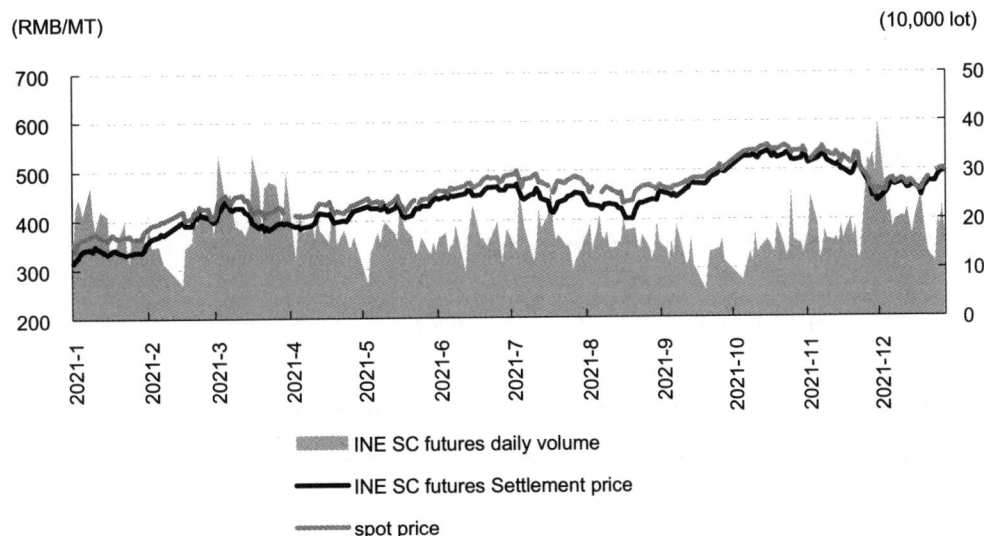

Figure 1-2-13　Price of Crude Oil Futures on Domestic and International Exchanges vs. Domestic Spot Price in 2021

Source: SHFE; Reuters

Table 1-2-105 Crude Oil Futures and Spot Prices, 2021

Market	2020 Closing	2021 High	2021 Low	2021 Closing	YoY Change	Average Settlement	Standard Deviation	Maximum Spread
INE main crude oil futures contract (RMB/bbl)	301.7	546.5	301.6	499.0	197.3	437.2	52.0	244.9
CME Group WTI (USD/bbl)	48.42	85.41	47.18	75.45	27.03	68.11	8.20	38.23
ICE Brent (USD/bbl)	51.72	86.70	50.56	77.94	26.22	70.95	7.84	36.14
Crude oil spot (RMB/bbl)	344.4	549.95	152.25	499.94	155.54	383.53	94.84	397.70

Source: SHFE; Reuters; CME Group; ICE

Table 1-2-106 Price Correlation of SHFE Crude Oil Futures vs. International Crude Oil Futures and Domestic Spot Price in 2021

Prices	Correlation Coefficient
SHFE main crude oil futures contract settlement vs. CME WTI price	0.94
SHFE main crude oil futures contract settlement vs. ICE Brent price	0.92
SHFE main crude oil futures contract settlement vs. crude oil spot price	0.99

Source: SHFE; CME Group; ICE

(IV) Overseas Participation

SHFE has approved 75 Overseas Intermediaries from 10 countries (regions) and 3 OSBPs from Hong Kong and Singapore.

XV. LSFO Futures (Internationalized Product)

(I) Trading (Table 1-2-107—Table 1-2-108)

Table 1-2-107 Monthly Trading Data of LSFO Futures, 2021

Month	Volume (10,000 lots)	YoY Change (%)	Turnover (¥100mn)	YoY Change (%)	Month-End OI (10,000 lots)	YoY Change (%)
JAN	168.27	—	471.11	—	14.37	—
FEB	111.21	—	345.54	—	8.72	—
MAR	160.12	—	516.64	—	8.37	—
APR	146.06	—	464.54	—	8.91	—

Continued

Month	Volume (10,000 lots)	YoY Change (%)	Turnover (¥100mn)	YoY Change (%)	Month-End OI (10,000 lots)	YoY Change (%)
MAY	154.79	—	494.41	—	6.74	—
JUN	157.65	238.02	537.03	339.95	7.14	72.98
JUL	143.86	142.04	494.11	229.32	6.60	−16.23
AUG	125.91	41.57	414.59	87.45	7.18	−48.76
SEP	157.06	−7.25	559.20	43.50	8.27	−48.47
OCT	164.73	27.97	645.16	118.49	6.27	−70.40
NOV	195.43	−18.81	724.56	27.21	7.93	−57.61
DEC	174.39	−28.07	603.12	−4.19	7.57	−46.14
Total	1,859.48	—	6,270.03	—		

Source: INE

(II) Delivery (Table 1-2-108)

Table 1-2-108   Monthly Delivery Data of LSFO Futures, 2021

Month	Delivery Volume (Lot)	YoY Change (%)	Delivery Value (¥10,000)	YoY Change (%)
JAN	4,659	—	11,610.23	—
FEB	786	—	2,181.94	—
MAR	2,066	—	6,700.04	—
APR	6,220	—	18,442.30	—
MAY	5,928	—	18,945.89	—
JUN	1,452	—	4,380.68	—
JUL	206	—	688.86	—
AUG	4,116	—	13,837.99	—
SEP	2,230	—	7,138.23	—
OCT	4,324	—	15,220.48	—
NOV	4,203	—	17,026.35	—
DEC	4,899	—	17,832.36	—
Total	41,089	—	134,005.35	—

Source: INE

(III) Price Trend of LSFO Futures (Figure 1-2-14, Table 1-2-109—Table 1-2-110)

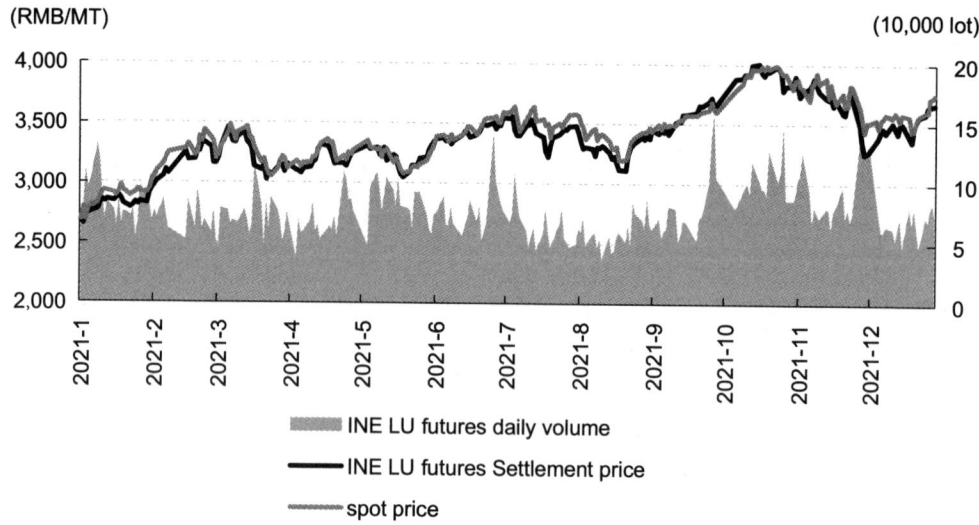

Figure 1-2-14 Closing Price of LSFO Futures vs. Domestic Spot Price in 2021

Source: SHFE; JLC

Table 1-2-109   LSFO Futures and Spot Prices, 2021

Market	2020 Closing	2021 High	2021 Low	2021 Closing	YoY Change	Average Settlement	Standard Deviation	Maximum Spread
INE main LSFO futures contract (RMB/MT)	2,652	4,054	2,566	3,691	1,039	3,358.79	287.98	1,488
LSFO spot at in East China (RMB/MT)	2,689	4,041	2,685	3,956	1,267	3,438.23	301.30	1,356

Source: SHFE; JLC

Table 1-2-110   Price Correlation of INE LSFO Futures vs. Domestic Spot Price in 2021

Prices	Correlation Coefficient
SHFE main LSFO futures contract settlement vs. LSFO spot price	0.95

Source: SHFE, JLC

(IV) Overseas Participation

SHFE has approved 75 Overseas Intermediaries from 10 countries (regions) and 3 OSBPs from Hong Kong and Singapore.

XVI. Fuel Oil Futures

(I) Trading (Table 1-2-111—Table 1-2-112)

Table 1-2-111 Monthly Trading Data of Fuel Oil Futures, 2021

Month	Volume (10,000 lots)	YoY Change (%)	Turnover (¥100mn)	YoY Change (%)	Month-End OI (10,000 lots)	YoY Change (%)
JAN	3,106.33	26.09	6,722.29	16.23	44.88	47.25
FEB	1,748.56	-14.27	4,057.73	-7.23	38.35	-20.44
MAR	3,269.72	-45.83	8,021.14	-16.70	31.80	-66.78
APR	2,782.06	-60.51	6,770.30	-38.58	33.09	-67.73
MAY	2,566.98	-57.49	6,278.75	-34.77	36.10	-64.39
JUN	2,367.03	-46.75	6,253.00	-17.52	40.26	-50.19
JUL	2,551.60	-31.46	6,626.39	3.00	29.47	-62.20
AUG	2,281.09	-22.91	5,684.96	1.73	34.89	-39.73
SEP	2,387.58	-31.39	6,605.60	1.56	42.45	-16.36
OCT	2,074.82	-19.77	6,416.69	32.96	25.65	-66.76
NOV	1,357.44	-55.80	3,841.47	-31.15	39.24	-32.61
DEC	1,206.17	-68.51	3,177.32	-59.58	49.35	11.84
Total	27,699.38	-41.95	70,455.63	-16.92	—	—

Source: SHFE

Table 1-2-112 Annual Trading Data of Fuel Oil Futures, 2020-2021

Year	Volume (10,000 lots)	YoY Change (%)	Turnover (¥100mn)	YoY Change (%)	Year-End OI (10,000 lots)	YoY Change (%)
2020	47,719.34	170.03	84,807.04	98.57	44.13	-4.50
2021	27,699.38	-41.95	70,455.63	-16.92	49.35	11.84

Source: SHFE

(II) Delivery (Table 1-2-113—Table 1-2-114)

Table 1-2-113 Monthly Delivery Data of Fuel Oil Futures, 2021

Month	Delivery Volume (Lot)	YoY Change (%)	Delivery Value (¥10,000)	YoY Change (%)
JAN	13,032	32.39	24,969.31	26.38
FEB	1,784	586.15	3,566.22	475.34
MAR	3,773	-65.82	8,975.97	-60.43
APR	1,938	-39.23	4,478.72	0.17

Continued

Month	Delivery Volume (Lot)	YoY Change (%)	Delivery Value (¥10,000)	YoY Change (%)
MAY	5,162	-23.66	12,306.21	61.20
JUN	109	-98.13	246.99	-96.93
JUL	160	-97.07	420.80	-94.92
AUG	105	-97.61	266.28	-96.30
SEP	14,389	47.73	37,828.68	101.03
OCT	336	-85.74	1,048.32	-74.49
NOV	77	-97.45	231.69	-95.52
DEC	70	-99.18	190.40	-98.80
Total	40,935	-41.90	94,529.59	-22.93

Source: SHFE

Table 1-2-114　Annual Delivery Data of Fuel Oil Futures, 2020-2021

Year	Delivery Volume (Lot)	YoY Change (%)	Delivery Value (¥10,000)	YoY Change (%)
2020	70,454	261.47	122,647.20	131.14
2021	40,935	-41.90	94,529.59	-22.93

Source: SHFE

(III) Price Trend of Fuel Oil Futures (Figure 1-2-15, Table 1-2-115—Table 1-2-116)

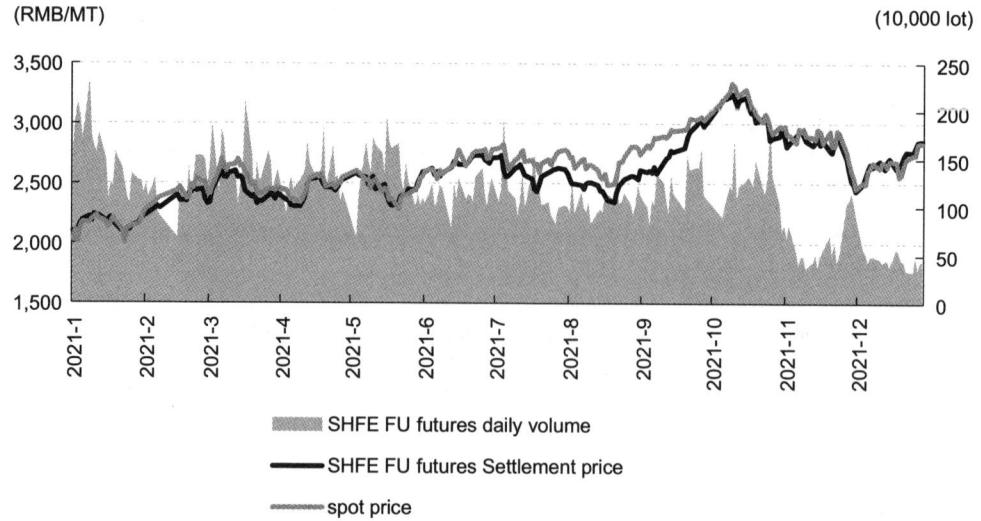

Figure 1-2-15　Closing Price of Fuel Oil Futures vs. Domestic Spot Price in 2021
Source: SHFE; JLC

Table 1-2-115   Fuel Oil Futures and Spot Prices, 2021

Market	2020 Closing	2021 High	2021 Low	2021 Closing	YoY Change	Average Settlement	Standard Deviation	Maximum Spread
SHFE main fuel oil futures contract (RMB/MT)	2,060	3,291	2,021	2,892	832	2,574.46	246.41	1,270
RMG 380 fuel oil spot price (RMB/MT)	2,034	3,335	2,015	2,835	801	2,633.97	259.40	1,320

Source: SHFE; JLC

Table 1-2-116   Price Correlation of SHFE Fuel Oil Futures vs. Domestic Spot Price in 2021

Prices	Correlation Coefficient
SHFE main fuel oil futures contract settlement vs. fuel oil spot price	0.96

Source: SHFE; JLC

XVII. Bitumen Futures

(I) Trading (Table 1-2-117—Table 1-2-118)

Table 1-2-117   Monthly Trading Data of Bitumen Futures, 2021

Month	Volume (10,000 lots)	YoY Change (%)	Turnover (¥100mn)	YoY Change (%)	Month-End OI (10,000 lots)	YoY Change (%)
JAN	1,321.25	198.51	3,534.15	145.83	58.37	201.96
FEB	802.43	16.98	2,397.44	18.09	48.02	16.92
MAR	1,311.63	-48.48	3,955.24	-26.18	49.21	-37.60
APR	1,341.33	-64.32	3,884.87	-50.75	47.06	-24.86
MAY	1,175.14	-33.93	3,712.29	-10.84	40.70	-32.00
JUN	1,118.61	-13.59	3,725.40	10.59	49.41	-7.30
JUL	1,391.29	-17.18	4,620.55	-2.49	48.50	-18.97
AUG	1,256.47	-4.93	3,971.84	10.33	47.81	-29.05
SEP	1,018.39	-45.35	3,282.16	-28.26	40.46	-39.58
OCT	913.58	-34.34	2,961.19	-10.71	46.46	-37.92
NOV	1,227.15	-24.64	3,762.17	-0.64	54.58	-18.49
DEC	1,169.05	-43.89	3,544.51	-35.95	67.88	2.58
Total	14,046.32	-31.40	43,351.81	-12.94	—	—

Source: SHFE

Table 1-2-118   Annual Trading Data of Bitumen Futures, 2020-2021

Year	Volume (10,000 lots)	YoY Change (%)	Turnover (¥ tn)	YoY Change (%)	Year-End OI (10,000 lots)	YoY Change (%)
2020	20,475.68	98.97	4.98	52.13	66.17	144.78
2021	14,046.32	-31.40	4.34	-12.94	67.88	2.58

Source: SHFE

(II) Delivery (Table 1-2-119—Table 1-2-120)

Table 1-2-119   Monthly Delivery Data of Bitumen Futures, 2021

Month	Delivery Volume (Lot)	YoY Change (%)	Delivery Value (¥100mn)	YoY Change (%)
JAN	9,788	849.37	2.47	643.96
FEB	4,239	9,115.22	1.17	8,291.34
MAR	6,837	6,411.43	2.10	7,232.52
APR	1,109	6,423.53	0.31	8,977.93
MAY	132	-93.42	0.04	-89.91
JUN	12,889	-35.47	3.99	-17.51
JUL	3,935	2,671.13	1.31	3,247.86
AUG	1,741	3,313.73	0.55	4,019.56
SEP	9,805	18.89	2.93	47.60
OCT	10,255	12,108.33	3.06	17,561.86
NOV	5,691	1,211.29	1.69	1,697.27
DEC	20,352	13.68	5.68	28.41
Total	86,773	73.41	25.30	107.53

Source: SHFE

Table 1-2-120   Annual Delivery Data of Bitumen Futures, 2020-2021

Year	Delivery Volume (Lot)	YoY Change (%)	Delivery Value (¥100mn)	YoY Change (%)
2020	50,040	334.53	12.19	208.23
2021	86,773	73.41	25.30	107.53

Source: SHFE

(III) Price Trend of Bitumen Futures (Figure 1-2-16, Table 1-2-121—Table 1-2-122)

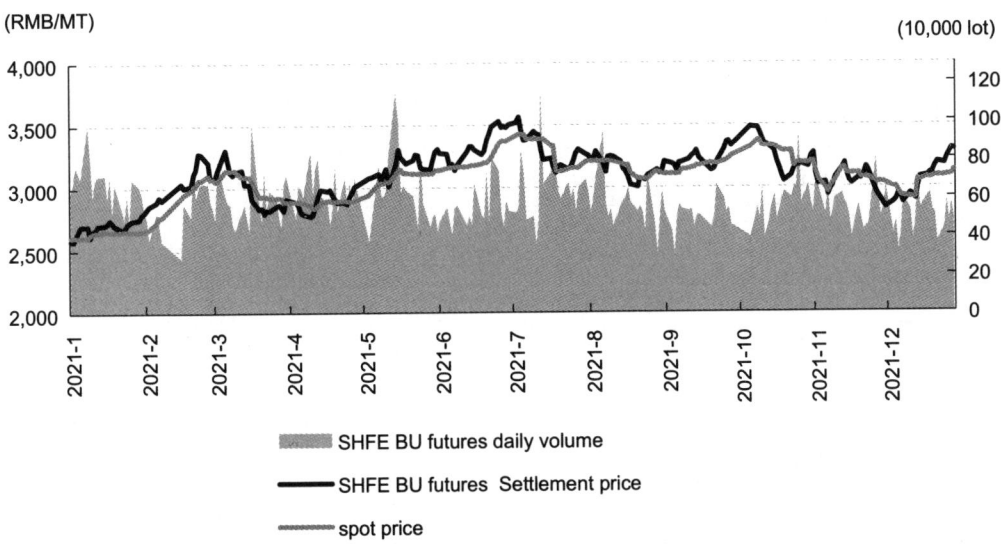

Figure 1-2-16 Closing Price of Bitumen Futures vs. Domestic Spot Price in 2021

Source: SHFE; BAIINFO

Table 1-2-121   Bitumen Futures and Spot Prices, 2021

Market	2020 Closing	2021 High	2021 Low	2021 Closing	YoY Change	Average Settlement	Standard Deviation	Maximum Spread
SHFE main bitumen futures contract (RMB/MT)	2,544	3,618	2,504	3,344	800	3,092.47	212.11	1,114
Bitumen spot in East China (RMB/MT)	2,614	3,427	2,606	3,129	515	3,061.38	195.84	821

Source: SHFE; BAIINFO

Table 1-2-122   Price Correlation of SHFE Bitumen Futures vs. Domestic Spot Price in 2021

Prices	Correlation Coefficient
SHFE main bitumen futures contract settlement vs. bitumen spot price	0.91

Source: SHFE; BAIINFO

XVIII. Natural Rubber Futures and Options

(I) Trading (Table 1-2-123—Table 1-2-126)

Table 1-2-123　Monthly Trading Data of Natural Rubber Futures, 2021

Month	Volume (10,000 lots)	YoY Change (%)	Turnover (¥100mn)	YoY Change (%)	Month-End OI (10,000 lots)	YoY Change (%)
JAN	1,138.24	206.68	16,461.68	241.33	27.39	15.81
FEB	967.3	147.65	15,044.01	237.33	29.73	29.72
MAR	1,634.14	157.4	24,566.35	277.04	30.32	37.91
APR	987.25	99.53	13,684.62	176.75	26.07	18.25
MAY	1,049.93	120.34	14,485.15	192.34	32.06	22.76
JUN	965.89	99.75	12,581.91	147.63	32.35	12.61
JUL	1,069.26	31.94	14,278.03	61.57	31.99	5.85
AUG	1,009.93	25.11	14,410.16	45.59	27.67	-8.72
SEP	643.85	-10.07	8,786.83	-1.75	21.35	-7.26
OCT	1,081.42	-27.93	16,140.19	-28.41	25.69	-19.32
NOV	927.35	-52.39	13,734.12	-52.08	27.44	-9.31
DEC	685.53	-53.07	10,032.39	-52.90	31.28	11.67
Total	12,160.09	20.47	174,205.47	33.01	—	—

Source: SHFE

Table 1-2-124　Annual Trading Data of Natural Rubber Futures, 2020-2021

Year	Volume (10,000 lots)	YoY Change (%)	Turnover (¥ tn)	YoY Change (%)	Year-End OI (10,000 lots)	YoY Change (%)
2020	10,094.28	87.45	13.10	103.1	28.01	7.05
2021	12,160.09	20.47	17.42	33.01	31.28	11.67

Source: SHFE

Table 1-2-125　Annual Trading Data of Natural Rubber Futures on Domestic and Overseas Exchanges, 2020-2021

Year	Volume (10,000 lots)		Year-End OI (10,000 lots)	
	SHFE	Japan Exchange Group (JPX)	SHFE	JPX
2020	10,094.28	108.76	28.01	1.43
2021	12,160.09	66.53	31.28	0.85

Source: SHFE; JPX

Note: SHFE natural rubber futures is 10 metric tons per contract; for JPX it is 5 metric tons per contract.

Table 1-2-126　Annual Trading Data of Natural Rubber Options, 2020-2021

Year	Volume (10,000 lots)	YoY Change (%)	Put/Call Ratio (PCR)	Turnover (¥100mn)	YoY Change (%)	Year-End OI (10,000 lots)	YoY Change (%)
2020	253.36	208.20	0.463	22.38	298.73	3.92	97.34
2021	477.02	88.28	0.436	188.63	111.37	3.56	-9.17

Source: SHFE

(II) Delivery and Exercise (Table 1-2-127—Table 1-2-129)

Table 1-2-127　Monthly Delivery Data of Natural Rubber Futures, 2021

Month	Delivery Volume (Lot)	YoY Change (%)	Delivery Value (¥100mn)	YoY Change (%)
JAN	1,198	-68.70	1.70	-65.12
FEB	192	284.00	0.29	451.49
MAR	65	261.11	0.09	422.13
APR	2,186	-43.82	3.02	-24.65
MAY	97	142.50	0.12	198.31
JUN	168	342.11	0.22	454.48
JUL	66	4.76	0.09	29.32
AUG	4,519	-11.36	5.64	-2.70
SEP	431	4,688.89	0.58	5,707.73
OCT	2,443	1.50	3.20	2.93
NOV	11,365	-26.40	14.95	-17.01

Source: SHFE; BAIINFO

Table 1-2-128　Annual Delivery Data of Natural Rubber Futures, 2020-2021

Year	Delivery Volume (Lot)	YoY Change (%)	Delivery Value (¥100mn)	YoY Change (%)
2020	15,441	-34.18	18.01	-32.08
2021	11,365	-26.40	14.95	-17.01

Source: SHFE; BAIINFO

Table 1-2-129　Annual Exercise Data of Natural Rubber Options, 2020-2021

Year	Exercise Volume (Lot)	YoY Change (%)
2020	14,609	104.87
2021	22,877	56.60

Source: SHFE

(III) Price Trend of Natural Rubber Futures (Figure 1-2-17, Table 1-2-130—Table 1-2-131)

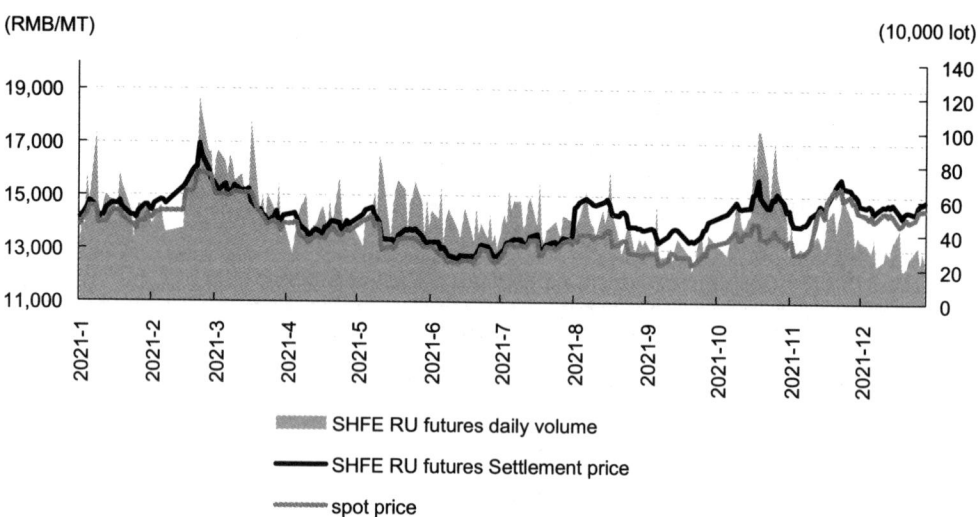

Figure 1-2-17 Closing Price of Natural Rubber Futures on Domestic and International Exchanges vs. Domestic Spot Price in 2021

Source: SHFE; JPX; JLC

Table 1-2-130 Natural Rubber Futures and Spot Prices, 2021

Market	2020 Closing	2021 High	2021 Low	2021 Closing	YoY Change	Average Settlement	Standard Deviation	Maximum Spread
SHFE main natural rubber futures contract (RMB/MT)	13,900	17,335	12,515	14,855	955	14,173	790	4,820
JPX RSS3 rubber futures (JPY/kg)	228.4	292.0	193.7	234	5.6	233.45	18.17	98.3
SCR WF spot price (RMB/MT)	13,690	15,850	12,450	14,500	810	13,716	797	3,400

Source: SHFE; JPX; JLC

Table 1-2-131 Price Correlation of SHFE Natural Rubber Futures vs. International Natural Rubber Futures and Domestic Spot Price in 2021

Prices	Correlation Coefficient
SHFE main natural rubber futures contract settlement vs. JPX RSS3 rubber futures price	0.52
SHFE main natural rubber futures contract settlement vs. natural rubber spot price	0.87

Source: SHFE; JPX; JLC

XIX. TSR 20 Futures (Internationalized Product)

(I) Trading (Table 1-2-132—Table 1-2-134)

Table 1-2-132 Monthly Trading Data of TSR 20 Futures, 2021

Month	Volume (10,000 lots)	YoY Change (%)	Turnover (¥100mn)	YoY Change (%)	Month-End OI (10,000 lots)	YoY Change (%)
JAN	53.34	77.76	573.71	75.83	4.95	57.50
FEB	71.45	152.55	826.91	205.26	5.28	76.90
MAR	96.25	352.95	1,133.21	522.08	5.29	126.73
APR	58.58	235.49	644.17	357.02	4.72	171.53
MAY	60.03	278.29	670.99	401.68	4.35	80.46
JUN	56.91	269.05	605.12	347.92	3.26	25.31
JUL	45.60	82.60	487.52	121.49	3.12	-13.77
AUG	42.50	14.94	480.19	37.06	3.74	-10.85
SEP	46.90	45.49	511.76	66.65	3.66	11.04
OCT	66.06	-18.31	781.38	-12.26	4.18	-11.09
NOV	77.63	-0.81	907.33	9.03	5.30	15.78
DEC	84.50	38.14	966.05	48.93	5.57	26.51
Total	759.74	71.58	8,588.35	93.52	—	—

Source: INE

Table 1-2-133 Annual Trading Data of TSR 20 Futures, 2020-2021

Year	Volume (10,000 lots)	YoY Change (%)	Turnover (¥ tn)	YoY Change (%)	Year-End OI (10,000 lots)	YoY Change (%)
2020	442.79	369.52	4,438.02	345.00	4.40	3.60
2021	759.74	71.58	8,588.35	93.52	5.57	26.51

Source: INE

Table 1-2-134 Annual Trading Data of TSR 20 Futures on Domestic and Overseas Exchanges, 2020-2021

Year	Volume (10,000 lots)		Year-End OI (10,000 lots)	
	INE	Singapore Exchange Limited (SGX)	INE	SGX
2020	442.79	184.02	4.40	5.25
2021	759.74	169.43	5.57	4.21

Source: INE; SGX

Note: INE TSR 20 futures is 10 metric tons per contract; for SGX it is 5 metric tons per contract.

(II) Delivery (Table 1-2-135)

Table 1-2-135   Monthly Delivery Data of TSR 20 Futures, 2021

Month	Delivery Volume (Lot)	YoY Change (%)	Delivery Value (¥100mn)	YoY Change (%)
JAN	710	—	0.72	—
FEB	284	305.71	0.29	344.91
MAR	665	-61.16	0.78	-47.22
APR	876	-46.16	0.93	-27.16
MAY	319	-81.67	0.36	-75.08
JUN	543	-58.42	0.57	-49.57
JUL	371	-56.86	0.39	-48.17
AUG	645	-23.12	0.70	-6.74
SEP	605	3.60	0.65	20.90
OCT	1,696	45.45	2.01	81.49
NOV	1,994	386.34	2.18	417.08
DEC	814	-35.19	0.91	-31.72
Total	9,522	-17.70	10.49	1.98

Source: INE; SGX

(III) Price Trend of TSR 20 Futures (Figure 1-2-18, Table 1-2-136—Table 1-2-137)

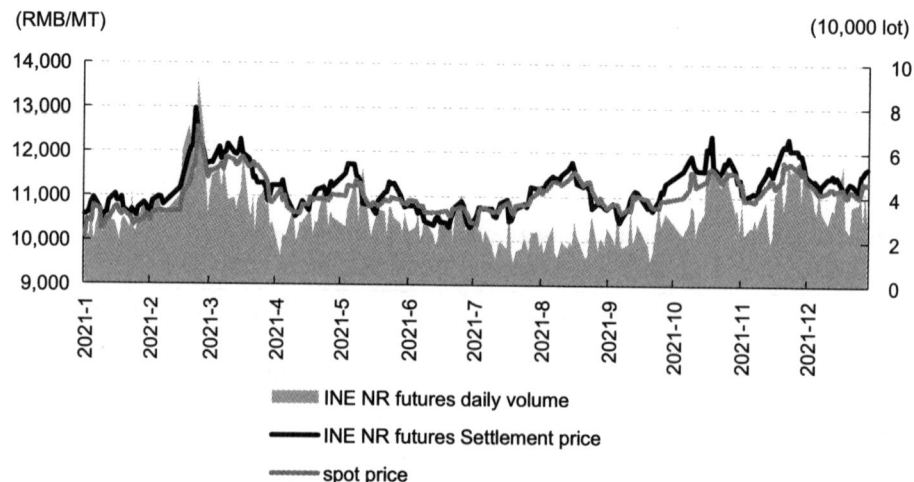

Figure 1-2-18   Closing Price of TSR 20 Futures on Domestic and International Exchanges vs. Domestic Spot Price in 2021

Source: INE; SGX; JLC

Table 1-2-136　　　　TSR 20 Futures and Spot Prices, 2021

Market	2020 Closing	2021 High	2021 Low	2021 Closing	YoY Change	Average Settlement	Standard Deviation	Maximum Spread
INE main TSR 20 futures contract (RMB/MT)	10,310	13,155	10,015	11,715	1,405	11,165.49	502.99	3,140
SGX TSR 20 futures (USD Cent/kg)	151.0	200.0	155.5	173.9	22.9	168.29	6.47	43
TSR 20 spot price (RMB/MT)	10,089	12,554	10,258	11,371	1,282	11,053.83	393.70	2,296

Source: INE; SGX; JLC

Table 1-2-137　Price Correlation of INE TSR 20 Futures vs. International TSR 20 Futures and Domestic Spot Price in 2021

Prices	Correlation Coefficient
INE main TSR 20 futures contract settlement vs. SGX TSR 20 futures price	0.93
INE main TSR 20 futures contract settlement vs. TSR 20 spot price	0.94

Source: INE; SGX; JLC

(IV) Overseas Participation

SHFE has approved 75 Overseas Intermediaries from 10 countries (regions) and 3 OSBPs from Hong Kong and Singapore.

XX. Pulp Futures

(I) Trading (Table 1-2-138—Table 1-2-139)

Table 1-2-138　　　　Monthly Trading Data of Pulp Futures, 2021

Month	Volume (10,000 lots)	YoY Change (%)	Turnover (¥100mn)	YoY Change (%)	Month-End OI (10,000 lots)	YoY Change (%)
JAN	1,259.99	701.26	7,897.79	980.41	43.08	257.09
FEB	987.76	705.69	6,768.33	1,121.37	37.37	257.20
MAR	2,005.82	854.11	14,417.85	1,407.99	45.43	443.81
APR	1,255.72	717.83	8,897.10	1,171.34	34.56	304.11
MAY	1,001.95	750.08	6,778.29	1,196.36	27.52	144.51
JUN	959.04	572.60	5,801.17	820.26	24.43	101.88
JUL	775.46	245.45	4,863.79	385.96	23.28	41.23
AUG	659.53	88.04	4,105.18	151.60	28.52	2.21

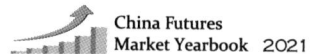

Continued

Month	Volume (10,000 lots)	YoY Change (%)	Turnover (¥100mn)	YoY Change (%)	Month-End OI (10,000 lots)	YoY Change (%)
SEP	513.77	−18.62	3,093.74	1.94	22.89	35.83
OCT	572.77	125.50	3,006.00	152.63	22.46	−16.44
NOV	719.72	54.63	3,680.56	65.74	26.18	−16.70
DEC	1,210.74	99.72	6,987.75	117.30	38.35	32.74
Total	11,922.26	246.95	76,297.55	365.57	—	—

Source: SHFE

Table 1-2-139　　Annual Trading Data of Pulp Futures, 2020-2021

Year	Volume (10,000 lots)	YoY Change (%)	Turnover (¥100mn)	YoY Change (%)	Year-End OI (10,000 lots)	YoY Change (%)
2020	3,436.29	−5.46	16,388.00	−8.28	28.89	113.53
2021	11,922.26	246.95	76,297.55	365.57	38.35	32.74

Source: SHFE

(II) Delivery (Table 1-2-140—Table 1-2-141)

Table 1-2-140　　Monthly Delivery Data of Pulp Futures, 2021

Month	Delivery Volume (Lot)	YoY Change (%)	Delivery Value (¥10,000)	YoY Change (%)
JAN	4,460	−21.15	26,679.72	5.06
FEB	4,734	118,250.00	30,931.96	179,528.11
MAR	5,018	20,808.33	36,410.61	34,560.27
APR	5,354	12,647.62	38,795.08	20,362.62
MAY	6,828	−7.28	50,622.79	58.61
JUN	5,676	7,176.92	35,123.09	10,964.48
JUL	6,120	11,669.23	39,351.60	17,622.75
AUG	6,912	22,940.00	44,347.39	32,985.19
SEP	9,634	98.31	62,293.44	174.46
OCT	9,820	3,457.97	59,391.36	4,635.62
NOV	5,600	31,011.11	27,664.00	33,266.30
DEC	2,106	−50.86	12,299.04	−41.27
Total	72,262	218.50	463,910.08	349.16

Source: SHFE

Table 1-2-141   Annual Delivery Data of Pulp Futures, 2020-2021

Year	Delivery Volume (Lot)	YoY Change (%)	Delivery Value (¥100mn)	YoY Change (%)
2020	22,688	161.02	10.32	220.50
2021	72,262	218.50	46.39	349.16

Source: SHFE

(III) Price Trend of Pulp Futures (Figure 1-2-19, Table 1-2-142—Table 1-2-143)

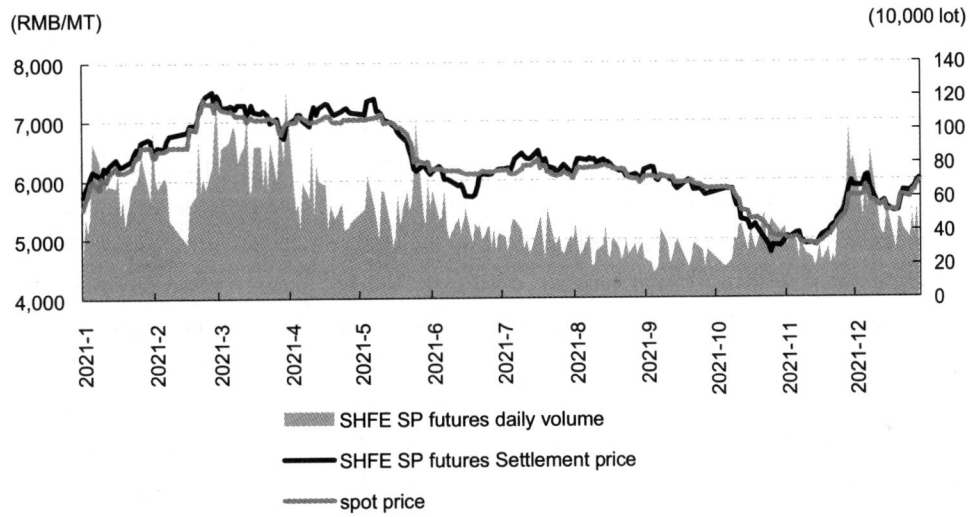

Figure 1-2-19   Closing Price of Pulp Futures vs. Domestic Spot Price in 2021
Source: SHFE; SCI

Table 1-2-142   Pulp Futures and Spot Prices, 2021

Market	2020 Closing	2021 High	2021 Low	2021 Closing	YoY Change	Average Settlement	Standard Deviation	Maximum Spread
SHFE main SP futures contract (RMB/MT)	5,746	7,652	4,692	6,056	310	6,234.73	679.03	2,960
NBSK Spot Price (RMB/MT)	5,465	7,383	4,883	5,978	513	6,196.14	632.26	2,500

Source: SHFE; SCI

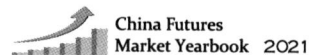

Table 1-2-143   Price Correlation of SHFE Pulp Futures vs. Domestic Spot Price in 2021

Prices	Correlation Coefficient
SHFE main pulp futures contract settlement vs. NBSK spot price	0.98

Source: SHFE; SCI

>>> Section III ZCE Market

In 2021 the Zhengzhou Commodity Exchange (ZCE) recorded a futures and options trading volume of 2.582 billion lots and a turnover of RMB 108.00 trillion, up 51.75% and 79.73% YoY and representing 34.36% and 18.58% of the national market, respectively. In particular, purified terephthalic acid (PTA) futures are accessible to overseas investors. ZCE has approved 51 overseas brokers from 5 countries or regions, and 33 domestic futures firms and 51 overseas brokers have completed 67 brokerage filings. Twenty products had an active market, namely PTA futures, methanol futures, rapeseed meal futures, soda ash futures, flat glass futures, white sugar futures, cotton futures, rapeseed oil futures, fresh apple futures, ferrosilicon futures, thermal coal futures, manganese silicon futures, polyester staple fiber futures, urea futures, PTA options, dried Chinese jujube futures, methanol options, white sugar options, cotton options, thermal coal options. Trading of 8 products was relatively muted: rapeseed meal options, cotton yarn futures, strong gluten wheat futures, rapeseed futures, medium to short-grain non-glutinous paddy futures, common wheat futures, early long-grain non-glutinous paddy futures, and late long-grain non-glutinous paddy futures, each of which contributed to less than 0.1% of the national total trading volume of the year. Peanut kernel futures was launched in 2021.

I. Cotton Futures and Options

(I) Trading (Table 1-3-1—Table 1-3-6)

Table 1-3-1   Monthly Trading Data of Cotton Futures, 2021

Month	Volume (10,000 lots)	YoY Change (%)	Turnover (¥100mn)	YoY Change (%)	Month-End OI (10,000 lots)	YoY Change (%)
JAN	819.80	21.85	6,234.93	31.86	60.42	0.88
FEB	625.18	-16.42	4,985.53	1.97	74.69	17.82
MAR	1,256.80	0.83	9,806.23	35.53	70.29	15.66
APR	1,005.37	-1.07	7,698.27	33.95	66.88	27.58
MAY	899.47	-3.82	7,108.96	30.32	62.42	22.66

Continued

Month	Volume (10,000 lots)	YoY Change (%)	Turnover (¥100mn)	YoY Change (%)	Month-End OI (10,000 lots)	YoY Change (%)
JUN	724.22	-11.97	5,742.49	17.38	59.47	18.40
JUL	1,115.62	19.08	9,418.20	65.57	67.91	47.55
AUG	1,099.66	41.86	9,720.38	98.18	52.67	8.50
SEP	990.49	62.52	8,924.95	128.93	57.77	50.74
OCT	1,153.20	-7.59	12,311.21	36.34	67.19	24.28
NOV	828.07	-4.97	8,786.13	40.55	73.22	25.93
DEC	834.48	-12.31	8,318.57	18.66	57.36	-9.77
Total	11,352.36	4.79	99,055.86	42.06	—	—

Source: ZCE.

Table 1-3-2   Annual Trading Data of Cotton Futures, 2020-2021

Year	Volume (10,000 lots)	YoY Change (%)	Turnover (¥100mn)	YoY Change (%)	Year-End OI (10,000 lots)	YoY Change (%)
2020	10,833.84	69.36	69,730.13	59.47	63.57	-9.37
2021	11,352.36	4.79	99,055.86	42.06	57.36	-9.77

Source: ZCE.

Table 1-3-3   Annual Trading Data of Cotton Futures on International Exchanges, 2020-2021

Year	Volume (10,000 lots)		Year-End OI (10,000 lots)	
	ZCE	ICE	ZCE	ICE
2020	10,833.84	832.42	63.57	22.82
2021	11,352.36	850.17	57.36	23.99

Source: ZCE; ICE.

Note: ZCE cotton futures is 5 metric tons per contract; for ICE it is 50,000 pounds per contract.

Table 1-3-4   Monthly Trading Data of Cotton Options, 2021

Month	Volume (10,000 lots)	YoY Change (%)	Put/Call Ratio (PCR)	Turnover (¥100mn)	YoY Change (%)	Month-End OI (10,000 lots)	YoY Change (%)
JAN	52.93	57.55	0.57	8.79	89.85	13.62	20.18
FEB	49.39	53.42	0.83	9.44	170.49	15.16	32.52
MAR	90.29	57.41	0.70	10.81	42.42	18.37	42.03
APR	55.79	70.43	0.61	8.73	55.34	12.87	45.82
MAY	50.15	84.14	0.44	8.07	187.19	15.81	42.26
JUN	41.61	28.90	0.52	5.47	104.10	15.24	30.15

Continued

Month	Volume (10,000 lots)	YoY Change (%)	Put/Call Ratio (PCR)	Turnover (¥100mn)	YoY Change (%)	Month-End OI (10,000 lots)	YoY Change (%)
JUL	108.07	70.39	0.71	12.10	234.25	16.63	17.22
AUG	54.66	83.17	0.82	9.75	297.96	9.55	49.03
SEP	68.51	104.04	0.66	15.76	488.06	12.16	34.49
OCT	72.00	32.58	0.70	30.24	283.76	17.11	52.28
NOV	106.54	85.35	0.97	16.75	229.08	23.29	68.26
DEC	68.28	54.56	1.09	12.64	85.88	13.13	24.06
Total	818.23	64.23	0.73	148.55	168.38	—	—

Source: ZCE

Table 1-3-5　　Annual Trading Data of Cotton Options, 2020-2021

Year	Volume (10,000 lots)	YoY Change (%)	Put/Call Ratio (PCR)	Turnover (¥100mn)	YoY Change (%)	Year-End OI (10,000 lots)	YoY Change (%)
2020	498.21	43.84	0.55	55.35	37.11	10.58	-1.19
2021	818.23	64.23	0.73	148.55	168.38	13.13	24.06

Source: ZCE

Table 1-3-6　　Annual Trading Data of Cotton Options on International Exchanges, 2020-2021

Year	Volume (10,000 lots)		Year-End OI (10,000 lots)	
	ZCE	ICE	ZCE	ICE
2020	498.21	127.88	10.58	9.14
2021	818.23	153.52	13.13	13.30

Source: ZCE; ICE

Note: ZCE cotton options is 5 metric tons per contract; for ICE cotton options it is 50,000 pounds per contract.

(II) Delivery and Exercise (Table 1-3-7—Table 1-3-10)

Table 1-3-7　　Monthly Delivery Data of Cotton Futures, 2021

Month	Delivery Volume (Lot)	YoY Change (%)	Delivery Value (¥100mn)	YoY Change (%)
JAN	13,720	90.98	10.44	113.93
MAR	2,696	97.08	2.16	156.73
MAY	12,112	-72.54	9.48	-61.60
JUL	4,320	-57.61	3.49	-41.18

Continued

Month	Delivery Volume (Lot)	YoY Change (%)	Delivery Value (¥100mn)	YoY Change (%)
SEP	13,224	-58.69	11.78	-40.01
NOV	1,344	-67.50	1.43	-50.92
Total	47,416	-52.11	38.77	-34.15

Source: ZCE

Table 1-3-8　　Annual Delivery Data of Cotton Futures, 2020-2021

Year	Delivery Volume (Lot)	YoY Change (%)	Delivery Value (¥100mn)	YoY Change (%)
2020	99,000	75.10	58.88	53.89
2021	47,416	-52.11	38.77	-34.15

Source: ZCE

Table 1-3-9　　Monthly Exercise Data of Cotton Options, 2021

Month	Exercise Volume (Lot)
JAN	882
FEB	5,222
MAR	4,996
APR	28,638
MAY	8
JUN	3,786
JUL	10,690
AUG	41,584
SEP	12
OCT	12,000
NOV	509
DEC	37,532
Total	145,859

Source: ZCE

Table 1-3-10　　Annual Exercise Data of Cotton Options, 2020-2021

Year	Exercise Volume (Lot)	YoY Change (%)
2020	63,108	49.93
2021	145,859	131.13

Source: ZCE

(III) Price Trend of Cotton Futures (Figure 1-3-1, Table 1-3-11—Table 1-3-12)

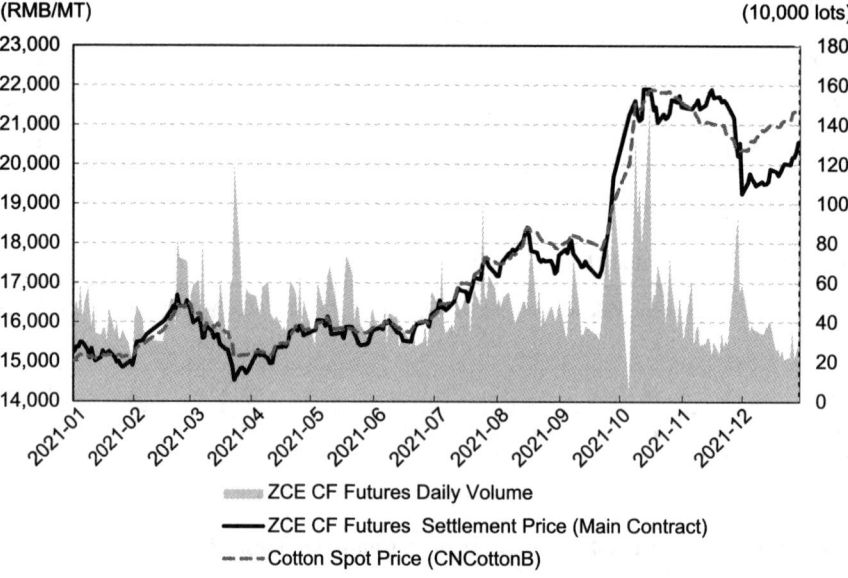

Figure 1-3-1 Daily Volume of Cotton Futures & Settlement Price of the Main Contract vs. Spot Price in 2021

Source: ZCE; CNCotton

Table 1-3-11   Cotton Futures and Spot Prices, 2021

Market	2020 Closing	2021 High	2021 Low	2021 Closing	YoY Change	Average Settlement	Standard Deviation	Maximum Spread
ZCE main cotton futures contract (RMB/MT)	15,060	22,960	14,285	20,715	5,655	17,376	2,244.74	8,675
ICE cotton No. 2 futures contract (USD Cent/lb)	78.12	121.67	77.12	112.60	34.48	93.53	11.98	44.55
CNCotton (RMB/MT)	14,883	21,887	15,013	21,502	6,619	17,551	2,301.47	6,874

Source: ZCE; ICE; CNCotton

Table 1-3-12 Price Correlation of ZCE Cotton Futures vs. International Cotton Futures and Domestic Spot Price in 2021

Prices	Correlation Coefficient
ZCE main cotton futures contract settlement vs. ICE cotton No. 2 futures price	0.97
ZCE main cotton futures contract settlement vs. cotton spot price	0.98

Source: ZCE; ICE; CNCotton

II. White Sugar Futures and Options

(I) Trading (Table 1-3-13—Table 1-3-18)

Table 1-3-13　　Monthly Trading Data of White Sugar Futures, 2021

Month	Volume (10,000 lots)	YoY Change (%)	Turnover (¥100mn)	YoY Change (%)	Month-End OI (10,000 lots)	YoY Change (%)
JAN	1,123.89	70.58	5,967.52	57.46	65.00	79.30
FEB	780.18	-20.35	4,200.52	-25.28	66.41	59.73
MAR	1,165.62	30.90	6,304.99	27.27	68.80	83.84
APR	777.47	1.32	4,208.26	6.07	61.35	30.35
MAY	944.35	-5.90	5,320.18	6.05	62.71	3.32
JUN	803.14	-36.44	4,431.35	-30.57	62.92	-12.08
JUL	1,024.40	-21.75	5,755.51	-13.59	59.59	-21.60
AUG	996.70	-22.23	5,788.45	-10.95	54.46	-12.62
SEP	800.06	-28.79	4,647.22	-20.65	47.74	0.66
OCT	984.26	12.33	5,866.27	27.01	51.85	-2.08
NOV	1,213.12	12.45	7,338.19	32.70	52.78	-6.15
DEC	1,032.60	-15.54	5,986.74	-4.69	53.88	-3.62
Total	11,645.80	-6.50	65,815.21	0.97	—	—

Source: ZCE

Table 1-3-14　　Annual Trading Data of White Sugar Futures, 2020-2021

Year	Volume (10,000 lots)	YoY Change (%)	Turnover (¥100mn)	YoY Change (%)	Year-End OI (10,000 lots)	YoY Change (%)
2020	12,455.12	10.70	65,179.89	9.54	55.90	42.70
2021	11,645.80	-6.50	65,815.21	0.97	53.88	-3.62

Source: ZCE

Table 1-3-15　　Annual Trading Data of White Sugar Futures on International Exchanges, 2020-2021

Year	Volume (10,000 lots)		Year-End OI (10,000 lots)	
	ZCE	ICE	ZCE	ICE
2020	12,455.12	3,994.93	55.90	106.62
2021	11,645.80	3,100.28	53.88	86.73

Source: ZCE; ICE

Note: ZCE white sugar futures is 10 metric tons per contract; for ICE sugar #11 futures it is 112,000 pounds per contract.

Table 1-3-16   Monthly Trading Data of White Sugar Options, 2021

Month	Volume (10,000 lots)	YoY Change (%)	Put/Call Ratio (PCR)	Turnover (¥100mn)	YoY Change (%)	Month-End OI (10,000 lots)	YoY Change (%)
JAN	73.45	70.79	0.39	6.14	50.86	14.71	18.97
FEB	61.41	70.49	0.29	5.12	56.10	17.60	30.73
MAR	102.93	89.39	0.40	5.84	43.84	20.72	21.88
APR	63.86	27.25	0.58	4.17	-7.33	14.07	5.71
MAY	98.90	88.78	0.45	7.09	52.47	18.84	4.72
JUN	74.88	57.65	0.55	4.62	22.87	17.64	-6.94
JUL	105.06	45.43	0.47	5.87	52.07	18.10	-14.42
AUG	81.61	93.61	0.55	5.90	84.95	10.47	-2.87
SEP	72.42	36.23	0.58	5.16	47.01	15.21	15.47
OCT	114.30	170.35	0.41	10.09	270.96	16.94	9.41
NOV	142.17	104.51	0.44	9.36	120.75	17.74	7.31
DEC	97.78	56.08	0.76	6.15	9.04	14.19	32.47
Total	1,088.76	74.08	0.48	75.51	59.07	—	—

Source: ZCE

Table 1-3-17   Annual Trading Data of White Sugar Options, 2020-2021

Year	Volume (10,000 lots)	YoY Change (%)	Put/Call Ratio (PCR)	Turnover (¥100mn)	YoY Change (%)	Year-End OI (10,000 lots)	YoY Change (%)
2020	625.43	-7.65	0.63	47.47	-11.05	10.71	18.15
2021	1,088.76	74.08	0.48	75.51	59.07	14.19	32.47

Source: ZCE

Table 1-3-18   Annual Trading Data of White Sugar Options on International Exchanges, 2020-2021

Year	Volume (10,000 lots)		Year-End OI (10,000 lots)	
	ZCE	ICE	ZCE	ICE
2020	625.43	624.25	10.71	49.25
2021	1,088.76	580.64	14.19	59.10

Source: ZCE; ICE

Note: ZCE white sugar options is 10 metric tons per contract; for ICE sugar #11 options it is 112,000 pounds per contract.

(II) Delivery and Exercise (Table 1-3-19—Table 1-3-22)

Table 1-3-19   Monthly Delivery Data of White Sugar Futures, 2021

Month	Delivery Volume (Lot)	YoY Change (%)	Delivery Value (¥100mn)	YoY Change (%)
JAN	4,726	441.35	2.46	397.99
MAR	2,517	418.97	1.36	406.58
MAY	9,327	234.90	5.20	241.40
JUL	2,648	1,597.44	1.46	1,706.22
SEP	5,938	681.32	3.32	745.50
NOV	1,775	275.26	0.99	307.40
Total	26,931	386.82	14.79	392.75

Source: ZCE

Table 1-3-20   Annual Delivery Data of White Sugar Futures, 2020-2021

Year	Delivery Volume (Lot)	YoY Change (%)	Delivery Value (¥100mn)	YoY Change (%)
2020	5,532	-24.50	3.00	-21.39
2021	26,931	386.82	14.79	392.75

Source: ZCE

Table 1-3-21   Monthly Exercise Data of White Sugar Options, 2021

Month	Exercise Volume (Lot)
JAN	123
FEB	2,601
MAR	491
APR	10,451
MAY	38
JUN	3,872
JUL	277
AUG	9,630
SEP	7
OCT	6,035
NOV	48
DEC	8,671
Total	42,244

Source: ZCE

Table 1-3-22   Annual Exercise Data of White Sugar Options, 2020-2021

Year	Exercise Volume (Lot)	YoY Change(%)
2020	49,468	-5.34
2021	42,244	-14.60

Source: ZCE

(III) Price Trend of White Sugar Futures (Figure 1-3-2, Table 1-3-23—Table 1-3-24)

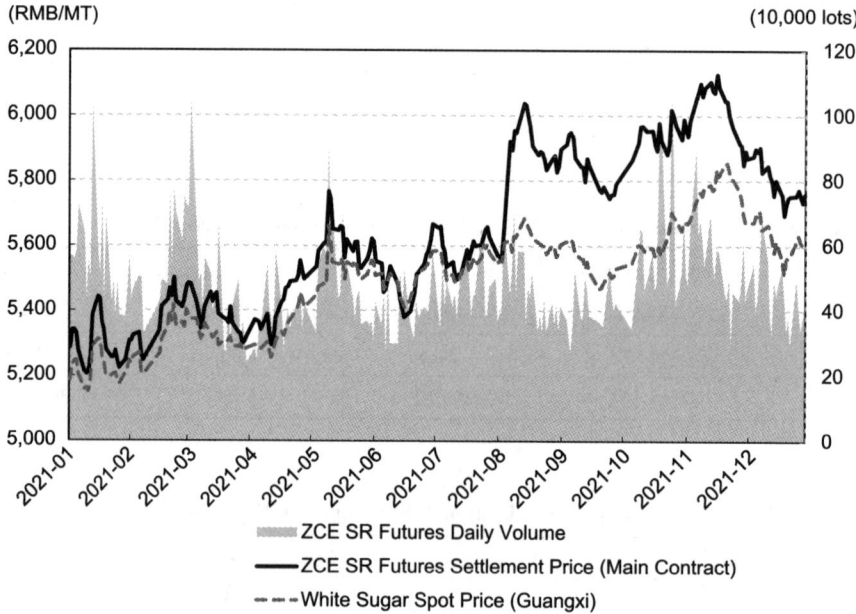

Figure 1-3-2   Daily Volume of White Sugar Futures & Settlement Price of the Main Contract vs. Spot Price in 2021

Source: ZCE; Hi Sugar Tech

Table 1-3-23   White Sugar Futures and Spot Prices, 2021

Market	2020 Closing	2021 High	2021 Low	2021 Closing	YoY Change	Average Settlement	Standard Deviation	Maximum Spread
ZCE main white sugar futures contract (RMB/MT)	5,215	6,167	5,160	5,777	562	5,639	247.34	1,007
ICE sugar No.11 futures contract (USD Cent/lb)	15.49	20.69	14.67	18.88	3.39	17.87	1.55	6.02
White sugar spot price (Guangxi) (RMB/MT)	5,163	5,854	5,150	5,615	452	5,496	164.75	704

Source: ZCE; ICE; Hi Sugar Tech

Table 1-3-24　　Price Correlation of ZCE White Sugar Futures vs. International White Sugar Futures and Domestic Spot Price in 2021

Prices	Correlation Coefficient
ZCE main white sugar futures contract settlement vs. ICE sugar No. 11 futures price	0.92
ZCE main white sugar futures contract settlement vs. white sugar spot price	0.93

Source: ZCE; ICE; Hi Sugar Tech

III. Rapeseed Oil Futures

(I) Trading (Table 1-3-25—Table 1-3-26)

Table 1-3-25　　Monthly Trading Data of Rapeseed Oil Futures, 2021

Month	Volume (10,000 lots)	YoY Change (%)	Turnover (¥100mn)	YoY Change (%)	Month-End OI (10,000 lots)	YoY Change (%)
JAN	742.05	284.62	7,382.39	393.91	18.49	80.41
FEB	442.26	-17.04	4,391.92	9.05	18.72	30.82
MAR	998.62	121.34	10,530.70	234.52	22.35	68.56
APR	874.86	115.35	9,181.53	234.64	17.99	41.70
MAY	737.16	78.28	7,820.99	174.73	18.31	31.34
JUN	930.08	22.25	9,421.57	70.10	20.56	-6.66
JUL	1,079.88	-33.89	11,154.31	-18.66	24.71	1.21
AUG	1,236.16	-17.37	13,004.99	-0.79	25.65	19.56
SEP	982.20	-32.55	10,694.31	-17.55	26.07	44.93
OCT	1,009.88	14.35	12,489.52	54.35	29.22	10.63
NOV	1,195.80	-16.37	14,934.89	7.75	27.45	31.85
DEC	1,046.57	17.84	12,824.49	52.19	25.81	59.94
Total	11,275.52	6.93	123,831.61	37.64	—	—

Source: ZCE

Table 1-3-26　　Annual Trading Data of Rapeseed Oil Futures, 2020-2021

Year	Volume (10,000 lots)	YoY Change (%)	Turnover (¥100mn)	YoY Change (%)	Year-End OI (10,000 lots)	YoY Change (%)
2020	10,544.73	179.06	89,970.16	233.73	16.14	25.05
2021	11,275.52	6.93	123,831.61	37.64	25.81	59.94

Source: ZCE

(II) Delivery (Table 1-3-27—Table 1-3-28)

Table 1-3-27   Monthly Delivery Data of Rapeseed Oil Futures, 2021

Month	Delivery Volume (Lot)	YoY Change (%)	Delivery Value (¥100mn)	YoY Change (%)
JAN	1,327	7.02	1.37	42.31
MAR	1,215	24,200	1.31	36,118
MAY	6,624	244.10	7.57	466.85
JUL	814	-15.03	0.83	10.92
SEP	4,795	95.87	5.23	130.20
NOV	2,000	48.15	2.50	80.76
Total	16,775	111.65	18.81	180.47

Source: ZCE

Table 1-3-28   Annual Delivery Data of Rapeseed Oil Futures, 2020-2021

Year	Delivery Volume (Lot)	YoY Change (%)	Delivery Value (¥100mn)	YoY Change (%)
2020	7,926	-81.68	6.71	-76.94
2021	16,775	111.65	18.81	180.47

Source: ZCE

(III) Price Trend of Rapeseed Oil Futures (Figure 1-3-3, Table 1-3-29—Table 1-3-30)

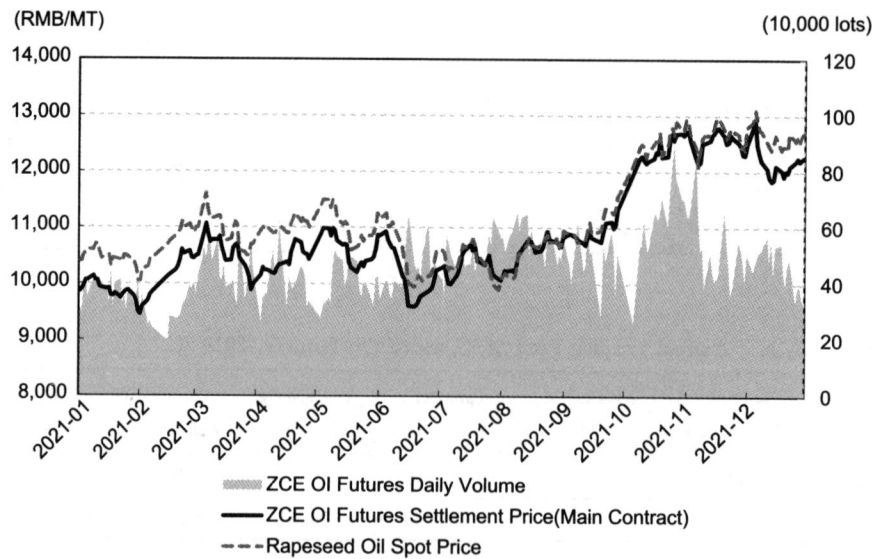

Figure 1-3-3   Daily Volume of Rapeseed Oil Futures & Settlement Price of the Main Contract vs. Spot Price in 2021

Source: ZCE; CNGOIC

Table 1-3-29   Rapeseed Oil Futures and Spot Prices, 2021

Market	2020 Closing	2021 High	2021 Low	2021 Closing	YoY Change	Average Settlement	Standard Deviation	Maximum Spread
ZCE main rapeseed oil futures contract (RMB/MT)	9,658	13,063	9,408	12,298	2,640	10,892.09	934.40	3,655
Grade-4 rapeseed oil spot at Zhanjiang, Guangdong (RMB/MT)	10,150	13,100	9,900	12,700	2,550	11,207.98	882.40	3,200

Source: ZCE; CNGOIC

Table 1-3-30   Price Correlation of ZCE Rapeseed Oil Futures vs. Domestic Spot Price in 2021

Prices	Correlation Coefficient
ZCE main rapeseed oil futures contract settlement vs. rapeseed oil spot price	0.97

Source: ZCE; CNGOIC

IV. Rapeseed Meal Futures and Options

(I) Trading (Table 1-3-31—Table 1-3-33)

Table 1-3-31   Monthly Trading Data of Rapeseed Meal Futures, 2021

Month	Volume (10,000 lots)	YoY Change (%)	Turnover (¥100mn)	YoY Change (%)	Month-End OI (10,000 lots)	YoY Change (%)
JAN	2,136.43	262.87	6,297.92	366.50	49.79	39.66
FEB	1,710.58	108.45	4,994.41	167.96	55.68	39.07
MAR	2,960.24	79.31	8,391.28	114.16	55.38	26.33
APR	2,490.75	107.91	7,357.03	159.89	55.04	35.62
MAY	2,082.33	80.78	6,271.63	134.67	53.32	21.55
JUN	2,315.24	99.50	6,713.91	147.17	56.73	40.84
JUL	2,153.51	26.92	6,423.78	58.43	66.68	57.40
AUG	2,678.25	133.40	7,847.52	194.64	53.27	23.44
SEP	2,014.51	30.70	5,764.75	56.23	52.37	52.17
OCT	1,841.80	31.88	4,856.41	39.36	59.72	32.31
NOV	2,280.95	26.74	6,041.29	32.57	54.65	10.68
DEC	2,228.13	21.30	6,307.69	31.01	59.69	24.62
Total	26,892.72	68.19	77,267.62	100.09	—	—

Source: ZCE

Table 1-3-32   Annual Trading Data of Rapeseed Meal Futures, 2020-2021

Year	Volume (10,000 lots)	YoY Change (%)	Turnover (¥100mn)	YoY Change (%)	Year-End OI (10,000 lots)	YoY Change (%)
2020	15,989.38	15.79	38,616.03	20.62	47.90	45.17
2021	26,892.72	68.19	77,267.62	100.09	59.69	24.62

Source: ZCE

Table 1-3-33   Annual Trading Data of Rapeseed Meal Options, 2020-2021

Year	Volume (10,000 lots)	YoY Change (%)	Put/Call Ratio (PCR)	Turnover (¥100mn)	YoY Change (%)	Year-End OI (10,000 lots)	YoY Change (%)
2020	338.35	—	0.60	13.60	—	5.10	—
2021	479.46	41.71	0.85	22.45	65.07	5.11	0.05

Source: ZCE

(II) Delivery and Exercise (Table 1-3-34—Table 1-3-36)

Table 1-3-34   Monthly Delivery Data of Rapeseed Meal Futures, 2021

Month	Delivery Volume (Lot)	YoY Change (%)	Delivery Value (¥10,000)	YoY Change (%)
JAN	3,388	298.12	9,483.01	418.30
MAR	2,250	785.83	6,140.25	963.41
MAY	2,496	149.60	7,408.13	226.93
JUL	1,639	181.62	4,797.35	259.80
SEP	1,100	1,225.30	3,267.00	1,598.08
NOV	2,921	51.50	9,093.07	107.64
Total	2,732	91.99	6,842.12	102.91
JAN	16,526	169.99	47,030.94	237.14

Source: ZCE

Table 1-3-35   Annual Delivery Data of Rapeseed Meal Futures, 2020-2021

Year	Delivery Volume (Lot)	YoY Change (%)	Delivery Value (¥10,000)	YoY Change (%)
2020	6,121	105.61	13,950.05	105.43
2021	16,526	169.99	47,030.94	237.14

Source: ZCE

Table 1-3-36 Annual Exercise Data of Rapeseed Meal Options, 2020-2021

Year	Exercise Volume (Lot)	YoY Change(%)
2020	23,259	—
2021	36,569	57.23

Source: ZCE

(III) Price Trend of Rapeseed Meal Futures (Figure 1-3-4, Table 1-3-37—Table 1-3-38)

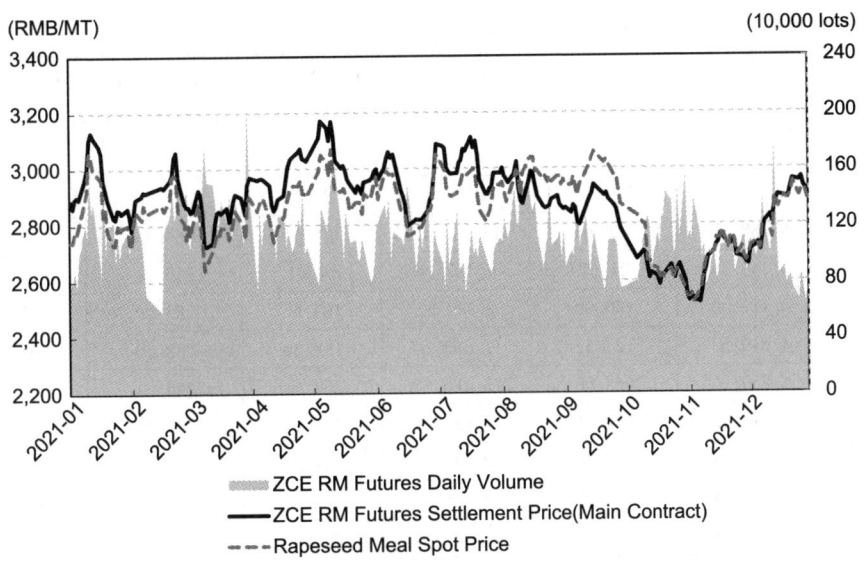

Figure 1-3-4 Daily Volume of Rapeseed Meal Futures & Settlement Price of the Main Contract vs. Spot Price in 2021

Source: ZCE; Myagric.com

Table 1-3-37 Rapeseed Meal Futures and Spot Prices, 2021

Market	2020 Closing	2021 High	2021 Low	2021 Closing	YoY Change	Average Settlement	Standard Deviation	Maximum Spread
ZCE main rapeseed meal futures contract (RMB/MT)	2,883	3,218	2,476	2,912	29	2,881.02	136.72	742
Rapeseed meal spot at Fujian (RMB/MT)	2,750	3,070	2,520	2,890	140	2,850.21	121.46	550

Source: ZCE; Myagric.com

Table 1-3-38 Price Correlation of ZCE Rapeseed Meal Futures vs. Domestic Spot Price in 2021

Prices	Correlation Coefficient
ZCE main rapeseed meal futures contract settlement vs. rapeseed meal spot price	0.86

Source: ZCE; Myagric. com

V. Purified Terephthalic Acid (PTA) Futures (Internationalized Product) and Options

(I) Trading (Table 1-3-39—Table 1-3-42)

Table 1-3-39 Monthly Trading Data of PTA Futures, 2021

Month	Volume (10,000 lots)	YoY Change (%)	Turnover (¥100mn)	YoY Change (%)	Month-End OI (10,000 lots)	YoY Change (%)
JAN	4,265.25	307.31	8,488.40	227.93	321.69	237.04
FEB	3,809.93	235.50	8,438.96	233.69	297.80	117.94
MAR	5,788.86	124.66	13,213.73	179.36	286.20	42.44
APR	4,149.36	21.52	9,587.14	64.91	250.91	34.21
MAY	4,112.00	100.99	9,749.72	164.66	255.80	32.05
JUN	4,619.57	127.52	11,307.69	198.86	288.80	67.34
JUL	5,850.16	155.06	15,186.52	264.61	264.63	48.61
AUG	5,573.66	184.31	14,457.19	297.17	259.73	35.42
SEP	4,327.38	108.48	10,732.04	184.63	214.71	20.86
OCT	4,714.35	55.17	12,765.23	137.11	219.82	-23.44
NOV	4,128.38	-11.38	10,249.72	28.39	242.87	-28.73
DEC	3,972.82	-33.02	9,309.47	-15.91	195.38	-37.08
Total	55,311.71	71.73	133,485.81	125.70	—	—

Source: ZCE

Table 1-3-40 Annual Trading Data of PTA Futures, 2020-2021

Year	Volume (10,000 lots)	YoY Change (%)	Turnover (¥ tn)	YoY Change (%)	Year-End OI (10,000 lots)	YoY Change (%)
2020	32,207.87	3.07	5.91	-33.42	310.53	237.94
2021	55,311.71	71.73	13.35	125.70	195.38	-37.08

Source: ZCE

Table 1-3-41 Monthly Trading Data of PTA Options, 2021

Month	Volume (10,000 lots)	YoY Change (%)	Put/Call Ratio (PCR)	Turnover (¥100mn)	YoY Change (%)	Month-End OI (10,000 lots)	YoY Change (%)
JAN	159.06	526.00	0.52	7.53	653.00	30.68	276.92
FEB	178.83	663.81	0.59	12.09	1,009.17	26.36	173.41

Continued

Month	Volume (10,000 lots)	YoY Change (%)	Put/Call Ratio (PCR)	Turnover (¥100mn)	YoY Change (%)	Month-End OI (10,000 lots)	YoY Change (%)
MAR	254.38	263.57	0.66	10.6	184.18	32.03	72.47
APR	162.99	198.87	0.53	7.37	105.87	21.70	34.09
MAY	165.79	280.63	0.50	7.54	298.94	28.54	53.64
JUN	235.58	445.22	0.47	11.67	678.00	35.37	92.59
JUL	411.52	402.97	0.53	17.12	901.17	38.84	87.17
AUG	337.00	420.97	0.70	12.8	584.49	37.35	178.12
SEP	308.61	185.67	0.56	11.95	272.27	34.86	69.34
OCT	316.41	55.40	0.63	18.84	202.89	38.67	-20.19
NOV	311.56	21.81	0.65	10.39	55.07	36.89	-31.16
DEC	210.67	2.85	0.77	7.24	-11.06	25.30	-20.97
Total	3,052.38	158.93	0.59	135.14	232.50	—	—

Source: ZCE

Table 1-3-42　　Annual Trading Data of PTA Options, 2020-2021

Year	Volume (10,000 lots)	YoY Change (%)	Put/Call Ratio (PCR)	Turnover (¥100mn)	YoY Change (%)	Year-End OI (10,000 lots)	YoY Change (%)
2020	1,178.83	5,984.86	0.53	40.64	4,610.99	32.01	636.33
2021	3,052.38	158.93	0.59	135.14	232.50	25.30	-20.97

Source: ZCE

(II) Delivery and Exercise (Table 1-3-43—Table 1-3-46)

Table 1-3-43　　Monthly Delivery Data of PTA Futures, 2021

Month	Delivery Volume (Lot)	YoY Change (%)	Delivery Value (¥100mn)	YoY Change (%)
JAN	72,213	157.47	13.94	103.14
FEB	5,109	170,200.00	1.04	162,181.21
MAR	27,948	-56.82	6.37	-51.40
APR	4,871	4,172.81	1.05	5,386.33
MAY	48,479	-30.51	11.42	-3.91
JUN	9,790	1,208.82	2.29	1,577.11
JUL	26,890	-11.94	6.91	26.95
AUG	7,627	272.96	2.03	454.35
SEP	32,901	13.16	7.79	54.00

Continued

Month	Delivery Volume (Lot)	YoY Change (%)	Delivery Value (¥100mn)	YoY Change (%)
OCT	34,817	156.20	9.41	297.68
NOV	34,638	63.87	8.71	151.65
DEC	22,109	148.75	5.03	221.44
Total	327,392	21.86	76.01	51.15

Source: ZCE

Table 1-3-44   Annual Delivery Data of PTA Futures, 2020-2021

Year	Delivery Volume (Lot)	YoY Change (%)	Delivery Value (¥100mn)	YoY Change (%)
2020	268,660	115.08	50.29	30.23
2021	327,392	21.86	76.01	51.15

Source: ZCE

Table 1-3-45   Monthly Exercise Data of PTA Options, 2021

Month	Exercise Volume (Lot)
JAN	14,074
FEB	19,114
MAR	12,407
APR	45,869
MAY	9,729
JUN	6,939
JUL	33,337
AUG	65,566
SEP	16,532
OCT	47,139
NOV	24,699
DEC	33,329
Total	328,734

Source: ZCE

Table 1-3-46   Annual Exercise Data of PTA Options, 2020-2021

Year	Exercise Volume (Lot)	YoY Change (%)
2020	109,719	421,896.15
2021	328,734	199.61

Source: ZCE

(III) Price Trend of PTA Futures (Figure 1-3-5, Table 1-3-47—Table 1-3-48)

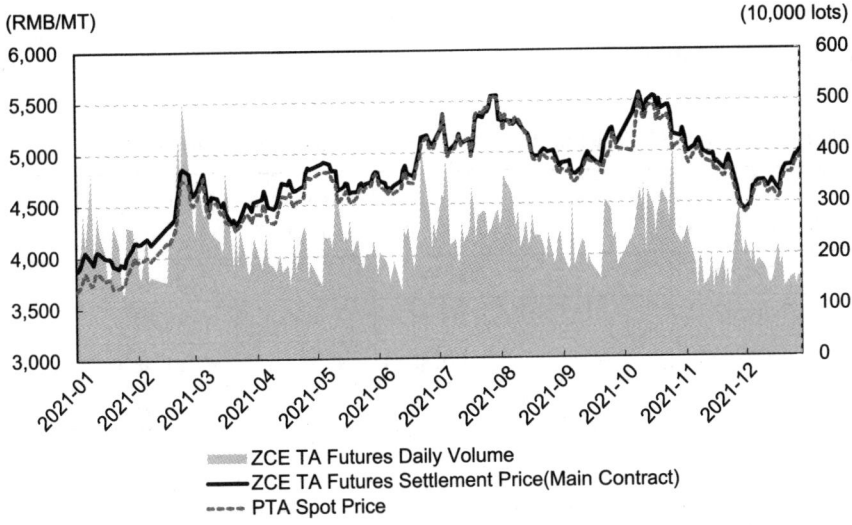

Figure 1-3-5   Daily Volume of PTA Futures & Settlement Price of the Main Contract vs. Spot Price in 2021

Source: ZCE; CCF

Table 1-3-47   PTA Futures and Spot Prices, 2021

Market	2020 Closing	2021 High	2021 Low	2021 Closing	YoY Change	Average Settlement	Standard Deviation	Maximum Spread
ZCE main PTA futures contract (RMB/MT)	3,820	5,658	3,804	5,018	1,198	4,793.04	399.86	1,854
Domestic PTA spot (RMB/MT)	3,595	5,555	3,680	4,945	1,350	4,709.94	441.01	1,875

Source: ZCE; CCF

Table 1-3-48   Price Correlation of ZCE PTA Futures vs. Domestic Spot Price in 2021

Prices	Correlation Coefficient
ZCE main PTA futures contract settlement vs. PTA spot price	0.99

Source: ZCE; CCF

VI. Polyester Staple Fiber Futures

(I) Trading (Table 1-3-49)

Table 1-3-49 Monthly Trading Data of Polyester Staple Fiber Futures, 2021

Month	Volume (10,000 lots)	YoY Change (%)	Turnover (¥100mn)	YoY Change (%)	Month-End OI (10,000 lots)	YoY Change (%)
JAN	279.90	—	928.99	—	10.73	—
FEB	317.41	—	1,215.54	—	15.57	—
MAR	845.45	—	3,157.82	—	21.48	—
APR	603.06	—	2,128.96	—	19.98	—
MAY	435.21	—	1,542.03	—	18.45	—
JUN	332.43	—	1,175.71	—	20.94	—
JUL	419.47	—	1,533.00	—	21.08	—
AUG	367.38	—	1,311.97	—	19.96	—
SEP	408.69	—	1,438.26	—	17.68	—
OCT	533.52	-47.66	2,126.86	-34.22	15.90	11.52
NOV	400.32	8.25	1,407.07	26.08	19.04	38.89
DEC	399.29	58.24	1,358.42	73.28	17.47	53.11
Total	5,342.13	225.46	19,324.63	276.46	—	—

Source: ZCE

(II) Delivery (Table 1-3-50)

Table 1-3-50 Monthly Delivery Data of Polyester Staple Fiber Futures, 2021

Month	Delivery Volume (Lot)	YoY Change (%)	Delivery Value (¥100mn)	YoY Change (%)
JAN	—	—	—	—
FEB	—	—	—	—
MAR	—	—	—	—
APR	—	—	—	—
MAY	4,896	—	1.64	—
JUN	40	—	0.01	—
JUL	7,110	—	2.54	—
AUG	64	—	0.02	—
SEP	3,110	—	1.04	—

Continued

Month	Delivery Volume (Lot)	YoY Change (%)	Delivery Value (¥100mn)	YoY Change (%)
OCT	1,473	—	0.59	—
NOV	5,226	—	1.85	—
DEC	462	—	0.15	—
Total	22,381	—	7.86	—

Source: ZCE

(III) Price Trend of Polyester Staple Fiber Futures (Figure 1-3-6, Table 1-3-51—Table 1-3-52)

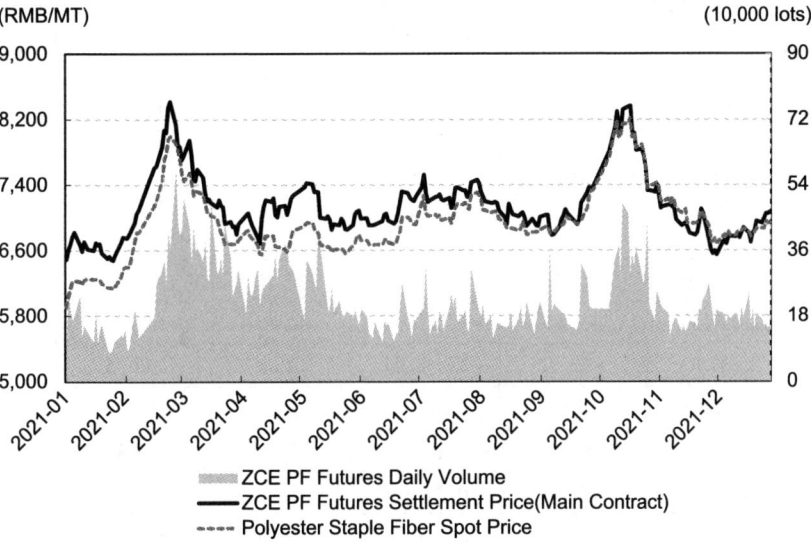

Figure 1-3-6 Daily Volume of Polyester Staple Fiber Futures & Settlement Price of the Main Contract vs. Spot Price in 2021

Source: ZCE; CCF

Table 1-3-51   Polyester Staple Fiber Futures and Spot Prices, 2021

Market	2020 Closing	2021 High	2021 Low	2021 Closing	YoY Change	Average Settlement	Standard Deviation	Maximum Spread
ZCE main polyester staple fiber futures contract (RMB/MT)	6,422	8,578	6,400	7,070	648	7,128.56	390.78	2,178
Domestic polyester staple fiber spot (RMB/MT)	5,805	8,220	5,910	6,940	1,135	6,937.08	427.45	2,310

Source: ZCE; CCF

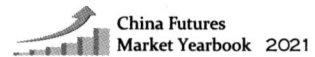

Table 1-3-52 Price Correlation of ZCE Polyester Staple Fiber Futures vs. Domestic Spot Price in 2021

Prices	Correlation Coefficient
ZCE main polyester staple fiber futures contract settlement vs. polyester staple fiber spot price	0.91

Source: ZCE; CCF

VII. Methanol Futures and Options

(I) Trading (Table 1-3-53—Table 1-3-56)

Table 1-3-53 Monthly Trading Data of Methanol Futures, 2021

Month	Volume (10,000 lots)	YoY Change (%)	Turnover (¥100mn)	YoY Change (%)	Month-End OI (10,000 lots)	YoY Change (%)
JAN	2,999.38	50.13	6,988.37	52.40	118.64	52.65
FEB	1,987.17	19.92	4,720.50	35.69	123.70	23.09
MAR	3,429.44	51.00	8,433.82	103.16	119.48	9.50
APR	2,816.01	-3.57	6,815.82	35.86	132.33	28.92
MAY	3,288.37	4.93	8,642.09	59.45	140.51	-21.81
JUN	2,951.89	-2.65	7,421.00	40.70	148.84	-2.78
JUL	2,808.82	-25.02	7,458.90	10.96	160.45	1.54
AUG	2,723.35	18.81	7,501.91	78.20	132.09	2.47
SEP	3,602.89	18.99	11,375.78	85.32	138.23	21.47
OCT	5,722.37	140.16	19,707.44	304.05	167.34	16.53
NOV	5,552.70	46.02	15,060.99	80.70	138.41	-1.36
DEC	3,648.07	-13.62	9,466.40	-6.65	134.92	29.31
Total	41,530.48	20.42	113,593.02	66.19	—	—

Source: ZCE

Table 1-3-54 Annual Trading Data of Methanol Futures, 2020-2021

Year	Volume (10,000 lots)	YoY Change (%)	Turnover (¥100mn)	YoY Change (%)	Year-End OI (10,000 lots)	YoY Change (%)
2020	34,487.62	30.09	68,350.84	12.04	104.34	18.86
2021	41,530.48	20.42	113,593.02	66.19	134.92	29.31

Source: ZCE

Table 1-3-55   Monthly Trading Data of Methanol Options, 2021

Month	Volume (10,000 lots)	YoY Change (%)	Put/Call Ratio (PCR)	Turnover (¥100mn)	YoY Change (%)	Month-End OI (10,000 lots)	YoY Change (%)
JAN	107.65	202.46	0.66	4.94	133.13	14.66	144.81
FEB	111.81	316.89	0.53	5.58	274.39	16.47	104.03
MAR	189.17	200.70	0.67	7.97	148.23	14.35	5.12
APR	98.84	115.95	0.63	3.88	29.38	10.31	10.07
MAY	160.27	253.24	0.74	10.11	341.64	12.57	-7.25
JUN	118.46	114.05	0.60	5.84	197.97	14.26	-7.74
JUL	145.82	32.54	0.61	6.06	94.33	11.52	-39.17
AUG	150.26	105.13	0.91	6.23	128.18	7.98	-29.44
SEP	213.64	73.98	1.00	15.91	171.04	13.44	-2.31
OCT	203.57	114.33	0.81	24.83	505.72	21.09	21.70
NOV	253.68	43.57	0.68	14.35	84.75	22.75	22.16
DEC	239.17	43.34	0.65	9.37	9.86	20.04	53.21
Total	1,992.33	96.02	0.71	115.09	149.21	—	—

Source: ZCE

Table 1-3-56   Annual Trading Data of Methanol Options, 2020-2021

Year	Volume (10,000 lots)	YoY Change (%)	Put/Call Ratio (PCR)	Turnover (¥100mn)	YoY Change (%)	Year-End OI (10,000 lots)	YoY Change (%)
2020	1,016.39	5,828.43	0.62	46.18	4,828.73	13.08	288.72
2021	1,992.33	96.02	0.71	115.09	149.22	20.04	53.27

Source: ZCE

(II) Delivery and Exercise (Table 1-3-57—Table 1-3-60)

Table 1-3-57   Monthly Delivery Data of Methanol Futures, 2021

Month	Delivery Volume (Lot)	YoY Change (%)	Delivery Value (¥10,000)	YoY Change (%)
JAN	2,393	56.10	5,758.15	66.47
FEB	1,042	1,125.88	2,433.07	1,244.50
MAR	1,955	263.38	4,867.95	378.24
APR	542	—	1,279.12	—
MAY	1,564	-92.81	4,179.01	-88.86
JUN	7	-99.36	18.13	-98.95
JUL	860	-89.14	2,165.48	-83.70
AUG	1,791	154.77	4,516.90	282.45

Continued

Month	Delivery Volume (Lot)	YoY Change (%)	Delivery Value (¥10,000)	YoY Change (%)
SEP	2,098	-65.56	5,945.73	-46.37
OCT	1,747	36.27	6,558.24	166.58
NOV	871	-76.61	2,476.25	-66.98
DEC	2,847	260.84	7,530.32	327.99
Total	17,717	-61.07	47,728.35	-41.20

Source: ZCE

Table 1-3-58 Annual Delivery Data of Methanol Futures, 2020-2021

Year	Delivery Volume (Lot)	YoY Change (%)	Delivery Value (¥10,000)	YoY Change (%)
2020	45,507	111.05	81,170.10	76.87
2021	17,717	-61.07	47,728.35	-41.20

Source: ZCE

Table 1-3-59 Monthly Exercise Data of Methanol Options, 2021

Month	Exercise Volume (Lot)
JAN	11,376
FEB	14,845
MAR	15,925
APR	21,093
MAY	8,805
JUN	10,209
JUL	4,913
AUG	16,147
SEP	8,981
OCT	15,149
NOV	13,869
DEC	28,275
Total	169,587

Source: ZCE

Table 1-3-60 Annual Exercise Data of Methanol Options, 2020-2021

Year	Exercise Volume (Lot)	YoY Change (%)
2020	103,763	1,729,283.33
2021	169,587	63.44

Source: ZCE

(III) Price Trend of Methanol Futures (Figure 1-3-7, Table 1-3-61—Table 1-3-62)

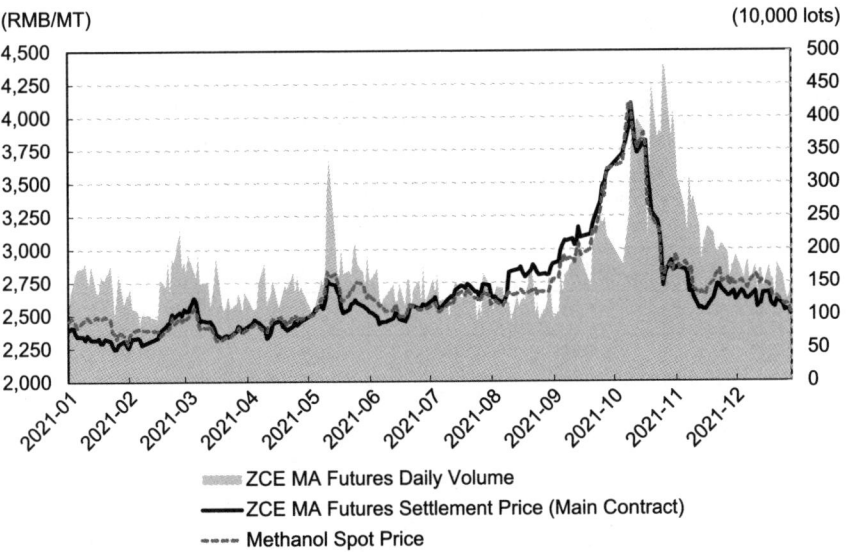

Figure 1-3-7 Daily Volume of Methanol Futures & Settlement Price of the Main Contract vs. Spot Price in 2021

Source: ZCE; JLC

Table 1-3-61　　　　Methanol Futures and Spot Prices, 2021

Market	2020 Closing	2021 High	2021 Low	2021 Closing	YoY Change	Average Settlement	Standard Deviation	Maximum Spread
ZCE main methanol futures contract (RMB/MT)	2,397	4,235	2,226	2,478	81	2,657.49	333.19	2,009
Methanol spot in East China (RMB/MT)	2,405	4,110	2,285	2,520	115	2,670.06	311.79	1,825

Source: ZCE; JLC

Table 1-3-62　　　Price Correlation of ZCE Methanol Futures vs. Domestic Spot Price in 2021

Prices	Correlation Coefficient
ZCE main methanol futures contract settlement vs. methanol spot price	0.96

Source: ZCE; JLC

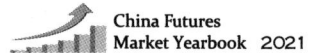

VIII. Urea Futures

(I) Trading (Table 1-3-63—Table 1-3-64)

Table 1-3-63   Monthly Trading Data of Urea Futures, 2021

Month	Volume (10,000 lots)	YoY Change (%)	Turnover (¥100mn)	YoY Change (%)	Month-End OI (10,000 lots)	YoY Change (%)
JAN	236.69	512.36	926.59	589.21	14.09	211.66
FEB	281.78	207.21	1,135.38	252.88	14.41	90.42
MAR	497.30	207.81	1,914.50	243.75	13.96	101.83
APR	328.26	266.18	1,320.87	365.66	13.13	89.12
MAY	433.86	409.63	1,937.64	641.31	13.74	51.92
JUN	335.08	298.19	1,544.01	498.13	10.91	-10.13
JUL	247.98	80.50	1,201.69	176.07	12.10	80.27
AUG	252.46	-6.89	1,190.44	29.17	9.83	9.24
SEP	431.01	118.37	2,310.45	257.12	11.36	186.37
OCT	487.77	246.58	2,827.45	491.62	9.02	-0.33
NOV	360.58	108.23	1,676.23	173.35	10.01	56.06
DEC	230.44	18.80	1,079.90	54.05	10.85	94.79
Total	4,123.20	147.70	19,065.16	239.70	—	—

Source: ZCE

Table 1-3-64   Annual Trading Data of Urea Futures, 2020-2021

Year	Volume (10,000 lots)	YoY Change (%)	Turnover (¥ tn)	YoY Change (%)	Year-End OI (10,000 lots)	YoY Change (%)
2020	1,664.62	254.67	0.56	244.22	5.57	-3.73
2021	4,123.20	147.70	1.91	239.70	10.85	94.79

Source: ZCE

(II) Delivery (Table 1-3-65—Table 1-3-66)

Table 1-3-65   Monthly Delivery Data of Urea Futures, 2021

Month	Delivery Volume (Lot)	YoY Change (%)	Delivery Value (¥100mn)	YoY Change (%)
JAN	3,216	393.25	1.17	440.04
FEB	14	-77.05	0.01	-70.12
MAR	83	—	0.03	—
APR	0	—	0.00	—

Continued

Month	Delivery Volume (Lot)	YoY Change (%)	Delivery Value (¥100mn)	YoY Change (%)
MAY	1,692	-2.31	0.73	28.78
JUN	1	-95.83	0.00	-93.44
JUL	2,076	—	1.07	—
AUG	32	300.00	0.02	512.64
SEP	1,214	6.87	0.62	74.51
OCT	252	86.67	0.15	269.49
NOV	84	1.20	0.04	42.89
DEC	44	158.82	0.02	253.47
Total	8,708	126.30	3.86	209.84

Source: ZCE

Table 1-3-66   Annual Delivery Data of Urea Futures, 2020-2021

Year	Delivery Volume (Lot)	YoY Change (%)	Delivery Value (¥100mn)	YoY Change (%)
2020	3,848	-96.92	1.25	-96.77
2021	8,708	126.30	3.86	209.84

Source: ZCE

(III) Price Trend of Urea Futures (Figure 1-3-8, Table 1-3-67—Table 1-3-68)

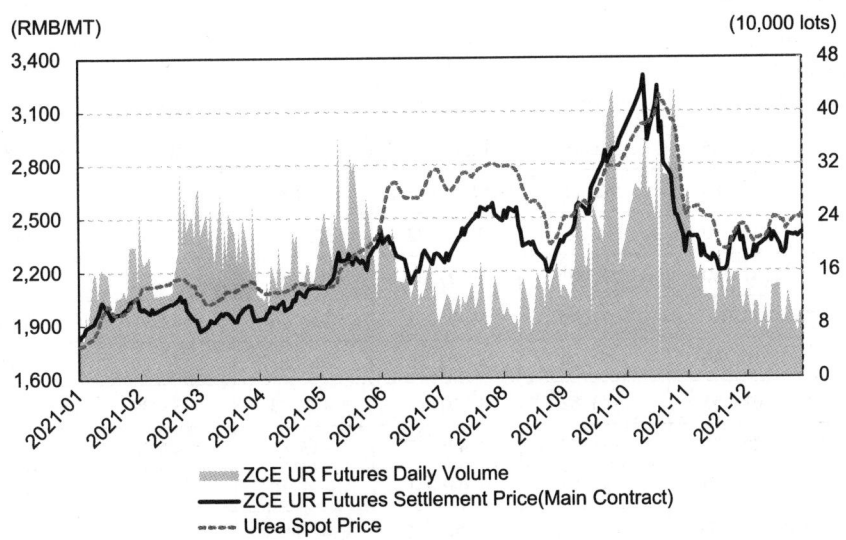

Figure 1-3-8   Daily Volume of Urea Futures & Settlement Price of the Main Contract vs. Spot Price in 2021

Source: ZCE; JLC

Table 1-3-67　　Urea Futures and Spot Prices, 2021

Market	2020 Closing	2021 High	2021 Low	2021 Closing	YoY Change	Average Settlement	Standard Deviation	Maximum Spread
ZCE main urea futures contract (RMB/MT)	1,831	3,357	1,808	2,428	597	2,285.83	289.73	1,549
Urea spot at Shandong (RMB/MT)	1,785	3,190	1,785	2,515	730	2,418.29	320.15	1,405

Source: ZCE; JLC

Table 1-3-68　　Price Correlation of ZCE Urea Futures vs. Domestic Spot Price in 2021

Prices	Correlation Coefficient
ZCE main urea futures contract settlement vs. urea spot price	0.89

Source: ZCE; JLC

IX. Flat Glass Futures

(I) Trading (Table 1-3-69—Table 1-3-70)

Table 1-3-69　　Monthly Trading Data of Flat Glass Futures, 2021

Month	Volume (10,000 lots)	YoY Change (%)	Turnover (¥100mn)	YoY Change (%)	Month-End OI (10,000 lots)	YoY Change (%)
JAN	2,136.54	1,340.11	7,564.77	1,600.45	58.42	155.52
FEB	1,276.96	419.56	4,842.09	596.76	60.46	153.15
MAR	3,194.44	909.08	13,153.94	1,436.37	72.05	251.57
APR	2,447.55	242.46	10,841.45	509.05	84.20	158.50
MAY	3,257.86	362.47	17,383.66	798.29	72.80	143.40
JUN	1,460.30	134.56	7,797.42	332.35	71.48	147.18
JUL	1,474.60	23.00	8,627.38	120.06	57.52	23.88
AUG	973.03	-71.46	5,325.13	-56.73	42.97	-56.09
SEP	1,101.39	-74.24	5,292.58	-63.80	30.29	-44.66
OCT	1,014.53	-43.82	4,491.19	-27.88	37.39	-36.71
NOV	1,299.75	-41.48	4,498.47	-43.87	43.35	-24.01
DEC	1,106.60	-61.34	4,046.04	-63.10	40.95	-14.57
Total	20,743.55	11.97	93,864.12	47.65	—	—

Source: ZCE

Table 1-3-70　　Annual Trading Data of Flat Glass Futures, 2020-2021

Year	Volume (10,000 lots)	YoY Change (%)	Turnover (¥100mn)	YoY Change (%)	Year-End OI (10,000 lots)	YoY Change (%)
2020	18,525.88	499.22	63,570.48	619.93	47.93	151.10
2021	20,743.55	11.97	93,864.12	47.65	40.95	-14.57

Source: ZCE

(II) Delivery (Table 1-3-71—Table 1-3-72)

Table 1-3-71　　Monthly Delivery Data of Flat Glass Futures, 2021

Month	Delivery Volume (Lot)	YoY Change (%)	Delivery Value (¥10,000)	YoY Change (%)
JAN	458	-42.75	1,625.90	-33.54
FEB	50	—	191.50	—
MAR	404	—	1,632.97	—
APR	809	—	3,426.92	—
MAY	106	-97.63	545.10	-94.94
JUN	80	—	423.84	—
JUL	119	-61.11	657.83	-30.88
AUG	487	21.75	2,845.05	92.44
SEP	276	-8.00	1,722.94	51.61
OCT	1,337	785.43	6,064.63	974.45
NOV	223	—	818.41	—
DEC	467	815.69	1,779.27	795.01
Total	4,816	-25.71	21,734.37	23.89

Source: ZCE

Table 1-3-72　　Annual Delivery Data of Flat Glass Futures, 2020-2021

Year	Delivery Volume (Lot)	YoY Change (%)	Delivery Value (¥10,000)	YoY Change (%)
2020	6,483	299.94	17,542.95	291.22
2021	4,816	-25.71	21,734.37	23.89

Source: ZCE

(III) Price Trend of Flat Glass Futures (Figure 1-3-9, Table 1-3-73—Table 1-3-74)

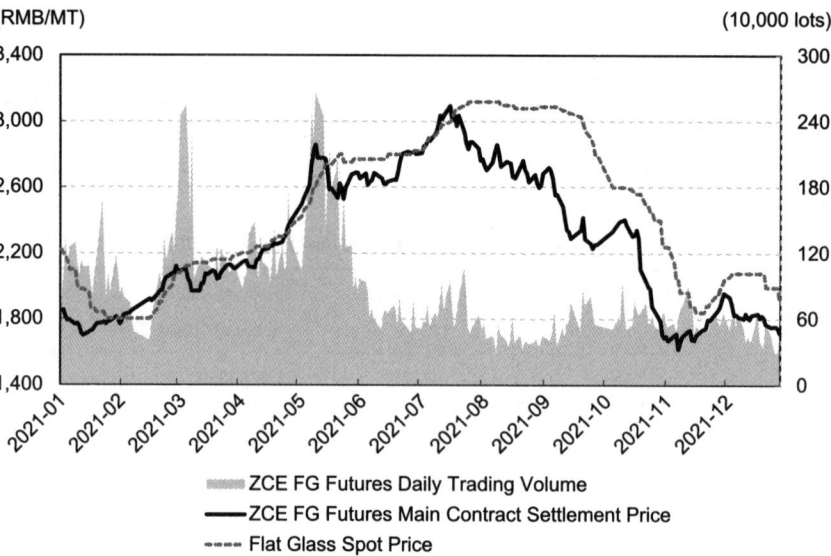

Figure 1-3-9 Daily Volume of Flat Glass Futures & Settlement Price of the Main Contract vs. Spot Price in 2021

Source: ZCE; SCI

Table 1-3-73 Flat Glass Futures and Spot Prices, 2021

Market	2020 Closing	2021 High	2021 Low	2021 Closing	YoY Change	Average Settlement	Standard Deviation	Maximum Spread
ZCE main flat glass futures contract (RMB/MT)	1,859	3,163	1,572	1,705	-154	2,265.66	420.71	1,591
Flat glass spot (RMB/MT)	2,220	3,120	1,800	1,910	-310	2,450.74	488.24	1,320

Source: ZCE; SCI

Table 1-3-74 Price Correlation of ZCE Flat Glass Futures vs. Domestic Spot Price in 2021

Prices	Correlation Coefficient
ZCE main flat glass futures contract settlement vs. flat glass spot price	0.89

Source: ZCE; SCI

X. Soda Ash Futures

(I) Trading (Table 1-3-75—Table 1-3-76)

Table 1-3-75 Monthly Trading Data of Soda Ash Futures, 2021

Month	Volume (10,000 lots)	YoY Change (%)	Turnover (¥100mn)	YoY Change (%)	Month-End OI (10,000 lots)	YoY Change (%)
JAN	888.14	1,143.41	2,796.90	1,081.77	25.32	852.45
FEB	649.90	1,934.80	2,222.46	2,104.26	28.68	873.63
MAR	2,566.39	6,563.05	9,980.97	8,607.56	45.96	2,044.42
APR	1,727.87	2,200.89	6,705.17	3,015.78	40.66	1,755.21
MAY	2,497.72	1,927.78	10,894.84	2,956.28	52.90	663.06
JUN	1,129.86	873.08	5,070.09	1,412.49	52.87	360.80
JUL	1,078.72	289.52	5,137.85	584.29	53.29	221.73
AUG	1,568.51	29.02	8,386.00	123.87	52.37	135.96
SEP	2,172.96	15.63	13,095.32	99.54	44.46	210.53
OCT	2,169.09	220.87	13,602.47	509.95	33.86	73.66
NOV	2,429.77	189.67	12,306.42	378.11	42.16	16.51
DEC	1,948.14	30.08	9,247.02	106.44	50.92	149.95
Total	20,827.05	204.46	99,445.51	358.24	—	—

Source: ZCE

Table 1-3-76 Annual Trading Data of Soda Ash Futures, 2020-2021

Year	Volume (10,000 lots)	YoY Change (%)	Turnover (¥100mn)	YoY Change (%)	Year-End OI (10,000 lots)	YoY Change (%)
2020	6,840.61	—	21,701.86	—	20.37	376.19
2021	20,827.05	204.46	99,445.51	358.24	50.92	149.95

Source: ZCE

(II) Delivery (Table 1-3-77—Table 1-3-78)

Table 1-3-77 Monthly Delivery Data of Soda Ash Futures, 2021

Month	Delivery Volume (Lot)	YoY Change (%)	Delivery Value (¥10,000)	YoY Change (%)
JAN	1,328	—	3,627.87	—
FEB	1,845	—	5,442.75	—
MAR	2,213	—	7,528.63	—
APR	2,233	—	8,205.98	—
MAY	2,435	46.60	9,144.76	131.32

Continued

Month	Delivery Volume (Lot)	YoY Change (%)	Delivery Value (¥10,000)	YoY Change (%)
JUN	3,610	905.57	14,533.86	1,585.44
JUL	480	39.94	1,929.32	150.20
AUG	5,141	326.64	23,965.30	603.84
SEP	3,517	16.34	18,472.60	84.31
OCT	3,981	152.92	26,276.08	389.27
NOV	2,270	−13.03	12,870.14	67.53
DEC	1,996	4.23	10,683.90	101.26
Total	31,049	144.67	142,681.18	281.75

Source: ZCE

Table 1-3-78　　Annual Delivery Data of Soda Ash Futures, 2020-2021

Year	Delivery Volume (Lot)	YoY Change (%)	Delivery Value (¥10,000)	YoY Change (%)
2020	12,690	—	37,375.38	—
2021	31,049	144.67	142,681.18	281.75

Source: ZCE

(III) Price Trend of Soda Ash Futures (Figure 1-3-10, Table 1-3-79—Table 1-3-80)

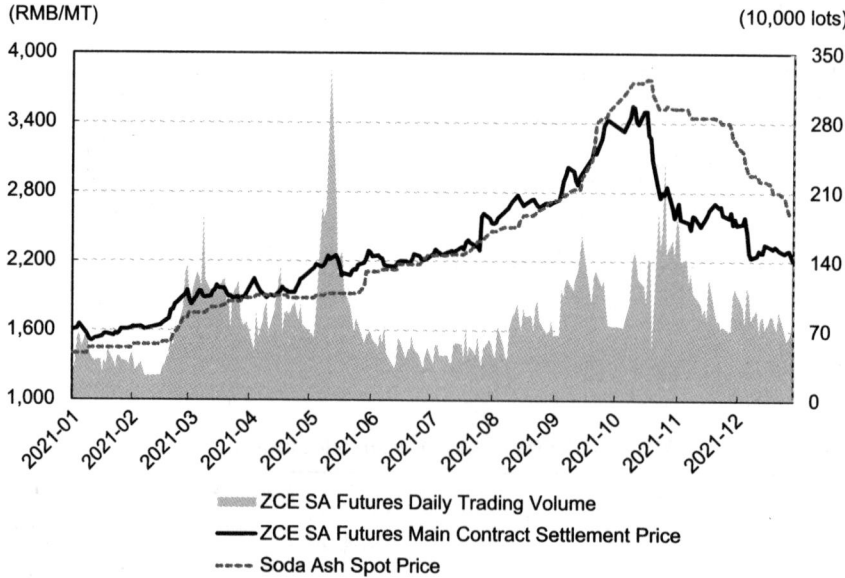

Figure 1-3-10　Daily Volume of Soda Ash Futures & Settlement Price of the Main Contract vs. Spot Price in 2021

Source: ZCE; SCI

Table 1-3-79   Soda Ash Futures and Spot Prices, 2021

Market	2020 Closing	2021 High	2021 Low	2021 Closing	YoY Change	Average Settlement	Standard Deviation	Maximum Spread
ZCE main soda ash futures contract (RMB/MT)	1,611	3,648	1,489	2,183	572	2,303.34	474.17	2,159
Soda ash spot (RMB/MT)	1,300	3,775	1,400	2,600	1,300	2,383.99	694.77	2,375

Source: ZCE; SCI

Table 1-3-80   Price Correlation of ZCE Soda Ash Futures vs. Domestic Spot Price in 2021

Prices	Correlation Coefficient
ZCE main soda ash futures contract settlement vs. soda ash spot price	0.89

Source: ZCE; SCI

XI. Thermal Coal Futures and Options

(I) Trading (Table 1-3-81—Table 1-3-84)

Table 1-3-81   Monthly Trading Data of Thermal Coal Futures, 2021

Month	Volume (10,000 lots)	YoY Change (%)	Turnover (¥100mn)	YoY Change (%)	Month-End OI (10,000 lots)	YoY Change (%)
JAN	1,472.37	1,098.81	10,153.64	1,393.31	31.39	101.61
FEB	948.17	536.36	5,796.74	598.97	34.43	97.59
MAR	1,529.17	527.89	10,158.71	687.67	38.09	16.33
APR	2,026.36	435.53	14,930.69	699.38	43.55	32.99
MAY	980.73	157.59	8,240.79	311.57	23.82	2.37
JUN	431.74	14.53	3,549.42	74.73	16.48	-28.26
JUL	300.82	-29.85	2,603.68	9.34	16.95	-20.96
AUG	229.11	-44.96	1,929.60	-17.23	12.08	-44.79
SEP	216.47	-60.04	2,291.44	-28.69	9.58	-60.82
OCT	202.11	-47.86	2,801.69	22.31	5.41	-74.99
NOV	56.52	-91.17	487.99	-87.50	3.73	-87.77
DEC	30.03	-98.54	221.60	-98.45	3.35	-85.39
Total	8,423.61	37.70	63,165.99	70.18	—	—

Source: ZCE

Table 1-3-82 Annual Trading Data of Thermal Coal Futures, 2020-2021

Year	Volume (10,000 lots)	YoY Change (%)	Turnover (¥100mn)	YoY Change (%)	Year-End OI (10,000 lots)	YoY Change (%)
2020	6,117.46	122.49	37,116.44	132.59	22.95	0.16
2021	8,423.61	37.70	63,165.99	70.18	3.35	-85.39

Source: ZCE

Table 1-3-83 Annual Trading Data of Thermal Coal Futures on International Exchanges, 2020-2021

Year	Volume (10,000 lots)		Year-End OI (10,000 lots)	
	ZCE	CME Group	ZCE	CME Group
2020	6,117.46	24.41	22.95	1.50
2021	8,423.61	15.31	3.35	1.68

Source: ZCE; CME Group

Note: ZCE thermal coal futures is 100 metric tons per contract; for CME Group API2 futures it is 1,000 metric tons per contract.

Table 1-3-84 Monthly Trading Data of Thermal Coal Options, 2021

Month	Volume (10,000 lots)	YoY Change (%)	Put/Call Ratio (PCR)	Turnover (¥100mn)	YoY Change (%)	Month-End OI (10,000 lots)	YoY Change (%)
JAN	69.80	—	1.06	11.09	—	7.16	—
FEB	48.38	—	0.58	6.32	—	8.28	—
MAR	130.72	—	0.92	13.48	—	11.78	—
APR	113.75	—	1.54	14.78	—	12.48	—
MAY	116.60	—	1.25	26.54	—	9.75	—
JUN	66.99	5,351.39	1.31	14.41	17,912.50	8.74	1,536.36
JUL	86.80	177.28	2.01	11.36	491.67	9.97	76.10
AUG	36.96	-7.00	1.87	7.32	201.23	4.14	-32.55
SEP	39.02	-30.23	3.63	19.13	529.28	8.53	16.71
OCT	47.57	21.54	3.33	34.37	1,476.61	6.99	5.79
NOV	24.99	-62.02	1.22	8.62	87.39	4.62	-33.35
DEC	4.86	-96.07	0.75	1.36	-92.75	1.18	-86.87
Total	786.43	—	1.36	168.79	—	—	—

Source: ZCE

(II) Delivery and Exercise (Table 1-3-85—Table 1-3-88)

Table 1-3-85 Monthly Delivery Data of Thermal Coal Futures, 2021

Month	Delivery Volume (Lot)	YoY Change (%)	Delivery Value (¥100mn)	YoY Change (%)
JAN	200	-98.15	0.15	-97.42
FEB	1,000	—	0.77	—
MAR	3,200	33.33	1.90	42.44
APR	2,400	—	1.68	—
MAY	5,000	-67.11	4.22	-41.47
JUN	601	—	0.50	—
JUL	0	-100	0	-100
AUG	200	—	0.20	—
SEP	0	-100	0	-100
OCT	200	-87.50	0.31	-67.65
NOV	0	-100	0	-100
DEC	0	-100	0	-100
Total	12,801	-78.88	9.73	-70.60

Source: ZCE

Table 1-3-86 Annual Delivery Data of Thermal Coal Futures, 2020-2021

Year	Delivery Volume (Lot)	YoY Change (%)	Delivery Value (¥100mn)	YoY Change (%)
2020	60,600	79.24	33.11	66.24
2021	12,801	-78.88	9.73	-70.60

Source: ZCE

Table 1-3-87 Monthly Exercise Data of Thermal Coal Options, 2021

Month	Exercise Volume (Lot)
JAN	8,194
FEB	4,529
MAR	852
APR	10,435
MAY	9,830
JUN	8,144
JUL	1,169
AUG	6,908

Continued

Month	Exercise Volume (Lot)
SEP	1,342
OCT	1,662
NOV	3,002
DEC	6,148
Total	62,215

Source: ZCE

Table 1-3-88 Annual Exercise Data of Thermal Coal Options, 2020-2021

Year	Exercise Volume (Lot)	YoY Change(%)
2020	36,242	—
2021	62,215	71.67

Source: ZCE

(III) Price Trend of Thermal Coal Futures (Figure 1-3-11, Table 1-3-89—Table 1-3-90)

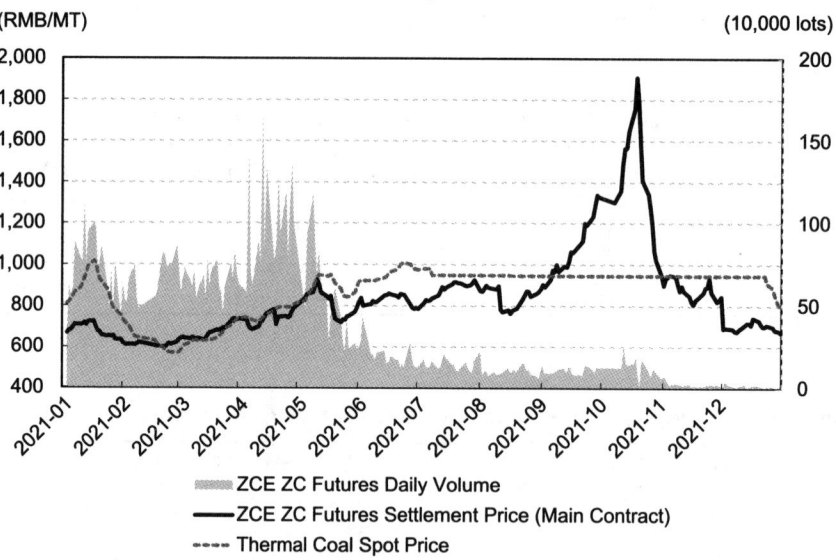

Figure 1-3-11 Daily Volume of Thermal Coal Futures & Settlement Price of the Main Contract vs. Spot Price in 2021

Source: ZCE; CCI (Jan-May); CCTD (Jun-Dec)

Table 1-3-89   Thermal Coal Futures and Spot Prices, 2021

Market	2020 Closing	2021 High	2021 Low	2021 Closing	YoY Change	Average Settlement	Standard Deviation	Maximum Spread
ZCE main thermal coal futures contract (RMB/MT)	674	1,982	588.2	672.2	-1.8	837.43	216.89	1,393.8
CME coal futures lead month contract (USD/MT)	69.25	274	63.7	136.75	67.5	120.54	51.89	210.3
FOB price of 5,500 kcal/kg thermal coal at Qinhuangdao Port (middle sulfur content) (RMB/MT)	800	1,015	571	793	-7	873.18	118.03	444

Source: ZCE; CME Group; CCI; CCTD

Note: CCI's FOB price of 5,500 kcal/kg thermal coal at Qinhuangdao Port (mid-sulfur content) is used as the thermal coal spot price from January 4, 2021 to May 31, 2021 and CCTD's FOB price of 5,500 kcal/kg thermal coal at Qinhuangdao Port (mid-sulfur content) is used from June 1, 2021.

Table 1-3-90   Price Correlation of ZCE Thermal Coal Futures vs. International Coal Futures and Domestic Spot Price in 2021

Prices	Correlation Coefficient
ZCE main thermal coal futures contract settlement vs. CME coal futures price	0.81
ZCE main thermal coal futures contract settlement vs. thermal coal spot price	0.48

Source: ZCE; CME Group; CCI; CCTD

XII. Ferrosilicon Futures

(I) Trading (Table 1-3-91—Table 1-3-92)

Table 1-3-91   Monthly Trading Data of Ferrosilicon Futures, 2021

Month	Volume (10,000 lots)	YoY Change (%)	Turnover (¥100mn)	YoY Change (%)	Month-End OI (10,000 lots)	YoY Change (%)
JAN	896.94	2,178.98	3,318.19	2,804.72	16.76	229.50
FEB	466.81	421.74	1,675.24	538.90	19.86	194.48
MAR	880.90	501.23	3,308.10	714.92	21.18	245.55
APR	716.26	140.94	2,572.09	208.32	18.37	88.04
MAY	1,057.50	216.22	4,195.61	329.11	23.64	81.64

Continued

Month	Volume (10,000 lots)	YoY Change (%)	Turnover (¥100mn)	YoY Change (%)	Month-End OI (10,000 lots)	YoY Change (%)
JUN	924.63	69.36	3,872.63	141.39	22.23	11.40
JUL	632.31	141.94	2,676.20	261.66	30.03	112.08
AUG	928.68	285.33	4,397.16	534.85	34.62	228.40
SEP	1,435.28	641.85	8,777.37	1,480.90	14.73	95.72
OCT	642.35	396.47	4,699.53	1,135.13	13.90	66.25
NOV	448.50	64.47	2,113.50	156.37	12.54	-0.72
DEC	493.95	-15.35	2,105.32	8.42	12.84	27.59
Total	9,524.12	203.86	43,710.93	368.34	—	—

Source: ZCE

Table 1-3-92   Annual Trading Data of Ferrosilicon Futures, 2020-2021

Year	Volume (10,000 lots)	YoY Change (%)	Turnover (¥100mn)	YoY Change (%)	Year-End OI (10,000 lots)	YoY Change (%)
2020	3,134.42	236.45	9,333.16	236.85	10.07	76.14
2021	9,524.12	203.86	43,710.93	368.34	12.84	27.59

Source: ZCE

(II) Delivery (Table 1-3-93—Table 1-3-94)

Table 1-3-93   Monthly Delivery Data of Ferrosilicon Futures, 2021

Month	Delivery Volume (Lot)	YoY Change (%)	Delivery Value (¥10,000)	YoY Change (%)
JAN	1,749	-70.84	6,292.48	-63.99
FEB	120	—	398.88	—
MAR	705	3,425.00	2,769.24	4,477.26
APR	977	—	3,338.41	—
MAY	2,628	25.62	9,858.09	69.69
JUN	2,388	468.57	9,857.12	718.32
JUL	5,623	-17.96	23,382.31	12.81
AUG	781	-74.10	3,508.25	-58.78
SEP	4,282	-26.35	23,276.95	40.92
OCT	926	-70.37	7,535.79	-15.91
NOV	1,004	-72.13	5,357.81	-50.30
DEC	1,641	-67.29	6,997.22	-56.90
Total	22,824	-36.53	102,572.55	-3.49

Source: ZCE

Table 1-3-94　　Annual Delivery Data of Ferrosilicon Futures, 2020-2021

Year	Delivery Volume (Lot)	YoY Change (%)	Delivery Value (¥10,000)	YoY Change (%)
2020	35,958	352.99	106,283.14	349.12
2021	22,824	-36.53	102,572.55	-3.49

Source: ZCE

(III) Price Trend of Ferrosilicon Futures (Figure 1-3-12, Table 1-3-95—Table 1-3-96)

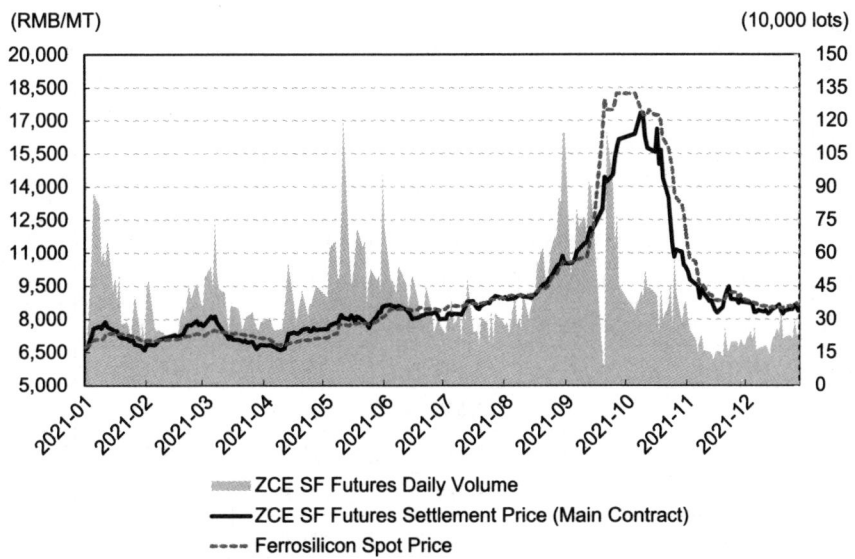

Figure 1-3-12　Daily Volume of Ferrosilicon Futures & Settlement Price of the Main Contract vs. Spot Price in 2021

Source: ZCE; Mysteel.com

Table 1-3-95　　　　Ferrosilicon Futures and Spot Prices, 2021

Market	2020 Closing	2021 High	2021 Low	2021 Closing	YoY Change	Average Settlement	Standard Deviation	Maximum Spread
ZCE main ferrosilicon futures contract (RMB/MT)	6,616	17,950	6,540	8,312	1,696	8,910.04	2,238.19	11,410
FeSi72Al2.5 ferrosilicon at Hebei (RMB/MT)	6,750	18,250	6,740	8,650	1,900	9,130.25	2,768.34	11,510

Source: ZCE; Mysteel.com

Table 1-3-96　　Price Correlation of ZCE Ferrosilicon Futures vs. Domestic Spot Price in 2021

Prices	Correlation Coefficient
ZCE main ferrosilicon futures contract settlement vs. ferrosilicon spot price	0.97

Source: ZCE; Mysteel.com

XIII. Manganese Silicon Futures

(I) Trading (Table 1-3-97—Table 1-3-98)

Table 1-3-97　　Monthly Trading Data of Manganese Silicon Futures, 2021

Month	Volume (10,000 lots)	YoY Change (%)	Turnover (¥100mn)	YoY Change (%)	Month-End OI (10,000 lots)	YoY Change (%)
JAN	821.77	942.20	3,006.87	1,106.16	15.48	150.79
FEB	420.63	194.52	1,518.94	235.71	16.45	55.92
MAR	696.90	153.09	2,537.53	185.80	22.83	120.96
APR	699.52	21.12	2,460.44	21.10	19.89	30.90
MAY	847.45	56.95	3,141.14	65.21	22.55	29.94
JUN	817.02	36.32	3,102.98	55.27	19.67	49.33
JUL	671.77	72.96	2,555.88	104.70	24.18	65.66
AUG	785.72	142.20	3,118.89	203.05	24.76	96.81
SEP	1,141.07	222.73	5,687.21	409.87	15.09	4.14
OCT	590.24	119.57	3,260.64	296.12	12.28	-16.69
NOV	274.63	-20.79	1,188.54	10.58	14.25	-18.73
DEC	282.90	-55.33	1,161.12	-44.65	16.19	7.67
Total	8,049.61	77.73	32,740.18	119.59	—	—

Source: ZCE

Table 1-3-98　　Annual Trading Data of Manganese Silicon Futures, 2020-2021

Year	Volume (10,000 lots)	YoY Change (%)	Turnover (¥100mn)	YoY Change (%)	Year-End OI (10,000 lots)	YoY Change (%)
2020	4,529.02	305.39	14,909.85	278.28	15.04	76.10
2021	8,049.61	77.73	32,740.18	119.59	16.19	7.67

Source: ZCE

(II) Delivery (Table 1-3-99—Table 1-3-100)

Table 1-3-99 Monthly Delivery Data of Manganese Silicon Futures, 2021

Month	Delivery Volume (Lot)	YoY Change (%)	Delivery Value (¥10,000)	YoY Change (%)
JAN	4,270	68.04	15,453.13	89.51
FEB	43	—	153.17	—
MAR	2,926	—	11,326.55	—
APR	1,689	—	5,755.11	—
MAY	7,236	7.76	26,167.74	7.00
JUN	4,980	4,015.70	18,933.96	4,589.21
JUL	1,968	50.00	7,195.01	67.66
AUG	2,276	65.29	8,867.30	102.30
SEP	8,719	135.20	38,013.68	226.89
OCT	1,420	-37.61	8,487.34	22.71
NOV	1,713	30.27	8,006.56	95.52
DEC	2,323	-20.58	9,486.96	1.95
Total	39,563	77.50	157,846.50	114.36

Source: ZCE

Table 1-3-100 Annual Delivery Data of Manganese Silicon Futures, 2020-2021

Year	Delivery Volume (Lot)	YoY Change (%)	Delivery Value (¥10,000)	YoY Change (%)
2020	22,289	270.62	73,635.10	214.37
2021	39,563	77.50	157,846.50	114.36

Source: ZCE

(III) Price Trend of Manganese Silicon Futures (Figure 1-3-13, Table 1-3-101—Table 1-3-102)

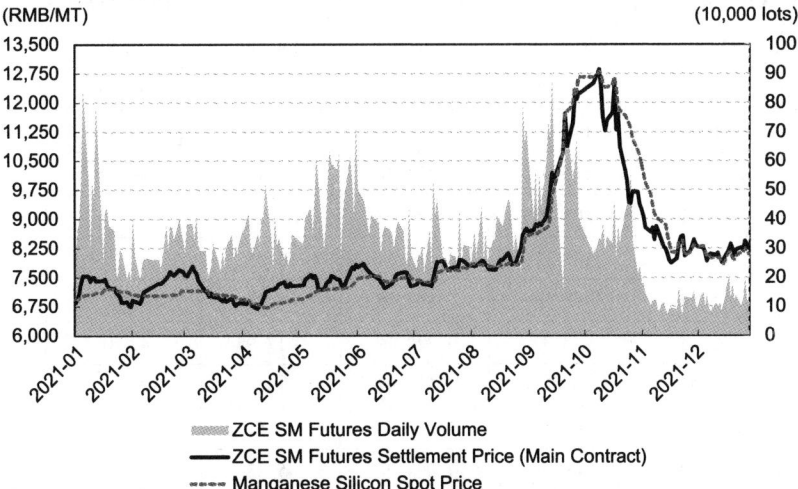

Figure 1-3-13 Daily Volume of Manganese Silicon Futures & Settlement Price of the Main Contract vs. Spot Price in 2021

Source: ZCE; Mysteel.com

Table 1-3-101   Manganese Silicon Futures and Spot Prices, 2021

Market	2020 Closing	2021 High	2021 Low	2021 Closing	YoY Change	Average Settlement	Standard Deviation	Maximum Spread
ZCE main manganese silicon futures contract (RMB/MT)	6,776	13,400	6,632	8,178	1,402	8,050.23	1,258.28	6,768
FeMn65Si17 manganese silicon spot at Jiangsu (RMB/MT)	6,925	12,800	6,725	8,100	1,175	8,046.67	1,488.17	6,075

Source: ZCE; Mysteel.com

Table 1-3-102   Price Correlation of ZCE Manganese Silicon Futures vs. Domestic Spot Price in 2021

Prices	Correlation Coefficient
ZCE main manganese silicon futures contract settlement vs. manganese silicon spot price	0.97

Source: ZCE; Mysteel.com

XIV. Fresh Apple Futures

(I) Trading (Table 1-3-103—Table 1-3-104)

Table 1-3-103   Monthly Trading Data of Fresh Apple Futures, 2021

Month	Volume (10,000 lots)	YoY Change (%)	Turnover (¥100mn)	YoY Change (%)	Month-End OI (10,000 lots)	YoY Change (%)
JAN	833.80	302.13	5,173.01	234.96	44.67	311.33
FEB	629.40	49.48	3,942.50	32.41	52.00	238.13
MAR	1,261.99	146.13	7,370.80	113.06	59.44	424.03
APR	1,290.89	113.91	7,451.16	56.18	49.97	369.44
MAY	1,216.14	203.37	7,337.33	102.41	45.89	271.40
JUN	962.28	145.71	6,018.11	85.05	41.75	167.78
JUL	635.84	40.12	3,862.93	10.36	42.73	98.09
AUG	552.61	-3.37	3,322.19	-17.95	42.81	69.81
SEP	728.22	6.02	4,277.41	-13.67	28.27	69.24
OCT	955.28	86.08	7,270.63	79.51	27.71	20.96
NOV	882.24	30.06	7,094.20	45.25	26.26	-13.37
DEC	600.59	-30.12	4,955.13	-12.97	23.27	-29.31
Total	10,549.27	67.42	68,075.41	45.58	—	—

Source: ZCE

Table 1-3-104 Annual Trading Data of Fresh Apple Futures, 2020-2021

Year	Volume (10,000 lots)	YoY Change (%)	Turnover (¥100mn)	YoY Change (%)	Year-End OI (10,000 lots)	YoY Change (%)
2020	6,300.93	68.20	46,761.67	38.94	32.92	231.26
2021	10,549.27	67.42	68,075.41	45.58	23.27	-29.31

Source: ZCE

(II) Delivery (Table 1-3-105—Table 1-3-106)

Table 1-3-105   Monthly Delivery Data of Fresh Apple Futures, 2021

Month	Delivery Volume (Lot)	YoY Change (%)	Delivery Value (¥10,000)	YoY Change (%)
JAN	212	241.94	1,242.77	140.53
FEB	0	—	0	—
MAR	82	-29.31	423.86	-41.35
APR	0	—	0	—
MAY	110	48.65	637.37	35.42
JUN	6	—	34.84	—
JUL	0	-100	0	-100
AUG	0	—	0	—
SEP	0	—	0	—
OCT	399	36.64	2,908.07	45.01
NOV	17	-57.50	128.51	-53.41
DEC	136	0	1,109.27	19.93
Total	962	29.30	6,484.68	27.94

Source: ZCE

Table 1-3-106 Annual Delivery Data of Fresh Apple Futures, 2020-2021

Year	Delivery Volume (Lot)	YoY Change (%)	Delivery Value (¥10,000)	YoY Change (%)
2020	744	-4.86	5,068.61	-34.94
2021	962	29.30	6,484.68	27.94

Source: ZCE

(III) Price Trend of Fresh Apple Futures (Figure 1-3-14, Table 1-3-107—Table 1-3-108)

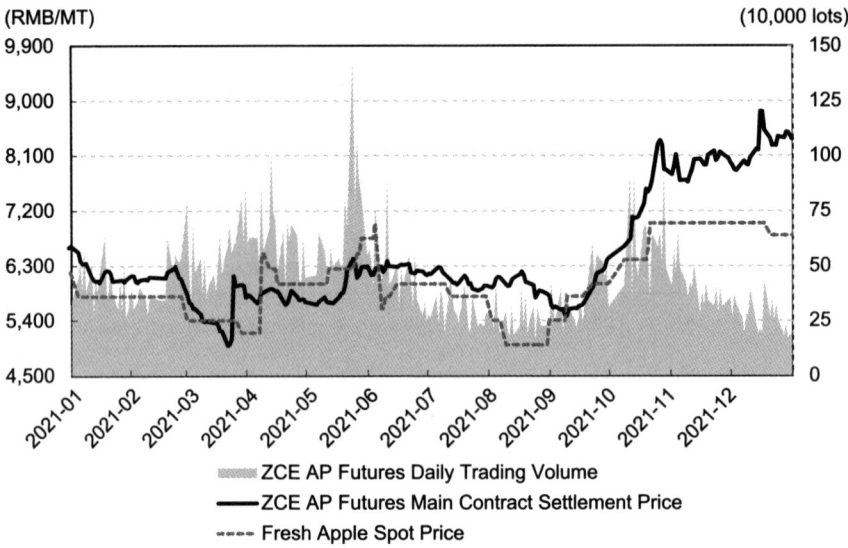

Figure 1-3-14 Daily Volume of Fresh Apple Futures & Settlement Price of the Main Contract vs. Spot Price in 2021

Source: ZCE; SCI

Table 1-3-107   Fresh Apple Futures and Spot Prices, 2021

Market	2020 Closing	2021 High	2021 Low	2021 Closing	YoY Change	Average Settlement	Standard Deviation	Maximum Spread
ZCE main fresh apple futures contract (RMB/MT)	6,641	8,945	4,916	8,394	1,753	6,456.36	930.54	4,029
#80 Red Fuji apple in paper bags at Qixia, Shandong (RMB/MT)	6,200	7,000	5,000	6,800	600	6,043.52	608.80	2,000

Source: ZCE; SCI

Table 1-3-108   Price Correlation of ZCE Fresh Apple Futures vs. Domestic Spot Price in 2021

Prices	Correlation Coefficient
ZCE main fresh apple futures contract settlement vs. fresh apple spot price	0.97

Source: ZCE; SCI

XV. Dried Chinese Jujube Futures

(I) Trading (Table 1-3-109—Table 1-3-110)

Table 1-3-109   Monthly Trading Data of Dried Chinese Jujube Futures, 2021

Month	Volume (10,000 lots)	YoY Change (%)	Turnover (¥100mn)	YoY Change (%)	Month-End OI (10,000 lots)	YoY Change (%)
JAN	46.72	−46.40	239.88	−47.73	2.88	−24.69
FEB	42.42	−34.17	222.05	−33.53	3.79	0.86
MAR	55.55	−24.75	284.11	−24.91	3.10	41.44
APR	44.27	−22.17	219.94	−23.82	4.06	74.97
MAY	135.01	362.19	614.27	313.76	3.94	71.12
JUN	156.98	309.30	684.47	259.77	5.67	91.13
JUL	456.80	862.48	2,461.28	995.32	14.87	689.94
AUG	444.29	901.06	3,014.92	1,346.81	14.75	818.13
SEP	313.56	443.37	2,229.87	671.65	14.06	834.17
OCT	361.35	619.82	2,716.62	978.69	13.96	583.49
NOV	271.75	518.39	2,155.26	893.06	12.75	578.42
DEC	104.12	76.27	807.19	178.11	8.57	218.76
Total	2,432.82	272.78	15,649.86	377.14	—	—

Source: ZCE

Table 1-3-110   Annual Trading Data of Dried Chinese Jujube Futures, 2020-2021

Year	Volume (10,000 lots)	YoY Change (%)	Turnover (¥100mn)	YoY Change (%)	Year-End OI (10,000 lots)	YoY Change (%)
2020	652.62	—	3,279.91	—	2.69	—
2021	2,432.82	272.78	15,649.86	377.14	8.57	218.76

Source: ZCE

(II) Delivery (Table 1-3-111—Table 1-3-112)

Table 1-3-111   Monthly Delivery Data of Dried Chinese Jujube Futures, 2021

Month	Delivery Volume (Lot)	YoY Change (%)	Delivery Value (¥10,000)	YoY Change (%)
JAN	113	32.94	551.75	19.34
FEB	0	—	0	—
MAR	259	201.16	1,312.65	186.43
APR	0	—	0	—
MAY	390	125.43	1,819.17	116.96

Continued

Month	Delivery Volume (Lot)	YoY Change (%)	Delivery Value (¥10,000)	YoY Change (%)
JUN	0	—	0	—
JUL	223	205.48	928.16	168.74
AUG	0	—	0	—
SEP	161	-11.54	822.29	6.90
OCT	0	—	0	—
NOV	0	—	0	—
DEC	1,746	951.81	13,086.82	1,498.00
Total	2,892	278.04	18,520.83	401.56

Source: ZCE

Table 1-3-112   Annual Delivery Data of Dried Chinese Jujube Futures, 2020-2021

Year	Delivery Volume (Lot)	YoY Change (%)	Delivery Value (¥10,000)	YoY Change (%)
2020	765	713.83	3,692.61	599.29
2021	2,892	278.04	18,520.83	401.56

Source: ZCE

(III) Price Trend of Dried Chinese Jujube Futures (Figure 1-3-15, Table 1-3-113—Table 1-3-114)

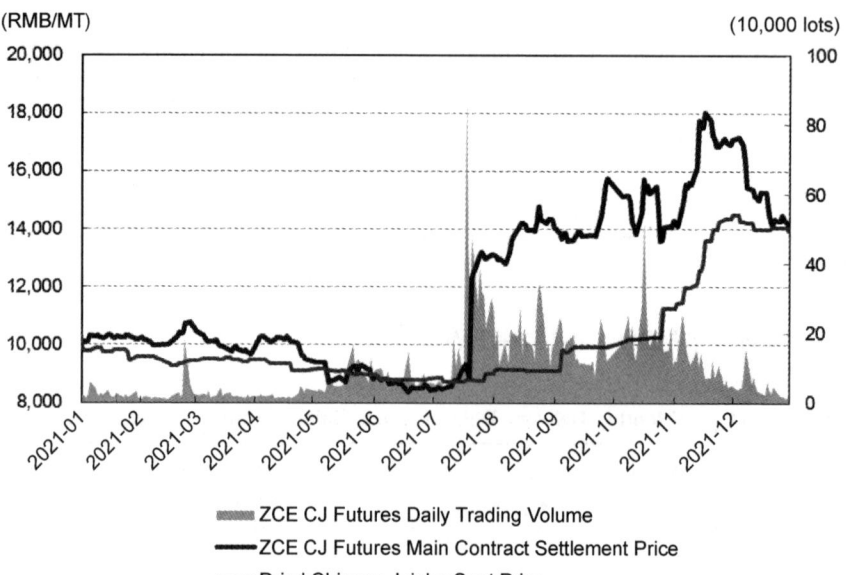

Figure 1-3-15 Daily Volume of Dried Chinese Jujube Futures & Settlement Price of the Main Contract vs. Spot Price in 2021

Source: ZCE; Xinhua Finance

Table 1-3-113   Dried Chinese Jujube Futures and Spot Prices, 2021

Market	2020 Closing	2021 High	2021 Low	2021 Closing	YoY Change	Average Settlement	Standard Deviation	Maximum Spread
ZCE main dried Chinese jujube contract (RMB/MT)	10,170	18,180	8,225	14,180	4,010	11,909	2,755.65	9,955
Dried Chinese jujube spot (RMB/MT)	9,900	14,500	8,725	13,944	4,044	10,112	1,694.18	5,775

Source: ZCE; Xinhua Finance

Table 1-3-114   Price Correlation of ZCE Dried Chinese Jujube Futures vs. Domestic Spot Price in 2021

Prices	Correlation Coefficient
ZCE main dried Chinese jujube futures contract settlement vs. Chinese jujube spot price	0.73

Source: ZCE; Xinhua Finance

XVI. Cotton Yarn Futures

(I) Trading (Table 1-3-115)

Table 1-3-115   Annual Trading Data of Cotton Yarn Futures, 2020-2021

Year	Volume (10,000 lots)	YoY Change (%)	Turnover (¥100mn)	YoY Change (%)	Year-End OI (10,000 lots)	YoY Change (%)
2020	240.07	41.28	2,440.27	34.79	8,302	3.02
2021	293.97	22.45	3,739.75	53.25	2,928	-64.73

Source: ZCE

(II) Delivery (Table 1-3-116)

Table 1-3-116   Annual Delivery Data of Cotton Yarn Futures, 2020-2021

Year	Delivery Volume (Lot)	YoY Change (%)	Delivery Value (¥10,000)	YoY Change (%)
2020	480	5,900.00	4,328.71	4,701.14
2021	1,532	219.17	17,534.07	305.06

Source: ZCE

(III) Price Trend of Cotton Yarn Futures (Figure 1-3-16, Table 1-3-117—Table 1-3-118)

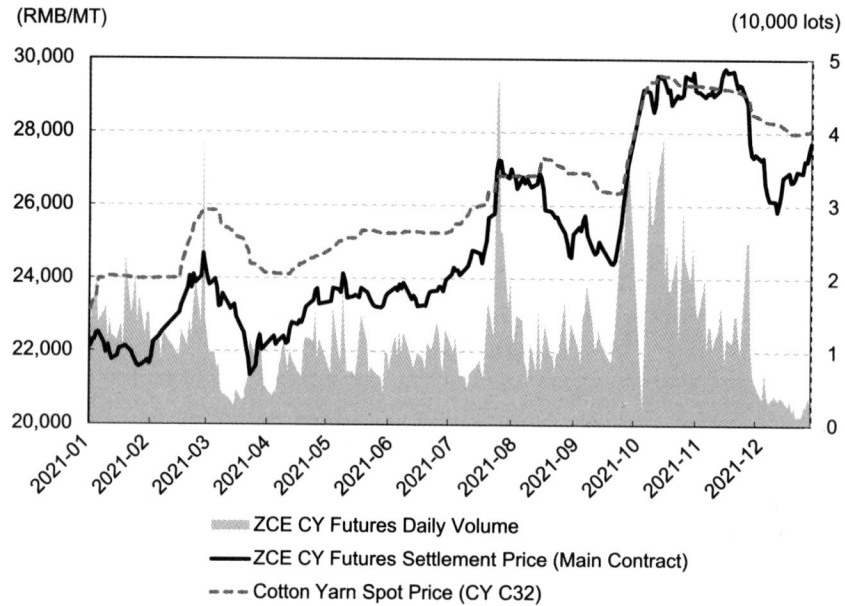

Figure 1-3-16 Daily Volume of Cotton Yarn Futures & Settlement Price of the Main Contract vs. Spot Price in 2021

Source: ZCE; TTEB

Table 1-3-117 Cotton Yarn Futures and Spot Prices, 2021

Market	2020 Closing	2021 High	2021 Low	2021 Closing	YoY Change	Average Settlement	Standard Deviation	Maximum Spread
ZCE main cotton yarn contract (RMB/MT)	21,870	30,510	21,075	27,840	5,970	24,977	2,392.71	9,435
CYC32 (RMB/MT)	23,050	29,600	23,150	28,080	5,030	26,248	1,801.95	6,450

Source: ZCE; TTEB

Table 1-3-118 Price Correlation of ZCE Cotton Yarn Futures vs. Domestic Spot Price in 2021

Prices	Correlation Coefficient
ZCE main cotton yarn futures contract settlement vs. cotton yarn spot price	0.73

Source: ZCE; TTEB

XVII. Rapeseed Futures

(I) Trading (Table 1-3-119—Table 1-3-120)

Table 1-3-119   Annual Trading Data of Rapeseed Futures, 2020-2021

Year	Volume (Lot)	YoY Change (%)	Turnover (¥100mn)	YoY Change (%)	Year-End OI (Lot)	YoY Change (%)
2020	2,378	-96.26	1.21	-95.25	0	-100
2021	8,173	243.69	4.90	305.86	12	—

Source: ZCE

Table 1-3-120   Annual Trading Data of Rapeseed Futures on International Exchanges, 2020-2021

Year	Volume(Lot)		Year-End OI(Lot)	
	ZCE	ICE	ZCE	ICE
2020	2,378	6,219,990	0	201,638
2021	8,173	5,915,237	12	176,502

Source: ZCE; ICE

Note: ZCE rapeseed futures is 10 metric tons per contract; for ICE it is 20 metric tons per contract.

(II) Delivery

No delivery for rapeseed futures in 2021.

(III) Price Trend of Rapeseed Futures (Figure 1-3-17, Table 1-3-121—Table 1-3-122)

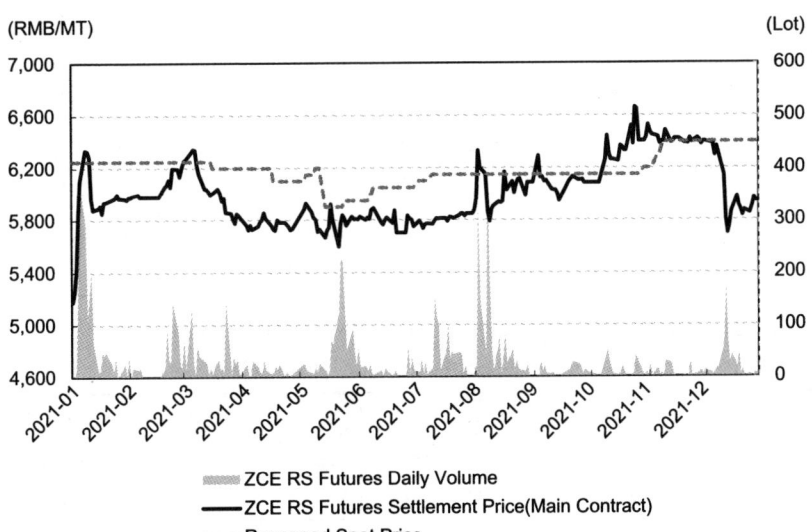

Figure 1-3-17   Daily Volume of Rapeseed Futures & Settlement Price of the Main Contract vs. Spot Price in 2021

Source: ZCE; CNGOIC

Table 1-3-121　　　　Rapeseed Futures and Spot Prices, 2021

Market	2020 Closing	2021 High	2021 Low	2021 Closing	YoY Change	Average Settlement	Standard Deviation	Maximum Spread
ZCE main rapeseed futures contract (RMB/MT)	5,365	7,010	5,134	5,945	580	6,006.09	250.20	1,876
ICE rapeseed futures contract (CAD/MT)	629.5	1,100.7	645.1	1,012.8	383.3	871.12	104.21	455.6
Rapeseed spot at Jingzhou, Hubei (RMB/MT)	6,100	6,400	5,900	6,400	300	6,190.12	122.75	500

Source: ZCE; ICE; CNGOIC

Table 1-3-122　　Price Correlation of ZCE Rapeseed Futures vs. International Rapeseed Futures and Domestic Spot Price in 2021

Prices	Correlation Coefficient
ZCE main rapeseed futures contract settlement vs. ICE rapeseed futures price	0.41
ZCE main rapeseed futures contract settlement vs. rapeseed spot price	0.44

Source: ZCE; ICE; CNGOIC

XVIII. Strong Gluten Wheat Futures

(I) Trading (Table 1-3-123—Table 1-3-124)

Table 1-3-123　　　　Annual Trading Data of Strong Gluten Wheat Futures, 2020-2021

Year	Volume (Lot)	YoY Change (%)	Turnover (¥100mn)	YoY Change (%)	Year-End OI (Lot)	YoY Change (%)
2020	32,096	158.73	16.72	177.28	561	289.58
2021	13,421	-58.18	7.51	-55.06	97	-82.71

Source: ZCE

Table 1-3-124　Annual Trading Data of Strong Gluten Wheat Futures on International Exchanges, 2020-2021

Year	Volume (Lot)		Year-End OI (Lot)	
	ZCE	CME Group	ZCE	CME Group
2020	32,096	33,365,343	561	402,613
2021	13,421	29,977,000	97	353,764

Source: ZCE; CME Group

Note: ZCE strong gluten wheat futures is 20 metric tons per contract; for CME Group Soft Red Winter wheat futures it is 5,000 bushels per contract.

(II) Delivery (Table 1-3-125)

Table 1-3-125　Annual Delivery Data of Strong Gluten Wheat Futures, 2020-2021

Year	Delivery Volume (Lot)	YoY Change (%)	Delivery Value (¥10,000)	YoY Change (%)
2020	17	70	83.71	98.36
2021	224	1,217.65	1,181.38	1,311.28

Source: ZCE

(III) Price Trend of Strong Gluten Wheat Futures (Figure 1-3-18, Table 1-3-126—Table 1-3-127)

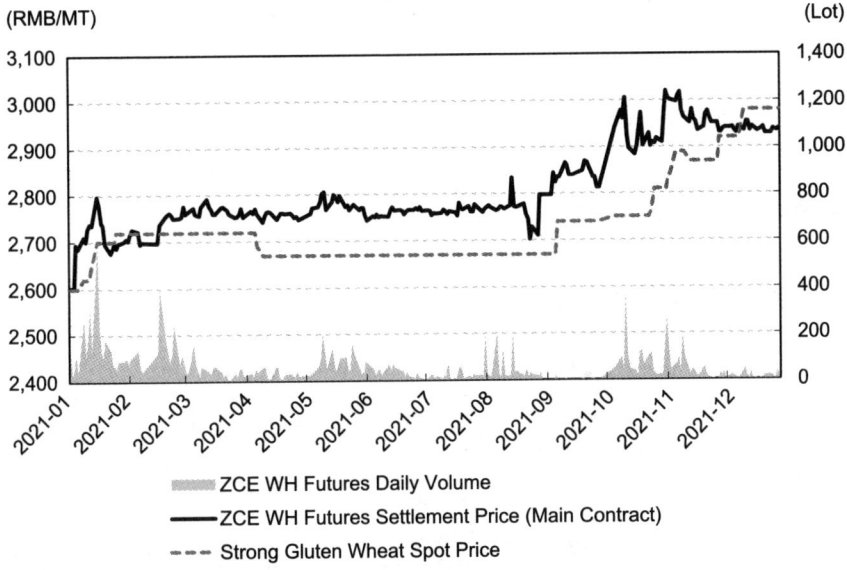

Figure 1-3-18　Daily Volume of Strong Gluten Wheat Futures & Settlement Price of the Main Contract vs. Spot Price in 2021

Source: ZCE; CNGOIC

Table 1-3-126　Strong Gluten Wheat Futures and Spot Prices, 2021

Market	2020 Closing	2021 High	2021 Low	2021 Closing	YoY Change	Average Settlement	Standard Deviation	Maximum Spread
ZCE main strong gluten wheat futures contract (RMB/MT)	2,592	3,072	2,601	2,946	354	2,808.94	89.18	471
CME Group soft red winter wheat futures (USD Cent/bushel)	641.75	863.25	593.25	771	129.25	702.56	58.99	270

Continued

Market	2020 Closing	2021 High	2021 Low	2021 Closing	YoY Change	Average Settlement	Standard Deviation	Maximum Spread
Factory purchase price of Zhengmai 366 at Zhengzhou, Henan (RMB/MT)	2,600	2,980	2,600	2,980	380	2,733.05	95.08	380

Source: ZCE; CME Group; CNGOIC

Table 1-3-127 Price Correlation of ZCE Strong Gluten Wheat Futures vs. International Strong Gluten Wheat Futures and Domestic Spot Price in 2021

Prices	Correlation Coefficient
ZCE main strong gluten wheat futures contract settlement vs. CME Group soft red winter wheat futures price	0.79
ZCE main strong gluten wheat futures contract settlement vs. strong gluten wheat spot price	0.82

Source: ZCE; CME Group; CNGOIC

XIX. Common Wheat Futures

(I) Trading (Table 1-3-128—Table 1-3-129)

Table 1-3-128 Annual Trading Data of Common Wheat Futures, 2020-2021

Year	Volume (Lot)	YoY Change (%)	Turnover (¥10,000)	YoY Change (%)	Year-End OI (Lot)	YoY Change (%)
2020	757	922.97	8,764	947.07	23	666.67
2021	389	−48.61	4,906	−44.02	0	−100

Source: ZCE

Table 1-3-129 Annual Trading Data of Common Wheat Futures on International Exchanges, 2020-2021

Year	Volume (Lot)		Year-End OI (Lot)	
	ZCE	CME Group	ZCE	CME Group
2020	757	33,365,343	23	402,613
2021	389	29,977,000	0	353,764

Source: ZCE; CME Group

Note: ZCE common wheat futures is 50 metric tons per contract; for CME Group Soft Red Winter wheat futures it is 5,000 bushels per contract.

(II) Delivery (Table 1-3-130)

Table 1-3-130   Annual Delivery Data of Common Wheat Futures, 2020-2021

Year	Delivery Volume (Lot)	YoY Change (%)	Delivery Value (¥10,000)	YoY Change (%)
2020	0	—	0	—
2021	2	—	24.51	—

Source: ZCE

(III) Price Trend of Common Wheat Futures (Figure 1-3-19, Table 1-3-131— Table 1-3-132)

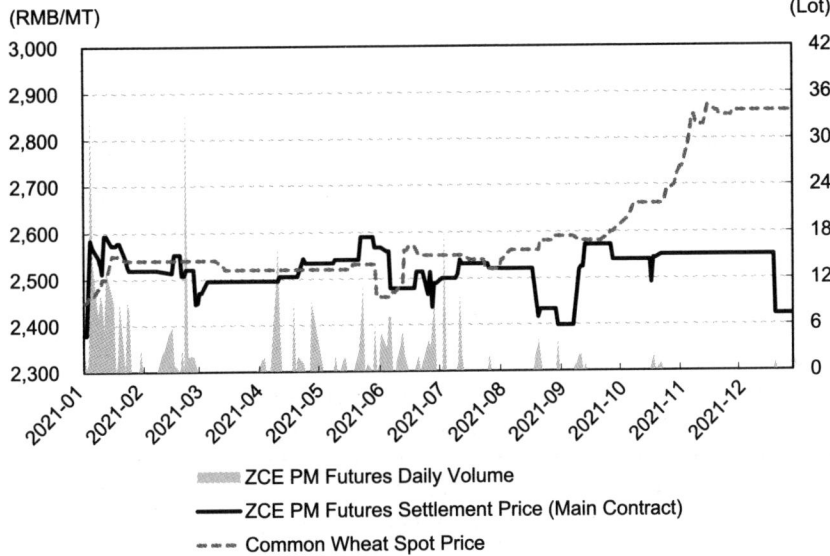

Figure 1-3-19   Daily Volume of Common Wheat Futures & Settlement Price of the Main Contract vs. Spot Price in 2021

Source: ZCE; CNGOIC

Table 1-3-131   Common Wheat Futures and Spot Prices, 2021

Market	2020 Closing	2021 High	2021 Low	2021 Closing	YoY Change	Average Settlement	Standard Deviation	Maximum Spread
ZCE main common wheat futures contract (RMB/MT)	2,366	2,687	2,378	2,422	56	2,517.31	44.41	309
CME Group soft red winter wheat futures (USD Cent/bushel)	641.75	863.25	593.25	771	129.25	702.56	58.99	270

Continued

Market	2020 Closing	2021 High	2021 Low	2021 Closing	YoY Change	Average Settlement	Standard Deviation	Maximum Spread
Factory purchase price of common wheat at Zhengzhou, Henan (RMB/MT)	2,430	2,870	2,450	2,860	430	2,600.91	122.42	420

Source: ZCE; CME Group; CNGOIC

Table 1-3-132　Price Correlation of ZCE Common Wheat Futures vs. International Wheat Futures and Domestic Spot Price in 2021

Prices	Correlation Coefficient
ZCE main common wheat futures contract settlement vs. CME Group soft red winter wheat futures price	0.23
ZCE main common wheat futures contract settlement vs. common wheat spot price	0.11

Source: ZCE; CME Group; CNGOIC

XX. Early Long-Grain Non-glutinous Paddy Futures

(I) Trading (Table 1-3-133—Table 1-3-134)

Table 1-3-133　Annual Trading Data of Early Long-Grain Non-glutinous Paddy Futures, 2020-2021

Year	Volume (Lot)	YoY Change (%)	Turnover (¥100mn)	YoY Change (%)	Year-End OI (Lot)	YoY Change (%)
2020	1,952	-33.29	1.03	-26.95	0	-100
2021	311	-84.07	0.17	-83.50	1	—

Source: ZCE

Table 1-3-134　Annual Trading Data of Early Long-Grain Non-glutinous Paddy Futures on International Exchanges, 2020-2021

Year	Volume (Lot)		Year-End OI (Lot)	
	ZCE	CME Group	ZCE	CME Group
2020	1,952	257,363	0	9,334
2021	311	221,775	1	7,469

Source: ZCE; CME Group

Note: ZCE early long-grain non-glutinous paddy futures is 20 metric tons per contract; for CME Group rough rice futures it is 2,000 hundredweights (cwt) per contract.

(II) Delivery

No delivery for early long-grain non-glutinous paddy futures in 2021.

(III) Price Trend of Early Long-Grain Non-glutinous Paddy Futures (Figure 1-3-20, Table 1-3-135—Table 1-3-136)

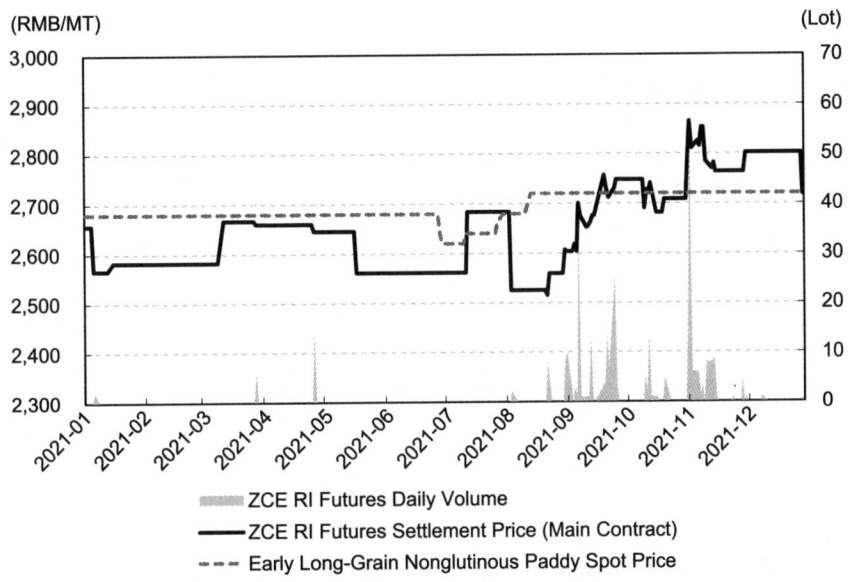

Figure 1-3-20 Daily Volume of Early Long-Grain Non-glutinous Paddy Futures & Settlement Price of the Main Contract vs. Spot Price in 2021

Source: ZCE; CNGOIC

Table 1-3-135   Early Long-Grain Non-glutinous Paddy Futures and Spot Prices, 2021

Market	2020 Closing	2021 High	2021 Low	2021 Closing	YoY Change	Average Settlement	Standard Deviation	Maximum Spread
ZCE main RI contract (RMB/MT)	2,656	2,898	2,415	2,718	62	2,650.38	87.02	483
CME Group rough rice futures (USD/cwt)	12.46	14.88	12.21	14.86	2.40	13.38	0.50	2.67
Purchase price of early long-grain non-glutinous paddy at Changsha, Hunan (RMB/MT)	2,680	2,720	2,620	2,720	40	2,691.11	26.36	100

Source: ZCE; CME Group; CNGOIC

Table 1-3-136 Price Correlation of ZCE Early Long-Grain Non-glutinous Paddy Futures vs. International Rice Futures and Domestic Spot Price in 2021

Prices	Correlation Coefficient
ZCE main RI contract settlement vs. CME Group rough rice futures price	0.69
ZCE main RI contract settlement vs. early long-grain non-glutinous paddy spot price	0.51

Source: ZCE; CME Group; CNGOIC

XXI. Late Long-Grain Non-glutinous Paddy Futures

(I) Trading (Table 1-3-137—Table 1-3-138)

Table 1-3-137 Annual Trading Data of Late Long-Grain Non-glutinous Paddy Futures, 2020-2021

Year	Volume (Lot)	YoY Change (%)	Turnover (¥100mn)	YoY Change (%)	Year-End OI (lot)	YoY Change (%)
2020	4,464	-76.25	2.60	-74.10	0	-100
2021	0	-100	0	-100	0	—

Source: ZCE

Table 1-3-138 Annual Trading Data of Late Long-Grain Non-glutinous Paddy Futures on International Exchanges, 2020-2021

Year	Volume (Lot)		Year-End OI (Lot)	
	ZCE	CME Group	ZCE	CME Group
2020	4,464	257,363	0	9,334
2021	0	221,775	0	7,469

Source: ZCE; CME Group

Note: ZCE late long-grain non-glutinous paddy futures is 20 metric tons per contract; for CME Group rough rice futures it is 2,000 hundredweights (cwt) per contract.

(II) Delivery

No delivery for late long-grain non-glutinous paddy futures in 2021.

(III) Price Trend of Late Long-Grain Non-glutinous Paddy Futures (Figure 1-3-21, Table 1-3-139—Table 1-3-140)

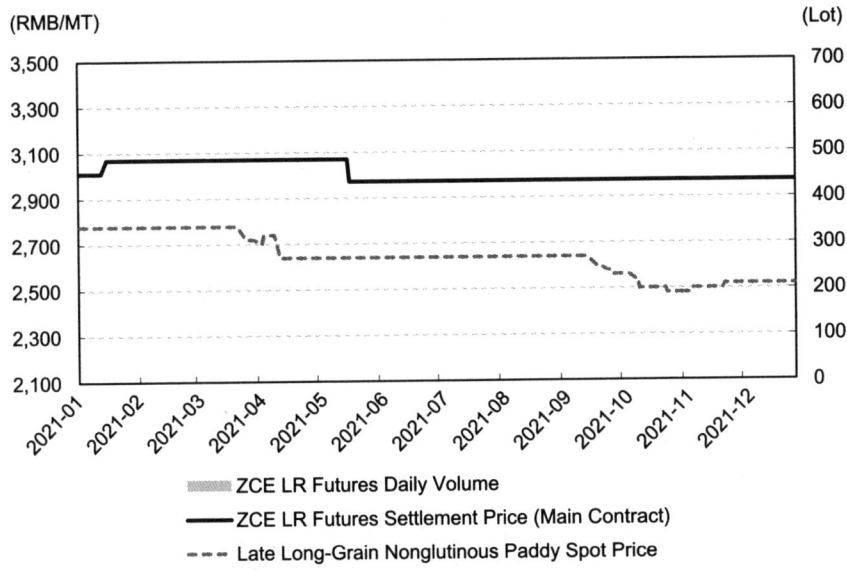

Figure 1-3-21 Daily Volume of Late Long-Grain Non-glutinous Paddy Futures & Settlement Price of the Main Contract vs. Spot Price in 2021

Source: ZCE; CNGOIC

Table 1-3-139   Late Long-Grain Non-glutinous Paddy Futures and Spot Prices, 2021

Market	2020 Closing	2021 High	2021 Low	2021 Closing	YoY Change	Average Settlement	Standard Deviation	Maximum Spread
ZCE main LR futures contract (RMB/MT)	3,011	0	0	2,973	−38	3,005.77	44.51	0
CME Group rough rice futures (USD/cwt)	12.46	14.88	12.21	14.86	2.40	13.38	0.50	2.67
Load-out price of late long-grain non-glutinous paddy at Jiujiang, Jiangxi (RMB/MT)	2,780	2,780	2,480	2,520	−260	2,640.91	96.39	300

Source: ZCE; CME Group; CNGOIC

Table 1-3-140   Price Correlation of ZCE Late Long-Grain Non-glutinous Paddy Futures vs. International Rice Futures and Domestic Spot Price in 2021

Prices	Correlation Coefficient
ZCE main LR futures contract settlement vs. CME Group rough rice futures price	−0.35
ZCE main LR futures contract settlement vs. late long-grain non-glutinous paddy spot price	0.71

Source: ZCE; CME Group; CNGOIC

XXII. Medium to Short-Grain Non-glutinous Paddy Futures

(I) Trading (Table 1-3-141)

Table 1-3-141 Annual Trading Data of Medium to Short-Grain Non-glutinous Paddy Futures, 2020-2021

Year	Volume (Lot)	YoY Change (%)	Turnover (¥100mn)	YoY Change (%)	Year-End OI (Lot)	YoY Change (%)
2020	11,806	332.45	6.77	328.48	4	—
2021	2,564	-78.28	1.45	-78.58	5	25.00

Source: ZCE

(II) Delivery (Table 1-3-142)

No delivery for medium to short-grain non-glutinous paddy futures in 2021.

Table 1-3-142 Annual Delivery Data of Medium to Short-Grain Non-glutinous Paddy Futures, 2020-2021

Year	Delivery Volume (Lot)	YoY Change (%)	Delivery Value (¥10,000)	YoY Change (%)
2020	1	—	5.25	—
2021	0	-100	0	-100

Source: ZCE

(III) Price Trend of Medium to Short-Grain Non-glutinous Paddy Futures (Figure 1-3-22, Table 1-3-143—Table 1-3-144)

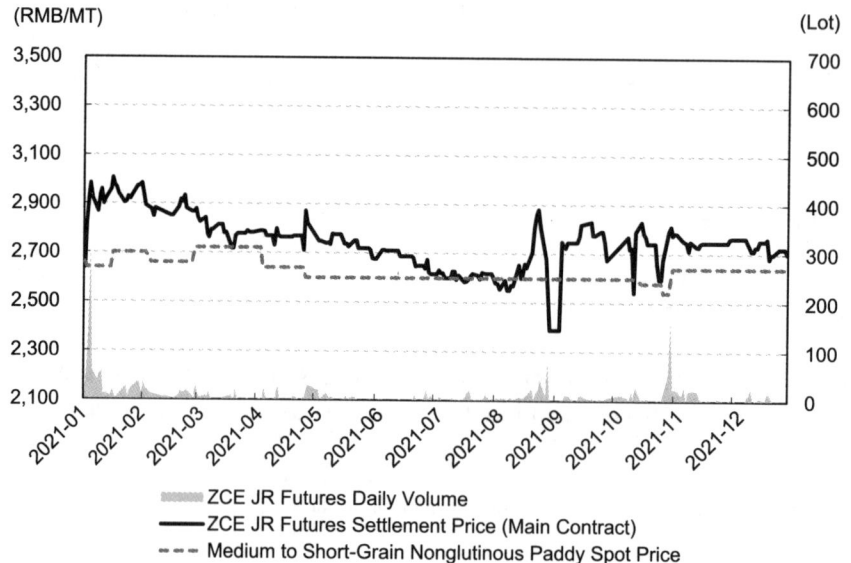

Figure 1-3-22 Daily Volume of Medium to Short-Grain Non-glutinous Paddy Futures & Settlement Price of the Main Contract vs. Spot Price in 2021

Source: ZCE; CNGOIC

Table 1-3-143   Medium to Short-Grain Non-glutinous Paddy Futures and Spot Prices, 2021

Market	2020 Closing	2021 High	2021 Low	2021 Closing	YoY Change	Average Settlement	Standard Deviation	Maximum Spread
ZCE main JR contract (RMB/MT)	2,480	3,049	2,389	2,702	222	2,743.88	108.87	660
Load-out price of medium to short-grain non-glutinous paddy at Jiamusi, Heilongjiang (RMB/MT)	2,660	2,720	2,540	2,640	-20	2,631.11	41.81	180

Source: ZCE; CNGOIC

Table 1-3-144   Price Correlation of ZCE Medium to Short-Grain Non-glutinous Paddy Futures vs. Domestic Spot Price in 2021

Prices	Correlation Coefficient
ZCE main JR futures contract settlement vs. medium to short-grain non-glutinous paddy spot price	0.55

Source: ZCE; CNGOIC

XXIII. Peanut Kernel Futures

Peanut kernel futures were listed for trading on ZCE on February 1, 2021.

(I) Trading (Table 1-3-145)

Table 1-3-145   Monthly Trading Data of Peanut Kernel Futures, 2020-2021

Month	Volume (10,000 lots)	YoY Change (%)	Turnover (¥100mn)	YoY Change (%)	Month-End OI (10,000 lots)	YoY Change (%)
JAN	—	—	—	—	—	—
FEB	228.30	—	1,191.03	—	2.44	—
MAR	44.52	—	241.78	—	1.29	—
APR	15.77	—	82.46	—	1.27	—
MAY	27.42	—	140.79	—	1.85	—
JUN	74.33	—	344.69	—	3.34	—
JUL	155.71	—	727.72	—	10.62	—
AUG	166.97	—	756.28	—	10.90	—
SEP	151.62	—	649.25	—	7.84	—
OCT	374.59	—	1,652.55	—	16.40	—
NOV	233.08	—	1,012.16	—	17.53	—
DEC	212.41	—	868.06	—	17.58	—
Total	1,684.71	—	7,666.78	—	—	—

Source: ZCE

(II) Delivery

In 2021, PK2110, PK2111 and PK2112 had entered the delivery month (Table 1-3-146).

Table 1-3-146 Monthly Delivery Data of Peanut Kernel Futures, 2021

Month	Delivery Volume (Lot)	YoY Change (%)	Delivery Value (¥10,000)	YoY Change (%)
JAN	—	—	—	—
MAR	—	—	—	—
APR	—	—	—	—
OCT	911	—	3,688.14	—
NOV	119	—	487.63	—
DEC	75	—	295.22	—
Total	1,105	—	4,470.99	—

Source: ZCE

(III) Price Trend of Peanut Kernel Futures (Figure 1-3-23, Table 1-3-147—Table 1-3-148)

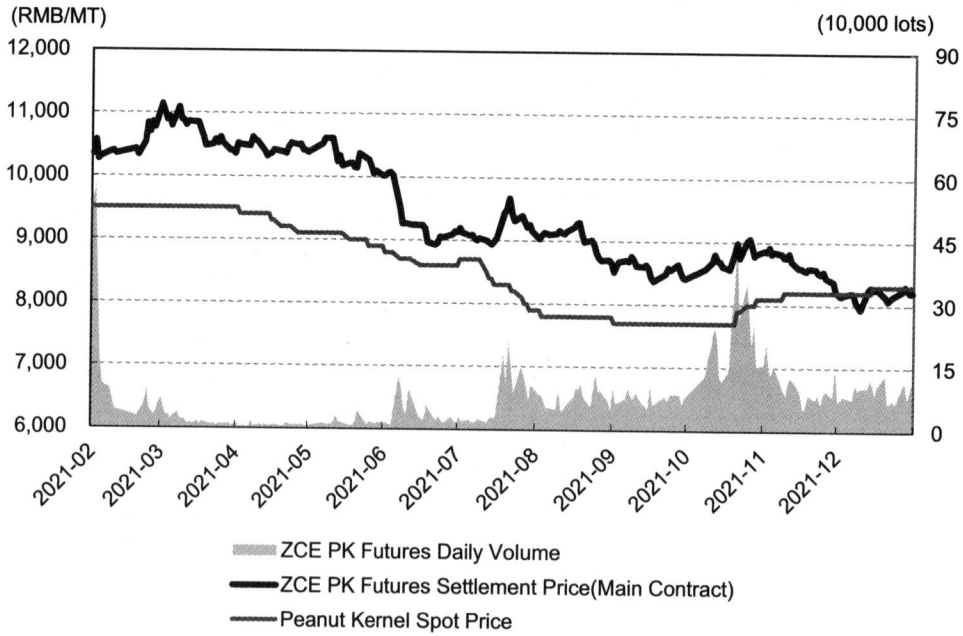

Figure 1-3-23 Daily Volume of Peanut Kernel Futures & Settlement Price of the Main Contract vs. Spot Price in 2021

Source: ZCE; CNGOIC

Table 1-3-147   Peanut Kernel Futures and Spot Prices, 2021

Market	2020 Closing	2021 High	2021 Low	2021 Closing	YoY Change	Average Settlement	Standard Deviation	Maximum Spread
ZCE main peanut kernel futures contract (RMB/MT)	10,504	11,300	7,906	8,252	-2,252	9,396.03	885.19	3,394
Peanut kernel spot at Eastern Shandong (RMB/MT)	9,500	9,500	7,700	8,300	-1,200	8,540.36	646.19	1,800

Source: ZCE; CNGOIC

Table 1-3-148   Price Correlation of ZCE Peanut Kernel Futures vs. Domestic Spot Price in 2021

Prices	Correlation Coefficient
ZCE main peanut kernel futures contract settlement vs. peanut kernel spot price	0.87

Source: ZCE; CNGOIC

>>> Section IV   DCE Market

In 2021, Dalian Commodity Exchange (DCE) recorded a futures and options trading volume of 2.364 billion lots and a turnover of RMB 140.46 trillion, up 7.12% and 28.62% YoY and representing 31.47% and 24.17% of the national market, respectively. Its most active products were soybean meal, soybean oil, RBD palm olein, PP, corn, PVC, iron ore, LLDPE, EG, EB, egg, coke, coking coal, corn starch, No.1 soybean, LPG, and No.2 soybean. Products with low activity were blockboard, fiberboard, and polished round-grained rice, each of which contributed to less than 0.1% of the national trading volume during the year. Live hog futures and RBD palm olein options were launched in 2021. As of 2021, 71 overseas brokers from 11 countries and regions have completed 14 brokerage service filings with DCE through 38 domestic futures firms. Overseas clients from 25 countries and regions have traded iron ore and RBD palm olein furtures.

I. No.1 Soybean Futures

(I) Trading (Table 1-4-1—Table 1-4-3)

Table 1-4-1   Monthly Trading Data of No.1 Soybean Futures, 2021

Month	Volume (10,000 lots)	YoY Change (%)	Turnover (¥100mn)	YoY Change (%)	Month-End OI (10,000 lots)	YoY Change (%)
JAN	361.38	146.18	2,078.09	249.69	9.50	-17.58

Continued

Month	Volume (10,000 lots)	YoY Change (%)	Turnover (¥100mn)	YoY Change (%)	Month-End OI (10,000 lots)	YoY Change (%)
FEB	248.10	-0.49	1,433.74	39.25	10.57	-26.55
MAR	475.60	-19.17	2,822.05	9.19	12.47	-29.44
APR	449.11	-23.62	2,598.69	-5.44	13.15	-9.25
MAY	362.96	-23.51	2,179.18	3.72	17.47	18.02
JUN	426.99	-41.84	2,433.14	-28.70	23.08	-2.78
JUL	495.74	-32.44	2,876.78	-16.32	23.77	16.08
AUG	484.04	-1.36	2,798.92	25.85	20.71	44.03
SEP	404.71	-10.59	2,384.87	17.15	18.80	40.80
OCT	310.04	-21.00	1,902.06	0.96	21.91	31.72
NOV	455.54	-19.18	2,874.64	-3.76	21.31	11.99
DEC	481.64	-9.12	2,881.61	-1.64	24.77	130.43
Total	4,955.84	-16.63	29,263.77	4.63	—	—

Source: DCE

Table 1-4-2   Annual Trading Data of No.1 Soybean Futures, 2020-2021

Year	Volume (10,000 lots)	YoY Change (%)	Turnover (¥100mn)	YoY Change (%)	Year-End OI (10,000 lots)	YoY Change (%)
2020	5,944.51	222.19	27,968.30	335.50	10.75	9.45
2021	4,955.84	-16.63	29,263.77	4.63	24.77	130.43

Source: DCE; Wind

Table 1-4-3 Annual Trading Data of No.1 Soybean Futures Compared with Overseas Exchange, 2020-2021

Year	Volume (10,000 lots)		Year-End OI (10,000 lots)	
	DCE	CME Group	DCE	CME Group
2020	5,944.51	5,636.90	10.75	89.11
2021	4,955.84	5,332.45	24.77	63.16

Source: DCE; CME Group

Note: DCE No.1 soybean futures is 10 metric tons per contract; for CME Group soybean futures it is 5,000 bushels per contract.

(II) Delivery (Table 1-4-4—Table 1-4-5)

Table 1-4-4   Monthly Delivery Data of No. 1 Soybean Futures, 2021

Month	Delivery Volume (Lot)	YoY Change (%)	Delivery Value (¥100mn)	YoY Change (%)
JAN	5,293	−26.65	3.03	25.42
MAR	1,394	30.65	0.82	107.53
MAY	10,141	593.64	6.12	693.82
JUL	1,059	969.70	0.61	982.40
SEP	3,213	128.03	1.84	177.52
NOV	5,095	1,219.95	3.19	1,500.93
Total	26,195	125.06	15.61	246.82

Source: DCE

Table 1-4-5   Annual Delivery Data of No. 1 Soybean Futures, 2020-2021

Year	Delivery Volume (Lot)	YoY Change (%)	Delivery Value (¥100mn)	YoY Change (%)
2020	11,639	−57.02	4.50	−49.76
2021	26,195	125.06	15.61	246.82

Source: DCE

(III) Volume and Price Trend of No. 1 Soybean Futures (Figure 1-4-1, Table 1-4-6—Table 1-4-7)

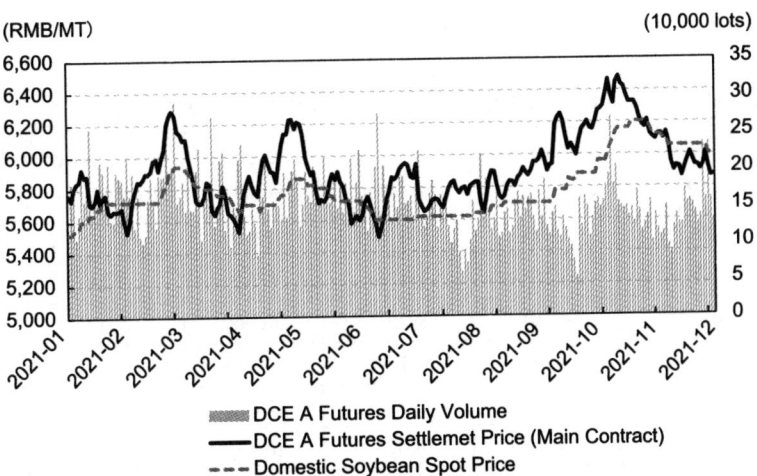

Figure 1-4-1   Daily Volume of No. 1 Soybean Futures & Settlement Price of the Main Contract vs. Spot Price in 2021

Source: DCE; Wind

Table 1-4-6   No. 1 Soybean Futures and Spot Prices, 2021

Market	2020 Closing	2021 High	2021 Low	2021 Closing	YoY Change	Average Settlement	Standard Deviation	Maximum Spread
DCE main No. 1 soybean futures contract (RMB/MT)	5,774	5,894	5,847	5,878	104	5,905.66	211.77	47
CME Group soybean futures contract (USD Cent/Bushel)	1,310	1,348.5	1,336.5	1,339.75	29.75	1,361.58	100.35	12
Domestic soybean spot at Harbin (RMB/MT)	5,440	6,200	5,520	6,000	560	5,803.35	173.95	680

Source: DCE; Wind

Table 1-4-7   Price Correlation of DCE No. 1 Soybean Futures vs. International Soybean Futures and Domestic Spot Price in 2021

Prices	Correlation Coefficient
DCE main No. 1 soybean futures contract settlement vs. CME Group soybean futures price	−0.26
DCE main No. 1 soybean futures contract settlement vs. No. 1 soybean spot price	0.69

Source: DCE; Wind

II. No.2 Soybean Futures

(I) Trading (Table 1-4-8—Table 1-4-10)

Table 1-4-8   Monthly Trading Data of No. 2 Soybean Futures, 2021

Month	Volume (10,000 lots)	YoY Change (%)	Turnover (¥100mn)	YoY Change (%)	Month-End OI (10,000 lots)	YoY Change (%)
JAN	186.79	89.48	798.63	153.00	4.17	−51.29
FEB	105.62	2.15	448.54	41.95	3.50	−56.03
MAR	216.08	20.01	897.74	61.98	5.12	−34.24
APR	181.73	74.81	757.13	138.46	6.10	27.83
MAY	142.16	54.48	612.59	126.11	5.33	9.99
JUN	155.56	50.08	651.3	105.31	5.46	27.55
JUL	170.73	8.81	748.16	45.08	4.90	6.52
AUG	152.31	9.67	671.44	43.88	5.03	−3.47
SEP	130.91	−43.70	596.58	−28.84	4.26	1.12

Continued

Month	Volume (10,000 lots)	YoY Change (%)	Turnover (¥100mn)	YoY Change (%)	Month-End OI (10,000 lots)	YoY Change (%)
OCT	100.58	-45.89	440.69	-37.10	4.36	-12.52
NOV	115.01	-49.74	471.67	-46.12	5.50	3.44
DEC	106.95	-49.36	444.76	-45.08	3.86	-24.05
Total	1,764.44	-3.90	7,539.23	19.71	—	—

Source: DCE

Table 1-4-9　Annual Trading Data of No. 2 Soybean Futures, 2020-2021

Year	Volume (10,000 lots)	YoY Change (%)	Turnover (¥100mn)	YoY Change (%)	Year-End OI (10,000 lots)	YoY Change (%)
2020	1,835.96	3.19	6,297.96	14.52	5.09	10.57
2021	1,764.44	-3.90	7,539.23	19.71	3.86	-24.05

Source: DCE

Table 1-4-10　Annual Trading Data of No. 2 Soybean Futures Compared with Overseas Exchange, 2020-2021

Year	Volume (10,000 lots)		Year-End OI (10,000 lots)	
	DCE	CME Group	DCE	CME Group
2020	1,835.96	5,636.90	5.09	89.11
2021	1,764.44	5,332.45	3.86	63.16

Source: DCE; CME Group; FIA

Note: DCE No. 2 soybean futures is 10 metric tons per contract; for CME Group soybean futures it is 5,000 bushels per contract.

(II) Delivery (Table 1-4-11—Table 1-4-12)

Table 1-4-11　Monthly Delivery Data of No. 2 Soybean Futures, 2021

Month	Delivery Volume (Lot)	YoY Change (%)	Delivery Value (¥100mn)	YoY Change (%)
JAN	0	—	0	—
FEB	1,000	—	0.42	—
MAR	0	-100.00	0	-100.00
APR	0	-100.00	0	-100.00
MAY	1,200	500.00	0.51	831.89
JUN	1,100	175.00	0.47	284.37

Continued

Month	Delivery Volume (Lot)	YoY Change (%)	Delivery Value (¥100mn)	YoY Change (%)
JUL	600	-62.50	0.24	-49.83
AUG	0	-100.00	0	-100.00
SEP	200	-0.90	0.09	-87.16
OCT	1,500	—	0.68	—
NOV	600	100.00	0.26	140.38
DEC	0	—	0	—
Total	6,200	-7.46	2.67	24.77

Source: DCE

Table 1-4-12 Annual Delivery Data of No. 2 Soybean Futures, 2020-2021

Year	Delivery Volume (Lot)	YoY Change (%)	Delivery Value (¥100mn)	YoY Change (%)
2020	6,700	-16.25	2.14	-12.75
2021	6,200	-7.46	2.67	24.77

Source: DCE

(III) Volume and Price Trend of No. 2 Soybean Futures (Figure 1-4-2, Table 1-4-15—Table 1-4-14)

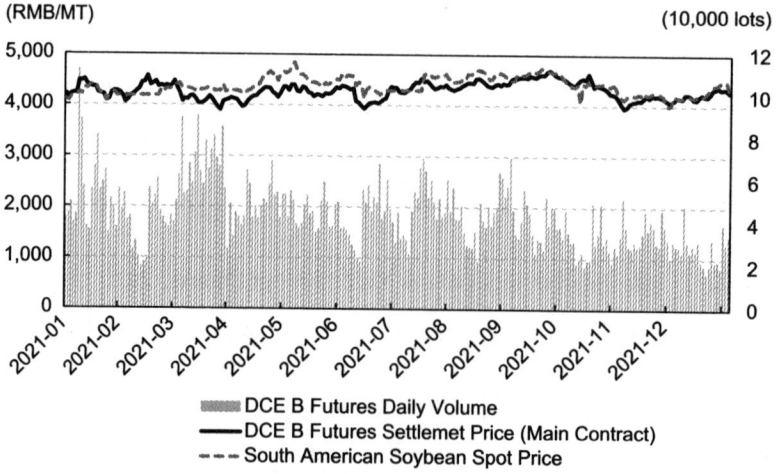

Figure 1-4-2 Daily Volume of No. 2 Soybean Futures & Settlement Price of the Main Contract vs. Spot Price in 2021

Source: DCE; Wind

Table 1-4-13   No. 2 Soybean Futures and Spot Prices, 2021

Market	2020 Closing	2021 High	2021 Low	2021 Closing	YoY Change	Average Settlement	Standard Deviation	Maximum Spread
DCE main No. 2 soybean futures contract (RMB/MT)	4,173	4,314	4,239	4,247	74	5,907.72	166.60	75
CME Group soybean futures contract (USD Cent/Bushel)	1,310	1,348.5	1,336.5	1,339.75	29.75	1,361.86	100.35	12
Soybean CIF price in South America	4,089.49	4,832.45	3,837.00	4,251.30	161.81	4,406.08	173.72	995.45

Source: DCE; CME Group; Wind

Table 1-4-14   Price Correlation of DCE No. 2 Soybean Futures vs. International Soybean Futures and Domestic Spot Price in 2021

Prices	Correlation Coefficient
DCE main No. 2 soybean futures contract settlement vs. CME Group soybean futures price	-0.08
DCE main No. 2 soybean futures contract settlement vs. No. 2 soybean spot price	0.61

Source: DCE; CME Group; Wind

III. Soybean Meal Futures and Options

(I) Trading (Table 1-4-15—Table 1-4-20)

Table 1-4-15   Monthly Trading Data of Soybean Meal Futures, 2021

Month	Volume (10,000 lots)	YoY Change (%)	Turnover (¥100mn)	YoY Change (%)	Month-End OI (10,000 lots)	YoY Change (%)
JAN	4,252.78	123.01	15,187.45	193.33	234.63	-10.02
FEB	2,857.73	63.51	9,995.76	114.13	243.79	-6.43
MAR	4,281.35	6.27	14,249.76	25.72	226.73	-12.14
APR	3,277.11	28.50	11,525.21	61.62	205.97	-6.16
MAY	2,530.59	20.00	9,105.95	56.22	198.80	-14.61
JUN	3,093.38	23.11	10,801.53	52.12	199.52	-12.19
JUL	3,102.35	-10.38	11,165.65	10.45	208.75	-14.47
AUG	3,040.30	19.81	10,769.05	47.53	218.05	-2.53

Continued

Month	Volume (10,000 lots)	YoY Change (%)	Turnover (¥100mn)	YoY Change (%)	Month-End OI (10,000 lots)	YoY Change (%)
SEP	2,457.95	-36.36	8,556.53	-26.74	206.89	-10.60
OCT	2,129.24	-31.61	6,866.45	-30.65	250.56	-4.11
NOV	2,395.98	-39.66	7,453.22	-41.03	229.88	-15.79
DEC	2,620.06	-36.80	8,337.27	-37.50	221.45	-3.92
Total	36,038.82	0.26	124,013.83	16.76	—	—

Source: DCE

Table 1-4-16　Annual Trading Data of Soybean Meal Futures, 2020-2021

Year	Volume (10,000 lots)	YoY Change (%)	Turnover (¥100mn)	YoY Change (%)	Year-End OI (10,000 lots)	YoY Change (%)
2020	35,946.47	31.73	106,208.77	39.69	230.49	-21.21
2021	36,038.82	0.26	124,013.83	16.76	221.45	-3.92

Source: DCE

Table 1-4-17　Annual Trading Data of Soybean Meal Futures Compared with Overseas Exchange, 2020-2021

Year	Volume (10,000 lots)		Year-End OI (10,000 lots)	
	DCE	CME Group	DCE	CME Group
2020	35,946.47	2,808.32	230.49	41.52
2021	36,038.82	2,677.62	221.45	38.45

Source: DCE; CME Group; FIA

Note: DCE soybean meal futures is 10 metric tons per contract; for CME Group soybean futures it is 100 short tons per contract.

Table 1-4-18　Monthly Trading Data of Soybean Meal Options, 2021

Month	Volume (10,000 lots)	YoY Change (%)	Put/Call Ratio (PCR)	Turnover (¥100mn)	YoY Change (%)	Month-End OI (10,000 lots)	YoY Change (%)
JAN	306.3	131.6	0.81	31	408.2	54.2	9.7
FEB	257.4	115.2	0.59	19.64	305.8	66.8	27.1
MAR	477.7	45.7	0.82	29.38	73.1	73.9	57.8
APR	259.9	29.1	0.89	20.79	57.3	46.5	-4.1
MAY	247.8	45.2	0.79	21.8	114.8	64.0	22.7
JUN	346.5	103.5	0.81	28.69	239.5	57.0	-4.6
JUL	389.5	12.5	0.82	26.03	85.9	50.3	-11.9
AUG	214.4	15.4	0.94	15.38	62.9	36.1	-13.4

Continued

Month	Volume (10,000 lots)	YoY Change (%)	Put/Call Ratio (PCR)	Turnover (¥100mn)	YoY Change (%)	Month-End OI (10,000 lots)	YoY Change (%)
SEP	238.4	-29.6	0.92	15.32	-36.0	45.0	-16.1
OCT	296.9	-0.4	0.72	21.74	-8.3	58.4	-4.8
NOV	356.9	-20.8	0.82	20.47	-17.8	57.2	-7.0
DEC	407.5	50.3	0.78	25.31	28.2	45.3	17.5
Total	3,799.3	26.1	0.80	275.6	57.0	—	—

Source: DCE

Table 1-4-19   Annual Trading Data of Soybean Meal Options, 2020-2021

Year	Volume (10,000 lots)	YoY Change (%)	Put/Call Ratio (PCR)	Turnover (¥100mn)	YoY Change (%)	Year-End OI (10,000 lots)	YoY Change (%)
2020	3,012.1	69.1	175.5	139.9	38.5	-11.5	0.50
2021	3,799.3	26.1	275.6	57.0	45.3	17.5	0.80

Source: DCE

Table 1-4-20   Annual Trading Data of Soybean Meal Options Compared with Overseas Exchange, 2020-2021

Year	Volume (10,000 lots)		Year-End OI (10,000 lots)	
	DCE	CME Group	DCE	CME Group
2020	3,012.1	297.8	38.5	17.4
2021	3,799.3	289.7	45.3	11.4

Source: DCE; CME Group

Note: Each DCE soybean meal option contract corresponds to one lot of soybean meal futures contract (10 metric tons); for CME Group soybean options it is one lot of futures contract (100 short tons).

(II) Delivery and Exercise (Table 1-4-21—Table 1-4-24)

Table 1-4-21   Monthly Delivery Data of Soybean Meal Futures, 2021

Month	Delivery Volume (Lot)	YoY Change (%)	Delivery Value (¥100mn)	YoY Change (%)
JAN	4,983	151.92	1.72	230.38
MAR	3,129	152.95	1.13	237.88
MAY	6,567	556.70	2.31	766.45
JUL	5,120	-9.81	1.80	17.78
AUG	597	-40.30	0.22	-26.61

Continued

Month	Delivery Volume (Lot)	YoY Change (%)	Delivery Value (¥100mn)	YoY Change (%)
SEP	12,330	396.38	4.61	534.08
NOV	4,331	77.65	1.41	85.39
DEC	4,698	0.02	1.53	1.58
Total	41,755	103.57	14.72	147.91

Source: DCE

Table 1-4-22   Annual Delivery Data of Soybean Meal Futures, 2020-2021

Year	Delivery Volume (Lot)	YoY Change (%)	Delivery Value (¥100mn)	YoY Change (%)
2020	20,511	36.38	5.94	40.22
2021	41,755	103.57	14.72	147.91

Source: DCE

Table 1-4-23   Monthly Exercise Data of Soybean Meal Options, 2021

Month	Exercise Volume (Lot)
JAN	23,351
FEB	5,897
MAR	569
APR	75,308
MAY	597
JUN	7,542
JUL	3,946
AUG	51,503
SEP	605
OCT	23,510
NOV	5,093
DEC	70,233
Total	268,154

Source: DCE

Table 1-4-24   Annual Exercise Data of Soybean Meal Options, 2020-2021

Year	Exercise Volume (Lot)	YoY Change(%)
2020	185,271	74.3
2021	268,154	44.7

Source: DCE

(III) Volume and Price Trend of Soybean Meal Futures (Figure 1-4-3, Table 1-4-25—Table 1-4-26)

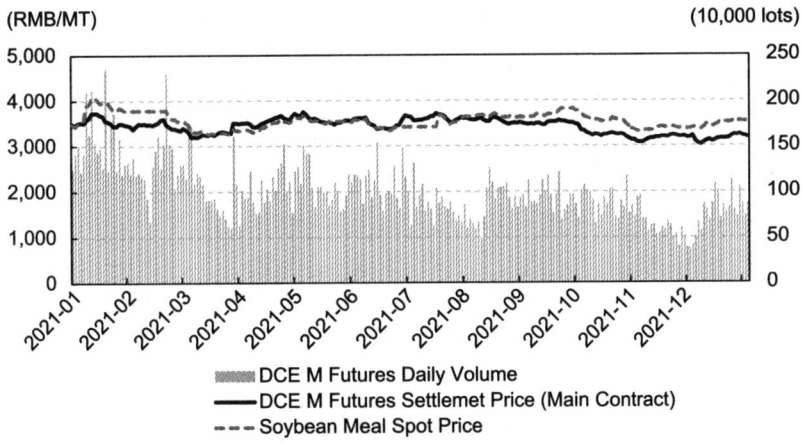

Figure 1-4-3 Daily Volume of Soybean Meal Futures & Settlement Price of the Main Contract vs. Spot Price in 2021

Source: DCE; Wind

Table 1-4-25 Soybean Meal Futures and Spot Prices, 2021

Market	2020 Closing	2021 High	2021 Low	2021 Closing	YoY Change	Average Settlement	Standard Deviation	Maximum Spread
DCE main soybean meal futures contract (RMB/MT)	3,479.00	3,825.00	3,021.00	3,189.00	-290.00	3,437.12	176.33	804.00
CME Group soybean meal futures contract (USD/ST)	429.10	471.40	309.30	399.90	-29.20	382.34	36.91	162.10
Soybean meal spot at Zhangjiagang (RMB/MT)	3,380.00	4,080.00	3,021.00	3,520.00	140.00	3,549.42	164.23	1,059.00

Source: DCE; CME Group; Wind

Table 1-4-26 Price Correlation of DCE Soybean Meal Futures vs. International Soybean Meal Futures and Domestic Spot Price in 2021

Prices	Correlation Coefficient
DCE main soybean meal futures contract settlement vs. CME Group soybean meal futures price	0.36
DCE main soybean meal futures contract settlement vs. soybean meal spot price	0.50

Source: DCE; CME Group; Wind

IV. Soybean Oil Futures

(I) Trading (Table 1-4-27—Table 1-4-29)

Table 1-4-27   Monthly Trading Data of Soybean Oil Futures, 2021

Month	Volume (10,000 lots)	YoY Change (%)	Turnover (¥100mn)	YoY Change (%)	Month-End OI (10,000 lots)	YoY Change (%)
JAN	1,510.39	69.80	11,783	96.88	63.28	-4.27
FEB	927.02	-9.16	7,407.47	21.63	70.12	25.94
MAR	2,373.41	63.58	21,049.57	164.88	64.52	4.79
APR	2021.33	108.44	16,977.75	218.46	61.10	20.88
MAY	1,902.47	172.20	16,698.59	338.91	66.67	22.43
JUN	2,289.42	168.19	19,127.42	293.48	67.47	25.48
JUL	2,206.43	62.55	19,273.93	135.60	69.49	9.34
AUG	2,119.55	34.16	18,987.83	87.95	81.74	12.69
SEP	1,870.57	-18.62	16,928.85	6.06	78.16	3.35
OCT	1,634.39	-1.39	15,954.45	36.95	79.58	-8.31
NOV	2,194.84	-12.84	20,583.92	9.03	82.45	-0.01
DEC	1,888.52	-6.36	16,366.2	6.26	80.22	36.55
Total	22,938.35	32.50	201,138.98	76.13	—	—

Source: DCE

Table 1-4-28   Annual Trading Data of Soybean Oil Futures, 2020-2021

Year	Volume (10,000 lots)	YoY Change (%)	Turnover (¥100mn)	YoY Change (%)	Year-End OI (10,000 lots)	YoY Change (%)
2020	17,311.65	97.75	114,196.29	117.47	58.75	-26.76
2021	22,938.35	32.50	201,138.98	76.13	80.22	36.55

Source: DCE

Table 1-4-29   Annual Trading Data of Soybean Oil Futures Compared with Overseas Exchanges, 2020-2021

Year	Volume (10,000 lots)		Year-End OI (10,000 lots)	
	DCE	CME Group	DCE	CME Group
2020	17,311.65	3,147.77	58.75	46.79
2021	22,938.35	3,267.54	80.22	37.26

Source: DCE; CME Group; FIA

Note: DCE soybean oil futures is 10 metric tons per contract; for CME Group soybean oil futures it is 60,000 pounds per contract.

(II) Delivery (Table 1-4-30—Table 1-4-31)

Table 1-4-30 Monthly Delivery Data of Soybean Oil Futures, 2021

Month	Delivery Volume (Lot)	YoY Change (%)	Delivery Value (¥100mn)	YoY Change (%)
JAN	5,029	110.59	4.43	173.53
MAR	471	23,450.00	0.44	41,623.00
MAY	1,000	-88.62	0.94	-80.10
JUL	514	51,300.00	0.46	85,018.78
AUG	26	2,500.00	0.02	3,744.04
SEP	6,971	-15.38	6.56	19.26
NOV	1,000	-17.36	1.02	15.83
DEC	20	-73.68	0.02	-68.45
Total	15,031	-27.39	13.90	8.54

Source: DCE

Table 1-4-31 Annual Delivery Data of Soybean Oil Futures, 2020-2021

Year	Delivery Volume (Lot)	YoY Change (%)	Delivery Value (¥100mn)	YoY Change (%)
2020	20,701	-65.66	12.80	-61.16
2021	15,031	-27.39	13.90	8.54

Source: DCE

(III) Volume and Price Trend of Soybean Oil Futures (Figure 1-4-4, Table 1-4-32—Table 1-4-33)

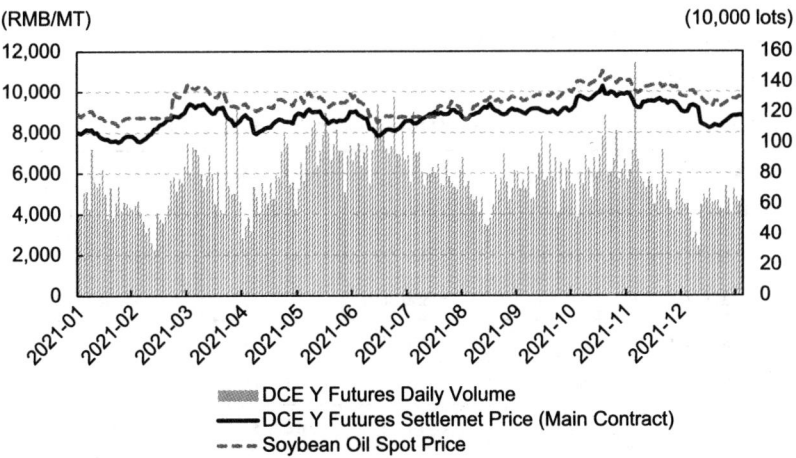

Figure 1-4-4 Daily Volume of Soybean Oil Futures & Settlement Price of the Main Contract vs. Spot Price in 2021

Source: DCE; Wind

Table 1-4-32   Soybean Oil Futures and Spot Prices, 2021

Market	2020 Closing	2021 High	2021 Low	2021 Closing	YoY Change	Average Settlement	Standard Deviation	Maximum Spread
DCE main soybean oil futures contract (RMB/MT)	7,894.00	10,406.00	7,430.00	8,880.00	986.00	8,800.51	581.80	2,976.00
CME Group soybean oil futures contract (USD/MT)	42.44	73.74	41.01	56.57	14.13	57.23	6.82	32.73
Grade-4 soybean oil spot at Zhangjiagang (RMB/MT)	8,700.00	11,030.00	7,430.00	9,710.00	1,010.00	9,616.12	564.93	3,600.00

Source: DCE; CME Group; Wind

Table 1-4-33   Price Correlation of DCE Soybean Oil Futures vs. International Soybean Oil Futures and Domestic Spot Price in 2021

Prices	Correlation Coefficient
DCE main soybean oil futures contract settlement vs. CME Group soybean oil futures price	0.56
DCE main soybean oil futures contract settlement vs. soybean oil spot price	0.90

Source: DCE; CME Group; Wind

V. Corn Futures and Options

(I) Trading (Table 1-4-34—Table 1-4-39)

Table 1-4-34   Monthly Trading Data of Corn Futures, 2021

Month	Volume (10,000 lots)	YoY Change (%)	Turnover (¥100mn)	YoY Change (%)	Month-End OI (10,000 lots)	YoY Change (%)
JAN	1,807.78	216.51	5,086.09	362.57	157.22	67.73
FEB	1,379.63	71.54	3,836.1	146.65	135.48	37.41
MAR	1,938.29	59.24	5,259.49	117.14	118.78	1.71
APR	1,605.55	67.04	4,315.67	118.15	96.40	-11.11
MAY	1,417.96	69.04	3,915.39	127.33	103.67	2.68
JUN	1,417.70	28.23	3,762.18	61.92	105.30	-10.35
JUL	1,685.27	-13.19	4,338.16	1.32	110.82	-29.02
AUG	1,662.47	-9.89	4,258.3	1.44	130.46	-23.36

Continued

Month	Volume (10,000 lots)	YoY Change (%)	Turnover (¥100mn)	YoY Change (%)	Month-End OI (10,000 lots)	YoY Change (%)
SEP	1,493.94	-42.06	3,697.86	-40.39	123.28	-39.85
OCT	1,433.76	-27.17	3,688.37	-27.36	120.35	-44.50
NOV	1,587.32	-21.69	4,246.27	-19.07	138.15	-24.59
DEC	1,499.04	-21.63	4,035.49	-20.06	146.42	-5.92
Total	18,928.71	6.51	50,439.37	22.56	—	—

Source: DCE

Table 1-4-35   Annual Trading Data of Corn Futures, 2020-2021

Year	Volume (10,000 lots)	YoY Change (%)	Turnover (¥100mn)	YoY Change (%)	Year-End OI (10,000 lots)	YoY Change (%)
2020	17,771.56	79.30	41,155.98	118.43	155.62	31.75
2021	18,928.71	6.51	50,439.37	22.56	146.42	-5.92

Source: DCE

Table 1-4-36   Annual Trading Data of Corn Futures Compared with Overseas Exchanges, 2020-2021

Year	Volume (10,000 lots)		Year-End OI (10,000 lots)	
	DCE	CME Group	DCE	CME Group
2020	17,771.56	8,335.53	155.62	173.63
2021	18,928.71	8,690.20	146.42	151.28

Source: DCE; CME Group; FIA

Note: DCE corn futures is 10 metric tons per contract; for CME Group corn futures it is 5,000 bushels per contract.

Table 1-4-37   Monthly Trading Data of Corn Options, 2021

Month	Volume (10,000 lots)	YoY Change (%)	Put/Call Ratio (PCR)	Turnover (¥100mn)	YoY Change (%)	Month-End OI (10,000 lots)	YoY Change (%)
JAN	117.7	127.4	0.60	5.84	403.4	32.2	-20.0
FEB	84.6	5.5	0.66	3.06	71.9	36.0	-2.7
MAR	200.5	76.0	1.95	4.61	92.9	45.8	13.2
APR	98.7	28.6	1.33	3.39	33.5	15.5	-32.8
MAY	101.3	60.9	1.07	4.13	145.8	26.4	-9.1
JUN	129.7	68.7	1.33	4.46	111.4	35.4	30.5
JUL	210.6	63.0	1.13	6.18	64.8	41.0	44.5
AUG	160.4	144.7	1.21	6.8	185.7	29.8	103.8

Continued

Month	Volume (10,000 lots)	YoY Change (%)	Put/Call Ratio (PCR)	Turnover (¥100mn)	YoY Change (%)	Month-End OI (10,000 lots)	YoY Change (%)
SEP	170.5	54.0	1.14	6.32	26.4	39.6	36.2
OCT	193.2	125.5	0.69	6.83	93.5	41.6	6.4
NOV	307.6	173.2	0.86	10.1	197.1	50.4	15.6
DEC	285.2	264.2	1.23	8.57	212.8	51.0	123.1
Total	2,060.0	97.2	1.06	70.3	116.5	—	—

Source: DCE

Table 1-4-38   Annual Trading Data of Corn Options, 2020-2021

Year	Volume (10,000 lots)	YoY Change (%)	Put/Call Ratio (PCR)	Turnover (¥100mn)	YoY Change (%)	Year-End OI (10,000 lots)	YoY Change (%)
2020	1,044.5	54.5	0.73	32.5	95.3	22.9	-44.3
2021	2,060.0	97.2	1.06	70.3	116.5	51.0	123.1

Source: DCE

Table 1-4-39   Annual Trading Data of Corn Options Compared with Overseas Exchanges, 2020-2021

Year	Volume (10,000 lots)		Year-End OI (10,000 lots)	
	DCE	CME Group	DCE	CME Group
2020	1,044.5	2,439.5	22.9	136.3
2021	2,060.0	3,164.8	51.0	104.6

Source: DCE; CME Group; FIA

Note: Each DCE corn option contract corresponds to one lot of corn options it is one lot of futures contract (5,000 bushels).

(II) Delivery and Exercise (Table 1-4-40—Table 1-4-43)

Table 1-4-40   Monthly Delivery Data of Corn Futures, 2021

Month	Delivery Volume (Lot)	YoY Change (%)	Delivery Value (¥100mn)	YoY Change (%)
JAN	45,361	657.41	12.26	1,060.25
MAR	34,670	314.86	9.81	522.01
MAY	15,109	-73.20	4.23	-62.21
JUL	3,997	-63.06	1.04	-53.94
SEP	8,815	-27.91	2.24	-17.08

Continued

Month	Delivery Volume (Lot)	YoY Change (%)	Delivery Value (¥100mn)	YoY Change (%)
NOV	36,288	3.64	9.47	8.49
Total	144,240	12.00	39.05	41.94

Source: DCE

Table 1-4-41   Annual Delivery Data of Corn Futures, 2020-2021

Year	Delivery Volume (Lot)	YoY Change (%)	Delivery Value (¥100mn)	YoY Change (%)
2020	128,790	-15.50	27.52	-0.94
2021	144,240	12.00	39.05	41.94

Source: DCE

Table 1-4-42   Monthly Exercise Data of Corn Options, 2021

Month	Exercise Volume (Lot)
JAN	4,820
FEB	8,018
MAR	535
APR	41,408
MAY	149
JUN	7,154
JUL	8,199
AUG	31,793
SEP	2,056
OCT	8,504
NOV	235
DEC	36,253
Total	149,124

Source: DCE

Table 1-4-43   Annual Exercise Data of Corn Options, 2020-2021

Year	Exercise Volume (Lot)	YoY Change(%)
2020	231,680	111.3
2021	149,124	-35.6

Source: DCE

(III) Volume and Price Trend of Corn Futures (Figure 1-4-5, Table 1-4-44—Table 1-4-45)

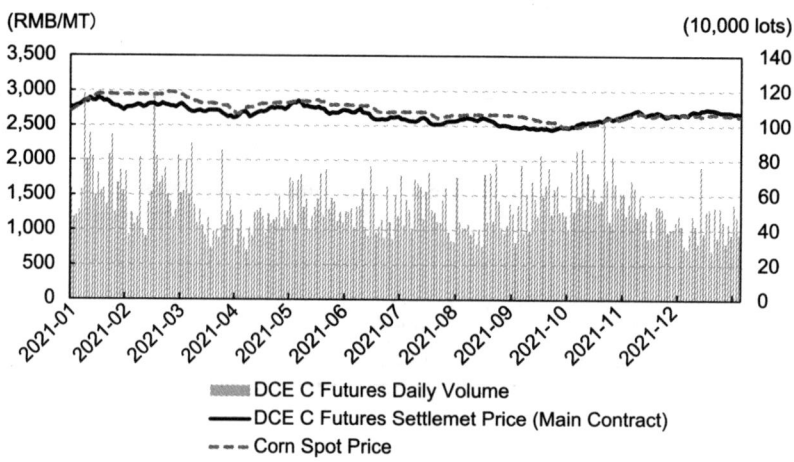

Figure 1-4-5 Daily Volume of Corn Futures & Settlement Price of the Main Contract vs. Spot Price in 2021

Source: DCE; Wind

Table 1-4-44   Corn Futures and Spot Prices, 2021

Market	2020 Closing	2021 High	2021 Low	2021 Closing	YoY Change	Average Settlement	Standard Deviation	Maximum Spread
DCE main corn futures contract (RMB/MT)	2,742.00	2,930.00	2,429.00	2,672.00	-70.00	2,662.43	106.07	501.00
CME Group corn futures contract (USD Cent/Bushel)	485.75	735.25	479.50	592.50	106.75	568.98	48.33	255.75
Corn spot at Dalian port (RMB/MT)	2,660.00	2,980.00	2,429.00	2,640.00	-20.00	2,718.30	121.97	551.00

Source: DCE; CME Group; Wind

Table 1-4-45   Price Correlation of DCE Corn Futures vs. International Corn Futures and Domestic Spot Price in 2021

Prices	Correlation Coefficient
DCE main corn futures contract settlement vs. CME Group corn futures price	0.33
DCE main corn futures contract settlement vs. corn spot price	0.90

Source: DCE; CME Group; Wind

VI. Corn Starch Futures

(I) Trading (Table 1-4-46—Table 1-4-47)

Table 1-4-46   Monthly Trading Data of Corn Starch Futures, 2021

Month	Volume (10,000 lots)	YoY Change (%)	Turnover (¥100mn)	YoY Change (%)	Month-End OI (10,000 lots)	YoY Change (%)
JAN	426.10	324.53	1,371.07	498.17	20.54	205.54
FEB	334.50	203.64	1,073.03	332.38	18.80	65.97
MAR	539.35	246.76	1,745.67	396.56	21.76	125.74
APR	490.74	223.34	1,587.34	341.19	19.32	132.53
MAY	441.16	264.55	1,431.79	393.55	20.57	147.90
JUN	468.73	233.92	1,443.5	324.40	18.19	145.45
JUL	540.30	95.77	1,592.9	124.61	19.97	68.61
AUG	454.78	62.89	1,340.69	83.94	18.87	66.35
SEP	433.63	5.88	1,248.52	12.93	17.09	1.82
OCT	598.83	91.73	1,855.74	104.85	14.73	−23.33
NOV	455.67	29.93	1,450.28	43.13	19.66	0.64
DEC	478.72	13.17	1,475.25	17.61	24.44	40.10
Total	5,662.51	100.09	17,615.78	133.75	—	—

Source: DCE

Table 1-4-47   Annual Trading Data of Corn Starch Futures, 2020-2021

Year	Volume (10,000 lots)	YoY Change (%)	Turnover (¥100mn)	YoY Change (%)	Year-End OI (10,000 lots)	YoY Change (%)
2020	2,830.00	70.85	7,536.09	97.89	17.44	95.95
2021	5,662.51	100.09	17,615.78	133.75	24.44	40.10

Source: DCE

(II) Delivery (Table 1-4-48—Table 1-4-49)

Table 1-4-48   Monthly Delivery Data of Corn Starch Futures, 2021

Month	Delivery Volume (Lot)	YoY Change (%)	Delivery Value (¥100mn)	YoY Change (%)
JAN	2,466	69.95	0.80	159.76
MAR	1,685	20,962.50	0.60	37,087.84
MAY	2,991	−14.54	0.98	21.75
JUL	2,386	−	0.70	—

Continued

Month	Delivery Volume (Lot)	YoY Change (%)	Delivery Value (¥100mn)	YoY Change (%)
SEP	2,250	23.36	0.69	42.74
NOV	379	-19.70	0.12	-14.90
Total	12,157	67.57	3.90	123.82

Source: DCE

Table 1-4-49 Annual Delivery Data of Corn Starch Futures, 2020-2021

Year	Delivery Volume (Lot)	YoY Change (%)	Delivery Value (¥100mn)	YoY Change (%)
2020	7,255	3.76	1.74	8.16
2021	12,157	67.57	3.90	123.82

Source: DCE

(III) Volume and Price Trend of Corn Starch Futures (Figure 1-4-6, Table 1-4-50—Table 1-4-51)

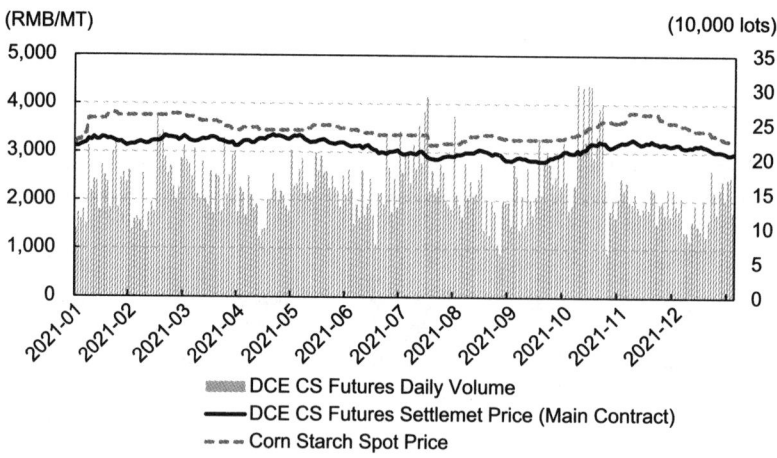

Figure 1-4-6 Daily Volume of Corn Starch Futures & Settlement Price of the Main Contract vs. Price in 2021

Source: DCE; Wind

Table 1-4-50 Corn Starch Futures and Spot Prices, 2021

Market	2020 Closing	2021 High	2021 Low	2021 Closing	YoY Change	Average Settlement	Standard Deviation	Maximum Spread
DCE main corn starch futures contract (RMB/MT)	3,090.00	3,381.00	2,792.00	2,981.00	-109.00	3,115.92	141.54	589.00

Continued

Market	2020 Closing	2021 High	2021 Low	2021 Closing	YoY Change	Average Settlement	Standard Deviation	Maximum Spread
Corn starch spot at Shijiazhuang (RMB/MT)	3,050.00	3,820.00	3,150.00	3,250.00	200.00	3,478.59	184.01	670.00

Source: DCE; Wind

Table 1-4-51　Price Correlation of DCE Corn Starch Futures vs. Domestic Spot Price in 2021

Prices	Correlation Coefficient
DCE main corn starch futures contract settlement vs. corn starch spot price	0.78

Source: DCE; Wind

VII. RBD Palm Olein Futures and Options

RBD Palm Olein options was listed for trading on DCE on June 18, 2021.

(I) Trading (Table 1-4-52—Table 1-4-56)

Table 1-4-52　Monthly Trading Data of RBD Palm Olein Futures, 2021

Month	Volume (10,000 lots)	YoY Change (%)	Turnover (¥100mn)	YoY Change (%)	Month-End OI (10,000 lots)	YoY Change (%)
JAN	1,499.42	-46.66	10,251.78	-41.49	48.09	-7.09
FEB	948.22	-59.55	6,563.87	-49.17	47.55	-7.19
MAR	1,882.33	-37.10	14,270.37	-1.26	44.49	14.31
APR	1,623.73	-15.68	11,868.88	32.41	44.35	11.36
MAY	1,708.84	0.35	13,465.22	74.69	51.20	2.54
JUN	2,176.89	-1.21	15,780.29	44.33	61.06	22.95
JUL	2,290.14	-33.77	18,076.02	-2.41	70.21	58.02
AUG	2,481.79	4.86	20,690.57	52.39	67.13	40.07
SEP	1,995.89	-26.77	16,764.68	2.12	65.19	49.35
OCT	1,753.28	-30.90	16,627.97	7.49	61.12	16.28
NOV	2,319.97	-35.66	21,750.94	-8.04	62.34	20.03
DEC	1,980.89	-30.34	16,811.29	-12.94	60.82	46.05
Total	22,661.40	-28.10	182,921.88	1.94	—	—

Source: DCE

Table 1-4-53   Annual Trading Data of RBD Palm Olein Futures, 2020-2021

Year	Volume (10,000 lots)	YoY Change (%)	Turnover (¥100mn)	YoY Change (%)	Year-End OI (10,000 lots)	YoY Change (%)
2020	31,516.71	132.59	179,442.67	151.68	41.64	-53.13
2021	22,661.40	-28.10	182,921.88	1.94	60.82	46.05

Source: DCE

Table 1-4-54   Annual Trading Data of RBD Palm Olein Futures Compared with Overseas Exchange, 2020-2021

Year	Volume (10,000 lots)		Year-End OI (10,000 lots)	
	DCE	Bursa Malaysia Derivatives (BMD)	DCE	BMD
2020	31,516.71	1,449.30	41.64	16.56
2021	22,661.40	1,560.81	60.82	20.87

Source: DCE; FIA

Note: DCE RBD palm olein futures is 10 metric tons per contract; for BMD palm olein futures it is 25 metric tons per contract.

Table 1-4-55   Annual Trading Data of RBD Palm Olein Options, 2020-2021

Year	Volume (10,000 lots)	YoY Change (%)	Put/Call Ratio (PCR)	Turnover (¥100mn)	YoY Change (%)	Year-End OI (10,000 lots)	YoY Change (%)
2021	946.1	—	1.50	136.7	—	19.5	—

Source: DCE

Table 1-4-56   Annual Trading Data of RBD Palm Olein Options Compared with Overseas Exchange, 2020-2021

Year	Volume (10,000 lots)		Year-End OI (10,000 lots)	
	DCE	BMD	DCE	BMD
2021	946.1	9.5	19.5	1.6

Source: DCE; BMD

Note: Each DCE RBD palm olein option contract corresponds to one lot of futures contract (10 metric tons); for BMD palm olein options it is one lot of futures contract (25 metric tons).

(II) Delivery and Exercise (Table 1-4-57—Table 1-4-59)

Table 1-4-57   Monthly Delivery Data of RBD Palm Olein Futures, 2021

Month	Delivery Volume (Lot)	YoY Change (%)	Delivery Value (¥100mn)	YoY Change (%)
JAN	391	-91.37	0.29	-90.07

Continued

Month	Delivery Volume (Lot)	YoY Change (%)	Delivery Value (¥100mn)	YoY Change (%)
FEB	5,697	—	4.18	—
MAR	600	—	0.48	—
APR	0	—	0.00	—
MAY	890	-78.60	0.79	-58.23
JUN	0	—	0.00	—
JUL	6	—	0.00	—
AUG	0	—	0.00	—
SEP	760	18,900	0.69	27,339.18
OCT	446	555.88	0.46	957.79
NOV	1,821	13,907.69	1.97	21,120.15
DEC	1,624	1.50	1.60	50.19
Total	12,235	39.43	10.47	113.22

Source: DCE

Table 1-4-58 Annual Delivery Data of RBD Palm Olein Futures, 2020-2021

Year	Delivery Volume (Lot)	YoY Change (%)	Delivery Value (¥100mn)	YoY Change (%)
2020	10,375	-36.18	5.97	-16.47
2021	12,235	39.43	10.47	113.22

Source: DCE

Table 1-4-59 Monthly Exercise Data of RBD Palm Olein Options, 2021

Month	Exercise Volume (Lot)
JUN	4
JUL	879
AUG	15,585
SEP	5,674
OCT	4,556
NOV	5,690
DEC	20,597
Total	52,985

Source: DCE

(III) Volume and Price Trend of RBD Palm Olein Futures (Figure 1-4-7, Table 1-4-60—Table 1-4-61)

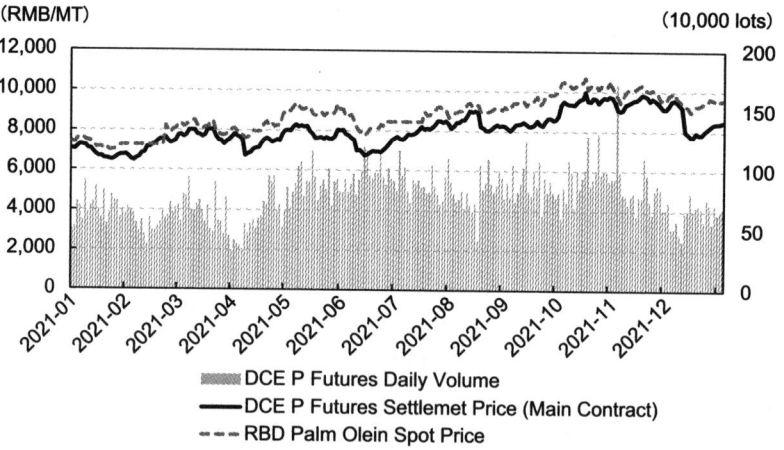

Figure 1-4-7 Daily Volume of RBD Palm Olein Futures & Settlement Price of the Main Contract vs. Spot Price in 2021

Source: DCE; Wind

Table 1-4-60   RBD Palm Olein Futures and Spot Prices, 2021

Market	2020 Closing	2021 High	2021 Low	2021 Closing	YoY Change	Average Settlement	Standard Deviation	Maximum Spread
DCE main RBD palm olein futures contract (RMB/MT)	6,938.00	10,106.00	6,390.00	8,550.00	1,612.00	8,050.21	888.72	3,716.00
BMD palm olein futures contract (MYR/MT)	3,891.00	5,446.00	3,470.00	5,159.00	1,268.00	4,460.81	536.48	1,976.00
24-degree palm olein spot at Guangdong (RMB/MT)	7,300.00	10,700.00	6,970.00	9,570.00	2,270.00	8,917.57	919.25	3,730.00

Source: DCE; Wind

Table 1-4-61   Price Correlation of DCE RBD Palm Olein Futures vs. International RBD Palm Olein Futures and Domestic Spot Price in 2021

Prices	Correlation Coefficient
DCE main RBD palm olein futures contract settlement vs. BMD palm olein futures price	0.91
DCE main RBD palm olein futures contract settlement vs. palm olein spot price	0.93

Source: DCE; Bloomberg; Wind

VIII. Egg Futures

(I) Trading (Table 1-4-62—Table 1-4-63)

Table 1-4-62　　Monthly Trading Data of Egg Futures, 2021

Month	Volume (10,000 lots)	YoY Change (%)	Turnover (¥100mn)	YoY Change (%)	Month-End OI (10,000 lots)	YoY Change (%)
JAN	925.19	17.71	4,001.85	49.38	36.23	14.81
FEB	544.47	-66.53	2,443.39	-56.00	33.02	-15.29
MAR	851.35	-40.05	3,790.33	-19.29	31.68	-26.02
APR	579.23	-43.46	2,687.82	-22.41	26.78	0.81
MAY	487.75	-46.82	2,326.62	-19.81	29.53	6.43
JUN	463.53	-72.35	2,197.11	-62.46	31.06	-28.61
JUL	487.04	-62.66	2,250.37	-56.50	29.89	10.10
AUG	406.97	-60.21	1,794.91	-52.84	26.71	-46.89
SEP	275.19	-76.35	1,196.14	-70.71	21.71	-7.53
OCT	326.27	-36.84	1,475.85	-25.08	24.97	-0.05
NOV	316.76	-55.78	1,423.45	-47.93	24.16	-44.85
DEC	276.04	-73.22	1,146.35	-71.62	23.88	-28.38
Total	5,939.80	-55.02	26,734.19	-43.06	—	—

Source: DCE

Table 1-4-63　　Annual Trading Data of Egg Futures, 2020-2021

Year	Volume (10,000 lots)	YoY Change (%)	Turnover (¥100mn)	YoY Change (%)	Year-End OI (10,000 lots)	YoY Change (%)
2020	13,205.35	255.65	46,951.13	199.56	33.34	-15.55
2021	5,939.80	-55.02	26,734.19	-43.06	23.88	-28.38

Source: DCE

(II) Delivery (Table 1-4-64—Table 1-4-65)

Table 1-4-64　　Monthly Delivery Data of Egg Futures, 2021

Month	Delivery Volume (Lot)	YoY Change (%)	Delivery Value (¥100mn)	YoY Change (%)
JAN	205	42.36	0.10	138.52
FEB	583	1,000	0.22	1,612.57
MAR	339	115.92	0.13	196.58

Continued

Month	Delivery Volume (Lot)	YoY Change (%)	Delivery Value (¥100mn)	YoY Change (%)
APR	67	-8.22	0.03	24.49
MAY	80	-61.17	0.04	-32.79
JUN	91	-26.02	0.04	15.62
JUL	187	-16.89	0.08	18.43
AUG	201	252.63	0.10	378.40
SEP	76	1.33	0.04	39.15
OCT	68	-32.67	0.03	-6.86
NOV	181	3.43	0.09	53.75
DEC	153	31.90	0.08	69.10
Total	2,231	48.24	0.99	109.84

Source: DCE

Table 1-4-65   Annual Delivery Data of Egg Futures, 2020-2021

Year	Delivery Volume (Lot)	YoY Change (%)	Delivery Value (¥100mn)	YoY Change (%)
2020	1,505	87.66	0.47	40.83
2021	2,231	48.24	0.99	109.84

Source: DCE

(III) Volume and Price Trend of Egg Futures (Figure 1-4-8, Table 1-4-66—Table 1-4-67)

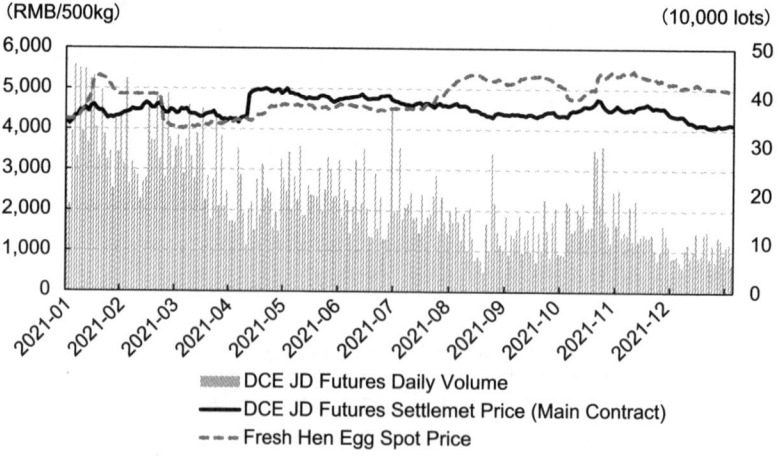

Figure 1-4-8   Daily Volume of Egg Futures & Settlement Price of the Main Contract vs. Spot Price in 2021 Main Contract Settlement Price and Spot Price in 2021

Source: DCE; Wind

Table 1-4-66   Egg Futures and Spot Prices, 2021

Market	2020 Closing	2021 High	2021 Low	2021 Closing	YoY Change	Average Settlement	Standard Deviation	Maximum Spread
DCE main egg futures contract (RMB/500 kg)	4,178.00	5,081.00	4,033.00	4,138.00	-40.00	4,513.60	221.55	1,048.00
Average wholesale price of egg spot (RMB/500 kg)	3,960.00	5,450.00	4,015.00	4,940.00	980.00	4,817.48	0.86	1,435

Source: DCE; Wind

Table 1-4-67   Price Correlation of DCE Egg Futures vs. Domestic Spot Price in 2021

Prices	Correlation Coefficient
DCE main egg futures contract settlement vs. egg spot price	-0.21

Source: DCE; Wind

IX. Linear Low Density Polyethylene (LLDPE) Futures and Options

(I) Trading (Table 1-4-68—Table 1-4-71)

Table 1-4-68   Monthly Trading Data of LLDPE Futures, 2021

Month	Volume (10,000 lots)	YoY Change (%)	Turnover (¥100mn)	YoY Change (%)	Month-End OI (10,000 lots)	YoY Change (%)
JAN	782.68	103.66	3,010.45	112.73	35.45	0.12
FEB	773.27	112.70	3,284.44	162.62	38.11	-4.78
MAR	1,504.00	78.81	6,632.37	151.74	43.87	-7.43
APR	1,083.19	-29.06	4,508.18	-2.50	45.84	16.68
MAY	1,070.35	39.20	4,291.02	74.00	51.61	11.03
JUN	1,101.89	40.66	4,315.9	64.12	55.15	22.27
JUL	1,160.64	25.22	4,796.13	45.11	55.52	43.55
AUG	1,114.80	70.63	4,569.74	95.59	64.19	89.99
SEP	1,281.42	68.22	5,630.34	99.41	59.43	115.54
OCT	1,127.03	116.31	5,298.2	179.63	51.28	69.67
NOV	1,564.17	68.71	6,879.66	94.19	59.06	69.50
DEC	1,322.44	17.86	5,599.67	27.59	56.48	113.26
Total	13,885.89	44.94	58,816.10	76.57	—	—

Source: DCE

Table 1-4-69   Annual Trading Data of LLDPE Futures, 2020-2021

Year	Volume (10,000 lots)	YoY Change (%)	Turnover (¥100mn)	YoY Change (%)	Year-End OI (10,000 lots)	YoY Change (%)
2020	9,580.23	51.02	33,311.02	36.01	26.48	−36.63
2021	13,885.89	44.94	58,816.10	76.57	56.48	113.26

Source: DCE

Table 1-4-70   Monthly Trading Data of LLDPE Options, 2021

Month	Volume (10,000 lots)	YoY Change (%)	Put/Call Ratio (PCR)	Turnover (¥100mn)	YoY Change (%)	Month-End OI (10,000 lots)	YoY Change (%)
JAN	11.8	—	0.66	1.07	—	2.7	—
FEB	17.3	—	0.72	2.23	—	3.5	—
MAR	26.3	—	0.94	2.95	—	4.6	—
APR	18.7	—	0.84	1.97	—	3.7	—
MAY	22.0	—	0.69	2.54	—	5.3	—
JUN	43.9	—	0.67	3.98	—	6.6	—
JUL	70.0	298.6	0.78	5.31	464.9	7.1	166.3
AUG	54.4	460.0	1.15	3.08	373.8	4.2	124.2
SEP	55.4	416.6	1.04	5.2	386.0	5.1	97.1
OCT	20.5	140.3	0.92	3.16	276.2	3.9	30.8
NOV	41.3	69.9	0.96	1.85	−17.8	4.6	22.5
DEC	30.2	39.6	1.04	2.33	22.0	1.5	−45.4
Total	411.8	—	0.88	35.7	—	—	—

Source: DCE

Table 1-4-71   Annual Trading Data of LLDPE Options, 2020-2021

Year	Volume (10,000 lots)	YoY Change (%)	Put/Call Ratio (PCR)	Turnover (¥100mn)	YoY Change (%)	Year-End OI (10,000 lots)	YoY Change (%)
2020	92.5	—	0.67	7.7	—	2.8	—
2021	411.8	—	0.88	35.7	—	1.5	−45.4

Source: DCE

(II) Delivery and Exercise (Table 1-4-72—Table 1-4-75)

Table 1-4-72   Monthly Delivery Data of LLDPE Futures, 2021

Month	Delivery Volume (Lot)	YoY Change (%)	Delivery Value (¥100mn)	YoY Change (%)
JAN	924	−59.74	0.36	−56.61
FEB	609	5,990.00	0.24	6,810.98

Continued

Month	Delivery Volume (Lot)	YoY Change (%)	Delivery Value (¥100mn)	YoY Change (%)
MAR	1,085	5,066.67	0.48	7,044.53
APR	810	575.00	0.34	827.36
MAY	5,062	566.05	2.14	784.94
JUN	21	-4.55	0.01	4.77
JUL	59	-67.40	0.02	-63.15
AUG	13	-97.95	0.01	-97.62
SEP	1,842	-14.17	0.76	-5.74
OCT	890	308.26	0.43	434.65
NOV	1,186	805.34	0.52	982.72
DEC	396	6.17	0.17	9.86
Total	12,897	86.59	5.48	118.84

Source: DCE

Table 1-4-73　　Annual Delivery Data of LLDPE Futures, 2020-2021

Year	Delivery Volume (Lot)	YoY Change (%)	Delivery Value (¥100mn)	YoY Change (%)
2020	6,912	13.05	2.50	7.38
2021	12,897	86.59	5.48	118.84

Source: DCE

Table 1-4-74　　Monthly Exercise Data of LLDPE Options, 2021

Month	Exercise Volume (Lot)
JAN	3,767
FEB	3,016
MAR	819
APR	10,294
MAY	2,125
JUN	451
JUL	389
AUG	12,214
SEP	3,665
OCT	8,387
NOV	629
DEC	10,444
Total	56,200

Source: DCE

Table 1-4-75   Annual Exercise Data of LLDPE Options, 2020-2021

Year	Exercise Volume (Lot)	YoY Change(%)
2020	16,531	—
2021	56,200	—

Source: DCE

(III) Volume and Price Trend of LLDPE Futures (Figure 1-4-9, Table 1-4-76—Table 1-4-77)

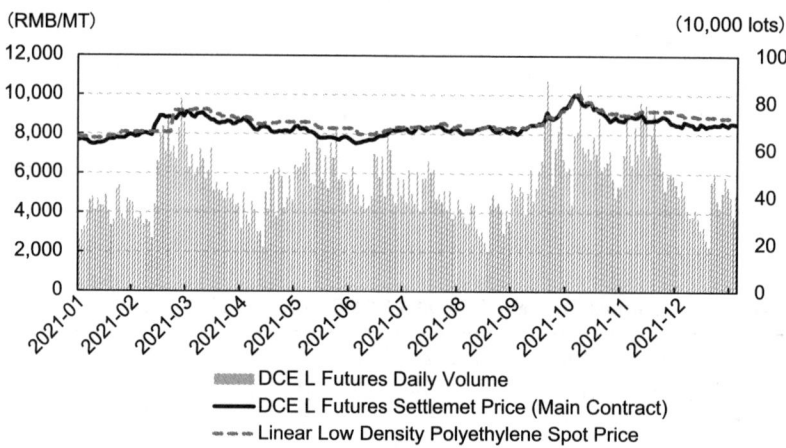

Figure 1-4-9   Daily Volume of LLDPE Futures & Settlement Price of the Main Contract vs. Spot Price in 2021

Source: DCE; Wind

Table 1-4-76   LLDPE Futures and Spot Prices, 2021

Market	2020 Closing	2021 High	2021 Low	2021 Closing	YoY Change	Average Settlement	Standard Deviation	Maximum Spread
DCE main LLDPE futures contract (RMB/MT)	7,720.00	10,325.00	7,395.00	8,522.00	802.00	8,403.28	497.44	2,930.00
LLDPE spot price at CNPC Jilin (RMB/MT)	7,750.00	10,050.00	7,800.00	8,850.00	1,100.00	8,668.20	487.61	2,250.00

Source: DCE; Wind

Table 1-4-77   Price Correlation of DCE LLDPE Futures vs. Domestic Spot Price in 2021

Prices	Correlation Coefficient
DCE main LLDPE futures contract settlement vs. LLDPE spot price	0.88

Source: DCE; Wind

X. Polypropylene (PP) Futures and Options

(I) Trading (Table 1-4-78—Table 1-4-81)

Table 1-4-78 Monthly Trading Data of PP Futures, 2021

Month	Volume (10,000 lots)	YoY Change (%)	Turnover (¥100mn)	YoY Change (%)	Month-End OI (10,000 lots)	YoY Change (%)
JAN	1,302.74	159.17	5,230.85	174.88	38.08	-0.73
FEB	1,072.18	71.27	4,702.87	115.63	39.37	-15.02
MAR	1,786.49	47.54	8,153.01	106.62	40.48	-18.05
APR	1,546.06	-50.32	6,657.42	-37.44	40.84	-14.22
MAY	1,341.65	-22.61	5,767.77	-5.32	51.06	0.13
JUN	1,506.09	11.24	6,274.06	25.30	62.20	38.13
JUL	1,775.98	24.41	7,565.99	40.64	62.50	60.87
AUG	1,755.82	57.84	7,344.50	72.12	79.77	115.77
SEP	2,241.30	56.57	10,083.56	81.25	75.26	142.28
OCT	2,179.84	104.53	10,280.90	147.04	61.90	74.15
NOV	2,295.77	25.70	9,699.94	28.15	76.25	77.13
DEC	2,066.72	6.81	8,333.73	3.72	61.45	104.64
Total	20,870.64	20.38	90,094.60	39.15	—	—

Source: DCE

Table 1-4-79 Annual Trading Data of PP Futures, 2020-2021

Year	Volume (10,000 lots)	YoY Change (%)	Turnover (¥100mn)	YoY Change (%)	Year-End OI (10,000 lots)	YoY Change (%)
2020	17,337.45	85.02	64,746.17	66.43	30.03	-14.00
2021	20,870.64	20.38	90,094.60	39.15	61.45	104.64

Source: DCE

Table 1-4-80 Monthly Trading Data of PP Options, 2021

Month	Volume (10,000 lots)	YoY Change (%)	Put/Call Ratio (PCR)	Turnover (¥100mn)	YoY Change (%)	Month-End OI (10,000 lots)	YoY Change (%)
JAN	20.5	—	0.68	1.54	—	3.1	—
FEB	23.0	—	0.85	2.31	—	4.2	—
MAR	48.0	—	1.40	4.03	—	5.1	—
APR	25.7	—	0.98	2.41	—	3.4	—

Continued

Month	Volume (10,000 lots)	YoY Change (%)	Put/Call Ratio (PCR)	Turnover (¥100mn)	YoY Change (%)	Month-End OI (10,000 lots)	YoY Change (%)
MAY	32.8	—	0.65	3.83	—	4.3	—
JUN	76.4	—	0.85	5.73	—	5.8	—
JUL	76.0	234.4	0.73	4.81	376.2	7.4	140.1
AUG	54.5	307.9	1.07	2.72	272.6	4.0	40.5
SEP	60.1	203.9	0.78	5.3	265.5	4.9	15.1
OCT	25.8	69.7	0.97	3.61	264.6	3.8	-30.2
NOV	38.4	-23.3	0.93	1.84	-39.5	4.7	-30.5
DEC	29.2	-24.5	0.87	1.99	-20.7	2.1	-35.8
Total	510.5	—	0.88	40.1	—	—	—

Source: DCE

Table 1-4-81　　Annual Trading Data of PP Options, 2020-2021

Year	Volume (10,000 lots)	YoY Change (%)	Put/Call Ratio (PCR)	Turnover (¥100mn)	YoY Change (%)	Year-End OI (10,000 lots)	YoY Change (%)
2020	159.9	—	0.85	9.7	—	3.2	—
2021	510.5	-	0.88	40.1	-	2.1	-35.8

Source: DCE

(II) Delivery and Exercise (Table 1-4-82—Table 1-4-85)

Table 1-4-82　　Monthly Delivery Data of PP Futures, 2021

Month	Delivery Volume (Lot)	YoY Change (%)	Delivery Value (¥100mn)	YoY Change (%)
JAN	484	-74.86	0.20	-72.84
FEB	37	-9.76	0.02	19.50
MAR	1,269	3,745.45	0.59	5,120.64
APR	1,193	437.39	0.52	498.32
MAY	2,115	117.59	0.93	154.05
JUN	111	13.27	0.05	23.02
JUL	9	-98.19	0.00	-97.96
AUG	9	80.00	0.00	110.00
SEP	1,570	-42.19	0.67	-39.78
OCT	3,779	487.71	1.83	595.69
NOV	4,363	3,535.83	1.86	3,701.86

Continued

Month	Delivery Volume (Lot)	YoY Change (%)	Delivery Value (¥100mn)	YoY Change (%)
DEC	620	612.64	0.25	556.77
Total	15,559	111.40	6.92	139.86

Source: DCE

Table 1-4-83   Annual Delivery Data of PP Futures, 2020-2021

Year	Delivery Volume (Lot)	YoY Change (%)	Delivery Value (¥100mn)	YoY Change (%)
2020	7,360	-0.20	2.89	-11.57
2021	15,559	111.40	6.92	139.86

Source: DCE

Table 1-4-84   Monthly Exercise Data of PP Options, 2021

Month	Exercise Volume (Lot)
JAN	4,424
FEB	3,549
MAR	2,957
APR	8,485
MAY	1,299
JUN	299
JUL	679
AUG	9,091
SEP	4,832
OCT	4,952
NOV	515
DEC	8,590
Total	49,672

Source: DCE

Table 1-4-85   Annual Exercise Data of PP Options, 2020-2021

Year	Exercise Volume (Lot)	YoY Change (%)
2020	18,212	—
2021	49,672	—

Source: DCE

(III) Volume and Price Trend of PP Futures (Figure 1-4-10, Table 1-4-86—Table 1-4-87)

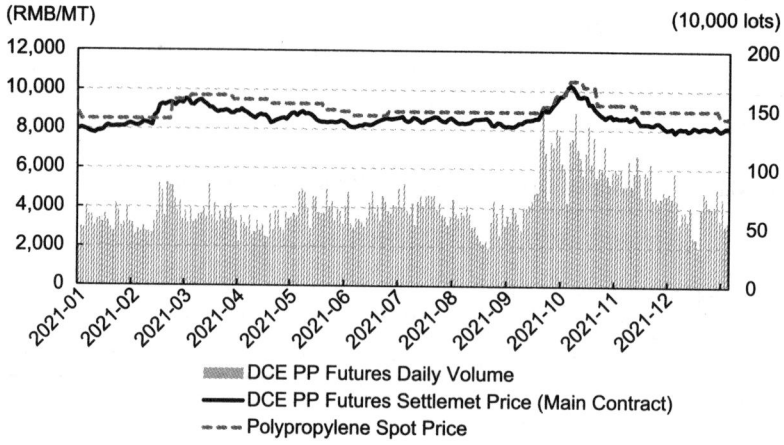

Figure 1-4-10   Daily Volume of PP Futures & Settlement Price of the Main Contract vs. Spot Price in 2021

Source: DCE; Wind

Table 1-4-86   PP Futures and Spot Prices, 2021

Market	2020 Closing	2021 High	2021 Low	2021 Closing	YoY Change	Average Settlement	Standard Deviation	Maximum Spread
DCE main PP futures contract (RMB/MT)	8,057.00	10,612.00	7,715.00	8,143.00	86.00	8,581.44	475.45	2,897.00
T3OS PP spot from Sanyuan Petrochemical at Shaoxing (RMB/MT)	8,075.00	10,500.00	8,500.00	8,600.00	525.00	9,134.47	442.44	2,000.00

Source: DCE; Wind

Table 1-4-87   Price Correlation of DCE PP Futures vs. Domestic Spot Price in 2021

Prices	Correlation Coefficient
DCE main PP futures contract settlement vs. PP spot price	0.78

Source: DCE; Wind

XI. Polyvinyl Chloride (PVC) Futures and Options

(I) Trading (Table 1-4-88—Table 1-4-91)

Table 1-4-88   Monthly Trading Data of PVC Futures, 2021

Month	Volume (10,000 lots)	YoY Change (%)	Turnover (¥100mn)	YoY Change (%)	Month-End OI (10,000 lots)	YoY Change (%)
JAN	687.12	308.16	2,471.11	350.84	41.80	107.75
FEB	688.24	214.67	2,776.76	304.79	37.10	31.77
MAR	1,547.35	228.62	6,742.51	391.44	47.52	94.08
APR	1,154.16	104.22	5,074.13	234.09	47.61	107.51
MAY	995.92	191.36	4,449.73	342.82	49.66	96.74
JUN	1,085.88	166.41	4,673.52	267.65	53.35	121.50
JUL	1,015.73	99.40	4,560.61	175.23	61.95	173.46
AUG	1,201.53	184.58	5,495.36	294.26	75.53	237.59
SEP	1,759.96	293.97	9,097.11	516.37	68.05	228.13
OCT	2,147.51	461.30	11,781.96	805.71	55.48	77.40
NOV	2,773.64	284.83	12,018.75	361.90	66.66	83.22
DEC	2,677.99	124.45	11,185.36	146.46	64.56	57.45
Total	17,735.02	203.30	80,326.91	314.72	—	—

Source: DCE

Table 1-4-89   Annual Trading Data of PVC Futures, 2020-2021

Year	Volume (10,000 lots)	YoY Change (%)	Turnover (¥100mn)	YoY Change (%)	Year-End OI (10,000 lots)	YoY Change (%)
2020	5,847.29	73.03	19,369.02	72.22	41.00	56.18
2021	17,735.02	203.30	80,326.91	314.72	64.56	57.45

Source: DCE

Table 1-4-90   Monthly Trading Data of PVC Options, 2021

Month	Volume (10,000 lots)	YoY Change (%)	Put/Call Ratio (PCR)	Turnover (¥100mn)	YoY Change (%)	Month-End OI (10,000 lots)	YoY Change (%)
JAN	24.7	—	0.69	1.78	—	3.9	—
FEB	22.8	—	0.82	2.58	—	4.1	—
MAR	50.3	—	1.12	4.76	—	6.8	—
APR	26.4	—	0.95	2.79	—	4.1	—

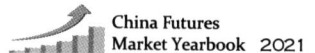

Continued

Month	Volume (10,000 lots)	YoY Change (%)	Put/Call Ratio (PCR)	Turnover (¥100mn)	YoY Change (%)	Month-End OI (10,000 lots)	YoY Change (%)
MAY	18.6	—	1.02	2.69	—	4.3	—
JUN	35.2	—	1.29	3.82	—	5.6	—
JUL	42.9	232.7	0.89	3.81	414.9	6.3	290.3
AUG	32.0	265.6	1.23	2.15	246.8	4.6	170.0
SEP	45.9	344.5	0.94	6.56	823.9	5.8	143.2
OCT	34.2	160.1	0.95	7.23	637.8	6.6	85.4
NOV	65.2	33.0	0.69	4.51	21.6	8.7	49.9
DEC	42.3	6.6	0.88	4	15.6	3.5	-29.3
Total	440.6	—	0.93	46.7	—	—	—

Source: DCE

Table 1-4-91　　Annual Trading Data of PVC Options, 2020-2021

Year	Volume (10,000 lots)	YoY Change (%)	Put/Call Ratio (PCR)	Turnover (¥100mn)	YoY Change (%)	Year-End OI (10,000 lots)	YoY Change (%)
2020	133.8	—	0.71	10.2	—	5.0	—
2021	440.6	-	0.93	46.7	—	3.5	-29.3

Source: DCE

(II) Delivery and Exercise (Table 1-4-92—Table 1-4-95)

Table 1-4-92　　Monthly Delivery Data of PVC Futures, 2021

Month	Delivery Volume (Lot)	YoY Change (%)	Delivery Value (¥100mn)	YoY Change (%)
JAN	12,800	73.44	4.51	83.75
FEB	2,414	—	0.92	—
MAR	3,657	—	1.57	—
APR	3,232	7,595.24	1.42	12,177.40
MAY	7,790	353.70	3.65	637.80
JUN	1,718	2,354.29	0.78	3,539.39
JUL	694	1,477.27	0.32	2,208.20
AUG	35	-12.50	0.02	30.54
SEP	6,312	58.63	3.07	130.08
OCT	1,615	427.78	1.06	899.12
NOV	3,747	2,760.31	1.79	3,583.75

Continued

Month	Delivery Volume (Lot)	YoY Change (%)	Delivery Value (¥100mn)	YoY Change (%)
DEC	558	—	0.25	—
Total	44,572	225.13	19.36	330.65

Source: DCE

Table 1-4-93　　　Annual Delivery Data of PVC Futures, 2020-2021

Year	Delivery Volume (Lot)	YoY Change (%)	Delivery Value (¥100mn)	YoY Change (%)
2020	13,709	-8.78	4.50	-14.85
2021	44,572	225.13	19.36	330.65

Source: DCE

Table 1-4-94　　　Monthly Exercise Data of PVC Options, 2021

Month	Exercise Volume (Lot)
JAN	6,791
FEB	4,782
MAR	511
APR	9,392
MAY	3,503
JUN	499
JUL	463
AUG	8,860
SEP	6,728
OCT	4,985
NOV	1,605
DEC	16,951
Total	65,070

Source: DCE

Table 1-4-95　　　Annual Exercise Data of PVC Options, 2020-2021

Year	Exercise Volume (Lot)	YoY Change(%)
2020	23,121	—
2021	65,070	—

Source: DCE

(III) Volume and Price Trend of PVC Futures (Figure 1-4-11, Table 1-4-96—Table 1-4-97)

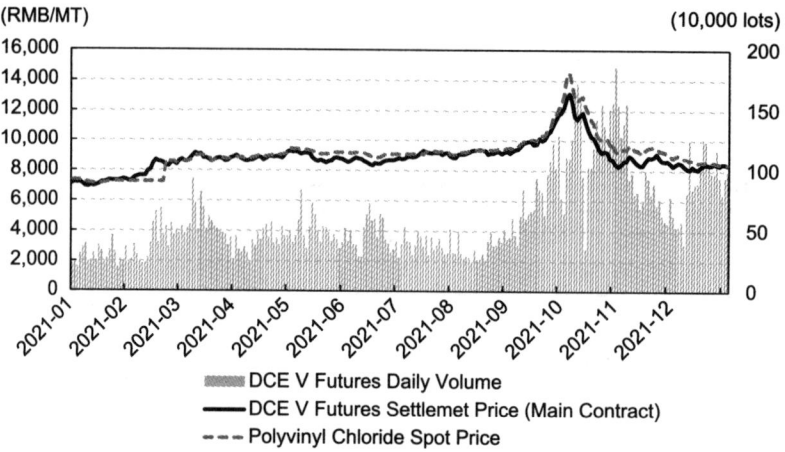

Figure 1-4-11 Daily Volume of PVC Futures & Settlement Price of the Main Contract vs. Spot Price in 2021

Source: DCE; Wind

Table 1-4-96   PVC Futures and Spot Prices, 2021

Market	2020 Closing	2021 High	2021 Low	2021 Closing	YoY Change	Average Settlement	Standard Deviation	Maximum Spread
DCE main PVC futures contract (RMB/MT)	7,130.00	13,380.00	6,875.00	8,321.00	1,191.00	8,874.19	996.81	6,505
Domestic PVC (calcium carbide-based) spot (RMB/MT)	7,400.00	14,510.00	7,130.00	8,420.00	1,020.00	9,244.47	1,209.83	7,380

Source: DCE; Wind

Table 1-4-97 Price Correlation of DCE PVC Futures vs. Domestic Spot Price in 2021

Prices	Correlation Coefficient
DCE main PVC futures contract settlement vs. PVC spot price	0.95

Source: DCE; Wind

XII. Coke Futures

(I) Trading (Table 1-4-98—Table 1-4-99)

Table 1-4-98   Monthly Trading Data of Coke Futures, 2021

Month	Volume (10,000 lots)	YoY Change (%)	Turnover (¥100mn)	YoY Change (%)	Month-End OI (10,000 lots)	YoY Change (%)
JAN	656.86	278.05	18,366.84	465.42	18.45	50.11
FEB	369.73	56.93	9,551.25	121.45	18.46	10.82
MAR	665.63	110.13	15,335.21	169.19	19.88	30.84
APR	578.81	64.28	14,468.78	144.06	22.28	67.31
MAY	630.29	98.83	16,345.87	185.70	26.48	71.82
JUN	763.96	80.63	20,288.83	147.08	27.11	73.50
JUL	780.29	97.79	20,801.99	174.02	33.18	120.67
AUG	849.51	123.89	25,618.4	239.84	24.70	96.54
SEP	288.03	-50.93	9,834.25	-14.68	8.93	-30.12
OCT	146.21	-71.85	5,359.57	-50.69	5.53	-71.89
NOV	96.46	-89.10	2,697.95	-87.02	3.20	-83.99
DEC	87.54	-92.47	2,583.15	-91.71	3.25	-84.62
Total	5,913.30	2.90	161,252.09	31.54	—	—

Source: DCE

Table 1-4-99   Annual Trading Data of Coke Futures, 2020-2021

Year	Volume (10,000 lots)	YoY Change (%)	Turnover (¥100mn)	YoY Change (%)	Year-End OI (10,000 lots)	YoY Change (%)
2020	5,746.40	3.20	122,588.38	10.07	21.11	15.16
2021	5,913.30	2.90	161,252.09	31.54	3.25	-84.62

Source: DCE

(II) Delivery (Table 1-4-100—Table 1-4-101)

Table 1-4-100   Monthly Delivery Data of Coke Futures, 2021

Month	Delivery Volume (Lot)	YoY Change (%)	Delivery Value (¥100mn)	YoY Change (%)
JAN	810	138.24	2.48	272.87
FEB	430	—	1.29	—
MAR	190	—	0.50	—
APR	40	—	0.09	—
MAY	1,060	562.50	2.79	914.75

Continued

Month	Delivery Volume (Lot)	YoY Change (%)	Delivery Value (¥100mn)	YoY Change (%)
JUN	140	—	0.31	—
JUL	10	—	0.03	—
AUG	10	—	0.03	—
SEP	270	-43.75	1.08	5.64
OCT	110	450.00	0.45	965.97
NOV	70	—	0.29	—
DEC	210	250.00	0.58	279.36
Total	3,350	216.04	9.92	360.31

Source: DCE

Table 1-4-101　　Annual Delivery Data of Coke Futures, 2020-2021

Year	Delivery Volume (Lot)	YoY Change (%)	Delivery Value (¥100mn)	YoY Change (%)
2020	1,060	-46.73	2.15	-48.46
2021	3,350	216.04	9.92	360.31

Source: DCE

(III) Volume and Price Trend of Coke Futures (Figure 1-4-12, Table 1-4-102—Table 1-4-103)

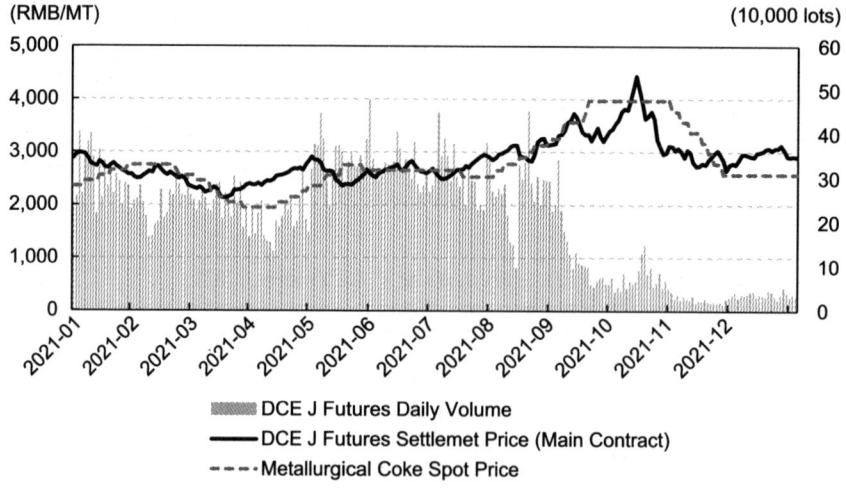

Figure 1-4-12　Daily Volume of Coke Futures & Settlement Price of the Main Contract vs. Spot Price in 2021

Source: DCE; Wind

Table 1-4-102 Coke Futures and Spot Prices, 2021

Market	2020 Closing	2021 High	2021 Low	2021 Closing	YoY Change	Average Settlement	Standard Deviation	Maximum Spread
DCE main coke futures contract (RMB/MT)	2,826.00	4,550.00	2,096.50	2,934.00	108.00	2,834.84	398.62	2,454
Coke spot at Hebei (RMB/MT)	2,550.00	3,970.00	1,950.00	2,570.00	20.00	2,821.65	591.46	2,020

Source: DCE; Wind

Table 1-4-103 Price Correlation of DCE Coke Futures vs. Domestic Spot Price in 2021

Prices	Correlation Coefficient
DCE main coke futures contract settlement vs. coke spot price	0.79

Source: DCE; Wind

XIII. Coking Coal Futures

(I) Trading (Table 1-4-104—Table 1-4-105)

Table 1-4-104 Monthly Trading Data of Coking Coal Futures, 2021

Month	Volume (10,000 lots)	YoY Change (%)	Turnover (¥100mn)	YoY Change (%)	Month-End OI (10,000 lots)	YoY Change (%)
JAN	496.25	543.50	4,981.90	793.63	14.26	69.19
FEB	274.62	119.58	2,484.84	165.23	14.69	21.35
MAR	534.82	236.88	4,929.16	313.77	18.25	70.55
APR	426.96	122.77	4,281.49	232.74	19.95	86.81
MAY	604.41	310.79	6,775.68	579.50	25.38	154.90
JUN	679.19	365.92	7,867.31	663.02	28.56	233.66
JUL	734.25	389.13	8,898.36	718.10	43.10	419.60
AUG	1,169.40	668.36	16,505.96	1,390.82	35.67	353.57
SEP	454.58	84.27	7,648.33	309.62	14.22	69.12
OCT	192.19	-9.96	3,550.49	108.19	6.34	-46.37
NOV	139.22	-56.53	1,693.72	-34.52	4.67	-68.38
DEC	124.70	-82.56	1,572.41	-76.79	4.84	-62.47
Total	5,830.59	120.59	71,189.65	236.93	—	—

Source: DCE

Table 1-4-105 Annual Trading Data of Coking Coal Futures, 2020-2021

Year	Volume (10,000 lots)	YoY Change (%)	Turnover (¥100mn)	YoY Change (%)	Year-End OI (10,000 lots)	YoY Change (%)
2020	2,643.14	15.55	21,128.95	18.95	12.89	42.50
2021	5,830.59	120.59	71,189.65	236.93	4.84	-62.47

Source: DCE

(II) Delivery (Table 1-4-106—Table 1-4-107)

Table 1-4-106 Monthly Delivery Data of Coking Coal Futures, 2021

Month	Delivery Volume (Lot)	YoY Change (%)	Delivery Value (¥100mn)	YoY Change (%)
JAN	1,900	-42.42	1.78	-26.52
FEB	300	—	0.31	—
MAR	1,000	—	0.93	—
APR	800	—	0.81	—
MAY	1,000	-47.37	1.06	-24.66
JUN	600	—	0.61	—
JUL	1,100	—	1.41	—
AUG	100	—	0.12	—
SEP	2,600	333.33	4.82	978.67
OCT	100	—	0.24	—
NOV	100	—	0.20	—
DEC	0	—	0.00	—
Total	9,600	65.52	12.29	186.93

Source: DCE

Table 1-4-107 Annual Delivery Data of Coking Coal Futures, 2020-2021

Year	Delivery Volume (Lot)	YoY Change (%)	Delivery Value (¥100mn)	YoY Change (%)
2020	5,800	222.22	4.29	176.39
2021	9,600	65.52	12.29	186.93

Source: DCE

(III) Volume and Price Trend of Coking Coal Futures (Figure 1-4-13, Table 1-4-108—Table 1-4-109)

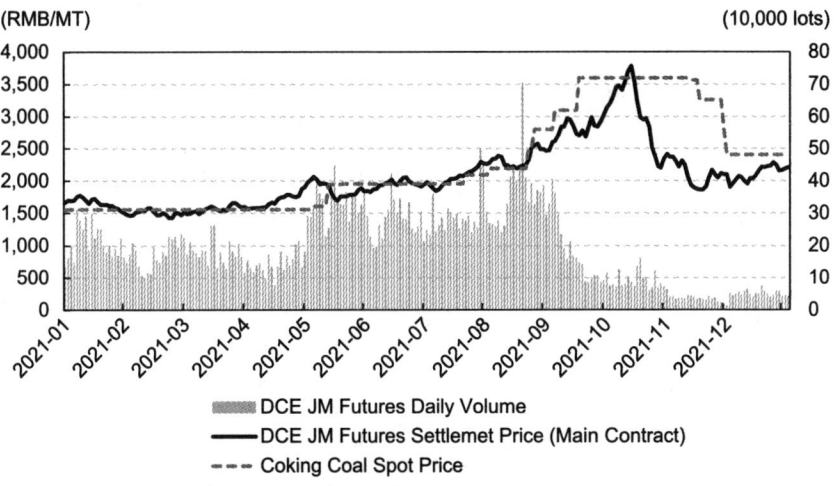

Figure 1-4-13   Daily Volume of Coking Coal Futures & Settlement Price of the Main Contract vs. Spot Price in 2021

Source: DCE; Wind

Table 1-4-108   Coking Coal Futures and Spot Prices, 2021

Market	2020 Closing	2021 High	2021 Low	2021 Closing	YoY Change	Average Settlement	Standard Deviation	Maximum Spread
DCE main coking coal futures contract (RMB/MT)	1,629.00	3,878.50	1,387.00	2,228.50	599.50	2,057.31	486.98	2,492
Coking coal spot at Hebei (RMB/MT)	1,685.00	3,600.00	1,550.00	2,400.00	715.00	2,329.22	765.81	2,050

Source: DCE; Wind

Table 1-4-109   Price Correlation of DCE Coking Coal Futures vs. Domestic Spot Price in 2021

Prices	Correlation Coefficient
DCE main coking coal futures contract settlement vs. coking coal spot price	0.82

Source: DCE; Wind

XIV. Iron Ore Futures and Options

(I) Trading (Table 1-4-110—Table 1-4-115)

Table 1-4-110   Monthly Trading Data of Iron Ore Futures, 2021

Month	Volume (10,000 lots)	YoY Change (%)	Turnover (¥100mn)	YoY Change (%)	Month-End OI (10,000 lots)	YoY Change (%)
JAN	892.36	-4.05	9,251.46	49.80	59.63	-8.56
FEB	616.12	-70.03	6,442.69	-50.00	65.40	-38.29
MAR	1,223.79	-63.37	12,649.57	-40.92	77.57	-16.35
APR	919.76	-59.41	9,675.80	-28.79	79.50	11.05
MAY	1,025.78	-51.60	11,722.00	-18.87	86.34	-25.03
JUN	1,108.68	-61.00	12,748.79	-40.69	103.03	4.08
JUL	1,180.96	-49.33	13,381.68	-27.73	111.67	21.01
AUG	1,807.10	-15.34	15,348.33	-15.27	109.05	35.39
SEP	1,921.85	-35.04	13,644.67	-42.54	90.09	9.00
OCT	1,511.45	-23.75	10,707.50	-30.99	97.99	6.15
NOV	2,482.38	-6.75	14,174.91	-35.60	107.17	11.46
DEC	2,750.97	-3.12	18,125.11	-35.35	107.41	76.98
Total	17,441.20	-38.72	147,872.51	-31.52	—	—

Source: DCE

Table 1-4-111   Annual Trading Data of Iron Ore Futures, 2020-2021

Year	Volume (10,000 lots)	YoY Change (%)	Turnover (¥100mn)	YoY Change (%)	Year-End OI (10,000 lots)	YoY Change (%)
2020	28,463.02	-4.02	215,940.25	8.66	60.69	-13.65
2021	17,441.20	-38.72	147,872.51	-31.52	107.41	76.98

Source: DCE

Table 1-4-112   Annual Trading Data of Iron Ore Futures Compared with Overseas Exchanges, 2020-2021

Year	Volume (10,000 lots)		Year-End OI (10,000 lots)	
	DCE	SGX	DCE	SGX
2020	28,463.01	1,655.64	60.69	63.51
2021	17,441.20	1,818.47	107.41	73.70

Source: DCE; SGX; FIA

Note: DCE iron ore futures is 100 metric tons per contract; for SGX iron ore futures it is 100 metric tons per contract.

Table 1-4-113 Monthly Trading Data of Iron Ore Options, 2021

Month	Volume (10,000 lots)	YoY Change (%)	Put/Call Ratio (PCR)	Turnover (¥100mn)	YoY Change (%)	Month-End OI (10,000 lots)	YoY Change (%)
JAN	67.6	116.9	2.00	21.94	253.3	16.1	36.0
FEB	69.2	-8.5	1.63	23.48	55.9	17.1	2.7
MAR	164.7	16.2	1.64	38.01	55.3	21.9	22.1
APR	77.9	31.4	1.53	23.19	87.6	13.1	84.0
MAY	96.2	44.2	1.55	43.19	173.0	15.5	7.6
JUN	126.4	41.2	1.30	45.47	110.5	23.6	12.9
JUL	214.8	36.7	1.20	47.82	101.9	24.8	-5.8
AUG	176.5	104.4	0.89	49.48	200.4	19.1	36.7
SEP	135.1	63.7	0.71	39.27	89.5	21.6	9.4
OCT	114.9	67.9	0.74	28.76	151.6	25.8	-1.8
NOV	326.6	149.5	0.59	49.25	242.7	39.4	50.9
DEC	238.0	39.5	0.95	42.18	-14.0	24.5	32.9
Total	1,807.9	55.9	1.01	452.0	95.5	—	—

Source: DCE

Table 1-4-114 Annual Trading Data of Iron Ore Options, 2020-2021

Year	Volume (10,000 lots)	YoY Change (%)	Put/Call Ratio (PCR)	Turnover (¥100mn)	YoY Change (%)	Year-End OI (10,000 lots)	YoY Change (%)
2020	1,159.9	—	1.46	231.2	—	18.4	0.6
2021	1,807.9	55.9	1.01	452.0	95.5	24.5	32.9

Source: DCE

Table 1-4-115 Annual Trading Data of Iron Ore Options Compared with Overseas Exchanges, 2020-2021

Year	Volume (10,000 lots)		Year-End OI (10,000 lots)	
	DCE	SGX	DCE	SGX
2020	1,159.9	390.9	18.4	37.0
2021	1,807.9	332.5	24.5	58.6

Source: DCE; SGX

Note: Each DCE iron ore option contract corresponds to one lot of iron ore futures contract (100 metric tons); for SGX iron ore options it is one lot of futures contract (100 metric tons).

(II) Delivery and Exercise (Table 1-4-116—Table 1-4-119)

Table 1-4-116   Monthly Delivery Data of Iron Ore Futures, 2021

Month	Delivery Volume (Lot)	YoY Change (%)	Delivery Value (¥100mn)	YoY Change (%)
JAN	2,900	-25.64	3.25	16.35
FEB	300	-40.00	0.35	1.53
MAR	600	50.00	0.76	171.16
APR	500	-61.54	0.60	-31.52
MAY	3,700	117.65	4.79	309.67
JUN	300	-50.00	0.39	-17.67
JUL	0	-100.00	0.00	-100.00
AUG	0	-100.00	0.00	-100.00
SEP	900	-65.38	0.80	-67.51
OCT	300	-88.89	0.22	-91.42
NOV	300	-50.00	0.19	-63.45
DEC	900	-75.68	0.54	-85.42
Total	10,700	-45.96	11.87	-28.80

Source: DCE

Table 1-4-117   Annual Delivery Data of Iron Ore Futures, 2020-2021

Year	Delivery Volume (Lot)	YoY Change (%)	Delivery Value (¥100mn)	YoY Change (%)
2020	19,800	73.68	16.68	98.55
2021	10,700	-45.96	11.87	-28.80

Source: DCE

Table 1-4-118   Monthly Exercise Data of Iron Ore Options, 2021

Month	Exercise Volume (Lot)
JAN	7,940
FEB	760
MAR	658
APR	15,044
MAY	1,737
JUN	801
JUL	643
AUG	19,218

Continued

Month	Exercise Volume (Lot)
SEP	5,937
OCT	4,975
NOV	6,497
DEC	50,766
Total	114,976

Source: DCE

Table 1-4-119　　Annual Exercise Data of Iron Ore Options, 2020-2021

Year	Exercise Volume (Lot)	YoY Change (%)
2020	134,267	—
2021	114,976	-14.4

Source: DCE

(III) Volume and Price Trend of Iron Ore Futures (Figure 1-4-14, Table 1-4-120—Table 1-4-121)

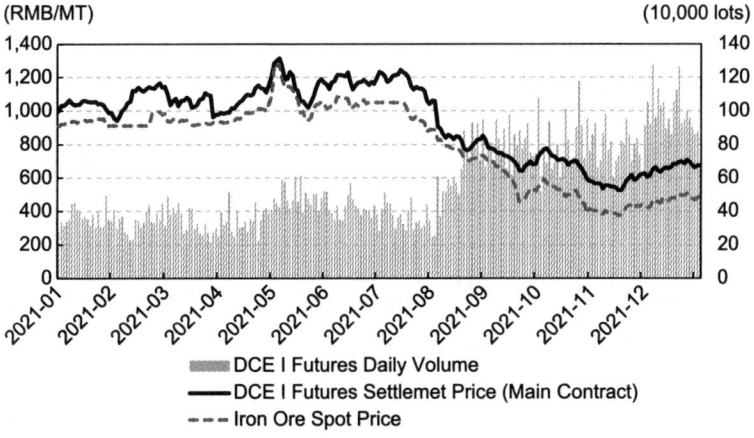

Figure 1-4-14　Daily Volume of Iron Ore Futures & Settlement Price of the Main Contract vs. Spot Price in 2021

Source: DCE; Wind

Table 1-4-120　　　　　Iron Ore Futures and Spot Prices, 2021

Market	2020 Closing	2021 High	2021 Low	2021 Closing	YoY Change	Average Settlement	Standard Deviation	Maximum Spread
DCE main iron ore futures contract (RMB/MT)	996.00	1,358.00	509.50	680.00	-316.00	936.97	221.16	849

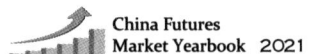

Continued

Market	2020 Closing	2021 High	2021 Low	2021 Closing	YoY Change	Average Settlement	Standard Deviation	Maximum Spread
SGX iron ore futures contract (USD/MT)	158.41	227.34	86.24	121.07	-37.34	155.64	37.01	141
Super special fines spot at Qingdao port (RMB/MT)	1,192.31	1,280.00	370.00	490.00	-702.31	777.76	247.23	910

Source: DCE; Wind

Table 1-4-121　　Price Correlation of DCE Iron Ore Futures vs. International Iron Ore Futures and Domestic Spot Price in 2021

Prices	Correlation Coefficient
DCE main iron ore futures contract settlement vs. SGX iron ore futures price	0.96
DCE main iron ore futures contract settlement vs. iron ore spot price	0.98

Source: DCE; Wind

XV. Ethylene Glycol (EG) Futures

(I) Trading (Table 1-4-122—Table 1-4-123)

Table 1-4-122　　Monthly Trading Data of Ethylene Glycol Futures, 2021

Month	Volume (10,000 lots)	YoY Change (%)	Turnover (¥100mn)	YoY Change (%)	Month-End OI (10,000 lots)	YoY Change (%)
JAN	773.40	77.76	3,442.27	66.19	31.89	93.60
FEB	768.61	113.79	3,983.66	150.20	34.31	76.11
MAR	1,673.99	123.45	9,000.90	231.31	29.69	13.19
APR	1,017.85	0.25	4,921.96	39.96	30.90	47.60
MAY	887.05	56.07	4,375.81	108.00	34.83	59.11
JUN	762.04	47.18	3,729.79	94.10	34.03	24.79
JUL	944.69	29.87	4,944.50	87.29	43.29	55.92
AUG	941.55	45.09	4,861.38	95.06	38.11	32.05
SEP	982.07	35.94	5,430.79	91.39	38.81	58.33
OCT	1,439.57	174.40	9,232.14	352.02	32.23	42.51
NOV	1,133.08	35.60	6,053.73	90.84	41.62	39.41
DEC	888.79	-27.61	4,316.80	-13.98	40.85	50.18
Total	12,212.69	46.58	64,293.73	100.14	—	—

Source: DCE

Table 1-4-123   Annual Trading Data of Ethylene Glycol Futures, 2020-2021

Year	Volume (10,000 lots)	YoY Change (%)	Turnover (¥100mn)	YoY Change (%)	Year-End OI (10,000 lots)	YoY Change (%)
2020	8,332.04	12.44	32,124.99	-7.52	27.20	29.31
2021	12,212.69	46.58	64,293.73	100.14	40.85	50.18

Source: DCE

(II) Delivery (Table 1-4-124—Table 1-4-125)

Table 1-4-124   Monthly Delivery Data of Ethylene Glycol Futures, 2021

Month	Delivery Volume (Lot)	YoY Change (%)	Delivery Value (¥100mn)	YoY Change (%)
JAN	2,364	914.59	1.06	762.89
FEB	305	—	0.13	—
MAR	721	4,406.25	0.41	5,920.45
APR	154	75.00	0.07	167.11
MAY	1,354	-73.12	0.67	-61.76
JUN	391	-58.18	0.19	-42.99
JUL	309	-35.08	0.15	-10.74
AUG	152	49.02	0.07	101.07
SEP	1,914	-70.89	1.01	-60.12
OCT	1,830	23.73	1.22	131.74
NOV	1,507	112.25	0.83	215.88
DEC	615	-3.30	0.30	36.35
Total	11,616	-28.67	6.11	2.19

Source: DCE

Table 1-4-125   Annual Delivery Data of Ethylene Glycol Futures, 2020-2021

Year	Delivery Volume (Lot)	YoY Change (%)	Delivery Value (¥100mn)	YoY Change (%)
2020	16,286	-8.75	6.00	-22.82
2021	11,616	-28.67	6.11	2.19

Source: DCE

(III) Volume and Price Trend of Ethylene Glycol Futures (Figure 1-4-15, Table 1-4-126—Table 1-4-127)

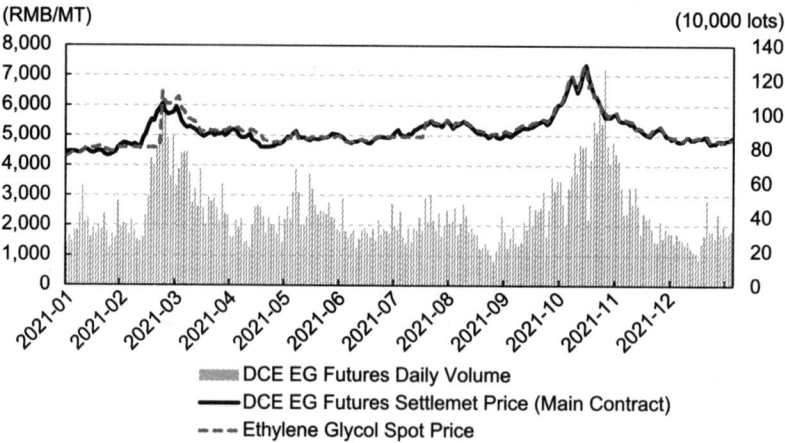

Figure 1-4-15 Daily Volume of EG Futures & Settlement Price of the Main Contract vs. Spot Price in 2021

Source: DCE; Wind

Table 1-4-126   Ethylene Glycol Futures and Spot Prices, 2021

Market	2020 Closing	2021 High	2021 Low	2021 Closing	YoY Change	Average Settlement	Standard Deviation	Maximum Spread
DCE main ethylene glycol futures contract (RMB/MT)	4,398.00	7,566.00	4,256.00	4,935.00	537.00	5,144.16	513.53	3,310
Ethylene glycol spot in East China (RMB/MT)	4,145.00	7,340.00	4,300.00	4,880.00	735.00	5,230.19	555.41	3,040

Source: DCE; Wind

Table 1-4-127   Price Correlation of DCE Ethylene Glycol Futures vs. Domestic Spot Price in 2021

Prices	Correlation Coefficient
DCE main ethylene glycol futures contract settlement vs. ethylene glycol spot price	0.93

Source: DCE; Wind

XVI. Blockboard Futures

(I) Trading (Table 1-4-128)

Table 1-4-128 Annual Trading Data of Blockboard Futures, 2020-2021

Year	Volume (10,000 lots)	YoY Change (%)	Turnover (¥10,000)	YoY Change (%)	Year-End OI (10,000 lots)	YoY Change (%)
2020	1,910	402.63	18,644.93	546.59	0	—
2021	307	-83.93	4,252.34	-77.19	0	—

Source: DCE

(II) Delivery

No delivery for blockboard futures in 2021.

(III) Volume and Price Trend of Blockboard Futures (Figure 1-4-16, Table 1-4-129—Table 1-4-130)

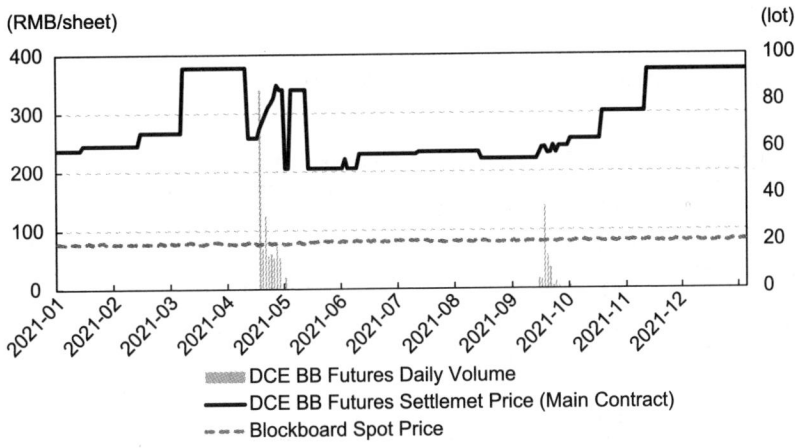

Figure 1-4-16 Daily Volume of Blockboard Futures & Settlement Price of the Main Contract vs. Spot Price in 2021

Source: DCE; Wind

Table 1-4-129 Blockboard Futures and Spot Prices, 2021

Market	2020 Closing	2021 High	2021 Low	2021 Closing	YoY Change	Average Settlement	Standard Deviation	Maximum Spread
DCE main blockboard futures contract (RMB/Sheet)	237.50	377.90	202.05	373.30	135.80	279.62	61.64	176
Blockboard spot at Yuzhu (RMB/Sheet)	91.00	83.00	76.00	83.00	-8.00	79.77	1.94	7

Source: DCE; Wind

Table 1-4-130 Price Correlation of DCE Blockboard Futures vs. Domestic Spot Price in 2021

Prices	Correlation Coefficient
DCE main blockboard futures contract settlement vs. blockboard spot price	-0.02

Source: DCE; Wind

XVII. Fiberboard Futures

(I) Trading (Table 1-4-131)

Table 1-4-131 Annual Trading Data of Fiberboard Futures, 2020-2021

Year	Volume (10,000 lots)	YoY Change (%)	Turnover (¥100mn)	YoY Change (%)	Year-End OI (10,000 lots)	YoY Change (%)
2020	103.36	-11.80	140.24	-40.21	848	-93.39
2021	155.45	50.40	210.96	50.43	1,004	18.40

Source: DCE

(II) Delivery (Table 1-4-132—Table 1-4-133)

Table 1-4-132 Monthly Delivery Data of Fiberboard Futures, 2021

Month	Delivery Volume (Lot)	YoY Change (%)	Delivery Value (¥10,000)	YoY Change (%)
JAN	42	—	53.91	—
FEB	51	—	62.68	—
MAR	255	—	277.19	—
APR	295	—	369.34	—
MAY	185	-7.50	242.44	6.29
JUN	98	880.00	130.34	986.17
JUL	111	1,010.00	142.41	1,032.06
AUG	12	—	15.39	—
SEP	290	45.00	361.05	63.52
OCT	4	-97.01	5.71	-96.47
NOV	4	-96.64	5.80	-96.15
DEC	0	-100.00	0.00	-100.00
Total	1,347	94.37	1,666.25	105.05

Source: DCE

Table 1-4-133   Annual Delivery Data of Fiberboard Futures, 2020-2021

Year	Delivery Volume (Lot)	YoY Change (%)	Delivery Value (¥10,000)	YoY Change (%)
2020	693	−32.91	812.60	−77.11
2021	1,347	94.31	1,666.25	105.05

Source: DCE

(III) Volume and Price Trend of Fiberboard Futures (Figure 1-4-17, Table 1-4-134—Table 1-4-135)

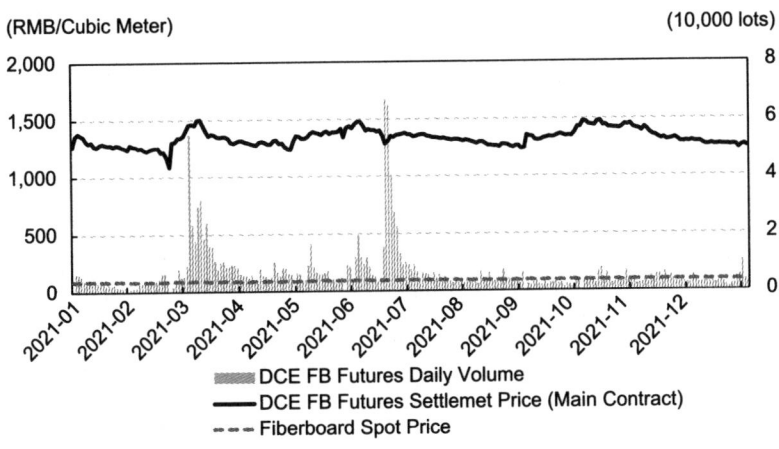

Figure 1-4-17   Daily Volume of Fiberboard Futures & Settlement Price of the Main Contract vs. Spot Price in 2021

Source: DCE; Wind

Table 1-4-134   Fiberboard Futures and Spot Prices, 2021

Market	2020 Closing	2021 High	2021 Low	2021 Closing	YoY Change	Average Settlement	Standard Deviation	Maximum Spread
DCE main fiberboard futures contract (RMB/Cubic Meter)	1,242.00	1,535.00	1,080.50	1,243.00	1.00	1,334.34	66.58	455
Fiberboard spot at Yuzhu (RMB/Sheet)	79.00	97.00	88.00	94.00	15.00	93.07	2.50	9

Source: DCE; Wind

Table 1-4-135   Price Correlation of DCE Fiberboard Futures vs. Domestic Spot Price in 2021

Prices	Correlation Coefficient
DCE main fiberboard futures contract settlement vs. fiberboard spot price	0.31

Source: DCE; Wind

XVIII. Polished Round-Grained Rice (RR) Futures

(I) Trading (Table 1-4-136—Table 1-4-137)

Table 1-4-136   Monthly Trading Data of RR Futures, 2021

Month	Volume (10,000 lots)	YoY Change (%)	Turnover (¥100mn)	YoY Change (%)	Month-End OI (10,000 lots)	YoY Change (%)
JAN	70.68	3,378.71	260.37	3,734.61	2.81	226.39
FEB	42.42	198.02	154.83	215.53	2.82	107.49
MAR	73.79	455.41	267.2	474.13	3.81	74.94
APR	50.27	129.90	181.79	136.77	4.31	40.66
MAY	33.18	209.11	120.05	226.05	3.53	22.64
JUN	40.13	268.22	142.15	278.86	3.17	28.27
JUL	33.77	-35.36	119.25	-34.59	3.18	-27.34
AUG	38.37	-46.25	136.16	-45.26	2.97	-10.33
SEP	32.13	-59.63	112.35	-59.23	2.25	-31.08
OCT	30.54	-51.25	105.02	-52.01	2.61	-24.65
NOV	44.35	-39.95	154.57	-41.68	2.90	-19.77
DEC	48.72	-52.84	165.01	-55.95	3.56	-23.97
Total	538.37	4.32	1,918.75	5.51	2.81	226.39

Source: DCE

Table 1-4-137   Annual Trading Data of RR Futures, 2020-2021

Year	Volume (10,000 lots)	YoY Change (%)	Turnover (¥100mn)	YoY Change (%)	Year-End OI (10,000 lots)	YoY Change (%)
2020	516.09	—	1,818.62	—	4.68	435.88
2021	538.37	4.32	1,918.75	5.51	3.56	-23.97

Source: DCE

(II) Delivery (Table 1-4-138—Table 1-4-139)

Table 1-4-138   Monthly Delivery Data of RR Futures, 2021

Month	Delivery Volume (Lot)	YoY Change (%)	Delivery Value (¥10,000)	YoY Change (%)
JAN	355	-40.93	1,233.16	-32.88
FEB	1,130	—	4,096.00	—
MAR	330	—	1,152.97	—
APR	124	—	438.09	—

Continued

Month	Delivery Volume (Lot)	YoY Change (%)	Delivery Value (¥10,000)	YoY Change (%)
MAY	271	4,416.67	946.83	4,483.36
JUN	789	—	2,850.17	—
JUL	560	3,400.00	1,971.38	3,553.95
AUG	330	32,900.00	1,125.41	33,625.20
SEP	0	-100.00	0.00	-100.00
OCT	20	-16.67	64.64	-17.13
NOV	38	111.11	119.05	94.53
DEC	35	-93.83	105.00	-94.56
Total	3,982	189.81	14,102.71	217.28

Source: DCE

Table 1-4-139   Annual Delivery Data of RR Futures, 2020-2021

Year	Delivery Volume (Lot)	YoY Change (%)	Delivery Value (¥100mn)	YoY Change (%)
2020	1,374	—	0.44	—
2021	3,982	189.81	1.41	217.28

Source: DCE

(III) Volume and Price Trend of RR Futures (Figure 1-4-18, Table 1-4-140—Table 1-4-141)

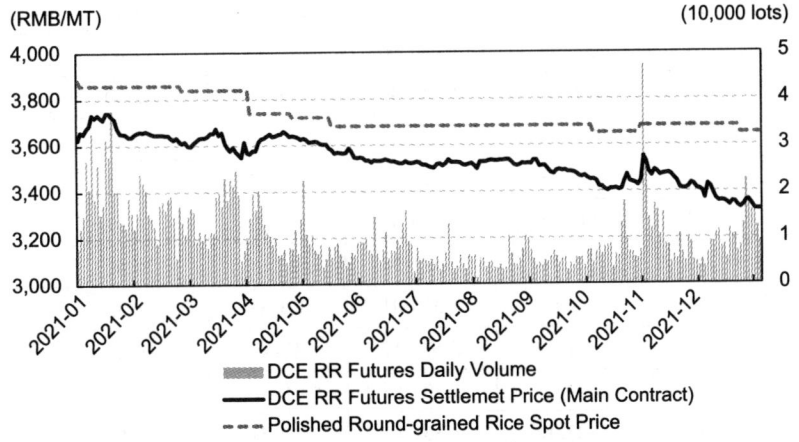

Figure 1-4-18   Daily Volume of Polished Round – Grained Rice Futures & Settlement Price of the Main Contract vs. Spot Price in 2021

Source: DCE; Wind

Table 1-4-140   RR Futures and Spot Prices, 2021

Market	2020 Closing	2021 High	2021 Low	2021 Closing	YoY Change	Average Settlement	Standard Deviation	Maximum Spread
DCE main RR futures contract (RMB/MT)	3,622.00	3,795.00	3,313.00	3,323.00	-299.00	3,536.23	96.98	482
RR spot at Jiamusi (RMB/MT)	3,440.00	3,880.00	3,650.00	3,650.00	210.00	3,719.08	71.70	230

Source: DCE; Wind

Table 1-4-141   Price Correlation of DCE RR Futures vs. Domestic Spot Price in 2021

Prices	Correlation Coefficient
DCE main RR futures contract settlement vs. RR spot price	0.78

Source: DCE; Wind

XIX. Ethenylbenzene (EB) Futures

(I) Trading (Table 1-4-142—Table 1-4-143)

Table 1-4-142   Monthly Trading Data of Ethenylbenzene Futures, 2021

Month	Volume (10,000 lots)	YoY Change (%)	Turnover (¥100mn)	YoY Change (%)	Month-End OI (10,000 lots)	YoY Change (%)
JAN	713.63	560.30	2,462.78	513.76	15.05	135.74
FEB	728.28	858.28	3,099.74	1,077.22	18.10	115.58
MAR	834.08	203.44	3,686.90	422.47	14.60	-7.18
APR	727.71	39.56	3,249.92	138.29	21.30	69.89
MAY	660.87	151.94	3,105.07	319.90	20.62	61.26
JUN	759.66	357.33	3,273.14	580.29	29.93	135.04
JUL	833.13	193.53	3,800.43	373.32	24.51	85.50
AUG	675.65	171.14	2,912.98	323.61	24.42	104.77
SEP	770.47	148.85	3,523.91	303.32	17.32	82.73
OCT	539.15	-11.39	2,573.17	32.53	18.55	-3.30
NOV	678.91	-54.08	2,899.03	-46.94	23.57	12.44
DEC	696.44	-23.12	2,801.79	-8.51	21.62	112.76
Total	8,617.99	64.34	37,388.86	122.73	—	—

Source: DCE

Table 1-4-143 Annual Trading Data of Ethenylbenzene Futures, 2020-2021

Year	Volume (10,000 lots)	YoY Change (%)	Turnover (¥100mn)	YoY Change (%)	Year-End OI (10,000 lots)	YoY Change (%)
2020	5,244.06	—	16,786.85	—	10.16	17.82
2021	8,617.99	64.34	37,388.86	122.73	21.62	112.76

Source: DCE

(II) Delivery (Table 1-4-144—Table 1-4-145)

Table 1-4-144 Monthly Delivery Data of Ethenylbenzene Futures, 2021

Month	Delivery Volume (Lot)	YoY Change (%)	Delivery Value (¥100mn)	YoY Change (%)
JAN	870	—	0.29	—
FEB	5,460	—	2.42	—
MAR	3,020	—	1.26	—
APR	3,000	274.06	1.49	699.41
MAY	1,540	-18.60	0.78	58.76
JUN	213	-82.22	0.09	-71.42
JUL	520	-13.33	0.24	49.56
AUG	435	-63.23	0.19	-35.89
SEP	656	-87.33	0.29	-78.95
OCT	1,563	-15.47	0.74	47.85
NOV	1,207	-56.63	0.56	-54.46
DEC	753	-72.56	0.31	-68.28
Total	19,237	5.53	8.67	55.95

Source: DCE

Table 1-4-145 Annual Delivery Data of Ethenylbenzene Futures, 2020-2021

Year	Delivery Volume (Lot)	YoY Change (%)	Delivery Value (¥100mn)	YoY Change (%)
2020	18,229	—	5.56	—
2021	19,237	5.53	8.67	55.95

Source: DCE

(III) Volume and Price Trend of Ethenylbenzene Futures (Figure 1-4-19, Table 1-4-146—Table 1-4-147)

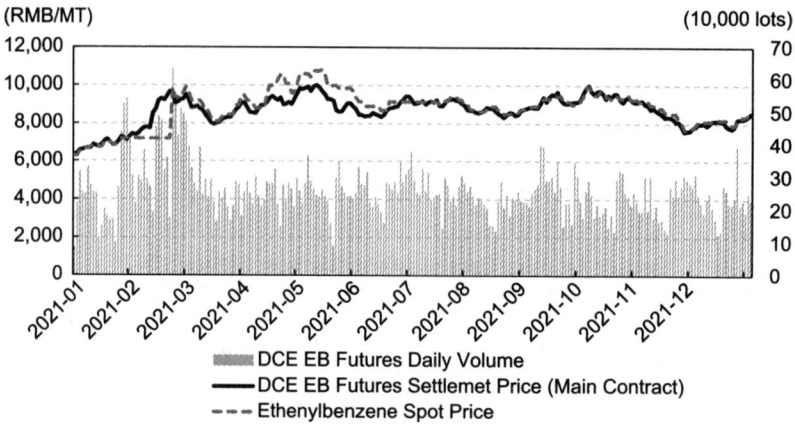

Figure 1-4-19 Daily Volume of EB Futures & Settlement Price of the Main Contract vs. Spot Price in 2021

Source: DCE; Wind

Table 1-4-146   Ethenylbenzene Futures and Spot Prices, 2021

Market	2020 Closing	2021 High	2021 Low	2021 Closing	YoY Change	Average Settlement	Standard Deviation	Maximum Spread
DCE main Ethenylbenzene futures contract (RMB/MT)	6,356.00	10,279.00	6,233.00	8,552.00	2,196.00	8,660.33	780.32	4,046
Ethenylbenzene spot in East China (RMB/MT)	6,300.00	10,850.00	6,300.00	8,450.00	2,150.00	8,864.32	934.27	4,550

Source: DCE; Wind

Table 1-4-147   Price Correlation of DCE Ethenylbenzene Futures vs. Domestic Spot Price in 2021

Prices	Correlation Coefficient
DCE main Ethenylbenzene futures contract settlement vs. Ethenylbenzene spot price	0.86

Source: DCE; Wind

XX. Liquefied Petroleum Gas (LPG) Futures and Options

(I) Trading (Table 1-4-148—Table 1-4-151)

Table 1-4-148   Monthly Trading Data of LPG Futures, 2021

Month	Volume (10,000 lots)	YoY Change (%)	Turnover (¥100mn)	YoY Change (%)	Month-End OI (10,000 lots)	YoY Change (%)
JAN	232.18	—	1,725.87	—	8.62	—
FEB	214.00	—	1,557.31	—	5.28	—
MAR	218.34	1,017.13	1,714.28	1,686.45	5.23	127.32
APR	169.12	-87.18	1,273.01	-85.00	8.97	40.96
MAY	193.74	-72.57	1,606.26	-66.05	9.67	32.41
JUN	218.49	-52.46	1,973.87	-38.51	10.54	25.34
JUL	254.90	-58.65	2,505.04	-46.72	10.20	-15.52
AUG	236.24	-49.18	2,385.78	-32.42	11.05	-5.10
SEP	384.65	-13.22	4,346.24	40.04	14.59	75.08
OCT	458.41	78.50	5,677.29	195.76	10.67	53.01
NOV	438.59	58.35	4,265.43	111.42	13.56	102.62
DEC	487.37	86.00	4,276.84	112.98	14.90	128.37
Total	3,506.03	-27.34	33,307.22	-1.46	—	—

Source: DCE

Table 1-4-149   Annual Trading Data of LPG Futures, 2020-2021

Year	Volume (10,000 lots)	YoY Change (%)	Turnover (¥100mn)	YoY Change (%)	Year-End OI (10,000 lots)	YoY Change (%)
2020	4,825.17	—	33,802.06	—	6.52	—
2021	3,506.03	-27.34	33,307.22	-1.46	14.90	128.37

Source: DCE

Table 1-4-150   Monthly Trading Data of LPG Options, 2021

Month	Volume (10,000 lots)	YoY Change (%)	Put/Call Ratio (PCR)	Turnover (¥100mn)	YoY Change (%)	Month-End OI (10,000 lots)	YoY Change (%)
JAN	16.6	—	0.73	1.92	—	2.9	—
FEB	18.5	—	0.78	2.4	—	2.1	—
MAR	18.5	6,136.7	0.96	2.38	1,090.0	2.2	928.5
APR	17.0	7.1	0.91	1.59	-80.6	2.5	9.8
MAY	24.8	260.0	0.74	2.68	-1.1	2.8	-3.8

Continued

Month	Volume (10,000 lots)	YoY Change (%)	Put/Call Ratio (PCR)	Turnover (¥100mn)	YoY Change (%)	Month-End OI (10,000 lots)	YoY Change (%)
JUN	24.4	178.8	1.30	2.34	-12.4	3.3	5.3
JUL	31.7	152.8	1.27	3.27	-20.2	2.9	-25.9
AUG	20.8	61.5	1.25	2.17	-36.0	2.2	-57.9
SEP	25.6	28.9	0.71	5.48	90.3	2.8	-45.6
OCT	18.7	1.9	0.66	4.76	119.4	2.0	-28.9
NOV	21.4	33.5	0.59	2.85	44.7	1.7	-28.0
DEC	24.9	38.0	0.59	2.56	2.0	1.8	-16.7
Total	262.8	103.0	0.85	34.4	11.8	—	—

Source: DCE

Table 1-4-151   Annual Trading Data of LPG Options, 2020-2021

Year	Volume (10,000 lots)	YoY Change (%)	Put/Call Ratio (PCR)	Turnover (¥100mn)	YoY Change (%)	Year-End OI (10,000 lots)	YoY Change (%)
2020	129.5	—	0.93	30.8	—	2.1	—
2021	262.8	—	0.85	34.4	—	1.8	-16.7

Source: DCE

(II) Delivery and Exercise (Table 1-4-152—Table 1-4-155)

Table 1-4-152   Monthly Delivery Data of LPG Futures, 2021

Month	Delivery Volume (Lot)	YoY Change (%)	Delivery Value (¥100mn)	YoY Change (%)
JAN	2,781	—	1.99	—
FEB	3,403	—	2.25	—
MAR	719	—	0.48	—
APR	29	—	0.03	—
MAY	203	—	0.16	—
JUN	519	—	0.44	—
JUL	1,041	—	1.00	—
AUG	1,331	—	1.33	—
SEP	3,261	—	3.27	—
OCT	1,099	—	1.38	—
NOV	1,683	-7.98	1.63	27.65
DEC	2,077	-10.44	1.79	5.78
Total	18,146	337.46	15.75	430.41

Source: DCE

Table 1-4-153   Annual Delivery Data of LPG Futures, 2020-2021

Year	Delivery Volume (Lot)	YoY Change (%)	Delivery Value (¥100mn)	YoY Change (%)
2020	4,148	—	2.97	—
2021	18,146	337.46	15.75	430.41

Source: DCE

Table 1-4-154   Monthly Exercise Data of LPG Options, 2021

Month	Exercise Volume (Lot)
JAN	2,381
FEB	4,223
MAR	3,588
APR	3,751
MAY	5,629
JUN	4,285
JUL	7,839
AUG	5,761
SEP	2,458
OCT	5,459
NOV	5,087
DEC	4,677
Total	55,138

Source: DCE

Table 1-4-155   Annual Exercise Data of LPG Options, 2020-2021

Year	Exercise Volume (Lot)	YoY Change(%)
2020	12,057	—
2021	55,138	—

Source: DCE

(III) Volume and Price Trend of LPG Futures (Figure 1-4-20, Table 1-4-156—Table 1-4-157)

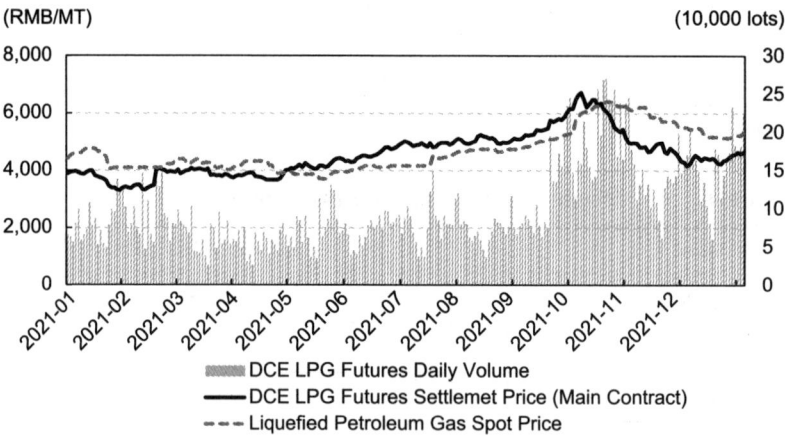

Figure 1-4-20 Daily Volume of LPG Futures & Settlement Price of the Main Contract vs. Spot Price in 2021

Source: DCE; Wind

Table 1-4-156　　　　　　　LPG Futures and Spot Prices, 2021

Market	2020 Closing	2021 High	2021 Low	2021 Closing	YoY Change	Average Settlement	Standard Deviation	Maximum Spread
DCE main LPG futures contract (RMB/MT)	3,776.00	6,836.00	3,253.00	4,748.00	972.00	4,551.72	752.60	3,583
LPG spot at Guangzhou (RMB/MT)	4,308.00	6,408.00	3,708.00	5,338.00	1,030.00	4,788.87	750.31	2,700

Source: DCE; Wind

Table 1-4-157　　　Price Correlation of DCE LPG Futures vs. Domestic Spot Price in 2021

Prices	Correlation Coefficient
DCE main LPG futures contract settlement vs. LPG spot price	0.65

Source: DCE; Wind

XXI. Live Hog Futures

Live hog futures was listed for trading on DCE on January 8, 2021.

(I) Trading (Table 1-4-158)

Table 1-4-158 Annual Trading Data of Live Hog Futures, 2020-2021

Year	Volume (10,000 lots)	YoY Change (%)	Turnover (¥100mn)	YoY Change (%)	Year-End OI (10,000 lots)	YoY Change (%)
2021	605.78	—	17,146.43	—	10.07	—

Source: DCE

(II) Delivery (Table 1-4-159)

Table 1-4-159 Annual Delivery Data of Live Hog Futures, 2020-2021

Year	Delivery Volume (Lot)	YoY Change (%)	Delivery Value (¥10,000)	YoY Change (%)
2021	53	—	1,333.22	—

Source: DCE

(III) Volume and Price Trend of Live Hog Futures (Figure 1-4-21, Table 1-4-1160—Table 1-4-161)

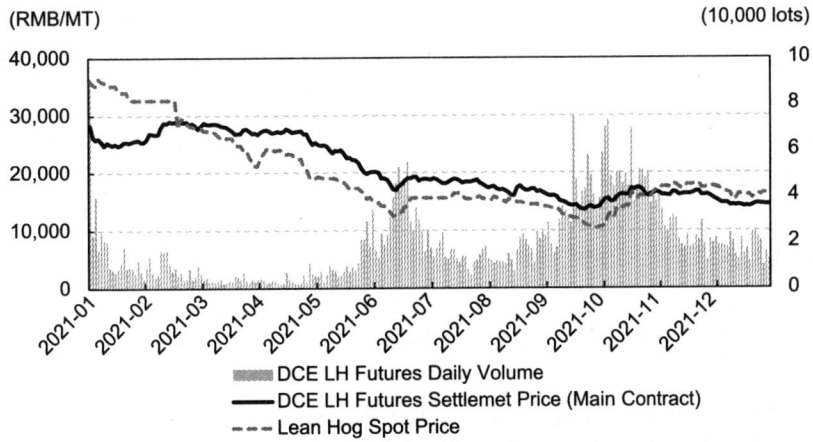

Figure 1-4-21 Daily Volume of Live Hog Futures & Settlement Price of the Main Contract vs. Spot Price in 2021

Source: DCE; Wind

Table 1-4-160　　　　　Live Hog Futures and Spot Prices, 2021

Market	2020 Closing	2021 High	2021 Low	2021 Closing	YoY Change	Average Settlement	Standard Deviation	Maximum Spread
DCE main live hog futures contract (RMB/MT)	—	30,680.00	13,365.00	14,450.00	—	20,571.05	5,126.09	17,315
Hybrid live hog (Landrace × Large White × Duroc) spot at Henan (RMB/MT)	—	36,400.00	10,350.00	16,250.00	—	19,396.50	6,753.69	26,050

Source: DCE; Wind

Table 1-4-161　　　Price Correlation of DCE Live Hog Futures vs. Domestic Spot Price in 2021

Prices	Correlation Coefficient
DCE main live hog futures contract settlement vs. live hog spot price	0.82

Source: DCE; Wind

>>> Section V　CFFEX Market

As of the end of 2021, the China Financial Futures Exchange (CFFEX) listed three equity index futures, three China government bond (CGB) futures, and one equity index options. It recorded a futures and options trading volume of 122 million lots and a notional trading value of RMB 118.2 trillion, up 5.86% and 2.37% YoY and representing 1.62% and 20.33% of the national market, respectively.

I. CSI 300 Index Futures and Options

(I) Trading (Table 1-5-1—Table 1-5-4)

Table 1-5-1　　　Monthly Trading Data of CSI 300 Index Futures, 2021

Month	Volume (10,000 lots)	YoY Change (%)	Turnover (¥100mn)	YoY Change (%)	Month-End OI (10,000 lots)	YoY Change (%)
JAN	286.43	92.85	46,952.18	153.78	21.25	61.32
FEB	208.44	-14.21	34,673.30	19.96	22.26	49.52
MAR	356.02	5.69	54,201.69	41.17	20.69	39.79
APR	273.27	20.12	41,192.30	60.41	21.56	46.07
MAY	245.19	49.70	37,697.01	98.20	22.16	60.04
JUN	268.83	36.48	41,726.79	77.07	20.62	36.07

Continued

Month	Volume (10,000 lots)	YoY Change (%)	Turnover (¥100mn)	YoY Change (%)	Month-End OI (10,000 lots)	YoY Change (%)
JUL	281.76	-31.27	42,381.91	-25.44	21.48	8.19
AUG	256.91	-18.28	37,391.07	-15.76	21.16	13.17
SEP	239.95	-17.02	35,106.13	-12.87	18.23	3.05
OCT	154.52	-14.01	22,763.70	-10.81	18.41	-4.00
NOV	184.53	-22.77	26,919.82	-23.23	18.31	-8.07
DEC	212.19	-15.50	31,663.19	-16.13	19.36	-4.76
Total	2,968.05	-1.06	452,669.08	14.91	19.36	-4.76

Source: CFFEX

Table 1-5-2   Annual Trading Data of CSI 300 Index Futures, 2020-2021

Year	Volume (10,000 lots)	YoY Change (%)	Turnover (¥100mn)	YoY Change (%)	Year-End OI (10,000 lots)	YoY Change (%)
2020	2,999.87	26.91	393,924.28	47.50	20.32	61.80
2021	2,968.05	-1.06	452,669.08	14.91	19.36	-4.76

Source: CFFEX

Table 1-5-3   Monthly Trading Data of CSI 300 Index Options, 2021

Month	Volume (10,000 lots)	YoY Change (%)	Premium (¥100mn)	YoY Change (%)	Month-End OI (10,000 lots)	YoY Change (%)
JAN	281.73	750.90	316.85	931.42	17.06	199.30
FEB	201.71	98.18	227.73	192.11	19.41	169.58
MAR	288.00	142.28	279.25	158.64	17.10	128.30
APR	222.79	177.89	185.86	251.81	16.89	111.92
MAY	229.52	235.85	188.35	373.71	20.73	140.49
JUN	242.02	138.23	190.64	235.81	19.67	114.50
JUL	285.64	14.80	222.80	-13.71	19.28	60.00
AUG	295.46	48.84	207.66	20.67	18.74	50.40
SEP	284.12	49.78	205.71	35.12	15.76	19.03
OCT	166.73	32.53	122.93	14.44	15.88	21.41
NOV	246.35	28.91	157.57	5.23	16.67	24.13
DEC	280.09	29.39	179.71	12.45	19.60	36.97
Total	3,024.15	80.62	2,485.06	81.99	19.60	36.97

Source: CFFEX

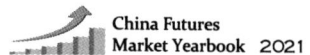

Table 1-5-4　Annual Trading Data of CSI 300 Index Options, 2020-2021

Year	Volume (10,000 lots)	YoY Change (%)	Turnover (¥100mn)	YoY Change (%)	Year-End OI (10,000 lots)	YoY Change (%)
2020	1,674.28	—	1,365.53	—	14.31	—
2021	3,024.15	80.62	2,485.07	81.99	19.60	36.97

Source: CFFEX

(II) Delivery and Exercise (Table 1-5-5—Table 1-5-8)

Table 1-5-5　Monthly Delivery Data of CSI 300 Index Futures, 2021

Month	Delivery Volume (Lot)	YoY Change (%)	Delivery Value (¥100mn)	YoY Change (%)
JAN	6,117	-1.55	99.80	28.97
FEB	6,345	84.34	109.70	155.71
MAR	11,968	46.83	179.70	102.75
APR	7,889	32.39	117.47	70.69
MAY	5,286	-12.16	81.54	15.14
JUN	12,334	71.54	188.50	113.43
JUL	9,134	19.87	140.14	35.52
AUG	8,874	62.29	126.32	63.35
SEP	13,657	80.89	198.25	85.96
OCT	8,651	68.87	127.99	73.92
NOV	6,935	58.26	101.39	56.20
DEC	10,247	35.83	152.62	34.95
Total	107,437	43.90	1,623.42	66.37

Source: CFFEX

Table 1-5-6　Annual Delivery Data of CSI 300 Index Futures, 2020-2021

Year	Delivery Volume (Lot)	YoY Change (%)	Delivery Value (¥100mn)	YoY Change (%)
2020	74,660	26.43	975.79	45.08
2021	107,437	43.90	1,623.42	66.37

Source: CFFEX

Table 1-5-7　Monthly Exercise Data of CSI 300 Index Options, 2021

Month	Exercise Volume (Lot)	Open Interest upon Expiration (Lot)	Exercise Ratio (%)
JAN	7,364	37,100	19.85
FEB	8,279	36,908	22.43
MAR	16,190	77,336	20.93

Continued

Month	Exercise Volume (Lot)	Open Interest upon Expiration (Lot)	Exercise Ratio (%)
APR	11,163	56,998	19.58
MAY	9,040	48,237	18.74
JUN	14,722	76,352	19.28
JUL	13,436	67,218	19.99
AUG	16,231	67,554	24.03
SEP	15,135	77,065	19.64
OCT	13,277	58,365	22.75
NOV	15,502	66,368	23.36
DEC	16,512	82,857	19.93
Total	156,851	752,358	20.85

Source: CFFEX

Table 1-5-8   Annual Exercise Data of CSI 300 Index Options, 2020-2021

Year	Exercise Volume (Lot)	YoY Change(%)
2020	69,602	—
2021	156,851	125.35

Source: CFFEX

(III) Volume and Price Trend of CSI 300 Index Futures (Figure 1-5-1)

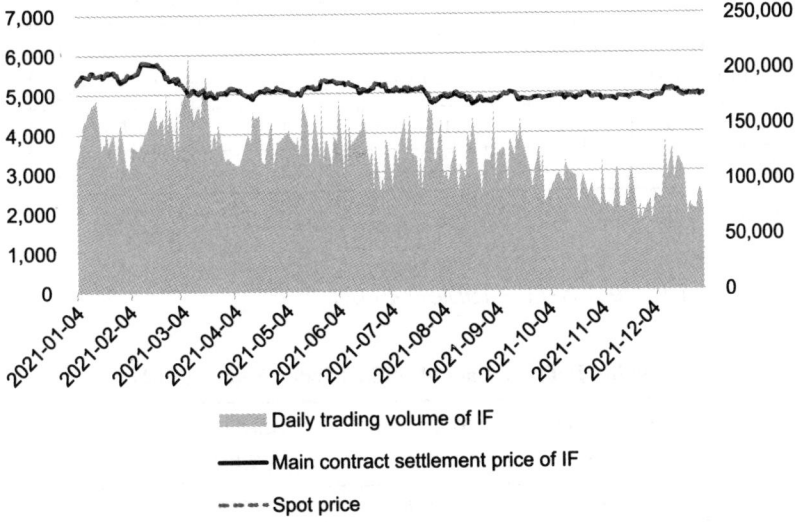

Figure 1-5-1   Comparison of CSI 300 Index Futures Daily Trading Volume with the Main Contract Settlement Price and Spot Price in 2021

Source: CFFEX; Wind

II. SSE 50 Index Futures

(I) Trading (Table 1-5-9—Table 1-5-12)

Table 1-5-9   Monthly Trading Data of SSE 50 Index Futures, 2021

Month	Volume (10,000 lots)	YoY Change (%)	Turnover (¥100mn)	YoY Change (%)	Month-End OI (10,000 lots)	YoY Change (%)
JAN	114.55	112.29	13,048.09	163.53	7.39	20.54
FEB	79.92	-7.48	9,263.45	24.88	7.94	10.78
MAR	132.42	4.92	14,194.61	37.03	7.60	13.82
APR	105.39	26.71	10,997.32	61.01	8.20	29.72
MAY	100.06	63.33	10,521.69	104.58	8.15	30.63
JUN	119.86	62.03	12,636.12	99.52	8.29	38.85
JUL	139.70	-20.14	13,938.55	-18.78	10.19	27.74
AUG	145.35	18.36	13,771.98	13.66	10.91	44.86
SEP	153.91	40.74	14,695.93	37.06	9.82	40.89
OCT	98.91	33.28	9,713.28	30.92	10.00	36.90
NOV	117.28	18.92	11,295.03	12.44	10.00	15.12
DEC	126.23	14.71	12,504.07	7.85	11.51	47.18
Total	1,433.59	22.01	146,580.12	33.14	11.51	47.18

Source: CFFEX

Table 1-5-10   Annual Trading Data of SSE 50 Index Futures, 2020-2021

Year	Volume (10,000 lots)	YoY Change (%)	Turnover (¥100mn)	YoY Change (%)	Year-End OI (10,000 lots)	YoY Change (%)
2020	1,174.94	21.52	110,093.54	33.97	7.82	36.22
2021	1,433.59	22.01	146,580.12	33.14	11.51	47.18

Source: CFFEX

(II) Delivery (Table 1-5-11—Table 1-5-12)

Table 1-5-11   Monthly Delivery Data of SSE 50 Index Futures, 2021

Month	Delivery Volume (Lot)	YoY Change (%)	Delivery Value (¥100mn)	YoY Change (%)
JAN	2,969	3.05	33.97	28.92
FEB	3,027	77.33	36.40	139.32
MAR	3,987	4.29	42.01	40.50
APR	3,583	75.04	37.03	114.29

Continued

Month	Delivery Volume (Lot)	YoY Change (%)	Delivery Value (¥100mn)	YoY Change (%)
MAY	3,171	21.35	33.16	49.71
JUN	5,800	74.12	59.98	105.55
JUL	4,046	-24.30	41.00	-19.47
AUG	4,056	56.42	37.23	45.94
SEP	10,224	312.26	96.68	290.63
OCT	6,375	164.63	62.98	157.80
NOV	4,549	62.46	43.68	52.62
DEC	6,787	129.37	66.87	114.88
Total	58,574	67.41	591.01	81.62

Source: CFFEX

Table 1-5-12　Annual Delivery Data of SSE 50 Index Futures, 2020-2021

Year	Delivery Volume (Lot)	YoY Change (%)	Delivery Value (¥100mn)	YoY Change (%)
2020	34,988	1.67	325.41	10.84
2021	58,574	67.41	591.01	81.62

Source: CFFEX

(III) Volume and Price Trend of SSE 50 Index Futures (Figure 1-5-2)

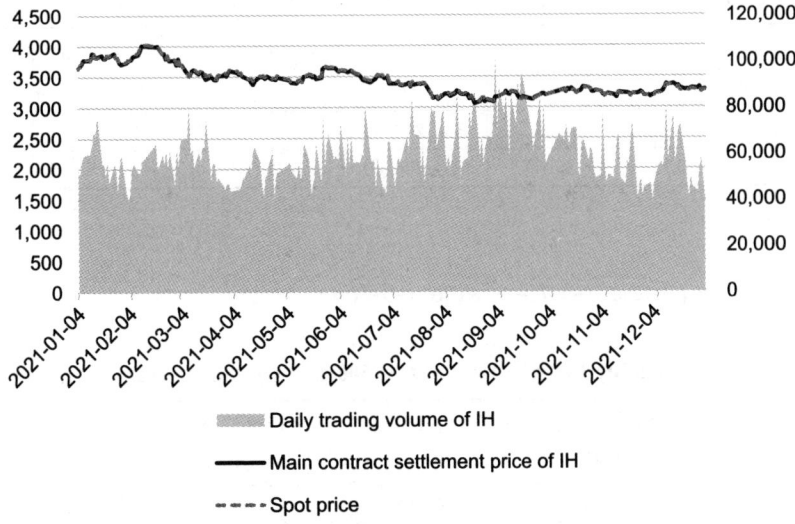

Figure 1-5-2　Comparison of SSE 50 Index Futures Daily Trading Volume with the Main Contract Settlement Price and Spot Price in 2021

Source: CFFEX; Wind

III. CSI 500 Index Futures

(I) Trading (Table 1-5-13—Table 1-5-14)

Table 1-5-13 Monthly Trading Data of CSI 500 Index Futures, 2021

Month	Volume (10,000 lots)	YoY Change (%)	Turnover (¥100mn)	YoY Change (%)	Month-End OI (10,000 lots)	YoY Change (%)
JAN	222.53	29.57	28,553.05	52.04	23.37	26.96
FEB	162.03	-44.59	20,715.73	-34.85	23.34	14.83
MAR	243.20	-37.62	30,024.25	-27.02	24.06	24.56
APR	182.15	-32.46	22,922.74	-17.73	24.78	27.27
MAY	158.22	-22.75	20,496.86	-6.55	22.39	19.32
JUN	175.90	-22.22	23,293.77	-7.50	24.08	23.14
JUL	214.94	-45.38	29,047.56	-42.31	27.78	21.75
AUG	194.71	-39.83	26,892.09	-36.43	26.69	27.56
SEP	231.07	-25.19	33,670.10	-13.57	27.85	27.31
OCT	144.60	-24.65	20,142.31	-16.16	26.74	11.20
NOV	164.98	-34.84	23,263.39	-26.60	27.34	15.32
DEC	177.95	-28.75	25,764.16	-17.56	27.15	18.72
Total	2,272.28	-30.63	304,786.00	-20.89	27.15	18.72

Source: CFFEX

Table 1-5-14 Annual Trading Data of CSI 500 Index Futures, 2020-2021

Year	Volume (10,000 lots)	YoY Change (%)	Turnover (¥100mn)	YoY Change (%)	Year-End OI (10,000 lots)	YoY Change (%)
2020	3,275.54	64.24	385,278.36	93.81	22.87	37.49
2021	2,272.28	-30.63	304,786.00	-20.89	27.15	18.72

Source: CFFEX

(II) Delivery (Table 1-5-15—Table 1-5-16)

Table 1-5-15 Monthly Delivery Data of CSI 500 Index Futures, 2021

Month	Delivery Volume (Lot)	YoY Change (%)	Delivery Value (¥100mn)	YoY Change (%)
JAN	7,746	64.98	99.02	91.20
FEB	4,702	9.30	62.76	26.15
MAR	9,124	42.58	113.07	70.70
APR	7,887	39.08	99.89	64.89

Continued

Month	Delivery Volume (Lot)	YoY Change (%)	Delivery Value (¥100mn)	YoY Change (%)
MAY	4,213	-10.59	55.07	5.74
JUN	7,912	24.99	105.22	43.76
JUL	7,269	42.47	101.14	56.71
AUG	6,028	-8.18	82.93	-4.85
SEP	13,303	89.31	195.66	116.18
OCT	8,887	40.95	124.86	54.24
NOV	6,235	12.97	89.15	25.99
DEC	10,060	65.22	147.34	92.20
Total	93,366	35.87	1,276.10	54.83

Source: CFFEX

Table 1-5-16　Annual Delivery Data of CSI 500 Index Futures, 2020-2021

Year	Delivery Volume (Lot)	YoY Change (%)	Delivery Value (¥100mn)	YoY Change (%)
2020	68,716	30.92	824.22	56.02
2021	93,366	35.87	1,276.10	54.83

Source: CFFEX

(III) Volume and Price Trend of CSI 500 Index Futures (Figure 1-5-3)

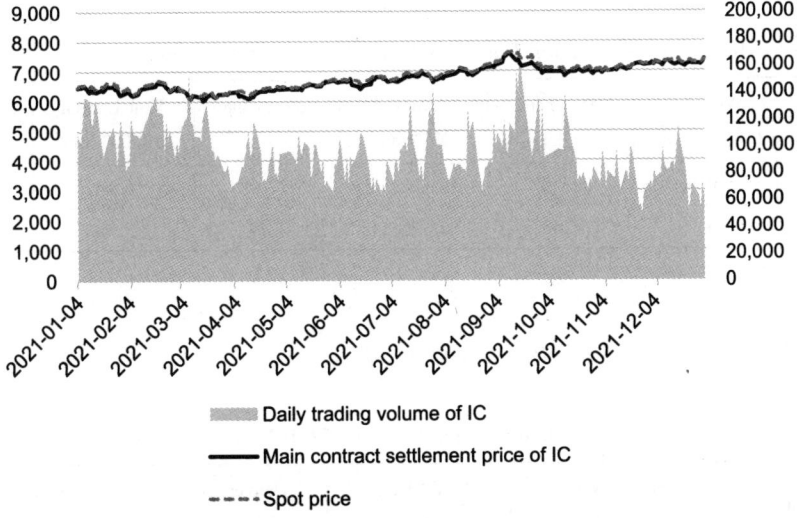

Figure 1-5-3　Comparison of CSI 500 Index Futures Daily Trading Volume with the Main Contract Settlement Price and Spot Price in 2021

Source: CFFEX; Wind

IV. 5-Year CGB Futures

(I) Trading (Table 1-5-17—Table 1-5-18)

Table 1-5-17   Monthly Trading Data of 5-Year CGB Futures, 2021

Month	Volume (10,000 lots)	YoY Change (%)	Turnover (¥100mn)	YoY Change (%)	Month-End OI (10,000 lots)	YoY Change (%)
JAN	55.31	168.11	5,521.54	167.29	6.15	51.66
FEB	46.16	52.79	4,584.90	49.83	5.32	85.47
MAR	46.98	40.44	4,666.60	36.90	6.01	92.98
APR	43.35	-6.71	4,322.51	-10.37	7.34	78.79
MAY	53.33	-19.21	5,336.23	-21.72	5.56	26.06
JUN	42.77	-38.29	4,271.10	-39.38	7.18	35.71
JUL	47.83	-25.24	4,814.95	-25.35	7.44	77.30
AUG	58.06	14.51	5,866.49	15.34	5.90	44.23
SEP	44.95	-17.15	4,542.78	-16.13	6.61	17.21
OCT	39.09	14.71	3,933.64	15.83	8.05	36.59
NOV	71.52	16.88	7,226.62	18.78	8.08	60.29
DEC	57.65	13.72	5,837.75	15.69	8.78	45.46
Total	606.99	4.48	60,925.11	3.79		

Source: CFFEX

Table 1-5-18   Annual Trading Data of 5-Year CGB Futures, 2020-2021

Year	Volume (10,000 lots)	YoY Change (%)	Turnover (¥100mn)	YoY Change (%)	Year-End OI (10,000 lots)	YoY Change (%)
2020	580.98	223.07	58,698.73	227.78	6.04	75.06
2021	606.99	4.48	60,925.11	3.79	8.78	45.46

Source: CFFEX

(II) Delivery (Table 1-5-19—Table 1-5-20)

Table 1-5-19   Monthly Delivery Data of 5-Year CGB Futures, 2021

Month	Delivery Volume (Lot)	YoY Change (%)	Delivery Value (¥100mn)	YoY Change (%)
MAR	194	-89.48	1.89	-90.31
JUN	878	-47.43	8.96	-48.59

Continued

Month	Delivery Volume (Lot)	YoY Change (%)	Delivery Value (¥100mn)	YoY Change (%)
SEP	2,864	2,576.64	29.77	2,606.36
DEC	4,529	88.71	46.86	101.90
Total	8,465	40.59	87.51	42.87

Source: CFFEX

Table 1-5-20　Annual Delivery Data of 5-Year CGB Futures, 2020-2021

Year	Delivery Volume (Lot)	YoY Change (%)	Delivery Value (¥100mn)	YoY Change (%)
2020	6,021	42.51	61.25	44.25
2021	8,465	40.59	87.51	42.87

Source: CFFEX

(III) Volume and Price Trend of 5-Year CGB Futures (Figure 1-5-4)

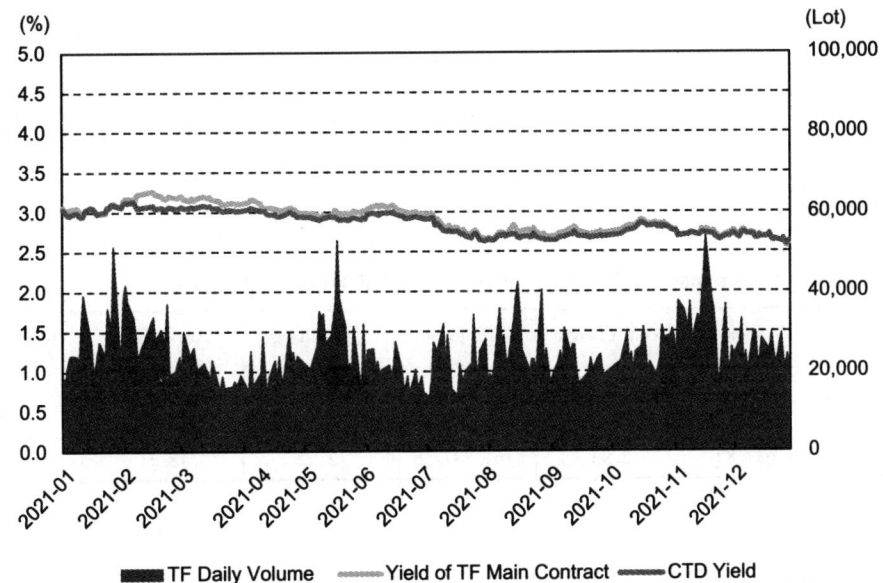

Figure 1-5-4　Daily Trading Volume and Yield History of 5-Year CGB Futures

Source: CFFEX; Wind

V. 10-Year CGB Futures

(I) Trading (Table 1-5-21—Table 1-5-22)

Table 1-5-21   Monthly Trading Data of 10-Year CGB Futures, 2021

Month	Volume (10,000 lots)	YoY Change (%)	Turnover (¥100mn)	YoY Change (%)	Month-End OI (10,000 lots)	YoY Change (%)
JAN	125.17	86.13	12,261.94	85.17	12.87	48.80
FEB	105.39	-1.64	10,225.88	-5.11	11.88	78.06
MAR	131.58	-8.85	12,770.69	-12.63	13.40	42.98
APR	118.03	-11.48	11,520.89	-15.66	13.78	57.52
MAY	144.23	-8.89	14,165.22	-11.70	12.61	64.84
JUN	129.86	-6.70	12,736.63	-8.70	15.67	77.83
JUL	148.30	-16.22	14,721.92	-16.10	15.99	57.47
AUG	173.88	14.04	17,389.40	15.55	14.68	62.46
SEP	126.62	-9.63	12,654.82	-7.85	15.05	41.40
OCT	104.39	7.88	10,344.15	9.31	16.52	40.38
NOV	178.98	15.84	17,881.35	18.55	16.27	45.42
DEC	151.43	25.35	15,164.65	28.72	18.11	53.22
Total	1,637.85	2.93	161,837.56	2.22		

Source: CFFEX

Table 1-5-22   Annual Trading Data of 10-Year CGB Futures, 2020-2021

Year	Volume (10,000 lots)	YoY Change (%)	Turnover (¥100mn)	YoY Change (%)	Year-End OI (10,000 lots)	YoY Change (%)
2020	1,591.23	72.10	158,326.03	75.13	11.82	47.21
2021	1,637.85	2.93	161,837.56	2.22	18.11	53.22

Source: CFFEX

(II) Delivery (Table 1-5-23—Table 1-5-24)

Table 1-5-23   Monthly Delivery Data of 10-Year CGB Futures, 2021

Month	Delivery Volume (Lot)	YoY Change (%)	Delivery Value (¥100mn)	YoY Change (%)
MAR	791	250.00	7.64	233.62
JUN	640	-37.07	6.30	-40.17

Continued

Month	Delivery Volume (Lot)	YoY Change (%)	Delivery Value (¥100mn)	YoY Change (%)
SEP	1,359	5,336.00	13.46	5,508.33
DEC	1,250	-62.70	12.47	-61.80
Total	4,040	-12.54	39.87	-12.76

Source: CFFEX

Table 1-5-24 Annual Delivery Data of 10-Year CGB Futures, 2020-2021

Year	Delivery Volume (Lot)	YoY Change (%)	Delivery Value (¥100mn)	YoY Change (%)
2020	4,619	87.69	45.70	87.76
2021	4,040	-12.54	39.87	-12.76

Source: CFFEX

(III) Volume and Price Trend of 10-Year CGB Futures (Figure 1-5-5)

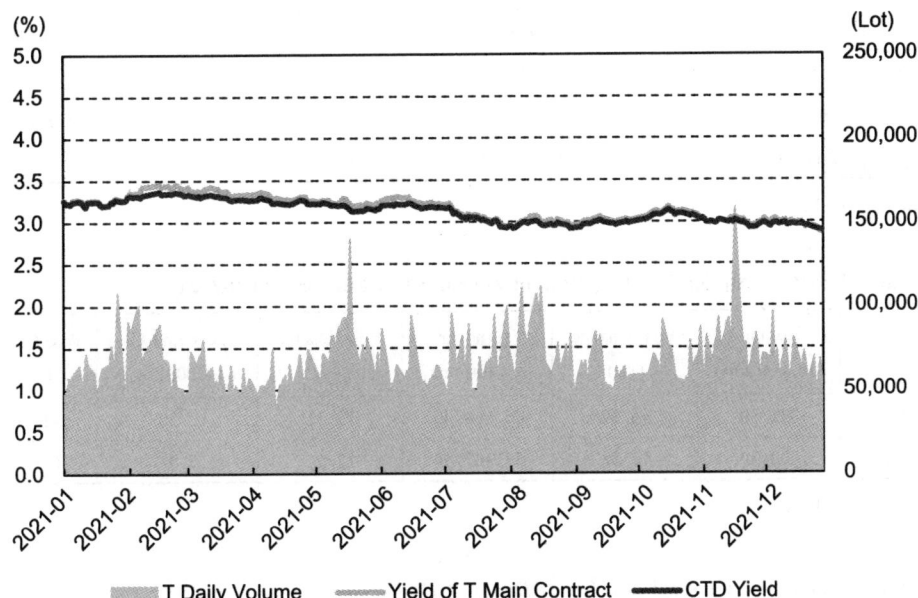

Figure 1-5-5 Daily Trading Volume and Yield History of 10-Year CGB Futures
Source: CFFEX; Wind

VI. 2-Year CGB Futures

(I) Trading (Table 1-5-25—Table 1-5-26)

Table 1-5-25　　Monthly Trading Data of 2-Year CGB Futures, 2021

Month	Volume (10,000 lots)	YoY Change (%)	Turnover (¥100mn)	YoY Change (%)	Month-End OI (10,000 lots)	YoY Change (%)
JAN	18.46	-35.92	3,708.02	-35.94	2.46	11.47
FEB	13.27	-48.27	2,659.09	-48.69	1.31	9.07
MAR	18.70	-25.28	3,741.88	-26.12	2.26	36.17
APR	19.62	3.63	3,934.01	1.57	3.30	73.70
MAY	22.02	32.74	4,421.10	30.67	3.12	125.98
JUN	20.37	4.99	4,085.16	4.04	3.27	69.63
JUL	19.11	0.84	3,846.96	0.71	3.12	54.57
AUG	21.92	27.38	4,419.42	27.78	2.39	62.89
SEP	17.28	8.62	3,481.96	9.12	2.89	29.27
OCT	19.41	67.42	3,905.79	68.11	2.75	-0.29
NOV	33.46	76.96	6,745.11	78.24	3.18	65.54
DEC	36.77	156.98	7,419.10	158.59	5.02	118.24
Total	260.39	12.58	52,367.59	12.22		

Source: CFFEX

Table 1-5-26　　Annual Trading Data of 2-Year CGB Futures, 2020-2021

Year	Volume (10,000 lots)	YoY Change (%)	Turnover (¥100mn)	YoY Change (%)	Year-End OI (10,000 lots)	YoY Change (%)
2020	231.30	16.37	46,664.49	17.11	2.30	40.08
2021	260.39	12.58	52,367.59	12.22	5.02	118.24

Source: CFFEX

(II) Delivery (Table 1-5-27—Table 1-5-28)

Table 1-5-27　　Monthly Delivery Data of 2-Year CGB Futures, 2021

Month	Delivery Volume (Lot)	YoY Change (%)	Delivery Value (¥100mn)	YoY Change (%)
MAR	930	694.87	18.76	684.94
JUN	3,110	788.57	63.04	792.92

Continued

Month	Delivery Volume (Lot)	YoY Change (%)	Delivery Value (¥100mn)	YoY Change (%)
SEP	265	-27.60	5.35	-27.80
DEC	904	-78.70	18.24	-78.60
Total	5,209	2.58	105.38	3.23

Source: CFFEX

Table 1-5-28   Annual Delivery Data of 2-Year CGB Futures, 2020-2021

Year	Delivery Volume (Lot)	YoY Change (%)	Delivery Value (¥100mn)	YoY Change (%)
2020	5,078	316.91	102.08	315.30
2021	5,209	2.58	105.38	3.23

Source: CFFEX

(III) Volume and Price Trend of 2-Year CGB Futures (Figure 1-5-6)

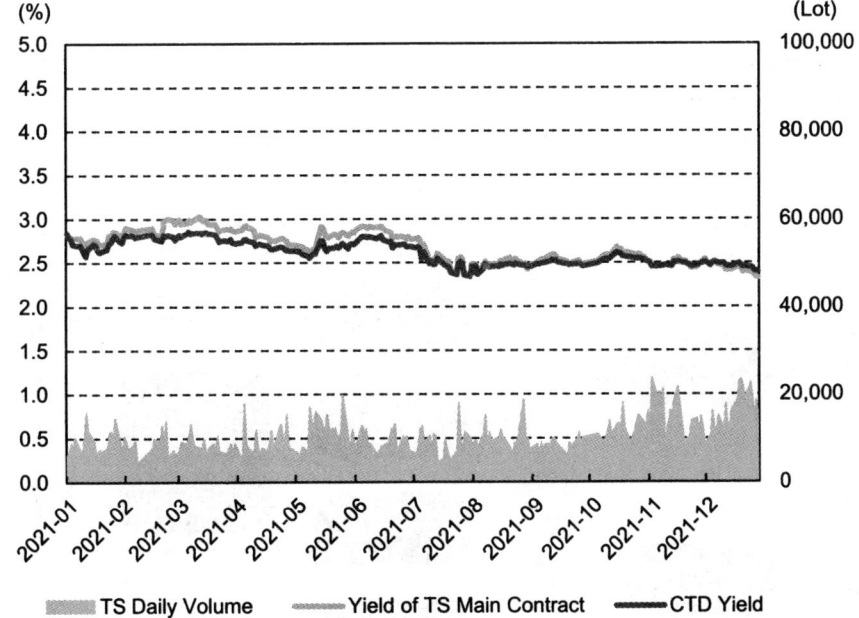

Figure 1-5-6   Daily Trading Volume and Yield History of 2-Year CGB Futures
Source: CFFEX; Wind

Section VI Designated Futures and Options Products Open to Overseas Investors

I. Crude Oil Futures and Options

(I) Participation Models (Figure 1-6-1)

1. Domestic Investors

Domestic investors may trade crude oil futures through a domestic Futures Firm Member ("FF Member") or, for those who are eligible for INE membership, directly as a Non-Futures Firm Member ("Non-FF Member").

2. Overseas Investors

Overseas investors can trade crude oil futures through one of the following approaches:

(1) Directly through domestic futures firms;

(2) Through Overseas Intermediaries that have partnered with domestic futures firms or Overseas Special Brokerage Participants ("OSBPs") (a unique trading code is needed for each account);

(3) Through OSBPs (who have direct trading access to INE but must complete clearing and delivery through domestic FF Members); and

(4) As Overseas Special Non-Brokerage Participants ("OSNBPs").

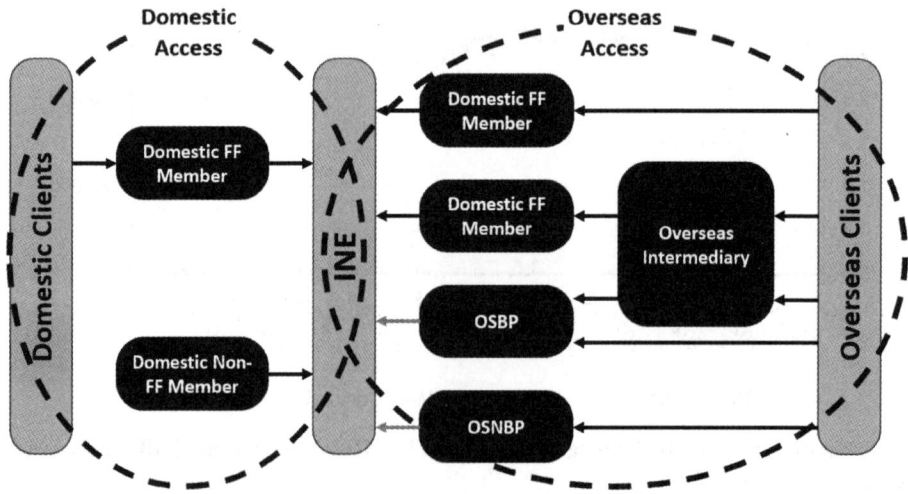

Figure 1-6-1 Trading as Overseas Investors

Note: Black arrows indicate trading, clearing, and delivery. Grey arrows indicate direct trading access to INE, but overseas special participants ("OSPs") must complete clearing and delivery through domestic FF Members.

(II) Market Access by Domestic Members and Clients

1. Membership Admission Process (Figure 1-6-2)

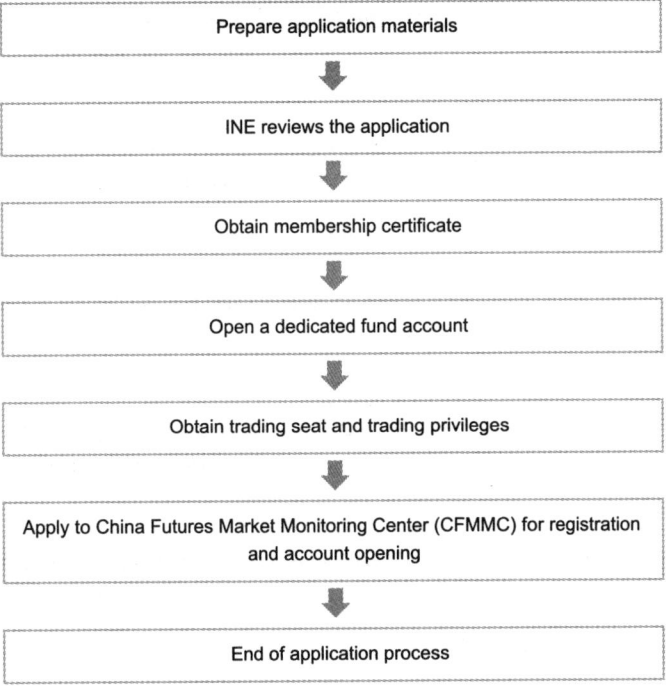

Figure 1-6-2 Membership Admission Process

2. Domestic Clients Market Access Process (Figure 1-6-3)

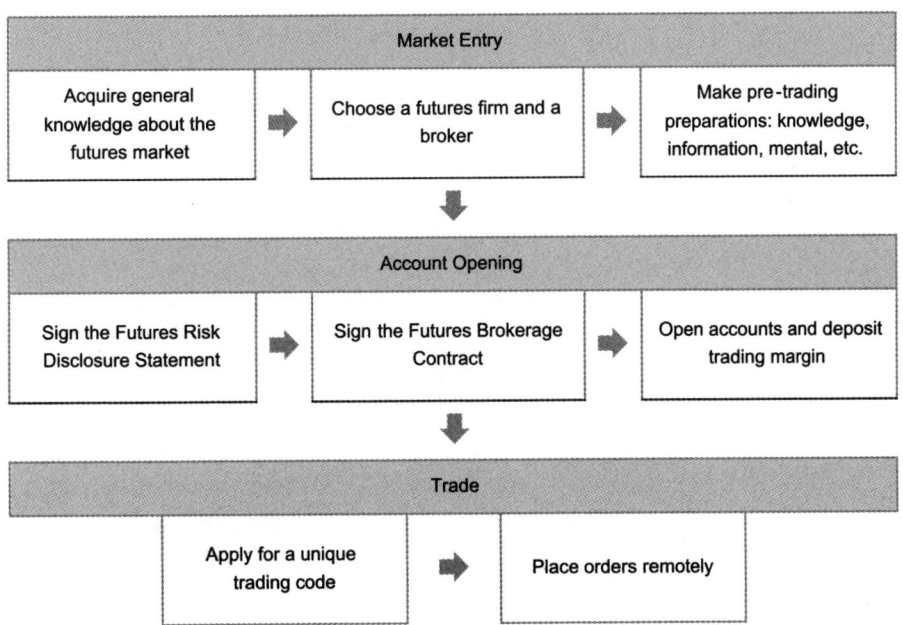

Figure 1-6-3 Domestic Clients Market Access Process

3. Trading and Clearing Process (Figure 1-6-4)

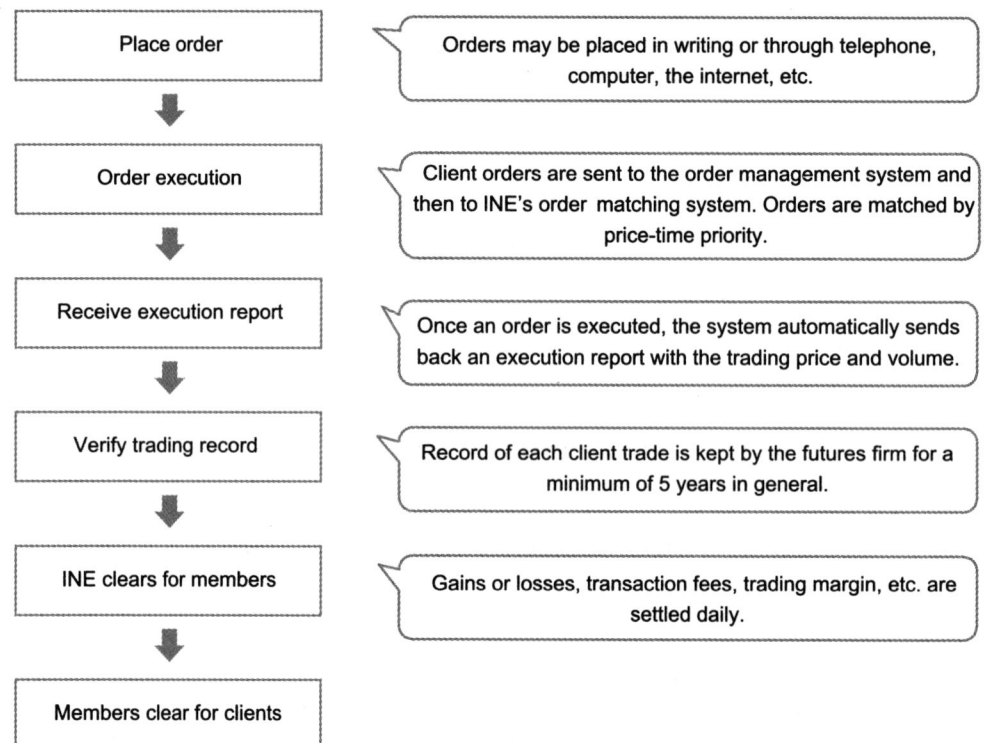

Figure 1-6-4　Trading and Clearing Process

4. Delivery Process (Figure 1-6-5)

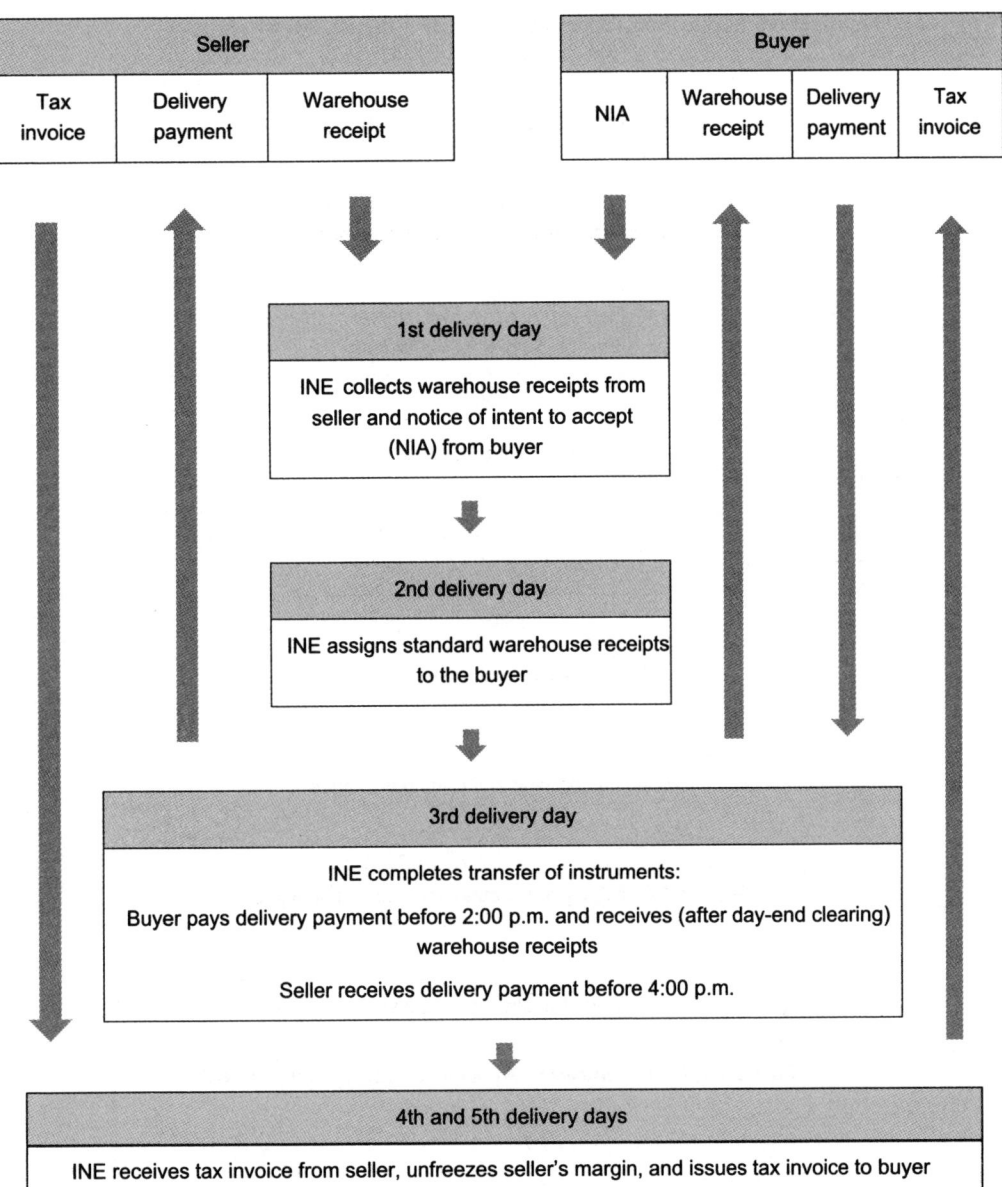

Figure 1-6-5 Delivery Process

(III) Market Access by Overseas Clients and Brokers
1. Qualification Application/Filing Process of OSPs and Overseas Intermediaries
(1) Qualification Application Process for OSNBP (Figure 1-6-6)

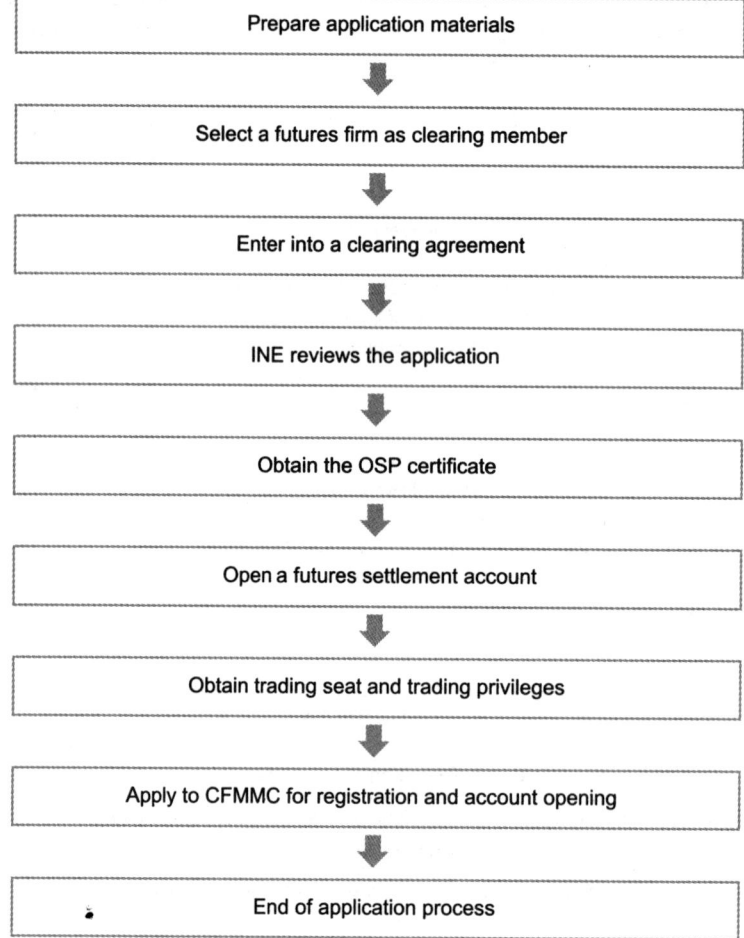

Figure 1-6-6 Qualification Application Process for OSNBP

(2) Qualification Application Process for OSBP (Figure 1-6-7)

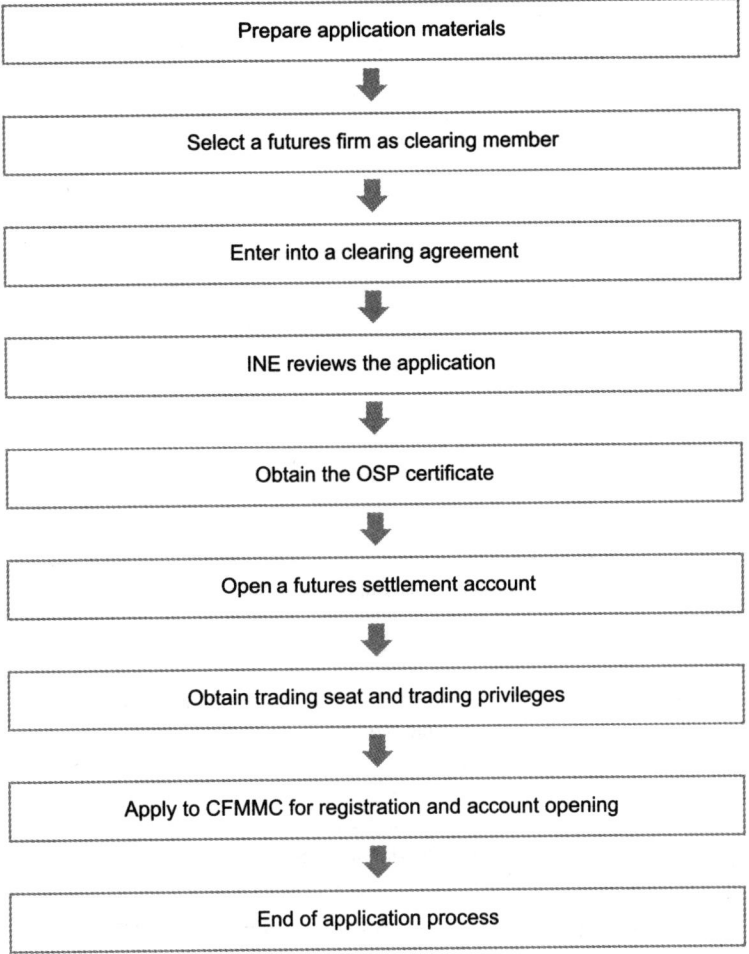

Figure 1-6-7   Qualification Application Process for OSBP

(3) Filing Process for Overseas Intermediary (Figure 1-6-8)

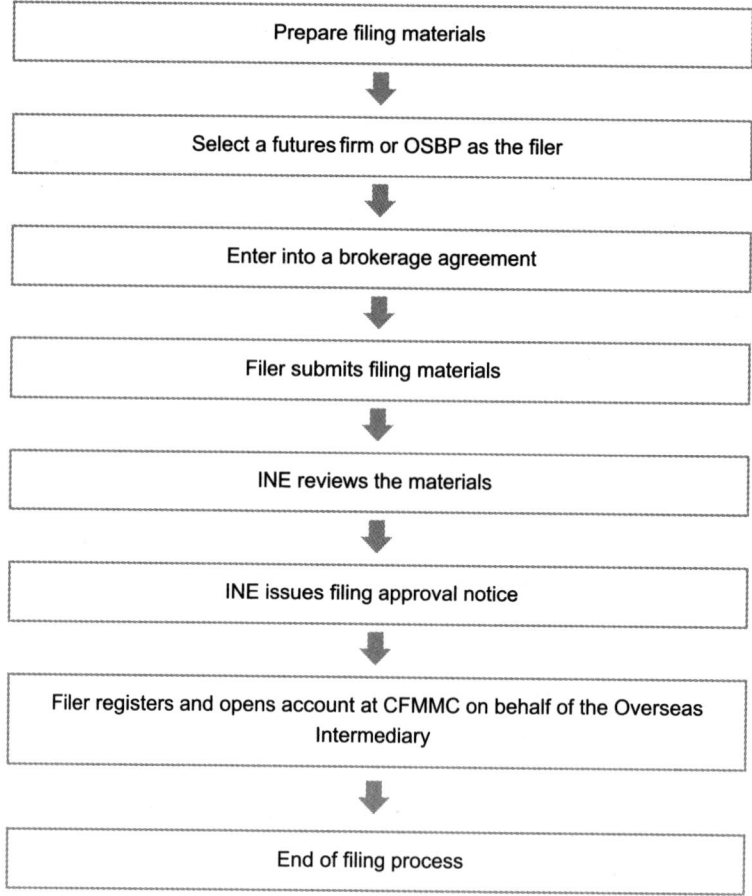

Figure 1-6-8　Filing Process for Overseas Intermediary

2. Account Opening Process for Overseas Clients
(1) Directly through Domestic Futures Firms (Figure 1-6-9)

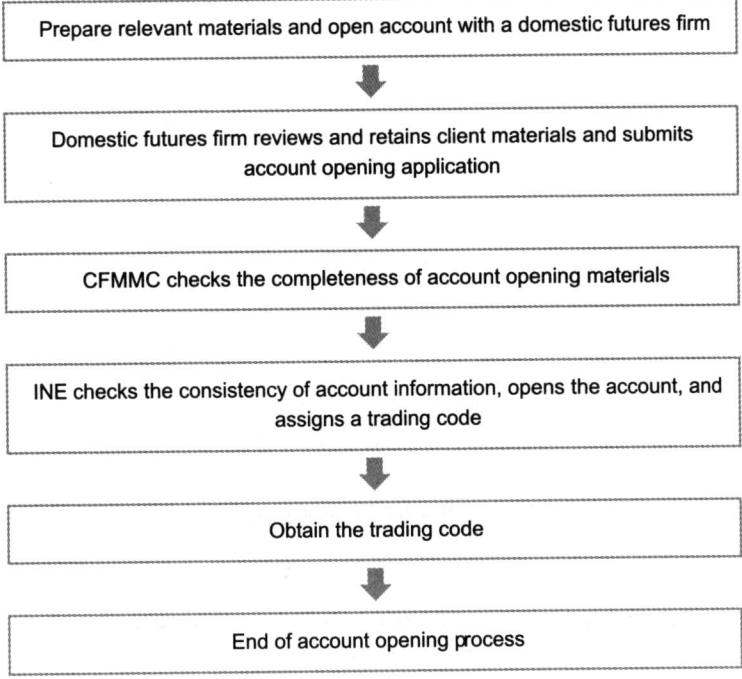

Figure 1-6-9 Account Opening Process for Overseas Clients:
Through Domestic Futures Firms

(2) Through Overseas Intermediaries That Have Partnered with Domestic Futures Firms or OSBPs (Figure 1-6-10)

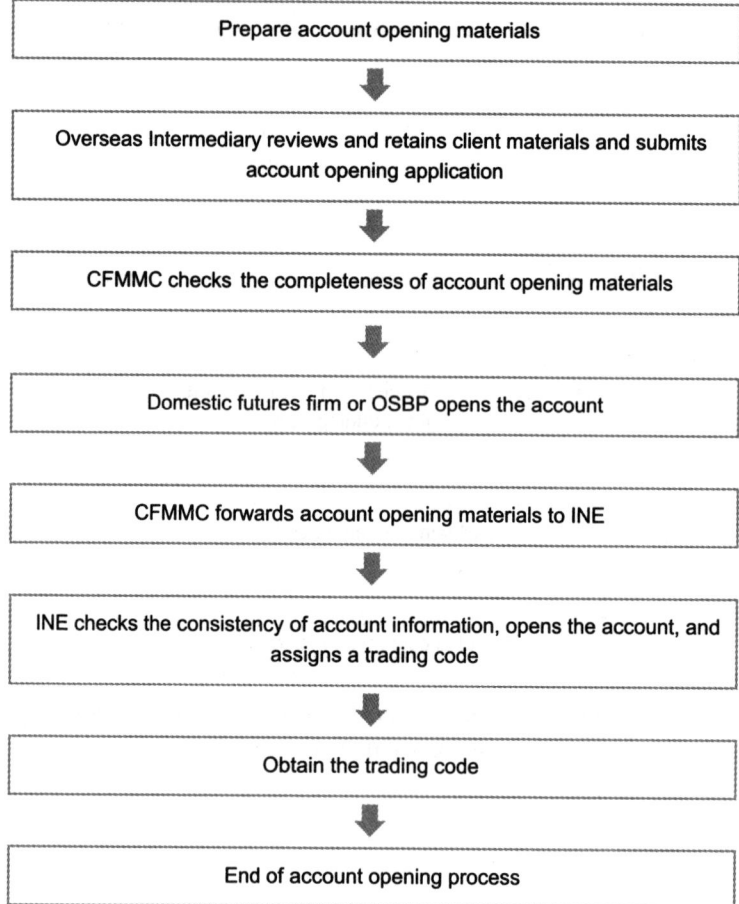

Figure 1-6-10　Account Opening Process for Overseas Clients: Through Overseas Intermediaries

(3) Through OSBPs (Figure 1-6-11)

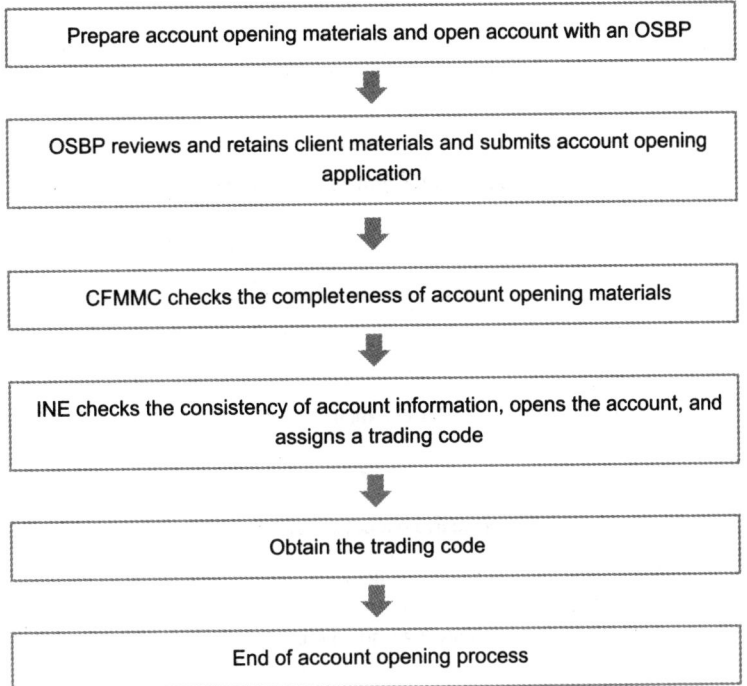

Figure 1-6-11   Account Opening Process for Overseas Clients: Through OSBPs

(4) As OSNBP (Figure 1-6-12)

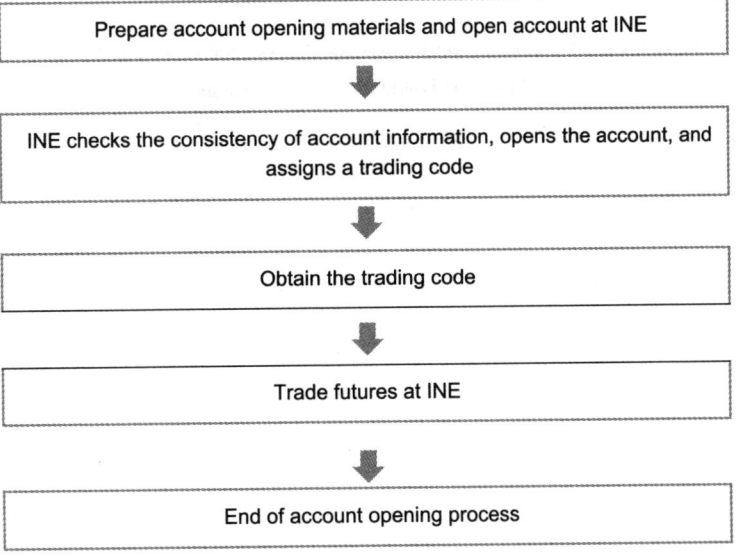

Figure 1-6-12   Account Opening Process for Overseas Clients: As OSNBP

3. Trading and Clearing Process for Overseas Clients
(1) Directly through Domestic Futures Firms (Figure 1-6-13)

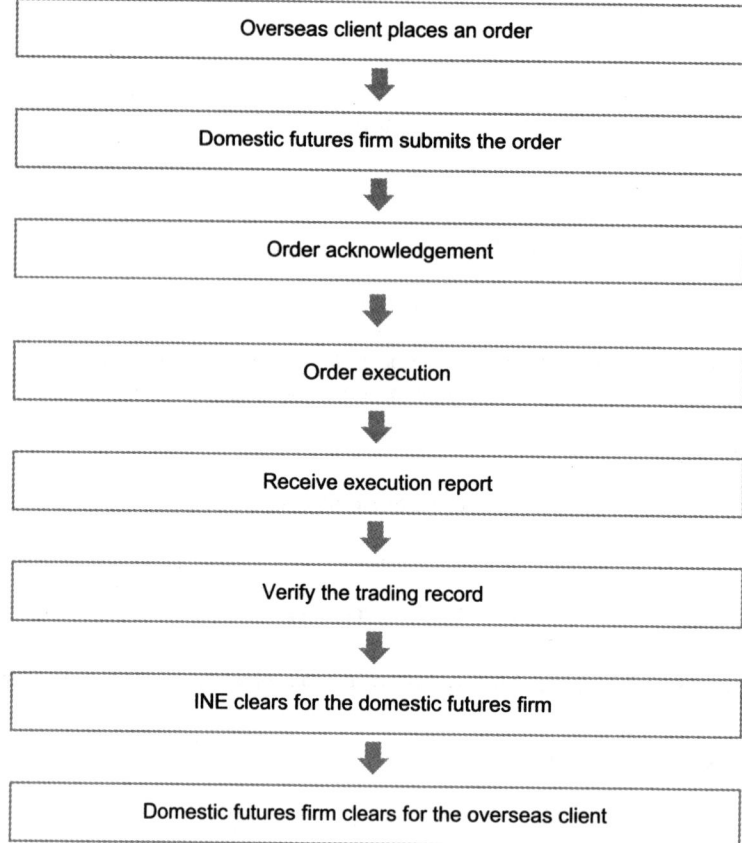

Figure 1-6-13　Trading and Clearing Process for Overseas Clients: Through Domestic Futures Firms

(2) Through Overseas Intermediaries That Have Partnered with Domestic Futures Firms or OSBPs(Figure 1-6-14)

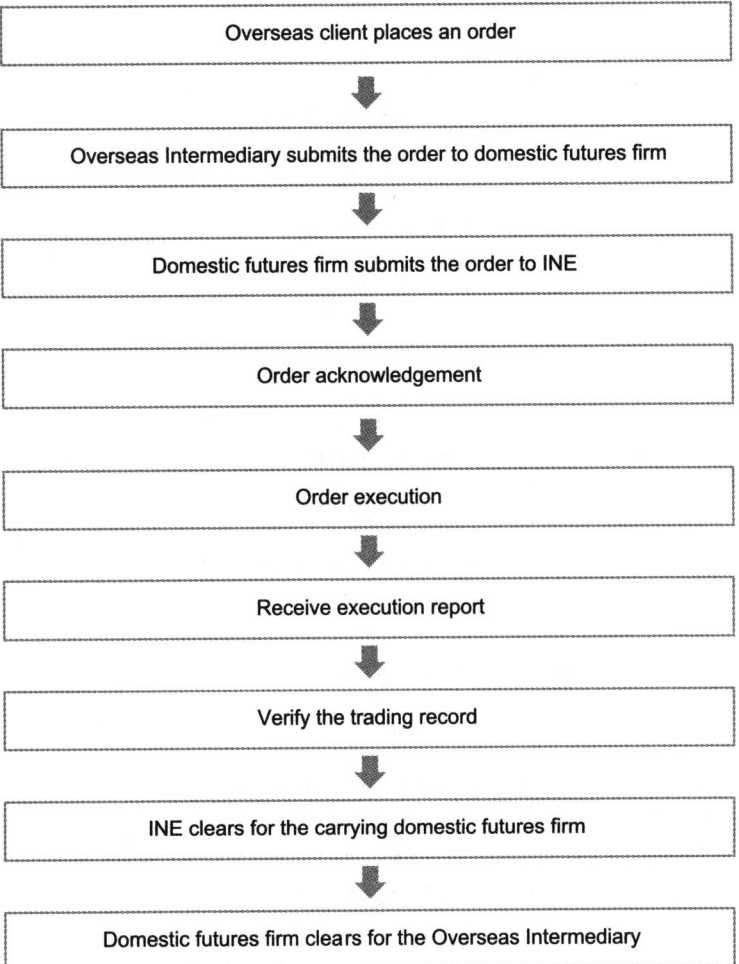

Figure 1-6-14 Trading and Clearing Process for Overseas Clients:
Through Overseas Intermediaries

(3) Through OSBPs (Figure 1-6-15)

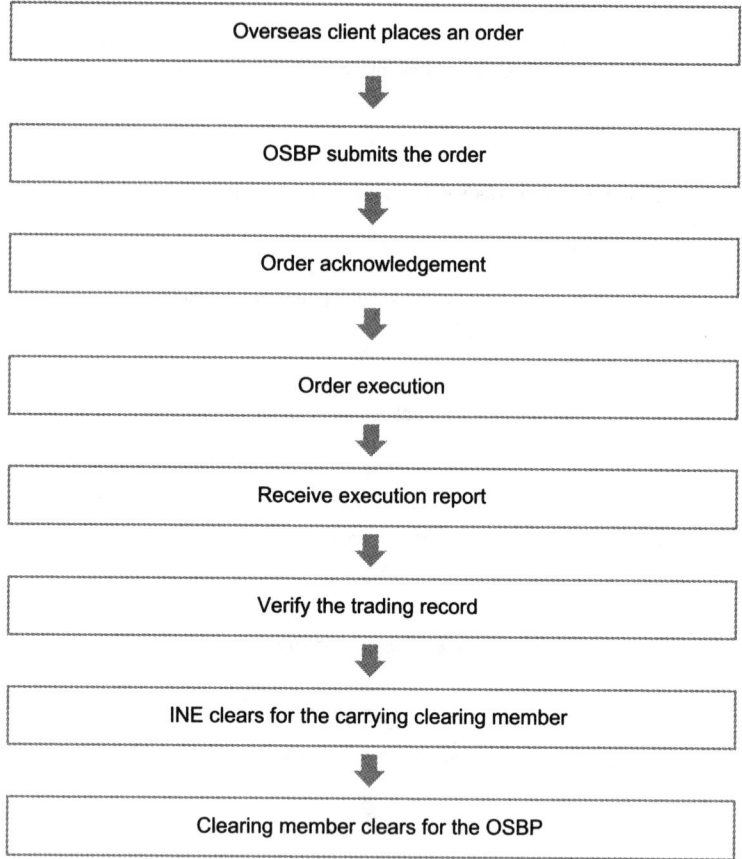

Figure 1-6-15　Trading and Clearing Process for Overseas Clients: Through OSBPs

(4) As OSNBP(Figure 1-6-16)

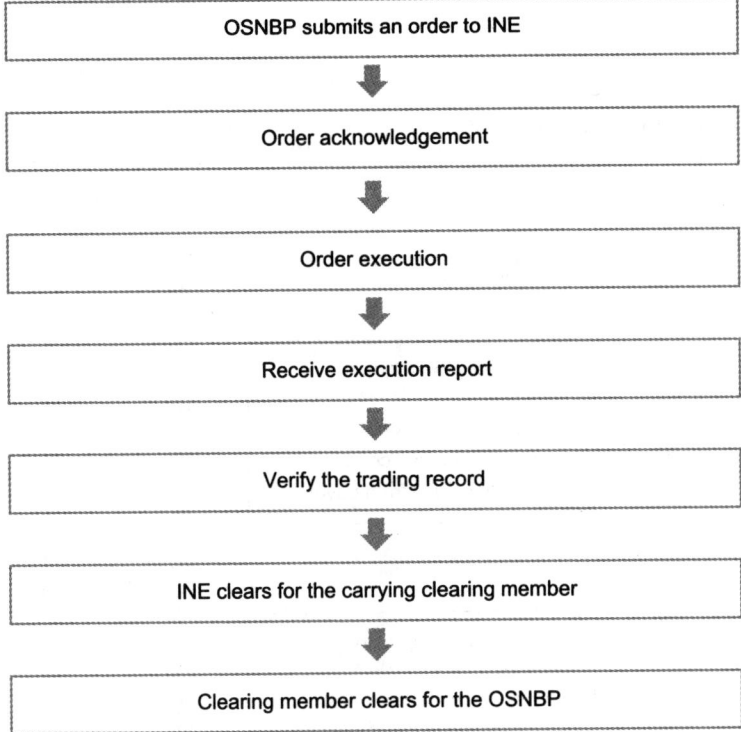

Figure 1-6-16 Trading and Clearing Process for Overseas Clients: As OSNBP

4. Delivery Process for Overseas Clients

(1) Standard Delivery Process (Figure 1-6-17)

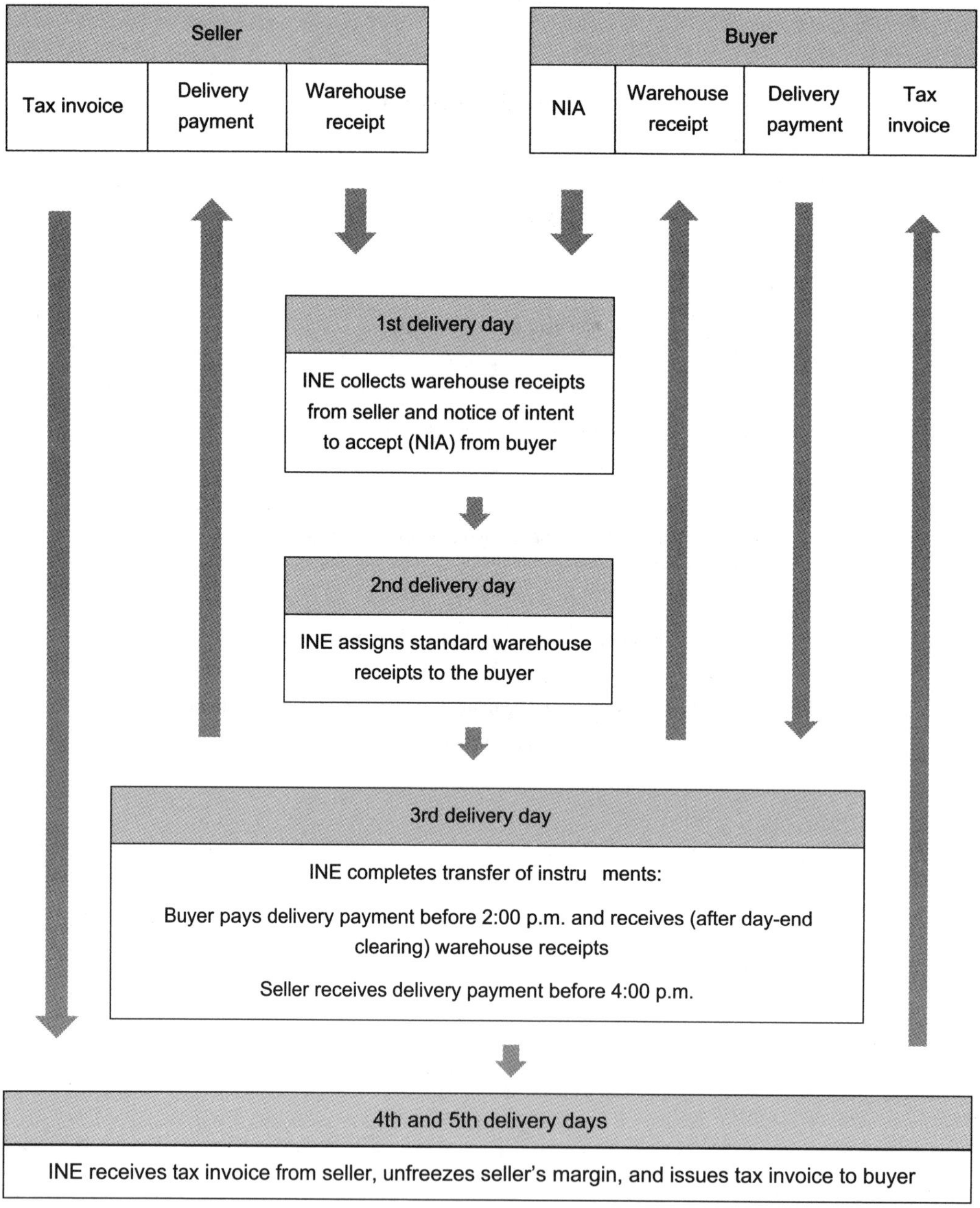

Seller				Buyer			
Tax invoice	Delivery payment	Warehouse receipt		NIA	Warehouse receipt	Delivery payment	Tax invoice

1st delivery day
INE collects warehouse receipts from seller and notice of intent to accept (NIA) from buyer

2nd delivery day
INE assigns standard warehouse receipts to the buyer

3rd delivery day
INE completes transfer of instruments:
Buyer pays delivery payment before 2:00 p.m. and receives (after day-end clearing) warehouse receipts
Seller receives delivery payment before 4:00 p.m.

4th and 5th delivery days
INE receives tax invoice from seller, unfreezes seller's margin, and issues tax invoice to buyer

Figure 1-6-17 Delivery Process for Overseas Clients: Standard

(2) Directly through Domestic Futures Firms (Figure 1-6-18)

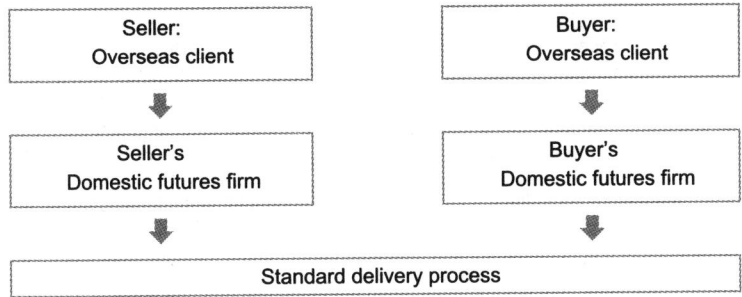

Figure 1-6-18　Delivery Process for Overseas Clients: Through Domestic Futures Firms

(3) Through Overseas Intermediaries That Have Partnered with Domestic Futures Firms or OSBPs (Figure 1-6-19)

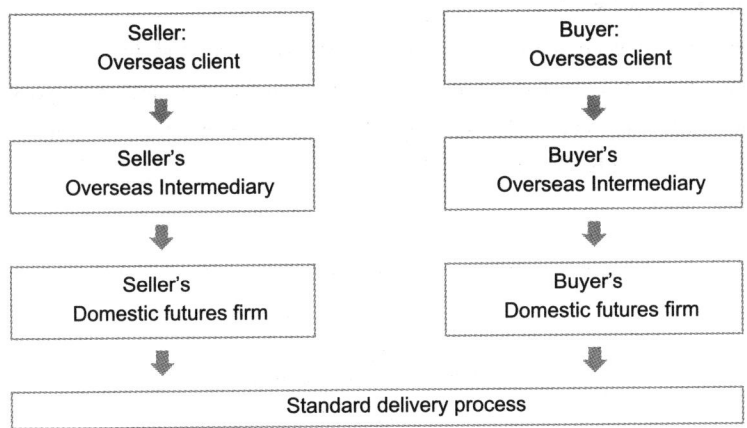

Figure 1-6-19　Delivery Process for Overseas Clients: Through Overseas Intermediaries

(4) Through OSBPs (Figure 1-6-20)

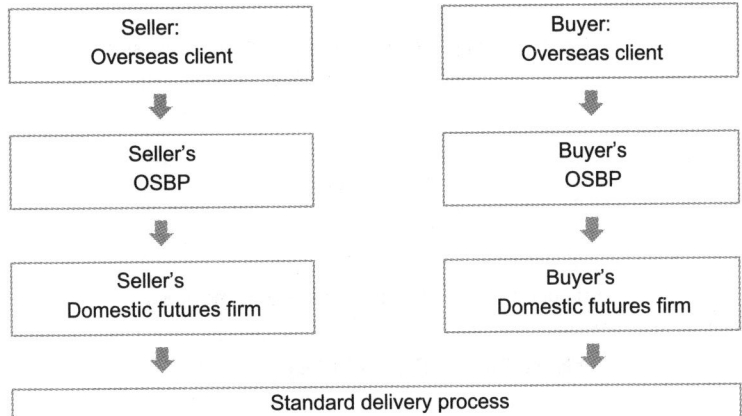

Figure 1-6-20　Delivery Process for Overseas Clients: Through OSBPs

(5) As OSNBPs (Figure 1-6-21)

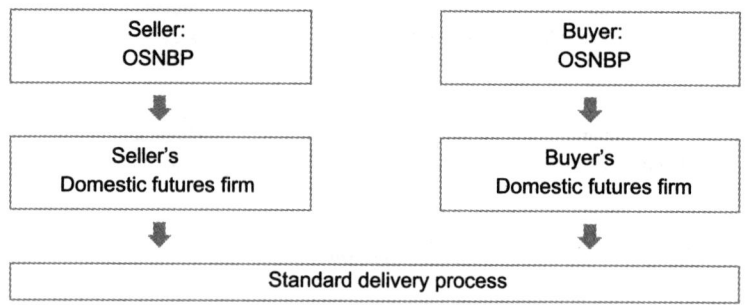

Figure 1-6-21　Delivery Process for Overseas Clients: As OSNBPs

(IV) Other Processes and Main Rules

Day-end Clearing Process

After the close of each trading day, INE clears the gains and losses, trading margins, transaction fees, taxes and other fees for each member based on the settlement price of the day. INE also transfers the net receivables and payables of each member by crediting or debiting its clearing deposit accordingly (Figure 1-6-22).

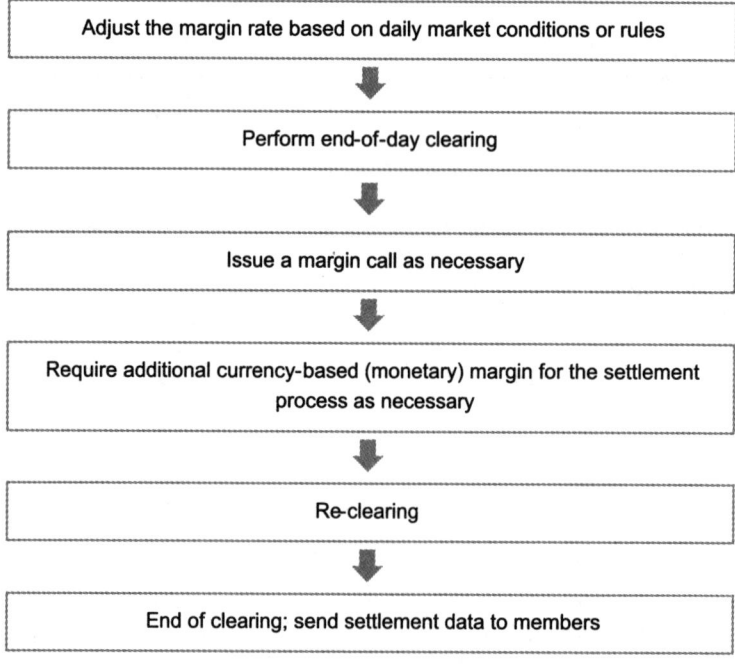

Figure 1-6-22　Day-end Clearing Process

(V) Standard Contract

Crude Oil Futures Contract (Table 1-6-1)

Table 1-6-1   Crude Oil Futures Contract

Product	Medium Sour Crude Oil
Contract Unit	1,000 barrels/lot
Price Quotation	(RMB) Yuan/barrel (exclusive of tax and customs duty)
Minimum Price Fluctuation	RMB 0.1 Yuan/barrel
Daily Price Limit	±4% of the settlement price of the preceding trading day
Listed Contracts	Monthly contracts of the next 12 consecutive months followed by 8 quarterly contracts
Trading Hours	9:00 a.m. – 11:30 a.m., 1:30 p.m. – 3:00 p.m., and other hours specified by INE (Beijing time)
Last Trading Day	The last trading day of the month before the delivery month, subject to adjustment by INE in case of public holidays
Delivery Period	5 consecutive trading days after the last trading day
Grade and Quality	Medium sour crude oil with the quality specifications of API 32.0 degrees and sulfur content of 1.5% by weight. The deliverable grades and the price discounts and/or premiums will be separately established by INE
Delivery Venue	INE-designated delivery facilities
Minimum Trading Margin	5% of contract value
Settlement Type	Physical delivery
Product Code	SC
Listing Exchange	INE

Note: The product code "SC" is short for Shanghai Crude or Sour Crude.

Crude Oil options contract (Table 1-6-2)

Table 1-6-2   Crude Oil options contract

Underlying	INE crude oil futures (SC) contract (1,000 barrels)
Contract Type	Call option and put option
Contract Unit	1 SC contract
Price Quotation	(RMB) Yuan/barrel
Minimum Price Fluctuation	RMB 0.05 Yuan/barrel
Daily Price Limit	Same as that for the SC contract
Listed Contracts	Option contracts will be listed for the nearest 2 consecutive months and, when the open interest of the underlying SC contract after daily clearing reaches a specific threshold separately announced by INE, for later months on the 2nd trading day thereafter. The speeific dates will be separately announced by INE

Continued

Trading Hours	9:00 a.m. – 11:30 a.m., 1:30 p.m. – 3:00 p.m., and other hours specified by INE (Beijing time)
Last Trading Day	The thirteenth-to-last trading day of the month before the delivery month of the underlying SC contract (subject to adjustment by INE in case of public holidays and other special circumstances)
Expiration Date	Same as the last trading day
Strike Price	The range of strike price is the preceding trading day's settlement price of the SC contract plus or minus 1.5 times the current day's price limit. The strike price interval is 2 Yuan/barrel if strike price ≤ 250 Yuan/barrel; 5 Yuan/barrel if 250 Yuan/barrel < strike price ≤ 500 Yuan/barrel; 10 Yuan/barrel if strike price > 500 Yuan/barrel
Option Style	American style. Buyers may submit an exercise request during trading hours on any trading day before the expiration date and an exercise or abandonment request before 3:30 p.m. on the expiration date
Product Code	Call option: SC-Contract Month-C-Strike Price Put option: SC-Contract Month-P-Strike Price
Listing Exchange	INE

(VI) Appendices

Delivery Unit

The delivery unit of a standard crude oil futures contract is 1,000 barrels. Delivery should be made in multiples of the delivery unit.

Last Trading Day

The Last Trading Day of a crude oil futures contract should be the last trading day of the month before the delivery month. INE has the right to adjust this day in case of public holidays to protect public interests and the legitimate rights of the parties to futures trading, and to mitigate market risks. For example, if a public holiday of more than three consecutive days falls between the second last trading day, the last trading day, and one of the days in the delivery period, INE may decide either to advance or postpone the Last Trading Day and should announce in advance.

Grade and Quality

Medium sour crude oil with quality specifications as follows: the gravity is 32.0 degrees API and sulfur content is 1.5% by weight. The deliverable grades and the premiums and discounts will be separately established by INE and subject to adjustment by INE based on market conditions. "Crude oil" in this contract refers to the liquid hydrocarbons exploited directly from underground natural reservoir, or a mixture of its natural forms.

Designated Delivery Facilities

Delivery facilities will be designated and separately announced by INE.

(VII) Deliverable Crude Streams, Grades, and Premiums/Discounts

In accordance with the *INE Crude Oil Futures Contract* and the *INE Delivery Rules*, deliverable crude streams, grades, and discounts/premiums are as follows (Table 1-6-3):

Table 1-6-3   Deliverable Crude Streams, Grades, and Premiums/Discounts

Country of Origin	Deliverable Crude	API Gravity	Sulfur (%)	Premium/Discount (RMB/Barrel)
United Arab Emirates	Dubai	⩾ 30	⩽ 2.8	0
United Arab Emirates	Upper Zakum	⩾ 33	⩽ 2.0	0
Sultanate of Oman	Oman	⩾ 30	⩽ 1.6	0
State of Qatar	Qatar Marine	⩾ 31	⩽ 2.2	0
Republic of Yemen	Masila	⩾ 31	⩽ 0.8	5
Republic of Iraq	Basrah Light	⩾ 29	⩽ 3.5	-5
United Arab Emirates	Murban	⩾ 35	⩽ 1.5	5
People's Republic of China	Shengli	⩾ 24	⩽ 1.0	-5

Notes:
1. API Gravity = (141.5/SG at 60°F) - 131.5. Gravity as determined by ASTM D1298 or its latest revision.
2. Sulfur as determined by ASTM D4294 or its latest revision.

Warehouse receipts that have been issued for oil with 28 ⩽ API < 29 may still be used for futures delivery. But Basrah Light crude oil with 28 ⩽ API < 29 will not be accepted for load-in from May 21, 2021.

INE will closely monitor key changes and market developments of crude streams, and will adjust deliverable crude streams, grades, and premiums/discounts accordingly.

For details please refer to *Crude Oil Futures Trading Handbook (March 2020 Edition)*: http://www.ine.cn/upload/20200415/1586917782215.pdf

II. Bonded Copper Futures

(I) Participation Models

Bonded copper futures are traded on the basis of "international platform, net pricing, bonded delivery, and RMB denomination."

1. Domestic Clients

Domestic clients may trade bonded copper futures through a domestic FF Member or, for those who are eligible for INE membership, directly as a Non-FF Member.

2. Overseas Clients

Overseas clients can trade bonded copper futures through one of the following approaches:

(1) Directly through domestic futures firms;

(2) Through Overseas Intermediaries that have partnered with domestic futures firms or

OSBPs;
(3) Through OSBPs; and
(4) As OSNBPs (Figure 1-6-23).

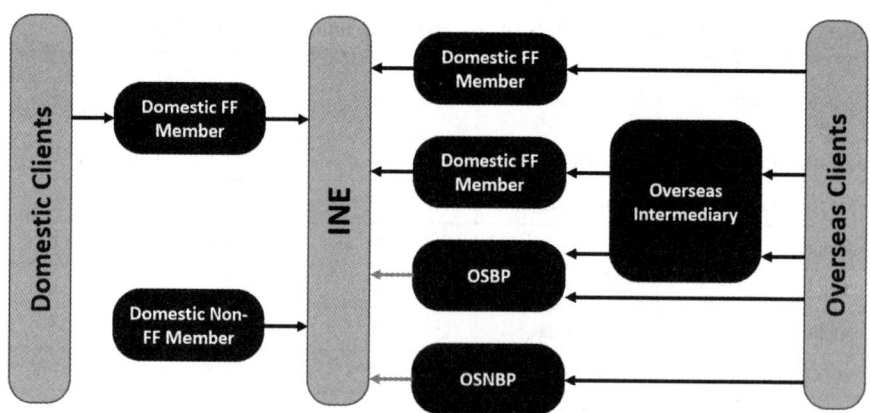

Figure 1-6-23 Trading as Overseas Investors

Note: Black arrows indicate trading, clearing, and delivery. Grey arrows indicate direct trading access to INE, but OSPs must complete clearing and delivery through domestic FF Members.

(II) Market Access by Domestic Members and Clients

1. Membership Admission Process (Figure 1-6-24)

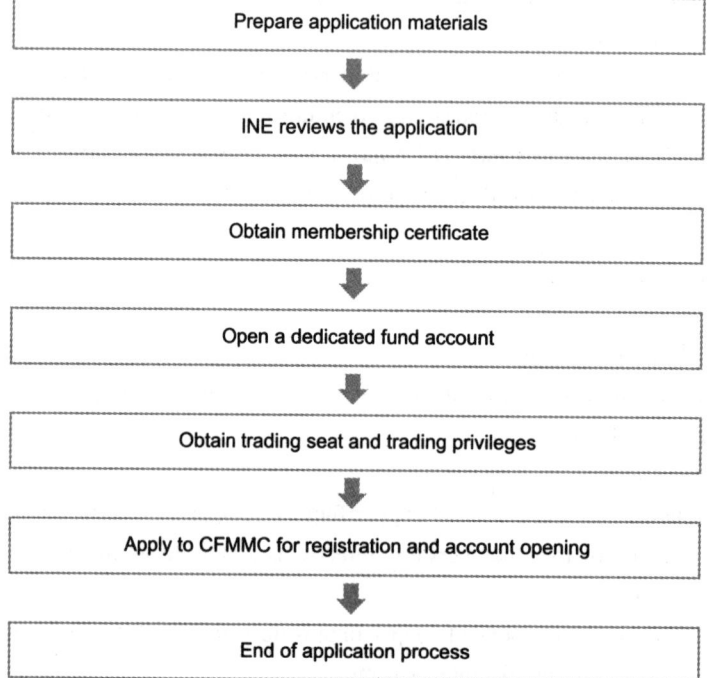

Figure 1-6-24 Membership Admission Process

2. Domestic Clients Market Access Process (Figure 1-6-25)

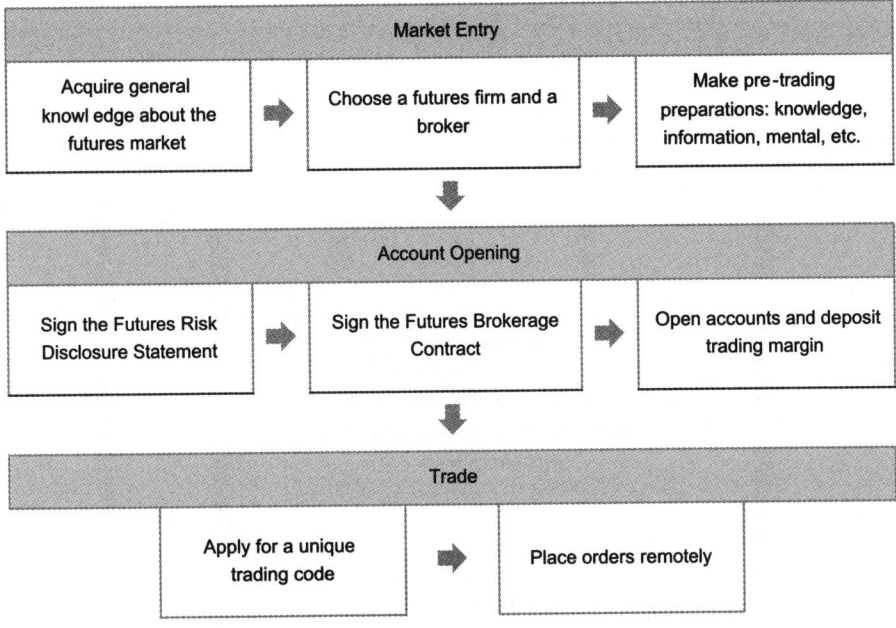

Figure 1-6-25　Domestic Clients Market Access Process

3. Trading and Clearing Process (Figure 1-6-26)

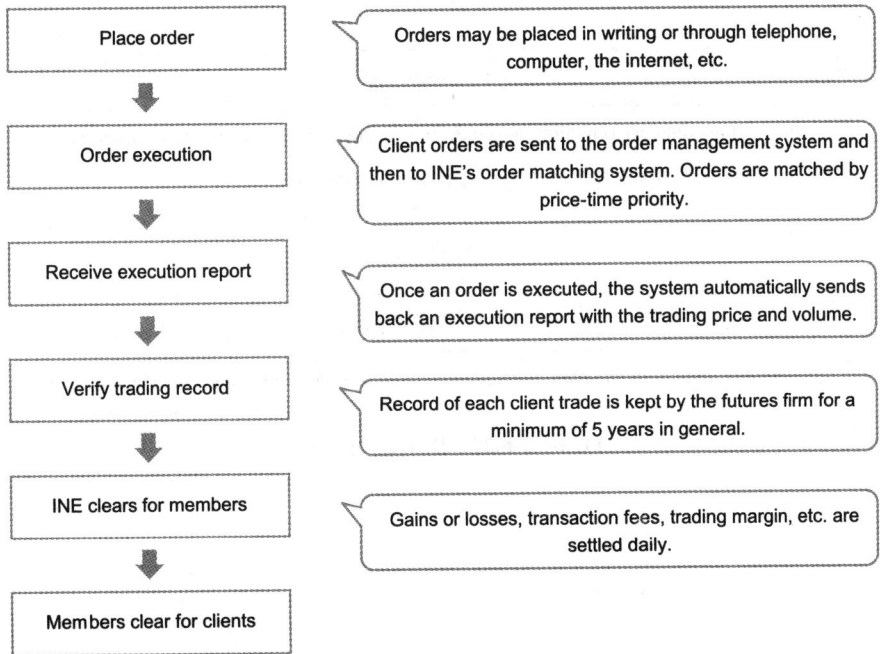

Figure 1-6-26　Trading and Clearing Process

4. Delivery Process (Figure 1-6-27)

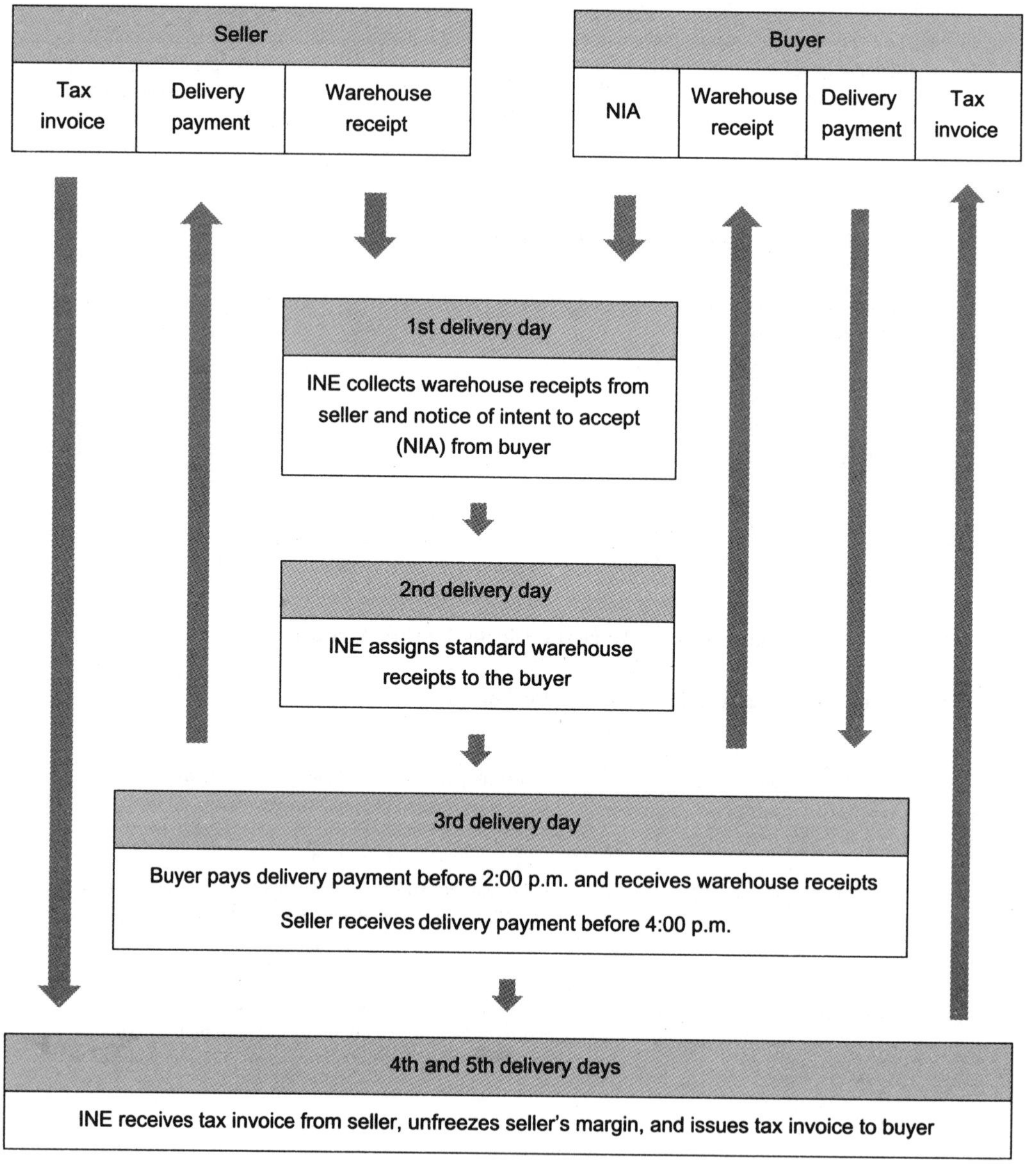

Seller: Tax invoice | Delivery payment | Warehouse receipt

Buyer: NIA | Warehouse receipt | Delivery payment | Tax invoice

1st delivery day
INE collects warehouse receipts from seller and notice of intent to accept (NIA) from buyer

2nd delivery day
INE assigns standard warehouse receipts to the buyer

3rd delivery day
Buyer pays delivery payment before 2:00 p.m. and receives warehouse receipts
Seller receives delivery payment before 4:00 p.m.

4th and 5th delivery days
INE receives tax invoice from seller, unfreezes seller's margin, and issues tax invoice to buyer

Figure 1-6-27 Delivery Process

(III) Market Access by Overseas Clients and Brokers

1. Qualification Application/Filing Process of OSPs and Overseas Intermediaries

(1) Qualification Application Process for OSNBP (Figure 1-6-28)

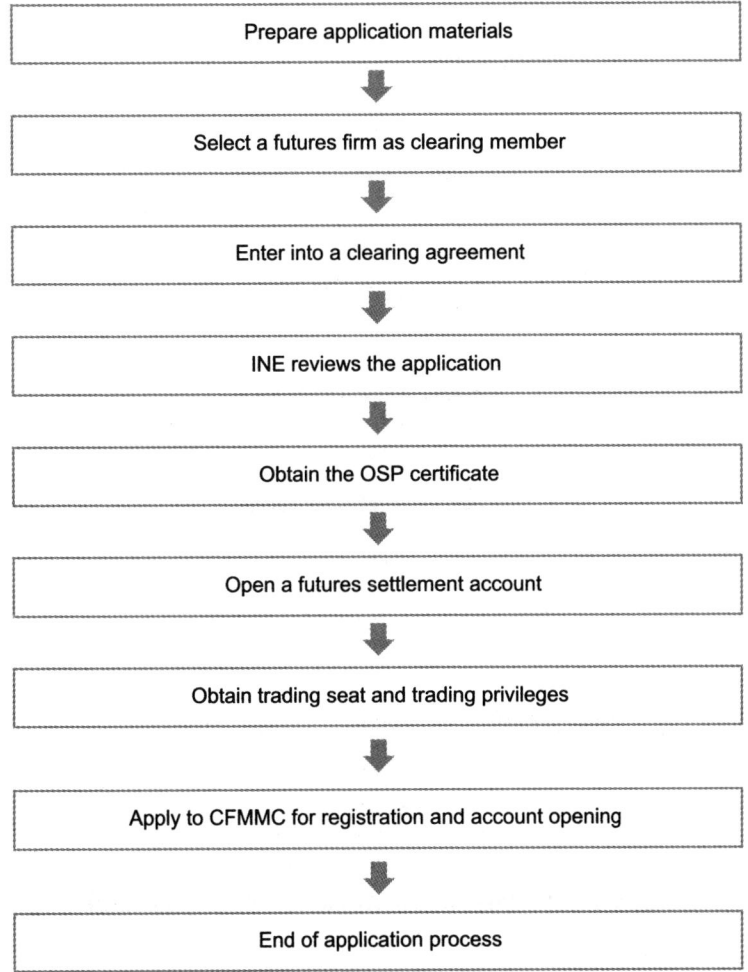

Figure 1-6-28　Qualification Application Process for OSNBP

(2) Qualification Application Process for OSBP (Figure 1-6-29)

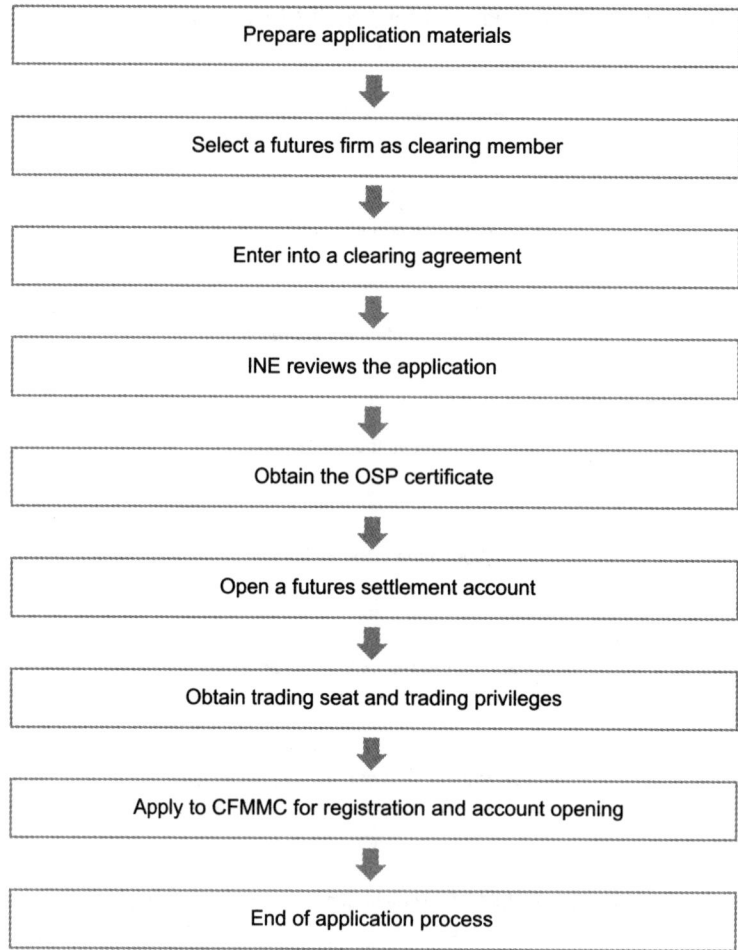

Figure 1-6-29 Qualification Application Process for OSBP

(3) Filing Process for Overseas Intermediary (Figure 1-6-30)

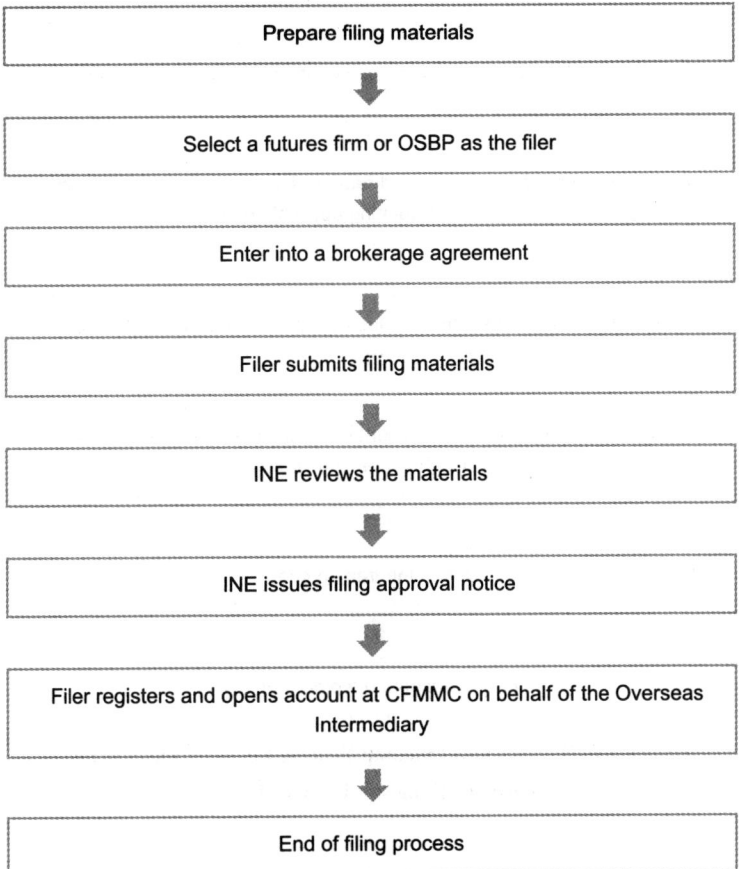

Figure 1-6-30 Filing Process for Overseas Intermediary

2. Account Opening Process for Overseas Clients
(1) Directly through Domestic Futures Firms (Figure 1-6-31)

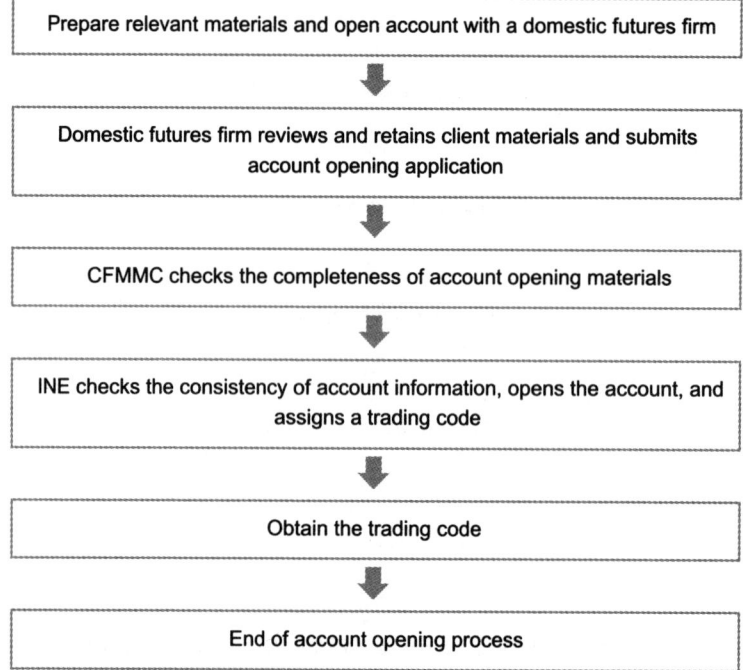

Figure 1-6-31　Account Opening Process for Overseas Clients: Through Domestic Futures Firms

(2) Through Overseas Intermediaries That Have Partnered with Domestic Futures Firms or OSBPs (Figure 1-6-32)

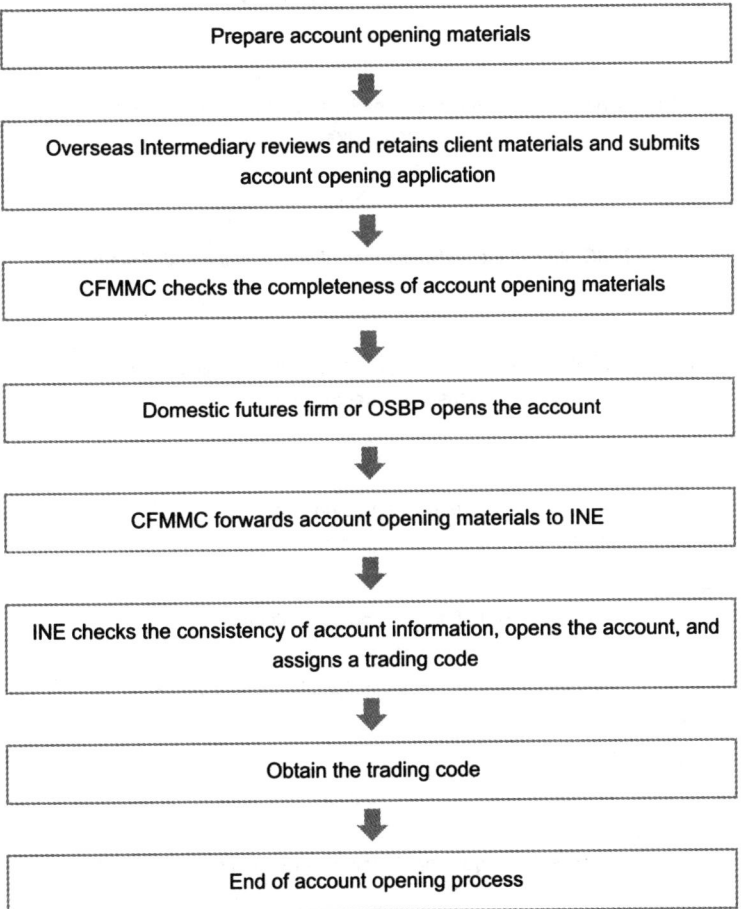

Figure 1-6-32　Account Opening Process for Overseas Clients:
Through Overseas Intermediaries

(3) Through OSBPs (Figure 1-6-33)

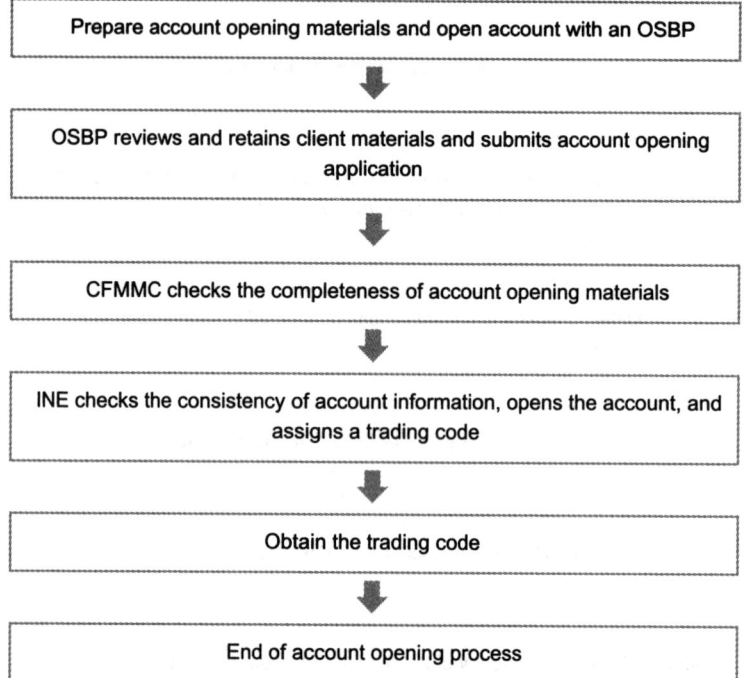

Figure 1-6-33　Account Opening Process for Overseas Clients: Through OSBPs

(4) As OSNBP (Figure 1-6-34)

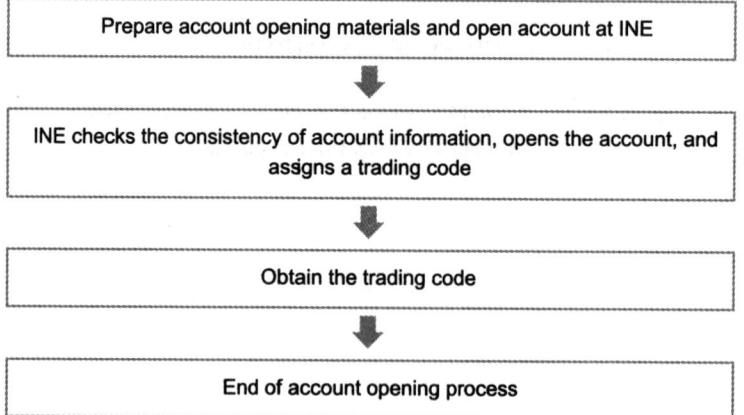

Figure 1-6-34　Account Opening Process for Overseas Clients: As OSNBP

3. Trading and Clearing Process for Overseas Clients
(1) Directly through Domestic Futures Firms (Figure 1-6-35)

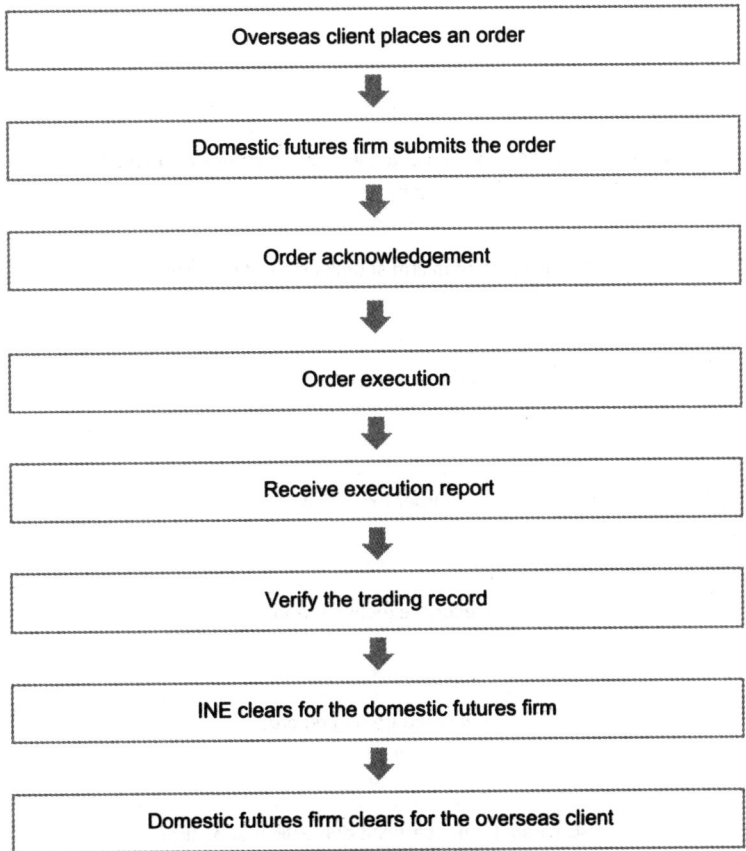

Figure 1-6-35 Trading and Clearing Process for Overseas Clients: Through Domestic Futures Firms

(2) Through Overseas Intermediaries That Have Partnered with Domestic Futures Firms or OSBPs (Figure 1-6-36)

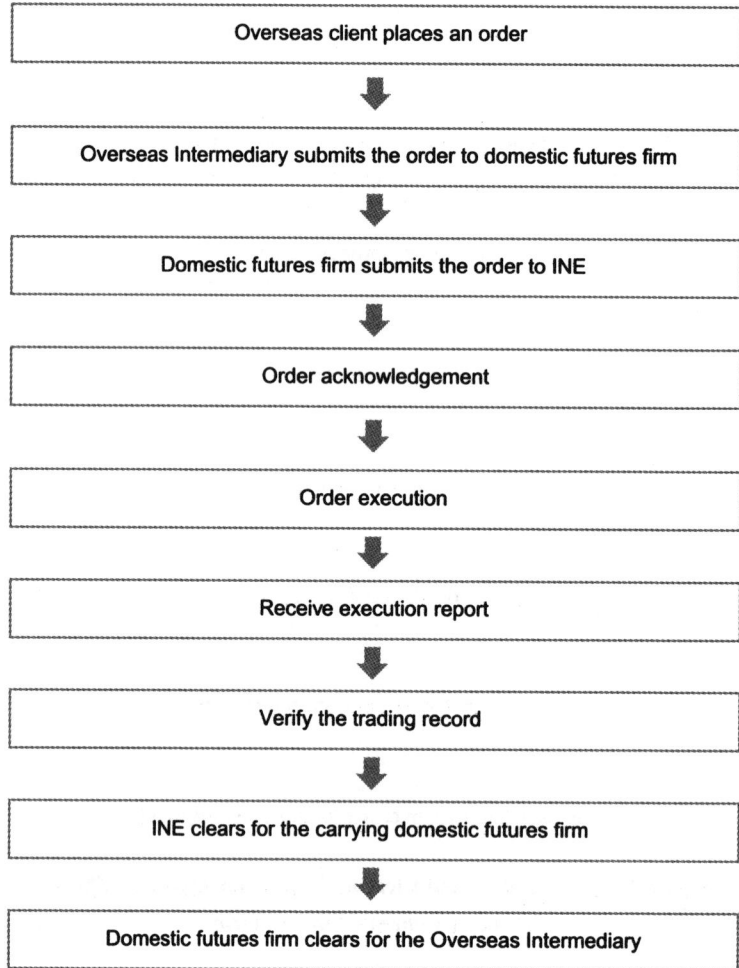

Figure 1-6-36　Trading and Clearing Process for Overseas Clients:
Through Overseas Intermediaries

(3) Through OSBPs (Figure 1-6-37)

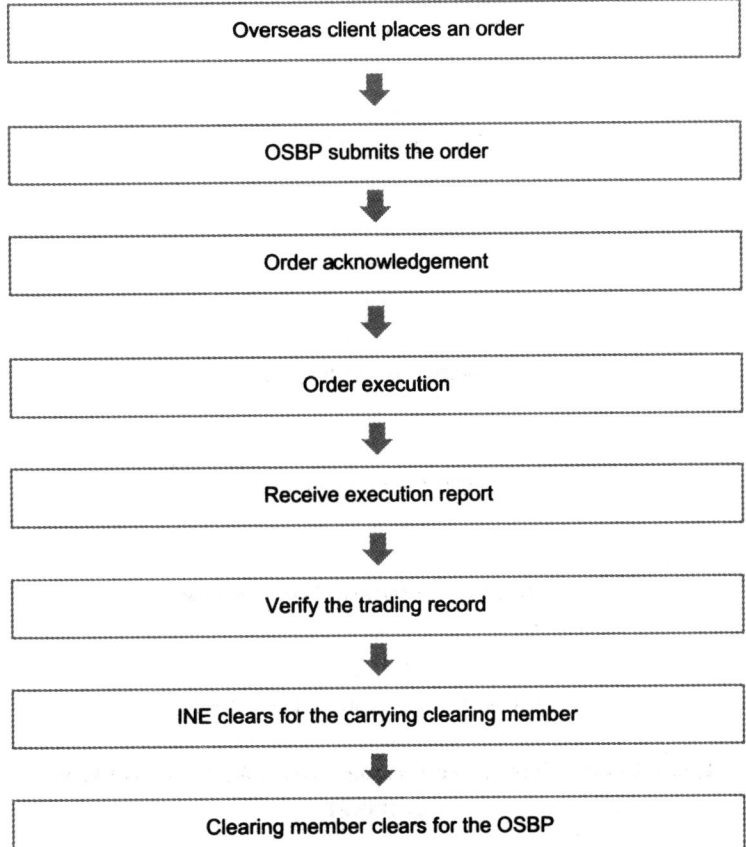

Figure 1-6-37　Trading and Clearing Process for Overseas Clients: Through OSBPs

(4) As OSNBP (Figure 1-6-38)

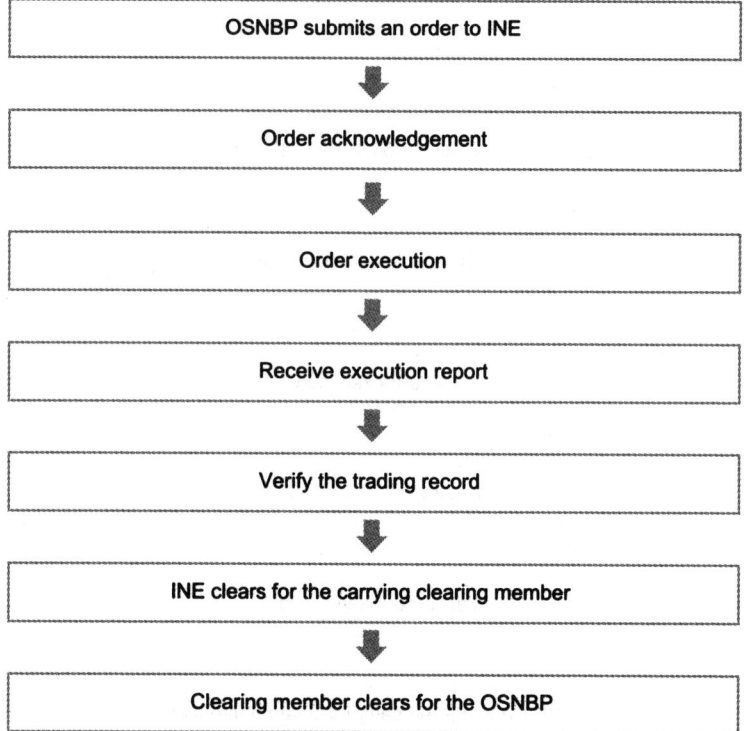

Figure 1-6-38   Trading and Clearing Process for Overseas Clients: As OSNBP

4. Delivery Process for Overseas Clients

(1) Directly through Domestic Futures Firms (Figure 1-6-39)

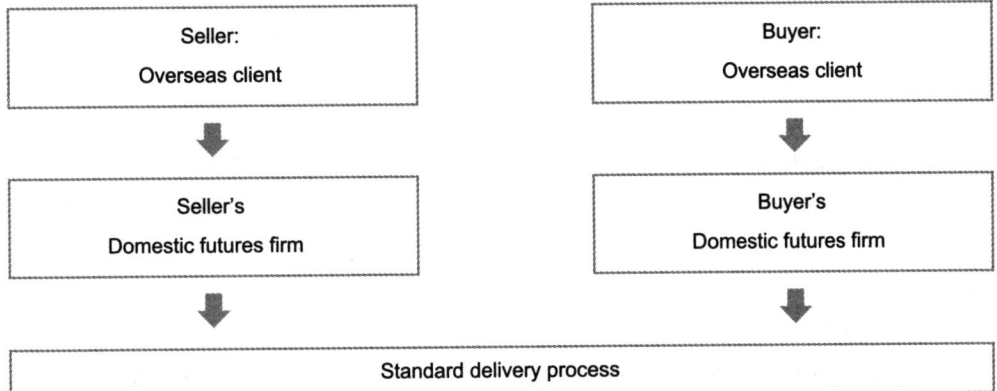

Figure 1-6-39　Delivery Process for Overseas Clients: Through Domestic Futures Firms

(2) Through Overseas Intermediaries That Have Partnered with Domestic Futures Firms or OSBPs (Figure 1-6-40)

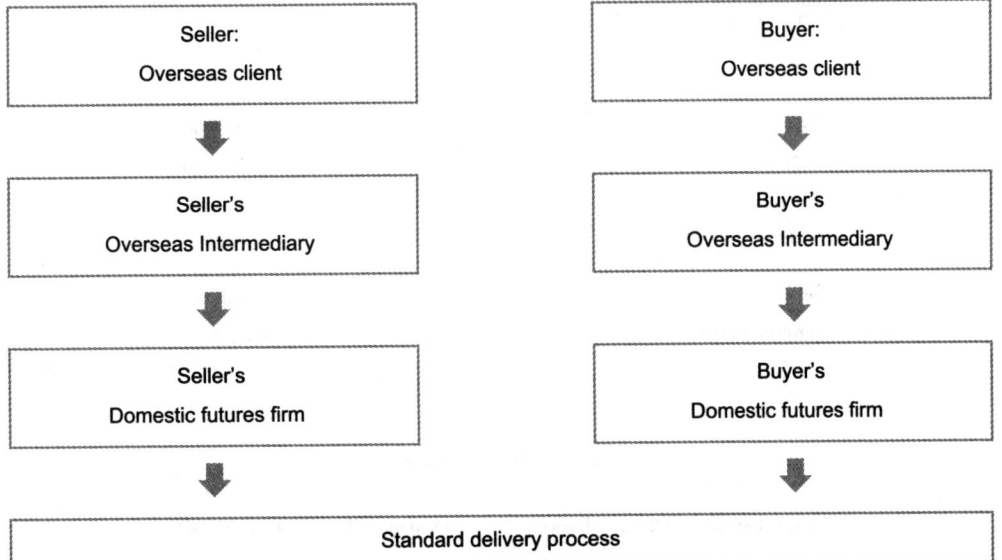

Figure 1-6-40　Delivery Process for Overseas Clients: Through Overseas Intermediaries

(3) Through OSBPs (Figure 1-6-41)

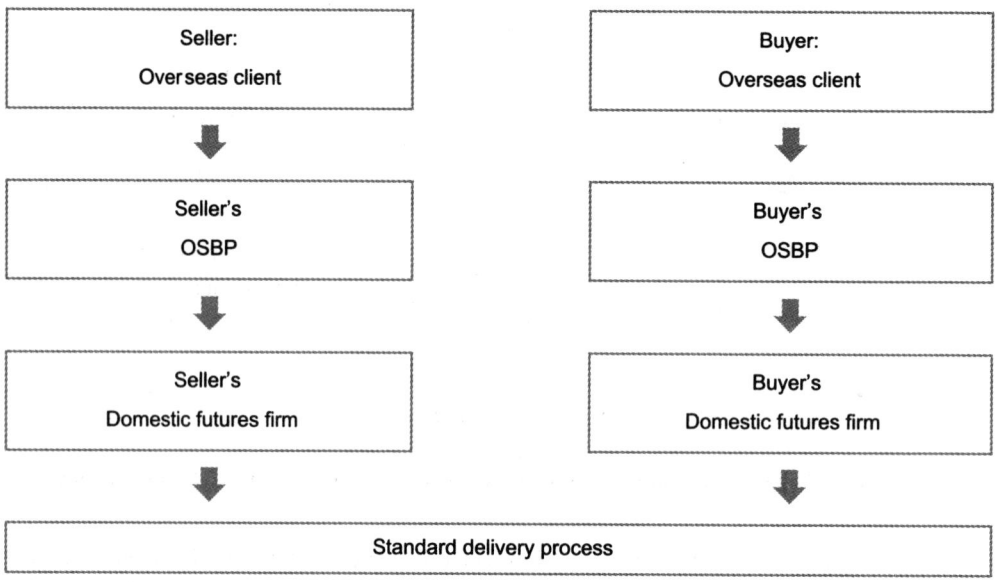

Figure 1-6-41　Delivery Process for Overseas Clients: Through OSBPs

(4) As OSNBPs (Figure 1-6-42)

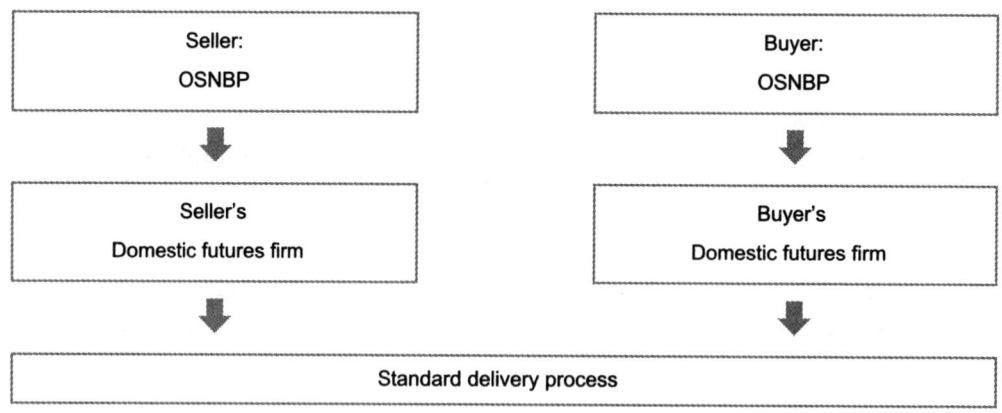

Figure 1-6-42　Delivery Process for Overseas Clients: As OSNBPs

(IV) Other Processes and Main Rules
Day-end Clearing Process

After the close of each trading day, INE clears the gains and losses, trading margins, transaction fees, taxes and other fees for each member based on the settlement price of the day. INE also transfers the net receivables and payables of each member by crediting or debiting its clearing deposit accordingly (Figure 1-6-43).

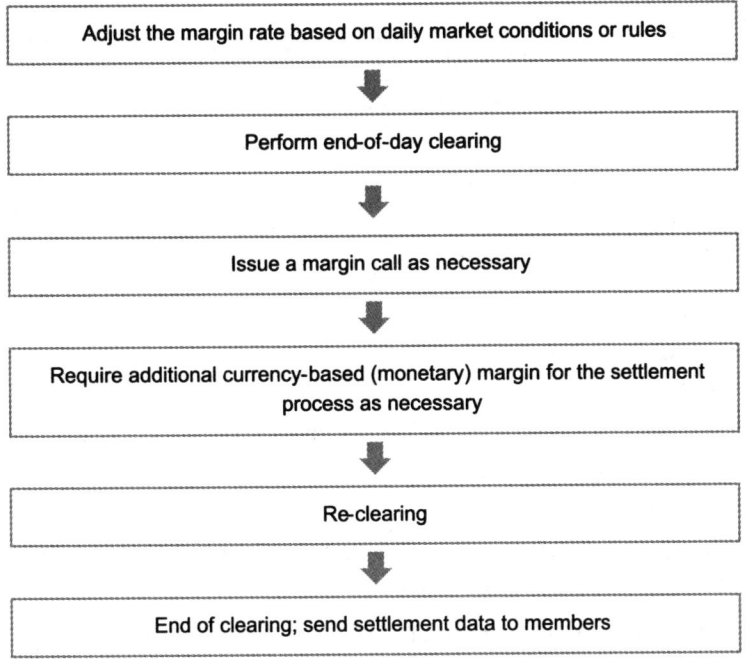

Figure 1-6-43 Day-end Clearing Process

(V) Standard Contract

Bonded Copper Futures Contract (Table 1-6-4)

Table 1-6-4 Bonded Copper Futures Contract

Product	Copper Cathode
Contract Unit	5 MT/lot
Price Quotation	(RMB) Yuan/MT (exclusive of tax and customs duty)
Minimum Price Fluctuation	RMB 10 Yuan/MT
Daily Price Limit	±3% of the settlement price of the preceding trading day
Listed Contracts	Monthly contracts of January to December (Jan, Feb, Mar, Apr, May, Jun, Jul, Aug, Sep, Oct, Nov, Dec)
Trading Hours	9:00 a.m. – 11:30 a.m., 1:30 p.m. – 3:00 p.m., and other hours specified by INE (Beijing time)
Last Trading Day	The 15th day of the delivery month (postponed accordingly if it is a public holiday or weekend, and subject to adjustment by INE in case of public holidays and other special circumstances)
Delivery Period	5 consecutive trading days after the last trading day
Grade and Quality	Copper cathodes meeting the standards for Grade A copper (Cu-CATH-1) under GB/T 467-2010 or BS EN 1978:1998

Continued

Delivery Venue	INE-designated delivery facilities
Minimum Trading Margin	5% of contract value
Settlement Type	Physical delivery
Product Code	BC
Listing Exchange	INE

Note: The product code "BC" is short for Bonded Copper.

(VI) Appendices

Delivery Unit

The delivery unit of a standard copper cathode futures contract is 25 metric tons. Delivery should be made in multiples of the delivery unit.

Quality Standards

1. Copper cathodes to be delivered should meet the quality standards for Grade A copper (CU-CATH-1) under GB/T 467-2010 or BS EN 1978: 1998.

2. Shape and weight. Deliverable copper cathodes should be in plate form. Each plate should weigh no less than 15 kg, and measure no less than 5 mm at the centerline.

3. Maximum tolerance is ± 2% and maximum pound difference is ± 0.1% for each standard warehouse receipt.

4. Copper cathodes underlying each standard warehouse receipt should consist of products of the same manufacturer, designation, registered trademark, quality grade, and shape, and secured into bundles of similar weight.

5. Copper cathodes underlying each standard warehouse receipt should be of a brand registered with INE or registered with SHFE and approved by INE, and should be accompanied by a certificate of quality.

6. Standard warehouse receipts will be issued by INE-designated delivery facilities after the goods pass the required inspections.

Manufacturers and Registered Brands Certified by INE

Copper cathodes to be used in physical delivery should be of a brand registered with INE or registered with SHFE and approved by INE. Registered brands and rates of brand premiums and discounts will be separately announced by INE.

Designated Delivery Facilities

Designated delivery facilities and delivery premiums and discounts will be separately announced by INE.

(VII) Deliverables of Bonded Copper Futures (Table 1-6-5)

Table 1-6-5   List of Deliverable Brands for INE Bonded Copper Cathodes Futures

Country	Producer	Origin	Brand	Grade/Specification	Premium/Discount	Dimension	Bundle Weight (kg)	Bundle/Lot
China	Jiangxi Copper Co., Ltd.	Guixi, Jiangxi	Guiye	Grade A (conventional electrolysis)	Flat	1,020×1,010×16	2,500	10
China	Jiangxi Copper Co., Ltd.	Guixi, Jiangxi	Jiangtong (Guixi/ISA)	Grade A (ISA)	Flat	1,020×1,010×7.5	2,500	10
China	Tongling Nonferrous Metals Group Co., Ltd.	Tongling, Anhui	Tongguan (Tongling/conventional electrolysis)	Grade A (conventional electrolysis)	Flat	1,000×740×14	2,500	9
China	Tongling Nonferrous Metals Group Co., Ltd.	Tongling, Anhui	TG-JG (Tongling/KIDD)	Grade A (KIDD)	Flat	1,060×1,030×16	2,780	9
China	Yunnan Copper Co., Ltd.	Kunming, Yunnan	Tiefeng (Kunming/conventional electrolysis)	Grade A (conventional electrolysis)	Flat	890×850×8	2,500	10
China	Yunnan Copper Co., Ltd.	Kunming, Yunnan	Tiefeng (Kunming/ISA)	Grade A (ISA)	Flat	913×903×7	2,500	10
China	Daye Nonferrous Metals Co., Ltd.	Huangshi, Hubei	Dajiang (Huangshi/conventional electrolytic small plate)	Grade A (conventional electrolysis)	Flat	810×780×13	2,100	12
China	Daye Nonferrous Metals Co., Ltd.	Huangshi, Hubei	Dajiang (Huangshi/conventional electrolytic large plate)	Grade A (conventional electrolysis)	Flat	1,030×1,000×18	2,500	10
China	Daye Nonferrous Metals Co., Ltd.	Huangshi, Hubei	Dajiang (Huangshi/ISA)	Grade A (KIDD)	Flat	1,025×1,025×18	2,500	10
China	Baiyin Nonferrous Group Co., Ltd.	Baiyin, Gansu	Honglu	Grade A (conventional electrolysis)	Flat	1,025×990×13	2,500	10
China	Jinchuan Group Co., Ltd.	Jinchuan, Gansu	JNMC	Grade A (conventional electrolysis)	Flat	1,030×1,000×15	2,500	10
China	Northern Copper Industry Co., Ltd.	Yuanqu and Houma, Shanxi	Zhongtiaoshan	Grade A (conventional electrolysis)	Flat	900×740×10	2,080	12

Continued

Country	Producer	Origin	Brand	Grade/Specification	Premium/Discount	Dimension	Bundle Weight (kg)	Bundle/Lot
China	Jinlong Copper Co., Ltd.	Tongling, Anhui	Jintun	Grade A (conventional electrolysis)	Flat	1,035 × 1,015 × 8-13	2,500	10
China	Zhangjiagang Union Copper Co., Ltd.	Zhangjiagang, Jiangsu	TG-JL	Grade A (KIDD)	Flat	1,060 × 1,030 × 10	2,500	10
China	Zhangjiagang Union Copper Co., Ltd.	Zhangjiagang, Jiangsu	Tongguan (Zhangjiagang/conventional electrolysis)	Grade A (conventional electrolysis)	Flat	1,000 × 740 × 14	2,500	10
China	Shandong Jinsheng Nonferrous Group Co., Ltd.	Linyi, Shandong	Yimeng	Grade A (conventional electrolysis)	Flat	900 × 780 × 12.5	2,480	10
China	Shandong Jinsheng Nonferrous Group Co., Ltd.	Linyi, Shandong	Yimeng	Grade A (KIDD)	Flat	1,040 × 1,000 × 8	2,500	10
China	Dongying Fangyuan Nonferrous Metals Co., Ltd.	Dongying, Shandong	Lufang	Grade A (conventional electrolysis)	Flat	1,020 × 810 × 10-12	2,500	10
China	Yanggu Xiangguang Copper Co., Ltd.	Yanggu, Shandong	Xiangguang	Grade A (ISA)	Flat	1,030 × 1,010 × 7	2,500	10
China	Yanggu Xiangguang Copper Co., Ltd.	Yanggu, Shandong	Xiangguang	Grade A (KIDD)	Flat	1,030 × 1,010 × 7	2,500	10
China	Dawufeng Jianchang Copper Industry Co., Ltd.	Baoding, Hebei	Changda	Grade A (conventional electrolysis)	Flat	910 × 935 × 10	2,500	10
China	Zijin Copper Co., Ltd.	Shanghang, Fujian	Zijin	Grade A (KIDD)	Flat	1,010 × 1,030 × 8	2,500	10
China	Jiangxi Copper (Qingyuan) Co., Ltd.	Qingyuan, Guangdong	Jiangtong (Qingyuan/conventional electrolysis)	Grade A (conventional electrolysis)	Flat	1,030 × 1,000 × 10	2,500	10
China	Guangxi Jinchuan Nonferrous Metals Co., Ltd.	Fangchenggang, Guangxi	JNMC (Fangchenggang/KIDD)	Grade A (KIDD)	Flat	1,030 × 1,010 × 10	2,500	10

Continued

Country	Producer	Origin	Brand	Grade/Specification	Premium/Discount	Dimension	Bundle Weight (kg)	Bundle/Lot
China	Henan Yuguang Gold & Lead Co., Ltd.	Jiyuan, Henan	YG	Grade A (KIDD)	Flat	1,040 × 1,020 × 12	2,500	10
China	Henan Zhongyuan Gold Smelter LLC	Sanmenxia, Henan	ZJZY	Grade A (KIDD)	Flat	1,040 × 1,020 × 8	2,500	10
China	Zhejiang Jiangtong Fuye Heding Copper Co., Ltd.	Fuyang, Zhejiang	Jinfeng	Grade A (KIDD)	Flat	1,045 × 1,025 × 14	2,500	10
China	Xinjiang Wuxin Copper Industry Co., Ltd.	Changji, Xinjiang	Tianfu	Grade A (conventional electrolysis)	Flat	1,000 × 1,000 × 13	2,500	10
China	Yunnan Tin Co., Ltd.	Honghe, Yunnan	YT	Grade A (conventional electrolysis)	Flat	1,030 × 1,030 × 12	2,500	10
USA	Freeport-McMoRan Copper & Gold Inc.	El Paso (TX)	P × D	Grade A (conventional electrolysis)	Flat	972 × 959 × 18	2,250	11
Chile	CODELCO	Ventanas	ENM	Grade A (conventional electrolysis)	Flat	960 × 980 × 14	2,300	11
Chile	CODELCO	Potrerillos	AE	Grade A (conventional electrolysis)	Flat	970 × 780 × 13	2,800	9
Spain	Freeport-McMoRan Copper & Gold Inc.	Huelva	FMS	Grade A (ISA)	Flat	985 × 930 × 7	3,100	8
South Korea	LS-Nikko Copper Inc.	Onsan-eup (Ulsan)	ONSAN I	Grade A (KIDD)	Flat	1,070 × 932 × 13	2,500	10

Continued

Country	Producer	Origin	Brand	Grade/Specification	Premium/Discount	Dimension	Bundle Weight (kg)	Bundle/Lot
South Korea	LS-Nikko Copper Inc.	Onsan-eup (Ulsan)	ONSAN II	Grade A (KIDD)	Flat	1,020×980×11	2,300	11
Chile	Minera Michilla S. A.	Mejillones	MIC-P	Grade A (SX-EW)	Flat	960×1,000×6	1,400	18
Chile	Minera Michilla S. A.	Mejillones	MIC-T	Grade A (SX-EW)	Flat	1,100×1,000×10	1,950	13
USA	Kennecott Utah Copper Corp.	Magna (UT)	KUC	Grade A (conventional electrolysis)	Flat	990×993×5	2,520	10
Chile	CODELCO	Chuquicamata	CCC SX-EW	Grade A (SX-EW)	Flat	1,100×920×7	2,300	11
Poland	KGHM Polska Miedź S. A.	Głogów	HMG-B	Grade A (conventional electrolysis)	Flat	1,030×1,030×12	1,900	13
Poland	KGHM Polska Miedź S. A.	Głogów	HMG-S	Grade A (conventional electrolysis)	Flat	910×910×14	1,900	13
Poland	KGHM Polska Miedź S. A.	Legnica	HML	Grade A (conventional electrolysis)	Flat	918×785×14	2,100	12
Brazil	Caraiba Metais	Dias D'Avila, Bahia	CbM	Grade A (conventional electrolysis)	Flat	990×970×15	2,500	10
Chile	Anglo American Chile	Antofagasta	MB	Grade A (SX-EW)	Flat	1,000×1,100×8	2,500	10
Chile	Anglo American Chile	Copiapó	MV	Grade A (SX-EW)	Flat	1,004×1,000×8	2,500	10
Chile	Minera Escondida	Antofagasta	ESOX	Grade A (SX-EW)	Flat	1,000×1,000×8-10	2,500	10
Chile	Compañía Minera Cerro Colorado	Iquique	CMCC	Grade A (SX-EW)	Flat	1,000×1,000×5	2,500	10
Canada	Glencore Canada Corp.	Quebec	NORANDA	Grade A (KIDD)	Flat	937×949×14	3,100	8

Continued

Country	Producer	Origin	Brand	Grade/Specification	Premium/Discount	Dimension	Bundle Weight (kg)	Bundle/Lot
Chile	Freeport-McMoRan Copper & Gold Inc.	Calama	ABRA	Grade A (SX-EW)	Flat	1,000 × 1,000 × 5	2,500	10
Peru	Freeport-McMoRan Copper & Gold Inc.	Arequipa Uchumayo	SMCV	Grade A (SX-EW)	Flat	1,000 × 1,020 × 20	3,125	8
Japan	Sumitomo Metal Mining Co. Ltd.	Ehime	SUMIKO-N	Grade A (conventional electrolysis)	Flat	1,060 × 1,080 × 17	2,800	9
Japan	Sumitomo Metal Mining Co. Ltd.	Ehime	SUMIKO-T	Grade A (conventional electrolysis)	Flat	1,060 × 1,080 × 17	2,800	9
Indonesia	PT. Smelting	Java	GRESIK	Grade A (ISA)	Flat	1,000 × 1,000 × 6	2,500	10
The Philippines	PASAR	Isabel	PSR ISABEL	Grade A (ISA)	Flat	1,040 × 1,020 × 8	2,500	10
Chile	CODELCO	Chuquicamata	cCc-P	Grade A (KIDD)	Flat	1,270 × 925 × 12-18	2,750	9
Australia	Mount Isa Mines Limited	Townsville	ISA	Grade A (ISA)	Flat	975 × 965 × 10	3,168	8
Chile	CODELCO	Radomiro Tomic	RT	Grade A (SX-EW)	Flat	1,050 × 1,000 × 9-11	2,270	11
Peru	Southern Perú Copper	Ilo	SPCC-ILO	Grade A (conventional electrolysis)	Flat	1,020 × 1,020 × 20	3,600	7
Chile	Minera Centinela S. A.	Antofagasta	MET	Grade A (SX-EW)	Flat	1,000 × 1,000 × 4	2,300	11
Myanmar	Myanmar Wanbao Mining Copper Ltd.	Myanmar	MONYWA LPT	Grade A	Flat	1,030 × 1,025 × 5	2,500	10

For details please refer to *Bonded Copper Futures Trading Handbook* (*2020 Edition*): http://www.ine.cn/upload/20201117/1605611515192.pdf

III. Low Sulfur Fuel Oil (LSFO) Futures

(I) Participation Models

1. Domestic Clients

Domestic clients eligible to apply for INE membership can apply to become Non-Futures Firm Members ("Non-FF Members") to directly trade LSFO futures. Other domestic clients can trade through domestic Futures Firm Members ("FF Members").

Domestic clients may trade LSFO futures through a domestic FF Member or, for those who are eligible for INE membership, directly as a Non-FF Member.

2. Overseas Clients

Overseas clients can trade LSFO futures through one of the following approaches (Figure 1-6-44):

(1) Directly through domestic futures firms;

(2) Through Overseas Intermediaries that have partnered with domestic futures firms or OSBPs;

(3) Through OSBPs; and

(4) As OSNBPs.

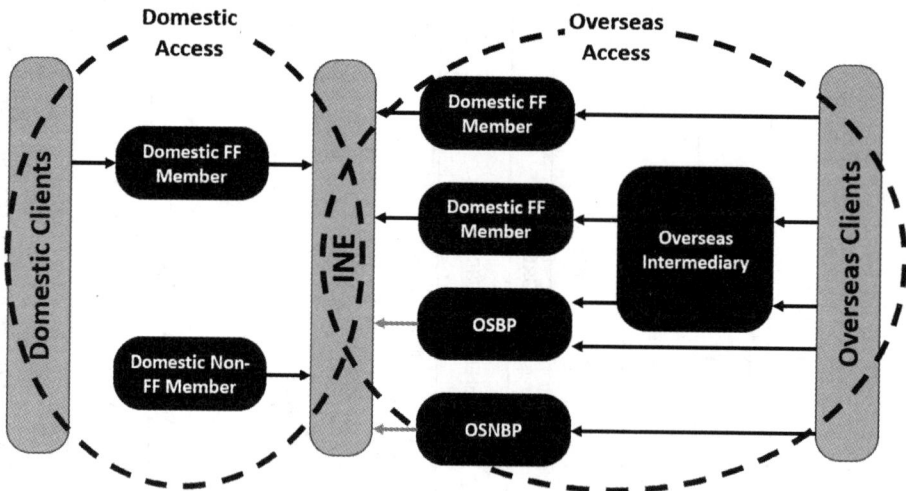

Figure 1-6-44 Trading as Overseas Investors

Note: Black arrows indicate trading, clearing, and delivery. Grey arrows indicate direct trading access to INE, but OSPs must complete clearing and delivery through domestic FF Members.

(II) Market Access by Domestic Members and Clients

1. Membership Admission Process (Figure 1-6-45)

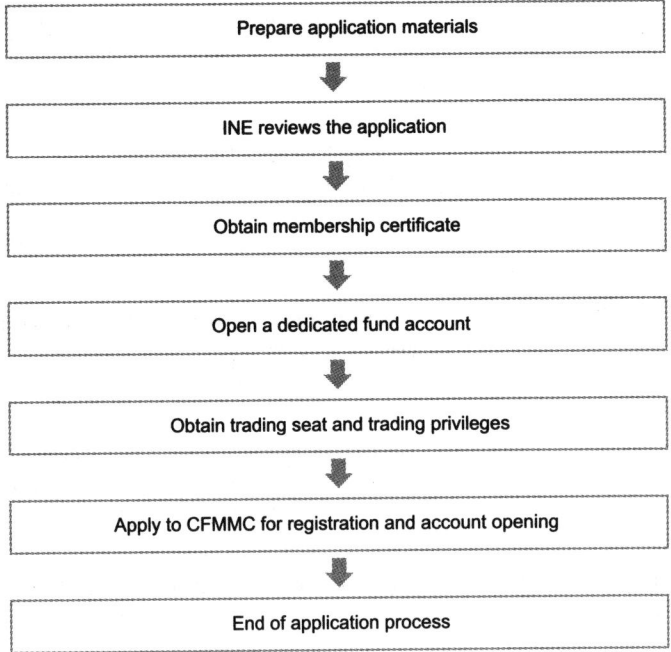

Figure 1-6-45 Membership Admission Process

2. Domestic Clients Market Access Process (Figure 1-6-46)

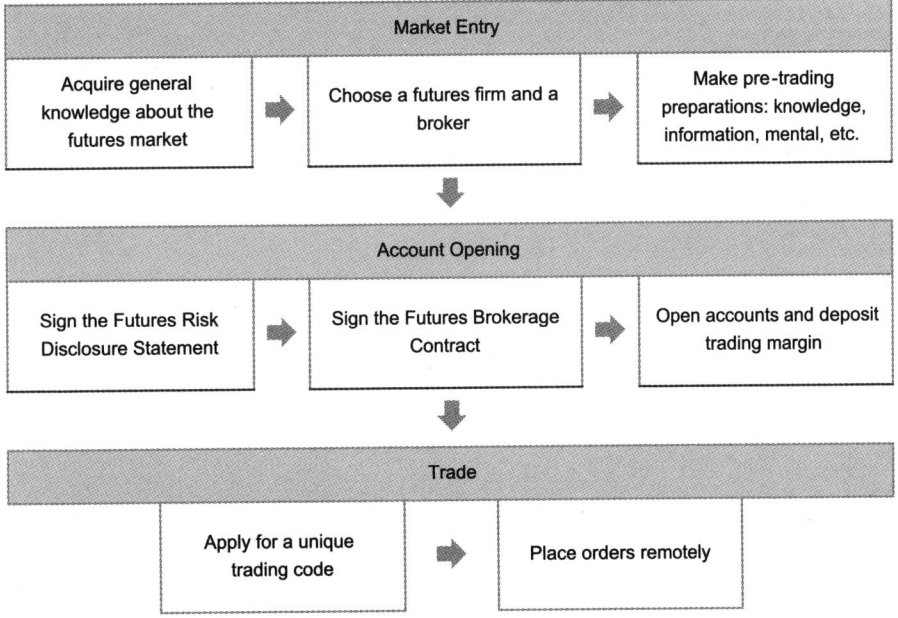

Figure 1-6-46 Domestic Clients Market Access Process

3. Trading and Clearing Process (Figure 1-6-47)

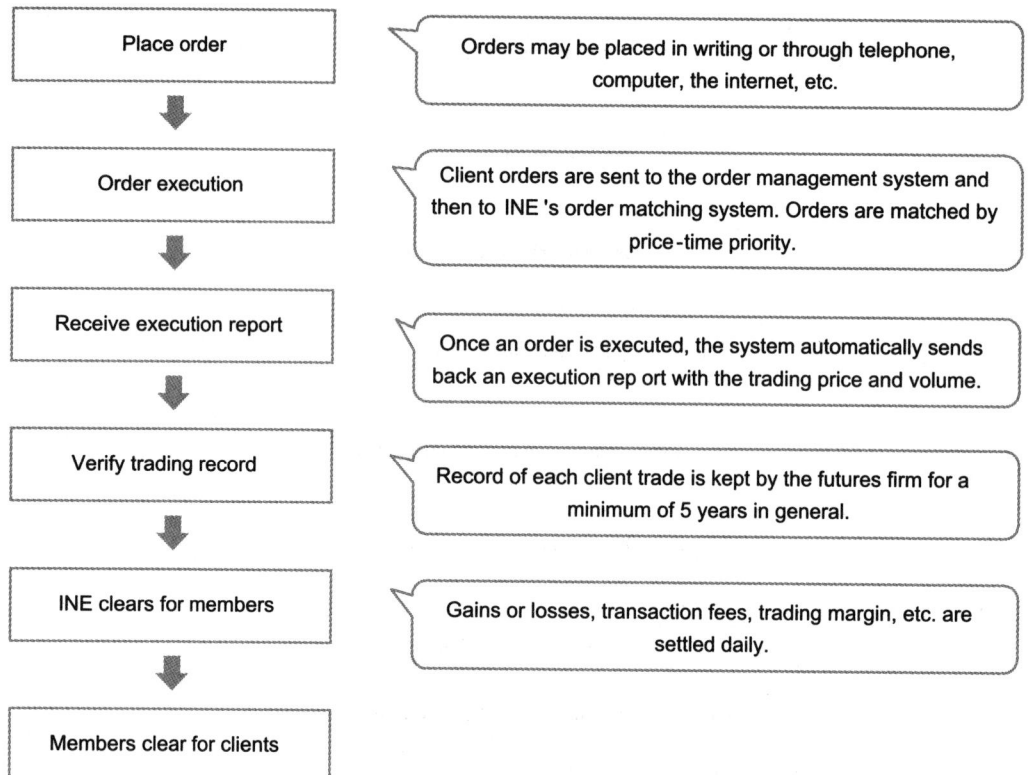

Figure 1-6-47 Trading and Clearing Process

4. Delivery Process (Figure 1-6-48)

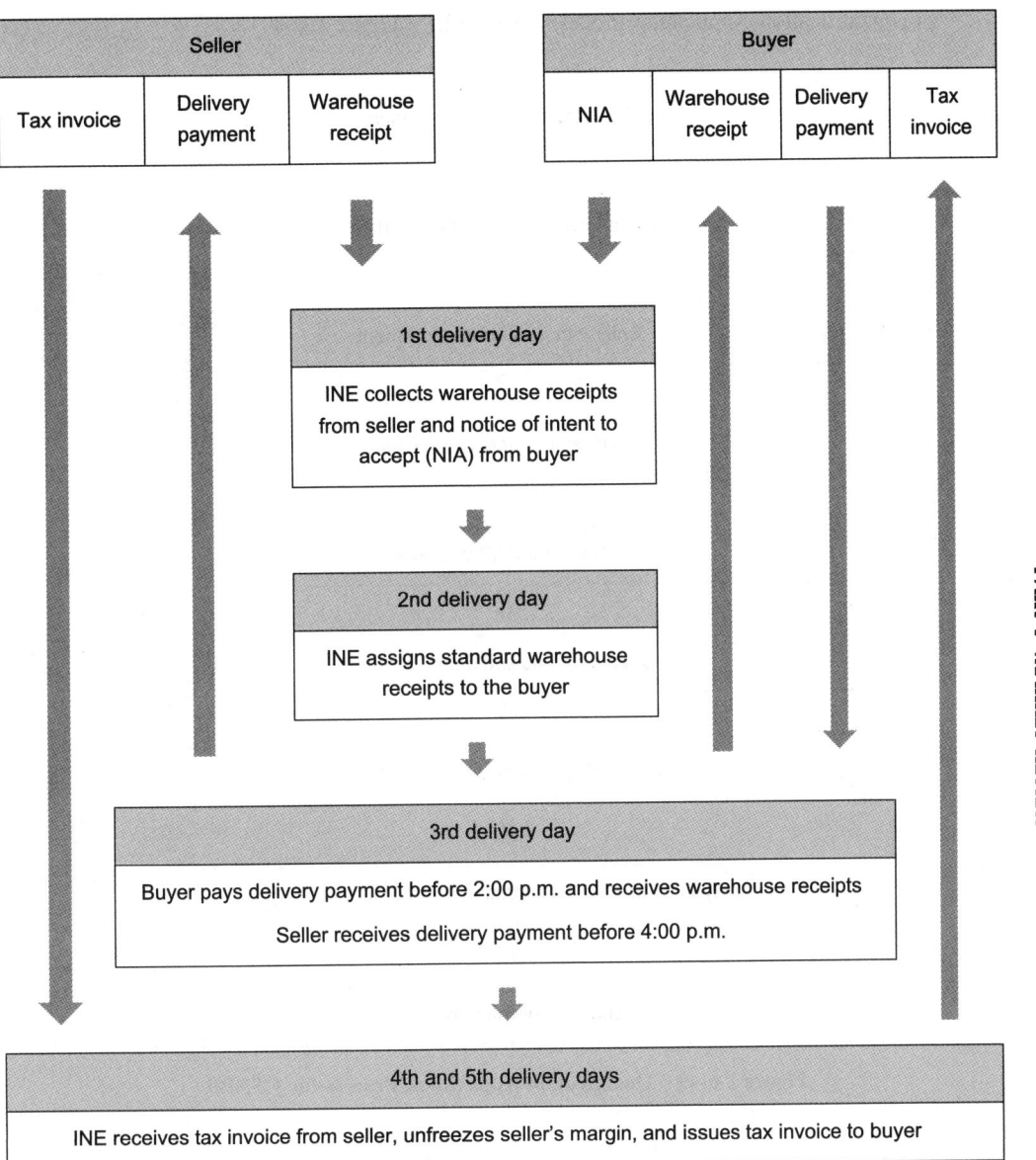

Figure 1-6-48 Delivery Process

(III) Market Access by Overseas Clients and Brokers

1. Qualification Application/Filing Process of OSPs and Overseas Intermediaries

(1) Qualification Application Process for OSNBP (Figure 1-6-49)

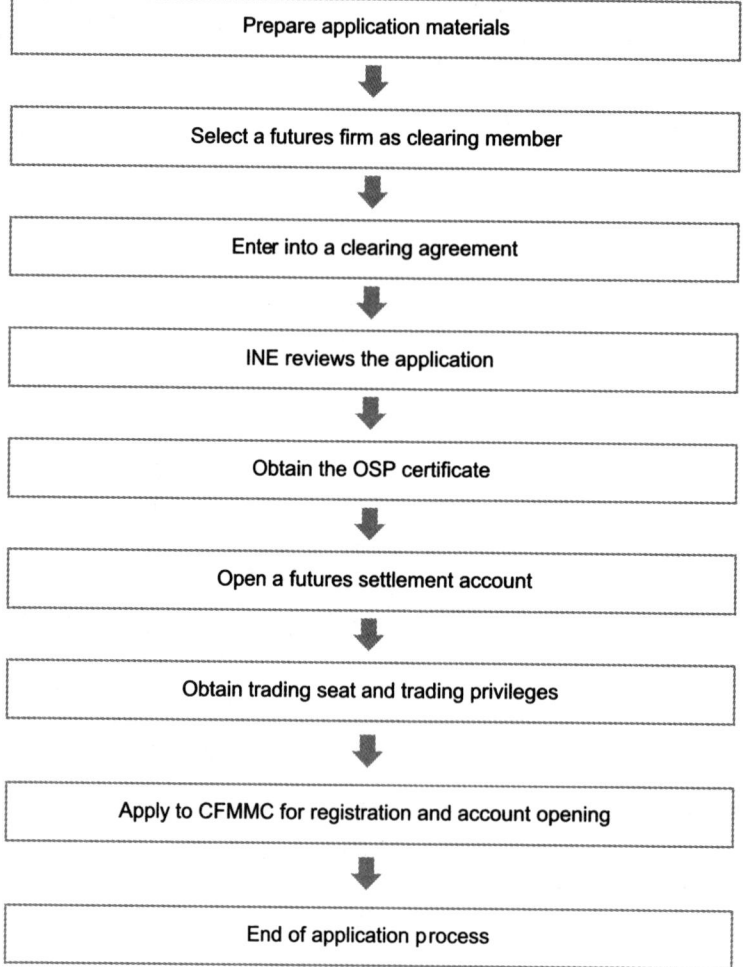

Figure 1-6-49　Qualification Application Process for OSNBP

(2) Qualification Application Process for OSBP (Figure 1-6-50)

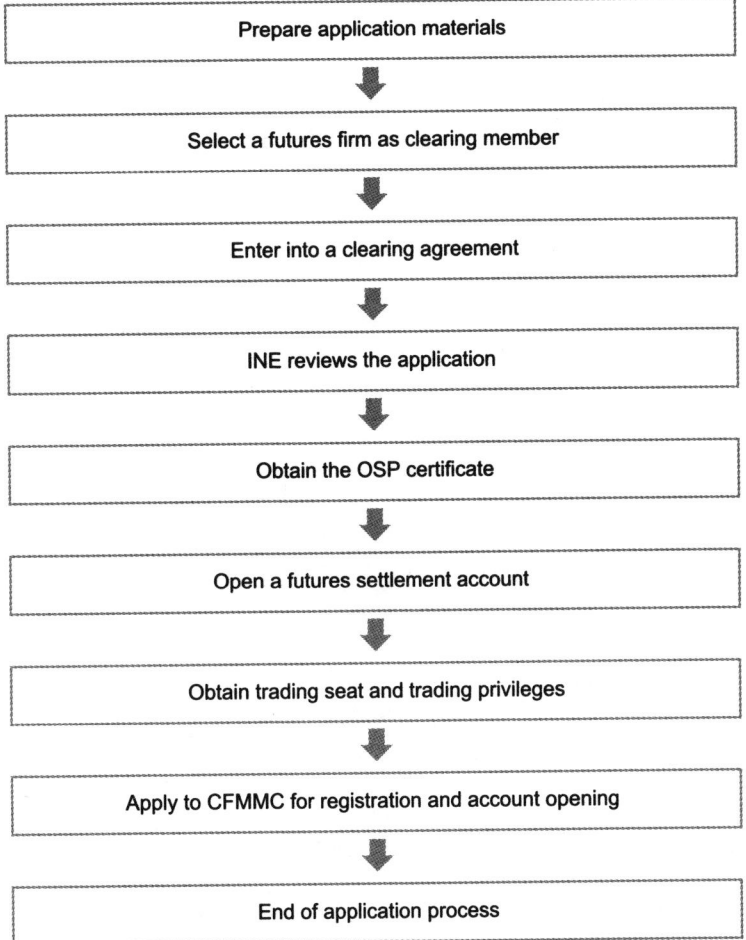

Figure 1-6-50　Qualification Application Process for OSBP

(3) Filing Process for Overseas Intermediary (Figure 1-6-51)

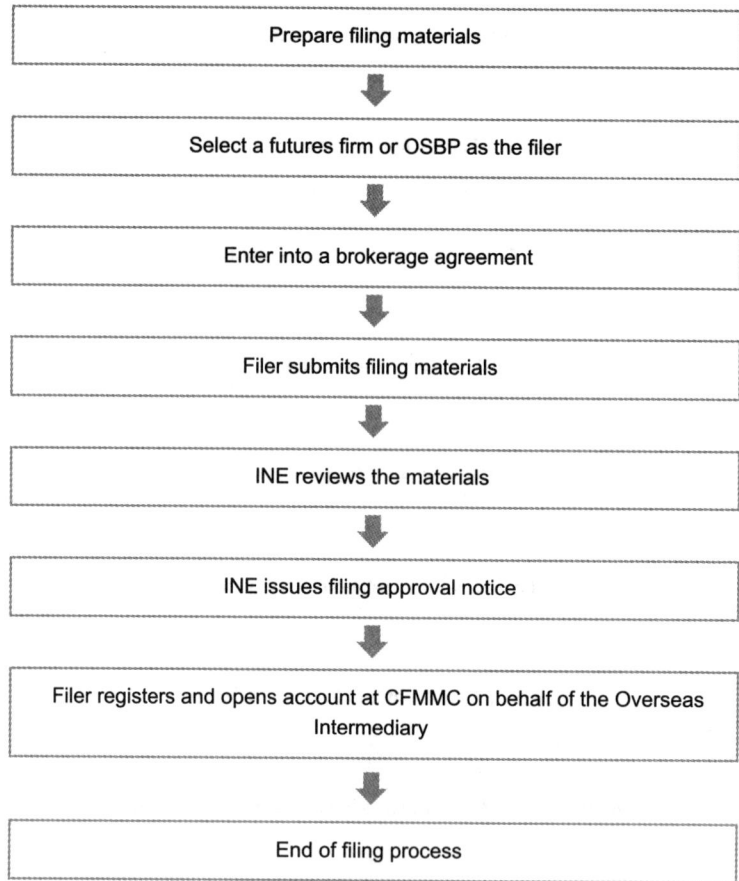

Figure 1-6-51　Filing Process for Overseas Intermediary

2. Account Opening Process for Overseas Clients
(1) Directly through Domestic Futures Firms (Figure 1-6-52)

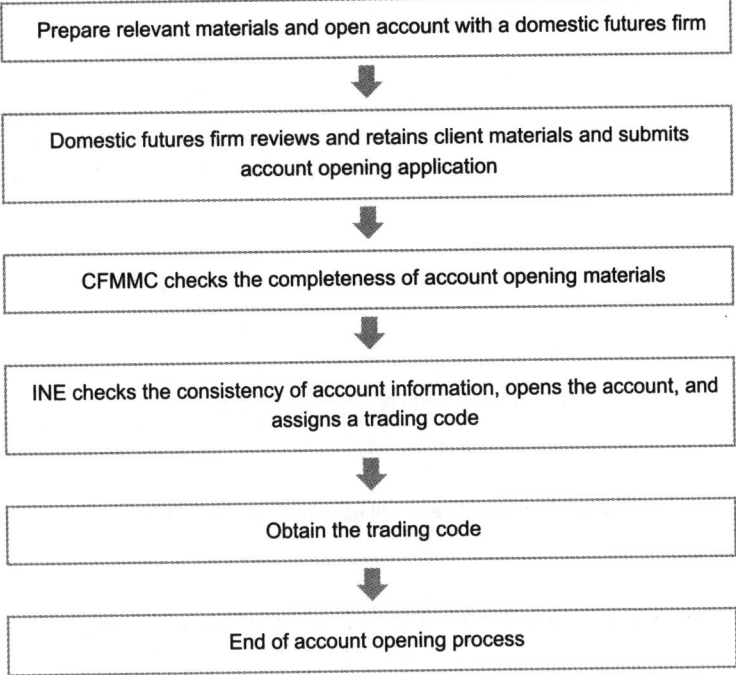

Figure 1-6-52 Account Opening Process for Overseas Clients:
Through Domestic Futures Firms

(2) Through Overseas Intermediaries That Have Partnered with Domestic Futures Firms or OSBPs (Figure 1-6-53)

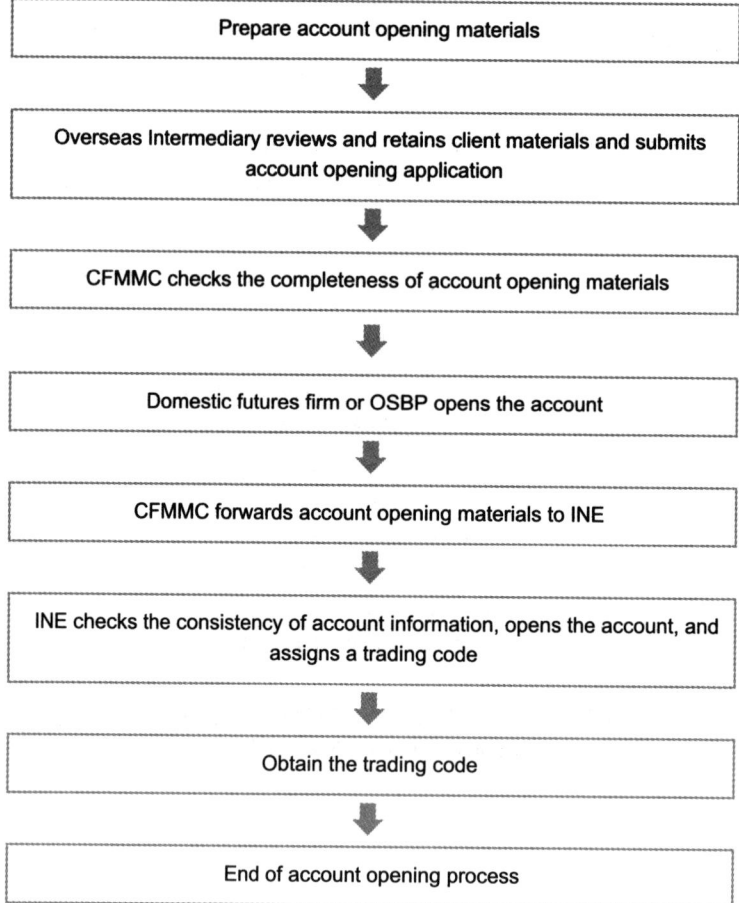

Figure 1-6-53　Account Opening Process for Overseas Clients: Through Overseas Intermediaries

(3) Through OSBPs (Figure 1-6-54)

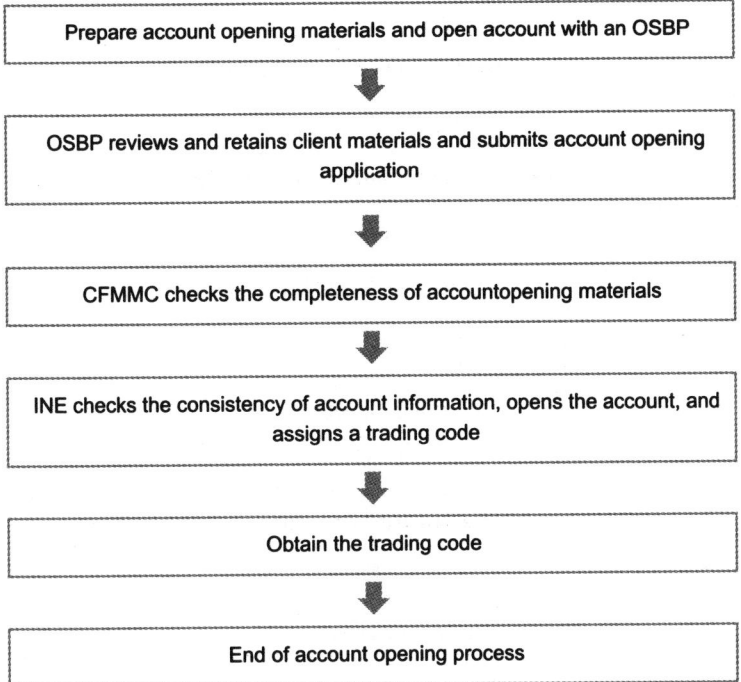

Figure 1-6-54　Account Opening Process for Overseas Clients: Through OSBPs

(4) As OSNBP (Figure 1-6-55)

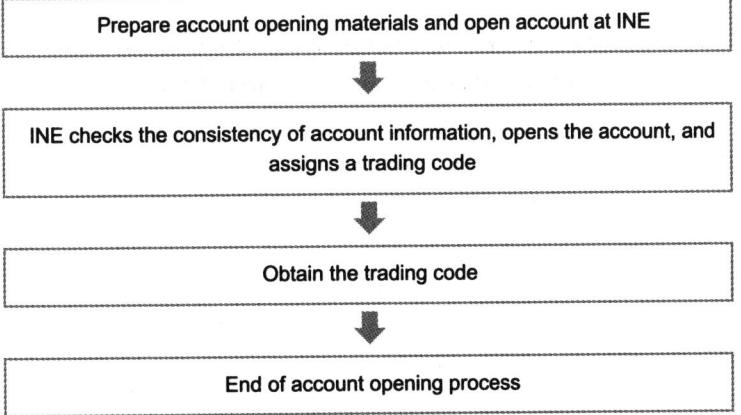

Figure 1-6-55　Account Opening Process for Overseas Clients: As OSNBP

3. Trading and Clearing Process for Overseas Clients
(1) Directly through Domestic Futures Firms (Figure 1-6-56)

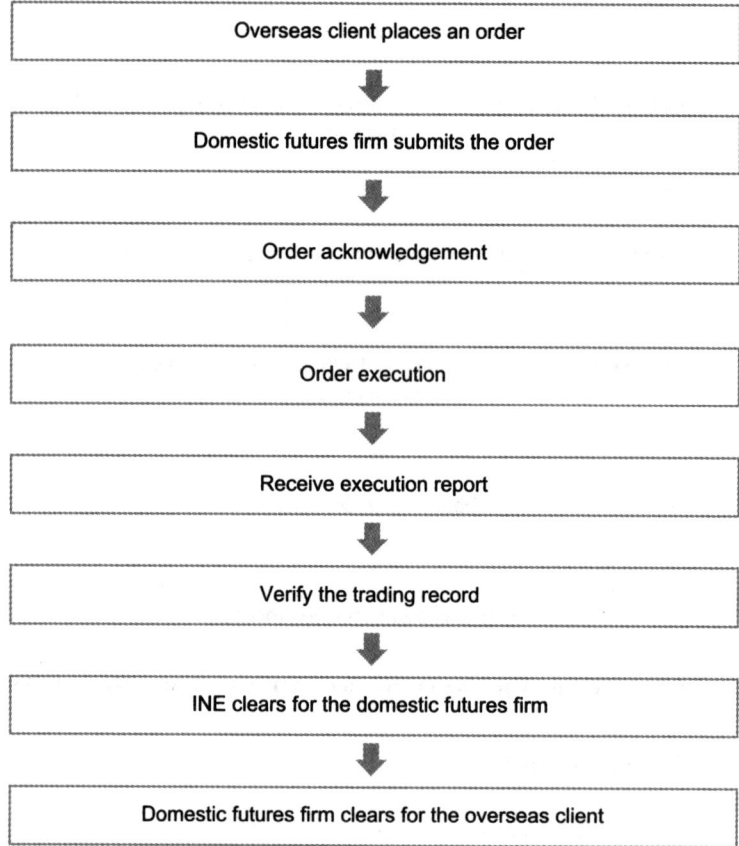

**Figure 1-6-56　Trading and Clearing Process for Overseas Clients:
Directly through Domestic Futures Firms**

(2) Through Overseas Intermediaries That Have Partnered with Domestic Futures Firms or OSBPs (Figure 1-6-57)

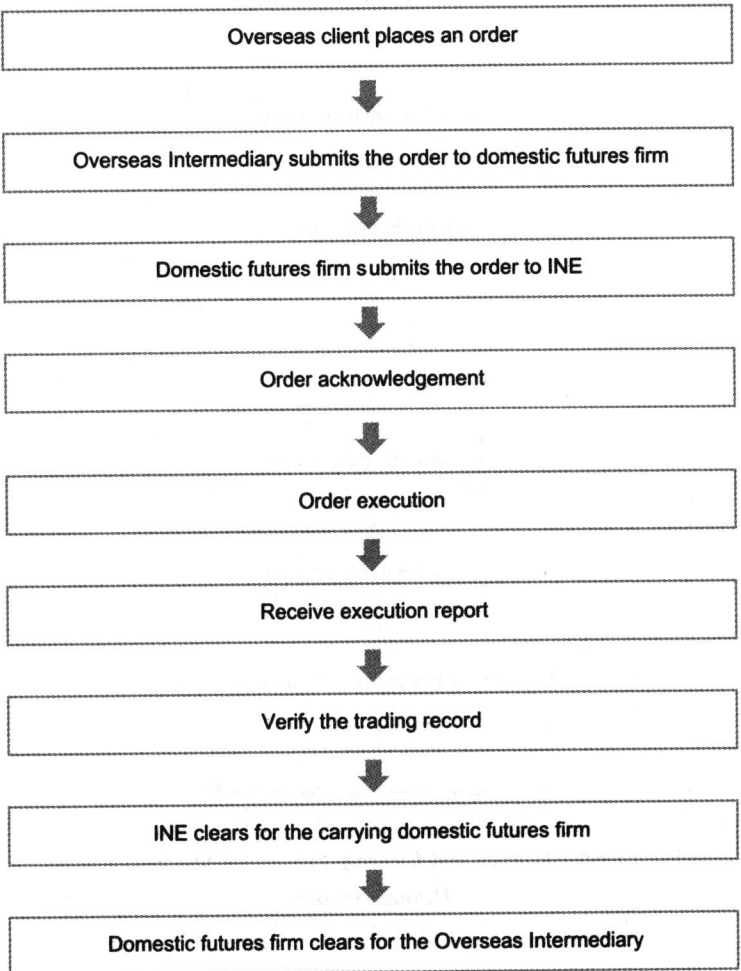

Figure 1-6-57 Trading and Clearing Process for Overseas Clients: Through Overseas Intermediaries

(3) Through OSBPs (Figure 1-6-58)

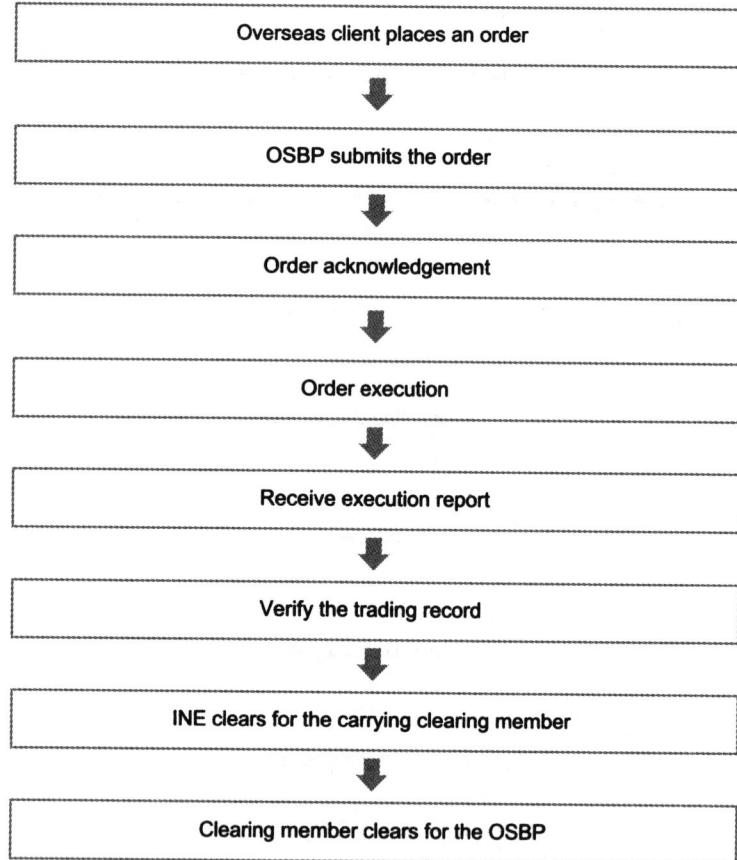

Figure 1-6-58 Trading and Clearing Process for Overseas Clients: Through OSBPs

(4) As OSNBP (Figure 1-6-59)

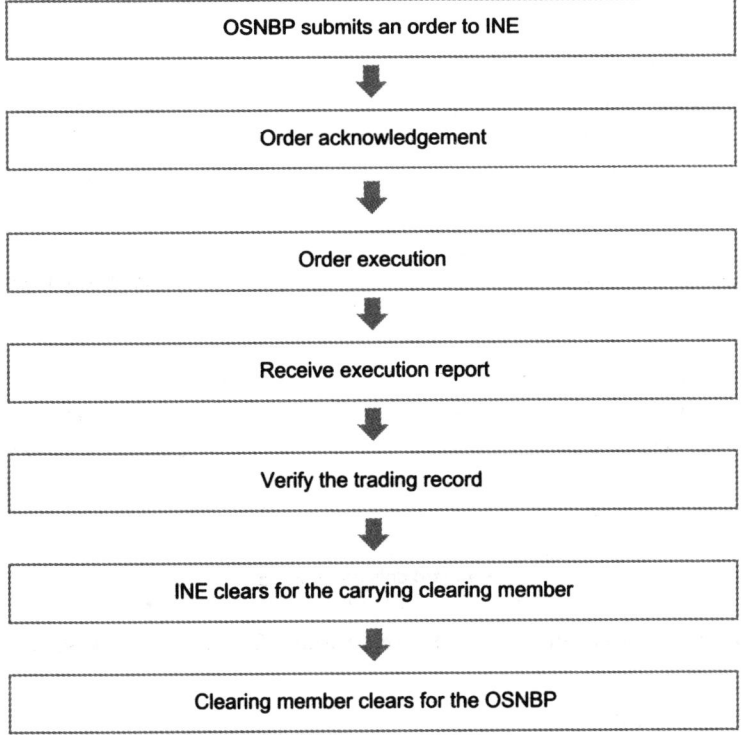

Figure 1-6-59　Trading and Clearing Process for Overseas Clients: As OSNBP

4. Delivery Process for Overseas Clients
(1) Directly through Domestic Futures Firms (Figure 1-6-60)

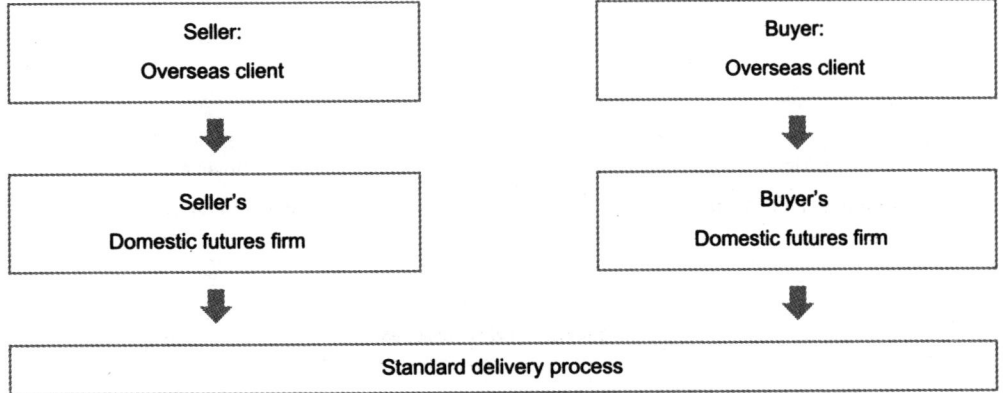

Figure 1-6-60　Delivery Process for Overseas Clients: Directly through Domestic Futures Firms

(2) Through Overseas Intermediaries That Have Partnered with Domestic Futures Firms or OSBPs (Figure 1-6-61)

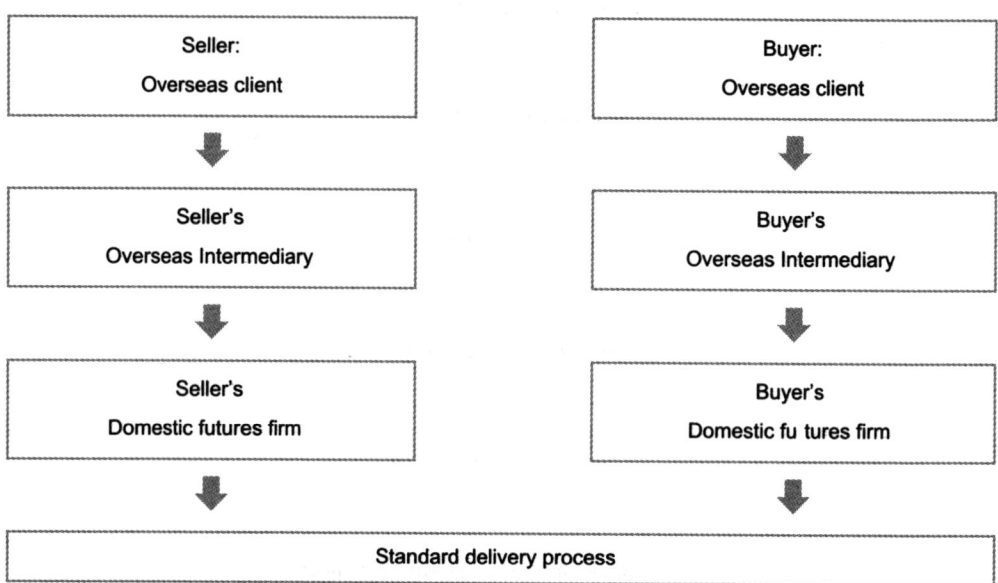

Figure 1-6-61 Delivery Process for Overseas Clients: Through Overseas Intermediaries

(3) Through OSBPs (Figure 1-6-62)

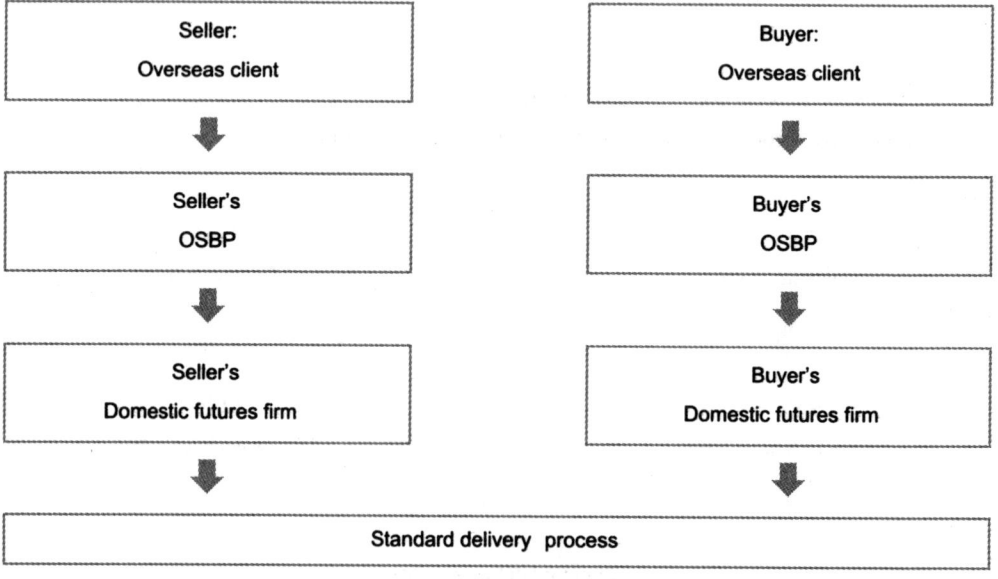

Figure 1-6-62 Delivery Process for Overseas Clients: Through OSBPs

(4) As OSNBPs (Figure 1-6-63)

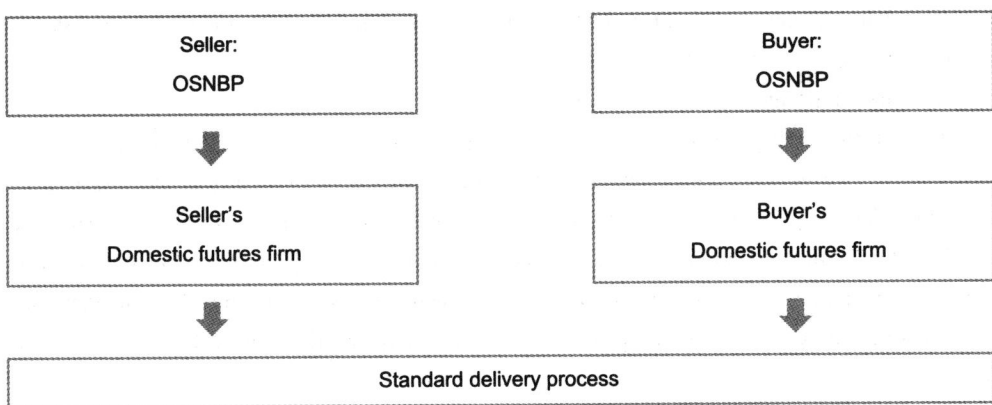

Figure 1-6-63 Delivery Process for Overseas Clients: As OSNBPs

(IV) Standard Contract

Low Sulfur Fuel Oil Contract (Table 1-6-6)

Table 1-6-6 **Low Sulfur Fuel Oil Contract**

Product	Low Sulfur Fuel Oil
Contract Unit	10 MT/lot
Price Quotation	(RMB) Yuan/MT (exclusive of tax and customs duty)
Minimum Price Fluctuation	RMB 1 Yuan/MT
Daily Price Limit	±5% of the settlement price of the preceding trading day
Listed Contracts	Monthly contracts of January to December (Jan, Feb, Mar, Apr, May, Jun, Jul, Aug, Sep, Oct, Nov, Dec)
Trading Hours	9:00 a.m. – 11:30 a.m., 1:30 p.m. – 3:00 p.m., and other hours specified by INE (Beijing time)
Last Trading Day	The last trading day of the month before the delivery month (postponed accordingly if it is a public holiday or weekend, and subject to adjustment by INE in case of public holidays and other special circumstances)
Delivery Period	5 consecutive trading days after the last trading day
Grade and Quality	Low-sulfur marine fuel oil, refer to Appendices for detailed quality standards
Delivery Venue	INE-designated delivery facilities
Minimum Trading Margin	8% of contract value
Settlement Type	Physical delivery
Product Code	LU
Listing Exchange	INE

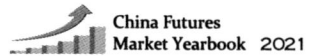

(V) Appendices

Delivery Unit

The delivery unit of a standard LSFO futures contract is 10 metric tons. Delivery should be made in multiples of the delivery unit.

Quality Standards

Low-sulfur marine fuel oil to be delivered should meet the quality standards set by INE. "Low-sulfur marine fuel oil" refers to homogeneous mixtures of hydrocarbons made from petroleum, possibly with additives to strengthen certain performance and characteristics. It should not contain any inorganic acid or used lubricating oil, any substance that may cause abnormal operations of ships, or any artificially added additive or chemical waste that may threaten ship safety, adversely affect mechanical performance, damage health, or pollute the air.

Specific rates of premium and discount will be separately established and announced by INE (Table 1-6-7).

Table 1-6-7 INE LSFO Quality Standards

Properties	Limit	Test Method
Kinematic viscosity (50 °C, mm^2/s)	380.0 max 100.00 min	ASTM D445
Density (15 °C, kg/m^3)	991.0 max 930.0 min	ASTM D1298
Calculated Carbon Aromaticity Index (CCAI)	870 max	ISO 8217:2017(E)
Sulfur content (m/m, %)	0.50 max	ASTM D4294
Flash point (closed cup) (°C)	60.0 min	ASTM D93
Hydrogen sulfide (mg/kg)	2.00 max	IP 570
Acid value (mg KOH/g)	2.5 max	ASTM D664
Total sediment (thermal aging test) (m/m, %)	0.10 max	ASTM D4870
Carbon residue (m/m, %)	18.00 max	ASTM D4530
Pour point (°C)	30 max	ASTM D97
Moisture (V/V, %)	0.50 max	ASTM D95
Ash content (m/m, %)	0.100 max	ASTM D482
Vanadium (mg/kg)	350 max	IP 501
Sodium (mg/kg)	100 max	IP 501
Aluminum + Silicon (mg/kg)	60 max	IP 501
Net calorific value (cal/g)	9,500 min	ASTM D240

Continued

Properties	Limit	Test Method
Used lubricating oil (ULO) (mg/kg) Calcium and Zinc Calcium and phosphorus	Fuel oil should be free of ULO, which is deemed to be present if: Ca > 30 and Zn > 15 or Ca > 30 and P > 15	IP 501
Compatibility (level)	No higher than spot No. 2	ASTM D4740
Cleanness (level)	No higher than spot No. 2	
Styrene (mg/kg)	20 max	GB/T 6041
Phenol (mg/kg)	10 max	

Designated Delivery Facilities

Designated delivery facilities will be separately announced by INE.

For details please refer to *Low Sulfur Fuel Oil Futures Handbook for Trading (2020 Edition)*: http://www.ine.cn/upload/20200618/1592447572787.pdf

IV. TSR 20 Futures Contract and Appendices

The participation models, market access by domestic members and clients, among others, for INE TSR 20 futures are the same as the internationalized INE products listed above.

(I) Standard Contract

TSR 20 Futures Contract (Table 1-6-8)

Table 1-6-8   **TSR 20 Futures Contract**

Product	TSR 20
Contract Unit	10 MT/lot
Price Quotation	(RMB) Yuan/MT (exclusive of tax and customs duty)
Minimum Price Fluctuation	RMB 5 Yuan/MT
Daily Price Limit	±5% of the settlement price of the preceding trading day
Listed Contracts	Monthly contracts of January to December (Jan, Feb, Mar, Apr, May, Jun, Jul, Aug, Sep, Oct, Nov, Dec)
Trading Hours	9:00 a.m. – 11:30 a.m., 1:30 p.m. – 3:00 p.m., and other hours specified by INE (Beijing time)
Last Trading Day	The 15th day of the delivery month (postponed accordingly if it is a public holiday or weekend, and subject to adjustment by INE in case of public holidays and other special circumstances)
Delivery Period	5 consecutive trading days after the last trading day

Continued

Grade and Quality	Refer to Appendices for detailed quality standards
Delivery Venue	INE-designated delivery facilities
Minimum Trading Margin	7% of contract value
Settlement Type	Physical delivery
Product Code	NR
Listing Exchange	INE

(II) Appendices

1. Delivery Unit

The delivery unit of a standard TSR 20 futures contract is 10 metric tons. Delivery should be made in multiples of the delivery unit.

2. Quality Standards

(1) TSR 20 to be delivered should meet the quality standards set by INE (Table 1-6-9).

Table 1-6-9   INE TSR 20 Quality Standards

Properties	Limit	Test Method
Dirt retained on the 45 μm sieve, maximum % (mass fraction)	0.16	GB/T 8086
Ash, maximum % (mass fraction)	1.0	GB/T 4498.1
Nitrogen content, maximum % (mass fraction)	0.6	GB/T 8088
Volatile-matter content, maximum % (mass fraction)	0.8	GB/T 24131.1
Initial plasticity (P_0), minimum	30	GB/T 3510
Plasticity retention index (PRI), minimum	40	GB/T 3517

(2) TSR 20 underlying each standard warehouse receipt should be registered with INE, accompanied by the corresponding certificate of quality.

(3) TSR 20 underlying each standard warehouse receipt should consist of rubber of the same brand, manufacturer (factory), and packaging specification.

3. Registered Commodities

Registered commodities and their manufacturers (factories) and rates of premium and discount will be separately announced by INE.

4. Designated Delivery Facilities

Designated delivery facilities and delivery premiums and discounts will be separately announced by INE.

For details please refer to *Manual for TSR 20 Futures Contract Trading (August 2019 Edition)*: http://www.ine.cn/upload/20190808/1565247516060.pdf

V. PTA Futures

(I) ZCE PTA Futures Contract (Table 1-6-10)

Table 1-6-10   ZCE PTA Futures Contract

Product	Purified Terephthalic Acid (PTA)
Contract Unit	5 MT/lot
Price Quotation	Chinese yuan(CNY)/MT
Minimum Price Fluctuation	CNY 2/MT
Daily Price Limit	±4% of the settlement price of the preceding trading day and such other price limits as specified in the *ZCE Measures for the Administration of Risk Control*
Minimum Trading Margin	5% of contract value
Listed Contracts	Monthly contracts of January to December (Jan, Feb, Mar, Apr, May, Jun, Jul, Aug, Sep, Oct, Nov, Dec)
Trading Hours	9:00 a.m. – 11:30 a.m., 1:30 p.m. – 3:00 p.m. Monday to Friday (Beijing time, excluding public holidays) and other hours specified by ZCE
Last Trading Day	The 10th trading day of the delivery month
Last Delivery Day	The 13th trading day of the delivery month
Grade and Quality	Refer to the *ZCE Detailed Rules for Futures Delivery*
Delivery Venue	ZCE-designated delivery facilities
Settlement Type	Physical delivery
Product Code	TA
Listing Exchange	ZCE

(II) Account Opening and Trading Process (Figure 1-6-64)

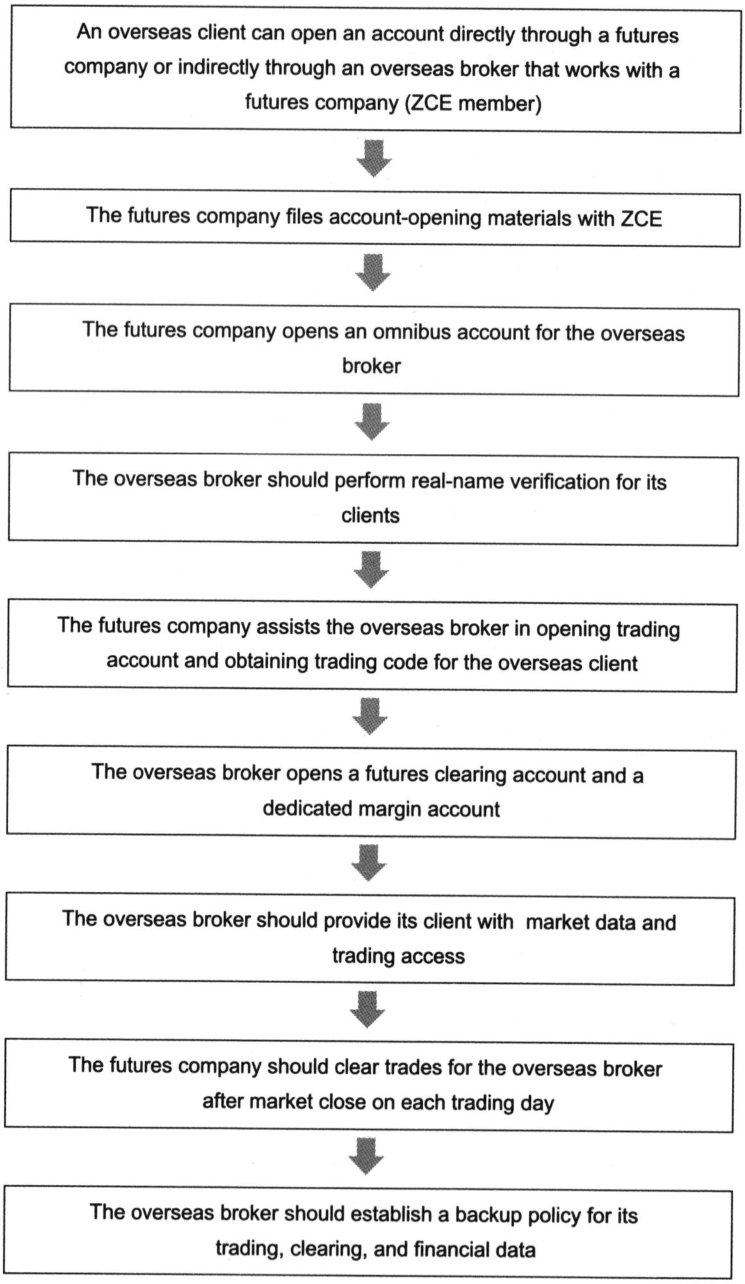

```
An overseas client can open an account directly through a futures
company or indirectly through an overseas broker that works with a
futures company (ZCE member)
                            ↓
The futures company files account-opening materials with ZCE
                            ↓
The futures company opens an omnibus account for the overseas
broker
                            ↓
The overseas broker should perform real-name verification for its
clients
                            ↓
The futures company assists the overseas broker in opening trading
account and obtaining trading code for the overseas client
                            ↓
The overseas broker opens a futures clearing account and a
dedicated margin account
                            ↓
The overseas broker should provide its client with market data and
trading access
                            ↓
The futures company should clear trades for the overseas broker
after market close on each trading day
                            ↓
The overseas broker should establish a backup policy for its
trading, clearing, and financial data
```

Figure 1-6-64　Account Opening and Trading Process

Note: Overseas brokers and traders may use foreign currency as trading margin. ZCE currently accepts USD for this purpose, which is virtually converted to RMB (CNY) at the current day's central parity rate published by CFETS, with a haircut of 0.05.

For details, please refer to:

- *ZCE Measures for the Administration of Trader Suitability Requirements for Futures Trading*

http://english.czce.com.cn/enportal/rootfiles/2019/05/31/1558748984932334-1558748985075472.doc

- *Measures for the Administration of the Futures Trading of Futures Brokerage Members Appointed by Overseas Brokers*

http://english.czce.com.cn/enportal/rootfiles/2018/11/14/1538464541947758-1538464541969732.pdf

- *ZCE Detailed Rules for Futures Trading*

http://english.czce.com.cn/enportal/Services/KnowledgeCenter/DetailedRules/webinfo/2021/12/1640080219342928.htm

(III) Warehouse Receipts Registration Process (Figure 1-6-65)

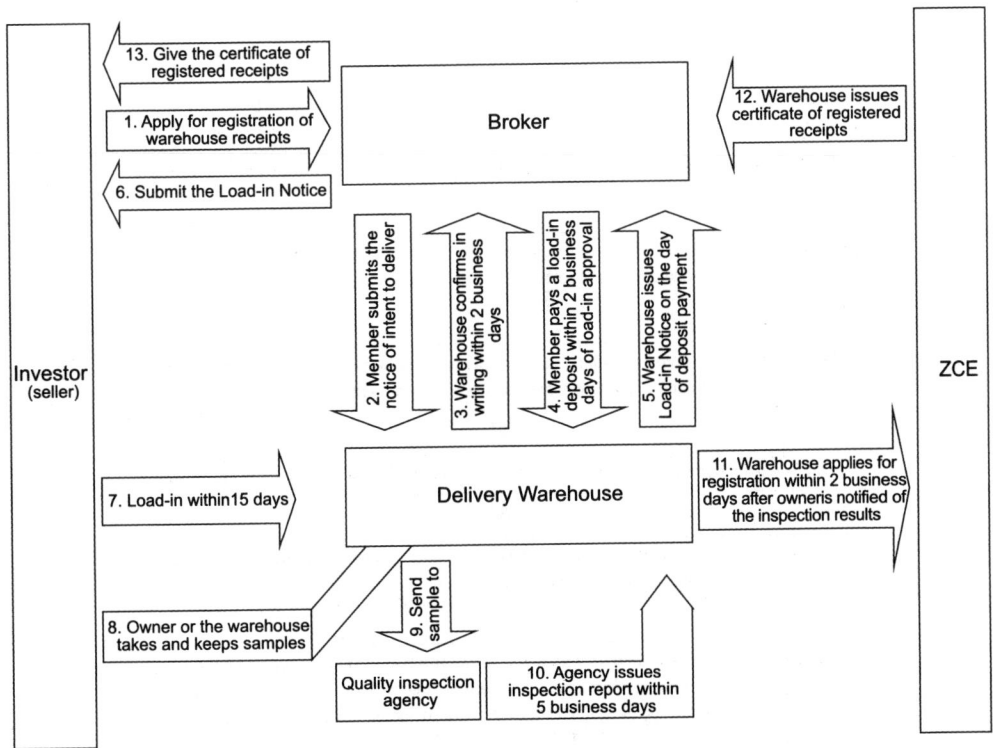

Figure 1-6-65 Warehouse Receipts Registration Process

Notes:

1. When applying for registration of standard warehouse receipts, a bonded delivery warehouse should specify whether the underlying commodities are bonded or duty-paid and should manage these two types of commodities separately.

2. Overseas-produced PTA subject to anti-dumping duties in China is not accepted for the registration of bonded standard warehouse receipts.

For details, please refer to:

- ZCE Measures for the Administration of Registered Receipts

http://english.czce.com.cn/enportal/Services/KnowledgeCenter/DetailedRules/webinfo/2021/03/1605583509042059.htm

- ZCE Measures for the Administration of Designated Delivery Warehouses

http://english.czce.com.cn/enportal/Services/KnowledgeCenter/DetailedRules/webinfo/2021/01/1605576322114094.htm

(IV) Delivery and Settlement Process (Figure 1-6-66)

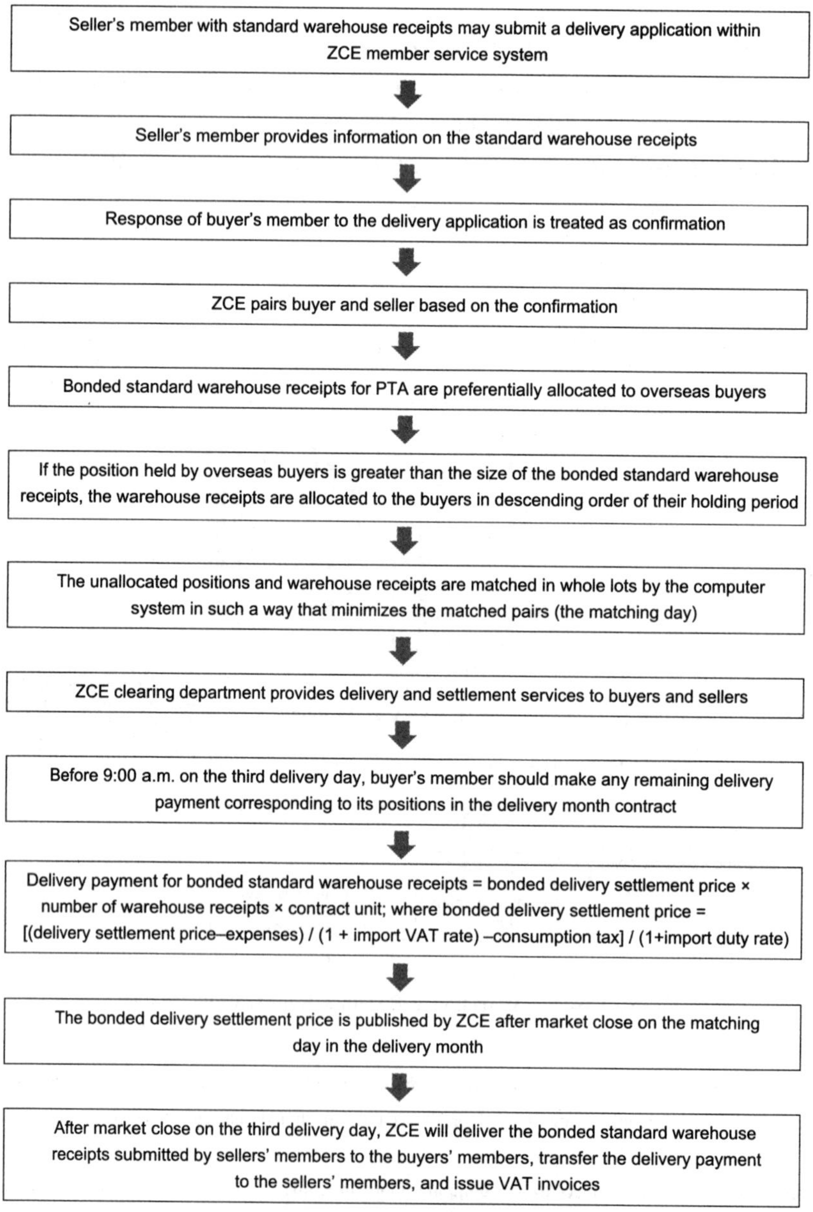

Seller's member with standard warehouse receipts may submit a delivery application within ZCE member service system

⬇

Seller's member provides information on the standard warehouse receipts

⬇

Response of buyer's member to the delivery application is treated as confirmation

⬇

ZCE pairs buyer and seller based on the confirmation

⬇

Bonded standard warehouse receipts for PTA are preferentially allocated to overseas buyers

⬇

If the position held by overseas buyers is greater than the size of the bonded standard warehouse receipts, the warehouse receipts are allocated to the buyers in descending order of their holding period

⬇

The unallocated positions and warehouse receipts are matched in whole lots by the computer system in such a way that minimizes the matched pairs (the matching day)

⬇

ZCE clearing department provides delivery and settlement services to buyers and sellers

⬇

Before 9:00 a.m. on the third delivery day, buyer's member should make any remaining delivery payment corresponding to its positions in the delivery month contract

⬇

Delivery payment for bonded standard warehouse receipts = bonded delivery settlement price × number of warehouse receipts × contract unit; where bonded delivery settlement price = [(delivery settlement price−expenses) / (1 + import VAT rate) −consumption tax] / (1+import duty rate)

⬇

The bonded delivery settlement price is published by ZCE after market close on the matching day in the delivery month

⬇

After market close on the third delivery day, ZCE will deliver the bonded standard warehouse receipts submitted by sellers' members to the buyers' members, transfer the delivery payment to the sellers' members, and issue VAT invoices

Figure 1-6-66 Delivery and Settlement Process

For details, please refer to:

- *ZCE Detailed Rules for Futures Delivery*

http://english.czce.com.cn/enportal/Services/KnowledgeCenter/DetailedRules/webinfo/2022/07/1655816526925354.htm

- *ZCE Detailed Rules for Implementation of Bonded Delivery*

http://english.czce.com.cn/enportal/Services/KnowledgeCenter/DetailedRules/webinfo/2020/09/1597085638424370.htm

- *ZCE Detailed Rules for Futures Clearing*

http://english.czce.com.cn/enportal/Services/KnowledgeCenter/DetailedRules/webinfo/2020/09/1597085638303857.htm

- *Measures for the Administration of Depository Banks Designated by ZCE*

http://english.czce.com.cn/enportal/Services/KnowledgeCenter/DetailedRules/webinfo/2021/12/1640079846821738.htm

- *Notice on the Optimization of the Foreign Exchange Conversion Mechanism for Overseas Clients and Overseas Brokers Concerning Daily Settlement of Trades in Specified Domestic Futures Products*

http://english.czce.com.cn/enportal/News/Announcements/webinfo/2021/01/1605578068044028.htm

VI. Iron Ore Futures

(I) Main Rules (Table 1-6-11, Table 1-6-12)

Investors trading iron ore futures on DCE should comply with the *DCE Trading Rules*[1], *DCE Measures for Trading Management*, *DCE Measures for Clearing Management*, *DCE Measures for Delivery Management*, and *DCE Measures for Risk Management*, among others[2], as well as the *DCE Detailed Rules of Iron Ore Futures*[3] and other provisions of DCE.

Table 1-6-11   DCE Iron Ore Futures Contract
(For I2009 and subsequent contracts)

Product	Iron Ore
Contract Unit	100 MT/lot
Price Quotation	(RMB) Yuan/MT
Minimum Price Fluctuation	RMB 0.5 Yuan/MT
Daily Price Limit	±4% of the settlement price of the preceding trading day

---

[1] http://www.dce.com.cn/DCE/RulesRegulation/6146719/6146731/6146735/6147416/index.html
[2] http://www.dce.com.cn/DCE/RulesRegulation/6146719/6146731/index.html
[3] http://www.dce.com.cn/DCE/RulesRegulation/6146719/6146731/6146743/6147488/index.html

Continued

Listed Contracts	Monthly contracts of January to December (Jan, Feb, Mar, Apr, May, Jun, Jul, Aug, Sep, Oct, Nov, Dec)
Trading Hours	9:00 a.m. – 11:30 a.m., 1:30 p.m. – 3:00 p.m. Monday to Friday (Beijing time), and other hours specified by DCE
Last Trading Day	The 10th trading day of the contract month
Last Delivery Day	The 3rd trading day after the last trading day
Grade and Quality	DCE Iron Ore Delivery Quality Standard (F/DCE I001-2019). The deliverable brands and their discounts and/or premiums will be separately established by DCE
Delivery Venue	DCE-designated delivery facilities and locations
Minimum Trading Margin	5% of contract value
Settlement Type	Physical delivery
Product Code	I
Listing Exchange	DCE

Table 1-6-12   DCE Iron Ore Futures Contract
(For I2205 and subsequent contracts)

Product	Iron Ore
Contract Unit	100 MT/lot
Price Quotation	(RMB) Yuan/MT
Minimum Price Fluctuation	RMB 0.5 Yuan/MT
Daily Price Limit	±4% of the settlement price of the preceding trading day
Listed Contracts	Monthly contracts of January to December (Jan, Feb, Mar, Apr, May, Jun, Jul, Aug, Sep, Oct, Nov, Dec)
Trading Hours	9:00 a.m. – 11:30 a.m., 1:30 p.m. – 3:00 p.m. Monday to Friday (Beijing time), and other hours specified by DCE
Last Trading Day	The 10th trading day of the contract month
Last Delivery Day	The 3rd trading day after the last trading day
Grade and Quality	DCE Iron Ore Delivery Quality Standard (F/DCE I004-2021). The deliverable brands and their discounts and/or premiums will be separately established by DCE
Delivery Venue	DCE-designated delivery facilities and locations
Minimum Trading Margin	5% of contract value
Settlement Type	Physical delivery
Product Code	I
Listing Exchange	DCE

Note 1: DCE may adjust the daily price limit and trading margin of each contract according to market conditions. For detailed trading parameters, please see: http://www.dce.com.cn/DCE/TradingClearing/Business%20Parameters/Trading%20Parameters/index.html

Note 2: Daytime trading consists of three sessions: 9:00 – 10:15 a.m., 10:30 – 11:30 a.m., and 1:30 – 3:00 p.m.

Note 3: The product also has a nighttime trading session at 9:00 – 11:00 p.m.

(II) Processes for Iron Ore Futures

(1) Account Opening (Figure 1-6-67)

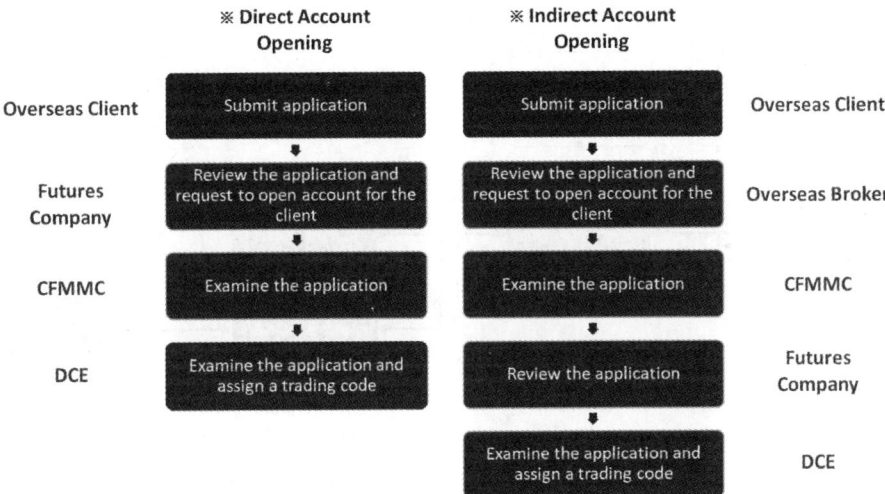

Figure 1-6-67　Account Opening

(2) Trading (Figure 1-6-68)

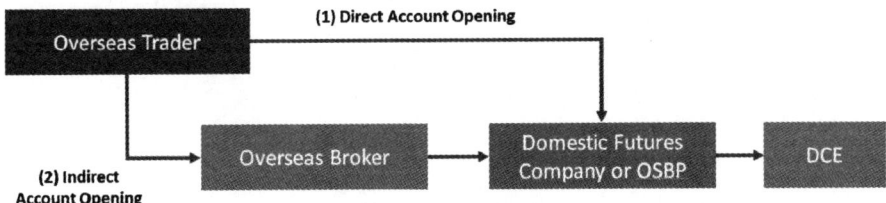

Figure 1-6-68　Trading

(3) Funds Transfer (Figure 1-6-69)

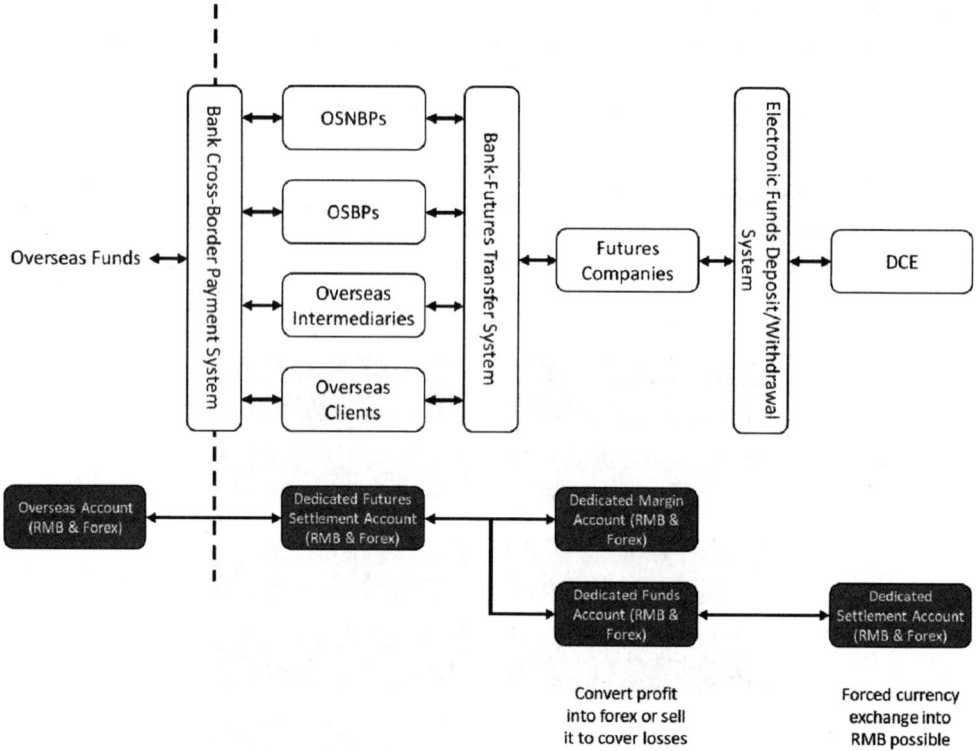

Figure 1-6-69　Funds Transfer

(4) Warehouse Delivery (Illustrated with One-Off (Centralized) Delivery) (Figure 1-6-70)

Notice of Intent to Deliver
Seller's member submits a notice of intent to deliver together with a deposit of RMB 20 Yuan/MT, which is refundable after load-in upon request

Load-In and Quality Inspection
The seller notifies the warehouse three calendar days before the load-in and pays the load-in fees. A designated inspection agency takes and tests samples for quality and the warehouse weighs the goods

Before Market Close on the First Trading Day after the Last Trading Day
Seller's Member submits bonded warehouse receipts

After Market Close on the First Trading Day after the Last Trading Day
Deadline for submitting registered warehouse receipts; DCE gathers and publishes information on the warehouse receipts it has received

Before Market Close on the Second Trading Day after the Last Trading Day
Buyer's member submits a notice of intent to accept (NIA)

After Market Close on the Second Trading Day after the Last Trading Day
DCE matches buyers with sellers

Before Market Close on the Last Delivery Day
Buyer's member makes the delivery payment to DCE and seller's member delivers a special VAT invoice to DCE

After Market Close on the Last Delivery Day
DCE transfers the delivery payment to seller's member and delivers the bonded standard warehouse receipts to buyer's member

Figure 1-6-70 Warehouse Delivery (Illustrated with One-Off (Centralized) Delivery)

VII. RBD Palm Olein Futures

(I) Main Rules (Table 1-6-13)

Investors trading RBD Palm Olein futures on DCE should comply with the *DCE Trading Rules*[①], *DCE Measures for Trading Management*, *DCE Measures for Clearing Management*, *DCE Measures for Delivery Management*, *DCE Measures for Risk Management*, among

---

① http://www.dce.com.cn/DCE/RulesRegulation/6146719/6146731/6146735/6147416/index.html.

others① as well as the *DCE Detailed Rules of RBD Palm Olein Futures*② and other provisions of DCE.

Table 1-6-13   DCE RBD Palm Olein Futures Contract

Product	RBD Palm Olein
Contract Unit	10 MT/lot
Price Quotation	(RMB) Yuan/MT
Minimum Price Fluctuation	RMB 2 Yuan/MT
Daily Price Limit	±4% of the settlement price of the preceding trading day
Listed Contracts	Monthly contracts of January to December (Jan, Feb, Mar, Apr, May, Jun, Jul, Aug, Sep, Oct, Nov, Dec)
Trading Hours	9:00 a.m. – 11:30 a.m., 1:30 p.m. – 3:00 p.m. Monday to Friday (Beijing time), and other hours specified by DCE
Last Trading Day	The 10th trading day of the contract month
Last Delivery Day	The 3rd trading day after the last trading day
Grade and Quality	*DCE RBD Palm Olein Delivery Quality Standard*
Delivery Venue	DCE-designated delivery facilities
Minimum Trading Margin	5% of contract value
Settlement Type	Physical delivery
Product Code	P
Listing Exchange	DCE

Note 1: DCE may adjust the daily price limit and trading margin of each contract according to market conditions. For detailed trading parameters, please see: http://www.dce.com.cn/DCE/TradingClearing/Business%20Parameters/Trading%20Parameters/index.html

Note 2: Daytime trading consists of three sessions: 9:00 – 10:15 a.m., 10:30 – 11:30 a.m., and 1:30 – 3:00 p.m.

Note 3: The product also has a nighttime trading session at 9:00 – 11:00 p.m.

---

① http://www.dce.com.cn/DCE/RulesRegulation/6146719/6146731/index.html.
② http://www.dce.com.cn/DCE/RulesRegulation/6146719/6146731/6146743/6147450/index.html.

(II) Processes for RBD Palm Olein Futures

(1) Account Opening (Figure 1-6-71)

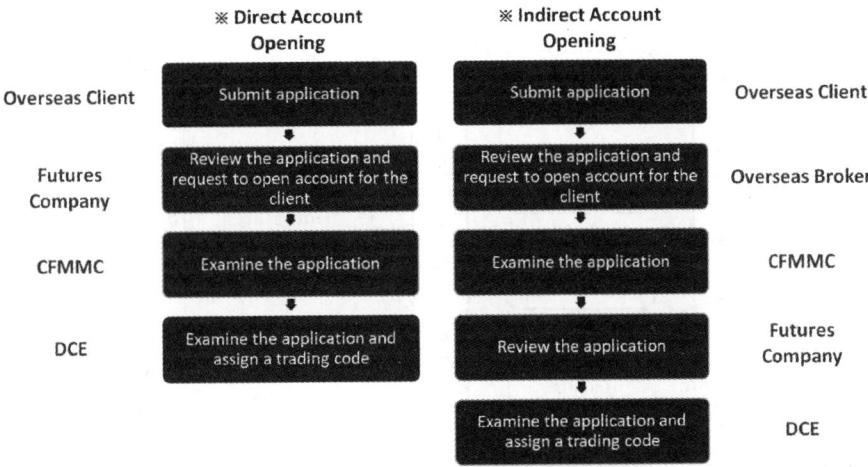

Figure 1-6-71 Account Opening

(2) Trading (Figure 1-6-72)

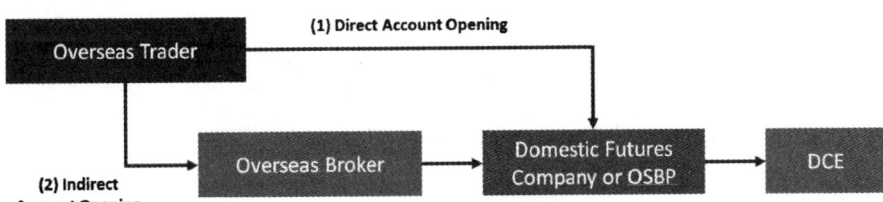

Figure 1-6-72 Trading

(3) Funds Transfer (Figure 1-6-73)

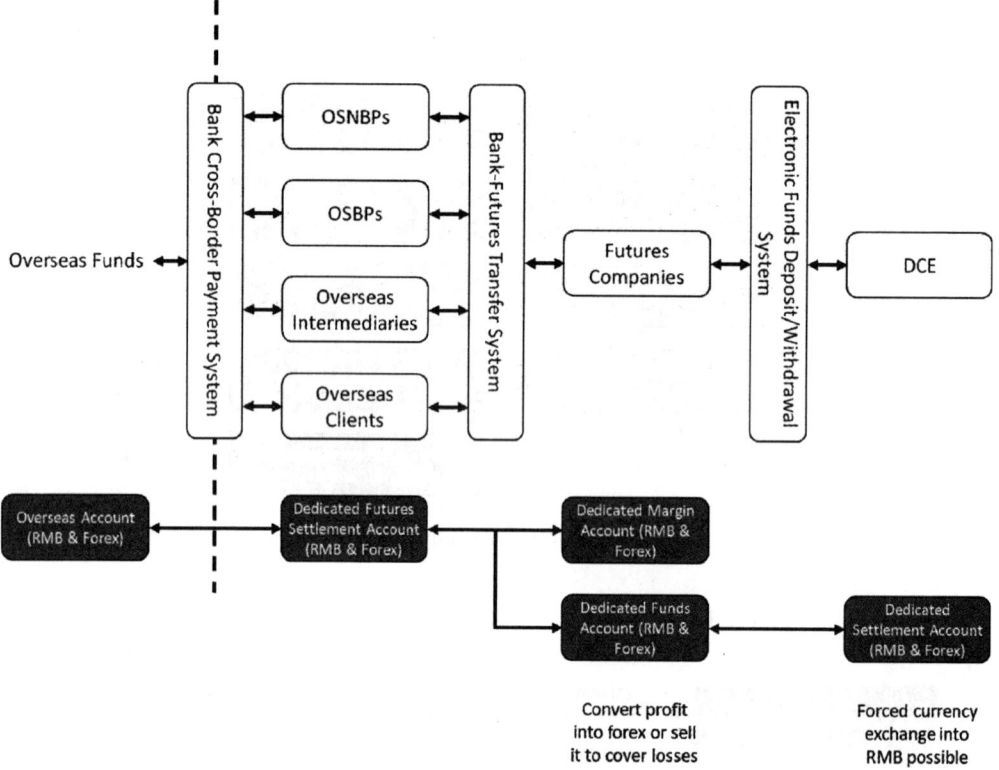

Figure 1-6-73   Funds Transfer

(4) Warehouse Delivery (Figure 1-6-74)

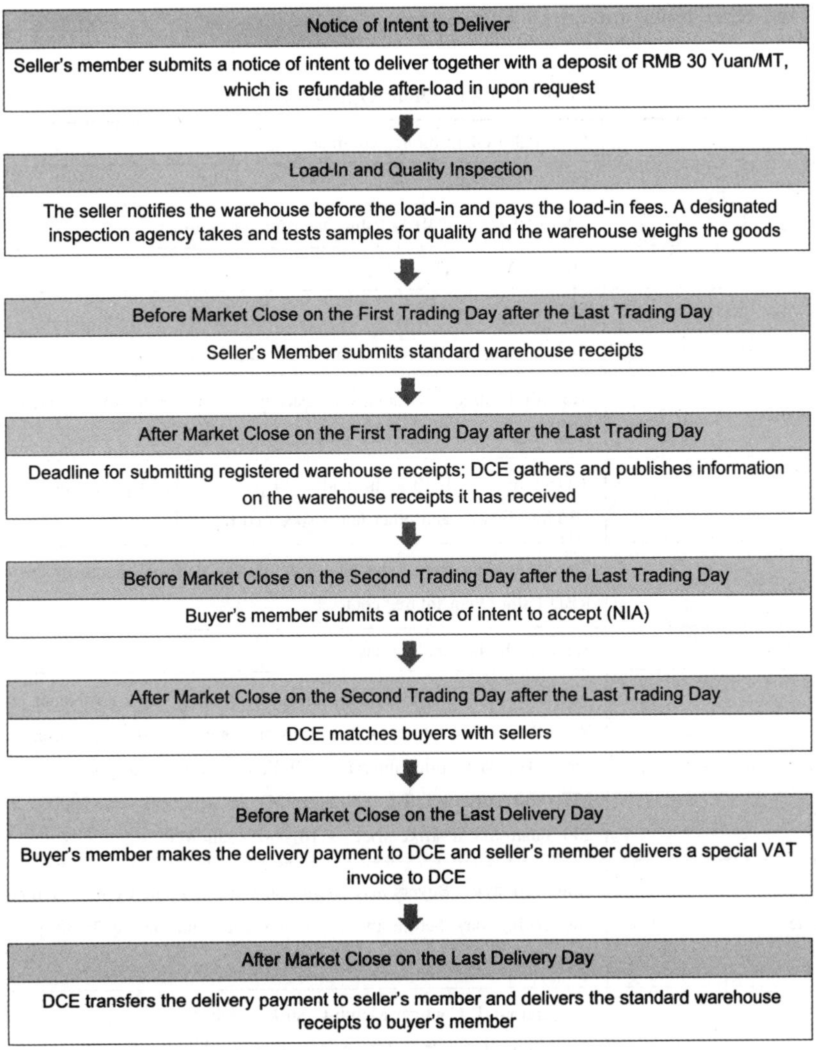

```
┌─────────────────────────────────────────────────────────────────────────┐
│                        Notice of Intent to Deliver                      │
│ Seller's member submits a notice of intent to deliver together with a   │
│ deposit of RMB 30 Yuan/MT, which is refundable after-load in upon       │
│ request                                                                 │
└─────────────────────────────────────────────────────────────────────────┘
                                    ↓
┌─────────────────────────────────────────────────────────────────────────┐
│                     Load-In and Quality Inspection                      │
│ The seller notifies the warehouse before the load-in and pays the       │
│ load-in fees. A designated inspection agency takes and tests samples    │
│ for quality and the warehouse weighs the goods                          │
└─────────────────────────────────────────────────────────────────────────┘
                                    ↓
┌─────────────────────────────────────────────────────────────────────────┐
│        Before Market Close on the First Trading Day after the           │
│                            Last Trading Day                             │
│           Seller's Member submits standard warehouse receipts           │
└─────────────────────────────────────────────────────────────────────────┘
                                    ↓
┌─────────────────────────────────────────────────────────────────────────┐
│        After Market Close on the First Trading Day after the            │
│                            Last Trading Day                             │
│ Deadline for submitting registered warehouse receipts; DCE gathers and  │
│ publishes information on the warehouse receipts it has received         │
└─────────────────────────────────────────────────────────────────────────┘
                                    ↓
┌─────────────────────────────────────────────────────────────────────────┐
│        Before Market Close on the Second Trading Day after the          │
│                            Last Trading Day                             │
│         Buyer's member submits a notice of intent to accept (NIA)       │
└─────────────────────────────────────────────────────────────────────────┘
                                    ↓
┌─────────────────────────────────────────────────────────────────────────┐
│        After Market Close on the Second Trading Day after the           │
│                            Last Trading Day                             │
│                    DCE matches buyers with sellers                      │
└─────────────────────────────────────────────────────────────────────────┘
                                    ↓
┌─────────────────────────────────────────────────────────────────────────┐
│              Before Market Close on the Last Delivery Day               │
│ Buyer's member makes the delivery payment to DCE and seller's member    │
│ delivers a special VAT invoice to DCE                                   │
└─────────────────────────────────────────────────────────────────────────┘
                                    ↓
┌─────────────────────────────────────────────────────────────────────────┐
│               After Market Close on the Last Delivery Day               │
│ DCE transfers the delivery payment to seller's member and delivers the  │
│ standard warehouse receipts to buyer's member                           │
└─────────────────────────────────────────────────────────────────────────┘
```

Figure 1-6-74　Warehouse Delivery

VIII. RBD Palm Olein Options

(I) Main Rules (Table 1-6-14)

Investors trading RBD Palm Olein options on DCE should comply with the *DCE Trading Rules*[①], *DCE Measures for Trading Management*, *DCE Management Measures on Futures Trader Suitability*, *DCE Measures for Management of Options Trading*, *DCE Measures for*

[①] http://www.dce.com.cn/DCE/RulesRegulation/6146719/6146731/6146735/6147416/index.html.

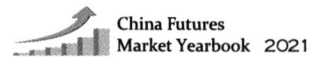

Clearing Management, *DCE Measures for Delivery Management*, *DCE Measures for Risk Management*, among others①, as well as the *DCE Detailed Rules of RBD Palm Olein Futures*② and other provisions of DCE.

Table 1-6-14   DCE RBD Palm Olein Options Contract

Underlying	RBD Palm Olein futures contract
Contract Type	Call option and put option
Contract Unit	1 lot (10 MT) of RBD Palm Olein futures contract
Price Quotation	(RMB) Yuan/MT
Minimum Price Fluctuation	RMB 0.5 Yuan/MT
Daily Price Limit	Same as that for the RBD Palm Olein futures contract
Listed Contracts	Monthly contracts of January to December (Jan, Feb, Mar, Apr, May, Jun, Jul, Aug, Sep, Oct, Nov, Dec)
Trading Hours	9:00 a.m. – 11:30 a.m. and 1:30 p.m. – 3:00 p.m. Monday to Friday (Beijing time), and other hours specified by DCE
Last Trading Day	The 5th trading day of the month before the delivery month of the underlying RBD Palm Olein futures contract
Expiration Date	Same as the last trading day
Strike Price	The range of strike price is the preceding trading day's settlement price of the RBD Palm Olein futures contract plus or minus 1.5 times the current day's price limit. The strike price interval is 50 Yuan/MT if strike price ≤ 5,000 Yuan/MT; 100 Yuan/MT if 5,000 Yuan/MT < strike price ≤ 10,000 Yuan/MT; 200 Yuan/MT if strike price > 10,000 Yuan/MT
Option Style	American style. Buyers may submit an exercise request during trading hours on any trading day before the expiration date and before 3:30 p.m. on the expiration date
Product Code	Call option: P-Contract Month-C-Strike Price Put option: P-Contract Month-P-Strike Price
Listing Exchange	DCE

Note 1: Daytime trading consists of three sessions: 9:00 – 10:15 a.m., 10:30 – 11:30 a.m., and 1:30 – 3:00 p.m.

Note 2: The product also has a nighttime trading session at 9:00 – 11:00 p.m.

---

① http://www.dce.com.cn/DCE/RulesRegulation/6146719/6146731/index.html.

② http://www.dce.com.cn/DCE/RulesRegulation/6146719/6146731/6146743/6147450/index.html.

(II) Processes for RBD Palm Olein Options

(1) Account Opening (Figure 1-6-75)

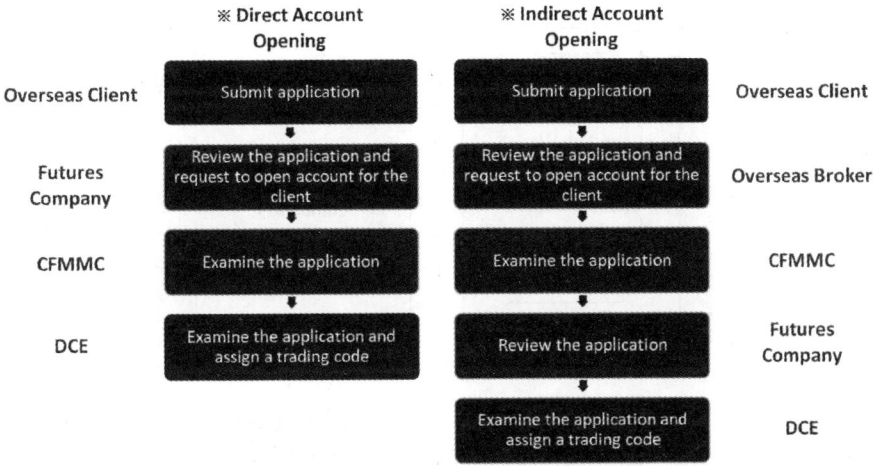

Figure 1-6-75　Account Opening

(2) Trading (Figure 1-6-76)

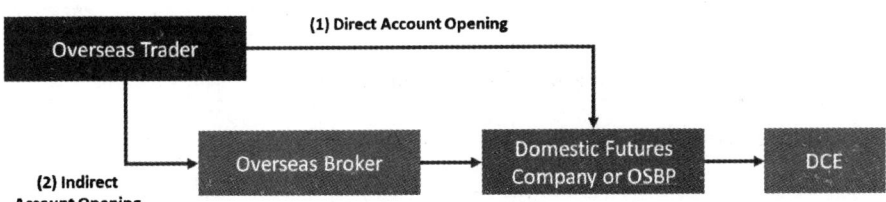

Figure 1-6-76　Trading

(3) Funds Transfer (Figure 1-6-77)

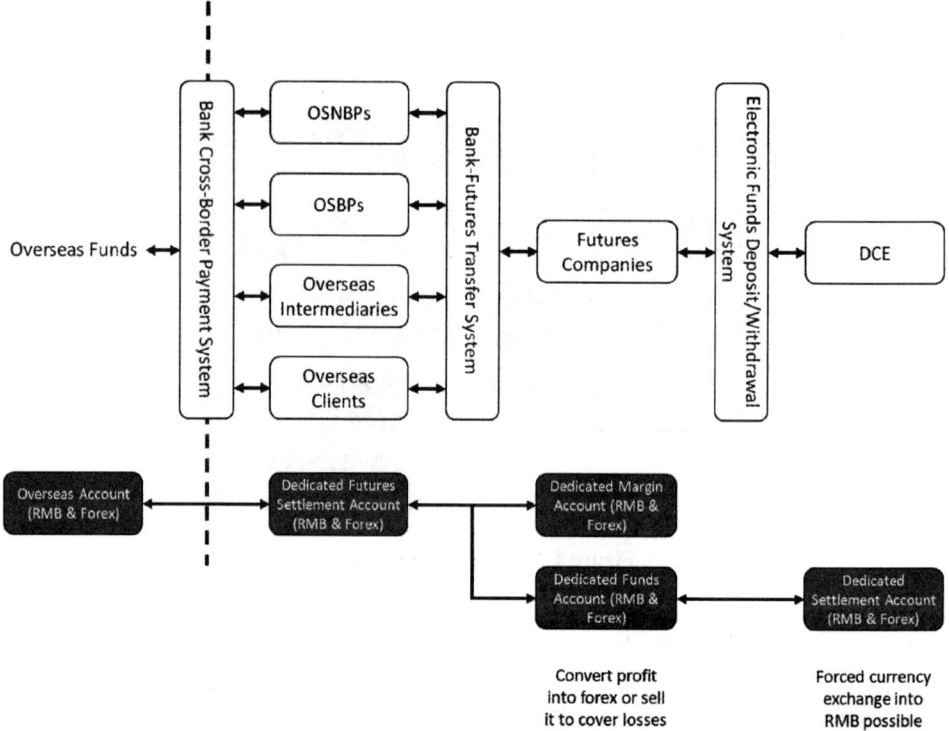

Figure 1-6-77　Funds Transfer

(4) Exercise and Fulfillment (Figure 1-6-78)

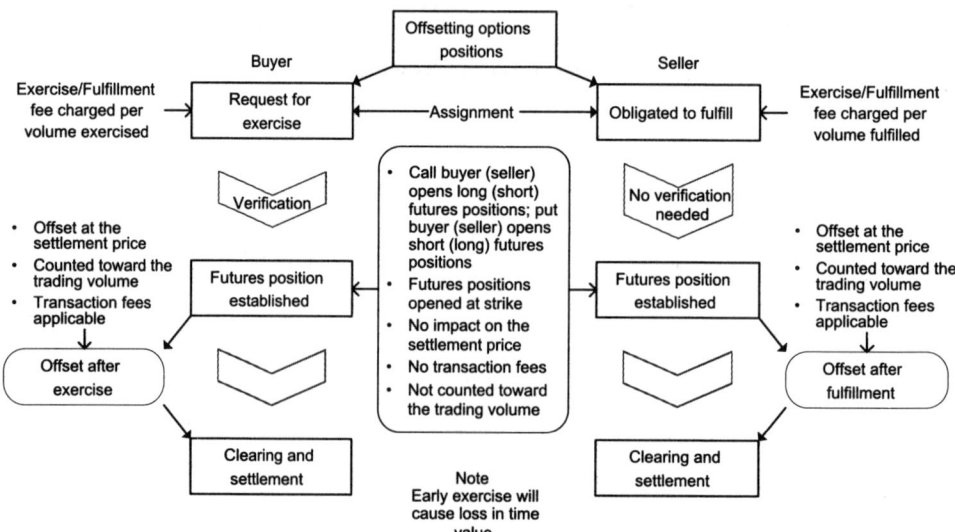

Figure 1-6-78　Exercise and Fulfillment

PART II FUTURES COMPANIES

>>> **Section I Overview**

I. Organizations

There were 150 futures companies in China at the end of 2021, 1 more than in the year before. All 150 were actively offering brokerage services through 2,042 service outlets (Table 2-1-1); 121 were licensed to engage in investment consultancy and 129 in asset management. A total of 94 futures companies have completed filing for operating risk management subsidiaries on a trial basis; 97 risk management subsidiaries have been established.

Table 2-1-1 Number of Futures Companies and Service Outlets in Last Three Years

Year	2019	2020	2021
Futures Companies	149	149	150
Service Outlets	1,903	1,951	2,042

In terms of listed futures companies as of the end of 2021, Nanhua Futures, Ruida Futures, and Yongan Futures were listed on the A-share market; Luzheng Futures and Holly Futures were listed on HKEX. A total of 13 companies—Chuang Yuan Futures, HNA Futures, TF Futures, China Dragon Futures, Dayue Futures, SPIC Xianrong Futures, Maike Futures,

Bohai Futures, Funeng Futures, Chaos Ternary Futures, Goldstate Futures, Changjiang Futures, and Haitong Futures—were listed on NEEQ.

II. Assets

At end-2021, net assets of China-based futures companies had grown 18.52% year-on-year to RMB 161.476 billion (Figure 2-1-1).

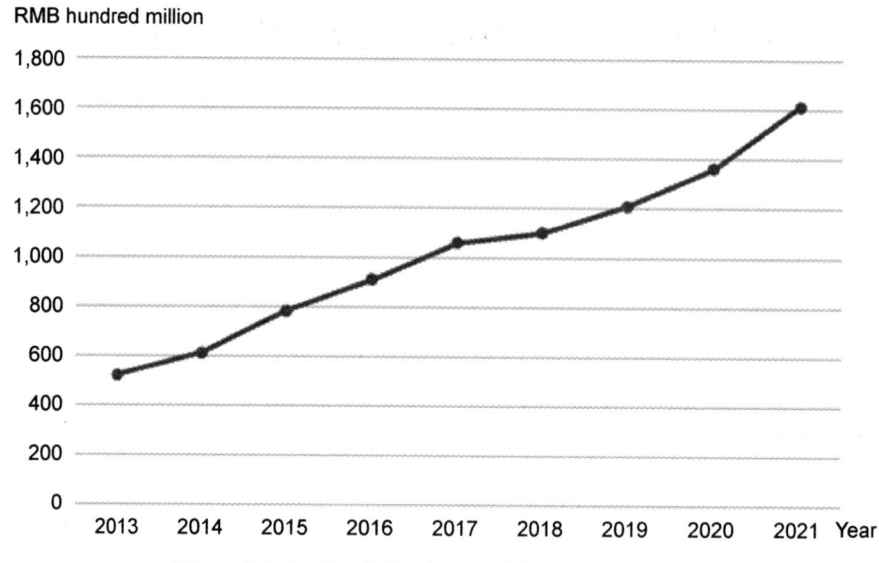

Figure 2-1-1 Total Net Assets of Futures Companies

A breakdown of futures companies by net assets is given in Table 2-1-2. Notably, 41 futures companies—7 more than in 2020—have reached or exceeded RMB 1 billion in net assets (Table 2-1-2).

Table 2-1-2 Breakdown of Futures Companies by Net Assets in 2021

Net Assets	2021		2020	
	Number	Proportion (%)	Number	Proportion (%)
> ¥1 billion	41	27.33	34	22.82
¥0.5 – 1 billion	50	33.33	45	30.20
¥100 – 500 million	51	34.00	60	40.27
≤ ¥100 million	8	5.34	10	6.71

III. Classification and Rating

According to its *Rules on the Classification-Based Supervision of Futures Companies* (revised February 15, 2019), CSRC assigns a rating to each futures company based on its risk management capabilities, with considerations given also to its overall capacity to support the real economy, competitiveness, and compliance record, in order to facilitate classification-based supervision.

In 2021, 39 of the 149 China-based futures companies were rated "A" (including 17 rated "AA"); 95 "B"; 10 "C"; and 5 "D."

The 17 AA-rated futures companies were Yong An Futures, Galaxy Futures, CITIC Futures, Guotai Junan Futures, Zheshang Futures, SDIC Essence Futures, GF Futures, Orient Futures, Everbright Futures, COFCO Futures, China Futures, Nanhua Futures, Ruida Futures, Founder CIFCO Futures, Shenyin & Wanguo Futures, Minmetals Futures, and Huatai Futures (Table 2-1-3).

Table 2-1-3   Futures Company Ratings in Last Three Years

Rating	2021		2020		2019	
	Number	Proportion (%)	Number	Proportion (%)	Number	Proportion (%)
AA	17	11.41	19	12.75	14	9.40
A	22	14.77	21	14.09	23	15.44
BBB	34	22.82	41	27.52	35	23.49
BB	39	26.17	35	23.49	30	20.13
B	22	14.77	17	11.41	26	17.45
CCC	5	3.36	3	2.01	8	5.37
CC	3	2.00	8	5.37	4	2.68
C	2	1.34	1	0.67	2	1.34
D	5	3.36	4	2.68	7	4.70

IV. Registered Futures Professionals

As of December 31, 2021, number of CFA-registered futures professionals totaled 70,294, 3,105 or 4.62% more than at end-2020 (Figure 2-1-2). Total number of employees at futures companies was 33,824, including 32,857 registered professionals, a year-on-year increase of 3.9%. Among the registered professionals working at futures companies, 4,678 or 14.24% were licensed to provide futures investment consulting services. Another 37,437 registered professionals were employed by securities companies as introducing brokers[1], an increase of 1,872 or 5.27% year-on-year.

---

[1] Referring to registered professionals who provide futures IB services at securities companies.

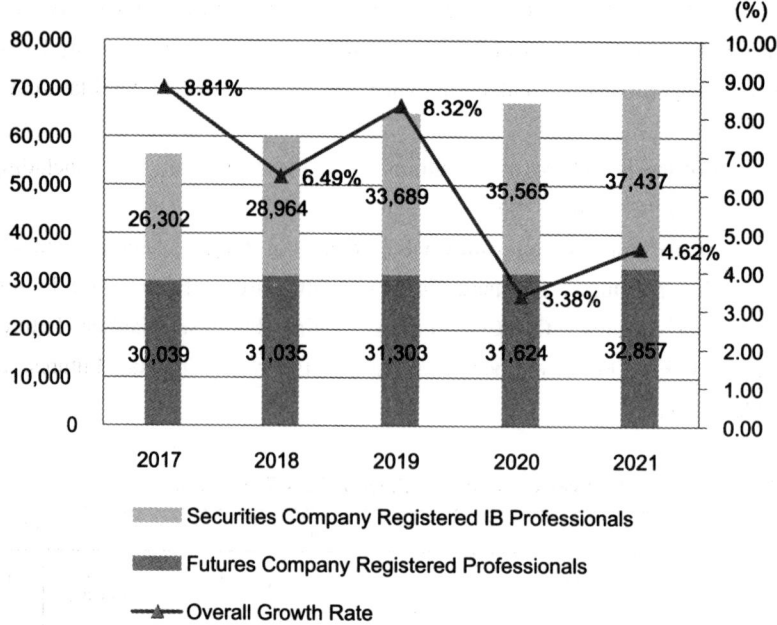

Figure 2-1-2 Number of Registered Futures Professionals (End-2017 to End-2021)

>>> Section II Business and Services

I. Brokerage Service

In 2021 domestic futures companies recorded RMB 30.001 billion in brokerage income, a year-on-year increase of 55.53% (Figure 2-2-1) and accounting for 60.70% of their revenue. Brokerage trades of futures companies hit RMB 580.17 trillion by turnover, up 33.15%, and 7.790 billion lots by volume, up 29.45% (Figure 2-2-2). In particular, brokerage trades in commodity futures rose 44.12% to RMB 461.74 trillion by turnover and 24.78% to 7.386 billion lots by volume, respectively accounting for 79.59% and 94.80% of the market total; that in financial futures rose 2.67% and 310.79% to RMB 118.43 trillion and 405 million lots, accounting for 20.41% and 5.20% of the market total.

II. Investment Consulting Service

In 2021, 65 futures companies recorded revenue from investment consulting service, which amounted to RMB 177 million (+39.37% YoY) and accounted for 0.36% of the total revenue of all futures companies. In particular, 4 companies posted an investment-consultancy revenue of more than RMB 10 million (Table 2-2-1).

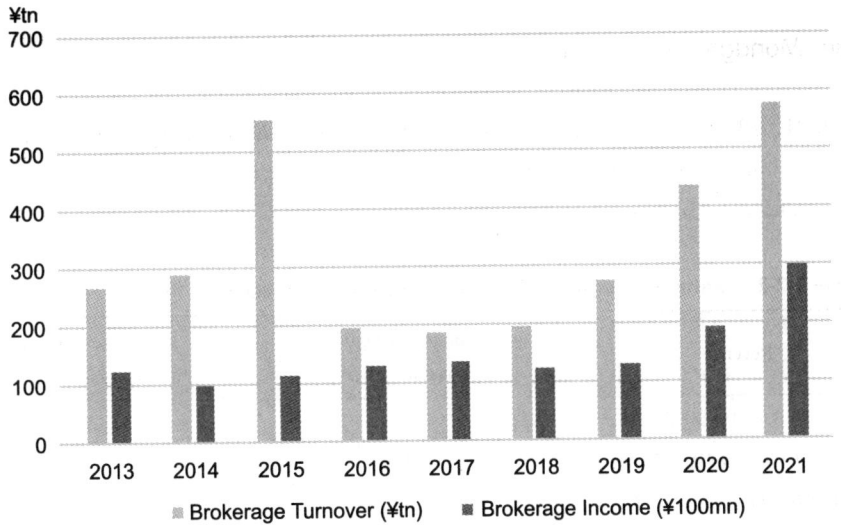

Figure 2-2-1　Futures Companies Brokerage Volume (by turnover) and Income

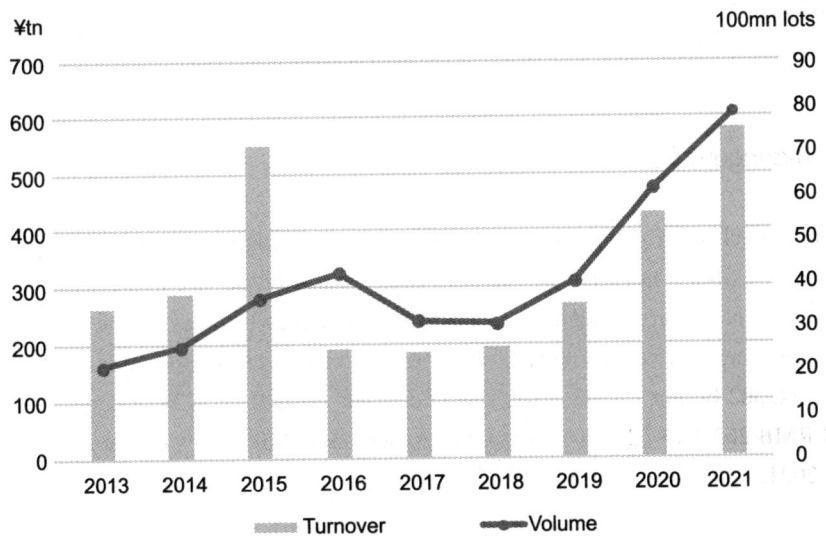

Figure 2-2-2　Trading Turnover and Volume of Futures Companies Brokerage Trades

Table 2-2-1　Futures Companies Revenue from Investment Consulting Service

Revenue	Number of Futures Companies in 2021	Number of Futures Companies in 2020
≥ ¥10,000,000	4	3
¥5,000,000 – ¥10,000,000	2	2
¥1,000,000 – ¥5,000,000	14	16
¥500,000 – ¥1,000,000	11	5
¥100,000 – ¥500,000	19	24
< ¥100,000	15	14

III. Asset Management Service

In 2021, 107 futures companies recorded revenue from asset management service totaling RMB 1.076 billion (+19.96% YoY), including 29 companies each with more than RMB 10 million (Table 2-2-2).

Table 2-2-2　Futures Companies Revenue from Asset Management Service

Revenue	Number of Futures Companies in 2020	Number of Futures Companies in 2021
≥ ￥10,000,000	21	29
￥5,000,000 – ￥10,000,000	13	8
￥1,000,000 – ￥5,000,000	38	31
￥500,000 – ￥1,000,000	8	11
￥100,000 – ￥500,000	27	18
< ￥100,000	11	10

IV. Risk Management Service

As of the close of 2021, 97 risk management subsidiaries of futures companies have completed CFA filing. In particular, 82 have filed for warehouse receipt services, 87 for basis trading, 51 for cooperative hedging, 72 for OTC derivatives business (Table 2-2-3), and 54 for market-making service. Combined, these 97 risk management subsidiaries had total assets of RMB 124.502 billion (+32% YoY) and net assets of RMB 32.224 billion (+19%), and recorded RMB 262.859 billion (+26%) in revenue and RMB 2.079 billion (+84%) in net profit in 2021.

Table 2-2-3　Increments in OTC Derivatives Business of Risk Management Subsidiaries, 2020 – 2021

Instrument	Notional Principal (￥bn)			Trade Confirmations		
	New in Jan-Dec 2021	New in Jan-Dec 2020	YoY Change	New in Jan-Dec 2021	New in Jan-Dec 2020	YoY Change
Forward	98.471	41.347	138%	18,825	12,891	46%
Swap	276.378	57.378	382%	13,851	3,936	252%
Option	1,257.389	747.351	68%	161,697	72,406	123%

Note: Only based on data available to CFA.

Part III FUTURES MARKET REGULATION

>>> Section I CSRC and CSRC Regional Offices

The China Securities Regulatory Commission (CSRC) is a ministry-level government agency directly under the State Council. In 2006, CSRC was approved to be governed under the *Civil Servant Law*. Operating under the authority granted by laws, regulations, and the State Council, CSRC is China's central agency for regulating and maintaining fair, impartial, and open national securities and futures markets, preventing systemic risks, protecting investors, and promoting the robust development of the securities and futures markets.

CSRC is headquartered in Beijing and currently headed by one Chairman, four Vice Chairmen, and one Chief Inspector from the Discipline Inspection and Supervision Office. The CSRC headquarters comprises 20 functional departments, 1 inspection division, and 3 centers. In accordance with Article 14 of the *Securities Law of the People's Republic of China*, CSRC has set up a public offering review committee, which consists of in-house professionals and invited experts (Figure 3-1-1). The CSRC operates 36 regional offices in provinces, autonomous regions, municipalities directly under the Central Government, and cities specifically designated in the state plan, as well as the Shanghai Commissioner Office and Shenzhen Commissioner Office.

The CSRC headquarters is responsible for formulating and improving the rules and regulations for the securities and futures markets; drawing up market development plans; performing key reviews and approvals; advising on and coordinating risk mitigation efforts; organizing investigations into major violations and misconducts and imposing sanctions; and

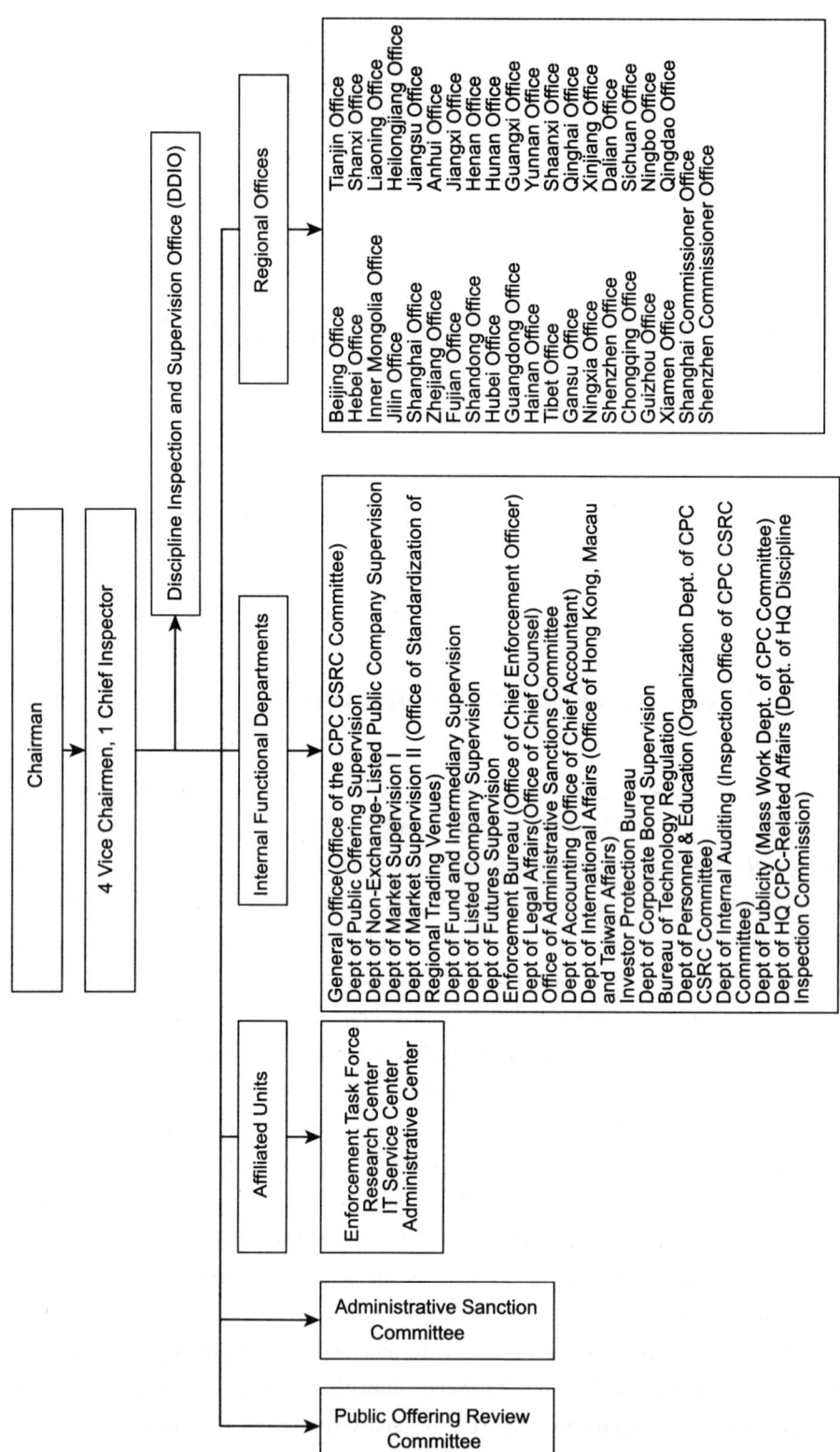

Figure 3-1-1 CSRC Organizational Structure

shaping, inspecting, overseeing, and coordinating supervisory efforts nationwide.

CSRC regional offices report directly to the headquarters and are the regional frontline supervisors. Within their respective jurisdictions, regional offices are responsible for overseeing the securities and futures activities of listed companies, securities and futures companies, securities and futures investment consulting firms, and law firms, accounting firms, asset appraisal firms, and other intermediaries that provide securities- and futures-related services, pursuant to the administrative approval and supervisory powers granted by laws, administrative regulations, and the CSRC headquarters. Other responsibilities include preventing and resolving risks, investigating and enforcing sanctions against violations and misconducts, and organizing investor education and protection programs.

>>> Section II China Futures Market Monitoring Center

The China Futures Market Monitoring Center (CFMMC) is a not-for-profit corporation approved for establishment by CSRC. Its main functions are to: (i) act as the central account-opening institution for futures investors; (ii) monitor the safe custody of futures margin; (ii) provide trading and clearing information to investors; (iv) monitor the activities of futures markets; (v) conduct macro and industry analysis and research; (vi) monitor the activities of futures intermediaries; and (vii) build and operate the futures and derivatives trade repositories. It is also responsible for managing the Futures Investors Protection Fund on behalf of CSRC and the Ministry of Finance, providing information services to regulatory authorities and futures exchanges, conducting futures market surveys, and assisting in the resolution of at-risk companies.

>>> Section III China Futures Association

The China Futures Association (CFA) is a self-regulatory organization of the national futures industry, established as a non-profit incorporated social organization on December 29, 2000, in accordance with the *Regulations on the Registration of Social Organizations*. It operates under the guidance and supervision of CSRC and the Ministry of Civil Affairs, the administrative authority for social organizations.

The General Assembly is the supreme authority of CFA. The Council is the executive body of, and accountable to, the General Assembly and oversees the daily operations of the CFA when the General Assembly is not in session. Consisting of regular-member directors, special-member directors, and non-member directors, the Council oversees 15 professional committees, namely the Brokerage Business Committee, Asset Management Business Committee, Derivatives Traders Committee, International Business Committee, Information

Technology Committee, Self-Regulatory Supervision Committee, Appeals Committee, Dispute Resolution Committee, Talent Cultivation Committee, Investor Education and Protection Committee, Research & Development Committee, Financial Technology Committee, Law Committee, Social Responsibility Committee, Cultural Development Committee, Talents Cultivation Fund Management Committee, and Investor Education Fund Management Committee. These committees operate under the authority of the Council. CFA had 425 members as of the end of 2021, consisting of 344 regular members, 7 special members, and 74 associate members.

>>> Section IV Futures Exchanges

There are five futures exchanges in China: Shanghai Futures Exchange (SHFE), Zhengzhou Commodity Exchange (ZCE), Dalian Commodity Exchange (DCE), China Financial Futures Exchange (CFFEX), and Guangzhou Futures Exchange (GFEX). SHFE, ZCE, and DCE are mutual (i. e., member-owned) exchanges and CFFEX and GFEX are demutualized exchanges.

Futures exchanges perform their functions in accordance with the *Regulation on the Administration of Futures Trading* and *Measures for the Administration of Futures Exchanges*, and exercise self-regulation according to their articles of association and market rules. Committed to building an open, fair, and impartial market and maintaining market integrity, the futures exchanges provide the venues, facilities, and services for the centralized trading of futures contracts, and conduct frontline supervision of trading activities to prevent market risks and maintain orderly trading. Futures exchanges in China implement margin requirements, price limits, daily market-to-market, and physical delivery, among other systems, and constantly reinvent themselves to better support market innovation and development.

I. Shanghai Futures Exchange

The Shanghai Futures Exchange (SHFE) was established in November 1990 and organizes futures trading and related activities as approved by and under the direct supervision of CSRC. SHFE has four subsidiaries: Shanghai International Energy Exchange Co., Ltd., Shanghai Futures and Derivatives Research Institute Co., Ltd., Shanghai Futures Information Technology Co., Ltd., and SHFE Business Services Co., Ltd.

SHFE is a membership exchange with the Members' Assembly, composed of all members, as its highest authority. The Board of Directors is the permanent body of the Members' Assembly, supported by 12 specialized committees such as the Strategic Development Committee and Risk Management Committee. The Board of Supervisors is the supervisory body of SHFE. SHFE currently has 201 members and oversees a network of 119 designated delivery facilities around the country.

Under the leadership of CSRC, SHFE is committed to supporting China's real economy and national strategies. It adopts a global vision and builds market rules to international standards while being firmly rooted in the local market, as it pursues product diversification, market internationalization, information integration, technology application, talent cultivation, and comprehensive risk management.

SHFE is pursuing a "one focus and two supporting lines" strategy for its product and service lineup. As of the end of 2021, SHFE listed 16 futures products (copper, aluminum, zinc, lead, tin, nickel, gold, silver, natural rubber, fuel oil, steel rebar, wire rod, hot-rolled coils, bitumen, pulp, stainless steel) and 5 option products (copper, aluminum, zin, natural rubber, gold). Shanghai International Energy Exchange (INE), a wholly-owned subsidiary, listed crude oil, TSR 20, low sulfur fuel oil, and bonded copper futures and crude oil options. Covering such economic sectors as non-ferrous, ferrous and precious metals, energy and chemicals, SHFE and INE can meet the diverse needs of industrial enterprises. SHFE has also launched option products, offering enterprises with more refined tools for risk management. The SHFE Standard Warrant Trading Platform provides a complete set of services, including account opening, trading, clearing and settlement, delivery, and risk control for the trading of standard warehouse receipts. Moreover, SHFE's "Insurance + Futures" pilot program is helping build a financial safety net for rubber farmers and playing a vital role in supporting China's anti-poverty and rural vitalization campaign. Its "futures-based price stabilization order" protects the revenue stream for iron and steel companies.

In recent years, SHFE is accelerating the opening up of its markets. It is a member of the World Federation of Exchanges (WFE) and Futures Industry Association (FIA), and has signed MOUs with 17 exchanges in the U.S., Japan, South Korea, and other countries and regions. Bonded delivery and continuous trading①—two of its innovations—are a solid step toward making its markets more accessible and international. In 2018, INE launched crude oil futures, which is China's first internationalized futures product and a milestone in the opening up of China's futures market. SHFE has established a rigorous and complete central counterparty clearing system in accordance with the *Principles for Financial Market Infrastructures* (PFMI) and is recognized as a QCCP by the CSRC. SHFE's range of internationalized products further expanded in 2021 with the launch of the crude oil options, one of China's first RMB-denominated option products accessible to overseas investors, on INE, with the crude oil futures as the underlying. SHFE's cross-border delivery model of "domestic delivery + overseas take-delivery" for the low sulfur fuel oil futures proved to be a success. Bonded delivery of TSR 20 was completed in a re-export deal with the help of China-Europe Railway Express, expanding the reach of Chinese prices and futures deliverables to the European market.

---

① Continuous trading means trading in night hours to coincide with the European and U.S. markets.

II. Zhengzhou Commodity Exchange

Zhengzhou Commodity Exchange (ZCE) was founded in October 1990, originally on a pilot basis as China's first modern futures exchange approved by the State Council. ZCE is regulated by the CSRC.

ZCE performs functions described in the *Regulation on the Administration of Futures Trading* and the *Measures for the Administration of Futures Exchanges,* and exercises self-discipline in accordance with the *Articles of Association of Zhengzhou Commodity Exchange* and the Trading Rules of Zhengzhou Commodity Exchange and its implementation rules and measures. Committed to building an open, fair, impartial and faithful market and maintaining market integrity, ZCE provides the venue, facilities, and appropriate services for the centralized trading of futures contracts, and conducts frontline supervision of trading activities to prevent market risks and keep trading activities safe and secure.

ZCE is a member-owned mutual exchange. The Members Assembly is the supreme decision-making entity of ZCE and is constituted of all ZCE members. The Board is the standing presence of the Members Assembly; under its umbrella are the Strategic Advisory Committee and seven specialized committees—Products Committee, Trading Committee, Supervision Committee, Self-Disciplinary Committee, Finance & Audit Committee, Information Technology Committee and Risk Management Committee. ZCE currently has 164 members, which oversees a network of 345 designated delivery warehouses, factory warehouses and board delivery service providers, and maintains 15 designated margin depository banks.

ZCE is composed of 20 functional departments, namely the Executive Office (CPC Committee Office), Commodities Department I, Commodities Department II, Commodities Department III, Futures Derivatives Department, Market Development Department, Member Management Department, Trading Department, Clearing Department, Delivery Department, Market Surveillance Department, Information Technology Department I, Information Technology Department II, Risk Management Department, Legal Affairs Department, CPC Affairs Department, Disciplinary Inspection Office, Human Resource Department (CPC Organization Department), Finance Department, and Audit Department. It also operates four regional branches, which are the R&D Center in Beijing, the Service and Development Centers in Shanghai and Urumqi, and the Singapore Representative Office, as well as four affiliates—Zhengzhou ESunny Information Technology Co., Ltd., ZCE Futures & Derivatives Institute Co., Ltd., Future Hotel Co., Ltd., and Future Commercial Operation Co., Ltd.

ZCE has launched 23 futures products, including common wheat, strong gluten wheat, early long-grain non-glutinous paddy, late long-grain non-glutinous paddy, medium to short-grain non-glutinous paddy, cotton, cotton yarn, rapeseed, rapeseed oil, rapeseed meal, white sugar, fresh apple, dried Chinese jujube, thermal coal, methanol, purified terephthalic acid (PTA), flat glass, manganese silicon, ferrosilicon, urea, soda ash, polyester staple fiber, peanut kernel, and 6 options products which are white sugar, cotton, PTA, methanol, rapeseed meal and thermal coal options, covering such crucial fields of national economy as agriculture, energy, chemicals, textile, metallurgical industries and construction materials.

ZCE has implemented a complete set of futures trading rules including margin requirement, daily price limits, daily mark-to-market settlement, and physical delivery. These rules are kept up-to-date with the latest market developments and innovations.

ZCE runs full-featured electronic systems for trading, delivery, settlement, risk monitoring, information release, and member services. Members and investors can trade futures through a remote trading system. Market data is released simultaneously to domestic and foreign markets through quotation systems including Reuters, Bloomberg, and Shihua Information.

International communication and cooperation are given high priority at ZCE. The exchange joined the International Options Market Association in June 1995 and the World Federation of Exchange (WFE) in October 2012. In March 2019, ZCE joined Futures Industry Association (FIA). ZCE has signed cooperative agreements with overseas exchanges on the regular exchange of market information. Among them are the Chicago Board Options Exchange (CBOE), Chicago Mercantile Exchange (CME), India Multi Commodity Exchange (MCX), Hong Kong Stock Exchange (HKEX), Mexican Derivatives Exchange (MexDer), Agricultural Futures Exchange of Thailand (AFET), Toronto Stock Exchange (TMX), Deutsche Börse AG (DBAG), Moscow Exchange (MOEX), Singapore Exchange (SGX) and Bursa Malaysia (BMD), further raising ZCE's international influence.

Looking forward, ZCE will follow the guidance of the Xi Jinping Thought on Socialism with Chinese Characteristics for a New Era and put the guiding principles of the 19th CPC National Congress and of the second, third, fourth, fifth, and sixth plenary sessions of the 19th CPC Central Committee into action. It will be committed to promoting innovation, strengthening market supervision and building foundations to shape itself into a world-leading and well-functioning derivatives exchange that boasts a diverse range of products and instruments, close coordination between the on-exchange and over-the-counter markets, and safe and efficient operations.

III. Dalian Commodity Exchange

Founded on February 28, 1993 and operating since November 18 the same year, Dalian Commodity Exchange (DCE) is one of the five futures exchanges in the Chinese Mainland and the only one in Northeast China. By the end of 2021, DCE listed 21 futures products (corn, corn starch, polished round-grained rice, No. 1 soybean, No. 2 soybean, soybean meal, soybean oil, RBD palm olein, egg, fiberboard, blockboard, LLDPE, PVC, PP, EG, EB, coke, coking coal, iron ore, LPG, live hog) and 8 options products (soybean meal, corn, iron ore, LPG, PP, PVC, LLDPE, RBD palm olein). In addition, DCE has also launched night trading for 17 futures products and 8 options products. By building "One Ecosystem and Two Centers" (commodity ecosystem, commodity trading center, and price information center) in the OTC market, DCE has strengthened the linkage between the exchange and OTC markets to more effectively support the real economy. In 2021, in view of China's current realities and stage of development and in line with the overarching goal of supporting the real economy and national strategies, DCE has improved its understanding of the law of the market and steeled its resolve for reform and innovation. It was fully committed to maintaining a safe and stable market, cementing the existing progress of strategic transformation, and promoting market diversity and openness to enhance the economic functions of the market. Through these efforts, it has ushered in the high-quality development of the market, contributing its solutions and resources to strengthen the real economy and the stable supply and pricing of commodities. In 2021, DCE pursued an innovation-driven growth strategy. In particular, with the successful listing and stable trading of live hog futures, the formation of the "One Ecosystem and Two Centers" setup in the OTC market, and the preliminary success in building itself into a pricing center for products such as soybeans, DCE has opened the door toward high-quality development for itself and for the market as a whole.

DCE has become one of China's most significant futures trading centers thanks to its orderly market operations and steady growth and development since establishment 20 years ago. As of the end of 2021, DCE had 161 members and 463 designated delivery facilities. In 2021 DCE recorded a trading volume, turnover, and daily open interest of 2.4 billion contracts, RMB 140 trillion, and 10.55 million contracts, respectively, up 7%, 29%, and 9% year-on-year and a new record in all three metrics. This makes DCE the world's nineth-largest exchange by trading volume. Globally, DCE is now a major futures exchange for agricultural products, plastics, coke, and iron ore. DCE futures prices have likewise become authoritative benchmarks in the domestic market, providing price signals and risk management functions to all types of businesses. Two of its products are also open to overseas traders, helping them meet their trading goals.

In recent years, DCE has launched a series of market service programs including industry conferences, forums, the Futures Institute, Industry-Finance Cultivation Bases, and Futures Talent Training Project at universities. A range of *sannong* (agriculture, farmers, and rural areas) and industry service projects—farmer revenue protection plan and enterprise risk management plan—are also being tested to accentuate the role of the futures market and find new ways for it to support the real economy, helping create more robust and sustainable industries.

DCE has been high on the government's agenda. It is featured in the *Northeast Region Revitalization Plan* (2007), *Liaoning Coastal Economic Belt Development Plan* (2009), *Opinions on Further Implementing the Revitalization Strategy for Old Industrial Bases in Northeast China* (2009), *12th Five-Year Plan for the Revitalization of Northeast China* (2012), and *13th Five-Year Plan for the Revitalization of Northeast China* (2016) approved by the State Council, as DCE is positioned as a key global futures trading center. In 2013, President Xi Jinping visited DCE and encouraged it to "create a path to success with solid steps and an audacious spirit." As socialism with Chinese characteristics has entered a new era, China's derivatives markets need to keep up with the times in their reforms and opening-up. Under the guidance of Xi Jinping Thought on Socialism with Chinese Characteristics for a New Era, DCE is determined to fulfill its missions in the new era to grow into an open, diversified, and world-class derivatives exchange, in order to become a global center for commodity pricing and risk management and play a greater role in supporting China's real economy and opening-up.

IV. China Financial Futures Exchange

The China Financial Futures Exchange (CFFEX), established with the approval of the State Council and CSRC, is an incorporated exchange specializing in providing trading and clearing services for financial futures, options, and other financial derivatives. CFFEX was established on September 8, 2006, in Shanghai by the Shanghai Futures Exchange, Zhengzhou Commodity Exchange, Dalian Commodity Exchange, Shanghai Stock Exchange, and Shenzhen Stock Exchange.

CFFEX and financial futures in general play a vital role in advancing China's financial market reform, enhancing the financial market system and its functioning, and facilitating China's transition to the new normal of economic development.

CFFEX is committed to supporting China's real economy and multi-layered capital market. By offering safe, efficient, and full-featured financial derivatives and services, CFFEX facilitates the sound transfer and allocation of financial risks, improves the efficiency of the financial market, and boosts social and economic prosperity.

While ensuring high standards and market stability, CFFEX is keen to launch new financial futures and options to expand product offerings in its equity, interest rate, and currency product lines, so as to meet the diverse risk management needs of market participants. CFFEX currently lists 7 products, namely the CSI 300 Index futures and options, CSI 500 Index futures, SSE 50 Index futures, and 2-year, 5-year, and 10-year China government bond (CGB) futures. CFFEX runs a fully electronic trading system backed by efficient and secure IT infrastructures. Drawing on the latest IT technologies and designs of domestic and foreign exchanges, CFFEX has developed a stable, well-structured, and highly functional trading platform.

CFFEX implements a tiered membership clearing system, which classifies members into Clearing Members and Trading Members. By scope of business, Clearing Members are further divided into Trading Clearing Members, General Clearing Members, and Special Clearing Members. The tiered membership clearing system helps create a multi-layered risk-management framework that promotes market soundness.

CFFEX also implements such systems as trader suitability regime, cross-market supervisory coordination, and abnormal trading monitoring to maintain an open, fair, impartial, and orderly financial market; protect the interests of investors and retail investors in particular; and ensure systemic risks do not arise.

Aiming to steadily open its market to international investors, CFFEX has joined international futures industry associations and signed MOUs with major foreign exchanges to strengthen cooperation in information sharing, personnel training, service improvement, and product development, with a view to meeting the market needs for cross-border trading.

V. Guangzhou Futures Exchange

The Guangzhou Futures Exchange (GFEX) was formally incorporated on April 19, 2021, with the approval of the State Council and CSRC. Operating under the supervision of CSRC, its shareholders are SHFE (15%), ZCE (15%), DCE (15%), CFFEX (15%), China Ping An Insurance Group Co., Ltd. (15%), Guangdong Pearl River Investment Management Group Co., Ltd. (9%), and Hong Kong Exchanges and Clearing Ltd. (7%).

GFEX is committed to supporting the green economy, the development of the Guangdong-Hong Kong-Macao Greater Bay Area (GBA), and China's Belt and Road Initiative (BRI). It provides facilities and services for the trading and clearing of futures and other derivatives. It adopts an innovative and market-driven strategy in product development, rule-making, and IT system development to build itself into an internationally influential exchange. In May 2021, CSRC's Department of Futures Supervision approved GFEX' listing plan for the next two years. The proposed product lineup consists of carbon emissions, electricity, polysilicon, silicon metal, lithium, rare earth, platinum, palladium, China commodity index, energy and chemical index, feed and livestock index, steel mill profits index, indica rice, sorghum, and coffee.

GFEX has signed MOUs with HKEX and Deutsche Börse Group, inaugurating its collaboration with the international markets. Its firm commitment to market opening-up will be reflected in all stages of product development, rule-making, and IT system development.

>>> Section V China Commodity Indices Co., Ltd.

China Commodity Indices Co., Ltd. (CCI), a limited liability company jointly established by SHFE, ZCE, DCE, and CFFEX with the approval of CSRC, is incorporated in the Xiongan New Area, Hebei Province on December 16, 2020, at a registered capital of RMB 1 billion.

CCI is a securities and futures financial institution under the direct supervision of the CSRC. Its scope of business encompasses (i) designing, compiling, and administering exchange-specific and cross-exchange futures indices; (ii) designing, compiling, and administering spot indices and products; (iii) offering customized index product services; (iv) providing index products and supporting research to inform macroeconomic decisions and regulatory policies; (v) managing the licensing of index-related products; (vi) providing data services; (vii) providing index-related technology services; (viii) engaging in international cooperation and exchange; and (ix) conducting other activities approved by CSRC.

As a major component of financial industry's support for the reform and opening-up of the Xiongan New Area, CCI shoulders the important mandates of developing authoritative and internationally competitive index products; providing index tools that power the product innovation by exchanges and financial institutions and the risk management plans of industrial companies; supporting the supply-side structural reform of the capital market; facilitating the reform and opening-up of the Xiongan New Area; and supporting macro-economic decision-making and risk management by industrial companies.

>>> Section VI   Legal Framework

I. Administrative Regulations Promulgated by the State Council

- Regulation on the Administration of Futures Trading
- Interim Measures for the Administration of Securities and Futures Investment Consultancy
- Opinions of the General Office of the State Council on Further Strengthening the Protection of Retail Investors in Capital Markets
- Opinions of the State Council on Further Promoting the Healthy Development of Capital Markets
- Regulation on the Prevention and Handling of Illegal Fundraising (adopted on December 21, 2020 at the 119th executive meeting of the State Council; effective as of May 1, 2021)

II. Regulations Promulgated by the CSRC

1. Futures Exchanges
- Measures for the Administration of Futures Exchanges
- Measures for the Administration of Representative Offices of Foreign Stock and Futures Exchanges in China

2. Futures Companies
- Measures for the Administration of Private Asset Management Business of Securities

and Futures Business Organizations
- Measures for the Supervision and Administration of Futures Companies
- Measures for the Administration of Foreign-Invested Futures Companies
- Measures for the Administration of Risk-Based Regulatory Indicators of Futures Companies
- Standards for the Contents and Formats of Annual Reports of Futures Companies
- Rules on Regulating the Control and Holding of Equity Interest in Futures Companies
- Rules on the Public Display of Information by Futures Companies
- Implementation Measures for Anti-Money Laundering Programs in the Securities and Futures Industries
- Rules on the Classification-Based Supervision of Futures Companies
- Guidelines on the Preparation and Submission of Risk-Based Regulatory Statements of Futures Companies
- Measures for the Supervision and Administration of Integrity in the Securities and Futures Markets
- Opinions on Further Promoting Innovations at Futures Business Organizations
- Decision on Canceling Administrative Approval for the Establishment, Acquisition, and Equity Investment in Overseas Futures Business Organizations by Futures Companies
- Processes for Regulatory Coordination in the Futures Industry (Trial)
- Protocols for Regulating the Net Capital of Futures Companies (Trial)

3. Registered Futures Professionals
- Measures for the Administration of Qualifications of Directors, Supervisors, and Officers of Futures Companies
- Rules for the Administration of Chief Risk Officers of Futures Companies (Trial)
- Measures for the Administration of Registered Futures Professionals

4. Futures Brokerage Business
- Interim Measures for the Segregation of Margin by Futures Brokerage Companies
- Notice on Regulating the Deposit and Withdrawal of Futures Margin
- Pilot Measures for the Financial Futures Clearing Business of Futures Companies
- Pilot Measures for the Introducing Broker Business of Securities Companies for Futures Companies
- Notice on Further Strengthening the Management of Introducing Broker Services of Securities Companies for Futures Companies
- Rules for the Administration of Account-Opening for Futures Market Clients
- Guidelines on the Trading of Equity Index Futures by Securities Investment Funds
- Guidelines on the Trading of Equity Index Futures by Qualified Foreign Institutional Investors
- Notice on Preventing the Risk of Futures Financing
- Decision on Regulating Futures Market Accounts

- Guidelines on the Trading of Equity Index Futures and China Government Bond Futures by Securities Companies
- Guidelines on the Trading of Government Bond Futures by Publicly Offered Securities Investment Funds
- Interim Measures for the Administration of Overseas Traders' and Overseas Brokers' Engagement in the Trading of Specified Domestic Futures Products
- Announcement on Matters concerning the Permitted Trading of Crude Oil Futures by Overseas Traders and Overseas Brokers

5. Futures Investment Consulting Business
- Pilot Measures for the Futures Investment Consulting Business of Futures Companies
- Rules on Strengthening the Management of Dissemination of Securities and Futures Information

6. Futures Asset Management Business
- Interim Measures for the Supervision and Administration of Private Investment Funds
- Interim Rules on the Operations of Private Asset Management Business of Securities and Futures Business Organizations
- Guiding Opinions on Regulating the Asset Management Business of Financial Institutions
- Measures for the Administration of Private Asset Management Business of Securities and Futures Business Organizations
- Rules for the Operation of Privately Offered Asset Management Schemes of Securities and Futures Business Organizations
- Measures for the Administration of Distribution of Securities Investment Fund Units
- Guidelines on the Manager of Managers Products of Securities and Futures Business Organizations (Trial)
- Guidelines No. 1 on the Operations of Public Securities Investment Funds—Guidelines for Open-End Commodity Futures Exchange-Traded Funds

7. Options Business
- Measures for the Administration of the Stock Options Trading Pilot
- Guidelines on the Pilot Trading of Stock Options by Securities and Futures Business Organizations

8. Protection of Futures Investors
- Administration Measures for the Pilot Scheme on Stock Options Trading
- Rules on Establishing Suitability Rules for Investors of Financial Futures
- Measures for the Administration of the Futures Investors Protection Fund
- Interim Rules on the Reporting of Securities and Futures Violations
- Guiding Opinions on Strengthening the Building of Education Centers for Securities and Futures Investors
- Guidelines on the Supervision of Education Centers for Securities and Futures Investors

• Rules on Contributions of Futures Exchanges and Futures Companies to the Futures Investors Protection Fund

III. Self-Regulatory Rules of China Futures Association

• Implementation Rules on Professional Integrity of Futures Business Organizations and Their Employees
• Rules on Opening Account Online with Futures Companies
• Procedures of Disciplinary Penalty of the China Futures Association
• Measures for the Administration of Integrity Information of Futures Business Organizations (Updated)
• Guidelines on Futures Brokerage Contract (Updated)
• Standards of Professional Conduct for Registered Futures Professionals (Updated)
• Guidelines on Futures Brokerage Contract (applicable to overseas brokers that trade domestic futures through domestic futures companies)
• Guidelines on the Clearing Agreement between Futures Companies and Overseas Special Participants
• Guidelines on Futures Investment Consultancy Contract
• Guidelines on Asset Management Contracts of Futures Companies
• Supplemental Rules for the Guidelines on Asset Management Contracts of Futures Companies
• Rules on the Asset Management Business of Futures Companies (Trial)
• Guidelines on the Pilot Program of Risk Management Companies of Futures Companies
• Implementation Guidelines on the Investor Suitability Regime of Futures Business Organizations (Trial)
• Guidelines on Re-Capitalization of Futures Companies
• Rules on Subordinated Debts of Futures Companies
• Guidelines on the Unified Account Opening for Special Institutional Clients

IV. Judicial Interpretations

• Notice of the Supreme People's Court on Issuing the Minutes of the Conference of National Courts on Civil and Commercial Trials
• Interpretation of the Supreme People's Court and the Supreme People's Procuratorate on Issues concerning the Application of Law in Criminal Cases involving Trading with Non-Public Information
• Interpretation of the Supreme People's Court and the Supreme People's Procuratorate on Issues concerning the Application of Law in Criminal Cases involving Manipulation of Securities and Futures Markets

- Notice of the Supreme People's Court and China Securities Regulatory Commission on Issuing the "Opinions on Comprehensively Advancing the Establishment of a Multi-Dimensional Dispute Resolution Mechanism for the Securities and Futures Industries"
- Interpretation of the Supreme People's Court and the Supreme People's Procuratorate on Issues concerning the Application of Law in Criminal Cases involving Insider Trading and Divulgation of Insider Information
- Notice of the Supreme People's Court and the Supreme People's Procuratorate on Issues concerning the Implementation of the "Opinions on Issues concerning the Handling of Securities and Futures Violations and Crimes"
- Provisions of the Supreme People's Court on the Trial of Securities and Futures Cases
- Provisions of the Supreme People's Court on the Trial of Futures Cases (II)
- Opinions on Issues concerning the Handling of Securities and Futures Violations and Crimes
- Notice of the Supreme People's Court on the Freezing and Forced Transfer of Funds in Clearing Accounts of Securities and Futures Exchanges, Securities Depository and Clearing Institutions, Securities Business Organizations, and Futures Brokerage Companies
- Notice of the Supreme People's Court and China Securities Regulatory Commission on Implementing the Pilot Program of a Multi-Dimensional Dispute Resolution Mechanism for the Securities and Futures Industries in Certain Regions in China
- Opinions on Comprehensively Advancing the Establishment of a Multi-Dimensional Dispute Resolution Mechanism for the Securities and Futures Industries

PART IV   INVESTOR PROTECTION

>>> Section I   Investor Protection at CSRC

Fully committed to a public-interest-first philosophy, the CSRC integrates investor protection objectives throughout its regulatory and supervisory programs. With the combined efforts of all stakeholders, China's investor protection mechanisms are steadily improving, investors are becoming more aware and capable of avoiding risks, and China is seeing growing international influence in investor education programs.

I. Improving Investor Protection Frameworks and Mechanisms

The CSRC improved the operating rules of its "12386" investor hotline with the updated complaint and request handling procedures and the newly released complaint handling guidelines. To maintain an open channel of communication with investors and fulfill mandates, industry associations and other self-regulatory organizations published a call on action on improving customer services and investor satisfaction. The CSRC and the Supreme People's Court have issued the rules for the online litigation-mediation linkage mechanism, which is now put into action to provide securities and futures investors with more expedient dispute resolution services, encourage the market and investors to resolve disputes through online mediation, and build a healthy market ecosystem. In addition, the CSRC helped set up the Investor Protection Working Group, organized under the Securities Analysis Technical Committee of the China Securities Industry Standardization Technical Committee, to plan, research, formulate, assess, promote, and implement the standards for investor protection.

II. Resolving Investment Disputes through Diversified Channels

The "12386" hotline continued to make efficiency upgrades for improved services. For the first time ever, the CSRC organized industry associations to evaluate the handling of investor complaints on a trial basis to create profiles on those activities. Evaluation reports were made based on well-designed evaluation indicators and forms, to reflect how complaints were being processed by the futures business organizations and ensure they fulfill the primary responsibility of resolving complaints. The CSRC continues to improve the service quality and efficiency of the "12386" hotline by actively analyzing the complaints received and overseeing the proper resolution of complex and challenging cases. In 2021, the hotline received and handled 5,445 valid complaints and requests from futures investors, helping thousands to recover financial losses. The online mediation platform for securities and futures disputes was upgraded—now with all securities and futures mediation organizations being represented on the platform to ensure it achieves the expected utilization rate. The CSRC also compiled a collection of representative mediation cases involving securities and futures investors to provide a model and guidance on such matters, and encouraged all futures mediation organizations to proactively improve their services.

III. Surveying the Observance of Investor Suitability Rules in the Futures Market

The CSRC conducted an industry survey on the observance of the *Measures for the Administration of Suitability of Securities and Futures Investors* (CSRC Decree No. 130). The *Measures* has mostly achieved its intended effect in the nearly five years since its introduction. First, its "know your customer," risk disclosure, and suitability matching rules have erected the "first line of defense" for investors seeking to enter the capital market. The doctrines of *caveat venditor* and *caveat emptor* are now increasingly ingrained and widely accepted in the market. These rules have been effective in not only protecting investors, but also preventing market risks and promoting market stability. Second, the *Measures* has encouraged futures business organizations to each develop a suitability management regime covering all of their branches, which has promoted consistent suitability management procedures across business lines, reduced operational risks, and improved their customer service capabilities and corporate governance. Third, the audiovisual recordings, risk disclosure statements, and suitability matching records—all instituted by the *Measures* as part of the suitability management regime—have forestalled disputes to some extent and become important evidentiary materials in regulatory enforcement, mediation, and adjudication proceedings.

Furthermore, futures exchanges, the CFA, and other organizations under CSRC's direct supervision continued to advance institutional arrangements. Based on a deep understanding and analysis of the suitability rules and practices of domestic and foreign markets for the different products, services, and business lines, and drawing upon the international experience, they have revised or adjusted the self-regulatory rules on suitability management, optimized market access requirements, and established the mandatory provisions of risk disclosure statements. At present, the investor suitability framework for the futures market is composed of the *Regulation on the Administration of Futures Trading* and other laws and regulations as the core and the *Measures* as the main thread, complemented by the other ministry-level rules and normative documents as well as the rules of exchanges and industry associations.

IV. Strengthening Investor Education

The CSRC continued to organize investor education activities that revolve around key dates and trending topics. Among them were events for the third "May 15" National Investor Protection Day, the March 15 investor protection-themed campaign, the Illegal Fund-Raising Prevention Month, and the Financial Literacy Month. In addition, the fourth wave of 18 national securities and futures investor education centers was announced, including the ZCE National Internet Investor Education Center, and the Luzheng Futures Investor Education Center which is the first national-level center independently operated by a futures company.

The education events for futures investors have also expanded in breadth and depth. Notably, the CFA organized the compilation of the futures and derivatives book series; SHFE co-hosted investor education activities with more than 20 colleges and universities; and ZCE and the CFA jointly held the 4th ZCE Cup, a virtual trading competition for college students across the country. DCE established a college-level talent program; CFFEX continued to organize its financial knowledge contest; and CFMMC, through its Futures Statements Query Service System, delivered educational materials to around two million futures investors.

V. Increasing Public and International Engagement

Following a comprehensive assessment of the investor protection programs in the capital markets, CSRC published the *Blue Book on the State of Investor Protection in China's Capital Markets (2021)*, which offers a systematic review of the progress and achievements of futures companies and self-regulatory organizations in enhancing rules, holding investor education activities, and facilitating dispute mediation and complaint resolution. The CSRC also held the 4th Securities Investor Services Forum and published the book "Investor Protection in China's Capital Market: Practices and Explorations," with a foreword by the CSRC Chairman Yi Huiman.

Aiming to raise China's global influence in investor protection, the CSRC took an active part in the World Investor Week 2021. Looking ahead, the CSRC plans to further strengthen international cooperation in investor protection to share the Chinese experience and raise the capacity and influence of China's investor protection programs.

>>> Section II Investor Protection at CFA

Under the leadership of the CSRC and in line with the needs of investor protection, the CFA has been strictly fulfilling its duties as an industry supervisor and steadily improved its services. It has been working with the mainstream media outlets, promoting the achievements of the futures market, reinventing the means of investor education, and working with the industry to improve the public's understanding of the futures market. It has also been responding to investor complaints and requests, promptly resolving disputes, helping build a positive industry culture, and contributing to the high-quality development of the market, with its investor services achieving notable impacts.

I. Promoting a Positive Industry Image and Appropriately Responding to Negative Sentiments

The CFA further tapped into the mainstream media by helping various government departments contribute news articles to support industry priorities. Exposures included over 40 reports by *Xinwen Lianbo*, China Central Television (CCTV)'s flagship news program; more than 300 news reports through the Xinhua News Agency, the People's Daily, and other central media outlets; and 2 internal reports within the CCTV and Xinhua News Agency system. The CFA invited the media to livestream the China (Shenzhen) International Derivatives Forum—a first in the event's history—attracting 2.79 million views and broadcasting the voice of the industry. The CFA also continued to strengthen its own "media matrix," now including Weibo and video channel accounts and representing a major outreach channel for the industry, with a 67.73% gain in monthly visitors to its redesigned official website and a 32.01% increase in WeChat followers. Furthermore, the CFA kept a close pulse on public sentiments, submitting 242 *CFA Daily Futures Market Sentiment Reports* and resolved major negative public sentiments in a timely and effective manner. Whether in responding to the surging commodity prices in May, or addressing the registration issue with the Futures Qualification Examination in June, or handling the soaring coal prices in October, the CFA contributed to the government authorities' response to public concerns by leveraging its audience reach.

II. Carrying out Innovative Investor Education and Protection Activities

The CFA promoted the development and observance of investor suitability rules and assisted in carrying out the compliance survey and in handling instances of non-compliance. On key investor protection dates such as March 15 and May 15, CFA organized various investor education activities across the industry. The CFA overhauled edu.cfachina.org—a national securities and futures investor education center rated "very good" in CSRC's most recent annual assessment—to make it a one-stop learning platform for investors. Putting the Investor Education Fund to good use, the CFA developed and released 25 original electronic products and 16 physical products, which were distributed to 27,000 investors free of charge. Furthermore, the CFA solicited exemplary investor education cases in the futures industry and advocated for the inclusion of futures courses in the national curriculum. To build its own investor education brand, the CFA completed 11 investment literacy books and worked with the China National Radio (CNR) in producing the "Futures Classroom" program to inform and raise the awareness of risk. Some of the key industry terms from that production were put on a playback loop on CNR's Business Radio station at prime time.

III. Promptly Handling Investor Complaints and Prioritizing Mediation

The CFA revised the *Mediation Rules of the China Futures Association*, established an online complaint platform, and standardized the complaint handling and mediation procedures. In 2021 CFA received 661 investor complaints and inquiries. Of the 525 complaints accepted, 356 proceeded to mediation with 168 successfully resolved. Complaint acceptance rate rose 35% year-on-year and case closure rate hit 100%. The proportion of complaints closed through successful mediation efforts increased by a respective 14%, 29%, and 43% over the past three years, with the total settlement reaching RMB 2.76 million, RMB 9.6703 million and RMB 21.8073 million. In response to the increased number of complaints filed against referral agents following the release of the *Measures for the Administration of Referral Agents*, the CFA improved the complaint handling system for quick response and proper resolution. The CFA handled six complaints transferred from the CSRC and the Discipline Inspection Office and resolved a number of extreme, threatening, or in-person cases, contributing to social stability. For complaints that fell outside the scope of its powers, the CFA offered legal advice instead which increased investor satisfaction. Moreover, the CFA released the *Procedures for Handling Investor Complaints* and a related proposal, and trained its members to standardize and shape the complaint handling process.

IV. Building a Positive Industry Culture and Paving the Way for High-Quality Development

Under CSRC's guidance, the CFA drafted and released the *Outline for Building the Futures Industry Culture* which analyzed the issues and future objectives of the industry, and released the *Proposal on Building the Futures Industry Culture* to promote a culture of compliance, integrity, professionalism, prudence, and accountability. Furthermore, the CFA established a Cultural Development Committee, set up a dedicated section on industry culture on its website, and organized the writing of the book *Fiduciary Duties*. It has also invited futures company executives to contribute to *Futures Daily* a series of articles on cultural building, and central media outlets to publicize the cultural building programs of the futures industry. Through these efforts, the industry has now reached a consensus and is taking actions. Indeed, nearly one hundred futures business organizations have submitted their overall plan, implementing plan, and progress on corporate culture development, paving the way for the continuing strengthening of the futures industry culture.

>>> Section III Investor Protection at Futures Exchanges

I. Shanghai Futures Exchange (SHFE)

In 2021 in line with the decisions of the CPC Central Committee and the CPC CSRC Committee, SHFE improved the risk control measures in its *Articles of Association* and *General Exchange Rules* and amended the *Enforcement Rules* to strengthen the investigation of and response to violations, raise the cost of violation, and improve the remedial procedures. These efforts have also strengthened the institutional basis of investor protection and helped safeguard market stability. SHFE's Market Service Center hotline was always ready to receive and address investor requests and comments. Moreover, the exchange has rolled out a wide array of investor protection and education events, supported the inclusion of investment literacy courses into the national school curriculum, and vigorously contributed to the creation of a sound culture for the protection of futures investors.

(1) Enhancing the Online Investor Education Center and Delivering More Contents

To empower its investor education platform as a national education center for securities and futures investors, SHFE has improved its design, created additional contents, increased the use of technologies, and worked more closely with its partners. These efforts were designed to promote rational investing, help enterprises better manage their risks through the futures market, and showcase the capital market's progress in investor protection and education.

Specifically, SHFE has updated its website to underscore the use of technologies. To meet the CSRC's latest requirements on investor protection, SHFE has redesigned the framework and contents of its investor education platform, adding sections for market event calendar, live broadcast, and case studies. SHFE also increased the frequency of product updates and strengthened interaction with investors to increase the overall effectiveness of its investor protection program.

Second, holding investor protection and outreach events on key dates. On key investor protection dates on the CSRC's calendar—the "March 15" World Consumer Rights Day, "May 15" National Investor Protection Day, the World Investor Week in October, and the Financial Literacy Month—SHFE held livestream classes and online knowledge contests in addition to publishing articles and infographics. In 2021, SHFE organized 106 investor education events for more than 800,000 participants.

Third, launching new contents based on investors' needs. In view of the preference of today's investors, SHFE has produced a wealth of educational videos including "SHFE Express," "Face to Face with Futures," and "Futures Rules and Risks." 2021 saw the launch of four episodes of "SHFE Express," a brand new program in short video format, covering such topics as "Commodity ETFs at a Glance," "How to Obtain Factory Warrants," and "Overseas Take-Delivery with Domestic Warrants." SHFE also produced more than 30 short videos within the year that embraced the latest media trends, and distributed some 24,800 copies of product manuals, operation manuals, and other investor education materials to members and investor education centers.

(II) Supporting the Real Economy and the High-Quality Growth of Enterprises

Guided by the new development philosophy, SHFE was committed to publicizing how the futures market can serve the real economy and supporting the formation of the modern industry system.

First, building walk-in investor education centers to information sharing between the futures and spot markets. SHFE has by now built more than 20 investor education centers and industry training centers, which consist not only regional centers like the one dedicated to serving the listed companies in the Guangdong-Hong Kong-Macao Greater Bay Area and the one for the integration of the China-ASEAN futures and spot markets, but also corporate centers at benchmark non-ferrous metal enterprises such as Jiangxi Copper and Tongling Nonferrous Metals Group and leading enterprises such as Shandong Chambroad Petrochemicals, Asia Pulp & Paper (APP), and Hainan Rubber. While firmly rooted in the local region and specific industries, these centers have nationwide reach and can tap into their theoretical and on-site courses to encourage investors to contribute to the real economy.

Second, launching the "SHFE on Wheels" market service brand in association with the Shanghai Stock Exchange, Shenzhen Stock Exchange, China Association for Public Companies (CAPCO), and China Capital Market Institute. SHFE developed an effective comprehensive cooperation mechanism for the derivatives market—covering product, research, training, and more—as well as a dedicated curriculum, to teach listed companies how to manage risks with derivatives in a compliant manner, assisting them to sail smoothly through a turbulent market environment and helping their executives develop a better understanding of the derivatives market.

Third, through its "one-stop" member service mechanism, SHFE and its members together have held more than 1,317 events and activities over the years, such as live streaming sessions, mini salons, and industry surveys.

(III) Promoting the Inclusion of Investment Courses in the National School Curriculum and Sound Risk Management Philosophies

SHFE worked to put the *Opinions of the General Office of the State Council on Further Strengthening the Protection of Minority Investors in the Capital Market* into action and to fulfill the CSRC's plan on incorporating investment courses into the national school curriculum. In partnership with institutions of higher education, the SHFE informed the faculty members and students there alike about the principle of fairness, impartiality, and openness as it relates to the capital market, and helped them correctly understand the conception of risk management, value, and wealth before they enter the market, which would contribute to a sound capital market ecosystem.

First, continuing to work with universities to offer for-credit courses on derivatives. SHFE and the Wuhan University co-developed "Derivative Financial Instruments and Practices," a core course to be taken by juniors majored in Finance or Financial Engineering. Another example is "Futures Theory and Practices," a course jointly developed with Nanjing University for third-year undergraduates and first-year graduate students.

Second, tapping into the research capabilities of universities. In particular, SHFE launched research projects such as the "Study on the Pedagogical Reform of Futures and Derivatives Courses in Universities" in collaboration with Wuhan University and Nanjing University.

Third, supporting members to hold talent training events. Together with over 20 universities including Tsinghua University, SHFE hosted more than 80 lectures and risk awareness sessions to more than 7,200 participants.

(IV) Addressing Market Concerns and Enhancing Public Engagement

First, in 2021 SHFE's Market Service Center received 2,149 comments and suggestions through its toll-free 800 number, achieving a 95% satisfaction rate. For faster processing of information, the center optimized its internal structures and service procedures, notably improving its response and information capabilities and winning a nomination for the "Shanghai March 8th Red Banner Pacesetter" award.

Second, in 2021 SHFE published more than 2,300 educational posts and news articles through its WeChat and Weibo accounts, garnering more than 2,000 reader messages and 3.135 million hits. Some of the releases were reposted by the official WeChat accounts of the Information Office of Shanghai Municipality and Xinhua News Agency, attracting more than 100,000 hits in total. In addition, as a strong supporter of the Chinese investors website (www.investor.org.cn), SHFE has established a complete information reporting protocol and has been submitting updated information on the exchange, in addition to contributing over 100 articles within the year.

II. Zhengzhou Commodity Exchange (ZCE)

In 2021, in strict accordance with the decisions of the CPC Central Committee and CPC CSRC Committee, ZCE set clear requirements on suitability management, fulfilled its self-regulatory duties, actively organized all types of investor education events, duly addressed market feedbacks, and continued to defend investors' interest based on their needs.

(I) Clarifying Suitability Requirements and Exercising Self-Regulation

First, in admitting overseas special participants as part of its preparation for new market services, ZCE conducted a thorough review of the scope of the current suitability regime and updated the rules accordingly. Second, in view of market developments, ZCE amended its *Detailed Rules for Futures Trading*, adjusting the minimum and maximum order size of some of its products and contracts and appropriating raising the market entry requirements to better protect the small investors. Third, the exchange supervised its members to duly enforce the suitability rules, not least by conducting annual compliance checks on 14 members in 2021. Where issues were identified, ZCE took the corresponding actions such as giving warnings via telephone calls and requiring the submission of corrective action reports.

(II) Responding to Market Feedbacks for Better Investor Services

In 2021, ZCE continued to take investor feedbacks seriously. It promptly handled the investor complaints received from the "12386" hotline or transferred from the CSRC's office of public complaints and proposals and checked the dedicated email inbox regularly. In 2021 it received a total of 121 emails and 94 calls from aggrieved investors. Among them were 37 valid incidents which were accepted by ZCE for processing, 36 of which were closed or given a proper reply, all within the pre-established time window and without shifting responsibilities.

(III) Organizing Investor Education Programs to Raise Risk Awareness

1. Holding themed investor education events

Taking advantage of the World Consumer Rights Day, National Investor Protection Day, Illegal Securities and Futures Activity Awareness Month, and the Financial Literacy Month, ZCE produced or prepared a variety of cartoons, articles, quizzes, and other educational products and organized outreach activities simultaneously online and offline. Examples included infographics titled "Lessons from Representative Futures Market Cases" for the "March 15" event, a cartoon series themed "The Dangers of Unknown Links," a cartoon for the World Investor Week 2021 "How to Identify Illegal Securities and Futures," and knowledge contests, totaling 30 productions.

2. Encouraging partners to hold ongoing investor education activities

First, ZCE not only broadened the audience but also sought to explain market risks and rules to investors in the simplest terms possible. In 2021 with ZCE's sponsorship, its partners in the investor education program held 342 events, consisting of 321 online sessions, 6 offline lectures, and 15 sessions in both formats, attracting a total audience of 140,000. Second, ZCE brought investment literacy courses to schools and advocated for their inclusion in the school curriculum, supporting 79 members to host 394 "Bringing Futures Knowledge into University Campuses" events at 258 colleges and universities, which drew in 80,000 attendees.

3. Broadening public engagement channels and innovating on investor education products

First, ZCE formally moved into Douyin and WeChat Channel (under the account name "ZCE Release"), two major short video platforms, to complement its existing Weibo and WeChat accounts. Second, with consideration given to the differences between these platforms, ZCE produced 32 episodes of the video series "Finding the Trendiest Analysts," 16 episodes of the audio series "Futures-Lady," 49 comic strips and infographics such as "The Cartoon Guide to Futures" and "Futures Dictionary," and 8 interactive games in the "Enter the Industry" series. Third, ZCE also produced an array of electronic educational materials including "Futures in Ten Minutes," futures product animations, and videos on market rules. Print materials such as investor manuals and industry maps were not neglected either, with more than 90,000 copies distributed through offline channels.

4. Building web-based investor education center

ZCE formed a dedicated working group in 2021 to oversee the building of its web-based investor education center and applied, to the CSRC's Investor Protection Bureau, for its recognition as a national-level center. On September 23, the Derivatives Academy, ZCE's investor education portal, was formally named by the CSRC as a national education center for securities and futures investors.

5. Tapping into market resources to offer training series

ZCE organized various investor education events, tailored to the different audience groups. These events included 197 training and learning sessions for products such as cotton, sugar, methanol, and soda ash; 6 training sessions for state-owned enterprises and listed companies; and 5 class sessions for the mid-level professionals of member organizations. ZCE also held the 2021 selection review for senior analysts; and 8 analyst training sessions or surveys for the sugar, oil and oilseed, apple, urea, and ferroalloy industries, together attracting approximately 8,000 attendees. Furthermore, ZCE and the Asset Management Association of China worked together in launching a course series on commodity futures, producing and releasing 16 online courses which are now integrated into the professional training program for fund industry professionals.

(IV) Hosting the 4th ZCE Cup and Supporting the Integration of Investor Courses into the National School Curriculum

In 2021 ZCE held the 4th ZCE Cup, a national virtual trading competition for college students nationwide. The event attracted more than 40,000 contestants, up 27% from the previous iteration. A total of 1,531 schools around the world were represented, an increase of 58%. In addition to collaborating with media outlets including the Xinhua News Agency—a first in the event's history—this year's competition was notable for its integration with ZCE's online Derivatives Academy and CFA's web-based continuing training program for futures professionals, which together provided 585 online courses to the contestants.

III. Dalian Commodity Exchange (DCE)

Under CSRC's leadership, DCE continued to build on its investor education programs in 2021. Leveraging the wide public recognition for its Futures Institute and its university projects, DCE actively engaged in investor education and protection across the market and industries and continued to improve its futures market services so that participants would become more skillful at navigating the market, making rational investment, and managing risks.

(I) Carrying out Essential Investor Education Activities

In accordance with the CSRC's overall plan on investor education and protection, DCE held a variety of educational and risk awareness events centered on the "Fairness at Your Side" program, the "March 15" World Consumer Rights Day, "May 15" National Investor Protection Day, Illegal Securities and Futures Activity Awareness Month, World Investor Week, and the Financial Literacy Month. In sync with the various priorities at the exchange, DCE released product- and service-specific literatures, totaling 400,000 copies as of the end of 2021, to help investors better understand the futures market and trade more effectively. Furthermore, DCE has regularly organized video-based informational sessions, averaging about 40 per year. For their well-designed structures and wealth of contents, these educational events have been an instant hit. In 2021, DCE supported the CSRC's Investor Protection Bureau in hosting nearly 20 investor education events revolving around 5 themes, launched an electronic bookshelf, co-produced more than 40 educational videos in collaboration with Wind Information, and organized 61 training sessions. The videos were played back close to 90,000 times.

(II) Training Professionals Through the Futures Institute

With the help of local futures associations, DCE has set up branches (or classrooms) for its Futures Institute in 31 central cities across China between the inception of the program in 2006 and the end of 2021, thus establishing a nationwide training network that allows the classroom activities at any one location to be livestreamed to the other branches at the same time. An education committee has also been set up with more than 100 members composed mostly of the senior executives of futures companies. By the end of 2021, the Futures Institute had trained more than 30,000 people including futures company employees, industry customers, and government and media personnel. In 2021, DCE delivered through its Futures Institute two systematic courses on futures and options and three courses on aligning the futures market with China's Rural Vitalization program, benefiting more than 6,000 participants in total.

(III) Hosting the University Futures Talent Program

By the end of 2021, DCE had completed 247 University Futures Talent Programs in 83 universities and colleges (including 30 Double First-Class schools such as Tsinghua University, Peking University, Shanghai Jiaotong University, Xiamen University, and Tianjin University) with the support of 10 local futures associations and 63 futures companies, at a total funding north of RMB 40 million. Since 2019, all such Programs have been offered on a for-credit basis, with training provided to more than 15,000 students. To recognize those who have excelled academically, a "Dalian Commodity Exchange Scholarship" has been established under each of the Programs. At a cumulative size of RMB 4.9 million, the scholarship funds have benefited some 2,600 students who have achieved a top 10% performance in the Programs. In 2021 alone, 50 University Futures Talent Programs were created and offered to about 3,200 people. The derivatives seminars designed for university faculty members also saw an enrollment of more than 80.

IV. China Financial Futures Exchange (CFFEX)

In 2021, CFFEX continued to strengthen investor education and protection, producing a wide spectrum of original contents and mobilizing stakeholders to engage in investor education and protection with broad geographical and audience coverage.

(I) Building New Educational Platforms

CFFEX has found new ways of working with external platforms. Notably, it signed the *Memorandum of Cooperation on Investor Education* with the CSRC Hunan regional office and the Securities Association of Hunan Province. Also in 2021, CFFEX joined the Shanghai Investor Protection Alliance to enhance cooperation in investor education and advocacy, investor protection, creation of educational products, and promotion of general financial literacy. Furthermore, CFFEX looked toward new platforms for investor education and outreach. In particular, the CFFEX Futures and Options Institute has established a presence on Mango TV, WeChat Channel, and Bilibili—three video sharing platforms—thus creating an educational content delivery matrix comprising its official website, official social media accounts, mobile videos, social networking short videos, and interactive short videos. By holding all kinds of educational activities with its members, CFFEX has built stronger ties with them in this area. Finally, the exchange has held a series of educational events hosted by industry personalities. Specifically, in collaboration with the segment-specific platforms and communities, CFFEX designed courses catering to the different types of investors. Each episode would feature an invited, well-known name from the industry to discuss, over the internet, trending topics such as the macroeconomy and how to invest in the major asset classes.

(II) Continuously Strengthening Investor Education and Protection

CFFEX has invented new forms of e-learning activities that have been enthusiastically received by the public. In 2021, it organized two financial futures knowledge contests, two "best reader comment" giveaways, and four questionnaires. These activities turned learning into a fun experience for greater effectiveness. The exchange has also tested mobile courses with poverty alleviation, coupling educational activities with public interest initiatives. In addition, CFFEX continued to develop case studies on how financial futures could boost the economy, while finding new ways to support the spot market. Examples include the creation of 12 case studies on how financial futures have supported the economy. Covering all CFFEX products namely equity index futures, China government bond futures, and equity index options, these case studies highlighted the many applications of financial futures in hedging and risk management. Moreover, CFFEX has developed a large volume of original, high-quality courses centered on its key products and services, presented through short animations, livestream presentations, and interactive HTML5 (H5) pages.

(III) Educating Investors on Key Dates

Answering the call for action of the CSRC's Investor Protection Bureau, CFFEX organized a knowledge contest to celebrate the "March 15" World Consumer Rights Day. It also hosted events for the "May 15" National Investor Protection Day, with a giveaway for the best comments on "My Views About Investor Protection." It took advantage of key dates to make its investor protection and education programs more impactful. Examples included a knowledge contest during the World Investor Week, legal knowledge quiz with prizes during the Constitution Week, and infographics and podcasts during the Illegal Securities and Futures Activity Awareness Month.

(IV) Prioritizing Investor Services and Broadening Inquiry and Service Channels

CFFEX continued to address in a prompt, efficient manner the investor questions, requests, and complaints received from eight open channels including service hotline, emails, postal mails, offline reception, and referrals from the CSRC's office of public complaints and proposals. Additional investor service channels were set up to ensure a wider range of comments and suggestions could be heard. CFFEX also took proactive steps to better understand investors and their needs and to solicit feedbacks. Furthermore, CFFEX has established a complete investor redress framework that encompasses responses to investors' questions about the exchange's services, the handling of investor complaints and proposals, and the contingency plans for emergencies.

(V) Improving Market Participants' Understanding of Financial Futures

First, CFFEX optimized its outreach protocols and organized training events for journalists. Second, it invited the media to plan productions and talk about financial futures, at times requiring them to venture outside their usual area of journalistic focus. In particular, CFFEX organized the *Economic Daily*, *Beijing News*, *Yicai* and other media outlets to set foot into and conduct interviews at financial institutions working on the "front lines." It also arranged general interest publications such as *Sanlian Lifeweek* and *Beijing News* to pen objective reports on the financial futures market, which could reach a much broader audience than what would be possible with the traditional, dedicated financial news channels. Third, CFFEX also tapped into its WeChat account to tell vivid stories about how financial futures have supported the real economy.

V. Guangzhou Futures Exchange (GFEX)

Ever since its founding on April 19, 2021, Guangzhou Futures Exchange (GFEX) has been developing its investor education and protection programs based on its product and business plans and as required by the CPC CSRC Committee, such that those programs would be up and running in an effective manner right after product listing.

(I) Building the Futures Market and the Foundations for Investor Education Programs

Through on-site visits, online surveys, and industry forums, GFEX provided preparatory training to futures companies and key industry players. In particular, during meetings with key industry players, GFEX informed them about the functions of the futures market, how the other industrial companies have successfully managed operating risks and innovated on the physical commodities business through futures, and how they can tap into the futures market themselves. Furthermore, to make GFEX products more investor-friendly, the product and contract designs and market rules all took into account investors' current practices and maintained maximum consistency with the design and rules of the existing products in the commodity futures market. In addition, GFEX organized forums for futures company executives to coordinate product launch preparations and investor education activities. In the two months of November to December 2021, GFEX held five online forums, centering on the key initiatives for 2022, for the senior executives of 150 futures companies nationwide. GFEX used the forums to gather market feedbacks and learn more about market needs, and presented the exchange's plans to the futures company to synchronize preparations.

(II) Expanding Publicity Channels and Strengthening Outreach

GFEX has been building its website and has optimized its WeChat account to make official information more accessible to investors. Notably, the WeChat platform has been used frequently to deliver the latest updates. An example would be events such as the World Investor Week 2021, during which the exchange published important policy documents, such as those on emission allowance, and industry news to help create a more informed investor base. GFEX' WeChat platform is fast gaining popularity since launch in June 2021, now reaching parity with the other exchanges' in terms of average readings per article. Meanwhile, GFEX has been building its website as a future platform for disclosures, investor education materials, and various notices and reminders.

GFEX has also tapped into the media to gain exposure for its itself and its products. Central news channels and other authoritative media outlets, independent media companies, and local media channels in the Guangdong-Hong Kong-Macao Greater Bay Area all served as a publicity platform for GFEX, especially in stimulating public discourse on the carbon emissions futures market. On December 8, 2021, CCTV's news channel covered GFEX' two-year product plan on its midday *Live News* segment. The coverage especially noted the carbon futures' positioning as a strategic product as China has the potential to become the world's largest carbon derivatives market. On February 20, 2022, GFEX General Manager Zhu Lihong published an article in *Nanfang Daily* entitled "Going Green for the Dual Carbon Goals." GFEX also organized 21*st Century Business Herald*, *Futures Daily*, and *China Securities Journal* to report on the role of the carbon derivatives market.

(III) Planning for A National Investor Education Center and Building Infrastructures

GFEX has made plans for the Guangzhou (Nansha) Investor Education Center and has been working closely with local governments and local resources—including member organizations, market infrastructures, and media outlets—to build it into a national-level, specialized educational center that is firmly rooted in the Greater Bay Area and focused on publicizing the functions of the futures market, and to provide a quality, effective learning experience and services to investors.

>>> Section IV Investor Protection at China Commodity Indices Co., Ltd.

China Commodity Indices approached investor education and protection from four angles. First, it has opened multiple channels of communication—official website, WeChat, and investor service system—to answer investor questions. Second, it has published a book series on index compilation, industry trends, and regulatory rules to help market participants better understand market indices and index investing. Third, it has been raising public's understanding of financial index. With consideration given to its own offerings, trending topics, and investor needs, China Commodity Indices organized the Financial Indices Awareness Month to acclimate investors to commodity indices. Fourth, the company assisted in the advocacy and investor education activities of the other organizations under CSRC's direct supervision. In particular, it promoted investors' understanding of the relevant trading rules for the opening of the Beijing Stock Exchange, and of the snowball options, a popular derivative product, in support of the China Futures Market Monitoring Center.

>>> Section V The Futures Investors Protection Fund

China Futures Market Monitoring Center (CFMMC) fulfills its duties as the designated administrator of the Futures Investors Protection Fund in strict accordance with the *Measures for the Administration of the Futures Investors Protection Fund*, playing a vital role in market development and investor protection. It has set up a separate account for the Protection Fund to ensure accurate and separate accounting and funds safety. It also prepares annual budget reports and final accounts in accordance with the *Measures for the Administration of Finances of Investor Protection Funds*. Furthermore, it effectively protected investors' interests and market stability by facilitating the conclusion of the risk resolution process of certain futures companies. As of the end of 2021, the Futures Investors Protection Fund had a balance of RMB 9.319 billion.

>>> Section VI Futures Dispute Mediation

In view of the highly technical nature of futures disputes and new investors' limited understanding of futures trading rules, CFA is committed to protecting the interests of both investors and futures business organizations in accordance with its mandates under the *Regulation on Administration of Futures Trading*. It does this by broadening the channels and improve the efficiency of dispute resolution, and strengthening the mediation mechanism through rule-making, organization and team building, and coordination enhancement. CFA's mediation program is conducted in strict accordance with the *Opinions of the General Office of the State Council on Further Strengthening the Protection of Lawful Interests of Small Investors of the Capital Markets* and CSRC's directives on strengthening investor protection, and is a major component of the multi-dimensional dispute resolution services for the futures market. Mediation services for the futures industry are now in place and running smoothly.

I. CFA Mediation Committee

CFA's Mediation Committee, one of its many specialized committees, is responsible for mediating futures disputes between members, customers, and other futures market participants and for managing mediators, as CFA has been charged to do by the *Regulation on Administration of Futures Trading*. CFA's Investor Service Department is responsible for overseeing the day-to-day mediation activities.

II. Formulating Self-Regulatory Mediation Rules

On August 19, 2021, CFA consolidated four of its mediation rules into the *Mediation Rules of the China Futures Association*. The new rule provides a foundation for promoting a harmonious and robust futures market, facilitating the impartial and timely resolution of futures disputes, and protecting the rights and interests of the mediating parties.

III. Establishing the Mediation Committee for Effective Oversight

The CFA has established a Mediation Committee composed of executives in the futures industry, representatives of local associations, and senior lawyers. In line with the authority granted by the CFA Council, the Mediation Committee is responsible for organizing the pre-service training, continuing training, and exchange of experience of mediators; studying the specialized issues related to mediation of futures disputes; appointing and dismissing mediators; accessing the overall quality and social impact of the mediation program; and advising and making recommendations to the Council on mediation matters.

IV. Building a Professional Team of Mediators

CFA has established a growing team of professional mediators in accordance with the *Mediation Rules of the China Futures Association.* The team is currently composed of 142 members from regulatory authorities, self-regulatory organizations, and legal and other relevant industries and covers 34 regions around the country. Each year CFA invites mediation experts, scholars, and practicing lawyers to hold training sessions to raise mediators' hands-on expertise.

V. Facilitating Mediation-Complaint Linkage

For greater efficiency in dispute resolution, CFA has formulated the *CFA Procedures for Handling Investor Complaints and Tips.* This document establishes a logical framework governing investor inquiry and complaint, dispute resolution, and disciplinary measures, simultaneously enabling a clear division of duties internally and one-stop services externally for increased mediation efficiency.

VI. Engaging in Multi-Dimensional Resolution of Futures Disputes

As one of the mediation organizations for the futures industry and in line with the *Opinions on Comprehensively Advancing the Establishment of a Multi – Dimensional Dispute Resolution Mechanism for the Securities and Futures Industries*, CFA entered into memoranda of cooperation with the Beijing High People's Court, Zhejiang High People's Court, Beijing Financial Court, Haikou Intermediate People's Court, and Yunan High People's Court. This makes CFA part the courts' mediation-complaint linkage mechanism, allowing it to receive and mediate cases that would otherwise be tried in those courts. CFA plans to leverage this coordinated, efficient, and user-friendly multi-dimensional dispute resolution mechanism to protect the rights and interests of futures investors.

ABBREVIATIONS

Abbreviation	Full Name
ADR	Alternative dispute resolution
BSKP	Bleached softwood kraft pulp
CFA	China Futures Association
CFETS	China Foreign Exchange Trade System
CFFEX	China Financial Futures Exchange
CFMMC	China Futures Market Monitoring Center
CGB	China/Chinese government bond
CSRC	China Securities Regulatory Commission
DCE	Dalian Commodity Exchange
FF	Futures firm; futures company
FIA	Futures Industry Association
GFEX	Guangzhou Futures Exchange
IMF	International Monetary Fund
INE	Shanghai International Energy Exchange
IOSCO	International Organization of Securities Commissions
ISC	China Securities Investor Services Center
LSFO	Low-sulfur fuel oil
MT	Metric ton
NDRC	National Development and Reform Commission
NEEQ	National Equities Exchange and Quotations

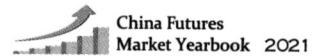

Abbreviation	Full Name
OI	Open interest
OSBP	Overseas Special Brokerage Participant
OSNBP	Overseas Special Non-Brokerage Participant
OSP	Overseas Special Participant
OTC	Over-the-counter
PCR	Put/Call Ratio
QCCP	Qualifying central counterparty
RR	Polished round-grained rice
SHFE	Shanghai Futures Exchange
SPC	Supreme People's Court
TAS	Trade-at-settlement
WFE	World Federation of Exchanges
YoY	Year-on-year
ZCE	Zhengzhou Commodity Exchange

REFERENCE TABLE OF EXCHANGE TERMS

CFA Yearbook	SHFE	INE	DCE	ZCE	CFFEX
Product; underlying (CFFEX)	Product	Product	Product	Product	Underlying
Contract unit; contract multiplier (CFFEX)	Contract size	Contract size	Trading unit	Trading unit	Contract multiplier
Price quotation	Price quotation	Price quotation	Price quote unit	Price quotation	Unit
Minimum price fluctuation	Minimum price fluctuation	Minimum price fluctuation	Minimum tick size	Minimum price fluctuation	Tick size
Daily price limit	Range of price limit	Daily price limits	Daily price limit range	Daily price limit	Limit up/limit down
Listed contracts	Listed contracts	Listed contracts	Contract months	Contract months	Contract months
Grade and quality	Grade and quality specifications	Grades and quality specifications	Deliverable grades	Grade and quality	/
Delivery venue	Delivery venue	Delivery venue	Delivery point	Delivery point	/
Minimum trading margin	Minimum trade margin	Minimum trading margin	Minimum trading margin	Minimum trading margin	Minimum margin requirement
Settlement type	Settlement type	Settlement type	Delivery form	Delivery method	Settlement method
Strike price	/	Strike price	Exercise price	/	Strike price
Option style	/	Option style	Exercise style	/	Option style
Product code	Contract symbol	Product symbol	Ticker symbol	Product code	Transaction code
Listing exchange	Listing exchange	Listing exchange	Listed exchange	Listed exchange	Exchange
(Designated) delivery facility	Delivery storage facilities	Delivery storage facilities	Delivery warehouses	Delivery warehouses	/
Futures company; futures firm	Futures firm	Futures firm	Futures company	Futures brokerage firm	Futures company

Continued

CFA Yearbook	SHFE	INE	DCE	ZCE	CFFEX
Futures Firm Member (FF Member)	Futures firm member (FF Member)	Futures firm member (FF Member)	Futures company member	Futures brokerage member (FB Member)	Futures-company member
Non-Futures Firm Member (Non-FF Member)	Non-futures firm member (Non-FF Member)	Non-futures firm member (Non-FF Member)	Non-futures company member	Non-futures brokerage member (Non-FB Member) JP	Non-futures-company member
Futures Risk Disclosure Statement	/	Risk Disclosure Statement	/	/	/
Standard warehouse receipt	Standard warrant	Standard warrant	Standard warehouse receipt	Registered receipt	/
Bonded standard warehouse receipt	Bonded standard warrant	Bonded standard warrant	Bonded standard warehouse receipt	Registered bonded receipt	/
Notice of intent to deliver	/	/	Notice of intent to deliver	Load-in intention	/
Notice of intent to accept	/	Intention of delivery; delivery intention	Delivery intent declaration	/	/
Clearing agreement	/	Clearing delegation agreement	/	/	/
Deposit	/	/	/	Load-in down payment	/
Bonded delivery settlement price	Bonded final settlement price	Bonded final settlement price	/	Bonded delivery price	/
Import duty rate	/	/	/	Import tariff rate	/